REDES NEURAIS
Princípios e prática

H419r Haykin, Simon
         Redes neurais: princípios e prática / Simon Haykin;
       trad. Paulo Martins Engel. – 2.ed. – Porto Alegre : Bookman,
       2001.

         ISBN 978-85-7307-718-6

         1. Inteligência artificial – Redes neurais. I. Título.

                                                      CDU 007.52

Catalogação na publicação: Mônica Ballejo Canto – CRB 10/1023

SIMON HAYKIN
McMaster University
Hamilton, Ontário, Canadá

2ª Edição
REDES NEURAIS
Princípios e prática

Tradução:
Paulo Martins Engel
Doutor em Engenharia Elétrica pela Technische Universität München, Alemanha
Pós-Doutorado em Redes Neurais pela Technische Hochshule, Darmstadt, Alemanha
Professor do Instituto de Informática da UFRGS

Reimpressão 2008

2001

Obra originalmente publicada sob o título
Neural networks: a comprehensive foundation, 2/E

© 1999, Prentice Hall, Inc.
Publicado em língua portuguesa conforme acordo com a Prentice Hall, Inc., uma empresa Pearson Education

ISBN 0-13-273350-1

Capa: *Mário Röhnelt*

Preparação do original: *Daniel Grassi*

Supervisão editorial: *Arysinha Jacques Affonso*

Editoração eletrônica: *Laser House – m.q.o.f.*

O autor e o editor empreenderam os seus melhores esforços na preparação deste livro.
Estes esforços incluem o desenvolvimento, a pesquisa e o teste das teorias e programas para determinar
a sua eficiência. O autor e o editor não dão garantias de qualquer tipo, explícitas ou implícitas, em relação
a estes programas ou à documentação contida neste livro. O autor e o editor não se responsabilizam por
danos eventuais ou conseqüências em conexão com, ou que surjam do fornecimento,
desempenho ou uso destes programas.

Reservados todos os direitos de publicação, em língua portuguesa, à
ARTMED® EDITORA S. A.
(BOOKMAN® COMPANHIA EDITORA é uma divisão da ARTMED® EDITORA S.A.)
Av. Jerônimo de Ornelas, 670 - Santana
90040-340 Porto Alegre RS
Fone (51) 3027-7000 Fax (51) 3027-7070

É proibida a duplicação ou reprodução deste volume, no todo ou em parte,
sob quaisquer formas ou por quaisquer meios (eletrônico, mecânico, gravação,
fotocópia, distribuição na Web e outros), sem permissão expressa da Editora.

SÃO PAULO
Av. Angélica, 1091 - Higienópolis
01227-100 São Paulo SP
Fone (11) 3665-1100 Fax (11) 3667-1333

SAC 0800 703-3444

IMPRESSO NO BRASIL
PRINTED IN BRAZIL

Aos incontáveis pesquisadores da área de redes neurais
pelas suas contribuições originais,

aos vários revisores pelas suas contribuições críticas,

aos meus numerosos estudantes de pós-graduação
pelo seu interesse entusiasmado

e

à minha esposa, Nancy, pela sua paciência e tolerância.

Prefácio

As *Redes Neurais*, ou redes neurais artificiais para sermos mais precisos, representam uma tecnologia que tem raízes em muitas disciplinas: neurociência, matemática, estatística, física, ciência da computação e engenharia. As redes neurais encontram aplicações em campos tão diversos, como modelagem, análise de séries temporais, reconhecimento de padrões, processamento de sinais e controle, em virtude de uma importante propriedade: a habilidade de *aprender* a partir de dados de entrada com ou sem um professor.

Este livro fornece uma fundamentação abrangente das redes neurais, reconhecendo a natureza multidisciplinar do tema. O material apresentado no livro é suplementado por exemplos, experimentos computacionais, problemas no final de cada capítulo e uma bibliografia.

O livro consiste de quatro partes, organizadas como segue:

1. *Material introdutório*, consistindo dos Capítulos 1 e 2. O Capítulo 1 descreve, predominantemente em termos qualitativos, o que são as redes neurais, as suas propriedades, composições e como elas se relacionam com a inteligência artificial. Este capítulo se encerra com algumas notas históricas. O Capítulo 2 fornece uma visão geral das muitas facetas do processo de aprendizagem e das suas propriedades estatísticas. Este capítulo introduz um conceito importante: a *dimensão de Vapnik-Chervonenkis (V-C)* usada como uma medida da capacidade de uma família de funções de classificação realizadas por uma máquina de aprendizagem.

2. *Máquinas de aprendizagem com um professor*, consistindo dos capítulos 3 a 7. O capítulo 3 estuda a classe mais simples de redes neurais, nesta parte: as redes envolvendo um ou mais neurônios de saída mas nenhum neurônio oculto. Neste capítulo são descritos o algoritmo do mínimo quadrado médio (*LMS, least-mean-square*), bastante popular no projeto de filtros adaptativos, e o teorema de convergência do perceptron. O Capítulo 4 apresenta um tratamento exaustivo dos *perceptrons de múltiplas camadas* treinados com o *algoritmo de retropropagação (back-propagation)*. Este algoritmo (que representa uma generalização do algoritmo LMS) emergiu como o "carro chefe" das redes neurais. O Capítulo 5 apresenta um tratamento matemático detalhado de uma outra classe de redes neurais em camadas: as *redes de função de base*

radial (RBF, *radial-basis function*), cuja composição envolve uma única camada de funções de base. Este capítulo enfatiza o papel da teoria da regularização no projeto das redes RBF. O Capítulo 6 descreve uma classe relativamente nova de máquinas de aprendizagem conhecidas como *máquinas de vetor de suporte*, cuja teoria se fundamenta no material apresentado no Capítulo 2 sobre a teoria estatística da aprendizagem. A segunda parte do livro se encerra no Capítulo 7 com uma discussão sobre as *máquinas de comitê*, cuja composição envolve vários componentes treináveis. Neste capítulo, descrevemos a *média de ensemble*, *reforço* e a *mistura hierárquica de especialistas* como três métodos diferentes para se construir uma máquina de comitê.

3. *Máquinas de aprendizagem sem um professor*, consistindo dos Capítulos 8 a 12. O Capítulo 8 aplica *aprendizagem hebbiana* à *análise de componentes principais*. O Capítulo 9 aplica uma outra forma de aprendizagem auto-organizada, a *aprendizagem competitiva*, à construção de mapas computacionais conhecidos como *mapas auto-organizáveis*. Estes dois capítulos se distinguem por enfatizar regras de aprendizagem que estão enraizadas na neurobiologia. O Capítulo 10 se inspira na *teoria da informação* para a formulação de algoritmos de aprendizagem não-supervisionada, e enfatiza as suas aplicações à *modelagem*, ao *processamento de imagem* e à *análise de componentes independentes*. O Capítulo 11 descreve máquinas de aprendizagem auto-supervisionada com raízes na *mecânica estatística*, um tema que está intimamente associado à teoria da informação. O Capítulo 12, o último capítulo da terceira parte do livro, introduz a *programação dinâmica* e a sua relação com a *aprendizagem por reforço*.

4. *Sistemas dinâmicos não-lineares*, consistindo dos Capítulos 13 a 15. O Capítulo 13 descreve uma classe de sistemas dinâmicos que consiste de memória de curto prazo e estruturas de rede alimentadas adiante em camadas. O Capítulo 14 enfatiza a questão da estabilidade que surge em sistemas dinâmicos não-lineares envolvendo o uso de *realimentação*. Neste capítulo, são discutidos exemplos de *memória associativa*. O Capítulo 15 descreve uma outra classe de sistemas dinâmicos não-lineares, as *redes recorrentes*, que se baseiam no uso de realimentação com o propósito de realizar mapeamentos de entrada-saída.

O livro termina com um epílogo que descreve brevemente o papel das redes neurais na construção de *máquinas inteligentes* para reconhecimento de padrões, controle e processamento de sinais.

A organização do livro oferece bastante flexibilidade para o seu uso em disciplinas de pós-graduação em redes neurais. A seleção final de tópicos pode ser determinada somente a partir dos interesses dos instrutores que usarem o livro. Para ajudar neste processo de seleção, incluímos um guia de estudo no manual que acompanha este livro.

Há um total de 15 experimentos computacionais distribuídos por todo o livro. Treze destes experimentos usam o MATLAB. Os arquivos para os experimentos com o MATLAB podem ser diretamente obtidos no endereço

ftp://ftp.mathworks.com/pub/books/haykin

ou alternativamente em

http://www.mathworks.com/books/

Neste segundo caso, o usuário deve escolher "Neural/Fuzzy" e então o título do livro do original em inglês. A segunda abordagem fornece uma interface mais elaborada.

Cada capítulo se encerra com um conjunto de problemas. Muitos dos problemas são de natureza desafiadora, concebidos não apenas para testar o usuário do livro quanto ao grau de entendimento do material coberto pelo livro, mas também para estender este material. As soluções para todos os problemas são descritas em um manual que acompanha o livro. Cópias deste manual estão disponíveis somente para instrutores que adotem este livro e podem ser obtidas escrevendo-se à editora do livro, Prentice Hall.

O livro foi concebido para agradar a engenheiros, cientistas da computação e físicos. Esperamos que pesquisadores de outras disciplinas, como a psicologia e a neurociência, também achem o livro interessante.

Simon Haykin
Hamilton, Ontário

Agradecimentos

Sou profundamente grato aos vários revisores que ofereceram gratuitamente seu tempo para ler o livro, em parte ou no seu todo. Em particular, gostaria de expressar minha profunda gratidão ao Dr. Kenneth Rose, da University of California, Santa Barbara, pelas suas muitas contribuições construtivas e ajuda inestimável.

Também sou grato ao Dr. S. Amari, RIKEN, Japão; Dr. Sue Becker, McMaster University; Dr. Ron Racine, McMaster University; Dr. Sean Holden, University College, Londres; Dr. Michael Turmon, JPL, Pasadena; Dr. Babak Hassibi, Stanford University; Dr. Paul Yee, anteriormente da McMaster University; Dr. Edgar Osuna, MIT; Dr. Bernard Schölkopf, Max Planck Institute, Alemanha; Dr. Michael Jordan, MIT; Dr. Radford Neal, University of Toronto; Dr. Zoubin Gharhamani, University of Toronto; Dr. Marc Van Hulle, Katholieke Universiteit Leuven, Bélgica; Dr. John Tsitsiklis, MIT; Dr. Jose Principe, University of Florida, Gainsville; Sr. Gint Puskorius, Laboratório de Pesquisa da Ford, Dearborn, Mich.; Dr. Lee Feldkamp, Laboratório de Pesquisa da Ford, Dearborn, Mich.; Dr. Lee Giles, NEC Research Institute, Princeton, NJ; Dr. Mikel Forcada, Universitat d'Alcant, Espanha; Dr. Eric Wan, Oregon Graduate Institue of Science and Technology; Dr. Yann LeCun, AT&T Research, NJ; Dr. Jean-Francois Cardoso, École Nationale, Paris; Dr. Anthony Bell, anteriormente do Salk Institute, San Diego; e Dr. Stefan Kremer, University of Guelph. Todos eles me ajudaram imensamente no aperfeiçoamento da apresentação do material em diferentes partes do livro.

Eu também desejo agradecer ao Dr. Ralph Linsker, IBM, Watson Research Center; Dr. Yaser Abu-Mostafa, Cal Tech.; Dr. Stuart Geman, Brown University; Dr. Alan Gelford, University of Connecticut; Dr. Yoav Freund, AT&T Research; Dr. Bart Kosko, University of Southern California; Dr. Narish Sinha, McMaster University; Dr. Grace Wahba, University of Wisconsin; Dr. Kostas Diamantaras, Aristotelian University of Thessaloniki, Grécia; Dr. Robert Jacobs, University of Rochester; Dr. Peter Dayan, MIT; Dr. Dimitris Bertsekas, MIT; Dr. Andrew Barto, University of Massachusetts; Dr. Don Hush, University of New Maxico; Dr. Yoshua Bengio, University of Montreal; Dr. Andrew Cichoki, RIKEN, Japão; Dr. H. Yang, Oregon Graduate Institute of Science and Technology; Dr. Scott Douglas, University of Utah; Dr. Pierre Comon, Thomson-Sintra Asm., França; Dr. Terrence Sejnowski, Salk Institute; Dr. Harris Drucker, Monmouth College; Dr. Nathan Intrator,

Tel Aviv University, Israel; Dr. Vladimir Vapnik, AT&T Research, NJ; Dr. Teuvo Kohonen, Helsinki University of Technology, Finlândia; Dr. Vladimir Cherkassky, University of Minnesota; Dr. Sebastian Seung, AT&T Research, NJ; Dr. Steve Luttrell, DERA, Great Malvern, Reino Unido; Dr. David Lowe, Aston University, Reino Unido; Dr. N. Ansari, New Jersey Institute of Technology; Dr. Danil Prokhorov, Ford Research Laboratory, Dearborn, Mich.; Dr. Shigero Katagiri, ATR Human Information Processing Research Lab, Japão; Dr. James Anderson, Brown University; Dr. Irwin Sandberg, University of Texas, Austin; Dr. Thomas Cover, Stanford University; Dr. Walter Freeman, University of California, Berkeley; Dr. Charles Micchelli, IBM Research, Yorktown Heights; Dr. Kari Torkkola, Motorola Phoenix Corp.; Dr. Andreas Andreou, Johns Hopkins University; Dr. Martin Beckerman, Oak Ridge National Laboratory; e Dr. Thomas Anastasio, University of Illinois, Urbana.

Fico profundamente grato ao meu estudante de pós-graduação Hugh Pasika por realizar muitos dos experimentos do livro com o MATLAB e por preparar o *Web site* para o livro. Agradeço a ajuda do meu estudante de pós-graduação Himesh Madhuranath, do Dr. Sadasivan Puthusserypady, do Dr. J. Nie, Dr. Paul Yee e do Sr. Gint Puskorius (Ford Research) na realização de cinco experimentos.

Sou muito grato a Hugh Pasika por revisar o livro inteiro. Neste sentido, também agradeço o Dr. Robert Dony (University of Guelph), Dr. Stefan Kremer (University of Guelph) e o Dr. Sadasivan Puthusserypaddy por revisar capítulos selecionados do livro.

Sou muito grato ao meu editor Tom Robbins e à editora Alice Dworkin por seu total suporte e encorajamento. Agradeço a Julie Hollist pela cópia cuidadosa para editoração a partir dos manuscritos. Gostaria de agradecer os esforços de Jennifer Maughan e o pessoal de WestWords Inc. em Logan, Utah, na produção do livro.

Desejo registrar minha profunda gratidão a Brigitte Maier, Thode Library, McMaster University, pelo seu incansável esforço em procurar e encontrar as muitas referências difíceis que tornaram a bibliografia bastante completa. Agradeço muito a ajuda da Bibliotecária de Ciências e Engenharia Peggy Findlay e da Bibliotecária de Referência Regina Bendig.

Por último mas não menos importante, gostaria de agradecer minha secretária Lola Brooks por digitar as várias versões diferentes do manuscrito. Sem a sua ajuda dedicada, a escrita deste livro e a sua produção teriam sido bem mais longas.

Abreviações e Símbolos

ABREVIAÇÕES

ACI	análise de componentes independentes
ACM	análise de componentes menores
ACP	análise de componentes principais
AFD	autômato de estados finitos determinístico
AHG	algoritmo hebbiano generalizado
APEX	extração adaptativa de componentes principais (*adaptative principal components extraction*)
AR	auto-regressivo
ARTR	aprendizagem recorrente em tempo-real
b/s	bits por segundo
BOSS	limitado, saturado de um lado (*bounded, one-side saturation*)
BP	retropropagação (*back-propagation*)
BPTT	retropropagação através do tempo (*back propagation through time*)
BSB	estado cerebral em uma caixa (*brain-state-in-a-box*)
CARM	controle adaptativo com referência a modelo
CART	árvore de classificação e de regressão (*classification and regression tree*)
CCO	cirurgião cerebral ótimo
CLLG	cancelador de lóbulo lateral generalizado
DCO	dano cerebral ótimo
DLP	depressão de longo prazo
DSP	processador digital de sinais (*digital signal processor*)
DVS	decomposição por valor singular

EDO	equação diferencial ordinária
fdp	função de densidade de probabilidade
FIR	resposta a impulso de duração finita (*finite-duration impulse response*)
FKE	filtro de Kalman estendido
FKED	filtro de Kalman estendido desacoplado
FKEG	filtro de Kalman estendido global
FM	freqüência modulada (sinal de,)
fmp	função de massa de probabilidade
HMM	modelo oculto de Markov ((*hidden Markov model*)
Hz	hertz
IA	inteligência artificial
Infomax	máxima informação mútua
LMS	mínimo quadrado médio (*least-mean-square*)
LVQ	quantização vetorial por aprendizagem (*learning vector quantization*)
MB	máquina de Boltzmann
MCD	mínimo comprimento de descrição
ME	mistura de especialistas
MHE	mistura hierárquica de especialistas
MIMO	múltiplas entradas – múltiplas saídas (*multiple inputs – multiple outputs*)
MLP	perceptron de múltiplas camadas (*multilayer perceptron*)
mmc	memória por matriz de correlação
MV	máxima verossimilhança
MVE	maximização do valor esperado
MVS	máquina de vetor de suporte
NARMA	auto-regressivo não-linear de média móvel (*nonlinear autoregressive moving average*)
NARX	auto-regressivo não-linear com entradas exógenas (*nonlinear atoregressive with exogenous inputs*)
NW	Nadaraya-Watson (estimador)
OCR	reconhecimento de caractere óptico (*optical character recognition*)
PAC	provavelmente aproximadamente correto
PLP	potenciação de longo prazo
PND	programação neurodinâmica
RBF	função de base radial (*radial basis function*)
RMLP	perceptron de múltiplas camadas recorrente (*recurrent multilayer perceptron*)
RN	regressão de núcleo
RNW	regressão de núcleo de Nadaraya-Watson
RRS	rede recorrente simples (também referida como rede recorrente de Elman)

RSN	relação sinal-ruído
RV	razão de verossimilhança
SCF	separação cega de fonte (de sinal)
SIMO	única entrada – múltiplas saídas (*single input – multiple output*)
SISO	única entrada – única saída (*single input – single output*)
SOM	mapa auto-organizável (*self-organizing map*)
TCM	teoria do campo médio
TDNN	rede neural de atrasos de tempo (*time-delay neural network*)
TLFN	rede alimentada adiante atrasada no tempo (*time lagged feedforward network*)
VC	validação cruzada
V-C	Vapnik-Chervononkis (dimensão de)
VCG	validação cruzada generalizada
VLSI	integração em escala muito ampla (*very-large-scale integration*)
XOR	OU exclusivo (*exclusive OR*)

SÍMBOLOS IMPORTANTES

a	ação
$\mathbf{a}^T\mathbf{b}$	produto interno dos vetores $\mathbf{a}$ e $\mathbf{b}$
$\mathbf{a}\mathbf{b}^T$	produto externo dos vetores $\mathbf{a}$ e $\mathbf{b}$
$\binom{l}{m}$	coeficiente binomial
$A \cup B$	união de A e B
B	inverso da temperatura
b_k	bias aplicado ao neurônio k
$\cos(\mathbf{a},\mathbf{b})$	co-seno do ângulo entre os vetores $\mathbf{a}$ e $\mathbf{b}$
D	profundidade de memória
$D_{f\|g}$	divergência de Kullback-Leibler entre as funções de densidade de probabilidade f e g
$\tilde{\mathbf{D}}$	adjunto do operador $\mathbf{D}$
E	função de energia
E_i	energia do estado i na mecânica estatística
E	operador estatístico da esperança matemática
$\langle E \rangle$	energia média
erf	função erro
erfc	função erro complementar
exp	exponencial
$\mathcal{E}_{med}$	erro médio quadrado ou soma de erros quadrados
$\mathcal{E}(n)$	valor instantâneo da soma de erros quadrados
$\mathcal{E}_{total}$	soma total de erros quadrados
F	energia livre

$f_\mathbf{X}(\mathbf{x})$	função de densidade de probabilidade do vetor aleatório $\mathbf{X}$
$\mathscr{F}^*$	subconjunto (rede) com o menor risco empírico mínimo
$\mathbf{H}$	matriz hessiana
$\mathbf{H}^{-1}$	inversa da matriz $\mathbf{H}$
i	raiz quadrada de -1, também representado por j
$\mathbf{I}$	matriz identidade
$\mathbf{I}$	matriz de informação de Fisher
J	erro médio quadrado
$\mathbf{J}$	matriz jacobiana
$\mathbf{K}(n, n-1)$	matriz de covariância do erro na teoria do filtro de Kalman
$\mathbf{K}^{1/2}$	raiz quadrada da matriz $\mathbf{K}$
$\mathbf{K}^{T/2}$	transposta da raiz quadrada da matriz $\mathbf{K}$
k_B	constante de Boltzmann
log	logaritmo
$L(\mathbf{w})$	logaritmo da função de verossimilhança do vetor $\mathbf{w}$
$\mathscr{L}(\mathbf{w})$	logaritmo da função de verossimilhança do vetor $\mathbf{w}$ baseada em um único exemplo
$\mathbf{M}_c$	matriz de controlabilidade
$\mathbf{M}_o$	matriz de observabilidade
n	tempo discreto
p_i	probabilidade do estado i em mecânica estatística
p_{ij}	probabilidade de transição do estado i para o estado j
$\mathbf{P}$	matriz estocástica
P_c	probabilidade de classificação correta
P_e	probabilidade de erro
$P(e\|\mathscr{C})$	probabilidade condicional de erro e dado que a entrada é retirada da classe $\mathscr{C}$
p_α^+	probabilidade que os neurônios visíveis de uma máquina de Boltzmann estejam no estado α, dado que a rede esteja na sua condição presa (i.e., fase positiva)
p_α^-	probabilidade que os neurônios visíveis de uma máquina de Boltzmann estejam no estado α, dado que a rede esteja na sua condição livre (i.e., fase negativa)
$\hat{r}_x(j,k;n)$	estimativa da função de autocorrelação de $x_j(n)$ e $x_k(n)$
$\hat{r}_{dx}(k;n)$	estimativa da função de correlação cruzada de $d(n)$ e $x_k(n)$
$\mathbf{R}$	matriz de correlação de um vetor de entrada
t	tempo contínuo
T	temperatura
$\mathscr{T}$	conjunto de treinamento (amostra)
tr	traço de um operador matricial
var	operador variância
$V(\mathbf{x})$	função de Lyapunov do vetor de estado $\mathbf{x}$
v_j	campo local induzido ou potencial de ativação do neurônio j
$\mathbf{w}_o$	valor ótimo do vetor de pesos sinápticos
w_{kj}	peso sináptico da sinapse j pertencente ao neurônio k
$\mathbf{w}^*$	vetor de peso ótimo
$\bar{\mathbf{x}}$	valor de equilíbrio do vetor de estado $\mathbf{x}$
$\langle x_j \rangle$	média do estado x_j em um sentido "térmico"
$\hat{x}$	estimativa de x, representada por um circunflexo
$\|x\|$	valor absoluto (magnitude) de x

x^*	complexo conjugado de x, representado por um asterisco
$\|\mathbf{x}\|$	norma euclidiana (comprimento) do vetor $\mathbf{x}$
$\mathbf{x}^T$	transposto do vetor $\mathbf{x}$, representado pelo índice T
z^{-1}	operador atraso unitário
Z	função de partição
$\delta_j(n)$	gradiente local do neurônio j no tempo n
Δw	pequena variação aplicada ao peso w
∇	operador gradiente
∇^2	operador laplaciano
$\nabla_w J$	gradiente de J em relação a w
$\nabla \cdot \mathbf{F}$	divergente do vetor $\mathbf{F}$
η	parâmetro da taxa de aprendizagem
κ	acumulador
μ	política
θ_k	limiar aplicado ao neurônio k (i.e., negativo do bias b_k)
λ	parâmetro de regularização
λ_k	k-ésimo autovalor de uma matriz quadrada
$\varphi_k(\cdot)$	função de ativação não-linear do neurônio k
$\in$	símbolo para "pertence a"
$\cup$	símbolo para "união de"
$\cap$	símbolo para "interseção de"
$*$	símbolo para convolução
$+$	índice para simbolizar a pseudo-inversa de uma matriz

Intervalos abertos e fechados

- O intervalo aberto (a,b) de uma variável x significa que $a < x < b$.
- O intervalo fechado $[a,b]$ de uma variável x significa que $a \leq x \leq b$.
- O intervalo fechado de $[a,b)$ de uma variável x significa que $a \leq x < b$; da mesma forma para o intervalo aberto $(a,b]$.

Mínimos e Máximos

- O símbolo $\arg\min_{\mathbf{w}} f(\mathbf{w})$ significa o mínimo da função $f(\mathbf{w})$ em relação ao vetor do argumento $\mathbf{w}$.
- O símbolo $\arg\max_{\mathbf{w}} f(\mathbf{w})$ significa o máximo da função $f(\mathbf{w})$ em relação ao vetor do argumento $\mathbf{w}$.

Sumário

1 Introdução — 27

- **1.1** O que é uma Rede Neural? 27
- **1.2** O Cérebro Humano 32
- **1.3** Modelos de um Neurônio 36
- **1.4** Redes Neurais Vistas como Grafos Orientados 41
- **1.5** Realimentação 44
- **1.6** Arquiteturas de Rede 46
- **1.7** Representação do Conhecimento 49
- **1.8** Inteligência Artificial e Redes Neurais 59
- **1.9** Notas Históricas 63
  Notas e Referências 69
  Problemas 70

2 Processos de Aprendizagem — 75

- **2.1** Introdução 75
- **2.2** Aprendizagem por Correção de Erro 76
- **2.3** Aprendizagem Baseada em Memória 78
- **2.4** Aprendizagem Hebbiana 80
- **2.5** Aprendizagem Competitiva 83
- **2.6** Aprendizagem de Boltzmann 86
- **2.7** O Problema de Atribuição de Crédito 87
- **2.8** Aprendizagem com um Professor 88
- **2.9** Aprendizagem sem um Professor 89

2.10 Tarefas de Aprendizagem 91
2.11 Memória 100
2.12 Adaptação 108
2.13 Natureza Estatística do Processo de Aprendizagem 110
2.14 Teoria Estatística da Aprendizagem 114
2.15 Modelo de Aprendizagem Provavelmente Aproximadamente Correto 127
2.16 Resumo e Discussão 131
Notas e Referências 132
Problemas 137

3 Perceptrons de Camada Única 143

3.1 Introdução 143
3.2 O Problema da Filtragem Adaptativa 144
3.3 Técnicas de Otimização Irrestritas 147
3.4 Filtro Linear de Mínimos Quadrados 152
3.5 Algoritmo do Mínimo Quadrado Médio 155
3.6 Curvas de Aprendizagem 159
3.7 Estratégias de Variação da Taxa de Aprendizagem 161
3.8 O Perceptron 161
3.9 Teorema de Convergência do Perceptron 163
3.10 Relação entre o Perceptron e o Classificador Bayesiano para um Ambiente Gaussiano 169
3.11 Resumo e Discussão 175
Notas e Referências 176
Problemas 177

4 Perceptrons de Múltiplas Camadas 183

4.1 Introdução 183
4.2 Algumas Considerações Preliminares 186
4.3 Algoritmo de Retropropagação 188
4.4 Resumo do Algoritmo de Retropropagação 200
4.5 O Problema do XOR 202
4.6 Heurísticas para Melhorar o Desempenho do Algoritmo de Retropropagação 205
4.7 Representação da Saída e Regra de Decisão 211
4.8 Experimento Computacional 214
4.9 Detecção de Características 225
4.10 Retropropagação e Diferenciação 228
4.11 A Matriz Hessiana 230
4.12 Generalização 232
4.13 Aproximação de Funções 234
4.14 Validação Cruzada 239
4.15 Técnicas de Poda de Rede 244
4.16 Virtudes e Limitações da Aprendizagem por Retropropagação 252
4.17 Aceleração da Convergência da Aprendizagem por Retropropagação 259

4.18 Aprendizagem Supervisionada Vista como um Problema de Otimização 260
4.19 Redes Convolutivas 271
4.20 Resumo e Discussão 273
Notas e Referências 275
Problemas 278

5 Redes de Função de Base Radial 283

5.1 Introdução 283
5.2 O Teorema de Cover sobre a Separabilidade de Padrões 284
5.3 O Problema de Interpolação 290
5.4 A Aprendizagem Supervisionada como um Problema de Reconstrução de Hipersuperfície Malformulado 293
5.5 A Teoria da Regularização 294
5.6 Redes de Regularização 305
5.7 Redes de Função de Base Radial Generalizadas 307
5.8 O Problema do XOR (Revisitado) 311
5.9 Estimação do Parâmetro de Regularização 314
5.10 Propriedades Aproximativas das Redes RBF 320
5.11 Comparação entre Redes RBF e Perceptrons de Múltiplas Camadas 323
5.12 Regressão de Núcleo e sua Relação com as Redes RBF 323
5.13 Estratégias de Aprendizagem 328
5.14 Experimento Computacional: Classificação de Padrões 336
5.15 Resumo e Discussão 337
Notas e Referências 339
Problemas 343

6 Máquinas de Vetor de Suporte 349

6.1 Introdução 349
6.2 Hiperplano Ótimo para Padrões Linearmente Separáveis 350
6.3 Hiperplano Ótimo para Padrões Não-Separáveis 357
6.4 Como Construir uma Máquina de Vetor de Suporte para Reconhecimento de Padrões 361
6.5 Exemplo: O Problema do XOR (Revisitado) 367
6.6 Experimento Computacional 369
6.7 Função de Perda Insensível a ϵ 372
6.8 Máquinas de Vetor de Suporte para Regressão Não-Linear 373
6.9 Resumo e Discussão 376
Notas e Referências 380
Problemas 381

7 Máquinas de Comitê 385

7.1 Introdução 385
7.2 Média de Ensemble 387

7.3	Experimento Computacional I	390
7.4	Reforço	391
7.5	Experimento Computacional II	398
7.6	Modelo de Mistura Gaussiano Associativo	401
7.7	Modelo de Mistura Hierárquica de Especialistas	406
7.8	Seleção de Modelo Usando uma Árvore de Decisão Padrão	408
7.9	Probabilidades *a Priori* e *a Posteriori*	412
7.10	Estimação por Máxima Verossimilhança	413
7.11	Estratégias de Aprendizagem para o Modelo MHE	415
7.12	O Algoritmo ME	417
7.13	Aplicação do Algoritmo ME ao Modelo MHE	418
7.14	Resumo e Discussão	421
	Notas e Referências	423
	Problemas	425

8 Análise de Componentes Principais 429

8.1	Introdução	429
8.2	Alguns Princípios Intuitivos de Auto-Organização	430
8.3	Análise de Componentes Principais	433
8.4	Autofiltro Máximo Baseado na Aprendizagem Hebbiana	442
8.5	Análise de Componentes Principais Baseada na Aprendizagem Hebbiana	452
8.6	Experimento Computacional: Codificação de Imagem	458
8.7	Análise de Componentes Principais Adaptativa Usando Inibição Lateral	461
8.8	Duas Classes de Algoritmos de ACP	469
8.9	Métodos de Computação por Lote e Adaptativo	470
8.10	Análise de Componentes Principais por Núcleo	472
8.11	Resumo e Discussão	477
	Notas e Referências	479
	Problemas	480

9 Mapas Auto-Organizáveis 483

9.1	Introdução	483
9.2	Dois Modelos Básicos de Mapeamento de Características	484
9.3	O Mapa Auto-Organizável	486
9.4	Resumo do Algoritmo SOM	493
9.5	Propriedades do Mapa de Características	494
9.6	Simulações Computacionais	502
9.7	Quantização Vetorial por Aprendizagem	506
9.8	Experimento Computacional: Classificação Adaptativa de Padrões	508
9.9	Quantização Vetorial Hierárquica	510
9.10	Mapas Contextuais	514
9.11	Resumo e Discussão	516
	Notas e Referências	517
	Problemas	519

10 Modelos Teóricos da Informação — 525

- 10.1 Introdução 525
- 10.2 Entropia 526
- 10.3 O Princípio da Máxima Entropia 531
- 10.4 Informação Mútua 534
- 10.5 Divergência de Kullback-Leibler 537
- 10.6 Informação Mútua como uma Função Objetivo a Ser Otimizada 540
- 10.7 Princípio da Máxima Informação Mútua 541
- 10.8 Infomax e Redução de Redundância 546
- 10.9 Características Espacialmente Coerentes 549
- 10.10 Características Espacialmente Incoerentes 551
- 10.11 Análise de Componentes Independentes 553
- 10.12 Experimento Computacional 568
- 10.13 Estimação por Máxima Verossimilhança 570
- 10.14 Método da Máxima Entropia 572
- 10.15 Resumo e Discussão 578
- Notas e Referências 580
- Problemas 587

11 Máquinas Estocásticas e suas Aproximações Baseadas na Mecânica Estatística — 591

- 11.1 Introdução 591
- 11.2 A Mecânica Estatística 592
- 11.3 Cadeias de Markov 595
- 11.4 O Algoritmo Metropolis 603
- 11.5 Recozimento Simulado 606
- 11.6 Amostragem de Gibbs 608
- 11.7 A Máquina de Boltzmann 610
- 11.8 Redes de Crença Sigmóide 617
- 11.9 A Máquina de Helmholtz 622
- 11.10 A Teoria do Campo Médio 623
- 11.11 A Máquina de Boltzmann Determinística 626
- 11.12 Redes de Crença Sigmóide Determinísticas 627
- 11.13 Recozimento Determinístico 634
- 11.14 Resumo e Discussão 640
- Notas e Referências 642
- Problemas 645

12 Programação Neurodinâmica — 651

- 12.1 Introdução 651
- 12.2 Processo de Decisão Markoviano 652
- 12.3 O Critério de Otimização de Bellman 655
- 12.4 Iteração de Política 659

12.5 Iteração de Valor 661
12.6 Programação Neurodinâmica 666
12.7 Iteração de Política Aproximada 668
12.8 Aprendizagem Q 671
12.9 Experimento Computacional 676
12.10 Resumo e Discussão 679
Notas e Referências 681
Problemas 682

13 Processamento Temporal Utilizando Redes Alimentadas Adiante 685

13.1 Introdução 685
13.2 Estruturas de Memória de Curto Prazo 686
13.3 Arquiteturas de Rede para Processamento Temporal 691
13.4 Redes Alimentadas Adiante Focadas Atrasadas no Tempo 693
13.5 Experimento Computacional 696
13.6 Teorema do Mapeamento Míope Universal 696
13.7 Modelos Espaço-Temporais de um Neurônio 698
13.8 Redes Alimentadas Adiante Atrasadas no Tempo Distribuídas 702
13.9 Algoritmo de Retropropagação Temporal 703
13.10 Resumo e Discussão 710
Notas e Referências 711
Problemas 712

14 Neurodinâmica 715

14.1 Introdução 715
14.2 Sistemas Dinâmicos 717
14.3 Estabilidade de Estados de Equilíbrio 720
14.4 Atratores 726
14.5 Modelos Neurodinâmicos 727
14.6 Manipulação de Atratores como um Paradigma de Rede Recorrente 730
14.7 O Modelo de Hopfield 732
14.8 Experimento Computacional I 749
14.9 Teorema de Cohen-Grossberg 754
14.10 O Modelo do Estado Cerebral em uma Caixa 755
14.11 Experimento Computacional II 762
14.12 Atratores Estranhos e Caos 762
14.13 Reconstrução Dinâmica 768
14.14 Experimento Computacional III 772
14.15 Resumo e Discussão 775
Notas e Referências 778
Problemas 780

15 Redes Recorrentes Dirigidas Dinamicamente — 787

15.1 Introdução 787
15.2 Arquiteturas de Redes Recorrentes 788
15.3 O Modelo de Espaço de Estados 794
15.4 Modelo Auto-Regressivo Não-Linear com Entradas Exógenas 802
15.5 O Poder Computacional das Redes Recorrentes 804
15.6 Algoritmos de Aprendizagem 805
15.7 Retropropagação Através do Tempo 808
15.8 Aprendizagem Recorrente em Tempo Real 812
15.9 Filtros de Kalman 819
15.10 Filtro de Kalman Estendido Desacoplado 823
15.11 Experimento Computacional 828
15.12 Extinção de Gradientes em Redes Recorrentes 831
15.13 Identificação de Sistemas 834
15.14 Controle Adaptativo por Referência a Modelo 836
15.15 Resumo e Discussão 840
Notas e Referências 841
Problemas 843

Epílogo 849

Bibliografia 855

Índice 893

CAPÍTULO 1

Introdução

1.1 O QUE É UMA REDE NEURAL?

O trabalho em redes neurais artificiais, usualmente denominadas "redes neurais", tem sido motivado desde o começo pelo reconhecimento de que o cérebro humano processa informações de uma forma inteiramente diferente do computador digital convencional. O cérebro é um *computador* (sistema de processamento de informação) altamente *complexo, não-linear e paralelo*. Ele tem a capacidade de organizar seus constituintes estruturais, conhecidos por *neurônios*, de forma a realizar certos processamentos (p.ex., reconhecimento de padrões, percepção e controle motor) muito mais rapidamente que o mais rápido computador digital hoje existente. Considere, por exemplo, a *visão* humana, que é uma tarefa de processamento de informação (Marr, 1982; Levine, 1985; Churchland e Sejnowski, 1992). A função do sistema visual é fornecer uma *representação* do ambiente à nossa volta e, mais importante que isso, fornecer a informação de que necessitamos para *interagir* com o ambiente. Para sermos específicos, o cérebro realiza rotineiramente tarefas de reconhecimento perceptivo (p. ex., reconhecendo um rosto familiar inserido em uma cena não-familiar) em aproximadamente 100-200 ms, ao passo que tarefas de complexidade muito menor podem levar dias para serem executadas em um computador convencional.

Como outro exemplo, considere o *sonar* de um morcego. O sonar é um sistema ativo de localização por eco. Além de fornecer informações sobre a distância até um alvo (p. ex., um inseto voador), o sonar de um morcego transmite também informação sobre a velocidade relativa do alvo, o tamanho do alvo, o tamanho de várias características do alvo e o azimute e a elevação do alvo (Suga, 1990a, b). A complexa computação neural necessária para extrair toda essa informação do eco do alvo ocorre no interior de um cérebro do tamanho de uma ameixa. De fato, um morcego guiado por eco pode perseguir e capturar seu alvo com uma facilidade e taxa de sucesso que são de causar inveja a um engenheiro de radar ou sonar.

Como, então, um cérebro humano ou o cérebro de um morcego faz isso? No momento do nascimento, um cérebro tem uma grande estrutura e a habilidade de desenvolver suas próprias regras através do que usualmente denominamos "experiência". Na verdade, a experiência vai sendo acumulada com o tempo, sendo que o mais dramático desenvolvimento (i. e., por ligações físicas) do cérebro humano acontece durante os dois primeiros anos de vida; mas o desenvolvimento continua para muito além desse estágio.

Um neurônio em "desenvolvimento" é sinônimo de um cérebro plástico: a *plasticidade* permite que o sistema nervoso em desenvolvimento se adapte ao seu meio ambiente. Assim como a plasticidade parece ser essencial para o funcionamento dos neurônios como unidades de processamento de informação do cérebro humano, também ela o é com relação às redes neurais construídas com neurônios artificiais. Na sua forma mais geral, uma *rede neural* é uma máquina que é projetada para *modelar* a maneira como o cérebro realiza uma tarefa particular ou função de interesse; a rede é normalmente implementada utilizando-se componentes eletrônicos ou é simulada por programação em um computador digital. Nosso interesse nesse livro está restrito a uma classe importante de redes neurais que realizam computação útil através de um processo de *aprendizagem*. Para alcançarem bom desempenho, as redes neurais empregam uma interligação maciça de células computacionais simples denominadas "neurônios" ou "unidades de processamento". Nós podemos então oferecer a seguinte definição de uma rede neural vista como uma máquina adaptativa[1]:

> *Uma rede neural é um processador maciçamente paralelamente distribuído constituído de unidades de processamento simples, que têm a propensão natural para armazenar conhecimento experimental e torná-lo disponível para o uso. Ela se assemelha ao cérebro em dois aspectos:*

1. *O conhecimento é adquirido pela rede a partir de seu ambiente através de um processo de aprendizagem.*
2. *Forças de conexão entre neurônios, conhecidas como pesos sinápticos, são utilizadas para armazenar o conhecimento adquirido.*

O procedimento utilizado para realizar o processo de aprendizagem é chamado de *algoritmo de aprendizagem*, cuja função é modificar os pesos sinápticos da rede de uma forma ordenada para alcançar um objetivo de projeto desejado.

A modificação dos pesos sinápticos é o método tradicional para o projeto de redes neurais. Esta abordagem é bastante próxima da teoria dos filtros adaptativos lineares, que já está bem estabelecida e foi aplicada com sucesso em diversas áreas (Widrow e Stearns, 1985; Haykin, 1996). Entretanto, é possível também para uma rede neural modificar sua própria topologia, o que é motivado pelo fato de os neurônios no cérebro humano poderem morrer e que novas conexões sinápticas possam crescer.

As redes neurais são também referidas na literatura como *neurocomputadores, redes conexionistas, processadores paralelamente distribuídos*, etc. Em todo este livro, usamos o termo "redes neurais"; ocasionalmente o termo "neurocomputador" ou "rede conexionista" é usado.

Benefícios das Redes Neurais

É evidente que uma rede neural extrai seu poder computacional através, primeiro, de sua estrutura maciçamente paralelamente distribuída e segundo de sua habilidade de aprender e portanto de generalizar. A *generalização* se refere ao fato de a rede neural produzir saídas adequadas para entradas que não estavam presentes durante o treinamento (aprendizagem). Estas duas capacidades de processamento de informação tornam possível para as redes neurais resolver problemas complexos (de grande escala) que são atualmente intratáveis. Na prática, contudo, as redes neurais não podem fornecer uma solução trabalhando individualmente. Em vez disso, elas precisam ser integradas em uma abordagem consistente de engenharia de sistemas. Especificamente, um problema complexo de interesse é *decomposto* em um número de tarefas relativamente simples, e atribui-se a redes neurais um subconjunto de tarefas que *coincidem* com as suas capacidades inerentes. Entretanto, é importante reconhecer que nós temos um longo caminho a percorrer antes de construirmos (se porventura conseguirmos) uma arquitetura computacional que mimetize um cérebro humano.

O uso de redes neurais oferece as seguintes propriedades úteis e capacidades:

1. *Não-linearidade*. Um neurônio artificial pode ser linear ou não-linear. Uma rede neural, constituída por conexões de neurônios não-lineares é ela mesma não-linear. Além disso, a não-linearidade é de um tipo especial, no sentido de ela ser *distribuída* por toda a rede. A não-linearidade é uma propriedade muito importante, particularmente se o mecanismo físico responsável pela geração do sinal de entrada (p. ex., sinal de voz) for inerentemente não-linear.

2. *Mapeamento de Entrada-Saída*. Um paradigma popular de aprendizagem chamado *aprendizagem com um professor ou aprendizagem supervisionada* envolve a modificação dos pesos sinápticos de uma rede neural pela aplicação de um conjunto de *amostras de treinamento* rotuladas ou *exemplos da tarefa*. Cada exemplo consiste de um *sinal de entrada* único e de uma *resposta desejada* correspondente. Apresenta-se para a rede um exemplo escolhido ao acaso do conjunto, e os pesos sinápticos (parâmetros livres) da rede são modificados para minimizar a diferença entre a resposta desejada e a resposta real da rede, produzida pelo sinal de entrada, de acordo com um critério estatístico apropriado. O treinamento da rede é repetido para muitos exemplos do conjunto até que a rede alcance um estado estável onde não haja mais modificações significativas nos pesos sinápticos. Os exemplos de treinamento previamente aplicados podem ser reaplicados durante a sessão de treinamento, mas em uma ordem diferente. Assim, a rede aprende dos exemplos ao construir um *mapeamento de entrada-saída* para o problema considerado. Tal abordagem nos faz lembrar do estudo de *inferência estatística não-paramétrica*, que é um ramo da estatística que trata da estimação independente de modelo, ou, do ponto de vista biológico, aprendizagem *tabula rasa* (German et. Al., 1992); o termo "não-paramétrico" é utilizado aqui para significar o fato de que não são feitas suposições prévias sobre o modelo estatístico dos dados de entrada. Considere, por exemplo, uma tarefa de *classificação de padrões*, na qual o objetivo seja atribuir um sinal de entrada representando um objeto físico ou evento a uma entre várias categorias (classes) preestabelecidas. Em uma abordagem não-paramétrica para este problema, o objetivo é "estimar" fronteiras de decisão arbitrárias no espaço do sinal de entrada para a tarefa de classificação de padrões utilizando um conjunto de exemplos, e fazê-lo *sem* invocar um modelo de distribuição probabilístico. Um ponto de vista similar está implícito no paradigma de aprendizagem supervisionada, o que sugere uma analogia próxima entre o mapeamento de entrada-saída realizado por uma rede neural e a inferência estatística não-paramétrica.

3. *Adaptabilidade*. As redes neurais têm uma capacidade inata de *adaptar* seus pesos sinápticos a modificações do meio ambiente. Em particular, uma rede neural treinada para operar em um ambiente específico pode ser facilmente *retreinada* para lidar com pequenas modificações nas condições operativas do ambiente. Além disso, quando está operando em um ambiente *não-estacionário* (i. e., onde as estatísticas mudam com o tempo), uma rede neural pode ser projetada para modificar seus pesos sinápticos em tempo real. A arquitetura natural de uma rede neural para classificação de padrões, processamento de sinais e aplicações de controle, aliada à capacidade de adaptação da rede, a torna uma ferramenta muito útil para classificação adaptativa de padrões, processamento adaptativo de sinais e controle adaptativo. Como regra geral, pode-se dizer que quanto mais adaptativo

se fizer um sistema, assegurando-se de que o sistema se mantenha estável, mais robusto tenderá a ser o seu desempenho quando o sistema for exigido a operar em um ambiente não-estacionário. Contudo, deve ser enfatizado, que adaptabilidade nem sempre resulta em robustez; na verdade pode resultar no contrário. Um sistema adaptativo com constantes de tempo pequenas, por exemplo, pode se modificar rapidamente e assim tender a responder a perturbações espúrias, causando uma drástica degradação no desempenho do sistema. Para aproveitar todos os benefícios da adaptabilidade, as constantes de tempo principais do sistema devem ser grandes o suficiente para que o sistema ignore perturbações espúrias mas ainda assim serem suficientemente pequenas para responder a mudanças significativas no ambiente; o problema aqui descrito é referido como o *dilema da estabilidade-plasticidade* (Grossberg, 1988b).

4. *Resposta a Evidências*. No contexto de classificação de padrões, uma rede neural pode ser projetada para fornecer informação não somente sobre qual padrão particular *selecionar*, mas também sobre a confiança ou *crença* na decisão tomada. Esta última informação pode ser utilizada para rejeitar padrões ambíguos, caso eles estejam presentes, e com isso melhorar o desempenho de classificação da rede.

5. *Informação Contextual*. O conhecimento é representado pela própria estrutura e estado de ativação de uma rede neural. Cada neurônio da rede é potencialmente afetado pela atividade de todos os outros neurônios na rede. Conseqüentemente, a informação contextual é tratada naturalmente pela rede neural.

6. *Tolerância a Falhas*. Uma rede neural, implementada na forma física (em *hardware*), tem o potencial de ser inerentemente *tolerante a falhas*, ou capaz de realizar computação robusta, no sentido de que seu desempenho se degrada suavemente sob condições de operação adversas. Se um neurônio ou suas conexões são danificados, por exemplo, a recuperação de um padrão armazenado é prejudicada em qualidade. Contudo, devido à natureza distribuída da informação armazenada na rede, o dano deve ser extenso para que a resposta global da rede seja degradada seriamente. Assim, a princípio, uma rede neural exibe uma degradação suave do desempenho em vez de apresentar uma falha catastrófica. Há algumas evidências empíricas para a computação robusta, mas geralmente ela não é controlada. Para se assegurar que uma rede neural seja de fato tolerante a falhas pode ser necessário adotar-se medidas corretivas no projeto do algoritmo utilizado para treinar a rede (Kerlirzin e Vallet, 1993).

7. *Implementação em VLSI*. A natureza maciçamente paralela de uma rede neural a faz ser potencialmente rápida na computação de certas tarefas. Esta mesma característica torna uma rede neural adequada para implementação utilizando tecnologia de integração em escala muito ampla. Uma virtude benéfica particular da tecnologia VLSI (*very-large-scale-integration*) é que ela fornece um meio de capturar comportamentos realmente complexos de uma forma altamente hierárquica (Mead, 1989).

8. *Uniformidade de Análise e Projeto*. Basicamente, as redes neurais desfrutam de universalidade como processadores de informação. Dizemos isso no sentido de que a mesma notação é utilizada em todos os domínios envolvendo a aplicação de redes neurais. Esta característica se manifesta de diferentes modos:

- Os neurônios, de uma forma ou de outra, representam um ingrediente *comum* a todas as redes neurais.
- Esta uniformidade torna possível *compartilhar* teorias e algoritmos de aprendizagem em aplicações diferentes de redes neurais.
- Redes modulares podem ser construídas através de uma *integração homogênea de módulos*.

9. *Analogia Neurobiológica*. O projeto de uma rede neural é motivado pela analogia com o cérebro, que é uma prova viva de que o processamento paralelo tolerante a falhas é não somente possível fisicamente mas também rápido e poderoso. Os neurobiólogos olham para as redes neurais (artificiais) como uma ferramenta de pesquisa para a interpretação de fenômenos neurobiológicos. Por outro lado, os engenheiros olham para a neurobiologia procurando novas idéias para resolver problemas mais complexos do que aqueles baseados em técnicas convencionais de projeto por conexões fixas. Estes dois pontos de vista são ilustrados respectivamente pelos dois exemplos a seguir:

- Em Anastasio (1993), modelos de sistemas lineares do reflexo vestíbulo-ocular são comparados com modelos de redes neurais baseados em *redes recorrentes*, que são descritas na seção 1.6 e discutidas em detalhe no Capítulo 15. O *reflexo vestíbulo-ocular (RVO)* é parte do sistema oculomotor. A função do RVO é manter a estabilidade da imagem visual (i.e., retinal) fazendo rotações oculares opostas às rotações da cabeça. O RVO é mediado por neurônios pré-motores nos núcleos vestibulares que recebem e processam os sinais de rotação da cabeça advindos dos neurônios sensoriais vestibulares e enviam os resultados para os neurônios motores do músculo ocular. O RVO é bem apropriado para modelagem porque a sua entrada (rotação da cabeça) e a sua saída (rotação ocular) podem ser especificadas precisamente. Ele é também um reflexo relativamente simples e as propriedades neurofisiológicas de seus neurônios constituintes se encontram bem descritas. Entre os três tipos neurais, os neurônios pré-motores (interneurônios de reflexo) nos núcleos vestibulares são os mais complexos e, portanto, os mais interessantes. O RVO foi modelado anteriormente utilizando descritores concentrados de sistemas lineares e a teoria de controle. Estes modelos foram úteis para explicar algumas das propriedades globais do RVO, mas forneciam pouco entendimento das propriedades dos seus neurônios constituintes. Esta situação melhorou substancialmente através da modelagem por rede neural. Modelos de redes recorrentes do RVO (programados utilizando um algoritmo chamado aprendizagem recursiva em tempo-real que é descrito no Capítulo 15) podem reproduzir e ajudar a explicar muitos aspectos estáticos, dinâmicos, não-lineares e distribuídos do processamento de sinal pelos neurônios que medeiam o RVO, especialmente os neurônios dos núcleos vestibulares (Anastasio, 1993).
- Na *retina*, mais que em qualquer outra parte do cérebro, é onde nós começamos a agregar as relações entre o mundo externo representado por um sentido visual, sua *imagem física* projetada em um arranjo de receptores e as primeiras *imagens neurais*. A retina é uma folha fina de tecido neural que reveste o hemisfério posterior do globo ocular. A tarefa da retina é converter uma imagem ótica em uma imagem neural para ser transmitida através do nervo ótico para uma quantidade de centros para análise posterior. Esta é uma tarefa complexa, como evidenciado pela organização sináptica da retina. Nas retinas de todos os vertebrados, a transformação da imagem ótica em imagem neural envolve três estágios (Sterling, 1990):
  (i) Transdução da energia luminosa por uma camada de neurônios receptores.
  (ii) Transmissão dos sinais resultantes (produzidos em resposta à luz) por sinapses químicas para uma camada de células bipolares.
  (iii) Transmissão desses sinais, também por sinapses químicas, para neurônios de saída que são chamados de células ganglionares.

Em ambos os estágios sinápticos (i.e., das células receptoras para as células bipolares e das células bipolares para as ganglionares) há neurônios especializados conectados lateralmente chamados *células horizontais* e *células amácrinas*, respectivamente. A tarefa desses neurônios é modificar a transmissão através das camadas sinápticas. Há também elementos centrífugos chamados de *célu-

las interplexiformes; sua tarefa é transmitir sinais da camada sináptica interna para a camada externa. Alguns poucos pesquisadores construíram circuitos eletrônicos que mimetizam a estrutura da retina (Mahowald e Mead, 1989; Boahen e Ardreou, 1992; Boahen, 1996). Estes circuitos eletrônicos são chamados de circuitos integrados *neuromórficos*, um termo cunhado por Mead (1989). Um sensor de imagem neuromórfico consiste de um arranjo de fotoreceptores combinados com circuitos analógicos em cada elemento de imagem (*pixel, picture element*). Ele emula a retina na medida em que se adapta localmente a variações na luminância, detecta bordas e detecta o movimento. A analogia neurobiológica, exemplificada pelos circuitos integrados neuromórficos, é útil também de outro modo importante: ela fornece uma esperança e a crença, e de uma certa maneira a existência de prova, de que a compreensão física das estruturas neurobiológicas pode ter influência produtiva na arte da eletrônica e da tecnologia VLSI.

Tendo em mente esta inspiração na neurobiologia, parece-nos apropriado examinarmos brevemente o cérebro humano e seus níveis estruturais de organização.

1.2 O CÉREBRO HUMANO

O sistema nervoso humano pode ser visto como um sistema de três estágios, como mostrado no diagrama em blocos da Fig. 1.1 (Arbib, 1987). O centro do sistema é o *cérebro*, representado pela *rede neural (nervosa)*, que recebe continuamente informação, percebe-a e toma decisões apropriadas. Dois conjuntos de setas são mostrados na figura. Aquelas que apontam da esquerda para a direita indicam a transmissão *para frente* do sinal portador de informação, através do sistema. As setas apontando da direita para a esquerda indicam a presença de *realimentação* no sistema. Os *receptores* convertem estímulos do corpo humano ou do ambiente externo em impulsos elétricos que transmitem informação para a rede neural (cérebro). Os *atuadores* convertem impulsos elétricos gerados pela rede neural em respostas discerníveis como saídas do sistema.

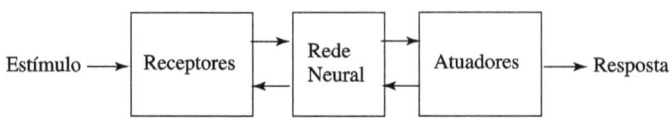

FIGURA 1.1 Representação em diagrama em blocos do sistema nervoso

O esforço para entender o cérebro se tornou mais fácil pelo trabalho pioneiro de Ramón y Cajál (1911), que introduziu a idéia dos *neurônios* como constituintes estruturais do cérebro. Tipicamente, os neurônios são de cinco a seis ordens de grandeza mais lentos que as portas lógicas em silício; os eventos em um circuito de silício acontecem na ordem de nanossegundos (10^{-9}s), enquanto que eventos neurais acontecem na ordem de milissegundos (10^{-3}s). Entretanto, o cérebro compensa a taxa de operação relativamente lenta de um neurônio pelo número realmente espantoso de neurônios (células nervosas), com conexões maciças entre si. Estima-se que haja aproximadamente 10 bilhões de neurônios no córtex humano e 60 trilhões de sinapses ou conexões (Shepherd e Koch, 1990). O resultado livre é que o cérebro é uma estrutura extremamente eficiente. Mais especificamente, a *eficiência energética* do cérebro é de aproximadamente 10^{-16} joules (J) por operação por segundo, enquanto que o valor correspondente para os melhores computadores em uso em nossos dias é de cerca de 10^{-6} joules por operação por segundo (Faggin, 1991).

As *sinapses* são unidades estruturais e funcionais elementares que mediam as interações entre os neurônios. O tipo mais comum de sinapse é a *sinapse química*, que opera da seguinte forma: um processo pré-sináptico libera uma substância *transmissora* que se difunde através da junção sináptica entre neurônios e então age sobre um processo pós-sináptico. Assim, uma sinapse converte um sinal elétrico pré-sináptico em um sinal químico e então de volta em um sinal elétrico pós-sináptico (Shepherd e Koch, 1990). Na terminologia elétrica, um elemento assim é chamado de *um dispositivo de dois terminais não-recíproco*. Nas descrições tradicionais da organização neural, assume-se que uma sinapse é uma conexão simples que pode impor ao neurônio receptivo *excitação* ou *inibição*, mas não ambas.

Anteriormente, mencionamos que a plasticidade permite que o sistema nervoso em desenvolvimento se adapte ao seu meio ambiente (Eggermont, 1990; Churchland e Sejnowski, 1992). Em um cérebro adulto, a plasticidade pode ser atribuída a dois mecanismos: a criação de novas conexões sinápticas entre neurônios e a modificação das sinapses existentes. Os *axônios*, as linhas de transmissão, e os *dendritos*, as zonas receptivas, constituem dois tipos de filamentos celulares que são distinguíveis por razões morfológicas; um axônio tem uma superfície mais lisa, menos ramificações e maior comprimento, enquanto que um dendrito (assim chamado pela sua semelhança com uma árvore) tem uma superfície irregular e mais ramificações (Freeman, 1975). Os neurônios aparecem em uma grande variedade de formas e tamanhos em diferentes partes do cérebro. A Figura 1.2 ilustra a forma de uma *célula piramidal*, que é um dos tipos mais comuns de neurônios corticais. Como muitos outros tipos de neurônios, ela recebe a maioria de suas entradas através de espinhas dendritais; veja o segmento de dendrito na inserção da Fig. 1.2 para detalhes. A célula piramidal pode receber 10.000 ou mais contatos sinápticos e pode se projetar sobre milhares de células-alvo.

A maioria dos neurônios codifica suas saídas como uma série de pulsos breves de tensão. Estes pulsos, usualmente conhecidos como *potenciais de ação* ou *impulsos* (*spikes*), originam-se no corpo celular de neurônios, ou perto dele, e então se propagam através dos neurônios individuais a velocidade e amplitude constantes. As razões para o uso de potenciais de ação para a comunicação entre neurônios se baseiam na física dos axônios. O axônio de um neurônio é muito longo e fino e é caracterizado por uma alta resistência elétrica e uma capacitância muito grande. Estes dois elementos estão distribuídos ao longo do axônio. O axônio pode assim ser modelado como uma linha de transmissão RC, daí o uso comum da "equação de linha" como a terminologia para descrever a propagação do sinal ao longo de um axônio. A análise deste mecanismo de propagação revela que, quando uma tensão é aplicada a uma extremidade do axônio, ela decai exponencialmente com a distância, caindo a um nível insignificante no momento em que ela atinge a outra extremidade. Os potenciais de ação fornecem uma maneira de evitar este problema de transmissão (Anderson, 1995).

No cérebro há organizações anatômicas tanto em pequena escala como em grande escala, e funções diferentes ocorrem nos níveis mais baixos e nos mais altos. A Figura 1.3 mostra uma hierarquia de níveis entrelaçados de organização, emergente do extenso trabalho sobre a análise de regiões localizadas no cérebro (Shepherd e Koch, 1990; Churchland e Sejnowski, 1992). As *sinapses* representam o nível mais fundamental, dependente de moléculas e íons para sua ação. Nos níveis seguintes, temos os microcircuitos neurais, as árvores dendritais e então os neurônios. Um *microcircuito neural* se refere a um agrupamento de sinapses organizadas em padrões de conectividade para produzir uma operação funcional de interesse. Um microcircuito neural pode ser comparado a um circuito de silício constituído por um agrupamento de transistores. O menor tamanho dos microcircuitos é medido em micrômetros (μm), e a sua velocidade de operação mais rápida é medida em milissegundos. Os microcircuitos neurais são agrupados para formar *subunidades dendritais* dentro das *árvores dendritais* dos neurônios individuais. O *neurônio* completo, com tamanho de cerca de 100 μm, contém várias subunidades dendritais. No nível seguinte de complexidade nós temos *circuitos locais* (cerca de 1 mm de tamanho) constituídos por neurônios com propriedades similares ou diferentes; estes agrupamentos neurais realizam operações características de uma re-

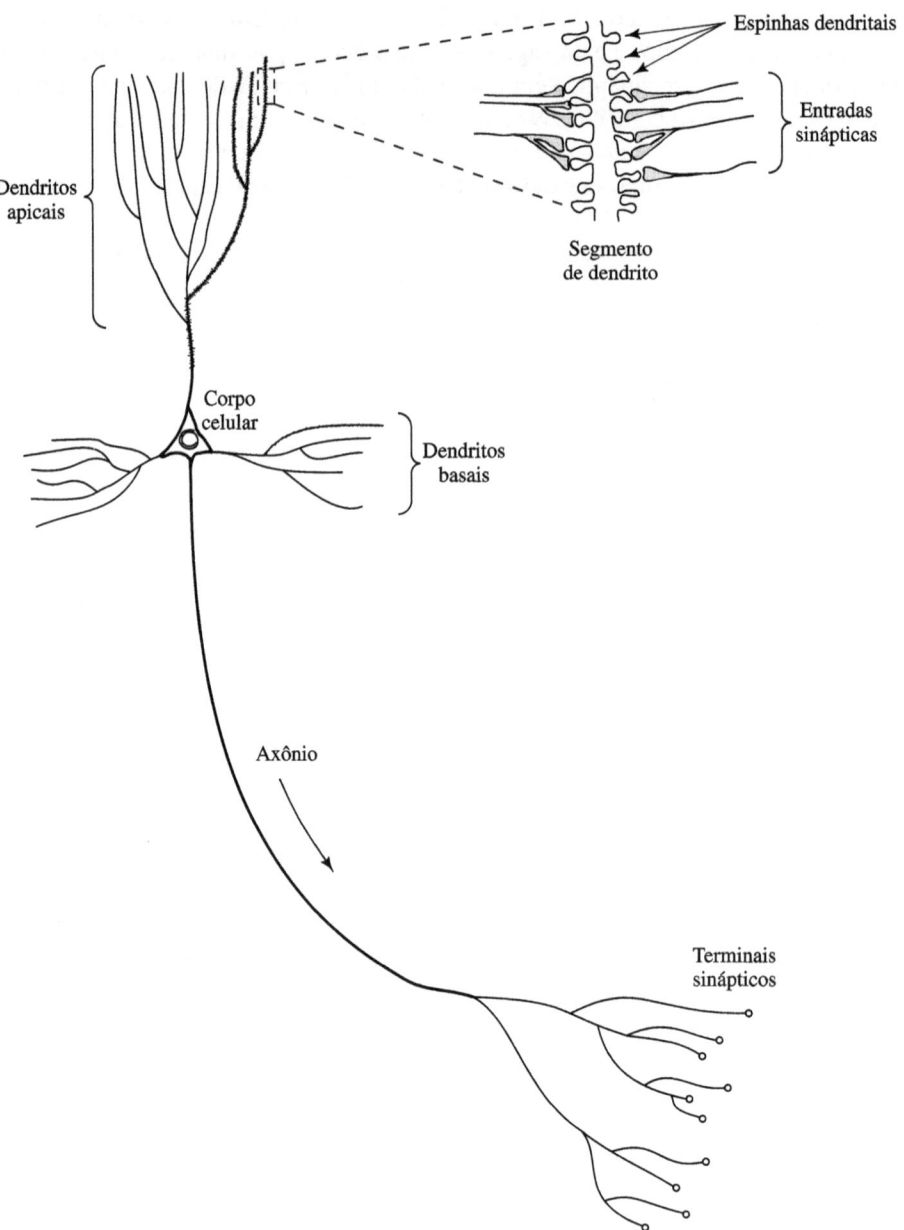

FIGURA 1.2 A célula piramidal

gião localizada no cérebro. Eles são seguidos por *circuitos inter-regionais* constituídos por caminhos, colunas e mapas topográficos, que envolvem regiões múltiplas localizadas em partes diferentes do cérebro.

Os *mapas topográficos* são organizados para responder à informação sensorial incidente. Estes mapas são freqüentemente arranjados em folhas, como no *colículo superior*, onde os mapas visual, auditivo e somestésico estão empilhados em camadas adjacentes de tal modo que estímulos advindos de pontos correspondentes no espaço se localizem acima ou abaixo de cada um deles. A

INTRODUÇÃO 35

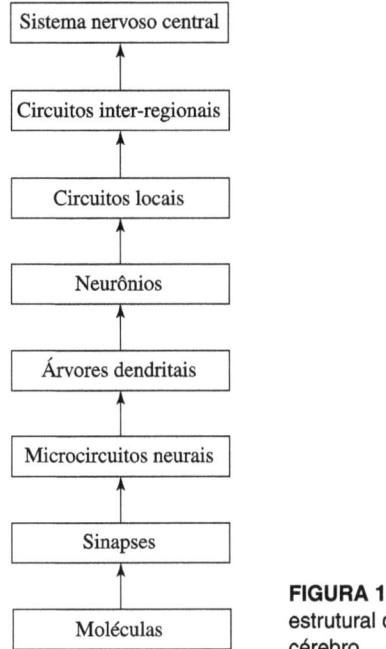

FIGURA 1.3 Organização estrutural dos níveis no cérebro

Figura 1.4 apresenta um mapa citoarquitetural do córtex cerebral como apurado por Brodmann (Brodal, 1981).

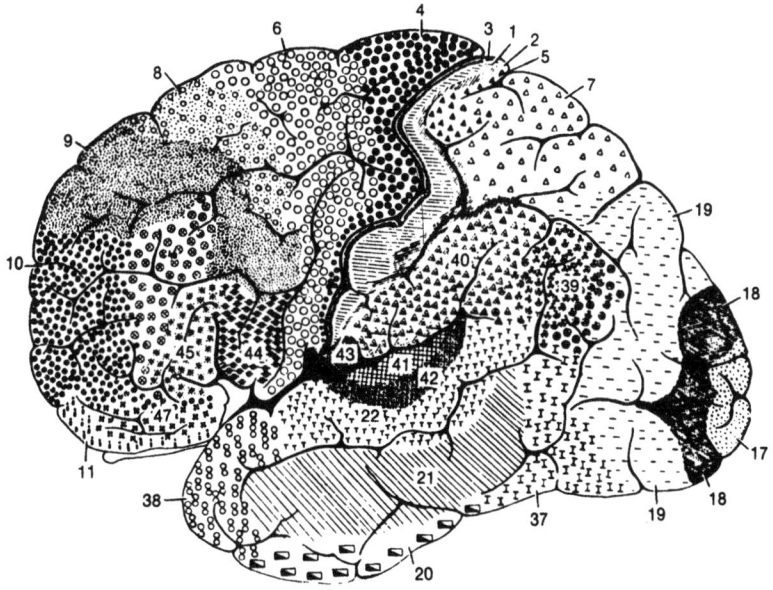

FIGURA 1.4 Mapa citoarquitectural do córtex cerebral. As diferentes áreas são identificadas pela espessura de suas camadas e tipos de células nelas contidas. Algumas das áreas específicas mais importantes são como segue. Córtex motor: banda motora, área 4; área pré-motora, área 6; campos oculares frontais, área 8. Córtex somestésico: áreas 3, 1, 2. Córtex visual: áreas 17, 18, 19. Córtex auditivo: áreas 41 e 42. (De A. Brodal, 1981; com permissão da Oxford University Press.)

Esta figura mostra claramente que diferentes entradas sensoriais (motora, somestésica, visual, auditiva, etc.) são mapeadas sobre áreas correspondentes do córtex cerebral de uma forma ordenada. No nível final de complexidade, os mapas topográficos e outros circuitos inter-regionais medeiam tipos específicos de comportamento no *sistema nervoso central*.

É importante reconhecer que os níveis estruturais de organização descritos aqui são uma característica única do cérebro. Eles não são encontrados em lugar algum em um computador digital, e não estamos próximos de recriá-los com redes neurais artificiais. Apesar disso, estamos avançando gradualmente no caminho de uma hierarquia de níveis computacionais similar àquela descrita na Fig. 1.3. Os neurônios artificiais que utilizamos para construir nossas redes neurais são realmente primitivos em comparação com aqueles encontrados no cérebro. As redes neurais que atualmente podemos projetar são comparativamente tão primitivas quanto os circuitos locais e inter-regionais do cérebro. O que é realmente gratificante, contudo, é o progresso notável alcançado em várias frentes durante as últimas duas décadas. Com a analogia neurobiológica como fonte de inspiração e com a riqueza das ferramentas teóricas e tecnológicas que temos acumulado, estamos certos de que em mais uma década nossa compreensão das redes neurais artificiais será muito mais sofisticada do que ela o é atualmente.

Nosso interesse primordial neste livro está limitado ao estudo das redes neurais artificiais de uma perspectiva de engenharia.[2] Começamos o estudo descrevendo os modelos de neurônios (artificiais) que formam a base das redes neurais consideradas nos capítulos subsequentes do livro.

1.3 MODELOS DE UM NEURÔNIO

Um *neurônio* é uma unidade de processamento de informação que é fundamental para a operação de uma rede neural. O diagrama em blocos da Fig. 1.5 mostra o *modelo* de um neurônio, que forma a base para o projeto de redes neurais (artificiais). Aqui nós identificamos três elementos básicos do modelo neuronal:

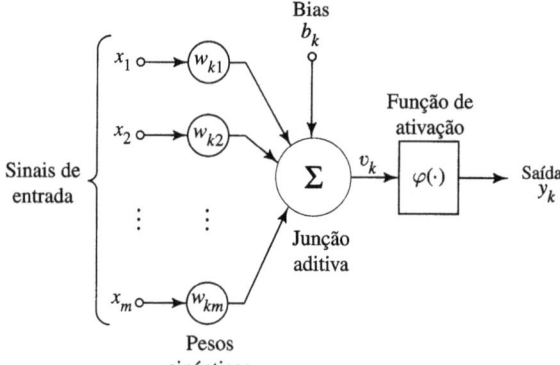

FIGURA 1.5 Modelo não-linear de um neurônio

1. Um conjunto de *sinapses* ou *elos de conexão*, cada uma caracterizada por um *peso* ou *força* própria. Especificamente, um sinal x_j na entrada da sinapse j conectada ao neurônio k é multiplicado pelo peso sináptico w_{kj}. É importante notar a maneira como são escritos os índices do peso sináptico w_{kj}. O primeiro índice se refere ao neurônio em questão e o segundo se refere ao terminal de entrada da sinapse à qual o peso se refere. Ao contrário de uma sinapse do cérebro, o peso sináptico de um neurônio artificial pode estar em um intervalo que inclui valores negativos bem como positivos.

2. Um *somador* para somar os sinais de entrada, ponderados pelas respectivas sinapses do neurônio; as operações descritas aqui constituem um *combinador linear*.
3. Uma *função de ativação* para restringir a amplitude da saída de um neurônio. A função de ativação é também referida como *função restritiva* já que restringe (limita) o intervalo permissível de amplitude do sinal de saída a um valor finito.

Tipicamente, o intervalo normalizado da amplitude da saída de um neurônio é escrito como o intervalo unitário fechado [0, 1] ou alternativamente [-1, 1].

O modelo neuronal da Fig. 1.5 inclui também um *bias* aplicado externamente, representado por b_k. O bias b_k tem o efeito de aumentar ou diminuir a entrada líquida da função de ativação, dependendo se ele é positivo ou negativo, respectivamente.

Em termos matemáticos, podemos descrever um neurônio k escrevendo o seguinte par de equações:

$$u_k = \sum_{j=1}^{m} w_{kj} x_j \tag{1.1}$$

e

$$y_k = \varphi(u_k + b_k) \tag{1.2}$$

onde $x_1, x_2, ..., x_m$ são os sinais de entrada; $w_{k1}, w_{k2}, ..., w_{km}$ são os pesos sinápticos do neurônio k; u_k é a *saída do combinador linear* devido aos sinais de entrada; b_k é o bias; $\varphi(\cdot)$ é a *função de ativação*; e y_k é o sinal de saída do neurônio. O uso do bias b_k tem o efeito de aplicar uma *transformação afim* à saída u_k do combinador linear no modelo da Fig. 1.5, como mostrado por

$$v_k = u_k + b_k \tag{1.3}$$

Em particular, dependendo se o bias b_k é positivo ou negativo, a relação entre o *campo local induzido* ou *potencial de ativação* v_k do neurônio k e a saída do combinador linear u_k é modificada na forma ilustrada na Fig. 1.6; de agora em diante, o termo "campo local induzido" será usado. Note que como resultado desta transformação afim, o gráfico de v_k em função de u_k não passa mais pela origem.

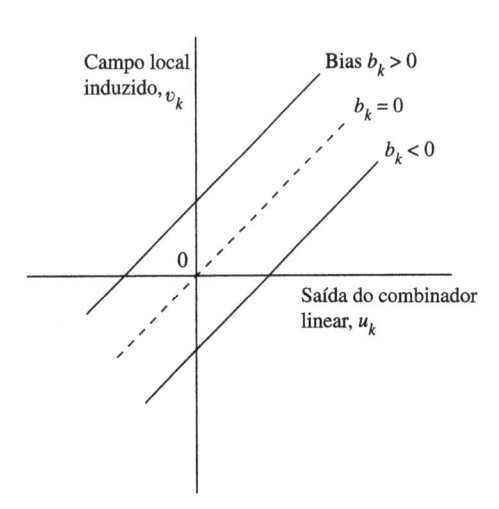

FIGURA 1.6 Transformação afim produzida pela presença de um bias; note que $v_k = b_k$ em $u_k = 0$.

O bias b_k é um parâmetro externo do neurônio artificial k. Podemos considerar a sua presença como na Eq. (1.2). Equivalentemente, podemos formular a combinação das Eqs. (1.1) até (1.3) como segue:

$$v_k = \sum_{j=0}^{m} w_{kj} x_j \qquad (1.4)$$

$$y_k = \varphi(v_k) \qquad (1.5)$$

Na Eq. (1.4), adicionamos uma nova sinapse. A sua entrada é

$$x_0 = +1 \qquad (1.6)$$

e o seu peso é

$$w_{k0} = b_k \qquad (1.7)$$

Podemos, portanto, reformular o modelo do neurônio k como na Fig. 1.7. Nesta figura, o efeito do bias é levado em conta de duas maneiras: (1) adicionando-se um novo sinal de entrada fixo em +1 e (2) adicionando-se um novo peso sináptico igual ao bias b_k. Embora os modelos das Figs. 1.5 e 1.7 sejam diferentes na aparência, eles são matematicamente equivalentes.

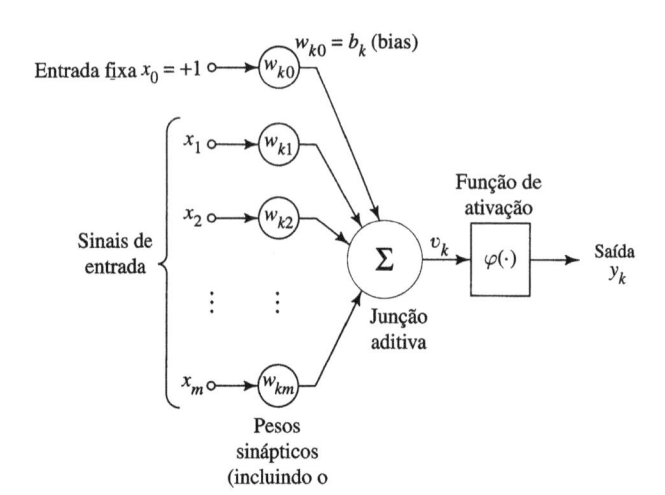

FIGURA 1.7 Um outro modelo não-linear de um neurônio

Tipos de Função de Ativação

A função de ativação, representada por $\varphi(v)$, define a saída de um neurônio em termos do campo local induzido v. Aqui nós identificamos três tipos básicos de funções de ativação:

1. *Função de Limiar*. Para este tipo de função de ativação, descrito na Fig. 1.8a, temos

$$\varphi(v) = \begin{cases} 1 & \text{se } v \geq 0 \\ 0 & \text{se } v < 0 \end{cases} \qquad (1.8)$$

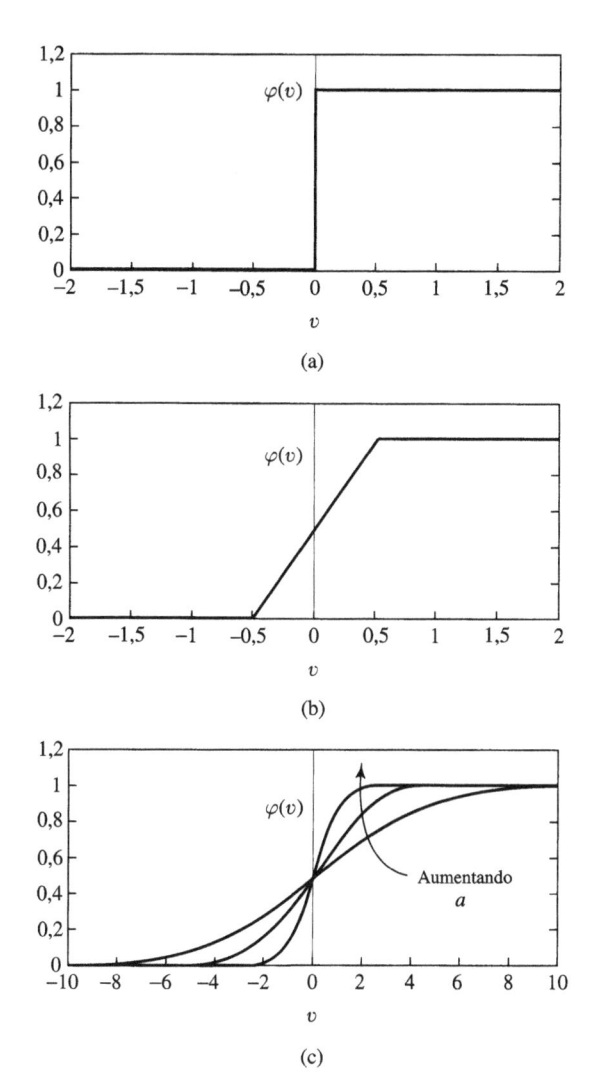

FIGURA 1.8 (a) Função de limiar. (b) Função linear por partes. (c) Função sigmóide para parâmetro de inclinação a variável

Na literatura de engenharia, esta forma de função de limiar é normalmente referida como *função de Heaviside*. Correspondentemente, a saída do neurônio k que emprega esta função de limiar é expressa como

$$y_k = \begin{cases} 1 & \text{se } v_k \geq 0 \\ 0 & \text{se } v_k < 0 \end{cases} \tag{1.9}$$

onde v_k é o campo local induzido do neurônio; isto é

$$v_k = \sum_{j=1}^{m} w_{kj} x_j + b_k \tag{1.10}$$

Tal neurônio é referido na literatura como o *modelo de McCulloch-Pitts*, em reconhecimento ao trabalho pioneiro realizado por McCulloch e Pitts (1943). Neste modelo, a saída de um neurônio assume o valor 1, se o campo local induzido daquele neurônio é não-negativo, e 0 caso contrário. Esta definição descreve a *propriedade tudo-ou-nada* do modelo de McCulloch-Pitts.

2. *Função Linear por Partes*. Para a função linear por partes descrita na Fig.1.8b temos

$$\varphi(v) = \begin{cases} 1, & v \geq +\frac{1}{2} \\ v, & +\frac{1}{2} > v > -\frac{1}{2} \\ 0, & v \leq -\frac{1}{2} \end{cases} \quad (1.11)$$

onde assume-se que o fator de amplificação dentro da região linear de operação é a unidade. Esta forma de função de ativação pode ser vista como uma *aproximação* de um amplificador não-linear. As duas situações seguintes podem ser vistas como formas especiais da função linear por partes:

- Se a região linear de operação é mantida sem entrar em saturação, surge um *combinador linear*.
- A função linear por partes se reduz à *função de limiar*, se o fator de amplificação da região linear é feito infinitamente grande.

3. *Função Sigmóide*. A função sigmóide, cujo gráfico tem a forma de s, é de longe a forma mais comum de função de ativação utilizada na construção de redes neurais artificiais. Ela é definida como uma função estritamente crescente que exibe um balanceamento adequado entre comportamento linear e não-linear.[3] Um exemplo de função sigmóide é a *função logística*,[4] definida por

$$\varphi(v) = \frac{1}{1 + \exp(-av)} \quad (1.12)$$

onde *a* é o *parâmetro de inclinação* da função sigmóide. Variando-se o parâmetro *a*, obtemos funções sigmóides com diferentes inclinações, como ilustrado na Fig. 1.8c. Na verdade, a inclinação na origem é igual a *a*/4. No limite, quando o parâmetro de inclinação se aproxima do infinito, a função sigmóide se torna simplesmente uma função de limiar. Enquanto que a função de limiar assume o valor de 0 ou 1, uma função sigmóide assume um intervalo contínuo de valores entre 0 e 1. Note também que a função sigmóide é diferenciável, enquanto que a função de limiar não o é. (Diferenciabilidade é uma característica importante da teoria de redes neurais, como descrito no Capítulo 4.)

As funções de ativação definidas nas Eqs. (1.8), (1.11) e (1.12) se estendem de 0 a +1. Algumas vezes é desejável que a função de ativação se estenda de –1 a +1, assumindo neste caso uma forma anti-simétrica em relação à origem; isto é, a função de ativação é uma função ímpar do campo local induzido. Especificamente, a função de limiar da Eq. (1.8) é definida agora como

$$\varphi(v) = \begin{cases} 1 & se\ v > 0 \\ 0 & se\ v = 0 \\ -1 & se\ v < 0 \end{cases} \quad (1.13)$$

a qual é normalmente denominada *função sinal*. Para a forma correspondente de uma função sigmóide, podemos utilizar a *função tangente hiperbólica*, definida por

$$\varphi(v) = \tanh(v) \quad (1.14)$$

O fato de se permitir que uma função de ativação do tipo sigmóide assuma valores negativos como descrito pela Eq. (1.14) traz benefícios analíticos (como mostrado no Capítulo 4).

Modelo Estocástico de um Neurônio

O modelo neuronal descrito na Fig. 1.7 é determinístico já que o seu comportamento de entrada-saída é definido precisamente para todas as entradas. Para algumas aplicações de redes neurais, é desejável que a análise seja baseada em um modelo neuronal estocástico. Em uma abordagem analiticamente tratável, é dada uma interpretação probabilística à função de ativação do modelo de McCulloch-Pitts. Mais especificamente, permite-se que um neurônio assuma apenas um de dois estados: +1 ou −1, por exemplo. A decisão para *disparar* um neurônio (i.e., mudar seu estado de "desligado" para "ligado") é probabilística. Considere que x represente o estado do neurônio e $P(v)$ represente a *probabilidade* de disparar, onde v é o campo local induzido do neurônio. Nós podemos então escrever

$$x = \begin{cases} +1 & \text{com probabilidade } P(v) \\ -1 & \text{com probabilidade } 1 - P(v) \end{cases}$$

Uma escolha padrão para $P(v)$ é a função de forma sigmóide (Little, 1974):

$$P(v) = \frac{1}{1 + \exp(-v/T)} \quad (1.15)$$

onde T é uma *pseudotemperatura* que é utilizada para controlar o nível de ruído e portanto a incerteza de disparar. É importante perceber, entretanto, que T *não* é a temperatura física de uma rede neural, seja ela uma rede neural biológica ou artificial. Em vez disso, como já mencionado, nós devemos considerar T meramente como um parâmetro que controla as flutuações térmicas que representam os efeitos do ruído sináptico. Note que quando $T \to 0$, o neurônio estocástico descrito pela Eq. (1.15) se reduz a uma forma sem ruído (i.e., determinística), que é o modelo de McCulloch-Pitts.

1.4 REDES NEURAIS VISTAS COMO GRAFOS ORIENTADOS

O *diagrama em blocos* da Fig. 1.5 ou aquele da Fig. 1.7 fornece uma descrição funcional dos vários elementos que constituem o modelo de um neurônio artificial. Nós podemos simplificar a aparência do modelo utilizando a idéia de grafos de fluxo de sinal sem sacrificar quaisquer detalhes do modelo. Os grafos de fluxo de sinal juntamente com um conjunto bem-definido de regras foram desenvolvidos originalmente por Mason (1953, 1956) para redes lineares. A presença de não-linearidade no modelo de um neurônio limita o escopo de sua aplicação às redes neurais. Apesar disso, os grafos de fluxo de sinal fornecem um método elegante para retratar o fluxo dos sinais em uma rede neural, que é o nosso objetivo nesta seção.

Um *grafo de fluxo de sinal* é uma rede de *elos (ramos)* orientados que são interligados em certos pontos chamados *nós*. Um nó típico j tem um *sinal nodal x_j* associado. Um elo orientado típico origina-se no nó j e termina no nó k; ele tem uma *função de transferência* ou *transmitância* associada que especifica a maneira pela qual o sinal y_k no nó k depende do sinal x_j no nó j. O fluxo de sinais nas diversas partes do grafo é ditado por três regras básicas:

Regra 1. Um sinal flui ao longo de um elo somente no sentido definido pela seta do elo.

Dois diferentes tipos de elos podem ser distinguidos:

- *Elos sinápticos*, cujo comportamento é governado por uma relação de entrada-saída *linear*. Especificamente, o sinal nodal x_j é multiplicado pelo peso sináptico w_{kj} para produzir o sinal nodal y_k, como ilustrado na Fig. 1.9a.

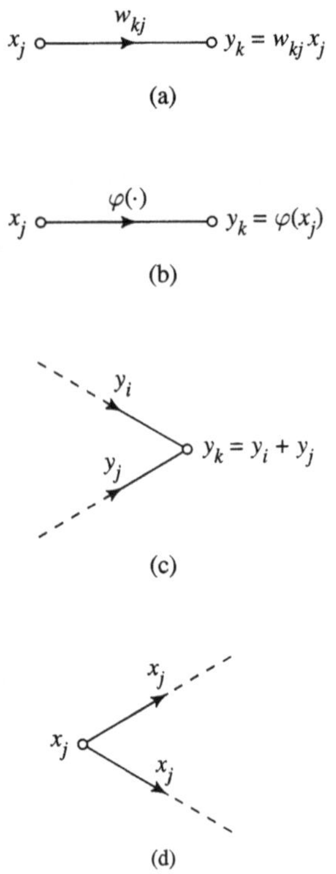

$$x_j \circ \xrightarrow{w_{kj}} \circ y_k = w_{kj} x_j$$
(a)

$$x_j \circ \xrightarrow{\varphi(\cdot)} \circ y_k = \varphi(x_j)$$
(b)

(c) $y_k = y_i + y_j$

(d)

FIGURA 1.9 Ilustração das regras básicas para a construção de grafos de fluxo de sinal

- *Elos de ativação*, cujo comportamento é governado em geral por uma relação de entrada-saída *não-linear*. Esta forma de relação é ilustrada na Fig. 1.9b, onde $\varphi(\cdot)$ é a função de ativação não-linear.

Regra 2. Um sinal nodal é igual à soma algébrica de todos os sinais que entram no nó pertinente via os elos incidentes.

Esta segunda regra é ilustrada na Fig. 1.9c para o caso de *convergência sináptica* ou *fan-in*.

Regra 3. O sinal em um nó é transmitido para cada elo de saída originário deste nó, sendo a transmissão inteiramente independente das funções de transferência dos elos de saída.

Esta terceira regra é ilustrada na Fig. 1.9d para o caso de *divergência sináptica* ou *fan-out*.

Utilizando estas regras podemos construir, por exemplo, o grafo de fluxo de sinal da Fig. 1.10 como o modelo de um neurônio, correspondente ao diagrama em blocos da Fig. 1.7. A representação mostrada na Fig. 1.10 é claramente mais simples em aparência que aquela da Fig. 1.7, apesar de conter todos os detalhes funcionais descritos naquele diagrama. Note que em ambas as figuras a entrada $x_0 = +1$ e o peso sináptico associado $w_{k0} = b_k$, onde b_k é o bias aplicado ao neurônio k.

De fato, com base no grafo de fluxo de sinal da Fig. 1.10 como o modelo de um neurônio, podemos agora oferecer a seguinte definição matemática de uma rede neural:

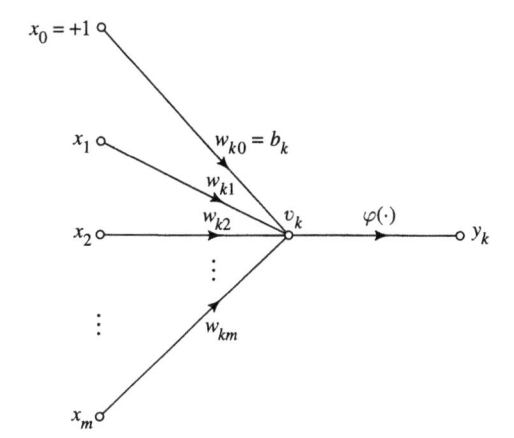

FIGURA 1.10 Grafo de fluxo de sinal de um neurônio

Uma rede neural é um grafo orientado constituído de nós com elos de interligação sinápticos e de ativação e é caracterizada por quatro propriedades:

1. *Cada neurônio é representado por um conjunto de elos sinápticos lineares, um bias aplicado externamente e um elo de ativação possivelmente não-linear. O bias é representado por um elo sináptico conectado a uma entrada fixa em +1.*
2. *Os elos sinápticos de um neurônio ponderam os seus respectivos sinais de entrada.*
3. *A soma ponderada dos sinais de entrada define o campo local induzido do neurônio em questão.*
4. *O elo de ativação limita o campo local induzido do neurônio para produzir uma saída.*

O estado do neurônio pode ser definido em termos do seu campo local induzido ou de seu sinal de saída.

Um grafo orientado assim definido é *completo* no sentido de ele descrever não somente o fluxo de sinal de neurônio para neurônio, mas também o fluxo de sinal dentro de cada neurônio. Entretanto, quando o foco de atenção é restrito ao fluxo de sinal de neurônio para neurônio, podemos utilizar uma forma reduzida deste grafo, omitindo os detalhes do fluxo de sinal no interior dos neurônios individuais. Este grafo orientado é chamado de *parcialmente completo*. Ele é caracterizado como segue:

1. *Nós de fonte* fornecem sinais de entrada para o grafo.
2. Cada neurônio é representado por um único nó chamado de *nó computacional*.
3. Os *elos de comunicação* que conectam os nós de fonte aos nós computacionais do grafo não carregam pesos; eles meramente fornecem direções de fluxo de sinal no grafo.

Um grafo orientado parcialmente completo definido dessa forma é referido como um *grafo arquitetural*, que descreve a planta da rede neural. Ele é ilustrado na Fig. 1.11 para o caso simples de um único neurônio com m nós de fonte e um único nó fixo em +1 para o bias. Note que o nó computacional que representa o neurônio está mostrado sombreado e o nó de fonte é mostrado como um pequeno quadrado. Esta convenção é seguida em todo o livro. Exemplos mais elaborados de plantas arquiteturais são apresentados na Seção 1.6.

Para resumir, temos três representações gráficas de uma rede neural:

- Diagrama em blocos, que fornece uma descrição funcional da rede.

44 REDES NEURAIS

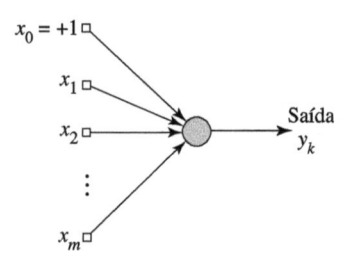

FIGURA 1.11 Grafo arquitetural de um neurônio

- Grafo de fluxo de sinal, que fornece uma descrição completa do fluxo de sinal na rede.
- Grafo arquitetural, que descreve a planta da rede.

1.5 REALIMENTAÇÃO

Dizemos que existe *realimentação* em um sistema dinâmico sempre que a saída de um elemento do sistema influencia em parte a entrada aplicada àquele elemento particular, originando assim um ou mais de um caminho fechado para transmissão de sinais em torno do sistema. Na verdade, a realimentação ocorre em quase todas as partes do sistema nervoso de todos os animais (Freeman, 1975). Além disso, ela desempenha um papel importante no estudo de uma classe especial de redes neurais conhecidas como *redes recorrentes*. A Figura 1.12 mostra o grafo de fluxo de sinal de um *sistema realimentado de laço único*, onde o sinal de entrada $x_j(n)$, o sinal interno $x_j'(n)$ e o sinal de saída $y_k(n)$ são funções da variável de tempo discreto n. Assume-se que o sistema seja *linear*, consistindo de um caminho direto e de um caminho de realimentação que são caracterizados pelos "operadores" A e B,

FIGURA 1.12 Grafo de fluxo de sinal de um sistema realimentado com laço único

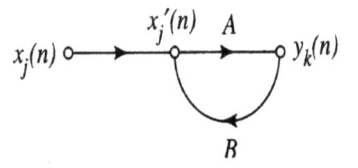

respectivamente. Em particular, a saída do canal direto determina em parte sua própria saída através do canal de realimentação. Da Fig. 1.12 notamos facilmente as seguintes relações de entrada-saída:

$$y_k(n) = A\,[x_j'(n)] \tag{1.16}$$

$$x_j'(n) = x_j(n) + B\,[y_k(n)] \tag{1.17}$$

onde os colchetes são incluídos para enfatizar o fato de A e B agirem como operadores. Eliminando $x_j'(n)$ entre as eqs. (1.16) e (1.17), obtemos

$$y_k(n) = \frac{A}{1-AB}\bigl[x_j(n)\bigr] \tag{1.18}$$

Referimo-nos a $A/(1-AB)$ como o *operador de laço fechado* do sistema, e a AB como o *operador de laço aberto*. Em geral, o operador de laço aberto não é comutativo no sentido de que $BA \neq AB$.

Considere, por exemplo, o sistema realimentado de laço único mostrado na Fig. 1.13, no qual A é um peso fixo, w; e B é um *operador de atraso unitário*, z^{-1}, cuja saída está atrasada em relação

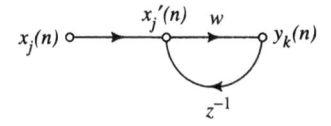

FIGURA 1.13 Grafo de fluxo de sinal de um filtro de resposta a impulso de duração infinita (*IIR, infinite-duration impulse response*), de primeira ordem

à entrada em uma unidade de tempo. Podemos então expressar o operador de laço fechado do sistema como

$$\frac{A}{1-AB} = \frac{w}{1-wz^{-1}}$$
$$= w(1-wz^{-1})^{-1}$$

Utilizando a expansão binomial para $(1 - w\,z^{-1})^{-1}$, podemos rescrever o operador de laço fechado do sistema como

$$\frac{A}{1-AB} = w\sum_{l=0}^{\infty} w^{l} z^{-l} \qquad (1.19)$$

Assim, substituindo a Eq. (1.19) em (1.18), obtemos

$$y_k(n) = w\sum_{l=0}^{\infty} w^{l} z^{-l}\left[x_j(n)\right] \qquad (1.20)$$

onde novamente incluímos os colchetes para enfatizar o fato de z^{-1} ser um operador. Em particular, da definição de z^{-1} temos

$$z^{-l}[x_j(n)] = x_j(n-l) \qquad (1.21)$$

onde $x_j(n - l)$ é uma amostra do sinal de entrada atrasada de l unidades de tempo. Conseqüentemente, podemos expressar o sinal de saída $y_k(n)$ como uma soma ponderada infinita das amostras presentes e passadas do sinal de entrada $x_j(n)$, como mostrado por

$$y_k(n) = \sum_{l=0}^{\infty} w^{l+1} x_j(n-l) \qquad (1.22)$$

Vemos claramente agora que o comportamento dinâmico do sistema é controlado pelo peso w. Em particular, podemos distinguir dois casos específicos:

1. $|w| < 1$, para o qual o sinal de saída $y_k(n)$ é exponencialmente *convergente*; isto é, o sistema é *estável*. Isto é ilustrado na Fig. 1.14a para um w positivo.
2. $|w| \geq 1$, para o qual o sinal de saída $y_k(n)$ é *divergente*; isto é, o sistema é *instável*. Se $|w| = 1$ a divergência é linear como na Fig. 1.14b, e se $|w| > 1$ a divergência é exponencial como na Fig. 1.14c.

A estabilidade tem papel de destaque no estudo de sistemas realimentados.

O caso de $|w| < 1$ corresponde a um sistema com *memória infinita* no sentido de a saída do sistema depender das amostras da entrada que se estendem sobre o passado infinito. Além disso, a memória é *esvaecente* já que a influência de uma amostra passada se reduz exponencialmente com o tempo n.

A análise do comportamento dinâmico das redes neurais envolvendo a aplicação de realimentação infelizmente é complicada pelo fato de as unidades de processamento utilizadas para cons-

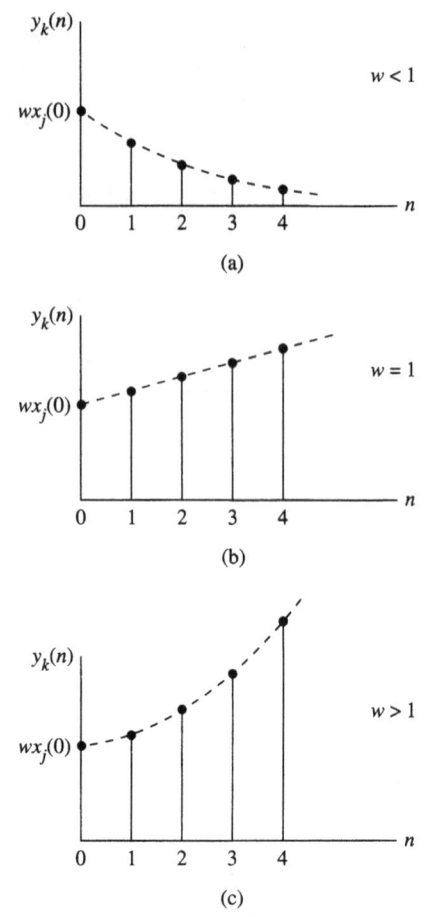

FIGURA 1.14 Resposta temporal da Fig. 1.13 para três valores diferentes de pesos *w* em um caminho para frente. (a) Estável. (b) Divergência linear. (c) Divergência exponencial

truir a rede serem geralmente *não-lineares*. Outras considerações adicionais sobre este assunto serão tratadas mais adiante neste livro.

1.6 ARQUITETURAS DE REDE

A maneira pela qual os neurônios de uma rede neural estão estruturados está intimamente ligada com o algoritmo de aprendizagem usado para treinar a rede. Podemos, portanto, falar de algoritmos (regras) de aprendizagem utilizados no projeto de redes neurais como sendo *estruturados*. A classificação de algoritmos de aprendizagem é considerada no próximo capítulo, e o desenvolvimento de diferentes algoritmos de aprendizagem é tratado nos capítulos subsequentes do livro. Nesta seção, focalizamos nossa atenção nas arquiteturas (estruturas) de rede. Em geral, podemos identificar três classes de arquiteturas de rede fundamentalmente diferentes:

1. Redes Alimentadas Adiante com Camada Única

Em uma rede neural *em camadas*, os neurônios estão organizados na forma de camadas. Na forma mais simples de uma rede em camadas, temos uma *camada de entrada* de nós de fonte que se projeta sobre uma *camada de saída* de neurônios (nós computacionais), mas não vice-versa. Em outras palavras, esta rede é estritamente do tipo *alimentada adiante* ou *acíclica*. Ela é ilustrada na

Fig. 1.15 para o caso de quatro nós tanto na camada de entrada como na de saída. Esta rede é chamada de *rede de camada única*, sendo que a designação "camada única" se refere à camada de saída de nós computacionais (neurônios). Não contamos a camada de entrada de nós de fonte, porque lá não é realizada qualquer computação.

Camada de entrada de
neurônios de fonte

Camada de saída
de neurônios

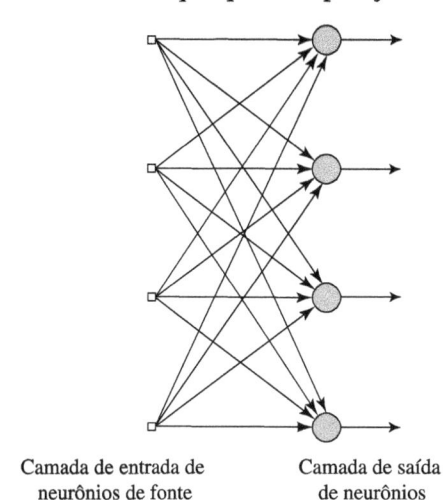

FIGURA 1.15 Rede alimentada adiante ou acíclica com uma única camada de neurônios

2. Redes Alimentadas Diretamente com Múltiplas Camadas

A segunda classe de uma rede neural alimentada adiante se distingue pela presença de uma ou mais *camadas ocultas*, cujos nós computacionais são chamados correspondentemente de *neurônios ocultos* ou *unidades ocultas*. A função dos neurônios ocultos é intervir entre a entrada externa e a saída da rede de uma maneira útil. Adicionando-se uma ou mais camadas ocultas, tornamos a rede capaz de extrair estatísticas de ordem elevada. Em um sentido bastante livre, a rede adquire uma perspectiva *global* apesar de sua conectividade local, devido ao conjunto extra de conexões sinápticas e da dimensão extra de interações neurais (Churchland e Sejnowski, 1992). A habilidade de os neurônios ocultos extraírem estatísticas de ordem elevada é particularmente valiosa quando o tamanho da camada de entrada é grande.

Os nós de fonte da camada de entrada da rede fornecem os respectivos elementos do padrão de ativação (vetor de entrada), que constituem os sinais de entrada aplicados aos neurônios (nós computacionais) na segunda camada (i.e., a primeira camada oculta). Os sinais de saída da segunda camada são utilizados como entradas para a terceira camada, e assim por diante para o resto da rede. Tipicamente, os neurônios em cada camada da rede têm como suas entradas apenas os sinais de saída da camada precedente. O conjunto de sinais de saída dos neurônios da camada de saída (final) da rede constitui a resposta global da rede para o padrão de ativação fornecido pelos nós de fonte da camada de entrada (primeira). O grafo arquitetural na Fig. 1.16 ilustra a planta de uma rede neural de múltiplas camadas alimentada adiante para o caso de uma única camada oculta. Por concisão, a rede na Fig. 1.16 é referida como uma rede 10-4-2 porque ela tem 10 neurônios de fonte, 4 neurônios ocultos e 2 neurônios de saída. Como um outro exemplo, uma rede alimentada adiante com m nós de fonte, h_1 neurônios na primeira camada oculta, h_2 neurônios na segunda camada oculta e q neurônios na camada de saída é referida como uma rede m-h_1-h_2-q.

A rede neural da Fig. 1.16 é dita *totalmente conectada*, no sentido de que cada um dos nós de uma camada da rede está conectado a todos os nós da camada adjacente seguinte. Entretanto, se alguns dos elos de comunicação (conexões sinápticas) estiverem faltando na rede, dizemos que a rede é *parcialmente conectada*.

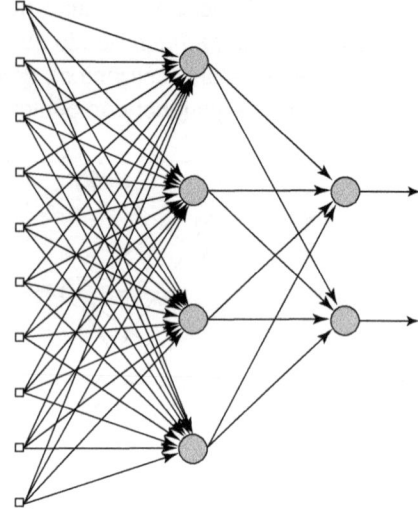

FIGURA 1.16 Rede alimentada adiante ou acíclica totalmente conectada com uma camada oculta e uma camada de saída

Camada de entrada de nós de fonte — Camada de neurônios ocultos — Camada de neurônios de saída

3. Redes Recorrentes

Uma *rede neural recorrente* se distingue de uma rede neural alimentada adiante por ter pelo menos um laço de *realimentação*. Uma rede recorrente pode consistir, por exemplo, de uma única camada de neurônios com cada neurônio alimentando seu sinal de saída de volta para as entradas de todos os outros neurônios, como ilustrado no grafo arquitetural da Fig. 1.17. Na estrutura representada nesta figura, *não* há laços de auto-realimentação na rede; auto-realimentação se refere a uma situação onde a saída de um neurônio é realimentada para a sua própria entrada. A rede recorrente

Operadores de atraso unitário

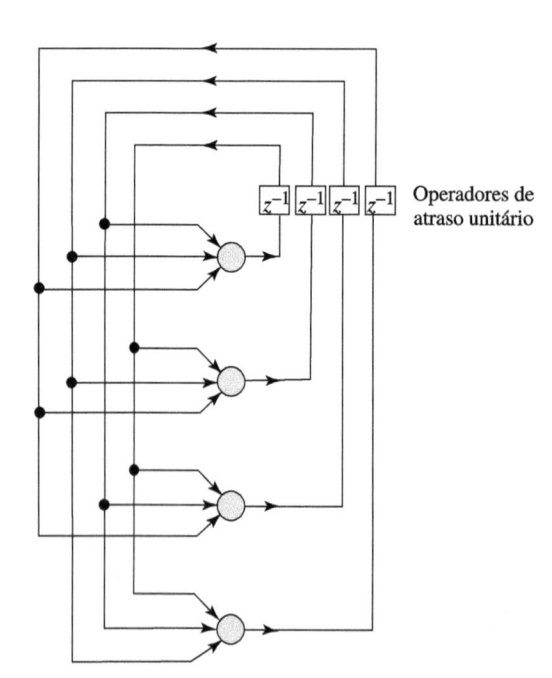

FIGURA 1.17 Rede recorrente sem laços de auto-realimentação e sem neurônios ocultos

ilustrada na Fig. 1.17 também *não* tem neurônios ocultos. Na Fig. 1.18, ilustramos uma outra classe de redes recorrentes com neurônios ocultos. As conexões de realimentação mostradas na Fig. 1.18 se originam dos neurônios ocultos bem como dos neurônios de saída.

A presença de laços de realimentação, quer seja na estrutura recorrente da Fig. 1.17 ou naquela da Fig. 1.18, tem um impacto profundo na capacidade de aprendizagem da rede e no seu desempenho. Além disso, os laços de realimentação envolvem o uso de ramos particulares compostos de *elementos de atraso unitário* (representados por z^{-1}), o que resulta em um comportamento dinâmico não-linear, admitindo-se que a rede neural contenha unidades não-lineares.

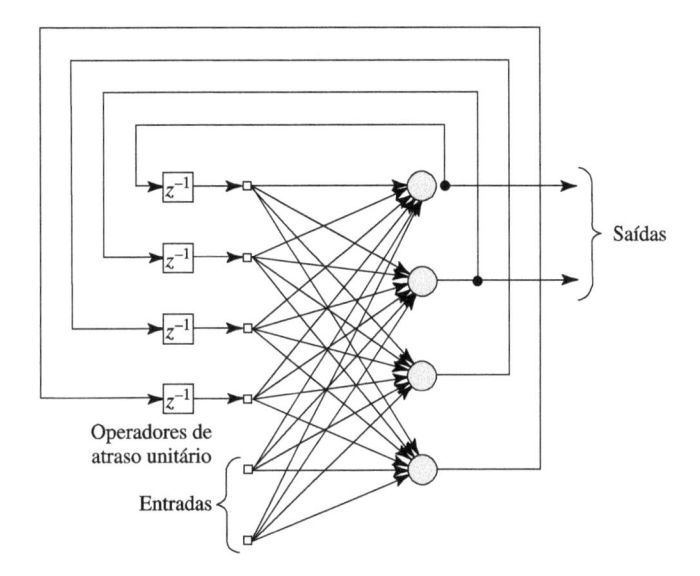

FIGURA 1.18 Rede recorrente com neurônios ocultos

1.7 REPRESENTAÇÃO DO CONHECIMENTO

Na Seção 1.1, utilizamos o termo "conhecimento" na definição de uma rede neural, sem uma descrição explícita do que isso significa para nós. Agora nos ocuparemos desse assunto oferecendo a seguinte definição genérica (Fischler e Firschein, 1987):

Conhecimento se refere à informação armazenada ou a modelos utilizados por uma pessoa ou máquina para interpretar, prever e responder apropriadamente ao mundo exterior.

São duas as principais características da *representação do conhecimento*: (1) que informação é realmente tornada explícita; e (2) como a informação é codificada fisicamente para o uso subsequente. Portanto, pela sua própria natureza, a representação do conhecimento é direcionada a um objetivo. Em aplicações do mundo real de máquinas "inteligentes", podemos dizer que uma boa solução depende de uma boa representação do conhecimento (Woods, 1986). Assim também o é com as redes neurais que representam uma classe especial de máquinas inteligentes. Tipicamente, entretanto, as formas possíveis de representação desde as entradas até os parâmetros internos da rede são muito diversificadas, o que tende a tornar o desenvolvimento de uma solução satisfatória utilizando uma rede neural um desafio real de projeto.

Uma tarefa importante para uma rede neural é aprender um modelo do mundo (ambiente) no qual ela está inserida e manter o modelo suficientemente consistente com o mundo real de maneira a atingir os objetivos especificados da aplicação de interesse. O conhecimento do mundo consiste de dois tipos de informação:

1. O estado conhecido do mundo, representado pelos fatos sobre o que é e o que era conhecido; esta forma de conhecimento é chamada de *informação prévia*.
2. As observações (medidas) do mundo, obtidas por meio de sensores projetados para sondar o ambiente no qual a rede neural deve operar. Normalmente, estas observações são inerentemente ruidosas, sendo sujeitas a erros devido a ruído do sensor e imperfeições do sistema. De qualquer maneira, as observações que são assim obtidas fornecem o conjunto de informações de onde são retirados os *exemplos* utilizados para treinar a rede neural.

Os exemplos podem ser *rotulados* ou *não-rotulados*. Nos exemplos rotulados, cada exemplo que representa um *sinal de entrada* é associado a uma *resposta desejada* correspondente (i.e., saída-alvo). Por outro lado, os exemplos não-rotulados consistem de ocorrências diferentes dos próprios sinais de entrada. De qualquer maneira, um conjunto de exemplos, rotulados ou não, representa o conhecimento acerca do ambiente de interesse que uma rede neural pode aprender através de treinamento.

Um conjunto de pares de entrada-saída, com cada par consistindo de um sinal de entrada e a resposta desejada correspondente, é referido como *um conjunto de dados de treinamento* ou *amostra de treinamento*. Para ilustrar como este conjunto de dados pode ser utilizado, considere, por exemplo, o *problema do reconhecimento de um dígito manuscrito*. Neste problema, o sinal de entrada consiste de uma imagem com *pixels* (elementos da imagem) pretos ou brancos, com cada imagem representando um dos 10 dígitos que estão bem separados do fundo. A resposta desejada é definida pela "identidade" do dígito particular cuja imagem é apresentada para a rede como o sinal de entrada. Tipicamente, a amostra de treinamento consiste de uma grande variedade de dígitos manuscritos que são representativos de uma situação do mundo real. Dado este conjunto de exemplos, o projeto de uma rede neural pode prosseguir como segue:

- Primeiro, uma arquitetura apropriada é selecionada para a rede neural, com uma camada de entrada consistindo de nós de fonte iguais em número aos *pixels* de uma imagem de entrada, e uma camada de saída consistindo de 10 neurônios (um para cada dígito). Um subconjunto de exemplos é então utilizado para treinar a rede por meio de um algoritmo apropriado. Esta fase do projeto da rede é chamada de *aprendizagem*.
- Segundo, o desempenho de reconhecimento da rede treinada é *testado* com dados não apresentados anteriormente. Especificamente, uma imagem de entrada é apresentada para a rede, mas desta vez não lhe é fornecida a identidade do dígito que corresponde a esta imagem particular. O desempenho da rede é então estimado comparando-se o reconhecimento do dígito fornecido pela rede com a real identidade do dígito em questão. Esta segunda fase da operação da rede é chamada *generalização*, um termo emprestado da psicologia.

Aqui se encontra uma diferença fundamental entre o projeto de uma rede neural e o de sua contrapartida, o processamento de informação clássico (classificação de padrões). Neste último caso, normalmente procedemos primeiramente formulando um modelo matemático das observações do ambiente, validando o modelo com dados reais, e então estruturando o projeto com base neste modelo. O projeto de uma rede neural, ao contrário, é baseado diretamente nos dados do mundo real, *permitindo-se que o conjunto de dados fale por si mesmo*. Assim, a rede neural não somente fornece o modelo implícito do ambiente no qual ela está inserida, como também realiza a função de processamento de informação de interesse.

Os exemplos utilizados para treinar uma rede neural podem consistir tanto de exemplos *positivos* como de exemplos *negativos*. Em um problema de detecção passiva de sonar, por exemplo, os exemplos positivos são relativos aos dados de treinamento de entrada que contêm o alvo de interesse (ex., um submarino). Agora, em um ambiente de sonar passivo, sabe-se que a presença eventual de vida marinha nos dados de teste causa alarmes falsos ocasionais. Para atenuar este problema, exemplos negativos (p.ex., ecos da vida marinha) são incluídos nos dados de treinamento para ensinar a rede a não confundir a vida marinha com o alvo.

Em uma rede neural com uma arquitetura específica, a representação do conhecimento do meio ambiente é definida pelos valores assumidos pelos parâmetros livres (i.e., pesos sinápticos e bias) da rede. A forma dessa representação de conhecimento constitui o verdadeiro projeto da rede neural, e portanto é a chave para o seu desempenho.

Entretanto, o tema da representação do conhecimento no interior de uma rede artificial é muito complicado. Apesar disso, existem quatro regras para a representação do conhecimento que são de senso comum (Anderson, 1988).

Regra 1. Entradas similares de classes similares normalmente devem produzir representações similares no interior da rede, e portanto devem ser classificadas como pertencentes à mesma categoria.

Há uma profusão de medidas para determinar a "similaridade" entre entradas. Uma medida de similaridade usada freqüentemente é baseada no conceito de distância euclidiana. Para sermos específicos, considere que $\mathbf{x}_i$ represente um vetor m-por-1

$$\mathbf{x}_i = [x_{i1}, x_{i2}, ..., x_{im}]^T$$

cujos elementos são todos números reais; o índice superior T indica a *transposição* matricial. O vetor $\mathbf{x}_i$ define um ponto em um espaço de dimensão m chamado *espaço euclidiano* e representado por $\mathbb{R}^m$. A *distância euclidiana* entre um par de vetores m por 1, $\mathbf{x}_i$ e $\mathbf{x}_j$ é definida por

$$\begin{aligned} d(\mathbf{x}_i, \mathbf{x}_j) &= \|\mathbf{x}_i - \mathbf{x}_j\| \\ &= \left[\sum_{k=1}^{m} (x_{ik} - x_{jk})^2 \right]^{1/2} \end{aligned} \quad (1.23)$$

onde x_{ik} e x_{jk} são os k-ésimos elementos dos vetores de entrada $\mathbf{x}_i$ e $\mathbf{x}_j$ respectivamente. Correspondentemente, a similaridade entre as entradas representadas pelos vetores $\mathbf{x}_i$ e $\mathbf{x}_j$ é definida como o *recíproco* da distância euclidiana $d(\mathbf{x}_i, \mathbf{x}_j)$. Quanto mais próximo entre si estiverem os elementos individuais dos vetores de entrada $\mathbf{x}_i$ e $\mathbf{x}_j$, menor será a distância euclidiana $d(\mathbf{x}_i, \mathbf{x}_j)$, e portanto maior será a similaridade entre os vetores $\mathbf{x}_i$ e $\mathbf{x}_j$. A regra 1 afirma que se os vetores $\mathbf{x}_i$ e $\mathbf{x}_j$ são similares, eles devem ser atribuídos à mesma categoria (classe).

Uma outra medida de similaridade é baseada na idéia de um *produto escalar* ou *produto interno* que também é tomada emprestada da álgebra matricial. Dado um par de vetores $\mathbf{x}_i$ e $\mathbf{x}_j$ de mesma dimensão, o seu produto interno é $\mathbf{x}_i^T \mathbf{x}_j$, que na forma expandida é escrito como segue:

$$\begin{aligned} (\mathbf{x}_i, \mathbf{x}_j) &= \mathbf{x}_i^T \mathbf{x}_j \\ &= \sum_{k=1}^{m} x_{ik} x_{jk} \end{aligned} \quad (1.24)$$

O produto interno $(\mathbf{x}_i, \mathbf{x}_j)$ dividido por $\|\mathbf{x}_i\| \|\mathbf{x}_j\|$ é o co-seno do ângulo subentendido entre os vetores $\mathbf{x}_i$ e $\mathbf{x}_j$.

As duas medidas de similaridade definidas aqui estão na verdade intimamente relacionadas entre si, como ilustrado na Fig. 1.19. A distância euclidiana $\|\mathbf{x}_i - \mathbf{x}_j\|$ entre os vetores $\mathbf{x}_i$ e $\mathbf{x}_j$ está relacionada com a "projeção" do vetor $\mathbf{x}_i$ sobre o vetor $\mathbf{x}_j$. A Figura 1.19 mostra claramente que, quanto menor a distância euclidiana $\|\mathbf{x}_i - \mathbf{x}_j\|$ e portanto quanto mais similares forem os vetores $\mathbf{x}_i$ e $\mathbf{x}_j$, maior será o produto interno $\mathbf{x}_i^T \mathbf{x}_j$.

FIGURA 1.19 Ilustração da relação entre o produto interno e a distância euclidiana como medidas de similaridade entre padrões

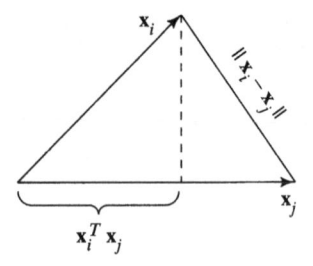

Para formalizarmos esta relação, primeiro normalizamos os vetores $\mathbf{x}_i$ e $\mathbf{x}_j$ para terem comprimento unitário, ou seja,

$$\|\mathbf{x}_i\| = \|\mathbf{x}_j\| = 1$$

Podemos então utilizar a Eq. (1.23) para escrever

$$d^2(\mathbf{x}_i, \mathbf{x}_j) = (\mathbf{x}_i - \mathbf{x}_j)^T(\mathbf{x}_i - \mathbf{x}_j)$$
$$= 2 - 2\mathbf{x}_i^T \mathbf{x}_j \quad (1.25)$$

A Equação (1.25) mostra que a minimização da distância euclidiana $d(\mathbf{x}_i, \mathbf{x}_j)$ corresponde à maximização do produto interno $(\mathbf{x}_i, \mathbf{x}_j)$ e, portanto, da similaridade entre os vetores $\mathbf{x}_i$ e $\mathbf{x}_j$.

A distância euclidiana e o produto interno descritos aqui são definidos em termos determinísticos. O que acontece quando os vetores $\mathbf{x}_i$ e $\mathbf{x}_j$ são retirados de duas populações (fontes) de dados diferentes? Para sermos específicos, suponha que a diferença entre essas duas populações esteja somente nos seus vetores médios. Considere que $\boldsymbol{\mu}_i$ e $\boldsymbol{\mu}_j$ representem os valores médios dos vetores $\mathbf{x}_i$ e $\mathbf{x}_j$, respectivamente. Isto é,

$$\boldsymbol{\mu}_i = E[\mathbf{x}_i] \quad (1.26)$$

onde E é o operador estatístico esperado. O vetor médio $\boldsymbol{\mu}_j$ é definido de forma similar. Como uma medida de distância entres essas duas populações, podemos utilizar a *distância de Mahalanobis*, representada por d_{ij}. O quadrado do valor dessa distância de $\mathbf{x}_i$ para $\mathbf{x}_j$ é definido por (Duda e Hart, 1973):

$$d_{ij}^2 = (\mathbf{x}_i - \boldsymbol{\mu}_i)^T \boldsymbol{\Sigma}^{-1} (\mathbf{x}_j - \boldsymbol{\mu}_j) \quad (1.27)$$

onde $\boldsymbol{\Sigma}^{-1}$ é a inversa da matriz de covariância $\boldsymbol{\Sigma}$. Assume-se que a matriz de covariância é a mesma para ambas as populações, como mostrado por

$$\Sigma = E\left[(\mathbf{x}_i - \mathbf{\mu}_i)(\mathbf{x}_i - \mathbf{\mu}_i)^T\right]$$
$$= E\left[(\mathbf{x}_j - \mathbf{\mu}_j)(\mathbf{x}_j - \mathbf{\mu}_j)^T\right] \quad (1.28)$$

Para o caso especial quando $\mathbf{x}_j = \mathbf{x}_i$, $\mathbf{\mu}_i = \mathbf{\mu}_j = \mathbf{\mu}$ e $\Sigma = \mathbf{I}$, onde $\mathbf{I}$ é a matriz identidade, a distância de Mahalanobis se reduz à distância euclidiana entre o vetor de amostra $\mathbf{x}_i$ e o vetor de média $\mathbf{\mu}$.

Regra 2. Devem ser atribuídas representações bem diferentes na rede a itens que devem ser categorizados como classes separadas.

A segunda regra é exatamente o oposto da Regra 1.

Regra 3. Se uma característica particular é importante, então deve haver um grande número de neurônios envolvidos na representação daquele item na rede.

Considere, por exemplo, uma aplicação de radar envolvendo a detecção de um alvo (p.ex., uma aeronave) na presença de perturbações (i.e., reflexões de radar por alvos indesejáveis como edifícios, árvores e formações meteorológicas). O desempenho da detecção deste sistema de radar é medido em termos de duas probabilidades:

- *Probabilidade de detecção*, definida como a probabilidade de o sistema decidir que o alvo está presente, quando ele realmente está.
- *Probabilidade de alarme falso*, definida como a probabilidade de o sistema decidir que um alvo está presente, quando na realidade ele não está.

De acordo com o *critério de Neyman-Pearson*, a probabilidade de detecção é maximizada, sujeita à restrição de que a probabilidade de alarme falso não exceda um determinado valor (Van Trees, 1968). Nesta aplicação, a presença real de um alvo no sinal recebido representa uma característica importante da entrada. Na verdade, a Regra 3 afirma que deve haver um grande número de neurônios envolvidos na tomada de decisão se um alvo está presente, quando ele realmente estiver. Pelo mesmo motivo, deve haver um número muito grande de neurônios envolvidos na tomada de decisão se a entrada consiste apenas de perturbações, quando realmente este for o caso. Em ambas as situações o grande número de neurônios assegura um elevado grau de precisão na tomada de decisão e tolerância em relação a neurônios defeituosos.

Regra 4. Informação prévia e invariâncias devem ser incorporadas no projeto de uma rede neural, simplificando com isso o projeto da rede por não ter que aprendê-las.

A Regra 4 é particularmente importante porque a aderência adequada a ela resulta em uma rede neural com uma *estrutura especializada (restrita)*. Isto é altamente desejável por várias razões (Russo, 1991):

1. Sabe-se que as redes biológicas visuais e auditivas são muito especializadas.
2. Uma rede neural com estrutura especializada normalmente tem um número menor de parâmetros livres disponíveis para ajuste do que uma rede totalmente conectada. Conseqüentemente, a rede especializada requer um menor conjunto de dados para treinamento, aprende mais rápido e freqüentemente generaliza melhor.

3. A taxa de transmissão de informação através de uma rede especializada (i.e., a produtividade da rede) é acelerada.
4. O custo de construção de uma rede especializada é reduzido por causa do seu tamanho menor, quando comparado com a rede totalmente conectada equivalente.

Como Incorporar Informação Prévia no Projeto de uma Rede Neural

Uma questão importante a ser tratada, evidentemente, é como desenvolver uma estrutura especializada incorporando informação prévia no seu projeto. Infelizmente, não há atualmente regras bem-definidas para fazer isto; em vez disso, temos alguns procedimentos *ad-hoc* que sabemos que produzem resultados úteis. Particularmente, podemos utilizar uma combinação de duas técnicas (LeCun et al., 1990a):

1. *Restringir a arquitetura da rede* pelo uso de conexões locais conhecidas como *campos receptivos*.[5]
2. *Restringir a escolha de pesos sinápticos* através do uso de *compartilhamento de pesos*.[6]

Estas duas técnicas, particularmente a última, têm um benefício marginal vantajoso: o número de parâmetros livres da rede é reduzido significativamente.

Para sermos mais específicos, considere a rede alimentada adiante parcialmente conectada da Fig. 1.20. Esta rede tem uma arquitetura restrita por construção. Os seis primeiros nós de fonte constituem o campo receptivo para o neurônio oculto 1 e assim por diante para os outros neurônios

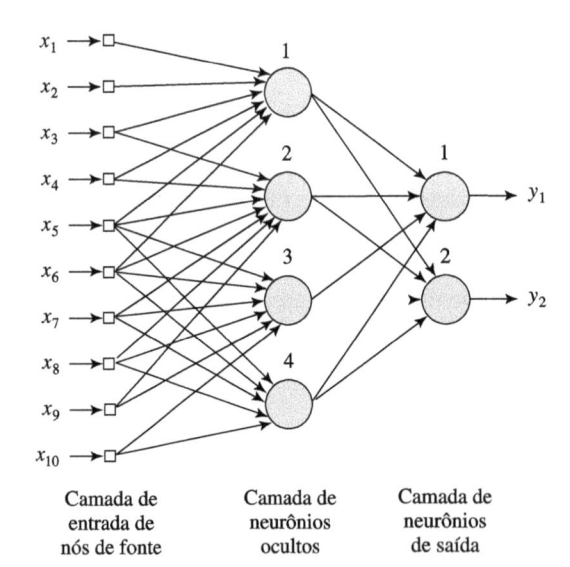

FIGURA 1.20 Ilustração do uso combinado de um campo receptivo e de compartilhamento de pesos. Todos os quatro neurônios ocultos compartilham o mesmo conjunto de pesos para suas conexões sinápticas

ocultos da rede. Para satisfazer a restrição de compartilhamento de pesos, apenas devemos utilizar o mesmo conjunto de pesos sinápticos para cada um dos neurônios da camada oculta da rede. Então, para o exemplo mostrado na Fig. 1.20 com seis conexões locais por neurônio oculto e um total de quatro neurônios ocultos, podemos expressar o campo local induzido do neurônio oculto *j* como segue

$$v_j = \sum_{i=1}^{6} w_i x_{i+j-1}, \quad j=1,2,3,4 \qquad (1.29)$$

onde $\{w_i\}_{i=1}^{6}$ constitui o mesmo conjunto de pesos compartilhado por todos os quatro neurônios ocultos, e x_k é o sinal captado do nó de fonte $k = i + j - 1$. A Equação (1.29) está na forma de uma *soma convolutiva*. É por este motivo que uma rede alimentada adiante utilizando conexões locais e pesos compartilhados da forma aqui descrita é conhecida como *rede convolutiva*.

A questão de incorporar informação prévia no projeto de uma rede neural é uma parte da Regra 4; a parte restante da regra envolve a questão das invariâncias.

Como Incorporar Invariâncias no Projeto de uma Rede Neural

Considere os seguintes fenômenos físicos:

- Quando um objeto de interesse sofre rotação, o modo como a imagem do objeto é percebida por um observador normalmente muda de forma correspondente.
- Em um radar coerente que fornece informação tanto de amplitude como de fase sobre o seu meio ambiente, o eco vindo de um alvo móvel é deslocado em freqüência pelo efeito Doppler que surge devido ao movimento radial do alvo em relação ao radar.
- A locução de uma pessoa pode ser feita em uma voz alta ou baixa, e de maneira lenta ou rápida.

Para construir um sistema de reconhecimento de objetos, um sistema de reconhecimento de alvos de radar e um sistema de reconhecimento de voz que possa lidar com estes fenômenos, respectivamente, o sistema deve ser capaz de lidar com uma série de *transformações* do sinal observado (Barnard e Casasent, 1991). Conseqüentemente, um requisito fundamental para o reconhecimento de padrões é projetar um classificador que seja *invariante* a tais transformações. Em outras palavras, uma estimativa de classe representada por uma saída do classificador não deve ser afetada pelas transformações do sinal observado aplicado à entrada do classificador.

Existem pelo menos três técnicas para implementar uma rede neural do tipo classificador invariante a transformações (Barnard e Casasent, 1991):

1. *Invariância por Estrutura*. A invariância pode ser imposta à rede neural estruturando apropriadamente o seu projeto. Mais especificamente, as conexões sinápticas entre os neurônios da rede são criadas de forma que versões transformadas da mesma entrada sejam forçadas a produzir a mesma saída. Considere, por exemplo, a classificação de uma imagem por uma rede neural com a exigência de ela ser independente a rotações no plano da imagem, em torno do seu centro. Podemos impor invariância rotacional na estrutura da rede da seguinte forma. Seja w_{ji} o peso sináptico do neurônio j conectado ao pixel i da imagem de entrada. Se forçarmos a condição $w_{ji} = w_{jk}$ para todos os pixels i e k que se encontrem a distâncias iguais do centro da imagem, então a rede neural será invariante a rotações no plano. Entretanto, para que seja mantida a invariância rotacional, o peso sináptico w_{ji} deve ser duplicado para todo pixel da imagem de entrada à mesma distância radial da origem. Isto causa uma desvantagem da invariância por estrutura: o número de conexões sinápticas da rede neural se torna proibitivamente grande mesmo para imagens de tamanho moderado.

2. *Invariância por Treinamento*. Uma rede neural tem uma habilidade natural para classificar padrões. Esta habilidade pode ser explorada diretamente para obter invariância a transformações da forma descrita a seguir. A rede é treinada apresentando-se um número de exemplos diferentes do mesmo objeto, sendo os exemplos escolhidos para corresponder a diferentes transformações (i.e., vistas de aspectos diferentes) do objeto. Desde que o número de exemplos seja suficientemente

grande e que a rede seja treinada para aprender a discriminar as vistas de aspectos diferentes do objeto, podemos então esperar que a rede generalize corretamente para outras transformações que não as apresentadas durante o treinamento. Entretanto, por uma perspectiva de engenharia, a invariância por treinamento tem duas desvantagens. Primeiro, quando a rede neural foi treinada para reconhecer um objeto de maneira invariante em relação a transformações conhecidas, não é óbvio que este treinamento também capacitará a rede a reconhecer outros objetos de classes diferentes, de maneira igualmente invariante. Segundo, o esforço computacional imposto à rede pode ser demasiadamente severo para se lidar, especialmente se a dimensionalidade do espaço de características for elevada.

3. *Espaço de Características Invariantes*. A terceira técnica de criar uma rede neural invariante do tipo classificador está ilustrada na Fig. 1.21.

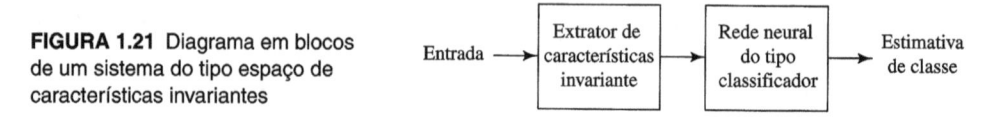

FIGURA 1.21 Diagrama em blocos de um sistema do tipo espaço de características invariantes

Ela se baseia na premissa de que pode ser possível se extrair *características* que caracterizem o conteúdo essencial da informação de um conjunto de dados de entrada e que sejam invariantes a transformações das entradas. Se tais características forem utilizadas, então a rede como um classificador é aliviada do fardo de ter que delinear o intervalo de transformações de um objeto com fronteiras de decisão complicadas. Na verdade, as únicas diferenças que podem aparecer entre exemplos diferentes do mesmo objeto devem-se a fatores inevitáveis como ruído e oclusão. A utilização de um espaço de características invariantes oferece três vantagens distintas. Primeiro, o número de características aplicadas à rede pode ser reduzido a níveis realistas. Segundo, as exigências impostas ao projeto da rede são relaxadas. Terceiro, é assegurada a invariância para todos os objetos em relação a transformações conhecidas (Barnard e Casasent, 1991). Entretanto, para que ela funcione, esta abordagem requer conhecimento prévio do problema.

Concluindo, o uso de um espaço de características invariantes, como aqui descrito, pode proporcionar uma técnica muito adequada para classificadores neurais.

Para ilustrar a idéia de um espaço de características invariantes, considere o exemplo de um sistema de radar coerente utilizado para vigilância aérea, onde os alvos de interesse incluem aeronaves, sistemas meteorológicos, bandos de pássaros migratórios e objetos terrestres. Os ecos de radar destes alvos possuem diferentes características espectrais. Além disso, estudos experimentais mostraram que estes sinais de radar podem ser modelados bastante fielmente como um *processo auto-regressivo* (AR) de ordem moderada (Haykin e Deng, 1991). Um modelo AR é uma forma especial de modelo regressivo definido para dados de valores complexos como

$$x(n) = \sum_{i=1}^{M} a_i^* x(n-i) + e(n) \qquad (1.30)$$

onde as $\{a_i\}_{i=1}^{M}$ são os *coeficientes AR*, M é a *ordem do modelo*, $x(n)$ é a *entrada* e $e(n)$ é o *erro* descrito como ruído branco. Basicamente, o modelo AR da Eq. (1.30) é representado por um *filtro de linha de atraso com derivação* como ilustrado na Fig. 1.22a para $M = 2$. De forma equivalente, ele pode ser representado por um *filtro de grade* (*lattice filter*), como mostrado na Fig. 1.22b, cujos coeficientes são chamados de *coeficientes de reflexão*. Existe uma correspondência de um para um entre os coeficientes AR do modelo da Fig. 1.22a e os coeficientes de reflexão do modelo da Fig. 1.22b. Os dois modelos representados assumem que a entrada $x(n)$ tem um valor complexo, como

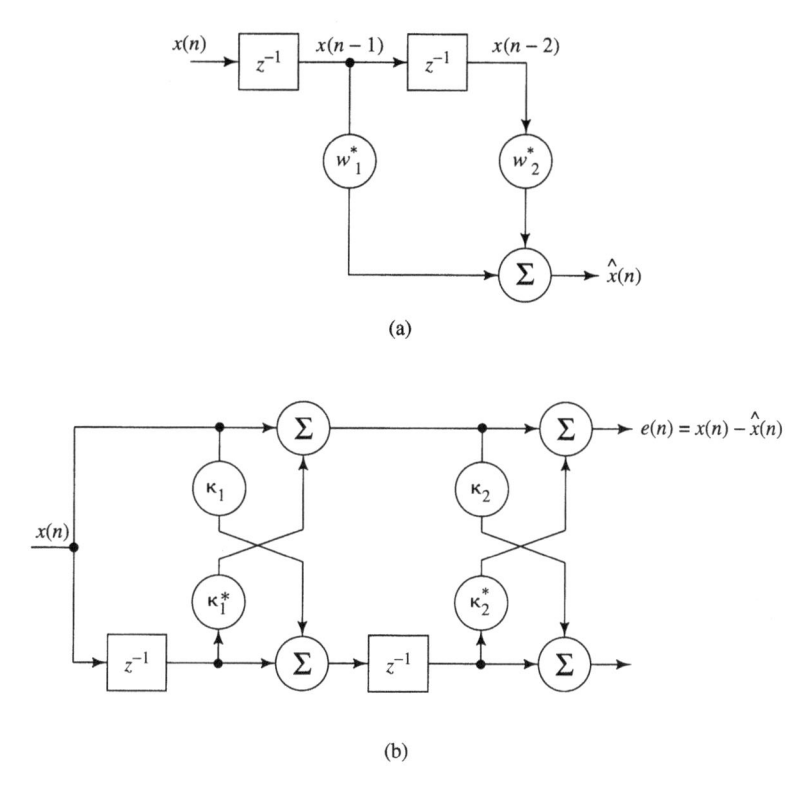

FIGURA 1.22 Modelo auto-regressivo de ordem 2: (a) modelo de linha de atraso com derivação; (b) modelo de filtro de grade (*lattice filter*). (O asterisco representa conjugação complexa.)

no caso de um radar coerente, no qual os coeficientes AR e os coeficientes de reflexão são todos valores complexos. O asterisco na Eq. (1.30) e na Fig. 1.22 significa a *conjugação complexa*. Por enquanto, é suficiente se dizer que os dados do radar coerente podem ser descritos por um conjunto de *coeficientes auto-regressivos*, ou por um conjunto correspondente de *coeficientes de reflexão*. Este último conjunto de coeficientes terá uma vantagem computacional, pois existem algoritmos eficientes para o seu cálculo diretamente a partir dos dados de entrada. Entretanto, o problema da extração de características é complicado pelo fato de que objetos em movimento produzem freqüências Doppler variáveis que dependem de suas velocidades radiais, medidas em relação ao radar, e que tendem a obscurecer o conteúdo espectral dos coeficientes de reflexão, usados como discriminadores de características. Para superar esta dificuldade, devemos incluir a *invariância Doppler* no cálculo dos coeficientes de reflexão. O ângulo de fase do primeiro coeficiente de reflexão vem a ser igual à freqüência Doppler do sinal de radar. Conseqüentemente, aplica-se a *normalização* da freqüência Doppler a todos os coeficientes de modo a remover o deslocamento Doppler médio. Isto é feito definindo-se um novo conjunto de coeficientes de reflexão $\{\kappa'_m\}$ relacionados com o conjunto de coeficientes de reflexão ordinários $\{\kappa_m\}$ calculados a partir dos dados de entrada como mostrado a seguir:

$$\kappa'_m = \kappa_m e^{-jm\theta} \quad \text{para } m = 1, 2, \ldots, M \tag{1.31}$$

onde θ é o ângulo de fase do primeiro coeficiente de reflexão. A operação descrita pela Eq. (1.31) é chamada de *heteródina*. Um conjunto de *características de radar invariantes a Doppler* é então representado pelos coeficientes de reflexão normalizados $\kappa'_1, \kappa'_2, ..., \kappa'_M$, com κ'_1 sendo o único coeficiente do conjunto com valor real. Como mencionado anteriormente, as principais categorias de alvos de radar de interesse para vigilância aérea são formações meteorológicas, pássaros, aeronaves e o solo. Os três primeiros alvos são móveis sendo que o último não o é. Os parâmetros espectrais heteródinos dos ecos de radar correspondentes ao solo têm ecos similares em termos de características, àqueles de uma aeronave. Um eco do solo pode ser discriminado de um eco de aeronave devido ao seu pequeno deslocamento Doppler. Conseqüentemente, o classificador por radar inclui um pós-processador como mostrado na Fig. 1.23, que opera sobre os resultados classificados (rótulos codificados) para identificar a classe do solo (Haykin e Deng, 1991). Assim, o *pré-processador* da Fig. 1.23 se ocupa da extração de características invariantes a Doppler, enquanto que o *pós-processador* utiliza a assinatura Doppler armazenada para distinguir entre retornos de aeronave e de solo.

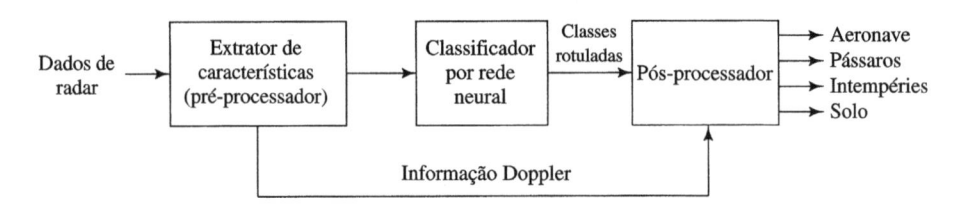

FIGURA 1.23 Classificador de sinais de radar invariante a deslocamento Doppler

Um exemplo muito mais fascinante de representação de conhecimento em uma rede neural é encontrado no sistema de sonar biológico de morcegos para ecolocalização. A maioria dos morcegos utiliza sinais *modulados em freqüência* (FM ou "chilro") para fins de rastreamento acústico; em um sinal FM a freqüência instantânea do sinal varia com o tempo. Especificamente, o morcego utiliza a sua boca para transmitir sinais FM de sonar de curta duração e utiliza o seu sistema auditivo como um receptor de sonar. Os ecos de alvos de interesse são representados no sistema auditivo pela atividade de neurônios que são seletivos a diferentes combinações de parâmetros acústicos. Existem três dimensões neurais principais da representação auditiva do morcego (Simmons, 1991; Simmons e Saillant, 1992):

- A *freqüência do eco*, que é codificada por "posição" originada no mapa de freqüência da cóclea; ela é preservada por todo o caminho auditivo como um arranjo ordenado através de certos neurônios sintonizados em diferentes freqüências.
- A *amplitude do eco*, que é codificada por outros neurônios com intervalos dinâmicos diferentes; ela se manifesta tanto como uma sintonia de amplitude como no número de descargas por estímulo.
- O *atraso do eco*, que é codificado através de computações neurais (baseadas em correlação cruzada) que produzem respostas seletivas ao atraso; ele se manifesta como uma sintonia por distância (alcance) do alvo.

As duas principais características do eco de um alvo para o propósito de formação de imagem são o *espectro* para a forma do alvo e o *atraso* para o alcance do alvo. O morcego percebe a "forma" em termos do tempo de chegada dos ecos de diferentes superfícies refletoras (brilhos) do alvo. Para isso ocorrer, a informação de *freqüência* no espectro do eco é convertida em estimativas da estrutura *temporal* do alvo. Experimentos conduzidos por Simmons e co-autores sobre o grande morcego marrom, *Eptesicus fuscus*, identificaram criticamente este processo de conversão como consistindo de transformadas paralelas no domínio tempo e no domínio freqüência pelo tempo cujas saídas convergentes criam o atraso comum do eixo do alcance de uma imagem percebida do alvo. Aparentemente, a unidade da percepção do morcego é devida a certas propriedades das próprias transformações, apesar dos modos distintos como são inicialmente realizadas a representação temporal do atraso do eco do sistema auditivo e a representação em freqüência do espectro do eco. Além disso, as invariâncias das características são incorporadas no processo de formação da imagem de sonar para fazê-lo essencialmente independente do movimento do alvo e do próprio movimento do morcego.

Retornando ao tema principal desta seção, que é a representação do conhecimento em uma rede neural, esta questão está diretamente relacionada com a da arquitetura da rede descrita na Seção 1.6. Lamentavelmente, não há uma teoria bem desenvolvida para otimizar a arquitetura de uma rede neural que deve interagir com um ambiente de interesse, ou para avaliar o modo como modificações na arquitetura da rede afetam a representação do conhecimento no interior da rede. Na verdade, respostas satisfatórias para estas questões são normalmente encontradas através de um estudo experimental exaustivo, com o projetista da rede neural sendo uma parte essencial do ciclo de aprendizagem estrutural.

Independentemente do modo como o projeto é realizado, o conhecimento sobre o domínio do problema de interesse é adquirido pela rede de uma forma relativamente simples e direta através de treinamento. O conhecimento assim adquirido é representado em uma forma compacta e distribuída como pesos através de conexões sinápticas da rede. Enquanto esta forma de representação de conhecimento permite que a rede neural se adapte e generalize, infelizmente a rede neural sofre da incapacidade inerente para explicar, de uma forma abrangente, o processo computacional através do qual a rede toma uma decisão ou apresenta suas saídas. Isto pode ser uma limitação séria, particularmente naquelas aplicações onde a segurança é a preocupação principal, como no controle de tráfego aéreo ou no diagnóstico médico, por exemplo. Em aplicações desta natureza, não é somente desejável, mas também absolutamente essencial fornecer alguma forma de *capacidade explanativa*. Uma forma pela qual esta capacidade pode ser incorporada é através da integração de uma rede neural e de inteligência artificial em um sistema híbrido, como discutido na próxima seção.

1.8 INTELIGÊNCIA ARTIFICIAL E REDES NEURAIS

O objetivo da *inteligência artificial* (IA) é o desenvolvimento de paradigmas ou algoritmos que requeiram máquinas para realizar tarefas cognitivas, para as quais os humanos são atualmente melhores. Esta afirmação sobre IA é tomada emprestada de Sage, 1990. Note que esta não é a única definição aceita para IA.

Um sistema de IA deve ser capaz de fazer três coisas: (1) armazenar conhecimento, (2) aplicar o conhecimento armazenado para resolver problemas e (3) adquirir novo conhecimento através da experiência. Um sistema de IA tem três componentes fundamentais: representação, raciocínio e aprendizagem (Sage, 1990), como representado na Fig. 1.24.

1. *Representação*. Provavelmente, a característica mais distintiva da IA seja o uso difundido de uma linguagem de estruturas *simbólicas* para representar tanto o conhecimento genérico sobre um domínio do problema de interesse como o conhecimento específico sobre a solução do problema. Os símbolos são normalmente formulados em termos familiares, o que torna as representações simbólicas da IA relativamente fáceis de serem entendidas por um usuário humano. De fato, a clareza da IA simbólica a torna bastante adequada para a comunicação homem-máquina.

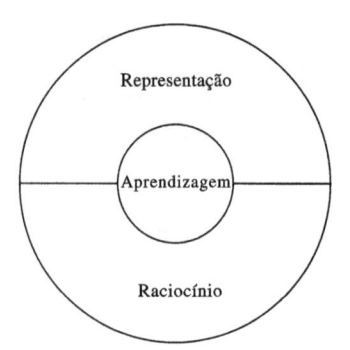

FIGURA 1.24 Ilustração dos três componentes principais de um sistema de IA

"Conhecimento", como é utilizado pelos pesquisadores de IA, é apenas mais um termo para dados. Ele pode ser do tipo declarativo ou procedimental. Em uma representação *declarativa*, o conhecimento é representado como uma coleção estática de fatos, com um pequeno conjunto de procedimentos gerais utilizados para manipular os fatos. Uma característica particular das representações declarativas é que elas parecem possuir um significado próprio, do ponto de vista do usuário humano, independente do seu uso dentro do sistema de IA. Em uma representação *procedimental*, por outro lado, o conhecimento está incorporado em um código executável que representa o significado do conhecimento. Ambas as formas de conhecimento, declarativo e procedimental, são necessárias na maioria dos domínios de problemas de interesse.

2. *Raciocínio*. Na sua forma mais básica, *raciocínio* é a habilidade de resolver problemas. Para um sistema ser qualificado como um sistema de raciocínio, ele deve satisfazer certas condições (Fischler e Firschein, 1987):

- O sistema deve ser capaz de expressar e resolver uma vasta gama de problemas e tipos de problemas.
- O sistema deve ser capaz de tornar conhecidas para ele tanto a informação *explícita* como a informação *implícita*.
- O sistema deve ter um mecanismo de *controle* que determine quais operações devem ser aplicadas para um problema particular, quando uma solução para este problema foi obtida, ou quando deve ser encerrado o tratamento deste problema.

A resolução de problemas pode ser vista como um problema de *busca*. Uma maneira comum de lidar com a "busca" é utilizar *regras*, *dados* e *controle* (Nilsson, 1980). As regras operam sobre os dados, e o controle opera sobre as regras. Considere, por exemplo, o "problema do caixeiro viajante", no qual o objetivo é encontrar o roteiro mais curto que vá de uma cidade para outra, com todas as cidades no roteiro sendo visitadas somente uma vez. Neste problema, os dados são constituídos pelo conjunto dos roteiros possíveis e pelos seus custos em um grafo ponderado, as regras definem as maneiras de prosseguir de uma cidade para outra, e o controle decide quais regras devem ser aplicadas e quando aplicá-las.

Em muitas situações encontradas na prática (p. ex., no diagnóstico médico), o conhecimento disponível é incompleto ou inexato. Em tais situações, são utilizados procedimentos de *raciocínio probabilístico*, permitindo deste modo que sistemas de IA lidem com incertezas (Russell e Norvig, 1995; Pearl, 1988).

3. *Aprendizagem*. No modelo simples de aprendizagem de máquina representado na Fig. 1.25, o ambiente fornece alguma informação para um *elemento de aprendizagem*.

```
Ambiente → Elemento de aprendizagem → Base de conhecimento → Elemento de desempenho
```

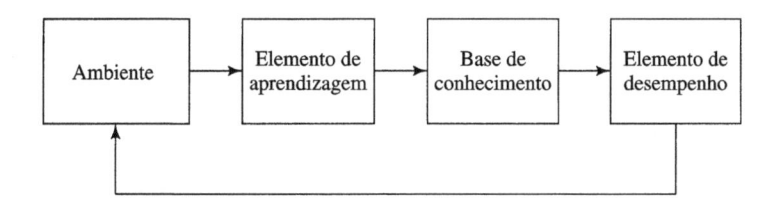

FIGURA 1.25 Modelo simples de aprendizagem de máquina

O elemento de aprendizagem utiliza, então, esta informação para aperfeiçoar a *base de conhecimento*, e finalmente o *elemento de desempenho* utiliza a base de conhecimento para executar a sua tarefa. Normalmente, a informação que o ambiente fornece para a máquina é imperfeita, resultando que o elemento de desempenho não sabe previamente como preencher os detalhes ausentes ou ignorar os detalhes que não são importantes. Portanto, a máquina opera inicialmente por suposição e depois recebe *realimentação* do elemento de desempenho. O mecanismo de realimentação permite que a máquina avalie suas hipóteses e as revise, se necessário.

A aprendizagem de máquina envolve dois tipos bastante diferentes de processamento de informação: o indutivo e o dedutivo. No processamento de informação *indutivo*, padrões gerais e regras são determinados a partir dos dados brutos e da experiência. Por outro lado, no processamento de informação *dedutivo* são utilizadas regras gerais para determinar fatos específicos. A aprendizagem baseada em similaridade utiliza indução, enquanto que a prova de um teorema é uma dedução baseada em axiomas conhecidos e em outros teoremas existentes. A aprendizagem baseada em explanação utiliza tanto indução como dedução.

A importância das bases de conhecimento e as dificuldades experimentadas com a aprendizagem levaram ao desenvolvimento de vários métodos para aperfeiçoar as bases de conhecimento. Especificamente, se existirem especialistas em uma dada área, é normalmente mais fácil obter a experiência compilada dos especialistas do que tentar duplicar os experimentos que os levaram a adquirir esta experiência. Esta é a idéia por trás dos *sistemas especialistas*.

Agora que nos familiarizamos com as máquinas da IA simbólica, como nós as compararíamos com as redes neurais como modelos cognitivos? Para esta comparação, seguimos três subdivisões: o nível de explanação, o estilo de processamento e a estrutura representativa (Memmi, 1989).

1. *Nível de Explanação*. Na IA clássica, é dada ênfase à construção de *representações simbólicas,* que são presumivelmente assim chamadas porque representam algo. Do ponto de vista da cognição, a IA assume a existência de representações mentais e ela modela a cognição como o *processamento seqüencial* de representações simbólicas (Newell e Simon, 1972).

Por outro lado, nas redes neurais a ênfase está no desenvolvimento de *modelos de processamento paralelamente distribuído* (PDP, *Parallel Distributed Processing*). Estes modelos assumem que o processamento de informação acontece através da interação de um grande número de neurônios, onde cada neurônio envia sinais excitadores e inibitórios para outros neurônios da rede (Rumelhart e McClelland, 1986). Além disso, as redes neurais dão grande ênfase à explanação biológica dos fenômenos cognitivos.

2. *Estilo de Processamento*. Na IA clássica, o processamento é *seqüencial*, como na programação de computadores típica. Mesmo quando não há uma ordenação predeterminada (listando-se os fatos e as regras de um sistema especialista, por exemplo), as operações são executadas passo a passo. O mais provável é que a inspiração para o processamento seqüencial tenha vindo da natureza seqüencial da linguagem natural e da inferência lógica, bem como da estrutura da máquina de von

Neumann. Não devemos esquecer que a IA clássica surgiu pouco depois da máquina de von Neumann, durante a mesma era intelectual.

O *paralelismo*, ao contrário, não é somente um conceito essencial ao processamento de informação em redes neurais, mas é também a fonte de sua flexibilidade. Além disso, o paralelismo pode ser maciço (centenas de milhares de neurônios), o que dá às redes neurais uma forma notável de robustez. Como a computação está distribuída sobre muitos neurônios, normalmente não importa muito se os estados de alguns neurônios da rede se desviarem de seus valores esperados. Entradas ruidosas ou incompletas podem ainda ser reconhecidas, uma rede danificada pode ainda ser capaz de funcionar satisfatoriamente, e a aprendizagem não precisa ser perfeita. O desempenho da rede se degrada suavemente dentro de um certo limite. A rede pode se tornar ainda mais robusta através da "codificação grosseira" (Hinton, 1981), pela qual cada característica é espalhada sobre vários neurônios.

3. *Estrutura Representativa*. Considerando que perseguimos uma linguagem do pensamento como um modelo para a IA clássica, constatamos que as representações simbólicas possuem uma *estrutura quase lingüística*. As expressões da IA clássica, assim como as expressões da linguagem natural, são geralmente complexas, construídas de uma forma sistemática a partir de símbolos simples. Dado um repertório limitado de símbolos, novas expressões significativas podem ser compostas em virtude da *capacidade de composição* das expressões simbólicas e da analogia entre a estrutura sintática e a semântica.

A natureza e estrutura das representações é, contudo, um problema crucial para as redes neurais. Na edição especial de março de 1988 da revista *Cognition*, Fodor e Pylyshyn fazem críticas vigorosas sobre a adequação das redes neurais em lidar com cognição e lingüística. Eles argumentam que as redes neurais estão do lado errado em duas questões básicas da cognição: a natureza das *representações mentais* e a natureza dos *processos mentais*. De acordo com Fodor e Pylyshyn, pode-se afirmar para as teorias da IA clássica, mas *não* para as redes neurais, que:

- As representações mentais exibem de forma característica uma estrutura constituinte combinatória e semântica combinatória.
- Os processos mentais são caracteristicamente sensíveis à estrutura combinatória das representações sobre as quais operam.

Em resumo, podemos descrever a IA simbólica como a manipulação formal de uma linguagem de algoritmos e representações de dados em uma forma de cima para baixo (*top-down*). Por outro lado, podemos descrever as redes neurais como processadores distribuídos paralelamente com uma habilidade natural para aprender e que normalmente operam de uma forma de baixo para cima (*bottom-up*). Portanto, torna-se evidente que, para a implementação de tarefas cognitivas, melhor que procurar soluções baseadas em IA simbólica ou em redes neurais isoladamente, uma abordagem potencialmente mais vantajosa seria construir *modelos conexionistas estruturados* ou *sistemas híbridos* que integrem ambas as abordagens. Fazendo isso, somos capazes de combinar as características desejáveis de adaptabilidade, robustez e uniformidade oferecidas pelas redes neurais com a representação, inferência e universalidade, que são características inerentes da IA simbólica (Feldman, 1992; Waltz, 1997). De fato, foi com este objetivo em mente, que foram desenvolvidos vários métodos para extração de regras a partir de redes neurais treinadas. Além do entendimento de como as abordagens simbólica e conexionista podem ser integradas para construir máquinas inteligentes, há várias outras razões para a extração de regras de redes neurais (Andrews e Diederich, 1996):

- Validar componentes de redes neurais em sistemas programados, tornando os estados internos da rede neural acessíveis e compreensíveis ao usuário.
- Melhorar o desempenho de generalização das redes neurais, (1) identificando regiões do espaço de entrada onde os dados de treinamento não estão adequadamente representados, ou (2) indicando as circunstâncias onde a rede neural pode falhar na generalização.
- Descobrir características marcantes dos dados de entrada para exploração de dados (mineração de dados, *data mining*).
- Fornecer meios de atravessar a fronteira entre as abordagens conexionista e simbólica para o desenvolvimento de máquinas inteligentes.
- Satisfazer a crítica necessidade de segurança em uma classe especial de sistemas na qual segurança é uma condição obrigatória.

1.9 NOTAS HISTÓRICAS

Concluímos este capítulo introdutório sobre redes neurais com algumas notas históricas.[7]

A era moderna das redes neurais começou com o trabalho pioneiro de McCulloch e Pitts (1943). McCulloch foi um psiquiatra e neuroanatomista por treinamento; passou cerca de 20 anos refletindo sobre a representação de um evento no sistema nervoso. Pitts foi um prodígio matemático que se associou a McCulloch em 1942. De acordo com Rall (1990), o artigo de 1943 de McCulloch e Pitts surgiu dentro de uma comunidade de modelagem neural que tinha estado em atividade na University of Chicago por pelo menos cinco anos antes de 1943, sob a liderança de Rashevsky.

No seu clássico artigo, McCulloch e Pitts descrevem um cálculo lógico das redes neurais que unificava os estudos de neurofisiologia e da lógica matemática. Eles assumiam que o seu modelo formal de um neurônio seguia uma lei "tudo ou nada". Com um número suficiente dessas unidades simples e com conexões sinápticas ajustadas apropriadamente e operando de forma síncrona, McCulloch e Pitts mostraram que uma rede assim constituída realizaria, a princípio, a computação de qualquer função computável. Este era um resultado muito significativo e com ele é geralmente aceito o nascimento das disciplinas de redes neurais e inteligência artificial.

O artigo de 1943 de McCulloch e Pitts foi amplamente lido naquele tempo e ainda o é. Ele influenciou von Neumann a usar chaves de atraso idealizadas, derivadas do neurônio de McCulloch-Pitts na construção do EDVAC (*Electronic Discrete Variable Automatic Computer*) que foi desenvolvido a partir do ENIAC (*Electronic Numerical Integrator and Computer*) (Aspray e Burks, 1986). O ENIAC foi o primeiro computador eletrônico de propósito geral, que foi construído na Escola de Engenharia Elétrica *Moore* da University of Pennsylvania de 1943 a 1946. A teoria de McCulloch-Pitts sobre redes neurais formais se destacou de forma proeminente na segunda das quatro palestras proferidas por von Neumann na University of Illinois em 1949.

Em 1948, foi publicado o famoso livro *Cybernetics* de Wiener, descrevendo alguns conceitos importantes sobre controle, comunicação e processamento estatístico de sinais. A segunda edição do livro foi publicada em 1961, adicionando material novo sobre aprendizagem e auto-organização. No Capítulo 2 de ambas as edições desse livro, Wiener parece compreender o significado físico da mecânica estatística no contexto desse assunto, mas foi com Hopfield (mais de 30 anos depois) que se conseguiu consumar a ligação entre a mecânica estatística e os sistemas de aprendizagem.

O próximo desenvolvimento significativo das redes neurais veio em 1949, com a publicação do livro de Hebb *The Organization of Behavior*, no qual foi apresentada pela primeira vez uma formulação explícita de uma regra de aprendizagem fisiológica para a *modificação sináptica*. Especificamente, Hebb propôs que a conectividade do cérebro é continuamente modificada conforme um organismo vai aprendendo tarefas funcionais diferentes e que *agrupamentos neurais* são criados por tais modificações. Hebb deu seguimento a uma sugestão anterior de Ramón y Cajál e apresentou o seu agora famoso *postulado de aprendizagem*, que afirma que a eficiência de uma sinapse variável entre dois neurônios é aumentada pela ativação repetida de um neurônio causada pelo outro neurônio, através daquela sinapse. O livro de Hebb foi imensamente influente entre os psicólogos, mas lamentavelmente ele teve pouco ou nenhum impacto sobre a comunidade de engenharia.

O livro de Hebb tem sido uma fonte de inspiração para o desenvolvimento de modelos computacionais de *sistemas adaptativos e de aprendizagem*. O artigo de Rochester, Holland, Haibt e Duda (1956) talvez seja a primeira tentativa de usar simulação computacional para testar uma teoria neural bem-formulada com base no postulado de aprendizagem de Hebb; os resultados de simulação relatados naquele artigo mostram claramente que se deve adicionar inibição para que a teoria realmente funcione. Naquele mesmo ano, Uttley (1956) demonstrou que uma rede neural com sinapses modificáveis pode aprender a classificar conjuntos simples de padrões binários em classes correspondentes. Uttley introduziu o assim chamado *neurônio integra e dispara com fuga*, o qual foi mais tarde analisado formalmente por Caianiello (1961). Em um trabalho posterior, Uttley (1979) formulou a hipótese de que a eficiência de uma sinapse variável do sistema nervoso depende da relação estatística entre os estados flutuantes em ambos os lados daquela sinapse, fazendo assim uma associação com a teoria da informação de Shannon.

Em 1952, foi publicado o livro de Ashby, *Design for a Brain: The Origin of Adaptive Behavior*, que é tão fascinante de ser lido hoje em dia como deve tê-lo sido naquela época. O livro trata da noção básica de que o comportamento adaptativo não é inato mas sim é aprendido, e que através da aprendizagem o comportamento de um animal (sistema) normalmente muda para melhor. O livro enfatizava os aspectos dinâmicos do organismo vivo como uma máquina e o conceito correlacionado de estabilidade.

Em 1954, Minsky escreveu uma tese de doutoramento em "redes neurais" na University of Princeton, intitulada *"Theory of Neural-Analog Reinforcement Systems and Its Application to the Brain-Model Problem"*. Em 1961, foi publicado um artigo excelente de Minsky sobre IA intitulado *"Steps Toward Artificial Intelligence"*; este artigo contém uma grande seção sobre o que agora é denominado redes neurais. Em 1967, foi publicado o livro de Minsky, *Computation: Finite and Infinite Machines*. Este livro, escrito de forma clara, estendeu os resultados de 1943 de McCulloch e Pitts e os colocou no contexto da teoria dos autômatos e da teoria da computação.

Também em 1954, a idéia de um *filtro adaptativo não-linear* foi proposta por Gabor, um dos pioneiros da teoria da comunicação e o inventor da holografia. Ele construiu essa máquina com a ajuda de colaboradores, e os detalhes estão descritos em Gabor et al. (1960). A aprendizagem era realizada alimentando-se a máquina com amostras de um processo estocástico, juntamente com a função-alvo que a máquina deveria produzir.

Nos anos 50, iniciou-se o trabalho sobre a *memória associativa* por Taylor (1956). Ele foi seguido por Steinbruch (1961) que introduziu a *matriz de aprendizagem*; esta matriz consiste de uma rede planar de chaves interpostas entre arranjos de receptores "sensoriais" e atuadores "motores". Em 1969, foi publicado por Willshaw, Buneman e Longuet-Higgins um elegante artigo sobre a memória associativa não-holográfica. Este artigo apresenta dois modelos engenhosos de rede: um sistema ótico simples realizando uma memória de correlação e uma rede neural intimamente relacionada com ele, inspirada na memória óptica. Outras contribuições significativas ao desenvolvimento inicial da memória associativa incluem os artigos de Anderson (1972), Kohonen (1972) e Nakano (1972), que de maneira independente e no mesmo ano introduziram a idéia de uma *memória por matriz de correlação*, baseada na regra de aprendizagem do *produto externo*.

Von Neumann foi uma das grandes figuras da ciência na primeira metade do século vinte. A *arquitetura de von Neumann*, básica para o projeto de um computador digital, é assim denominada em sua homenagem. Em 1955, foi convidado pela Universidade de Yale para proferir as Palestras Silliman durante 1956. Ele morreu em 1957, e o manuscrito inacabado das Palestras Silliman foi publicado mais tarde como um livro, *The Computer and the Brain* (1958). Este livro é interessante porque sugere o que von Neumann teria feito se tivesse vivido; ele teria se dado conta das diferenças profundas entre cérebros e computadores.

Uma questão particularmente interessante no contexto das redes neurais é aquela do projeto de uma rede confiável com neurônios que podem ser vistos como componentes não-confiáveis. Este problema importante foi resolvido por von Neumann (1956) utilizando a idéia de redundância, o que motivou Winograd e Cowan (1963) a sugerir a utilização de uma representação redundante *distribuída* para as redes neurais. Winograd e Cowan mostraram como um número grande de elementos pode coletivamente representar um conceito individual, com o aumento correspondente em robustez e paralelismo.

Cerca de 15 anos após a publicação do clássico artigo de McCulloch e Pitts, uma nova abordagem para o problema de reconhecimento de padrões foi introduzida por Rosenblatt (1958) em seu trabalho sobre o *perceptron*, um método inovador de aprendizagem supervisionada. O coroamento do trabalho de Rosenblatt foi o chamado *teorema da convergência do perceptron*, cuja primeira demonstração foi delineada por Rosenblatt (1960b); outras provas do teorema também apareceram em Novikoff (1963) e outros. Em 1960, Widrow e Hoff introduziram o *algoritmo do mínimo quadrado médio* (*LMS, Least Mean-Square*) e o usaram para formular o *Adaline* (*adaptive linear element*, elemento linear adaptativo). A diferença entre o perceptron e o Adaline está no procedimento de aprendizagem. Uma das primeiras redes neurais em camadas treináveis com múltiplos elementos adaptativos foi a estrutura Madaline (*multiple-adaline*) proposta por Widrow e seus estudantes (Widrow, 1962). Em 1967, Amari utilizou o método do gradiente estocástico para classificação adaptativa de padrões. Em 1965, foi publicado o livro de Nilsson, *Learning Machines* que ainda é a exposição mais bem escrita sobre padrões linearmente separáveis por hipersuperfícies. Durante o período clássico do perceptron nos anos 1960, parecia que as redes neurais poderiam realizar qualquer coisa. Mas então veio o livro de Minsky e Papert (1969), que utilizaram a matemática para demonstrar que existem limites fundamentais para aquilo que os perceptrons de camada única podem calcular. Em uma breve seção sobre perceptrons de múltiplas camadas, eles afirmavam que não havia razão para supor que qualquer uma das limitações do perceptron de camada única poderia ser superada na versão de múltiplas camadas.

Um problema importante encontrado no projeto de um perceptron de múltiplas camadas é o *problema de atribuição de crédito* (i.e., o problema de atribuir crédito a neurônios ocultos da rede). A terminologia "atribuição de crédito" foi utilizada primeiro por Minsky (1961), sob o título de "O Problema de Atribuição de Crédito para Sistemas de Aprendizagem por Reforço". No final dos anos 1960, já havia sido formulada a maioria das idéias e conceitos necessários para resolver o problema de atribuição de crédito do perceptron, bem como muitas das idéias que fundamentam as redes (neurais de atratores) recorrentes que são agora denominadas redes de Hopfield. Entretanto, tivemos que esperar até os anos 80 para que emergissem as soluções para esses problemas básicos. De acordo com Cowan (1990) houve três razões para este atraso de mais de 10 anos:

- Uma razão foi tecnológica – não havia computadores pessoais ou estações de trabalho para a experimentação. Quando Gabor, por exemplo, desenvolveu o seu filtro não-linear de aprendizagem, seu grupo de pesquisadores levou mais seis anos para construir o filtro com dispositivos analógicos (Gabor, 1954; Gabor et al., 1960).

- A outra razão foi em parte psicológica e em parte financeira. A monografia de 1969 de Minsky e Papert certamente não encorajou ninguém a trabalhar com perceptrons, tampouco as agências a apoiar trabalhos sobre eles.
- A analogia entre redes neurais e *spins* de grade foi prematura. O *modelo do vidro de spins* de Sherrington e Kirkpatrick foi inventado somente em 1975.

Estes fatores contribuíram de um modo ou de outro para o esmorecimento do interesse continuado em redes neurais nos anos 70. Muitos pesquisadores, com exceção daqueles que trabalhavam em psicologia e em neurociências, abandonaram a área durante aquela década. De fato, somente um punhado dos pioneiros originais mantiveram seu comprometimento com as redes neurais. De uma perspectiva de engenharia, podemos considerar os anos 70 como uma década de adormecimento para as redes neurais.

Uma atividade importante que emergiu nos anos 70 foram os *mapas auto-organizáveis* utilizando aprendizagem competitiva. O trabalho em simulação computacional feito por von der Malsburg (1973) talvez tenha sido o primeiro a demonstrar a auto-organização. Em 1976, Willshaw e von der Malsburg publicaram o primeiro artigo sobre a formação de mapas auto-organizáveis, motivados pelos mapas ordenados de forma topológica do cérebro.

Nos anos 80, foram feitas importantes contribuições em várias frentes à teoria e ao projeto de redes neurais, e com isso houve um ressurgimento do interesse pelas redes neurais.

Grossberg (1980), baseando-se no seu trabalho anterior sobre aprendizagem competitiva (Grossberg, 1972, 1976a, b), estabeleceu um novo princípio de auto-organização conhecido como *teoria da ressonância adaptativa (ART, Adaptive Resonance Theory)*. Basicamente, a teoria envolve uma camada de reconhecimento de baixo para cima (*bottom-up*) e uma camada generativa de cima para baixo (*top-down*). Se o padrão de entrada e o padrão realimentado aprendido coincidirem, então ocorre um estado dinâmico chamado de "ressonância adaptativa" (i.e., amplificação e prolongamento da atividade neural). Este *princípio de projeções para frente/para trás* foi redescoberto por outros pesquisadores sob diferentes aspectos.

Em 1982, Hopfield utilizou a idéia de uma função de energia para formular um novo modo de se entender a computação executada por redes recorrentes com conexões sinápticas simétricas. Além disso, ele estabeleceu o isomorfismo entre uma rede recorrente assim definida e o *modelo Ising* utilizado na física estatística. Esta analogia desencadeou um grande interesse da física teórica (e dos físicos) pela modelagem neural, transformando com isso a área de redes neurais. Esta classe particular de redes neurais com realimentação atraiu muita atenção nos anos 1980, e no decorrer do tempo tornou-se conhecida como *redes de Hopfield*. Apesar de as rede de Hopfield não serem modelos realísticos dos sistemas neurobiológicos, o princípio que elas incorporam, isto é, o armazenamento de informação em redes dinamicamente estáveis, é profundo. A origem deste princípio remonta ao trabalho pioneiro de muitos outros investigadores:

- Cragg e Tamperley (1954, 1955) observaram que assim como os neurônios podem ser "disparados" (ativados) ou "não disparados" (quiescentes), também os átomos em uma rede têm seus *spins* apontando "para cima" ou "para baixo".
- Cowan (1967) introduziu a característica de disparo "sigmóide" e a condição de disparo suave para um neurônio que era baseada na função logística.
- Grossberg (1967, 1968) introduziu o *modelo aditivo* de um neurônio, envolvendo equações não-lineares de diferenças/diferenciais e explorou o uso do modelo como uma base para a memória de curto prazo.

- Amari (1972) introduziu, de forma independente, o modelo aditivo de um neurônio e o utilizou para estudar o comportamento dinâmico de elementos semelhantes a neurônios conectados aleatoriamente.
- Wilson e Cowan (1972) derivaram equações diferenciais não-lineares acopladas correspondentes à dinâmica de populações localizadas no espaço, contendo neurônios tanto excitadores como inibitórios.
- Little e Shaw (1975) descreveram um *modelo probabilístico* de um neurônio, quer disparando ou não um potencial de ação, e usaram o modelo para desenvolver uma teoria da memória de curto prazo.
- Anderson, Silverstein, Ritz e Jones (1977) propuseram o *modelo do estado cerebral em uma caixa* (*brain-state-in-a-box, BSB*), consistindo de uma rede associativa simples acoplada a uma dinâmica não-linear.

Não causa surpresa, portanto, que a publicação do artigo de Hopfield em 1982 tenha gerado tanta controvérsia. Apesar disso, foi neste mesmo artigo que pela primeira vez o princípio do armazenamento de informação em redes dinamicamente estáveis foi explicitado. Além disso, Hopfield mostrou que ele havia se baseado no modelo do vidro de *spins* da mecânica estatística para examinar o caso especial das redes recorrentes com conexões simétricas, garantindo com isso a sua convergência para uma condição estável. Em 1983, Cohen e Grossberg estabeleceram um princípio geral para estimar a estabilidade de uma *memória endereçável por conteúdo,* que inclui a versão de tempo contínuo da rede de Hopfield como um caso especial. Uma característica distintiva de uma rede neural de atratores é o modo natural como o *tempo,* uma dimensão essencial para a aprendizagem, se manifesta na dinâmica não-linear da rede. Neste contexto, o teorema de Cohen-Grossberg é de profunda importância.

Um outro desenvolvimento importante em 1982 foi a publicação do artigo de Kohonen sobre os mapas auto-organizáveis (Kohonen, 1982), utilizando uma estrutura de rede unidimensional ou bidimensional, que era em alguns aspectos diferente do trabalho anterior de Willshaw e von der Malsburg. O modelo de Kohonen recebeu muito mais atenção em um contexto analítico e em relação às aplicações na literatura que o modelo de Willshaw-von der Malsburg, e tornou-se uma referência para a avaliação de outras inovações neste campo.

Em 1983, Kirkpatrick, Gelatt e Vecchi descreveram um novo procedimento denominado *recozimento simulado,* para resolver problemas de otimização combinatória. O recozimento simulado tem suas raízes na mecânica quântica. Ele é baseada em uma técnica simples que foi primeiramente utilizada em simulações computacionais por Metropolis et al. (1953). A idéia do recozimento simulado foi utilizada mais tarde por Ackley, Hinton e Sejnowski (1985) no desenvolvimento de uma máquina estocástica conhecida como a *máquina de Boltzmann,* que foi a *primeira* realização bem-sucedida de uma rede neural de múltiplas camadas. Apesar de o algoritmo de aprendizagem da máquina de Boltzmann não ter se mostrado tão eficiente do ponto de vista computacional como o algoritmo de retropropagação (*Back-propagation*), ele superou o impasse psicológico, mostrando que a especulação de Minsky e Papert (1969) não estava corretamente embasada. A máquina de Boltzmann também serviu de base para o desenvolvimento subsequente das *redes de crença sigmóide* de Neal (1992), que conseguiu realizar duas coisas: (1) a melhoria significativa da aprendizagem e (2) a ligação das redes neurais às redes de crença (Pearl, 1988). Uma melhoria adicional no desempenho das redes de crença sigmóide foi realizada por Saul, Jakkolla e Jordan (1996) utilizando a teoria do campo médio, uma técnica também com raízes na mecânica estatística.

Um artigo de Barto, Sutton e Anderson sobre *aprendizagem por reforço* foi publicado em 1983. Apesar de eles não terem sido os primeiros a utilizar aprendizagem por reforço (Minsky a levou em consideração na sua tese de doutorado em 1954, por exemplo), seu artigo gerou muito interesse em aprendizagem por reforço e na sua aplicação em controle. Especificamente, eles demonstraram que um sistema de aprendizagem por reforço poderia aprender a equilibrar um cabo de vassoura (i.e., um mastro montado sobre uma carreta) na ausência de um professor auxiliar. O sistema requeria somente um sinal de insucesso que ocorre quando o mastro, ao cair, ultrapassa um ângulo crítico a partir da vertical, ou quando a carreta alcança o final da pista. Em 1996, foi publicado o livro *Neurodynamic Programming* de Bertsekas e Tsitsiklis. Este livro colocou a aprendizagem por reforço sobre uma base matemática apropriada, ligando-a à programação dinâmica de Bellman.

Em 1984, foi publicado o livro de Braitenberg, *Vehicles: Experiments in Synthetic Psychology*. Neste livro, Braitenberg defende o *princípio do desempenho auto-organizado, direcionado a objetivo*: obtém-se um melhor entendimento de um processo complexo pela síntese de mecanismos elementares putativos do que por uma análise de cima para baixo (*top-down*). Sob o pretexto da ficção científica, Braitenberg ilustra este importante princípio descrevendo várias máquinas com uma arquitetura interna simples. As propriedades das máquinas e seu comportamento são inspirados em fatos acerca dos cérebros de animais, um assunto que ele estudou diretamente ou indiretamente por mais de 20 anos.

Em 1986, foi relatado por Rumelhart, Hinton e Williams (1986) o desenvolvimento do *algoritmo de retropropagação* (*back-propagation*). Naquele mesmo ano, foi publicado o célebre livro em dois volumes, *Parallel Distributed Processing: Explorations in the Microstructures of Cognition*, editado por Rumelhart e McClelland. Este livro exerceu uma grande influência na utilização da aprendizagem por retropropagação, que emergiu como o algoritmo de aprendizagem mais popular para o treinamento de perceptrons de múltiplas camadas. Na verdade, a aprendizagem por retropropagação foi descoberta de modo independe em outros dois lugares, na mesma época (Parker, 1985; LeCun, 1985). Após a descoberta do algoritmo de retropropagação em meados dos anos 1980, revelou-se que o algoritmo havia sido descrito anteriormente por Werbos na sua tese de doutorado na Universidade de Harvard em agosto de 1974; a tese de doutorado de Werbos foi a primeira descrição documentada da computação eficiente do gradiente em modo reverso que foi aplicada a modelos gerais de redes, sendo as redes neurais um caso especial. A idéia básica da retrogradação pode ainda ser encontrada mais anteriormente no livro *Applied Optimal Control* de Bryson e Ho (1969). Na Seção 2.2, intitulada "Sistemas de Multiestágios" daquele livro, é descrita uma derivação da retropropagação utilizando um formalismo lagrangiano. Em última análise, entretanto, deve-se atribuir muito do crédito pelo algoritmo de retropropagação a Rumelhart, Hinton e Williams (1986), por proporem a sua utilização para a aprendizagem de máquina e por demonstrarem como isto poderia funcionar.

Em 1988, Linkser descreveu um novo princípio para a auto-organização em uma rede perceptiva (Linkser, 1988a). O princípio é concebido para preservar o máximo de informação sobre os padrões de atividade das entradas, sujeito a limitações como as conexões sinápticas e o intervalo dinâmico das sinapses. Uma sugestão similar foi feita independentemente por vários pesquisadores da visão. Entretanto, foi Linkser quem utilizou conceitos abstratos baseados na teoria da informação (formulada por Shannon em 1948) para formular o princípio da *máxima informação mútua* (Infomax). O artigo de Linkser reacendeu o interesse pela aplicação da teoria da informação às redes neurais. Em particular, a aplicação da teoria da informação ao *problema da separação cega de fontes* por Bell e Sejnowski (1995) provocou muitos pesquisadores a explorar outros modelos teóricos da informação para resolver uma vasta classe de problemas, conhecidos coletivamente como *deconvolução cega*.

Também em 1988, Broomhead e Lowe descreveram um procedimento para o projeto de redes alimentadas adiante, em camadas utilizando *funções de base radial* (RBF, *radial basis function*), as quais fornecem uma alternativa aos perceptrons de múltiplas camadas. A idéia básica das funções de base radial remonta pelo menos ao *método das funções de potencial* que foi proposto originalmente por Bashkirov, Braverman e Muchnik (1964), e cujas propriedades teóricas foram desenvolvidas por Aizerman, Braverman e Rozonoer (1964a, b). Uma descrição do método das funções de potencial é apresentada no clássico livro, *Pattern Classification and Scene Analysis* de Duda e Hart (1973). Apesar disso, o artigo de Broomhead e Lowe levou a um grande esforço em pesquisa para ligar o projeto de redes neurais a uma importante área da análise numérica e também aos filtros lineares adaptativas. Em 1990, Poggio e Girosi (1990a) enriqueceram ainda mais a teoria das redes RBF aplicando a teoria da regularização de Tikhonov.

Em 1989, foi publicado o livro de Mead, *Analog VLSI and Neural Systems*. Este livro fornece uma mistura inusitada de conceitos retirados da neurobiologia e da tecnologia VLSI. Sobretudo, ele inclui capítulos sobre a retina de silício e a cóclea de silício, escrito por Mead e co-autores, que são claros exemplos da mente criativa de Mead.

No início dos anos 90, Vapnik e co-autores inventaram uma classe de redes de aprendizagem supervisionada poderosa do ponto de vista computacional, chamada de *máquinas de vetor de suporte*, para ser utilizada em reconhecimento de padrões, regressão e problemas de estimação de densidade (Boser, Guyon e Vapnik, 1992; Cortes e Vapnik, 1995; Vapnik, 1995, 1998). Este método novo se baseia nos resultados da teoria de aprendizagem com tamanhos de amostra finitos. Uma característica inovadora das máquinas de vetor de suporte é o modo natural pelo qual a *dimensão de Vapnik-Chervonenkis (V-C)* é incorporada no seu projeto. A dimensão V-C fornece uma medida para a capacidade de uma rede neural de aprender a partir de um conjunto de exemplos (Vapnik e Chervonenkis, 1971; Vapnik, 1982).

Agora já está bem estabelecido que o *caos* constitui um aspecto-chave de fenômenos físicos. A questão que muitos levantam é: existe um papel importante para o caos no estudo de redes neurais? Em um contexto biológico, Freeman (1995) acredita que a resposta a esta questão é afirmativa. De acordo com Freeman, os padrões de atividade neural não são impostos de fora do cérebro; em vez disso eles são construídos a partir do seu interior. Em particular, a dinâmica caótica oferece uma base para descrever as condições que são requeridas para a emergência de padrões auto-organizados em populações de neurônios e entre estas populações.

Talvez mais do que qualquer outra publicação, o artigo de 1982 de Hopfield e o livro em dois volumes de 1986 de Rumelhart e McClelland foram as publicações mais influentes, responsáveis pelo ressurgimento do interesse em redes neurais nos anos 1980. As redes neurais certamente trilharam um longo caminho desde os dias iniciais de McCulloch e Pitts. De fato, elas se estabeleceram como um tema interdisciplinar com raízes profundas em neurociências, psicologia, matemática, ciências físicas e engenharia. É desnecessário dizer que elas estão aqui para ficar e que continuarão a crescer em teoria, projeto e aplicações.

NOTAS E REFERÊNCIAS

1. Esta definição de uma rede neural é adaptada de Aleksander e Morton (1990).
2. Para uma perspectiva complementar sobre redes neurais com ênfase em modelagem neural, cognição e considerações neurofisiológicas, veja Anderson (1995). Para um relato bastante legível dos aspectos computacionais do cérebro, veja Churchland e Sejnowski (1992). Para descrições mais detalhadas dos mecanismos neurais e do cérebro humano, veja Kandel

e Schwartz (1991), Shepherd (1990a, b), Koch e Segev (1989), Kuffler et al. (1984) e Freeman (1975).
3. Para um relato minucioso das funções sigmóides e questões relacionadas, veja Menon et al. (1996).
4. A função logística, ou mais precisamente a *função de distribuição logística*, deriva seu nome de uma "lei de crescimento logístico" transcendental que resultou em uma imensa literatura. Se medidos em unidades apropriadas, todos os processos de crescimento são supostamente representados pela função distribuição logística

$$F(t) = \frac{1}{1 + e^{\alpha t - \beta}}$$

onde t representa o tempo, e α e β são constantes. Entretanto, verificou-se que não somente a distribuição logística mas também a gaussiana e outras distribuições podem ser aplicadas aos mesmos dados com os mesmos resultados de ajuste ou até melhores (Feller, 1968).
5. De acordo com Kuffler et al. (1984), o termo "campo receptivo" foi cunhado originalmente por Sherrington (1906) e introduzido novamente por Hartline (1940). No contexto de um sistema visual, o campo receptivo de um neurônio se refere à área restrita sobre a superfície retinal, que influencia as descargas daquele neurônio causadas pela luz.
6. Aparentemente, a técnica de compartilhamento de pesos foi originalmente descrita em Rumelhart et al. (1986b).
7. As notas históricas apresentadas aqui são enormemente (mas não exclusivamente) baseadas nas seguintes fontes: (1) o artigo de Saarinen et al. (1992); (2) o capítulo escrito por Rall (1990); (3) o artigo de Widrow e Lehr (1990); (4) os artigos de Cowan (1990) e Cowan e Sharp (1988); (5) o artigo de Grossberg (1988c); (6) o livro em dois volumes sobre computação neural (Anderson et al., 1990; Anderson e Rosenfeld, 1988); (7) o capítulo escrito por Selfridge et al. (1988); (8) a coleção de artigos de von Neumann sobre computação e teoria da computação (Aspray e Burks, 1986); (9) o manual sobre a teoria do cérebro e redes neurais editado por Arbib (1995); (10) o Capítulo 1 do livro de Russel e Norvig (1995); e (11) o artigo de Taylor (1997).

PROBLEMAS

Modelos de um neurônio

1.1 Um exemplo de função logística é definida por

$$\varphi(v) = \frac{1}{1 + \exp(-av)}$$

cujos valores limites são 0 e 1. Mostre que a derivada de $\varphi(v)$ em relação a v é dada por

$$\frac{d\varphi}{dv} = a\varphi(v)[1 - \varphi(v)]$$

Qual é o valor desta derivada na origem?

1.2 Uma função sigmóide ímpar é definida por

$$\varphi(v) = \frac{1 - \exp(-av)}{1 + \exp(-av)}$$
$$= \tanh\left(\frac{av}{2}\right)$$

onde tanh representa a tangente hiperbólica. Os valores limites desta segunda função sigmóide são −1 e +1. Mostre que a derivada de φ(v) em relação a v é dada por

$$\frac{d\varphi}{dv} = \frac{a}{2}\left[1 - \varphi^2(v)\right]$$

Qual é o valor desta derivada na origem? Suponha que o parâmetro de inclinação a seja infinitamente grande. Qual é a forma resultante de φ(v)?

1.3 Uma outra função sigmóide ímpar é a sigmóide algébrica:

$$\varphi(v) = \frac{v}{\sqrt{1+v^2}}$$

cujos valores limites são −1 e +1. Mostre que a derivada de φ(v) em relação a v é dada por

$$\frac{d\varphi}{dv} = \frac{\varphi^3(v)}{v^3}$$

Qual é o valor desta derivada na origem?

1.4 Considere as duas seguintes funções:

(i) $\varphi(v) = \dfrac{1}{\sqrt{2\pi}} \displaystyle\int_{-\infty}^{v} \exp\left(-\dfrac{x^2}{2}\right) dx$

(ii) $\varphi(v) = \dfrac{2}{\pi} \tan^{-1}(v)$

Explique por que estas duas funções satisfazem os requisitos de uma função sigmóide. De que modo estas duas funções diferem entre si?

1.5 Qual das cinco funções sigmóides descritas nos Problemas 1.1 a 1.4 seria qualificada como uma função distribuição (de probabilidade) cumulativa? Justifique a sua resposta.

1.6 Considere a função de ativação pseudolinear φ(v) mostrada na Fig. P1.6.

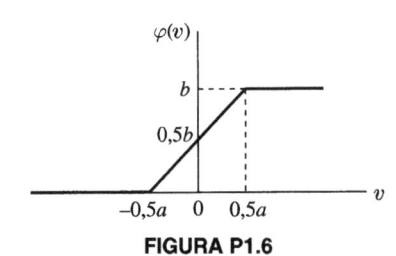

FIGURA P1.6

(a) Formule φ(v) como uma função de v.
(b) O que acontece com φ(v) se a aproximar-se de zero?

1.7 Repita o Problema 1.6 para a função de ativação pseudolinear φ(v) mostrada na Fig. P1.7.

1.8 Um neurônio tem uma função de ativação φ(v) definida pela função logística do problema 1.1, onde v é o campo local induzido, e o parâmetro de inclinação a está disponível para ajustes. Considere que $x_1, x_2, ..., x_m$, representem os sinais de entrada aplicados aos nós de fonte do neurônio e que b represente o bias. Por conveniência de representação, podemos fazer com que o parâmetro de inclinação a seja absorvido pelo campo local induzido v, escrevendo

$$\varphi(v) = \frac{1}{1 + \exp(-v)}$$

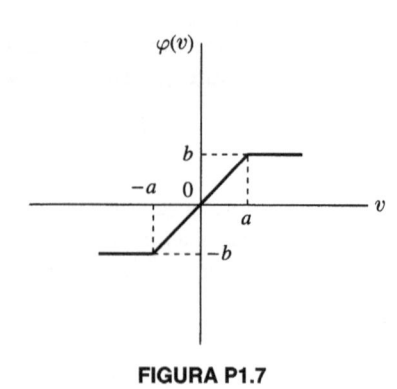

FIGURA P1.7

Como você modificaria as entradas $x_1, x_2, ..., x_m$ de forma a produzir a mesma saída de antes? Justifique a sua resposta.

1.9 Um neurônio j recebe entradas de quatro outros neurônios cujos níveis de ativação são 10, -20, 4 e -2. Os respectivos pesos sinápticos do neurônio j são 0,8, 0,2, -1,0 e -0,9. Calcule a saída do neurônio j para as duas seguintes situações:
(a) O neurônio é linear.
(b) O neurônio é representado por um modelo de McCulloch-Pitts.
Assuma que o bias aplicado ao neurônio é zero.

1.10 Repita o Problema 1.9 para um modelo de neurônio baseado na função logística

$$\varphi(v) = \frac{1}{1+\exp(-v)}$$

1.11 (a) Mostre que o modelo formal de McCulloch-Pitts de um neurônio pode ser aproximado por um neurônio sigmóide (i.e., um neurônio que utiliza uma função de ativação sigmóide) com pesos sinápticos grandes.
(b) Mostre que um neurônio linear pode ser aproximado por um neurônio sigmóide com pesos sinápticos pequenos.

Arquiteturas de rede

1.12 Uma rede alimentada adiante totalmente conectada tem 10 nós de fonte, 2 camadas ocultas, uma com 4 neurônios e a outra com 3 neurônios e um único neurônio de saída. Construa um grafo arquitetural desta rede.

1.13 (a) A Figura P1.13 mostra um grafo de fluxo de sinal de uma rede 2-2-2-1 alimentada adiante. A função $\varphi(\cdot)$ representa uma função logística. Escreva o mapeamento de entrada-saída definido por esta rede.
(b) Suponha que o neurônio de saída do grafo de fluxo de sinal da Fig. P1.13 opere na sua região linear. Escreva o mapeamento de entrada-saída definido por esta nova rede.

1.14 A rede descrita na Fig. P1.13 não tem bias. Suponha que bias iguais a -1 e +1 sejam aplicados aos neurônios superior e inferior da primeira camada oculta, e bias iguais a +1 e -2 sejam aplicados aos neurônios superior e inferior da segunda camada oculta, respectivamente. Escreva a nova forma do mapeamento de entrada-saída definido pela rede.

1.15 Considere uma rede de múltiplas camadas alimentada adiante, na qual todos os neurônios operam nas suas regiões lineares. Justifique a afirmação de que esta rede é equivalente a uma rede alimentada adiante de camada única.

1.16 Construa uma rede totalmente recorrente com 5 neurônios, mas sem auto-realimentação.

1.17 A Figura P1.17 mostra um grafo de fluxo de sinal de uma rede recorrente constituída de dois neurônios. Escreva a equação de diferenças não-linear que define a evolução de $x_1(n)$

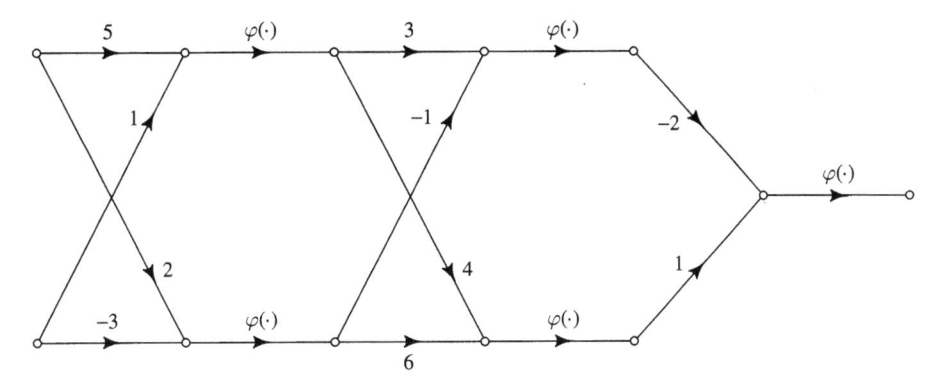

FIGURA P1.13

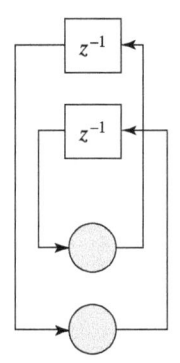

FIGURA P1.17

ou de $x_2(n)$. Estas duas variáveis definem as saídas dos neurônios superior e inferior, respectivamente. Qual é a ordem desta equação?

1.18 A Figura P1.18 mostra o grafo de fluxo de sinal de uma rede recorrente que consiste de dois neurônios com auto-realimentação. Escreva o sistema acoplado de duas equações de diferenças de primeira ordem que descrevem a operação do sistema.

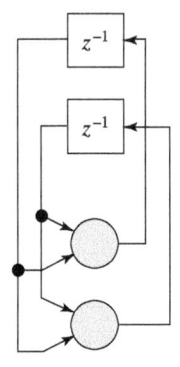

FIGURA P1.18

1.19 Uma rede recorrente tem 3 nós de fonte, 2 neurônios ocultos e 4 neurônios de saída. Construa um grafo arquitetural que descreva esta rede.

Representação do conhecimento

1.20 Uma forma útil de pré-processamento se baseia no *modelo auto-regressivo (AR)* descrito pela equação de diferenças (para dados de valores reais)

$$y(n) = w_1 y(n-1) + w_2 y(n-2) + \cdots + w_M y(n-M) + v(n)$$

onde $y(n)$ é a saída do modelo; $v(n)$ é uma amostra retirada de um processo de ruído branco com média zero e uma variância predefinida; $w_1, w_2, ..., w_M$, são os coeficientes do modelo *AR*; e M é a ordem do modelo. Mostre que o uso deste modelo fornece duas formas de invariância geométrica: (a) em escala e (b) em translação temporal. Como estas duas invariâncias poderiam ser utilizadas em redes neurais?

1.21 Considere que **x** seja um vetor de entrada e que $s(\alpha, \mathbf{x})$ seja um operador de transformação agindo sobre **x** e dependente de um parâmetro α. O operador $s(\alpha, \mathbf{x})$ satisfaz dois requisitos:
- $s(0, \mathbf{x}) = \mathbf{x}$
- $s(\alpha, \mathbf{x})$ é diferenciável em relação a α.

O *vetor tangente* é definido pela derivada parcial $\partial s(\alpha, \mathbf{x})/\partial \alpha$ (Simard et al., 1992).

Suponha que **x** represente uma imagem e que α seja um parâmetro de rotação. Como você calcularia o vetor tangente para o caso em que α é pequeno? O vetor tangente é localmente invariante em relação à rotação da imagem original; por quê?

CAPÍTULO 2

Processos de Aprendizagem

2.1 INTRODUÇÃO

A propriedade que é de importância primordial para uma rede neural é a sua habilidade de *aprender* a partir de seu ambiente e de *melhorar* o seu desempenho através da aprendizagem. A melhoria do desempenho ocorre com o tempo de acordo com alguma medida preestabelecida. Uma rede neural aprende acerca do seu ambiente através de um processo interativo de ajustes aplicados a seus pesos sinápticos e níveis de bias. Idealmente, a rede se torna mais instruída sobre o seu ambiente após cada iteração do processo de aprendizagem.

Há atividades demais associadas à noção de "aprendizagem" para justificar a sua definição de forma precisa. Além disso, o processo de aprendizagem depende do ponto de vista, o que causa dificuldades em se obter um consenso sobre uma definição precisa do termo. A aprendizagem do ponto de vista de um psicólogo, por exemplo, é bastante diferente da aprendizagem em um sentido de sala de aula. Reconhecendo que o nosso interesse particular se concentra nas redes neurais, utilizamos uma definição de aprendizagem que é adaptada de Mendel e McClaren (1970).

Definimos aprendizagem no contexto de redes neurais como:

Aprendizagem é um processo pelo qual os parâmetros livres de uma rede neural são adaptados através de um processo de estimulação pelo ambiente no qual a rede está inserida. O tipo de aprendizagem é determinado pela maneira pela qual a modificação dos parâmetros ocorre.

Esta definição do processo de aprendizagem implica a seguinte seqüência de eventos:

1. A rede neural é *estimulada* por um ambiente.
2. A rede neural *sofre modificações* nos seus parâmetros livres como resultado desta estimulação.
3. A rede neural *responde de uma maneira nova* ao ambiente, devido às modificações ocorridas na sua estrutura interna.

Um conjunto preestabelecido de regras bem-definidas para a solução de um problema de aprendizagem é denominado um *algoritmo de aprendizagem*.[1] Como se pode esperar, não há um algoritmo de aprendizagem único para o projeto de redes neurais. Em vez disso, temos um "conjunto de ferramentas" representado por uma variedade de algoritmos de aprendizagem, cada qual oferecendo vantagens específicas. Basicamente, os algoritmos de aprendizagem diferem entre si pela forma como é formulado o ajuste de um peso sináptico de um neurônio. Um outro fator a ser considerado é a maneira pela qual uma rede neural (máquina de aprendizagem), constituída de um conjunto de neurônios interligados, se relaciona com o seu ambiente. Neste último contexto, falamos de um *paradigma de aprendizagem* que se refere a um *modelo* do ambiente no qual a rede neural opera.

Organização do Capítulo

O capítulo está organizado em quatro partes inter-relacionadas. Na primeira parte, que consiste das Seções 2.2 a 2.6, discutimos cinco regras básicas de aprendizagem: aprendizagem por correção de erro, aprendizagem baseada em memória, aprendizagem hebbiana, aprendizagem competitiva e aprendizagem de Boltzmann. A aprendizagem por correção de erro está fundamentada na filtragem ótima. A aprendizagem baseada em memória opera memorizando explicitamente os dados de treinamento. Tanto a aprendizagem hebbiana como a aprendizagem competitiva são inspiradas em considerações neurobiológicas. A aprendizagem de Boltzmann é diferente porque é baseada em idéias tomadas emprestadas da mecânica estatística.

A segunda parte do capítulo explora os paradigmas de aprendizagem. A Seção 2.7 discute o problema de atribuição de crédito, que é básico para o processo de aprendizagem. As Seções 2.8 e 2.9 apresentam um resumo de dois paradigmas de aprendizagem: (1) a aprendizagem *com* um professor e (2) a aprendizagem *sem* um professor.

A terceira parte do capítulo, que consiste das Seções 2.10 a 2.12, examina as questões relativas às tarefas de aprendizagem, memória e adaptação.

A parte final do capítulo, que consiste das Seções 2.13 a 2.15, trata dos aspectos probabilísticos e estatísticos do processo de aprendizagem. A Seção 2.13 discute o dilema bias/variância. A seção 2.14 discute a teoria estatística da aprendizagem, baseada na noção da dimensão V-C que fornece uma medida da capacidade da máquina. A Seção 2.14 introduz um outro conceito importante: a aprendizagem provavelmente aproximadamente correta (PAC), que fornece um modelo conservativo para o processo de aprendizagem.

O capítulo é concluído com algumas considerações finais na Seção 2.16.

2.2 APRENDIZAGEM POR CORREÇÃO DE ERRO

Para ilustrar nossa primeira regra de aprendizagem, considere o caso simples de um neurônio k que constitui o único nó computacional da camada de saída de uma rede neural alimentada adiante, como representado na Fig. 2.1a. O neurônio k é acionado por um *vetor de sinal* $\mathbf{x}(n)$ produzido por uma ou mais camadas de neurônios ocultos, que são, por sua vez, acionadas por um vetor de entrada (estímulo) aplicado aos nós de fonte (i.e., a camada de entrada) da rede neural. O argumento n representa o instante de tempo discreto, ou mais precisamente, o passo de tempo de um processo iterativo envolvido no ajuste dos pesos sinápticos do neurônio k. O *sinal de saída* do neurônio k é representado por $y_k(n)$. Este sinal de saída, representando a única saída da rede neural, é comparado com uma *resposta desejada* ou *saída-alvo*, representada por $d_k(n)$. Conseqüentemente, é produzido um *sinal de erro*, representado por $e_k(n)$. Por definição, temos assim

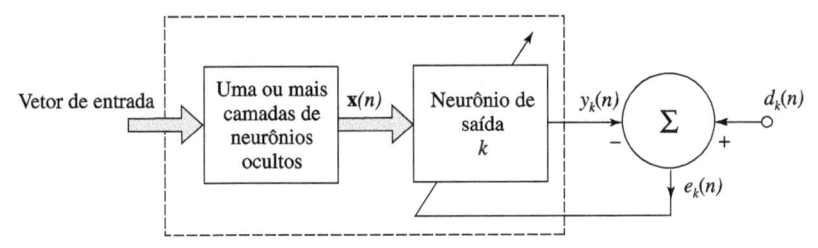

Processos de Aprendizagem

FIGURA 2.1 Ilustração da aprendizagem por correção de erro

(a) Diagrama em blocos de uma rede neural, ressaltando o único neurônio da camada de saída

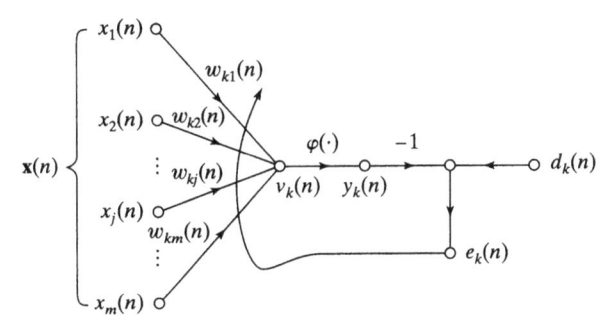

(b) Grafo de fluxo de sinal do neurônio de saída

$$e_k(n) = d_k(n) - y_k(n) \qquad (2.1)$$

O sinal de erro $e_k(n)$ aciona um *mecanismo de controle*, cujo propósito é aplicar uma seqüência de ajustes corretivos aos pesos sinápticos do neurônio k. Os ajustes corretivos são projetados para aproximar passo a passo o sinal de saída $y_k(n)$ da resposta desejada $d_k(n)$. Este objetivo é alcançado minimizando-se uma *função de custo* ou *índice de desempenho*, $\mathscr{E}(n)$, definido em termos do sinal de erro $e_k(n)$ como:

$$\mathscr{E}(n) = \frac{1}{2} e_k^2(n) \qquad (2.2)$$

Com isso, $\mathscr{E}(n)$ é *o valor instantâneo da energia do erro*. Os ajustes passo a passo dos pesos sinápticos do neurônio k continuam até o sistema atingir um *estado estável* (i.e., os pesos sinápticos estão essencialmente estabilizados). Neste ponto, o processo é encerrado.

O processo de aprendizagem descrito aqui é denominado, por razões óbvias, *aprendizagem por correção de erro*. Em particular, a minimização da função de custo $\mathscr{E}(n)$ resulta na regra de aprendizagem normalmente referida como *regra delta* ou *regra de Widrow-Hoff*, assim denominada em homenagem aos seus criadores (Widrow e Hoff, 1960). Suponha que $w_{kj}(n)$ represente o valor do peso sináptico w_{kj} do neurônio k excitado por um elemento $x_j(n)$ do vetor de sinal $\mathbf{x}(n)$ no passo de tempo n. De acordo com a regra delta, o ajuste $\Delta w_{kj}(n)$ aplicado ao peso sináptico w_{kj} no passo de tempo n é definido por

$$\Delta w_{kj}(n) = \eta e_k(n) x_j(n) \qquad (2.3)$$

onde η é uma constante positiva que determina a *taxa de aprendizado* quando avançamos em um passo no processo de aprendizagem. É, portanto, natural que denominemos η *parâmetro taxa de aprendizado*. Em outras palavras, a regra delta pode ser formulada como:

> *O ajuste feito em um peso sináptico de um neurônio é proporcional ao produto do sinal de erro pelo sinal de entrada da sinapse em questão.*

Note-se que a regra delta, assim formulada, pressupõe que o sinal de erro seja *diretamente mensurável*. Para que esta medida seja realizável, necessitamos claramente que a resposta desejada seja fornecida por alguma fonte externa, que seja diretamente acessível ao neurônio k. Em outras palavras, o neurônio k é *visível* ao mundo externo, como representado na Fig. 2.1a. Desta figura também observamos que a aprendizagem por correção de erro é na verdade de natureza *local*. Isto apenas significa que os ajustes sinápticos feitos pela regra delta são localizados em torno do neurônio k.

Tendo calculado o ajuste sináptico $\Delta w_{kj}(n)$, o valor atualizado do peso sináptico w_{kj} é determinado por

$$w_{kj}(n+1) = w_{kj}(n) + \Delta w_{kj}(n) \tag{2.4}$$

Na verdade, $w_{kj}(n)$ e $w_{kj}(n+1)$ podem ser vistos como os valores *antigo* e *novo* do peso sináptico w_{kj}, respectivamente. Em termos computacionais, podemos também escrever

$$w_{kj}(n) = z^{-1}[w_{kj}(n+1)] \tag{2.5}$$

onde z^{-1} é o *operador atraso unitário*. Isto é, z^{-1} representa um *elemento de armazenamento*.

A Figura 2.1b mostra uma representação em grafo de fluxo de sinal do processo de aprendizagem por correção de erro, enfocando a atividade na vizinhança do neurônio k. O sinal de entrada x_j e o campo local induzido v_k do neurônio k são referidos respectivamente como os *sinais pré-sináptico* e *pós-sináptico* da j-ésima sinapse do neurônio k, respectivamente. Da Fig. 2.1 vemos que a aprendizagem por correção de erro é um exemplo de um *sistema realimentado de laço fechado*. Da teoria de controle sabemos que a estabilidade de um sistema como esse é determinada pelos parâmetros que constituem os laços de realimentação do sistema. No nosso caso temos apenas um laço de realimentação, e um desses parâmetros, que é particularmente interessante, é o parâmetro taxa de aprendizado η. Por esse motivo, é importante que η seja selecionado cuidadosamente, para assegurar que seja alcançada a estabilidade ou convergência do processo de aprendizagem iterativo. A escolha de η tem também uma influência profunda na precisão e em outros aspectos do processo de aprendizagem. Em resumo, o parâmetro taxa de aprendizado η desempenha na prática um papel-chave, determinando o desempenho da aprendizagem por correção de erro.

A aprendizagem por correção de erro é discutida com muito mais detalhes no Capítulo 3, que trata das redes alimentadas adiante de camada única, e no Capítulo 4, que detalha as redes alimentadas adiante com múltiplas camadas.

2.3 APRENDIZAGEM BASEADA EM MEMÓRIA

Na *aprendizagem baseada em memória*, todas as (ou a maioria das) experiências passadas são armazenadas explicitamente em uma grande memória de exemplos de entrada-saída classificados corretamente: $\{(\mathbf{x}_i, d_i)\}_{i=1}^{N}$, onde $\mathbf{x}_i$ representa um vetor de entrada e d_i representa a resposta desejada correspondente. Sem perda de generalidade, restringimos a resposta desejada a ser um escalar. Em um problema de classificação de padrões binário, por exemplo, há duas classes/hipóteses a serem consideradas, representadas por $\mathscr{C}_1$ e $\mathscr{C}_2$. Neste exemplo, a resposta desejada d_i assume o valor 0 (ou –1) para a classe $\mathscr{C}_1$ e o valor 1 para a classe $\mathscr{C}_2$. Quando desejamos classificar um vetor de teste $\mathbf{x}_{teste}$ (não visto antes), o algoritmo responde buscando e analisando os dados de treinamento em uma "vizinhança local" de $\mathbf{x}_{teste}$.

Todos os algoritmos de aprendizagem baseada em memória envolvem dois ingredientes essenciais:

- O critério utilizado para definir a vizinhança local do vetor de teste $\mathbf{x}_{teste}$.
- A regra de aprendizagem aplicada aos exemplos de treinamento na vizinhança local de $\mathbf{x}_{teste}$.

Os algoritmos diferem entre si na forma como estes dois ingredientes são definidos.

Em um tipo simples mas efetivo de aprendizagem baseada em memória conhecido como a *regra do vizinho mais próximo*[2], a vizinhança local é definida como o exemplo de treinamento que se encontra na vizinhança imediata do vetor de teste $\mathbf{x}_{teste}$. Em particular, dizemos que o vetor

$$\mathbf{x}'_N \in \{\mathbf{x}_1, \mathbf{x}_2, ..., \mathbf{x}_N\} \qquad (2.6)$$

é o vizinho mais próximo de $\mathbf{x}_{teste}$ se

$$\min_i d(\mathbf{x}_i, \mathbf{x}_{teste}) = d(\mathbf{x}'_N, \mathbf{x}_{teste}) \qquad (2.7)$$

onde $d(\mathbf{x}_i, \mathbf{x}_{teste})$ é a distância euclidiana entre os vetores $\mathbf{x}_i$ e $\mathbf{x}_{teste}$. A classe associada com a distância mínima, ou seja, o vetor $\mathbf{x}'_N$ é apresentada como a classificação de $\mathbf{x}_{teste}$. Esta regra é independente da distribuição fundamental responsável pela geração dos exemplos de treinamento.

Cover e Hart (1967) estudaram formalmente a regra do vizinho mais próximo como uma ferramenta para classificação de padrões. A análise apresentada por eles é baseada em duas suposições:

- Os exemplos classificados $(\mathbf{x}_i, d_i)$ são *independentemente e identicamente distribuídos (iid)*, de acordo com a distribuição de probabilidade conjunta do exemplo $(\mathbf{x}, d)$.
- O tamanho da amostra N é infinitamente grande.

Levando em consideração estas duas suposições, mostra-se que a probabilidade de erro de classificação pela regra do vizinho mais próximo é limitada acima pelo dobro da *probabilidade de erro bayesiana*, isto é, a mínima probabilidade de erro entre todas as regras de decisão. A probabilidade de erro bayesiana é discutida no Capítulo 3. Neste sentido, pode-se dizer que metade da informação sobre a classificação de um conjunto de treinamento de tamanho infinito está contida no vizinho mais próximo, o que é um resultado surpreendente.

Uma variante do classificador pelo vizinho mais próximo é o *classificador pelos k vizinhos mais próximos*, que procede como segue:

- Identifique os k padrões classificados que se encontram mais próximos do vetor de teste $\mathbf{x}_{teste}$, para um número inteiro k.

- Atribua $\mathbf{x}_{teste}$ à classe (hipótese) que está mais freqüentemente representada nos k vizinhos mais próximos de $\mathbf{x}_{teste}$ (i.e., use uma votação majoritária para fazer a classificação).

Assim, o classificador pelos k vizinhos mais próximos atua como um dispositivo que calcula a média. Em particular, ele discrimina um dado estranho, como ilustrado na Fig. 2.2 para $k = 3$. Um dado *estranho* é uma observação que tem um valor improvável em relação a um modelo de interesse.

No Capítulo 5, discutimos um outro tipo importante de classificador baseado em memória, conhecido como rede de função de base radial.

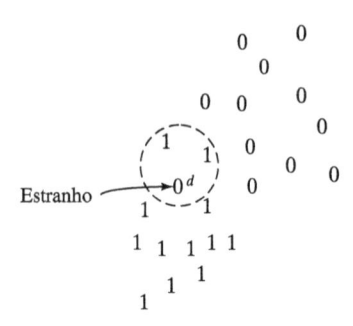

FIGURA 2.2 A área contida no interior do círculo tracejado inclui dois pontos pertencentes à classe 1 e um ponto estranho pertencente à classe 0. O ponto d corresponde ao vetor de teste $\mathbf{x}_{teste}$. Com $k = 3$, o *classificador pelos k vizinhos mais próximos* atribui a classe 1 ao ponto d, mesmo ele estando mais próximo ao dado *estranho*

2.4 APRENDIZAGEM HEBBIANA

O postulado de aprendizado de Hebb é a mais antiga e mais famosa de todas as regras de aprendizagem; ele é assim denominado em homenagem ao neuropsicólogo Hebb (1949). Citando o livro de Hebb (1949, p.62), *The Organization of Behavior*:

> Quando um axônio da célula A está perto o suficiente para excitar uma célula B e participa do seu disparo repetida ou persistentemente, então algum processo de crescimento ou modificação metabólica acontece em uma das células ou em ambas, de tal forma que a eficiência de A como uma das células que dispara B é aumentada.

Hebb propôs esta modificação como uma base da aprendizagem associativa (a nível celular), que resultaria em uma modificação permanente do padrão de atividade de um "agrupamento de células nervosas" espacialmente distribuído.

Esta afirmação foi feita em um contexto neurobiológico. Podemos expandir e rescrevê-la como uma regra em duas partes (Stent, 1973; Changeux e Danchin, 1976):

1. *Se dois neurônios em ambos os lados de uma sinapse (conexão) são ativados simultaneamente (i.e., sincronamente), então a força daquela sinapse é seletivamente aumentada.*
2. *Se dois neurônios em ambos os lados de uma sinapse são ativados assincronamente, então aquela sinapse é seletivamente enfraquecida ou eliminada.*

Uma sinapse assim é denominada uma *sinapse hebbiana*.[3] (A regra de Hebb original não contém a parte 2). Mais precisamente, definimos uma sinapse hebbiana como uma sinapse que usa um *mecanismo dependente do tempo, altamente local e fortemente interativo para aumentar a eficiência sináptica como uma função da correlação entre as atividades pré-sináptica e pós-sináptica*. A partir desta definição podemos deduzir os seguintes quatro mecanismos (propriedades) fundamentais que caracterizam uma sinapse hebbiana (Brown et al., 1990):

1. *Mecanismo dependente do tempo*. Este mecanismo se refere ao fato de que as modificações em uma sinapse hebbiana dependem do tempo exato de ocorrência dos sinais pré-sinápticos e pós-sinápticos.
2. *Mecanismo Local*. Pela sua natureza, uma sinapse é um local de transmissão onde sinais portadores de informação (representando a atividade incidente nas unidades pré-sináptica e pós-sináptica) estão em contigüidade *espaço-temporal*. Esta informação localmente disponível é utilizada por uma sinapse hebbiana para produzir uma modificação sináptica local que é específica para a entrada.
3. *Mecanismo interativo*. A ocorrência de uma modificação em uma sinapse hebbiana depende dos sinais em ambos os lados da sinapse. Isto é, uma forma de aprendizagem hebbiana depende de uma "interação verdadeira" entre os sinais pré-sináptico e pós-sináptico, no sentido de que não podemos fazer uma previsão a partir de apenas uma dessas duas atividades. Note também que esta dependência ou interação pode ser de natureza determinística ou estatística.
4. *Mecanismo conjuncional* ou *correlativo*. Uma interpretação do postulado de aprendizado de Hebb é que a condição para uma modificação da eficiência sináptica é a conjunção dos sinais pré-sináptico e pós-sináptico. Assim, de acordo com esta interpretação, a ocorrência simultânea dos sinais pré-sináptico e pós-sináptico (dentro de um curto intervalo de tempo) é suficiente para produzir a modificação sináptica. É por esta razão que uma sinapse hebbiana é algumas vezes denominada *sinapse conjuncional*. Para uma outra interpretação do postulado de aprendizado de Hebb, podemos considerar o mecanismo interativo que caracteriza uma sinapse hebbiana em termos estatísticos. Em particular, a correlação temporal entre os sinais pré-sináptico e pós-sináptico é vista como sendo responsável por uma modificação sináptica. Neste sentido, uma sinapse hebbiana é também denominada uma *sinapse correlativa*. A correlação é de fato a base do aprendizado (Eggermont, 1990).

Reforço e Depressão Sinápticos

A definição de uma sinapse hebbiana apresentada aqui não inclui processos adicionais que podem resultar no enfraquecimento de uma sinapse conectando um par de neurônios. De fato, podemos generalizar o conceito de uma modificação hebbiana reconhecendo que uma atividade positivamente correlacionada produz reforço sináptico e que uma atividade não-correlacionada ou negativamente correlacionada produz enfraquecimento sináptico (Stent, 1973). A depressão sináptica pode ser também do tipo não-interativo. Especificamente, a condição interativa para o enfraquecimento sináptico pode ser simplesmente a atividade não-coincidente pré-sináptica ou pós-sináptica.

Podemos seguir um passo à frente, classificando uma modificação sináptica como *hebbiana*, *anti-hebbiana* e *não-hebbiana* (Palm, 1982). De acordo com este esquema, uma sinapse hebbiana aumenta sua força com sinais pré-sináptico e pós-sináptico positivamente correlacionados e diminui a sua força quando estes sinais não são correlacionados ou são negativamente correlacionados. Inversamente, uma sinapse anti-hebbiana enfraquece sinais pré-sináptico e pós-sináptico positivamente correlacionados e reforça sinais negativamente correlacionados. Tanto em uma sinapse hebbiana como em uma sinapse anti-hebbiana, entretanto, a modificação da eficiência sináptica se baseia em um mecanismo que é dependente do tempo, altamente local e de natureza fortemente interativa. Neste sentido, uma sinapse anti-hebbiana é ainda de natureza hebbiana, apesar de não o ser funcionalmente. Uma sinapse não-hebbiana, por outro lado, não envolve qualquer tipo de mecanismo hebbiano.

Modelos Matemáticos de Modificações Hebbianas

Para formular a aprendizagem hebbiana em termos matemáticos, considere um peso sináptico w_{kj} do neurônio k com sinais pré-sináptico e pós-sináptico representados por x_j e y_k, respectivamente. O ajuste aplicado ao peso sináptico w_{kj} no passo de tempo n é expresso na forma geral

$$\Delta w_{kj}(n) = F(y_k(n), x_j(n)) \tag{2.8}$$

onde $F(\cdot,\cdot)$ é uma função tanto do sinal pré-sináptico como do pós-sináptico. Os sinais $x_j(n)$ e $y_k(n)$ são freqüentemente tratados como adimensionais. A fórmula da Eq. (2.8) admite muitas formas, sendo que todas são qualificadas como hebbianas. A seguir, consideramos duas destas formas.

Hipótese de Hebb. A forma mais simples de aprendizagem hebbiana é descrita por

$$\Delta w_{kj}(n) = \eta y_k(n) x_j(n)) \tag{2.9}$$

onde η é uma constante positiva que determina a *taxa de aprendizagem*. A Equação (2.9) claramente enfatiza a natureza correlativa de uma sinapse hebbiana. Ela é algumas vezes referida como a *regra do produto das atividades*. A curva superior da Fig. 2.3 mostra uma representação gráfica da Eq. (2.9), com a modificação Δw_{kj} traçada em função do sinal de saída (atividade pós-sináptica) y_k. Desta representação, vemos que a aplicação repetida do sinal de entrada (atividade pré-sináptica) x_j resulta em um aumento de y_k e, portanto, em um *crescimento exponencial* que ao final leva a conexão sináptica à saturação. Naquele ponto nenhuma informação será armazenada na sinapse e a seletividade é perdida.

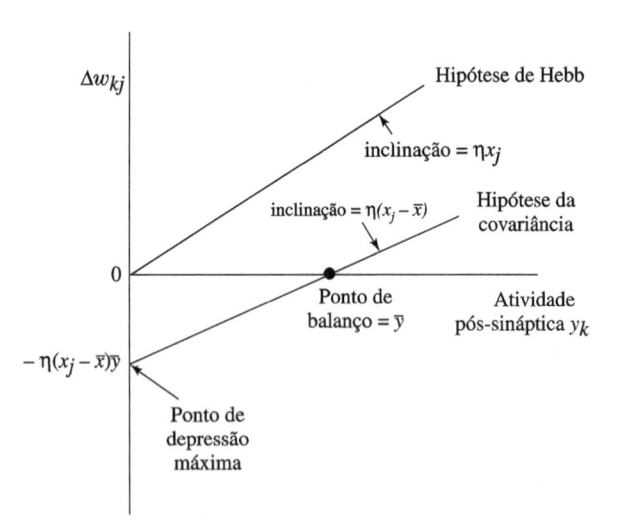

FIGURA 2.3 Ilustração da hipótese de Hebb e da hipótese da covariância

Hipótese da covariância. Uma forma de superar a limitação da hipótese de Hebb é através da utilização da *hipótese da covariância* introduzida por Sejnowski (1977a, b). Nesta hipótese, os sinais pré-sináptico e pós-sináptico na Eq. (2.9) são substituídos pelo desvios dos sinais pré-sináptico e pós-sináptico em relação aos seus respectivos valores médios em um certo intervalo de tempo. Considere que $\bar{x}$ e $\bar{y}$ representem os *valores médios no tempo* dos sinais pré-sináptico x_j e pós-sináptico y_k, respectivamente. De acordo com a hipótese da covariância, o ajuste aplicado ao peso sináptico w_{kj} é definido por

$$\Delta w_{kj}(n) = \eta(x_j - \bar{x})(y_k - \bar{y})$$ (2.10)

onde η é o parâmetro taxa de aprendizado. Os valores médios $\bar{x}$ e $\bar{y}$ constituem os limiares pré-sináptico e pós-sináptico, que determinam o sinal da modificação sináptica. Em particular, a hipótese da covariância permite o seguinte:
- A convergência para um estado não-trivial, que é alcançado quando $x_k = \bar{x}$ ou $y_j = \bar{y}$.
- A previsão da *potenciação* sináptica (i.e., aumento da força sináptica) e a *depressão* sináptica (i.e., diminuição da força sináptica).

A Figura 2.3 ilustra a diferença entre a hipótese hebbiana e a hipótese da covariância. Em ambos os casos, Δw_{kj} depende linearmente de y_k; entretanto, o cruzamento com o eixo de y_k na hipótese de Hebb ocorre na origem, enquanto que na hipótese da covariância ele ocorre em $y_k = \bar{y}$.

Podemos fazer as seguintes observações importantes sobre a Eq. (2.10):

1. O peso sináptico w_{kj} é reforçado se houver níveis suficientes de atividades pré-sináptica e pós-sináptica, ou seja, se ambas as condições $x_j > \bar{x}$ e $y_k > \bar{y}$ forem satisfeitas.
2. O peso sináptico é deprimido se ocorrer uma das seguintes situações:

- uma ativação pré-sináptica (i.e., $x_j > \bar{x}$) na ausência de ativação pós-sináptica suficiente (i.e., $y_k < \bar{y}$), ou
- uma ativação pós-sináptica (i.e., $y_k > \bar{y}$) na ausência de ativação pré-sináptica suficiente (i.e., $x_j < \bar{x}$).

Este comportamento pode ser visto como uma forma de competição temporal entre os padrões incidentes.

Há uma forte evidência fisiológica[4] para a aprendizagem hebbiana na área do cérebro chamada *hipocampo*. O hipocampo desempenha um papel importante em certos aspectos de aprendizagem e memória. Esta evidência fisiológica torna a aprendizagem hebbiana bastante atrativa.

2.5 APRENDIZAGEM COMPETITIVA

Na *aprendizagem competitiva*,[5] como o nome implica, os neurônios de saída de uma rede neural competem entre si para se tornar ativos (disparar). Enquanto que em uma rede neural baseada na aprendizagem hebbiana, vários neurônios de saída podem estar ativos simultaneamente, na aprendizagem competitiva somente um único neurônio de saída está ativo em um determinado instante. É essa característica que torna a aprendizagem competitiva muito adequada para descobrir características estatisticamente salientes que podem ser utilizadas para classificar um conjunto de padrões de entrada.

Existem três elementos básicos em uma regra de aprendizagem competitiva (Rumelhart e Zisper, 1985):

- Um conjunto de neurônios que são todos iguais entre si, exceto por alguns pesos sinápticos distribuídos aleatoriamente, e que por isso *respondem diferentemente* a um dado conjunto de padrões de entrada.
- Um *limite* imposto sobre a "força" de cada neurônio.
- Um mecanismo que permite que o neurônio *compita* pelo direito de responder a um dado subconjunto de entradas, de forma que somente *um* neurônio de saída, ou somente um neurônio por grupo, esteja ativo (i.e., "ligado") em um determinado instante. O neurônio que vence a competição é denominado um *neurônio vencedor leva tudo*.

Correspondentemente, os neurônios individuais da rede aprendem a se especializar em agrupamentos de padrões similares; fazendo isso, eles se tornam *detectores de características* para classes diferentes de padrões de entrada.

Na forma mais simples de aprendizagem competitiva, a rede neural tem uma única camada de neurônios de saída, estando cada neurônio totalmente conectado aos nós de entrada. A rede pode incluir conexões de realimentação entre os neurônios, como indicado na Fig. 2.4. Na arquitetura aqui descrita, as conexões de realimentação realizam *inibição lateral*,[6] com cada neurônio tendendo a inibir o neurônio ao qual está lateralmente conectado. Por outro lado, as conexões sinápticas de alimentação adiante na rede da Fig. 2.4 são todas *excitadoras*.

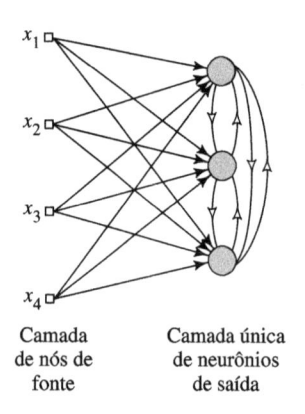

FIGURA 2.4 Grafo arquitetural de uma rede de aprendizagem competitiva simples com conexões de alimentação adiante (excitadoras) dos nós de fonte para os neurônios e conexões laterais (inibitórias) entre os neurônios; as conexões laterais são representadas por setas abertas

Para um neurônio k ser o neurônio vencedor, seu campo local induzido v_k para um padrão de entrada especificado $\mathbf{x}$ deve ser o maior entre todos os neurônios da rede. O sinal de saída y_k do neurônio vencedor k é colocado em um; os sinais de saída de todos os neurônios que perdem a competição são colocados em zero. Com isso, podemos escrever

$$y_k = \begin{cases} 1 & \text{se } v_k > v_j \text{ para todos } j, j \neq k \\ 0 & \text{caso contrário} \end{cases} \qquad (2.11)$$

onde o campo local induzido v_k representa a ação combinada de todas as entradas diretas e realimentadas do neurônio k.

Considere que w_{kj} represente o peso sináptico conectando o nó de entrada j ao neurônio k. Suponha que a cada neurônio seja alocada uma quantidade *fixa* de peso sináptico (i.e., todos os pesos sinápticos são positivos), que é distribuída entre seus nós de entrada; ou seja,

$$\sum_j w_{kj} = 1 \quad \text{para todo } k \qquad (2.12)$$

Um neurônio, então, aprende ao deslocar pesos sinápticos de seus nós de entrada inativos para os seus nós ativos. Se um neurônio não responde a um padrão de entrada particular, então não ocorrerá aprendizado naquele neurônio. Se um neurônio particular vencer a competição, então cada nó de entrada deste neurônio libera uma certa proporção de seu peso sináptico e este peso liberado será então distribuído uniformemente entre os nós de entrada ativos. De acordo com a *regra de aprendizagem competitiva* padrão, a variação Δw_{kj} aplicada ao peso sináptico w_{kj} é definida por

$$\Delta w_{kj} = \begin{cases} \eta(x_j - w_{kj}) & \text{se o neurônio } k \text{ vencer a competição} \\ 0 & \text{se o neurônio } k \text{ perder a competição} \end{cases} \quad (2.13)$$

onde η é o parâmetro taxa de aprendizagem. Esta regra tem o efeito global de mover o vetor de peso sináptico $\mathbf{w}_k$ do neurônio vencedor k em direção ao padrão de entrada $\mathbf{x}$.

Podemos utilizar a analogia geométrica representada na Fig. 2.5 para ilustrar a essência da aprendizagem competitiva (Rumelhart e Zipser, 1985). Supomos que cada padrão (vetor) de entrada $\mathbf{x}$ tem um determinado comprimento euclidiano constante, de forma que podemos vê-lo como um ponto em uma esfera unitária N-dimensional, onde N é o número de nós de entrada. N representa também a dimensão de cada vetor de peso sináptico $\mathbf{w}_k$. Supomos ainda que todos os neurônios da rede têm o mesmo comprimento euclidiano (norma), como mostrado por

$$\sum_j w_{kj}^2 = 1 \quad \text{para todo } k \quad (2.14)$$

Quando os pesos sinápticos são escalados adequadamente, formam um conjunto de vetores que se encontram na mesma esfera unitária N-dimensional. Na Fig. 2.5a, mostramos três agrupamentos (*clusters*) naturais dos padrões de estímulo representados por pontos. Esta figura inclui também um estado inicial possível da rede (representado por cruzes) que pode existir antes do aprendizado. A Figura 2.5b mostra um estado final típico da rede que resulta da utilização de aprendizagem competitiva. Em particular, cada neurônio de saída descobriu um agrupamento de padrões de entrada movendo o seu vetor de peso sináptico para o centro de gravidade do agrupamento descoberto

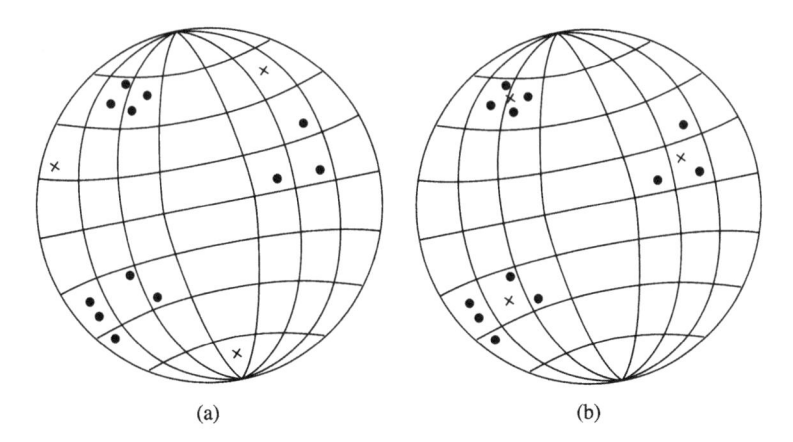

FIGURA 2.5 Interpretação geométrica do processo de aprendizagem competitiva. Os pontos representam os vetores de entrada e as cruzes representam os vetores de pesos sinápticos de três neurônios de saída. (a) Estado inicial da rede. (b) Estado final da rede

(Rumelhart e Zipser, 1985; Hertz et al., 1991). Esta figura ilustra a habilidade de uma rede neural de realizar a tarefa de *agrupamento* (*clustering*) através de aprendizagem competitiva. Entretanto, para realizar esta função de uma maneira "estável", os padrões de entrada devem se localizar em agrupamentos suficientemente distintos. Caso contrário, a rede pode ser instável porque não responderá mais a um determinado padrão de entrada com o mesmo neurônio de saída.

2.6 APRENDIZAGEM DE BOLTZMANN

A regra de aprendizagem de Boltzmann, assim chamada em homenagem a Ludwig Boltzmann, é um algoritmo de aprendizagem estocástico derivado de idéias enraizadas na mecânica estatística.[7] Uma rede neural projetada com base na regra de aprendizagem de Boltzmann é denominada uma *máquina de Boltzmann* (Ackley et al., 1985; Hinton e Sejnowski, 1986).

Em uma máquina de Boltzmann, os neurônios constituem uma estrutura recorrente e operam de uma maneira binária, uma vez que, por exemplo, eles estão ou em um estado "ligado" representado por +1, ou em um estado "desligado" representado por –1. A máquina é caracterizada por uma *função de energia*, E, cujo valor é determinado pelos estados particulares ocupados pelos neurônios individuais da máquina, como mostrado por

$$E = -\frac{1}{2} \sum_{\substack{j \ j \neq k}} \sum_k w_{kj} x_k x_j \qquad (2.15)$$

onde x_j é o estado do neurônio j e w_{kj} é o peso sináptico conectando o neurônio j ao neurônio k. O fato de que $j \neq k$ significa apenas que nenhum dos neurônios da máquina tem auto-realimentação. A máquina opera escolhendo um neurônio ao acaso – por exemplo, o neurônio k – em um determinado passo do processo de aprendizagem, trocando então o estado do neurônio k do estado x_k para o estado $-x_k$ a uma temperatura T com probabilidade

$$P(x_k \to -x_k) = \frac{1}{1 + \exp(-\Delta E_k / T)} \qquad (2.16)$$

onde ΔE_k é a *variação de energia* (i.e., a variação da função de energia da máquina) resultante daquela troca. Note que T não é uma temperatura física, mas apenas uma *pseudotemperatura*, como explicado no Capítulo 1. Se esta regra for aplicada repetidamente, a máquina atingirá o *equilíbrio térmico*.

Os neurônios de uma máquina de Boltzmann se dividem em dois grupos funcionais: os *visíveis* e os *ocultos*. Os neurônios visíveis fornecem uma interface entre a rede e o ambiente em que ela opera, enquanto que os neurônios ocultos sempre operam livremente. Há dois modos de operação a serem considerados:

- *Condição presa*, na qual os neurônios visíveis estão todos presos a estados específicos determinados pelo ambiente.
- *Condição de operação livre*, na qual todos os neurônios (visíveis e ocultos) podem operar livremente.

Suponha que ρ_{kj}^+ represente a *correlação* entre os estados dos neurônios j e k, com a rede na sua condição presa. Suponha que ρ_{kj}^- represente a *correlação* entre os estados dos neurônios j e k, com a rede na sua condição de operação livre. Ambas as correlações correspondem às médias sobre todos os estados possíveis da máquina, quando ela está em equilíbrio térmico. Então, de acordo com a *regra de aprendizagem de Boltzmann*, a variação Δw_{kj} aplicada ao peso sináptico w_{kj} do neurônio j para o neurônio k é definida por (Hinton e Sejnowski, 1986)

$$\Delta w_{kj} = \eta(\rho_{kj}^+ - \rho_{kj}^-), \quad j \neq k \tag{2.17}$$

onde η é o parâmetro taxa de aprendizagem. Note que tanto ρ_{kj}^+ como ρ_{kj}^- assumem valores no intervalo entre -1 e $+1$.

Uma breve revisão da mecânica estatística é apresentada no Capítulo 11; naquele capítulo, apresentamos um tratamento detalhado da máquina de Boltzmann e de outras máquinas estocásticas.

2.7 O PROBLEMA DE ATRIBUIÇÃO DE CRÉDITO

Quando se estudam algoritmos de aprendizagem para sistemas distribuídos, é útil se considerar a noção de *atribuição de crédito* (Minsky, 1961). Basicamente, o problema de atribuição de crédito é o problema de se atribuir *crédito* ou *culpa* por resultados globais a cada uma das decisões internas que tenham sido tomadas por uma máquina de aprendizagem e que tenham contribuído para aqueles resultados. (O problema de atribuição de crédito é também denominado *problema de carga*, isto é, o problema de "carregar" um determinado conjunto de dados de treinamento para dentro dos parâmetros livres da rede.)

Em muitos casos, a dependência dos resultados em relação a decisões internas é mediada por uma seqüência de ações tomadas pela máquina de aprendizagem. Em outras palavras, as decisões internas afetam a escolha das ações particulares que são tomadas e, com isso, as ações e não as decisões internas influenciam diretamente os resultados globais. Nestas situações, podemos decompor o problema de atribuição de crédito em dois subproblemas (Sutton, 1984):

1. A atribuição de crédito por resultados a ações. Este é o chamado *problema de atribuição de crédito temporal* que envolve os instantes de tempo *quando* as ações que merecem crédito foram realmente tomadas.
2. A atribuição de crédito por ações a decisões internas. Este é o chamado *problema de atribuição de crédito estrutural* que envolve atribuir crédito às *estruturas internas* das ações geradas pelo sistema.

O problema de atribuição de crédito estrutural é relevante no contexto de uma máquina de aprendizagem com múltiplos componentes quando devemos determinar precisamente qual componente particular do sistema deve ter seu comportamento alterado e em que medida, de forma a melhorar o desempenho global do sistema. Por outro lado, o problema de atribuição de crédito temporal é relevante quando há muitas ações tomadas por uma máquina de aprendizagem que acarretam certos resultados, e devemos determinar quais dessas ações foram responsáveis pelos resultados. O problema combinado de atribuição de crédito temporal e estrutural é enfrentado por qualquer máquina de aprendizagem distribuída que se esforce em melhorar seu desempenho em situações envolvendo comportamento estendido no tempo (Williams, 1988).

O problema de atribuição de crédito surge, por exemplo, quando a aprendizagem por correção de erro é aplicada em uma rede neural de múltiplas camadas alimentada adiante. A operação de cada neurônio oculto, bem como de cada neurônio de saída desta rede, é importante para a correta operação global da rede, em uma tarefa de aprendizagem de interesse. Ou seja, para resolver uma tarefa predeterminada, a rede deve atribuir certas formas de comportamento a todos os seus neurônios, através da especificação da aprendizagem por correção de erro. Tendo em mente esta fundamentação, considere a situação descrita na Fig. 2.1a. Como o neurônio de saída *k* é visível para o mundo externo, é possível fornecer uma resposta desejada para este neurônio. No que diz respeito ao neurônio de saída, pode-se ajustar diretamente os pesos sinápticos deste neurônio de acordo com a aprendizagem por correção de erro, como esboçado na Seção 2.2. Mas como devemos atribuir crédito ou culpa pela ação dos neurônios ocultos quando o processo de aprendizagem por correção de erro é utilizado para ajustar os respectivos pesos sinápticos desses neurônios? A resposta para esta questão fundamental requer atenção mais detalhada; ela é apresentada no Capítulo 4, onde são descritos os detalhes algorítmicos do projeto de redes neurais de múltiplas camadas alimentadas adiante.

2.8 APRENDIZAGEM COM UM PROFESSOR

Voltamos agora a nossa atenção para os paradigmas de aprendizagem. Começamos considerando a *aprendizagem com um professor*, que é também denominada *aprendizagem supervisionada*. A Figura 2.6 mostra um diagrama em blocos que ilustra esta forma de aprendizagem. Em termos conceituais, podemos considerar o professor como tendo conhecimento sobre o ambiente, com este

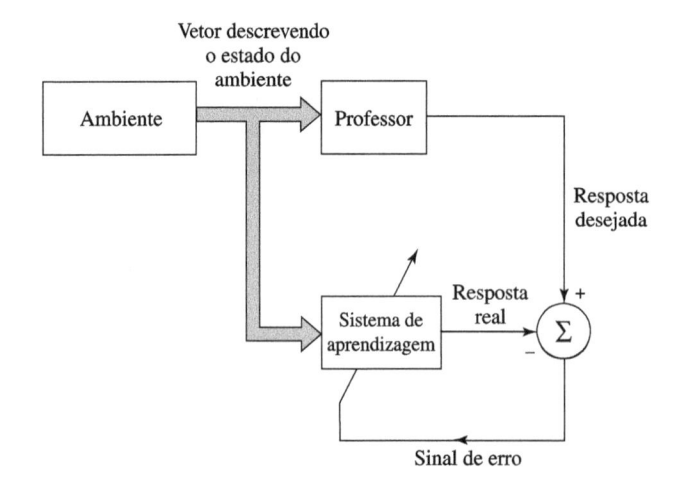

FIGURA 2.6 Diagrama em blocos da aprendizagem com um professor

conhecimento sendo representado por um conjunto de *exemplos de entrada-saída*. Entretanto, o ambiente é *desconhecido* pela rede neural de interesse. Suponha agora que o professor e a rede neural sejam expostos a um vetor de treinamento (i.e., exemplo) retirado do ambiente. Em virtude de seu conhecimento prévio, o professor é capaz de fornecer à rede neural uma resposta desejada para aquele vetor de treinamento. Na verdade, a resposta desejada representa a ação ótima a ser realizada pela rede neural. Os parâmetros da rede são ajustados sob a influência combinada do vetor de treinamento e do sinal de erro. O *sinal de erro* é definido como a diferença entre a resposta desejada e a resposta real da rede. Este ajuste é realizado passo a passo, iterativamente, com o objetivo de fazer a rede neural *emular* o professor; supõe-se que a emulação seja ótima em um sentido estatístico. Desta forma, o conhecimento do ambiente disponível ao professor é transferido para a rede neural através de treinamento, da forma mais completa possível. Quando esta condição é alcançada, podemos então dispensar o professor e deixar a rede neural lidar com o ambiente inteiramente por si mesma.

A forma de aprendizagem supervisionada que acabamos de descrever é a aprendizagem por correção de erro discutida na Seção 2.2. Ela é um sistema realimentado de laço fechado, mas o ambiente desconhecido não está no laço. Como uma medida de desempenho para o sistema, podemos pensar em termos do erro médio quadrado ou da soma de erros quadrados sobre a amostra de treinamento, definida como uma função dos parâmetros livres do sistema. Esta função pode ser visualizada como uma *superfície multidimensional de desempenho de erro*, ou simplesmente uma *superfície de erro*, com os parâmetros livres como coordenadas. A verdadeira superfície de erro é obtida pela *média* sobre todos os exemplos possíveis de entrada-saída. Qualquer operação do sistema sob supervisão do professor é representada como um ponto sobre a superfície de erro. Para que o sistema melhore o seu desempenho ao longo do tempo e portanto aprenda com o professor, o ponto de operação deve ser movido para baixo sucessivamente em direção a um ponto mínimo da superfície de erro; o ponto mínimo pode ser um mínimo local ou um mínimo global. Um sistema de aprendizagem supervisionada é capaz de fazer isto com a informação útil que ele tem sobre o *gradiente* da superfície de erro, correspondente ao comportamento corrente do sistema. O gradiente de uma superfície de erro em qualquer ponto é um vetor que aponta na direção da *descida mais íngreme*. Na verdade, no caso da aprendizagem supervisionada por exemplos, o sistema pode usar a *estimativa instantânea* do vetor gradiente, supondo que os índices dos exemplos sejam os mesmos dos instantes de tempo. O uso de tal estimativa resulta em um movimento do ponto de operação sobre a superfície de erro que se dá tipicamente na forma de uma "caminhada aleatória". Apesar disso, dados um algoritmo projetado para minimizar a função de custo, um conjunto adequado de exemplos de entrada-saída e tempo suficiente para realizar o treinamento, um sistema de aprendizagem supervisionada é normalmente capaz de realizar tarefas como classificação de padrões e aproximação de funções.

2.9 APRENDIZAGEM SEM UM PROFESSOR

Na aprendizagem supervisionada, o processo de aprendizagem acontece sob a tutela de um professor. Entretanto, no paradigma conhecido como *aprendizagem sem um professor*, como o nome implica, *não* há um professor para supervisionar o processo de aprendizagem. Isto significa que não há exemplos rotulados da função a ser aprendida pela rede. Neste segundo paradigma, são identificadas duas subdivisões:

1. Aprendizagem por reforço/Programação neurodinâmica

Na *aprendizagem por reforço*,[8] o aprendizado de um mapeamento de entrada-saída é realizado através da interação contínua com o ambiente, visando a minimizar um índice escalar de desempenho. A Figura 2.7 apresenta o diagrama em blocos de uma forma de sistema de aprendizagem por reforço construído em torno de um *crítico* que converte um *sinal de reforço primário* recebido do ambiente em um sinal de reforço de melhor qualidade, denominado *sinal de reforço heurístico*, sendo ambos entradas escalares (Barto et al., 1983). O sistema é projetado para aprender por *reforço atrasado*, o que significa que o sistema observa uma seqüência temporal de estímulos (i.e., vetores de estado) também recebidos do ambiente, que eventualmente resultam na geração do sinal de reforço heurístico. O objetivo da aprendizagem é minimizar uma *função de custo para avançar*, definida como a expectativa do custo cumulativo de *ações* tomadas ao longo de uma seqüência de passos, em vez simplesmente do custo imediato. Pode acontecer que certas ações tomadas anterior-

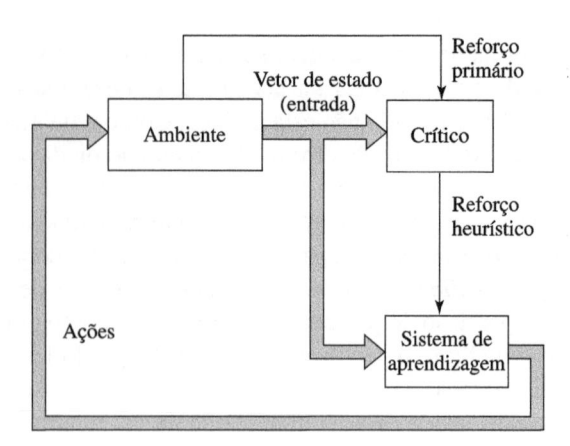

FIGURA 2.7 Diagrama em blocos da aprendizagem por reforço

mente naquela seqüência de passos de tempo sejam de fato os melhores determinantes do comportamento global do sistema. A função da *máquina de aprendizagem*, que constitui o segundo componente do sistema, é *descobrir* estas ações e realimentá-las para o ambiente.

A aprendizagem por reforço atrasado é difícil de ser realizada por duas razões básicas:

- Não existe um professor para fornecer uma resposta desejada em cada passo do processo de aprendizagem.
- O atraso incorrido na geração do sinal de reforço primário implica que a máquina de aprendizagem deve resolver um *problema de atribuição de crédito temporal*. Com isso, queremos dizer que a máquina de aprendizagem deve ser capaz de atribuir crédito ou culpa individualmente a cada ação na seqüência de passos de tempo que levam ao resultado final, enquanto que o reforço primário é capaz apenas de avaliar o resultado.

Apesar destas dificuldades, a aprendizagem por reforço atrasado é muito atraente. Ela fornece a base para o sistema interagir com o seu ambiente, desenvolvendo com isso a habilidade de aprender a realizar uma tarefa predeterminada com base apenas nos resultados de sua experiência, que resultam da interação.

A aprendizagem por reforço está intimamente relacionada com a *programação dinâmica*, que foi desenvolvida por Bellman (1957) no contexto da teoria de controle ótimo. A programação dinâmica fornece o formalismo matemático para a tomada de decisão seqüencial. Enquadrando a aprendizagem por reforço dentro da abordagem da programação dinâmica, o assunto se torna bastante rico, como demonstrado em Bertsekas e Tsitsiklis (1996). Um tratamento introdutório sobre programação dinâmica e sua relação com a aprendizagem por reforço é apresentado no Capítulo 12.

2. Aprendizagem não-supervisionada

Na aprendizagem *não-supervisionada* ou *auto-organizada*, não há um professor externo ou um crítico para supervisionar o processo de aprendizado, como indicado na Fig. 2.8. Em vez disso, são dadas condições para realizar uma *medida independente da tarefa* da qualidade da representação que a rede deve aprender, e os parâmetros livre da rede são otimizados em relação a esta medida. Uma vez que a rede tenha se ajustado às regularidades estatísticas dos dados de entrada, ela desenvolve a habilidade de formar representações internas para codificar as características da entrada e, desse modo, de criar automaticamente novas classes (Becker, 1991).

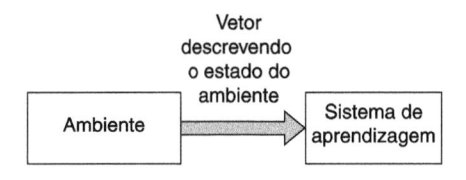

FIGURA 2.8 Diagrama em blocos da aprendizagem não-supervisionada

Para realizarmos a aprendizagem não-supervisionada, podemos utilizar a regra de aprendizagem competitiva. Podemos utilizar, por exemplo, uma rede neural de duas camadas – uma camada de entrada e uma camada competitiva. A camada de entrada recebe os dados disponíveis. A camada competitiva consiste de neurônios que competem entre si (de acordo com uma regra de aprendizagem) pela "oportunidade" de responder às características contidas nos dados de entrada. Na sua forma mais simples, a rede opera de acordo com uma estratégia do tipo "o vencedor leva tudo". Como descrito na Seção 2.5, nesta estratégia o neurônio com a maior entrada total "ganha" a competição e se torna ligado; todos os outros neurônios, então, se tornam desligados.

Nos Capítulos de 8 a 11, são descritos diferentes algoritmos para aprendizagem não-supervisionada.

2.10 TAREFAS DE APRENDIZAGEM

Nas seções anteriores deste capítulo, discutimos diferentes algoritmos de aprendizagem e paradigmas de aprendizagem. Nesta seção, descrevemos algumas tarefas básicas de aprendizagem. A escolha de um algoritmo de aprendizagem particular é influenciada pela tarefa de aprendizagem que uma rede neural deve executar. Neste contexto, identificamos seis tarefas de aprendizagem que se aplicam ao uso de redes neurais de uma forma ou de outra.

Associação de Padrões

Uma *memória associativa* é uma memória distribuída inspirada no cérebro, que aprende por *associação*. Desde Aristóteles, sabe-se que a associação é uma característica proeminente da memória humana, e todos os modelos de cognição utilizam associação de uma forma ou de outra como a operação básica (Anderson, 1995).

A associação assume uma de duas formas: *auto-associação* ou *heteroassociação*. Na auto-associação, uma rede neural deve *armazenar* um conjunto de padrões (vetores), que são apresentados repetidamente à rede. Subseqüentemente, apresenta-se à rede uma descrição parcial ou distorcida (ruidosa) de um padrão original armazenado e a tarefa é *recuperar* (*recordar*) aquele padrão particular. A heteroassociação difere da auto-associação pelo fato de um conjunto arbitrário de padrões de entrada ser *associado* a um outro conjunto arbitrário de padrões de saída. A auto-associação envolve o uso de aprendizagem não-supervisionada, enquanto que, na heteroassociação, a aprendizagem é supervisionada.

Considere que $\mathbf{x}_k$ represente um *padrão-chave* (vetor) aplicado a uma memória associativa e $\mathbf{y}_k$ represente um *padrão memorizado* (vetor). A associação de padrões realizada pela rede é descrita por

$$\mathbf{x}_k \to \mathbf{y}_k, \qquad k = 1, 2, \ldots, q \qquad (2.18)$$

onde q é o número de padrões armazenados na rede. O padrão-chave $\mathbf{x}_k$ age como um estímulo que não apenas determina a localização de armazenamento do padrão memorizado $\mathbf{y}_k$, mas também é a chave para sua recuperação.

Em uma memória auto-associativa, $\mathbf{y}_k = \mathbf{x}_k$, e assim os espaços (de dados) de entrada e de saída da rede têm a mesma dimensionalidade. Em uma memória heteroassociativa, $\mathbf{y}_k \neq \mathbf{x}_k$; portanto, a dimensionalidade do espaço de saída neste segundo caso pode ou não ser igual à dimensionalidade do espaço de entrada.

Há duas fases envolvidas na operação de uma memória associativa:
- A *fase de armazenamento*, que se refere ao treinamento da rede de acordo com a Eq. (2.18).
- A *fase de recordação*, que envolve a recuperação de um padrão memorizado em resposta à apresentação à rede de uma versão ruidosa ou distorcida de um padrão-chave.

Suponha que o estímulo (entrada) $\mathbf{x}$ represente uma versão ruidosa ou distorcida de um padrão-chave $\mathbf{x}_j$. Este estímulo produz uma resposta (saída) $\mathbf{y}$, como indicado na Fig. 2.9. Para a recordação perfeita, nós deveríamos obter $\mathbf{y} = \mathbf{y}_j$, onde $\mathbf{y}_j$ é o padrão memorizado associado ao padrão-chave $\mathbf{x}_j$. Quando $\mathbf{y} \neq \mathbf{y}_j$, para $\mathbf{x} = \mathbf{x}_j$, diz-se que a memória associativa fez um *erro* de recordação.

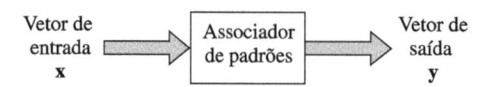

FIGURA 2.9 A relação de entrada-saída de um associador de padrões

O número q de padrões armazenados em uma memória associativa fornece uma medida direta da *capacidade de armazenamento* da rede. No projeto de uma memória associativa, o desafio é tornar a capacidade de armazenamento q (expressa como uma porcentagem do número total N de neurônios utilizados para construir a rede) tão grande quanto possível e ainda assim conseguir que uma grande fração dos padrões memorizados sejam recordados corretamente.

Reconhecimento de Padrões

Os seres humanos são bons no reconhecimento de padrões. Recebemos dados do mundo à nossa volta através dos nossos sentidos e somos capazes de reconhecer a fonte dos dados. Freqüentemente, somos capazes de fazer isso quase que imediatamente e praticamente sem esforço. Podemos, por exemplo, reconhecer um rosto familiar de uma pessoa muito embora esta pessoa tenha envelhecido desde o nosso último encontro, identificar uma pessoa familiar pela sua voz ao telefone, apesar de uma conexão ruim, e distinguir um ovo fervido que é bom de um ruim pelo seu cheiro. Os humanos realizam o reconhecimento de padrões através de um processo de aprendizagem; e assim acontece com as redes neurais.

O *reconhecimento de padrões* é formalmente definido como *o processo pelo qual um padrão/sinal recebido é atribuído a uma classe dentre um número predeterminado de classes (categorias)*. Uma rede neural realiza o reconhecimento de padrões passando inicialmente por uma seção de treinamento, durante a qual se apresenta repetidamente à rede um conjunto de padrões de entrada junto com a categoria à qual cada padrão particular pertence. Mais tarde, apresenta-se à rede um novo padrão que não foi visto antes, mas que pertence à mesma população de padrões utilizada para treinar a rede. A rede é capaz de identificar a classe daquele padrão particular por causa da informação que ela extraiu dos dados de treinamento. O reconhecimento de padrões realizado por uma rede neural é de natureza estatística, com os padrões sendo representados por pontos em um *espaço de decisão* multidimensional. O espaço de decisão é dividido em regiões, cada uma das quais associada a uma classe. As fronteiras de decisão são determinadas pelo processo de treinamento. A construção dessas fronteiras é tornada estatística pela variabilidade inerente que existe dentro das classes e entre as classes.

Em termos genéricos, as máquinas de reconhecimento de padrões que utilizam redes neurais podem assumir uma das duas formas seguintes:

- A máquina é dividida em duas partes, uma rede não-supervisionada para *extração de características* e uma rede supervisionada para *classificação*, como mostrado na Fig. 2.10a. Este método segue a abordagem tradicional de reconhecimento estatístico de padrões (Duda e Hart,

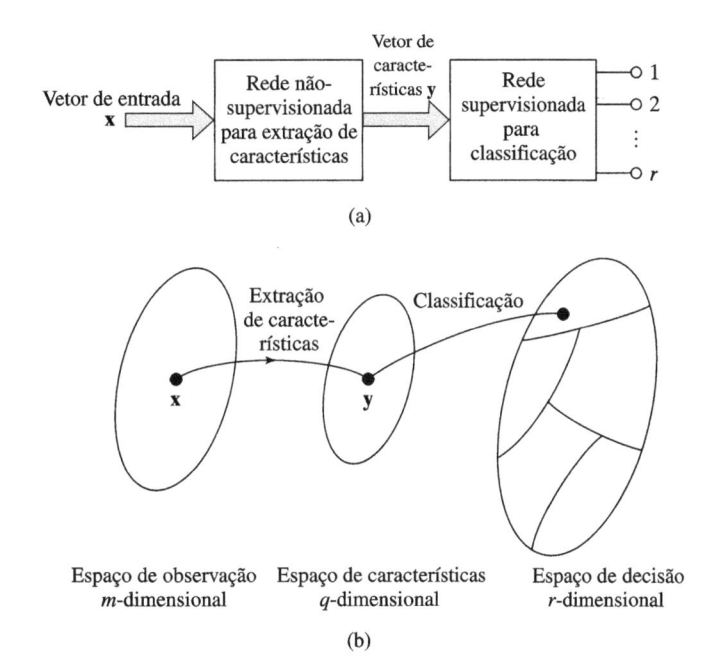

FIGURA 2.10 Ilustração da abordagem clássica para classificação de padrões

1973; Fukunaga, 1990). Em termos conceituais, um padrão é representado por um conjunto de m observáveis, que pode ser visto como um ponto **x** de um *espaço de observação (de dados)* m-dimensional. A extração de características é descrita por uma transformação que mapeia o ponto **x** para um ponto intermediário **y** em um *espaço de características* q-dimensional, com $q < m$, como indicado na Fig. 2.10b. Esta transformação pode ser vista como uma redução de dimensionalidade (i.e., compressão de dados), cuja utilização é justificada por ela simplificar a tarefa de classificação. A própria classificação é descrita como uma transformação que mapeia o ponto intermediário **y** para uma das classes em um espaço de decisão r-dimensional, onde r é o número de classes a ser distinguidas.
- A máquina é projetada como uma única rede de múltiplas camadas alimentada adiante, utilizando um algoritmo de aprendizagem supervisionada. Nesta segunda abordagem, a tarefa de extração de características é realizada pelas unidades computacionais da(s) camada(s) oculta(s) da rede.

A escolha de qual destas duas abordagens deve ser adotada na prática depende da aplicação de interesse.

Aproximação de Funções

A terceira tarefa de aprendizagem de interesse é a aproximação de funções. Considere um mapeamento de entrada-saída não-linear descrito pela relação funcional

$$\mathbf{d} = \mathbf{f}(\mathbf{x}) \tag{2.19}$$

onde o vetor $\mathbf{x}$ é a entrada e o vetor $\mathbf{d}$ é a saída. Supõe-se que a função de valor vetorial $\mathbf{f}(\cdot)$ seja desconhecida. Para compensar a falta de conhecimento sobre a função $\mathbf{f}(\cdot)$, é fornecido um conjunto de exemplos rotulados:

$$\mathcal{T} = \{(\mathbf{x}_i, \mathbf{d}_i)\}_{i=1}^{N} \tag{2.20}$$

O objetivo é projetar uma rede neural que aproxime a função desconhecida $\mathbf{f}(\cdot)$ de forma que a função $\mathbf{F}(\cdot)$ que descreve o mapeamento de entrada-saída realmente realizado pela rede esteja suficientemente próxima a $\mathbf{f}(\cdot)$, em um sentido euclidiano, sobre todas as entradas, como mostrado por

$$\|\mathbf{F}(\mathbf{x}) - \mathbf{f}(\mathbf{x})\| < \epsilon \quad \text{para todo } \mathbf{x} \tag{2.21}$$

onde ε é um número positivo pequeno. Contanto que o tamanho N do conjunto de treinamento seja suficientemente grande e que a rede esteja equipada com um número adequado de parâmetros livres, então pode-se fazer o erro aproximativo ε suficientemente pequeno para a tarefa.

O problema de aproximação descrito aqui é um candidato perfeito para a aprendizagem supervisionada, com $\mathbf{x}_i$ desempenhando o papel do vetor de entrada e $\mathbf{d}_i$ desempenhando o papel da resposta desejada. Podemos então inverter esta questão e ver a aprendizagem supervisionada como um problema de aproximação.

A habilidade de uma rede neural de aproximar um mapeamento de entrada-saída desconhecido pode ser explorada de duas formas importantes:

- *Identificação de sistema*. Suponha que a eq. (2.19) descreva a relação de entrada-saída de um *sistema de múltiplas entradas – múltiplas saídas (MIMO, multiple input-multiple output)* sem memória, desconhecido; entendemos por sistema "sem memória" um sistema que seja invariante no tempo. Podemos então utilizar o conjunto de exemplos rotulados da Eq. (2.20) para treinar uma rede neural como um modelo do sistema. Suponha que $\mathbf{y}_i$ represente a saída da rede neural produzida em resposta a um vetor de entrada $\mathbf{x}_i$. A diferença entre $\mathbf{d}_i$ (associado com $\mathbf{x}_i$) e a saída da rede $\mathbf{y}_i$ fornece o vetor de sinal de erro $\mathbf{e}_i$, como representada na Fig. 2.11. Este sinal de erro, por sua vez, é usado para ajustar os parâmetros livres da rede de forma a minimizar a diferença quadrática entre as saídas do sistema desconhecido e a rede neural em um sentido estatístico, e é calculado sobre o conjunto de treinamento inteiro.
- *Sistema inverso*. Suponha a seguir que nos seja fornecido um sistema MIMO conhecido, sem memória, cuja relação de entrada-saída é descrita pela Eq. (2.19). O objetivo neste caso é construir um *sistema inverso* que produza o vetor $\mathbf{x}$ em resposta ao vetor $\mathbf{d}$. O sistema inverso pode, assim, ser descrito por

$$\mathbf{x} = \mathbf{f}^{-1}(\mathbf{d}) \tag{2.22}$$

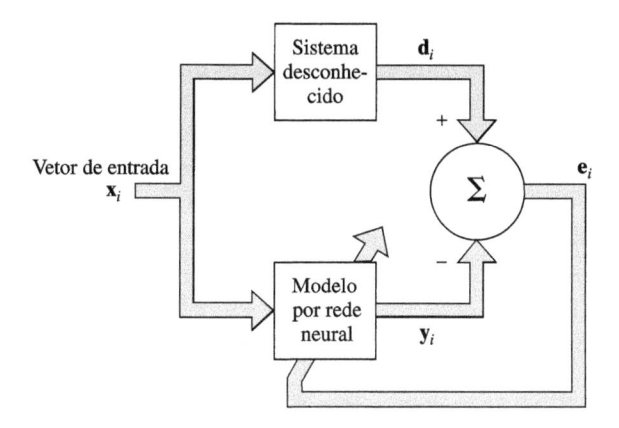

FIGURA 2.11 Diagrama em blocos da identificação de sistema

onde a função de valor vetorial $\mathbf{f}^{-1}(\cdot)$ representa a inversa de $\mathbf{f}(\cdot)$. Note, entretanto, que $\mathbf{f}^{-1}(\cdot)$ não é a recíproca de $\mathbf{f}(\cdot)$; em vez disso, o uso do índice -1 é meramente para indicar uma inversão. Em muitas situações encontradas na prática, a função de valor vetorial $\mathbf{f}(\cdot)$ é por demais complexa para que se possa formular diretamente a função inversa $\mathbf{f}^{-1}(\cdot)$. Dado o conjunto de exemplos rotulados da Eq. (2.20), podemos construir uma aproximação por rede neural de $\mathbf{f}^{-1}(\cdot)$, utilizando o esquema mostrado na Fig. 2.12. Na situação aqui descrita, os papéis de $\mathbf{x}_i$ e $\mathbf{d}_i$ foram trocados: o vetor $\mathbf{d}_i$ é utilizado como a entrada e $\mathbf{x}_i$ é tratado como a resposta desejada. Suponha que o vetor de sinal de erro $\mathbf{e}_i$ represente a diferença entre $\mathbf{x}_i$ e a saída real $\mathbf{y}_i$ da rede neural, produzida em resposta a $\mathbf{d}_i$. Como no problema de identificação de sistemas, este vetor de sinal de erro é utilizado para ajustar os parâmetros livres da rede neural, de modo a minimizar a diferença quadrática entre as saídas do sistema inverso desconhecido e da rede neural em um sentido estatístico, e é calculado sobre o conjunto de treinamento completo.

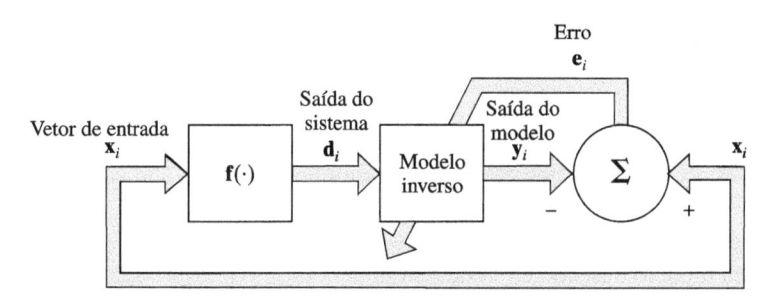

FIGURA 2.12 Diagrama em blocos da modelagem de sistemas inversos

Controle

O controle de uma *planta* é uma outra tarefa de aprendizagem que pode ser feita por uma rede neural; aqui, "planta" significa um processo ou uma parte crítica de um sistema que deve ser mantido em uma condição controlada. A relevância da aprendizagem para o controle não deveria ser surpreendente porque, afinal, o cérebro humano é um computador (i.e., um processador de informação), que, visto como um sistema, produz saídas que são *ações*. No contexto de controle, o cérebro é a prova viva de que é possível construir um controlador genérico que tira total vantagem da implementação física paralelamente distribuída, que pode controlar muitos milhares de atuadores (fibras musculares) em paralelo, que pode tratar não-linearidades e ruído e que pode realizar otimização sobre um horizonte de planejamento muito amplo (Werbos, 1992).

Considere o *sistema de controle realimentado* da Fig. 2.13. O sistema envolve o uso de realimentação unitária em torno de uma planta a ser controlada; isto é, a saída da planta é realimentada diretamente para a entrada.[9] Com isso, a saída da planta **y** é subtraída de um *sinal de referência* **d** fornecido por uma fonte externa. O sinal de erro **e** assim produzido é aplicado a um *controlador neural* com o propósito de ajustar os seus parâmetros livres. O objetivo principal do controlador é fornecer entradas apropriadas para a planta, fazendo com que a sua saída **y** siga o sinal de referência **d**. Em outras palavras, o controlador deve inverter o comportamento de entrada-saída da planta.

Notamos que na Fig. 2.13 o sinal de erro **e** deve-se propagar através do controle neural antes de alcançar a planta. Conseqüentemente, para realizar ajustes nos parâmetros livres da planta de acordo com um algoritmo de aprendizagem por correção de erros, precisamos conhecer a matriz jacobiana

$$\mathbf{J} = \left\{ \frac{\partial y_k}{\partial u_j} \right\} \quad (2.23)$$

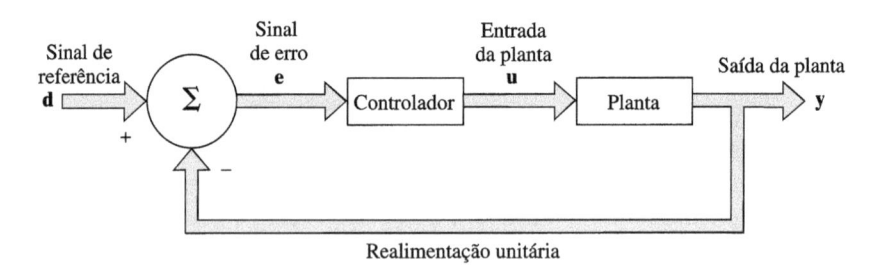

FIGURA 2.13 Diagrama em blocos de um sistema de controle realimentado

onde y_k é um elemento da saída da planta **y** e u_j é um elemento da entrada da planta **u**. Infelizmente, as derivadas parciais y_k / u_j para vários k e j dependem do ponto de operação da planta e, portanto, não são conhecidas. Podemos adotar uma de duas abordagens para tratar este problema:

- *Aprendizagem indireta*. Utilizando medidas de entrada-saída reais da planta, é construído inicialmente um modelo baseado em rede neural para produzir uma cópia da planta. Por sua vez, este modelo é utilizado para fornecer uma estimativa da matriz jacobiana **J**. As derivadas parciais que constituem esta matriz jacobiana são utilizadas subseqüentemente no algoritmo de aprendizagem por correção de erro para calcular os ajustes dos parâmetros livres do controlador neural (Nguyen e Widrow, 1989; Suykens et al., 1996; Widrow e Walach, 1996).
- *Aprendizagem direta*. Os sinais das derivadas parciais $\partial y_k / \partial u_j$ são geralmente conhecidos e normalmente se mantêm constantes ao longo do intervalo dinâmico da planta. Isto sugere que podemos aproximar estas derivadas parciais pelos seus sinais individuais. Os seus valores absolutos recebem uma representação distribuída nos parâmetros livres do controlador neural (Saerens e Soquet, 1991; Schiffman e Geffers, 1993). Com isso, o controlador neural se torna capacitado a aprender os ajustes de seus parâmetros livres diretamente da planta.

Filtragem

O termo *filtro* se refere freqüentemente a um dispositivo ou algoritmo utilizado para extrair informação sobre uma determinada grandeza de interesse a partir de um conjunto de dados ruidosos. O ruído pode surgir de uma variedade de fontes. Os dados podem ter sido medidos por meio de sensores ruidosos, por exemplo, ou podem representar um sinal portador de informação que foi corrompido pela transmissão através de um canal de comunicação. Como outro exemplo, pode-se ter uma componente de sinal útil, corrompida por um sinal de interferência captado do meio ambiente. Podemos utilizar um filtro para realizar três tarefas básicas de processamento de informação:

1. *Filtragem*. Esta tarefa se refere à extração de informação sobre uma quantidade de interesse no tempo discreto n, utilizando dados medidos até o tempo n, inclusive.
2. *Suavização*. Esta segunda tarefa difere da filtragem pelo fato de que não é necessário que a informação sobre a grandeza de interesse esteja disponível no tempo n e de que os dados medidos após o tempo n podem ser usados para obter esta informação. Isto significa que, na suavização, há um *atraso* na produção do resultado de interesse. Já que no processo de suavização podemos usar dados obtidos não apenas até o tempo n mas também após o tempo n, podemos esperar que a suavização seja mais precisa que a filtragem em um sentido estatístico.
3. *Previsão*. Esta tarefa corresponde ao lado preditivo do processamento de informação. O objetivo aqui é derivar informação sobre como será a grandeza de interesse em um determinado tempo $n + n_0$ no futuro, para algum $n_0 > 0$, utilizando os dados medidos até o tempo n inclusive.

Um problema de filtragem com o qual os seres humanos estão familiarizados é o *problema da festa de coquetel*.[10] Temos uma habilidade notável para nos concentrarmos em um locutor dentro de um ambiente ruidoso de uma festa de coquetel, apesar de o sinal de voz originário daquele locutor estar envolvido por um fundo extremamente ruidoso devido à interferência de outras conversas na sala. Presume-se que alguma forma de análise pré-atentiva, pré-consciente deve estar envolvida na resolução do problema da festa de coquetel (Velmans, 1995). No contexto das redes neurais (artificiais), um problema similar de filtragem ocorre na chamada *separação cega de sinal* (Comon, 1994; Bell e Sejnowski, 1995; Amari e al. 1996). Para formular o problema da separação cega de sinal, considere um conjunto de sinais de fonte desconhecidos $\{s_i(n)\}_{i=1}^{m}$, que são mutuamente independentes entre si. Estes sinais são misturados linearmente por um sensor desconhecido para produzir o vetor de observação m-por-1 (veja a Fig. 2.14)

$$\mathbf{x}(n) = \mathbf{A}\,\mathbf{u}(n) \tag{2.24}$$

onde

$$\mathbf{u}(n) = [u_1(n), u_2(n),..., u_m(n)]^T \tag{2.25}$$

$$\mathbf{x}(n) = [x_1(n), x_2(n),..., x_m(n)]^T \tag{2.26}$$

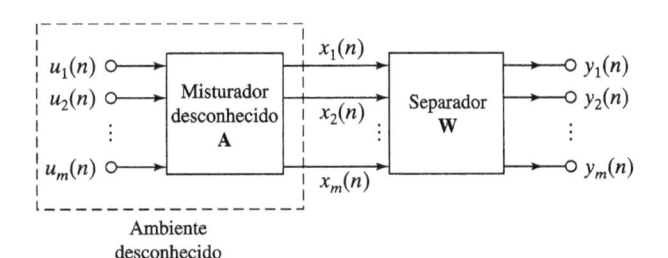

FIGURA 2.14 Diagrama em blocos da separação cega de fonte

e **A** é uma *matriz de mistura* não-singular, desconhecida, de dimensões m-por-m. Dado o vetor de observação **x**(n), o objetivo é recuperar os sinais originais $u_1(n)$, $u_2(n)$,..., $u_m(n)$ de uma maneira não-supervisionada.

Voltando-se agora ao problema da previsão, o objetivo é prever o valor presente $x(n)$ de um processo, dados valores passados deste processo, que são uniformemente espaçados no tempo, como mostrado por $x(n-T)$, $x(n-2T)$,..., $x(n-mT)$, onde T é o período de amostragem e m é a ordem da previsão. A previsão pode ser resolvida utilizando-se aprendizagem por correção de erro de uma maneira não-supervisionada, já que os exemplos de treinamento são retirados diretamente do próprio processo, como representado na Fig. 2.15, onde $x(n)$ atua como resposta desejada. Suponha que $\hat{x}(n)$ represente a previsão de um passo produzida pela rede neural no tempo n. O sinal de erro $e(n)$ é definido como a diferença entre $x(n)$ e $\hat{x}(n)$, que é usada para ajustar os parâmetros livres da rede neural. Com isso, a previsão pode ser vista como uma forma de *construção de modelo*, significando que quanto menor for o erro de previsão em um sentido estatístico, melhor será o desempenho da rede como um modelo do processo físico básico que é responsável pela geração dos dados. Quando este processo é *não-linear*, o uso de uma rede neural fornece um método poderoso para resolver o problema de previsão, devido às unidades de processamento não-lineares que podem ser usadas nesta construção. Entretanto, a única exceção possível para o uso de unidades de processamento não-lineares é a unidade de saída da rede: se o intervalo dinâmico da série temporal $\{x(n)\}$ for desconhecido, a utilização de uma unidade de saída linear é a escolha mais razoável.

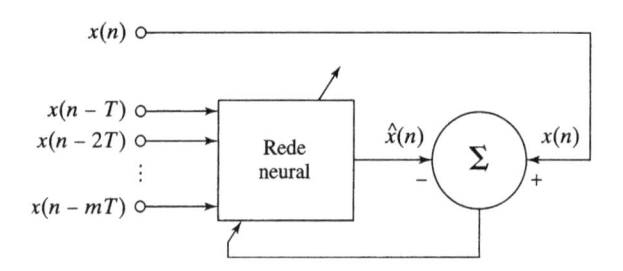

FIGURA 2.15 Diagrama em blocos da previsão não-linear

Formação de feixe

A formação de feixe é uma forma de filtragem *espacial* e é utilizada para distinguir entre as propriedades espaciais de um sinal-alvo e o ruído de fundo. O dispositivo usado para realizar a formação de feixe é chamado de *formador de feixe*.

A tarefa de formação de feixe é compatível com o uso de uma rede neural, para o que temos indicações importantes de estudos da psico-acústica das respostas auditivas humanas (Bregman, 1990) e de estudos do mapeamento de características nas camadas corticais dos sistemas auditivos de morcegos ecolocalizadores (Suga, 1990a; Simmons e Sailant, 1992). O morcego ecolocalizador irradia o meio ambiente transmitindo sinais de freqüência modulada (FM) de curta duração e então utiliza o seu sistema auditivo (incluindo um par de orelhas) para focar a atenção na sua presa (p.ex., um inseto voador). As orelhas fornecem ao morcego uma forma de filtragem espacial (interferometria, para sermos exatos), que é então explorada pelo sistema auditivo para produzir uma *seletividade por atenção*.

A formação de feixe é normalmente utilizada em sistemas de radar e sonar nos quais a tarefa principal é detectar e perseguir um alvo de interesse na presença combinada de ruído do receptor e sinal de interferência (p.ex., obstrutores). Esta tarefa é complicada por dois fatores.

- O sinal-alvo se origina em uma direção desconhecida.
- Não há informação *a priori* disponível sobre os sinais de interferência.

Uma forma de lidar com situações deste tipo é utilizando um *cancelador de lóbulo lateral generalizado* (CLLG), cujo diagrama em blocos está mostrado na Fig. 2.16. O sistema consiste dos seguintes componentes (Griffiths e Jim, 1982; Van Veen, 1992; Haykin, 1996):

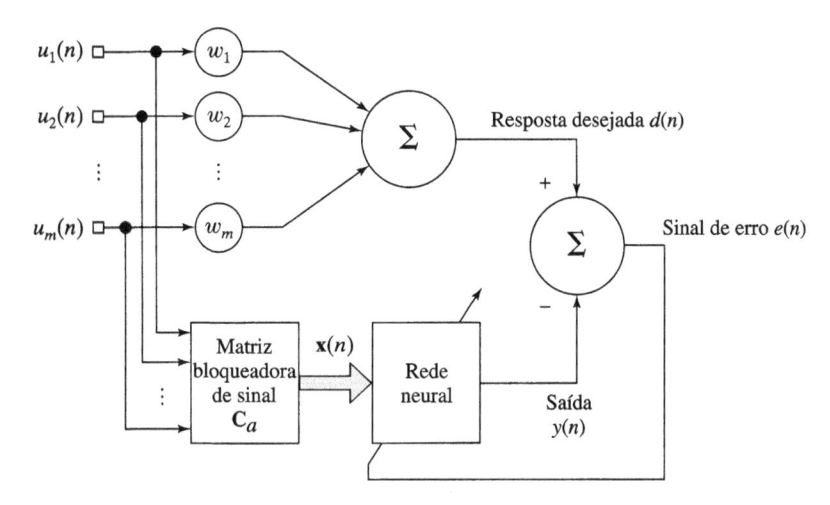

FIGURA 2.16 Diagrama em blocos do cancelador de lóbulo lateral generalizado

- Um *arranjo de elementos de antenas*, que fornece um meio de amostrar o sinal observado em pontos discretos do espaço.
- Um *combinador linear* definido por um conjunto de pesos fixos $\{w_i\}_{i=1}^m$, cuja saída é uma resposta desejada. Este combinador linear age como um "filtro espacial", sendo caracterizado por um padrão de radiação (i.e., um gráfico polar da amplitude da saída da antena em função do ângulo de incidência de um sinal incidente). O lóbulo principal deste padrão de radiação está apontado ao longo de uma direção predeterminada, para a qual o CLLG deve ser *restrito* para produzir uma resposta sem distorções. A saída do combinador linear, representada por $d(n)$, fornece uma resposta desejada para o formador de feixe.
- Uma *matriz bloqueadora de sinal* $\mathbf{C}_a$, cuja função é cancelar a interferência que escapa através dos lóbulos laterais do padrão de radiação do filtro espacial que representa o combinador linear.
- Uma *rede neural* com parâmetros ajustáveis, que é projetada para acomodar variações estatísticas nos sinais de interferência.

Os ajustes dos parâmetros livres da rede neural são realizados por um algoritmo de aprendizagem por correção de erro que opera sobre o sinal de erro $e(n)$, definido como a diferença entre a saída do combinador linear $d(n)$ e a saída real $y(n)$ da rede neural. Assim, o CLLG opera sob a supervisão do combinador linear que assume o papel de um "professor". Como na aprendizagem supervisionada usual, note que o combinador linear está fora do laço de realimentação que age sobre a rede neural. Um formador de feixe que utiliza uma rede neural para a aprendizagem é chamado de *formador de feixe neural*. Esta classe de máquinas de aprendizagem se enquadra sob o título geral de *neurocomputadores atencionais* (Hecht-Nielsen, 1990).

A diversidade das seis tarefas de aprendizagem discutidas aqui serve de testemunho para a *universalidade* das redes neurais como sistemas de processamento de informação. Em um sentido fundamental, todas estas tarefas de aprendizagem são problemas relativos a aprender um *mapeamento* a partir de exemplos (possivelmente ruidosos) de mapeamentos. Sem a imposição de conhecimento prévio, cada uma destas tarefas é na verdade *mal-formulada*, no sentido da não-unicidade das possíveis soluções de mapeamento. Um método de tornar a solução bem-formulada é utilizar a teoria da regularização, como descrito no Capítulo 5.

2.11 MEMÓRIA

A discussão de tarefas de aprendizagem, particularmente a tarefa de associação de padrões, nos leva naturalmente a refletir sobre a *memória*. Em um contexto neurobiológico, memória se refere às alterações neurais relativamente duradouras induzidas pela interação de um organismo com o seu ambiente (Teyler, 1986). Sem esta alteração não pode haver memória. Além disso, para que a memória seja útil, ela deve ser acessível ao sistema nervoso para poder influenciar o comportamento futuro. Entretanto, um padrão de atividade deve ser inicialmente armazenado na memória através de um *processo de aprendizagem*. Memória e aprendizagem estão conectadas de forma intrincada. Quando um padrão de atividade particular é aprendido, ele é armazenado no cérebro, de onde pode ser recuperado mais tarde, quando exigido. A memória se divide em memória de "curto prazo" e de "longo prazo", dependendo do tempo de retenção (Arbib, 1989). *Memória de curto prazo* se refere a uma compilação de conhecimento que representa o estado "corrente" do ambiente. Quaisquer discrepâncias entre o conhecimento armazenado na memória de curto prazo e um "novo" estado são usadas para atualizar a memória de curto prazo. *Memória de longo prazo*, por outro lado, se refere ao conhecimento armazenado por um longo período ou permanentemente.

Nesta seção, estudamos uma memória associativa que oferece as seguintes características:

- A memória é distribuída.
- Tanto os padrões de estímulo (chave) como os padrões de resposta (armazenados) de uma memória associativa consistem de vetores de dados.
- A informação é armazenada na memória estabelecendo-se um padrão espacial de atividades neurais através de um grande número de neurônios.
- A informação contida em um estímulo não apenas determina o seu local de armazenamento mas também o endereço para a sua recuperação.
- Embora os neurônios não representem células computacionais confiáveis e de baixo ruído, a memória exibe um alto grau de resistência a ruído e a falhas, de uma forma difusa.
- Pode haver interações entre padrões individuais armazenados na memória. (De outra forma, a memória deveria ser excepcionalmente grande para acomodar o armazenamento de um grande número de padrões em perfeito isolamento entre si.) Existe, portanto, a possibilidade de a memória cometer *erros* durante o processo de recordação.

Em uma *memória distribuída*, a questão básica de interesse são as atividades simultâneas ou quase simultâneas de muitos neurônios diferentes, que são o resultado de estímulos externos ou internos. As atividades neurais formam um padrão espacial dentro da memória que contém informação sobre os estímulos. Diz-se, portanto, que a memória realiza um mapeamento distribuído que transforma um padrão de atividade no espaço de entrada em um outro padrão de atividade no espaço de saída. Podemos ilustrar algumas propriedades importantes de um mapeamento de memória distribuída considerando uma rede neural idealizada que consiste de duas camadas de neurônios. A Figura 2.17a ilustra uma rede que pode ser vista como um *componente modelo de um sistema nervoso* (Cooper, 1973; Scofield e Cooper, 1985). Cada neurônio da camada de entrada está conectado a todos os neurônios da camada de saída. As conexões sinápticas reais entre os neurônios são complexas e redundantes. No modelo da Fig. 2.17a, uma única junção ideal é utilizada para representar o efeito integrado de todos os contatos sinápticos entre os dendritos de um neurônio da camada de entrada e os ramos do axônio de um neurônio da camada de saída. O nível de atividade de um neurônio da camada de entrada pode afetar o nível de atividade de todos os outros neurônios da camada de saída.

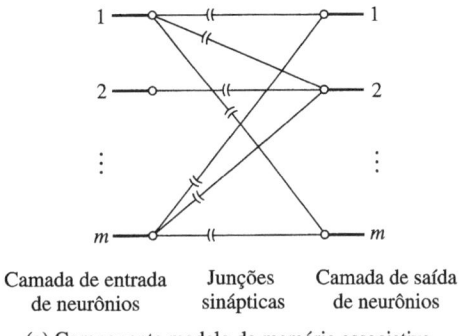

(a) Componente modelo da memória associativa de um sistema nervoso

(b) Modelo de memória associativa utilizando neurônios artificiais

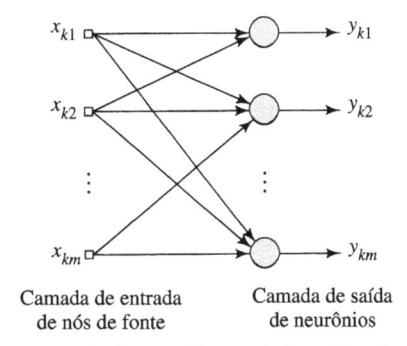

FIGURA 2.17 Modelos de memória associativa

A situação correspondente para uma rede neural artificial está representada na Fig. 2.17b. Aqui temos uma camada de entrada de nós de fonte e uma camada de saída de neurônios agindo como nós computacionais. Neste caso, os pesos sinápticos da rede estão incluídos como partes integrantes dos neurônios da camada de saída. Os elos de conexão entre as duas camadas da rede são simplesmente fios.

Na análise matemática seguinte, supõe-se que ambas as redes neurais das Figs. 2.17a e 2.17b são *lineares*. A implicação desta suposição é que cada neurônio age como um combinador linear, como representado no grafo de fluxo de sinal da Fig. 2.18. Para prosseguir com a análise, suponha que um padrão de atividade $\mathbf{x}_k$ ocorra na camada de entrada da rede e que um padrão de atividade $\mathbf{y}_k$

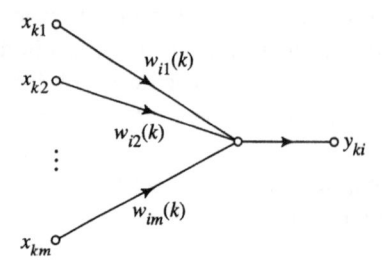

FIGURA 2.18 Modelo de grafo de fluxo de sinal de um neurônio linear rotulado *i*

ocorra simultaneamente na camada de saída. A questão que desejamos considerar aqui é a aprendizagem da associação entre os padrões $\mathbf{x}_k$ e $\mathbf{y}_k$. Os padrões $\mathbf{x}_k$ e $\mathbf{y}_k$ são representados por vetores, escritos nas suas formas expandidas como:

$$\mathbf{x}_k = [x_{k1}, x_{k2}, ..., x_{km}]^T$$

e

$$\mathbf{y}_k = [y_{k1}, y_{k2}, ..., y_{km}]^T$$

Por conveniência de apresentação, supomos que a dimensionalidade do espaço de entrada (i.e., a dimensão do vetor $\mathbf{x}_k$) é a mesma que a dimensionalidade do espaço de saída (i.e., a dimensão do vetor $\mathbf{y}_k$) e igual a *m*. De agora em diante, nós nos referimos a *m* como a *dimensionalidade da rede* ou simplesmente *dimensionalidade*. Note que *m* é igual ao número de nós de fonte na camada de entrada ou de neurônios na camada de saída. Para uma rede neural com um grande número de neurônios, que é o caso típico, a dimensionalidade *m* pode ser grande.

Os elementos tanto de $\mathbf{x}_k$ como de $\mathbf{y}_k$ podem assumir valores positivos e negativos. Esta é uma proposição válida em uma rede neural artificial. Isto também pode ocorrer em um sistema nervoso, considerando que a variável fisiológica relevante seja a diferença entre um nível de atividade real (p.ex., a taxa de disparo de um neurônio) e um nível de atividade espontâneo diferente de zero.

Supondo que as redes da Fig. 2.17 sejam lineares, a associação do vetor-chave $\mathbf{x}_k$ com o vetor memorizado $\mathbf{y}_k$ pode ser descrita na forma matricial como:

$$\mathbf{y}_k = \mathbf{W}(k)\mathbf{x}_k, \qquad k = 1, 2, ..., q \tag{2.27}$$

onde $\mathbf{W}(k)$ é uma matriz de pesos determinada apenas pelo par de entrada-saída $(\mathbf{x}_k, \mathbf{y}_k)$.

Para desenvolvermos uma descrição detalhada da matriz de pesos $\mathbf{W}(k)$, considere a Fig. 2.18, que mostra um arranjo detalhado do neurônio *i* da camada de saída. A saída y_{ki} do neurônio *i* devido à ação combinada dos elementos do padrão-chave $\mathbf{x}_k$ aplicado como estímulo à camada de entrada, é dada por

$$y_{ki} = \sum_{j=1}^{m} w_{ij}(k) x_{kj}, \quad i = 1, 2, ..., m \tag{2.28}$$

onde os $w_{ij}(k), j = 1, 2, ..., m$, são os pesos sinápticos do neurônio *i* correspondentes ao *k*-ésimo par de padrões associados. Utilizando a notação matricial, podemos expressar y_{ki} na forma equivalente

$$y_{ki} = [w_{i1}(k), w_{i2}(k), ..., w_{im}(k)] \begin{bmatrix} x_{k1} \\ x_{k2} \\ \vdots \\ x_{km} \end{bmatrix}, \quad i = 1, 2, ..., m \qquad (2.29)$$

Reconhecemos o vetor coluna no lado direito da Eq. (2.29) como o vetor-chave $\mathbf{x}_k$. Substituindo a Eq. (2.29) na definição do vetor m-por-1 armazenado $\mathbf{y}_k$, obtemos

$$\begin{bmatrix} y_{k1} \\ y_{k2} \\ \vdots \\ y_{km} \end{bmatrix} = \begin{bmatrix} w_{11}(k) & w_{12}(k) & \cdots & w_{1m}(k) \\ w_{21}(k) & w_{22}(k) & \cdots & w_{2m}(k) \\ \vdots & \vdots & \vdots & \vdots \\ w_{m1}(k) & w_{m2}(k) & \cdots & w_{mm}(k) \end{bmatrix} \begin{bmatrix} x_{k1} \\ x_{k2} \\ \vdots \\ x_{km} \end{bmatrix} \qquad (2.30)$$

A Equação (2.30) é a forma expandida da transformação matricial ou mapeamento descrito na Eq. (2.27). Em particular, a matriz de pesos m-por-m $\mathbf{W}(k)$ é definida por

$$\mathbf{W}(k) = \begin{bmatrix} w_{11}(k) & w_{12}(k) & \cdots & w_{1m}(k) \\ w_{21}(k) & w_{22}(k) & \cdots & w_{2m}(k) \\ \vdots & \vdots & \vdots & \vdots \\ w_{m1}(k) & w_{m2}(k) & \cdots & w_{mm}(k) \end{bmatrix} \qquad (2.31)$$

As apresentações individuais dos q pares de padrões associados $\mathbf{x}_k \to \mathbf{y}_k$, $k = 1, 2, ..., q$, produzem valores correspondentes da matriz individual, ou seja, $\mathbf{W}(1), \mathbf{W}(2), ..., \mathbf{W}(q)$. Reconhecendo que esta associação de padrões é representada pela matriz de pesos $\mathbf{W}(k)$, podemos definir uma *matriz de memória* m-por-m que descreve a soma das matrizes de pesos para o conjunto inteiro de associações de padrões como segue:

$$\mathbf{M} = \sum_{k=1}^{q} \mathbf{W}(k) \qquad (2.32)$$

A matriz de memória $\mathbf{M}$ define a conectividade global entre as camadas de entrada e de saída da memória associativa. Na verdade, ela representa a *experiência total* ganha pela memória como resultado das apresentações de q padrões de entrada-saída. Dito de outra forma, a matriz de memória $\mathbf{M}$ contém uma parte de cada par de entrada-saída dos padrões de atividade apresentados à memória.

A definição da matriz de memória dada pela Eq. (2.32) pode ser reestruturada em forma recursiva como mostrado por

$$\mathbf{M}_k = \mathbf{M}_{k-1} + \mathbf{W}(k), \qquad k = 1, 2, ..., q \qquad (2.33)$$

onde o valor inicial $\mathbf{M}_0$ é zero (i.e., os pesos sinápticos da memória são inicialmente todos zero), e o valor final $\mathbf{M}_q$ é identicamente igual a $\mathbf{M}$ como definido na Eq. (2.32). De acordo com a fórmula recursiva da Eq. (2.33), o termo $\mathbf{M}_{k-1}$ é o valor antigo da matriz de memória resultante das associações de padrões $(k-1)$, e $\mathbf{M}_k$ é o valor atualizado devido ao incremento $\mathbf{W}(k)$ produzido pela k-ésima associação. Note, entretanto, que quando $\mathbf{W}(k)$ é adicionado a $\mathbf{M}_{k-1}$, o incremento $\mathbf{W}(k)$ perde a sua identidade entre a mistura de contribuições que formam $\mathbf{M}_k$. Apesar da mistura sináptica de diferentes associações, a informação sobre os estímulos pode não ter sido perdida, como será demonstrado a seguir. Note também que quando o número q de padrões armazenados aumenta, a influência de um novo padrão na memória como um todo é progressivamente reduzida.

Memória por Matriz de Correlação

Suponha que a memória associativa da Fig. 2.17b aprendeu a matriz de memória $\mathbf{M}$, através das associações de padrões-chaves e padrões memorizados descritos por $\mathbf{x}_k \to \mathbf{y}_k$, onde $k = 1, 2, \ldots, q$. Podemos postular $\hat{\mathbf{M}}$, que representa uma *estimativa* da matriz de memória $\mathbf{M}$ em termos destes padrões, como (Anderson, 1972, 1983; Cooper, 1973):

$$\hat{\mathbf{M}} = \sum_{k=1}^{q} \mathbf{y}_k \mathbf{x}_k^T \tag{2.34}$$

O termo $\mathbf{y}_k \mathbf{x}_k^T$ representa o *produto externo* entre o padrão-chave $\mathbf{x}_k$ e o padrão memorizado $\mathbf{y}_k$. Este produto externo é uma "estimativa" da matriz de pesos $\mathbf{W}(k)$ que mapeia o padrão de saída $\mathbf{y}_k$ para o padrão de entrada $\mathbf{x}_k$. Como, por suposição, ambos os padrões $\mathbf{x}_k$ e $\mathbf{y}_k$ são vetores m-por-1, segue que o seu produto externo $\mathbf{y}_k \mathbf{x}_k^T$, e portanto a estimativa $\hat{\mathbf{M}}$, é uma matriz m-por-m. Esta dimensionalidade está perfeitamente de acordo com aquela da matriz de memória $\mathbf{M}$ definida pela Eq. (2.32). O formato do somatório da estimativa $\hat{\mathbf{M}}$ guarda uma relação direta com o formato da matriz de memória definida naquela equação.

Um termo típico do produto externo $\mathbf{y}_k \mathbf{x}_k^T$ é escrito como $y_{ki} x_{kj}$, onde x_{kj} é a saída do nó de fonte j da camada de entrada, e y_{ki} é a saída do neurônio i da camada de saída. No contexto do peso sináptico $w_{ij}(k)$ para a k-ésima associação, o nó de fonte j age como um nó pré-sináptico e o neurônio i da camada de saída age como um nó pós-sináptico. Assim, o processo de aprendizagem "local" descrito pela Eq. (2.34) pode ser visto como uma *generalização do postulado de aprendizagem de Hebb*. Ele também é denominado *regra do produto externo* devido à operação matricial usada para construir a matriz de memória $\hat{\mathbf{M}}$. Correspondentemente, uma memória associativa assim construída é chamada de *memória por matriz de correlação*. Correlação, de uma forma ou de outra, é de fato a base para aprendizagem, associação, reconhecimento de padrões e recordação de memórias no sistema nervoso humano (Eggermont, 1990).

A Equação (2.34) pode ser reformulada na forma equivalente

$$\hat{\mathbf{M}} = \begin{bmatrix} \mathbf{y}_1, \mathbf{y}_2, \ldots, \mathbf{y}_q \end{bmatrix} \begin{bmatrix} \mathbf{x}_1^T \\ \mathbf{x}_2^T \\ \vdots \\ \mathbf{x}_q^T \end{bmatrix} \tag{2.35}$$

$$= \mathbf{Y}\mathbf{X}^T$$

onde

$$\mathbf{X} = [\mathbf{x}_1, \mathbf{x}_2, \ldots, \mathbf{x}_q] \tag{2.36}$$

e

$$Y = [y_1, y_2, ..., y_q] \tag{2.37}$$

A matriz **X** é uma matriz m-por-q composta pelo conjunto inteiro dos padrões-chave usados no processo de aprendizagem; ela é chamada de *matriz-chave*. A matriz **Y** é uma matriz m-por-q composta pelo conjunto correspondente dos padrões memorizados; ela é chamada de *matriz memorizada*.

A Equação (2.35) pode também ser reestruturada na forma recursiva como segue:

$$\hat{M}_k = \hat{M}_{k-1} + y_k x_k^T, \quad k = 1, 2, ..., q \tag{2.38}$$

Uma representação por grafo de fluxo de sinal desta forma recursiva está representada na Fig. 2.19. De acordo com este grafo de fluxo de sinal e da fórmula recursiva da Eq. (2.38), a matriz $\hat{M}_{k-1}$ representa uma estimativa antiga da matriz de memória; e $\hat{M}_k$ representa o seu valor atualizado, de acordo com uma nova associação realizada pela memória sobre os padrões x_k e y_k. Comparando a forma recursiva da Eq. (2.38) com a da Eq. (2.33), vemos que o produto externo $y_k x_k^T$ representa uma estimativa da matriz de pesos **W**(k) correspondente à k-ésima associação dos padrões-chave e memorizado, x_k e y_k.

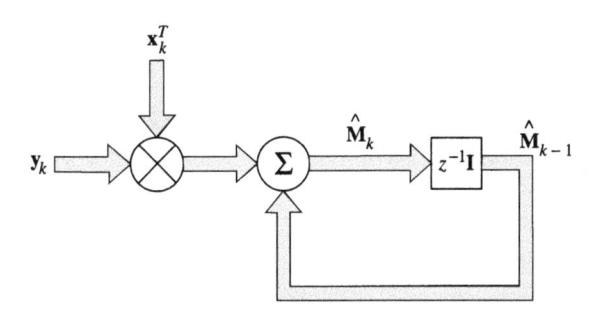

FIGURA 2.19 Representação da Eq. (2.38) por grafo de fluxo de sinal

Recordação

O problema fundamental originado pelo uso de uma memória associativa é o endereçamento e a recordação de padrões armazenados na memória. Para explicar um aspecto deste problema, suponha que $\hat{M}$ represente a matriz de memória correspondente a uma memória associativa, que tenha sofrido um processo completo de aprendizagem, pela sua exposição a q associações de padrões, de acordo com a Eq. (2.34). Suponha que um padrão-chave x_j seja escolhido ao acaso e reaplicado como um *estímulo* para a memória, produzindo a *resposta*

$$y = \hat{M} x_j \tag{2.39}$$

Substituindo a Eq. (2.34) em (2.39), obtemos

$$y = \sum_{k=1}^{m} y_k x_k^T x_j$$
$$= \sum_{k=1}^{m} \left(x_k^T x_j \right) y_k \tag{2.40}$$

onde, na segunda linha, reconhecemos que $\mathbf{x}_k^T\mathbf{x}_j$ é um escalar igual ao *produto interno* dos vetores-chave $\mathbf{x}_k$ e $\mathbf{x}_j$. Podemos rescrever a Eq. (2.40) como

$$\mathbf{y} = (\mathbf{x}_j^T\mathbf{x}_j)\mathbf{y}_j + \sum_{\substack{k=1 \\ k \neq j}}^{m} (\mathbf{x}_k^T\mathbf{x}_j)\mathbf{y}_k \tag{2.41}$$

Suponha que cada um dos padrões-chave $\mathbf{x}_1, \mathbf{x}_2, ..., \mathbf{x}_q$ seja normalizado para ter energia unitária; isto é,

$$\begin{aligned} E_k &= \sum_{l=1}^{m} x_{kl}^2 \\ &= \mathbf{x}_k^T\mathbf{x}_k \\ &= 1, \quad k = 1, 2, ..., q \end{aligned} \tag{2.42}$$

Conseqüentemente, podemos simplificar a resposta da memória ao estímulo (padrão-chave) $\mathbf{x}_j$ como

$$\mathbf{y} = \mathbf{y}_j + \mathbf{v}_j \tag{2.43}$$

onde

$$\mathbf{v}_j = \sum_{\substack{k=1 \\ k \neq j}}^{m} (\mathbf{x}_k^T\mathbf{x}_j)\mathbf{y}_k \tag{2.44}$$

O primeiro termo no lado direito da Eq. (2.43) representa a resposta "desejada" $\mathbf{y}_j$; ele pode ser visto, portanto, como a componente do "sinal" da resposta real $\mathbf{y}$. O segundo termo $\mathbf{v}_j$ é um "vetor de ruído" que surge devido à *interferência cruzada* entre o vetor-chave $\mathbf{x}_j$ e todos os outros vetores-chave armazenados na memória. O vetor de ruído $\mathbf{v}_j$ é responsável pelos erros de recordação.

No contexto de um espaço de sinal linear, podemos definir o *co-seno do ângulo* entre um par de vetores $\mathbf{x}_j$ e $\mathbf{x}_k$ como o produto interno de $\mathbf{x}_j$ e $\mathbf{x}_k$, dividido pelo produto de suas *normas* euclidianas ou *comprimentos*, como mostrado por

$$\cos(\mathbf{x}_k, \mathbf{x}_j) = \frac{\mathbf{x}_k^T\mathbf{x}_j}{\|\mathbf{x}_k\|\|\mathbf{x}_j\|} \tag{2.45}$$

O símbolo $\|\mathbf{x}_k\|$ significa a norma euclidiana do vetor $\mathbf{x}_k$, definida como a raiz quadrada da energia de $\mathbf{x}_k$:

$$\begin{aligned} \|\mathbf{x}_k\| &= (\mathbf{x}_k^T\mathbf{x}_k)^{1/2} \\ &= E_k^{1/2} \end{aligned} \tag{2.46}$$

Retornando à situação em questão, note que os vetores-chave são normalizados para terem energia unitária de acordo com a Eq. (2.42). Podemos, portanto, reduzir a definição da Eq. (2.45) a

$$\cos(\mathbf{x}_k, \mathbf{x}_j) = \mathbf{x}_k^T\mathbf{x}_j \tag{2.47}$$

Podemos então redefinir o vetor de ruído da Eq. (2.44) como

$$\mathbf{v}_j = \sum_{\substack{k=1 \\ k \neq j}}^{m} \cos(\mathbf{x}_k, \mathbf{x}_j) \mathbf{y}_k \qquad (2.48)$$

Vemos agora que se os vetores-chave forem *ortogonais* (i.e., perpendiculares entre si no sentido euclidiano), então

$$\cos(\mathbf{x}_k, \mathbf{x}_j) = 0, \qquad k \neq j \qquad (2.49)$$

e, portanto, o vetor de ruído $\mathbf{v}_j$ é igual a zero. Neste caso, a resposta $\mathbf{y}$ iguala $\mathbf{y}_j$. A *memória associa perfeitamente* se os vetores-chave pertencerem a um *conjunto ortonormal*; isto é, se eles satisfizerem o seguinte par de condições:

$$\mathbf{x}_k^T \mathbf{x}_j = \begin{cases} 1, & k = j \\ 0, & k \neq j \end{cases} \qquad (2.50)$$

Suponha agora que os vetores-chave formam um conjunto ortonormal, como descrito pela Eq. (2.50). Qual é então o limite da *capacidade de armazenamento* da memória associativa? Dito de outra forma, qual é o maior número de padrões que podem ser armazenados de forma confiável? A resposta a esta questão fundamental se encontra no posto da matriz de memória $\hat{\mathbf{M}}$. O *posto* de uma matriz é definido como o número de colunas (linhas) independentes da matriz. Isto é, se r é o posto de uma matriz retangular de dimensões l-por-m, temos então que $r \leq \min(l, m)$. No caso da memória por correlação, a matriz de memória $\hat{\mathbf{M}}$ é uma matriz m-por-m, onde m é a dimensionalidade do espaço de entrada. Assim, o posto da matriz de memória $\mathbf{M}$ é limitado pela dimensionalidade m. Podemos então formalmente afirmar que o número de padrões que podem ser armazenados de forma confiável em uma memória por matriz de correlação nunca pode exceder a dimensionalidade do espaço de entrada.

Em situações do mundo real, freqüentemente observamos que os padrões-chave apresentados a uma memória associativa não são nem ortogonais nem estão muito separados entre si. Conseqüentemente, uma memória por matriz de correlação caracterizada pela matriz de memória da Eq. (2.34) pode algumas vezes se confundir e ocasionar *erros*. Isto é, a memória ocasionalmente reconhece e associa padrões que antes nunca foram vistos ou associados. Para ilustrar esta propriedade de uma memória associativa, considere um conjunto de padrões-chave.

$$\{\mathbf{x}_{\text{chave}}\}: \mathbf{x}_1, \mathbf{x}_2, \ldots, \mathbf{x}_q$$

e um conjunto correspondente de padrões memorizados,

$$\{\mathbf{y}_{\text{mem}}\}: \mathbf{y}_1, \mathbf{y}_2, \ldots, \mathbf{y}_q$$

Para expressar a proximidade dos padrões-chave em um espaço de sinais lineares, introduzimos o conceito de *comunidade*. Definimos a comunidade do conjunto de padrões $\{\mathbf{x}_{\text{chave}}\}$ como o limite inferior dos produtos internos $\mathbf{x}_k^T \mathbf{x}_j$ de dois padrões quaisquer $\mathbf{x}_j$ e $\mathbf{x}_k$ do conjunto. Suponha que $\hat{\mathbf{M}}$ represente a matriz de memória resultante do treinamento da memória associativa com um conjunto de padrões-chave representado por $\{\mathbf{x}_{\text{chave}}\}$ e um conjunto correspondente de padrões memorizados $\{\mathbf{y}_{\text{mem}}\}$, de acordo com a Eq. (2.34). A resposta da memória, $\mathbf{y}$, a um estímulo $\mathbf{x}_j$ selecionado do conjunto $\{\mathbf{x}_{chave}\}$ é dada pela Eq. (2.39), onde supomos que cada padrão do conjunto $\{\mathbf{x}_{chave}\}$ é um vetor unitário (i.e., um vetor com energia unitária). Suponhamos ainda que

$$\mathbf{x}_k^T \mathbf{x}_j \geq \gamma \quad \text{para } k \neq j \qquad (2.51)$$

Se o limite inferior γ for suficientemente grande, a memória pode falhar em distinguir a resposta **y** daquela de qualquer outro padrão-chave contido no conjunto $\{\mathbf{x}_{chave}\}$. Se os padrões-chave deste conjunto tiverem a forma

$$\mathbf{x}_j = \mathbf{x}_0 + \mathbf{v} \qquad (2.52)$$

onde **v** é um vetor estocástico, é provável que a memória reconheça $\mathbf{x}_0$ e o associe a um vetor $\mathbf{y}_0$ em vez de associá-lo a qualquer um dos pares de padrões reais utilizados inicialmente para treiná-la; $\mathbf{x}_0$ e $\mathbf{y}_0$ representam um par de padrões nunca vistos anteriormente. Este fenômeno pode ser chamado de *lógica animal*, apesar de não ser nada lógico (Cooper, 1973).

2.12 ADAPTAÇÃO

Na realização de uma tarefa de interesse, freqüentemente constatamos que o *espaço* é uma dimensão fundamental do processo de aprendizagem; o *tempo* é a outra. A natureza *espaço-temporal* da aprendizagem é exemplificada por muitas das tarefas de aprendizagem (p.ex., controle, formação de feixe) discutidas na Seção 2.10. Todas as espécies, desde insetos até os humanos, têm uma capacidade inerente de representar a estrutura temporal da experiência. Uma representação assim torna possível para um animal *adaptar* seu comportamento à estrutura temporal de um evento em seu espaço de comportamentos (Gallistel, 1990).

Quando uma rede neural opera em um ambiente *estacionário* (i.e., um ambiente cujas características estatísticas não mudam com o tempo), as estatísticas essenciais do ambiente podem ser, em teoria, *aprendidas* pela rede, sob supervisão de um professor. Em particular, os pesos sinápticos da rede podem ser calculados submetendo-se a rede a uma sessão de treinamento com um conjunto de dados que é representativo do ambiente. Uma vez que o processo de treinamento esteja completo, os pesos sinápticos da rede capturariam a estrutura estatística subjacente do ambiente, o que justificaria o "congelamento" de seus valores depois disso. Assim, o sistema de aprendizagem se baseia de uma forma ou de outra na *memória*, para recordar e explorar experiências passadas.

Freqüentemente, entretanto, o ambiente de interesse é *não-estacionário*, o que significa que os parâmetros estatísticos dos sinais portadores de informação, gerados pelo ambiente variam com o tempo. Em situações deste tipo, os métodos tradicionais de aprendizagem supervisionada podem se mostrar inadequados, pois a rede não está equipada com os meios necessários para *seguir* as variações estatísticas do ambiente no qual opera. Para superar esta dificuldade, é desejável que uma rede neural possa *adaptar* continuamente seus parâmetros livres às variações do sinal incidente em *tempo real*. Assim, um *sistema adaptativo* responde a toda entrada distinta como sendo uma entrada nova. Em outras palavras, o processo de aprendizagem encontrado em um sistema adaptativo nunca pára, com a aprendizagem sendo realizada enquanto o processamento de sinal está sendo executado pelo sistema. Esta forma de aprendizagem é chamada de *aprendizagem contínua* ou *aprendizagem em tempo real* (*on-the-fly*).

Os *filtros adaptativos lineares*, construídos em torno de um combinador linear (i.e., um único neurônio operando em seu modo linear), são projetados para realizar aprendizagem contínua. Apesar da sua estrutura simples (e talvez por causa disso), eles são utilizados largamente em aplicações tão diversas como radar, sonar, comunicações, sismologia e processamento de sinal biomédico. A teoria dos filtros adaptativos lineares atingiu um estágio de desenvolvimento de elevada maturidade (Haykin, 1996; Widrow e Stearns, 1985). Entretanto, o mesmo não pode ser dito sobre os filtros adaptativos não-lineares.[11]

Considerando que a aprendizagem contínua seja a propriedade de interesse e uma rede neural o veículo para a sua implementação, a questão que devemos abordar é: como uma rede neural pode adaptar seu comportamento à estrutura temporal variável dos sinais incidentes no espaço de comportamentos? Uma forma de abordar esta questão fundamental é reconhecendo que as características estatísticas de um processo não-estacionário normalmente variam de forma suficientemente lenta para que o processo seja considerado *pseudo-estacionário* em uma janela de tempo com duração suficientemente curta. Incluem-se como exemplos:

- O mecanismo responsável pela produção de um sinal de voz pode ser considerado essencialmente estacionário durante um período de 10 a 30 milissegundos.
- Ondas de radar retornadas de uma superfície do oceano permanecem essencialmente estacionárias por um período de vários segundos.
- Considerando-se a previsão do tempo a longo prazo, os dados meteorológicos podem ser vistos como essencialmente estacionários durante um período de minutos.
- No contexto de tendências a longo prazo, estendendo-se por meses e anos, os dados do mercado de ações podem ser considerados como essencialmente estacionários por um período de dias.

Desta forma, podemos explorar a propriedade pseudo-estacionária de um processo estocástico para estender a utilidade de uma rede neural, *retreinando-a* em determinados intervalos regulares, levando em conta assim as flutuações estatísticas dos dados incidentes. Esta abordagem pode, por exemplo, ser adequada para processar dados do mercado de ações.

Para uma abordagem *dinâmica* mais refinada, pode-se proceder como segue:

- Selecione uma janela suficientemente estreita para que os dados de entrada possam ser considerados pseudo-estacionários e use os dados para treinar a rede.
- Quando for recebida uma nova amostra dos dados, atualize a janela eliminando a amostra de dado mais antiga e deslocando as amostras restantes para trás, em uma unidade de tempo, para fazer espaço para a nova amostra.
- Utilize a janela de dados atualizados para treinar novamente a rede.
- Repita o procedimento de forma contínua.

Podemos, assim, incorporar a estrutura temporal no projeto de uma rede neural fazendo com que a rede sofra *treinamento continuado* com *exemplos ordenados no tempo*. De acordo com esta abordagem dinâmica, uma rede neural é vista como um *filtro adaptativo não-linear* que representa uma generalização dos filtros adaptativos lineares. Entretanto, para que esta abordagem dinâmica para filtros adaptativos não-lineares seja realizável, os recursos disponíveis devem ser suficientemente *rápidos* para completar todos os cálculos descritos durante um período de amostragem. Somente então o filtro acompanhará as variações na entrada.

2.13 NATUREZA ESTATÍSTICA DO PROCESSO DE APRENDIZAGEM

A última parte do capítulo trata dos aspectos estatísticos da aprendizagem. Neste contexto, não estamos interessados na evolução do vetor de pesos **w** enquanto a rede neural passa por um algoritmo de aprendizagem. Em vez disso, concentramo-nos no desvio entre uma função "alvo" $f(\mathbf{x})$ e a função "real" $F(\mathbf{x}, \mathbf{w})$, realizada pela rede neural, onde o vetor **x** representa o sinal de entrada. O desvio é expresso em termos estatísticos.

Uma rede neural é meramente uma forma pela qual *conhecimento empírico* sobre um fenômeno físico ou ambiente de interesse pode ser codificado através de treinamento. Por conhecimento "empírico" entendemos um conjunto de medidas que caracterizam o fenômeno. Para sermos mais específicos, considere o exemplo de um fenômeno estocástico descrito por um vetor aleatório **X** consistindo de um conjunto de *variáveis independentes*, e um escalar aleatório D que representa uma *variável dependente*. Os elementos do vetor aleatório **X** podem ter significados físicos particulares diferentes. A suposição de que a variável dependente D é escalar foi feita simplesmente para simplificar a exposição, sem perda de generalidade. Suponha também que tenhamos N realizações do vetor aleatório **X** representadas por $\{\mathbf{x}_i\}_{i=1}^{N}$, e um conjunto correspondente de realizações do escalar aleatório D representado por $\{d_i\}_{i=1}^{N}$. Estas realizações (medidas) constituem a amostra de treinamento representada por

$$\mathcal{T} = \{(\mathbf{x}_i, d_i)\}_{i=1}^{N} \qquad (2.53)$$

Normalmente, *não* conhecemos a relação funcional exata entre **X** e D e assim prosseguimos propondo o modelo (White, 1989a)

$$D = f(\mathbf{X}) + \epsilon \qquad (2.54)$$

onde $f(\cdot)$ é uma função *determinística* do seu argumento vetorial, e ϵ é um *erro de expectativa* aleatório que representa a nossa "ignorância" sobre a dependência de D e **X**. O modelo estatístico descrito pela Eq. (2.54) é denominado um *modelo regressivo*; ele está representado na Fig. 2.20a. O erro de expectativa ϵ é, em geral, uma variável aleatória com média nula e probabilidade de ocorrência positiva. Baseado nisto, o modelo regressivo da Fig. 2.20a apresenta duas propriedades úteis:

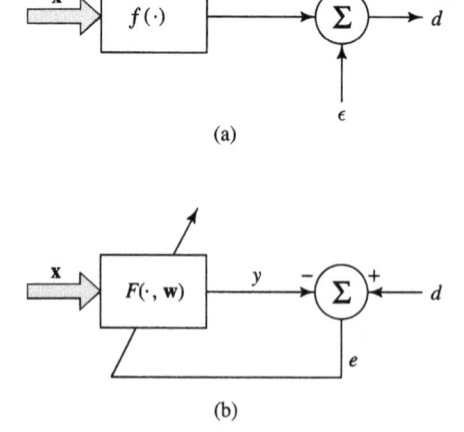

FIGURA 2.20 (a) Modelo (matemático) regressivo. (b) Modelo (físico) de rede neural

1. *O valor médio do erro de expectativa ϵ, dada qualquer realização $\mathbf{x}$, é zero*; isto é,

$$E[\epsilon|\mathbf{x}] = 0 \qquad (2.55)$$

onde E é o operador estatístico do valor esperado (esperança matemática). Como um corolário desta propriedade, podemos afirmar que a *função de regressão $f(\mathbf{x})$ é a média condicional da saída do modelo D*, dado que a entrada $\mathbf{X} = \mathbf{x}$, como mostrado por

$$f(\mathbf{x}) = E[D|\mathbf{x}] \qquad (2.56)$$

Esta propriedade segue diretamente da Eq. (2.54), considerando-se a Eq. (2.55).

2. *O erro de expectativa ϵ não é correlacionado com a função de regressão $f(\mathbf{X})$*; isto é

$$E[\epsilon f(\mathbf{X})] = 0 \qquad (2.57)$$

Esta propriedade é o bem conhecido *princípio da ortogonalidade*, que afirma que toda a informação sobre D que nos é disponibilizada através da entrada $\mathbf{X}$ está codificada na função de regressão $f(\mathbf{X})$. Pode-se demonstrar a Equação (2.57) escrevendo:

$$\begin{aligned} E[\epsilon f(\mathbf{X})] &= E\big[E[\epsilon f(\mathbf{X})|\mathbf{x}]\big] \\ &= E\big[f(\mathbf{X})E[\epsilon|\mathbf{x}]\big] \\ &= E\big[f(\mathbf{X})\cdot 0\big] \\ &= 0 \end{aligned}$$

O modelo regressivo da Fig. 2.20a é uma descrição "matemática" de um ambiente estocástico. O seu propósito é utilizar o vetor $\mathbf{X}$ para explicar ou prever a variável dependente D. A Figura 2.20b é o modelo "físico" correspondente do ambiente. O propósito deste segundo modelo, baseado em uma rede neural, é codificar o conhecimento empírico, representado pela amostra de treinamento $\mathcal{T}$ em um conjunto correspondente de vetores de pesos sinápticos, $\mathbf{w}$, como mostrado por

$$\mathcal{T} \rightarrow \mathbf{w} \qquad (2.58)$$

Na verdade, a rede neural fornece uma "aproximação" para o modelo regressivo da Fig. 2.20a. Suponha que a resposta real da rede neural, produzida em resposta ao vetor de entrada $\mathbf{x}$, seja representada pela variável aleatória

$$Y = F(\mathbf{X}, \mathbf{w}) \qquad (2.59)$$

onde $F(\cdot, \mathbf{w})$ é a função de entrada-saída realizada pela rede neural. Conhecidos os dados de treinamento $\mathcal{T}$ da Eq. (2.53), o vetor de peso $\mathbf{w}$ é obtido pela minimização da função de custo

$$\mathcal{E}(\mathbf{w}) = \frac{1}{2}\sum_{i=1}^{N}(d_i - F(\mathbf{x}_i, \mathbf{w}))^2 \qquad (2.60)$$

onde o fator 1/2 foi usado para ser consistente com as notações anteriores e com aquelas usadas nos capítulos subsequentes. Com exceção do fator de escala 1/2, a função de custo $\mathcal{E}(\mathbf{w})$ é a diferença quadrática entre a resposta desejada d e a resposta real y da rede neural, calculada como a média sobre todo o conjunto de dados de treinamento $\mathcal{T}$. O uso da Eq. (2.60) como função de custo implica a utilização do modo de treinamento por "lote", pelo qual os ajustes dos pesos sinápticos da rede são realizados sobre o conjunto inteiro de exemplos de treinamento, em vez de o serem sobre cada exemplo individual.

Suponha que o símbolo $E_{\mathcal{T}}$ represente o *operador média* tomado sobre todo o conjunto de treinamento $\mathcal{T}$. As variáveis ou suas funções sobre as quais age o operador média $E_{\mathcal{T}}$ são representadas por $\mathbf{x}$ e d; o par $(\mathbf{x}, d)$ representa um exemplo na amostra de treinamento de $\mathcal{T}$. Por outro lado, o operador estatístico do valor esperado E age sobre todo o ensemble de variáveis aleatórias $\mathbf{X}$ e D, o que inclui $\mathcal{T}$ como um subconjunto. A diferença entre os operadores E e $E_{\mathcal{T}}$ será cuidadosamente identificada a seguir.

Considerando-se a transformação descrita pela Eq. (2.58), podemos usar alternativamente $F(\mathbf{x}, \mathbf{w})$ e $F(\mathbf{x}, \mathcal{T})$ e assim rescrever a Eq. (2.60) na forma equivalente

$$\mathcal{E}(\mathbf{w}) = \frac{1}{2} E_{\mathcal{T}}\left[(d - F(\mathbf{x}, \mathcal{T}))^2\right] \tag{2.61}$$

Adicionando e subtraindo $f(\mathbf{x})$ ao argumento $(d - F(\mathbf{x}, \mathcal{T}))$ e então utilizando a Eq. (2.54), podemos escrever

$$d - F(\mathbf{x}, \mathcal{T}) = (d - f(\mathbf{x})) + (f(\mathbf{x}) - F(\mathbf{x}, \mathcal{T}))$$
$$= \epsilon + (f(\mathbf{x}) - F(\mathbf{x}, \mathcal{T}))$$

Substituindo esta expressão na Eq. (2.61) e então expandindo os termos, podemos reformular a função de custo $\mathcal{E}(\mathbf{w})$ na forma equivalente

$$\mathcal{E}(\mathbf{w}) = \frac{1}{2} E_{\mathcal{T}}[\epsilon^2] + \frac{1}{2} E_{\mathcal{T}}[f(\mathbf{x}) - F(\mathbf{x}, \mathcal{T})^2] + E_{\mathcal{T}}[\epsilon(f(\mathbf{x}) - F(\mathbf{x}, \mathcal{T}))] \tag{2.62}$$

Entretanto, o último termo do valor esperado no lado direito da Eq. (2.62) é zero por duas razões:

- O erro de expectativa ϵ é não-correlacionado com a função de regressão $f(\mathbf{x})$ devido à Eq. (2.57), interpretada em termos do operador $E_{\mathcal{T}}$.
- O erro de expectativa ϵ é relativo ao modelo de regressão da Fig. 2.20a, enquanto que a função aproximativa $F(\mathbf{x}, \mathbf{w})$ é relativa ao modelo de rede neural da Fig. 2.20b.

Conseqüentemente, a Eq. (2.62) se reduz a

$$\mathcal{E}(\mathbf{w}) = \frac{1}{2} E_{\mathcal{T}}[\epsilon^2] + \frac{1}{2} E_{\mathcal{T}}\left[(f(\mathbf{x}) - F(\mathbf{x}, \mathcal{T}))^2\right] \tag{2.63}$$

O primeiro termo no lado direito da Eq. (2.63) é a variância do erro de expectativa (do modelo regressivo) ϵ, calculado sobre o conjunto de treinamento $\mathcal{T}$. Este termo representa o *erro intrínseco*, porque ele é independente do vetor de pesos $\mathbf{w}$. Ele pode ser ignorado, na medida em que seja considerada a minimização da função de custo $\mathcal{E}(\mathbf{w})$ em relação a $\mathbf{w}$. Assim, o valor particular do vetor de pesos $\mathbf{w}^*$ que minimiza a função de custo $\mathcal{E}(\mathbf{w})$ também irá minimizar a média de ensemble da distância quadrática entre a função de regressão $f(\mathbf{x})$ e a função aproximativa $F(\mathbf{x}, \mathbf{w})$. Em outras palavras, a *medida natural* da eficiência de $F(\mathbf{x}, \mathbf{w})$ em prever a resposta desejada d é definida por

$$L_{\text{med}}(f(\mathbf{x}), F(\mathbf{x}, \mathbf{w})) = E_{\mathcal{T}}[(f(\mathbf{x}) - F(\mathbf{x}, \mathcal{T}))^2] \tag{2.64}$$

Este resultado é de fundamental importância, pois fornece a base matemática para o compromisso entre o bias e a variância resultantes da utilização de $F(\mathbf{x}, \mathbf{w})$ como a aproximação de $f(\mathbf{x})$ (German et al., 1992).

Dilema Bias / Variância

Invocando o uso da Eq. (2.56), podemos redefinir a distância quadrática entre $f(\mathbf{x})$ e $F(\mathbf{x},\mathbf{w})$ como:

$$L_{med}(f(\mathbf{x}), F(\mathbf{x}, \mathbf{w})) = E_{\mathcal{T}}[(E[D|\mathbf{X} = \mathbf{x}] - F(\mathbf{x}, \mathcal{T}))^2] \qquad (2.65)$$

Esta expressão pode também ser vista como o valor médio do *erro estimativo* entre a função de regressão $f(\mathbf{x}) = E[D|\mathbf{X} = \mathbf{x}]$ e a função aproximativa $F(\mathbf{x}, \mathbf{w})$, calculada sobre toda a amostra de treinamento $\mathcal{T}$. Note que a média condicional $E[D|\mathbf{X} = \mathbf{x}]$ tem um valor esperado constante em relação ao conjunto de dados de treinamento $\mathcal{T}$. A seguir, constatamos que

$$E[D|\mathbf{X} = \mathbf{x}] - F(\mathbf{x}, \mathcal{T}) = (E[D|\mathbf{X} = \mathbf{x}] - E\mathcal{T}[F(\mathbf{x}, \mathcal{T})]) + (E_{\mathcal{T}}[F(\mathbf{x}, \mathcal{T})] - F(\mathbf{x}, \mathcal{T}))$$

onde simplesmente adicionamos e subtraímos a média $E_{\mathcal{T}}[F(\mathbf{x}, \mathcal{T})]$. Procedendo de uma maneira similar àquela descrita para derivar a Eq. (2.62) da Eq. (2.61), podemos reformular a Eq. (2.65) como a soma de dois termos (veja o Problema 2.22):

$$L_{med}(f(\mathbf{x}), F(\mathbf{x}, \mathcal{T})) = B^2(\mathbf{w}) + V(\mathbf{w}) \qquad (2.66)$$

onde $B(\mathbf{w})$ e $V(\mathbf{w})$ são, por sua vez, definidos por

$$B(\mathbf{w}) = E_{\mathcal{T}}[F(\mathbf{x}, \mathcal{T})] - E[D|\mathbf{X} = \mathbf{x}] \qquad (2.67)$$

e

$$V(\mathbf{w}) = E_{\mathcal{T}}[(F(\mathbf{x}, \mathcal{T}) - E_{\mathcal{T}}[F(\mathbf{x}, \mathcal{T})])^2] \qquad (2.68)$$

Agora fazemos duas observações importantes:

1. O termo $B(\mathbf{w})$ é o *bias* do valor médio da função aproximativa $F(\mathbf{x}, \mathcal{T})$, medido em relação à função de regressão $f(\mathbf{x}) = E[D|\mathbf{X} = \mathbf{x}]$. Este termo representa a incapacidade da rede neural definida pela função $F(\mathbf{x}, \mathbf{w})$ de aproximar com precisão a função de regressão $f(\mathbf{x}) = E[D|\mathbf{X} = \mathbf{x}]$. Deste modo, podemos ver o bias $B(\mathbf{w})$ como um *erro aproximativo*.
2. O termo $V(\mathbf{w})$ é a *variância* da função aproximativa $F(\mathbf{x}, \mathbf{w})$, medida sobre toda a amostra de treinamento $\mathcal{T}$. Este segundo termo representa a não-adequação da informação contida na amostra de treinamento $\mathcal{T}$ acerca da função de regressão $f(\mathbf{x})$. Podemos, portanto, ver a variância $V(\mathbf{w})$ como a manifestação de um *erro estimativo*.

A Figura 2.21 ilustra as relações entre as funções objetivo e aproximativa e mostra como os erros estimativos, isto é, o bias e a variância, se acumulam. Para se obter bom desempenho global, tanto o bias $B(\mathbf{w})$ como a variância $V(\mathbf{w})$ da função aproximativa $F(\mathbf{x}, \mathbf{w}) = F(\mathbf{x}, \mathcal{T})$ devem ser pequenos.

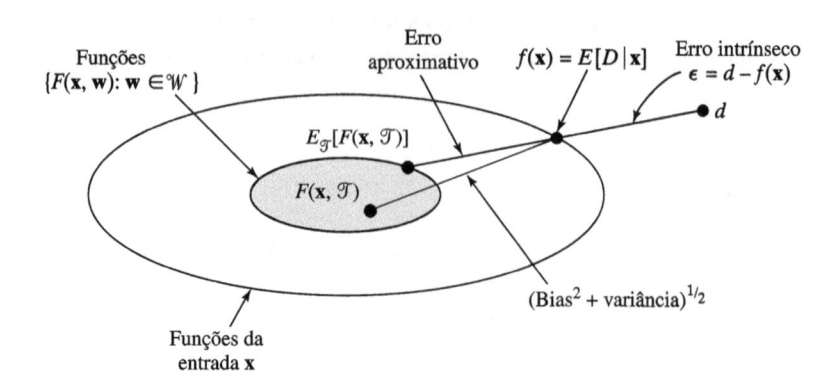

FIGURA 2.21 Ilustração das várias fontes de erro na solução do problema de regressão

Infelizmente, constatamos que em uma rede neural que aprende por exemplos utilizando para isso uma amostra de treinamento de tamanho fixo, o preço para se obter um bias pequeno é uma variância grande. Para uma rede neural única, somente quando o tamanho da amostra de treinamento se torna infinitamente grande é que podemos esperar eliminar tanto o bias como a variância, ao mesmo tempo. Temos então um *dilema bias/variância*, e a conseqüência é uma convergência excessivamente lenta (German et al., 1992). O dilema bias/variância pode ser evitado se estivermos dispostos a incluir *intencionalmente* um bias, o que então torna possível eliminar a variância ou reduzi-la significativamente. É desnecessário se dizer que devemos assegurar que o bias incluído no projeto da rede seja inofensivo. No contexto de classificação de padrões, por exemplo, dizemos que o bias é "inofensivo" quando ele contribuir significativamente para o erro médio quadrático somente se tentarmos inferir regressões que não estejam na classe prevista. Em geral, o bias deve ser *concebido* para cada aplicação específica de interesse. Um modo prático de se conseguir este objetivo é utilizando uma arquitetura *restrita* de rede, que normalmente tem desempenho melhor do que uma arquitetura de propósito geral. As restrições e portanto o bias podem, por exemplo, assumir a forma de conhecimento prévio incorporado no projeto da rede utilizando (1) *compartilhamento de pesos* onde várias sinapses da rede são controladas por um único peso, e/ou (2) *campos receptivos locais* atribuídos a neurônios individuais da rede, como demonstrado na aplicação de um perceptron de múltiplas camadas no problema do reconhecimento de um caracter óptico (LeCun et al., 1990a). Estas questões de projeto de rede foram discutidas brevemente na Seção 1.7.

2.14 TEORIA ESTATÍSTICA DA APRENDIZAGEM

Nesta seção, continuamos a caracterização estatística das redes neurais descrevendo *uma teoria da aprendizagem* que trata da questão fundamental de como controlar a habilidade de generalização de uma rede neural em termos matemáticos. A discussão é apresentada no contexto da aprendizagem supervisionada.

Um modelo de aprendizagem supervisionada consiste de três componentes interrelacionados, ilustrados na Fig. 2.22 e descritos em termos matemáticos como segue (Vapnik, 1992, 1998):

1. *Ambiente*. O ambiente é estacionário, fornecendo um vetor **x** com uma função de distribuição (de probabilidade) cumulativa fixa, mas desconhecida $F_X(\mathbf{x})$.

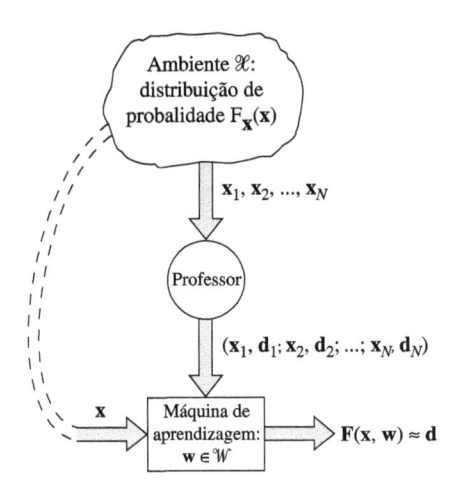

FIGURA 2.22 Modelo do processo de aprendizagem supervisionada

2. *Professor.* O professor fornece uma resposta desejada d para cada vetor de entrada $\mathbf{x}$ recebido do ambiente, de acordo com uma função de distribuição cumulativa condicional $F_{\mathbf{x}}(\mathbf{x}|d)$ que é também fixa mas desconhecida. A resposta desejada d e o vetor de entrada $\mathbf{x}$ estão relacionados por

$$d = f(\mathbf{x}, \nu) \qquad (2.69)$$

onde ν é um termo de ruído, que permite que o professor seja "ruidoso".

3. *Máquina (algoritmo) de aprendizagem.* A máquina de aprendizagem (rede neural) é capaz de implementar um conjunto de funções de mapeamento de entrada-saída descritas por

$$y = F(\mathbf{x}, \mathbf{w}) \qquad (2.70)$$

onde y é a resposta real produzida pela máquina de aprendizagem em resposta à entrada $\mathbf{x}$, e $\mathbf{w}$ é um conjunto de parâmetros livres (pesos sinápticos) selecionados do espaço de parâmetros (pesos) $\mathcal{W}$.

As Equações (2.69) e (2.70) estão escritas em termos dos exemplos utilizados para realizar o treinamento.

O problema da aprendizagem supervisionada é selecionar a função particular $F(\mathbf{x},\mathbf{w})$ que aproxima a resposta desejada d de uma forma ótima, sendo "ótimo" definido em um sentido estatístico. A própria seleção é baseada no conjunto dos N exemplos de treinamento *independentes, identicamente distribuídos (iid)* descritos pela Eq. (2.53) e reproduzidos aqui por conveniência de apresentação:

$$\mathcal{T} = \{(\mathbf{x}_i, d_i)\}_{i=1}^{N}$$

Cada par de exemplos é retirado de $\mathcal{T}$ pela máquina de aprendizagem com uma função de distribuição (de probabilidade) cumulativa conjunta $F_{\mathbf{X},D}(\mathbf{x},d)$, que, como as outras funções de distribuição, é também fixa mas desconhecida. A viabilidade da aprendizagem supervisionada depende desta questão: os exemplos de treinamento $\{(\mathbf{x}_i, d_i)\}$ contêm informação suficiente para construir uma máquina de aprendizagem capaz de ter bom desempenho de generalização? Uma resposta para esta questão fundamental está na utilização de ferramentas desenvolvidas por Vapnik e Chervonenkis (1971). Especificamente, procedemos vendo o problema da aprendizagem supervisionada como um *problema de aproximação*, que envolve encontrar a função $F(\mathbf{x}, \mathbf{w})$ que é a melhor aproximação possível para a função desejada $f(\mathbf{x})$.

Suponha que $L(d, F(\mathbf{x}, \mathbf{w}))$ represente uma medida da *perda* ou *discrepância* entre a resposta desejada d correspondente a um vetor de entrada $\mathbf{x}$ e a resposta real $F(\mathbf{x}, \mathbf{w})$ produzida pela máquina de aprendizagem. Uma definição popular para a perda $L(d, F(\mathbf{x},\mathbf{w}))$ é a *função de perda quadrática* definida como a distância quadrática entre $d = f(\mathbf{x})$ e a aproximação $F(\mathbf{x}, \mathbf{w})$ como mostrado por[12]

$$L(d, F(\mathbf{x}, \mathbf{w})) = (d - F(\mathbf{x}, \mathbf{w}))^2 \qquad (2.71)$$

A distância quadrática da Eq. (2.64) é a extensão de $L(d, F(\mathbf{x},\mathbf{w}))$ para a média de ensemble, com a média sendo realizada sobre todos os pares de exemplos $(\mathbf{x}, d)$.

A maior parte da literatura sobre a teoria estatística da aprendizagem lida com uma perda específica. O ponto forte da teoria estatística da aprendizagem apresentada aqui é que ela *não* depende criticamente da forma da função de perda $L(d, F(\mathbf{x}, \mathbf{w}))$. Mais adiante nesta seção, restringiremos a discussão a uma função de perda específica.

O valor esperado da perda é definido pelo *funcional de risco*

$$R(\mathbf{w}) = \int L(d, F(\mathbf{x},\mathbf{w})) dF_{\mathbf{X},D}(\mathbf{x},d) \qquad (2.72)$$

onde a integral é uma integral múltipla sobre todos os valores possíveis do par de exemplo $(\mathbf{x}, d)$. O objetivo da aprendizagem supervisionada é minimizar o funcional de risco $R(\mathbf{w})$ sobre a classe de funções aproximativas $\{F(\mathbf{x}, \mathbf{w}), \mathbf{w} \in \mathcal{W}\}$. Entretanto, o cálculo do funcional de risco $R(\mathbf{w})$ é complicado porque a função de distribuição cumulativa conjunta $F_{\mathbf{X},D}(\mathbf{x}, d)$ é normalmente desconhecida. Na aprendizagem supervisionada, a única informação disponível está contida no conjunto de treinamento $\mathcal{T}$. Para superar esta dificuldade matemática, utilizamos o princípio indutivo da minimização do risco empírica (Vapnik, 1982). Este princípio se baseia inteiramente na disponibilidade do conjunto de dados de treinamento $\mathcal{T}$, o que o torna perfeitamente adequado à filosofia de projeto de redes neurais.

Algumas Definições Básicas

Antes de prosseguirmos, introduzimos algumas definições básicas que usaremos no material que se segue.

Convergência em probabilidade. Considere uma seqüência de variáveis aleatórias $a_1, a_2,..., a_N$. Dizemos que esta seqüência de variáveis aleatórias *converge em probabilidade* para uma variável a_0, se para qualquer $\delta > 0$ for válida a relação probabilística

$$P(|a_N - a_0| > \delta \xrightarrow{P} 0 \quad \text{quando } N \to \infty \qquad (2.73)$$

Supremo e ínfimo. O supremo de um conjunto não-vazio $\mathcal{A}$ de escalares, representado por $\sup \mathcal{A}$, é definido como o menor escalar x tal que $x \geq y$ para todo $y \in \mathcal{A}$. Se tal escalar não existe, dizemos que o supremo do conjunto não-vazio $\mathcal{A}$ é ∞. Analogamente, o ínfimo do conjunto $\mathcal{A}$, representado por $\inf \mathcal{A}$, é definido como o maior escalar x tal que $x \leq y$ para todo $y \in \mathcal{A}$. Se tal escalar não existe, dizemos que o ínfimo do conjunto não-vazio $\mathcal{A}$ é ∞.

Funcional de risco empírico. Dada a amostra de treinamento $\mathcal{T} = \{(\mathbf{x}_i, d_i)\}_{i=1}^{N}$, o funcional de risco empírico é definido em termos da função de perda $L(d_i, F(\mathbf{x}_i, \mathbf{w}))$ como

$$R_{emp}(\mathbf{w}) = \frac{1}{N} \sum_{i=1}^{N} L(d_i, F(\mathbf{x}_i, \mathbf{w})) \quad (2.74)$$

Consistência Estrita. Considere o conjunto $\mathcal{W}$ de funções $L(d, F(\mathbf{x}, \mathbf{w}))$ cuja distribuição fundamental é definida pela função de distribuição cumulativa conjunta $F_{\mathbf{X},D}(\mathbf{x}, d)$. Suponha que $\mathcal{W}(c)$ seja um subconjunto não-vazio qualquer deste conjunto de funções, tal que

$$\mathcal{W}(c) = \left\{ \mathbf{w} : \int L(d, F(\mathbf{x}, \mathbf{w})) \geq c \right\} \quad (2.75)$$

onde $c \in (-\infty, \infty)$. O funcional de risco empírico é dito ser *estritamente (não trivialmente) consistente* se para qualquer subconjunto $\mathcal{W}(c)$ seja válida a seguinte convergência em probabilidade

$$\inf_{\mathbf{w} \in \mathcal{W}(c)} R_{emp}(\mathbf{w}) \xrightarrow{P} \inf_{\mathbf{w} \in \mathcal{W}(c)} R(\mathbf{w}) \quad \text{quando } N \to \infty \quad (2.76)$$

Com estas definições, podemos retomar a discussão da teoria de aprendizagem estatística de Vapnik.

Princípio da Minimização do Risco Empírico

A idéia básica do princípio da *minimização do risco empírico* é trabalhar com o funcional de risco empírico $R_{emp}(\mathbf{w})$ definido pela Eq. (2.74). Este novo funcional difere do funcional de risco $R(\mathbf{w})$ da Eq. (2.72) em dois aspectos desejáveis:
1. Ele *não* depende de forma explícita da função de distribuição desconhecida $F_{\mathbf{X},D}(\mathbf{x}, d)$.
2. Em teoria, ele pode ser minimizado em relação ao vetor de peso $\mathbf{w}$.

Suponha que $\mathbf{w}_{emp}$ e $F(\mathbf{x}, \mathbf{w}_{emp})$ representem o vetor de peso e o mapeamento correspondente que minimiza o funcional de risco empírico $R_{emp}(\mathbf{w})$ da Eq. (2.74). Analogamente, suponha que $\mathbf{w}_o$ e $F(\mathbf{x}, \mathbf{w}_o)$ representem o vetor de peso e o mapeamento correspondente que minimizam o funcional real de risco $R(\mathbf{w})$ da Eq. 2.72. Tanto $\mathbf{w}_{emp}$ como $\mathbf{w}_o$ pertencem ao espaço de pesos $\mathcal{W}$. O problema que devemos considerar agora são as condições sob as quais o mapeamento aproximado $F(\mathbf{x}, \mathbf{w}_{emp})$ está "próximo" do mapeamento desejado $F(\mathbf{x}, \mathbf{w}_o)$, como medido pelo descasamento entre $R(\mathbf{w}_{emp})$ e $R(\mathbf{w}_o)$.

Para um $\mathbf{w} = \mathbf{w}^*$, o funcional de risco $R(\mathbf{w}^*)$ determina a *esperança matemática* de uma variável aleatória definida por

$$Z_{\mathbf{w}^*} = L(d, F(\mathbf{x}, \mathbf{w}^*)) \quad (2.77)$$

O funcional de risco empírico $R_{emp}(\mathbf{w}^*)$, ao contrário, é a *média (aritmética) empírica* da variável aleatória $Z_{\mathbf{w}^*}$. De acordo com a *lei dos grandes números*, que é um dos principais teoremas da teoria das probabilidades, em casos gerais constatamos que, quando o tamanho N da amostra de treinamento $\mathcal{T}$ é feito infinitamente grande, a média empírica da variável aleatória $Z_{\mathbf{w}^*}$ converge para o seu valor esperado. Esta observação fornece uma justificativa teórica para o uso do funcional de risco empírico $R_{emp}(\mathbf{w})$ no lugar do funcional de risco $R(\mathbf{w})$. Entretanto, apenas porque a média empírica de $Z_{\mathbf{w}^*}$ converge para o seu valor esperado, não há razão para se esperar que o vetor de pesos $\mathbf{w}_{emp}$ que minimiza o funcional de risco empírico $R_{emp}(\mathbf{w})$ também minimize o funcional de risco $R(\mathbf{w})$.

Podemos satisfazer estes requisitos de uma forma aproximada procedendo como descrito a seguir. Se o funcional de risco empírico $R_{emp}(\mathbf{w})$ aproxima o funcional de risco original $R(\mathbf{w})$ *uniformemente* em $\mathbf{w}$ com uma *precisão* ϵ, então o mínimo de $R_{emp}(\mathbf{w})$ se desvia do mínimo de $R(\mathbf{w})$ por um valor que não excede 2ϵ. Formalmente, isto significa que devemos impor uma condição restritiva, tal que para qualquer $\mathbf{w} \in \mathcal{W}$ e $\epsilon > 0$, valha a relação probabilística (Vapnik, 1982)

$$P(\sup_\mathbf{w}|R(\mathbf{w}) - R_{emp}(\mathbf{w})| > \epsilon) \to 0 \quad \text{quando } N \to \infty \tag{2.78}$$

Quando a Eq. (2.78) é satisfeita, dizemos que *ocorre uma convergência uniforme no vetor de peso $\mathbf{w}$ do risco empírico médio, para o seu valor esperado*. De forma equivalente, desde que, para uma precisão predeterminada ϵ qualquer, possamos afirmar que valha a desigualdade

$$P(\sup_\mathbf{w}|R(\mathbf{w}) - R_{emp}(\mathbf{w})| > \epsilon) < \alpha \tag{2.79}$$

para algum $\alpha > 0$, então, como conseqüência, vale a seguinte desigualdade:

$$P(R(\mathbf{w}_{emp}) - R(\mathbf{w}_o) > 2\epsilon) < \alpha \tag{2.80}$$

Em outras palavras, se valer a condição (2.79), então com probabilidade de no mínimo $(1 - \alpha)$, a solução $F(\mathbf{x}, \mathbf{w}_{emp})$ que minimiza o funcional de risco empírico $R_{emp}(\mathbf{w})$ resultará em um risco real $R(\mathbf{w}_{emp})$ que se desvia do verdadeiro risco real mínimo possível $R(\mathbf{w}_o)$ por um valor que não excede 2ϵ. De fato, a condição (2.79) implica que, com probabilidade $(1 - \alpha)$, as duas desigualdades seguintes são satisfeitas simultaneamente (Vapnik, 1982):

$$R(\mathbf{w}_{emp}) - R_{emp}(\mathbf{w}_{emp}) < \epsilon \tag{2.81}$$

$$R_{emp}(\mathbf{w}_o) - R(\mathbf{w}_o) < \epsilon \tag{2.82}$$

Estas duas equações definem as diferenças entre os funcionais de risco real e de risco empírico em $\mathbf{w} = \mathbf{w}_{emp}$ e $\mathbf{w} = \mathbf{w}_o$, respectivamente. Além disso, como $\mathbf{w}_{emp}$ e $\mathbf{w}_o$ são os pontos mínimos de $R_{emp}(\mathbf{w})$ e $R(\mathbf{w})$, respectivamente, segue que

$$R_{emp}(\mathbf{w}_{emp}) \leq R_{emp}(\mathbf{w}_o) \tag{2.83}$$

Somando as desigualdades (2.81) e (2.82) e então utilizando (2.83), podemos escrever a seguinte desigualdade

$$R(\mathbf{w}_{emp}) - R(\mathbf{w}_o) < 2\epsilon \tag{2.84}$$

Além disso, como as desigualdades (2.81) e (2.82) são satisfeitas simultaneamente com probabilidade $(1 - \alpha)$, então a desigualdade (2.84) também o será. Podemos, portanto, afirmar que com probabilidade α vale a desigualdade

$$R(\mathbf{w}_{emp}) - R(\mathbf{w}_o) > 2\epsilon$$

que é uma reformulação de (2.80).

Estamos agora preparados para formalizar o *princípio da minimização do risco empírico* em três partes inter-relacionadas (Vapnik, 1982, 1998):

1. No lugar do risco funcional $R(\mathbf{w})$, construa o funcional de risco empírico

$$R_{emp}(\mathbf{w}) = \frac{1}{N} \sum_{i=1}^{N} L(d_i, F(\mathbf{x}_i, \mathbf{w}))$$

baseado no conjunto de treinamento de exemplos i.i.d

$$(\mathbf{x}_i, d_i), \qquad i = 1, 2, ..., N$$

2. Suponha que $\mathbf{w}_{emp}$ represente o vetor de pesos que minimiza o funcional de risco empírico $R_{emp}(\mathbf{w})$ sobre o espaço de pesos $\mathcal{W}$. Então $R(\mathbf{w}_{emp})$ converge em probabilidade para o mínimo valor possível do risco real $R(\mathbf{w})$, $\mathbf{w} \in \mathcal{W}$, quando o tamanho N da amostra de treinamento é feito infinitamente grande, desde que o funcional de risco empírico $R_{emp}(\mathbf{w})$ convirja uniformemente para o funcional de risco real $R(\mathbf{w})$.
3. A convergência uniforme como definida por

$$P(\sup_{\mathbf{w} \in \mathcal{W}} |R(\mathbf{w}) - R_{emp}(\mathbf{w})| > \epsilon) \to 0 \quad \text{quando } N \to \infty$$

é uma condição necessária e suficiente para a consistência do princípio da minimização do risco empírico.

Para uma interpretação física deste importante princípio, oferecemos a seguinte observação. Antes do treinamento de uma máquina de aprendizagem, todas as funções aproximativas são igualmente prováveis. Na medida em que avança o treinamento da máquina de aprendizagem, aumenta a probabilidade daquelas funções aproximativas $F(\mathbf{x}_i, \mathbf{w})$ que são consistentes com o conjunto de dados de treinamento $\{(\mathbf{x}_i, d_i)\}_{i=1}^{N}$. Quando o tamanho N do conjunto de dados de treinamento cresce e conseqüentemente o espaço de entrada se torna "densamente" povoado, o ponto mínimo do funcional de risco empírico $R_{emp}(\mathbf{w})$ converge em probabilidade para o ponto mínimo do funcional de risco verdadeiro $R(\mathbf{w})$.

Dimensão V-C

A teoria da convergência uniforme do funcional de risco empírico $R_{emp}(\mathbf{w})$ para o funcional de risco real $R(\mathbf{w})$ inclui limites na taxa de convergência, que são baseados em um importante parâmetro denominado a *dimensão Vapnik-Chervonenkis*, ou simplesmente *dimensão V-C*, denominada assim em homenagem a seus criadores, Vapnik e Chervonenkis (1971). A dimensão V-C é uma medida da *capacidade* ou *poder de expressão* da família de funções de classificação realizadas pela máquina de aprendizagem.

Para descrever o conceito da dimensão V-C em uma forma adequada para os nossos propósitos, considere um problema de classificação de padrões binários, para o qual a resposta desejada é escrita como $d \in \{0, 1\}$. Usamos o termo *dicotomia* para nos referirmos a uma função de classificação binária ou regra de decisão. Suponha que $\mathcal{F}$ represente o conjunto de dicotomias implementadas por uma máquina de aprendizagem, ou seja,

$$\mathcal{F} = \{F(\mathbf{x}, \mathbf{w}): \mathbf{w} \in \mathcal{W}, F: \mathbb{R}^m \mathcal{W} \to \{0, 1\}\} \qquad (2.85)$$

Suponha que $\mathcal{L}$ represente o conjunto de N pontos no espaço m-dimensional $\mathcal{X}$ de vetores de entrada, ou seja,

$$\mathcal{L} = \{\mathbf{x}_i \in \mathcal{X}; i = 1, 2,..., N\} \quad (2.86)$$

Uma dicotomia implementada pela máquina de aprendizagem particiona $\mathcal{L}$ em dois subconjuntos disjuntos $\mathcal{L}_0$ e $\mathcal{L}_1$, de tal forma que nós podemos escrever

$$F(\mathbf{x},\mathbf{w}) = \begin{cases} 0 & \text{para } \mathbf{x} \in \mathcal{L}_0 \\ 1 & \text{para } \mathbf{x} \in \mathcal{L}_1 \end{cases} \quad (2.87)$$

Considere que $\Delta_{\mathcal{F}}(\mathcal{L})$ represente o número de dicotomias distintas implementadas pela máquina de aprendizagem, e $\Delta_{\mathcal{F}}(l)$ represente o máximo de $\Delta_{\mathcal{F}}(\mathcal{L})$ sobre todo $\mathcal{L}$ com $|\mathcal{L}| = l$, onde $|\mathcal{L}|$ é o número de elementos de $\mathcal{L}$. Dizemos que $\mathcal{L}$ é *particionado* por $\mathcal{F}$ se $\Delta_{\mathcal{F}}(\mathcal{L}) = 2^{|\mathcal{L}|}$, isto é, se todas as dicotomias possíveis de $\mathcal{L}$ puderem ser induzidas por funções em $\mathcal{F}$. Referimo-nos a $\Delta_{\mathcal{F}}(l)$ como a *função de crescimento*.

Exemplo 2.1

A Figura 2.23 ilustra um espaço de entrada bidimensional $\mathcal{X}$ consistindo de quatro pontos $\mathbf{x}_1$, $\mathbf{x}_2$, $\mathbf{x}_3$ e $\mathbf{x}_4$. As fronteiras de decisão das funções F_0 e F_1, indicadas na figura, correspondem às classes (hipóteses) 0 e 1 sendo verdadeiras, respectivamente. Da Fig. 2.23 vemos que a função F_0 induz a dicotomia

$$\mathcal{D}_0 = \{\mathcal{S}_0 = \{\mathbf{x}_1, \mathbf{x}_2, \mathbf{x}_4\}, \mathcal{S}_1 = \{\mathbf{x}_3\}\}$$

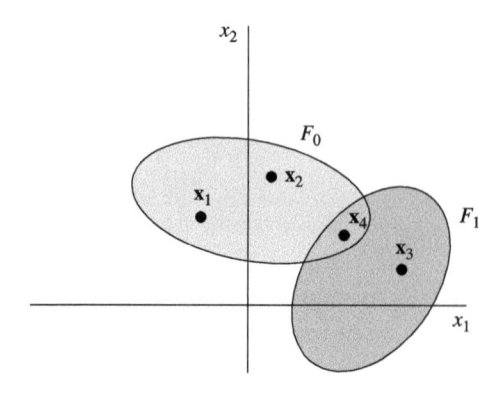

FIGURA 2.23 Diagrama para o Exemplo 2.1

Por outro lado, a função F_1 induz a dicotomia

$$\mathcal{D}_1 = \{\mathcal{S}_0 = \{\mathbf{x}_1, \mathbf{x}_2\}, \mathcal{S}_1 = \{\mathbf{x}_3, \mathbf{x}_4\}\}$$

Com o conjunto $\mathcal{L}$ consistindo de quatro pontos, a cardinalidade $|\mathcal{S}| = 4$. Assim,

$$\Delta_{\mathcal{F}}(\mathcal{S}) = 2^4 = 16$$

■

Retornando à discussão geral delineada pelo ensemble $\mathcal{F}$ de dicotomias na Eq. (2.85) e o conjunto correspondente de pontos $\mathcal{L}$ na Eq. (2.86), podemos agora definir formalmente a dimensão V-C como (Vapnik e Chervonenkis, 1971; Kearns e Vazirani, 1994; Vidyasagar, 1997; Vapnik, 1998)

> A dimensão VC de um conjunto de dicotomias $\mathcal{F}$ é a cardinalidade do maior conjunto $\mathcal{L}$ particionado por $\mathcal{F}$.

Em outras palavras, a dimensão V-C de $\mathcal{F}$, escrita como VCdim($\mathcal{F}$), é o maior N tal que $\Delta_{\mathcal{F}}(N) = 2^N$. Dito em termos mais familiares, a dimensão V-C do conjunto de funções de classificação $\{F(\mathbf{x}, \mathbf{w}): \mathbf{w} \in \mathcal{W}\}$ é o número máximo de exemplos de treinamento que podem ser aprendidos pela máquina sem erro, para todas as rotulações possíveis das funções de classificação.

Exemplo 2.2

Considere uma regra de decisão simples em um espaço m-dimensional $\mathcal{H}$ de vetores de entrada, que é descrito por

$$\mathcal{F}: y = \varphi(\mathbf{w}^T \mathbf{x} + b) \tag{2.88}$$

onde $\mathbf{x}$ é um vetor de pesos m-dimensional e b é um bias. A função da ativação φ é uma função de limiar; isto é,

$$\varphi(v) = \begin{cases} 1, & v \geq 0 \\ 0, & v < 0 \end{cases}$$

A dimensão V-C da regra de decisão na Eq. (2.88) é dada por

$$\text{VCdim}(\mathcal{F}) = m + 1 \tag{2.89}$$

Para demonstrar este resultado, considere as situações descritas na Fig. 2.24 relativas a um espaço de entrada bidimensional (i.e., $m = 2$). Na Fig. 2.24a, temos três pontos $\mathbf{x}_1$, $\mathbf{x}_2$ e $\mathbf{x}_3$. Três diferentes possibilidades de rotulação destes pontos estão incluídas na Fig. 2.24a, da qual vemos facilmente que um máximo de três linhas podem separar estes pontos. Na Fig. 2.24b, temos os pontos $\mathbf{x}_1$, $\mathbf{x}_2$, $\mathbf{x}_3$ e $\mathbf{x}_4$, com os pontos $\mathbf{x}_2$ e $\mathbf{x}_3$ rotulados como 0 e os pontos $\mathbf{x}_1$ e $\mathbf{x}_4$ rotulados como 1. Desta vez, entretanto, vemos que os pontos $\mathbf{x}_1$ e $\mathbf{x}_4$ não podem ser

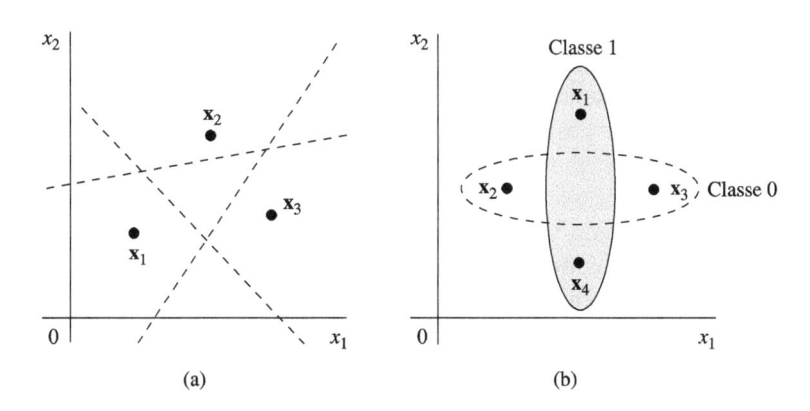

FIGURA 2.24 Um par de distribuições de dados bidimensionais para o exemplo 2.2

separados de x_2 e x_3 por uma linha. A dimensão V-C da regra de decisão descrita na Eq. (2.88) com $m = 2$ é portanto 3, o que está de acordo com a fórmula da Eq. (2.89).

■

Exemplo 2.3

Como a dimensão V-C fornece uma medida da capacidade de um conjunto de funções (indicadoras) de classificação, podemos ser levados a esperar que uma máquina de aprendizagem com muitos parâmetros livres teria uma alta dimensão V-C, enquanto que uma máquina de aprendizagem com poucos parâmetros livres teria uma dimensão V-C baixa. Agora apresentamos um contra-exemplo[13] para esta afirmação.

Considere a família de funções indicadoras de um único parâmetro, definida por

$$f(x, a) = \text{sinal}(\text{sen}(ax)), \quad a \in \mathbb{R}$$

onde sinal($\cdot$) é a função sinal. Suponha que escolhemos um número qualquer N e o objetivo seja encontrar N pontos que possam ser separados. Esta exigência é satisfeita pelo conjunto de funções $f(x, a)$ escolhendo-se

$$x_i = 10^{-i}, \quad i = 1, 2, ..., N$$

Para separar estes pontos de dados em duas classes determinadas pela seqüência

$$d_1, d_2, ..., d_N, \quad d_i \in \{-1, 1\}$$

é suficiente que o parâmetro a seja escolhido de acordo com a fórmula:

$$a = \pi\left(1 + \sum_{i=1}^{N} \frac{(1-d_i)10^i}{2}\right)$$

Concluímos, assim, que a dimensão V-C da família de funções indicadoras $f(x, a)$ com um único parâmetro livre a é infinita.

■

Importância da dimensão V-C e da sua Estimação

A dimensão V-C é um *conceito puramente combinatório* que não tem conexão com a noção geométrica de dimensão. Ela desempenha um papel central na teoria de aprendizagem estatística como será mostrado no material apresentado nas próximas duas subseções. A dimensão V-C é também importante do ponto de vista de projeto. Grosso modo, o número de exemplos necessários para se aprender de maneira confiável uma classe de interesse é proporcional à dimensão V-C daquela classe. Conseqüentemente, uma estimativa da dimensão V-C é de fundamental importância.

Em alguns casos, a dimensão V-C é determinada pelos parâmetros livres de uma rede neural. Na maioria dos casos práticos, entretanto, é difícil calcular a dimensão V-C por meios analíticos. Apesar disso, os *limites* da dimensão V-C de redes neurais são freqüentemente *tratáveis*. Neste contexto, os dois resultados seguintes são de especial interesse[14]:

1. *Suponha que $\mathcal{N}$ represente uma rede alimentada adiante arbitrária constituída de neurônios com uma função de ativação de limiar (Heaviside):*

$$\varphi(v) = \begin{cases} 1, & v \geq 0 \\ 0, & v < 0 \end{cases}$$

A dimensão VC de $\mathcal{N}$ é $O(W\log W)$ onde W é o número total de parâmetros livres da rede.

Este primeiro resultado se deve a Cover (1968) e Baum e Haussler (1989).

2. *Suponha que $\mathcal{N}$ represente uma rede de múltiplas camadas alimentada adiante cujos neurônios utilizam uma função de ativação sigmóide*

$$\varphi(v) = \frac{1}{1 + \exp(-v)}$$

A dimensão VC de $\mathcal{N}$ é $O(W^2)$, onde W é o número total de parâmetros livres da rede.

Este segundo resultado se deve a Koiran e Sontag (1996). Eles chegaram a este resultado primeiro mostrando que as redes que consistem de dois tipos de neurônios, um linear e o outro utilizando uma função de ativação de limiar, já têm uma dimensão V-C proporcional a W^2. Este resultado é surpreendente, pois uma rede puramente linear tem uma dimensão V-C proporcional a W como mostrado no Exemplo 2.2, enquanto que uma rede neural puramente de limiar tem uma dimensão V-C proporcional a $W\log W$ em virtude do resultado 1. O resultado desejado relativo à rede neural sigmóide é então obtido invocando-se duas aproximações. Primeiro, os neurônios com funções de ativação de limiar são aproximados pelos neurônios sigmóides com pesos sinápticos grandes. Segundo, os neurônios lineares são aproximados por neurônios sigmóides com pesos sinápticos pequenos.

O ponto importante a notar aqui é que as redes de múltiplas camadas alimentadas adiante tem uma dimensão V-C *finita*.

Limites Construtivos Independentes de Distribuição para a Habilidade de Generalização de Máquinas de Aprendizagem

Neste ponto da discussão, achamos instrutivo considerar o caso específico da classificação de padrões binários, para o qual a resposta desejada é definida por $d \in \{0, 1\}$. De uma forma correspondente, a função de perda tem apenas dois valores possíveis como mostrado por

$$L(d, F(\mathbf{x}, \mathbf{w})) = \begin{cases} 0 & \text{se } F(\mathbf{x}, \mathbf{w}) = d \\ 1 & \text{caso contrário} \end{cases} \quad (2.90)$$

Sob estas condições, o funcional de risco $R(\mathbf{w})$ e o funcional de risco empírico $R_{emp}(\mathbf{w})$ definidos pelas Eqs. (2.72) e (2.74), respectivamente, assumem as seguintes interpretações:

- O funcional de risco $R(\mathbf{w})$ é a *probabilidade de erro de classificação* (i.e., a taxa de erro), representada por $P(\mathbf{w})$.
- O funcional de risco empírico $R_{emp}(\mathbf{w})$ é o *erro de treinamento* (i.e., a freqüência de erros feitos durante a sessão de treinamento), representado por $v(\mathbf{w})$.

Agora, de acordo com a *lei dos grandes números* (Gray e Davisson, 1986), a freqüência empírica de ocorrência de um evento converge quase certamente para a probabilidade real daquele evento quando o número de tentativas (supostamente independentes e identicamente distribuídas) é feito infinitamente grande. No contexto desta discussão, este resultado significa que para qualquer vetor de peso **w**, que não dependa do conjunto de treinamento, e para uma precisão $\epsilon > 0$, vale a seguinte condição (Vapnik, 1982):

$$P(|P(\mathbf{w}) - v(\mathbf{w})| > \epsilon) \to 0 \quad \text{quando } N \to \infty \tag{2.91}$$

onde N é o tamanho do conjunto de treinamento. Note, entretanto, que a condição (2.91) não implica que a regra de classificação (i.e., um vetor de peso particular **w**) que minimiza o erro de treinamento $v(\mathbf{w})$ também minimize a probabilidade de erro de classificação $P(\mathbf{w})$. Para um conjunto de treinamento de tamanho N suficientemente grande, a proximidade entre $v(\mathbf{w})$ e $P(\mathbf{w})$ é conseqüência de uma condição mais forte, que estipula que vale a seguinte condição para qualquer $\epsilon > 0$ (Vapnik, 1982):

$$P(\sup_{\mathbf{w}}|P(\mathbf{w}) - v(\mathbf{w})| > \epsilon) \to 0 \quad \text{quando } N \to \infty \tag{2.92}$$

Neste caso, falamos de *convergência uniforme da freqüência de erros de treinamento para a probabilidade* que $v(\mathbf{w}) = P(\mathbf{w})$.

A noção de dimensão V-C fornece um limite para a taxa de convergência uniforme. Especificamente, para o conjunto de funções de classificação com dimensão V-C h, vale a seguinte desigualdade (Vapnik, 1982, 1998):

$$P(\sup_{\mathbf{w}}|P(\mathbf{w}) - v(\mathbf{w})| > \epsilon) < \left(\frac{2eN}{h}\right)^h \exp(-\epsilon^2 N) \tag{2.93}$$

onde N é o tamanho da amostra de treinamento e e é a base do logaritmo natural. Queremos tornar o lado direito da desigualdade (2.93) pequeno para N grande de modo a obter convergência uniforme. O fator $\exp(-\epsilon^2 N)$ é útil neste sentido, pois ele decai exponencialmente com o aumento de N. O fator restante $(2eN/h)^h$ representa um *limite* para a função de crescimento $\Delta_{\mathcal{F}}(l)$ para a família de funções $\mathcal{F} = \{F(\mathbf{x}, \mathbf{w}): \mathbf{w} \in \mathcal{W}\}$ para $l \geq h \geq 1$ como obtido pelo *lema de Sauer*.[15] Desde que esta função *não* cresça rápido demais, o lado direito irá a zero quando N vai a infinito; esta exigência é satisfeita se a dimensão VC h for finita. Em outras palavras, uma dimensão V-C finita é uma condição necessária e suficiente para a convergência uniforme do princípio da minimização do risco empírico. Se o espaço de entrada $\mathcal{X}$ tiver cardinalidade finita, qualquer família de dicotomias $\mathcal{F}$ terá dimensão VC finita em relação a $\mathcal{X}$, embora o inverso não seja necessariamente verdadeiro.

Suponha que α represente a probabilidade de ocorrência do evento

$$\sup_{\mathbf{w}}|P(\mathbf{w}) - v(\mathbf{w})| \geq e$$

Então, com probabilidade $1 - \alpha$, podemos afirmar que, para todos os vetores de pesos $\mathbf{w} \in \mathcal{W}$, vale a seguinte desigualdade:

$$P(\mathbf{w}) < v(\mathbf{w}) + \epsilon \tag{2.94}$$

Utilizando o limite descrito pela Eq. (2.93) e a definição para a probabilidade α, devemos então fixar

$$\alpha = \left(\frac{2eN}{h}\right)^h \exp(-\epsilon^2 N) \tag{2.95}$$

Suponha que $\epsilon_0(N, h, \alpha)$ represente o valor especial de ϵ que satisfaz a Eq. (2.95). Dessa forma, facilmente obtemos o seguinte resultado importante (Vapnik, 1992):

$$\epsilon_0(N,h,\alpha) = \sqrt{\frac{h}{N}\left[\log\left(\frac{2N}{h}\right)+1\right] - \frac{1}{N}\log\alpha} \tag{2.96}$$

Referimo-nos a $\epsilon_0(N, h, \alpha)$ como um *intervalo de crença*, cujo valor depende do tamanho N da amostra de treinamento, da dimensão V-C h e da probabilidade α.

O limite descrito em (2.93) com $\epsilon = \epsilon_0(N, h, \alpha)$ é alcançado no pior caso $P(\mathbf{w}) = \frac{1}{2}$, mas não, infelizmente, para $P(\mathbf{w})$ pequeno, que na prática é o caso de interesse. Para $P(\mathbf{w})$ pequeno, um limite mais útil é obtido considerando-se uma modificação da desigualdade (2.93) como segue (Vapnik, 1982, 1998):

$$P\left(\sup_{w} \frac{|P(\mathbf{w}) - v(\mathbf{w})|}{\sqrt{P(\mathbf{w})}} > \epsilon\right) < \left(\frac{2eN}{h}\right)^h \exp\left(-\frac{\epsilon^2 N}{4}\right) \tag{2.97}$$

Na literatura, são reportados diferentes resultados para o limite em (2.97), dependendo de qual forma particular de desigualdade é utilizada para a sua derivação. Apesar disso, todos eles têm uma forma similar. De (2.97) segue que com probabilidade $1 - \alpha$ e simultaneamente para todo $\mathbf{w} \in \mathcal{W}$ (Vapnik, 1992, 1998),

$$P(\mathbf{w}) \leq v(\mathbf{w}) + \epsilon_1(N, h, \alpha, v) \tag{2.98}$$

onde $\epsilon_1(N, h, \alpha, v)$ é um novo intervalo de crença definido como segue, em termos do intervalo de crença anterior, $\epsilon_0(N, h, \alpha)$ (veja o Problema 2.25):

$$\epsilon_1(N,h,\alpha,v) = 2\epsilon_0^2(N,h,\alpha)\left(1 + \sqrt{1 + \frac{v(\mathbf{w})}{\epsilon_0^2(N,h,\alpha)}}\right) \tag{2.99}$$

Este segundo intervalo de crença depende do erro de treinamento $v(\mathbf{w})$. Para $v(\mathbf{w}) = 0$ ele se reduz à forma especial

$$\epsilon_1(N,h,\alpha,0) = 4\epsilon_0^2(N,h,\alpha) \tag{2.100}$$

Podemos agora resumir os dois limites que derivamos para a taxa de convergência uniforme:

1. Em geral, temos o seguinte limite para a taxa de convergência uniforme:

$$P(\mathbf{w}) \leq v(\mathbf{w}) + \epsilon_1(N, h, \alpha, v)$$

onde $\epsilon_1(N, h, \alpha, v)$ é definido como na Eq. (2.99).
2. Para um pequeno erro de treinamento $v(\mathbf{w})$ próximo a zero, temos

$$P(\mathbf{w}) \lesssim v(\mathbf{w}) + 4\epsilon_0^2(N,h,\alpha)$$

que fornece um limite razoavelmente preciso para o caso real de aprendizagem.
3. Para um erro de treinamento $v(\mathbf{w})$ grande próximo à unidade, temos o limite

$$P(\mathbf{w}) \leq v(\mathbf{w}) + \epsilon_0(N, h, \alpha)$$

Minimização Estrutural de Risco

O *erro de treinamento* é a freqüência de erros cometidos por uma máquina de aprendizagem com um vetor de peso $\mathbf{w}$ durante a sessão de treinamento. Analogamente, o *erro de generalização* é definido como a freqüência de erros cometidos pela máquina quando é testada com exemplos não vistos anteriormente. Assume-se aqui que os dados de teste são retirados da mesma população de onde foram retirados os dados de treinamento. Considere que estes dois erros são representados por $v_{treino}(\mathbf{w})$ e $v_{gene}(\mathbf{w})$, respectivamente. Note que $v_{treino}(\mathbf{w})$ é o *mesmo* que $v(\mathbf{w})$ utilizado na subseção anterior; usamos $v(\mathbf{w})$ aqui para simplificar a notação. Seja h a dimensão V-C de uma família de funções de classificação $\{F(\mathbf{x}, \mathbf{w}): \mathbf{w} \in \mathcal{W}\}$ em relação ao espaço de entrada $\mathcal{H}$. Então, levando em consideração a teoria sobre a taxa de convergência uniforme, podemos afirmar que com probabilidade $1 - \alpha$ para um número de exemplos de treinamento $N > h$ e simultaneamente para todas as funções de classificação $F(\mathbf{x}, \mathbf{w})$, o erro de generalização $v_{gene}(\mathbf{w})$ é menor que um *risco garantido* definido pela soma de um par de termos antagônicos (Vapnik, 1992, 1998)

$$v_{garant}(\mathbf{w}) = v_{treino}(\mathbf{w}) + \epsilon_1(N, h, \alpha, v_{treino}) \tag{2.101}$$

onde o intervalo de crença $\epsilon_1(N, h, \alpha, v_{treino})$ é definido pela Eq. (2.99). Para um número fixo N de exemplos de treinamento, o erro de treinamento decresce monotonamente com o aumento da capacidade ou da dimensão V-C h, enquanto que o intervalo de crença aumenta monotonamente. Conseqüentemente, tanto o risco garantido como o erro de generalização passam por um mínimo. Estas tendências são ilustradas de modo genérico na Fig. 2.25. Antes de alcançar o ponto mínimo, o problema de aprendizagem é *superdeterminado*, significando que a capacidade da máquina h é pequena demais para a quantidade de detalhes de treinamento. Além do ponto mínimo, o problema de aprendizagem é *subdeterminado* porque a capacidade da máquina é grande demais para a quantidade de dados de treinamento.

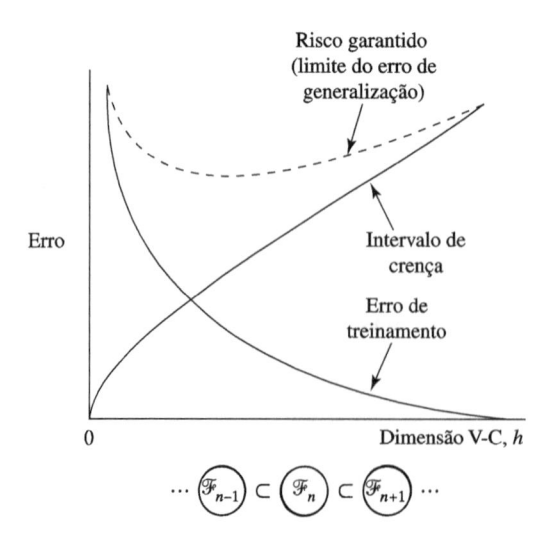

FIGURA 2.25 Ilustração da relação entre erro de treinamento, intervalo de crença e risco garantido

O desafio ao se resolver um problema de aprendizagem supervisionada é, portanto, realizar o melhor desempenho de generalização adequando-se a capacidade da máquina com a quantidade disponível de dados de treinamento para o problema em questão. O *método de minimização estrutural de risco* fornece um procedimento indutivo para alcançar este objetivo tornando a dimensão V-C da máquina de aprendizagem em uma variável de *controle* (Vapnik, 1992, 1998). Para sermos mais específicos, considere um conjunto de classificadores de padrões $\{F(\mathbf{x}, \mathbf{w}): \mathbf{w} \in \mathcal{W}\}$ e defina uma estrutura aninhada de n destas máquinas

$$\mathcal{F}_k = \{F(\mathbf{x}, \mathbf{w}): \mathbf{w} \in \mathcal{W}_k\}, \quad k = 1, 2, ..., n \tag{2.102}$$

tal que tenhamos (veja a Fig. 2.25)

$$\mathcal{F}_1 \subset \mathcal{F}_2 \subset \cdots \subset \mathcal{F}_n \tag{2.103}$$

onde o símbolo $\subset$ significa "está contido em". Correspondentemente, as dimensões V-C dos classificadores de padrões individuais satisfazem a condição

$$h_1 \leq h_2 \leq \cdots \leq h_n \tag{2.104}$$

o que implica que a dimensão V-C de cada classificador de padrões é finita. Então, o método de minimização estrutural de risco pode proceder como segue:

- O risco empírico (i.e., o erro de treinamento) para cada classificador da padrões é minimizado.
- O classificador de padrões $\mathcal{F}^*$ com o menor risco garantido é identificado; esta máquina particular fornece o melhor compromisso entre erro de treinamento (i.e., a qualidade de aproximação dos dados de treinamento) e o intervalo de crença (i.e., a complexidade da função aproximativa) que competem entre si.

O nosso objetivo é encontrar uma estrutura de rede tal que o decréscimo da dimensão V-C ocorra às custas do menor aumento possível no erro de treinamento.

O princípio da minimização estrutural de risco pode ser implementado de várias formas. Podemos variar a dimensão V-C h, por exemplo, variando o número de neurônios ocultos. Especificamente, avaliamos um ensemble de redes de múltiplas camadas totalmente conectadas para frente, nas quais o número de neurônios em uma das camadas ocultas é incrementado monotonamente. O princípio da minimização estrutural de risco afirma que a melhor rede deste conjunto é aquela para a qual o risco garantido é o mínimo.

A dimensão V-C não é apenas central para o princípio da minimização estrutural do risco, mas também para um modelo igualmente poderoso, chamado de provavelmente aproximadamente correto (PAC). Este modelo, discutido na próxima seção, completa a última parte deste capítulo que trata dos aspectos probabilísticos e estatísticos da aprendizagem.

2.15 MODELO DE APRENDIZAGEM PROVAVELMENTE APROXIMADAMENTE CORRETO

O modelo de aprendizagem *provavelmente aproximadamente correto (PAC)* é creditado a Valiant (1984). Como o nome implica, o modelo PAC é uma estrutura probabilística para o estudo de aprendizagem e generalização em sistemas de classificação binária. Ele está intimamente relacionado à aprendizagem supervisionada.

Começamos com um ambiente $\mathcal{X}$. Um conjunto de $\mathcal{X}$ é chamado de um *conceito* e um conjunto de subconjuntos de $\mathcal{X}$ é chamado de uma *classe de conceitos*. Um *exemplo* de um conceito é um objeto do domínio de interesse, juntamente com um rótulo de classe. Se o exemplo for um membro do conceito, referimo-nos a ele como um *exemplo positivo*; se o objeto *não* for um membro do conceito, referimo-nos a ele como um *exemplo negativo*. Um conceito para o qual são fornecidos exemplos é chamado de um *conceito alvo*. Podemos adquirir uma seqüência de dados de treinamento de comprimento N para um conceito alvo c como mostrado por

$$\mathcal{T} = \{(\mathbf{x}_i, c(\mathbf{x}_i)\}_{i=1}^{N} \tag{2.105}$$

a qual pode conter exemplos repetidos. Os exemplos $\mathbf{x}_1, \mathbf{x}_2, ..., \mathbf{x}_N$ são retirados aleatoriamente do ambiente $\mathcal{X}$, de acordo com uma distribuição de probabilidade fixa mas desconhecida. Os seguintes pontos são também dignos de nota na Eq. (2.105):

- O conceito-alvo $c(\mathbf{x}_i)$ é tratado como uma função de $\mathcal{X}$ para $\{0, 1\}$. Além disso, assume-se que $c(\mathbf{x}_i)$ seja desconhecido.
- Normalmente, assume-se que os exemplos sejam estatisticamente independentes, o que significa que a densidade de probabilidade conjunta de quaisquer dois exemplos, digamos, $\mathbf{x}_i$ e $\mathbf{x}_j$, é igual ao produto de suas funções de densidade de probabilidade individuais.

No contexto de nossa terminologia precedente, o ambiente $\mathcal{X}$ pode ser identificado como o espaço de entrada de uma rede neural e o conceito-alvo pode ser identificado como a resposta desejada da rede.

O conjunto de conceitos derivados do ambiente $\mathcal{X}$ é denominado *espaço de conceitos* $\mathcal{C}$. O espaço de conceitos pode conter, por exemplo, "a letra A", "a letra B" e assim por diante. Cada um desses conceitos pode ser codificado diferentemente para gerar um conjunto de exemplos positivos e um conjunto de exemplos negativos. Na estrutura de aprendizagem supervisionada, contudo, temos um outro conjunto de conceitos. Uma máquina de aprendizagem tipicamente representa um conjunto de funções, com cada função correspondendo a um estado específico. Por exemplo, a máquina pode ser projetada para reconhecer "a letra A", "a letra B" e assim por diante. O conjunto de todas as funções (i.e., conceitos) determinados pela máquina de aprendizagem é denominado *espaço de hipóteses* $\mathcal{G}$. O espaço de hipóteses pode ou não ser igual ao espaço de conceitos. De certa forma, as noções de espaço de conceitos e espaço de hipóteses são análogas à função $f(\mathbf{x})$ e à função aproximativa $F(\mathbf{x}, \mathbf{w})$, respectivamente, que foram utilizadas na seção anterior.

Suponha então que nos é dado um conceito-alvo $c(\mathbf{x}) \in \mathcal{C}$, que assume apenas o valor 0 ou 1. Desejamos aprender este conceito por meio de uma rede neural, treinando-a com o conjunto de dados $\mathcal{T}$ definido pela Eq. (2.105). Suponha que $g(\mathbf{x}) \in \mathcal{G}$ represente a hipótese correspondente ao mapeamento de entrada-saída que resulta do seu treinamento. Uma forma de avaliar o sucesso do processo de aprendizagem é medindo-se o quão perto a hipótese $g(\mathbf{x})$ está do conceito-alvo $c(\mathbf{x})$. Naturalmente serão cometidos erros, fazendo-se $g(\mathbf{x}) \neq c(\mathbf{x})$. A razão para a ocorrência de erros é que estamos tentando aprender uma função com base em informação limitada disponível sobre aquela função. A probabilidade de erro de treinamento é definida por

$$v_{\text{treino}} = P(\mathbf{x} \in \mathcal{X}: g(\mathbf{x}) \neq c(\mathbf{x})) \tag{2.106}$$

A distribuição de probabilidade nesta equação deve ser a mesma que é responsável pela geração dos exemplos. O objetivo da aprendizagem PAC é assegurar que v_{treino} seja *normalmente pequeno*. O domínio que está disponível para o algoritmo de aprendizagem é controlado pelo tamanho N da amostra de treinamento $\mathcal{T}$. Adicionalmente, fornece-se ao algoritmo de aprendizagem dois parâmetros de controle:

- *Parâmetro de erro* $\epsilon \in (0,1]$. Este parâmetro especifica o erro permitido em uma boa aproximação do conceito-alvo $c(\mathbf{x})$ pela hipótese $g(\mathbf{x})$.
- *Parâmetro de crença* $\delta \in (0,1]$. Este segundo parâmetro controla a probabilidade de se construir uma boa aproximação.

Podemos assim visualizar o modelo de aprendizagem PAC como representado na Fig. 2.26.

Com esta fundamentação, podemos agora formalmente formular o modelo de aprendizagem PAC (Valiant, 1984; Kearns e Vazirani, 1994; Vidyasagar, 1997):

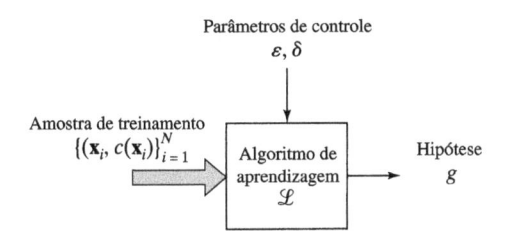

FIGURA 2.26 Diagrama em bloco ilustrando o modelo de aprendizagem PAC

Considere que $\mathcal{C}$ seja uma classe de conceitos sobre o ambiente $\mathcal{X}$. Diz-se que a classe de conceitos $\mathcal{C}$ pode ser aprendida por PAC se existir um algoritmo $\mathcal{L}$ com a seguinte propriedade: para todo conceito-alvo $c \in \mathcal{C}$, para toda distribuição de probabilidade em $\mathcal{X}$ e para todo $0 < \epsilon < 1/2$ e $0 < \delta < 1/2$, se for fornecido ao algoritmo de aprendizagem $\mathcal{L}$ o conjunto de exemplos de treinamento $\mathcal{T} = \{(\mathbf{x}_i, c(\mathbf{x}_i))\}_{i=1}^{N}$ e os parâmetros ϵ e δ, então, com probabilidade de no mínimo $1 - \alpha$, o algoritmo de aprendizagem $\mathcal{L}$ produzirá uma hipótese g com erro $v_{treino} \leq \epsilon$. Esta probabilidade engloba os exemplos aleatórios retirados do conjunto $\mathcal{T}$ e qualquer aleatoriedade interna que possa existir no algoritmo de aprendizagem $\mathcal{L}$. O tamanho da amostra N deve ser maior que uma função de δ e ϵ.

Em outras palavras, desde que o tamanho N da amostra de treinamento $\mathcal{T}$ seja suficientemente grande, após a rede neural ter sido treinada com aquele conjunto de dados, é "provável" que o mapeamento de entrada-saída calculado pela rede seja "aproximadamente correto". Note que, embora haja uma dependência em δ e ϵ, o número de exemplos, N, não é necessariamente dependente do conceito-alvo c ou da distribuição de probabilidade relativa a $\mathcal{X}$.

Complexidade da Amostra

Na teoria de aprendizagem PAC, uma questão de particular interesse com implicações práticas é a questão da *complexidade da amostra*. O enfoque nesta questão está sobre quantos exemplos aleatórios devem ser apresentados ao algoritmo de aprendizagem para que ele adquira informação suficiente para aprender um conceito-alvo desconhecido c escolhido da classe de conceitos $\mathcal{C}$. Ou ainda, quão grande deve ser o tamanho N do conjunto de treinamento $\mathcal{T}$?

A questão da complexidade da amostra está intimamente ligada à dimensão V-C. Entretanto, antes de prosseguirmos sobre esta questão, precisamos definir a noção de um conceito consistente. Seja $\mathcal{T} = \{(\mathbf{x}_i, d_i)\}_{i=1}^{N}$ um conjunto qualquer de exemplos rotulados, onde cada $\mathbf{x}_i \in \mathcal{X}$ e cada $d_i \in (0, 1)$. Seja c um conceito alvo sobre o ambiente $\mathcal{X}$. Então, dizemos que o conceito c é *consistente* com o conjunto de treinamento $\mathcal{T}$ (ou, de forma equivalente, $\mathcal{T}$ é consistente com c) se para todo $1 \le i \le N$ tivermos $c(\mathbf{x}_i) = d_i$ (Kearns e Vazarini, 1994). Por outro lado, contanto que a aprendizagem PAC seja considerada, *não* é o tamanho do conjunto de funções de entrada-saída calculável por uma rede neural que é crucial, mas sim a dimensão V-C da rede. Mais exatamente, podemos formular um resultado fundamental, em duas partes (Blumer e al., 1989; Anthony e Biggs, 1992; Vidyasagar, 1997):

> Considere uma rede neural com uma dimensão V-C finita $h \ge 1$.
> 1. Qualquer algoritmo de aprendizagem consistente para aquela rede neural é um algoritmo de aprendizagem PAC.
> 2. Existe uma constante K tal que um tamanho suficiente do conjunto de treinamento $\mathcal{T}$ para qualquer algoritmo deste tipo é calculado por
>
> $$N = \frac{K}{\epsilon}\left(h\log\left(\frac{1}{\epsilon}\right) + \log\left(\frac{1}{\delta}\right)\right) \qquad (2.107)$$
>
> onde ϵ é o parâmetro de erro e δ é o parâmetro de crença.

A generalidade deste resultado é impressionante: é aplicável a um processo de aprendizagem supervisionada independentemente do tipo de algoritmo de aprendizagem utilizado e da distribuição de probabilidade responsável pela geração dos exemplos rotulados. É a grande generalidade deste resultado que o tornou um tema de intenso interesse científico na literatura de redes neurais. A comparação de resultados previstos para limites de medidas baseadas na dimensão V-C com resultados experimentais revelam uma grande discrepância numérica.[16] De certo modo, isto não deveria surpreender, pois a discrepância é apenas um reflexo da natureza *independente de distribuição* e *pior caso* das medidas teóricas e, em *média*, sempre podemos obter melhores resultados.

Complexidade Computacional

Uma outra questão de interesse primordial na aprendizagem PAC é a complexidade computacional. Esta questão se refere à eficiência computacional de um algoritmo de aprendizagem. Mais precisamente, a *complexidade computacional* lida com o pior caso de "tempo de processamento" necessário para treinar uma rede neural (máquina de aprendizagem), dado um conjunto de exemplos rotulados de tamanho finito N.

Em uma situação prática, o tempo de processamento de um algoritmo depende naturalmente da velocidade com a qual os cálculos envolvidos são realizados. De uma perspectiva teórica, entretanto, a intenção é obter uma definição de tempo de processamento que seja independente do dispositivo utilizado para realizar os cálculos. Tendo em mente esta consideração, o tempo de processamento, e conseqüentemente a complexidade computacional, é medido normalmente em termos do número de operações (adições, multiplicações e armazenamentos) necessárias para realizar a computação.

Estimando a complexidade computacional de um algoritmo de aprendizagem, queremos saber como ela varia com o tamanho m do exemplo (i.e., o tamanho da camada de entrada da rede neural treinada). Para que, neste contexto, o algoritmo seja *eficiente* do ponto de vista computacional, o tempo de processamento deve ser $O(m^r)$ para um inteiro fixo $r \geq 1$. Neste caso, diz-se que o tempo de processamento cresce de forma polinomial com m, e o próprio algoritmo é denominado *algoritmo de tempo polinomial*. Tarefas de aprendizagem realizadas por um algoritmo de tempo polinomial são normalmente consideradas "fáceis" (Anthony e Biggs, 1992).

O outro parâmetro que requer atenção é o parâmetro de erro ϵ. Enquanto que, no caso da complexidade da amostra, o parâmetro ϵ é fixo mas arbitrário, para estimar a complexidade computacional de um algoritmo de aprendizagem queremos saber como ela varia com ϵ. Intuitivamente, esperamos que quando ϵ é reduzido, a tarefa de aprendizagem estudada se torne mais difícil. Conseqüentemente, deve-se impor alguma condição para o tempo que o algoritmo leva para produzir uma saída provavelmente aproximadamente correta. A condição apropriada para uma computação eficiente é que o tempo de processamento seja polinomial em $1/\epsilon$.

Juntando estas considerações, podemos fazer a seguinte afirmação formal sobre a complexidade computacional (Anthony e Biggs, 1992):

> Um algoritmo de aprendizagem é eficiente, do ponto de vista computacional, em relação ao parâmetro de erro ϵ, ao tamanho m do exemplo e ao tamanho N do conjunto de treinamento, se o seu tempo de processamento for polinomial em N e se existir um valor de $N_0(\delta, \epsilon)$ suficiente para a aprendizagem PAC que seja polinomial tanto em m como em ϵ^{-1}.

2.16 RESUMO E DISCUSSÃO

Neste capítulo, discutimos algumas questões importantes relativas às muitas facetas do processo de aprendizagem no contexto de redes neurais. Com isso, estabelecemos os fundamentos para grande parte do material restante deste livro. As cinco regras de aprendizagem, *aprendizagem por correção de erro, aprendizagem baseada em memória, aprendizagem hebbiana, aprendizagem competitiva* e *aprendizagem de Boltzmann* são básicas para o projeto de redes neurais. Alguns destes algoritmos requerem a utilização de um professor e outros não. O ponto importante é que estas regras nos permitem ir muito além do alcançável por filtros adaptativa lineares, tanto em termos de capacidade como em universalidade.

No estudo da aprendizagem supervisionada, uma condição fundamental é a existência de um "professor" capaz de fornecer correções exatas para as saídas da rede quando um erro ocorrer, como na aprendizagem por correção de erro; ou de "fixar" em relação ao ambiente as unidades de entrada e de saída livres da rede, como na aprendizagem de Boltzmann. Nenhum destes modelos é possível em organismos biológicos, que não possuem as conexões nervosas recíprocas exatas necessárias para a retropropagação das correções de erro (em uma rede de múltiplas camadas alimentada adiante), nem os meios nervosos para imposição de comportamento pelo mundo exterior. Apesar disso, a aprendizagem supervisionada estabeleceu-se como um paradigma poderoso para o projeto de rede neurais artificiais, como é demonstrado nos Capítulos de 3 a 7.

Por outro lado, regras de aprendizagem auto-organizada (não-supervisionada), tais como a aprendizagem hebbiana e a aprendizagem competitiva, são motivadas por considerações neurobiológicas. Entretanto, para aperfeiçoar o nosso entendimento sobre a aprendizagem auto-organizada, precisamos também buscar idéias relevantes na *teoria da informação* de Shannon. Devemos mencionar aqui o *princípio da máxima informação mútua (Infomax)* de Linsker (1988a, b), que fornece o formalismo matemático para o processamento de informação em uma rede neural auto-organizada, de uma forma até certo ponto análoga à transmissão de informação em um canal de comunicação. O princípio Infomax e suas variantes são discutidos no Capítulo 10.

Uma discussão dos métodos de aprendizagem seria incompleta se não mencionássemos o *modelo de aprendizagem seletiva darwiniano* (Edelman, 1987; Reeke et al., 1990). A *seleção* é um princípio biológico poderoso com aplicações tanto na evolução como no desenvolvimento. Ela ocupa uma posição central no sistema imunológico (Edelman, 1973), que é o sistema de reconhecimento biológico mais bem entendido. O modelo de aprendizagem seletiva darwiniano é baseado na teoria da seleção de grupo neural. Ele pressupõe que o sistema nervoso opera por uma forma de seleção similar à seleção natural evolutiva, mas que isto acontece dentro do cérebro durante o período de vida de cada animal. De acordo com esta teoria, as unidades operacionais básicas do sistema nervoso não são os neurônios isolados, mas sim grupos localizados de células fortemente interligadas. A pertinência de neurônios em um grupo é modificada pela alteração dos pesos sinápticos dos neurônios. A competição local e a cooperação entre células são claramente necessárias para produzir ordenação local na rede. Uma coleção de grupos neuronais é denominada *repertório*. Grupos em um repertório respondem melhor a padrões de entrada superpostos mas similares, devido à natureza aleatória do crescimento neural. Um ou mais grupos neuronais em um repertório respondem a todo padrão de entrada, assegurando assim que haja uma resposta a padrões de entrada não-esperados, que podem ser importantes. A aprendizagem seletiva darwiniana é diferente dos algoritmos de aprendizagem normalmente utilizados no projeto de redes neurais, porque ela assume que, por projeto, haja muitas subredes e que somente aquelas com a resposta desejada são selecionadas durante o processo de treinamento.

Completamos esta discussão com alguns comentários finais sobre os aspectos estatísticos e probabilísticos da aprendizagem. A dimensão V-C se estabeleceu como um parâmetro central na teoria estatística da aprendizagem. Ela é básica para a minimização estrutural de risco e para o modelo de aprendizagem provavelmente aproximadamente correto (PAC). A dimensão V-C é uma parte integrante da teoria relativa às chamadas máquinas de vetor de suporte, discutidas no Capítulo 6. No Capítulo 7, discutimos uma classe de máquinas de comitê baseadas em reforço, cuja teoria está fundamentada na aprendizagem PAC.

À medida que avançarmos neste livro, haverá muitas ocasiões e boas razões para revisitar o material neste capítulo sobre os fundamentos dos processos de aprendizagem.

NOTAS E REFERÊNCIAS

1. O termo "algoritmo" é derivado do nome do matemático persa Mohammed al-Kowârisimi, que viveu durante o século IX e a quem se atribui o desenvolvimento das regras passo a passo para a adição, subtração, multiplicação e divisão de números decimais ordinários. Quando seu nome foi escrito em latim, tornou-se Algorismus, do qual *algoritmo* é derivado (Harel, 1987).
2. A regra do vizinho mais próximo envolve uma imensa literatura; veja a coleção de artigos editados por Dasarathy (1991). Este livro inclui o trabalho original de Fix e Hodges (1951) e muitos outros artigos importantes sobre técnicas de classificação de padrões por vizinho mais próximo.
3. Para uma revisão detalhada sobre sinapses hebbianas, incluindo um relato histórico, veja Brown et al. (1990) e Frégnac e Schulz (1994). Para material de revisão adicional, veja Constantine-Paton et al. (1990).
4. **Potenciação de Longo Prazo – Evidência Fisiológica para a Sinapse Hebbiana**
Hebb (1949) nos forneceu um modo de refletir sobre os mecanismos de memória sinápticos, mas isto ocorreu quase um quarto de século antes que fosse obtida evidência experimental que sustentasse suas propostas. Em 1973, Bliss e Lomo publicaram um artigo descrevendo uma forma de modificação sináptica induzida por ativação em uma área do cérebro cha-

mada *hipocampo*. Eles aplicaram pulsos de estimulação elétrica na maior parte das vias que entram nesta estrutura, enquanto registravam as respostas evocadas sinapticamente. Após se certificarem de terem caracterizado uma morfologia de resposta básica estável, eles aplicaram trens de pulsos breves, de alta freqüência nestas mesmas vias. Quando retomaram a aplicação de pulsos de teste, constataram que as respostas eram muito maiores em amplitude. O mais interessante para os pesquisadores da memória foi o fato de que este efeito era de longa duração. Eles chamaram este fenômeno de *potenciação de longo prazo* (PLP).

Existem agora centenas de artigos publicados anualmente sobre o fenômeno PLP, e sabemos muito sobre os mecanismos envolvidos. Sabemos, por exemplo, que os efeitos da potenciação estão restritos às vias que são ativadas. Sabemos também que a PLP apresenta várias propriedades associativas. Por propriedades associativas queremos dizer que existem efeitos interativos entre vias *co-ativas*. Em particular, se uma entrada fraca que normalmente não induziria um efeito PLP estiver casada com uma entrada forte, a entrada fraca poderá ser potencializada. Isto é denominado uma *propriedade associativa*, pois é similar às propriedades associativas dos sistemas de aprendizagem. Nos experimentos de condicionamento de Pavlov, por exemplo, um estímulo auditivo neutro (fraco) era associado a um estímulo forte (alimento). A associação resultava no aparecimento de uma *resposta condicionda*, salivação em resposta ao estímulo auditivo.

Muito do trabalho experimental nesta área enfocou as propriedades associativas da PLP. A maioria das sinapses que demonstraram suportar a PLP utiliza o glutamato como neurotransmissor. Ocorre, entretanto, que existem vários receptores diferentes no neurônio pós-sináptico que respondem ao glutamato. Todos estes receptores têm propriedades diferentes, mas nós consideraremos apenas dois deles. A resposta sináptica principal é induzida pela ativação do receptor AMPA (estes receptores são denominados de acordo com as drogas às quais eles respondem mais fortemente, mas são todos receptores de glutamato). Quando uma resposta é registrada em um experimento PLP, ela é atribuível primariamente à ativação de receptores AMPA. Após a ativação sináptica, o glutamato é liberado e se liga aos receptores na membrana pós-sináptica. Abrem-se, então, canais iônicos, que são parte dos receptores AMPA, resultando em um fluxo de corrente que é a base da resposta sináptica.

O segundo tipo de receptor de glutamato, o receptor NMDA, tem algumas propriedades interessantes. A ligação do glutamato com o receptor NMDA não é suficiente para abrir o canal iônico associado. Este canal se mantém bloqueado até que uma diferença de tensão suficientemente grande tenha sido produzida pela atividade sináptica (envolvendo receptores AMPA). Conseqüentemente, enquanto que os receptores AMPA são quimicamente dependentes, os receptores NMDA são tanto quimicamente dependentes como também dependentes de tensão. Necessitamos de mais uma informação para entendermos a importância desta diferença. O canal iônico associado com o receptor AMPA está ligado à movimentação de íons de sódio (que produz as correntes sinápticas). O canal iônico ligado ao receptor NMDA permite que o cálcio se mova para dentro da célula. Enquanto que o movimento de cálcio também contribui para as correntes da membrana, a sua função principal é de um sinal que dispara uma cadeia de eventos que resulta em um aumento de longa duração na força da resposta associada com o receptor AMPA.

Temos agora o nosso mecanismo para a sinapse hebbiana. O receptor NMDA requer *tanto* atividade pré-sináptica (liberação de glutamato) *como* atividade pós-sináptica. Como isto normalmente ocorreria? Assegurando-se que haja uma entrada suficientemente forte. Assim, quando associamos uma entrada fraca a uma entrada forte, a entrada fraca libera seu próprio glutamato, enquanto que a entrada forte assegura que haja uma diferença de potencial suficientemente grande para ativar os receptores NMDA associados com a sinapse fraca.

Apesar de a proposta original de Hebb ter sido para uma regra de aprendizagem em uma única direção, as redes neurais são muito mais flexíveis se uma regra de aprendizagem *bidirecional* for usada. É vantajoso se ter sinapses nas quais o peso sináptico possa ser tanto diminuído como aumentado. É tranquilizador saber que existe também evidência experimental para um mecanismo de depressão sináptica. Se entradas fracas são ativadas sem a ativação combinada de entradas fortes, o peso sináptico é freqüentemente enfraquecido. Isto é tipicamente observado na resposta à ativação de baixa freqüência de sistemas sinápticos, e o fenômeno é chamado de *depressão de longo prazo* (PLP). Existe também alguma evidência para o que se chama de um efeito de depressão *heterossináptico*. Enquanto que a DLP é uma depressão que é restrita à entrada ativada, a depressão heterossináptica é restrita à entrada não-ativada.

5. A idéia de aprendizagem competitiva remonta aos trabalhos pioneiros de von der Malsburg (1973) sobre a auto-organização de células nervosas sensíveis à orientação no córtice estriado, de Fukushima (1975) sobre uma rede neural de múltiplas camadas auto-organizável conhecida como *neocognitron*, de Willshaw e von der Malsburg (1976) sobre a formação de padrões de conexões neurais por auto-organização e de Grossberg (1972, 1976a,b) sobre classificação adaptativa de padrões. Também há substancial evidência de que a aprendizagem competitiva desempenhe um papel importante na formação de mapas topográficos no cérebro (Durbin et al., 1989) e o trabalho experimental recente de Ambros-Ingerson et al. (1990) fornece justificativa fisiológica adicional para a aprendizagem competitiva.

6. A utilização de inibição lateral, como indicado na Fig. 2.4, é adaptada dos sistemas neurobiológicos. A maioria dos tecidos sensoriais, como a retina do olho, a cóclea do ouvido e os nervos sensíveis à pressão da pele, é organizada de tal forma que a estimulação de qualquer local produz inibição nas células nervosas vizinhas (Arbib, 1989; Fischler e Firschein, 1987). Na percepção humana, a inibição lateral se manifesta através de um fenômeno chamado de *faixas de Mach*, denominado assim em referência a Ernest Mach (1865). Se olharmos, por exemplo, para uma folha de papel metade branca e metade preta, veremos paralelamente à fronteira uma faixa "mais clara que o claro" no lado branco e uma faixa "mais escura que o escuro" no lado preto, embora, na realidade, ambas tenham uma densidade uniforme. As faixas de Mach não existem fisicamente; na verdade elas são uma ilusão de ótica, representando "sobrelevações" e "subelevações" causadas pela ação derivativa da inibição lateral.

7. A importância da termodinâmica estatística no estudo dos mecanismos computacionais foi reconhecida por John von Neumann. Isto fica evidenciado pela terceira das suas cinco palestras sobre a *Teoria e Organização de Autômatos Complicados* na University of Illinois em 1949. Na sua terceira palestra, sobre "Teorias Estatísticas da Informação", von Neumann disse:

   > Conceitos termodinâmicos provavelmente entrarão nesta nova teoria da informação. Há fortes indicações de que a informação é similar à entropia e de que os processos degenerativos da entropia se comparam aos processos degenerativos no processamento da informação. É provável que não se possa definir a função de um autômato, ou a sua eficiência, sem caracterizar o ambiente no qual ele trabalha por meio de traços estatísticos como aqueles utilizados para caracterizar um ambiente na termodinâmica. As variáveis estatísticas do ambiente do autômato serão, é claro, um pouco mais complicadas que a variável de temperatura da termodinâmica padrão, mas serão similares em caráter.

8. Aparentemente, o termo "aprendizagem por reforço" foi cunhado por Minsky (1961) em seus estudos iniciais sobre inteligência artificial e então, de forma independente, por Waltz e Fu (1965), na teoria de controle. Entretanto, a idéia básica de "reforço" tem sua origem nos estudos experimentais de aprendizagem animal na psicologia (Hampson, 1990). Neste contexto, é particularmente esclarecedor recordarmos a clássica *lei do efeito* de Thorndike (Thorndike, 1911, p244):

Das diversas respostas à mesma situação, aquelas que são acompanhadas ou seguidas de perto pela satisfação do animal serão, se o restante for igual, mais fortemente conectadas com a situação, de forma que, quando a situação ocorrer novamente, elas terão maior probabilidade de ocorrerem; aquelas que são acompanhadas ou seguidas de perto por desconforto para o animal, se o resto for igual, terão menor probabilidade de ocorrerem. Quanto maior for a satisfação ou o desconforto, maior será o reforço ou o enfraquecimento da ligação.

Apesar de não ser possível afirmar que este princípio forneça um modelo completo de comportamento biológico, sua simplicidade e sua abordagem de senso comum o levaram a ser uma regra de aprendizagem influente na abordagem clássica da *aprendizagem por reforço*.

9. A saída da planta é tipicamente uma variável física. Para controlar a planta, precisamos evidentemente conhecer o valor desta variável; isto é, devemos medir a saída da planta. O sistema utilizado para medir uma variável física é chamado de *sensor*. Por este motivo, para sermos precisos, o diagrama em blocos da Fig. 2.13 deveria incluir um sensor no seu laço de realimentação. Nós omitimos o sensor, o que, por implicação, significa que assumimos que a função de transferência do sensor é unitária.

10. O "fenômeno da festa de coquetel" se refere à notável habilidade humana de atentar seletivamente para uma fonte de entrada auditiva e segui-la, em um ambiente ruidoso (Cherry, 1953; Cherry e Taylor, 1954). Esta habilidade se manifesta em uma combinação de três processos realizados no sistema auditivo:
    - *Segmentação*. O sinal auditivo incidente é segmentado em canais individuais com cada canal provendo informação significativa sobre um ambiente do ouvinte. Dentre as heurísticas utilizadas pelo ouvinte para realizar esta segmentação, a *localização espacial* talvez seja a mais importante (Moray, 1995).
    - *Atenção*. Diz respeito à habilidade de o ouvinte focalizar a atenção em um canal, enquanto bloqueia a atenção em canais irrelevantes (Cherry, 1953).
    - *Desvio*. O terceiro processo envolve a habilidade de desviar a atenção de um canal para outro, o que é provavelmente mediado de uma forma de cima para baixo pelo "chaveamento" do sinal auditivo incidente (Wood e Cowan, 1995).

    A conclusão que se tira destes pontos é que o processamento realizado sobre o sinal auditivo incidente é realmente do tipo *espaço-temporal*.

11. O problema de projetar um filtro linear ótimo que forneça a estrutura teórica para os filtros adaptativos lineares foi concebido primeiramente por Kolmogorov (1942) e resolvido um pouco depois de forma independente por Wiener (1949). Por outro lado, uma solução formal para o problema da filtragem não-linear ótimo é matematicamente intratável. Apesar disso, nos anos 1950 foram realizados trabalhos brilhantes na área por Zadeh (1953), Wiener e seus colaboradores (Wiener, 1958), e outros que muito fizeram para esclarecer a natureza do problema.

    Gabor foi o primeiro a conceber a idéia de um filtro adaptativo não-linear em 1954 e continuou a trabalhar para construí-lo com a ajuda de colaboradores (Gabor et al., 1960). Basicamente, Gabor propôs a superação das dificuldades matemáticas da filtragem adaptativa não-linear, construindo um filtro que otimiza sua resposta através de aprendizagem. A saída do filtro é expressa na forma

$$y(n) = \sum_{n=0}^{N} w_n x(n) + \sum_{n=0}^{N}\sum_{m=0}^{N} w_{n,m} x(n) x(m) + \cdots$$

onde $x(0), x(1), ..., x(N)$ são amostras da entrada do filtro. (Este polinômio é agora referenciado como o *polinômio de Gabor-Kolmogorov* ou *série de Volterra*.) O primeiro termo do polinômio representa um filtro linear caracterizado por um conjunto de coeficientes $\{w_n\}$. O segundo termo caracterizado por um conjunto de coeficientes diádicos $\{w_{n,m}\}$ é não-linear; este termo contém os produtos de duas amostras de entrada do filtro, e assim por diante, para os termos de ordem mais elevada. Os coeficientes do filtro são ajustados via descida do gradiente para minimizar o valor médio quadrático da diferença entre uma resposta-alvo (desejada) $d(N)$ e a saída real do filtro $y(N)$.

12. A função de custo $L(d, F(\mathbf{x}, \mathbf{w}))$ definida na Eq. (2.71) se aplica a um escalar d. No caso de um vetor $\mathbf{d}$ como resposta desejada, a função aproximativa assume a forma de valor vetorial $\mathbf{F}(\mathbf{x}, \mathbf{w})$. Neste caso, utilizamos a distância euclidiana ao quadrado

$$L(\mathbf{d}, \mathbf{F}(\mathbf{x}, \mathbf{w})) = \|\mathbf{d} - \mathbf{F}(\mathbf{x}, \mathbf{w})\|^2$$

como a função de perda. A função $\mathbf{F}(\cdot,\cdot)$ é uma função de valor vetorial de seus argumentos.

13. De acordo com Burges (1998), o Exemplo 2.3 que apareceu primeiramente em Vapnik (1995) se deve a E. Levin e J.S. Denker.

14. O limite superior da ordem de $W\log W$ para a dimensão V-C de uma rede neural alimentada adiante construída com unidades de limiar lineares (perceptrons) foi obtida por Baum e Haussler (1989). Subseqüentemente, Maass (1993) mostrou que existe um limite inferior também da ordem de $W\log W$ para esta classe de redes.

    O primeiro limite superior para a dimensão V-C de uma rede neural sigmóide foi derivado por Macintyre e Sontag (1993). Subseqüentemente, Koiran e Sontag (1996) abordaram uma questão aberta levantada por Maass (1993):

    "A dimensão V-C de redes neurais analógicas com função de ativação $\sigma = 1/1 + e^{-y}$ é limitada por um polinômio no número de parâmetros programáveis?"

    Koiran e Sontag responderam afirmativamente a esta questão no seu artigo de 1996, como descrito no texto.

    Esta questão foi também respondida afirmativamente por Karpinski e Macintyre (1997). Neste último artigo, foi utilizado um método complicado baseado em topologia diferencial para mostrar que a dimensão V-C de uma rede neural sigmóide usada como classificador de padrões é limitada acima por $O(W^4)$. Existe um grande intervalo entre este limite superior e o limite inferior deduzido por Koiran e Sontag (1996). Em Karpinski e Macintyre (1997) conjectura-se que aquele limite superior poderia ser reduzido.

15. O *lema de Sauer* pode ser formulado como (Sauer, 1972; Anthony e Biggs, 1992; Vidyasagar, 1997):

    Considere que $\mathcal{F}$ represente o conjunto de dicotomias implementadas por uma máquina de aprendizagem. Se $\text{VCdim}(\mathcal{F}) = h$ com h finito e $l \geq h \geq 1$, então a função de crescimento $\Delta_{\mathcal{F}}(l)$ é limitada acima por $(el/h)^h$ onde e é a base do logaritmo natural.

16. Nesta nota, apresentamos o resumo de quatro importantes estudos relatados na literatura sobre a complexidade da amostra e as questões relacionadas à generalização.

    Primeiro, Cohn e Tesauro (1992) apresentam um estudo experimental detalhado sobre o valor prático dos limites da complexidade da amostra baseado na dimensão V-C como uma ferramenta de projeto para classificadores de padrões. Em particular, os experimentos foram concebidos para testar a relação entre o desempenho de generalização de uma rede neural e o *limite de pior caso, independente de distribuição* derivado pela teoria estatística da aprendizagem de Vapnik. O limite considerado é definido por Vapnik (1982)

$$v_{\text{gene}} \geq O\left(\frac{h}{N}\log\left(\frac{h}{N}\right)\right) \tag{1}$$

onde v_{gene} é o erro de generalização, h é a dimensão V-C e N é o tamanho do arquivo de treinamento. Os resultados apresentados por Cohn e Tesauro mostram que o desempenho médio de generalização é significativamente melhor do que aquele previsto pela Eq. (1).

Segundo, Holden e Niranjan (1995) estenderam o estudo anterior de Cohn e Tesauro abordando uma questão similar. Entretanto, existem três diferenças importantes que devem ser destacadas:
- Todos os experimentos foram realizados com redes neurais com resultados exatos conhecidos ou com limites muito bons da dimensão V-C.
- Foram feitas considerações específicas com relação ao algoritmo de aprendizagem.
- Os experimentos foram baseados em dados reais.

Embora os resultados relatados tenham fornecido previsões sobre a complexidade da amostra muito mais valiosas do ponto de vista prático do que aquelas fornecidas por teorias mais antigas, ainda há deficiências significativas na teoria que necessitam ser superadas.

Terceiro, Baum e Haussler (1989) relataram sobre o tamanho N da amostra de treinamento necessário para treinar uma rede de camada única alimentada adiante com neurônios de limiar linear, obtendo boa generalização. Supõe-se que os exemplos de treinamento são escolhidos de uma distribuição de probabilidade arbitrária e que os exemplos de teste para avaliar o desempenho de generalização são também retirados da mesma distribuição. Então, de acordo com Baum e Haussler, a rede quase sempre apresentará boa generalização, desde que sejam satisfeitas duas condições:

(1) O número de erros cometidos sobre o conjunto de treinamento é menor que $\varepsilon/2$.
(2) O número de exemplos, N, utilizado no treinamento é

$$N \geq O\left(\frac{W}{\epsilon}\log\left(\frac{W}{\epsilon}\right)\right) \qquad (2)$$

onde W é o número de pesos sinápticos da rede. A Equação (2) fornece para o tamanho N um *limite de pior caso, independente de distribuição*. Também aqui pode haver uma enorme diferença numérica entre o tamanho real da amostra de treinamento necessária e aquele calculado pelo limite da Eq. (2).

Finalmente, Bartlett (1997) abordou a questão de que em tarefas de classificação de padrões utilizando redes neurais grandes, freqüentemente constatamos que uma rede é capaz de operar com sucesso com exemplos de treinamento que são significativamente menores em tamanho que o número de pesos da rede, como relatado por Cohn e Tesauro (1992). No artigo de Barlett, mostra-se que naquelas tarefas em que redes neurais generalizam bem e se os pesos sinápticos não forem muito grandes, é o tamanho dos pesos em vez do número de pesos que determina o desempenho de generalização da rede.

PROBLEMAS

Regras de Aprendizagem

2.1 A regra delta descrita na Eq. (2.3) e a regra de Hebb descrita na Eq. (2.9) representam dois métodos diferentes de aprendizagem. Liste as características que distinguem estas duas regras entre si.

2.2 A regra de aprendizagem por correção de erro pode ser implementada utilizando-se inibição para subtrair a resposta desejada (valor-alvo) da saída, e então aplicando a regra anti-hebbiana (Mitchison, 1989). Discuta esta interpretação da aprendizagem por correção de erro.

2.3 A Figura P2.3 mostra um conjunto bidimensional de pontos de dados. Parte dos pontos de dados pertence à classe $\mathscr{C}_1$ e a outra parte pertence à classe $\mathscr{C}_2$. Construa a fronteira de decisão produzida pela regra do vizinho mais próximo aplicada a esta amostra de dados.

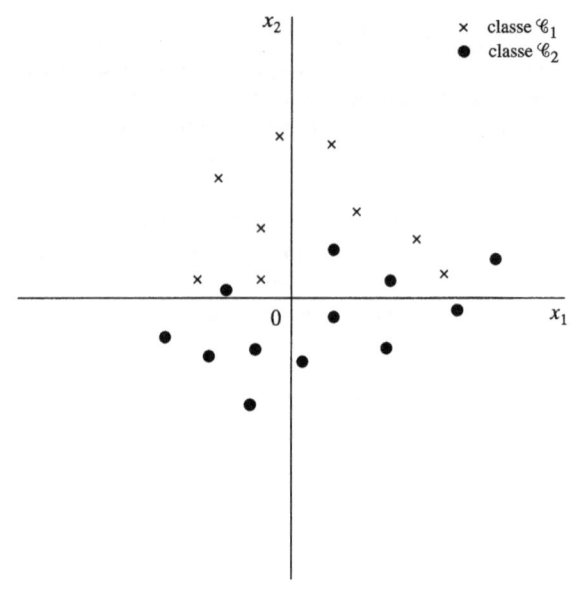

FIGURA P2.3

2.4 Considere um grupo de pessoas cuja opinião coletiva sobre um tópico de interesse é definida como a média ponderada das opiniões individuais de seus membros. Suponha que se, no decorrer do tempo, a opinião de um membro do grupo tender a concordar com a opinião coletiva do grupo, a opinião daquele membro ganhará mais peso. Se, por outro lado, aquele membro particular discordar de forma consistente da opinião coletiva do grupo, a opinião daquele membro receberá um peso menor. Esta forma de ponderação é equivalente ao controle com realimentação positiva, que produz um consenso de opinião no grupo (Linsker, 1988a).

Discuta a analogia entre a situação descrita e o postulado de Hebb de aprendizagem.

2.5 Uma forma generalizada da regra de Hebb é descrita pela relação

$$\Delta w_{kj}(n) = \alpha F(y_k(n))G(x_j(n)) - \beta w_{kj}(n)F(y_k(n))$$

onde $x_j(n)$ e $y_k(n)$ são os sinais pré-sináptico e pós-sináptico, respectivamente; $F(\cdot)$ e $G(\cdot)$ são funções de seus respectivos argumentos; e $\Delta w_{kj}(n)$ é a variação produzida no peso sináptico w_{kj} no tempo n em resposta aos sinais $x_j(n)$ e $y_k(n)$. Encontre (a) o ponto de equilíbrio e (b) a depressão máxima, que são definidas por esta regra.

2.6 Um sinal de entrada de amplitude unitária é aplicado repetidamente a uma conexão sináptica cujo valor inicial é também unitário. Calcule a variação no tempo do peso sináptico utilizando as duas regras seguintes:

(a) A forma simples da regra de Hebb descrita na Eq. (2.9) assumindo o parâmetro de taxa de aprendizado $\eta = 0,1$.

(b) A regra da covariância descrita na Eq. (2.10), assumindo que a atividade pré-sináptica $\bar{x} = 0$ e a atividade pós-sináptica $\bar{y} = 1,0$.

2.7 A sinapse hebbiana descrita na Eq. (2.9) envolve o uso de realimentação positiva. Justifique a validade desta afirmação.

2.8 Considere a hipótese da covariância para a aprendizagem auto-organizada descrita na Eq. (2.10). Assumindo a ergodicidade (i.e., médias temporais podem ser substituídas por médias de ensemble), mostre que o valor esperado de Δw_{kj} na Eq. (2.10) pode ser expresso como

$$E[\Delta w_{kj}] = \eta(E[y_k x_j] - \bar{y}\,\bar{x}\,)$$

Como você interpretaria este resultado?

2.9 De acordo com Linsker (1986), o postulado de Hebb de aprendizagem pode ser formulado como:

$$\Delta w_{ki} = \eta(y_k - y_o)(x_i - x_o) + a_1$$

onde x_j e y_k são os sinais pré-sináptico e pós-sináptico, respectivamente e a_1, η, x_o e y_o são todos constantes. Assuma que o neurônio k é linear, como mostrado por

$$y_k = \sum_j w_{kj} x_j + a_2$$

onde a_2 é uma outra constante. Assuma a mesma distribuição de probabilidade para todos os sinais de entrada, isto é, $E[x_i] = E[x_j] = \mu$. Suponha que a matriz $\mathbf{C}$ represente a matriz de covariância dos sinais de entrada com o seu ij-ésimo elemento definido por

$$c_{ij} = E[(x_i - \mu)(x_j - \mu)]$$

Determine Δw_{ki}.

2.10 Formule a expressão para a saída y_j do neurônio j na rede da Fig. 2.4. Você pode utilizar as seguintes representações:

x_i = i-ésimo sinal de entrada
w_{ji} = peso sináptico da entrada i para o neurônio j
c_{kj} = peso da conexão lateral do neurônio k para o neurônio j
v_j = campo local induzido do neurônio j
y_j = $\varphi(v_j)$

Qual é a condição que deve ser satisfeita para que o neurônio j seja o neurônio vencedor?

2.11 Repita o Problema 2.10, assumindo que cada neurônio de saída inclua auto-realimentação.

2.12 O padrão de conexão para a inibição lateral, ou seja "excitação próxima e inibição afastada", pode ser modelado como a diferença entre duas curvas gaussianas. As duas curvas têm a mesma área, mas a curva positiva para a excitação tem um pico mais alto e mais estreito do que a curva negativa para a inibição. Isto é, podemos expressar o padrão de conexão como

$$W(x) = \frac{1}{\sqrt{2\pi}\sigma_e} e^{-x^2/2\sigma_e^2} - \frac{1}{\sqrt{2\pi}\sigma_i} e^{-x^2/2\sigma_i^2}$$

onde x é a distância a partir do neurônio responsável pela inibição lateral. O padrão $W(x)$ é utilizado para varrer uma página, sendo que metade dela é branca e a outra metade é preta; a fronteira entre as duas metades é perpendicular ao eixo x.

Trace a saída que resulta deste processo de varredura com $\sigma_e = 1$ e $\sigma_i = 2$.

Paradigmas de Aprendizagem

2.13 A Fig. P2.13 mostra o diagrama em blocos de um *sistema adaptativo de aquisição de linguagem* (Gorin, 1992). As conexões sinápticas na parte da rede neural do sistema são fortalecidas ou enfraquecidas, dependendo da realimentação relativa à adequação da resposta da máquina a estímulos de entrada. Este sistema pode ser visto como um exemplo de aprendizagem por reforço. Reflita sobre a validade desta afirmação.

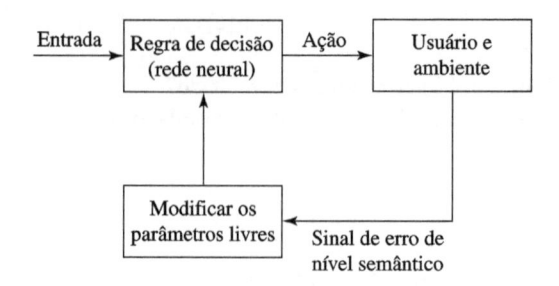

```
           Entrada   ┌─────────────────┐   Ação    ┌──────────┐
          ──────────▶│ Regra de decisão├──────────▶│ Usuário e│
                     │  (rede neural)  │           │ ambiente │
                     └─────────────────┘           └──────────┘
                              ▲                          │
                              │                          │
                     ┌─────────────────┐                 │
                     │  Modificar os   │                 │
                     │parâmetros livres│◀────────────────┘
                     └─────────────────┘  Sinal de erro de
                                          nível semântico
```

FIGURA P2.13

2.14 A qual dos dois paradigmas, aprendizagem com um professor e aprendizagem sem um professor, pertence cada um dos seguintes algoritmos? Justifique as suas respostas.
  (a) regra do vizinho mais próximo
  (b) regra dos k vizinhos mais próximos
  (c) aprendizagem hebbiana
  (d) regra de aprendizagem de Boltzmann

2.15 A aprendizagem não-supervisionada pode ser implementada em uma forma "em tempo de execução" (*on-line*) ou "fora do tempo de execução" (*off-line*). Discuta as implicações físicas destas duas possibilidades.

2.16 Considere as dificuldades que uma máquina de aprendizagem enfrenta ao atribuir crédito para o resultado (ganho, perda ou empate) de um jogo de xadrez. Discuta as noções de atribuição de crédito temporal e atribuição de crédito estrutural no contexto deste jogo.

2.17 Uma tarefa de aprendizagem supervisionada pode ser vista como uma tarefa de aprendizagem por reforço utilizando como sinal de reforço uma medida da proximidade da resposta atual do sistema em relação à resposta desejada. Discuta esta relação entre aprendizagem supervisionada e aprendizagem por reforço.

Memória

2.18 Considere os seguintes conjuntos ortonormais de padrões-chave, aplicados à memória por matriz de correlação:

$$\mathbf{x}_1 = [1, 0, 0, 0]^T$$
$$\mathbf{x}_2 = [0, 1, 0, 0]^T$$
$$\mathbf{x}_3 = [0, 0, 1, 0]^T$$

Os respectivos padrões armazenados são

$$\mathbf{y}_1 = [5, 1, 0]^T$$
$$\mathbf{y}_2 = [-2, 1, 6]^T$$
$$\mathbf{y}_3 = [-2, 4, 3]^T$$

  (a) Calcule a matriz de memória **M**.
  (b) Mostre que a memória associa perfeitamente.

2.19 Considere novamente a memória por matriz de correlação do Problema 2.18. O estímulo aplicado à memória é uma versão ruidosa do padrão-chave $\mathbf{x}_1$, como mostrado por

$$\mathbf{x} = [0{,}8, -0{,}15, 0{,}15, -0{,}20]^T$$

  (a) Calcule a resposta da memória **y**.

(b) Mostre que a resposta **y** é a mais próxima do padrão $\mathbf{y}_1$ no sentido euclidiano.

2.20 Uma memória auto-associativa é treinada com os seguintes vetores-chave:

$$\mathbf{x}_1 = \tfrac{1}{4}\left[-2,-3,\sqrt{3}\right]^T$$

$$\mathbf{x}_2 = \tfrac{1}{4}\left[2,-2,-\sqrt{8}\right]^T$$

$$\mathbf{x}_3 = \tfrac{1}{4}\left[3,-1,\sqrt{6}\right]^T$$

(a) Calcule os ângulos entre estes vetores. Quão próximos estão da situação de ortogonalidade entre eles?

(b) Utilizando a generalização da regra de Hebb (i.e., a regra do produto externo), calcule a matriz de memória da rede. Investigue o quão próximo da perfeição está a auto-associação da memória.

(c) Uma versão mascarada do vetor-chave $\mathbf{x}_1$, isto é,

$$\mathbf{x} = \left[0,-3,\sqrt{3}\right]^T$$

é aplicada à memória. Calcule a resposta da memória e compare o seu resultado com a resposta desejada $\mathbf{x}_1$.

Adaptação

2.21 A Figura P2.21 mostra o diagrama em blocos de um sistema adaptativo. O sinal de entrada para o *modelo previsor* é definido pelos valores passados de um processo, como mostrado por

$$\mathbf{x}(n-1) = [x(n-1), x(n-2),..., x(n-m)]$$

A saída do modelo, $\hat{x}(n)$, representa uma *estimativa* do valor presente, $x(n)$, do processo. O *comparador* calcula o sinal de erro

$$e(n) = x(n) - \hat{x}(n)$$

que, por sua vez, aplica uma correção aos parâmetros ajustáveis do modelo. Ele também fornece um sinal de saída para transferência para o próximo nível de processamento neural, para fins de interpretação. Repetindo esta operação em uma forma nível por nível, a informação processada pelo sistema tende a ser de qualidade progressivamente melhor (Mead, 1990).

Preencha os detalhes do nível seguinte de processamento de sinal ao descrito na Fig. P2.21.

Teoria de aprendizagem estatística

2.22 Seguindo um procedimento similar àquele descrito na derivação da Eq. (2.62) a partir de (2.61), derive a fórmula para a função de média de ensemble $L_{med}(f(\mathbf{x}), F(\mathbf{x}, \mathcal{T}))$ definida na Eq. (2.66).

2.23 Neste problema, desejamos calcular a dimensão V-C de uma região retangular alinhada com um dos eixos no plano. Mostre que a dimensão V-C deste conceito é quatro. Você pode fazer isso considerando o seguinte:

(a) Quatro pontos em um plano e uma dicotomia realizada por um retângulo alinhado com um eixo.

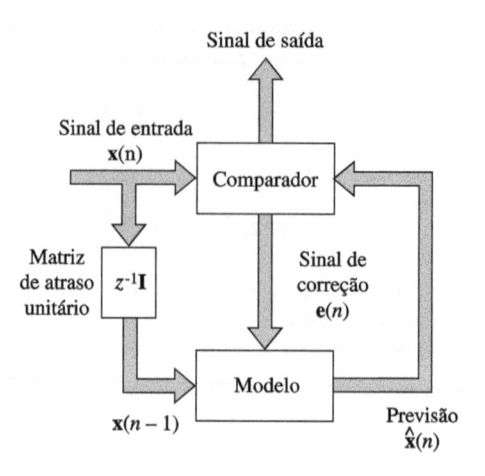

```
                      Sinal de saída
                            ↑
   Sinal de entrada         │
        x(n)         ┌─────────────┐
        ────────────▶│  Comparador │◀────────┐
                     └─────────────┘         │
                            │                │
   ┌──────────┐             ▼          Sinal de
   │  Matriz  │                         correção
   │ de atraso│   z⁻¹I                    e(n)
   │ unitário │                            │
   └──────────┘                            │
        │             ┌─────────────┐      │
        └────────────▶│   Modelo    │──────┘
                      └─────────────┘
         x(n − 1)              Previsão
                                x̂(n)
```

FIGURA P2.21

(b) Quatro pontos em um plano, para os quais não existe uma dicotomia realizável por um retângulo alinhado a um eixo.

(c) Cinco pontos em um plano, para os quais também não existe uma dicotomia realizável por um retângulo alinhado a um eixo.

2.24 Considere um classificador linear de padrões binários cujo vetor de entrada **x** tem dimensão m. O primeiro elemento do vetor **x** é constante e fixo em uma unidade, de forma que o peso correspondente do classificador introduz um bias. Qual é a dimensão V-C do classificador em relação ao espaço de entrada?

2.25 A desigualdade (2.97) define um limite para a taxa de convergência uniforme, que é básica para o princípio da minimização de risco empírico.
  (a) Justifique a validade da Eq. (2.98), assumindo que valha a desigualdade (2.97).
  (b) Derive a Eq. (2.99) que define o intervalo de crença ϵ_1.

2.26 Continuando com o Exemplo 2.3, mostre que os quatro pontos uniformemente espaçados da Fig. P2.26 não podem ser separados pela família de funções indicadoras de um parâmetro $f(x, a)$, $a \in \mathbb{R}$.

2.27 Discuta a relação entre o dilema bias-variância e a minimização estrutural de risco no contexto da regressão não-linear.

2.28 (a) Um algoritmo utilizado para treinar uma rede de múltiplas camadas alimentada adiante cujos neurônios utilizam uma função sigmóide pode ser aprendido por PAC. Justifique a validade desta afirmação.
  (b) Você pode fazer uma afirmação similar para uma rede neural arbitrária cujos neurônios utilizam uma função de ativação de limiar? Justifique a sua resposta.

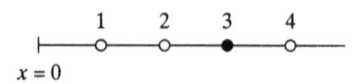

```
              1    2    3    4
         ├────○────○────●────○────
        x = 0
```

FIGURA P2.26

CAPÍTULO 3

Perceptrons de Camada Única

3.1 INTRODUÇÃO

Nos anos formativos das redes neurais (1943-1958), vários pesquisadores se sobressaíram por suas contribuições pioneiras:

- McCulloch e Pitts (1943) por introduzirem a idéia de redes neurais como máquinas computacionais.
- Hebb (1949) por postular a primeira regra de aprendizagem auto-organizada.
- Rosenblatt (1958) por propor o perceptron como o primeiro modelo para aprendizagem com um professor (i.e., aprendizagem supervisionada).

O impacto do artigo de McCulloch-Pitts sobre redes neurais foi realçado no Capítulo 1. A idéia da aprendizagem hebbiana foi discutida com alguma extensão no Capítulo 2. Neste capítulo, discutimos o *perceptron* de Rosenblatt.

O perceptron é a forma mais simples de uma rede neural usada para a classificação de padrões ditos *linearmente separáveis* (i.e., padrões que se encontram em lados opostos de um hiperplano). Basicamente, ele consiste de um único neurônio com pesos sinápticos ajustáveis e bias. O algoritmo usado para ajustar os parâmetros livres desta rede neural apareceu primeiro em um procedimento de aprendizagem desenvolvido por Rosenblatt (1958, 1962) para o seu modelo cerebral do perceptron.[1] De fato, Rosenblatt provou que se os padrões (vetores) usados para treinar o perceptron são retirados de duas classes linearmente separáveis, então o algoritmo do perceptron converge e posiciona a superfície de decisão na forma de um hiperplano entre as duas classes. A prova de convergência do algoritmo é conhecida como o *teorema de convergência do perceptron*. O perceptron construído em torno de um *único neurônio* é limitado a realizar classificação de padrões com apenas duas classes (hipóteses). Expandindo a camada de (computação) saída do perceptron para incluir mais de um neurônio, podemos correspondentemente realizar classificação com mais de duas classes. Entretanto, as classes devem ser linearmente separáveis para que o perceptron funcione adequadamente. O ponto importante é que, na medida em que consideramos a teoria básica do perceptron como um classificador de padrões, necessitamos considerar apenas o caso de um único neurônio. A extensão da teoria para o caso de mais de um neurônio é trivial.

O neurônio único também forma a base de um *filtro adaptativo*, um bloco funcional que é básico para o tema do *processamento de sinais*, que está sempre em expansão. O desenvolvimento da filtragem adaptativa deve muito ao clássico artigo de Widrow e Hoff (1960), por criar o chamado *algoritmo do mínimo quadrado médio* (*LMS, least-mean-square*), também conhecido como a *regra delta*. O algoritmo LMS é simples de implementar e no entanto muito efetivo em relação à sua aplicação. Realmente, ele é o carro chefe da filtragem adaptativa *linear*, linear no sentido de que o neurônio opera no seu modo linear. Os filtros adaptativos têm sido aplicados com sucesso em campos tão diversos como antenas, sistemas de comunicação, sistemas de controle, radar, sonar, sismologia e engenharia biomédica (Widrow e Stearns, 1985; Haykin, 1996).

O algoritmo LMS e o perceptron são naturalmente inter-relacionados. Por isso, é apropriado que os estudemos juntos em um capítulo.

Organização do Capítulo

O capítulo está organizado em duas partes. A primeira parte, que consiste das Seções 3.2 a 3.7, trata dos filtros adaptativos lineares e do algoritmo LMS. A segunda parte, que consiste das Seções 3.8 a 3.10, trata do perceptron de Rosenblatt. Do ponto de vista de apresentação, achamos mais conveniente discutir primeiro os filtros adaptativos lineares e depois o perceptron de Rosenblatt, invertendo a ordem histórica de como surgiram.

Na Seção 3.2, abordamos o problema da filtragem adaptativa, seguida da Seção 3.3, uma revisão de três técnicas de otimização irrestrita: o método da descida mais íngreme, o método de Newton e o método de Gauss-Newton, que são particularmente relevantes ao estudo dos filtros adaptativos. Na Seção 3.4, discutimos um filtro linear de mínimos quadrados, que se aproxima de forma assintótica do filtro de Wiener, quando o tamanho dos dados aumenta. O filtro de Wiener fornece uma estrutura ideal para o desempenho de filtros lineares adaptativos operando em ambientes estacionários. Na Seção 3.5, descrevemos o algoritmo LMS, incluindo uma discussão de suas virtudes e limitações. Na Seção 3.6, exploramos a idéia de curvas de aprendizagem, utilizadas normalmente para avaliar o desempenho de filtros adaptativos. Segue então uma discussão sobre esquemas de recozimento (*"annealing"*) para o algoritmo LMS, na Seção 3.7.

A seguir, passando para o perceptron de Rosenblatt, a Seção 3.8 apresenta algumas considerações básicas envolvidas na sua operação. Na Seção 3.9, descrevemos o algoritmo para ajustar o vetor de pesos sinápticos do perceptron para a classificação de classes linearmente separáveis e demonstramos a convergência do algoritmo. Na Seção 3.10, consideramos a relação entre o perceptron e o classificador bayesiano para um ambiente gaussiano.

O capítulo é concluído com um resumo e uma discussão final na Seção 3.11.

3.2 O PROBLEMA DA FILTRAGEM ADAPTATIVA

Considere um *sistema dinâmico* cuja caracterização matemática é *desconhecida*. Tudo do que dispomos sobre o sistema é um conjunto de dados de entrada-saída gerados pelo sistema em instantes de tempo discretos a uma taxa uniforme. Especificamente, quando um estímulo m-dimensional $\mathbf{x}(i)$ é aplicado através dos m nós de entrada do sistema, o sistema responde produzindo uma saída

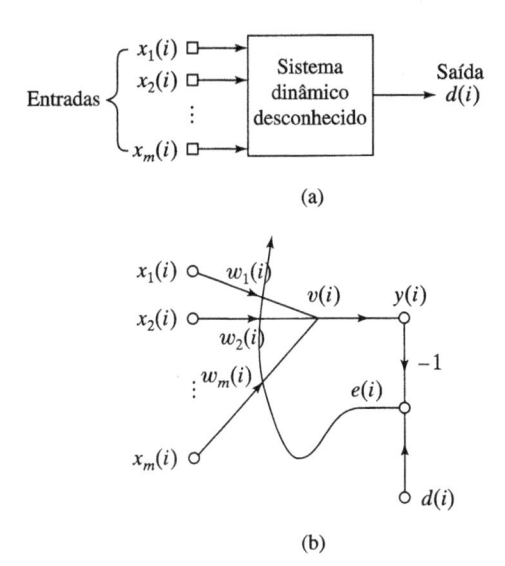

FIGURA 3.1 (a) Sistema dinâmico desconhecido. (b) Grafo de fluxo de sinal do modelo adaptativo para o sistema

escalar $d(i)$, onde $i = 1, 2,..., n,...$ como representado na Fig. 3.1a. Assim, o comportamento externo do sistema é descrito pelo conjunto de dados

$$\mathcal{T}: \{\mathbf{x}(i), d(i); i = 1, 2,..., n,...\} \tag{3.1}$$

onde

$$\mathbf{x}(i) = [x_1(i), x_2(i),..., x_m(i)]^T$$

As amostras compreendidas em $\mathcal{T}$ são identicamente distribuídas de acordo com uma lei de probabilidade desconhecida. A dimensão m relativa ao vetor de entrada $\mathbf{x}(i)$ é referida como a *dimensionalidade do espaço de entrada* ou simplesmente *dimensionalidade*.

O estímulo $\mathbf{x}(i)$ pode aparecer em uma de duas formas fundamentalmente diferentes, uma espacial e a outra temporal:

- Os m elementos de $\mathbf{x}(i)$ se originam em diferentes pontos do espaço; neste caso, falamos de $\mathbf{x}(i)$ como um *instantâneo* de dados.
- Os m elementos de $\mathbf{x}(i)$ representam o conjunto do valor presente e dos $(m-1)$ valores passados de uma excitação, que são *uniformemente espaçados no tempo*.

O problema que abordamos é o de como projetar um *modelo* de múltiplas entradas-única saída do sistema dinâmico desconhecido, construindo-o em torno de um único neurônio linear. O modelo neuronal opera sob a influência de um algoritmo que *controla* os ajustes necessários dos pesos sinápticos do neurônio, considerando os seguintes pontos:

- O algoritmo inicia com uma *configuração arbitrária* para os pesos sinápticos do neurônio.
- Os ajustes dos pesos sinápticos, em resposta a variações estatísticas do comportamento do sistema, são feitos de uma forma *contínua* (i.e., o tempo é incorporado na constituição do algoritmo).
- Os cálculos dos ajustes dos pesos sinápticos são completados dentro de um intervalo de tempo que é igual a um período de amostragem.

O modelo neuronal descrito é conhecido como um *filtro adaptativo*. Apesar da descrição ser apresentada no contexto de uma tarefa claramente reconhecida como de *identificação de sistema*, a caracterização do filtro adaptativo é suficientemente genérica para ter ampla aplicação.

A Figura 3.1b apresenta um grafo de fluxo de sinal do filtro adaptativo. A sua operação consiste de dois processos contínuos:

1. *Processo de filtragem*, que envolve a computação de dois sinais:

   - Uma saída, representada por $y(i)$, que é produzida em resposta aos m elementos do vetor de estímulo $\mathbf{x}(i)$, isto é, $x_1(i), x_2(i),..., x_m(i)$.
   - Um sinal de erro, representado por $e(i)$, que é obtido comparando-se a saída $y(i)$ com a saída correspondente $d(i)$ produzida pelo sistema desconhecido. Na verdade, $d(i)$ age como uma *resposta desejada* ou *sinal-alvo*.

2. *Processo adaptativo*, que envolve o ajuste automático dos pesos sinápticos do neurônio, de acordo com o sinal de erro $e(i)$.

Assim, a combinação destes dois processos atuando juntos constitui um *laço de realimentação* que age em torno do neurônio.

Como o neurônio é linear, a saída $y(i)$ é exatamente a mesma que o campo local induzido $v(i)$; isto é,

$$y(i) = v(i) = \sum_{k=1}^{m} w_k(i) x_k(i) \tag{3.2}$$

onde $w_1(i), w_2(i),..., w_m(i)$ são os m pesos sinápticos do neurônio, medidos no tempo i. Na forma matricial podemos expressar $y(i)$ como um produto interno dos vetores $\mathbf{x}(i)$ e $\mathbf{w}(i)$ como segue:

$$y(i) = \mathbf{x}^T(i)\mathbf{w}(i) \tag{3.3}$$

onde

$$\mathbf{w}(i) = [w_1(i), w_2(i),..., w_m(i)]^T$$

Note que a notação para um peso sináptico foi simplificada aqui, *não* incluindo um índice adicional para identificar o neurônio, pois lidamos com apenas um único neurônio. Esta notação será seguida em todo o capítulo. A saída do neurônio $y(i)$ é comparada com a saída correspondente $d(i)$ recebida do sistema desconhecido no tempo i. Tipicamente, $y(i)$ é diferente de $d(i)$; com isso, esta comparação resulta no sinal de erro:

$$e(i) = d(i) - y(i) \tag{3.4}$$

A maneira pela qual o sinal de erro $e(i)$ é usado para controlar os ajustes dos pesos sinápticos do neurônio é determinada pela função de custo utilizada para derivar o algoritmo de filtragem adaptativa de interesse. Esta questão está intimamente relacionada com a da otimização. É, portanto, apropriado apresentar uma revisão dos métodos irrestritos de otimização. Este material é aplicável não somente aos filtros lineares adaptativos, mas também às redes neurais em geral.

3.3 TÉCNICAS DE OTIMIZAÇÃO IRRESTRITAS

Considere uma função de custo $\mathscr{E}(\mathbf{w})$ que seja uma função *continuamente diferenciável* de um vetor de peso (parâmetro) desconhecido $\mathbf{w}$. A função $\mathscr{E}(\mathbf{w})$ mapeia os elementos de $\mathbf{w}$ em números reais. Ela é uma medida de como escolher o vetor de peso (parâmetro) $\mathbf{w}$ de um algoritmo de filtragem adaptativa de modo que ele se comporte de uma maneira ótima. Queremos encontrar a solução ótima $\mathbf{w}^*$ que satisfaz a condição

$$\mathscr{E}(\mathbf{w}^*) \leq \mathscr{E}(\mathbf{w}) \tag{3.5}$$

Isto é, precisamos resolver um *problema irrestrito de otimização*, formulado como segue:

$$\text{Minimize a função de custo } \mathscr{E}(\mathbf{w}) \text{ em relação ao vetor de pesos } \mathbf{w} \tag{3.6}$$

A condição necessária para a otimização é

$$\nabla \mathscr{E}(\mathbf{w}^*) = \mathbf{0} \tag{3.7}$$

onde ∇ é o *operador gradiente*:

$$\nabla = \left[\frac{\partial}{\partial w_1}, \frac{\partial}{\partial w_2}, \cdots, \frac{\partial}{\partial w_m} \right]^T \tag{3.8}$$

e $\nabla \mathscr{E}(\mathbf{w})$ é o *vetor gradiente* da função de custo:

$$\nabla \mathscr{E}(\mathbf{w}) = \left[\frac{\partial \mathscr{E}}{\partial w_1}, \frac{\partial \mathscr{E}}{\partial w_2}, \cdots, \frac{\partial \mathscr{E}}{\partial w_m} \right]^T \tag{3.9}$$

Uma classe de algoritmos de otimização irrestritos que é particularmente adequada para o projeto de filtros adaptativos é baseada na idéia da *descida iterativa* local:

Iniciando com uma suposição inicial representada por $\mathbf{w}(0)$, gere uma seqüência de vetores de peso $\mathbf{w}(1)$, $\mathbf{w}(2)$,..., de modo que a função de custo $\mathscr{E}(\mathbf{w})$ seja reduzida a cada iteração do algoritmo, como mostrado por

$$\mathscr{E}(\mathbf{w}(n+1)) < \mathscr{E}(\mathbf{w}(n)) \tag{3.10}$$

onde $\mathbf{w}(n)$ é o valor antigo do vetor de peso e $\mathbf{w}(n+1)$ é o seu valor atualizado.

Esperamos que este algoritmo eventualmente convirja para a solução ótima $\mathbf{w}^*$. Dizemos "esperamos" porque há uma nítida possibilidade de o algoritmo divergir (i.e., se tornar instável) a menos que sejam tomadas precauções especiais.

Nesta seção, descrevemos três métodos irrestritos de otimização que se baseiam na idéia da descida iterativa de uma forma ou de outra (Bertsekas, 1995a).

Método da Descida mais Íngreme

No método da descida mais íngreme, os ajustes sucessivos aplicados ao vetor de peso **w** são na direção da descida mais íngreme, isto é, em uma direção oposta ao *vetor do gradiente* $\nabla \mathcal{E}(\mathbf{w})$. Por conveniência de apresentação, escrevemos

$$\mathbf{g} = \nabla \mathcal{E}(\mathbf{w}) \tag{3.11}$$

Correspondentemente, o algoritmo da descida mais íngreme é descrito formalmente por

$$\mathbf{w}(n+1) = \mathbf{w}(n) - \eta \mathbf{g}(n) \tag{3.12}$$

onde η é uma constante positiva chamada de *tamanho do passo* ou *parâmetro de taxa de aprendizagem*, e $\mathbf{g}(n)$ é o vetor do gradiente calculado no ponto $\mathbf{w}(n)$. Passando da iteração n para $n+1$, o algoritmo aplica a *correção*

$$\begin{aligned}\Delta \mathbf{w}(n) &= \mathbf{w}(n+1) - \mathbf{w}(n) \\ &= -\eta \mathbf{g}(n)\end{aligned} \tag{3.13}$$

A Equação (3.13) é na verdade uma descrição formal da regra de correção de erro descrita no Capítulo 2.

Para mostrarmos que a formulação do algoritmo da descida mais íngreme satisfaz a condição de (3.10) para a descida iterativa, utilizamos uma expansão em série de Taylor de primeira ordem em torno de $\mathbf{w}(n)$ para aproximar $\mathcal{E}(\mathbf{w}(n+1))$ como

$$\mathcal{E}(\mathbf{w}(n+1)) \simeq \mathcal{E}(\mathbf{w}(n)) + \mathbf{g}^T(n) \Delta \mathbf{w}(n)$$

cujo uso é justificado para η pequeno. Substituir a Eq. (3.13) nesta relação aproximada produz

$$\begin{aligned}\mathcal{E}(\mathbf{w}(n+1)) &\simeq \mathcal{E}(\mathbf{w}(n)) - \eta \mathbf{g}^T(n) \mathbf{g}(n) \\ &= \mathcal{E}(\mathbf{w}(n)) - \eta \|\mathbf{g}(n)\|^2\end{aligned}$$

a qual mostra que, para um parâmetro de taxa de aprendizagem positivo η, a função de custo decresce quando o algoritmo evolui de uma iteração para a próxima. O raciocínio apresentado aqui é aproximado, pois este resultado final só é verdadeiro para taxas de aprendizagem suficientemente pequenas.

O método da descida mais íngreme converge lentamente para a solução ótima $\mathbf{w}^*$. Além disso, o parâmetro de taxa de aprendizagem η tem uma influência profunda no seu comportamento quanto à convergência:

- Quando η é pequeno, a resposta transitória do algoritmo é *sobreamortecida*, sendo que a trajetória traçada por $\mathbf{w}(n)$ segue um caminho suave no plano W, como ilustrado na Fig. 3.2 a.
- Quando η é grande, a resposta transitória do algoritmo é *subamortecida*, sendo que a trajetória de $\mathbf{w}(n)$ segue um caminho ziguezagueante (oscilatório), como ilustrado na Fig. 3.2 b.
- Quando η excede um valor crítico, o algoritmo se torna instável (i.e., diverge).

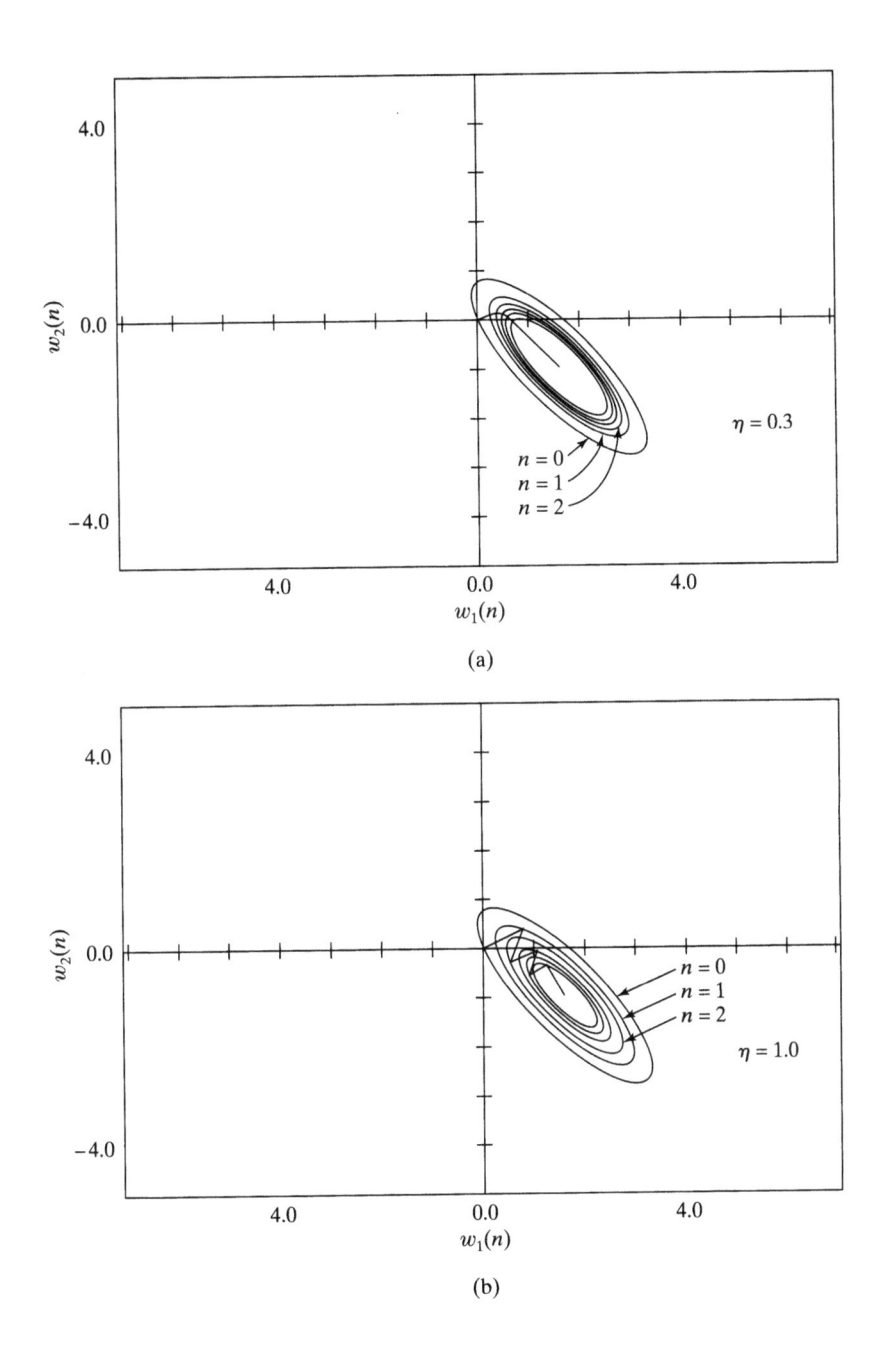

FIGURA 3.2 Trajetória do método da descida mais íngreme em um espaço bidimensional para dois valores diferentes de parâmetro de taxa de aprendizagem: (a) $\eta = 0.3$, (b) $\eta = 1.0$. As coordenadas w_1 e w_2 são elementos do vetor de peso **w**

Método de Newton

A idéia básica do *método de Newton* é minimizar a aproximação quadrática da função de custo $\mathscr{E}(\mathbf{w})$ em torno do ponto corrente $\mathbf{w}(n)$; esta minimização é realizada a cada iteração do algoritmo. Especificamente, usando a expansão de Taylor de *segunda ordem* da função de custo em torno do ponto $\mathbf{w}(n)$, podemos escrever

$$\Delta\mathscr{E}(\mathbf{w}(n)) = \mathscr{E}(\mathbf{w}(n+1)) - \mathscr{E}(\mathbf{w}(n))$$
$$\simeq \mathbf{g}^T(n)\Delta\mathbf{w}(n) + \frac{1}{2}\Delta\mathbf{w}^T(n)\mathbf{H}(n)\Delta\mathbf{w}(n) \qquad (3.14)$$

Como anteriormente, $\mathbf{g}(n)$ é um vetor gradiente m-por-1 da função de custo $\mathscr{E}(\mathbf{w})$ calculada no ponto $\mathbf{w}(n)$. A matriz $\mathbf{H}(n)$ é a *matriz hessiana* m-por-m de $\mathscr{E}(\mathbf{w})$, também calculada no ponto $\mathbf{w}(n)$. A hessiana de $\mathscr{E}(\mathbf{w})$ é definida por

$$\mathbf{H} = \nabla^2 \mathscr{E}(\mathbf{w})$$

$$= \begin{bmatrix} \dfrac{\partial^2 \mathscr{E}}{\partial w_1^2} & \dfrac{\partial^2 \mathscr{E}}{\partial w_1 \partial w_2} & \cdots & \dfrac{\partial^2 \mathscr{E}}{\partial w_1 \partial w_m} \\ \dfrac{\partial^2 \mathscr{E}}{\partial w_2 \partial w_1} & \dfrac{\partial^2 \mathscr{E}}{\partial w_2^2} & \cdots & \dfrac{\partial^2 \mathscr{E}}{\partial w_2 \partial w_m} \\ \vdots & \vdots & & \vdots \\ \dfrac{\partial^2 \mathscr{E}}{\partial w_m \partial w_1} & \dfrac{\partial^2 \mathscr{E}}{\partial w_m \partial w_2} & \cdots & \dfrac{\partial^2 \mathscr{E}}{\partial w_m^2} \end{bmatrix} \qquad (3.15)$$

A Equação (3.15) requer que a função de custo $\mathscr{E}(\mathbf{w})$ seja duas vezes continuamente diferenciável em relação aos elementos de $\mathbf{w}$. Diferenciando[2] a Eq. (3.14) em relação a $\Delta\mathbf{w}$, a variação $\Delta\mathscr{E}(\mathbf{w})$ é minimizada quando

$$\mathbf{g}(n) + \mathbf{H}(n)\Delta\mathbf{w}(n) = \mathbf{0}$$

Resolver esta equação para $\Delta\mathbf{w}(n)$ resulta

$$\Delta\mathbf{w}(n) = -\mathbf{H}^{-1}(n)\mathbf{g}(n)$$

Isto é,

$$\mathbf{w}(n+1) = \mathbf{w}(n) + \Delta\mathbf{w}(n)$$
$$= \mathbf{w}(n) - \mathbf{H}^{-1}(n)\mathbf{g}(n) \qquad (3.16)$$

onde $\mathbf{H}^{-1}(n)$ é a inversa da hessiana de $\mathscr{E}(\mathbf{w})$.

Genericamente falando, o método de Newton converge rapidamente de modo assintótico e *não* exibe o comportamento ziguezagueante que algumas vezes caracteriza o método da descida mais íngreme. Entretanto, para que o método de Newton funcione, a hessiana $\mathbf{H}(n)$ deve ser uma *matriz definida positivamente*[3] para todo n. Infelizmente, em geral, não há garantia de que $\mathbf{H}(n)$ seja definida positivamente para toda iteração do algoritmo. Se a hessiana $\mathbf{H}(n)$ não é definida positivamente, é necessária uma modificação no método de Newton (Powell, 1987; Bertsekas, 1995a).

Método de Gauss-Newton

O *método de Gauss-Newton* é aplicável a uma função de custo que é expressa como a soma de erros quadrados. Seja

$$\mathscr{E}(\mathbf{w}) = \frac{1}{2}\sum_{i=1}^{n} e^2(i) \tag{3.17}$$

onde o fator de escala 1/2 é incluído para simplificar a análise subseqüente. Todos os termos de erro nesta fórmula são calculados com base no vetor de peso **w** que é fixo dentro de todo o intervalo de observação $1 \le i \le n$.

O sinal de erro $e(i)$ é uma função do vetor de peso ajustável **w**. Dado um ponto de operação $\mathbf{w}(n)$, linearizamos a dependência de $e(i)$ em relação a **w** escrevendo

$$e'(i,\mathbf{w}) = e(i) + \left[\frac{\partial e(i)}{\partial \mathbf{w}}\right]^T_{\mathbf{w}=\mathbf{w}(n)} (\mathbf{w} - \mathbf{w}(n)), \quad i = 1, 2, \ldots, n \tag{3.18}$$

Equivalentemente, utilizando a notação matricial, podemos escrever

$$\mathbf{e}'(n, \mathbf{w}) = \mathbf{e}(n) + \mathbf{J}(n)(\mathbf{w} - \mathbf{w}(n)) \tag{3.19}$$

onde $\mathbf{e}(n)$ é o vetor de erro

$$\mathbf{e}(n) = [e(1), e(2), \ldots, e(n)]^T$$

e $\mathbf{J}(n)$ é a *matriz jacobiana n-por-m* de $\mathbf{e}(n)$:

$$\mathbf{J}(n) = \begin{bmatrix} \dfrac{\partial e(1)}{\partial w_1} & \dfrac{\partial e(1)}{\partial w_2} & \cdots & \dfrac{\partial e(1)}{\partial w_m} \\ \dfrac{\partial e(2)}{\partial w_1} & \dfrac{\partial e(2)}{\partial w_2} & \cdots & \dfrac{\partial e(2)}{\partial w_m} \\ \vdots & \vdots & & \vdots \\ \dfrac{\partial e(n)}{\partial w_1} & \dfrac{\partial e(n)}{\partial w_2} & \cdots & \dfrac{\partial e(n)}{\partial w_m} \end{bmatrix}_{\mathbf{w}=\mathbf{w}(n)} \tag{3.20}$$

A jacobiana $\mathbf{J}(n)$ é a transposta da matriz de gradiente *m*-por-*n* $\nabla \mathbf{e}(n)$, onde

$$\nabla \mathbf{e}(n) = [\nabla e(1), \nabla e(2), \ldots, \nabla e(n)]$$

O vetor de peso atualizado $\mathbf{w}(n + 1)$ é assim definido por

$$\mathbf{w}(n+1) = \arg\min_{\mathbf{w}} \left\{ \frac{1}{2} \|\mathbf{e}'(n, \mathbf{w})\|^2 \right\} \tag{3.21}$$

Usando a Eq. (3.19) para calcular a norma euclidiana quadrática de $\mathbf{e}'(n, \mathbf{w})$, obtemos

$$\frac{1}{2}\|\mathbf{e}'(n,\mathbf{w})\|^2 = \frac{1}{2}\|\mathbf{e}(n)\|^2 + \mathbf{e}^T(n)\mathbf{J}(n)(\mathbf{w} - \mathbf{w}(n))$$
$$+ \frac{1}{2}(\mathbf{w} - \mathbf{w}(n))^T \mathbf{J}^T(n)\mathbf{J}(n)(\mathbf{w} - \mathbf{w}(n))$$

Assim, diferenciando esta expressão em relação a **w** e igualando o resultado a zero, obtemos

$$\mathbf{J}^T(n)\mathbf{e}(n) + \mathbf{J}^T(n)\mathbf{J}(n)(\mathbf{w} - \mathbf{w}(n)) = \mathbf{0}$$

Resolvendo esta equação para **w**, podemos então escrever a partir da Eq. (3.21):

$$\mathbf{w}(n+1) = \mathbf{w}(n) - (\mathbf{J}^T(n)\mathbf{J}(n))^{-1}\mathbf{J}^T(n)\mathbf{e}(n) \qquad (3.22)$$

que descreve a forma pura do método de Gauss-Newton.

Diferentemente do método de Newton, que requer o conhecimento da matriz hessiana da função de custo $\mathscr{E}(n)$, o método de Gauss-Newton requer apenas a matriz jacobiana do vetor de erro $\mathbf{e}(n)$. Entretanto, para que a iteração de Gauss-Newton seja computável, a matriz produto $\mathbf{J}^T(n)\mathbf{J}(n)$ deve ser não-singular.

Com relação a este último ponto, reconhecemos que $\mathbf{J}^T(n)\mathbf{J}(n)$ é sempre definida não negativamente. Para assegurar que ela seja não-singular, a jacobiana $\mathbf{J}(n)$ deve ter *posto n*, em relação às linhas; isto é, as n linhas de $\mathbf{J}(n)$ na Eq. (3.20) devem ser linearmente independentes. Infelizmente, não há garantia de que esta condição seja sempre satisfeita. Para nos resguardarmos contra a possibilidade de que $\mathbf{J}(n)$ seja deficiente em posto, a prática habitual é adicionar a matriz diagonal $\delta\mathbf{I}$ à matriz $\mathbf{J}^T(n)\mathbf{J}(n)$. O parâmetro δ é uma constante positiva pequena escolhida para assegurar que

$$\mathbf{J}^T(n)\mathbf{J}(n) + \delta\mathbf{I} : \text{definida positivamente para todo } n$$

Baseado nisto, o método de Gauss-Newton é implementado na forma ligeiramente modificada:

$$\mathbf{w}(n+1) = \mathbf{w}(n) - (\mathbf{J}^T(n)\mathbf{J}(n) + \delta\mathbf{I})^{-1}\mathbf{J}^T(n)\mathbf{e}(n) \qquad (3.23)$$

O efeito desta modificação é reduzido progressivamente à medida que o número de iterações, n, é aumentado. Note também que a equação recursiva (3.23) é a solução da função de custo *modificada*:

$$\mathscr{E}(\mathbf{w}) = \frac{1}{2}\left\{\delta\|\mathbf{w} - \mathbf{w}(0)\|^2 + \sum_{i=1}^{n} e^2(i)\right\} \qquad (3.24)$$

onde $\mathbf{w}(0)$ é o *valor inicial* do vetor de peso $\mathbf{w}(i)$.

Estamos agora equipados com as ferramentas de otimização de que necessitamos para abordarmos as questões específicas que envolvem a filtragem adaptativa linear.

3.4 FILTRO LINEAR DE MÍNIMOS QUADRADOS

Como o nome implica, um *filtro linear de mínimos quadrados* tem duas características distintivas. Primeiro, o único neurônio em torno do qual é construído é linear, como mostrado no modelo da Fig. 3.1b. Segundo, a função de custo $\mathscr{E}(\mathbf{w})$ usada para projetar o filtro consiste da soma de erros quadrados, como definido na Eq. (3.17). Baseado nisto, utilizando as Eqs. (3.3) e (3.4), podemos expressar o vetor de erro $\mathbf{e}(n)$ como segue:

$$\begin{aligned}\mathbf{e}(n) &= \mathbf{d}(n) - \left[\mathbf{x}(1), \mathbf{x}(2), \ldots, \mathbf{x}(n)\right]^T \mathbf{w}(n) \\ &= \mathbf{d}(n) - \mathbf{X}(n)\mathbf{w}(n)\end{aligned} \qquad (3.25)$$

onde $\mathbf{d}(n)$ é o *vetor da resposta desejada* n-por-1:

$$\mathbf{d}(n) = [d(1), d(2),..., d(n)]^T$$

e $\mathbf{X}(n)$ é a *matriz de dados* n-por-m:

$$\mathbf{X}(n) = [\mathbf{x}(1), \mathbf{x}(2),..., \mathbf{x}(n)]^T$$

Diferenciando a Eq. (3.25) em relação a $\mathbf{w}(n)$, obtemos a matriz do gradiente

$$\nabla \mathbf{e}(n) = -\mathbf{X}^T(n)$$

Correspondentemente, a jacobiana de $\mathbf{e}(n)$ é

$$\mathbf{J}(n) = -\mathbf{X}(n) \qquad (3.26)$$

Como a equação do erro (3.19) já é linear em relação ao vetor de peso $\mathbf{w}(n)$, o método de Gauss-Newton converge em uma única iteração, como mostrado aqui. Substituindo as Eqs. (3.25) e (3.26) na Eq. (3.22), obtemos

$$\begin{aligned}\mathbf{w}(n+1) &= \mathbf{w}(n) + \left(\mathbf{X}^T(n)\mathbf{X}(n)\right)^{-1}\mathbf{X}^T(n)\left(\mathbf{d}(n) - \mathbf{X}(n)\mathbf{w}(n)\right) \\ &= \left(\mathbf{X}^T(n)\mathbf{X}(n)\right)^{-1}\mathbf{X}^T(n)\mathbf{d}(n)\end{aligned} \qquad (3.27)$$

Reconhecemos o termo $(\mathbf{X}^T(n)\mathbf{X}(n))^{-1}\mathbf{X}^T(n)$ como a *pseudoinversa* da matriz de dados $\mathbf{X}(n)$ como mostrado em Golub e Van Loan (1996), e Haykin (1996); isto é,

$$\mathbf{X}^+(n) = (\mathbf{X}^T(n)\mathbf{X}(n))^{-1}\mathbf{X}^T(n) \qquad (3.28)$$

Com isso, podemos rescrever a Eq. (3.27) na forma compacta

$$\mathbf{w}(n+1) = \mathbf{X}^+(n)\mathbf{d}(n) \qquad (3.29)$$

Esta fórmula representa um modo conveniente de dizer: "O vetor de peso $\mathbf{w}(n+1)$ resolve o problema linear dos mínimos quadrados definido sobre um intervalo de observação de duração n."

Filtro de Wiener: Forma Limite do Filtro Linear dos Mínimos Quadrados para um Ambiente Ergódico

Um caso de particular interesse é quando o vetor de entrada $\mathbf{x}(i)$ e a resposta desejada $d(i)$ são retirados de um ambiente *ergódico* que é também estacionário. Podemos então substituir as médias de amostras de longo prazo, ou médias temporais, por expectativas ou médias de ensemble (Gray e Davisson, 1986). Um ambiente assim é parcialmente descrito por estatísticas de segunda ordem:

- A *matriz de correlação* do vetor de entrada $\mathbf{x}(i)$; ela é representada por $\mathbf{R}_x$
- O *vetor de correlação cruzada* entre o vetor de entrada $\mathbf{x}(i)$ e a resposta desejada $d(i)$; ele é representado por $\mathbf{r}_{xd}$.

Estas duas quantidades são definidas, respectivamente, como segue:

$$\mathbf{R}_x = E\left[\mathbf{x}(i)\mathbf{x}^T(i)\right]$$
$$= \lim_{n\to\infty}\frac{1}{n}\sum_{i=1}^{n}\mathbf{x}(n)\mathbf{x}^T(i) \qquad (3.30)$$
$$= \lim_{n\to\infty}\frac{1}{n}\mathbf{X}^T(n)\mathbf{X}(n)$$

$$\mathbf{r}_{xd} = E[\mathbf{x}(i)d(i)]$$
$$= \lim_{n\to\infty}\frac{1}{n}\sum_{i=1}^{n}\mathbf{x}(i)d(i) \qquad (3.31)$$
$$= \lim_{n\to\infty}\frac{1}{n}\mathbf{X}^T(n)\mathbf{d}(n)$$

onde E representa o operador estatístico do valor esperado. Conseqüentemente, podemos reformular a solução linear dos mínimos quadrados da Eq.(3.27) como segue:

$$\begin{aligned}\mathbf{w}_0 &= \lim_{n\to\infty}\mathbf{w}(n+1) \\ &= \lim_{n\to\infty}(\mathbf{X}^T(n)\mathbf{X}(n))^{-1}\mathbf{X}^T(n)\mathbf{d}(n) \\ &= \lim_{n\to\infty}\frac{1}{n}(\mathbf{X}^T(n)\mathbf{X}(n))^{-1}\lim_{n\to\infty}\frac{1}{n}\mathbf{X}^T(n)\mathbf{d}(n) \\ &= \mathbf{R}_x^{-1}\mathbf{r}_{xd}\end{aligned} \qquad (3.32)$$

onde $\mathbf{R}_x^{-1}$ é a inversa da matriz de correlação $\mathbf{R}_x$. O vetor de peso $\mathbf{w}_o$ é denominado a *solução de Wiener* para o problema da filtragem linear ótima, em reconhecimento às contribuições de Norbert Wiener para este problema (Widrow e Stearns, 1985; Haykin, 1996). Conseqüentemente, podemos fazer a seguinte afirmação:

Para um processo ergódico, o filtro linear de mínimos quadrados se aproxima de forma assintótica do filtro de Wiener quando o número de observações se aproxima do infinito.

O projeto do filtro de Wiener requer o conhecimento das estatísticas de segunda ordem: a matriz de correlação $\mathbf{R}_x$ do vetor de entrada $\mathbf{x}(n)$ e o vetor de correlação cruzada $\mathbf{r}_{xd}$ entre $\mathbf{x}(n)$ e a resposta desejada $d(n)$. Entretanto, esta informação não está disponível em muitas situações importantes encontradas na prática. Podemos lidar com um ambiente desconhecido utilizando um *filtro linear adaptativo*, adaptativo no sentido de o filtro ser capaz de ajustar os seus parâmetros livres em resposta a variações estatísticas no ambiente. Um algoritmo muito popular para fazer este tipo de ajuste de forma contínua é o algoritmo do mínimo quadrado médio, que está intimamente relacionado com o filtro de Wiener.

3.5 ALGORITMO DO MÍNIMO QUADRADO MÉDIO

O *algoritmo do mínimo quadrado médio (LMS)* é baseado na utilização de *valores instantâneos* para a função de custo, ou seja,

$$\mathscr{E}(\mathbf{w}) = \frac{1}{2}e^2(n) \tag{3.33}$$

onde $e(n)$ é o sinal de erro medido no tempo n. Diferenciando $\mathscr{E}(\mathbf{w})$ em relação ao vetor de peso $\mathbf{w}$, obtemos

$$\frac{\partial \mathscr{E}(\mathbf{w})}{\partial \mathbf{w}} = e(n)\frac{\partial e(n)}{\partial \mathbf{w}} \tag{3.34}$$

Como no caso do filtro dos mínimos quadrados, o algoritmo LMS opera com um neurônio linear de forma que podemos expressar o sinal de erro como

$$e(n) = d(n) - \mathbf{x}^T(n)\mathbf{w}(n) \tag{3.35}$$

Com isso,

$$\frac{\partial e(n)}{\partial \mathbf{w}(n)} = -\mathbf{x}(n)$$

e

$$\frac{\partial \mathscr{E}(\mathbf{w})}{\partial \mathbf{w}(n)} = -\mathbf{x}(n)e(n)$$

Utilizando este último resultado como uma *estimativa* para o vetor do gradiente, podemos escrever

$$\hat{\mathbf{g}}(n) = -\mathbf{x}(n)e(n) \tag{3.36}$$

Finalmente, usando a Eq. (3.36) para o vetor do gradiente na Eq. (3.12) para o método da descida mais íngreme, podemos formular o algoritmo LMS como segue:

$$\hat{\mathbf{w}}(n+1) = \hat{\mathbf{w}}(n) + \eta\mathbf{x}(n)e(n) \tag{3.37}$$

onde η é o parâmetro da taxa de aprendizagem. O laço de realimentação em torno do vetor de peso $\hat{\mathbf{w}}(n)$ no algoritmo LMS se comporta como um *filtro passa-baixas*, deixando passar as componentes de baixa freqüência do sinal de erro e atenuando suas componentes de alta freqüência (Haykin, 1996). A constante de tempo média desta ação de filtragem é inversamente proporcional ao parâmetro de taxa de aprendizagem η. Conseqüentemente, atribuindo-se um valor pequeno a η, o processo adaptativo progredirá lentamente. Um número maior de dados passados será então recordado pelo algoritmo LMS, resultando em uma ação de filtragem mais precisa. Em outras palavras, o inverso do parâmetro da taxa de aprendizagem η é uma medida da *memória* do algoritmo LMS.

Na Eq. (3.37), utilizamos $\hat{\mathbf{w}}(n)$ em lugar de $\mathbf{w}(n)$ para enfatizar o fato de que o algoritmo LMS produz uma *estimativa* do vetor de peso que resultaria da utilização do método da descida mais íngreme. Conseqüentemente, utilizando o algoritmo LMS sacrificamos uma característica distintiva do algoritmo da descida mais íngreme. No algoritmo da descida mais íngreme, o vetor de peso $\mathbf{w}(n)$ segue uma trajetória bem-definida no espaço de pesos para um determinado η. Por outro lado, no algoritmo LMS o vetor de peso $\hat{\mathbf{w}}(n)$ traça uma trajetória aleatória. Por essa razão, o algoritmo LMS é algumas vezes denominado "algoritmo do gradiente estocástico". Conforme o número de iterações no algoritmo LMS se aproxima do infinito, $\hat{\mathbf{w}}(n)$ realiza uma caminhada aleatória (movimento browniano) em torno da solução de Wiener $\mathbf{w}_o$. O ponto importante é o fato de que, diferentemente do método da descida mais íngreme, o algoritmo LMS *não* requer o conhecimento das estatísticas do ambiente.

Um resumo do algoritmo LMS é apresentado na Tabela 3.1, que ilustra claramente a simplicidade do algoritmo. Como indicado nesta tabela, para a *inicialização* do algoritmo, normalmente se faz o valor do vetor de peso no algoritmo igual a zero.

TABELA 3.1 Resumo do Algoritmo LMS

Amostra de Treinamento: Vetor do sinal de entrada = $\mathbf{x}(n)$
Resposta desejada = $d(n)$

Parâmetro selecionado pelo usuário: h
Inicialização. Suponha que $\hat{\mathbf{w}}(0) = \mathbf{0}$.
Computação. Para $n = 1, 2, \ldots$, computar

$$e(n) = d(n) - \hat{\mathbf{w}}^T(n)\mathbf{x}(n)$$
$$\hat{\mathbf{w}}(n+1) = \hat{\mathbf{w}}(n) + h\,\mathbf{x}(n)e(n)$$

Representação por Grafo de Fluxo de Sinal do Algoritmo LMS

Combinando as Eqs. (3.35) e (3.37), podemos expressar a evolução do vetor de peso no algoritmo LMS como segue:

$$\begin{aligned}\hat{\mathbf{w}}(n+1) &= \hat{\mathbf{w}}(n) + \eta\mathbf{x}(n)\big[d(n) - \mathbf{x}^T(n)\hat{\mathbf{w}}(n)\big] \\ &= \big[\mathbf{I} - \eta\mathbf{x}(n)\mathbf{x}^T(n)\big]\hat{\mathbf{w}}(n) + \eta\mathbf{x}(n)d(n)\end{aligned} \quad (3.38)$$

onde $\mathbf{I}$ é a matriz identidade. Utilizando o algoritmo LMS, reconhecemos que

$$\hat{\mathbf{w}}(n) = z^{-1}[\hat{\mathbf{w}}(n+1)] \quad (3.39)$$

onde z^{-1} é o *operador atraso unitário*, implicando armazenamento. Usando as Eqs. (3.38) e (3.39), podemos então representar o algoritmo LMS pelo grafo de fluxo de sinal representado na Fig. 3.3. Este grafo de fluxo de sinal revela que o algoritmo LMS é um exemplo de um *sistema realimentado estocástico*. A presença de realimentação tem um impacto profundo no comportamento em relação à convergência do algoritmo LMS.

Considerações sobre a Convergência do Algoritmo LMS

Da teoria de controle sabemos que a estabilidade de um sistema realimentado é determinado pelos parâmetros que constituem seu laço de realimentação. Da Fig. 3.3 vemos que é o laço de realimentação inferior que confere variabilidade ao comportamento do algoritmo LMS. Em particular, há duas quantidades distintas, o parâmetro da taxa de aprendizagem η e o vetor de entrada $\mathbf{x}(n)$, que

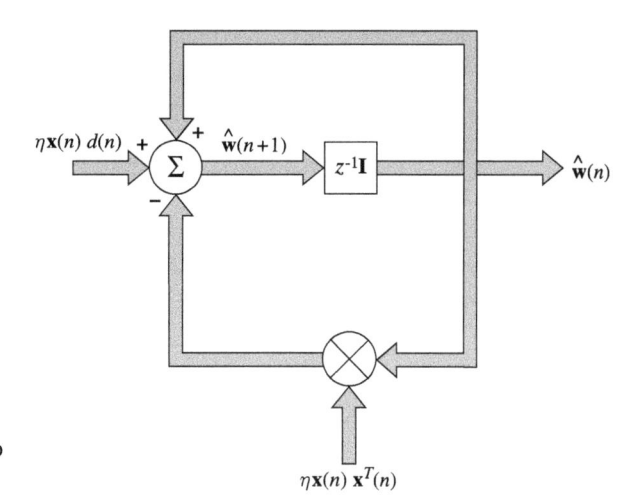

FIGURA 3.3 Representação por grafo de fluxo de sinal do algoritmo LMS

determinam a transmitância deste laço de realimentação. Portanto, deduzimos que o comportamento em relação à convergência (i.e., estabilidade) do algoritmo LMS é influenciado pelas características estatísticas do vetor de entrada $\mathbf{x}(n)$ e pelo valor atribuído ao parâmetro taxa de aprendizagem η. Formulando esta observação de uma outra forma, podemos afirmar que para um determinado ambiente que fornece o vetor de entrada $\mathbf{x}(n)$, devemos ter cuidado na seleção do parâmetro da taxa de aprendizagem η para que o algoritmo LMS seja convergente.

O primeiro critério para convergência do algoritmo LMS é a *convergência da média*, descrita por

$$E[\hat{\mathbf{w}}(n)] \to \mathbf{w}_o \quad \text{quando } n \to \infty \quad (3.40)$$

onde $\mathbf{w}_o$ é a solução de Wiener. Infelizmente, este critério de convergência é de pouco valor prático, pois uma seqüência de vetores aleatórios de média zero, mas de outro modo arbitrária, converge por este critério.

Do ponto de vista prático, a questão da convergência que realmente importa é a *convergência do quadrado médio*, descrita por

$$E[e^2(n)] \to \text{constante} \quad \text{quando } n \to \infty \quad (3.41)$$

Infelizmente, uma análise detalhada da convergência do algoritmo LMS em relação ao quadrado médio é bastante complicada. Para tornar esta análise matematicamente tratável, são feitas normalmente as seguintes suposições:

1. Os vetores de entrada sucessivos $\mathbf{x}(1)$, $\mathbf{x}(2)$,... são estatisticamente independentes entre si.
2. No passo de tempo n, o vetor de entrada $\mathbf{x}(n)$ é estatisticamente independente de todas as amostras anteriores da resposta desejada, isto é, $d(1), d(2),..., d(n-1)$.
3. No passo de tempo n, a resposta desejada $d(n)$ é dependente de $\mathbf{x}(n)$, mas estatisticamente independente de todos os valores anteriores da resposta desejada.
4. O vetor de entrada $\mathbf{x}(n)$ e a resposta desejada $d(n)$ são retirados de populações com distribuições gaussianas.

Uma análise estatística do algoritmo LMS assim fundamentado é denominada a *teoria da independência* (Widrow et al., 1976).

Invocando os elementos da teoria da independência e assumindo que o parâmetro da taxa de aprendizagem η seja suficientemente pequeno, Haykin (1996) mostra que o algoritmo LMS é convergente em relação ao quadrado médio desde que η satisfaça a condição

$$0 < \eta < \frac{2}{\lambda_{max}} \quad (3.42)$$

onde λ_{max} é o *maior autovalor* da matriz de correlação $\mathbf{R}_x$. Em aplicações típicas do algoritmo LMS, contudo, λ_{max} não é conhecido. Para superar esta dificuldade, o *traço* de $\mathbf{R}_x$ pode ser utilizado como uma estimativa conservadora para λ_{max}, e neste caso a condição da Eq. (3.42) pode ser reformulada como

$$0 < \eta < \frac{2}{\mathrm{tr}[\mathbf{R}_x]} \quad (3.43)$$

onde $\mathrm{tr}[\mathbf{R}_x]$ representa o traço da matriz $\mathbf{R}_x$. Por definição, o traço de uma matriz quadrada é igual à soma de seus elementos na diagonal principal. Como cada elemento na diagonal da matriz de correlação $\mathbf{R}_x$ é igual ao valor médio quadrado da entrada sensorial correspondente, podemos reformular a condição para convergência do algoritmo LMS pelo quadrado médio como segue:

$$0 < \eta < \frac{2}{\text{soma dos valores médios quadrados das entradas sensoriais}} \quad (3.44)$$

Desde que o parâmetro da taxa de aprendizagem satisfaça esta condição, assegura-se também a convergência do algoritmo LMS pela média. Isto é, a convergência pelo quadrado médio implica a convergência pela média, mas o contrário não é necessariamente verdadeiro.

Virtudes e Limitações do Algoritmo LMS

Uma virtude importante do algoritmo LMS é a sua simplicidade, como exemplificado pelo resumo do algoritmo, apresentado na Tabela 3.1. Além disso, o algoritmo LMS é independente de modelo e conseqüentemente *robusto*, o que significa que pequenas incertezas do modelo e pequenas perturbações (i.e., perturbações com pequena energia) resultam apenas em pequenos erros de estimativa (sinais de erro). Em termos matemáticos precisos, o algoritmo LMS é ótimo de acordo com o *critério H^∞* (ou *minimax*) (Hassibi et al., 1993, 1996). A filosofia básica de otimização no sentido de H^∞ é prover subsídios para o cenário de pior caso[4]:

Se você não souber o que irá enfrentar, planeje para o pior caso e otimize.

Por muito tempo, o algoritmo LMS foi visto como uma aproximação instantânea para o algoritmo da descida do gradiente. Entretanto, a otimização por H^∞ do algoritmo LMS fornece uma base rigorosa para este algoritmo largamente utilizado. Particularmente, ela explica a sua habilidade para funcionar satisfatoriamente tanto em um ambiente estacionário como em um ambiente não-estacionário. Por um ambiente "não-estacionário" entende-se aquele em que as estatísticas variam com o tempo. Em um ambiente assim, a solução ótima de Wiener assume uma forma variável no tempo, e o algoritmo LMS tem agora a tarefa adicional de *seguir* as variações dos parâmetros do filtro de Wiener.

As limitações principais do algoritmo LMS são a sua taxa de convergência lenta e a sensibilidade a variações na auto-estrutura da entrada (Haykin, 1996). O algoritmo LMS tipicamente requer um número de iterações igual a cerca de 10 vezes a dimensionalidade do espaço de entrada para ele alcançar uma condição de estabilidade. A lenta taxa de convergência se torna particularmente séria quando a dimensionalidade do espaço de entrada se torna alta. Assim como em relação à sensibilidade a variações nas condições do ambiente, o algoritmo LMS é particularmente sensível a variações no *número condicionante* ou *intervalo do autovalor* da matriz de correlação $\mathbf{R}_x$ do vetor de entrada $\mathbf{x}$. O número condicionante da matriz de correlação $\mathbf{R}_x$, representado por $\chi(\mathbf{R}_x)$, é definido como

$$\chi(\mathbf{R}_x) = \frac{\lambda_{max}}{\lambda_{min}} \qquad (3.45)$$

onde λ_{max} e λ_{min} são os autovalores máximo e mínimo da matriz $\mathbf{R}_x$, respectivamente. A sensibilidade do algoritmo LMS a variações no número condicionante $\chi(\mathbf{R}_x)$ se torna particularmente aguda quando a amostra de treinamento à qual pertence o vetor de entrada $\mathbf{x}(n)$ é *mal condicionada*, isto é, quando o número condicionante $\chi(\mathbf{R}_x)$ é alto.[5] Note que no algoritmo LMS a *matriz hessiana*, definida como a derivada segunda da função de custo $\mathscr{E}(\mathbf{w})$ em relação a $\mathbf{w}$, é igual à matriz de correlação $\mathbf{R}_x$; veja o Problema 3.8. Assim, na discussão aqui apresentada, poderíamos ter falado tanto em termos da hessiana como da matriz de correlação $\mathbf{R}_x$.

3.6 CURVAS DE APRENDIZAGEM

Uma maneira informativa de examinar o comportamento de convergência do algoritmo LMS, ou de um filtro adaptativo em geral, é traçar a *curva de aprendizagem* do filtro sob condições ambientais variáveis. A curva de aprendizagem é um *gráfico do valor médio quadrado do erro de estimação*, $\mathscr{E}_{med}(n)$, *em função do número de iterações*, n.

Imagine um experimento envolvendo um *ensemble* de filtros adaptativos, com cada filtro operando sob o controle de um algoritmo específico. Assume-se que os detalhes do algoritmo, incluindo a inicialização, são os mesmos para todos os filtros. As diferenças entre os filtros surgem da maneira *aleatória* pela qual o vetor de entrada $\mathbf{x}(n)$ e a resposta desejada $d(n)$ são retirados da amostra de treinamento disponível. Para cada filtro, traçamos o valor do quadrado do erro de estimação (i.e., a diferença entre a resposta desejada e a saída real do filtro) em função do número de iterações. Uma curva de aprendizagem *da amostra* assim obtida consiste de exponenciais *ruidosas*, sendo o ruído causado pela natureza inerentemente estocástica do filtro adaptativo. Para calcular a *curva de aprendizagem média do ensemble* (i.e., o gráfico de $\mathscr{E}_{med}(n)$ em função de n), calculamos a média destas curvas de aprendizagem das amostras sobre o ensemble de filtros adaptativos utilizados no experimento, suavizando com isso os efeitos do ruído.

Assumindo que o filtro adaptativo seja estável, constatamos que a curva de aprendizagem média do ensemble começa com um valor grande de $\mathscr{E}_{med}(0)$, determinado pelas condições iniciais, então decresce a uma taxa que depende do filtro utilizado e finalmente converge para um valor estável $\mathscr{E}_{med}(\infty)$, como ilustrado na Fig. 3.4. Com base nesta curva de aprendizagem, podemos definir a *taxa de convergência* do filtro adaptativo como o número de iterações n, necessárias para reduzir $\mathscr{E}_{med}(n)$ a um valor escolhido arbitrariamente, tal como 10 por cento do valor inicial $\mathscr{E}_{med}(0)$.

Uma outra característica útil de um filtro adaptativo que é deduzida da curva de aprendizagem média do ensemble é o *desajustamento*, representado por $\mathcal{M}$. Suponha que $\mathscr{E}_{min}$ represente o erro médio quadrado mínimo produzido pelo filtro de Wiener, projetado com base nos valores conhecidos da matriz de correlação $\mathbf{R}_x$ e do vetor de correlação cruzada $\mathbf{r}_{xd}$. Podemos definir o *desajustamento* para o filtro adaptativo como segue (Widrow e Stearns, 1985; Haykin, 1996):

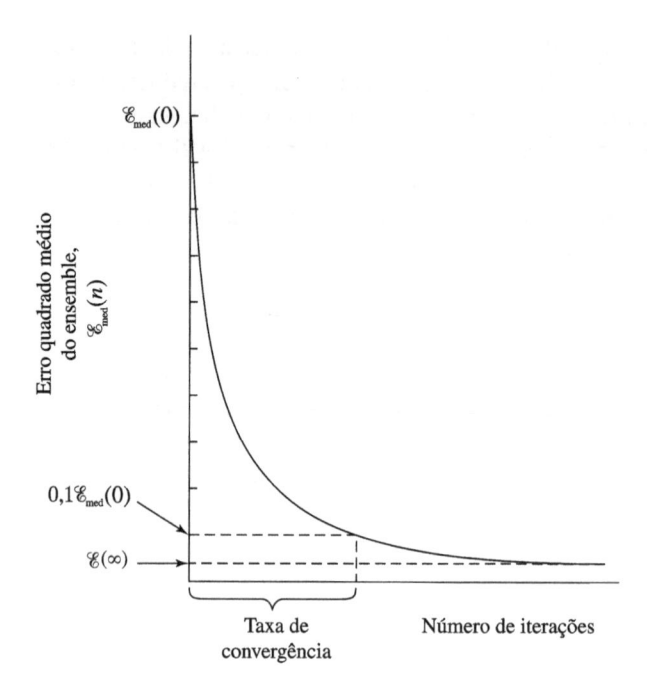

FIGURA 3.4 Curva de aprendizagem idealizada do algoritmo LMS.

$$\mathcal{M} = \frac{\mathcal{E}(\infty) - \mathcal{E}_{min}}{\mathcal{E}_{min}}$$

$$= \frac{\mathcal{E}(\infty)}{\mathcal{E}_{min}} - 1 \qquad (3.46)$$

O desajustamento $\mathcal{M}$ é uma quantidade adimensional, que fornece uma medida de quão perto do ótimo está o filtro adaptativo, no sentido do erro médio quadrado. Quanto menor for $\mathcal{M}$ comparado com a unidade, mais *precisa* será a ação de filtragem adaptativa do algoritmo. Normalmente, $\mathcal{M}$ é expresso como uma porcentagem. Assim, por exemplo, um desajustamento de 10 por cento significa que o filtro adaptativo produz um erro médio quadrado (após completar a adaptação) que é 10 por cento maior que o erro médio quadrado mínimo $\mathcal{E}_{min}$ produzido pelo filtro de Wiener correspondente. Tal desempenho é normalmente considerado na prática como satisfatório.

Uma outra característica importante do algoritmo LMS é o *tempo de acomodação*. Entretanto, não há uma definição única para o tempo de acomodação. Podemos, por exemplo, aproximar a curva de aprendizagem por uma exponencial única com *constante de tempo média* τ_{med}, e assim usar τ_{med} como uma medida grosseira do tempo de acomodação. Quanto menor for o valor de τ_{med}, mais rápido será o tempo de acomodação (i.e., o algoritmo LMS convergirá mais rapidamente para a condição "estável").

O desajustamento $\mathcal{M}$ do algoritmo LMS é, dentro de um bom grau de aproximação, diretamente proporcional ao parâmetro da taxa de aprendizagem η, enquanto que a constante de tempo média τ_{med} é inversamente proporcional ao parâmetro da taxa de aprendizagem η (Widrow e Stearns, 1985; Haykin, 1996). Conseqüentemente, temos resultados conflitantes no sentido de que se o parâmetro da taxa de aprendizagem for reduzido para reduzir o desajustamento, então o tempo de acomodação do algoritmo LMS é aumentado. De forma inversa, se o parâmetro da taxa de aprendizagem for aumentado para acelerar o processo de aprendizagem, então o desajustamento é aumentado. Deve-se dar muita atenção à escolha do parâmetro da taxa de aprendizagem η no projeto do algoritmo LMS para produzir um desempenho global satisfatório.

3.7 ESTRATÉGIAS DE VARIAÇÃO DA TAXA DE APRENDIZAGEM

As dificuldades encontradas com o algoritmo LMS podem ser atribuídas ao fato de o parâmetro da taxa de aprendizagem ser mantido constante durante toda a computação, como mostrado por

$$\eta(n) = \eta_0 \text{ para todo } n \tag{3.47}$$

Esta é a forma mais simples possível que o parâmetro da taxa de aprendizagem pode assumir. Por outro lado, na *aproximação estocástica*, que se baseia no artigo clássico de Robbins e Monro (1951), o parâmetro da taxa de aprendizagem é variável no tempo. A forma particular de variação temporal mais comum na literatura sobre aproximação estocástica é descrita por

$$\eta(n) = \frac{c}{n} \tag{3.48}$$

onde c é uma constante. Uma escolha assim é realmente suficiente para garantir a convergência do algoritmo de aproximação estocástica (Ljung, 1977; Kushner e Clark, 1978). Entretanto, quando a constante c é grande, há o perigo de o parâmetro disparar para n pequeno.

Como uma alternativa para as Eqs. (3.47) e (3.48), podemos utilizar a *estratégia procura-então-converge*, definida por Darken e Moody (1992)

$$\eta(n) = \frac{\eta_0}{1 + (n/\tau)} \tag{3.49}$$

onde η_0 e τ são constantes definidas pelo usuário. Nos estágios iniciais de adaptação envolvendo um número de iterações n pequeno comparado com a *constante de tempo de busca* τ, o parâmetro da taxa de aprendizagem $\eta(n)$ é aproximadamente igual a η_0, e o algoritmo opera essencialmente como uma algoritmo LMS "padrão", como indicado na Fig. 3.5. Assim, escolhendo um valor alto para η_0 dentro do intervalo permitido, esperamos que os pesos ajustáveis do filtro encontrem e permaneçam em torno de um "bom" conjunto de valores. Então, para um número de iterações n grande comparado com a constante de tempo de busca τ, o parâmetro taxa de aprendizagem $\eta(n)$ se aproxima de c/n, onde $c = \tau\eta_0$, como ilustrado na Fig. 3.5. O algoritmo opera agora como um algoritmo de aprendizagem estocástica tradicional, e os pesos convergem para seus valores ótimos. Assim, a estratégia de busca-então-converge tem o potencial de combinar as características desejáveis do algoritmo LMS padrão com a teoria de aproximação estocástica tradicional.

3.8 O PERCEPTRON

Chegamos agora à segunda parte do capítulo que trata do perceptron de Rosenblatt, daqui em diante denominado simplesmente de *perceptron*. Enquanto que o algoritmo LMS descrito nas seções anteriores é construído em torno de um neurônio linear, o perceptron é construído em torno de um neurônio não-linear, isto é, o *modelo de McCulloch-Pitts* de um neurônio. Do Capítulo 1 lembramos que este modelo de neurônio consiste de um combinador linear seguido por um limitador abrupto (realizando a função sinal), como representado na Fig. 3.6. O nó aditivo do modelo neuronal calcula uma combinação linear das entradas aplicadas às suas sinapses e também incorpora um bias

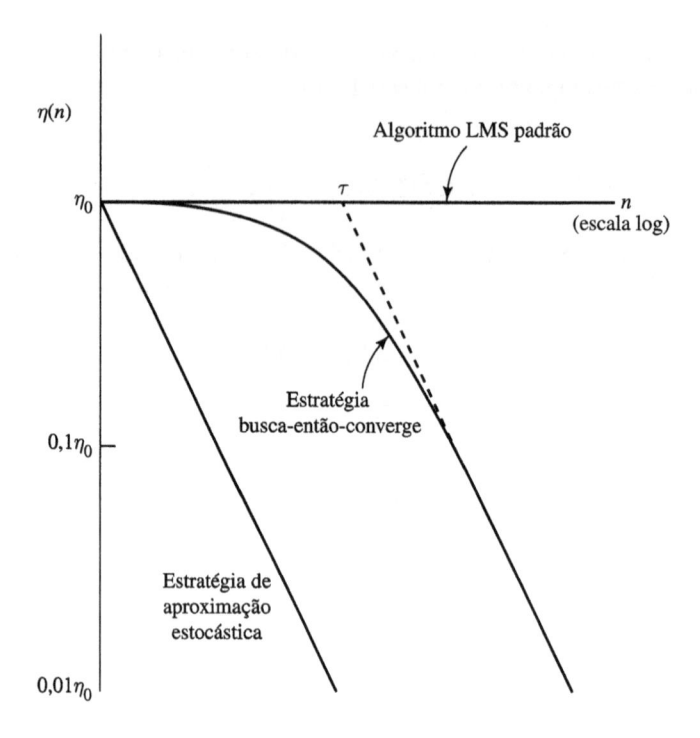

FIGURA 3.5 Estratégias de variação da taxa de aprendizagem

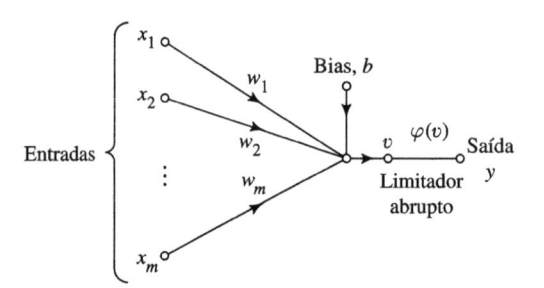

FIGURA 3.6 Grafo de fluxo de sinal do perceptron

aplicado externamente. A soma resultante, isto é, o campo local induzido, é aplicado ao limitador abrupto. Correspondentemente, o neurônio produz uma saída igual a +1 se a entrada do limitador abrupto for positiva e −1 se ela for negativa.

No modelo de grafo de fluxo de sinal da Fig. 3.6, os pesos sinápticos do perceptron são representados por $w_1, w_2, ... w_m$. Correspondentemente, as entradas aplicadas ao perceptron são representadas por $x_1, x_2, ... x_m$. O bias aplicado externamente é representado por b. Do modelo constatamos que a entrada do limitador abrupto ou o campo local induzido do neurônio é

$$v = \sum_{i=1}^{m} w_i x_i + b \qquad (3.50)$$

O objetivo do perceptron é classificar corretamente o conjunto de estímulos aplicados externamente $x_1, x_2, ... x_m$ em uma de duas classes $\mathcal{C}_1$ ou $\mathcal{C}_2$. A regra de decisão para a classificação é atribuir o ponto representado pelas entradas $x_1, x_2, ... x_m$ à classe $\mathcal{C}_1$ se a saída do perceptron y for +1 e à classe $\mathcal{C}_2$ se ela for −1.

Para compreender melhor o comportamento de um classificador de padrões, normalmente se traça um mapa das regiões de decisão no espaço de sinal m-dimensional abrangido pelas m variáveis de entrada $x_1, x_2,... x_m$. Na forma mais simples do perceptron, existem duas regiões separadas por um *hiperplano* definido por

$$\sum_{i=1}^{m} w_i x_i + b = 0 \qquad (3.51)$$

Isto está ilustrado na Fig. 3.7 para o caso de duas variáveis x_1 e x_2, para o qual a fronteira de decisão toma a forma de uma linha reta. Um ponto (x_1, x_2) que se encontra acima da linha de fronteira é atribuído à classe $\mathcal{C}_1$ e um ponto (x_1, x_2) que está abaixo da linha de fronteira é atribuído à classe $\mathcal{C}_2$. Note também que o efeito do bias b é meramente de deslocar a fronteira de decisão em relação à origem.

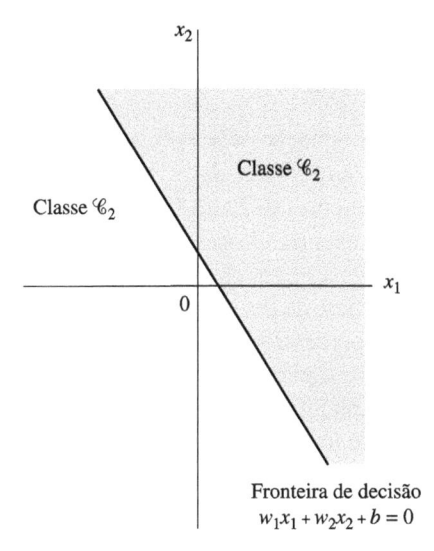

FIGURA 3.7 Ilustração do hiperplano (neste exemplo, uma linha reta) como fronteira de decisão para um problema de classificação de padrões bidimensional de duas classes

Os pesos sinápticos $w_1, w_2,... w_m$ do perceptron podem ser adaptados de iteração para iteração. Para a adaptação podemos utilizar uma regra de correção de erro conhecida como o algoritmo de convergência do perceptron.

3.9 TEOREMA DE CONVERGÊNCIA DO PERCETRON

Para derivar o algoritmo de aprendizagem por correção de erro para o perceptron, achamos mais conveniente trabalhar com o modelo modificado do grafo de fluxo de sinal da Fig. 3.8. Neste segundo modelo, que é equivalente àquele da Fig. 3.6, o bias $b(n)$ é tratado como um peso sináptico acionado por uma entrada fixa igual a $+1$. Podemos assim definir o vetor de entrada $(m + 1)$-por-1

$$\mathbf{x}(n) = [+1, x_1(n), x_2(n), ..., x_m(n)]^T$$

onde n representa o passo de iteração na aplicação do algoritmo. Correspondentemente, definimos o vetor de peso $(m + 1)$-por-1 como

$$\mathbf{w}(n) = [b(n), w_1(n), w_2(n), ..., w_m(n)]^T$$

FIGURA 3.8 Grafo de fluxo de sinal equivalente do perceptron; por clareza a dependência do tempo foi omitida

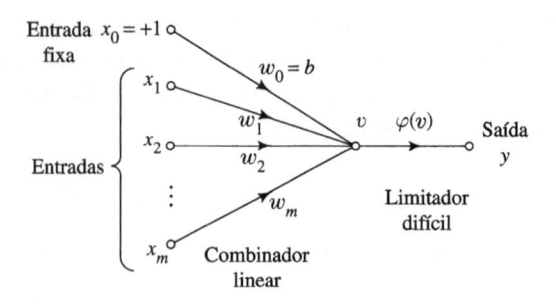

Correspondentemente, a saída do combinador linear pode ser escrita na forma compacta

$$v(n) = \sum_{i=0}^{m} w_i(n)x_i(n)$$
$$= \mathbf{w}^T(n)\mathbf{x}(n) \quad (3.52)$$

onde $w_0(n)$ representa o bias $b(n)$. Para n fixo, a equação $\mathbf{w}^T\mathbf{x} = 0$, traçada em um espaço m-dimensional (traçada para um bias predeterminado) com coordenadas $x_1, x_2, \ldots x_m$, define um hiperplano como a superfície de decisão entre duas classes diferentes de entradas.

Para o perceptron funcionar adequadamente, as duas classes $\mathscr{C}_1$ e $\mathscr{C}_2$ devem ser *linearmente separáveis*. Por sua vez, isto significa que os padrões a serem classificados devem estar suficientemente separados entre si para assegurar que a superfície de decisão consista de um hiperplano. Esta exigência é ilustrada na Fig. 3.9 para o caso de um perceptron bidimensional. Na Fig. 3.9a, as duas classes $\mathscr{C}_1$ e $\mathscr{C}_2$ estão suficientemente separadas entre si para que desenhemos um hiperplano (neste caso uma linha reta) como fronteira de decisão. Entretanto, se permitirmos que as duas classes $\mathscr{C}_1$ e $\mathscr{C}_2$ se aproximem demais, como na Fig. 3.9b, elas se tornam não linearmente separáveis, uma situação que está além da capacidade do perceptron.

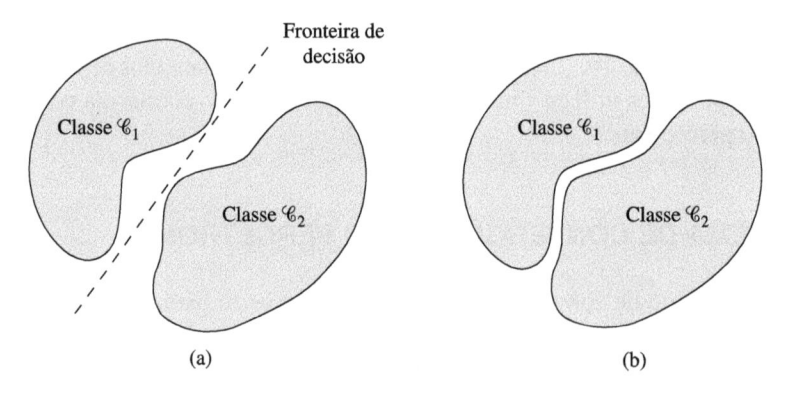

FIGURA 3.9 (a) Um par de padrões linearmente separáveis. (b) Um par de padrões não linearmente separáveis

Suponha então que as variáveis de entrada do perceptron se originem de duas classes linearmente separáveis. Seja $\mathscr{X}_1$ o subconjunto de vetores de treinamento $\mathbf{x}_1(1), \mathbf{x}_1(2), \ldots$ que pertencem à classe $\mathscr{C}_1$ e seja $\mathscr{X}_2$ o subconjunto de vetores de treinamento $\mathbf{x}_2(1), \mathbf{x}_2(2), \ldots$ que pertencem à classe $\mathscr{C}_2$. A união de $\mathscr{X}_1$ e $\mathscr{X}_2$ é o conjunto de treinamento completo $\mathscr{X}$. Dados os conjuntos de vetores $\mathscr{X}_1$ e $\mathscr{X}_2$ para treinar o classificador, o processo de treinamento envolve o ajuste do vetor de peso $\mathbf{w}$ de tal forma que as duas classes $\mathscr{C}_1$ e $\mathscr{C}_2$ sejam linearmente separáveis. Isto é, existe um vetor de peso **w** para o qual podemos afirmar

$$\begin{aligned}\mathbf{w}^T\mathbf{x} > 0 \text{ para todo vetor de entrada } \mathbf{x} \text{ pertencente à classe } \mathscr{C}_1 \\ \mathbf{w}^T\mathbf{x} \leq 0 \text{ para todo vetor de entrada } \mathbf{x} \text{ pertencente à classe } \mathscr{C}_2\end{aligned} \quad (3.53)$$

Na segunda linha da Eq. (3.53), escolhemos arbitrariamente que o vetor de entrada **x** pertence à classe $\mathscr{C}_2$ se $\mathbf{w}^T\mathbf{x} = 0$. Dados os subconjuntos de vetores de treinamento $\mathscr{X}_1$ e $\mathscr{X}_2$, o problema de treinamento para o perceptron elementar é, então, encontrar um vetor de peso **w** tal que as duas desigualdades da Eq. (3.53) sejam satisfeitas.

O algoritmo para adaptar o vetor de peso do perceptron elementar pode agora ser formulado como segue:

1. Se o n-ésimo membro do conjunto de treinamento, $\mathbf{x}(n)$, é corretamente classificado pelo vetor de peso $\mathbf{w}(n)$ calculado na n-ésima iteração do algoritmo, então o vetor de peso do perceptron não é corrigido de acordo com a regra:

$$\begin{aligned}\mathbf{w}(n+1) = \mathbf{w}(n) \quad &\text{se } \mathbf{w}^T\mathbf{x}(n) > 0 \text{ e } \mathbf{x}(n) \text{ pertence à classe } \mathscr{C}_1 \\ \mathbf{w}(n+1) = \mathbf{w}(n) \quad &\text{se } \mathbf{w}^T\mathbf{x}(n) \leq 0 \text{ e } \mathbf{x}(n) \text{ pertence à classe } \mathscr{C}_2\end{aligned} \quad (3.54)$$

2. Caso contrário, o vetor de peso do perceptron é atualizado de acordo com a regra

$$\begin{aligned}\mathbf{w}(n+1) = \mathbf{w}(n) - \eta(n)\mathbf{x}(n) \quad &\text{se } \mathbf{w}^T(n)\mathbf{x}(n) > 0 \text{ e } \mathbf{x}(n) \text{ pertence à classe } \mathscr{C}_2 \\ \mathbf{w}(n+1) = \mathbf{w}(n) + \eta(n)\mathbf{x}(n) \quad &\text{se } \mathbf{w}^T(n)\mathbf{x}(n) \leq 0 \text{ e } \mathbf{x}(n) \text{ pertence à classe } \mathscr{C}_1\end{aligned} \quad (3.55)$$

onde o *parâmetro da taxa de aprendizagem* $\eta(n)$ controla o ajuste aplicado ao vetor de peso na iteração n.

Se $\eta(n) = \eta > 0$, onde η é uma constante independente do número da iteração n, temos uma *regra de adaptação com incremento fixo* para o perceptron.

No que segue, primeiro provamos a convergência de uma regra de adaptação com incremento fixo para a qual $\eta = 1$. Claramente, o valor de η não é importante, desde que seja positivo. Um valor de $\eta \neq 1$ meramente escala os vetores de padrões sem afetar a sua separabilidade. O caso de um $\eta(n)$ variável será considerado mais tarde.

A prova é apresentada para a condição inicial $\mathbf{w}(0) = \mathbf{0}$. Suponha que $\mathbf{w}^T(n)\mathbf{x}(n) < 0$ para $n = 1$, 2,..., e que o vetor de entrada $\mathbf{x}(n)$ pertença ao subconjunto $\mathscr{X}_1$. Isto é, o perceptron classifica incorretamente os vetores $\mathbf{x}(1)$, $\mathbf{x}(2)$,..., já que a segunda condição da Eq. (3.53) é violada. Então, com a constante $\eta(n) = 1$, podemos usar a segunda linha da Eq. (3.55) para escrever

$$\mathbf{w}(n+1) = \mathbf{w}(n) + \mathbf{x}(n) \quad \text{para } \mathbf{x}(n) \text{ pertencente à classe } \mathscr{C}_1. \quad (3.56)$$

Dada a condição inicial $\mathbf{w}(0) = \mathbf{0}$, podemos resolver iterativamente esta equação para $\mathbf{w}(n+1)$ obtendo o resultado

$$\mathbf{w}(n+1) = \mathbf{x}(1) + \mathbf{x}(2) + \cdots + \mathbf{x}(n) \quad (3.57)$$

Como as classes $\mathcal{C}_1$ e $\mathcal{C}_2$ são assumidas como sendo linearmente separáveis, existe uma solução $\mathbf{w}_0$ para a qual $\mathbf{w}^T(n)\mathbf{x}(n) > 0$ para os vetores $\mathbf{x}(1),..., \mathbf{x}(n)$ pertencentes ao subconjunto $\mathcal{X}_1$. Para uma solução fixa $\mathbf{w}_0$, podemos então definir um número positivo α como

$$\alpha = \min_{\mathbf{x}(n) \in \mathcal{X}_1} \mathbf{w}_0^T \mathbf{x}(n) \tag{3.58}$$

Assim, multiplicando ambos os lados da Eq. (3.57) pelo vetor linha $\mathbf{w}_0^T$, obtemos

$$\mathbf{w}_0^T \mathbf{w}(n+1) = \mathbf{w}_0^T \mathbf{x}(1) + \mathbf{w}_0^T \mathbf{x}(2) + \cdots + \mathbf{w}_0^T \mathbf{x}(n)$$

Conseqüentemente, com base na definição dada na Eq. (3.58), temos

$$\mathbf{w}_0^T \mathbf{w}(n+1) \geq n\alpha \tag{3.59}$$

A seguir, fazemos uso da desigualdade conhecida como desigualdade de Cauchy-Schwarz. Dados dois vetores $\mathbf{w}_0$ e $\mathbf{w}(n+1)$, a *desigualdade de Cauchy-Schwarz* afirma que

$$\|\mathbf{w}_0\|^2 \|\mathbf{w}(n+1)\|^2 \geq \left[\mathbf{w}_0^T \mathbf{w}(n+1)\right]^2 \tag{3.60}$$

onde $\|\cdot\|$ representa a norma euclidiana do vetor no argumento, e o produto interno $\mathbf{w}_0^T \mathbf{w}(n+1)$ é uma quantidade escalar. Notamos agora da Eq.(3.59) que $\left[\mathbf{w}_0^T \mathbf{w}(n+1)\right]^2$ é igual ou maior que $n^2\alpha^2$. Da Eq.(3.60) notamos que $\|\mathbf{w}_0\|^2 \|\mathbf{w}(n+1)\|^2$ é igual ou maior que $\left[\mathbf{w}_0^T \mathbf{w}(n+1)\right]^2$. Portanto, segue que

$$\|\mathbf{w}_0\|^2 \|\mathbf{w}(n+1)\|^2 \geq n^2\alpha^2$$

ou de forma equivalente,

$$\|\mathbf{w}(n+1)\|^2 \geq \frac{n^2\alpha^2}{\|\mathbf{w}_0\|^2} \tag{3.61}$$

A seguir, seguimos um outro caminho de desenvolvimento. Em particular, rescrevemos a Eq. (3.56) na forma

$$\mathbf{w}(k+1) = \mathbf{w}(k) + \mathbf{x}(k) \quad \text{para } k = 1, ..., n \quad \text{e} \quad \mathbf{x}(k) \in \mathcal{X}_1 \tag{3.62}$$

Calculando a norma euclidiana quadrática de ambos os lados da Eq. (3.62), obtemos

$$\|\mathbf{w}(k+1)\|^2 = \|\mathbf{w}(k)\|^2 \ \|\mathbf{x}(k)\|^2 + 2\mathbf{w}^T(k)\mathbf{x}(k) \tag{3.63}$$

Mas, sob a suposição que o perceptron classifica incorretamente um vetor de entrada $\mathbf{x}(k)$ pertencente ao subconjunto $\mathcal{X}_1$, temos $\mathbf{w}^T(k)\mathbf{x}(k) < 0$. Conseqüentemente, deduzimos da Eq. (3.63) que

$$\|\mathbf{w}(k+1)\|^2 \leq \|\mathbf{w}(k)\|^2 + \|\mathbf{x}(k)\|^2$$

ou de forma equivalente,

$$\|\mathbf{w}(k+1)\|^2 - \|\mathbf{w}(k)\|^2 \le \|\mathbf{x}(k)\|^2, \quad k = 1, \ldots n \qquad (3.64)$$

Somando estas desigualdades para $k = 1,\ldots, n$, e invocando a condição inicial assumida $\mathbf{w}(0) = \mathbf{0}$, obtemos a seguinte desigualdade:

$$\|\mathbf{w}(n+1)\|^2 \le \sum_{k=1}^{n} \|\mathbf{x}(k)\|^2 \qquad (3.65)$$
$$\le n\beta$$

onde β é um número positivo definido por

$$\beta = \max_{\mathbf{x}(k) \in \mathcal{X}_1} \|\mathbf{x}(k)\|^2 \qquad (3.66)$$

A Equação (3.65) afirma que o a norma euclidiana quadrática do vetor de peso $\mathbf{w}(n + 1)$ cresce no máximo linearmente com o número de iterações n.

O segundo resultado da Eq. (3.65) está claramente em conflito com o resultado anterior da Eq. (3.61) para valores suficientemente grandes de n. De fato, podemos afirmar que n não pode ser maior que um valor n_{max} para o qual as Eqs. (3.61) e (3.65) são ambas satisfeitas com o sinal de igualdade. Isto é, n_{max} é a solução da equação

$$\frac{n_{max}^2 \alpha^2}{\|\mathbf{w}_0\|^2} = n_{max} \beta$$

Resolvendo para n_{max}, dada uma solução $\mathbf{w}_0$, obtemos que

$$n_{max} = \frac{\beta \|\mathbf{w}_0\|^2}{\alpha^2} \qquad (3.67)$$

Provamos assim que para $\eta(n) = 1$ para todo n, e $\mathbf{w}(0) = \mathbf{0}$, e desde que exista um vetor solução $\mathbf{w}_0$, a regra para adaptar os pesos sinápticos do perceptron deve terminar após no máximo n_{max} iterações. Note também das Eqs (3.58), (3.66) e (3.67) que *não* existe uma solução única para $\mathbf{w}_0$ ou n_{max}.

Podemos agora formular o *teorema da convergência com incremento fixo* para o perceptron como segue (Rosenblatt, 1962):

Sejam os subconjuntos de vetores de treinamento $\mathcal{X}_1$ e $\mathcal{X}_2$ linearmente separáveis. Suponha que as entradas apresentadas ao perceptron se originem destes dois subconjuntos. O perceptron converge após n_0 iterações, significando que

$$\mathbf{w}(n_0) = \mathbf{w}(n_0 + 1) = \mathbf{w}(n_0 + 2) = \cdots$$

é uma solução para $n_0 \le n_{max}$.

Considere a seguir o *procedimento absoluto de correção de erro* para a adaptação de um perceptron de camada única, para o qual $\eta(n)$ é variável. Em particular, suponha que $\eta(n)$ seja o menor inteiro para o qual

$$\eta(n)\mathbf{x}^T(n)\mathbf{x}(n) > |\mathbf{w}^T(n)\mathbf{x}(n)|$$

Com este procedimento, constatamos que se o produto interno $\mathbf{w}^T(n)\mathbf{x}(n)$ na iteração n tiver um sinal incorreto, então $\mathbf{w}^T(n+1)\mathbf{x}(n)$ na iteração $n+1$ terá o sinal correto. Isto sugere que se $\mathbf{w}^T(n)\mathbf{x}(n)$ tiver um sinal incorreto, podemos modificar a seqüência de treinamento na iteração $n+1$ ao fazer $\mathbf{x}(n+1) = \mathbf{x}(n)$. Em outras palavras, cada padrão é apresentado repetidamente ao perceptron até que aquele padrão seja classificado corretamente.

Note também que a utilização de um valor inicial $\mathbf{w}(0)$ diferente da condição nula resulta meramente em uma redução ou em um aumento do número de iterações necessárias para convergir, dependendo de como $\mathbf{w}(0)$ se relaciona com a solução $\mathbf{w}_0$. Independentemente do valor atribuído a $\mathbf{w}(0)$, a convergência do perceptron está assegurada.

Na Tabela 3.2, apresentamos um resumo do *algoritmo de convergência do perceptron* (Lippmann, 1987). O símbolo sinal($\cdot$), usado no passo 3 da tabela para calcular a resposta real do perceptron, representa a *função sinal*:

$$\text{sinal}(v) = \begin{cases} +1 & \text{se } v > 0 \\ -1 & \text{se } v < 0 \end{cases} \tag{3.68}$$

Desta forma, podemos expressar a *resposta quantizada* $y(n)$ do perceptron na forma compacta

$$y(n) = \text{sinal}(\mathbf{w}^T(n)\mathbf{x}(n)) \tag{3.69}$$

TABELA 3.2 Resumo do Algoritmo de Convergência do Perceptron

Variáveis e Parâmetros:

$\mathbf{x}(n)$ = vetor de entrada $(m+1)$-por-1
 = $[+1, x_1(n), x_2(n),..., x_m(n)]^T$
$\mathbf{w}(n)$ = vetor de peso $(m+1)$-por-1
 = $[b(n), w_1(n), w_2(n),..., w_m(n)]^T$
$b(n)$ = bias
$y(n)$ = resposta real (quantizada)
$d(n)$ = resposta desejada
η = parâmetro da taxa de aprendizagem, uma constante positiva menor que a unidade

1. *Inicialização*. Faça $\mathbf{w}(0) = \mathbf{0}$. Execute, então, os seguintes cálculos para os passos de tempo $n = 1, 2,...$
2. *Ativação*. No passo de tempo n, ative o perceptron aplicando o vetor de entrada de valores contínuos $\mathbf{x}(n)$ e a resposta desejada $d(n)$.
3. *Cálculo da Resposta Real*. Calcule a resposta real do perceptron:

$$y(n) = \text{sinal}[\mathbf{w}^T(n)\mathbf{x}(n)]$$

onde sinal($\cdot$) é a função sinal.

4. *Adaptação do Vetor de Peso*. Atualize o vetor de peso do perceptron:

$$\mathbf{w}(n+1) = \mathbf{w}(n) + \eta[d(n) - y(n)]\mathbf{x}(n)$$

onde

$$d(n) = \begin{cases} +1 & \text{se } \mathbf{x}(n) \text{ pertence à classe } \mathcal{C}_1 \\ -1 & \text{se } \mathbf{x}(n) \text{ pertence à classe } \mathcal{C}_2 \end{cases}$$

5. *Continuação*. Incremente o passo de tempo n em um e volte para o passo 2.

Note que o vetor de entrada **x**(*n*) é um vetor (*m* + 1)-por-1 cujo primeiro elemento é fixo em +1 durante todos os cálculos. Correspondentemente, o vetor de peso **w**(*n*) é um vetor (*m* + 1)-por-1 cujo primeiro elemento é igual ao bias *b*(*n*). Um outro ponto importante na Tabela 3.2 é: introduzimos a *resposta desejada quantizada d*(*n*), definida por

$$d(n) = \begin{cases} +1 & \text{se } \mathbf{x}(n) \text{ pertence à classe } \mathcal{C}_1 \\ -1 & \text{se } \mathbf{x}(n) \text{ pertence à classe } \mathcal{C}_2 \end{cases} \quad (3.70)$$

Assim, a adaptação do vetor de peso **w**(*n*) pode ser resumida adequadamente na forma da *regra de aprendizagem por correção de erro*:

$$\mathbf{w}(n+1) = \mathbf{w}(n) + \eta[d(n) - y(n)]\mathbf{x}(n) \quad (3.71)$$

onde η é o *parâmetro da taxa de aprendizagem* e a diferença $d(n) - y(n)$ assume o papel de um *sinal de erro*. O parâmetro da taxa de aprendizagem é uma constante positiva restrita ao intervalo 0 < η ≤ 1. Ao atribuir um valor dentro deste intervalo, devemos considerar dois requisitos conflitantes (Lippmann, 1987):

- *Obtenção da média* das entradas passadas para fornecer estimativas estáveis para o peso, o que requer um η pequeno
- *Adaptação rápida* em relação a variações reais das distribuições relacionadas ao processo responsável pela geração do vetor de entrada **x**, o que requer um η grande

3.10 RELAÇÃO ENTRE O PERCEPTRON E O CLASSIFICADOR BAYESIANO PARA UM AMBIENTE GAUSSIANO

O perceptron mantém uma certa relação com o classificador de padrões clássico conhecido como o classificador bayesiano. Quando o ambiente é gaussiano, o classificador bayesiano se reduz a um classificador linear. Esta é a mesma forma assumida pelo perceptron. Entretanto, a natureza linear do perceptron *não* depende da suposição que as distribuições sejam *gaussianas*. Nesta seção, estudamos esta relação e desse modo desenvolvemos uma visão mais aprofundada da operação do perceptron. Iniciamos a discussão com uma breve revisão do classificador bayesiano.

Classificador Bayesiano

No *classificador bayesiano* ou *procedimento de teste pela hipótese de Bayes*, minimizamos o *risco médio*, representado por $\mathcal{R}$. Para um problema de duas classes, representado pelas classes $\mathcal{C}_1$ e $\mathcal{C}_2$, o risco médio é definido por Van Trees (1968):

$$\begin{aligned} \mathcal{R} = c_{11}p_1 \int_{\mathcal{X}_1} f_{\mathbf{X}}(\mathbf{x}|\mathcal{C}_1)d\mathbf{x} + c_{22}p_2 \int_{\mathcal{X}_2} f_{\mathbf{X}}(\mathbf{x}|\mathcal{C}_2)d\mathbf{x} \\ + c_{21}p_1 \int_{\mathcal{X}_2} f_{\mathbf{X}}(\mathbf{x}|\mathcal{C}_1)d\mathbf{x} + c_{12}p_2 \int_{\mathcal{X}_1} f_{\mathbf{X}}(\mathbf{x}|\mathcal{C}_2)d\mathbf{x} \end{aligned} \quad (3.72)$$

onde os vários termos são definidos como segue:

p_i = *probabilidade a priori* que o vetor de observação **x** (representando uma realização do vetor aleatório **X**) seja retirado do subespaço $\mathcal{X}_i$, com $i = 1, 2$ e $p_1 + p_2 = 1$.

c_{ij} = custo de decidir em favor da classe $\mathcal{C}_i$, representada pelo subespaço $\mathcal{X}_i$ quando a classe $\mathcal{C}_j$ for verdadeira (i.e., o vetor de observação **x** é retirado do subespaço $\mathcal{X}_j$), com $(i, j) = 1, 2$.

$f_\mathbf{x}(\mathbf{x}|\mathcal{C}_i)$ = função de densidade de probabilidade condicional do vetor aleatório **X**, dado que o vetor de observação **x** seja retirado do subespaço $\mathcal{X}_i$, com $i = 1, 2$.

Os primeiros dois termos do lado direito da Eq. (3.72) representam decisões *corretas* (i.e., classificações corretas), enquanto que os últimos dois termos representam decisões *incorretas* (i.e., classificações incorretas). Cada decisão é ponderada pelo produto de dois fatores: o custo envolvido na tomada de decisão e a freqüência relativa (i.e., probabilidade *a priori*) com a qual ela ocorre.

A intenção é determinar uma estratégia para o *risco médio mínimo*. Como exigimos que uma decisão deva ser tomada, cada vetor de observação **x** deve ser atribuído no espaço de observação global $\mathcal{X}$, ou a $\mathcal{X}_1$ ou a $\mathcal{X}_2$. Assim,

$$\mathcal{X} = \mathcal{X}_1 + \mathcal{X}_2 \qquad (3.73)$$

Correspondentemente, podemos rescrever a Eq. (3.72) na forma equivalente

$$\mathcal{R} = c_{11}p_1 \int_{\mathcal{X}_1} f_\mathbf{x}(\mathbf{x}|\mathcal{C}_1)d\mathbf{x} + c_{22}p_2 \int_{\mathcal{X}-\mathcal{X}_1} f_\mathbf{x}(\mathbf{x}|\mathcal{C}_2)d\mathbf{x}$$
$$+ c_{21}p_1 \int_{\mathcal{X}-\mathcal{X}_1} f_\mathbf{x}(\mathbf{x}|\mathcal{C}_1)d\mathbf{x} + c_{12}p_2 \int_{\mathcal{X}_1} f_\mathbf{x}(\mathbf{x}|\mathcal{C}_2)d\mathbf{x} \qquad (3.74)$$

onde $c_{11} < c_{21}$ e $c_{22} < c_{12}$. Observamos agora o fato de que

$$\int_{\mathcal{X}} f_\mathbf{x}(\mathbf{x}|\mathcal{C}_1)\, d\mathbf{x} = \int_{\mathcal{X}} f_\mathbf{x}(\mathbf{x}|\mathcal{C}_2)\, d\mathbf{x} = 1 \qquad (3.75)$$

Assim, a Eq. (3.74) se reduz a

$$\mathcal{R} = c_{21}p_1 + c_{22}p_2$$
$$+ \int_{\mathcal{X}_1} [p_2(c_{12} - c_{22})]f_\mathbf{x}(\mathbf{x}|\mathcal{C}_2) - p_1(c_{21} - c_{11})f_\mathbf{x}(\mathbf{x}|\mathcal{C}_1)d\mathbf{x} \qquad (3.76)$$

Os primeiros dois termos no lado direito da Eq. (3.76) representam um custo fixo. Como o objetivo é minimizar o risco médio $\mathcal{R}$, podemos portanto, deduzir da Eq. (3.76) a seguinte estratégia para a classificação ótima:

1. Todos os valores do vetor de observação **x** para os quais o integrando (i.e., a expressão dentro dos colchetes) é negativo devem ser atribuídos ao subespaço $\mathcal{X}_1$ (i.e., à classe $\mathcal{C}_1$) para que a integral dê uma contribuição negativa ao risco $\mathcal{R}$.
2. Todos os valores do vetor de observação **x** para os quais o integrando é positivo devem ser excluídos do subespaço $\mathcal{X}_1$ (i.e., atribuídos à classe $\mathcal{C}_2$) para que a integral dê uma contribuição positiva ao risco $\mathcal{R}$.
3. Os valores de **x** para os quais o integrando for zero não têm efeito sobre o risco médio $\mathcal{R}$ e podem ser atribuídos arbitrariamente. Assumiremos que estes pontos serão atribuídos ao subespaço $\mathcal{X}_2$ (i.e., à classe $\mathcal{C}_2$).

A partir desta fundamentação, podemos formular o classificador bayesiano como segue:

Se a condição

$$p_1(c_{21} - c_{11})f_\mathbf{X}(\mathbf{x}|\mathcal{C}_1) > p_2(c_{12} - c_{22})f_\mathbf{X}(\mathbf{x}|\mathcal{C}_2)$$

for válida, atribua o vetor de observação **x** *ao subespaço $\mathcal{X}_1$ (i.e., à classe $\mathcal{C}_1$). Caso contrário, atribua* **x** *a $\mathcal{X}_2$ (i.e., à classe $\mathcal{C}_2$).*

Para simplificar o desenvolvimento, defina

$$\Lambda(\mathbf{x}) = \frac{f_\mathbf{X}(\mathbf{x}|\mathcal{C}_1)}{f_\mathbf{X}(\mathbf{x}|\mathcal{C}_2)} \qquad (3.77)$$

e

$$\xi = \frac{p_2(c_{12} - c_{22})}{p_1(c_{21} - c_{11})} \qquad (3.78)$$

A quantidade $\Lambda(\mathbf{x})$, a razão de duas funções de densidade de probabilidade condicional, é chamada de *razão de verossimilhança*. A quantidade ξ é chamada de *limiar* do teste. Note que ambos $\Lambda(\mathbf{x})$ e ξ são sempre positivos. Em termos destas duas quantidades, podemos agora reformular o classificador bayesiano afirmando:

Se, para um vetor de observação **x**, *a razão de verossimilhança $\Lambda(\mathbf{x})$ for maior que o limiar ξ, atribua* **x** *à classe $\mathcal{C}_1$. Caso contrário, atribua* **x** *à classe $\mathcal{C}_2$.*

A Figura 3.10a mostra uma representação em diagrama em blocos do classificador bayesiano. Os dois pontos importantes neste diagrama em blocos são:
1. O processamento de dados envolvido no projeto do classificador bayesiano está restrito inteiramente à computação da razão de verossimilhança $\Lambda(\mathbf{x})$.
2. Esta computação é totalmente invariante aos valores atribuídos às probabilidades *a priori* e aos custos envolvidos no processo de tomada de decisão. Estas quantidades afetam meramente o valor do limiar ξ.

Do ponto de vista computacional, é mais conveniente se trabalhar com o logaritmo da razão de verossimilhança em vez da própria razão de verossimilhança. Isto é permitido por duas razões. Primeiro, o logaritmo é uma função monótona. Segundo, a razão de verossimilhança $\Lambda(\mathbf{x})$ e o limiar ξ são ambos positivos. Conseqüentemente, o classificador bayesiano pode ser implementado na forma equivalente mostrada na Fig. 3.10b. Por razões óbvias, o teste incorporado nesta última figura é chamado de *teste do log da razão de verossimilhança*.

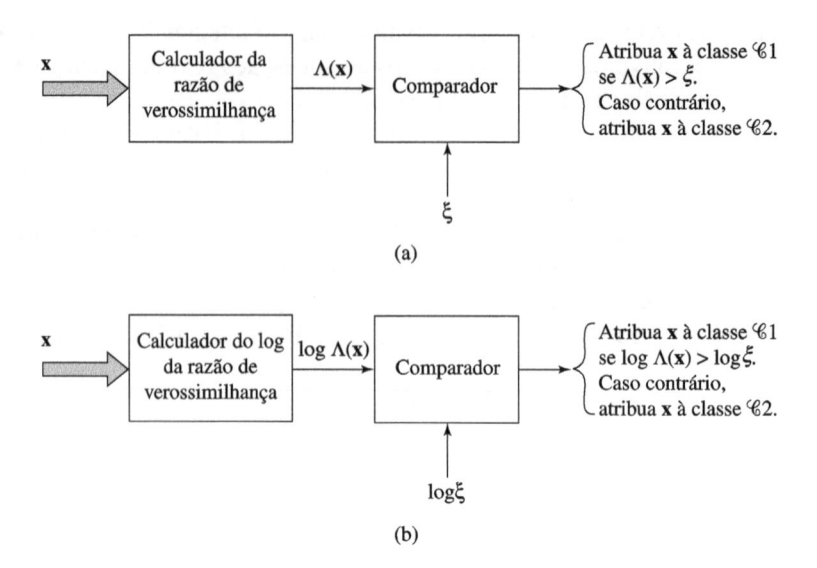

FIGURA 3.10 Duas implementações equivalentes do classificador bayesiano: (a) teste da razão de verossimilhança, (b) Teste do log da razão de verossimilhança

Classificador Bayesiano para uma Distribuição Gaussiana

Considere agora o caso especial de um problema de duas classes, para o qual a distribuição subjacente é gaussiana. O vetor aleatório **X** tem um valor médio que depende de se ele pertence à classe $\mathcal{C}_1$ ou à classe $\mathcal{C}_2$, mas a matriz de covariância de **X** é a mesma para ambas as classes. Isso é equivalente a se dizer:

Classe $\mathcal{C}_1$: $E[\mathbf{X}] = \boldsymbol{\mu}_1$
$E[(\mathbf{X} - \boldsymbol{\mu}_1)(\mathbf{X} - \boldsymbol{\mu}_1)^T] = \mathbf{C}$
Classe $\mathcal{C}_2$: $E[\mathbf{X}] = \boldsymbol{\mu}_2$
$E[(\mathbf{X} - \boldsymbol{\mu}_2)(\mathbf{X} - \boldsymbol{\mu}_2)^T] = \mathbf{C}$

A matriz de covariância **C** é não-diagonal, o que significa que as amostras retiradas das classes $\mathcal{C}_1$ e $\mathcal{C}_2$ são *correlacionadas*. Assume-se que **C** seja não-singular, para que exista a sua inversa $\mathbf{C}^{-1}$.

Com esta fundamentação, podemos expressar a função de densidade de probabilidade condicional de **X** como segue:

$$f_{\mathbf{X}}(\mathbf{x}|\mathcal{C}_i) = \frac{1}{(2\pi)^{m/2}(\det(\mathbf{C}))^{1/2}} \exp\left(-\frac{1}{2}(\mathbf{x}-\boldsymbol{\mu}_i)^T \mathbf{C}^{-1}(\mathbf{x}-\boldsymbol{\mu}_i)\right), \quad i=1,2 \qquad (3.79)$$

onde m é a dimensionalidade do vetor de observação **x**.

Assume-se ainda que

1. As duas classes $\mathcal{C}_1$ e $\mathcal{C}_2$ são eqüiprováveis:

$$p_1 = p_2 = \frac{1}{2} \qquad (3.80)$$

2. Classificações incorretas acarretam o mesmo custo e classificações corretas não incorrem em custos:

$$c_{21} = c_{12} \quad \text{e} \quad c_{11} = c_{22} = 0 \tag{3.81}$$

Temos agora a informação necessária para projetar um classificador bayesiano para o problema de duas classes. Especificamente, substituindo a Eq. (3.79) em (3.77) e efetuando o logaritmo natural, obtemos (após simplificações):

$$\begin{aligned}\log \Lambda(\mathbf{x}) &= -\frac{1}{2}(\mathbf{x}-\boldsymbol{\mu}_1)^T \mathbf{C}^{-1}(\mathbf{x}-\boldsymbol{\mu}_1) + \frac{1}{2}(\mathbf{x}-\boldsymbol{\mu}_2)^T \mathbf{C}^{-1}(\mathbf{x}-\boldsymbol{\mu}_2) \\ &= (\boldsymbol{\mu}_1 - \boldsymbol{\mu}_2)^T \mathbf{C}^{-1}\mathbf{x} + \frac{1}{2}\left(\boldsymbol{\mu}_2^T \mathbf{C}^{-1}\boldsymbol{\mu}_2 - \boldsymbol{\mu}_1^T \mathbf{C}^{-1}\boldsymbol{\mu}_1\right)\end{aligned} \tag{3.82}$$

Substituindo as Eqs. (3.80) e (3.81) na Eq. (3.78) e efetuando o logaritmo natural, obtemos

$$\log \xi = 0 \tag{3.83}$$

As Equações (3.82) e (3.83) expressam que o classificador bayesiano para o problema especificado é um *classificador linear*, como descrito pela relação

$$y = \mathbf{w}^T \mathbf{x} + b \tag{3.84}$$

onde

$$y = \log \Lambda(\mathbf{x}) \tag{3.85}$$

$$\mathbf{w} = \mathbf{C}^{-1}(\boldsymbol{\mu}_1 - \boldsymbol{\mu}_2) \tag{3.86}$$

$$b = \frac{1}{2}\left(\boldsymbol{\mu}_2^T \mathbf{C}^{-1}\boldsymbol{\mu}_2 - \boldsymbol{\mu}_1^T \mathbf{C}^{-1}\boldsymbol{\mu}_1\right) \tag{3.87}$$

Mais especificamente, o classificador consiste de um combinador linear com vetor de peso **w** e bias *b*, como mostrado na Fig. 3.11.

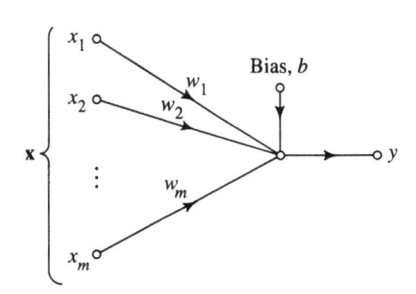

FIGURA 3.11 Grafo de fluxo de sinal do classificador gaussiano

Com base na Eq. (3.84), podemos agora descrever o teste do log da razão de verossimilhança para o nosso problema de duas classes, como segue:

Se a saída y do combinador linear (incluindo o bias b) for positiva, atribua o vetor de observação **x** *à classe $\mathscr{C}_1$. Caso contrário, atribua este vetor à classe $\mathscr{C}_2$.*

A operação do classificador bayesiano para o ambiente gaussiano descrito aqui é análoga àquela do perceptron, na medida em que ambos são classificadores lineares; veja as Eqs. (3.71) e (3.84). Entretanto, existem algumas diferenças sutis e importantes entre eles, que devem ser examinadas cuidadosamente (Lippmann, 1987):

- O perceptron opera sob a premissa de que os padrões a ser classificados sejam *linearmente separáveis*. As distribuições gaussianas dos dois padrões assumidas na derivação do classificador bayesiano certamente se superpõem e, portanto, são *não*-separáveis. A extensão da superposição é determinada pelos vetores médios μ_1 e μ_2, e pela matriz de covariância **C**. A natureza desta superposição está ilustrada na Fig. 3.12 para o caso especial de uma variável aleatória escalar (i.e., dimensionalidade $m = 1$). Quando as entradas são não-separáveis e as suas distribuições se superpõem como ilustrado, o algoritmo de convergência do perceptron apresenta um problema porque as fronteiras de decisão entre as diferentes classes podem oscilar continuamente.

- O classificador bayesiano minimiza a probabilidade de erro de classificação. Esta minimização é independente da superposição entre as distribuições gaussianas relativas às duas classes. No caso especial ilustrado na Fig. 3.12, por exemplo, o classificador bayesiano sempre posiciona a fronteira de decisão no ponto onde as distribuições gaussianas para as duas classes $\mathcal{C}_1$ e $\mathcal{C}_2$ se cruzam.

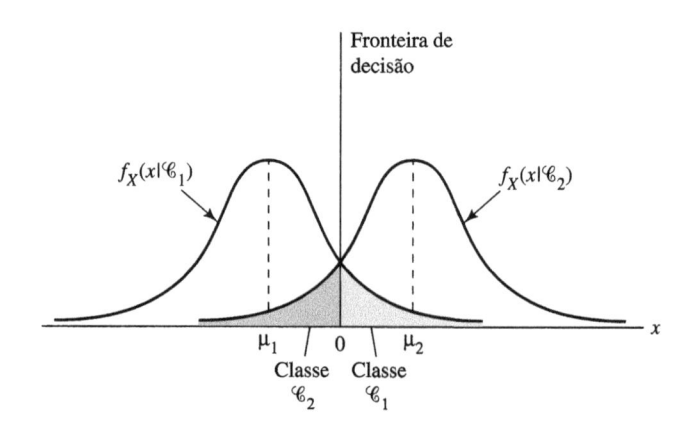

FIGURA 3.12 Duas distribuições gaussianas unidimensionais superpostas

- O algoritmo de convergência do perceptron é *não-paramétrico*, significando que ele não faz suposições a respeito da forma das distribuições envolvidas. Ele opera concentrando-se nos erros que ocorrem onde as distribuições se superpõem. Pode, portanto, funcionar bem quando as entradas forem geradas por mecanismos físicos não-lineares e quando as suas distribuições forem muito inclinadas e não-gaussianas. O classificador bayesiano, ao contrário, é *paramétrico*; a sua derivação é dependente da suposição que as distribuições envolvidas sejam gaussianas, o que pode limitar a sua área de aplicação.
- O algoritmo de convergência do perceptron é adaptativo e simples de implementar; a sua exigência de armazenamento é restrita ao conjunto de pesos sinápticos e bias. Por outro lado, o projeto do classificador bayesiano é fixo; pode ser feito adaptativo, mas à custa do aumento das exigências de armazenamento e de cálculos mais complexos.

3.11 RESUMO E DISCUSSÃO

O perceptron e um filtro adaptativo utilizando o algoritmo LMS são naturalmente inter-relacionados, como evidenciado pela atualização de seus pesos. Na verdade, representam diferentes implementações de um *perceptron de camada única baseado em aprendizagem por correção de erro*. O termo "camada única" é usado aqui para significar que em ambos os casos a camada computacional consiste de um único neurônio – daí o título do capítulo. Entretanto, o perceptron e o algoritmo LMS diferem entre si em alguns aspectos fundamentais:

- O algoritmo LMS utiliza um neurônio linear, enquanto que o perceptron usa o modelo formal de um neurônio de McCulloch-Pitts.
- O processo de aprendizagem no perceptron é realizado para um número finito de iterações e então é encerrado. No algoritmo LMS, ao contrário, ocorre *aprendizagem contínua*, significando que a aprendizagem acontece enquanto o processamento do sinal está sendo realizado, de uma forma que nunca acaba.

Um limitador abrupto constitui o elemento não-linear do neurônio de McCulloch-Pitts. É tentador se colocar a questão: o perceptron teria melhor desempenho se ele utilizasse uma não-linearidade sigmóide em vez do limitador abrupto? Ocorre que as características de regime permanente de tomada de decisão, de estado estável do perceptron são basicamente as mesmas, não importando se utilizamos um limitador abrupto ou um limitador suave como fonte de não-linearidade no modelo neural (Shynk, 1990; Shynk e Bershad, 1991). Podemos, portanto, afirmar formalmente que, desde que nos limitemos ao modelo de um neurônio que consista de um combinador linear seguido de um elemento não-linear, então, independentemente da forma da não-linearidade utilizada, um perceptron de camada única pode realizar classificação de padrões apenas sobre padrões linearmente separáveis.

Encerramos esta discussão sobre perceptrons de camada única com uma nota histórica. O perceptron e o algoritmo LMS surgiram aproximadamente ao mesmo tempo, durante o final dos anos 1950. O algoritmo LMS realmente sobreviveu ao teste do tempo. Na verdade, ele se estabeleceu como o carro-chefe do processamento adaptativo de sinal devido à sua simplicidade de implementação e à sua efetividade em aplicações. A importância do perceptron de Rosenblatt é principalmente histórica.

A primeira crítica real ao perceptron de Rosenblatt foi apresentada por Minsky e Selfridge (1961). Minsky e Selfridge mostraram que o perceptron como definido por Rosenblatt não poderia generalizar nem em relação à noção de paridade, muito menos fazer abstrações genéricas. As limitações computacionais do perceptron de Rosenblatt foram subseqüentemente enquadradas em uma fundamentação matemática sólida no famoso livro, *Perceptrons*, de Minsky e Papert (1969, 1988). Após a apresentação de uma análise matemática brilhante e bem-detalhada do perceptron, Minsky e Papert provaram que o perceptron como definido por Rosenblatt é inerentemente incapaz de fazer algumas generalizações globais baseadas em exemplos aprendidos localmente. No último capítulo do seu livro, Minsky e Papert fazem a conjectura de que as limitações que descobriram para o perceptron de Rosenblatt também seriam válidas para suas variantes, mais especificamente, as redes neurais de múltiplas camadas. Extraindo da Seção 13.2 do seu livro (1969):

> O perceptron mostrou-se merecedor de estudo apesar de (e mesmo por causa de!) suas severas limitações. Ele tem muitas características que atraem a atenção: sua linearidade; seu teorema de aprendizagem intrigante; sua clara simplicidade paradigmática como uma forma de computação

paralela. Não há razão para se supor que qualquer uma dessas virtudes persista na versão de múltiplas camadas. Apesar disso, consideramos que é um importante problema a ser pesquisado para elucidar (ou rejeitar) nosso julgamento intuitivo de que a sua extensão para sistemas de múltiplas camadas é estéril.

Esta conclusão foi largamente responsável por lançar sérias dúvidas sobre as capacidades computacionais não apenas do perceptron mas das redes neurais em geral até meados dos anos 80.

Entretanto, a história mostrou que a conjectura feita por Minsky e Papert parece ser injustificada, pois temos agora várias formas avançadas de redes neurais que são mais poderosas, do ponto de vista computacional, que o perceptron de Rosenblatt. Por exemplo, os perceptrons de múltiplas camadas, treinados com o algoritmo de retropropagação discutido na Capítulo 4, as redes de função de base radial discutidas no Capítulo 5 e as máquinas de vetor de suporte discutidas no Capítulo 6, superam as limitações computacionais do perceptron de camada única, cada um à sua maneira individual.

NOTAS E REFERÊNCIAS

1. A organização de rede na versão original do perceptron como considerada por Rosenblatt (1962) tem três tipos de unidades: unidades sensoriais, unidades associativas e unidades de resposta. As conexões das unidades sensoriais para as unidades associativas têm pesos fixos, e as conexões das unidades associativas para as unidades de resposta têm pesos variáveis. As unidades associativas atuam como pré-processadores projetados para extrair um padrão da entrada do ambiente. No que diz respeito aos pesos variáveis, a operação do perceptron de Rosenblatt original é essencialmente a mesma que aquela para o caso de uma única unidade de resposta (i.e., único neurônio).

2. **Diferenciação em relação a um vetor**
Suponha que $f(\mathbf{w})$ represente uma função de valor real do vetor de parâmetros $\mathbf{w}$. A derivada de $f(\mathbf{w})$ em relação a $\mathbf{w}$ é definida pelo vetor:

$$\frac{\partial f}{\partial \mathbf{w}} = \left[\frac{\partial f}{\partial w_1}, \frac{\partial f}{\partial w_2}, \ldots, \frac{\partial f}{\partial w_m} \right]^T$$

onde m é a dimensão do vetor $\mathbf{w}$. Os dois casos seguintes são de interesse especial:

CASO 1 A função $f(\mathbf{w})$ é definida pelo produto interno:

$$f(\mathbf{w}) = \mathbf{x}^T \mathbf{w}$$
$$= \sum_{i=1}^{m} x_i w_i$$

Assim,

$$\frac{\partial f}{\partial w_i} = x_i, \quad i = 1, 2, \ldots, m$$

ou na forma matricial equivalente:

$$\frac{\partial f}{\partial \mathbf{w}} = \mathbf{x} \tag{1}$$

CASO 2 A função $f(\mathbf{w})$ é definida pela forma quadrática:

$$f(\mathbf{w}) = \mathbf{w}^T \mathbf{R} \mathbf{w}$$

$$= \sum_{i=1}^{m} \sum_{j=1}^{m} w_i r_{ij} w_j$$

onde r_{ij} é o ij-ésimo elemento da matriz m-por-m $\mathbf{R}$. Assim,

$$\frac{\partial f}{\partial w_i} = \sum_{j=1}^{m} r_{ij} w_j, \quad i = 1, 2, \ldots, m$$

ou na forma matricial equivalente:

$$\frac{\partial f}{\partial \mathbf{w}} = \mathbf{R}\mathbf{w} \qquad (2)$$

As Equações (1) e (2) fornecem duas regras úteis para a diferenciação de uma função de valor real em relação a um vetor.

3. **Matriz definida positivamente**

Dizemos que uma matriz $\mathbf{R}$ m-por-m é definida não negativamente se ela satisfaz a condição

$$\mathbf{a}^T \mathbf{R} \mathbf{a} \geq 0 \quad \text{para qualquer vetor } \mathbf{a} \in \mathbb{R}^m$$

Se esta condição for satisfeita para o sinal de desigualdade, a matriz $\mathbf{R}$ é dita definida positivamente.

Uma importante propriedade de uma matriz definida positivamente é que ela é *não-singular*, isto é, existe a matriz inversa $\mathbf{R}^{-1}$.

Uma outra propriedade importante de uma matriz definida positivamente $\mathbf{R}$ é que seus autovalores, ou raízes da equação característica

$$\det(\mathbf{R}) = 0$$

são todos positivos.

4. **Robustez**

O critério H^∞ deve-se a Zames (1981) e está desenvolvido em Zames e Francis (1983). O critério é discutido em Doyle et al. (1989), Green e Limebeer (1995) e Hassibi et al. (1998).

5. Para superar as limitações do algoritmo LMS, ou seja, a taxa de convergência lenta e a sensibilidade a variações no número condicionante da matriz de correlação $\mathbf{R}_x$, podemos utilizar o *algoritmo recursivo dos quadrados mínimos (RLS, recursive least-squares)*, que advém de uma implementação recursiva do filtro linear dos quadrados mínimos descrito na Seção 3.4. O algoritmo RLS é um caso especial de filtro de Kalman, que é conhecido por ser um filtro linear ótimo para um ambiente não estacionário. O mais importante é que o filtro de Kalman explora todos os dados passados se estendendo até o instante de tempo em que os cálculos são feitos, incluindo-o. Para maiores detalhes sobre o algoritmo RLS e sua relação com o filtro de Kalman, veja Haykin (1996). O filtro de Kalman é discutido no Capítulo 15.

PROBLEMAS

Otimização irrestrita

3.1 Explore o método da descida mais íngreme envolvendo um único peso w considerando a seguinte função de custo:

$$\mathcal{E}(w) = \frac{1}{2}\sigma^2 - r_{xd}w + \frac{1}{2}r_x w^2$$

onde σ^2, r_{xd} e r_x são constantes.

3.2 Considere a função de custo

$$\mathcal{E}(\mathbf{w}) = \frac{1}{2}\sigma^2 - \mathbf{r}_{xd}^T\mathbf{w} + \frac{1}{2}\mathbf{w}^T\mathbf{R}_x\mathbf{w}$$

onde σ^2 é uma constante e

$$\mathbf{r}_{xd} = \begin{bmatrix} 0{,}8182 \\ 0{,}354 \end{bmatrix}$$

$$\mathbf{R}_x = \begin{bmatrix} 1 & 0{,}8182 \\ 0{,}8182 & 1 \end{bmatrix}$$

(a) Encontre o valor ótimo $\mathbf{w}^*$ para o qual $\mathcal{E}(\mathbf{w})$ alcança o seu valor mínimo.
(b) Use o método da descida mais íngreme para calcular $\mathbf{w}^*$ para os dois valores seguintes de parâmetro de taxa de aprendizagem:
  (i) $\eta = 0{,}3$
  (ii) $\eta = 1{,}0$

Para cada caso, desenhe a trajetória traçada pela evolução do vetor de peso $\mathbf{w}(n)$ no plano W.

Nota: as trajetórias obtidas para os casos (i) e (ii) da parte (b) devem corresponder às imagens apresentadas na Fig. 3.2.

3.3 Considere a função de custo da Eq. (3.24) que representa uma forma modificada da soma de erros quadráticos definida na Eq. (3.17). Mostre que a aplicação do método de Gauss-Newton à Eq. (3.24) produz a atualização de peso descrita na Eq. (3.23).

Algoritmo LMS

3.4 A matriz de correlação $\mathbf{R}_x$ do vetor de entrada $\mathbf{x}(n)$ no algoritmo LMS é definida por

$$\mathbf{R}_x = \begin{bmatrix} 1 & 0{,}5 \\ 0{,}5 & 1 \end{bmatrix}$$

Defina o intervalo de valores para o parâmetro taxa de aprendizagem η do algoritmo LMS para que seja convergente pelo quadrado médio.

3.5 O *algoritmo LMS normalizado* é descrito pela seguinte recursão para o vetor de peso:

$$\hat{\mathbf{w}}(n+1) = \hat{\mathbf{w}}(n) + \frac{\eta}{\|\mathbf{x}(n)\|^2}e(n)\mathbf{x}(n)$$

onde η é uma constante positiva e $\|\mathbf{x}(n)\|$ é a norma euclidiana do vetor de entrada $\mathbf{x}(n)$. O sinal de erro $e(n)$ é definido por

$$e(n) = d(n) - \hat{\mathbf{w}}^T(n)\mathbf{x}(n)$$

onde $d(n)$ é a resposta desejada. Para que o algoritmo LMS normalizado seja convergente pelo quadrado médio, mostre que

$$0 < \eta < 2$$

3.6 O algoritmo LMS é usado para implementar o cancelador de lóbulo lateral mostrado na Fig. 2.16. Estabeleça as equações que definem a operação deste sistema, assumindo a utilização de um único neurônio para a rede neural.

3.7 Considere um previsor linear com seu vetor de entrada constituído das amostras $x(n-1)$, $x(n-2),..., x(n-m)$, onde m é a ordem da previsão. O objetivo é utilizar o algoritmo LMS para fazer uma predição $\hat{x}(n)$ da amostra de entrada $x(n)$. Estabeleça as recursões que podem ser usadas para calcular o peso derivativo $w_1, w_2,... w_m$ do previsor.

3.8 A contrapartida em termos de média de ensemble para a soma de erros quadráticos vista como uma função de custo é o valor médio quadrático do sinal de erro:

$$J(\mathbf{w}) = \frac{1}{2} E[e^2(n)]$$

$$= \frac{1}{2} E[(d(n) - \mathbf{x}^T(n)\mathbf{w})^2]$$

(a) Assumindo que o vetor de entrada $\mathbf{x}(n)$ e a resposta desejada $d(n)$ sejam retirados de um ambiente estacionário, mostre que

$$J(\mathbf{w}) = \frac{1}{2}\sigma_d^2 - \mathbf{r}_{xd}^T \mathbf{w} + \frac{1}{2}\mathbf{w}^T \mathbf{R}_\mathbf{x} \mathbf{w}$$

onde

$$\sigma_d^2 = E[d^2(n)]$$
$$\mathbf{r}_{xd} = E[\mathbf{x}(n)d(n)]$$
$$\mathbf{R}_\mathbf{x} = E[\mathbf{x}(n)\mathbf{x}^T(n)]$$

(b) Para esta função de custo, mostre que o vetor gradiente e a matriz hessiana de $J(\mathbf{w})$ são expressos como segue, respectivamente:

$$\mathbf{g} = -\mathbf{r}_{xd} + \mathbf{R}_\mathbf{x}\mathbf{w}$$
$$\mathbf{H} = \mathbf{R}_\mathbf{x}$$

(c) No *algoritmo LMS/Newton*, o vetor gradiente $\mathbf{g}$ é substituído pelo seu valor instantâneo (Widrow e Stearns, 1986). Mostre que este algoritmo, incorporando um parâmetro de taxa de aprendizagem η, é descrito por:

$$\hat{\mathbf{w}}(n+1) = \hat{\mathbf{w}}(n) + \eta \mathbf{R}_\mathbf{x}^{-1}\mathbf{x}(n)(d(n) - \mathbf{x}^T(n)\mathbf{w}(n))$$

A inversa da matriz de correlação $\mathbf{R}_\mathbf{x}$, assumida como sendo definida positivamente, é calculada à frente no tempo.

3.9 Neste problema, revisitamos a memória por matriz de correlação discutida na Seção 2.11. Uma deficiência desta memória é que quando um padrão-chave $\mathbf{x}_j$ é apresentado a ela, a resposta real $\mathbf{y}$ produzida pela memória pode não ser próxima o suficiente (no sentido euclidiano) da resposta desejada (padrão memorizado) $\mathbf{y}_j$ para que a memória associe perfeitamente. Esta deficiência é inerente ao uso da aprendizagem hebbiana, que não possui realimentação da saída para a entrada. Como solução para esta deficiência, podemos incorporar um mecanismo de correção de erro no projeto da memória, forçando-a a associar adequadamente (Anderson, 1983).

Suponha que $\hat{\mathbf{M}}(n)$ represente a matriz de memória aprendida na iteração n do processo de aprendizagem por correção de erro. A matriz de memória $\hat{\mathbf{M}}(n)$ aprende a informação representada pelas associações:

$$\mathbf{x}_k \to \mathbf{y}_k, \quad k = 1, 2, \ldots, q$$

(a) Adaptando o algoritmo LMS para este problema, mostre que o valor atualizado da matriz de memória é definido por

$$\hat{\mathbf{M}}(n+1) = \hat{\mathbf{M}}(n) + \eta \left[\mathbf{y}_k - \hat{\mathbf{M}}(n)\mathbf{x}_k \right] \mathbf{x}_k^T$$

onde η é o parâmetro da taxa de aprendizagem.

(b) Para a auto-associação, $\mathbf{y}_k = \mathbf{x}_k$. Para este caso especial, mostre que quando o número de iterações, n, se aproxima do infinito, a memória auto-associa perfeitamente, como mostrado por

$$\mathbf{M}(\infty) \mathbf{x}_k = \mathbf{x}_k, \quad k = 1, 2, \ldots, q$$

(c) O resultado mostrado na parte (b) pode ser visto como um *problema de autovalor*. Neste contexto, $\mathbf{x}_k$ representa um autovalor de $\mathbf{M}(\infty)$. Quais são os autovalores de $\mathbf{M}(\infty)$?

3.10 Neste problema, investigamos o efeito do bias sobre o número condicionante de uma matriz de correlação e conseqüentemente sobre o desempenho do algoritmo LMS.

Considere um vetor aleatório $\mathbf{X}$ com a matriz de covariância

$$\mathbf{C} = \begin{bmatrix} c_{11} & c_{12} \\ c_{21} & c_{22} \end{bmatrix}$$

e o vetor média

$$\boldsymbol{\mu} = \begin{bmatrix} \mu_1 \\ \mu_2 \end{bmatrix}$$

(a) Calcule o número condicionante da matriz de covariância $\mathbf{C}$.
(b) Calcule o número condicionante da matriz de correlação $\mathbf{R}$.
Comente o efeito do bias μ sobre o desempenho do algoritmo LMS.

O Perceptron de Rosenblatt

3.11 Neste problema, consideramos um outro método para derivar a equação de atualização para o perceptron de Rosenblatt. Defina a *função do critério do perceptron* (Duda e Hart, 1973):

$$J_p(\mathbf{w}) = \sum_{\mathbf{x} \in \mathcal{X}(\mathbf{w})} (-\mathbf{w}^T \mathbf{x})$$

onde $\mathcal{X}(\mathbf{w})$ é o conjunto de amostras classificadas incorretamente pela escolha do vetor de peso $\mathbf{w}$. Note que $J_p(\mathbf{w})$ é definida como zero se não houver amostras classificadas incorretamente, e a saída é classificada incorretamente se $\mathbf{w}_\mathbf{x}^T \le 0$.

(a) Demonstre geometricamente que $J_p(\mathbf{w})$ é proporcional à soma das distâncias euclidianas entre as amostras classificadas incorretamente e a fronteira de decisão.
(b) Determine o gradiente de $J_p(\mathbf{w})$ em relação ao vetor de peso $\mathbf{w}$.
(c) Usando o resultado obtido na parte (b), mostre que a atualização dos pesos do perceptron é:

$$\mathbf{w}(n+1) = \mathbf{w}(n) + \eta(n) \sum_{\mathbf{x} \in \mathcal{X}(\mathbf{w}(n))} \mathbf{x}$$

onde $\mathcal{X}(\mathbf{w}(n))$ é o conjunto das amostras classificadas incorretamente pelo uso do vetor de peso $\mathbf{w}(n)$, e $\eta(n)$ é o parâmetro da taxa de aprendizagem. Mostre que este resultado, para o caso de uma correção para amostra única, é basicamente o mesmo que aquele descrito pelas Eqs. (3.54) e (3.55).

3.12 Verifique que as Eqs. (3.68) – (3.71), que resumem o algoritmo de convergência do perceptron, são consistentes com as Eqs. (3.54) e (3.55).

3.13 Considere duas classes unidimensionais, com distribuições gaussianas $\mathcal{C}_1$ e $\mathcal{C}_2$ que têm uma variância comum igual a 1. Os seus valores médios são

$$\mu_1 = -10$$
$$\mu_2 = +10$$

Estas duas classes são essencialmente linearmente separáveis. Projete um classificador que separe estas duas classes.

3.14 Suponha que no grafo de fluxo de sinal do perceptron mostrado na Fig. 3.6 o limitador abrupto seja substituído pela não-linearidade sigmóide:

$$\varphi(v) = \tanh\left(\frac{v}{2}\right)$$

onde v é o campo local induzido. As decisões de classificação feitas pelo perceptron são definidas como segue:

O vetor de observação $\mathbf{x}$ pertence à classe $\mathcal{C}_1$ se a saída $y > \theta$ onde θ é um limiar; caso contrário, $\mathbf{x}$ pertence à classe $\mathcal{C}_2$.

Mostre que a fronteira de decisão assim construída é um hiperplano.

3.15 (a) O perceptron pode ser usado para realizar numerosas funções lógicas. Demonstre a implementação das funções lógicas binárias E, OU e COMPLEMENTO.

(b) Uma limitação básica do perceptron é que ele não pode implementar a função OU EXCLUSIVO. Explique a razão para esta limitação.

3.16 As Equações (3.86) e (3.87) definem o vetor de peso e o bias do classificador bayesiano para um ambiente gaussiano. Determine a composição deste classificador para o caso em que a matriz de covariância $\mathbf{C}$ é definida por

$$\mathbf{C} = \sigma^2 \mathbf{I}$$

onde σ^2 é uma constante.

CAPÍTULO 4

Perceptrons de Múltiplas Camadas

4.1 INTRODUÇÃO

Neste capítulo, estudamos as redes de múltiplas camadas alimentadas adiante, uma importante classe de redes neurais. Tipicamente, a rede consiste de um conjunto de unidades sensoriais (nós de fonte) que constituem a *camada de entrada*, uma ou mais *camadas ocultas* de nós computacionais e uma *camada de saída* de nós computacionais. O sinal de entrada se propaga para frente através da rede, camada por camada. Estas redes neurais são normalmente chamadas de *perceptrons de múltiplas camadas* (MLP, *multilayer perceptron*), as quais representam uma generalização do perceptron de camada única considerado no Capítulo 3.

Os perceptrons de múltiplas camadas têm sido aplicados com sucesso para resolver diversos problemas difíceis, através do seu treinamento de forma supervisionada com um algoritmo muito popular conhecido como *algoritmo de retropropagação de erro (error back-propagation)*. Este algoritmo é baseado na *regra de aprendizagem por correção de erro*. Como tal, pode ser visto como uma generalização de um algoritmo de filtragem adaptativa igualmente popular: o onipresente algoritmo do mínimo quadrado médio (LMS) descrito no Capítulo 3 para o caso especial de um único neurônio linear.

Basicamente, a aprendizagem por retropropagação de erro consiste de dois passos através das diferentes camadas da rede: um passo para frente, a *propagação*, e um passo para trás, a *retropropagação*. No *passo para frente*, um padrão de atividade (vetor de entrada) é aplicado aos nós sensoriais da rede e seu efeito se propaga através da rede, camada por camada. Finalmente, um conjunto de saídas é produzido como a resposta real da rede. Durante o passo de propagação, os pesos sinápticos da rede são todos *fixos*. Durante o *passo para trás*, por outro lado, os pesos sinápticos são todos *ajustados* de acordo com uma regra de correção de erro. Especificamente, a resposta real da rede é subtraída de uma resposta desejada (alvo) para produzir um *sinal de erro*. Este sinal de erro é então propagado para trás através da rede, contra a direção das conexões sinápticas – vindo daí o nome de "retropropagação de erro" (*error back-propagation*). Os pesos sinápticos são ajustados para fazer com que a resposta real da rede se mova para mais perto da resposta desejada, em um sentido estatístico. O algoritmo de retropropagação de erro é também referido na literatura como algoritmo de retropropagação (*back-propagation*). O processo de aprendizagem realizado com o algoritmo é chamado de *aprendizagem por retropropagação*.

Um perceptron de múltiplas camadas tem três características distintivas:

1. O modelo de cada neurônio da rede inclui uma *função de ativação não-linear*. O ponto importante a se enfatizar aqui é que a não-linearidade é *suave* (i.e., diferenciável em qualquer ponto), ao contrário da limitação abrupta utilizada no perceptron de Rosenblatt. Uma forma normalmente utilizada de não-linearidade que satisfaz esta exigência é uma *não-linearidade sigmóide*[1] definida pela *função logística*:

$$y_j = \frac{1}{1 + \exp(-v_j)}$$

onde v_j é o campo local induzido (i.e., a soma ponderada de todas as entradas sinápticas acrescidas do bias) do neurônio j, e y_j é a saída do neurônio. A presença de não-linearidades é importante porque, do contrário, a relação de entrada-saída da rede poderia ser reduzida àquela de um perceptron de camada única. Além disso, a utilização da função logística tem motivação biológica, pois procura levar em conta a fase refratária de neurônios reais.

2. A rede contém uma ou mais camadas de *neurônios ocultos*, que não são parte da entrada ou da saída da rede. Estes neurônios ocultos capacitam a rede a aprender tarefas complexas extraindo progressivamente as características mais significativas dos padrões (vetores) de entrada.

3. A rede exibe um alto grau de *conectividade*, determinado pelas sinapses da rede. Uma modificação na conectividade da rede requer uma mudança na população das conexões sinápticas ou de seus pesos.

É através da combinação destas características, juntamente com a habilidade de aprender da experiência através de treinamento, que o perceptron de múltiplas camadas deriva seu poder computacional. Estas mesmas características, entretanto, são também responsáveis pelas deficiências no estado atual de nosso conhecimento sobre o comportamento da rede. Primeiro, a presença de uma forma distribuída de não-linearidade e a alta conectividade da rede tornam difícil a análise teórica de um perceptron de múltiplas camadas. Segundo, a utilização de neurônios ocultos torna o processo de aprendizagem mais difícil de ser visualizado. Em um sentido implícito, o processo de aprendizagem deve decidir quais características do padrão de entrada devem ser representadas pelos neurônios ocultos. O processo de aprendizagem, conseqüentemente, torna-se mais difícil porque a busca deve ser conduzida em um espaço muito maior de funções possíveis, e deve ser feita uma escolha entre representações alternativas do padrão de entrada (Hinton, 1989).

O emprego do termo "retropropagação" (*back-propagation*) parece ter sido desenvolvido após 1985, quando seu uso foi popularizado pela publicação do livro seminal, intitulado *Parallel Distributed Processing*, (Rumelhart e McClelland, 1986). Veja a Seção 1.9 sobre notas históricas acerca do algoritmo de retropropagação.

O desenvolvimento do algoritmo de retropropagação representa um marco nas redes neurais, pois fornece um método *computacional eficiente* para o treinamento de perceptrons de múltiplas camadas. Apesar de não podermos afirmar que o algoritmo de retropropagação forneça uma solução ótima para todos os problemas resolúveis, ele acabou com o pessimismo sobre a aprendizagem em máquinas de múltiplas camadas que havia sido causado pelo livro de Minsky e Papert (1969).

Organização do Capítulo

Neste capítulo, estudamos os aspectos básicos do perceptron de múltiplas camadas, bem como a aprendizagem por retropropagação. O capítulo está organizado em sete partes. Na primeira parte, abrangendo as Seções de 4.2 a 4.6, discutimos assuntos relacionados à aprendizagem por retropropagação. Começamos com algumas considerações preliminares na Seção 4.2 para preparar o caminho para a derivação do algoritmo de retropropagação. Na Seção 4.3, apresentamos uma derivação detalhada do algoritmo, utilizando a regra da cadeia do cálculo; seguimos uma abordagem tradicional na derivação aqui apresentada. Um resumo do algoritmo de retropropagação é apresentado na Seção 4.4. Na Seção 4.5, ilustramos o uso do algoritmo de retropropagação resolvendo o problema do XOR, um problema interessante que não pode ser resolvido por um perceptron de camada única. Na Seção 4.6, apresentamos algumas regras práticas ou heurísticas para fazer com que o algoritmo de retropropagação tenha melhor desempenho.

A segunda parte, abrangendo as Seções de 4.7 a 4.9, explora o uso de perceptrons de múltiplas camadas para o reconhecimento de padrões. Na Seção 4.7, abordamos o desenvolvimento de uma regra para a utilização de um perceptron de múltiplas camadas para resolver o problema estatístico de reconhecimento de padrões. Na Seção 4.8, utilizamos um experimento computacional para ilustrar a aplicação da aprendizagem por retropropagação para distinguir entre duas classes de distribuições gaussianas, bidimensionais superpostas. Na Seção 4.9, é discutido o papel importante dos neurônios ocultos.

A terceira parte do capítulo, abrangendo as Seções de 4.10 a 4.12, trata da superfície de erro. Na Seção 4.10, discutimos o papel fundamental da aprendizagem por retropropagação no cálculo das derivadas parciais de uma função aproximada. Discutimos então, na Seção 4.11, questões computacionais relativas à matriz hessiana da superfície de erro.

A quarta parte do capítulo trata de vários assuntos relacionados com o desempenho de um perceptron de múltiplas camadas treinado com o algoritmo de retropropagação. Na Seção 4.12, discutimos a questão da generalização, a essência fundamental da aprendizagem. A Seção 4.13 discute a aproximação de funções contínuas por meio de perceptrons de múltiplas camadas. O uso de validação cruzada como uma ferramenta estatística de projeto é discutido na Seção 4.14. Na Seção 4.15, descrevemos procedimentos para "podar" ordenadamente um perceptron de múltiplas camadas, mantendo (e freqüentemente melhorando) o desempenho global. A poda de redes é desejável quando a complexidade computacional é a preocupação fundamental.

A quinta parte do capítulo completa o estudo da aprendizagem por retropropagação. Na Seção 4.16, resumimos as importantes vantagens e limitações da aprendizagem por retropropagação. Na Seção 4.17, investigamos heurísticas que fornecem normas sobre como acelerar a taxa de convergência da aprendizagem por retropropagação.

Na sexta parte do capítulo, seguimos um ponto de vista diferente sobre a aprendizagem. Tendo como objetivo a melhoria da aprendizagem, discutimos a questão da aprendizagem supervisionada como um problema de otimização numérica na Seção 4.18. Em particular, descrevemos o algoritmo do gradiente conjugado e o método quase-Newton para a aprendizagem supervisionada.

A última parte do capítulo, a Seção 4.19, trata do perceptron de múltiplas camadas propriamente dito. Lá, descrevemos uma estrutura interessante de rede neural, o *perceptron de múltiplas camadas de convolução*. Esta rede tem sido usada com sucesso na solução de problemas difíceis de reconhecimento de padrões.

O capítulo conclui com uma discussão geral na Seção 4.20.

4.2 ALGUMAS CONSIDERAÇÕES PRELIMINARES

A Figura 4.1 mostra o grafo arquitetural de um perceptron de múltiplas camadas com duas camadas ocultas e uma camada se saída. Para preparar o terreno para uma descrição do perceptron de múltiplas camadas na sua forma geral, a rede aqui mostrada é *totalmente conectada*. Isto significa que um neurônio em qualquer camada da rede está conectado a todos os nós/neurônios da camada anterior. O fluxo de sinal através da rede progride para frente, da esquerda para a direita e de camada em camada.

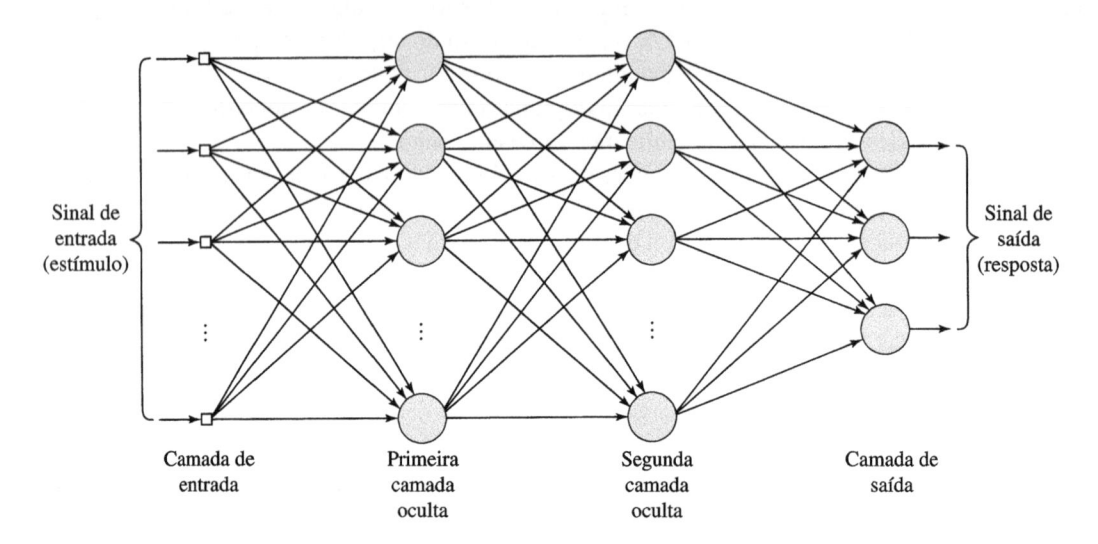

FIGURA 4.1 Grafo arquitetural de um perceptron de múltiplas camadas com duas camadas ocultas

A Fig. 4.2 representa uma porção do perceptron de múltiplas camadas. Dois tipos de sinais são identificados nesta rede (Parker, 1987):

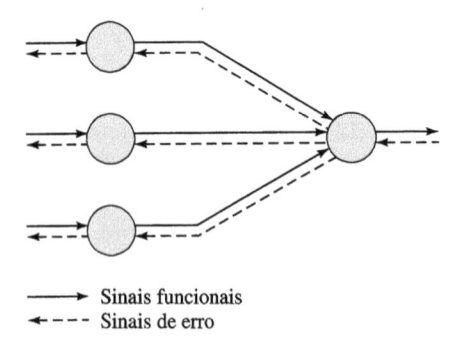

FIGURA 4.2 Ilustração das direções de dois fluxos de sinal básicos em um perceptron de múltiplas camadas: a propagação para frente de sinais funcionais e a retropropagação de sinais de erro

1. *Sinais Funcionais*. Um sinal funcional é um sinal de entrada (estímulo) que incide no terminal de entrada da rede, propaga-se para frente (neurônio por neurônio) através da rede e emerge no terminal de saída da rede como um sinal de saída. Referimo-nos a este sinal como um "sinal funcional" por duas razões. Primeiro, presume-se que ele realize uma função útil na saída da rede. Segundo, em cada neurônio da rede através do qual um sinal funcional passa, o sinal é calculado como uma função de suas entradas e pesos associados, aplicados àquele neurônio. O sinal funcional é também denominado sinal de entrada.

2. *Sinais de Erro.* Um sinal de erro se origina em um neurônio de saída da rede e se propaga para trás (camada por camada) através da rede. Referimo-nos a ele como um "sinal de erro" porque sua computação por cada neurônio da rede envolve uma função dependente do erro, de uma forma ou de outra.

Os neurônios de saída (nós computacionais) constituem a camada de saída da rede. Os neurônios restantes (nós computacionais) constituem as camadas ocultas da rede. Assim, as unidades ocultas não são parte da saída ou da entrada da rede – daí a sua designação como "ocultas". A primeira camada oculta é alimentada pela camada de entrada, constituída de unidades sensoriais (nós de fonte); as saídas resultantes da primeira camada oculta são por sua vez aplicadas à próxima camada oculta; e assim por diante para o resto da rede.

Cada neurônio oculto ou de saída de um perceptron de múltiplas camadas é projetado para realizar dois cálculos:

1. O cálculo do sinal funcional que aparece na saída de um neurônio, que é expresso como uma função não-linear do sinal de entrada e dos pesos sinápticos associados com aquele neurônio.
2. O cálculo de uma estimativa do vetor gradiente (i.e., os gradientes da superfície de erro em relação aos pesos conectados às entradas de um neurônio), que é necessário para a retropropagação através da rede.

A derivação do algoritmo de retropropagação é bastante envolvente. Para aliviar a carga matemática envolvida na sua derivação, primeiro apresentamos um resumo das notações utilizadas na derivação.

Notação

- Os índices i, j e k se referem a neurônios diferentes na rede; com os sinais se propagando através da rede da esquerda para a direita, o neurônio j se encontra em uma camada à direita do neurônio i, e o neurônio k se encontra em uma camada à direita do neurônio j, quando o neurônio j é uma unidade oculta.
- Na iteração (passo de tempo) n, o n-ésimo padrão de treinamento (exemplo) é apresentado à rede.
- O símbolo $\mathscr{E}(n)$ se refere à soma instantânea dos erros quadráticos ou energia do erro na iteração n. A média de $\mathscr{E}(n)$ sobre todos os valores de n (i.e., o conjunto inteiro de treinamento) produz a energia média do erro média $\mathscr{E}_{med}$.
- O símbolo $e_j(n)$ se refere ao sinal de erro na saída do neurônio j, para a iteração n.
- O símbolo $d_j(n)$ se refere à resposta desejada para o neurônio j e é usada para calcular $e_j(n)$.
- O símbolo $y_j(n)$ se refere ao sinal funcional que aparece na saída do neurônio j, na iteração n.
- O símbolo $w_{ji}(n)$ representa o peso sináptico conectando a saída do neurônio i à entrada do neurônio j, na iteração n. A correção aplicada a este peso na iteração n é representada por $\Delta w_{ji}(n)$.
- O campo local induzido (i.e., a soma ponderada de todas as entradas sinápticas acrescida do bias) do neurônio j na iteração n é representado por $v_j(n)$; constitui o sinal aplicado à função de ativação associada com o neurônio j.
- A função de ativação, que descreve a relação funcional de entrada-saída da não-linearidade associada ao neurônio j, é representada por $\varphi_j(\cdot)$.

- O bias aplicado ao neurônio j é representado por b_j; o seu efeito é representado por uma sinapse de peso $w_{j0} = b_j$ conectada a uma entrada fixa igual a +1.
- O i-ésimo elemento do vetor (padrão) de entrada é representado por $x_i(n)$.
- O k-ésimo elemento do vetor (padrão) de saída global é representado por $o_k(n)$.
- O parâmetro da taxa de aprendizagem é representado por η.
- O símbolo m_l representa o tamanho (i.e., o número de nós) da camada l do perceptron de múltiplas camadas; $l = 0, 1,..., L$, onde L é a "profundidade" da rede. Assim, m_0 representa o tamanho da camada de entrada, m_1 representa o tamanho da primeira camada oculta e m_L representa o tamanho da camada de saída. A notação $m_L = M$ também é usada.

4.3 ALGORITMO DE RETROPROPAGAÇÃO

O sinal de erro na saída do neurônio j, na iteração n (i.e., a apresentação do n-ésimo exemplo de treinamento), é definido por

$$e_j(n) = d_j(n) - y_j(n), \quad \text{o neurônio } j \text{ é um nó de saída} \tag{4.1}$$

Definimos o valor instantâneo da energia do erro para o neurônio j como $\frac{1}{2} e_j^2(n)$.

Correspondentemente, o valor instantâneo $\mathcal{E}(n)$ da energia total do erro é obtido somando-se os termos $\frac{1}{2} e_j^2(n)$ de *todos os neurônios da camada de saída*; são os únicos neurônios "visíveis" para os quais os sinais de erro podem ser calculados diretamente. Podemos assim escrever

$$\mathcal{E}(n) = \frac{1}{2} \sum_{j \in C} e_j^2(n) \tag{4.2}$$

onde o conjunto C inclui todos os neurônios da camada de saída da rede. Considere que N represente o número total de padrões (exemplos) contidos no conjunto de treinamento. A *energia média do erro quadrado* é obtida somando-se os $\mathcal{E}(n)$ para todos os n e então normalizando em relação ao tamanho do conjunto N, como mostrado por

$$\mathcal{E}_{med} = \frac{1}{N} \sum_{n=1}^{N} \mathcal{E}(n) \tag{4.3}$$

A energia instantânea do erro $\mathcal{E}(n)$, e conseqüentemente a energia média do erro $\mathcal{E}_{med}$, é uma função de todos os parâmetros livres (i.e., pesos sinápticos e níveis de bias) da rede. Para um dado conjunto de treinamento, $\mathcal{E}_{med}$ representa a *função de custo* como uma medida do desempenho de aprendizagem. O objetivo do processo de aprendizagem é ajustar os parâmetros livres da rede para minimizar $\mathcal{E}_{med}$. Para fazer esta minimização, utilizamos uma aproximação similar em raciocínio àquela usada para a derivação do algoritmo LMS no Capítulo 3. Especificamente, consideramos um método simples de treinamento no qual os pesos são atualizados *de padrão em padrão* até formar uma *época*, isto é, uma apresentação completa do conjunto de treinamento inteiro que está sendo processado. Os ajustes dos pesos são realizados de acordo com os respectivos erros calculados para *cada* padrão apresentado à rede. A média aritmética destas alterações individuais de peso sobre o conjunto de treinamento é, portanto, uma *estimativa* da alteração real que resultaria da modificação dos pesos baseada na minimização da função de custo $\mathcal{E}_{med}$ sobre o conjunto de treinamento inteiro. Abordaremos a qualidade desta estimativa posteriormente nesta seção.

Considere então a Fig. 4.3, que representa o neurônio j sendo alimentado por um conjunto de sinais funcionais produzidos por uma camada de neurônios à sua esquerda. O campo local induzido $v_j(n)$ produzido na entrada da função de ativação associada ao neurônio j é portanto

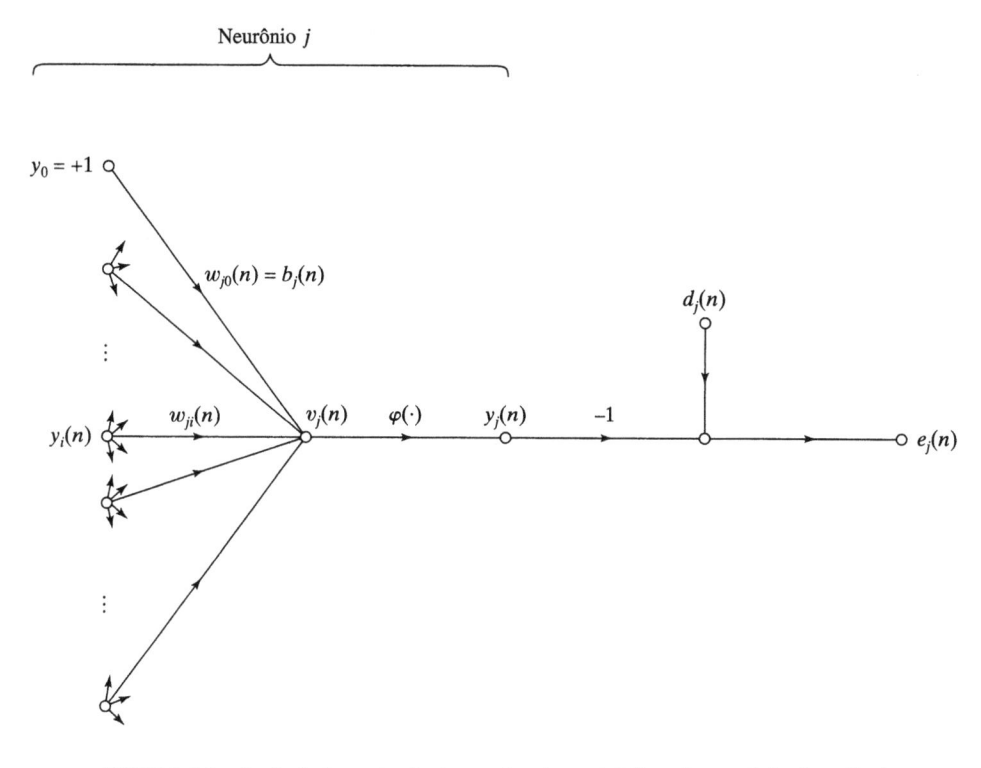

FIGURA 4.3 Grafo de fluxo de sinal ressaltando os detalhes do neurônio de saída j

$$v_j(n) = \sum_{i=0}^{m} w_{ji}(n) y_i(n) \qquad (4.4)$$

onde m é o número total de entradas (excluindo o bias) aplicadas ao neurônio j. O peso sináptico w_{j0} (correspondendo à entrada fixa $y_0 = +1$) é igual ao bias b_j aplicado ao neurônio j. Assim, o sinal funcional $y_j(n)$ que aparece na saída do neurônio j na iteração n é

$$y_j(n) = \varphi_j(v_j(n)) \qquad (4.5)$$

De uma forma similar ao algoritmo LMS, o algoritmo de retropropagação aplica uma correção $\Delta w_{ji}(n)$ ao peso sináptico $w_{ji}(n)$, que é proporcional à derivada parcial $\partial \mathcal{E}(n)/\partial w_{ji}(n)$. De acordo com a *regra da cadeia* do cálculo, podemos expressar este gradiente como:

$$\frac{\partial \mathcal{E}(n)}{\partial w_{ji}(n)} = \frac{\partial \mathcal{E}(n)}{\partial e_j(n)} \frac{\partial e_j(n)}{\partial y_j(n)} \frac{\partial y_j(n)}{\partial v_j(n)} \frac{\partial v_j(n)}{\partial w_{ji}(n)} \qquad (4.6)$$

A derivada parcial $\partial \mathcal{E}(n)/\partial w_{ji}(n)$ representa um *fator de sensibilidade*, determinando a direção de busca no espaço de pesos, para o peso sináptico w_{ji}.

Diferenciando ambos os lados da Eq. (4.2) em relação a $e_j(n)$, obtemos

$$\frac{\partial \mathcal{E}(n)}{\partial e_j(n)} = e_j(n) \qquad (4.7)$$

Diferenciando ambos os lados da Eq. (4.1) em relação a $y_j(n)$, obtemos

$$\frac{\partial e_j(n)}{\partial y_j(n)} = -1 \qquad (4.8)$$

A seguir, diferenciando a Eq. (4.5) em relação a $v_j(n)$, obtemos

$$\frac{\partial y_j(n)}{\partial v_j(n)} = \varphi'_j(v_j(n)) \qquad (4.9)$$

onde o uso do apóstrofe (no lado direito) significa a diferenciação em relação ao argumento. Finalmente, diferenciar a Eq. (4.4) em relação a $w_{ji}(n)$ produz

$$\frac{\partial v_j(n)}{\partial w_{ji}(n)} = y_i(n) \qquad (4.10)$$

O uso das Eqs. de (4.7) a (4.10) em (4.6) produz

$$\frac{\partial \mathcal{E}(n)}{\partial w_{ji}(n)} = -e_j(n)\varphi'_j(v_j(n))y_i(n) \qquad (4.11)$$

A correção $\Delta w_{ji}(n)$ aplicada a $w_{ji}(n)$ é definida pela *regra delta*:

$$\Delta w_{ji}(n) = -\eta \frac{\partial \mathcal{E}(n)}{\partial w_{ji}(n)} \qquad (4.12)$$

onde η é o *parâmetro da taxa de aprendizagem* do algoritmo de retropropagação. O uso do sinal negativo na Eq. (4.12) indica a *descida do gradiente* no espaço de pesos (i.e., busca uma direção para a mudança de peso que reduza o valor de $\mathcal{E}(n)$). Correspondentemente, o uso da Eq. (4.11) em (4.12) produz

$$\Delta w_{ji}(n) = \eta \delta_j(n) y_i(n) \qquad (4.13)$$

onde o *gradiente local* $\delta_j(n)$ é definido por

$$\begin{aligned}\delta_j(n) &= -\frac{\partial \mathcal{E}(n)}{\partial v_j(n)} \\ &= -\frac{\partial \mathcal{E}(n)}{\partial e_j(n)} \frac{\partial e_j(n)}{\partial y_j(n)} \frac{\partial y_j(n)}{\partial v_j(n)} \\ &= e_j(n)\varphi'_j(v_j(n))\end{aligned} \qquad (4.14)$$

O gradiente local aponta para as modificações necessárias nos pesos sinápticos. De acordo com a Eq. (4.14), o gradiente local $\delta_j(n)$ para o neurônio de saída j é igual ao produto do sinal de erro $e_j(n)$ correspondente para aquele neurônio pela derivada $\varphi'_j(v_j(n))$ da função de ativação associada.

Das Eqs. (4.13) e (4.14) notamos que um fator-chave envolvido no cálculo do ajuste de peso $\Delta w_{ji}(n)$ é o sinal de erro $e_j(n)$ na saída do neurônio j. Neste contexto, podemos identificar dois casos distintos, dependendo de onde na rede o neurônio *j* está localizado. No caso 1, o neurônio *j* é um nó de saída. Este caso é simples de se tratar, porque cada nó de saída da rede é suprido com uma resposta desejada particular, fazendo com que o cálculo do sinal de erro associado seja direto. No caso 2, o neurônio *j* é um nó oculto. Apesar de os neurônios ocultos não serem acessíveis diretamente, eles compartilham a responsabilidade por qualquer erro cometido na saída da rede. A questão, entretanto, é saber como penalizar ou recompensar os neurônios ocultos pela sua parcela de responsabilidade. Este problema é o *problema de atribuição de crédito* considerado na Seção 2.7. Ele é resolvido de forma elegante retropropagando-se os sinais de erro através da rede.

Caso 1 O Neurônio *j* é um Nó de Saída

Quando o neurônio *j* está localizado na camada de saída da rede, ele é suprido com uma resposta desejada particular. Podemos utilizar a Eq. (4.1) para calcular o sinal de erro $e_j(n)$ associado com este neurônio; veja a Fig. 4.3. Tendo-se determinado $e_j(n)$, calcula-se diretamente o gradiente local $\delta_j(n)$, usando a Eq. (4.14).

Caso 2 O Neurônio *j* é um Nó Oculto

Quando o neurônio *j* está localizado em uma camada oculta da rede, não existe uma resposta desejada especificada para aquele neurônio. Correspondentemente, o sinal de erro para um neurônio oculto deve ser determinado recursivamente, em termos dos sinais de erro de todos os neurônios aos quais o neurônio oculto está diretamente conectado; aqui é onde o desenvolvimento do algoritmo de retropropagação se torna complicado. Considere a situação apresentada na Fig. 4.4, que representa o neurônio *j* como um nó oculto da rede. De acordo com a Eq. (4.14), podemos redefinir o gradiente local $\delta_j(n)$ para o neurônio oculto *j* como

$$\delta_j(n) = -\frac{\partial \mathcal{E}(n)}{\partial y_j(n)} \frac{\partial y_j(n)}{\partial v_j(n)}$$

$$= -\frac{\partial \mathcal{E}(n)}{\partial y_j(n)} \varphi'_j(v_j(n)), \quad \text{o neurônio } j \text{ é oculto} \qquad (4.15)$$

onde na segunda linha utilizamos a Eq. (4.9). Para calcular a derivada parcial $\partial \mathcal{E}(n)/\partial y_j(n)$, podemos proceder como segue. Da Fig. 4.4 vemos que

$$\mathcal{E}(n) = \frac{1}{2} \sum_{k \in C} e_k^2(n), \quad \text{o neurônio } k \text{ é um nó de saída} \qquad (4.16)$$

que é a Eq. (4.2) com o índice *k* utilizado no lugar do índice *j*. Fizemos isso para evitar a confusão com o uso do índice *j*, que se refere ao neurônio oculto no caso 2. Diferenciando a Eq. (4.16) em relação ao sinal funcional $y_j(n)$, obtemos

$$\frac{\partial \mathcal{E}(n)}{\partial y_j(n)} = \sum_k e_k \frac{\partial e_k(n)}{\partial y_j(n)} \qquad (4.17)$$

A seguir, utilizamos a regra da cadeia para a derivada parcial $\partial e_k(n)/\partial y_j(n)$ e rescrevemos a Eq. (4.17) na forma equivalente

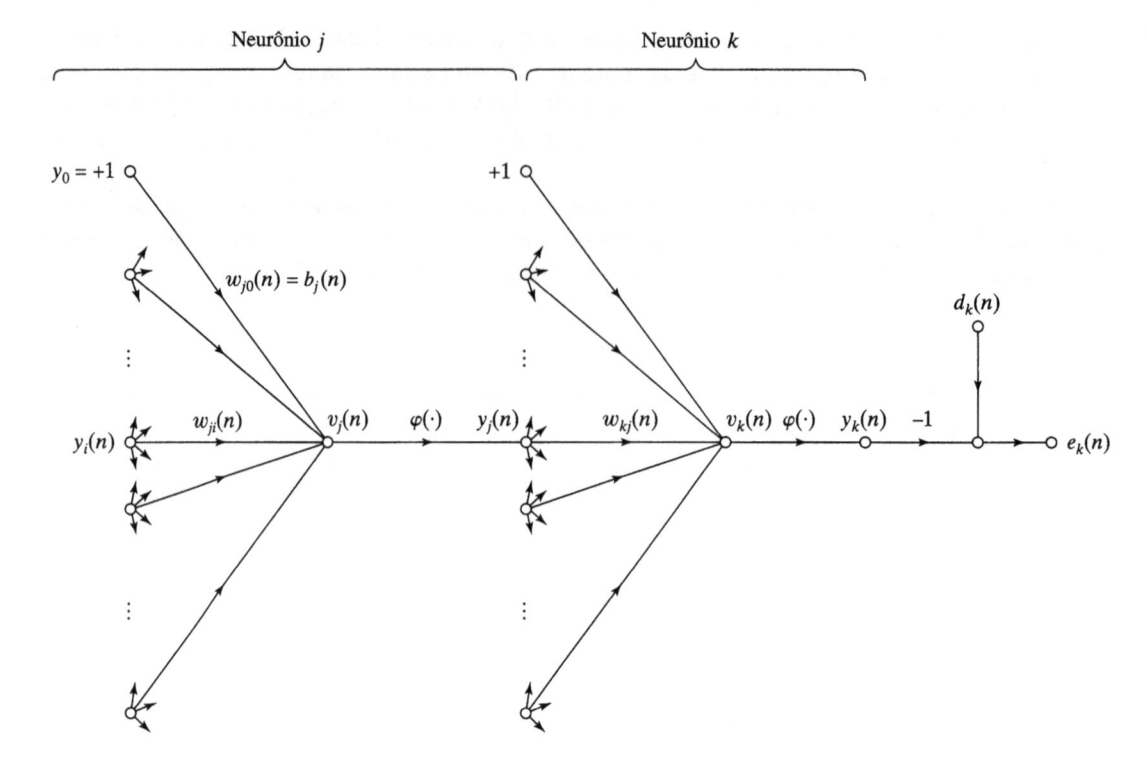

FIGURA 4.4 Grafo de fluxo de sinal ressaltando os detalhes do neurônio de saída *k* conectado ao neurônio oculto *j*

$$\frac{\partial \mathcal{E}(n)}{\partial y_j(n)} = \sum_k e_k(n) \frac{\partial e_k(n)}{\partial v_k(n)} \frac{\partial v_k(n)}{\partial y_j(n)} \tag{4.18}$$

Entretanto, da Fig. 4.4 notamos que

$$\begin{aligned} e_k(n) &= d_k(n) - y_k(n) \\ &= d_k(n) - \varphi_k(v_k(n)), \quad \text{o neurônio } k \text{ é um nó de saída} \end{aligned} \tag{4.19}$$

Assim,

$$\frac{\partial e_k(n)}{\partial v_k(n)} = -\varphi'_k(v_k(n)) \tag{4.20}$$

Também notamos da Fig. 4.4 que para o neurônio *k* o campo local induzido é

$$v_k(n) = \sum_{j=0}^{m} w_{kj}(n) y_j(n) \tag{4.21}$$

onde *m* é o número total de entradas (excluindo o bias) aplicadas ao neurônio *k*. Aqui novamente, o peso sináptico $w_{k0}(n)$ é igual ao bias $b_k(n)$ aplicado ao neurônio *k*, e a entrada correspondente está fixa no valor +1. Diferenciar a Eq. (4.21) em relação a $y_j(n)$ produz

$$\frac{\partial v_k(n)}{\partial y_j(n)} = w_{kj}(n) \tag{4.22}$$

Utilizando as Eqs. (4.20) e (4.22) em (4.18), obtemos a derivada parcial desejada:

$$\begin{aligned}\frac{\partial \mathcal{E}(n)}{\partial y_j(n)} &= -\sum_k e_k(n)\varphi'_k(v_k(n))w_{kj}(n) \\ &= -\sum_k \delta_k(n)w_{kj}(n)\end{aligned} \tag{4.23}$$

onde, na segunda linha, utilizamos a definição do gradiente local $\delta_k(n)$ dada na Eq. (4.14), com o índice k substituído por j.

Finalmente, utilizando a Eq. (4.23) em (4.15), obtemos a *fórmula de retropropagação* para o gradiente local $\delta_j(n)$ como descrito:

$$\delta_j(n) = \varphi'_j(v_j(n))\sum_k \delta_k(n)w_{kj}(n), \quad \text{o neurônio } j \text{ é oculto} \tag{4.24}$$

A Figura 4.5 mostra a representação por grafo de fluxo de sinal da Eq. (4.24), assumindo que a camada de saída consiste de neurônios m_L.

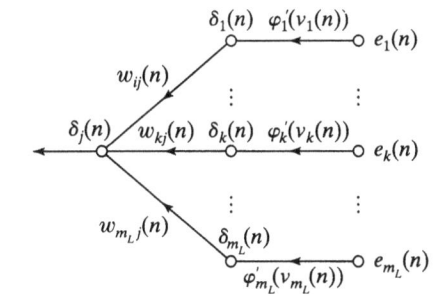

FIGURA 4.5 Grafo de fluxo de sinal de uma parte do sistema adjunto pertencente à retropropagação dos sinais de erro

O fator $\varphi'_j(v_j(n))$ envolvido no cálculo do gradiente local $\delta_j(n)$ na Eq. (4.24) depende unicamente da função de ativação associada ao neurônio oculto j. O fator restante envolvido neste cálculo, ou seja, o somatório sobre k, depende de dois conjuntos de termos. O primeiro conjunto de termos, os $\delta_k(n)$, requer conhecimento dos sinais de erro $e_k(n)$, para todos os neurônios que se encontram na camada imediatamente à direita do neurônio oculto j e que estão diretamente conectados ao neurônio j: veja a Fig. 4.4. O segundo conjunto de termos, os $w_{kj}(n)$, consiste dos pesos sinápticos associados com estas conexões.

Agora resumimos as relações que derivamos para o algoritmo de retropropagação. Primeiro, a correção $\Delta w_{ji}(n)$ aplicada ao peso sináptico conectando o neurônio i ao neurônio j é definida pela regra delta:

$$\begin{pmatrix}\text{Correção} \\ \text{de peso} \\ \Delta w_{ji}(n)\end{pmatrix} = \begin{pmatrix}\text{Parâmetro da} \\ \text{taxa de aprendizagem} \\ \eta\end{pmatrix} \cdot \begin{pmatrix}\text{Gradiente} \\ \text{local} \\ \delta_j(n)\end{pmatrix} \cdot \begin{pmatrix}\text{sinal de entrada} \\ \text{do neurônio } j \\ y_i(n)\end{pmatrix} \tag{4.25}$$

Segundo, o gradiente local $\delta_j(n)$ depende de se o neurônio j é um nó de saída ou se é um nó oculto:

1. Se o neurônio j é um nó de saída, $\delta_j(n)$ é igual ao produto da derivada $\varphi'_j(v_j(n))$ pelo sinal de erro $e_j(n)$, ambos sendo associados ao neurônio j; veja a Eq. (4.14).
2. Se o neurônio j é um nó oculto, $\delta_j(n)$ é igual ao produto da derivada associada $\varphi'_j(v_j(n))$ pela soma ponderada dos δs calculados para os neurônios na próxima camada oculta ou camada de saída que estão conectados ao neurônio j; veja a Eq. (4.24).

Os Dois Passos da Computação

Na aplicação do algoritmo de retropropagação, distinguem-se dois passos distintos de computação. O primeiro passo é conhecido como passo para frente, ou propagação, e o segundo como passo para trás, ou retropropagação.

No *passo para frente*, os pesos sinápticos se mantêm inalterados em toda a rede e os sinais funcionais da rede são calculados individualmente, neurônio por neurônio. O sinal funcional que aparece na saída do neurônio j é calculado como

$$y_j(n) = \varphi(v_j(n)) \tag{4.26}$$

onde $v_j(n)$ é o campo local induzido do neurônio j, definido por

$$v_j(n) \sum_{i=0}^{m} w_{ji}(n) y_i(n) \tag{4.27}$$

onde m é o número total de entradas (excluindo o bias) aplicadas ao neurônio j, e $w_{ji}(n)$ é o peso sináptico que conecta o neurônio i ao neurônio j, e $y_i(n)$ é o sinal de entrada do neurônio j ou equivalentemente, o sinal funcional que aparece na saída do neurônio i. Se o neurônio j estiver na primeira camada oculta da rede, $m = m_0$ e o índice i se refere ao i-ésimo terminal de entrada da rede, para o qual escrevemos

$$y_i(n) = x_i(n) \tag{4.28}$$

onde $x_i(n)$ é o i-ésimo elemento do vetor (padrão) de entrada. Se, por outro lado, o neurônio j estiver na camada de saída da rede, $m = m_L$ e o índice j se refere ao j-ésimo terminal de saída da rede, para o qual escrevemos

$$y_j(n) = o_j(n) \tag{4.29}$$

onde $o_j(n)$ é o j-ésimo elemento do vetor (padrão) de saída. Esta saída é comparada com a resposta desejada $d_j(n)$, obtendo-se o sinal de erro $e_j(n)$ para o j-ésimo neurônio de saída. Assim, a fase de propagação da computação começa na primeira camada oculta, com a apresentação do vetor de entrada, e termina na camada de saída calculando o sinal de erro de cada neurônio desta camada.

O passo de retropropagação, por outro lado, começa na camada de saída passando-se os sinais de erro para a esquerda através da rede, camada por camada, e recursivamente calculando-se o δ (i.e., o gradiente local) de cada neurônio. Este processo recursivo permite que os pesos sinápticos sofram modificações de acordo com a regra delta da Eq. (4.25). Para um neurônio localizado na camada de saída, o δ é simplesmente igual ao sinal de erro daquele neurônio multiplicado pela primeira derivada da sua não-linearidade. Assim, utilizamos a Eq. (4.25) para calcular as modificações dos pesos de todas as conexões que alimentam a camada de saída. Dados os δs para os neurônios da camada de saída, utilizamos, a seguir, a Eq. (4.24) para calcular os δs para todos os neurônios na penúltima camada, e conseqüentemente as modificações dos pesos de todas as conexões que a alimentam. A computação recursiva continua, camada por camada, propagando as modificações para todos os pesos sinápticos da rede.

Note que para a apresentação de cada exemplo de treinamento, o padrão de entrada está fixo ("preso") durante todo o ciclo, englobando o passo de propagação seguido pelo passo de retropropagação.

Função de Ativação

O cálculo do δ para cada neurônio do perceptron de múltiplas camadas requer o conhecimento da derivada da função de ativação φ(·) associada àquele neurônio. Para esta derivação existir, necessitamos que a função φ(·) seja contínua. Em termos básicos, a *diferenciabilidade* é a única exigência que a função de ativação deve satisfazer. Um exemplo de uma função de ativação não-linear, continuamente diferenciável normalmente utilizada nos perceptrons de múltiplas camadas é a *não-linearidade sigmóide*; descrevemos duas formas desta função:

1. *Função Logística*. Esta forma de não-linearidade sigmóide na sua forma geral é definida por

$$\varphi_j(v_j(n)) = \frac{1}{1 + \exp(-av_j(n))} \quad a > 0 \quad \text{e} \quad -\infty < v_j(n) < \infty \tag{4.30}$$

onde $v_j(n)$ é o campo local induzido do neurônio j. De acordo com esta não-linearidade, a amplitude da saída se encontra dentro do intervalo $0 \leq y_j \leq 1$. Diferenciando a Eq. (4.30) em relação a $v_j(n)$, obtemos

$$\varphi'_j(v_j(n)) = \frac{a\exp(-av_j(n))}{\left[1 + \exp(-av_j(n))\right]^2} \tag{4.31}$$

Com $y_j(n) = \varphi_j(v_j(n))$, podemos eliminar o termo exponencial $\exp(-av_j(n))$ da Eq. (4.31), e assim expressar a derivada $\varphi'_j(v_j(n))$ como

$$\varphi'_j(v_j(n)) = a\, y_j(n)[1 - y_j(n)] \tag{4.32}$$

Para um neurônio j localizado na camada de saída, $y_j(n) = o_j(n)$. Assim, podemos expressar o gradiente local para o neurônio j como

$$\begin{aligned}\delta_j(n) &= e_j(n)\varphi'_j(v_j(n)) \\ &= a[d_j(n) - o_j(n)]o_j(n)[1 - o_j(n)], \quad \text{o neurônio } j \text{ é um nó de saída}\end{aligned} \tag{4.33}$$

onde $o_j(n)$ é o sinal funcional na saída do neurônio j, e $d_j(n)$ é a resposta desejada para ele. Por outro lado, para um neurônio oculto arbitrário j, podemos expressar o gradiente local como

$$\begin{aligned}\delta_j(n) &= \varphi'_j(v_j(n))\sum_k \delta_k(n)w_{kj}(n) \\ &= ay_j(n)[1 - y_j(n)]\sum_k \delta_k(n)w_{kj}(n), \quad \text{o neurônio } j \text{ é oculto}\end{aligned} \tag{4.34}$$

Note da Eq. (4.32) que a derivada $\varphi'_j(v_j(n))$ alcança o seu valor máximo em $y_j(n) = 0,5$, e o seu valor mínimo (zero) em $y_j(n) = 0$, ou $y_j(n) = 1,0$. Como o valor da modificação do peso sináptico da rede é proporcional à derivada $\varphi'_j(v_j(n))$, resulta que para uma função de ativação sigmóide, os pesos sinápticos são modificados mais intensamente para aqueles neurônios da rede onde os sinais funcionais estão no meio do seu intervalo. De acordo com Rumelhart et al. (1986a), é esta característica da aprendizagem por retropropagação que contribui para a sua estabilidade como um algoritmo de aprendizagem.

2. *Função tangente hiperbólica*. Uma outra forma normalmente utilizada de não-linearidade sigmóide é a função tangente hiperbólica, que na sua forma mais geral é definida por

$$\varphi_j(v_j(n)) = a\,\tanh(bv_j(n)), \quad (a, b) > 0 \tag{4.35}$$

onde a e b são constantes. Na realidade, a função tangente hiperbólica é a função logística reescalada e modificada por um bias. A sua derivada em relação a $v_j(n)$ é dada por

$$\begin{aligned}\varphi'_j(v_j(n)) &= ab\,\text{sech}^2(bv_j(n))\\ &= ab\bigl(1 - \tanh^2(bv_j(n))\bigr)\\ &= \frac{b}{a}\bigl[a - y_j(n)\bigr]\bigl[a + y_j(n)\bigr]\end{aligned} \tag{4.36}$$

Para um neurônio j localizado na camada de saída, o gradiente local é

$$\begin{aligned}\delta_j(n) &= e_j(n)\varphi'_j(v_j(n))\\ &= \frac{b}{a}\bigl[d_j(n) - o_j(n)\bigr]\bigl[a - o_j(n)\bigr]\bigl[a + o_j(n)\bigr]\end{aligned} \tag{4.37}$$

Para um neurônio j em uma camada oculta, temos

$$\begin{aligned}\delta_j(n) &= \varphi'_j(v_j(n))\sum_k \delta_k(n)w_{kj}(n)\\ &= \frac{b}{a}\bigl[a - y_j(n)\bigr]\bigl[a + y_j(n)\bigr]\sum_k \delta_k(n)w_{kj}(n), \quad \text{o neurônio } j \text{ é oculto}\end{aligned} \tag{4.38}$$

Utilizando as Eqs. (4.33) e (4.34) para a função logística e as Eqs. (4.37) e (4.38) para a função tangente hiperbólica, podemos calcular o gradiente local δ_j sem a necessidade do conhecimento explícito da função de ativação.

A Taxa de Aprendizagem

O algoritmo de retropropagação fornece uma "aproximação" para a trajetória no espaço de pesos calculada pelo método da descida mais íngreme. Quanto menor for o parâmetro da taxa de aprendizagem η, menor serão as variações dos pesos sinápticos da rede, de uma iteração para a outra, e mais suave será a trajetória no espaço de pesos. Esta melhoria, entretanto, é obtida à custa de uma taxa de aprendizagem lenta. Por outro lado, se fizermos o parâmetro da taxa de aprendizagem η muito grande, para acelerar a taxa de aprendizagem, as grandes modificações nos pesos sinápticos resultantes podem tornar a rede instável (i.e., oscilatória). Um método simples de aumentar a taxa de aprendizagem, evitando no entanto o perigo de instabilidade, é modificar a regra delta da Eq. (4.13) incluindo um termo de momento,[2] como mostrado por (Rumelhart et al, 1986a)

$$\Delta w_{ji}(n) = \alpha \Delta w_{ji}(n-1) + \eta \delta_j(n) y_i(n) \tag{4.39}$$

onde α é usualmente um número positivo chamado de *constante de momento*. Ele controla o laço de realimentação que age em torno de $\Delta w_{ji}(n)$, como ilustrado na Fig. 4.6, onde z^{-1} é o operador atraso unitário. A Equação (4.39) é chamada de *regra delta generalizada*[3]; ela inclui a regra delta da Eq. (4.13) como um caso especial (i.e., $\alpha = 0$).

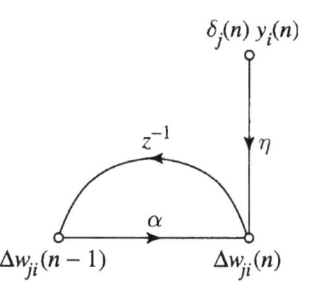

FIGURA 4.6 Grafo de fluxo de sinal ilustrando o efeito da constante de momento α

Para ver o efeito da seqüência de apresentações de padrões sobre os pesos sinápticos devido à constante de momento α, rescrevemos a Eq. (4.39) como uma série temporal com índice t. O índice t vai do tempo inicial 0 ao tempo corrente n. A Equação (4.39) pode ser vista como uma equação de diferenças de primeira ordem para a correção de peso $\Delta w_{ji}(n)$. Resolvendo esta equação para $\Delta w_{ji}(n)$, temos

$$\Delta w_{ji}(n) = \eta \sum_{t=0}^{n} \alpha^{n-t} \delta_j(t) y_i(t) \tag{4.40}$$

que representa uma série temporal de comprimento $n + 1$. Das Eqs. (4.11) e (4.14) notamos que o produto $\delta_j(n) y_i(n)$ é igual a $-\partial \mathcal{E}(n)/\partial w_{ji}(n)$. Conseqüentemente, podemos rescrever a Eq. (4.40) na forma equivalente

$$\Delta w_{ji}(n) = -\eta \sum_{t=0}^{n} \alpha^{n-t} \frac{\partial \mathcal{E}(t)}{\partial w_{ji}(t)} \tag{4.41}$$

Com base nesta relação, podemos fazer as seguintes observações (Watrous, 1987; Jacobs, 1988):

1. O ajuste corrente $\Delta w_{ji}(n)$ representa a soma de uma série temporal ponderada exponencialmente. Para que a série temporal seja *convergente*, a constante de momento deve ser restrita ao intervalo $0 \leq |\alpha| < 1$. Quando α é zero, o algoritmo de retropropagação opera sem o momento. A constante de momento α também pode ser positiva ou negativa, apesar de ser improvável que um α negativo seja usado na prática.
2. Quando a derivada parcial $\partial \mathcal{E}(t)/\partial w_{ji}(t)$ tem o mesmo sinal algébrico em iterações consecutivas, a soma ponderada exponencialmente, $\Delta w_{ji}(n)$, cresce em magnitude, e assim o peso $w_{ji}(n)$ é ajustado por um valor grande. A inclusão do momento no algoritmo de retropropagação tende a *acelerar a descida* em direções com declividade constante.
3. Quando a derivada parcial $\partial \mathcal{E}(t)/\partial w_{ji}(t)$ tem sinais opostos em iterações consecutivas, a soma ponderada exponencialmente, $\Delta w_{ji}(n)$, diminui em magnitude, de modo que o peso $w_{ji}(n)$ é ajustado por uma quantidade menor. A inclusão do momento no algoritmo de retropropagação tem um *efeito estabilizador* nas direções que oscilam em sinal.

A incorporação do momento no algoritmo de retropropagação representa uma modificação pequena na atualização dos pesos, contudo ela pode ter alguns efeitos benéficos sobre o comportamento de aprendizagem do algoritmo. O termo de momento pode também ter o benefício de evitar que o processo de aprendizagem termine em um mínimo local raso na superfície de erro.

Na derivação do algoritmo de retropropagação, assumiu-se que o parâmetro da taxa de aprendizagem é uma constante representada por η. Na realidade, entretanto, ele deveria ser definido como η_{ji}; isto é, o parâmetro da taxa de aprendizagem deveria ser *dependente da conexão*. De fato, muitas coisas interessantes podem ser feitas se o parâmetro da taxa de aprendizagem for diferente, em diferentes partes da rede. Fornecemos mais detalhes sobre esta questão em seções subsequentes.

É também digno de nota que na aplicação do algoritmo de retropropagação podemos escolher que todos os pesos sinápticos das rede sejam ajustáveis, ou podemos restringir qualquer número de pesos da rede a permanecerem fixos durante o processo de adaptação. Neste último caso, os sinais de erro são retropropagados através da rede na forma usual; entretanto, os pesos sinápticos são deixados inalterados. Isto pode ser realizado simplesmente fazendo-se o parâmetro da taxa de aprendizagem η_{ji} para o peso sináptico w_{ji} igual a zero.

Modos de Treinamento Seqüencial e por Lote

Em uma aplicação prática do algoritmo de retropropagação, o aprendizado resulta das muitas apresentações de um determinado conjunto de exemplos de treinamento para o perceptron de múltiplas camadas. Como mencionado anteriormente, uma apresentação completa do conjunto de treinamento inteiro é denominada uma *época*. O processo de aprendizagem é mantido em uma base de época em época até os pesos sinápticos e os níveis de bias se estabilizarem e o erro médio quadrado sobre todo o conjunto de treinamento convergir para um valor mínimo. É uma boa prática *tornar aleatória a ordem de apresentação dos exemplos de treinamento*, de uma época para a seguinte. Esta aleatoriedade tende a tornar a busca no espaço de pesos estocástica sobre os ciclos de aprendizagem, evitando assim a possibilidade de ciclos limitados, na evolução dos vetores de pesos sinápticos; os ciclos limitados são discutidos no Capítulo 14.

Para um dado conjunto de treinamento, a aprendizagem por retropropagação pode então proceder de uma entre duas formas básicas:

1. *Modo Seqüencial.* O *modo seqüencial* da aprendizagem por retropropagação é também chamado de *modo on-line*, *modo padrão* ou *modo estocástico*. Neste modo de operação, a atualização dos pesos é realizada após a apresentação de cada exemplo de treinamento; este é o modo de apresentação para o qual se aplica a derivação do algoritmo de retropropagação apresentado. Para sermos específicos, considere uma época consistindo de N exemplos (vetores) de treinamento arranjados na ordem $(\mathbf{x}(1), \mathbf{d}(1)), \ldots, (\mathbf{x}(N), \mathbf{d}(N))$. O primeiro par de exemplo $(\mathbf{x}(1), \mathbf{d}(1))$ da época é apresentado à rede, e a seqüência de computações para frente e para trás, descritas anteriormente, é realizada, resultando em certos ajustes dos pesos sinápticos e níveis de bias da rede. Então, o segundo par de exemplo $(\mathbf{x}(2), \mathbf{d}(2))$ da época é apresentado e a seqüência de computações para frente e para trás é repetida, resultando em novos ajustes dos pesos sinápticos e níveis de bias. Este processo continua até que o último par de exemplo $(\mathbf{x}(N), \mathbf{d}(N))$ da época seja considerado.

2. *Modo por Lote.* No *modo por lote* da aprendizagem por retropropagação, o ajuste dos pesos é realizado *após* a apresentação de *todos* os exemplos de treinamento que constituem uma época. Para uma época particular, definimos a função de custo como o erro médio quadrado das Eqs. (4.2) e (4.3), reproduzidos aqui na forma composta:

$$\mathcal{E}_{med} = \frac{1}{2N} \sum_{n=1}^{N} \sum_{j \in C} e_j^2(n) \tag{4.42}$$

onde o sinal de erro $e_j(n)$ é relativo ao neurônio de saída j do exemplo de treinamento n, o qual é definido pela Eq. (4.1). O erro $e_j(n)$ é igual à diferença entre $d_j(n)$ e $y_j(n)$, que representam o j-ésimo elemento do vetor resposta desejada $\mathbf{d}(n)$ e o valor correspondente da saída da rede, respectivamente. Na Eq. (4.42), o somatório interno em relação a j é realizado sobre todos os neurônios da camada de saída da rede, enquanto que o somatório externo em relação a n é realizado sobre todo o conjunto de treinamento da época considerada. Para um parâmetro da taxa de aprendizagem η, o ajuste aplicado ao peso sináptico w_{ji}, conectando o neurônio i ao neurônio j, é definido pela regra delta

$$\Delta w_{ji} = -\eta \frac{\partial \mathcal{E}_{med}}{\partial w_{ji}}$$
$$= -\frac{\eta}{N} \sum_{n=1}^{N} e_j(n) \frac{\partial e_j(n)}{\partial w_{ji}}$$
(4.43)

Para calcular a derivada parcial $\partial e_j(n)/\partial w_{ji}$, procedemos da mesma forma como anteriormente. De acordo com a Eq. (4.43), no modo por lote, o ajuste de peso $\Delta w_{ji}(n)$ é feito somente após o conjunto de treinamento inteiro ter sido apresentado à rede.

Do ponto de vista operacional *"on-line"*, o modo seqüencial de treinamento é preferível em relação ao modo por lote, porque requer *menos* armazenamento local para cada conexão sináptica. Além disso, dado que os parâmetros são apresentados à rede de uma forma aleatória, o uso de ajuste de pesos de padrão em padrão torna a busca no espaço de pesos de natureza *estocástica*. Por sua vez, isto torna menos provável que o algoritmo de retropropagação fique preso em um mínimo local.

Da mesma forma, a natureza estocástica do modo seqüencial torna mais difícil de estabelecer as condições teóricas para a convergência do algoritmo. Comparativamente, o uso do modo de treinamento por lote fornece uma estimativa precisa do vetor de gradiente; a convergência para um mínimo local é assim garantida sob condições simples. A composição do modo por lote também o torna mais fácil de ser paralelizado que o modo seqüencial.

Quando os dados de treinamento são *redundantes* (i.e., o conjunto de dados contém várias cópias exatas dos mesmos padrões), constatamos que, diferentemente do modo por lote, o modo seqüencial é capaz de tirar vantagem de sua redundância porque os exemplos são apresentados um de cada vez. Isto ocorre particularmente quando o conjunto de dados é grande e altamente redundante.

Em resumo, apesar do fato de que o modo seqüencial da aprendizagem por retropropagação tem várias desvantagens, ele é muito popular (particularmente para resolver problemas de classificação de padrões) por duas razões práticas importantes:

- O algoritmo é simples de implementar.
- Ele fornece soluções efetivas a problemas grandes e difíceis.

Critérios de Parada

Em geral, não se pode demonstrar que o algoritmo de retropropagação convergiu e não existem critérios bem-definidos para encerrar a sua operação. Em vez disso, há alguns critérios razoáveis, cada um com o seu mérito prático particular, que podem ser usados para encerrar o ajuste dos pesos. Para formular um critério assim, é lógico se pensar em termos das propriedades únicas de um *mínimo local* ou *global* da superfície de erro[4]. Suponha que o vetor de peso $\mathbf{w}^*$ represente um mínimo, seja ele local ou global. Uma condição necessária para que **w*** seja um mínimo é que o vetor gradiente **g**(**w**) (i.e., a derivada parcial de primeira ordem) da superfície de erro em relação ao vetor de peso **w** seja zero em **w** = **w***. Conseqüentemente, podemos formular um critério de convergência sensível para a aprendizagem por retropropagação como segue (Kramer e Sangiovanni-Vincentelli, 1989):

> *Considera-se que o algoritmo de retropropagação tenha convergido quando a norma euclidiana do vetor gradiente alcançar um limiar suficientemente pequeno.*

O problema deste critério de convergência é que, para se obter tentativas bem-sucedidas, os tempos de aprendizagem podem ser longos. Ele requer também o cálculo do vetor gradiente **g**(**w**).

Uma outra propriedade única de um mínimo que podemos utilizar é o fato de que a função de custo ou medida de erro $\mathscr{E}_{med}(\mathbf{w})$ é estacionária no ponto **w** = **w***. Conseqüentemente, podemos sugerir um critério diferente de convergência:

> *Considera-se que o algoritmo de retropropagação tenha convergido quando a taxa absoluta de variação do erro médio quadrado por época for suficientemente pequena.*

A taxa de variação do erro médio quadrado é tipicamente considerada suficientemente pequena se ela se encontrar no intervalo de 0,1 a 1 por cento, por época. Algumas vezes um valor tão pequeno quanto 0,01 por cento, por época é utilizado. Infelizmente, este critério pode resultar em um encerramento prematuro do processo de aprendizagem.

Há um outro critério de convergência útil e teoricamente fundamentado. Após cada iteração de aprendizagem, a rede é testada pelo seu desempenho de generalização. O processo de aprendizagem é encerrado quando o desempenho de generalização for adequado, ou quando ficar aparente que o desempenho de generalização atingiu o máximo; veja a Seção 4.14 para mais detalhes.

4.4 RESUMO DO ALGORITMO DE RETROPROPAGAÇÃO

A Fig. 4.1 apresenta a planta arquitetural de um perceptron de múltiplas camadas. O grafo de fluxo de sinal correspondente para a aprendizagem por retropropagação, incorporando ambas as fases, para frente e para trás, das computações envolvidas no processo de aprendizagem, é apresentado na Fig. 4.7, para o caso de $L = 2$ e $m_0 = m_1 = m_2 = 3$. A parte superior do grafo de fluxo de sinal corresponde ao passo para frente. A parte inferior do grafo de fluxo de sinal se refere ao passo para trás, que é referido como o *grafo de sensibilidade* para o cálculo dos gradientes locais do algoritmo de retropropagação (Narendra e Parthasarathy, 1990).

Anteriormente, mencionamos que a atualização seqüencial dos pesos é o método preferido para a implementação em tempo de execução (*on-line*) do algoritmo de retropropagação. Para este modo de operação, o algoritmo circula através da amostra de treinamento $\{\mathbf{x}(n), \mathbf{d}(n)\}_{n=1}^{N}$ como segue:

1. *Inicialização.* Assumindo que nenhuma informação prévia esteja disponível, retire os pesos sinápticos e limiares de uma distribuição uniforme cuja média é zero e cuja variância é escolhida para que o desvio padrão dos campos locais induzidos dos neurônios se encontre na transição entre as partes linear e saturada da função de ativação sigmóide.

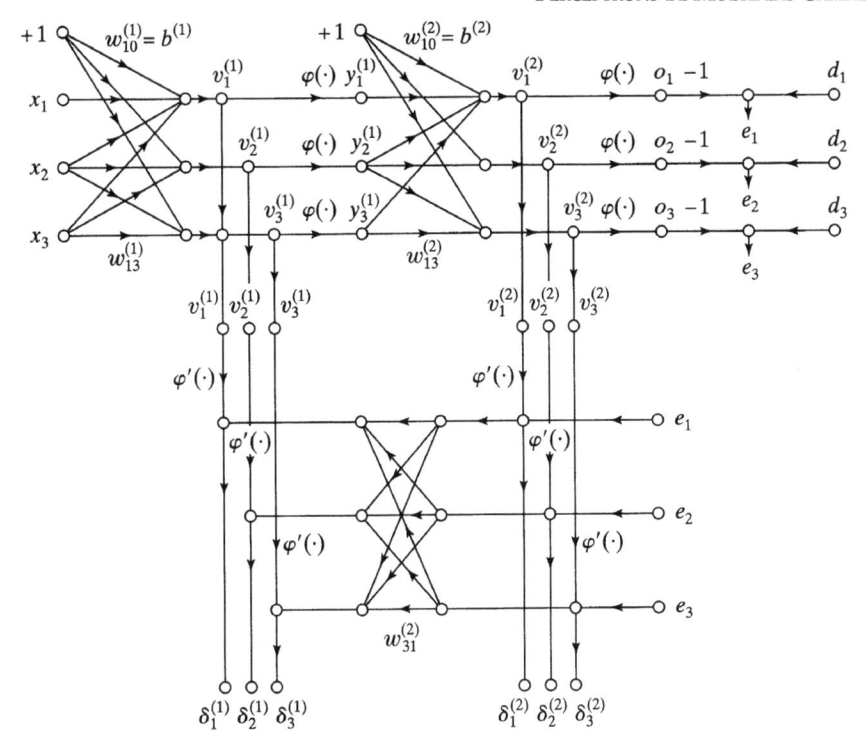

FIGURA 4.7 Resumo gráfico do fluxo de sinal da aprendizagem por retropropagação. Parte superior do grafo: passo para frente. Parte inferior do grafo: passo para trás

2. *Apresentação dos Exemplos de Treinamento.* Apresente uma época de exemplos de treinamento à rede. Para cada exemplo do conjunto, ordenado de alguma forma, realize a seqüência de computações para frente e para trás descritas nos pontos 3 e 4, respectivamente.

3. *Computação para Frente (Propagação).* Suponha que um exemplo de treinamento da época seja representado por $(\mathbf{x}(n), \mathbf{d}(n))$, com o vetor de entrada $\mathbf{x}(n)$ aplicado à camada de entrada de nós sensoriais e o vetor resposta desejada $\mathbf{d}(n)$ apresentado à camada de saída de nós computacionais. Calcule os campos locais induzidos e os sinais funcionais da rede prosseguindo para frente através da rede, camada por camada. O campo local induzido $v_j^{(l)}(n)$ para o neurônio j na camada l é

$$v_j^{(l)}(n) = \sum_{i=0}^{m_0} w_{ji}^{(l)}(n) y_i^{(l-1)}(n) \tag{4.44}$$

onde $y_i^{(l-1)}(n)$ é o sinal (função) de saída do neurônio i na camada anterior $l-1$, na iteração n, e $w_{ji}^{(l)}(n)$ é o peso sináptico do neurônio j da camada l, que é alimentado pelo neurônio i da camada $l-1$. Para $i=0$, temos $y_0^{(l-1)}(n) = +1$ e $w_{j0}^{(l)}(n) = b_j^{(l)}(n)$ é o bias aplicado ao neurônio j na camada l. Assumindo-se o uso de uma função sigmóide, o sinal de saída do neurônio j na camada l é

$$y_j^{(l)} = \varphi_j(v_j(n))$$

Se o neurônio j está na primeira camada oculta (i.e., $l = 1$), faça

$$y_j^{(0)}(n) = x_j(n)$$

onde $x_j(n)$ é o j-ésimo elemento do vetor de entrada $\mathbf{x}(n)$. Se o neurônio j está na camada de saída (i.e., $l = L$, onde L é denominado a *profundidade* da rede), faça

$$y_j^{(L)} = o_j(n)$$

Calcule o sinal de erro

$$e_j(n) = d_j(n) - o_j(n) \qquad (4.45)$$

onde $d_j(n)$ é o j-ésimo elemento do vetor resposta desejada $\mathbf{d}(n)$.

4. *Computação para Trás (Retropropagação)*. Calcule os δs (i.e., gradientes locais) da rede, definidos por

$$\delta_j^{(l)}(n) = \begin{cases} e_j^{(L)}(n)\varphi_j'(v_j^{(L)}(n)) & \text{para o neurônio } j \text{ da camada de saída } L \\ \varphi_j'(v_j^{(l)}(n)) \sum_k \delta_k^{(l+1)}(n) w_{kj}^{(l+1)}(n) & \text{para o neurônio } j \text{ na camada oculta } l \end{cases} \qquad (4.46)$$

onde o apóstrofe em $\varphi_j'(\cdot)$ representa a diferenciação em relação ao argumento. Ajuste os pesos sinápticos da rede na camada l de acordo com a regra delta generalizada:

$$w_{ji}^{(l)}(n+1) = w_{ji}^{(l)}(n) + \alpha\left[w_{ji}^{(l)}(n-1)\right] + \eta \delta_j^{(l)}(n) y_i^{(l-1)}(n) \qquad (4.47)$$

onde η é o parâmetro da taxa de aprendizagem e α é a constante de momento.

5. *Iteração*. Itere as computações para frente e para trás dos pontos 3 e 4, apresentando novas épocas de exemplos de treinamento para a rede, até que seja satisfeito o critério de parada.

Notas: a ordem da apresentação dos exemplos de treinamento deve ser aleatória, de época para época. Os parâmetros de momento e da taxa de aprendizagem tipicamente são ajustados (e normalmente reduzidos) quando o número de iterações de treinamento aumenta. A justificativa para estes pontos será apresentada mais tarde.

4.5 O PROBLEMA DO XOR

No perceptron elementar (de camada única), não há neurônios ocultos. Conseqüentemente, ele não pode classificar padrões de entrada que sejam não linearmente separáveis. Entretanto, padrões não linearmente separáveis ocorrem freqüentemente. Esta situação surge, por exemplo, no *problema do OU Exclusivo (XOR, Exclusive OR)*, que pode ser visto como um caso especial de um problema mais geral, que é o de classificar pontos no *hipercubo unitário*. Cada ponto no hipercubo pertence ou à classe 0 ou à classe 1. Entretanto, no caso especial do problema XOR, necessitamos considerar apenas os quatro vértices do *quadrado unitário* que correspondem aos padrões de entrada (0,0), (0,1), (1,1) e (1,0). O primeiro e o terceiro padrões de entrada pertencem à classe 0, como mostrado por

$$0 \oplus 0 = 0$$

e

$$1 \oplus 1 = 0$$

onde ⊕ representa o operador da função booleana OU Exclusivo. Os padrões de entrada (0,0) e (1,1) estão em vértices opostos do quadrado unitário; apesar disso, produzem a mesma saída 0. Por outro lado, os padrões de entrada (0,1) e (1,0) estão também em vértices opostos do quadrado, mas pertencem à classe 1, como mostrado por

$$0 \oplus 1 = 1$$

e

$$1 \oplus 0 = 1$$

Constatamos, primeiro, que o uso de um único neurônio com duas entradas resulta em uma linha reta como uma fronteira de decisão no espaço de entrada. Para todos os pontos de um lado desta linha, o neurônio coloca 1 na saída; para todos os pontos do outro lado da linha, coloca 0 na saída. A posição e a orientação da linha no espaço de entrada são determinadas pelos pesos sinápticos do neurônio conectados aos nós de entrada e pelo bias aplicado ao neurônio. Com os padrões de entrada (0,0) e (1,1) localizados em vértices opostos do quadrado unitário, e igualmente para os outros dois padrões de entrada (0,1) e (1,0), está claro que não podemos construir uma linha reta como uma fronteira de decisão de forma que (0,0) e (1,1) estejam em uma região de decisão e (0,1) e (1,0) estejam na outra região de decisão. Em outras palavras, um perceptron elementar não pode resolver o problema do XOR.

Podemos resolver o problema do XOR utilizando uma única camada oculta com dois neurônios, como na Fig. 4.8a (Touretzky e Pomerleau, 1989). O grafo de fluxo de sinal da rede está mostrado na Fig. 4.8b. São feitas aqui as seguintes suposições:

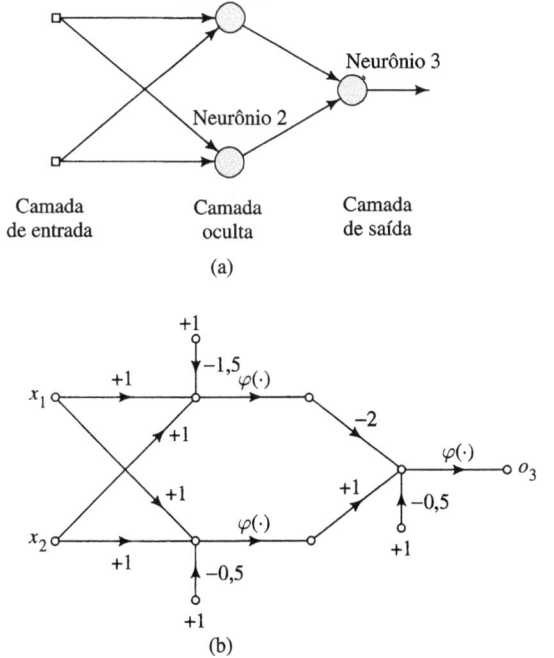

FIGURA 4.8 (a) Grafo arquitetural da rede para a resolução do problema do XOR. (b) Grafo de fluxo de sinal da rede

- Cada neurônio é representado por um modelo de McCulloch-Pitts, que usa uma função de limiar para a sua função de ativação.
- Os bits 0 e 1 são representados pelos níveis 0 e +1, respectivamente.

O neurônio de cima, rotulado como 1 na camada oculta, é caracterizado como:

$$w_{11} = w_{12} = +1$$

$$b_1 = -\frac{3}{2}$$

A inclinação da fronteira de decisão construída por este neurônio oculto é igual a −1 e posicionada como na Fig. 4.9a. O neurônio de baixo, rotulado como 2 na camada oculta, é caracterizado como:

$$w_{21} = w_{22} = +1$$

$$b_2 = -\frac{1}{2}$$

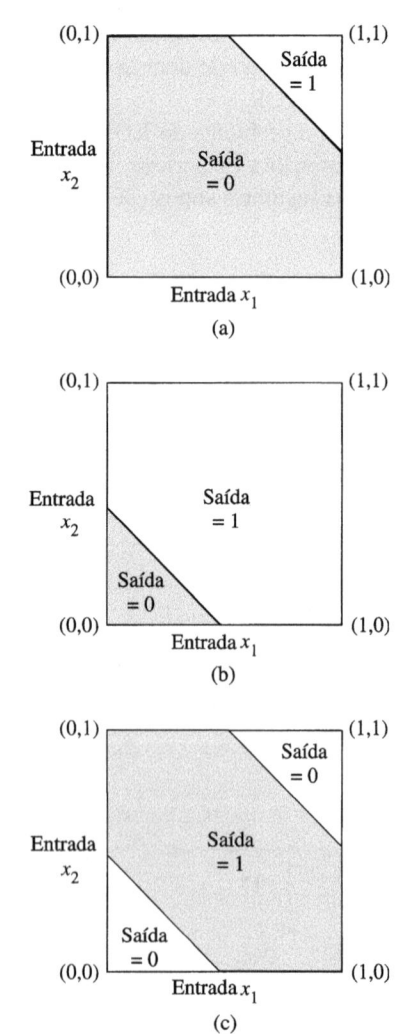

FIGURA 4.9 (a) Fronteira de decisão construída pelo neurônio oculto 1 da rede da Fig. 4.8. (b) Fronteira de decisão construída pelo neurônio oculto 2 da rede. (c) Fronteiras de decisão construídas pela rede completa

A orientação e a posição da fronteira de decisão construída por este segundo neurônio oculto são como mostrados na Fig. 4.9b.

O neurônio de saída, rotulado como 3 na Fig. 4.8a, é caracterizado como:

$$w_{31} = -2$$
$$w_{32} = +1$$
$$b_3 = -\frac{1}{2}$$

A função do neurônio de saída é construir uma combinação linear das fronteiras de decisão formadas pelos dois neurônios ocultos. O resultado desta computação está mostrado na Fig. 4.9c. O neurônio oculto inferior tem uma conexão excitatória (positiva) para o neurônio de saída, enquanto que o neurônio oculto superior tem uma conexão inibitória (negativa) mais forte para o neurônio de saída. Quando os dois neurônios ocultos estão desligados, que ocorre quando o padrão de entrada é (0,0), o neurônio de saída permanece desligado. Quando ambos os neurônios ocultos estão ligados, que ocorre quando o padrão de entrada é (1,1), o neurônio de saída é desligado novamente porque o efeito inibitório do peso negativo maior conectado ao neurônio oculto superior sobrepuja o efeito excitatório do peso positivo conectado ao neurônio oculto inferior. Quando o neurônio oculto superior está desligado e o neurônio oculto inferior está ligado, que ocorre quando o padrão de entrada é (0,1) ou (1,0), o neurônio de saída é ligado devido ao efeito excitatório do peso positivo conectado ao neurônio oculto inferior. Desta forma, a rede da Fig. 4.8a resolve de fato o problema do XOR.

4.6 HEURÍSTICAS PARA MELHORAR O DESEMPENHO DO ALGORITMO DE RETROPROPAGAÇÃO

Freqüentemente, é dito que o projeto de uma rede neural utilizando o algoritmo de retropropagação é mais uma arte do que uma ciência, significando que muitos dos numerosos fatores envolvidos no projeto são o resultado da experiência particular de cada um. Há alguma verdade nesta afirmação. Entretanto, existem métodos que melhoram significativamente o desempenho do algoritmo de retropropagação, como descrito aqui.

1. *Atualização seqüencial comparada à atualização por lote*. Como mencionado anteriormente, o modo seqüencial da aprendizagem por retropropagação (envolvendo atualização de padrão em padrão) é computacionalmente mais rápido que o modo por lote. Isto é verdadeiro especialmente quando o conjunto de dados de treinamento for grande e altamente redundante. (Dados altamente redundantes causam problemas computacionais para a estimativa da jacobiana requerida para a atualização por lote).

2. *Maximização do conteúdo de informação*. Como regra geral, todo exemplo de treinamento apresentado ao algoritmo de retropropagação deve ser escolhido de forma que o seu conteúdo de informação seja o maior possível para a tarefa considerada (LeCun, 1993). Dois modos de alcançar este objetivo são:

- O uso de um exemplo que resulte no maior erro de treinamento.
- O uso de um exemplo que seja radicalmente diferente de todos os outros usados anteriormente.

Estas duas heurísticas são motivadas por um desejo de ampliar a busca no espaço de pesos.

Nas tarefas de classificação de padrões usando a aprendizagem por retropropagação seqüencial, uma técnica simples bastante utilizada é tornar aleatória (i.e., embaralhar) a ordem em que os exemplos são apresentados ao perceptron de múltiplas camadas de uma época para a seguinte. Idealmente, a aleatoriedade garante que os exemplos sucessivos apresentados à rede em uma época raramente pertençam à mesma classe.

Para uma técnica mais refinada, podemos usar um *esquema de ênfase*, que envolve a apresentação à rede de um número maior de padrões difíceis do que fáceis (LeCun, 1993). Podemos identificar se um padrão particular é fácil ou difícil examinando-se o erro que ele produz, comparado com as iterações anteriores do algoritmo. Entretanto, há dois problemas em se usar um esquema de ênfase, que devem ser examinados cuidadosamente:

- A distribuição dos exemplos dentro de uma época apresentada à rede é distorcida.
- A presença de um exemplo estranho ou mal-rotulado pode ter uma conseqüência catastrófica no desempenho do algoritmo; aprender este exemplos estranhos compromete a habilidade de generalização da rede sobre regiões mais prováveis do espaço de entrada.

3. *Função de ativação*. Um perceptron de múltiplas camadas treinado com o algoritmo de retropropagação pode, em geral, aprender mais rápido (em termos do número de iterações de treinamento necessárias) quando a função de ativação sigmóide incorporada no modelo do neurônio da rede for antissimétrica do que quando ela for não-simétrica; veja a Seção 4.11 para detalhes. Dizemos que uma função de ativação é *anti-simétrica* (i.e., função ímpar de seu argumento) se

$$\varphi(-v) = -\varphi(v)$$

como representado na Fig. 4.10a. Esta condição não é satisfeita pela função logística padrão, representada na Fig. 4.10b.

Um exemplo popular de uma função de ativação anti-simétrica é uma não-linearidade sigmóide na forma de uma *tangente hiperbólica*, definida por

$$\varphi(v) = a \tanh(bv)$$

onde a e b são constantes. Valores adequados para as constantes a e b são (LeCun,1989, 1993)

$$a = 1,7159$$

e

$$b = \frac{2}{3}$$

A função tangente hiperbólica assim definida tem as seguintes propriedades úteis:

- $\varphi(1) = 1$ e $\varphi(-1) = -1$
- Na origem, a inclinação (i.e., o ganho efetivo) da função de ativação fica próxima da unidade, como mostrado por

$$\begin{aligned}\varphi(0) &= ab \\ &= 1,7159 \times 2/3 \\ &= 1,1424\end{aligned}$$

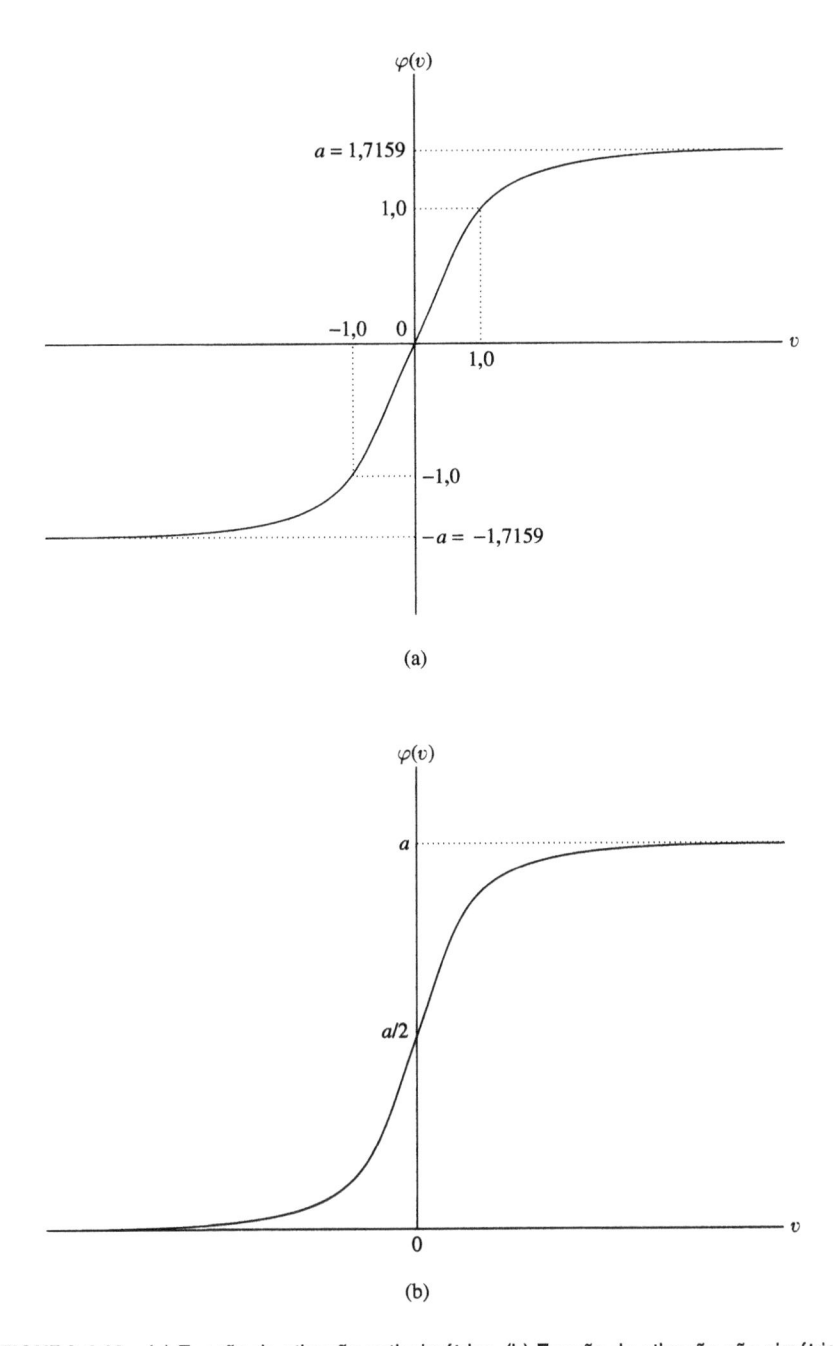

FIGURA 4.10 (a) Função de ativação antissimétrica. (b) Função de ativação não-simétrica

- A derivada segunda de $\varphi(v)$ atinge seu valor máximo em $v = 1$.

4. *Valores-alvo*. É importante que os valores-alvo (resposta desejada) sejam escolhidos dentro do intervalo da função de ativação sigmóide. Mais especificamente, a resposta desejada d_j para o neurônio j na camada de saída do perceptron de múltiplas camadas deve ser *deslocada* por uma quantidade ε afastada do valor limite da função de ativação sigmóide, dependendo se o valor limite é positivo ou negativo. Caso contrário, o algoritmo de retropropagação tende a levar os parâmetros livre da rede

para o infinito e dessa forma reduzir a velocidade do processo de treinamento, levando os neurônios ocultos à saturação. Para sermos específicos, considere a função de ativação antissimétrica da Fig. 4.10a. Para o valor limite $+a$, fazemos

$$d_j = a - \epsilon$$

e para o valor limite $-a$, fazemos

$$d_j = -a + \epsilon$$

onde ϵ é uma constante positiva apropriada. Para a escolha de $a = 1{,}7159$ referida anteriormente, podemos fazer $\epsilon = 0{,}7159$; neste caso, o valor-alvo (resposta desejada) d_j pode ser convenientemente escolhido como ± 1, como indicado na Fig. 4.10a.

5. *Normalizar as entradas.* Cada variável de entrada deve ser *pré-processada* de modo que o seu valor médio, calculado sobre todo o conjunto de treinamento ou seja próximo de zero, ou seja pequeno comparado com o desvio padrão (LeCun, 1993). Para avaliar o significado prático desta regra, considere o caso extremo, onde as variáveis de entrada são positivas de modo consistente. Nesta situação, os pesos sinápticos de um neurônio na primeira camada oculta podem apenas crescer juntos ou decrescer juntos. Conseqüentemente, se o vetor peso daquele neurônio deve mudar de direção, ele só pode fazer isso ziguezagueando seu caminho através da superfície de erro, o que é tipicamente lento e deve ser evitado.

Para acelerar o processo de aprendizagem por retropropagação, a normalização das entradas deve incluir também duas medidas (LeCun, 1993):

- As variáveis de entrada contidas no conjunto de treinamento devem ser *não-correlacionadas*; isto pode ser feito utilizando-se análise de componentes principais, como detalhado no Capítulo 8.
- As variáveis de entrada descorrelacionadas devem ser escaladas para que suas *covariâncias sejam aproximadamente iguais*, assegurando-se com isso que os diferentes pesos sinápticos da rede aprendam aproximadamente com a mesma velocidade.

A Figura 4.11 ilustra os resultados de três passos de normalização: remoção da média, descorrelação e equalização da covariância, aplicados nesta ordem.

6. *Inicialização.* Uma boa escolha para os valores iniciais dos pesos sinápticos e limiares da rede pode ser de tremenda ajuda para um projeto de rede ser bem-sucedido. A pergunta chave é: o que é uma boa escolha?

Quando são atribuídos valores iniciais grandes aos pesos sinápticos, é muito provável que os neurônios da rede sejam levados à saturação. Se isto acontecer, os gradientes locais no algoritmo de retropropagação assumem valores pequenos, o que por sua vez ocasionará uma diminuição da velocidade do processo de aprendizagem. Entretanto, se forem atribuídos valores iniciais pequenos aos pesos sinápticos, o algoritmo de retropropagação pode operar em uma área muito plana em torno da origem da superfície de erro; isto é particularmente verdade no caso de funções de ativação antissimétricas, como a função tangente hiperbólica. Infelizmente, a origem é um *ponto de sela*, que corresponde a um ponto estacionário onde a curvatura da superfície de erro através da sela é negativa e a curvatura ao longo da sela é positiva. Por estas razões, o uso tanto de valores grandes como de valores pequenos para a inicialização dos pesos sinápticos deve ser evitado. A escolha adequada para a inicialização se encontra em algum lugar entre estes dois casos extremos.

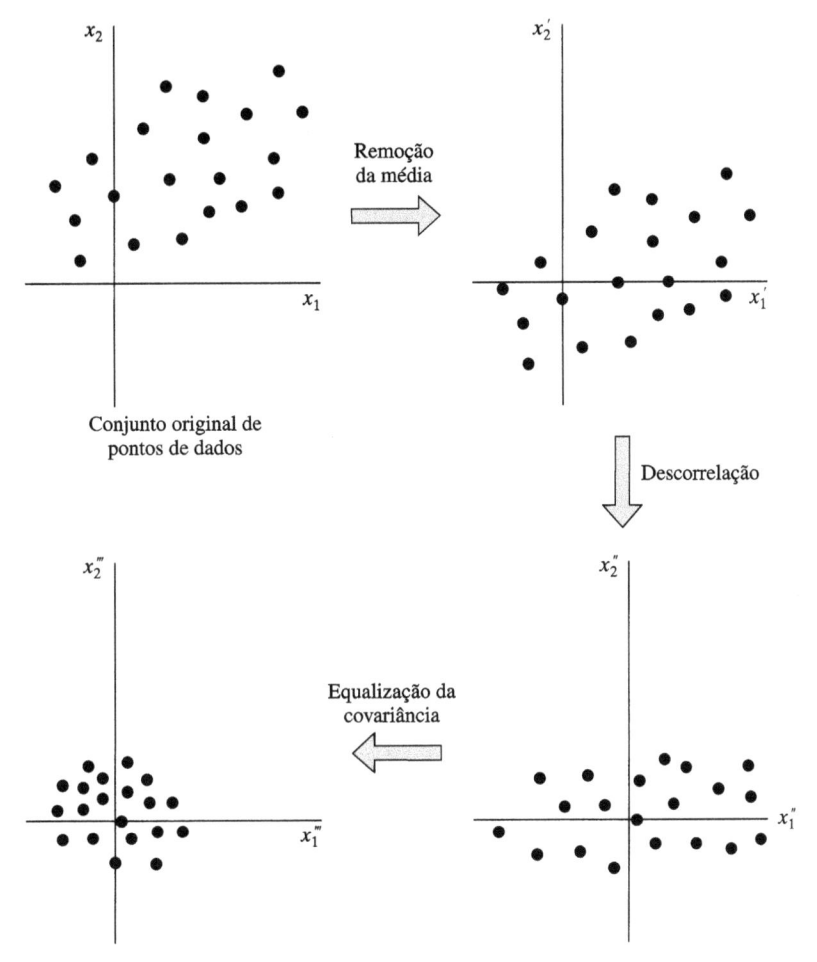

FIGURA 4.11 Ilustração da operação de remoção da média, descorrelação e equalização da covariância para um espaço de entrada bidimensional

Para sermos específicos, considere um perceptron de múltiplas camadas que usa a função tangente hiperbólica para suas funções de ativação. Considere o bias aplicado a cada neurônio da rede fixo em zero. Podemos então expressar o campo local induzido do neurônio j como

$$v_j = \sum_{i=1}^{m} w_{ji} y_i$$

Assuma que as entradas aplicadas a cada neurônio da rede tenham média zero e variância unitária, como mostrado por

$$\mu_y = E[y_i] = 0 \quad \text{para todo } i$$

e

$$\sigma_y^2 = E\left[(y_i - \mu_i)^2\right] = E\left[y_i^2\right] = 1 \quad \text{para todo } i$$

Assuma ainda que as entradas são não-correlacionadas, como mostrado por

$$E[y_i y_k] = \begin{cases} 1 & \text{para } k = i \\ 0 & \text{para } k \neq i \end{cases}$$

e que os pesos sinápticos são retirados de um conjunto uniformemente distribuído de números com média zero

$$\mu_w = E[w_{ji}] = 0 \quad \text{para todos os pares}(j, i)$$

e variância

$$\sigma_w^2 = E[(w_{ji} - \mu_w)^2] = E[w_{ji}^2] \text{ para todos os pares } (j, i)$$

Correspondentemente, podemos expressar a média e a variância do campo local induzido como

$$\mu_v = E[v_j] = E\left[\sum_{i=1}^m w_{ji} y_i\right] = \sum_{i=1}^m E[w_{ji}] E[y_i] = 0$$

e

$$\begin{aligned}
\sigma_v^2 &= E[(v_j - \mu_v)^2] = E[v_j^2] \\
&= E\left[\sum_{i=1}^m \sum_{k=1}^m w_{ji} w_{jk} y_i y_k\right] \\
&= \sum_{i=1}^m \sum_{k=1}^m E[w_{ji} w_{jk}] E[y_i y_k] \\
&= \sum_{i=1}^m E[w_{ji}^2] \\
&= m \sigma_w^2
\end{aligned} \quad (4.48)$$

onde m é o número de conexões sinápticas de um neurônio.

Com base neste resultado, podemos agora descrever uma boa estratégia para inicializar os pesos sinápticos de modo que o desvio padrão do campo local induzido de um neurônio caia na área de transição entre as partes linear e saturada da sua função de ativação sigmóide. Para o caso de uma função tangente hiperbólica com seus parâmetros a e b como previamente especificado, por exemplo, este objetivo é satisfeito fazendo $\sigma_v = 1$ na Eq. (4.48); neste caso, obtemos (LeCun, 1993)

$$\sigma_w = m^{-1/2} \quad (4.49)$$

Assim, é desejável que a distribuição uniforme, da qual os pesos sinápticos são selecionados, tenha uma média zero e uma variância igual ao recíproco do número de conexões sinápticas de um neurônio.

7. *Aprendizagem por indícios*. A aprendizagem a partir de um conjunto de exemplos de treinamento lida com uma função de mapeamento de entrada-saída desconhecida $f(\cdot)$. Na verdade, o processo de aprendizagem explora a informação contida nos exemplos sobre a função $f(\cdot)$ para *inferir* uma implementação aproximada para ela. O processo de aprendizagem por exemplos pode ser generalizado para *incluir aprendizagem por indícios*, o que é obtido permitindo-se que a infor-

mação prévia que tenhamos sobre a função $f(\cdot)$ seja incluída no processo de aprendizagem (Abu-Mostafa, 1995). Tal informação pode incluir propriedades invariantes, simetrias, ou qualquer outro conhecimento sobre a função $f(\cdot)$ que pode ser usado para acelerar a busca por sua realização aproximada e, mais importante que isto, melhorar a qualidade da estimativa final. O uso da Eq. (4.49) é um exemplo de como isto pode ser obtido.

8. *Taxas de aprendizagem.* Todos os neurônios do perceptron de múltiplas camadas devem aprender com a mesma taxa. As últimas camadas normalmente têm gradientes locais maiores do que as camadas anteriores da rede. Assim, deve-se atribuir ao parâmetro da taxa de aprendizagem η valores menores nas últimas camadas do que nas camadas anteriores. Neurônios com muitas entradas devem ter um parâmetro da taxa de aprendizagem menor do que neurônios com menos entradas, para manter um tempo de aprendizagem similar a todos os neurônios da rede. Em LeCun (1993), é sugerido que, para um determinado neurônio, a taxa de aprendizagem deve ser inversamente proporcional à raiz quadrada das conexões sinápticas feitas com aquele neurônio. Discutimos as taxas de aprendizagem mais extensamente na Seção 4.17.

4.7 REPRESENTAÇÃO DA SAÍDA E REGRA DE DECISÃO

Em teoria, para um *problema de classificação* de M classes, no qual a união das M classes distintas forma o espaço de entrada inteiro, necessitamos de um total de M saídas para representar todas as decisões de classificação possíveis, como representado na Fig. 4.12. Nesta figura, o vetor $\mathbf{x}_j$ representa o j-ésimo *protótipo* (i.e., amostra única) de um vetor aleatório $\mathbf{x}$ de dimensão m, a ser classificado por um perceptron de múltiplas camadas. A k-ésima das M classes possíveis às quais o vetor $\mathbf{x}$ pode pertencer é representada por $\mathcal{C}_k$. Suponha que y_{kj} seja a k-ésima saída da rede produzida em resposta ao protótipo $\mathbf{x}_j$, como mostrado por

$$y_{k,j} = F_k(\mathbf{x}_j), \qquad k = 1, 2, \ldots, M \qquad (4.50)$$

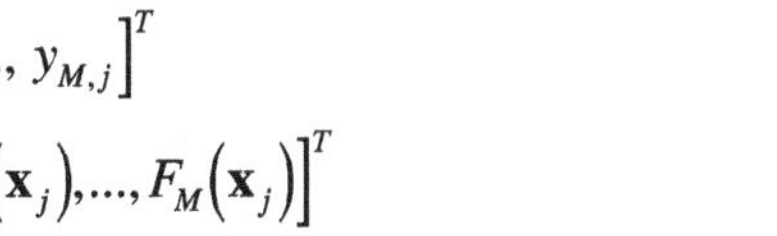

FIGURA 4.12 Diagrama em blocos de um classificador de padrões

onde a função $F_k(\cdot)$ define o mapeamento da entrada para a k-ésima saída, aprendido pela rede. Por conveniência de apresentação, suponha que

$$\begin{aligned}\mathbf{y}_j &= \left[y_{1,j}, y_{2,j}, \ldots, y_{M,j}\right]^T \\ &= \left[F_1(\mathbf{x}_j), F_2(\mathbf{x}_j), \ldots, F_M(\mathbf{x}_j)\right]^T \\ &= \mathbf{F}(\mathbf{x}_j)\end{aligned} \qquad (4.51)$$

onde $\mathbf{F}(\cdot)$ é uma função de valor vetorial. Uma questão básica que desejamos abordar nesta seção é:

> *Após um perceptron de múltiplas camadas ser treinado, qual deve ser a regra de decisão ótima para classificar as M saídas da rede?*

Claramente, qualquer regra de decisão razoável de saída deve ser baseada no conhecimento da função de valor vetorial:

$$\mathbf{F}: \mathbb{R}^m \ni \mathbf{x} \to \mathbf{y} \in \mathbb{R}^M \tag{4.52}$$

Em geral, tudo o que é certo sobre a função de valor vetorial $\mathbf{F}(\cdot)$ é que ela é uma função contínua que minimiza o *funcional de risco empírico*:

$$R = \frac{1}{2N} \sum_{j=1}^{N} \| \mathbf{d}_j - \mathbf{F}(\mathbf{x}_j) \|^2 \tag{4.53}$$

onde $\mathbf{d}_j$ é o padrão de saída desejado (alvo) para o protótipo $\mathbf{x}_j$, $\|\cdot\|$ é a norma euclidiana do vetor aí compreendido e N é o número total de exemplos apresentados à rede no treinamento. A essência do critério da Eq. (4.53) é a mesma que a da função de custo da Eq. (4.3). A função de valor vetorial $\mathbf{F}(\cdot)$ é fortemente dependente da escolha dos exemplos $(\mathbf{x}_j,\mathbf{d}_j)$ usados para treinar a rede, de forma que valores diferentes de $(\mathbf{x}_j,\mathbf{d}_j)$ levam de fato a diferentes funções de valor vetorial $\mathbf{F}(\cdot)$. Note que a terminologia $(\mathbf{x}_j,\mathbf{d}_j)$ usada aqui é a mesma daquela de $(\mathbf{x}(j),\mathbf{d}(j))$ usada anteriormente.

Suponha agora que a rede é treinada com valores-alvo *binários* (que eventualmente correspondem aos limites superior e inferior das saídas da rede, quando a função logística é usada), escritos como:

$$d_{kj} = \begin{cases} 1 & \text{quando o protótico } \mathbf{x}_j \text{ pertence à classe } \mathcal{C}_k \\ 0 & \text{quando o protótico } \mathbf{x}_j \text{ não pertence à classe } \mathcal{C}_k \end{cases} \tag{4.54}$$

Com base nesta notação, a classe $\mathcal{C}_k$ é representada por um vetor alvo de dimensão M

$$\begin{bmatrix} 0 \\ \vdots \\ 1 \\ \vdots \\ 0 \end{bmatrix} \leftarrow k\text{-ésimo elemento}$$

É tentador se supor que um classificador por perceptron de múltiplas camadas treinado com o algoritmo de retropropagação, com um conjunto finito de exemplos independentemente e identicamente distribuídos (i.i.d.), pode levar a uma aproximação assintótica das probabilidades de classe *a posteriori* subjacentes. Esta propriedade pode ser justificada pelas seguintes razões (White, 1989a; Richard e Lippmann, 1991):

- A *lei dos grandes números* é invocada para mostrar que, quando o tamanho do conjunto de treinamento N se aproxima do infinito, o vetor de peso $\mathbf{w}$ que minimiza o funcional de custo R da Eq. (4.53) se aproxima do vetor de peso ótimo $\mathbf{w}^*$ que minimiza o valor esperado da quantidade aleatória $\frac{1}{2}\|\mathbf{d} - \mathbf{F}(\mathbf{w},\mathbf{x})\|^2$, onde $\mathbf{d}$ é o vetor resposta desejada e $\mathbf{F}(\mathbf{w},\mathbf{x})$ é a aproximação realizada por um perceptron de múltiplas camadas com vetor de peso $\mathbf{w}$ e vetor $\mathbf{x}$ como entrada (White, 1989a). A função $\mathbf{F}(\mathbf{w},\mathbf{x})$, que apresenta dependência explícita do vetor de peso $\mathbf{w}$, é a mesma que a função $\mathbf{F}(\mathbf{x})$ usada anteriormente.
- O vetor de peso ótimo $\mathbf{w}^*$ tem a propriedade que o vetor correspondente das saídas reais da rede, $\mathbf{F}(\mathbf{w}^*, \mathbf{x})$, é uma aproximação por minimização de erro médio quadrado do valor espera-

do condicional do vetor resposta desejada, dado o vetor de entrada **x** (White, 1989a). Esta questão é discutida no Capítulo 2.
- Para um *problema de classificação de padrões* do tipo 1 de M, o k-ésimo elemento do vetor resposta desejada é igual a um, se o vetor de entrada **x** pertence à classe $\mathscr{C}_k$, e zero caso contrário. Assim, o valor esperado condicional do vetor resposta desejada, dado **x**, é igual à probabilidade *a posteriori* da classe $P(\mathscr{C}_k|\mathbf{x})$, $k = 1, 2,..., M$ (Richard e Lippmann, 1991).

Desta forma, resulta que um classificador por perceptron de múltiplas camadas (usando a função logística como a não-linearidade) aproxima de fato as probabilidades de classe *a posteriori*, desde que o tamanho do conjunto de treinamento seja suficientemente grande e que o processo de aprendizagem por retropropagação não fique preso em um mínimo local. Podemos agora responder a questão que levantamos anteriormente. Especificamente, podemos dizer que uma regra de decisão de saída apropriada é a regra bayesiana (aproximada) gerada pelas estimativas de probabilidade *a posteriori*:

Classifique o vetor aleatório **x** *como pertencente à classe* $\mathscr{C}_k$ *se*

$$F_k(\mathbf{x}) > F_j(\mathbf{x}) \quad \text{para todo } j \neq k \tag{4.55}$$

onde $F_k(\mathbf{x})$ *e* $F_j(\mathbf{x})$ *são elementos da função de mapeamento de valor vetorial*

$$\mathbf{F}(\mathbf{x}) = \begin{bmatrix} F_1(\mathbf{x}) \\ F_2(\mathbf{x}) \\ \vdots \\ F_M(\mathbf{x}) \end{bmatrix}$$

Existe um único valor de saída máximo com probabilidade 1, quando as distribuições *a posteriori* de classe subjacentes são distintas. (Assume-se aqui que é usada precisão aritmética infinita; empates são possíveis com precisão finita). Esta regra de decisão tem a vantagem de produzir decisões não-ambíguas em relação à regra *ad hoc* comum de seleção de pertinência de classe baseada no conceito de "disparo" da saída. Isto é, atribui-se ao vetor **x** a pertinência em uma classe particular, se o valor de saída correspondente for maior que um limiar fixo (usualmente 0,5 para a forma logística de função de ativação), o que pode levar a atribuições a múltiplas classes.

Na Seção 4.6, mostramos que os valores-alvo binários [0,1], correspondentes à função logística da Eq. (4.30), são perturbados por uma pequena quantidade ϵ, como uma medida prática para evitar a saturação dos pesos sinápticos (devido à precisão numérica finita) durante o treinamento da rede. Como resultado desta perturbação, os valores-alvo são agora não-binários, e as aproximações assintóticas $F_k(\mathbf{x})$ não são mais exatamente as probabilidades *a posteriori* $P(\mathscr{C}_k|\mathbf{x})$ das M classes de interesse (Hampsire e Pearlmutter, 1990). Em vez disso, $P(\mathscr{C}_k|\mathbf{x})$ é mapeada linearmente para o intervalo fechado [ϵ, $1 - \epsilon$], tal que $P(\mathscr{C}_k|\mathbf{x}) = 0$ é mapeado para uma saída de ϵ, e $P(\mathscr{C}_k|\mathbf{x}) = 1$ é mapeado para uma saída de $1 - \epsilon$. Como este mapeamento linear preserva a ordenação relativa, ele *não* afeta o resultado da aplicação da regra de decisão da Eq. (4.55).

É também interessante notar que, quando uma fronteira de decisão é formada por discriminação abrupta das saídas de um perceptron de múltiplas camadas em relação a alguns valores fixos (limiares), a forma global e a orientação da fronteira de decisão podem ser explicadas de modo heurístico (para o caso de uma única camada oculta) em termos do número de neurônios ocultos e das relações dos pesos sinápticos conectados a eles (Lui, 1990). Tal análise, entretanto, não é aplicável a uma fronteira de decisão formada de acordo com a regra de decisão de saída da Eq. (4.55). Uma abordagem mais apropriada é considerar os neurônios ocultos como *detectores não-lineares de características* que procuram mapear classes do espaço de entrada original $\mathbb{R}^{m_0}$, onde as classes podem não ser linearmente separáveis, para o espaço de ativações da camada oculta, onde é mais provável que sejam linearmente separáveis.

4.8 EXPERIMENTO COMPUTACIONAL

Nesta seção, usamos um experimento computacional para ilustrar o comportamento da aprendizagem de um perceptron de múltiplas camadas usado como classificador de padrões. O objetivo do experimento é distinguir entre duas classes de padrões bidimensionais "superpostas", com distribuição gaussiana, rotuladas como 1 e 2. Suponha que $\mathcal{C}_1$ e $\mathcal{C}_2$ representem o conjunto de eventos para os quais um vetor aleatório **x** pertence aos padrões 1 e 2, respectivamente. Podemos então expressar as funções de densidade de probabilidade condicional para as duas classes como:

Classe $\mathcal{C}_1$:
$$f_\mathbf{X}(\mathbf{x}|\mathcal{C}_1) = \frac{1}{2\pi\sigma_1^2}\exp\left(-\frac{1}{2\sigma_1^2}\|\mathbf{x} - \boldsymbol{\mu}_1\|^2\right) \qquad (4.56)$$

onde

$$\boldsymbol{\mu}_1 = \text{vetor média} = [0,0]^T$$
$$\sigma_1^2 = \text{variância} = 1$$

Classe $\mathcal{C}_2$:
$$f_\mathbf{X}(\mathbf{x}|\mathcal{C}_2) = \frac{1}{2\pi\sigma_2^2}\exp\left(-\frac{1}{2\sigma_2^2}\|\mathbf{x} - \boldsymbol{\mu}_2\|^2\right) \qquad (4.57)$$

onde

$$\boldsymbol{\mu}_2 = [2,0]^T$$
$$\sigma_2^2 = 4$$

Assume-se que as duas classes sejam eqüiprováveis; isto é,

$$p_1 = p_2 = \frac{1}{2}$$

A Figura 4.13a mostra gráficos tridimensionais das duas distribuições gaussianas definidas pelas Eqs. (4.56) e (4.57). O vetor de entrada é $\mathbf{x} = [x_1, x_2]^T$, e a dimensionalidade do espaço de entrada é $m_0 = 2$. A Figura 4.14 mostra diagramas de espalhamento individuais para as classes $\mathcal{C}_1$ e $\mathcal{C}_2$ e o diagrama de espalhamento conjunto, representando a superposição dos gráficos de espalhamento de 500 pontos tomados de cada um dos dois processos. Este último diagrama mostra claramente que as duas distribuições se sobrepõem significativamente, indicando que existe inevitavelmente uma probabilidade significativa de classificação incorreta.

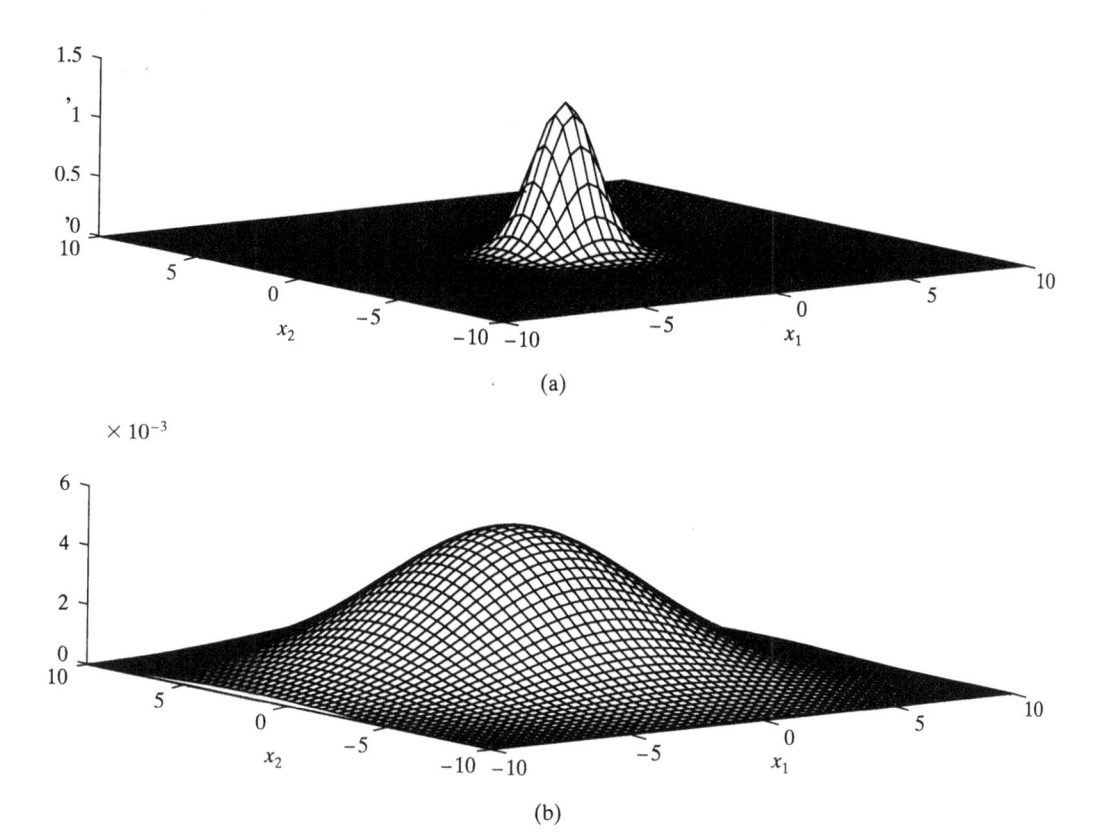

FIGURA 4.13 (a) Função de densidade de probabilidade $f_x(\mathbf{x}|\mathcal{C}_1)$; (b) Função de densidade de probabilidade $f_x(\mathbf{x}|\mathcal{C}_2)$

Fronteira de Decisão Bayesiana

O critério bayesiano para classificação ótima é discutido no Capítulo 3. Assumindo que para um problema de duas classes (1) as classes $\mathcal{C}_1$ e $\mathcal{C}_2$ sejam eqüiprováveis, (2) os custos para classificações corretas sejam zero e (3) os custos para classificações incorretas sejam iguais, constatamos que a fronteira de decisão ótima é encontrada aplicando-se o teste da razão de verossimilhança:

$$\Lambda(\mathbf{x}) \underset{\mathcal{C}_1}{\overset{\mathcal{C}_2}{\gtrless}} \xi \qquad (4.58)$$

onde $\Lambda(\mathbf{x})$ é a *razão de verossimilhança*, definida por

$$\Lambda(\mathbf{x}) = \frac{f_\mathbf{x}(\mathbf{x}|\mathcal{C}_1)}{f_\mathbf{x}(\mathbf{x}|\mathcal{C}_2)} \qquad (4.59)$$

onde ξ é o *limiar do teste*, definido por

$$\xi = \frac{p_2}{p_1} = 1 \qquad (4.60)$$

Para o exemplo considerado, temos

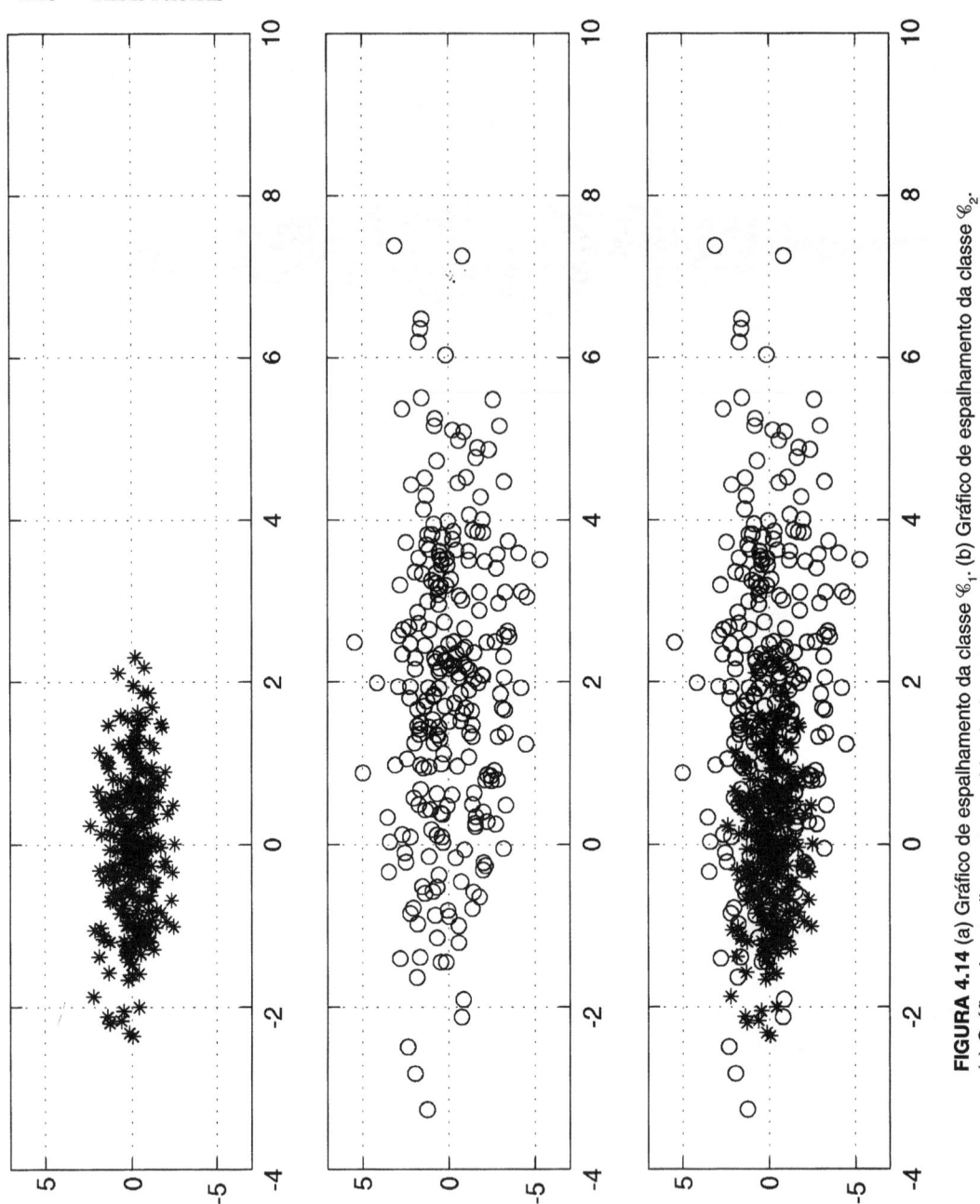

FIGURA 4.14 (a) Gráfico de espalhamento da classe $\mathscr{C}_1$. (b) Gráfico de espalhamento da classe $\mathscr{C}_2$. (c) Gráfico de espalhamento combinado de ambas as classes.

$$\Lambda(\mathbf{x}) = \frac{\sigma_2^2}{\sigma_1^2} \exp\left(-\frac{1}{2\sigma_1^2}\|\mathbf{x}-\boldsymbol{\mu}_1\|^2 + \frac{1}{2\sigma_2^2}\|\mathbf{x}-\boldsymbol{\mu}_2\|^2\right)$$

Conseqüentemente, a fronteira de decisão (bayesiana) ótima é definida por

$$\frac{\sigma_2^2}{\sigma_1^2} \exp\left(-\frac{1}{2\sigma_1^2}\|\mathbf{x}-\boldsymbol{\mu}_1\|^2 + \frac{1}{2\sigma_2^2}\|\mathbf{x}-\boldsymbol{\mu}_2\|^2\right) = 1$$

ou de forma equivalente,

$$\frac{1}{\sigma_2^2}\|\mathbf{x}-\boldsymbol{\mu}_2\|^2 - \frac{1}{\sigma_1^2}\|\mathbf{x}-\boldsymbol{\mu}_1\|^2 = 4\log\left(\frac{\sigma_1}{\sigma_2}\right) \tag{4.61}$$

Usando manipulações diretas, podemos redefinir a fronteira de decisão ótima da Eq. (4.61) simplesmente como

$$\|\mathbf{x}-\mathbf{x}_c\|^2 = r^2 \tag{4.62}$$

onde

$$\mathbf{x}_c = \frac{\sigma_2^2\boldsymbol{\mu}_1 - \sigma_1^2\boldsymbol{\mu}_2}{\sigma_2^2 - \sigma_1^2} \tag{4.63}$$

e

$$r^2 = \frac{\sigma_1^2\sigma_2^2}{\sigma_2^2 - \sigma_1^2}\left[\frac{\|\boldsymbol{\mu}_1 - \boldsymbol{\mu}_2\|^2}{\sigma_2^2 - \sigma_1^2} + 4\log\left(\frac{\sigma_2}{\sigma_1}\right)\right] \tag{4.64}$$

A Equação (4.62) representa um círculo com centro $\mathbf{x}_c$ e raio r. Suponha que Ω_1 defina a região compreendida dentro deste círculo. A regra de classificação bayesiana para o problema considerado pode ser formulada como segue:

Classifique o vetor de observação $\mathbf{x}$ *como pertencente à classe* $\mathcal{C}_1$, *se a razão de verossimilhança* $\Lambda(\mathbf{x})$ *for maior que o limiar* ξ, *e à classe* $\mathcal{C}_2$, *caso contrário.*

Para os parâmetros particulares deste experimento, temos uma fronteira de decisão circular cujo centro está localizado em

$$\mathbf{x}_c = \begin{bmatrix} -2/3 \\ 0 \end{bmatrix}$$

e cujo raio é

$$r \simeq 2{,}34$$

Considere que c represente o conjunto de resultados corretos de classificação e e o conjunto de resultados incorretos de classificação. A *probabilidade de erro* (classificação incorreta), P_e, de um classificador operando de acordo com a regra de decisão bayesiana é

$$P_e = p_1 P(e|\mathcal{C}_1) + p_2 P(e|\mathcal{C}_2) \tag{4.65}$$

onde $P(e|\mathcal{C}_1)$ é a probabilidade condicional de erro, dado que o vetor de entrada do classificador tenha sido retirado da distribuição de classe $\mathcal{C}_1$, e similarmente para $P(e|\mathcal{C}_2)$; p_1 e p_2 são as probabilidades *a priori* das classes $\mathcal{C}_1$ e $\mathcal{C}_2$, respectivamente. Para o nosso problema, podemos estimar numericamente as integrais de probabilidade para obter

$$P(e|\mathcal{C}_1) \simeq 0{,}1056$$

e

$$P(e|\mathcal{C}_2) \simeq 0{,}2642$$

Com $p_1 = p_2 = 1/2$, a probabilidade de classificação incorreta, conseqüentemente, é

$$P_e \simeq 0{,}1849$$

De forma equivalente, a *probabilidade de classificação correta* é

$$P_c = 1 - P_e$$
$$\simeq 0{,}8151$$

Determinação Experimental do Perceptron Ótimo de Múltiplas Camadas

A Tabela 4.1 lista os parâmetros variáveis de um perceptron de múltiplas camadas (MLP, *multilayer perceptron*) que envolve uma única camada de neurônios ocultos e que é treinado com o algoritmo de retropropagação operando no modo seqüencial. Como o objetivo último de um classificador de padrões é alcançar uma taxa aceitável de classificação correta, este critério é usado para julgar quando os parâmetros variáveis do MLP (usado como um classificador de padrões) são ótimos.

TABELA 4.1 Parâmetros Variáveis do Perceptron de Múltiplas Camadas

Parâmetro	Símbolo	Intervalo Típico
Número de neurônios ocultos	m_1	$(2, \infty)$
Parâmetro da taxa de aprendizagem	η	$(0, 1)$
Constante de momento	α	$(0, 1)$

Número Ótimo de Neurônios Ocultos. Refletindo as abordagens práticas para o problema da determinação do número ótimo de neurônios ocultos, m_1, o critério utilizado é o menor número de neurônios ocultos que produz um desempenho "próximo" ao do classificador bayesiano – normalmente dentro de 1 por cento. Assim, o estudo experimental começa com dois neurônios ocultos como ponto de partida para os resultados de simulação resumidos na Tabela 4.2.

TABELA 4.2 Resultados da Simulação para Dois Neurônios Ocultos[a]

Número da Rodada	Tamanho do Conjunto de Treinamento	Número de Épocas	Erro Médio Quadrado	Probabilidade de Classificação Correta, P_c
1	500	320	0,2375	80,36%
2	2000	80	0,2341	80,33%
3	8000	20	0,2244	80,47%

[a]Parâmetro da taxa de aprendizagem $\eta = 0{,}1$ e momento $\alpha = 0$.

Como o propósito do primeiro conjunto de simulações é meramente verificar a suficiência ou não dos dois neurônios ocultos, o parâmetro da taxa de aprendizagem η e a constante de momento α são fixados arbitrariamente em um valor nominal. Para cada rodada de simulação, um conjunto de treinamento de exemplos, gerados aleatoriamente das distribuições gaussianas para as classes $\mathscr{C}_1$ e $\mathscr{C}_2$ com igual probabilidade, é repetidamente circulado através da rede, com cada ciclo de treinamento representando uma *época*. O número de épocas é escolhido de modo que o número total de exemplos de treinamento utilizados em cada rodada constante. Fazendo assim, qualquer efeito potencial surgido pelas variações dos tamanhos do conjunto de treinamento são compensados pela média.

Na Tabela 4.2 e nas tabelas subseqüentes, o *erro médio quadrado* é calculado precisamente como o funcional de erro definido na Eq. (4.53). Enfatizamos que o erro médio quadrado é incluído nestas tabelas somente para efeito de registro, uma vez que um *erro médio quadrado pequeno não implica necessariamente boa generalização* (i.e., bom desempenho com dados não-vistos anteriormente).

Após a convergência de uma rede treinada com um número total de N padrões, a probabilidade de classificação correta pode ser calculada, teoricamente, como segue:

$$P(c, N) = p_1 P(c, N|\mathscr{C}_1) + p_2 P(c, N|\mathscr{C}_2) \tag{4.66}$$

onde $p_1 = p_2 = 1/2$, e

$$P(c, N|\mathscr{C}_1) = \int_{\Omega_1(N)} f_\mathbf{X}(\mathbf{x}|\mathscr{C}_1) d\mathbf{x} \tag{4.67}$$

$$P(c, N|\mathscr{C}_2) = 1 - \int_{\Omega_1(N)} f_\mathbf{X}(\mathbf{x}|\mathscr{C}_2) d\mathbf{x} \tag{4.68}$$

e $\Omega_1(N)$ é a região no espaço de decisão sobre a qual o perceptron de múltiplas camadas (treinado com N padrões) classifica o vetor $\mathbf{x}$ (representando uma realização do vetor aleatório $\mathbf{X}$) como pertencente à classe $\mathscr{C}_1$. Esta região é usualmente encontrada experimentalmente pela estimativa da função de mapeamento aprendida pela rede e então aplicando-se a regra de decisão da saída da Eq. (4.55). Infelizmente, a estimativa numérica de $P(c,N|\mathscr{C}_1)$ e $P(c,N|\mathscr{C}_2)$ é problemática porque não podem ser encontradas facilmente expressões fechadas descrevendo a fronteira $\Omega_1(N)$.

Conseqüentemente, recorremos ao uso de uma abordagem experimental que envolve testar o perceptron de múltiplas camadas em relação a outro conjunto independente de exemplos que são novamente retirados aleatoriamente das distribuições para as classes $\mathscr{C}_1$ e $\mathscr{C}_2$ com igual probabilidade. Suponha que A seja uma variável aleatória que conte o número de padrões retirados dos N padrões de teste que são classificados corretamente. Então, a razão

$$p_N = \frac{A}{N}$$

é uma variável aleatória que fornece a estimativa sem bias por máxima verossimilhança do desempenho de classificação real p da rede. Assumindo que p seja constante sobre os N pares de entrada-saída, podemos aplicar o *limite de Chernoff* (Devroye, 1991) para o estimador p_N de p, obtendo

$$P(|p_N - p| > \epsilon) < 2 \exp(-2\epsilon^2 N) = \delta$$

A aplicação do limite de Chernoff produz $N \simeq 26.500$ para $\epsilon = 0,01$ e $\delta = 0,01$ (i.e., 99 por cento de certeza que a estimativa p tenha a tolerância dada). Tomamos, então, um conjunto de teste de tamanho $N = 32.000$. A última coluna da Tabela 4.2 apresenta a probabilidade de classificação correta estimada para este tamanho de conjunto de teste, com cada resultado sendo a média de 10 tentativas independentes do experimento.

O desempenho de classificação apresentado na Tabela 4.2 para um perceptron de múltiplas camadas usando dois neurônios ocultos já é razoavelmente próximo ao desempenho bayesiano $P_c =$

81,51 por cento. Com isso, podemos concluir que para o problema de classificação de padrões descrito aqui o uso de dois neurônios ocultos é adequado. Para enfatizar esta conclusão, na Tabela 4.3 apresentamos os resultados de simulações repetidas para o caso de quatro neurônios ocultos, com todos os outros parâmetros mantidos constantes. Apesar de o erro médio quadrado na Tabela 4.3 para quatro neurônios ocultos ser um pouco mais baixo que aquele da Tabela 4.2 para dois neurônios ocultos, a taxa média de classificações corretas não mostra melhoria; de fato, ela é um pouco pior. Para o resto do experimento computacional descrito aqui, o número de neurônios ocultos é mantido em dois.

TABELA 4.3 Resultados da Simulação para o Perceptron de Múltiplas Camadas Usando Quatro Neurônios Ocultos[a]

Número da Rodada	Tamanho do Conjunto de Treinamento	Número de Épocas	Erro Médio Quadrado	Probabilidade de Classificação Correta, P_c
1	500	320	0,2199	80,80%
2	2000	80	0,2108	80,81%
3	8000	20	0,2142	80,19%

[a]Parâmetro da taxa de aprendizagem $\eta = 0,1$ e constante de momento $\alpha = 0$.

Aprendizagem Ótima e Constantes de Momento. Para os valores "ótimos" do parâmetro da taxa de aprendizagem η e constante de momento α, podemos usar uma das três definições:

1. Os η e α que em média produzem convergência para um mínimo local na superfície de erro da rede com o menor número de épocas.
2. Os η e α que, para o pior caso ou em média, produzem convergência para o mínimo global na superfície de erro com o menor número de épocas.
3. Os η e α que em média produzem convergência para a configuração de rede que tem a melhor generalização sobre todo o espaço de entrada, com o menor número de épocas.

Os termos "média" e "pior caso" usados aqui se referem à distribuição dos pares de entrada-saída de treinamento. A definição 3 é ideal na prática; entretanto, é difícil aplicá-la, pois minimizar o erro médio quadrado é normalmente o critério matemático para a otimização durante o treinamento da rede, e, como afirmado anteriormente, um baixo erro médio quadrado sobre um conjunto de treinamento não implica necessariamente boa generalização. Do ponto de vista de pesquisa, a definição 2 é mais interessante que a definição 1. Em Luo (1991), por exemplo, são apresentados resultados rigorosos para a adaptação ótima do parâmetro da taxa de aprendizagem η, de modo que o menor número de épocas seja necessário para o perceptron de múltiplas camadas aproximar a matriz de pesos sinápticos globalmente ótima com uma precisão desejada, embora para o caso especial de neurônios lineares. Em geral, entretanto, procedimentos heurísticos e experimentais dominam a seleção ótima de η e α quando se usa a definição 1. Para o experimento descrito aqui, consideramos, portanto, a otimização no sentido da definição 1.

Utilizando um perceptron de múltiplas camadas com dois neurônios ocultos, são simuladas combinações do parâmetro da taxa de aprendizagem $\eta \in \{0,01, 0,1, 0,5, 0,9\}$ e da constante de momento $\alpha \in \{0,0, 0,1, 0,5, 0,9\}$ para observar seu efeito sobre a convergência da rede. Cada combinação é treinada com o mesmo conjunto de pesos aleatórios iniciais e o mesmo conjunto de 500 exemplos, de modo que os resultados do experimento possam ser comparados diretamente. O processo de aprendizagem foi continuado para 700 épocas, após o que ele foi encerrado; esta extensão de treinamento foi considerada adequada para o algoritmo de retropropagação alcançar um mínimo local na superfície de erro. As curvas de aprendizagem médias de ensemble assim calculadas estão traçadas nas Figs. 4.15a – 4.15d, que estão agrupadas por η.

As curvas de aprendizagem experimentais mostradas aqui sugerem as seguintes tendências:

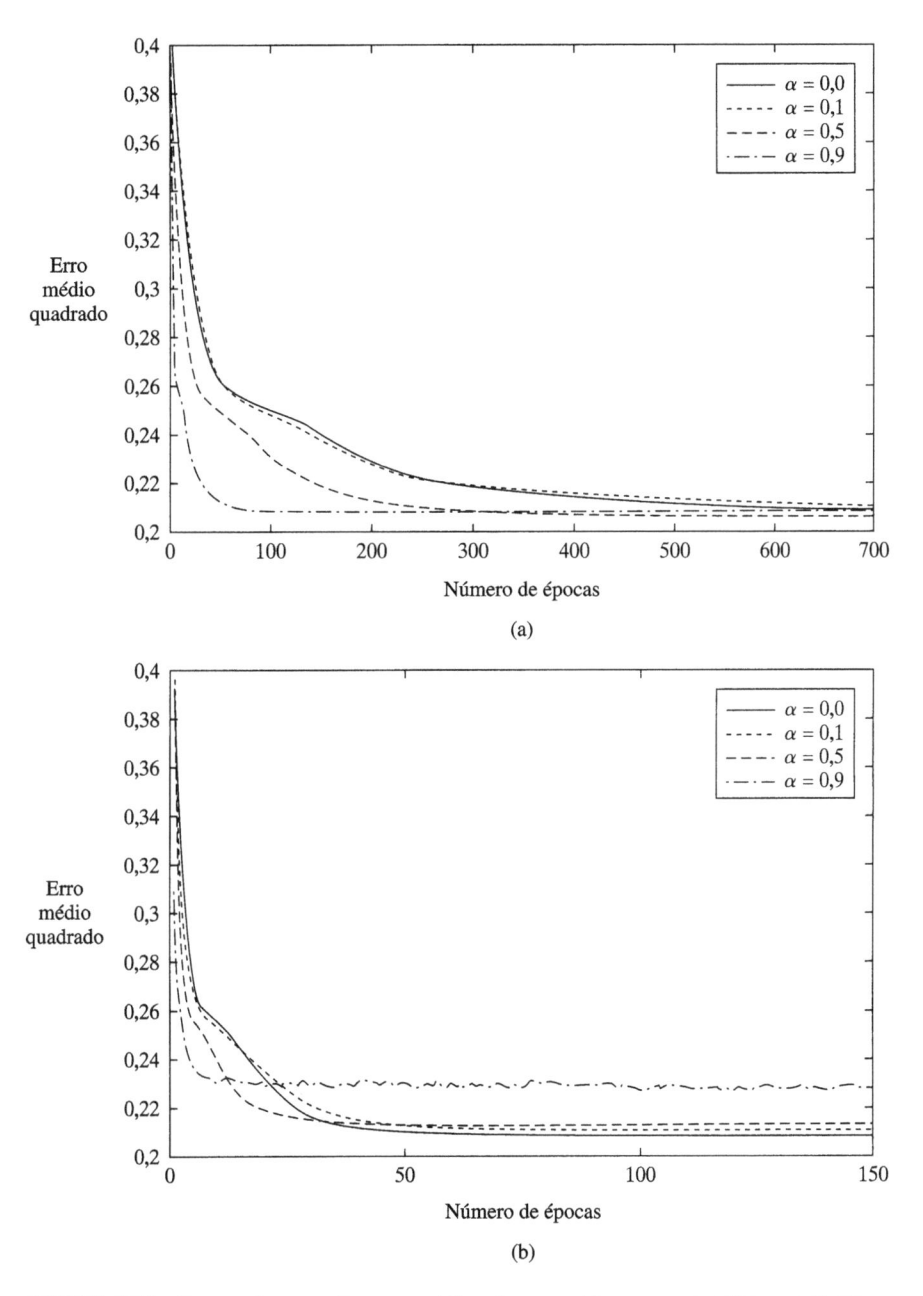

FIGURA 4.15 Curvas de aprendizagem médias de ensemble para momentos α variáveis e os seguintes valores de parâmetros da taxa de aprendizagem: (a) $\eta = 0,01$, (b) $\eta = 0,1$, (c) $\eta = 0,5$ e (d) $\eta = 0,9$

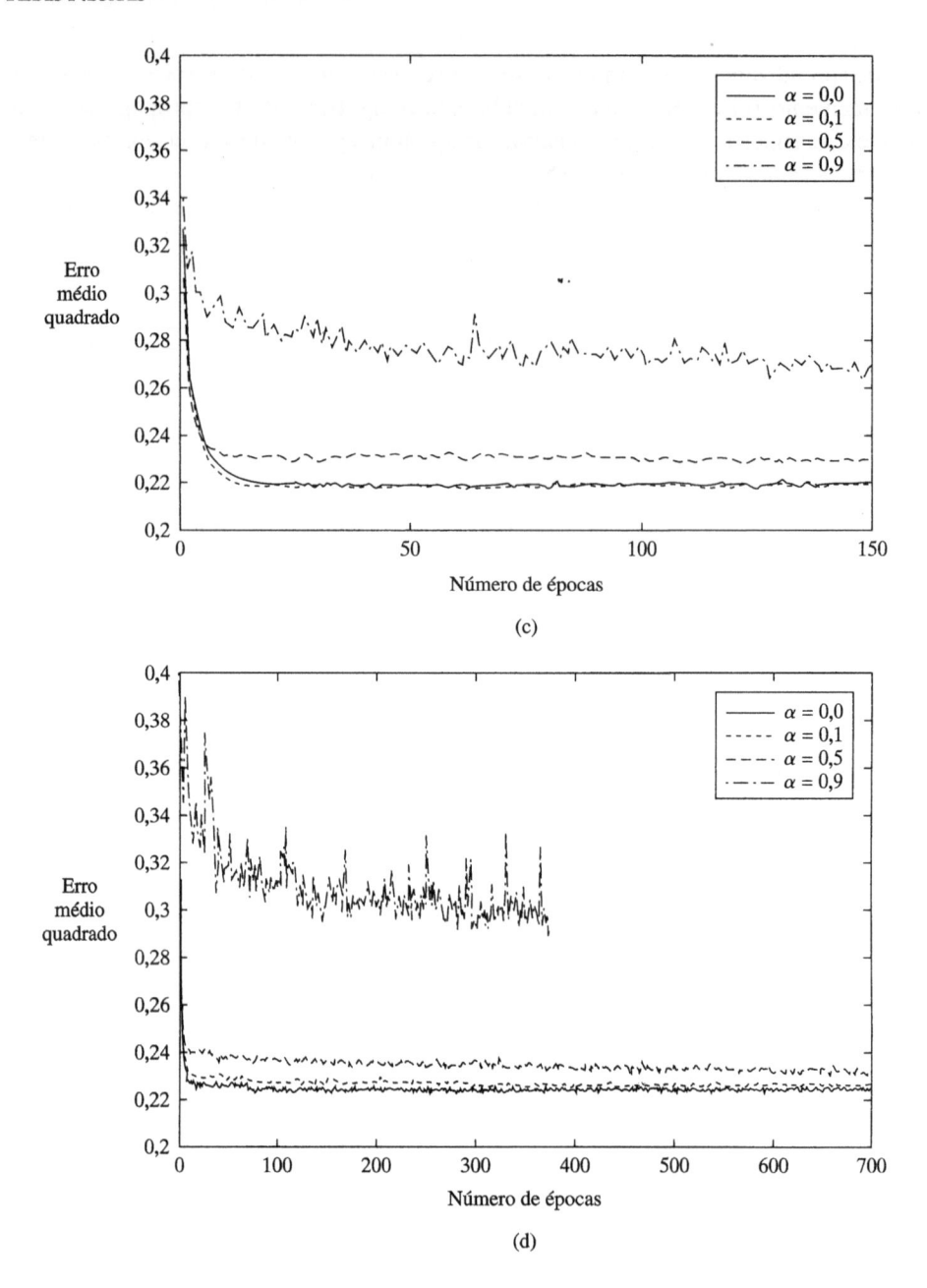

FIGURA 4.15

- Enquanto que, em geral, um pequeno parâmetro da taxa de aprendizagem η resulta em uma convergência mais lenta, ele pode localizar mínimos locais "mais profundos" na superfície de erro do que um η grande.
- Para η → 0, o uso de α → 1 produz um aumento da velocidade de convergência. Por outro lado, para η → 1, o uso de α → 0 é necessário para assegurar a estabilidade da aprendizagem.
- O uso das constantes η = {0,5, 0,9} e α = 0,9 causa oscilações no erro médio quadrado durante a aprendizagem e um valor mais alto para o erro médio quadrado na convergência, sendo ambos efeitos indesejáveis.

Na Fig. 4.16, mostramos gráficos das "melhores" curvas de aprendizagem para cada grupo das curvas de aprendizagem traçado na Fig. 4.15, para determinar a melhor curva de aprendizagem "global"; "melhor" sendo definido no sentido do ponto 1 descrito anteriormente. Da Fig. 4.16, é aparente que o parâmetro da taxa de aprendizagem ótimo $\eta_{\text{ótimo}}$ é cerca de 0,1 e a constante de momento ótima $\alpha_{\text{ótimo}}$ é cerca de 0,5. Assim, a Tabela 4.4 resume os valores "ótimos" dos parâmetros da rede usados no restante do experimento. O fato de que o erro médio quadrado final de cada curva na Fig. 4.16 não varia significativamente no intervalo de η e α sugere uma superfície de erro "bem comportada" (i.e., relativamente suave) para o problema.

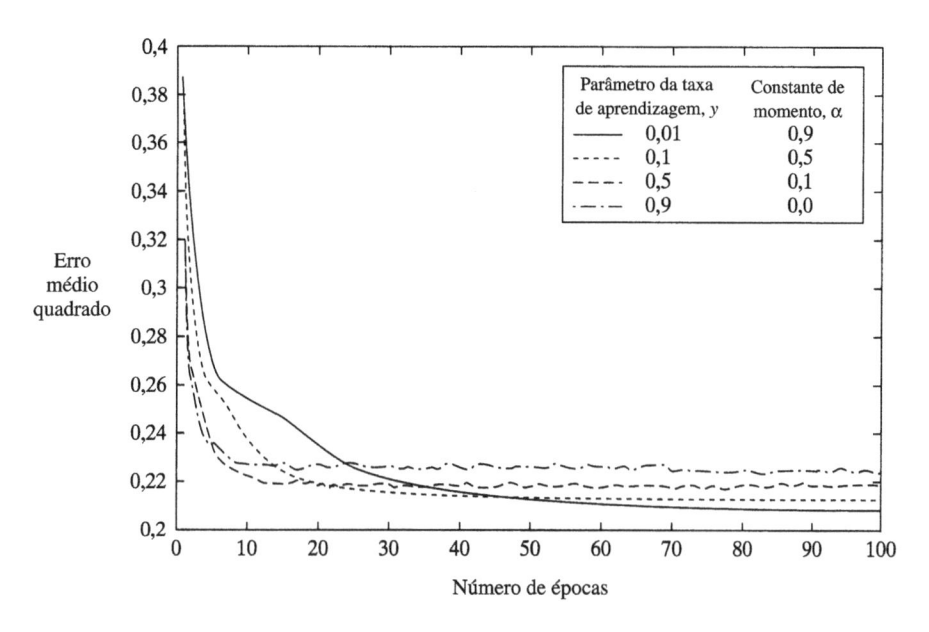

FIGURA 4.16 Melhores curvas de aprendizagem selecionadas das quatro partes da Fig. 4.15

TABELA 4.4 Configuração do Perceptron de Múltiplas Camadas Otimizado

Parâmetro	Símbolo	Valor
Número ótimo de neurônios ocultos	$m_{\text{ótimo}}$	2
Parâmetro ótimo da taxa de aprendizagem	$\eta_{\text{ótimo}}$	0,1
Constante de momento ótima	$\alpha_{\text{ótimo}}$	0,5

Avaliação do Projeto Ótimo de Rede. Dado o perceptron de múltiplas camadas "otimizado" com os parâmetros resumidos na Tabela 4.4, a rede final é avaliada para determinar a sua fronteira de decisão, a curva de aprendizagem média de ensemble e a probabilidade de classificação correta. Com conjuntos de treinamento com tamanho finito, a função aprendida pela rede com os parâmetros ótimos é "estocástica" por natureza. Conseqüentemente, estas medidas de desempenho são médias de ensemble sobre 20 redes treinadas independentemente. Cada conjunto de treinamento consiste de 1000 exemplos, retirados das distribuições para as classes $\mathscr{C}_1$ e $\mathscr{C}_2$ com igual probabilidade e que são apresentadas à rede em ordem aleatória. Como anteriormente, o treinamento se estendeu por

700 épocas. Para a determinação experimental das probabilidades de classificação correta, o mesmo conjunto de teste com 32.000 exemplos usado anteriormente é utilizado novamente.

A Fig. 4.17a mostra três das "melhores" fronteiras de decisão para três redes do ensemble de 20. A Figura 4.17b mostra três das "piores" fronteiras de decisão para três outras redes do mesmo ensemble. A fronteira de decisão bayesiana (circular) sombreada está incluída em ambas as figuras

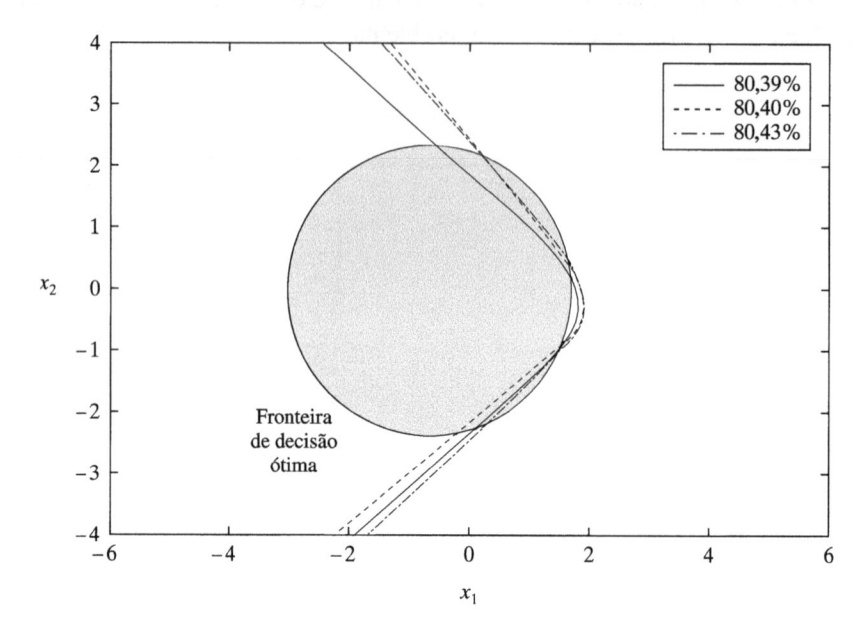

FIGURA 4.17A Gráfico das três "melhores" fronteiras de decisão para as seguintes precisões de classificação: 80,39, 80,40 e 80,43%

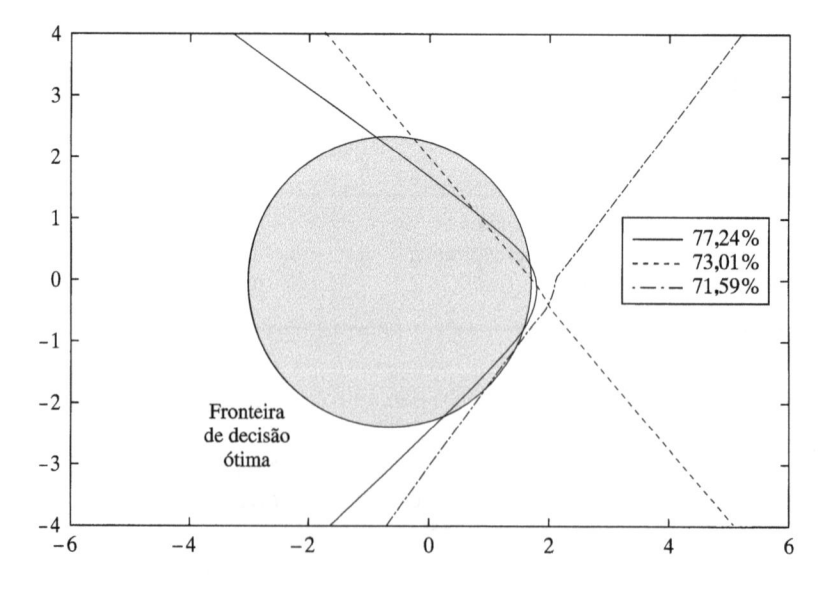

FIGURA 4.17B Gráfico das três "piores" fronteiras de decisão para as seguintes precisões de classificação: 77,24, 73,01 e 71,59%

como referência. Destas figuras observamos que as fronteiras de decisão construídas pelo algoritmo de retropropagação são convexas em relação à região onde elas classificam o vetor de observação **x** como pertencente à classe $\mathscr{C}_1$ ou à classe $\mathscr{C}_2$.

As estatísticas de ensemble das medidas de desempenho, probabilidade de classificação correta e erro médio quadrado final, calculadas sobre a amostra de treinamento, estão listadas na Tabela 4.5. A probabilidade de classificação correta para o classificador bayesiano ótimo é 81,51%.

TABELA 4.5 Estatísticas de Ensemble de Medidas de Desempenho (Tamanho da Amostra = 20)

Medida de Desempenho	Média	Desvio Padrão
Probabilidade de classificação correta	79,70%	0,44%
Erro médio quadrado final	0,2277	0,0118

4.9 DETECÇÃO DE CARACTERÍSTICAS

Os *neurônios ocultos* desempenham um papel crucial na operação de um perceptron de múltiplas camadas com aprendizagem por retropropagação porque agem como *detectores de características*. Conforme o processo de aprendizagem avança, os neurônios ocultos começam gradualmente a "descobrir" as características salientes que caracterizam os dados de treinamento. Eles fazem isso realizando uma transformação não-linear dos dados de entrada para um novo espaço chamado de *espaço oculto*, ou *espaço de características*; estas duas terminologias são usadas alternadamente em todo o livro. Neste novo espaço, as classes de interesse em uma tarefa de classificação de padrões, por exemplo, podem ser mais facilmente separadas entre si do que no espaço original de entrada. Esta afirmação é bem ilustrada pelo problema do XOR considerado na Seção 4.5.

Colocando a questão em um contexto matemático, considere um perceptron de múltiplas camadas com uma única camada não-linear com m_1 neurônios ocultos, e uma camada linear de $m_2 = M$ neurônios de saída. A escolha de neurônios lineares na camada de saída é motivada pelo desejo de concentrar a atenção sobre o papel dos neurônios ocultos na operação do perceptron de múltiplas camadas. Suponha que os pesos sinápticos da rede sejam ajustados para minimizar o erro médio quadrado entre a saída-alvo (resposta desejada) e a saída real da rede, produzida em resposta a um vetor (padrão) de entrada de dimensão m_0, com a média de ensemble calculada sobre um total de N padrões. Suponha que $z_j(n)$ represente a saída do neurônio oculto j devido à apresentação do padrão de entrada n. $z_j(n)$ é uma função não-linear do padrão (vetor) de entrada aplicada à camada de entrada da rede em virtude da função de ativação sigmóide incorporada em cada neurônio oculto.

A saída do neurônio k na camada de saída é

$$y_k(n) = \sum_{j=0}^{m_1} w_{kj} z_j(n), \quad \begin{array}{l} k = 1, 2, \ldots, M \\ n = 1, 2, \ldots, N \end{array} \qquad (4.69)$$

onde w_{k0} representa o bias aplicado ao neurônio k. A função de custo a ser minimizada é

$$\mathscr{E}_{med} = \frac{1}{2N} \sum_{n=1}^{N} \sum_{k=1}^{M} (d_k(n) - y_k(n))^2 \qquad (4.70)$$

Note que assumimos aqui o uso do modo de operação por lote. Usando as Eqs. (4.69) e (4.70), é fácil reformular a função de custo $\mathscr{E}_{med}$ na forma matricial compacta:

$$\mathscr{E}_{med} = \frac{1}{2N} \left\| \tilde{\mathbf{D}} - \mathbf{W}\tilde{\mathbf{Z}} \right\|^2 \tag{4.71}$$

onde $\mathbf{W}$ é a matriz M-por-m_1 de pesos sinápticos relativos à camada de saída da rede. A matriz $\tilde{\mathbf{Z}}$ é a matriz m_1-por-M das saídas dos neurônios ocultos (subtraídos os seus valores médios), que são produzidas pelos N padrões individuais de entrada aplicados à camada de entrada da rede; isto é,

$$\tilde{\mathbf{Z}} = \left\{ (z_j(n) - \mu_{z_j}); \quad j = 1, 2, ..., m_1: \quad n = 1, 2, ..., N \right\}$$

onde μ_{z_j} é o valor médio de $z_j(n)$. Conseqüentemente, a matriz $\tilde{\mathbf{D}}$ é a matriz M-por-N dos padrões-alvo (respostas desejadas) apresentados à camada de entrada da rede; isto é,

$$\tilde{\mathbf{D}} = \left\{ (d_k(n) - \mu_{d_k}); \quad k = 1, 2, ..., M: \quad n = 1, 2, ..., N \right\}$$

onde μ_{d_k} é o valor médio de $d_k(n)$. A minimização de $\mathscr{E}_{med}$ definida pela Eq. (4.70) é reconhecida como um problema linear de mínimos quadrados, cuja solução é dada por

$$\mathbf{W} = \tilde{\mathbf{D}}\, \tilde{\mathbf{Z}}^+ \tag{4.72}$$

onde $\tilde{\mathbf{Z}}^+$ é a pseudo-inversa da matriz $\tilde{\mathbf{Z}}$. O valor mínimo de $\mathscr{E}_{med}$ é dado por (veja o Problema 4.7)

$$\mathscr{E}_{med,min} = \frac{1}{2N} \operatorname{tr}\left[\tilde{\mathbf{D}}\tilde{\mathbf{D}}^T \tilde{\mathbf{D}}\tilde{\mathbf{Z}}^T (\tilde{\mathbf{Z}}\tilde{\mathbf{Z}}^T)^+ \tilde{\mathbf{Z}}\tilde{\mathbf{D}}^T \right] \tag{4.73}$$

onde tr[·] representa o operador traço. Como os padrões-alvo representados pela matriz $\tilde{\mathbf{D}}$ são todos fixos, minimizar a função de custo $\mathscr{E}_{med}$ em relação aos pesos sinápticos do perceptron de múltiplas camadas é equivalente a maximizar a *função discriminante* (Webb e Lowe, 1990)

$$\mathscr{D} = \operatorname{tr}\left[\mathbf{C}_b \mathbf{C}_t^+ \right] \tag{4.74}$$

onde as matrizes $\mathbf{C}_b$ e $\mathbf{C}_t$ são definidas como:

- A matriz $\mathbf{C}_t$ m_1-por-m_1 é a *matriz de covariância total* das saídas dos neurônios ocultos devido à apresentação dos N padrões de entrada:

$$\mathbf{C}_t = \tilde{\mathbf{Z}}\tilde{\mathbf{Z}}^T \tag{4.75}$$

A matriz $\mathbf{C}_t^+$ é a pseudo-inversa da matriz $\mathbf{C}_t$.
- A matriz $\mathbf{C}_b$ m_1-por-m_1 é definida como:

$$\mathbf{C}_b = \tilde{\mathbf{Z}}\tilde{\mathbf{D}}^T\, \tilde{\mathbf{D}}\tilde{\mathbf{Z}}^T \tag{4.76}$$

Note que a função discriminante $\mathscr{D}$ definida na Eq. (4.74) é determinada totalmente pelos neurônios ocultos do perceptron de múltiplas camadas. Também não há restrição no número de camadas ocultas que constituem a transformação não-linear responsável por gerar a função discriminante $\mathscr{D}$. Em um perceptron de múltiplas camadas com mais de uma camada oculta, a matriz $\tilde{\mathbf{Z}}$ se refere ao conjunto inteiro de padrões no espaço definido pela camada final de neurônios ocultos.

Para uma interpretação da matriz $\mathbf{C}_b$, considere a escolha específica de um *esquema de codificação um-de-M* (Webb e Lowe, 1990). Isto é, o valor-alvo (resposta desejada) em um padrão particular é a unidade se o padrão escolhido pertence àquela classe, e zero caso contrário, como mostrado em (veja página 210)

$$d(n) = \begin{bmatrix} 0 \\ \vdots \\ 0 \\ 1 \\ 0 \\ \vdots \\ 0 \end{bmatrix} \leftarrow k\text{-ésimo elemento}, \quad d(n) \in \mathscr{C}_k$$

Assim, se houver M classes, $\mathscr{C}_k$, $k = 1, 2, ..., M$ com N_k padrões na classe $\mathscr{C}_k$ e

$$\sum_{k=1}^{M} N_k = N$$

podemos então expandir a matriz $\mathbf{C}_b$ para este esquema particular de codificação na forma

$$\mathbf{C}_b = \sum_{k=1}^{M} N_k^2 (\boldsymbol{\mu}_{z,k} - \boldsymbol{\mu}_z)(\boldsymbol{\mu}_{z,k} - \boldsymbol{\mu}_z)^T \tag{4.77}$$

onde o vetor $\boldsymbol{\mu}_{z,k}$, m_1-por-1, é o valor médio do vetor das saídas dos neurônios ocultos calculado sobre todos os N_k padrões na classe $\mathscr{C}_k$, e o vetor $\boldsymbol{\mu}_z$ é o valor médio do vetor das saídas dos neurônios ocultos sobre todas as N apresentações de entrada. De acordo com a Eq. (4.77), podemos interpretar $\mathbf{C}_b$ como a *matriz de covariância ponderada entre classes* nas saídas da camada oculta.

Assim, para um esquema de codificação 1-de-M, o perceptron de múltiplas camadas maximiza uma função discriminante que é o traço do produto de duas matrizes: a matriz de covariância ponderada entre classes e a pseudo-inversa da matriz de covariância total. Este resultado é interessante porque ilustra como um perceptron de múltiplas camadas com aprendizagem por retropropagação incorpora prioritariamente as proporções das amostras dentro das classes individuais.

A Relação com o Discriminante Linear de Fisher

A função discriminante $\mathscr{D}$ definida na Eq. (4.74) é única para os perceptrons de múltiplas camadas. Ela tem uma grande semelhança com o *discriminante linear de Fisher*, que descreve uma transformação linear de um problema multidimensional em um problema unidimensional. Considere uma variável y formada como uma combinação linear dos elementos de um vetor de entrada $\mathbf{x}$; isto é, ela é definida como o produto interno de $\mathbf{x}$ e um vetor de parâmetros ajustáveis, $\mathbf{w}$ (que inclui um bias como o seu primeiro elemento), como mostrado por

$$y = \mathbf{w}^T \mathbf{x}$$

O vetor $\mathbf{x}$ é retirado de uma de duas populações, $\mathscr{C}_1$ e $\mathscr{C}_2$, que diferem entre si pelos seus vetores médios $\boldsymbol{\mu}_1$ e $\boldsymbol{\mu}_2$, respectivamente. O *critério de Fisher* para discriminar entre estas duas classes é definido por

$$J(\mathbf{w}) = \frac{\mathbf{w}^T \mathbf{C}_b \mathbf{w}}{\mathbf{w}^T \mathbf{C}_t \mathbf{w}}$$

onde $\mathbf{C}_b$ é a *matriz de covariância entre classes* ("interclasses") definida por

$$\mathbf{C}_b = (\boldsymbol{\mu}_2 - \boldsymbol{\mu}_1)(\boldsymbol{\mu}_2 - \boldsymbol{\mu}_1)^T$$

e $\mathbf{C}_t$ é a *matriz de covariância no interior das classes* ("intraclasse") total definida por

$$\mathbf{C}_t = \sum_{n \in \mathcal{C}_1} (\mathbf{x}_n - \boldsymbol{\mu}_1)(\mathbf{x}_n - \boldsymbol{\mu}_1)^T + \sum_{n \in \mathcal{C}_2} (\mathbf{x}_n - \boldsymbol{\mu}_2)(\mathbf{x}_n - \boldsymbol{\mu}_2)^T$$

A matriz de covariância intraclasse $\mathbf{C}_t$ é proporcional à matriz de covariância do conjunto de treinamento. Ela é simétrica e definida não negativamente e normalmente não-singular se o tamanho do conjunto de treinamento for grande. A matriz de covariância interclasses $\mathbf{C}_b$ é também simétrica e definida não negativamente, mas singular. Uma propriedade particularmente interessante é que o produto matricial $\mathbf{C}_b \mathbf{w}$ está sempre na direção do vetor diferença de médias $\boldsymbol{\mu}_2 - \boldsymbol{\mu}_1$. Esta propriedade segue diretamente da definição de $\mathbf{C}_b$.

A expressão que define $J(\mathbf{w})$ é conhecida como o *quociente Rayleigh generalizado*. O vetor $\mathbf{w}$ que maximiza $J(\mathbf{w})$ deve satisfazer a condição

$$\mathbf{C}_b \mathbf{w} = \lambda \mathbf{C}_t \mathbf{w} \tag{4.76}$$

A Equação (4.76) é um problema de autovalor generalizado. Reconhecendo que no nosso caso o produto matricial $\mathbf{C}_b \mathbf{w}$ está sempre na direção do vetor diferença $\boldsymbol{\mu}_1 - \boldsymbol{\mu}_2$, constatamos que a solução para a Eq. (4.76) é simplesmente

$$\mathbf{w} = \mathbf{C}_t^{-1}(\boldsymbol{\mu}_1 - \boldsymbol{\mu}_2) \tag{4.77}$$

que é referido como o *discriminante linear de Fisher* (Duda e Hart, 1973).

Retornando à questão da detecção de características, lembre-se de que a função discriminante $\mathcal{D}$ da Eq. (4.74) relaciona a matriz de covariância intraclasses e a matriz de covariância total dos padrões transformados para o espaço oculto da rede. A função discriminante $\mathcal{D}$ desempenha um papel similar àquele do discriminante linear de Fisher. Esta é exatamente a razão por que estas redes neurais são capazes de realizar tão bem a tarefa de classificação de padrões.

4.10 RETROPROPAGAÇÃO E DIFERENCIAÇÃO

A retropropagação (*back-propagation*) é uma técnica específica para implementar a *descida do gradiente* no espaço de pesos para uma rede de múltiplas camadas alimentada adiante. A idéia básica é calcular eficientemente as *derivadas parciais* de uma função aproximativa $F(\mathbf{w},\mathbf{x})$ realizada pela rede em relação a todos os elementos do vetor ajustável de peso $\mathbf{w}$ para um dado valor de vetor de entrada $\mathbf{x}$. Aqui se encontra o poder computacional do algoritmo de retropropagação.[5]

Para sermos específicos, considere um perceptron de múltiplas camadas com uma camada de entrada de m_0 nós, duas camadas ocultas e um único neurônio de saída, como representado na Fig. 4.18. Os elementos do vetor de peso $\mathbf{w}$ são ordenados por camada (começando da primeira camada oculta), a seguir por neurônios em uma camada, e então pelo número de uma sinapse dentro do neurônio. Suponha que $w_{ji}^{(l)}$ represente o peso sináptico do neurônio i para o neurônio j na camada $l = 0, 1, 2,...$. Para $l = 1$, correspondendo à primeira camada oculta, o índice i se refere a um nó de fonte em vez de um neurônio. Para $l = 3$, correspondendo à camada de saída na Fig. 4.18, temos $j = 1$. Desejamos estimar as derivadas da função $F(\mathbf{w},\mathbf{x})$ em relação a todos os elementos do vetor de peso $\mathbf{w}$, para um vetor de entrada específico, $\mathbf{x} = \left[x_1, x_2,...,x_{m_0}\right]^T$. Note que, para $l = 2$ (i.e., uma única camada oculta), a função $F(\mathbf{w},\mathbf{x})$ tem uma forma similar àquela do lado direito da Eq. (4.69). Incluímos o vetor de peso $\mathbf{w}$ como um argumento da função F para concentrar a atenção sobre ele.

O perceptron de múltiplas camadas da Fig. 4.18 é parametrizado por uma *arquitetura* $\mathcal{A}$ (representando um parâmetro discreto) e um *vetor de peso* $\mathbf{w}$ (constituído de elementos contínuos). Suponha que $\mathcal{A}_j^{(l)}$ represente a parte da arquitetura que se estende da camada de entrada ($l = 0$) até o nó j na camada $l = 1, 2, 3$. Conseqüentemente, podemos escrever

$$F(\mathbf{w},\mathbf{x}) = \varphi(\mathcal{A}_1^{(3)}) \tag{4.80}$$

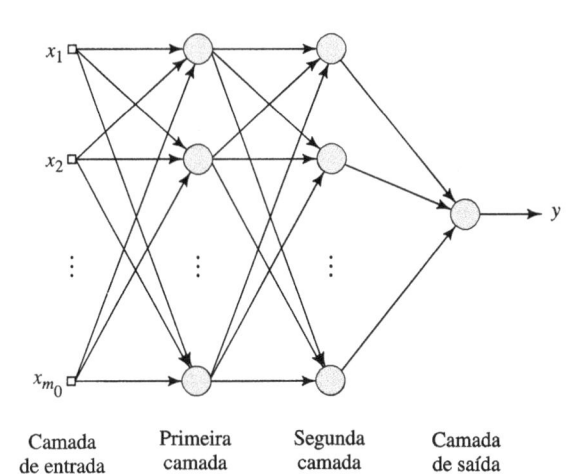

FIGURA 4.18 Perceptron de múltiplas camadas com duas camadas ocultas e um neurônio de saída

onde φ é a função de ativação. Entretanto, $\mathcal{A}_1^{(3)}$ deve ser interpretado meramente como um símbolo arquitetural em vez de uma variável. Assim, adaptando às Eqs. (4.1), (4.2), (4.11) e (4.23) para o uso nesta situação, obtemos os seguintes resultados

$$\frac{\partial F(\mathbf{w},\mathbf{x})}{\partial w_{1k}^{(3)}} = \varphi'(\mathcal{A}_1^{(3)})\varphi(\mathcal{A}_k^{(2)}) \tag{4.81}$$

$$\frac{\partial F(\mathbf{w},\mathbf{x})}{\partial w_{kj}^{(2)}} = \varphi'(\mathcal{A}_1^{(3)})\varphi'(\mathcal{A}_k^{(2)})\varphi(\mathcal{A}_j^{(1)})w_{1k}^{(3)} \tag{4.82}$$

$$\frac{\partial F(\mathbf{w},\mathbf{x})}{\partial w_{jl}^{(1)}} = \varphi'(\mathcal{A}_1^{(3)})\varphi'(\mathcal{A}_j^{(1)})\mathbf{x}_i\left[\sum_k w_{1k}^{(3)}\varphi'(\mathcal{A}_k^{(2)})w_{kj}^{(2)}\right] \tag{4.83}$$

onde φ' é a derivada parcial da não-linearidade φ em relação à sua entrada, e x_i é o i-ésimo elemento do vetor de entrada **x**. De modo similar, podemos derivar as equações para as derivadas parciais de uma rede genérica com mais neurônios ocultos e mais neurônios na camada de saída.

As Equações de (4.81) a (4.83) fornecem a base para calcular a sensibilidade da função de rede $F(\mathbf{w},\mathbf{x})$ em relação a variações nos elementos do vetor de peso **w**. Suponha que ω represente um elemento do vetor de peso **w**. A *sensibilidade* de $F(\mathbf{w},\mathbf{x})$ em relação a ω é definida formalmente por

$$S_\omega^F = \frac{\partial F / F}{\partial \omega / \omega}, \quad \omega \in \mathbf{w}$$

É por esta razão que nos referimos à parte inferior do grafo de fluxo de sinal da Fig. 4.7 como um "grafo de sensibilidade".

A Matriz Jacobiana

Suponha que W represente o número total de parâmetros livre (i.e., pesos sinápticos e bias) de um perceptron de múltiplas camadas, que estão ordenados da maneira descrita para formar o vetor de peso **w**. Suponha que N represente o número total de exemplos usados para treinar a rede. Utilizando a retropropagação, podemos calcular um conjunto de W derivadas parciais da função aproximativa $F[\mathbf{w}, \mathbf{x}(n)]$ em relação aos elementos do vetor de peso **w** para um exemplo específico $\mathbf{x}(n)$ do conjunto de treinamento. Repetindo estes cálculos para $n = 1, 2,..., N$, terminamos com uma matriz N-por-W de derivadas parciais. Esta matriz é denominada a *jacobiana* **J** do perceptron de múltiplas camadas calculada em $\mathbf{x}(n)$. Cada linha da jacobiana corresponde a um exemplo particular do conjunto de treinamento.

Há evidência experimental para sugerir que muitos problemas de treinamento de redes neurais são intrinsecamente *mal-condicionados*, levando a uma jacobiana **J** que é quase deficiente em posto (Saarinen et al., 1991). O *posto* de uma matriz é igual ao número de colunas ou linhas linearmente independentes da matriz, aquele que for o menor. Diz-se que a jacobiana é *deficiente em posto* se o seu posto for menor que $\min(N, W)$. Qualquer deficiência em posto na jacobiana leva o algoritmo de retropropagação a obter apenas informação parcial das direções de busca possíveis, e causa também longos tempos de treinamento.

4.11 A MATRIZ HESSIANA

A *matriz hessiana* da função de custo $\mathcal{E}_{med}(\mathbf{w})$, representada por **H**, é definida como a derivada segunda de $\mathcal{E}_{med}(\mathbf{w})$ em relação ao vetor de peso **w**, como mostrado por

$$\mathbf{H} = \frac{\partial^2 \mathcal{E}_{med}(\mathbf{w})}{\partial \mathbf{w}^2} \tag{4.84}$$

A matriz hessiana desempenha um papel importante no estudo das redes neurais; especificamente, podemos mencionar o seguinte:[6]

1. Os autovalores da matriz hessiana têm uma influência profunda na dinâmica da aprendizagem por retropropagação.
2. A inversa da matriz hessiana fornece uma base para podar (i.e., excluir) pesos sinápticos insignificantes de um perceptron de múltiplas camadas, como discutido na Seção 4.15.

3. A matriz hessiana é básica para a formulação de métodos de otimização de segunda ordem como uma alternativa para a aprendizagem por retropropagação, como discutido na Seção 4.18.

Um procedimento iterativo para o cálculo[7] da matriz hessiana é apresentado na Seção 4.15. Nesta seção, restringimos nossa atenção ao ponto 1.

No Capítulo 3, indicamos que a auto-estrutura da matriz hessiana tem uma influência profunda nas propriedades da convergência do algoritmo LMS. Isto também acontece com o algoritmo de retropropagação, mas em uma forma muito mais complicada. Tipicamente, a matriz hessiana da superfície de erro relativa a um perceptron de múltiplas camadas treinado com o algoritmo de retropropagação tem a seguinte composição de autovalores (LeCun, et al., 1991; LeCun, 1993):

- Um pequeno número de autovalores pequenos.
- Um grande número de autovalores médios.
- Um pequeno número de autovalores grandes.

Os fatores que afetam esta composição podem ser agrupados como segue:

- Sinais de entrada com média diferente de zero ou sinais neuronais de saída induzidos com média diferente de zero.
- Correlações entre os elementos do vetor sinal de entrada e correlações entre sinais neuronais de saída induzidos.
- Grandes variações nas derivadas segundas da função de custo em relação aos pesos sinápticos dos neurônios da rede, quando prosseguimos de uma camada para a próxima. As derivadas segundas são freqüentemente menores nas camadas mais baixas, com os pesos sinápticos na primeira camada oculta aprendendo lentamente e aqueles na última camada aprendendo rapidamente.

Do Capítulo 3 recordamos que o *tempo de aprendizagem* do algoritmo LMS é sensível a variações no número condicionante $\lambda_{max}/\lambda_{min}$, onde λ_{max} é o maior autovalor da hessiana e λ_{min} é o seu menor autovalor diferente de zero. Resultados experimentais mostram que um resultado similar vale para o algoritmo de retropropagação, que é uma generalização do algoritmo LMS. Para entradas com média diferente de zero, a razão $\lambda_{max}/\lambda_{min}$ é maior que o seu valor correspondente para entradas com média zero: quanto maior for a média das entradas, maior será a razão $\lambda_{max}/\lambda_{min}$ (veja o Problema 3.10). Esta observação tem uma séria implicação para a dinâmica da aprendizagem por retropropagação.

Para minimizar o tempo de aprendizagem, deve-se evitar o uso de entradas com média diferente de zero. Agora, considerando-se o vetor de sinal **x** aplicado a um neurônio na primeira camada oculta de um perceptron de múltiplas camadas (i.e., o vetor sinal aplicado à camada de entrada), é fácil remover a média de cada elemento de **x** antes de aplicá-lo à rede. Mas o que dizer dos sinais aplicados aos neurônios das camadas ocultas restantes e da camada de saída? A resposta a esta questão se encontra no tipo de função de ativação usada na rede. Se a função de ativação for não-simétrica, como no caso da função logística, a saída de cada neurônio está restrita ao intervalo [0,1]. Uma escolha assim introduz uma fonte de *bias sistemático* para aqueles neurônios localizados além da primeira camada oculta da rede. Para superar este problema, precisamos usar uma função de ativação anti-simétrica tal como a função tangente hiperbólica. Com esta escolha, permite-se que a saída de cada neurônio assuma valores tanto positivos como negativos no intervalo [–1, 1], e neste caso é provável que a sua média seja zero. Se a conectividade da rede for grande, a aprendizagem por retropropagação com funções de ativação anti-simétricas pode produzir uma convergência mais rápida do que por um processo similar com funções de ativação não-simétricas, para o que há também evidência empírica (LeCun et al., 1991). Isto fornece justificativa para a heurística 3 descrita na Seção 4.6.

4.12 GENERALIZAÇÃO

Na aprendizagem por retropropagação, começamos tipicamente com uma amostra de treinamento e usamos o algoritmo de retropropagação para calcular os pesos sinápticos de um perceptron de múltiplas camadas carregando (codificando) tantos exemplos de treinamento quanto possível para dentro da rede. Esperamos que a rede neural assim projetada será capaz de generalizar. Diz-se que uma rede *generaliza* bem quando o mapeamento de entrada-saída computado pela rede for correto (ou aproximadamente correto) para dados de teste não-utilizados para a criação ou treinamento da rede; o termo "generalização" é tomado emprestado da psicologia. Aqui assume-se que os dados de teste são retirados da mesma população usada para gerar os dados de treinamento.

O processo de aprendizagem (i.e., treinamento de uma rede neural) pode ser visto como um problema de "ajuste de curva". A própria rede pode ser considerada simplesmente como um mapeamento não-linear de entrada-saída. Este ponto de vista nos permite considerar a generalização não como uma propriedade mística das redes neurais, mas simplesmente como o efeito de uma boa interpolação não-linear sobre os dados de entrada (Wieland e Leighton, 1987). A rede realiza boa interpolação fundamentalmente porque perceptrons de múltiplas camadas com funções de ativação contínuas produzem funções de saída que também são contínuas.

A Figura 4.19a ilustra como a generalização pode ocorrer em uma rede hipotética. O mapeamento não-linear de entrada-saída representado pela curva mostrada nesta figura é computado pela rede como resultado da aprendizagem dos pontos rotulados como "dados de treinamento". O ponto marcado sobre a curva como "generalização" é visto assim como o resultado da interpolação realizada pela rede.

Uma rede neural, que é projetada para generalizar bem, produzirá um mapeamento de entrada-saída correto, mesmo quando a entrada for um pouco diferente dos exemplos usados para treinar a rede, como ilustrado na figura. Entretanto, quando uma rede neural aprende um número excessivo de exemplos de entrada-saída, a rede pode acabar memorizando os dados de treinamento. Ela pode fazer isso encontrando uma característica (devido ao ruído, por exemplo) que está presente nos dados de treinamento, mas não na função subjacente que deve ser modelada. Este fenômeno é conhecido como *excesso de ajuste* ou *excesso de treinamento*. Quando a rede é treinada em excesso, ela perde a habilidade de generalizar entre padrões de entrada-saída similares.

Normalmente, carregar dados desta forma em um perceptron de múltiplas camadas requer o uso de mais neurônios ocultos do que é realmente necessário, resultando que contribuições indesejáveis no espaço de entrada devido a ruído sejam armazenadas nos pesos sinápticos da rede. Um exemplo de como pode ocorrer generalização pobre devido à memorização em uma rede neural está ilustrado na Fig. 4.19b para os mesmos dados mostrados na Fig. 4.19a. A "memorização" é essencialmente uma "tabela de consulta", o que implica que o mapeamento de entrada-saída computado pela rede neural não é suave. Como salientado por Poggio e Girosi (1990a), a suavidade do mapeamento de entrada-saída está intimamente relacionada com critérios de seleção de modelos do tipo *navalha de Occam*, cuja essência é selecionar a função "mais simples" na ausência de qualquer conhecimento prévio contrário. No contexto da nossa discussão, a função mais simples significa a função mais suave que aproxima o mapeamento para um dado critério de erro, porque esta escolha geralmente demanda os menores recursos computacionais. A característica da suavidade também é natural em muitas aplicações, dependendo da escala do fenômeno estudado. É, portanto, importante

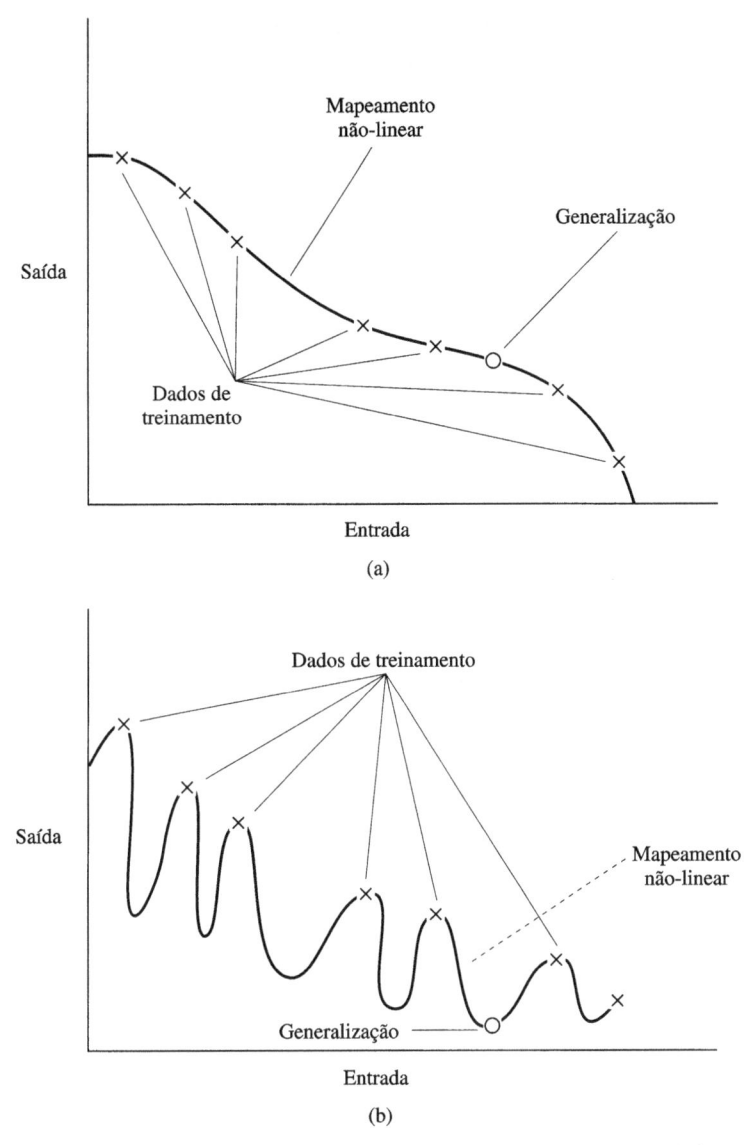

FIGURA 4.19 (a) Dados ajustados adequadamente (boa generalização)
(b) Dados ajustados em excesso (generalização pobre)

procurar um mapeamento não-linear suave para relações de entrada-saída mal-formuladas, de modo que a rede seja capaz de classificar corretamente novos padrões em relação aos padrões de treinamento (Wieland e Leighton, 1987).

Tamanho Suficiente do Conjunto de Treinamento para uma Generalização Válida

A generalização é influenciada por três fatores: (1) o tamanho do conjunto de treinamento, e o quão representativo do ambiente de interesse ele é, (2) a arquitetura da rede neural e (3) a complexidade física do problema em questão. Evidentemente, não temos controle sobre o último fator. No contexto dos outros dois fatores, podemos ver a questão da generalização sob duas perspectivas diferentes (Hush e Horne, 1993):

- A arquitetura da rede é fixa (provavelmente de acordo com a complexidade física do problema relacionado), e a questão a ser resolvida é determinar o tamanho do conjunto de treinamento necessário para que ocorra uma boa generalização.
- O tamanho do conjunto de treinamento é fixo, e a questão de interesse é determinar a melhor arquitetura para alcançar boa generalização.

Estes dois pontos de vista são válidos em seus aspectos individuais. Na presente discussão, nós nos concentramos no primeiro ponto de vista.

A adequação do tamanho da amostra de treinamento ou o problema da complexidade da amostra é discutido no Capítulo 2. Como ressaltado naquele capítulo, a dimensão V-C fornece a base teórica para uma solução bem-fundamentada para este importante problema. Em particular, temos fórmulas *independentes de distribuição e de pior caso* para estimar o tamanho da amostra de treinamento que é suficiente para um bom desempenho de generalização; veja a Seção 2.14. Infelizmente, constatamos com freqüência que existe uma diferença numérica imensa entre o tamanho da amostra de treinamento realmente necessária e aquela prevista por estas fórmulas. É esta diferença que tem tornado o problema da complexidade da amostra uma área de pesquisa em aberto.

Na prática, parece que tudo de que precisamos para uma boa generalização é que o tamanho do conjunto de treinamento N satisfaça a condição

$$N = O\left(\frac{W}{\epsilon}\right) \tag{4.85}$$

onde W é o número total de parâmetros livres (i.e., pesos sinápticos e níveis de bias) da rede e ϵ representa a fração de erros de classificação permitida sobre os dados de teste (como na classificação de padrões) e $O(\cdot)$ representa a ordem da quantidade entre parênteses. Por exemplo, com um erro de 10 por cento, o número de exemplos de treinamento necessários deve ser cerca de 10 vezes maior que o número dos parâmetros livres da rede.

A Equação (4.85) está de acordo com a *regra empírica de Widrow* para o algoritmo LMS, que afirma que o tempo de acomodação para a adaptação na filtragem temporal linear adaptativa é aproximadamente igual à extensão temporal de memória de um filtro de linha de atraso com derivações dividido pelo desajuste (Widrow e Stearns, 1985). O desajuste no algoritmo LMS desempenha um papel até certo ponto análogo ao erro ϵ na Eq. (4.85). Outras justificativas para esta regra empírica são apresentadas na próxima seção.

4.13 APROXIMAÇÃO DE FUNÇÕES

Um perceptron de múltiplas camadas treinado com o algoritmo de retropropagação pode ser visto como um veículo prático para realizar um *mapeamento não-linear de entrada-saída* de natureza geral. Para sermos específicos, considere que m_0 represente o número de nós (de fonte) de entrada de um perceptron de múltiplas camadas e $M = m_L$ represente o número de neurônios na camada de saída da rede. A relação de entrada-saída da rede define um mapeamento de um espaço de entrada euclidiano de dimensão m_0 para um espaço de saída euclidiano de dimensão M, que é infinitamente continuamente diferenciável quando a função de ativação também o for. Para estimar a capacidade do perceptron de múltiplas camadas deste ponto de vista do mapeamento de entrada-saída, surge a seguinte questão fundamental:

> *Qual é o número mínimo de camadas ocultas em um perceptron de múltiplas camadas com um mapeamento de entrada-saída que fornece uma realização aproximada de qualquer mapeamento contínuo?*

Teorema da Aproximação Universal

A resposta a esta questão está incorporada no *teorema da aproximação universal*[8] para um mapeamento de entrada-saída não-linear, que pode ser formulado como:

Suponha que $\varphi(\cdot)$ seja uma função contínua não-constante, limitada e monotonamente crescente. Suponha que I_{m_0} represente o hipercubo unitário $[0,1]^{m_0}$ de dimensão m_0. O espaço das funções contínuas em I_{m_0} é representado or $C(I_{m_0})$. Então, dada qualquer função $f \ni C(I_{m_0})$ e $\epsilon > 0$, existe um inteiro M e conjuntos de constantes reais α_i, b_i e w_{ij}, onde $i = 1,..., m_1$ e $j = 1,..., m_0$ tal que podemos definir

$$F(x_1,...,x_{m_0}) = \sum_{i=1}^{m_1} \alpha_i \varphi\left(\sum_{j=1}^{m_0} w_{ij} x_j + b_i\right) \quad (4.86)$$

como uma realização aproximada da função $f(\cdot)$; isto é,

$$\left|F(x_1,...,x_{m_0}) - f(x_1,...,x_{m_0})\right| < \epsilon$$

para todo $x_1, x_2 ..., x_{m_0}$ que se encontre no espaço de entrada.

O teorema da aproximação universal é diretamente aplicável aos perceptrons de múltiplas camadas. Notamos primeiro que a função logística $1/[1 + \exp(-v)]$ utilizada como a não-linearidade em um modelo neural para a construção de um perceptron de múltiplas camadas é de fato uma função não-constante, limitada e monotonamente crescente; ela, portanto, satisfaz as condições impostas pela função $\varphi(\cdot)$. A seguir, notamos que a Eq. (4.86) representa a saída de um perceptron de múltiplas camadas descrito como segue:

1. A rede tem m_0 nós de entrada e uma única camada oculta consistindo de m_1 neurônios; as entradas são representadas por $x_1,...,x_{m_0}$.
2. O neurônio oculto i tem pesos sinápticos $w_{i_1},...,w_{m_0}$, e bias b_i.
3. A saída da rede é uma combinação linear das saídas dos neurônios ocultos, com $\alpha_1,..., \alpha_{m_1}$ definindo os pesos sinápticos da camada de saída.

O teorema da aproximação universal é um *teorema existencial*, significando que ele fornece a justificativa matemática para a aproximação de uma função contínua arbitrária, em oposição à representação exata. A Equação (4.86), que é a espinha dorsal do teorema, meramente generaliza as aproximações por séries de Fourier finitas. De fato, o teorema afirma que uma *única camada oculta é suficiente para um perceptron de múltiplas camadas computar uma aproximação ϵ uniforme para um dado conjunto de treinamento representado pelo conjunto de entradas $x_1,...,x_{m_0}$ e a saída desejada (alvo) $f(x_1,...,x_{m_0})$*. Entretanto, o teorema não diz que a única camada oculta é ótima no sentido do tempo de aprendizagem, facilidade de implementação, ou (mais importante) generalização.

Limites para os Erros de Aproximação

Barron (1993) estabeleceu as propriedades aproximativas de um perceptron de múltiplas camadas, assumindo que a rede tenha uma única camada de neurônios ocultos utilizando funções sigmóides e um neurônio de saída linear. A rede é treinada utilizando o algoritmo de retropropagação e depois testada com novos dados. Durante o treinamento, a rede aprende pontos específicos de uma função alvo *f* de acordo com os dados de treinamento e com isso produz a função aproximativa *F* definida na Eq. (4.86). Quando a rede é exposta aos dados de teste que não foram vistos antes, a função da rede *F* age como um "estimador" para os novos pontos da função-alvo; isto é, $F = \hat{f}$.

Uma propriedade de suavidade da função-alvo *f* é expressa em termos da sua representação de Fourier. Em particular, a média da norma do vetor freqüência ponderado pela distribuição da magnitude de Fourier é utilizada como uma medida para a amplitude com a qual a função *f* oscila. Suponha que $\tilde{f}(\omega)$ represente a transformada de Fourier multidimensional da função $f(\mathbf{x}), \mathbf{x} \in \mathbb{R}^{m_0}$; o vetor ω, m_0-por-1 é o vetor freqüência. A função *f(x)* é definida em termos da sua transformada de Fourier $\tilde{f}(\omega)$ pela fórmula inversa:

$$f(x) = \int_{\mathbb{R}^{m_0}} \tilde{f}(\omega) \exp(j\omega^T \mathbf{x}) \, d\omega \qquad (4.87)$$

onde $j = \sqrt{-1}$. Para a função de valor complexo $\tilde{f}(\omega)$ para a qual $\omega \tilde{f}(\omega)$ é integrável, definimos o *primeiro momento absoluto* da distribuição de magnitude de Fourier da função *f* como:

$$C_f = \int_{\mathbb{R}^{m_0}} \tilde{f}(\omega) \times \|\omega\|^{1/2} \, d\omega \qquad (4.88)$$

onde $\|\omega\|$ é a norma euclidiana de ω e $|\tilde{f}(\omega)|$ é o valor absoluto de $\tilde{f}(\omega)$. O primeiro momento absoluto C_f quantifica a *suavidade* ou *regularidade* da função *f*.

O primeiro momento absoluto C_f fornece a base para um *limite* do erro que resulta da utilização de um perceptron de múltiplas camadas representado pela função de mapeamento de entrada-saída *F(x)* da Eq. (4.86) para aproximar *f(x)*. O erro aproximativo é medido pelo *erro quadrado integrado* em relação a uma medida arbitrária de probabilidade μ na esfera $B_r = \{\mathbf{x}: \|\mathbf{x}\| \leq r\}$ de raio $r > 0$. Com este embasamento podemos formular a seguinte proposição para um limite do erro aproximativo, segundo Barron (1993):

Para toda função contínua *f(x)* com primeiro momento C_f finito, e para todo $m_1 \geq 1$, existe uma combinação linear de funções sigmóides *F(x)* da forma definida na Eq. (4.86), tal que

$$\int_{B_r} (f(\mathbf{x}) - F(\mathbf{x}))^2 \mu(d\mathbf{x}) \leq \frac{C'_f}{m_1}$$

onde $C'_f = (2 r C_f)^2$.

Quando a função *f(x)* é observada para um conjunto de valores do vetor de entrada **x** representado por $\{\mathbf{x}_i\}_{i=1}^N$ que são restritos a se encontrarem dentro da esfera B_r, o resultado fornece o seguinte limite para o *risco empírico*:

$$R = \frac{1}{N} \sum_{i=1}^{N} (f(\mathbf{x}_i) - F(\mathbf{x}_i))^2 \leq \frac{C'_f}{m_1} \qquad (4.89)$$

Em Barron (1992), o resultado aproximativo da Eq. (4.89) é usado para expressar o limite do risco *R* resultante do uso de um perceptron de múltiplas camadas com m_0 nós de entrada e m_1 neurônios ocultos como segue:

$$R \leq O\left(\frac{C_f^2}{m_1}\right) + O\left(\frac{m_0 m_1}{N} \log N\right) \quad (4.90)$$

Os dois termos no limite para o risco R expressam o compromisso entre duas exigências conflitantes sobre o tamanho da camada oculta:

1. *Precisão da melhor aproximação.* Para esta exigência ser satisfeita, m_1, o tamanho da camada oculta deve ser grande de acordo com o teorema da aproximação universal.
2. *Precisão do ajuste empírico à aproximação.* Para satisfazer esta segunda exigência, devemos usar uma pequena razão m_1/N. Para um tamanho fixo de amostra de treinamento, N, o tamanho da camada oculta, m_1, deve ser mantido pequeno, o que está em conflito com a primeira exigência.

O limite para o risco R descrito na Eq. (4.90) tem outras implicações interessantes. Especificamente, vemos que *não* é necessário um tamanho de amostra exponencialmente grande, grande na dimensionalidade m_0 do espaço de entrada, para se obter uma estimativa precisa da função-alvo, desde que o primeiro momento absoluto C_f se mantenha finito. Este resultado torna os perceptrons de múltiplas camadas como aproximadores universais ainda mais importantes em termos práticos.

O erro entre o ajuste empírico e a melhor aproximação pode ser visto como um *erro estimativo* diante das linhas descritas no Capítulo 2. Suponha que ϵ_0 represente o valor médio quadrado deste erro estimativo. Então, ignorando o fator logarítmico $\log N$ no segundo termo do limite na Eq. (4.90), podemos inferir que o tamanho N da amostra de treinamento necessária para uma boa generalização é cerca de $m_0 m_1/\epsilon_0$. Este resultado tem uma estrutura matemática similar à regra empírica da Eq. (4.85), tendo em mente que $m_0 m_1$ é igual ao número total de parâmetros livres W da rede. Em outras palavras, podemos geralmente dizer que, para uma boa generalização, o número de exemplos de treinamento N deve ser maior que a razão entre o número total de parâmetros livres da rede e o valor médio quadrado do erro estimativo.

A Maldição da Dimensionalidade

Um outro resultado interessante que emerge dos limites descritos em (4.90) é que, quando o tamanho da camada oculta é otimizado (i.e., o risco R é minimizado em relação a N), fazendo

$$m_1 \simeq C_f \left(\frac{N}{m_0 \log N}\right)^{1/2}$$

então o risco R é limitado por $O(C_f \sqrt{m_0 (\log N / N)})$. Um aspecto surpreendente deste resultado é que, em termos do comportamento de primeira ordem do risco R, a taxa de convergência expressa como uma função do tamanho da amostra de treinamento N é da ordem de $(1/N)^{1/2}$ (multiplicado por um fator logarítmico). Para funções suaves tradicionais (ex., polinômios e funções trigonométricas), ao contrário, temos um comportamento diferente. Suponha que s represente uma medida de suavidade, definida como o número de derivadas contínuas de uma função de interesse. Então, para funções suaves tradicionais, constatamos que a taxa minimax de convergência do risco total R é da ordem de $(1/N)^{2s/(2s+m_0)}$. A dependência desta taxa em relação à dimensionalidade do espaço de entrada, m_0, é uma maldição da dimensionalidade, que restringe severamente a aplicação prática destas funções. O uso de um perceptron de múltiplas camadas para aproximação de funções parece que oferece uma vantagem sobre as funções suaves tradicionais; esta vantagem está, entretanto, sujeita à condição de que o primeiro momento absoluto C_f permaneça finito; esta é uma restrição de suavidade.

A *maldição da dimensionalidade* foi introduzida por Richard Bellman em seus estudos sobre processos de controle adaptativos (Bellman, 1961). Para uma interpretação geométrica desta noção, suponha que x represente um vetor de entrada de dimensão m_0 e $\{(\mathbf{x}_i, d_i)\}$, $i = 1, 2,..., N$, represente a amostra de treinamento. A *densidade de amostragem* é proporcional a N^{1/m_0}. Suponha que uma função $f(\mathbf{x})$ represente uma superfície contida no espaço de entrada de dimensão m_0, que passa próximo aos pontos de dados $\{(\mathbf{x}_i, d_i)\}_{i=1}^{N}$. Agora, se a função $f(\mathbf{x})$ for arbitrariamente complexa e (em grande parte) totalmente desconhecida, precisamos de pontos de amostras (dados) *densos* para aprendê-la bem. Infelizmente, amostras densas são difíceis de se encontrar em "dimensões elevadas", daí a maldição da dimensionalidade. Em particular, há um crescimento *exponencial* na complexidade como resultado do aumento na dimensionalidade, que, por sua vez, leva à deterioração das propriedades de preenchimento do espaço para pontos distribuídos aleatoriamente em espaços de dimensões mais elevadas. A razão básica para a maldição da dimensionalidade é (Friedman, 1995):

> Uma função definida em um espaço de alta dimensionalidade é provavelmente muito mais complexa do que uma função definida em um espaço de baixa dimensionalidade, e estas complicações são mais difíceis de se perceber.

O único modo prático de quebrar a maldição da dimensionalidade é incorporar *conhecimento prévio* sobre a função, além dos dados de treinamento, que sabidamente seja *correto*.

Na prática, pode-se argumentar também que para se ter alguma esperança de boa estimativa em um espaço de alta dimensionalidade, devemos assegurar que a suavidade da função desconhecida seja crescente com o aumento da dimensionalidade do espaço de entrada (Niyogi e Girosi, 1996). Este ponto de vista é desenvolvido mais detalhadamente no Capítulo 5.

Considerações Práticas

O teorema da aproximação universal é importante do ponto de vista teórico, porque fornece a *ferramenta matemática necessária* para a viabilidade das redes alimentadas adiante com uma única camada oculta como uma classe de soluções aproximativas. Sem este teorema, poderíamos estar procurando por uma solução que não pode existir. Entretanto, o teorema não é construtivo, isto é, não especifica realmente como determinar um perceptron de múltiplas camadas com as propriedades aproximativas formuladas.

O teorema da aproximação universal assume que a função contínua a ser aproximada é dada e que está disponível uma camada oculta de tamanho ilimitado para a aproximação. Estas duas suposições são violadas na maioria das aplicações práticas de perceptrons de múltiplas camadas.

O problema com perceptrons de múltiplas camadas que usam uma única camada oculta é que os neurônios nesta camada tendem a interagir entre si globalmente. Em situações complexas, esta interação torna difícil de melhorar a aproximação em um ponto sem piorá-la em algum outro ponto. Por outro lado, com duas camadas ocultas o processo de aproximação (ajuste de curva) se torna mais gerenciável. Em particular, podemos proceder como segue (Funahashi, 1989; Chester, 1990):

1. As *características locais* são extraídas na primeira camada oculta. Especificamente, alguns neurônios da primeira camada oculta são usados para dividir o espaço de entrada em regiões e outros neurônios naquela camada aprendem as características locais daquelas regiões.
2. As *características globais* são extraídas na segunda camada oculta. Especificamente, um neurônio na segunda camada oculta combina as saídas de neurônios da primeira camada oculta operando em uma região particular do espaço de entrada, e com isso aprende as características globais para aquela região e fornece zero como saída nas outras regiões.

Este processo de aproximação de dois estágios é similar em filosofia à técnica *spline* para ajuste de curvas, no sentido de que os efeitos dos neurônios são isolados e as aproximações em regiões diferentes do espaço de entrada podem ser ajustadas individualmente. Um *spline* é um exemplo de uma aproximação polinomial por partes.

Sontag (1992) fornece uma justificativa adicional para a utilização de duas camadas ocultas no contexto dos *problemas inversos*. Especificamente, o seguinte problema inverso é considerado:

Dada uma função contínua de valor vetorial $\mathbf{f}: \mathbb{R}^m \to \mathbb{R}^M$, um subconjunto compacto $\mathscr{C} \subseteq \mathbb{R}^M$ que está incluído na imagem de $\mathbf{f}$, e um $\epsilon > 0$, encontre uma função de valor vetorial $\varphi: \mathbb{R}^M \to \mathbb{R}^m$ tal que a seguinte condição seja satisfeita:

$$\|\varphi(\mathbf{f}(\mathbf{u})) - \mathbf{u}\| < \epsilon \quad \text{para } \mathbf{u} \in \mathscr{C}$$

Este problema surge na *cinemática inversa* (dinâmica), onde o estado observado $\mathbf{x}(n)$ de um sistema é uma função das ações correntes $\mathbf{u}(n)$ e do estado anterior $\mathbf{x}(n-1)$ do sistema, como mostrado por

$$\mathbf{x}(n) = \mathbf{f}(\mathbf{x}(n-1), \mathbf{u}(n))$$

Assume-se que $\mathbf{f}$ pode ser invertida, de modo que podemos resolver para $\mathbf{u}(n)$ como uma função de $\mathbf{x}(n)$ para qualquer $\mathbf{x}(n-1)$. A função $\mathbf{f}$ representa a cinemática direta, enquanto que a função φ representa a cinemática inversa. Em termos práticos, a motivação é encontrar uma função φ que seja computável por um perceptron de múltiplas camadas. Em geral, para resolver o problema da cinemática inversa são necessárias funções φ descontínuas. É interessante que mesmo se for permitido o uso de modelos neurais com funções de ativação descontínuas, uma única camada oculta *não* é suficiente para garantir a solução de todos estes problemas inversos, enquanto que perceptrons de múltiplas camadas com duas camadas ocultas são suficientes para todo $\mathbf{f}$, $\mathscr{C}$ e ϵ (Sontag, 1992).

4.14 VALIDAÇÃO CRUZADA

A essência da aprendizagem por retropropagação é codificar um mapeamento de entrada-saída (representado por um conjunto de exemplos rotulados) nos pesos sinápticos e limiares de um perceptron de múltiplas camadas. Esperamos é que a rede se torne bem-treinada de modo que aprenda o suficiente sobre o passado para generalizar no futuro. Desta perspectiva, o processo de aprendizagem se transforma em uma escolha de parametrização da rede para este conjunto de dados. Mais especificamente, podemos ver o problema de seleção da rede como a escolha, dentre um conjunto de estruturas de modelo candidatas (parametrizações), a "melhor" de acordo com um certo critério.

Neste contexto, uma ferramenta padrão da estatística conhecida como *validação cruzada* fornece um princípio orientador atraente[9] (Stone, 1974, 1978). Primeiramente, o conjunto de dados disponível é dividido aleatoriamente em um conjunto de treinamento e em um conjunto de teste. O conjunto de treinamento é dividido adicionalmente em dois subconjunto disjuntos:

- *Subconjunto de estimação*, usado para selecionar o modelo.
- *Subconjunto de validação*, usado para testar ou validar o modelo.

A motivação aqui é validar o modelo com um conjunto de dados diferente daquele usado para estimar os parâmetros. Desta forma, podemos usar o conjunto de treinamento para avaliar o desempenho de vários modelos candidatos e, assim, escolher o "melhor". Há, entretanto, uma possibilidade considerável de que o modelo assim selecionado, com os valores de parâmetros com melhor desempenho, possa acabar ajustando excessivamente o subconjunto de validação. Para nos resguardarmos desta possibilidade, o desempenho de generalização do modelo selecionado é medido sobre o conjunto de teste, que é diferente do subconjunto de validação.

O uso de validação cruzada é atrativo particularmente quando temos que projetar uma rede neural grande cujo objetivo seja uma boa generalização. Podemos, por exemplo, utilizar a validação cruzada para determinar o perceptron de múltiplas camadas com o melhor número de neurônios ocultos e quando é melhor parar o treinamento, como descrito nas próximas duas subseções.

Seleção do Modelo

A idéia de selecionar um modelo de acordo com a validação cruzada segue uma filosofia similar a da minimização estrutural do risco, descrita no Capítulo 2. Considere então uma *estrutura* aninhada de classes de funções booleanas representadas por

$$\begin{aligned}\mathcal{F}_1 \subset \mathcal{F}_2 \subset \cdots \subset \mathcal{F}_n \\ \mathcal{F}_k = \{F_k\} \\ = \{F(\mathbf{x}, \mathbf{w}); \mathbf{w} \in \mathcal{W}_k\}, \quad k = 1, 2, \ldots, n\end{aligned} \quad (4.91)$$

Em palavras, a k-ésima classe de funções $\mathcal{F}_k$ abrange uma família de perceptrons de múltiplas camadas com arquitetura similar e vetores de peso $\mathbf{w}$ retirados de um espaço de pesos multidimensional $\mathcal{W}_k$. Um membro desta classe, caracterizado pela função ou hipótese $F_k = F(\mathbf{x},\mathbf{w})$, $\mathbf{w} \in \mathcal{W}_k$, mapeia o vetor de entrada $\mathbf{x}$ em $\{0,1\}$, onde $\mathbf{x}$ é retirado de um espaço de entrada $\mathcal{X}$ com uma probabilidade desconhecida P. Cada perceptron de múltiplas camadas da estrutura descrita é treinado com o algoritmo de retropropagação, que é responsável pelo treinamento dos parâmetros do perceptron de múltiplas camadas. O problema da seleção do modelo é essencialmente o de escolher o perceptron de múltiplas camadas com o melhor valor de W, o número de parâmetros livres (i.e., pesos sinápticos e níveis de bias). Mais precisamente, dado que a resposta escalar desejada para um vetor de entrada $\mathbf{x}$ é $d = \{0,1\}$, definimos o erro de generalização como

$$\epsilon_g(F) = P(F(\mathbf{x}) \neq d) \quad \text{para } \mathbf{x} \in \mathcal{X}$$

Recebemos um conjunto de treinamento com exemplos rotulados

$$\mathcal{T} = \{(\mathbf{x}_i, d_i)\}_{i=1}^N$$

O objetivo é selecionar a hipótese $F(\mathbf{x},\mathbf{w})$ que minimiza o erro de generalização $\epsilon_g(F)$ que resulta quando são fornecidas entradas do conjunto de teste.

No desenvolvimento a seguir, assumimos que a estrutura descrita pela Eq. (4.91) tem a propriedade de que para qualquer tamanho de amostra N sempre podemos encontrar um perceptron de múltiplas camadas com um número suficientemente grande de parâmetros livres $W_{max}(N)$, tal que o conjunto de dados de treinamento $\mathcal{T}$ possa ser ajustado adequadamente. Isto equivale simplesmente a reformular o teorema da aproximação universal da seção 4.13. Nós nos referimos a $W_{max}(N)$ como o *número de ajuste*. A importância de $W_{max}(N)$ é que um procedimento razoável de seleção de modelo escolheria uma hipótese $F(\mathbf{x},\mathbf{w})$ que requeira $W \leq W_{max}(N)$; caso contrário, a complexidade da rede seria aumentada.

Suponha que um parâmetro r, no intervalo entre 0 e 1, determine a partição do conjunto de treinamento $\mathcal{T}$ entre o subconjunto de estimação e o subconjunto de validação. Com $\mathcal{T}$ consistindo de N exemplos, $(1-r)N$ exemplos são destinados ao subconjunto de estimação e os rN exemplos restantes são alocados para o subconjunto de validação. O subconjunto de estimação, representado por $\mathcal{T}'$, é usado para treinar uma seqüência aninhada de perceptrons de múltiplas camadas, resultando nas hipóteses $\mathcal{F}_1, \mathcal{F}_2, ..., \mathcal{F}_n$ de complexidade crescente. Com $\mathcal{T}'$ composto de $(1-r)N$ exemplos, consideramos valores de W menores que ou iguais ao número de ajuste correspondente $W_{max}((1-r)N)$.

O uso de validação cruzada resulta na escolha

$$\mathcal{F}_{cv} = \min_{k=1,2,...,v} \{ e''_t(\mathcal{F}_k) \} \tag{4.92}$$

onde v corresponde a $W_v \leq W_{max}((1-r)N)$, e $e''_t(\mathcal{F}_k)$ é o erro de classificação produzido pela hipótese $\mathcal{F}_k$ quando é testada sobre o subconjunto de validação $\mathcal{T}''$, consistindo de rN exemplos.

A questão-chave é como especificar o parâmetro r que determina a partição do conjunto de treinamento $\mathcal{T}$ entre o subconjunto de estimação $\mathcal{T}'$ e o subconjunto de validação $\mathcal{T}''$. Em um estudo descrito por Kearns (1996) envolvendo um tratamento analítico desta questão utilizando a dimensão VC e suportado por simulações computacionais detalhadas, várias propriedades qualitativas do r ótimo são identificadas:

- Quando a complexidade da função-alvo, que define a resposta desejada d em termos do vetor de entrada $\mathbf{x}$, é pequena comparada com o tamanho da amostra N, o desempenho da validação cruzada é relativamente insensível à escolha de r.
- Quando a função-alvo se torna mais complexa em relação ao tamanho da amostra N, a escolha do r ótimo tem um efeito mais pronunciado no desempenho da validação cruzada, e seu valor decresce.
- Um único valor *fixo* de r funciona de forma *quase* ótima para um grande intervalo de complexidade da função-alvo.

Com base nestes resultados relatados por Kearns (1996), um valor fixo de r igual a 0,2 parece ser uma escolha sensata, significando que 80 por cento do conjunto de treinamento $\mathcal{T}$ são atribuídos ao subconjunto de estimação e os 20 por cento restantes são atribuídos ao subconjunto de validação.

Anteriormente, falamos de uma seqüência aninhada de perceptrons de múltiplas camadas de complexidade crescente. Para camadas de entrada e de saída predeterminadas, esta seqüência pode ser criada, por exemplo, tendo $v = p + q$ perceptrons de múltiplas camadas totalmente conectados, estruturados como segue:

- p perceptrons de múltiplas camadas com uma única camada oculta de tamanho crescente $h_1' < h_1' < \ldots h_p'$.
- q perceptrons de múltiplas camadas com duas camadas ocultas; a primeira camada oculta tem tamanho h_p' e a segunda camada oculta tem tamanho crescente $h_1'' < h_1'' < \ldots h_q''$.

Quando passamos de um perceptron de múltiplas camadas para o seguinte, há um aumento correspondente do número de parâmetros livres W. O procedimento de seleção de modelo baseado na validação cruzada como aqui descrito nos fornece uma abordagem bem-fundamentada para determinar o número de neurônios ocultos de um perceptron de múltiplas camadas. Apesar de o procedimento ter sido descrito no contexto de classificação binária, ele se aplica igualmente bem a outras aplicações do perceptron de múltiplas camadas.

Método de Treinamento com Parada Antecipada

Normalmente, um perceptron de múltiplas camadas treinado com o algoritmo de retropropagação aprende em estágios, partindo da realização de funções de mapeamento razoavelmente simples para funções mais complexas, conforme a sessão de treinamento avança. Isto é exemplificado pelo fato de que, em uma situação típica, o erro médio quadrado decresce com o aumento do número de épocas durante o treinamento: ele começa com um valor grande, decresce rapidamente e então continua diminuindo lentamente conforme a rede segue seu caminho em direção a um mínimo local na superfície de erro. Tendo como objetivo uma boa generalização, é muito difícil perceber quando é o melhor momento para encerrar o treinamento, se olharmos apenas para a curva de aprendizagem. Em particular, com base no que foi dito na Seção 4.12 sobre generalização, é possível que a rede acabe sendo excessivamente ajustada aos dados de treinamento, se a sessão de treinamento não for encerrada no ponto certo.

Podemos identificar o início do excesso de treinamento através do uso da validação cruzada, pela qual os dados de treinamento são divididos em um subconjunto de estimação e em um subconjunto de validação. O subconjunto de exemplos de estimação é usado para treinar a rede na maneira usual, exceto por uma pequena modificação: a sessão de treinamento é interrompida periodicamente (i.e., após um número determinado de épocas), e a rede é testada com o subconjunto de validação após cada período de treinamento. Mais especificamente, o processo periódico de estimação seguida de validação prossegue como segue:

- Após um período de estimação (treinamento), os pesos sinápticos e os níveis de bias do perceptron de múltiplas camadas são todos fixos, e a rede opera no seu modo direto, para frente. O erro de validação é então medido para cada exemplo do subconjunto de validação.
- Quando a fase de validação é completada, a estimação (treinamento) é reiniciada para um novo período, e o processo é repetido.

Este procedimento é referido como o *método de treinamento com parada antecipada*.[10]

A Figura 4.20 mostra formas conceituais de duas curvas de aprendizagem, uma relativa às medidas sobre o subconjunto de estimação e a outra relativa ao subconjunto de validação. Tipicamente, o modelo não funciona tão bem sobre o subconjunto de validação do que sobre o conjunto de estimação, sobre o qual o projeto foi baseado. A *curva de aprendizagem de estimação* decresce monotonamente para um número crescente de épocas, da maneira usual. Diferentemente, a *curva de aprendizagem de validação* decresce monotonamente para um mínimo e então começa a crescer

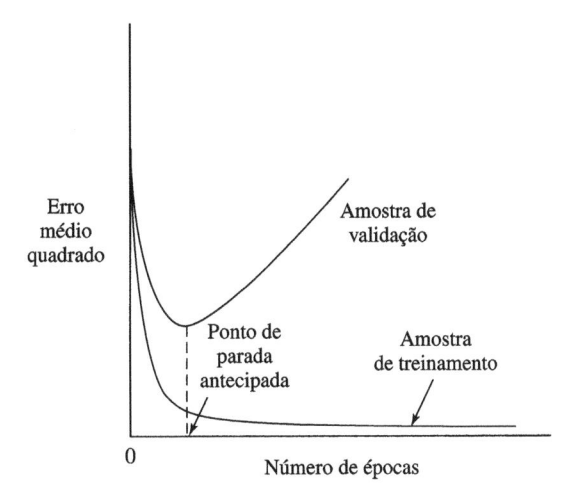

FIGURA 4.20 Ilustração da regra de parada antecipada baseada na validação cruzada

conforme o treinamento continua. Quando olhamos para a curva de aprendizagem de estimação pode parecer que poderíamos melhorar o desempenho indo além do ponto mínimo da curva de aprendizagem de validação. Na realidade, entretanto, o que a rede aprende após este ponto é essencialmente o ruído contido nos dados de treinamento. Esta heurística sugere que o ponto mínimo na curva de aprendizagem de validação seja usado como critério sensato para encerrar a sessão de treinamento.

O que acontece se os dados de treinamento não tiverem ruído? Como poderíamos então justificar a parada antecipada para um cenário determinístico? Parte da resposta neste caso é que se ambos os erros de estimação e de validação não podem ser levados a zero simultaneamente, isto implica que a rede não tem a capacidade de modelar exatamente a função. O melhor que podemos fazer nesta situação é tentar minimizar, por exemplo, o erro quadrado integrado, o que é equivalente (grosseiramente) a minimizar o erro médio quadrado global usual com uma densidade de entrada uniforme.

A teoria estatística do fenômeno do excesso de ajuste apresentada em Amari et al. (1996) sugere precaução na utilização do método de treinamento com parada antecipada. A teoria é baseada na aprendizagem por lote e apoiada por simulações computacionais detalhadas envolvendo um classificador por perceptron de múltiplas camadas com uma única camada oculta. Foram identificados dois modos de comportamento, dependendo do tamanho do conjunto de treinamento:

Modo não-assintótico, para o qual $N < W$, onde N é o tamanho do conjunto de treinamento e W é o número de parâmetros livres da rede. Para este modo de comportamento, o método de treinamento com parada antecipada melhora o desempenho de generalização da rede em relação ao treinamento exaustivo (i.e., quando o conjunto completo de exemplos é usado para o treinamento e a sessão de treinamento não é interrompida). Este resultado sugere que pode ocorrer excesso de ajuste quando $N < 30W$, e que existe um mérito prático no uso de validação cruzada para parar o treinamento. O valor ótimo do parâmetro r que determina a partição dos dados de treinamento entre o conjunto de estimação e o conjunto de treinamento é definido por

$$r_{\text{ótimo}} = 1 - \frac{\sqrt{2W-1}-1}{2(W-1)}$$

Para W grande, esta fórmula é aproximada por

$$r_{\text{ótimo}} \simeq 1 - \frac{1}{\sqrt{2W}}, \quad W \text{ grande} \tag{4.93}$$

Para $W = 100$, por exemplo, $r_{ótima} = 0{,}07$, o que significa que 93 por cento dos dados de treinamento são alocados para o subconjunto de estimação e 7 por cento são alocados para o subconjunto de validação.

Modo assintótico, para o qual $N > 30W$. Para este modo de comportamento, a melhoria no desempenho de generalização produzida pelo uso do método de treinamento com parada antecipada em relação ao treinamento exaustivo é pequena. Em outras palavras, a aprendizagem exaustiva é satisfatória quando o tamanho da amostra de treinamento é grande comparado com o número de parâmetros da rede.

Variantes de Validação Cruzada

A abordagem de validação cruzada descrita até aqui é referida como o *método de resistência*. Existem outras variantes de validação cruzada que encontram seu próprio caminho na prática, particularmente quando há uma escassez de exemplos rotulados. Nesta situação, podemos usar a *validação cruzada múltipla* dividindo o conjunto disponível de N exemplos em K subconjuntos, $K > 1$; isto presume que K é divisível por N. O modelo é treinado com todos os subconjuntos, exceto um, e o erro de validação é medido testando-o com este subconjunto deixado de lado no treinamento. Este procedimento é repetido para um total de K tentativas, cada vez usando um subconjunto diferente para a validação, como ilustrado na Fig. 4.21 para $K = 4$. O desempenho do modelo é avaliado pela média do erro quadrado obtido na validação sobre todas as tentativas do experimento. Há uma desvantagem na validação cruzada múltipla: ela requer uma quantidade excessiva de cálculos, pois o modelo deve ser treinado K vezes, onde $1 < K \leq N$.

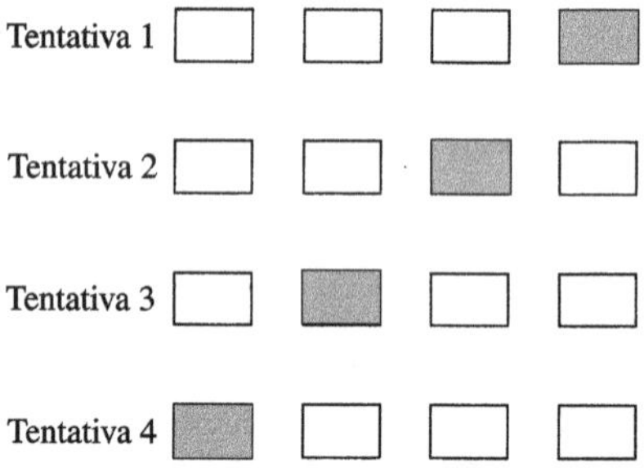

FIGURA 4.21 Ilustração do método da validação cruzada múltipla. Para uma dada tentativa, o subconjunto de dados sombreado é usado para validar o modelo treinado com os dados restantes

Quando o número de exemplos rotulados disponíveis, N, for severamente limitado, podemos usar a forma extrema de validação cruzada múltipla conhecida como o *método deixe um de fora*. Neste caso, $N - 1$ exemplos são usados para treinar o modelo, e o modelo é validado testando-o sobre o exemplo deixado de fora. O experimento é repetido para um total de N vezes, cada vez deixando de fora um exemplo diferente para a validação. O erro quadrado na validação é então a média sobre as N tentativas do experimento.

4.15 TÉCNICAS DE PODA DE REDE

Para resolver problemas do mundo real com redes neurais, normalmente é necessário o uso de redes de tamanho bastante grande, altamente estruturadas. Uma questão prática que surge neste contexto é a da minimização do tamanho da rede mantendo bom desempenho. É menos provável que uma rede neural com tamanho mínimo aprenda as idiossincrasias ou ruído dos dados de treinamento, e pode assim generalizar melhor sobre novos dados. Podemos alcançar este objetivo de projeto de duas formas:

- Pelo *crescimento da rede*, começando com um perceptron de múltiplas camadas pequeno, pequeno para realizar a tarefa em questão, e então adicionando um novo neurônio ou uma nova camada de neurônios ocultos somente quando formos incapazes de satisfazer as especificações de projeto.[11]
- Pela *poda da rede*, começando com um perceptron de múltiplas camadas grande, com um desempenho adequado para o problema em questão, e então podando-o pela redução ou eliminação de certos pesos sinápticos de uma forma seletiva e ordenada.

Nesta seção, enfocamos a poda da rede. Em particular, descrevemos duas abordagens, uma baseada em uma forma de "regularização", e outra baseada na "eliminação" de certas conexões sinápticas da rede.

Regularização da Complexidade

No projeto de um perceptron de múltiplas camadas por qualquer método que seja, estamos de fato construindo um *modelo* não-linear do fenômeno físico responsável pela geração dos exemplos de entrada-saída usados para treinar a rede. Na medida em que o projeto da rede é de natureza estatística, precisamos de um compromisso adequado entre confiabilidade dos dados de treinamento e a qualidade do modelo (i.e., um método para resolver o dilema bias-variância). No contexto da aprendizagem por retropropagação, ou em qualquer outro procedimento de aprendizagem supervisionada para aquele problema, podemos realizar este compromisso minimizando o risco total, expresso como:

$$R(\mathbf{w}) = \mathcal{E}_s(\mathbf{W}) + \lambda \mathcal{E}_c(\mathbf{w}) \tag{4.94}$$

O primeiro termo, $\mathcal{E}_s(\mathbf{w})$, é a *medida de desempenho*, que depende tanto da rede (modelo) como dos dados de entrada. Na aprendizagem por retropropagação, ela é tipicamente definida como um erro médio quadrado cujo cálculo se estende sobre os neurônios de saída da rede e que é realizado para todos os exemplos de treinamento, de época em época. O segundo termo, $\mathcal{E}_c(\mathbf{w})$, é a *punição da complexidade*, que depende apenas da rede (modelo); a sua inclusão impõe à solução conhecimento prévio que possamos ter sobre os modelos que estão sendo considerados. Na verdade, a forma do risco total definida na Eq. (4.94) é simplesmente uma formulação da *teoria da regularização* de Tikhonov; este assunto é detalhado no Capítulo 5. Para a presente discussão, é suficiente considerarmos λ como um *parâmetro de regularização*, que representa a importância relativa do termo de punição da complexidade em relação ao termo de medida de desempenho. Quando λ é zero, o processo de aprendizagem por retropropagação é irrestrito, com a rede sendo totalmente determinada pelos exemplos de treinamento. Quando λ é infinitamente grande, por outro lado, a implicação é que a restrição imposta pela punição da complexidade é por si só suficiente para especificar a rede, o que é uma outra forma de dizer que os exemplos de treinamento não são confiáveis. Em aplicações práticas do procedimento de decaimento de peso, atribui-se ao parâmetro de regularização λ um valor entre estes dois casos limites. O ponto de vista aqui descrito para a utilização da regularização da complexidade para melhorar a generalização é inteiramente consistente com o procedimento de minimização estrutural de risco, discutido no Capítulo 2.

Em uma situação genérica, uma escolha do termo de punição da complexidade $\mathscr{E}_c(\mathbf{w})$ é a integral de suavização de k-ésima ordem

$$\mathscr{E}_c(\mathbf{w},k) = \frac{1}{2} \int \left\| \frac{\partial^k}{\partial \mathbf{x}^k} F(\mathbf{x},\mathbf{w}) \right\|^2 \mu(\mathbf{x}) d\mathbf{x} \tag{4.95}$$

onde $F(\mathbf{x},\mathbf{w})$ é o mapeamento de entrada-saída realizado pelo modelo, e $\mu(\mathbf{x})$ é uma função de ponderação que determina a região do espaço de entrada sobre a qual $F(\mathbf{x},\mathbf{w})$ deve ser suave. O objetivo é tornar pequena a k-ésima derivada de $F(\mathbf{x},\mathbf{w})$ em relação ao vetor de entrada $\mathbf{x}$. Quanto maior for o valor escolhido para k, mais suave (i.e., menos complexa) se tornará a função $F(\mathbf{x},\mathbf{w})$.

A seguir, descrevemos três diferentes regularizações de complexidade (com crescente sofisticação) para perceptrons de múltiplas camadas.

Decaimento de Pesos. No *procedimento de decaimento de pesos* (Hinton, 1989), o termo de punição da complexidade é definido como a norma quadrada do vetor de peso $\mathbf{w}$ (i.e., todos os parâmetros livres) da rede, como mostrado por

$$\begin{aligned}\mathscr{E}_c(\mathbf{w}) &= \|\mathbf{w}\|^2 \\ &= \sum_{i \in \mathscr{E}_{total}} w_i^2\end{aligned} \tag{4.96}$$

onde o conjunto $\mathscr{E}_{total}$ se refere a todos os pesos sinápticos da rede. Este procedimento opera forçando alguns dos pesos sinápticos da rede a assumir valores próximos a zero, enquanto permite que outros pesos retenham seus valores relativamente elevados. Conseqüentemente, os pesos da rede são agrupados grosseiramente em duas categorias: aqueles que têm uma grande influência sobre a rede (modelo), e aqueles que têm pequena ou nenhuma influência sobre ela. Os pesos desta última categoria são referidos como *pesos excessivos*. Na ausência de regularização da complexidade, estes pesos resultam em uma generalização pobre, em virtude da sua alta probabilidade de assumir valores totalmente arbitrários ou causar o ajuste excessivo dos dados pela rede, para produzir uma pequena redução no erro de treinamento (Hush e Horne, 1993). O uso de regularização de complexidade encoraja os pesos excessivos a assumirem valores próximos a zero, melhorando assim a generalização.

No procedimento de decaimento de pesos, todos os pesos do perceptron de múltiplas camadas são tratados igualmente. Isto é, assume-se que a distribuição prévia no espaço de pesos esteja centrada na origem. Estritamente falando, o decaimento de pesos não é a forma correta de regularização da complexidade para um perceptron de múltiplas camadas, pois não se enquadra no raciocínio descrito na Eq. (4.95). Apesar disso, ele é simples e parece que funciona bem em certas aplicações.

Eliminação de Pesos. Neste segundo procedimento de regularização de complexidade, a punição da complexidade é definida por (Weigend et al., 1991)

$$\mathscr{E}_c(\mathbf{w}) = \sum_{i \in \mathscr{E}_{total}} \frac{(w_i / w_0)^2}{1 + (w_i / w_0)^2} \tag{4.97}$$

onde w_0 é um parâmetro preestabelecido e w_i se refere ao peso de uma sinapse i da rede. O conjunto $\mathscr{E}_{total}$ se refere a todas as conexões sinápticas da rede. Um termo de punição individual varia com w_i / w_0 em uma forma simétrica, como mostrado na Fig. 4.22. Quando $|w_i| \ll w_0$, a punição (custo) da

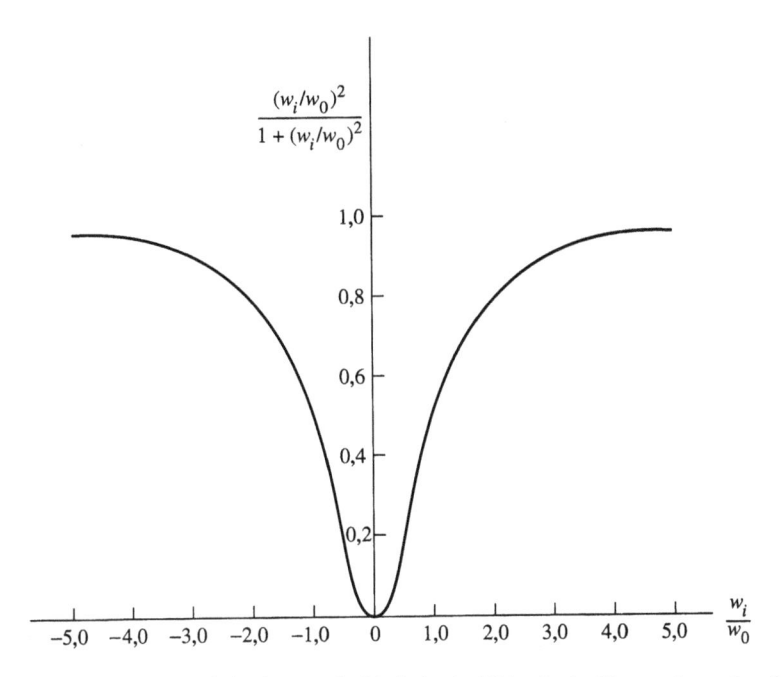

FIGURA 4.22 O termo de punição da complexidade $(w_i/w_0)^2/[1 + (w_i/w_0)^2]$ traçado em função de w_i/w_0.

complexidade para aquele peso se aproxima de zero. A implicação desta condição é que, na medida em que se considere a aprendizagem por exemplos, o i-ésimo peso sináptico não é confiável e deveria ser eliminado da rede. Por outro lado, quando $|w_i| \gg w_0$, a punição (custo) da complexidade para aquele peso se aproxima do seu valor máximo, a unidade, o que significa que w_i é importante para o processo de aprendizagem por retropropagação. Vemos então que o termo de punição da complexidade da Eq. (4.97) serve ao propósito desejado de identificar os pesos sinápticos da rede que têm influência significativa. Note também que o procedimento de eliminação de pesos inclui o procedimento de decaimento de pesos como um caso especial; especificamente, para w_0 grande, a Eq. (4.97) se reduz à forma mostrada na Eq. (4.96) exceto por um fator de escala.

A rigor, o procedimento de eliminação de pesos também não é a forma correta de regularização da complexidade para perceptrons de múltiplas camadas porque não se ajusta à descrição especificada na Eq. (4.95). Apesar disso, com a escolha apropriada do parâmetro w_0, ele permite que alguns pesos da rede assumam valores que são maiores que aqueles com decaimento de peso (Hush, 1997).

Suavizador Aproximativo. Em Moody e Rögnvaldsson (1997), é proposto o seguinte termo de punição da complexidade para um perceptron de múltiplas camadas com uma única camada oculta e um único neurônio na camada de saída:

$$\mathcal{E}_c(\mathbf{w}) = \sum_{j=1}^{M} w_{oj}^2 \|\mathbf{w}_j\|^p \qquad (4.98)$$

onde os w_{oj} são os pesos da camada de saída, e $\mathbf{w}_j$ é o vetor de peso para o j-ésimo neurônio da camada oculta; a potência p é definida por

$$p = \begin{cases} 2k-1 & \text{para um suavizador global} \\ 2k & \text{para um suavizador local} \end{cases} \qquad (4.99)$$

onde *k* é a ordem da diferenciação de $F(\mathbf{x},\mathbf{w})$ em relação a $\mathbf{x}$.

O suavizador aproximativo parece ser mais preciso que o decaimento de pesos ou a eliminação de pesos para a regularização da complexidade de um perceptron de múltiplas camadas. Diferentemente daqueles métodos anteriores, este método realiza duas coisas:

1. Distingue entre os papéis dos pesos sinápticos da camada oculta daqueles da camada de saída.
2. Captura as interações entre estes dois conjuntos de pesos.

Entretanto, ele tem uma forma muito mais complicada que o decaimento de pesos ou a eliminação de pesos e, por isso, tem uma maior demanda em complexidade computacional.

Poda da Rede Baseada na Hessiana

A idéia básica desta segunda abordagem para podar a rede é usar a informação sobre as derivadas de segunda ordem da superfície do erro de forma a estabelecer um compromisso entre a complexidade da rede e o desempenho de erro de treinamento. Em particular, constrói-se um modelo local da superfície de erro para prever analiticamente o efeito de perturbações sobre os pesos sinápticos. O ponto de partida na construção de um modelo como este é a aproximação local da função de custo $\mathscr{E}_{med}$ usando uma *série de Taylor* em torno do ponto de operação, descrita como segue:

$$\mathscr{E}_{med}(\mathbf{w} + \Delta\mathbf{w}) = \mathscr{E}_{med}(\mathbf{w}) + \mathbf{g}^T(\mathbf{w})\Delta\mathbf{w} + \frac{1}{2}\Delta\mathbf{w}^T\mathbf{H}\Delta\mathbf{w} + O(\|\Delta\mathbf{w}\|^3) \qquad (4.100)$$

onde $\Delta\mathbf{w}$ é uma perturbação aplicada ao ponto de operação $\mathbf{w}$, e $\mathbf{g}(\mathbf{w})$ é o vetor gradiente calculado em $\mathbf{w}$. A hessiana é também calculada no ponto $\mathbf{w}$, e portanto, para sermos corretos, deveríamos representá-la por $\mathbf{H}(\mathbf{w})$. Não fizemos isso na Eq. (4.100) apenas para simplificar a notação.

O objetivo é identificar um conjunto de parâmetros cuja eliminação do perceptron de múltiplas camadas cause o menor aumento do valor da função de custo $\mathscr{E}_{med}$. Para resolver este problema em termos práticos, fazemos as seguintes aproximações:

1. *Aproximação Extrema*. Assumimos que os parâmetros são eliminados da rede somente após o processo de treinamento haver convergido (i.e., a rede está totalmente treinada). A implicação desta suposição é que os parâmetros têm um conjunto de valores correspondentes a um mínimo local ou a um mínimo global da superfície de erro. Neste caso, o vetor gradiente $\mathbf{g}$ pode ser igualado a zero e o termo $\mathbf{g}^T\Delta\mathbf{w}$ no lado direito da Eq. (4.100) pode ser portanto ignorado. Caso contrário, as medidas de saliência (definidas mais adiante) serão inválidas para este problema.
2. *Aproximação Quadrática*. Assumimos que a superfície de erro em torno de um mínimo local ou de um mínimo global é aproximadamente "quadrática". Com isso, os termos de ordem mais alta da Eq. (4.100) podem ser desconsiderados.

Com estas duas suposições, a Eq. (4.100) é aproximada simplesmente por:

$$\begin{aligned}\Delta\mathscr{E}_{med} &= \mathscr{E}(\mathbf{w} + \Delta\mathbf{w}) - \mathscr{E}(\mathbf{w}) \\ &\simeq \frac{1}{2}\Delta\mathbf{w}^T\mathbf{H}\Delta\mathbf{w}\end{aligned} \qquad (4.101)$$

O *procedimento do dano cerebral ótimo* (DCO) (LeCun et al., 1990b) simplifica os cálculos fazendo uma suposição adicional: a matriz hessiana **H** é uma matriz diagonal. Entretanto, tal suposição não é feita no *procedimento do cirurgião cerebral ótimo* (CCO) (Hassibi et al., 1992); conseqüentemente, ele contém o procedimento DCO como um caso especial. De agora em diante, nós seguimos a estratégia CCO.

O objetivo do CCO é fixar um dos pesos sinápticos em zero para minimizar o aumento incremental de $\mathcal{E}_{med}$ dado na Eq. (4.101). Suponha que $w_i(n)$ represente este peso sináptico particular. A eliminação deste peso é equivalente à condição

$$\Delta w_i + w_i = 0$$

ou

$$\mathbf{1}_i^T \Delta \mathbf{w} + w_i = 0 \qquad (4.102)$$

onde $\mathbf{1}_i$ é o *vetor unitário* cujos elementos são todos zero, exceto o *i*-ésimo elemento, que é igual à unidade. Podemos agora reformular o objetivo do CCO como (Hassibi et al., 1992):

Minimize a forma quadrática $\frac{1}{2}\Delta\mathbf{w}^T\mathbf{H}\Delta\mathbf{w}$ em relação à variação incremental do vetor peso, $\Delta\mathbf{w}$, sujeita à restrição que $\mathbf{1}_i^T \Delta \mathbf{w} + w_i$ seja zero, e então minimize o resultado em relação ao índice *i*.

Há dois níveis de minimização ocorrendo neste caso. Uma minimização acontece sobre os vetores de pesos sinápticos, que permanecem depois que o *i*-ésimo vetor de peso é colocado em zero. A segunda minimização é sobre aquele vetor particular que é podado.

Para resolver este problema de otimização com restrições, primeiro construímos o *lagrangiano*

$$S = \frac{1}{2}\Delta\mathbf{w}^T\mathbf{H}\Delta\mathbf{w} - \lambda(\mathbf{1}_i^T \Delta \mathbf{w} + w_i) \qquad (4.103)$$

onde λ é o *multiplicador de Langrage*. Então, calculando a derivada do lagrangiano S, com respeito a $\Delta\mathbf{w}$, aplicando a restrição da Eq. (4.102) e usando a inversão matricial, constatamos que a modificação ótima do vetor peso **w** é

$$\Delta \mathbf{w} = -\frac{w_i}{\left[\mathbf{H}^{-1}\right]_{i,i}}\mathbf{H}^{-1}\mathbf{1}_i \qquad (4.104)$$

e o valor ótimo correspondente do lagrangiano S para o elemento w_i é

$$S_i = \frac{w_i^2}{2\left[\mathbf{H}^{-1}\right]_{i,i}} \qquad (4.105)$$

onde $\mathbf{H}^{-1}$ é a inversa da matriz hessiana **H**, e $[\mathbf{H}^{-1}]_{i,i}$ é o *ii-ésimo* elemento desta matriz inversa. O lagrangiano S_i, otimizado em relação a $\Delta\mathbf{w}$, sujeito à restrição que o *i*-ésimo peso sináptico w_i seja eliminado, é denominado a *saliência* de w_i. Na verdade, a saliência S_i representa o aumento no erro médio quadrado (medida de desempenho), que resulta da eliminação de w_i. Note que a saliência S_i é proporcional a w_i^2. Assim, pequenos pesos têm um efeito pequeno no erro médio quadrado. Entretanto, da Eq. (4.105) é possível constatar que a saliência S_i é também inversamente proporcional aos elementos da diagonal da inversa da hessiana. Desta forma, se $[\mathbf{H}^{-1}]_{i,i}$ for pequeno, então mesmo pesos pequenos deverão ter um efeito substancial no erro médio quadrado.

No procedimento CCO, o peso correspondente à menor saliência é aquele selecionado para a eliminação. Além disso, as modificações ótimas correspondentes nos pesos restantes são dadas pela Eq. (4.104), que mostra que deveriam ser atualizados ao longo da direção da i-ésima coluna da inversa da hessiana.

Em seu artigo, Hassibi et al. relatam que, em alguns problemas padrão (*benchmark*), o procedimento CCO resultou em redes menores que aquelas obtidas utilizando o procedimento de decaimento de peso. Foi também relatado que, como resultado da aplicação do procedimento de CCO ao perceptron de múltiplas camadas do NETtalk, envolvendo uma única camada oculta e 18.000 pesos, a rede fora podada a não mais que 1560 pesos, uma redução drástica no tamanho da rede. O NETtalk, de Sejnowski e Rosenberg (1987), é descrito no Capítulo 13.

Computando a inversa da matriz hessiana. A matriz inversa da hessiana $\mathbf{H}^{-1}$ é fundamental à formulação do procedimento CCO. Quando o número de parâmetros livres da rede, W, é grande, o problema de computar $\mathbf{H}^{-1}$ pode ser intratável. A seguir, descrevemos um procedimento tratável para computar $\mathbf{H}^{-1}$, assumindo que o perceptron de múltiplas camadas esteja totalmente treinado para um mínimo local na superfície de erro (Hassibi et al., 1992).

Para simplificar a apresentação, suponha que o perceptron de múltiplas camadas possua um único neurônio de saída. Então, para um dado conjunto de treinamento, podemos expressar a função de custo como

$$\mathscr{E}_{med}(\mathbf{w}) = \frac{1}{2N}\sum_{n=1}^{N}(d(n)-o(n))^2$$

onde $o(n)$ é a saída real da rede durante a apresentação do n-ésimo exemplo, $d(n)$ é a resposta desejada correspondente, e N é o número total de exemplos do conjunto de treinamento. A saída $o(n)$ pode ser expressa como

$$o(n) = F(\mathbf{w}, \mathbf{x})$$

onde F é a função do mapeamento de entrada-saída realizado pelo perceptron de múltiplas camadas, $\mathbf{x}$ é o vetor de entrada, e $\mathbf{w}$ é o vetor de pesos sinápticos da rede. A derivada primeira de $\mathscr{E}_{med}$ em relação a $\mathbf{w}$ é portanto

$$\frac{\partial \mathscr{E}_{med}}{\partial \mathbf{w}} = -\frac{1}{N}\sum_{n=1}^{N}\frac{\partial F(\mathbf{w},\mathbf{x}(n))}{\partial \mathbf{w}}(d(n)-o(n)) \qquad (4.106)$$

e a derivada segunda de $\mathscr{E}_{med}$ em relação a $\mathbf{w}$ ou a matriz hessiana é

$$\begin{aligned}\mathbf{H}(N) &= \frac{\partial^2 \mathscr{E}_{med}}{\partial \mathbf{w}^2} \\ &= \frac{1}{N}\sum_{n=1}^{N}\left\{\left(\frac{\partial F(\mathbf{w},\mathbf{x}(n))}{\partial \mathbf{w}}\right)\left(\frac{\partial F(\mathbf{w},\mathbf{x}(n))}{\partial \mathbf{w}}\right)^T \right. \\ &\quad \left. -\frac{\partial^2 F(\mathbf{w},\mathbf{x}(n))}{\partial \mathbf{w}^2}(d(n)-o(n))\right\}\end{aligned} \qquad (4.107)$$

onde enfatizamos a dependência da matriz hessiana em relação ao tamanho da amostra de treinamento, N.

Sob a suposição de que a rede está totalmente treinada, isto é, a função de custo $\mathscr{E}_{med}$ foi ajustada para um mínimo local na superfície de erro, é razoável se dizer que $o(n)$ é próximo de $d(n)$. Sob esta condição, podemos ignorar o segundo termo e aproximar a Eq. (4.107) como

$$\mathbf{H}(N) \simeq \frac{1}{N}\sum_{n=1}^{N}\left(\frac{\partial F(\mathbf{w},\mathbf{x}(n))}{\partial \mathbf{w}}\right)\left(\frac{\partial F(\mathbf{w},\mathbf{x}(n))}{\partial \mathbf{w}}\right)^{T} \quad (4.108)$$

Para simplificar a notação, defina o vetor W-por-1

$$\xi(n) = \frac{1}{\sqrt{N}}\frac{\partial F(\mathbf{w},\mathbf{x}(n))}{\partial \mathbf{w}} \quad (4.109)$$

que pode ser calculado usando o procedimento descrito na Seção 4.10. Podemos então rescrever a Eq. (4.108) na forma de uma recursão como:

$$\begin{aligned}\mathbf{H}(n) &= \sum_{k=1}^{n}\xi(k)\xi^{T}(k) \\ &= \mathbf{H}(n-1) + \xi(n)\xi^{T}(n), \quad n = 1,2,\ldots,N\end{aligned} \quad (4.110)$$

Esta recursão está na forma correta para a aplicação do chamado *lema da inversão matricial*, também conhecido como *igualdade de Woodbury*.

Suponha que $\mathbf{A}$ e $\mathbf{B}$ representem duas matrizes definidas positivamente relacionadas por

$$\mathbf{A} = \mathbf{B}^{-1} + \mathbf{C}\mathbf{D}\mathbf{C}^{T}$$

onde $\mathbf{C}$ e $\mathbf{D}$ são outras duas matrizes. De acordo com o lema da inversão matricial, a inversa da matriz $\mathbf{A}$ é definida por

$$\mathbf{A}^{-1} = \mathbf{B} - \mathbf{B}\mathbf{C}(\mathbf{D} + \mathbf{C}^{T}\mathbf{B}\mathbf{C})^{-1}\mathbf{C}^{T}\mathbf{B}$$

Para o problema descrito na Eq. (4.110), temos

$$\begin{aligned}\mathbf{A} &= \mathbf{H}(n) \\ \mathbf{B}^{-1} &= \mathbf{H}(n-1) \\ \mathbf{C} &= \xi(n) \\ \mathbf{D} &= 1\end{aligned}$$

A aplicação do lema da inversão matricial produz, portanto, a fórmula desejada para a computação recursiva da inversa da hessiana:

$$\mathbf{H}^{-1}(n) = \mathbf{H}^{-1}(n-1) - \frac{\mathbf{H}^{-1}(n-1)\xi(n)\xi^{T}(n)\mathbf{H}^{-1}(n-1)}{1+\xi^{T}(n)\mathbf{H}^{-1}(n-1)\xi(n)} \quad (4.111)$$

Note que o denominador na Eq. (4.111) é um escalar; portanto, a sua recíproca é diretamente calculável. Com isso, dado o valor passado da inversa da hessiana, $\mathbf{H}^{-1}(n-1)$, podemos calcular seu valor atualizado $\mathbf{H}^{-1}(n)$ durante a apresentação do n-ésimo exemplo representado pelo vetor $\xi(n)$. Esta computação recursiva continua até que todo o conjunto de N exemplos tenha sido considerado. Para inicializar o algoritmo, precisamos fazer com que $\mathbf{H}^{-1}(0)$ seja grande, já que ele é constantemente reduzido de acordo com Eq. (4.111). Esta exigência é satisfeita fazendo

$$\mathbf{H}^{-1}(0) = \delta^{-1}\mathbf{I} \tag{4.112}$$

onde δ é um número positivo pequeno, e $\mathbf{I}$ é a matriz identidade. Esta forma de inicialização assegura que $\mathbf{H}^{-1}(n)$ seja sempre definida positivamente. O efeito de δ torna-se progressivamente menor à medida que cada vez mais exemplos são apresentados à rede.

Um resumo do algoritmo do cirurgião cerebral é apresentado na Tabela 4.6 (Hassibi e Stork, 1992).

TABELA 4.6 Resumo do Algoritmo do Cirurgião Cerebral Ótimo

1. Treine o perceptron de múltiplas camadas dado pelo mínimo erro médio quadrado.
2. Use o procedimento descrito na Seção 4.10 para calcular o vetor

$$\xi(n) = \frac{1}{\sqrt{N}} \frac{\partial F(\mathbf{w}, \mathbf{x}(n))}{\partial \mathbf{w}}$$

onde $F(\mathbf{w},\mathbf{x}(n))$ é o mapeamento de entrada-saída realizado pelo perceptron de múltiplas camadas com um vetor de peso global $\mathbf{w}$, e $\mathbf{x}(n)$ é o vetor de entrada.
3. Use a recursão (4.111) para calcular a inversa da hessiana $\mathbf{H}^{-1}$.
4. Encontre o i que corresponde à menor saliência:

$$S_i = \frac{w_i^2}{2[\mathbf{H}^{-1}]_{i,i}}$$

onde $[\mathbf{H}^{-1}]_{i,i}$ é o (i, i)-ésimo elemento de $\mathbf{H}^{-1}$. Se a saliência S_i for muito menor que o quadrado médio $\mathcal{E}_{med}$, então elimine peso sináptico w_i, e prossiga para o passo 4. Senão, vá para o passo 5.
5. Atualize todos os pesos sinápticos da rede aplicando o ajuste:

$$\Delta \mathbf{w} = -\frac{w_i}{[\mathbf{H}^{-1}]_{i,i}} \mathbf{H}^{-1} \mathbf{1}_i$$

Vá para o passo 2.
6. Pare a computação quando mais nenhum peso puder ser eliminado da rede, sem um grande aumento no erro médio quadrado. (Isso pode ser desejável para retreinar a rede a partir deste ponto).

4.16 VIRTUDES E LIMITAÇÕES DA APRENDIZAGEM POR RETROPROPAGAÇÃO

O algoritmo de retropropagação se tornou o algoritmo mais popular para o treinamento supervisionado de perceptrons de múltiplas camadas. Basicamente, é uma técnica (derivativa) de gradiente, e *não* uma técnica de otimização. A retropropagação possui duas propriedades distintas:

- É *simples* de calcular localmente.
- Realiza a descida *estocástica* do gradiente no espaço de pesos (para atualização de padrão em padrão dos pesos sinápticos).

Estas duas propriedades da aprendizagem por retropropagação no contexto de um perceptron de múltiplas camadas são responsáveis por suas vantagens e desvantagens.

Conexionismo

O algoritmo de retropropagação é um exemplo de um *paradigma conexionista* que se baseia em cálculos locais para descobrir as capacidades de processamento de informação das redes neurais. Esta forma de restrição computacional é referida como a *restrição de localidade*, no sentido de que a computação realizada pelo neurônio é influenciada apenas por aqueles neurônios que estão em contato físico com ele. O uso de computação local no projeto de redes neurais artificiais é normalmente defendido por três razões principais:

1. As redes neurais artificiais que realizam computação local são freqüentemente tidas como metáforas para as redes neurais biológicas.
2. O uso de computação local permite uma degradação suave no desempenho devido a erros dos componentes físicos e, portanto, fornece a base para um projeto de rede tolerante a falhas.
3. A computação local favorece a utilização de arquiteturas paralelas como método eficiente para a implementação de redes neurais artificiais.

Considerando estes três pontos em ordem inversa, o ponto 3 é inteiramente justificável no caso da aprendizagem por retropropagação. Em particular, o algoritmo de retropropagação tem sido implementado com sucesso em computadores paralelos por muitos pesquisadores, e arquiteturas VLSI têm sido desenvolvidas para a realização física de perceptrons de múltiplas camadas (Hammerstrom, 1992a, 1992b). O ponto 2 é justificável desde que certas precauções sejam tomadas na aplicação do algoritmo de retropropagação, como descrito em Kerlirzin e Vallet (1993). No que diz respeito ao ponto 1, em relação à plausibilidade biológica da aprendizagem por retropropagação, isto tem sido seriamente questionado pelas seguintes razões (Shepherd, 1990b; Crick, 1989; Stork, 1989):

1. As conexões sinápticas recíprocas entre os neurônios de um perceptron de múltiplas camadas podem assumir pesos que são excitatórios ou inibitórios. No sistema nervoso real, contudo, os neurônios normalmente aparecem como sendo de um tipo ou de outro. Essa é uma das mais sérias suposições não-realísticas feitas em modelos de redes neurais.
2. Em um perceptron de múltiplas camadas, as comunicações hormonais ou outros tipos de comunicações globais são ignoradas. Em sistemas nervosos reais, estes tipos de comunicação global são cruciais para as funções de ajuste de estado, como o despertar, a atenção e o aprendizado.
3. Na aprendizagem por retropropagação, um peso sináptico é modificado por uma atividade pré-sináptica e um sinal de erro (de aprendizagem), independentemente da atividade pós-sináptica. Há evidências da neurobiologia que sugerem o contrário.
4. Em um sentido neurobiológico, a implementação da aprendizagem por retropropagação requer a rápida retropropagação da informação ao longo de um axônio. Parece altamente improvável que uma operação deste tipo realmente ocorra no cérebro.
5. A aprendizagem por retropropagação implica a existência de um "professor", que no contexto do cérebro seria presumivelmente um outro conjunto de neurônios com propriedades inusitadas. A existência de tais neurônios é biologicamente implausível.

Entretanto, estes receios neurobiológicos não depreciam a importância técnica da aprendizagem por retropropagação como ferramenta para processamento de informação, como evidenciado por sua aplicação bem-sucedida em numerosos campos altamente diversificados, incluindo a simulação de fenômenos neurobiológicos (veja, por exemplo, Robinson (1992)).

Detecção de Características

Como discutido na Seção 4.9, os neurônios ocultos de um perceptron de múltiplas camadas treinado com o algoritmo de retropropagação desempenham um papel crucial como detectores de características. Uma forma inovadora na qual esta propriedade importante do perceptron de múltiplas camadas pode ser explorada é o seu uso como um *replicador* ou *mapa de identidade* (Rumelhart et al., 1986b; Cottrel et al., 1987). A Figura 4.23 ilustra como isto pode ser realizado para o caso de um perceptron de múltiplas camadas utilizando uma única camada oculta. A planta da rede satisfaz as seguintes exigências estruturais, como ilustrado na Fig. 4.23a:

- As camadas de entrada e de saída têm o mesmo tamanho, m.
- O tamanho da camada oculta, M, é menor que m.
- A rede é totalmente conectada.

Um dado padrão, $\mathbf{x}$, é aplicado simultaneamente à camada de entrada como o estímulo e à camada de saída como a resposta desejada. Pretende-se que a resposta real da camada de saída, $\hat{\mathbf{x}}$, seja uma "estimativa" de $\mathbf{x}$. A rede é treinada usando-se o algoritmo de retropropagação na forma usual, com o vetor erro estimativo $(\mathbf{x} - \hat{\mathbf{x}})$ tratado como o sinal de erro, como ilustrado na Fig. 4.23b. O treinamento é realizado de uma maneira *não-supervisionada* (i.e., sem a necessidade de um professor). Em virtude da estrutura especial incorporada no projeto do perceptron de múltiplas camadas, a rede é *obrigada* a realizar o mapeamento de identidade através da sua camada oculta. Uma versão *codificada* do padrão de entrada, representada por $\mathbf{s}$, é produzida na saída da camada oculta, como representado na Fig. 4.23a. Na verdade, o perceptron de múltiplas camadas totalmente treinado desempenha o papel de um "codificador". Para reconstruir uma estimativa $\hat{\mathbf{x}}$ do vetor de entrada original $\mathbf{x}$ (i.e., realizar a *decodificação*), aplicamos o sinal codificado à camada oculta da rede replicadora, como ilustrado na Fig. 4.23c. Na verdade, esta última rede desempenha o papel de um "decodificador". Quanto menor for feito o tamanho M da camada oculta comparado com o tamanho m da camada de entrada/saída, mais efetiva será a configuração da Fig. 4.23a como um *sistema de compressão de dados*.[12]

Aproximação de Função

Um perceptron de múltiplas camadas treinado com o algoritmo de retropropagação se manifesta como um *esquema aninhado sigmóide*, escrito na seguinte forma compacta para o caso de uma única saída:

$$F(\mathbf{x}, \mathbf{w}) = \varphi\left(\sum_k w_{ok} \varphi\left(\sum_j w_{kj} \varphi\left(\cdots \varphi\left(\sum_i w_{li} x_i\right)\right)\right)\right) \quad (4.113)$$

onde $\varphi(\bullet)$ é uma função de ativação sigmóide comum, w_{ok} é o peso sináptico do neurônio k na última camada oculta para o único neurônio de saída o, e assim por diante para os outros pesos sinápticos, e x_i é o i-ésimo elemento do vetor de entrada $\mathbf{x}$. O vetor de peso $\mathbf{w}$ representa o conjunto inteiro de pesos sinápticos ordenados por camada, por neurônios em uma camada e, então, por sinapses em um neurônio. O esquema de funções não-lineares aninhadas descrito na Eq. (4.113) é

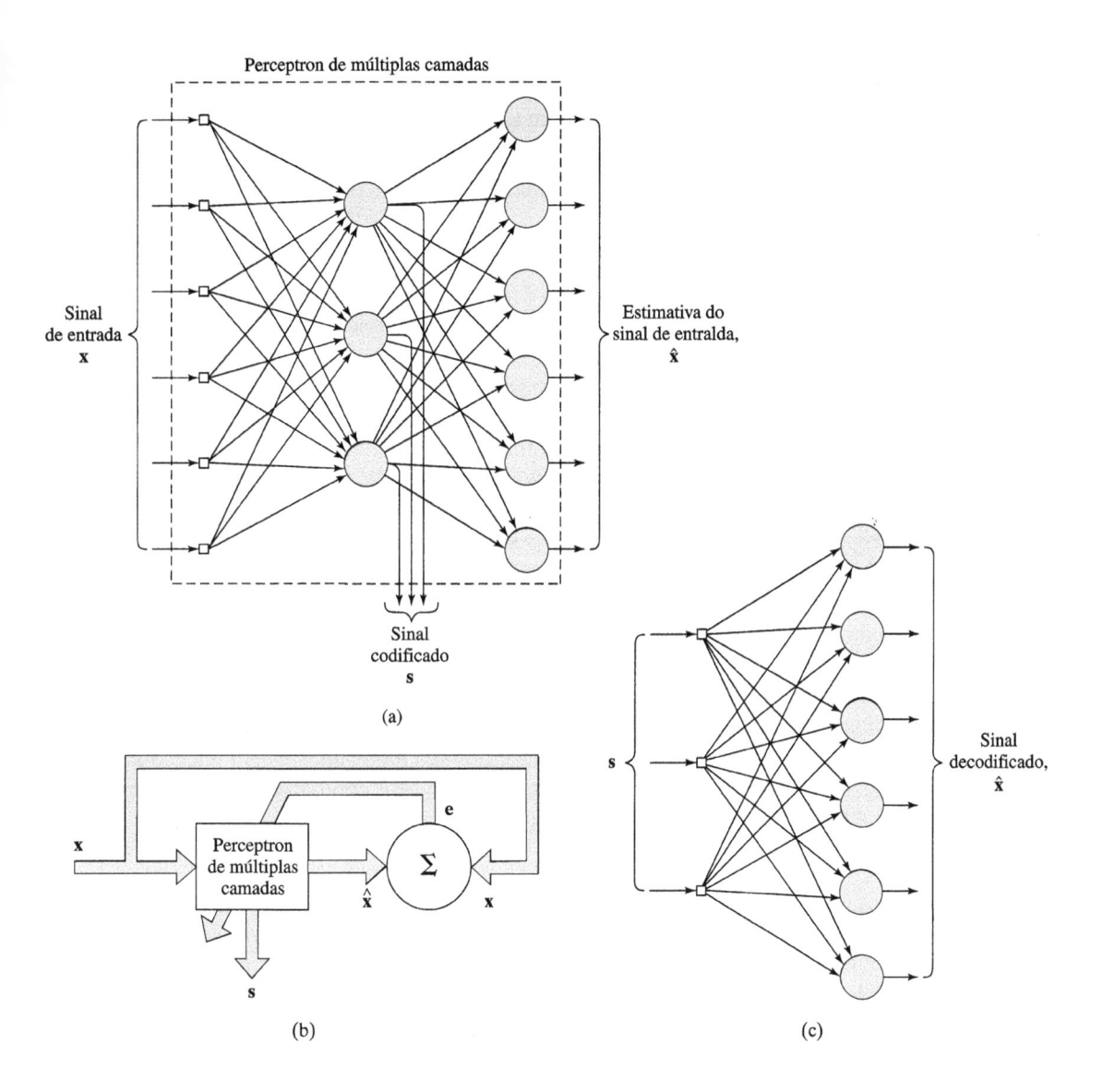

FIGURA 4.23 (a) Rede replicadora (mapa de identidade) com uma única camada oculta utilizada como um codificador. (b) Diagrama em blocos para o treinamento supervisionado da rede replicadora. (c) Parte da rede replicadora utilizada como um decodificador

incomum na teoria clássica de aproximação. Ele é um *aproximador universal* como discutido na Seção 4.13.

No contexto de aproximação, o uso da aprendizagem por retropropagação oferece uma outra propriedade útil. A intuição sugere que um perceptron de múltiplas camadas com funções de ativação suaves deve ter derivadas da função de saída que possam também aproximar as derivadas de um mapeamento de entrada-saída desconhecido. Uma prova deste resultado é apresentada em Hornik et al. (1990). Na verdade, mostra-se que perceptrons de múltiplas camadas podem aproximar funções que não são diferenciáveis no sentido clássico, mas que possuem uma derivada generalizada, como no caso das funções diferenciáveis por partes. Os resultados de aproximação relatados por Hornik et al. fornecem uma justificativa teórica, que anteriormente faltava, para o uso de perceptrons de múltiplas camadas em aplicações que requerem a aproximação de uma função e de suas derivadas.

Eficiência Computacional

A *complexidade computacional* de um algoritmo é normalmente medida em termos do número de multiplicações, adições e armazenamentos envolvidos na sua implementação, como discutido no Capítulo 2. Diz-se que um algoritmo de aprendizagem é *computacionalmente eficiente* quando a sua complexidade computacional é *polinomial* em relação ao número de parâmetros ajustáveis que devem ser atualizados de uma iteração para a seguinte. Neste sentido, pode-se dizer que o algoritmo de retropropagação é computacionalmente eficiente. Especificamente, quando o usamos para treinar um perceptron de múltiplas camadas contendo um total de W pesos sinápticos (incluindo os níveis de bias), a sua complexidade computacional é linear em W. Esta importante propriedade do algoritmo de retropropagação pode ser facilmente verificada examinando-se as computações envolvidas na execução dos passos de propagação e retropropagação resumidos na Seção 4.4. No passo de propagação, os únicos cálculos envolvendo os pesos sinápticos são aqueles que são relativos aos campos locais induzidos dos vários neurônios da rede. Aqui, vemos da Eq. (4.44) que estes cálculos são todos lineares em relação aos pesos sinápticos da rede. No passo de retropropagação, os únicos cálculos envolvendo os pesos sinápticos são aqueles relativos (1) aos gradientes locais dos neurônios ocultos e (2) à atualização dos próprios pesos sinápticos, como mostrado nas Eqs. (4.46) e (4.47), respectivamente. Aqui, vemos também que estes cálculos são todos lineares em relação aos pesos sinápticos da rede. Portanto, a conclusão é que a complexidade computacional do algoritmo de retropropagação é linear em relação a W, isto é, $O(W)$.

Análise de Sensibilidade

Um outro benefício computacional ganho pelo uso da aprendizagem por retropropagação é a maneira eficiente pela qual se pode realizar uma análise de sensibilidade do mapeamento de entrada-saída realizado pelo algoritmo. A *sensibilidade* de uma função de mapeamento de entrada-saída F em relação a um parâmetro da função, representado por ω, é definida por

$$S_{\omega}^{F} = \frac{\partial F / F}{\partial \omega / \omega} \tag{4.114}$$

Considere então um perceptron de múltiplas camadas treinado com o algoritmo de retropropagação. Suponha que a função $F(\mathbf{w})$ seja o mapeamento de entrada-saída realizado por esta rede; $\mathbf{w}$ representa o vetor de todos os pesos sinápticos (incluindo os níveis de bias) contidos na rede. Na Seção 4.10, mostramos que as derivadas parciais da função $F(\mathbf{w})$ em relação a todos os elementos do vetor de peso $\mathbf{w}$ podem ser calculadas eficientemente. Particularmente, examinando as Eqs. de (4.81) a (4.83) juntamente com a Eq. (4.114), constatamos que a complexidade envolvida em calcular cada uma destas derivadas parciais é linear em relação a W, o número total de pesos contidos na rede. Esta linearidade é válida independentemente de onde o peso sináptico em questão aparece na cadeia de computações.

Robustez

No Capítulo 3, ressaltamos que o algoritmo LMS é robusto no sentido de que perturbações com pequena energia podem causar apenas erros estimativos pequenos. Se o modelo de observação subjacente é linear, o algoritmo LMS é um filtro H^∞-ótimo (Hassibi et al., 1993, 1996). Isto significa que o algoritmo LMS minimiza o *ganho máximo de energia* das perturbações dos erros estimativos.

Por outro lado, se o modelo subjacente for não-linear, Hassibi e Kailath (1995) mostraram que o algoritmo de retropropagação é um filtro *localmente H^∞-ótimo*. O termo "local" usado aqui significa que o valor inicial do vetor de peso usado no algoritmo de retropropagação está suficientemente próximo do valor ótimo do vetor de peso $\mathbf{w}^*$, de modo a assegurar que o algoritmo não fique preso em um mínimo local pobre. Em termos conceituais, é bom saber que o algoritmo LMS e o algoritmo por retropropagação pertencem à mesma classe de filtros H^∞-ótimos.

Convergência

O algoritmo de retropropagação usa uma "estimativa instantânea" para o gradiente da superfície de erro no espaço de pesos. O algoritmo é, portanto, de natureza *estocástica*; isto é, tem tendência a ziguezaguear em torno da verdadeira direção que leva a um mínimo na superfície de erro. De fato, a aprendizagem por retropropagação é uma aplicação de um método estatístico conhecido como *aproximação estocástica* que foi originalmente proposto por Robbins e Monro (1951). Conseqüentemente, tende a convergir lentamente. Podemos identificar duas causas fundamentais para esta propriedade (Jacobs, 1998):

1. A superfície de erro é razoavelmente plana ao longo de uma dimensão do peso, o que significa que a derivada da superfície de erro em relação àquele peso é pequena em magnitude. Nesta situação, o ajuste aplicado ao peso é pequeno, e conseqüentemente podem ser necessárias muitas iterações do algoritmo para produzir uma redução significativa do índice de desempenho da rede em relação ao erro. Alternativamente, a superfície de erro é muito curva ao longo de uma dimensão do peso; neste caso, a derivada da superfície de erro em relação ao peso é grande em magnitude. Nesta segunda situação, o ajuste aplicado ao peso é grande, o que pode levar o algoritmo a exceder o mínimo da superfície de erro.
2. A direção do vetor gradiente negativo (i.e., a derivada negativa da função de custo em relação ao vetor de pesos) pode não apontar para o mínimo da superfície de erro: com isso, os ajustes aplicados aos pesos podem induzir o algoritmo a se mover na direção errada.

Conseqüentemente, a taxa de convergência na aprendizagem por retropropagação tende a ser relativamente baixa, o que, por sua vez, pode tornar o algoritmo martirizante do ponto de vista computacional. De acordo com o estudo empírico de Saarinen et al. (1992), as taxas locais de convergência do algoritmo de retropropagação são *lineares*, o que é justificado pelo argumento que a matriz jacobiana é quase deficiente em posto, assim como a matriz hessiana. Estas são conseqüências da natureza intrinsecamente mal-condicionada dos problemas de treinamento de redes neurais. Saarinen et al. interpretam as taxas locais lineares de convergência da aprendizagem por retropropagação de duas maneiras:

- Esta é uma reivindicação do algoritmo de retropropagação (descida do gradiente), no sentido de que métodos de ordem mais alta podem não convergir muito mais rapidamente enquanto que exigem maior esforço computacional; ou

- Os problemas de treinamento de redes neurais em grande escala são tão inerentemente difíceis que não existe uma estratégia de aprendizagem que seja realizável, podendo ser necessárias outras abordagens como o uso de pré-processamento.

Exploramos mais profundamente esta questão da convergência na Seção 4.17 e exploramos a questão do pré-processamento das entradas no Capítulo 8.

Mínimos Locais

Uma outra peculiaridade da superfície de erro que causa impacto sobre o desempenho do algoritmo de retropropagação é a presença de *mínimos locais* (i.e., vales isolados), adicionalmente aos mínimos globais. Como a aprendizagem por retropropagação é basicamente uma técnica de "escalada de colina", ela corre o risco de ficar presa em um mínimo local, onde toda pequena variação dos pesos sinápticos causa aumento da função de custo. Entretanto, em algum outro lugar do espaço de pesos, existe um outro conjunto de pesos sinápticos para o qual a função de custo é menor que o mínimo local no qual a rede se encontra presa. É evidentemente indesejável que o processo de treinamento termine em um mínimo local, especialmente se ele estiver muito distante do mínimo global.

A questão dos mínimos locais na aprendizagem por retropropagação foi levantada no epílogo da edição estendida do clássico livro de Minsky e Papert (1988), onde a maior parte da atenção está concentrada em uma discussão do livro em dois volumes, *Parallel Distributed Processing*, de Rumelhart e McClelland (1986). No Capítulo 8 deste último livro, afirma-se que ficar preso em um mínimo local raramente é um problema prático para a aprendizagem por retropropagação. Minsky e Papert opõem-se a isto, salientando que toda a história do reconhecimento de padrões mostra o contrário. Gori e Tesi (1992) descrevem um exemplo simples onde, embora um conjunto de padrões não linearmente separáveis pudesse ser aprendido por uma rede com uma única camada oculta, o algoritmo de retropropagação pode ficar preso em um mínimo local.[13]

Escalamento

A princípio, os perceptrons de múltiplas camadas treinados com o algoritmo de retropropagação têm o potencial para agirem como máquinas computacionais universais. Entretanto, para que este potencial seja totalmente aproveitado, temos que superar o *problema de escalamento*, que aborda a questão de quão bem a rede se comporta (p.ex., medido pelo tempo necessário para o treinamento ou pelo melhor desempenho de generalização alcançável) quando a tarefa computacional aumenta em tamanho e complexidade. Entre as muitas maneiras possíveis de se medir o tamanho ou a complexidade de uma tarefa computacional, a ordem de predicado, definida por Minsky e Papert (1969, 1988) fornece a medida mais útil e importante.

Para esclarecermos o que queremos dizer por um predicado, considere que $\Psi(X)$ represente uma função que pode assumir apenas dois valores. Normalmente, consideramos os dois valores como sendo 0 e 1. Mas, considerando os valores como sendo FALSO ou VERDADEIRO, podemos pensar em $\psi(X)$ como um *predicado*, isto é, uma declaração variável cuja falsidade ou verdade depende da escolha do argumento X. Podemos escrever, por exemplo,

$$\psi_{\text{CÍRCULO}}(X) \begin{cases} 1 & \text{se a figura } X \text{ for um círculo} \\ 0 & \text{se a figura } X \text{ não for um círculo} \end{cases} \qquad (4.115)$$

Usando a idéia de um predicado, Tesauro e Janssens (1988) realizaram um estudo empírico envolvendo o uso de um perceptron de múltiplas camadas treinado com o algoritmo de retropropagação para aprender a calcular a função de paridade. A *função de paridade* é um predicado booleano definido por

$$\psi_{\text{PARIDADE}}(X) \begin{cases} 1 & \text{se } |X| \text{ é um número ímpar} \\ 0 & \text{caso contrário} \end{cases} \quad (4.116)$$

e cuja ordem é igual ao número de entradas. Os experimentos realizados por Tesauro e Janssens parecem mostrar que o tempo necessário para a rede aprender a calcular a função de paridade aumenta exponencialmente com o número de entradas (i.e., a ordem do predicado da computação), e que projeções sobre o uso do algoritmo de retropropagação para aprender funções complicadas arbitrárias podem ser excessivamente otimistas.

Existe a concordância generalizada de que é desaconselhável para um perceptron de múltiplas camadas ser totalmente conectado. Neste contexto, podemos levantar a seguinte questão: dado que um perceptron de múltiplas camadas não deve ser totalmente conectado, como devem ser alocadas as conexões sinápticas da rede? Esta questão não é importante no caso de aplicações em pequena escala, mas é certamente crucial para o sucesso da aplicação da aprendizagem por retropropagação para resolver problemas em grande escala, do mundo real.

Um método efetivo de aliviar o problema do escalamento é desenvolver a compreensão do problema (possivelmente através de analogia neurobiológica) e usá-la para inserir engenhosidade no projeto arquitetural do perceptron de múltiplas camadas. Especificamente, a arquitetura da rede e as restrições impostas aos pesos sinápticos da rede devem ser concebidas de modo a incorporar informação prévia sobre a tarefa durante a constituição da rede. Esta estratégia de projeto é ilustrada na Seção 4.19 para o problema do reconhecimento de um caractere ótico.

4.17 ACELERAÇÃO DA CONVERGÊNCIA DA APRENDIZAGEM POR RETROPROPAGAÇÃO

Na seção anterior, identificamos as principais causas para a possível taxa lenta de convergência do algoritmo de retropropagação. Nesta seção, descrevemos algumas *heurísticas* que fornecem normas úteis para se pensar em como acelerar a convergência da aprendizagem por retropropagação através da adaptação da taxa de aprendizagem. Os detalhes das heurísticas são os seguintes (Jacobs, 1988):

HEURÍSTICA 1. Cada parâmetro ajustável da função de custo da rede deve ter seu parâmetro individual da taxa de aprendizagem.

Notamos aqui que o algoritmo de retropropagação pode ser lento para convergir porque o uso de um parâmetro fixo de taxa de aprendizagem pode não ser adequado em todas as regiões da superfície de erro. Em outras palavras, um parâmetro de taxa de aprendizagem apropriado para o ajuste de um determinado peso sináptico não é necessariamente apropriado para o ajuste de outros pesos sinápticos da rede. A heurística 1 reconhece este fato atribuindo um parâmetro de taxa de aprendizagem diferente para cada peso sináptico (parâmetro) ajustável da rede.

HEURÍSTICA 2. Cada parâmetro da taxa de aprendizagem deve poder variar de uma iteração para a seguinte.

A superfície de erro tipicamente se comporta de forma diferente ao longo de diferentes regiões de uma única dimensão de peso. Para seguir esta variação, a heurística 2 afirma que o parâmetro de taxa de aprendizagem necessita variar de iteração para iteração. É interessante notar que esta heurística está bem-fundamentada no caso de unidades lineares (Luo, 1991).

HEURÍSTICA 3. Quando a derivada da função de custo em relação ao peso sináptico tem o mesmo sinal algébrico para iterações consecutivas do algoritmo, o parâmetro da taxa de aprendizagem para aquele peso particular deve ser aumentado.

O ponto de operação corrente no espaço de peso pode se encontrar em uma porção relativamente plana da superfície de erro ao longo de uma dimensão de peso particular. Por sua vez, isto pode ser responsável por fazer com que a derivada da função de custo (i.e., o gradiente da superfície de erro) em relação ao peso, mantenha o mesmo sinal algébrico e, assim, aponte na mesma direção, para várias iterações consecutivas do algoritmo. A heurística 3 afirma que, nesta situação, o número de iterações necessárias para atravessar a porção plana da superfície de erro pode ser reduzida aumentando-se adequadamente o parâmetro da taxa de aprendizagem.

HEURÍSTICA 4. Quando o sinal algébrico da derivada da função de custo em relação a um peso sináptico particular alterna-se para várias iterações consecutivas do algoritmo, o parâmetro da taxa de aprendizagem para aquele peso deve ser reduzido.

Quando o ponto de operação corrente no espaço de pesos se encontra em uma porção da superfície de erro ao longo de uma dimensão de peso de interesse que exibe picos e vales (i.e., a superfície é muito curva), então é possível que a derivada da função de custo em relação àquele peso mude o seu sinal algébrico de uma iteração para a seguinte. Para evitar que o ajuste de peso oscile, a heurística 4 afirma que o parâmetro da taxa de aprendizagem para aquele peso particular deve ser reduzido adequadamente.

Note que o uso de um parâmetro da taxa de aprendizagem diferente para cada peso sináptico e variável no tempo de acordo com estas heurísticas modifica fundamentalmente o algoritmo de retropropagação. Especificamente, o algoritmo modificado não realiza mais uma busca por descida mais íngreme. Em vez disso, os ajustes aplicados aos pesos sinápticos são baseados (1) nas derivadas parciais da superfície de erro em relação aos pesos e (2) em estimativas das curvaturas da superfície de erro no ponto de operação corrente no espaço de pesos ao longo das várias dimensões dos pesos.

Além disso, as quatro heurísticas satisfazem a restrição de localidade, que é uma característica inerente da aprendizagem por retropropagação. Infelizmente, a aderência à restrição de localidade limita o domínio da utilidade destas heurísticas porque existem superfícies de erro para as quais elas não funcionam. Apesar disso, as modificações do algoritmo de retropropagação de acordo com estas heurísticas têm valor prático.[14]

4.18 APRENDIZAGEM SUPERVISIONADA VISTA COMO UM PROBLEMA DE OTIMIZAÇÃO

Nesta seção, adotamos um ponto de vista sobre aprendizagem supervisionada que é bem diferente daquele seguido nas seções anteriores do capítulo. Especificamente, vemos o treinamento supervisionado de um perceptron de múltiplas camadas como um problema de *otimização numérica*. Neste contexto, primeiro mostramos que a superfície de erro de um perceptron de múltiplas camadas com aprendizagem supervisionada é uma função altamente não-linear do vetor de peso sináptico **w**. Considere que $\mathscr{E}_{med}(\mathbf{w})$ represente a função de custo, calculada como a média sobre a amostra de treinamento. Usando a série de Taylor, podemos expandir $\mathscr{E}_{med}(\mathbf{w})$ em torno do ponto corrente sobre a superfície de erro $\mathbf{w}(n)$ por exemplo, como descrito na Eq. (4.100), reproduzida aqui incluindo as dependências em n:

$$\mathscr{E}_{med}(\mathbf{w}(n) + \Delta\mathbf{w}(n)) = \mathscr{E}_{med}(\mathbf{w}(n)) + \mathbf{g}^T(n)\Delta\mathbf{w}(n) + \frac{1}{2}\Delta\mathbf{w}^T(n)\mathbf{H}(n)\Delta\mathbf{w}(n) \quad (4.117)$$

$+$(termos de terceira ordem e de ordem mais elevada)

onde $\mathbf{g}(n)$ é o vetor gradiente local definido por

$$\mathbf{g}(n) = \left.\frac{\partial \mathscr{E}_{med}(\mathbf{w})}{\partial \mathbf{w}}\right|_{\mathbf{w}=\mathbf{w}(n)} \quad (4.118)$$

e $\mathbf{H}(n)$ é a matriz hessiana local, definida por

$$\mathbf{H}(n) = \left.\frac{\partial^2 \mathscr{E}_{med}(\mathbf{w})}{\partial \mathbf{w}^2}\right|_{\mathbf{w}=\mathbf{w}(n)} \quad (4.119)$$

O uso de uma função de custo média de ensemble $\mathscr{E}_{med}(\mathbf{w})$ presume um modo de aprendizagem por lote.

No método da descida mais íngreme, exemplificado pelo algoritmo de retropropagação, o ajuste $\Delta\mathbf{w}(n)$ aplicado ao vetor peso sináptico $\mathbf{w}(n)$ é definido por

$$\Delta\mathbf{w}(n) = -\eta\mathbf{g}(n) \quad (4.120)$$

onde η é o parâmetro da taxa de aprendizagem. Na verdade, o método da descida mais íngreme opera segundo uma *aproximação linear* da função de custo na vizinhança local do ponto de operação $\mathbf{w}(n)$. Com isso, ele se baseia no vetor gradiente $\mathbf{g}(n)$ como a única fonte de informação local sobre a superfície de erro. Esta restrição tem um efeito benéfico: a simplicidade de implementação. Infelizmente, ela também tem um efeito prejudicial: uma lenta taxa de convergência, que pode ser cruciante, particularmente no caso de problemas de grande escala. A inclusão do termo de momento na equação de atualização para o vetor peso sináptico é uma tentativa grosseira de usar informação de segunda ordem sobre a superfície de erro, o que é de alguma ajuda. Entretanto, seu uso torna o processo de treinamento mais delicado de controlar adicionando-se um item a mais na lista de parâmetros que devem ser "sintonizados" pelo projetista.

Para produzir uma melhora significativa no desempenho de convergência de um perceptron de múltiplas camadas (comparado à aprendizagem por retropropagação), temos que usar *informação de ordem mais elevada* no processo de treinamento. Podemos fazer isso invocando uma *aproximação quadrática* da superfície de erro em torno do ponto corrente $\mathbf{w}(n)$. Obtemos então da Eq. (4.117) que o valor ótimo do ajuste $\Delta\mathbf{w}(n)$ aplicado ao vetor peso sináptico $\mathbf{w}(n)$ é dado por

$$\Delta\mathbf{w}^*(n) = \mathbf{H}^{-1}(n)\mathbf{g}(n) \quad (4.121)$$

onde $\mathbf{H}^{-1}(n)$ é a inversa da matriz hessiana $\mathbf{H}(n)$, assumindo que ela exista. A Equação (4.121) é a essência do *método de Newton*. Se a função de custo $\mathscr{E}_{med}(\mathbf{w})$ é quadrática (i.e., os termos de terceira ordem e de ordem mais alta na Eq. (4.117) são zero), o método de Newton converge para a solução ótima em uma iteração. Entretanto, a aplicação prática do método de Newton para o treinamento supervisionado de um perceptron de múltiplas camadas é prejudicada pelos seguintes fatores:

- Requer o cálculo da matriz hessiana inversa $\mathbf{H}^{-1}(n)$, o que pode ser computacionalmente custoso.
- Para $\mathbf{H}^{-1}(n)$ ser computável, $\mathbf{H}(n)$ deve ser não-singular. No caso em que $\mathbf{H}(n)$ é definida positivamente, a superfície de erro em torno do ponto corrente $\mathbf{w}(n)$ é descrita por uma "depressão convexa". Infelizmente, não há garantia de que a matriz hessiana da superfície de erro de um perceptron de múltiplas camadas sempre se enquadre nesta descrição. Além disso, há o problema potencial de a matriz hessiana ser deficiente em posto (i.e., nem todas as colunas de $\mathbf{H}$ são linearmente independentes), o que resulta da natureza intrinsecamente mal-condicionada dos problemas de treinamento de redes neurais (Saarinen et al., 1992); isto só torna mais difícil a tarefa computacional.
- Quando a função de custo $\mathscr{E}_{med}(\mathbf{w})$ é não-quadrática, não há garantia para a convergência do método de Newton, o que o torna inadequado para o treinamento de um perceptron de múltiplas camadas.

Para superarmos algumas destas dificuldades, podemos usar um *método quase-Newton*, que requer apenas uma estimativa do vetor gradiente $\mathbf{g}$. Esta modificação do método de Newton mantém uma estimativa definida positivamente da matriz inversa $\mathbf{H}^{-1}$ diretamente, sem inversão matricial. Usando esta estimativa, assegura-se que um método quase Newton percorre descendentemente a superfície de erro. Entretanto, ainda temos uma complexidade computacional que é $O(W^2)$, onde W é o tamanho do vetor peso $\mathbf{w}$. Os métodos quase Newton são, portanto, impraticáveis, exceto para o treinamento de redes neurais em escala muito pequena. Uma descrição de métodos quase Newton é apresentada mais adiante nesta seção.

Uma outra classe de métodos de otimização de segunda ordem inclui o método do gradiente conjugado, que pode ser visto como sendo intermediário, entre o método da descida mais íngreme e o método de Newton. O uso do método do gradiente conjugado é motivado pelo desejo de acelerar a taxa de convergência tipicamente lenta experimentada com o método da descida mais íngreme, enquanto que evita as exigências computacionais associadas com o cálculo, armazenamento e inversão da matriz hessiana, no método de Newton. Entre os métodos de otimização de segunda ordem, é amplamente reconhecido que o método do gradiente conjugado talvez seja o único método que é aplicável a problemas de grande escala, isto é, problemas com centenas ou milhares de parâmetros ajustáveis (Fletcher, 1987). Portanto, é bastante adequado para o treinamento de perceptrons de múltiplas camadas, com aplicações típicas que incluem aproximação de funções, controle e análise de séries temporais (i.e., regressão).

Método do Gradiente Conjugado

O método do gradiente conjugado pertence à classe dos métodos de otimização de segunda ordem, conhecidos coletivamente como *métodos de direção conjugada*. Começamos a discussão destes métodos considerando a minimização da *função quadrática*

$$f(\mathbf{x}) = \frac{1}{2}\mathbf{x}^T\mathbf{A}\mathbf{x} - \mathbf{b}^T\mathbf{x} + c \qquad (4.122)$$

onde **x** é um vetor de parâmetros W-por-1, **A** é uma matriz W-por-W simétrica, definida positivamente, **b** é um vetor W-por-1 e c é um escalar. A minimização da função quadrática $f(\mathbf{x})$ é alcançada atribuindo-se a **x** o valor único

$$\mathbf{x}^* = \mathbf{A}^{-1}\mathbf{b} \quad (4.123)$$

Com isso, minimizar $f(\mathbf{x})$ e resolver o sistema de equações lineares $\mathbf{A}\mathbf{x}^* = \mathbf{b}$ são problemas equivalentes.

Dada a matriz **A**, dizemos que um conjunto de vetores não-nulos $\mathbf{s}(0), \mathbf{s}(1),..., \mathbf{s}(W-1)$ é um *conjugado de* **A** (i.e., não interferem entre si no contexto da matriz **A**) se a seguinte condição for satisfeita:

$$\mathbf{s}^T(n)\mathbf{A}\mathbf{s}(j) = 0 \quad \text{para todo } n \text{ e } j \text{ tal que } n \neq j \quad (4.124)$$

Se **A** for igual à matriz identidade, a conjugação é equivalente à noção usual de ortogonalidade.

EXEMPLO 4.1

Para uma interpretação de vetores conjugados de **A**, considere a situação descrita na Fig. 4.24a, relativa a um problema bidimensional. A localização elíptica mostrada nesta figura corresponde ao gráfico da Eq. (4.122) para

$$\mathbf{x} = [x_0, x_1]^T$$

para um valor constante atribuído à função quadrática $f(\mathbf{x})$. A Figura 4.24a inclui também um par de vetores de direção que são conjugados em relação à matriz **A**. Suponha que definimos um novo vetor de parâmetros **v** relacionado a **x** pela transformação

$$\mathbf{v} = \mathbf{A}^{1/2}\mathbf{x}$$

onde $\mathbf{A}^{1/2}$ é a raiz quadrada de **A**. Então, a localização elíptica da Fig. 4.24a é transformada em uma localização circular, como mostrado na Fig. 4.24b. Correspondentemente, o par de vetores de direção conjugados de **A** na Fig. 4.24a é transformado em um par de vetores de direção ortogonais na Fig. 4.24b.

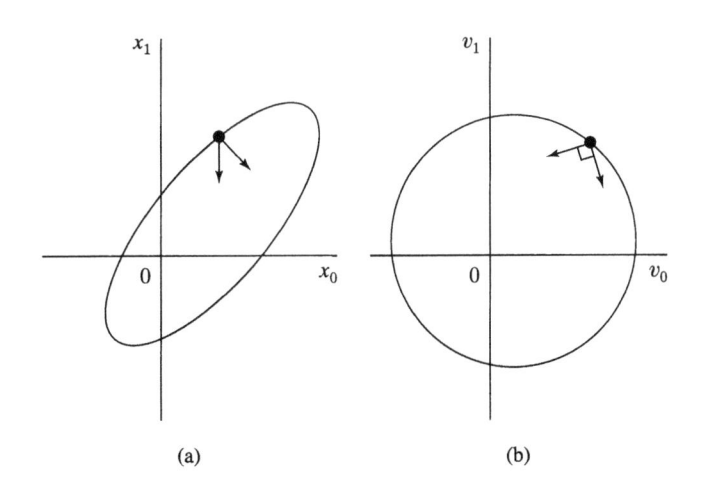

∎

FIGURA 4.24 Interpretação de vetores conjugados de A. (a) Localização elíptica no espaço de pesos bidimensional. (b) Transformação da localização elíptica em uma localização circular

Uma importante propriedade dos vetores conjugados de **A** é que eles são *linearmente independentes*. Provamos esta propriedade por contradição. Considere que um desses vetores, digamos **s**(0), seja expresso como uma combinação linear dos $W-1$ vetores restantes, como segue:

$$\mathbf{s}(0) = \sum_{j=1}^{W-1} \alpha_j \mathbf{s}(j)$$

Multiplicar por **A** e então efetuar o produto interno de **As**(0) com **s**(0) resulta

$$\mathbf{s}^T(0)\mathbf{A}\mathbf{s}(0) = \sum_{j=1}^{W-1} \alpha_j \mathbf{s}^T(0)\mathbf{A}\mathbf{s}(j) = 0$$

Entretanto, é impossível para a forma quadrática $\mathbf{s}^T(0)\mathbf{A}\mathbf{s}(0)$ ser zero por duas razões: a matriz **A** é definida positivamente por pressuposição, e o vetor **s**(0) é não-nulo por definição. Com isso, segue que os vetores conjugados de **A** **s**(0), **s**(1),..., **s**($W-1$) não podem ser linearmente dependentes; isto é, devem ser linearmente independentes.

Para um dado conjunto de vetores conjugados de **A** **s**(0), **s**(1),..., **s**($W-1$), o *método da direção conjugada correspondente* para minimização irrestrita da função de erro quadrática $f(\mathbf{x})$ é definido por (Luenberger, 1973; Fletcher, 1987; Bertsekas, 1995)

$$\mathbf{x}(n+1) = \mathbf{x}(n) + \eta(n)\mathbf{s}(n), \quad n = 0, 1, ..., W-1 \quad (4.125)$$

onde $\mathbf{x}(0)$ é um vetor inicial arbitrário e $\eta(n)$ é um escalar definido por

$$f(\mathbf{x}(n) + \eta(n)\mathbf{s}(n)) = \min_{\eta} f(\mathbf{x}(n) + \eta\mathbf{s}(n)) \quad (4.126)$$

O procedimento para escolha de η de forma a minimizar a função $f(\mathbf{x}(n) + \eta\mathbf{s}(n))$ para um n fixo é referido como uma busca em linha, que representa um problema de minimização unidimensional.

Com base nas Eqs. (4.124), (4.125) e (4.126), podemos agora fazer algumas observações:

1. Como os vetores conjugados de **A** **s**(0), **s**(1),..., **s**($W-1$) são linearmente independentes, eles formam uma base que cobre o espaço vetorial de **w**.
2. A equação de atualização (4.125) e a minimização linear da Eq. (4.126) levam à mesma fórmula para o parâmetro da taxa de aprendizagem, isto é,

$$\eta(n) = -\frac{\mathbf{s}^T(n)\mathbf{A}\boldsymbol{\epsilon}(n)}{\mathbf{s}^T(n)\mathbf{A}\mathbf{s}(n)}, \quad n = 0, 1, ..., W-1 \quad (4.127)$$

onde $\boldsymbol{\epsilon}(n)$ é o *vetor erro* definido por

$$\boldsymbol{\epsilon}(n) = \mathbf{x}(n) - \mathbf{x}^* \quad (4.128)$$

3. Começando de um ponto arbitrário **x**(0), o método da direção conjugada garante encontrar a solução ótima **x*** da equação quadrática $f(\mathbf{x}) = 0$ no máximo em W iterações.

A principal propriedade do método da direção conjugada é descrita como (Luenberger, 1984; Fletcher, 1987; Bertsekas, 1995):

> Em iterações sucessivas, o método da direção conjugada minimiza a função quadrática $f(\mathbf{x})$ sobre um espaço vetorial linear progressivamente em expansão, que eventualmente inclui o mínimo local de $f(\mathbf{x})$.

Em particular, para cada iteração n, o vetor iterativo $\mathbf{x}(n+1)$ minimiza a função $f(\mathbf{x})$ sobre um espaço vetorial linear $\mathcal{D}_n$ que passa através de um ponto arbitrário $\mathbf{x}(0)$ e é coberto pelos vetores conjugados de $\mathbf{A}$ $\mathbf{s}(0), \mathbf{s}(1),..., \mathbf{s}(n)$, como mostrado por

$$\mathbf{x}(n+1) = \arg\min_{\mathbf{x}\in\mathcal{D}_n} f(\mathbf{x}) \tag{4.129}$$

onde $\mathcal{D}_n$ é definido por

$$\mathcal{D}_n = \left\{\mathbf{x}(n)|\mathbf{x}(n) = \mathbf{x}(0) + \sum_{j=0}^{n}\eta(j)\mathbf{s}(j)\right\} \tag{4.130}$$

Para o método da direção do conjugado funcionar, é necessária a disponibilidade de um conjunto de vetores conjugados de $\mathbf{A}$ $\mathbf{s}(0), \mathbf{s}(1),..., \mathbf{s}(W–1)$. Em uma forma especial deste método, conhecida como *método do gradiente conjugado*,[15] os vetores de direção sucessivos são gerados como versões conjugadas de $\mathbf{A}$ dos vetores de gradiente sucessivos da função quadrática $f(\mathbf{x})$, conforme o método avança, vindo daí o nome do método. Assim, exceto para $n = 0$, o conjunto de vetores de direção $\{\mathbf{s}(n)\}$ não é especificado previamente, sendo determinado de forma seqüencial nos passos sucessivos do método.

Definimos o *residual* como a direção descendente mais íngreme:

$$\mathbf{r}(n) = \mathbf{b} - \mathbf{A}\mathbf{x}(n) \tag{4.131}$$

Então, para prosseguirmos, usamos uma combinação linear de $\mathbf{r}(n)$ e $\mathbf{s}(n-1)$, como mostrado por

$$\mathbf{s}(n) = \mathbf{r}(n) + \beta(n)\mathbf{s}(n-1), \quad n = 1, 2,..., W-1 \tag{4.132}$$

onde $\beta(n)$ é um fator de escala a ser determinado. Multiplicando esta equação por $\mathbf{A}$, efetuando o produto interno da expressão resultante com $\mathbf{s}(n-1)$, invocando a propriedade dos vetores de direção do conjugado de $\mathbf{A}$ e então resolvendo a expressão resultante para $\beta(n)$, obtemos

$$\beta(n) = -\frac{\mathbf{s}^T(n-1)\mathbf{A}\mathbf{r}(n)}{\mathbf{s}^T(n-1)\mathbf{A}\mathbf{s}(n-1)} \tag{4.133}$$

Usando as Eqs. (4.132) e (4.133), constatamos que os vetores $\mathbf{s}(0), \mathbf{s}(1),..., \mathbf{s}(W–1)$ assim gerados são de fato conjugados de $\mathbf{A}$.

A geração dos vetores de direção de acordo com a equação recursiva (4.132) depende do coeficiente $\beta(n)$. A fórmula da Eq. (4.133) para calcular $\beta(n)$, como está atualmente escrita, requer o conhecimento da matriz $\mathbf{A}$. Por razões computacionais, seria desejável calcular $\beta(n)$ sem o conhecimento explícito de $\mathbf{A}$. Este cálculo pode ser obtido usando-se uma das duas fórmulas seguintes (Fletcher, 1987):

1. *Fórmula de Polak-Ribiére,* para a qual $\beta(n)$ é definido por

$$\beta(n) = \frac{\mathbf{r}^T(n)(\mathbf{r}(n) - \mathbf{r}(n-1))}{\mathbf{r}^T(n-1)\mathbf{r}(n-1)} \tag{4.134}$$

2. *Fórmula de Fletcher-Reeves,* para a qual $\beta(n)$ é definido por

$$\beta(n) = \frac{\mathbf{r}^T(n)\mathbf{r}(n)}{\mathbf{r}^T(n-1)\mathbf{r}(n-1)} \qquad (4.135)$$

Para usarmos o método do gradiente conjugado para atacar a minimização irrestrita da função de custo $\mathscr{E}_{med}(\mathbf{w})$, relativa ao treinamento supervisionado de perceptrons de múltiplas camadas, fazemos duas coisas:

- Aproximamos a função de custo $\mathscr{E}_{med}(\mathbf{w})$ por uma função quadrática. Isto é, os termos de terceira ordem e de ordem mais alta na Eq. (4.117) são ignorados, o que significa que estamos operando próximos a um mínimo local da superfície de erro. Assim, comparando as Eqs. (4.117) e (4.122), podemos fazer as associações indicadas na Tabela 4.7.

TABELA 4.7	Correspondência entre f(x) e $\mathscr{E}_{med}(\mathbf{w})$
Função quadrática $f(\mathbf{x})$	Função de custo $\mathscr{E}_{med}(\mathbf{w})$
Vetor de parâmetros $\mathbf{x}(n)$	Vetor peso sináptico $\mathbf{w}(n)$
Vetor gradiente $\partial f(\mathbf{x})/\partial \mathbf{x}$	Vetor gradiente $\mathbf{g} = \partial \mathscr{E}_{med}/\partial \mathbf{w}$
Matriz $\mathbf{A}$	Matriz hessiana $\mathbf{H}$

- Formulamos a computação dos coeficientes $\beta(n)$ e $\eta(n)$ no algoritmo do gradiente conjugado de modo a necessitar apenas da informação do gradiente.

O último ponto é particularmente importante no contexto de perceptrons de múltiplas camadas, porque evita o uso da matriz hessiana $\mathbf{H}(n)$, cujo cálculo envolve dificuldades computacionais.

Para calcularmos o coeficiente $\beta(n)$ que determina a direção de busca $\mathbf{s}(n)$ sem conhecimento explícito da matriz hessiana $\mathbf{H}(n)$, podemos usar a fórmula de Polak-Ribiére da Eq. (4.134) ou a fórmula de Fletcher-Reeves da Eq. (4.135). Ambas as fórmulas envolvem apenas o uso de residuais. Na forma linear do método do gradiente conjugado, assumindo uma função quadrática, as fórmulas de Polak-Ribiére e de Fletcher-Reeves são equivalentes. Por outro lado, no caso de uma função de custo não-quadrática, elas não são mais equivalentes.

Para problemas de otimização não-quadráticos, a forma de Polak-Ribiére do algoritmo do gradiente conjugado é tipicamente superior à forma de Fletcher-Reeves deste algoritmo, para o que damos a seguinte explicação heurística (Bertsekas, 1995). Devido à presença de termos de terceira ordem e de ordem mais alta na função de custo $\mathscr{E}_{med}(\mathbf{w})$ e a possíveis imprecisões na busca em linha, a conjugação das direções de busca geradas é perdida progressivamente. Por sua vez, isto pode causar a "obstrução" do algoritmo, no sentido de que o vetor de direção gerado $\mathbf{s}(n)$ é aproximadamente ortogonal ao residual $\mathbf{r}(n)$. Quando este fenômeno ocorre, temos que $\mathbf{r}(n) = \mathbf{r}(n-1)$, e neste caso o escalar $\beta(n)$ será aproximadamente zero. Correspondentemente, o vetor de direção $\mathbf{s}(n)$ será próximo a $\mathbf{r}(n)$, desfazendo assim a obstrução. Diferentemente, quando a fórmula de Fletcher-Reeves é usada, o algoritmo do gradiente conjugado tipicamente continua obstruído sob condições similares.

Em casos raros, entretanto, o método de Polak-Ribiére pode rodar indefinidamente sem convergir. Felizmente, a convergência do método de Polak-Ribiére pode ser assegurada escolhendo-se (Shewchuk, 1994)

$$\beta = \max\{\beta_{PR}, 0\} \quad (4.136)$$

onde β_{PR} é o valor definido pela fórmula de Polak-Ribiére da Eq. (4.134). Usar o valor de β definido na Eq. (4.136) é equivalente a recomeçar o algoritmo do gradiente conjugado se $\beta_{PR} < 0$. Recomeçar o algoritmo é equivalente a esquecer a última direção de busca e começar novamente na direção da descida mais íngreme (Shewchuk, 1994).

Considere a seguir a questão do cálculo de $\eta(n)$, que determina a taxa de aprendizagem do algoritmo do gradiente conjugado. Como no caso de $\beta(n)$, o método preferível para calcular $\eta(n)$ é aquele que evita utilizar a matriz hessiana $\mathbf{H}(n)$. Lembramos aqui que a minimização linear baseada na Eq. (4.126) leva à mesma fórmula para $\eta(n)$ como aquela derivada da equação de atualização (4.125). Portanto, precisamos de uma *busca em linha*,[16] cujo propósito é minimizar a função $\mathscr{E}_{med}(\mathbf{w} + \eta\mathbf{s})$ em relação a η. Isto é, dados valores fixos dos vetores $\mathbf{w}$ e $\mathbf{s}$, o problema é variar η de forma a minimizar esta função. Conforme η varia, o argumento $\mathbf{w} + \eta\mathbf{s}$ traça uma linha no espaço vetorial de dimensão W de $\mathbf{w}$, por isso o nome "busca em linha". Um *algoritmo de busca em linha* é um procedimento iterativo que gera uma seqüência de estimativas $\{\eta(n)\}$ para cada iteração do algoritmo do gradiente conjugado. A busca em linha termina quando uma solução satisfatória é encontrada. Deve ser realizada uma busca em linha ao longo de cada direção de busca.

Vários algoritmos de busca em linha foram propostos na literatura, e é importante se fazer uma boa escolha porque ele tem um impacto profundo sobre o desempenho do algoritmo do gradiente conjugado no qual está inserido. Qualquer algoritmo de busca em linha opera em duas fases (Fletcher, 1987):

- *Fase de segmentação*, que procura por um *segmento*, isto é, um intervalo não-trivial que contém um mínimo.
- *Fase de secionamento*, na qual o segmento é *secionado* (i.e., dividido), gerando assim uma seqüência de segmentos cujo comprimento é progressivamente reduzido.

Descrevemos agora um *procedimento de ajuste de curva* que considera estas duas fases de uma forma direta.

Considere que $\mathscr{E}_{med}(\eta)$ represente a função de custo do perceptron de múltiplas camadas, expressa como uma função de η. Assume-se que $\mathscr{E}_{med}(\eta)$ seja estritamente *unimodal* (i.e., tem um único mínimo na vizinhança do ponto corrente $\mathbf{w}(n)$) e é duas vezes continuamente diferenciável. Iniciamos o procedimento de busca procurando ao longo da linha até encontrarmos três pontos η_1, η_2 e η_3 tal que a seguinte condição seja satisfeita:

$$\mathscr{E}_{med}(\eta_1) \geq \mathscr{E}_{med}(\eta_3) \geq \mathscr{E}_{med}(\eta_2) \quad \text{para } \eta_1 < \eta_2 < \eta_3 \quad (4.137)$$

como ilustrado na Fig. 4.25. Como $\mathscr{E}_{med}(\eta)$ é uma função contínua de η, a escolha descrita na Eq. (4.137) assegura que o segmento $[\eta_1, \eta_3]$ contém um mínimo da função $\mathscr{E}_{med}(\eta)$. Desde que a função $\mathscr{E}_{med}(\eta)$ seja suficientemente suave, podemos considerar que esta função seja parabólica na vizinhança imediata do mínimo. Correspondentemente, podemos utilizar a *interpolação parabólica inversa* para realizar o secionamento (Press et al., 1988). Especificamente, uma função parabólica é ajustada através dos três pontos originais η_1, η_2 e η_3, como ilustrado na Fig. 4.26, onde a linha sólida corresponde a $\mathscr{E}_{med}(\eta)$ e a linha tracejada corresponde à primeira iteração do procedimento de secionamento. Considere que o mínimo da parábola passando pelos três pontos η_1, η_2 e η_3 seja representado por η_4. No exemplo ilustrado na Fig. 4.26, temos $\mathscr{E}_{med}(\eta_4) < \mathscr{E}_{med}(\eta_2)$ e $\mathscr{E}_{med}(\eta_4) < \mathscr{E}_{med}(\eta_1)$. O ponto η_3 é substituído por η_4, fazendo com que $[\eta_1, \eta_4]$ seja o novo segmento. O proces-

FIGURA 4.25 Ilustração da busca em linha

FIGURA 4.26 Interpolação parabólica inversa

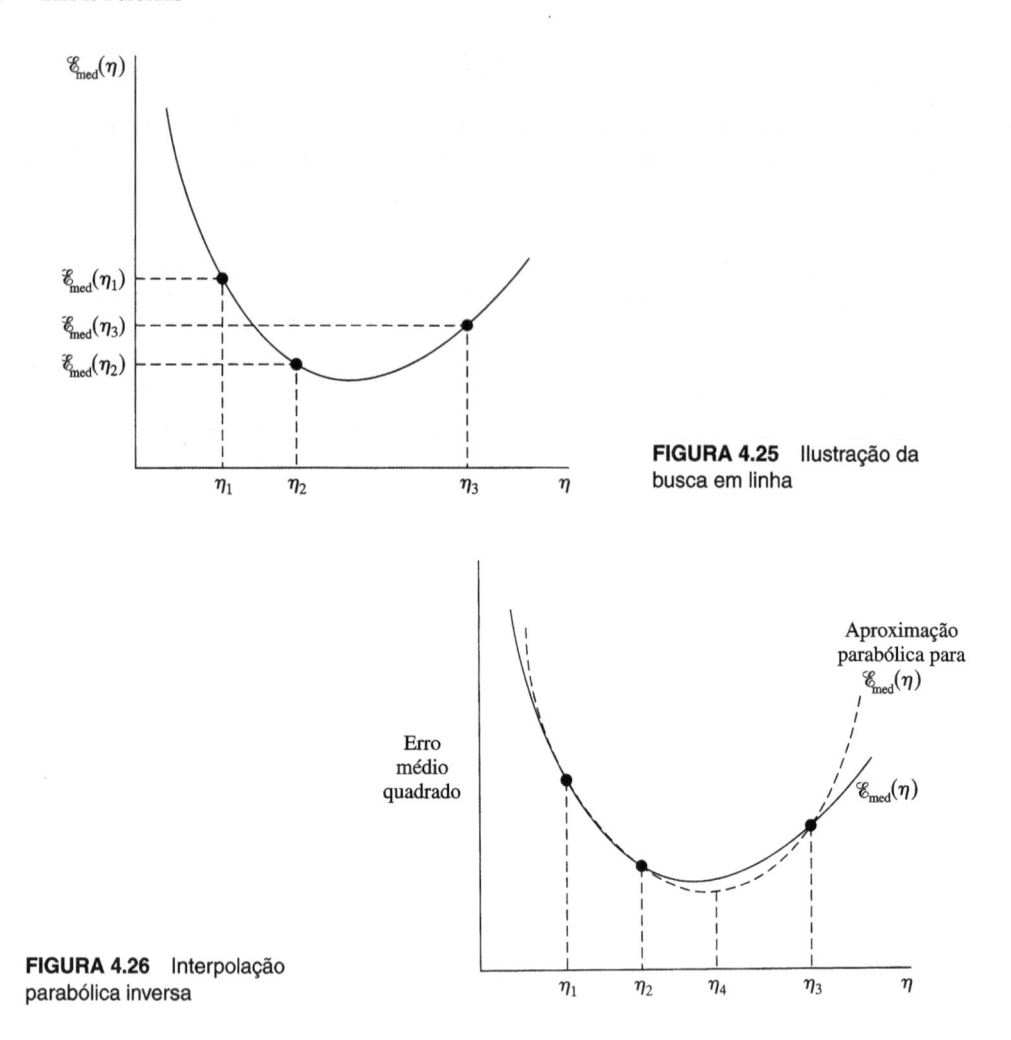

so é repetido construindo-se uma nova parábola através dos pontos η_1, η_2 e η_4. O procedimento de segmentação seguida de secionamento, como ilustrado, é repetido várias vezes até que um ponto suficientemente próximo ao mínimo de $\mathscr{E}_{med}(\eta)$ seja localizado, quando então a busca em linha é terminada.

O *método de Brent* constitui uma versão muito refinada do procedimento de ajuste de curva por três pontos aqui descrito (Press et al., 1988). Em qualquer estágio particular da computação, o método de Brent segue seis pontos da função $\mathscr{E}_{med}(\eta)$, que não necessariamente precisam ser todos distintos. Como anteriormente, tenta-se aplicar a interpolação parabólica através destes pontos. Para que a interpolação seja aceitável, certo critério envolvendo os três pontos restantes deve ser satisfeito. Obtém-se como resultado um algoritmo de busca em linha robusto.

Resumo do Algoritmo do Gradiente Conjugado Não-Linear

Todos os ingredientes de que necessitamos para descrever formalmente a forma não-linear (não-quadrática) do algoritmo do gradiente conjugado para a aprendizagem supervisionada de um perceptron de múltiplas camadas estão agora definidos. Um resumo do algoritmo é apresentado na Tabela 4.8.

TABELA 4.8 Resumo do Algoritmo do Gradiente Conjugado Não-Linear para o Treinamento de um Perceptron de Múltiplas Camadas

Inicialização
A menos que esteja disponível conhecimento prévio sobre o vetor peso **w**, escolha o valor inicial **w**(0) usando um procedimento similar àquele descrito para o algoritmo de retropropagação.

Computação
1. Para **w**(0), use retropropagação para calcular o vetor gradiente **g**(0).
2. Faça **s**(0) = **r**(0) = −**g**(0).
3. No instante de tempo n, use uma busca em linha para encontrar $\eta(n)$ que minimiza suficientemente $\mathscr{E}_{med}(\eta)$, representando a função de custo $\mathscr{E}_{med}$ expressa como uma função de η para valores fixos de **w** e **s**.
4. Teste para determinar se a norma euclidiana do residual **r**(n) caiu abaixo de um valor especificado, isto é, uma fração do valor inicial $\|\mathbf{r}(0)\|$.
5. Atualize o vetor peso:

$$\mathbf{w}(n+1) = \mathbf{w}(n) + \eta(n)\mathbf{s}(n)$$

6. Para **w**(n + 1), use retropropagação para calcular o vetor gradiente atualizado **g**(n + 1).
7. Faça **r**(n + 1) = −**g**(n + 1).
8. Use o método de Polak-Ribiére para calcular $\beta(n+1)$:

$$\beta(n+1) = \max\left\{\frac{\mathbf{r}^T(n+1)(\mathbf{r}(n+1) - \mathbf{r}(n))}{\mathbf{r}^T(n)\mathbf{r}(n)}, 0\right\}$$

9. Atualize o vetor de direção:

$$\mathbf{s}(n+1) = \mathbf{r}(n+1) + \beta(n+1)\mathbf{s}(n)$$

10. Faça $n = n + 1$ e volte para o passo 3.

Critério de parada. Encerre o algoritmo quando a seguinte condição for satisfeita:

$$\|\mathbf{r}(n)\| \leq \epsilon \|\mathbf{r}(0)\|$$

onde ϵ é um número pequeno predeterminado.

Métodos Quase Newton

Resumindo a discussão sobre métodos quase Newton, constatamos que eles são basicamente métodos de gradiente descritos pela equação de atualização:

$$\mathbf{w}(n+1) = \mathbf{w}(n) + \eta(n)\mathbf{s}(n) \tag{4.138}$$

onde o vetor de direção **s**(n) é definido em termos do vetor gradiente **g**(n) por

$$\mathbf{s}(n) = -\mathbf{S}(n)\mathbf{g}(n) \tag{4.139}$$

A matriz **S**(n) é uma matriz definida positivamente que é ajustada de uma iteração para a seguinte. Isto é feito de modo que o vetor de direção **s**(n) aproxime a *direção de Newton*, ou seja

$$-(\partial^2 \mathcal{E}_{med}/ \partial \mathbf{w}^2)^{-1} (\partial \mathcal{E}_{med} / \partial \mathbf{w})$$

Os métodos quase-Newton utilizam informação de segunda ordem (curvatura) acerca da superfície de erro, sem realmente requerer conhecimento da matriz hessiana $\mathbf{H}$. Eles conseguem fazer isto utilizando dois vetores iterativos sucessivos $\mathbf{w}(n)$ e $\mathbf{w}(n+1)$, juntamente com os respectivos vetores de gradiente $\mathbf{g}(n)$ e $\mathbf{g}(n+1)$. Considere que

$$\mathbf{q}(n) = \mathbf{g}(n+1) - \mathbf{g}(n) \tag{4.140}$$

e

$$\Delta \mathbf{w}(n) = \mathbf{w}(n+1) - \mathbf{w}(n) \tag{4.141}$$

Podemos então derivar a informação de curvatura usando a fórmula aproximada:

$$\mathbf{q}(n) \simeq \left(\frac{\partial}{\partial \mathbf{w}} \mathbf{g}(n) \right) \Delta \mathbf{w}(n) \tag{4.142}$$

Em particular, dado W incrementos de peso linearmente independentes $\Delta\mathbf{w}(0), \Delta\mathbf{w}(1),..., \Delta\mathbf{w}(W-1)$ e os respectivos incrementos de gradiente $\mathbf{q}(0), \mathbf{q}(1),..., \mathbf{q}(W-1)$, podemos aproximar a matriz hessiana $\mathbf{H}$ como:

$$\mathbf{H} \simeq [\mathbf{q}(0), \mathbf{q}(1),..., \mathbf{q}(W-1)] [\Delta\mathbf{w}(0), \Delta\mathbf{w}(1),..., \Delta\mathbf{w}(W-1)]^{-1} \tag{4.143}$$

Podemos também aproximar a matriz hessiana inversa como:

$$\mathbf{H}^{-1} \simeq [\Delta\mathbf{w}(0), \Delta\mathbf{w}(1),..., \Delta\mathbf{w}(W-1)] [\mathbf{q}(0), \mathbf{q}(1),..., \mathbf{q}(W-1)]^{-1} \tag{4.144}$$

Quando a função de custo $\mathcal{E}_{med}(\mathbf{w})$ é quadrática, as Eqs. (4.143) e (4.144) são exatas.

Na classe mais popular de métodos quase Newton, a matriz $\mathbf{S}(n+1)$ é obtida a partir do seu valor prévio $\mathbf{S}(n)$ e dos vetores $\Delta\mathbf{w}(n)$ e $\mathbf{q}(n)$, utilizando a recursão (Fletcher, 1987; Bertsekas, 1995):

$$\mathbf{S}(n+1) = \mathbf{S}(n) + \frac{\Delta\mathbf{w}(n) \Delta\mathbf{w}^T(n)}{\mathbf{q}^T(n)\mathbf{q}(n)} - \frac{\mathbf{S}(n)\mathbf{q}(n)\mathbf{q}^T(n)\mathbf{S}(n)}{\mathbf{q}^T(n)\mathbf{S}(n)\mathbf{q}(n)} + \xi(n) [\mathbf{q}^T(n)\mathbf{S}(n)\mathbf{q}(n)] [\mathbf{v}(n)\mathbf{v}^T(n)] \tag{4.145}$$

onde

$$\mathbf{v}(n) = \frac{\Delta\mathbf{w}(n)}{\Delta\mathbf{w}^T(n)\Delta\mathbf{w}(n)} - \frac{\mathbf{S}(n)\mathbf{q}(n)}{\mathbf{q}^T(n)\mathbf{S}(n)\mathbf{q}(n)} \tag{4.146}$$

e

$$0 \leq \xi(n) \leq 1 \quad \text{para todo } n \tag{4.147}$$

O algoritmo é iniciado com uma matriz definida positivamente arbitrária $\mathbf{S}(0)$. A forma particular do método quase Newton é parametrizada de acordo com a definição de $\eta(n)$, como indicado a seguir (Fletcher, 1987):

- Para $\xi(n) = 0$ para todo n, obtemos o *algoritmo de Davidon – Fletcher – Powell (DFP)*, que é historicamente o primeiro algoritmo quase-Newton.
- Para $\xi(n) = 1$ para todo n, obtemos o *algoritmo Broyden – Fletcher – Goldfarb – Shanno*, que é considerado a melhor forma de método quase-Newton, conhecida atualmente.

Comparação entre os Métodos Quase-Newton e os Métodos do Gradiente Conjugado

Concluímos esta breve discussão dos métodos quase-Newton comparando-os com métodos do gradiente conjugado, no contexto dos problemas de otimização não-quadráticos (Bertsekas, 1995):

- Tanto os métodos quase-Newton como os métodos do gradiente conjugado evitam a necessidade de se usar a matriz hessiana. Entretanto, os métodos quase-Newton vão um passo adiante gerando uma aproximação para a matriz hessiana inversa. Correspondentemente, quando a busca em linha é precisa e estamos próximos de um mínimo local com uma hessiana definida positivamente, um método quase-Newton tende a aproximar o método de Newton, alcançando com isso uma convergência mais rápida do que seria possível com o método do gradiente conjugado.
- Os métodos quase-Newton não são tão sensíveis à precisão no estágio da busca em linha da otimização quanto o método do gradiente conjugado.
- Os métodos quase-Newton requerem armazenamento da matriz $\mathbf{S}(n)$, além do custo da multiplicação matriz-vetor associado com a computação do vetor de direção $\mathbf{s}(n)$. O resultado disso é que a complexidade computacional dos métodos quase-Newton é $O(W^2)$. Diferentemente, a complexidade computacional do método do gradiente conjugado é $O(W)$. Assim, quando a dimensão W (i.e., o tamanho do vetor peso $\mathbf{w}$) é grande, os métodos do gradiente conjugado são preferíveis aos métodos quase-Newton em termos computacionais.

É por causa deste último ponto que o uso de métodos quase-Newton é restrito, na prática, ao projeto de redes neurais de pequena escala.

4.19 REDES CONVOLUTIVAS

Até este ponto, estivemos preocupados com o projeto algorítmico de perceptrons de múltiplas camadas e com questões relacionadas. Nesta seção, enfocamos a planta estrutural do perceptron de múltiplas camadas propriamente dita. Em particular, descrevemos uma classe especial de perceptrons de múltiplas camadas conhecidas coletivamente como *redes convolutivas*; a idéia por trás destas redes foi apresentada brevemente no Capítulo 1.

Uma *rede convolutiva* é um perceptron de múltiplas camadas projetado especificamente para reconhecer formas bidimensionais com um alto grau de invariância quanto a translação, escalamento, inclinação e outras formas de distorção. Esta difícil tarefa é aprendida de uma forma supervisionada por meio de uma rede cuja estrutura inclui as seguintes formas de *restrições* (LeCun e Bengio, 1995):

1. *Extração de características*. Cada neurônio recebe seus sinais de entrada de um *campo receptivo* local na camada anterior, o que o força a extrair características locais. Uma vez que uma carac-

terística seja extraída, sua localização exata se torna menos importante desde que a sua posição em relação a outras características seja aproximadamente preservada.

2. *Mapeamento de características*. Cada camada computacional da rede é composta de múltiplos *mapas de características*, sendo cada mapa de características na forma de um plano dentro do qual os neurônios individuais estão *restritos* a compartilhar o mesmo conjunto de pesos sinápticos. Esta segunda forma de restrição estrutural tem os seguintes efeitos benéficos:

- *Invariância a deslocamento*, introduzida na operação de um mapa de características através do uso de *convolução* com um núcleo (*kernel*) de pequeno tamanho, seguido por uma função sigmóide (limitadora).
- *Redução do número de parâmetros livres*, obtida através do uso de *compartilhamento de pesos*.

3. *Subamostragem*. Cada camada convolutiva é seguida por uma camada computacional que calcula a *média local* e realiza uma *subamostragem*, reduzindo desta forma a resolução do mapa de características. Esta operação tem o efeito de reduzir a sensibilidade da saída do mapa de características em relação a deslocamentos e outras formas de distorção.

O desenvolvimento de redes convolutivas, como descrito acima, tem motivação neurobiológica, com origem no trabalho pioneiro de Hubel e Wiesel (1962, 1977) sobre sensibilidade local e neurônios seletivos à orientação no córtex visual de um gato.

Enfatizamos que todos os pesos em todas as camadas de uma rede convolutiva são aprendidos por treinamento. Além disso, a rede aprende a extrair suas próprias características automaticamente.

A Figura 4.27 mostra a planta arquitetural por uma rede convolutiva constituída de uma camada de entrada, quatro camadas ocultas e uma camada de saída. Esta rede é projetada para realizar *processamento de imagens* (p.ex., reconhecimento de caracteres manuscritos). A camada de entrada, constituída de 28 × 28 nós sensoriais, recebe a imagem de diferentes caracteres que foram aproximadamente centrados e normalizados em tamanho. Depois disso, as plantas computacionais se alternam entre convolução e subamostragem, como aqui descrito:

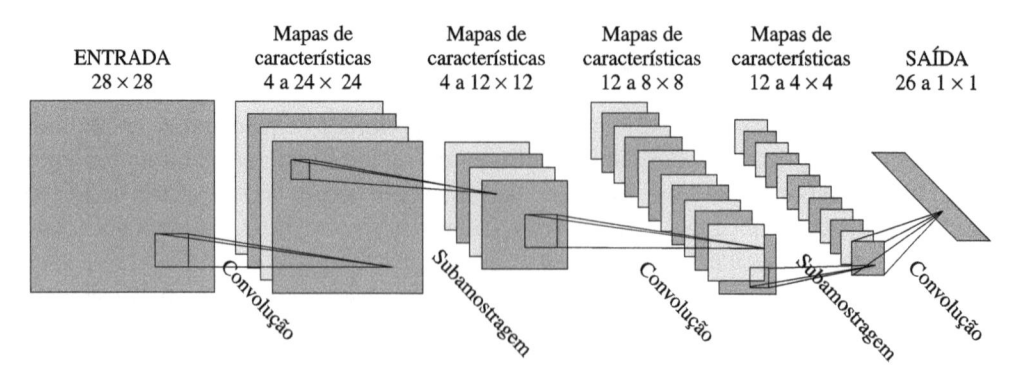

FIGURA 4.27 Rede convolutiva para o processamento de imagem como, por exemplo, o reconhecimento de caracteres manuscritos. (Reproduzido com permissão de MIT Press)

- A primeira camada oculta realiza convolução. Consiste de quatro mapas de características, com cada mapa consistindo de 24 × 24 neurônios. A cada neurônio é atribuído um campo receptivo de tamanho 5 × 5.

- A segunda camada oculta realiza subamostragem e calcula a média local. Consiste também de quatro mapas de características, mas cada mapa é constituído agora de 12 × 12 neurônios. Cada neurônio tem um campo receptivo de tamanho 2 × 2, um coeficiente treinável, um bias treinável e uma função de ativação sigmóide. O coeficiente treinável e o bias controlam o ponto de operação do neurônio; por exemplo, se o coeficiente é pequeno, o neurônio opera em um modo quase linear.
- A terceira camada oculta realiza uma segunda convolução. Consiste de 12 mapas de características, com cada mapa consistindo de 8 × 8 neurônios. Cada neurônio nesta camada oculta pode ter conexões sinápticas com vários mapas de características da camada oculta antecedente. De resto, ela opera de forma similar à primeira camada convolutiva.
- A quarta camada oculta realiza uma segunda subamostragem e cálculo da média local. Consiste de 12 mapas de características, mas cada mapa consiste de 4 × 4 neurônios. De resto, opera de forma similar à primeira camada de subamostragem.
- A camada de saída realiza um estágio final de convolução. Consiste de 26 neurônios, sendo que a cada neurônio é atribuído um caracter de 26 caracteres possíveis. Como anteriormente, a cada neurônio é atribuído um campo receptivo de tamanho 4 × 4.

Com as camadas computacionais sucessivas se alterando entre convolução e subamostragem, obtemos um efeito "bipiramidal". Isto é, em cada camada convolutiva ou de subamostragem, o número de mapas de características é aumentado, enquanto que a resolução espacial é reduzida quando comparada com a camada antecedente. A idéia de convolução seguida de subamostragem é inspirada pela noção de células "simples" seguidas de células "complexas" que foi descrita pela primeira vez por Hubel e Wiesel (1962).

O perceptron de múltiplas camadas descrito na Fig. 4.27 contém aproximadamente 100.000 conexões sinápticas, mas apenas cerca de 2600 parâmetros livres. Esta dramática redução do número de parâmetros livres é obtida pelo uso de compartilhamento de pesos. A capacidade da máquina de aprendizagem (medida em termos da dimensão V-C) é, desta forma, reduzida, o que por sua vez melhora a sua habilidade de generalização (LeCun, 1989). O que é ainda mais notável é que os ajustes dos parâmetros livres são feitos a partir da forma estocástica (seqüencial) da aprendizagem por retropropagação.

Um outro ponto importante é que o uso de compartilhamento de pesos torna possível a implementação da rede convolutiva de forma paralela. Esta é uma outra vantagem da rede convolutiva sobre um perceptron de múltiplas camadas totalmente conectado.

A lição a aprender da rede convolutiva da Fig. 4.27 tem dois aspectos. Primeiro, um perceptron de múltiplas camadas de tamanho manejável é capaz de aprender um mapeamento não-linear complexo, de alta dimensionalidade, *restringindo* seu projeto através da incorporação de conhecimento prévio sobre a tarefa considerada. Segundo, os pesos sinápticos e níveis de bias podem ser aprendidos circulando-se o algoritmo de retropropagação através do conjunto de treinamento.

4.20 RESUMO E DISCUSSÃO

A aprendizagem por retropropagação emergiu como o algoritmo *padrão* para o treinamento de perceptrons de múltiplas camadas, com o qual outros algoritmos de aprendizagem são comparados. O algoritmo de retropropagação deriva seu nome do fato de que as derivadas parciais da função de custo (medida de desempenho) em relação aos parâmetros livres (pesos sinápticos e níveis de bias) da rede são determinados por retropropagação dos sinais de erro (calculados pelos neurônios de saída) através da rede, camada por camada. Fazendo isso, ele resolve o problema de atribuição de crédito de uma forma muito elegante. A força computacional do algoritmo advém dos seus dois principais atributos:

- Utiliza um método *local* para atualizar os pesos sinápticos e níveis de bias do perceptron de múltiplas camadas.
- Emprega um método *eficiente* para calcular *todas* as derivadas parciais da função de custo em relação a estes parâmetros livres.

Para uma determinada época de dados de treinamento, o algoritmo de retropropagação opera em um modo dentre dois modos possíveis: seqüencial ou por lote. No modo seqüencial, os pesos sinápticos de todos os neurônios da rede são ajustados para cada padrão. Conseqüentemente, a estimativa do vetor gradiente da superfície de erro usado na computação é de natureza estocástica (aleatória), por isso o nome "retropropagação estocástica", que é também usado para denominar o modo seqüencial da aprendizagem por retropropagação. Por outro lado, no modo por lote, os ajustes de todos os pesos sinápticos e níveis de bias são feitos para cada época, resultando que uma estimativa mais precisa do vetor gradiente é usada na computação. Apesar das suas desvantagens, a forma seqüencial (estocástica) da aprendizagem por retropropagação é a mais freqüentemente utilizada para projetar redes neurais, particularmente em grandes problemas. Para alcançar melhores resultados, é necessária uma sintonia cuidadosa do algoritmo.

Os detalhes específicos envolvidos no projeto de um perceptron de múltiplas camadas depende naturalmente da aplicação de interesse. Podemos, entretanto, fazer duas distinções:

1. Na classificação de padrões envolvendo padrões não linearmente separáveis, *todos* os neurônios da rede são *não-lineares*. A não-linearidade é obtida pelo uso de uma função sigmóide, cujas duas formas tipicamente utilizadas são (a) a função logística, não-simétrica e (b) a função tangente hiperbólica, anti-simétrica. Cada neurônio é responsável por produzir um hiperplano particular no espaço de decisão. Através de um processo de aprendizagem supervisionada, a combinação dos hiperplanos formados por todos os neurônios da rede é ajustada iterativamente de modo a separar os padrões retirados de classes diferentes e não vistos anteriormente, com o menor número de erros de classificação, em média. Para a classificação de padrões, o algoritmo de retropropagação estocástico é o algoritmo mais amplamente utilizado para realizar o treinamento, particularmente em grandes problemas (p.ex., reconhecimento de caracteres óticos).
2. Na regressão linear, o *intervalo* de saída do perceptron de múltiplas camadas deve ser suficientemente grande para conter os valores do processo; se esta informação não estiver disponível, então o mais razoável é a utilização de neurônios lineares. Como no caso dos algoritmos de aprendizagem, fazemos as seguintes observações:

- O modo seqüencial (estocástico) da aprendizagem por retropropagação é *muito* mais lento que o modo por lote.
- O modo por lote da aprendizagem por retropropagação é mais lento que o método do gradiente conjugado. Note, entretanto, que o último método pode apenas ser utilizado no modo por lote.

Concluímos esta discussão com algumas observações finais sobre *medidas de desempenho*. A derivação do algoritmo de retropropagação apresentada neste capítulo está baseada na minimização da função de custo $\mathscr{E}_{med}$, definida, de uma forma ou de outra, como a média sobre o conjunto de treinamento inteiro da soma de erros quadrados. A mais importante virtude deste critério é a sua generalidade e maneabilidade matemática. Entretanto, em muitas situações encontradas na prática, minimizar a função de custo $\mathscr{E}_{med}$ corresponde a otimizar uma quantidade intermediária que não é o objetivo último do sistema e que, por isso, pode levar a um desempenho abaixo do ótimo. Em sistemas comerciais para o mercado de capitais, por exemplo, o objetivo principal do investidor ou de um negociante é maximizar o retorno esperado com risco mínimo (Choey e Weigend, 1996; Moody e Wu, 1996). A *razão Sharpe* ou *razão de recompensa por volatilidade* como uma medida de desempenho do retorno ajustado a risco é intuitivamente mais atraente que $\mathscr{E}_{med}$.

NOTAS E REFERÊNCIAS

1. As funções sigmóides são chamadas assim porque seus gráficos apresentam a forma de "s". Menon et al. (1996) apresentam um estudo detalhado de duas classes de sigmóides:
   - *Sigmóides simples*, definidas como sendo funções de uma variável, ímpares, limitadas assintoticamente e completamente monótonas.
   - *Sigmóides hiperbólicas*, representando um subconjunto adequado de sigmóides simples e uma generalização natural da função tangente hiperbólica.
2. Para o caso especial do algoritmo LMS, foi mostrado que o uso da constante de momento α reduz o intervalo estável do parâmetro da taxa de aprendizagem η e pode levar à instabilidade se η não for ajustado adequadamente. Além disso, o desajuste aumenta com o aumento de α; para detalhes, veja Roy e Shynk (1990).
3. Para uma derivação do algoritmo de retropropagação incluindo a constante de momento nos seus princípios básicos, veja Hagiwara (1992).
4. Diz-se que um vetor $\mathbf{w}^*$ é um *mínimo local* de uma função de entrada-saída F se ele não for pior que seus *vizinhos*, isto é, se existir um ε tal que (Bertsekas, 1995)

   $$F(\mathbf{w}^*) \leq F(\mathbf{w}) \quad \text{para todo } \mathbf{w} \text{ com } \|\mathbf{w} - \mathbf{w}^*\| < \epsilon$$

   Diz-se que o vetor $\mathbf{w}^*$ é um *mínimo global* da função F se ele não for pior que *todos* os outros vetores; isto é,

   $$F(\mathbf{w}^*) \leq F(\mathbf{w}) \quad \text{para todo } \mathbf{w} \in \mathbb{R}^n$$

   onde n é a dimensão de $\mathbf{w}$.
5. A primeira descrição documentada do uso de retropropagação para o cálculo eficiente do gradiente foi apresentada por Werbos (1974). O material apresentado na Seção 4.10 segue o tratamento dado em Saarinen et al. (1992); uma discussão mais geral deste tópico é apresentada por Werbos (1990).
6. Outros aspectos do projeto de redes neurais que se beneficiam do conhecimento da matriz hessiana incluem (Bishop, 1995):
   (1) A hessiana forma a base de um procedimento para o retreinamento de um perceptron de múltiplas camadas após ter sido realizada uma pequena mudança nos dados de treinamento.
   (2) No contexto da aprendizagem bayesiana,
   - a inversa da matriz hessiana pode ser usada para atribuir bandas de erro à predição não-linear feita por uma rede neural treinada, e
   - os autovalores da matriz hessiana podem ser usados para determinar valores adequados para os parâmetros de regularização.
7. Buntine e Weigend (1994) apresentam uma revisão sobre algoritmos exatos e aproximados para calcular a matriz hessiana, com referência particular às redes neurais; veja também o artigo de Battiti (1992).
8. O teorema da aproximação universal pode ser visto como uma extensão natural do *Teorema de Weierstrass* (Weierstrass, 1885). Este teorema afirma que *qualquer função contínua*

sobre um intervalo fechado no eixo real pode ser expressa naquele intervalo como uma série de polinômios absolutamente e uniformemente convergente.

O interesse na pesquisa sobre as virtudes dos perceptrons de múltiplas camadas como dispositivos para a representação de funções contínuas arbitrárias talvez tenha sido primeiramente colocado no centro das atenções por Hecht-Nielsen (1987), que invocou uma versão melhorada por Sprecher (1965) do teorema da superposição de Kolomogorov. Mais tarde, Gallant e White (1988) mostraram que um perceptron de múltiplas camadas com uma única camada oculta com limitação monótona "co-senoidal" na camada oculta e sem limitação na saída se enquadra como um caso especial de uma "rede de Fourier" que produz como sua saída uma aproximação por série de Fourier para uma dada função. Entretanto, no contexto dos perceptrons de múltiplas camadas tradicionais, foi Cybenko quem demonstrou rigorosamente, pela primeira vez, que uma única camada oculta é suficiente para aproximar uniformemente qualquer função contínua com suporte em um hipercubo unitário; este trabalho foi publicado como um Relatório Técnico da University of Illinois em 1988, e republicado como um artigo um ano depois (Cybenko, 1988, 1989). Em 1989, dois outros artigos foram publicados independentemente sobre perceptrons de múltiplas camadas como aproximadores universais, um por Funahashi e o outro por Hornik, Stinchcombe e White. Para contribuições subseqüentes sobre o problema de aproximação, veja Light (1992b).

9. A história do desenvolvimento da validação cruzada está documentada em Stone (1974). A idéia da validação cruzada tem estado presente pelo menos desde os anos 30, mas um refinamento da técnica foi realizado nos anos 60 e 70. Dois artigos importantes daquela era são Stone (1974) e Geisser (1975), que a propuseram independentemente e quase simultaneamente. A técnica foi denominada "método de validação cruzada" por Stone e "método de reutilização previsível de amostras" por Geisser.

10. As referências mais antigas sobre métodos de treinamento de parada antecipada incluem Morgan e Bourlard (1990) e Weigend et al. (1990). Talvez a análise estatística mais detalhada do método de parada antecipada para perceptrons de múltiplas camadas esteja apresentada em Amari et al. (1996a). O estudo é sustentado por simulações computacionais de um classificador 8-8-4 com 108 parâmetros ajustáveis e um conjunto de dados muito grande (50.000 exemplos).

11. A *arquitetura de aprendizagem por correlação em cascata* (Fahlman e Lebiere, 1990) é um exemplo da abordagem de crescimento de rede. O procedimento começa com uma rede mínima que tem alguns nós de entradas e um ou mais nós de saída, como indicado pelas considerações de entrada/saída, mas não possui nós ocultos. O algoritmo LMS, por exemplo, pode ser usado para treinar a rede. Os neurônios ocultos são adicionados à rede, um por um, obtendo desta forma uma estrutura de múltiplas camadas. Cada novo neurônio oculto recebe uma conexão sináptica de cada um dos nós de entrada e também de cada neurônio oculto já existente. Quando um novo neurônio oculto é adicionado, os pesos sinápticos do lado da entrada daquele neurônio são congelados; apenas os pesos sinápticos no lado da saída são treinados repetidamente. O neurônio oculto adicionado então se torna um detector de características permanente da rede. O procedimento de adicionar novos neurônios ocultos é continuado da maneira descrita, até que se obtenha um desempenho satisfatório.

Em uma outra abordagem de crescimento de rede descrita em Lee et al. (1990), um terceiro nível computacional, denominado *adaptação a nível estrutural*, é acrescentado ao passo de propagação (adaptação a nível funcional) e ao passo de retropropagação (adaptação a nível paramétrico). Neste terceiro nível computacional, a estrutura da rede é adaptada modificando-se o número de neurônios e a relação estrutural entre os neurônios da rede. O critério usado é que, quando o erro estimativo (após a convergência) for maior que um valor desejado, um novo neurônio é adicionado à rede em uma posição onde ele seja mais necessário. A posição desejada para o novo neurônio é determinada monitorando-se o comportamento da aprendizagem da rede. Em particular, se após um longo período de adaptação de parâmetros (treinamento) o vetor de peso sináptico relativo às entradas de um neurônio continuar a flutuar significativamente, pode-se inferir que o neurônio em questão não tem poder de representação suficiente para aprender a sua porção particular da tarefa. A adaptação a nível estrutural também inclui meios para a possível eliminação de neurônios. Um neurônio é eliminado quando não for um elemento funcional da rede ou quando for um elemento redundante da rede. Este método de crescimento de rede parece ser intensivo do ponto de vista computacional.

12. Hecht-Nielsen (1995) descreve uma rede neural replicadora na forma de um perceptron de múltiplas camadas com três camadas ocultas e uma camada de saída:
    - As funções de ativação dos neurônios da segunda e da quarta camadas (ocultas) são definidas pela função tangente hiperbólica:

    $$\varphi^{(2)}(v) = \varphi^{(4)}(v) = \tanh(v)$$

    onde v é o campo local induzido de um neurônio naquelas camadas.
    - A função de ativação para cada neurônio na camada intermediária (oculta) é dada por

    $$\varphi^{(3)}(v) = \frac{1}{2} + \frac{1}{2(N-1)} \sum_{j=1}^{N-1} \tanh\left(a\left(v - \frac{j}{N}\right)\right)$$

    onde a é um parâmetro de ganho e v é o campo local induzido de um neurônio daquela camada. A função $\varphi^{(3)}(v)$ descreve uma função de ativação do tipo escada suave com N degraus, quantizando essencialmente assim o vetor das respectivas saídas neurais em $K = N^n$, onde n é o número de neurônios na camada oculta intermediária.
    - Os neurônios da camada de saída são lineares, com as suas funções de ativação definidas por

    $$\varphi^{(5)}(v) = v$$

    Baseado nesta estrutura, Hacht-Nielsen descreve um teorema, mostrando que pode ser realizada uma compressão de dados ótima para vetores de dados de entrada arbitrários.

13. O que necessitamos basicamente é de uma estrutura teórica da aprendizagem por retropropagação que explique o problema dos mínimos locais. Esta é uma tarefa difícil de ser realizada. Apesar disso, algum progresso tem sido relatado na literatura sobre esta questão. Baldi e Hornik (1989) consideraram o problema da aprendizagem em redes neurais de múltiplas camadas alimentadas adiante, com funções de ativação lineares, utilizando aprendizagem por retropropagação. O resultado principal de seu artigo é que a superfície de erro tem apenas um mínimo, correspondendo a uma projeção ortogonal sobre o subespaço compreendido pelos primeiros autovetores principais de uma matriz de covariância associada com os padrões de treinamento; todos os outros pontos críticos da superfície de erro são pontos de sela. Gori e Tesi (1992) consideraram o caso mais geral de aprendizagem por retropropagação que envolve o uso de neurônios não-lineares. O resultado principal deste artigo é que para padrões linearmente separáveis, a convergência para uma solução ótima (i.e., mínimo global) é assegurada pelo uso do modo por lote da aprendizagem por retropropagação, e que a rede supera o perceptron de Rosenblatt em generalização para novos exemplos.

14. Uma modificação do algoritmo de retropropagação que se fundamenta nas heurísticas 1 a 4 é conhecida como *regra de aprendizagem delta-barra-delta* (Jacobs, 1988), cuja derivação segue um procedimento similar àquele descrito na Seção 4.3 para a forma convencional do algoritmo de retropropagação. A implementação da regra de aprendizagem delta-

barra-delta pode ser simplificada explorando-se uma idéia similar ao método da reutilização do gradiente (Hush e Sales, 1988; Haykin e Deng, 1991).

Salomon e van Hemmen (1996) descrevem um procedimento dinâmico de auto-adaptação para acelerar o processo de aprendizagem por retropropagação. A idéia por trás deste procedimento é tomar a taxa de aprendizagem do instante de tempo anterior, aumentá-la e diminuí-la levemente, calcular a função de custo para estes novos valores de parâmetro da taxa de aprendizagem e, então, escolher aquele que fornece o menor valor da função de custo.

15. A referência clássica para o método do gradiente conjugado é Hestenes e Stiefel (1952). Para uma discussão do comportamento da convergência do algoritmo do gradiente conjugado, veja Luenberger (1984) e Bertsekas (1995). Para um tratamento didático das muitas facetas do algoritmo do gradiente conjugado, veja Shewchuk (1994). Para um relato legível do algoritmo no contexto de redes neurais, veja Johansson et al. (1990).

16. A forma convencional do algoritmo do gradiente conjugado requer o uso de uma busca em linha, que pode ser dispendiosa em termos de tempo por causa da sua natureza de tentativa e erro. Møller (1993) descreve uma versão modificada do algoritmo do gradiente conjugado, denominada o algoritmo do gradiente conjugado escalado, que evita o uso da busca em linha. Essencialmente, a busca em linha é substituída por uma forma de algoritmo de Levenberg-Marquardt unidimensional. A motivação para usar tais métodos é evitar a dificuldade causada pelas matrizes hessianas definidas não positivamente (Fletcher, 1987).

17. A noção de Hubel e Wiesel de células "simples" e "complexas" foi explorada primeiramente na literatura de redes neurais por Fukushima (1980, 1995) no projeto de uma máquina de aprendizagem chamada de *neocognitron*. Esta máquina de aprendizagem, entretanto, opera de forma auto-organizável, enquanto que a rede convolutiva descrita na Fig. 4.27 opera de uma maneira supervisionada, usando exemplos rotulados.

PROBLEMAS

O Problema do XOR

4.1 A Figura P4.1 mostra uma rede neural envolvendo um único neurônio oculto para resolver o problema do XOR; esta rede pode ser vista como uma alternativa para aquela considerada na Seção 4.5. Mostre que a rede da Fig. P4.1 resolve o problema do XOR construindo (a) regiões de decisão e (b) uma tabela verdade para a rede.

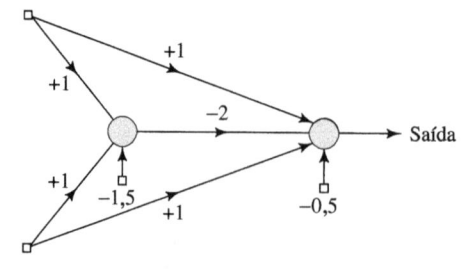

FIGURA P4.1

4.2 Use o algoritmo de retropropagação para calcular um conjunto de pesos sinápticos e níveis de bias para uma rede neural estruturada como na Fig. 4.8 para resolver o problema do XOR. Assuma o uso de uma função logística para a não-linearidade.

Aprendizagem por retropropagação

4.3 A inclusão de um termo de momento na atualização dos pesos pode ser vista como um mecanismo para satisfazer as heurísticas 3 e 4, que fornecem normas para acelerar a convergência do algoritmo de retropropagação, o que foi discutido na Seção 4.17. Demonstre a validade desta afirmação.

4.4 Atribui-se, normalmente, à constante de momento α um valor positivo no intervalo $0 \leq \alpha < 1$. Investigue a diferença que faria no comportamento da Eq. (4.41) em relação ao tempo t, se fosse atribuído a α um valor negativo no intervalo $-1 < \alpha \leq 0$.

4.5 Considere o exemplo simples de uma rede envolvendo um único peso, para a qual a função de custo é

$$\mathscr{E}(w) = k_1(w - w_0)^2 + k_2$$

onde w_0, k_1 e k_2 são constantes. Usa-se um algoritmo de retropropagação para minimizar $\mathscr{E}(w)$.

Explore o modo como a inclusão da constante de momento α influencia o processo de aprendizagem, com referência particular ao número de épocas necessárias para a convergência em função de α.

4.6 Na Seção 4.7, apresentamos argumentos qualitativos para a propriedade de um classificador por perceptron de múltiplas camadas (usando uma função logística como a não-linearidade) de que as suas saídas fornecem estimativas das probabilidades de classe *a posteriori*. Esta propriedade assume que o tamanho do conjunto de treinamento é suficientemente grande e que o algoritmo por retropropagação usado para treinar a rede não fica preso em um mínimo local. Complete os detalhes matemáticos desta propriedade.

4.7 Começando com a função de custo definida na Eq. (4.70), derive a solução que minimiza a Eq. (4.72) e o valor mínimo da função de custo definida na Eq. (4.73).

4.8 As Equações de (4.81) a (4.83) definem as derivadas parciais da função aproximativa $F(\mathbf{w},\mathbf{x})$ realizada pelo perceptron de múltiplas camadas da Fig. 4.18. Derive estas equações a partir do seguinte cenário:

(a) *Função de custo:*

$$\mathscr{E}(n) = \frac{1}{2}[d - F(\mathbf{w},\mathbf{x})]^2$$

(b) *Saída do neurônio j*:

$$y_j = \varphi\left(\sum_i w_{ji} y_i\right)$$

onde w_{ji} é um peso sináptico do neurônio i para o neurônio j e y_i é a saída do neurônio i;

(c) *Não-linearidade*:

$$\varphi(v) = \frac{1}{1 + \exp(-v)}$$

Validação cruzada

4.9 Pode ser argumentado que a validação cruzada é um estudo de caso da minimização estrutural de risco que é discutida no Capítulo 2. Descreva um exemplo de rede neural utilizando validação cruzada que sustente este argumento.

4.10 Na validação cruzada múltipla, não há uma separação clara entre os dados de treinamento e os dados de teste (validação), como no caso do método de resistência. É possível que a validação cruzada múltipla produza uma estimativa tendenciosa? Justifique a sua resposta.

Técnicas de poda da rede

4.11 Os critérios estatísticos para seleção de modelo, como o *critério do mínimo comprimento de descrição (MCD)* de Rissanen e *um critério teórico da informação (CTI)* de Akaike, compartilham uma forma comum de composição:

$$\begin{pmatrix} \text{Critério por complexidade} \\ \text{do modelo} \end{pmatrix} = \begin{pmatrix} \text{Função} \\ \text{log da verossimilhança} \end{pmatrix} + \begin{pmatrix} \text{Punição da} \\ \text{complexidade do modelo} \end{pmatrix}$$

Discuta como os métodos de decaimento de peso e de eliminação de peso usados para podar a rede se ajustam neste formalismo.

4.12 (a) Derive a fórmula para a saliência S_i dada na Eq. (4.105).

(b) Assuma que a matriz hessiana do erro médio quadrado de um perceptron de múltiplas camadas em relação a seus pesos pode ser aproximado por uma matriz diagonal como segue:

$$\mathbf{H} = \text{diag}[h_{11}, h_{22}, ..., h_{WW}]$$

onde W é o número total de pesos da rede. Determine a saliência S_i do peso w_i da rede.

Aceleração da convergência da aprendizagem por retropropagação

4.13 A *regra de aprendizagem delta-barra-delta* (Jacobs, 1988) representa uma forma modificada do algoritmo de retropropagação que se baseia nas heurísticas descritas na Seção 4.17. Nesta regra, atribui-se a cada peso sináptico da rede um parâmetro da taxa de aprendizagem particular. A função de custo, $E(n)$, é, portanto, modificada de uma forma correspondente. Em outras palavras, apesar de $E(n)$ ser matematicamente similar à função de custo $\mathcal{E}(n)$ na Eq.(4.2), o espaço de parâmetros relativo à nova função de custo $E(n)$ envolve diferentes taxas de aprendizagem.

(a) Derive uma expressão para a derivada parcial $\partial E(n)/\partial \eta_{ji}(n)$, onde $\eta_{ji}(n)$ é o parâmetro da taxa da aprendizagem associado ao peso sináptico $w_{ji}(n)$.

(b) Com isso, demonstre que os ajustes feitos nos parâmetros da taxa de aprendizagem baseados no resultado da parte (a) estão perfeitamente de acordo com as heurísticas 3 e 4 da Seção 4.17.

Métodos de otimização de segunda ordem

4.14 O uso de um termo de momento na atualização dos pesos descrito na Eq. (4.39) pode ser considerado como uma aproximação do método do gradiente conjugado (Battiti, 1992). Discuta a validade desta afirmação.

4.15 Começando com a fórmula para $\beta(n)$ na Eq. (4.133), derive a *fórmula de Hesteness-Stiefel*:

$$\beta(n) = \frac{\mathbf{r}^T(n)(\mathbf{r}(n) - \mathbf{r}(n-1))}{\mathbf{x}^T(n-1)\mathbf{r}(n-1)}$$

onde $\mathbf{s}(n)$ é o vetor direção e $\mathbf{r}(n)$ é o residual no método do gradiente conjugado. Use este resultado para derivar a fórmula de Polak-Ribiére da Eq. (4.134) e a fórmula de Fletcher-Reeves da Eq. (4.135).

Experimentos computacionais

4.16 Investigue o uso da aprendizagem por retropropagação usando uma não-linearidade sigmóide para realizar os mapeamentos um-para-um, descritos abaixo:

1. $f(x) = \dfrac{1}{x}$, $1 \leq x \leq 100$
2. $f(x) = \log_{10} x$, $1 \leq x \leq 10$
3. $f(x) = \exp(-x)$, $1 \leq x \leq 10$
4. $f(x) = \operatorname{sen} x$, $0 \leq x \leq \dfrac{\pi}{2}$

Para cada mapeamento, faça o seguinte:
(a) Estabeleça dois conjuntos de dados, um para o treinamento da rede e o outro para o teste.
(b) Use o conjunto de dados de treinamento para calcular os pesos sinápticos da rede, que tem apenas uma camada oculta.
(c) Avalie a precisão computacional da rede usando os dados de teste.

Use uma única camada oculta, mas com um número variável de neurônios ocultos. Investigue como o desempenho da rede é afetado variando-se o tamanho da camada oculta.

4.17 Os dados apresentados na Tabela P4.17 mostram os pesos do cristalino da lebre selvagem australiana como uma função da idade. Nenhuma função analítica simples pode interpolar exatamente estes dados, porque não temos uma função de valor único. Em vez disso, temos um modelo não-linear por quadrados mínimos deste conjunto de dados, usando uma exponencial negativa, como descrito por

$$y = 233{,}846(1 - \exp(-0{,}006042x)) + \epsilon$$

onde ϵ é um termo de erro.

Utilizando o algoritmo de retropropagação, projete um perceptron de múltiplas camadas que forneça uma aproximação não-linear por mínimos quadrados para este conjunto de dados. Compare o seu resultado com o modelo por mínimos quadrados descrito.

TABELA P4.17 Pesos dos Cristalinos de Lebres Selvagens Australianas

Idades (dias)	Pesos (mg)	Idades (dias)	Pesos (mg)	Idades (dias)	Pesos (mg)	Idades (dias)	Pesos (mg)
15	21,66	75	94,6	218	174,18	338	203,23
15	22,75	82	92,5	218	173,03	347	188,38
15	22,3	85	105	219	173,54	354	189,7
18	31,25	91	101,7	224	178,86	357	195,31
28	44,79	91	102,9	225	177,68	375	202,63
29	40,55	97	110	227	173,73	394	224,82
37	50,25	98	104,3	232	159,98	513	203,3
37	46,88	125	134,9	232	161,29	535	209,7
44	52,03	142	130,68	237	187,07	554	233,9
50	63,47	142	140,58	246	176,13	591	234,7
50	61,13	147	155,3	258	183,4	648	244,3
60	81	147	152,2	276	186,26	660	231
61	73,09	150	144,5	285	189,66	705	242,4
64	79,09	159	142,15	300	186,09	723	230,77
65	79,51	165	139,81	301	186,7	756	242,57
65	65,31	183	153,22	305	186,8	768	232,12
72	71,9	192	145,72	312	195,1	860	246,5
75	86,1	195	161,1	317	216,41		

CAPÍTULO 5

Redes de Função de Base Radial

5.1 INTRODUÇÃO

O projeto de uma rede neural supervisionada pode ser executado de várias formas. O algoritmo de retropropagação utilizado para o projeto de um perceptron de múltiplas camadas (sob supervisão), como descrito no capítulo anterior, pode ser visto como a aplicação de uma técnica recursiva conhecida na estatística como *aproximação estocástica*. Neste capítulo, tomamos um enfoque totalmente diferente ao ver o projeto de uma rede neural como um *problema de ajuste de curva (aproximação)* em um espaço de alta dimensionalidade. De acordo com este ponto de vista, aprender é equivalente a encontrar uma superfície, em um espaço multidimensional, que forneça o melhor ajuste para os dados de treinamento, com o critério de "melhor ajuste" sendo medido em um sentido estatístico. Correspondentemente, generalização é equivalente ao uso desta superfície multidimensional para interpolar os dados de teste. Tal ponto de vista é a motivação por trás do método das funções de base radial, no sentido de que isto o aproxima dos trabalhos de pesquisa em interpolação estrita tradicional em um espaço multidimensional. No contexto de uma rede neural, as unidades ocultas fornecem um conjunto de "funções" que constituem uma "base" arbitrária para os padrões (vetores) de entrada, quando eles são expandidos sobre o espaço oculto: estas funções são chamadas de *funções de base radial*.[1] As funções de base radial foram primeiramente introduzidas na solução do problema de interpolação multivariada real. O trabalho inicial neste assunto é detalhado em Powell (1985), e um trabalho mais recente é examinado em Light (1992b). Este é atualmente um dos campos principais de pesquisa em análise numérica.

A construção de um *rede de função de base radial* (*RBF, radial-basis function*), em sua forma mais básica, envolve três camadas com papéis totalmente diferentes. A camada de entrada é constituída por nós de fonte (unidades sensoriais) que conectam a rede ao seu ambiente. A segunda camada, a *única* camada oculta da rede, aplica uma transformação não-linear do espaço de entrada para o espaço oculto; na maioria das aplicações, o espaço oculto é de alta dimensionalidade. A camada de saída é linear, fornecendo a resposta da rede ao padrão (sinal) de ativação aplicado à camada de entrada. Uma justificativa matemática para a estratégia de uma transformação não-linear seguida de uma transformação linear remonta a um artigo original de Cover (1965). De acordo com este artigo, um problema de classificação de padrões disposto em um espaço de alta dimensionalidade tem maior probabilidade de ser linearmente separável do que em um espaço de baixa dimensionalidade — daí a razão de freqüentemente se fazer com que a dimensão do espaço oculto em uma rede RBF seja alta. Um outro ponto importante é o fato de que a dimensão do espaço oculto está adiante relacionada à capacidade da rede de aproximar um mapeamento de entrada-saída suave (Mhaskar, 1996; Niyogi e Girosi, 1996); quanto mais alta for a dimensão do espaço oculto, mais precisa será a aproximação.

Organização do Capítulo

O corpo principal do capítulo está organizado da seguinte forma. Lançamos os fundamentos para a construção de uma rede RBF nas Seções 5.2 e 5.4. Fazemos isto em dois estágios. Primeiramente, descrevemos o teorema de Cover sobre a separabilidade de padrões; o problema do XOR é usado aqui para ilustrar a aplicação deste teorema. Na Seção 5.3, consideramos o problema de interpolação e sua relação com as redes RBF.

Depois de desenvolver e compreender como a rede RBF funciona, passamos à segunda parte do capítulo, que consiste das Seções 5.4 a 5.9. Na Seção 5.4, discutimos o ponto de vista que a aprendizagem supervisionada é um problema de reconstrução de hipersuperfície mal-formulado. Na Seção 5.5, apresentamos um tratamento detalhado da teoria da regularização de Tikhonov e sua aplicação às redes RBF. Esta teoria leva naturalmente à formulação das redes de regularização, na Seção 5.6. Esta classe de redes RBF é exigente do ponto de vista computacional. Para reduzir a complexidade computacional, na Seção 5.7, discutimos uma forma modificada de redes de regularização, referidas como redes RBF generalizadas. Na Seção 5.8, revisitamos o problema do XOR e mostramos como ele pode ser solucionado usando-se uma rede RBF. Na Seção 5.9, completamos o estudo da teoria da regularização descrevendo o método da validação cruzada generalizada para selecionar um valor adequado para o parâmetro de regularização.

A Seção 5.10 discute as propriedades aproximativas das redes RBF. A Seção 5.11 apresenta uma comparação entre as redes RBF e os perceptrons de múltiplas camadas, que são, ambos, exemplos importantes de redes de múltiplas camadas alimentadas adiante.

Na Seção 5.12, discutimos a estimação por regressão de núcleo, como base de um outro ponto de vista sobre redes RBF. Relacionamos as redes RBF a um grande corpo da literatura de estatística que trata da estimação de densidade e da teoria de regressão de núcleo.

A última parte do capítulo consiste das Seções 5.13 e 5.14. Na Seção 5.13, descrevemos quatro diferentes estratégias de aprendizagem para o projeto de redes RBF. Na Seção 5.14, descrevemos um experimento computacional sobre classificação de padrões usando redes RBF.

O capítulo conclui com algumas reflexões finais sobre redes RBF na Seção 5.15.

5.2 O TEOREMA DE COVER SOBRE A SEPARABILIDADE DE PADRÕES

Quando uma rede de função de base radial (RBF) é usada para realizar uma tarefa *complexa* de classificação de padrões, o problema é resolvido basicamente pela sua transformação para um espaço de alta dimensionalidade, de uma forma não-linear. A justificativa por trás deste processo é encontrada no *teorema de Cover* sobre a *separabilidade de padrões*, que, em termos qualitativos, pode ser formulado da seguinte forma (Cover, 1965):

Um problema complexo de classificação de padrões disposto não linearmente em um espaço de alta dimensão tem maior probabilidade de ser linearmente separável do que em um espaço de baixa dimensionalidade.

Do trabalho que desenvolvemos sobre perceptrons de camada única no Capítulo 3, sabemos que, uma vez que tenhamos padrões linearmente separáveis, o problema de classificação é relativamente fácil de ser resolvido. Conseqüentemente, podemos desenvolver a nossa compreensão sobre a operação de uma rede RBF como um classificador de padrões estudando a separabilidade de padrões.

Considere uma família de superfícies onde cada uma divide naturalmente um espaço de entrada em duas regiões. Considere que $\mathcal{X}$ represente um conjunto de N padrões (vetores) $\mathbf{x}_1$, $\mathbf{x}_2$,..., $\mathbf{x}_N$, cada um dos quais é atribuído a uma de duas classes $\mathcal{X}_1$ e $\mathcal{X}_2$. Dizemos que esta *dicotomia* (partição binária) dos pontos é separável em relação à família de superfícies, se existir uma superfície da família que separe o pontos da classe $\mathcal{X}_1$ daqueles da classe $\mathcal{X}_2$. Para cada padrão $\mathbf{x} \in \mathcal{X}$, defina um vetor constituído de um conjunto de funções de valor real $\{\varphi_i(\mathbf{x}) | i = 1, 2,..., m_1\}$, como mostrado por

$$\boldsymbol{\varphi}(\mathbf{x}) = \left[\varphi_1(\mathbf{x}), \varphi_2(\mathbf{x}),..., \varphi_{m_1}(\mathbf{x})\right]^T \tag{5.1}$$

Suponha que o padrão $\mathbf{x}$ é um vetor em um espaço de entrada de dimensão m_0. O vetor $\boldsymbol{\varphi}(\mathbf{x})$, então, mapeia pontos no espaço de entrada de dimensão m_0 para pontos em um novo espaço de dimensão m_1. Referimo-nos a $\varphi_i(\mathbf{x})$ como uma *função oculta*, porque ela desempenha um papel similar ao de uma unidade oculta em uma rede neural alimentada adiante. Correspondentemente, o espaço abrangido pelo conjunto de funções ocultas $\{\varphi_i(\mathbf{x})\}_{i=1}^{m_1}$ é referido como o *espaço oculto* ou *espaço de características*.

Uma dicotomia $\{\mathcal{X}_1, \mathcal{X}_2\}$ de $\mathcal{X}$ é dita ser *separável por* φ, se existir um vetor $\mathbf{w}$ de dimensão m_1 para o qual podemos escrever (Cover, 1965)

$$\begin{aligned}\mathbf{w}^T\boldsymbol{\varphi}(\mathbf{x}) > 0, \quad \mathbf{x} \in \mathcal{X}_1 \\ \mathbf{w}^T\boldsymbol{\varphi}(\mathbf{x}) < 0, \quad \mathbf{x} \in \mathcal{X}_2\end{aligned} \tag{5.2}$$

O hiperplano definido pela equação

$$\mathbf{w}^T\boldsymbol{\varphi}(\mathbf{x}) = 0$$

descreve a superfície de separação no espaço φ (i.e., espaço oculto). A imagem inversa deste hiperplano, isto é,

$$\mathbf{x}: \mathbf{w}^T\boldsymbol{\varphi}(\mathbf{x}) = 0 \tag{5.3}$$

define a *superfície de separação* no espaço de entrada.

Considere uma classe natural de mapeamentos obtidos utilizando-se uma combinação linear de produtos de r coordenadas vetoriais do padrão. As superfícies de separação correspondentes a estes mapeamentos são referidas como *variedades racionais de ordem r*. Uma variedade racional de ordem r em um espaço de dimensão m_0 é descrita por uma equação homogênea de grau r envolvendo as coordenadas do vetor de entrada $\mathbf{x}$, como mostrado por

$$\sum_{0 \leq i_1 \leq i_2 \leq \cdots \leq i_r \leq m_0} a_{i_1 i_2 \cdots i_r} x_{i_1} x_{i_2} \cdots x_{i_r} = 0 \tag{5.4}$$

onde x_i é a i-ésima componente do vetor de entrada $\mathbf{x}$, e x_0 é fixo em uma unidade para expressar a equação em uma forma homogênea. Um produto de ordem r das componentes x_i de $\mathbf{x}$, isto é, $x_{i_1} x_{i_2} \cdots x_{i_r}$, é chamado um *monômio*. Para um espaço de entrada de dimensionalidade m_0, existem

$$\frac{(m_0 - r)!}{m_0! r!}$$

monômios na Eq. (5.4). Exemplos dos tipos de superfícies de separação descritas pela Eq. (5.4) são *hiperplanos* (variedades racionais de primeira ordem), *quádricas* (variedades racionais de segunda ordem) e *hiperesferas* (quádricas com certas restrições para os coeficientes). Estes exemplos são ilustrados na Fig. 5.1 para uma configuração de cinco pontos em um espaço de entrada bidimensional. Em geral, a separabilidade linear implica a separabilidade esférica que implica a separabilidade quádrica; entretanto, o inverso não é necessariamente verdadeiro.

Em um experimento probabilístico, a separabilidade de um conjunto de padrões se torna um evento aleatório que depende da dicotomia escolhida e da distribuição dos padrões no espaço de entrada. Suponha que os padrões de ativação $\mathbf{x}_1, \mathbf{x}_2, \ldots, \mathbf{x}_N$ sejam escolhidos independentemente, de acordo com uma medida de probabilidade imposta ao espaço de entrada. Suponha também que todas as dicotomias possíveis de $\mathcal{X} = \{\mathbf{x}_i\}_{i=1}^{N}$ são eqüiprováveis. Considere que $P(N, m_1)$ represente a probabilidade de que uma dicotomia particular escolhida ao acaso seja separável por φ, onde a classe de superfícies de separação escolhida tem m_1 graus de liberdade. Segundo Cover (1965), podemos então dizer que

$$P(N, m_1) = \left(\frac{1}{2}\right)^{N-1} \sum_{m=0}^{m_1 - 1} \binom{N-1}{m} \tag{5.5}$$

onde os coeficientes binomiais incluindo $N - 1$ e m são eles mesmos definidos para todo inteiro l e m por

$$\binom{l}{m} = \frac{l(l-1) \cdots (l - m + 1)}{m!}$$

A Equação (5.5) personifica a essência do *teorema da separabilidade de Cover* para padrões aleatórios.[2] Ela expressa o fato de que a distribuição binomial cumulativa correspondente à probabilidade de de $(N - 1)$ arremessos de uma moeda honesta resultarem em $(m_1 - 1)$ ou menos caras.

Apesar de as superfícies das unidades ocultas consideradas na derivação da Eq. (5.5) estarem em uma forma polinomial e portanto diferente daquelas normalmente usadas em redes de função de base radial, o conteúdo essencial da equação tem aplicabilidade geral. Especificamente, quanto mais alta fizermos a dimensão m_1 do espaço oculto, mais próximo da unidade será a probabilidade $P(N, m_1)$. Resumindo, o teorema de Cover sobre a separabilidade de padrões engloba dois ingredientes básicos:

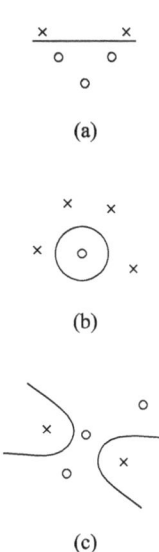

FIGURA 5.1 Três exemplos de dicotomias separáveis por φ de diferentes conjuntos de cinco pontos em duas dimensões: (a) dicotomia linearmente separável; (b) dicotomia esfericamente separável; (c) dicotomia quadricamente separável

1. A formulação não-linear da função oculta definida por $\varphi_i(\mathbf{x})$, onde $\mathbf{x}$ é o vetor de entrada e $i = 1, 2,..., m_1$.
2. A alta dimensionalidade do espaço oculto comparado com o espaço de entrada; esta dimensionalidade é determinada pelo valor atribuído a m_1 (i.e., o número de unidades ocultas).

Em geral, como dito anteriormente, um problema complexo de classificação de padrões disposto não linearmente em um espaço de alta dimensionalidade tem uma probabilidade maior de ser linearmente separável que em um espaço de baixa dimensão. Entretanto, enfatizamos que em alguns casos o uso de mapeamento não-linear (i.e., ponto 1) pode ser suficiente para produzir uma separabilidade linear sem ter que aumentar a dimensionalidade do espaço das unidades ocultas, como ilustrado no exemplo a seguir.

Exemplo 5.1. O Problema do XOR

Para ilustrar a importância da idéia da separabilidade de padrões por φ, considere o problema simples mas importante do XOR. No problema do XOR, existem quatro pontos (padrões): (1, 1), (0, 1), (0, 0) e (1, 0) em um espaço de entrada bidimensional, como representado na Fig. 5.2a. O objetivo é construir um classificador de padrões que produza a saída binária 0 em resposta ao padrão de entrada (1, 1) ou (0, 0), e a saída binária 1 em resposta ao padrão de entrada (0, 1) ou (1, 0). Desta forma, pontos que estão mais próximos no espaço de entrada, em termos da distância de Hamming, são mapeados para regiões que estão mais afastadas no espaço de saída.

Defina um par de funções ocultas gaussianas como segue:

$$\varphi_1(\mathbf{x}) = e^{-\|\mathbf{x}-\mathbf{t}_1\|^2}, \quad \mathbf{t}_1 = [1, 1]^T$$

$$\varphi_2(\mathbf{x}) = e^{-\|\mathbf{x}-\mathbf{t}_2\|^2}, \quad \mathbf{t}_2 = [0, 0]^T$$

Podemos então construir os resultados resumidos na Tabela 5.1 para os quatro diferentes padrões de entrada de interesse. Os padrões de entrada são mapeados para o plano $\varphi_1 - \varphi_2$, como mostrado na Fig. 5.2b. Aqui vemos agora que os padrões de entrada (0, 1) e (1, 0) são linearmente separáveis dos demais padrões de

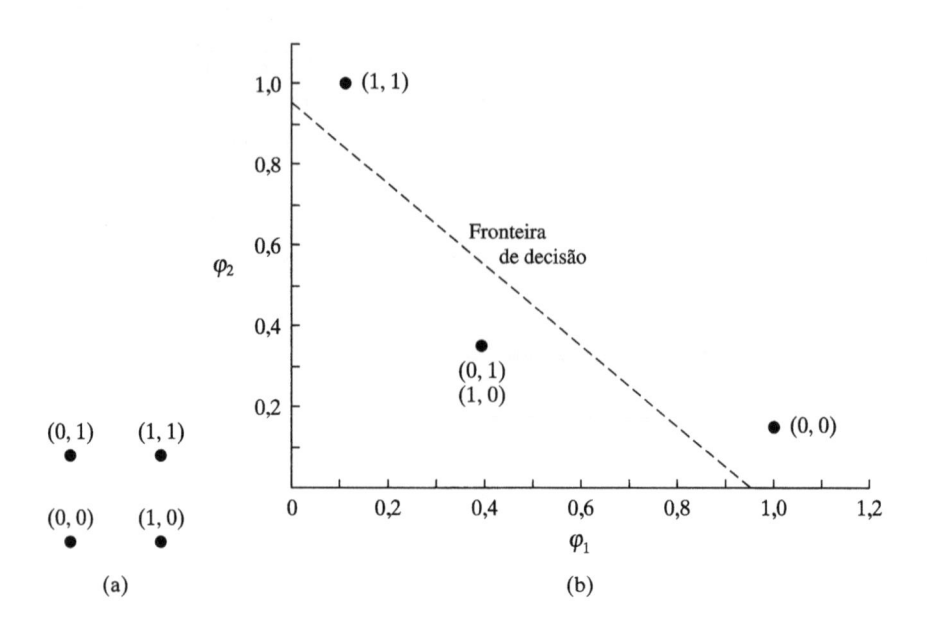

FIGURA 5.2 (a) Os quatro padrões do problema do XOR; (b) Diagrama de tomada de decisão

TABELA 5.1 Especificação das Funções Ocultas para o Problema do XOR do Exemplo 5.1

Padrão de Entrada, x	Primeira Função Oculta, $\varphi_1(\mathbf{x})$	Segunda Função Oculta, $\varphi_2(\mathbf{x})$
(1,1)	1	0,1353
(0,1)	0,3678	0,3678
(0,0)	0,1353	1
(1,0)	0,3678	0,3678

entrada, (1, 1) e (0, 0). Por conseguinte, o problema do XOR pode ser facilmente resolvido usando-se as funções $\varphi_1(\mathbf{x})$ e $\varphi_2(\mathbf{x})$ como as entradas de um classificador linear como o perceptron. ∎

Neste exemplo, não há aumento da dimensionalidade do espaço oculto, comparado ao espaço de entrada. Em outras palavras, a não-linearidade exemplificada pelo uso de funções ocultas gaussianas é suficiente para transformar o problema do XOR em um problema linearmente separável.

Capacidade de Separação de uma Superfície

A Equação (5.5) tem um significado importante para o número máximo de padrões aleatoriamente distribuídos que são linearmente separáveis em um espaço multidimensional. Para explorar esta questão, considere que $\mathbf{x}_1, \mathbf{x}_2, ..., \mathbf{x}_N$ seja uma seqüência de padrões (vetores) aleatórios como descrito previamente. Considere que N seja uma variável aleatória definida como o maior inteiro tal que esta seqüência seja separável por φ, onde φ tem m_1 graus de liberdade. Então, da Eq. (5.5) deduzimos que a probabilidade que $N = n$ é dada por

$$\text{Prob}(N = n) = P(n, m_1) - P(n+1, m_1)$$
$$= \left(\frac{1}{2}\right)^n \binom{n-1}{m_1 - 1}, \quad n = 0, 1, 2, \ldots, \tag{5.6}$$

Para uma interpretação deste resultado, recordamos a definição de uma *distribuição binomial negativa*. Esta distribuição é igual à probabilidade que k falhas precedam o r-ésimo sucesso em uma longa seqüência repetida de *tentativas de Bernoulli*. Neste experimento probabilístico, há apenas dois resultados possíveis para cada tentativa, sucesso ou falha, e suas probabilidades permanecem as mesmas em todo o experimento. Considere que p e q representem as probabilidades de sucesso e falha, respectivamente, com $p + q = 1$. A distribuição binomial negativa é definida por (Feller, 1968)

$$f(k; r, p) = p^r q^k \binom{r+k-1}{k}$$

Para o caso especial de $p = q = 1/2$ (i.e., sucesso e falha são eqüiprováveis) e $k + r = n$, a distribuição binomial negativa se reduz a

$$f\left(k; n-k, \frac{1}{2}\right) = \left(\frac{1}{2}\right)^n \binom{n-1}{k}, \quad n = 0, 1, 2, \ldots$$

Com esta definição, vemos agora que o resultado descrito na Eq. (5.6) é apenas a distribuição binomial negativa, deslocada de m_1 unidades para a direita, e com parâmetros m_1 e $1/2$. Assim, N corresponde ao "tempo de espera" até a m_1-ésima falha em uma seqüência de lançamentos de uma moeda honesta. O valor esperado da variável aleatória N e sua mediana são, respectivamente:

$$E[N] = 2m_1 \tag{5.7}$$

e

$$\text{Mediana}[N] = 2m_1 \tag{5.8}$$

Portanto, temos um corolário para o teorema de Cover na forma de um resultado assintótico célebre que pode ser formulado como (Cover, 1965):

> O número máximo esperado de padrões (vetores) atribuídos aleatoriamente que são linearmente separáveis em um espaço de dimensão m_1 é igual a $2m_1$.

Este resultado sugere que $2m_1$ é uma definição natural para a *capacidade de separação* de uma família de superfícies de decisão tendo m_1 graus de liberdade. De uma certa forma, a capacidade de separação de uma superfície está intimamente relacionada com a noção de dimensão V-C, que é discutida no Capítulo 2.

5.3 O PROBLEMA DE INTERPOLAÇÃO

O ponto importante que emerge do teorema de Cover sobre a separabilidade de padrões é que, resolvendo um problema de classificação de padrões não-linearmente separável, há normalmente um benefício prático ganho pelo mapeamento do espaço de entrada em um novo espaço de dimensão suficientemente alta. Basicamente, um mapeamento não-linear é usado para transformar um problema de classificação não-linearmente separável em um problema linearmente separável. De uma maneira similar, podemos usar um mapeamento não-linear para transformar um problema de filtragem não-linear difícil em um problema mais fácil que envolve filtragem linear.

Considere então uma rede alimentada adiante com uma camada de entrada, uma única camada oculta e uma camada de saída consistindo de uma única unidade. A escolha de uma única unidade de saída foi proposital para simplificar a exposição sem perda de generalidade. A rede é projetada para realizar um *mapeamento não-linear* do espaço de entrada para o espaço oculto, seguido de um *mapeamento linear* do espaço oculto para o espaço de saída. Considere que m_0 represente a dimensão do espaço de entrada. Então, de uma maneira global, a rede representa um mapa do espaço de entrada de dimensionalidade m_0 em um espaço de saída unidimensional, escrito como

$$s: \mathbb{R}^{m_0} \to \mathbb{R}^1 \tag{5.9}$$

Podemos considerar o mapa s como uma *hipersuperfície* (gráfico) $\Gamma \subset \mathbb{R}^{m_0+1}$, assim como consideramos o mapa elementar $s: \mathbb{R}^1 \to \mathbb{R}^1$, onde $s(x) = x^2$, como uma parábola no espaço $\mathbb{R}^2$. A superfície Γ é um gráfico multidimensional da saída como função da entrada. Em uma situação prática, a superfície Γ é desconhecida e os dados de treinamento estão normalmente contaminados com ruído. A fase de treinamento e a fase de generalização do processo de aprendizagem podem ser respectivamente vistas como segue (Broomhead e Lowe, 1988):

- A fase de treinamento constitui a otimização de um procedimento de ajuste para a superfície Γ, baseada nos pontos dos dados conhecidos apresentados à rede na forma de exemplos (padrões) de entrada-saída.
- A fase de generalização é sinônimo de interpolação entre os pontos de dados, com a interpolação sendo formada ao longo da superfície restrita gerada pelo procedimento de ajuste, como a aproximação ótima à superfície verdadeira Γ.

Assim, somos levados à teoria da *interpolação multivariada* em um espaço de alta dimensionalidade, que tem uma longa história (Davis, 1963). O problema de interpolação, no seu sentido *estrito*, pode ser formulado como:

Dado um conjunto de N pontos diferentes $\{\mathbf{x}_i \in \mathbb{R}^{m_0} \mid i = 1, 2, ..., N\}$ e um conjunto correspondente de N números reais $\{d_i \in \mathbb{R}^1 \mid i = 1, 2, ..., N\}$, encontre uma função $F: \mathbb{R}^N \to \mathbb{R}^1$ que satisfaça a condição de interpolação:

$$F(\mathbf{x}_i) = d_i, \quad i = 1, 2, ..., N \tag{5.10}$$

Para a interpolação estrita como aqui especificada, a superfície de interpolação (i.e., a função F) é obrigada a passar por *todos* os pontos dos dados de treinamento.

A técnica de *funções de base radial* (RBF) consiste em escolher uma função F que tem a seguinte forma (Powell, 1988):

$$F(\mathbf{x}) = \sum_{i=1}^{N} w_i \varphi(\|\mathbf{x} - \mathbf{x}_i\|) \tag{5.11}$$

onde $\{\varphi(\|\mathbf{x} - \mathbf{x}_i\|) \mid i = 1, 2,..., N\}$ é um conjunto de N funções (geralmente não-lineares) arbitrárias, conhecidas como *funções de base radial*, e $\|\cdot\|$ representa uma *norma* que normalmente é euclidiana. Os pontos de dados conhecidos $\mathbf{x}_i \in \mathbb{R}^{m_0}$, $i = 1, 2,..., N$ são tomados como *centros* das funções de base radial.

Inserindo as condições de interpolação da Eq. (5.10) em (5.11), obtemos o seguinte conjunto de equações lineares simultâneas para coeficientes (pesos) desconhecidos da expansão $\{w_i\}$:

$$\begin{bmatrix} \varphi_{11} & \varphi_{12} & \cdots & \varphi_{1N} \\ \varphi_{21} & \varphi_{22} & \cdots & \varphi_{2N} \\ \vdots & \vdots & \vdots & \vdots \\ \varphi_{N1} & \varphi_{N2} & \cdots & \varphi_{NN} \end{bmatrix} \begin{bmatrix} w_1 \\ w_2 \\ \vdots \\ w_N \end{bmatrix} = \begin{bmatrix} d_1 \\ d_2 \\ \vdots \\ d_N \end{bmatrix} \tag{5.12}$$

onde

$$\varphi_{ji} = \varphi(\|\mathbf{x}_j - \mathbf{x}_i\|), \quad (j, i) = 1, 2,..., N \tag{5.13}$$

Considere

$$\mathbf{d} = [d_1, d_2 ..., d_N]^T$$

$$\mathbf{w} = [w_1, w_2 ..., w_N]^T$$

Os vetores N-por-1 $\mathbf{d}$ e $\mathbf{w}$ representam o *vetor resposta desejada* e o *vetor de peso linear*, respectivamente, onde N é o *tamanho da amostra de treinamento*. Considere que Φ represente uma matriz N-por-N com elementos φ_{ji}:

$$\Phi = \{\varphi_{ji} \mid (j, i) = 1, 2,..., N\} \tag{5.14}$$

Chamamos esta matriz de *matriz de interpolação*. Podemos então rescrever a Eq. (5.12) na forma compacta

$$\Phi \mathbf{w} = \mathbf{x} \tag{5.15}$$

Assumindo que Φ seja não-singular e, portanto, que exista a matriz inversa Φ^{-1}, podemos prosseguir resolvendo a Eq. (5.15) para o vetor de peso $\mathbf{w}$ como mostrado por

$$\mathbf{w} = \Phi^{-1} \mathbf{x} \tag{5.16}$$

A questão vital é: como podemos ter certeza de que a matriz de interpolação Φ é não-singular? Constata-se que para uma grande classe de funções de base radial e sob certas condições, a resposta a esta questão é dada pelo importante teorema a seguir.

O Teorema de Micchelli

Em Micchelli (1986), o seguinte teorema é provado:

Considere que $\{x_i\}_{i=1}^{N}$ seja um conjunto de pontos distintos em $\mathbb{R}^{m_0}$. Então, a matriz de interpolação Φ, N-por-N, cujo elemento ji é $\varphi_{ji} = \varphi(\|x_j - x_i\|)$, é não-singular.

Há uma grande classe de funções de base radial que é coberta pelo teorema de Micchelli; ela inclui as seguintes funções que são de particular interesse no estudo de redes RBF:

1. *Multiquádricas*:

$$\varphi(r) = (r^2 + c^2)^{1/2} \quad \text{para um } c > 0 \text{ e } r \in \mathbb{R} \tag{5.17}$$

2. *Multiquádricas inversas*:

$$\varphi(r) = \frac{1}{(r^2 + c^2)^{1/2}} \quad \text{para um } c > 0 \text{ e } r \in \mathbb{R} \tag{5.18}$$

3. *Funções gaussianas*:

$$\varphi(r) = \exp\left(-\frac{r^2}{2\sigma^2}\right) \quad \text{para um } \sigma > 0 \text{ e } r \in \mathbb{R} \tag{5.19}$$

As multiquádricas e as multiquádricas inversas foram propostas por Hardy (1971).
Para que as funções de base radial listadas nas Eqs. (5.17) a (5.19) sejam não-singulares, os pontos $\{x_i\}_{i=1}^{N}$ devem ser todos diferentes (i.e., distintos). Isto é tudo que é exigido para a não-singularidade da matriz de interpolação Φ, independentemente dos valores do tamanho N dos pontos de dados ou da dimensão m_0 dos vetores (pontos) x_i.
As multiquadráticas inversas da Eq. (5.18) e as funções gaussianas de (5.19) compartilham uma propriedade comum: ambas são funções *localizadas*, no sentido que $\varphi(r) \to 0$ quando $r \to \infty$. Em ambos os casos, a matriz de interpolação Φ é definida positivamente. Em comparação, as multiquádricas da Eq. (5.17) são *não-localizadas*, pois $\varphi(r)$ se torna ilimitada quando $r \to \infty$; e a matriz de interpolação correspondente Φ tem N-1 autovalores *negativos* e apenas um autovalor positivo, resultando que ela não é definida positiva positivamente (Micchelli, 1986). O que é notável, entretanto, é que uma matriz de interpolação Φ baseada nas multiquadráticas de Hardy é não-singular, e portanto adequada para o uso no projeto de redes RBF.
O que é ainda mais notável é que funções de base radial que *crescem* ao infinito, como as multiquadráticas, podem ser usadas para aproximar um mapeamento de entrada-saída suave com maior precisão que aquelas que produzem uma matriz de interpolação definida positivamente. Este resultado surpreendente é discutido em Powell (1988).

5.4 A APRENDIZAGEM SUPERVISIONADA COMO UM PROBLEMA DE RECONSTRUÇÃO DE HIPERSUPERFÍCIE MALFORMULADO

O procedimento de interpolação estrita descrito pode não ser uma boa estratégia para o treinamento de redes RBF para certas classes de tarefas por causa da pobre generalização para novos dados pelas seguintes razões: quando o número de pontos de dados na amostra de treinamento é muito maior que o número de graus de liberdade do processo físico relacionado, e somos obrigados a ter tantas funções de base radial quanto forem os pontos de dados, o problema é indeterminado. Conseqüentemente, a rede pode acabar ajustando variações enganosas devido a idiossincrasias ou a ruído nos dados de entrada, resultando desse modo em uma degradação do desempenho de generalização (Broomhead e Lowe, 1988).

Para desenvolver uma compreensão profunda do problema do ajuste excessivo e de como tratá-lo, primeiro retornamos ao ponto de vista de que o projeto de uma rede neural treinada para recuperar um padrão de saída quando se apresenta um padrão de entrada é equivalente a aprender uma hipersuperfície (i.e., um mapeamento multidimensional) que define a saída em termos das entradas. Em outras palavras, *a aprendizagem é vista como um problema de reconstrução de uma hipersuperfície, dado um conjunto de pontos de dados que podem ser esparsos*.

De acordo com Keller (1976) e Kirsch (1996), diz-se que dois Problemas relacionados são o *inverso* um do outro, se a formulação de cada um deles requerer conhecimento parcial ou total do outro. Normalmente, constatamos que um dos Problemas foi estudado anteriormente e talvez com mais detalhes que o outro. Este problema particular é chamado de *problema direto*, enquanto que o outro é chamado de *problema inverso*. Entretanto, por uma perspectiva matemática, há uma outra diferença mais importante entre um problema direto e um problema inverso. Especificamente, um problema de interesse pode ser bem-formulado ou mal-formulado. O termo "bem-formulado" tem sido usado em matemática aplicada desde o tempo de Hadamard no início dos anos 1900. Para explicar esta terminologia, suponha que tenhamos um domínio X e um intervalo Y assumidos como sendo espaços métricos e que estão relacionados por um mapeamento fixo mas desconhecido f. Dizemos que o problema de reconstrução do mapeamento f é *bem-formulado* se três condições forem satisfeitas (Tikhonov e Arsenin, 1977; Morozov, 1993; Kirsch, 1996):

1. *Existência*. Para cada vetor de entrada $\mathbf{x} \in \mathcal{X}$, existe uma saída $y = f(\mathbf{x})$, onde $y \in \mathcal{Y}$.
2. *Unicidade*. Para qualquer par de vetores de entrada $\mathbf{x}, \mathbf{t} \in \mathcal{X}$, temos $f(\mathbf{x}) = f(\mathbf{t})$ se e somente se $\mathbf{x} = \mathbf{t}$.
3. *Continuidade*. O mapeamento é contínuo, isto é, para qualquer $\varepsilon > 0$ existe $\delta = \delta(\varepsilon)$ tal que a condição $\rho_x(\mathbf{x}, \mathbf{t}) < \delta$ implica que $\rho_y(f(\mathbf{x}), f(\mathbf{t})) < \varepsilon$, onde $\rho(\cdot,\cdot)$ é o símbolo para a distância entre os dois argumentos em seus respectivos espaços. Este critério é ilustrado na Fig. 5.3. A propriedade da continuidade é também referida como *estabilidade*.

FIGURA 5.3 Ilustração do mapeamento do domínio (entrada) $\mathcal{X}$ para o intervalo (saída) $\mathcal{Y}$

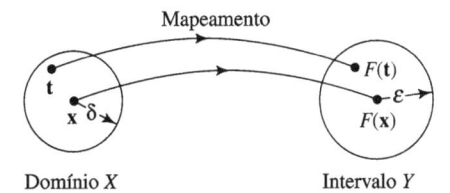

Se qualquer uma destas condições não for satisfeita, dizemos que o problema é *malformulado*. Basicamente um problema malformulado significa que grandes conjuntos de dados podem conter uma quantidade surpreendentemente pequena de informação acerca da solução desejada.

No contexto da nossa situação atual, o fenômeno físico responsável pela geração de dados de treinamento (p.ex., voz, imagens, sinais de radar, sinais de sonar, dados sísmicos) é um problema direto bem-formulado. Entretanto, aprender a partir destas formas físicas de dados, visto como um problema de reconstrução de hipersuperfície, é um problema inverso malformulado pelas seguintes razões. Primeiro, o critério de existência pode ser violado na medida que para toda a entrada pode não existir uma saída distinta. Segundo, pode não haver tanta informação na amostra de treinamento quanto realmente necessitamos para reconstruir unicamente o mapeamento de entrada-saída, sendo, dessa forma, provável que o critério de unicidade seja violado. Terceiro, a inevitável presença de ruído ou imprecisão nos dados de treinamento reais adiciona incerteza ao mapeamento de entrada-saída reconstruído. Em particular, se o nível de ruído na entrada for muito grande, é possível que a rede neural produza uma saída fora do intervalo $\mathcal{Y}$ para uma entrada específica $\mathbf{x}$ do domínio $\mathcal{X}$; em outras palavras, há uma probabilidade de que o critério de continuidade seja violado. Se um problema de aprendizagem não possui a propriedade da continuidade, então o mapeamento de entrada-saída computado não tem nada a ver com a verdadeira solução para o problema de aprendizagem. Não há como superar esta dificuldade a menos que alguma informação prévia sobre o mapeamento de entrada-saída esteja disponível. Neste contexto, é bastante apropriado que nos lembremos de uma afirmação de Lanczos sobre operadores diferenciais lineares (Lanczos, 1964): "Uma falta de informação não pode ser remediada por nenhum truque matemático."

A importante questão de como transformar um problema malformulado em um problema bem-formulado via regularização é discutida na próxima Seção.[3]

5.5 A TEORIA DA REGULARIZAÇÃO

Em 1963, Tikhonov propôs um novo método chamado *regularização* para resolver problemas malformulados.[4] No contexto de um problema de reconstrução de hipersuperfície, a idéia básica de regularização é *estabilizar* a solução por meio de algum funcional não-negativo auxiliar que incorpore informação prévia sobre a solução. A forma mais comum de informação prévia envolve a suposição de que a função do mapeamento de entrada-saída (i.e., a solução do problema de reconstrução) seja *suave*, no sentido de que entradas similares correspondam a saídas similares.

Para sermos específicos, considere que o conjunto de dados de entrada-saída (i.e., amostra de treinamento) disponível para a aproximação seja descrito por

$$\begin{array}{ll} \text{Sinal de entrada:} & \mathbf{x}_i \in \mathbb{R}^{m_0}, \quad i = 1, 2, ..., N \\ \text{Resposta desejada:} & d_i \in \mathbb{R}^1, \quad i = 1, 2, ..., N \end{array} \quad (5.20)$$

Note que se assume que a saída seja unidimensional. Esta suposição não limita de forma alguma a aplicabilidade geral da teoria da regularização aqui desenvolvida. Considere que a função aproximativa seja representada por $F(\mathbf{x})$, onde (por conveniência de representação) omitimos o vetor de peso $\mathbf{w}$ da rede do argumento da função F. Basicamente, a teoria de regularização de Tikhonov envolve dois termos:

1. *Termo do Erro Padrão*. Este primeiro termo, representado por $\mathcal{E}_s(F)$, mede o erro (distância) padrão entre a resposta desejada (alvo) d_i e a resposta real y_i para o exemplo de treinamento $i = 1, 2, ..., N$. Especificamente, definimos

$$\mathcal{E}_s(F) = \frac{1}{2}\sum_{i=1}^{N}(d_i - y_i)^2$$
$$= \frac{1}{2}\sum_{i=1}^{N}[d_i - F(\mathbf{x}_i)]^2 \quad (5.21)$$

onde introduzimos o fator de escala $\frac{1}{2}$ para manter a consistência com o material apresentado nos capítulos anteriores.

2. *Termo de Regularização.* Este segundo termo representado por $\mathcal{E}_c(F)$, depende das propriedades "geométricas" da função aproximativa $F(\mathbf{x})$. Especificamente, podemos escrever

$$\mathcal{E}_c(F) = \frac{1}{2}\|\mathbf{D}F\|^2 \quad (5.22)$$

onde **D** é um *operador diferencial linear*. A informação prévia sobre a forma da solução [i.e., a função de entrada-saída $F(\mathbf{x})$] é incorporada no operador **D**, o que torna naturalmente a seleção de **D** dependente do problema. Também nos referimos a **D** como um *estabilizador* porque ele estabiliza a solução para o problema de regularização, fazendo-a suave e desta forma satisfazendo a propriedade de continuidade. Entretanto, suavidade implica continuidade, mas o inverso não é necessariamente verdadeiro.

A abordagem analítica usada para tratar a situação descrita na Eq. (5.22) se apóia no conceito de um *espaço de função*,[5] que se refere a um *espaço normalizado*[6] de funções. Neste espaço de várias (estritamente falando, infinitas) dimensões, uma função contínua é representada por um *vetor*. Usando esta imagem geométrica, estabelece-se uma ligação entre matrizes e operadores diferenciais lineares. A análise de sistemas lineares se torna com isso traduzível para a análise de equações diferenciais lineares (Lanczos, 1964).

Assim, o símbolo $\|\cdot\|$ na Eq. (5.22) representa uma norma imposta ao espaço de função ao qual $\mathbf{D}F(\mathbf{x})$ pertence. Normalmente, o espaço de função usado aqui é o *espaço L_2* que consiste de todas as funções de valor real $f(\mathbf{x})$, $\mathbf{x} \in \mathbf{R}^{m_0}$, para as quais $\|f(\mathbf{x})\|^2$ é integrável por Lebesgue. A função $f(\mathbf{x})$ usada aqui representa a função real que define o processo físico responsável pela geração do conjunto de pares de dados de entrada-saída $\{(\mathbf{x}_i, d_i)\}_{i=1}^{N}$; veja a nota 7 para maiores detalhes.

A quantidade a ser minimizada na teoria de regularização é

$$\mathcal{E}(F) = \mathcal{E}_s(F) + \lambda \mathcal{E}_c(F)$$
$$= \frac{1}{2}\sum_{i=1}^{N}[d_i - F(\mathbf{x}_i)]^2 + \frac{1}{2}\lambda\|\mathbf{D}F\|^2 \quad (5.23)$$

onde λ é um número real positivo chamado de *parâmetro de regularização* e $\mathcal{E}(F)$ é denominado o *funcional de Tikhonov*. Um funcional mapeia funções (definidas em um espaço de funções adequado) para a linha dos reais. O minimizador do funcional de Tikhonov $\mathcal{E}(F)$ (i.e., a solução para o problema de regularização) é representado por $F_\lambda(\mathbf{x})$.

Neste sentido, podemos considerar o parâmetro de regularização λ como um indicador da suficiência do conjunto de dados fornecido como exemplos que especificam a solução $F_\lambda(\mathbf{x})$. Em particular, o caso limite $\lambda \to 0$ implica que o problema é irrestrito, com a solução $F_\lambda(\mathbf{x})$ sendo totalmente determinada pelos exemplos. O outro caso limite, $\lambda \to \infty$, por outro lado, implica que a restrição prévia de suavidade imposta pelo operador diferencial **D** é por si só suficiente para especificar a solução $F_\lambda(\mathbf{x})$, que é uma outra forma de dizer que os exemplos não são confiáveis. Em aplicações práticas, atribui-se ao parâmetro de regularização λ um valor entre estas duas condições limites, de forma que tanto os dados da amostra como a informação prévia contribuem para a solução $F_\lambda(\mathbf{x})$. Assim, o termo de regularização $\mathscr{E}_c(F)$ representa uma *função modelo de punição de complexidade*, cuja influência sobre a solução final é controlada pelo parâmetro de regularização λ.

Uma outra forma de se interpretar a regularização é considerando que ela fornece uma solução prática para o dilema bias-variância que é discutido no Capítulo 2. Especificamente, a escolha ótima do parâmetro de regularização λ é projetada para conduzir a solução do problema de aprendizagem para um balanço satisfatório entre bias modelo e variância modelo, pela incorporação da quantidade certa de informação prévia.

Diferencial de Fréchet do Funcional de Tikhonov

O *princípio da regularização* pode ser agora formulado como:

Encontre a função $F_\lambda(\mathbf{x})$ que minimiza o funcional de Tikhonov $\mathscr{E}(F)$, definido por

$$\mathscr{E}(F) = \mathscr{E}_s(F) + \lambda \mathscr{E}_c(F)$$

onde $\mathscr{E}_s(F)$ é o termo de erro padrão, $\mathscr{E}_c(F)$ é o termo de regularização e λ é o parâmetro de regularização.

Para prosseguirmos com a minimização do funcional de custo $\mathscr{E}(F)$, precisamos de uma regra para avaliar o diferencial de $\mathscr{E}(F)$. Podemos considerar esta questão usando o *diferencial de Fréchet*. No cálculo elementar, a tangente de uma curva é uma linha reta que fornece a melhor aproximação da curva na vizinhança do ponto de tangência. Similarmente, o diferencial de Fréchet de um funcional pode ser interpretado como a melhor aproximação linear local. Assim, o diferencial de Fréchet do funcional $\mathscr{E}(F)$ é formalmente definido por (Dorny, 1975; Debnath e Mikusiński, 1990; de Figueiredo e Chen, 1993):

$$d\mathscr{E}(F,h) = \left[\frac{d}{d\beta}\mathscr{E}(F+\beta h)\right]_{\beta=0} \quad (5.24)$$

onde $h(\mathbf{x})$ é uma função fixa do vetor $\mathbf{x}$. Na Eq. (5.24), são usadas as regras ordinárias da diferenciação. Uma condição necessária para a função $F(\mathbf{x})$ ser um extremo relativo do funcional $\mathscr{E}(F)$ é que o diferencial de Fréchet $d\mathscr{E}(F,h)$ deve ser zero em $F(\mathbf{x})$ para todo $h \in \mathscr{H}$, como mostrado por

$$d\mathscr{E}(F, h) = d\mathscr{E}_s(F, h) + \lambda d\mathscr{E}_c(F, h) = 0 \quad (5.25)$$

onde $d\mathscr{E}_s(F, h)$ e $d\mathscr{E}_c(F, h)$ são os diferenciais de Fréchet dos funcionais $\mathscr{E}_s(F)$ e $\mathscr{E}_c(F)$, respectivamente.

Calculando o diferencial de Fréchet do termo de erro padrão $\mathcal{E}_s(F, h)$ da Eq. (5.21), temos

$$\begin{aligned} d\mathcal{E}_s(F,h) &= \left[\frac{d}{d\beta}\mathcal{E}_s(F+\beta h)\right]_{\beta=0} \\ &= \left[\frac{1}{2}\frac{d}{d\beta}\sum_{i=1}^N [d_i - F(\mathbf{x}_i) - \beta h(\mathbf{x}_i)]^2\right]_{\beta=0} \\ &= -\sum_{i=1}^N [d_i - F(\mathbf{x}_i) - \beta h(\mathbf{x}_i)]h(\mathbf{x}_i)\Big|_{\beta=0} \\ &= -\sum_{i=1}^N [d_i - F(\mathbf{x}_i)]h(\mathbf{x}_i) \end{aligned} \quad (5.26)$$

Neste ponto da discussão, consideramos instrutivo invocar o *teorema da representação de Riesz*, que pode ser expresso como segue (Debnath e Mikusiński, 1990; Kirsh, 1996):

Considere que f seja um funcional linear limitado em um espaço de Hilbert (i.e., um espaço do produto interno que é completo)[8] representado por $\mathcal{H}$. Existe um $h_0 \in \mathcal{H}$ tal que

$$f = (h, h_0)_{\mathcal{H}} \text{ para todo } h \in \mathcal{H}$$

Além disso, temos que

$$\|f\|_{\tilde{\mathcal{H}}} = \|h_0\|_{\mathcal{H}}$$

onde $\tilde{\mathcal{H}}$ é o dual ou conjugado do espaço de Hilbert $\mathcal{H}$.

O símbolo $(\cdot,\cdot)_{\mathcal{H}}$ usado aqui representa o *produto interno (escalar)* de duas funções no espaço $\mathcal{H}$. Assim, com base no teorema da representação de Riesz, podemos rescrever o diferencial de Fréchet $d\mathcal{E}_s(F, h)$ da Eq. (5.26) na forma equivalente

$$d\mathcal{E}_s(F,h) = -\left(h, \sum_{i=1}^N (d_i - F)\delta_{\mathbf{x}_i}\right)_{\mathcal{H}} \quad (5.27)$$

onde $\delta_{\mathbf{x}_i}$ representa a *distribuição delta de Dirac* de $\mathbf{x}$, centrada em $\mathbf{x}_i$; isto é,

$$\delta_{\mathbf{x}_i}(\mathbf{x}) = \delta(\mathbf{x} - \mathbf{x}_i) \quad (5.28)$$

Considere a seguir o cálculo do diferencial de Fréchet do termo de regularização $\mathcal{E}_c(F)$ da Eq. (5.22). Procedendo de uma forma similar àquela recém-descrita, temos

$$d\mathscr{E}_c(F,h) = \frac{d}{d\beta}\mathscr{E}_c(F+\beta h)\big|_{\beta=0}$$

$$= \frac{1}{2}\frac{d}{d\beta}\int_{\mathbb{R}^{m_0}} (\mathbb{D}[F+\beta h])^2 d\mathbf{x}\big|_{\beta=0}$$

$$= \int_{\mathbb{R}^{m_0}} \mathbb{D}[F+\beta h]\mathbf{D}h\, d\mathbf{x}\big|_{\beta=0} \quad (5.29)$$

$$= \int_{\mathbb{R}^{m_0}} \mathbf{D}F\mathbf{D}h\, d\mathbf{x}$$

$$= (\mathbf{D}h, \mathbf{D}F)_{\mathscr{H}}$$

onde $(\mathbf{D}h, \mathbf{D}F)_{\mathscr{H}}$ é o produto interno das duas funções $\mathbf{D}h(\mathbf{x})$ e $\mathbf{D}F(\mathbf{x})$ que resultam da ação do operador diferencial $\mathbf{D}$ sobre $h(\mathbf{x})$ e $F(\mathbf{x})$, respectivamente.

Equação de Euler-Lagrange

Dado um operador diferencial linear $\mathbf{D}$, podemos encontrar um *operador adjunto* unicamente determinado, representado por $\tilde{\mathbf{D}}$, tal que para qualquer par de funções $u(\mathbf{x})$ e $v(\mathbf{x})$ que são suficientemente diferenciáveis e que satisfazem condições de contorno adequadas, podemos escrever (Lanczos, 1964)

$$\int_{\mathbb{R}^m} u(x)\mathbf{D}v(\mathbf{x})d\mathbf{x} = \int_{\mathbb{R}^m} v(\mathbf{x})\tilde{\mathbf{D}}u(\mathbf{x})d\mathbf{x} \quad (5.30)$$

A Equação (5.30) é denominada *identidade de Green*; ela fornece uma base matemática para definir o operador adjunto $\tilde{\mathbf{D}}$ em termos do diferencial $\mathbf{D}$ dado. Vendo $\mathbf{D}$ como uma matriz, o operador adjunto $\tilde{\mathbf{D}}$ desempenha um papel similar ao de uma matriz transposta.

Comparando o lado esquerdo da Eq. (5.30) com a quarta linha da Eq. (5.29), podemos fazer as seguintes identificações:

$$u(\mathbf{x}) = \mathbf{D}F(\mathbf{x})$$

$$\mathbf{D}v(\mathbf{x}) = \mathbf{D}h(\mathbf{x})$$

Usando a identidade de Green, podemos rescrever a Eq. (5.29) na forma equivalente

$$d\mathscr{E}_c(F, h) = \int_{\mathbb{R}^{m_0}} h(\mathbf{x})\tilde{\mathbf{D}}\mathbf{D}F(\mathbf{x})d\mathbf{x} \quad (5.31)$$

$$= \left(h, \tilde{\mathbf{D}}\mathbf{D}F\right)_{\mathscr{H}}$$

onde $\tilde{\mathbf{D}}$ é o adjunto de $\mathbf{D}$.

Retornando à condição extrema descrita na Eq. (5.25) e substituindo as diferenciais de Fréchet das Eqs. (5.27) e (5.31) naquela equação, podemos agora expressar o diferencial de Fréchet $d\mathcal{E}(F, h)$ como

$$d\mathcal{E}(F, h) = \left(h\left[\tilde{\mathbf{D}}\mathbf{D}F - \frac{1}{\lambda}\sum_{i=1}^{N}(d_i - F)\delta_{\mathbf{x}_i}\right]\right)_{\mathcal{H}} \quad (5.32)$$

Como normalmente atribui-se ao parâmetro de regularização λ um valor dentro do intervalo aberto $(0, \infty)$, o diferencial de Fréchet $d\mathcal{E}(F, h)$ é zero para todo $h(\mathbf{x})$ no espaço $\mathcal{H}$ se e somente se a seguinte condição for satisfeita no sentido distributivo:

$$\tilde{\mathbf{D}}\mathbf{D}F_\lambda - \frac{1}{\lambda}\sum_{i=1}^{N}(d_i - F)\delta_{\mathbf{x}_i} = 0$$

ou equivalentemente,

$$\tilde{\mathbf{D}}\mathbf{D}F_\lambda(\mathbf{x}) = \frac{1}{\lambda}\sum_{i=1}^{N}\left[d_i - F(\mathbf{x}_i)\right]\delta(\mathbf{x} - \mathbf{x}_i) \quad (5.33)$$

A equação (5.33) é a *equação de Euler-Lagrange* para o funcional de Tikhonov $\mathcal{E}(F)$; ela define uma condição necessária para o funcional de Tikhonov $\mathcal{E}(F)$ ter um extremo em $F_\lambda(\mathbf{x})$ (Debnath e Mikusiński, 1990).

Função de Green

A Equação (5.33) representa uma equação diferencial parcial para a função aproximativa F. Sabe-se que a solução desta equação consiste da transformação integral do lado direito da equação.

Considere que $G(\mathbf{x}, \boldsymbol{\xi})$ represente uma função na qual ambos os vetores $\mathbf{x}$ e $\boldsymbol{\xi}$ aparecem em pé de igualdade, mas para propósitos diferentes: $\mathbf{x}$ como um parâmetro e $\boldsymbol{\xi}$ como um argumento. Para um dado operador diferencial linear $\mathbf{L}$, estipulamos que a função $G(\mathbf{x}, \boldsymbol{\xi})$ satisfaça as seguintes condições (Courant e Hilbert, 1970):

1. Para um $\boldsymbol{\xi}$ fixo, $G(\mathbf{x}, \boldsymbol{\xi})$ é uma função de $\mathbf{x}$ e satisfaz as condições de contorno prescritas.
2. Exceto no ponto $\mathbf{x} = \boldsymbol{\xi}$, as derivadas de $G(\mathbf{x}, \boldsymbol{\xi})$ em relação a $\mathbf{x}$ são todas contínuas; o número de derivadas é determinado pela ordem do operador $\mathbf{L}$.
3. Com $G(\mathbf{x}, \boldsymbol{\xi})$ considerada como uma função de $\mathbf{x}$, ela satisfaz a equação diferencial parcial

$$\mathbf{L}G(\mathbf{x}, \boldsymbol{\xi}) = 0 \quad (5.34)$$

em todos os lugares exceto no ponto $\mathbf{x} = \boldsymbol{\xi}$, onde ela tem uma singularidade. Isto é, a função $G(\mathbf{x}, \boldsymbol{\xi})$ satisfaz a seguinte equação diferencial parcial (no sentido das distribuições):

$$\mathbf{L}G(\mathbf{x}, \boldsymbol{\xi}) = \delta(\mathbf{x} - \boldsymbol{\xi}) \quad (5.35)$$

onde, como definido anteriormente, $\delta(\mathbf{x} - \boldsymbol{\xi})$ é a função delta de Dirac posicionada no ponto $\mathbf{x} = \boldsymbol{\xi}$.

A função $G(\mathbf{x}, \xi)$ assim descrita é denominada a *função de Green* para o operador diferencial **L**. A função de Green desempenha um papel importante para um operador diferencial linear, similar ao da matriz inversa para uma equação matricial.

Considere que $\varphi(\mathbf{x})$ represente uma função contínua ou contínua por partes de $\mathbf{x} \in \mathbb{R}^m{}_0$. Então a função

$$F(\mathbf{x}) = \int_{\mathbb{R}^{m_0}} G(\mathbf{x},\xi)\varphi(\xi)d\xi \tag{5.36}$$

é uma solução da equação diferencial

$$\mathbf{L}F(\mathbf{x}) = \varphi(\mathbf{x}) \tag{5.37}$$

onde $G(\mathbf{x}, \xi)$ é a função de Green para o operador diferencial linear **L** (Courant e Hilbert, 1970).

Para provar a validade de $F(\mathbf{x})$ como solução da Eq. (5.37), aplique o operador diferencial **L** à Eq. (5.36), obtendo

$$\begin{aligned}\mathbf{L}F(\mathbf{x}) &= \mathbf{L}\int_{\mathbb{R}^{m_0}} G(\mathbf{x},\xi)\varphi(\xi)d(\xi) \\ &= \int_{\mathbb{R}^{m_0}} \mathbf{L}G(\mathbf{x},\xi)\varphi(\xi)d\xi\end{aligned} \tag{5.38}$$

O operador diferencial **L** trata ξ como uma constante, agindo sobre o núcleo $G(\mathbf{x}, \xi)$ apenas como uma função de **x**. Usando a Eq. (5.35) em (5.38), obtemos

$$\mathbf{L}F(\mathbf{x}) = \int_{\mathbb{R}^{m_0}} \delta(\mathbf{x}-\xi)\varphi(\xi)d\xi$$

Finalmente, usando a *propriedade de filtragem* da função delta de Dirac, isto é,

$$\int_{\mathbb{R}^{m_0}} \varphi(\xi)\delta(\mathbf{x}-\xi)d(\xi) = \varphi(\mathbf{x})$$

Obtemos $\mathbf{L}F(\mathbf{x}) = \varphi(\mathbf{x})$, como descrito na Eq. (5.37).

Solução do Problema de Regularização

Retornando à questão tratada, ou seja, resolver a equação de Euler-Lagrange (5.33), faça

$$\mathbf{L} = \tilde{\mathbf{D}}\mathbf{D} \tag{5.39}$$

e

$$\varphi(\xi) = \frac{1}{\lambda}\sum_{i=1}^{N}[d_i - F(\mathbf{x}_i)]\delta(\xi - \mathbf{x}_i) \tag{5.40}$$

Então, podemos usar a Eq. (5.36) para escrever

$$F_\lambda(\mathbf{x}) = \int_{\mathbb{R}^{m_0}} G(\mathbf{x},\xi)\left\{\frac{1}{\lambda}\sum_{i=1}^{N}[d_i - F(\mathbf{x}_i)]\delta(\xi - \mathbf{x}_i)\right\}d\xi$$

$$= \frac{1}{\lambda}\sum_{i=1}^{N}[d_i - F(\mathbf{x}_i)]\int_{\mathbb{R}^{m_0}} G(\mathbf{x},\xi)\delta(\xi - \mathbf{x}_i)d\xi$$

onde na última linha trocamos a ordem da integração e do somatório. Finalmente, usando a propriedade de filtragem da função delta de Dirac, obtemos a solução desejada da equação de Euler-Lagrange (5.33) como segue:

$$F_\lambda(\mathbf{x}) = \frac{1}{\lambda}\sum_{i=1}^{N}[d_i - F(\mathbf{x}_i)]G(\mathbf{x},\mathbf{x}_i) \tag{5.41}$$

A Equação (5.41) afirma que a solução $F\lambda(\mathbf{x})$ de minimização para o problema de regularização é uma superposição linear de N funções de Green. Os $\mathbf{x}_i$ representam os *centros da expansão*, e os pesos $[d_i - F(\mathbf{x}_i)]/\lambda$ representam os *coeficientes da expansão*. Em outras palavras, a solução para o problema de regularização se encontra em um subespaço N-dimensional do espaço de funções suaves, e o conjunto de funções de Green $\{G(\mathbf{x}, \mathbf{x}_i)\}$ centradas em $\mathbf{x}_i$, $i = 1, 2,..., N$, constitui uma base para este subespaço (Poggio e Girosi, 1990a). Note que os coeficientes de expansão na Eq. (5.41) são, primeiro, *lineares* em relação ao erro de estimação, definido como a diferença entre a resposta desejada d_i e a saída correspondente $F(\mathbf{x}_i)$ calculada pela rede, e segundo, inversamente proporcionais ao parâmetro de regularização λ.

Determinação dos Coeficientes da Expansão

A próxima questão a ser resolvida é a determinação dos coeficientes desconhecidos na expansão da Eq. (5.41). Considere

$$w_i = \frac{1}{\lambda}[d_i - F(\mathbf{x}_i)], \quad i = 1, 2,..., N \tag{5.42}$$

Com isso, podemos dispor a solução de minimização da Eq. (5.41) simplesmente como:

$$F_\lambda(\mathbf{x}) = \sum_{i=1}^{N} w_i G(\mathbf{x},\mathbf{x}_i) \tag{5.43}$$

Calculando a Eq. (5,43) em $\mathbf{x}_j, j = 1, 2,..., N$, obtemos

$$F_\lambda(\mathbf{x}_j) = \sum_{i=1}^{N} w_i G(\mathbf{x}_j,\mathbf{x}_i), \quad j = 1, 2,.., N \tag{5.44}$$

Introduzimos agora as seguintes definições:

$$\mathbf{F}_\lambda = \left[F_\lambda(\mathbf{x}_1), F_\lambda(\mathbf{x}_2), ..., F_\lambda(\mathbf{x}_N) \right]^T \quad (5.45)$$

$$\mathbf{d} = \left[d_1, d_2 ..., d_N \right]^T \quad (5.46)$$

$$\mathbf{G} = \begin{bmatrix} G(\mathbf{x}_1,\mathbf{x}_1) & G(\mathbf{x}_1,\mathbf{x}_2) & \cdots & G(\mathbf{x}_1,\mathbf{x}_N) \\ G(\mathbf{x}_2,\mathbf{x}_1) & G(\mathbf{x}_2,\mathbf{x}_2) & \cdots & G(\mathbf{x}_2,\mathbf{x}_N) \\ \vdots & \vdots & & \vdots \\ G(\mathbf{x}_N,\mathbf{x}_1) & G(\mathbf{x}_N,\mathbf{x}_2) & \cdots & G(\mathbf{x}_N,\mathbf{x}_N) \end{bmatrix} \quad (5.47)$$

$$\mathbf{w} = \left[w_1, w_2, ..., w_N \right]^T \quad (5.48)$$

Podemos então rescrever as Eqs. (5.42) e (5.44) na forma matricial, respectivamente, como segue:

$$\mathbf{w} = \frac{1}{\lambda}(\mathbf{d} - \mathbf{F}_\lambda) \quad (5.49)$$

e

$$\mathbf{F}_\lambda = \mathbf{G}\mathbf{w} \quad (5.50)$$

Eliminando $\mathbf{F}_\lambda$ entre as Eqs. (5.49) e (5.50) e reagrupando os termos, obtemos

$$(\mathbf{G} + \lambda\mathbf{I})\mathbf{w} = \mathbf{d} \quad (5.51)$$

onde $\mathbf{I}$ é a matriz identidade N-por-N. A matriz $\mathbf{G}$ é chamada de *matriz de Green*.

O operador diferencial $\mathbf{L}$ definido na Eq. (5.39) é *auto-adjunto*, no sentido de que o seu adjunto é igual ao próprio operador $\mathbf{L}$. Resultando, portanto, que a função de Green associada $\mathbf{G}(\mathbf{x}, \mathbf{x}_i)$ é uma *função simétrica*, como mostrado por

$$G(\mathbf{x}_i, \mathbf{x}_j) = G(\mathbf{x}_j, \mathbf{x}_i) \quad \text{para todo } i \text{ e } j \quad (5.52)$$

A Equação (5.52) afirma que as posições dos dois pontos $\mathbf{x}$ e $\boldsymbol{\xi}$ podem ser trocadas sem afetar o valor da função de Green $G(\mathbf{x}, \boldsymbol{\xi})$. Equivalentemente, a matriz de Green $\mathbf{G}$ definida na Eq. (5.47) é uma *matriz simétrica*; isto é,

$$\mathbf{G}^T = \mathbf{G} \quad (5.53)$$

Invocamos agora o teorema da interpolação, que é descrito na Seção 5.3 no contexto da matriz de interpolação Φ. Primeiro, notamos que a matriz de Green $\mathbf{G}$ desempenha um papel importante na teoria da regularização, similar ao de Φ na teoria de interpolação da RBF. Ambas $\mathbf{G}$ e Φ são matrizes N-por-N simétricas. Conseqüentemente, podemos afirmar que a matriz $\mathbf{G}$, para certas classes de funções de Green, é definida positivamente desde que os pontos de dados $\mathbf{x}_1, \mathbf{x}_2,..., \mathbf{x}_N$ sejam distintos. As classes de funções de Green cobertas pelo teorema de Micchelli incluem multiquádricas inversas e funções gaussianas, mas não multiquádricas. Na prática, podemos sempre escolher λ suficientemente grande para garantir que $\mathbf{G} + \lambda\mathbf{I}$ seja definida positivamente e assim inversiva. Isto, por sua vez, significa que o sistema linear de Equações (5.51) terá uma única solução dada por (Poggio e Girosi, 1990a)

$$\mathbf{w} = (\mathbf{G} + \lambda\mathbf{I})^{-1}\mathbf{d} \qquad (5.54)$$

Assim, tendo selecionado o operador diferencial $\mathbf{D}$ e portanto tendo identificado a função de Green associada $G(\mathbf{x}_j, \mathbf{x}_i)$, onde $i = 1, 2,..., N$, podemos usar a Eq. (5.54) para obter o vetor de peso $\mathbf{w}$ para um vetor resposta desejada específico $\mathbf{d}$ e um valor apropriado de parâmetro de regularização λ.

Concluindo, podemos afirmar que a solução do problema de regularização é dada pela expansão[9]

$$F_\lambda(\mathbf{x}) = \sum_{i=1}^{N} w_i G(\mathbf{x}, \mathbf{x}_i) \qquad (5.55)$$

onde $G(\mathbf{x}, \mathbf{x}_i)$ é a função de Green do operador diferencial auto-adjunto $\mathbf{L} = \tilde{\mathbf{D}}\mathbf{D}$, e w_i é o i-ésimo elemento do vetor de peso $\mathbf{w}$; estas duas quantidades são definidas pelas Eq. (5.35) e (5.54), respectivamente. A Equação (5.55) afirma o seguinte (Poggio e Girosi, 1990a):

- A abordagem de regularização é equivalente à expansão da solução nos termos de um conjunto de funções de Green, cuja caracterização depende apenas da forma adotada para o estabilizador $\mathbf{D}$ e das condições de contorno associadas.
- O número de funções de Green usadas na expansão é igual ao número de exemplos usados no processo de treinamento.

Deve-se notar, entretanto, que a solução do problema de regularização dado na Eq. (5.55) é incompleta, pois ela representa um termo de solução de *módulo* $g(\mathbf{x})$ que se encontra no espaço nulo do operador $\mathbf{D}$ (Poggio e Girosi, 1990a). Dizemos isso porque todas as funções que se encontram no espaço nulo de $\mathbf{D}$ são "invisíveis" para o termo de suavização $\|\mathbf{D}F\|^2$ no funcional de custo $\mathscr{E}(F)$ da Eq. (5.23); por *espaço nulo* de $\mathbf{D}$, entendemos o conjunto de todas as funções $g(\mathbf{x})$ para as quais $\mathbf{D}g$ é zero. A forma exata do termo adicional $g(\mathbf{x})$ é dependente do problema, significando que ele depende do estabilizador escolhido e das condições de contorno do problema tratado. Ele não é necessário, por exemplo, no caso de um estabilizador $\mathbf{D}$ correspondente a uma função de Green de forma de sino tal como uma gaussiana ou multiquádrica inversa. Por esta razão, e como a sua inclusão não modifica as conclusões principais, nós o desconsideramos daqui em diante.

A caracterização da função de Green $G(\mathbf{x}, \mathbf{x}_i)$ para um centro específico $\mathbf{x}_i$ depende apenas da forma do estabilizador $\mathbf{D}$, isto é, da suposição feita *a priori* a respeito do mapeamento de entrada-saída. Se o estabilizador $\mathbf{D}$ é *invariante à translação*, a função de Green $G(\mathbf{x}, \mathbf{x}_i)$ centrada em $\mathbf{x}_i$ dependerá apenas da diferença entre os argumentos $\mathbf{x}$ e $\mathbf{x}_i$; isto é,

$$G(\mathbf{x}, \mathbf{x}_i) = G(\mathbf{x} - \mathbf{x}_i) \qquad (5.56)$$

Se o estabilizador **D** for *invariante à translação e à rotação*, a função de Green $G(\mathbf{x}, \mathbf{x}_i)$ dependerá apenas da *norma euclidiana* do vetor diferença $\mathbf{x} - \mathbf{x}_i$, como mostrado por

$$G(\mathbf{x}, \mathbf{x}_i) = G(\|\mathbf{x} - \mathbf{x}_i\|) \tag{5.57}$$

Nestas condições, a função de Green deve ser uma *função de base radial*. Neste caso, a solução regularizada da Eq. (5.55) assume a seguinte forma especial (Poggio e Girosi, 1990a):

$$F_\lambda(\mathbf{x}) = \sum_{i=1}^{N} w_i G(\|\mathbf{x} - \mathbf{x}_i\|) \tag{5.58}$$

A solução descrita na Eq. (5.58) constrói um espaço linear de funções que depende dos pontos de dados conhecidos de acordo com a medida da distância euclidiana.

A solução descrita pela Eq. (5.58) é denominada *interpolação estrita*, pois todos os N pontos disponíveis para treinamento são usados para gerar a função de interpolação $F(\mathbf{x})$. Entretanto, é importante perceber que esta solução difere daquela da Eq. (5.11) em um aspecto fundamental: a solução da Eq. (5.58) é *regularizada* em virtude da definição dada na Eq. (5.54) para o vetor de peso **w**. Apenas quando fazemos o parâmetro de regularização λ igual a zero é que as duas soluções podem se tornar iguais.

Funções Gaussianas Multivariadas

A função de Green $G(\mathbf{x}, \mathbf{x}_i)$, cujo operador diferencial linear **D** é invariante à translação e à rotação e que satisfaz a condição da Eq. (5.57), é de particular interesse na prática. Um exemplo desta função de Green é a *função gaussiana multivariada* definida por

$$G(\mathbf{x}, \mathbf{x}_i) = \exp\left(-\frac{1}{2\sigma_i^2} \|\mathbf{x} - \mathbf{x}_i\|^2\right) \tag{5.59}$$

onde $\mathbf{x}_i$ representa o centro da função e σ_i representa a sua largura. O operador auto-adjunto $\mathbf{L} = \tilde{\mathbf{D}}\mathbf{D}$ que define a função de Green da Eq. (5.59) é dado por (Poggio e Girosi, 1990a)

$$\mathbf{L} = \sum_{n=0}^{\infty} (-1)^n \alpha_n \nabla^{2n} \tag{5.60}$$

onde

$$\alpha_n = \frac{\sigma_i^{2n}}{n! 2^n} \tag{5.61}$$

e ∇^{2n} é o *operador de Laplace iterado* em m_0 dimensões, com

$$\nabla^2 = \frac{\partial^2}{\partial x_1^2} + \frac{\partial^2}{\partial x_2^2} + \cdots + \frac{\partial^2}{\partial x_{m_0}^2} \tag{5.62}$$

Permitindo-se que o número de termos vá ao infinito na Eq. (5.60), **L** deixa de ser um operador diferencial no sentido padrão. Por esta razão, o operador **L** na Eq. (5.60) é referido como um *operador pseudodiferencial*.

Como por definição, $\mathbf{L} = \tilde{\mathbf{D}}\mathbf{D}$, deduzimos da Eq. (5.60) que o operador **D** e o seu adjunto $\tilde{\mathbf{D}}$ são, respectivamente, como segue (veja a nota 10):

$$\mathbf{D} = \sum_n \alpha_n^{1/2} \left(\frac{\partial}{\partial x_1} + \frac{\partial}{\partial x_2} + \cdots + \frac{\partial}{\partial x_{m_0}} \right)^n \qquad (5.63)$$

$$= \sum_{a+b+\cdots+k=n} \alpha_n^{1/2} \frac{\partial^n}{\partial x_1^a \partial x_2^b \ldots \partial x_{m_0}^k},$$

e

$$\tilde{\mathbf{D}} = \sum_n (-1)^n \alpha_n^{1/2} \left(\frac{\partial}{\partial x_1} + \frac{\partial}{\partial x_2} + \cdots + \frac{\partial}{\partial x_{m_0}} \right)^n \qquad (5.64)$$

$$= \sum_{a+b+\cdots k=n} (-1) \alpha_n^{1/2} \frac{\partial^n}{\partial x_1^a \partial x_2^b \ldots \partial x_{m_0}^k}$$

Assim, a solução regularizada descrita na Eq. (5.58) é obtida usando-se um estabilizador que inclua todas as suas possíveis derivadas parciais.

Utilizando as Eqs. (5.59) a (5.61) em (5.35) com ξ igualado a $\mathbf{x}_i$, podemos escrever

$$\sum_n (-1)^n \frac{\sigma_i^{2n}}{n! 2^n} \nabla^{2n} \exp\left(-\frac{1}{2\sigma_i^2} \| \mathbf{x} - \mathbf{x}_i \|^2 \right) = \delta(\mathbf{x} - \mathbf{x}_i) \qquad (5.65)$$

Com a função de Green $G(\mathbf{x}, \mathbf{x}_i)$ definida pela forma especial da Eq. (5.59), a solução regularizada dada na Eq. (5.55) assume a forma de uma superposição linear de funções gaussianas multivariadas como segue

$$F_\lambda(\mathbf{x}) = \sum_{i=1}^N w_i \exp\left(-\frac{1}{2\sigma_i^2} \| \mathbf{x} - \mathbf{x}_i \|^2 \right) \qquad (5.66)$$

onde os pesos lineares, w_i, são definidos por (5.42).

Na Eq. (5.66), são atribuídas diferentes variâncias aos membros gaussianos individuais da soma que define a função aproximativa $F(\mathbf{x})$. Para simplificar o desenvolvimento, freqüentemente se impõe sobre $F(\mathbf{x})$ a condição $\sigma_i = \sigma$ para todo *i*. Apesar de as redes RBF projetadas desta maneira serem, de certa forma, de um tipo restrito, elas ainda são aproximadores universais (Park e Sandberg, 1991).

5.6 REDES DE REGULARIZAÇÃO

A expansão da função aproximativa regularizada $F_\lambda(\mathbf{x})$, dada na Eq. (5.55) em termos da função de Green $G(\mathbf{x}, \mathbf{x}_i)$ centrada em $\mathbf{x}_i$, sugere a estrutura de rede mostrada na Fig. 5.4 como método para sua implementação. Por razões óbvias, esta rede é chamada de *rede de regularização* (Poggio e Girosi,

1990a). Como no caso da rede descrita na Seção 5.1, ela consiste de três camadas. A primeira camada é composta de nós de entrada (fonte) cujo número é igual à dimensão m_0 do vetor de entrada **x** (i.e., o número de variáveis independentes do problema). A segunda camada é uma camada oculta, composta de unidades não-lineares que são *adiante* conectadas a todos os nós na camada de entrada. Há uma unidade oculta para cada ponto de dados $\mathbf{x}_i$, $i = 1, 2,..., N$, onde N é o tamanho da amostra de treinamento. As funções de ativação das unidades ocultas individuais são definidas pelas funções de Green. Conseqüentemente, a saída da i-ésima unidade oculta é G ($\mathbf{x}, \mathbf{x}_i$). A camada de saída consiste de uma única unidade linear, sendo totalmente conectada à camada oculta. Por "linearidade" entendemos que a saída da rede é uma soma linearmente ponderada das saídas das unidades ocultas. Os pesos da camada de saída são os coeficientes desconhecidos da expansão, definidos em termos das funções de Green $G(\mathbf{x}, \mathbf{x}_i)$ e do parâmetro de regularização λ, como visto na Eq. (5.54). A Figura 5.4 descreve a arquitetura da rede de regularização para uma única saída. Vemos claramente que tal arquitetura pode ser facilmente estendida para acomodar qualquer número desejado de saídas da rede.

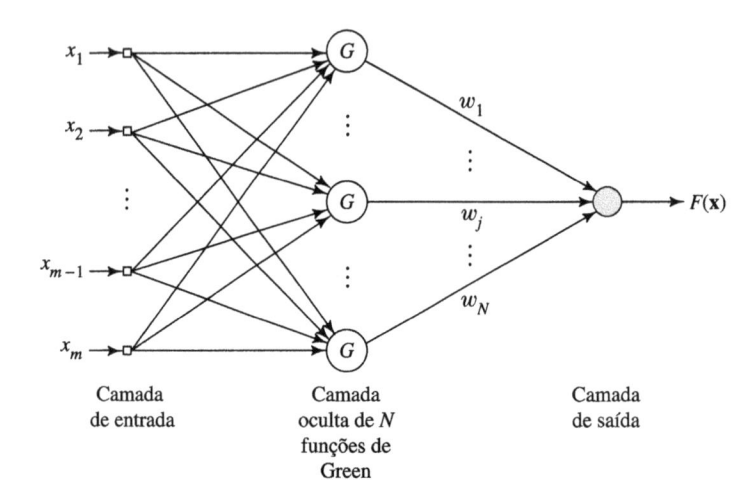

FIGURA 5.4 Rede de regularização

A rede de regularização mostrada na Fig. 5.5 assume que a função de Green $G(\mathbf{x}, \mathbf{x}_i)$ é *definida positivamente* para todo i. Desde que esta condição seja satisfeita, o que é o caso quando $G(\mathbf{x}, \mathbf{x}_i)$ tem a forma gaussiana dada na Eq. (5.59), por exemplo, então a solução produzida por esta rede será uma interpolação "ótima" no sentido de que minimiza o funcional $\mathscr{E}(F)$. Além disso, do ponto de vista da teoria de aproximação, a rede de regularização tem três propriedades desejáveis (Poggio e Girosi, 1990a):

1. A rede de regularização é um *aproximador universal,* já que pode aproximar arbitrariamente bem qualquer função contínua multivariada em um subconjunto compacto de $\mathbb{R}^{m_0}$, dado um número suficientemente grande de unidades ocultas.
2. Como o esquema de aproximação derivado da teoria de regularização é linear em relação aos coeficientes desconhecidos, resulta que a rede de regularização tem a *propriedade da melhor aproximação*. Isto significa que, dada uma função não-linear desconhecida f, sempre existe uma escolha de coeficientes que aproxima f melhor que todas as outras escolhas possíveis.

[Figura: Rede de função de base radial com camada de entrada ($x_1, x_2, \ldots, x_{m-1}, x_m$), camada oculta de m_1 funções de base radial (φ) com bias $\varphi = 1$, $w_0 = b$, e camada de saída com pesos w_1, w_j, w_{m_1}.]

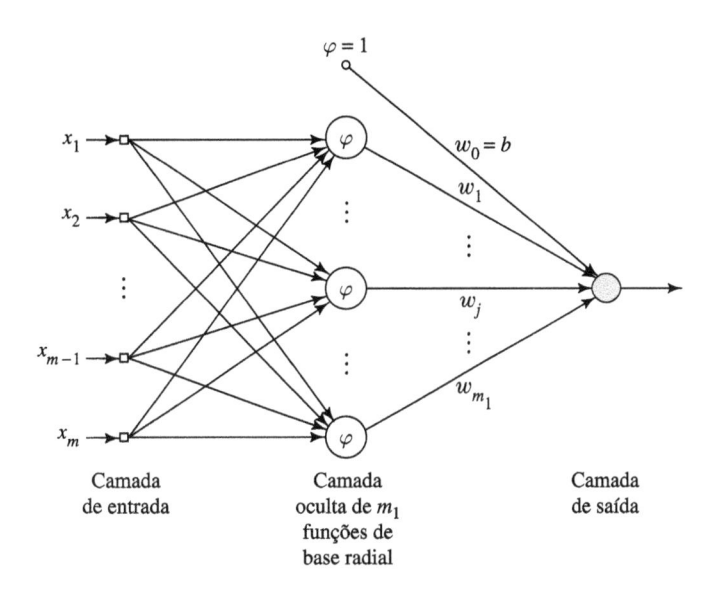

FIGURA 5.5 Rede de função de base radial

3. A solução calculada pela rede de regularização é *ótima*. Ótimo aqui significa que a rede de regularização minimiza um funcional que mede o quanto a solução se desvia de seu valor real como representado pelos dados de treinamento.

5.7 REDES DE FUNÇÃO DE BASE RADIAL GENERALIZADAS

A correspondência de um-para-um entre os dados de entrada de treinamento x_i e a função de Green $G(\mathbf{x}, \mathbf{x}_i)$ para $i = 1, 2, \ldots, N$ produz uma rede de regularização que pode ser algumas vezes considerada proibitivamente custosa para ser implementada em termos computacionais, para N grande. Especificamente, o cálculo dos pesos lineares da rede [i.e., os coeficientes da expansão na Eq. (5.55)] requer a inversão de uma matriz N-por-N, que por sua vez cresce de modo polinomial com N (aproximadamente com N^3). Além disso, a probabilidade de *mau condicionamento* é maior para matrizes maiores; o *número condicionante* de uma matriz é definido como a razão entre o maior autovalor e o menor autovalor da matriz. Para superar estas dificuldades computacionais, a complexidade da rede deve ser reduzida, o que requer uma aproximação para a solução regularizada.

A abordagem seguida envolve a procura por uma solução subótima em um espaço de menor dimensionalidade que aproxime a solução regularizada da Eq. (5.55). Isto é feito usando-se uma técnica padrão conhecida em problemas variacionais como *método de Galerkin*. De acordo com esta técnica, a solução aproximada $F^*(\mathbf{x})$ é expandida em uma base finita, como mostrado por (Poggio e Girosi, 1990a)

$$F^*(\mathbf{x}) = \sum_{i=1}^{m_1} w_i \varphi_i(\mathbf{x}) \qquad (5.67)$$

onde $\{\varphi_i(\mathbf{x}) | i = 1, 2, \ldots, m_1\}$ é um novo conjunto de funções de base que assumimos serem linearmente independentes sem perda de generalidade. Tipicamente, o número de funções de base é menor que o número de pontos de dados (i.e., $m_1 \leq N$), e os w_i constituem um novo conjunto de pesos. Tendo em mente as funções de base radial, fazemos

$$\varphi_i(\mathbf{x}) = G(\|\mathbf{x} - \mathbf{t}_i\|), \quad i = 1, 2, ..., m_1 \tag{5.68}$$

onde o conjunto de centros $\{\mathbf{t}_i | i = 1, 2, ..., m_1\}$ deve ser determinado. Esta escolha particular de funções de base é a única que garante que no caso de $m_1 = N$, e

$$\mathbf{t}_i = \mathbf{x}_i, \quad i = 1, 2, ..., N$$

a solução correta da Eq. (5,58) é recuperada de forma consistente. Assim, usando a Eq. (5.68) em (5.67), podemos redefinir $F^*(\mathbf{x})$ como

$$\begin{aligned} F^*(\mathbf{x}) &= \sum_{i=1}^{m_1} w_i G(\mathbf{x}, \mathbf{t}_i) \\ &= \sum_{i=1}^{m_1} w_i G(\|\mathbf{x} - \mathbf{t}_i\|) \end{aligned} \tag{5.69}$$

Dada a expansão da Eq. (5.69) para a função aproximativa $F^*(\mathbf{x})$, o problema que enfrentamos agora é a determinação do novo conjunto de pesos $\{w_i | i = 1, 2, ..., m_1\}$ que minimiza o novo funcional de custo $\mathcal{E}(F^*)$ definido por

$$\mathcal{E}(F^*) = \sum_{i=1}^{N} \left(d_i - \sum_{j=1}^{m_1} w_j G(\|\mathbf{x}_i - \mathbf{t}_j\|) \right)^2 + \lambda \|\mathbf{D}F^*\|^2 \tag{5.70}$$

O primeiro termo no lado direito da Eq. (5.70) pode ser expresso como a norma euclidiana quadrada $\|\mathbf{d} - \mathbf{Gw}\|^2$, onde

$$\mathbf{d} = [d_1, d_2, ..., d_N]^T \tag{5.71}$$

$$\mathbf{G} = \begin{bmatrix} G(\mathbf{x}_1, \mathbf{t}_1) & G(\mathbf{x}_1, \mathbf{t}_2) & \cdots & G(\mathbf{x}_1, \mathbf{t}_{m_1}) \\ G(\mathbf{x}_2, \mathbf{t}_1) & G(\mathbf{x}_2, \mathbf{t}_2) & \cdots & G(\mathbf{x}_2, \mathbf{t}_{m_1}) \\ \vdots & \vdots & & \vdots \\ G(\mathbf{x}_N, \mathbf{t}_1) & G(\mathbf{x}_N, \mathbf{t}_2) & \cdots & G(\mathbf{x}_N, \mathbf{t}_{m_1}) \end{bmatrix} \tag{5.72}$$

$$\mathbf{w} = [w_1, w_2, ..., w_{m_1}]^T \tag{5.73}$$

O vetor resposta desejada $\mathbf{d}$ é N-dimensional como anteriormente. Entretanto, a matriz $\mathbf{G}$ de funções de Green e o vetor de peso $\mathbf{w}$ têm dimensões diferentes; a matriz $\mathbf{G}$ é agora N-por-m_1 e portanto não é mais simétrica, e o vetor $\mathbf{w}$ é m_1-por-1. Da Eq. (5.69) notamos que a função aproximativa F^*

é uma combinação linear das funções de Green para o estabilizador **D**. Conseqüentemente, podemos expressar o segundo termo no lado direito da Eq. (5.70) como

$$\|\mathbf{D}F^*\|^2 = (\mathbf{D}F^*, \mathbf{D}F^*)_{\mathcal{H}}$$

$$= \left[\sum_{i=1}^{m_1} w_i G(\mathbf{x}, \mathbf{t}_i), \tilde{\mathbf{D}}\mathbf{D} \sum_{i=1}^{m_1} w_i G(\mathbf{x}; \mathbf{t}_i)\right]_{\mathcal{H}}$$

$$= \left[\sum_{i=1}^{m_1} w_i G(\mathbf{x}, \mathbf{t}_i), \sum_{i=1}^{m_1} w_i \delta \mathbf{t}_i\right]_{\mathcal{H}} \quad (5.74)$$

$$= \sum_{j=1}^{m_1} \sum_{i=1}^{m_1} w_j w_i G(\mathbf{t}_j, \mathbf{t}_i)$$

$$= \mathbf{w}^T \mathbf{G}_0 \mathbf{w}$$

onde na segunda e na terceira linhas fizemos uso da definição de um operador adjunto e da Eq. (5.35), respectivamente. A matriz $\mathbf{G}_0$ é uma matriz simétrica m_1-por-m_1, definida por

$$\mathbf{G}_0 = \begin{bmatrix} G(\mathbf{t}_1, \mathbf{t}_1) & G(\mathbf{t}_1, \mathbf{t}_2) & \cdots & G(\mathbf{t}_1, \mathbf{t}_{m_1}) \\ G(\mathbf{t}_2, \mathbf{t}_1) & G(\mathbf{t}_2, \mathbf{t}_2) & \cdots & G(\mathbf{t}_2, \mathbf{t}_{m_1}) \\ \vdots & \vdots & & \vdots \\ G(\mathbf{t}_{m_1}, \mathbf{t}_1) & G(\mathbf{t}_{m_1}, \mathbf{t}_2) & \cdots & G(\mathbf{t}_{m_1}, \mathbf{t}_{m_1}) \end{bmatrix} \quad (5.75)$$

Assim, a minimização da Eq. (5.70) em relação ao vetor de peso **w** produz o resultado (veja o Problema 5.5)

$$(\mathbf{G}^T \mathbf{G} + \lambda \mathbf{G}_0) \mathbf{w} = \mathbf{G}^T \mathbf{d} \quad (5.76)$$

Quando o parâmetro de regularização λ se aproxima de zero, o vetor de peso **w** converge para a solução da pseudo-inversa (norma mínima) do problema indeterminado de ajuste de dados por quadrados mínimos para $m_1 < N$, como mostrado por (Broomhead e Lowe, 1988)

$$\mathbf{w} = \mathbf{G}^+ \mathbf{d}, \ \lambda = 0 \quad (5.77)$$

onde $\mathbf{G}^+$ é a pseudo-inversa da matriz **G**; isto é,

$$\mathbf{G}^+ = (\mathbf{G}^T \mathbf{G})^{-1} \mathbf{G}^T \quad (5.78)$$

Norma Ponderada

A norma na solução aproximada da Eq. (5.69) é normalmente subentendida como uma norma euclidiana. Quando, entretanto, os elementos individuais do vetor de entrada **x** pertencem a classes diferentes é mais apropriado considerar uma *norma ponderada* genérica, cuja forma quadrática é definida por (Poggio e Girosi, 1990a)

$$\|\mathbf{x}\|_C^2 = (\mathbf{C}\mathbf{x})^T(\mathbf{C}\mathbf{x})$$
$$= \mathbf{x}^T \mathbf{C}^T \mathbf{C} \mathbf{x} \quad (5.79)$$

onde $\mathbf{C}$ é uma *matriz de ponderação de norma* m_0-por-m_0, e m_0 é a dimensão do vetor de entrada $\mathbf{x}$.

Usando a definição de norma ponderada, podemos rescrever a aproximação para a solução regularizada na Eq. (5.69) em uma forma mais generalizada (Lowe, 1989; Poggio e Girosi, 1990a)

$$F^*(\mathbf{x}) = \sum_{i=1}^{m_1} w_i G(\|\mathbf{x} - \mathbf{t}_i\|_C) \quad (5.80)$$

O uso de uma norma ponderada pode ser interpretado de duas formas. Podemos simplesmente vê-lo como a aplicação de uma *transformação afim* sobre o espaço de entrada original. A princípio, uma transformação como essa não pode degradar os resultados do caso original, já que ela realmente corresponde a uma matriz identidade de ponderação de norma. Por outro lado, a norma ponderada resulta adiante de uma pequena generalização do laplaciano de dimensão m_0 na definição do operador pseudo-diferencial $\mathbf{D}$ na Eq. (5.63); veja o Problema 5.6. O uso de uma norma ponderada pode também ser justificado no contexto das funções de base radial gaussianas pelas seguintes razões. Uma função de base radial gaussiana $G(\|\mathbf{x} - \mathbf{t}_i\|_C)$ centrada em $\mathbf{t}_i$ e com a matriz de ponderação de norma $\mathbf{C}$ pode ser expressa como

$$G(\|\mathbf{x} - \mathbf{t}_i\|_C) = \exp\left[-(\mathbf{x} - \mathbf{t}_i)^T \mathbf{C}^T \mathbf{C}(\mathbf{x} - \mathbf{t}_i)\right]$$
$$= \exp\left[-\frac{1}{2}(\mathbf{x} - \mathbf{t}_i)^T \Sigma^{-1}(\mathbf{x} - \mathbf{t}_i)\right] \quad (5.81)$$

onde a matriz inversa Σ^{-1} é definida por

$$\frac{1}{2}\Sigma^{-1} = \mathbf{C}^T \mathbf{C} \quad (5.82)$$

A Equação (5.81) representa uma distribuição gaussiana multivariada com vetor média $\mathbf{t}_i$ e matriz de covariância Σ. Como tal, ela representa uma generalização da distribuição descrita na Eq. (5.59).

A solução para o problema de aproximação dado na Eq. (5.70) fornece a fundamentação para a *rede de função de base radial (RBF) generalizada* tendo a estrutura mostrada na Fig. 5.5. Nesta rede, prevê-se o uso de um bias (i.e., uma variável independente dos dados) aplicado à unidade de saída. Isto é feito simplesmente igualando-se um dos pesos lineares da camada de saída da rede ao bias e tratando a função de base radial associada como uma constante igual a +1.

Em termos estruturais, a rede RBF generalizada da Fig. 5.5 é similar à rede RBF de regularização da Fig. 5.4. Entretanto, elas diferem entre si em dois aspectos importantes:

1. O número de nós na camada oculta da rede RBF generalizada da Fig. 5.5 é m_1, onde m_1 é normalmente menor que o número N de exemplos disponíveis para treinamento. Por outro lado, o número de nós ocultos na rede RBF de regularização da Fig. 5.4 é exatamente N.

2. Na rede RBF generalizada da Fig. 5.5, os pesos lineares associados com a camada de saída e as posições dos centros das funções de base radial e a matriz de ponderação de norma associada com a camada oculta são todos parâmetros desconhecidos que devem ser aprendidos. Entretanto, as funções de ativação da camada oculta na rede RBF de regularização da Fig. 5.4 são conhecidas, sendo definidas por um conjunto de funções de Green centradas nos pontos de dados de treinamento; os pesos lineares da camada de saída são os únicos parâmetros desconhecidos da rede.

Campo Receptivo

A matriz de covariância Σ determina o campo receptivo da função de base radial gaussiana $G(\|\mathbf{x} - \mathbf{t}_i\|_C)$ dada na Eq. (5.81). Para um centro predeterminado $\mathbf{t}_i$, o *campo receptivo* de $G(\|\mathbf{x} - \mathbf{t}_i\|_C)$ é definido formalmente como o suporte da função

$$\Psi(\mathbf{x}) = G(\|\mathbf{x} - \mathbf{t}_i\|_C) - a \tag{5.83}$$

onde a é uma constante positiva (Xu et al., 1994). Em outras palavras, o campo receptivo de $G(\|\mathbf{x} - \mathbf{t}_i\|_C)$ é aquele subconjunto particular do domínio do vetor de entrada $\mathbf{x}$ para o qual $G(\|\mathbf{x} - \mathbf{t}_i\|_C)$ assume valores suficientemente grandes, maiores que o nível prescrito a.

Em uma forma correspondente ao modo como a matriz de ponderação de norma $\mathbf{C}$ foi definida, podemos identificar três cenários diferentes relativos à matriz de covariância Σ e sua influência na forma, tamanho e orientação do campo receptivo:

1. $\Sigma = \sigma^2 \mathbf{I}$, onde $\mathbf{I}$ é a matriz identidade e σ^2 é uma variância comum. Neste caso, o campo receptivo de $G(\|\mathbf{x} - \mathbf{t}_i\|_C)$ consiste de uma hiperesfera centrada em $\mathbf{t}_i$ e com raio determinado por σ.
2. $\Sigma = \text{diag}(\sigma_1^2, \sigma_2^2, ..., \sigma_{m_0}^2)$, onde σ_j^2 é a variância do j-ésimo elemento do vetor de entrada $\mathbf{x}$ e $j = 1, 2, ..., m_0$. Neste segundo caso, o campo receptivo de $G(\|\mathbf{x} - \mathbf{t}_i\|_C)$ consiste de uma hiper-elipse cujos eixos individuais coincidem com aqueles do espaço de entrada e com a sua extensão ao longo do eixo j sendo determinada por σ_j.
3. Σ é uma matriz não-diagonal. Por definição, Σ é uma matriz definida positivamente. Portanto, podemos usar a transformação de similaridade da álgebra matricial para decompor Σ como segue:

$$\Sigma = \mathbf{Q}^T \Lambda \mathbf{Q} \tag{5.84}$$

onde Λ é uma matriz diagonal e $\mathbf{Q}$ é uma matriz de rotação ortonormal. A matriz Λ determina a forma e o tamanho do campo receptivo, enquanto que a matriz $\mathbf{Q}$ determina a sua orientação.

5.8 O PROBLEMA DO XOR (REVISITADO)

Considere novamente o problema do XOR (OU Exclusivo), que resolvemos no Capítulo 4 usando um perceptron de múltiplas camadas com uma única camada oculta. Aqui apresentaremos uma solução para o mesmo problema usando uma rede RBF.

A rede RBF a ser investigada consiste de um par de funções gaussianas, definidas como:

$$G(\|\mathbf{x} - \mathbf{t}_i\|) = \exp(-\|\mathbf{x} - \mathbf{t}_i\|^2), \quad i = 1, 2 \qquad (5.85)$$

onde os centros $\mathbf{t}_1$ e $\mathbf{t}_2$ são

$$\mathbf{t}_1 = [1, 1]^T$$
$$\mathbf{t}_2 = [0, 0]^T$$

Para a caracterização da unidade de saída, assumimos o seguinte:

1. A unidade de saída utiliza *compartilhamento de peso*, que é justificável em virtude da simetria do problema; esta é uma forma de incorporar informação prévia no projeto da rede. Com apenas duas unidades ocultas, precisamos, portanto, determinar apenas um único peso w.
2. A unidade de saída inclui um bias b (i.e., uma variável independente dos dados). O significado deste bias é que os valores de saída desejados da função XOR têm média diferente de zero.

Assim, a estrutura da rede RBF proposta para resolver o problema do XOR é como mostrado na Fig. 5.6. A relação de entrada-saída da rede é definida por

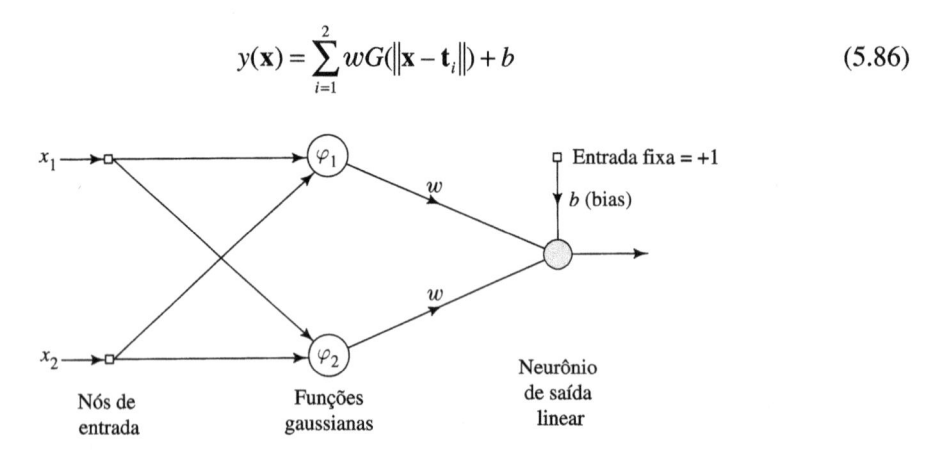

$$y(\mathbf{x}) = \sum_{i=1}^{2} wG(\|\mathbf{x} - \mathbf{t}_i\|) + b \qquad (5.86)$$

FIGURA 5.6 Rede RBF para resolver o problema do XOR

Para ajustar os dados de treinamento da Tabela 5.2, exigimos que

$$y(\mathbf{x}_j) = d_j, \quad j = 1, 2, 3, 4 \qquad (5.87)$$

TABELA 5.2 Transformação de Entrada-Saída Calculada para o problema do XOR

Ponto de Dado, j	Padrão de Entrada, $\mathbf{x}_j$	Saída Desejada, d_j
1	(1, 1)	0
2	(0, 1)	1
3	(0, 0)	0
4	(1, 0)	1

onde $\mathbf{x}_j$ é um vetor de entrada e d_j é o valor correspondente da saída desejada. Seja

$$g_{ji} = G(\|\mathbf{x}_j - \mathbf{t}_i\|), \quad j = 1, 2, 3, 4; \quad i = 1, 2 \tag{5.88}$$

Então, usando os valores da Tabela 5.2 na Eq. (5.88), obtemos o seguinte conjunto de equações escritas na forma matricial:

$$\mathbf{Gw} = \mathbf{d} \tag{5.89}$$

onde

$$\mathbf{G} = \begin{bmatrix} 1 & 0,1353 & 1 \\ 0,3678 & 0,3678 & 1 \\ 0,1353 & 1 & 1 \\ 0,3678 & 0,3678 & 1 \end{bmatrix} \tag{5.90}$$

$$\mathbf{d} = \begin{bmatrix} 0 & 1 & 0 & 1 \end{bmatrix}^T \tag{5.91}$$

$$\mathbf{w} = \begin{bmatrix} w & w & b \end{bmatrix}^T \tag{5.92}$$

O problema descrito aqui é *superdeterminado no sentido de que temos mais pontos de dados que parâmetros livres*. Isto explica por que a matriz $\mathbf{G}$ não é quadrada. Conseqüentemente, não existe uma inversa única para a matriz $\mathbf{G}$. Para superarmos esta dificuldade, usamos a solução de *norma mínima* da Eq. (5.78), e assim escrevemos

$$\begin{aligned} \mathbf{w} &= \mathbf{G}^+ \mathbf{d} \\ &= (\mathbf{G}^T \mathbf{G})^{-1} \mathbf{G}^T \mathbf{d} \end{aligned} \tag{5.93}$$

Note que $\mathbf{G}^T\mathbf{G}$ é uma matriz quadrada com uma inversa única. Substituindo a Eq. (5.90) em (5.93), obtemos

$$\mathbf{G}^+ = \begin{bmatrix} 1,8292 & -1,2509 & 0,6727 & -1,2509 \\ 0,6727 & -1,2509 & 1,8292 & -1,2509 \\ -0,9202 & 1,4202 & -0,9202 & 1,4202 \end{bmatrix} \tag{5.94}$$

Finalmente, substituindo as Eqs. (5.91) e (5.94) em (5.93), obtemos

$$\mathbf{w} = \begin{bmatrix} -2,5018 \\ -2,5018 \\ +2,8404 \end{bmatrix}$$

que completa a especificação da rede RBF.

5.9 ESTIMAÇÃO DO PARÂMETRO DE REGULARIZAÇÃO

O parâmetro de regularização λ desempenha um papel central na teoria da regularização das redes de função de base radial apresentadas nas Seções 5.5 até 5.7. Para derivarmos o benefício completo desta teoria, necessitamos de uma abordagem fundamentada em princípios para a estimação de λ.

Para fixar idéias, considere um *problema de regressão não-linear*, descrito por um modelo cuja saída observável y_i no passo de tempo i em resposta a um vetor de entrada $\mathbf{x}_i$ é definida por

$$y_i = f(\mathbf{x}_i) + \epsilon_i, \quad i = 1, 2, \ldots, N \tag{5.95}$$

onde $f(\mathbf{x}_i)$ é uma "curva suave", e ϵ_i é uma amostra retirada de um processo de ruído branco de média zero e variância σ^2. Isto é,

$$E[\epsilon_i] = 0 \quad \text{para todo } i \tag{5.96}$$

e

$$E[\epsilon_i \epsilon_k] = \begin{cases} \sigma^2 & \text{para } k = i \\ 0 & \text{caso contrário} \end{cases} \tag{5.97}$$

O problema consiste em reconstruir a função fundamental relativa ao modelo, $f(\mathbf{x}_i)$, a partir da amostra de treinamento $\{(\mathbf{x}_i, y_i)\}_{i=1}^{N}$ dada.

Seja $F_\lambda(\mathbf{x})$ a estimação regularizada de $f(\mathbf{x})$ para um valor de parâmetro de regularização λ. Isto é, $F_\lambda(\mathbf{x})$ minimiza o funcional de Tikhonov formulado para o problema de regressão não-linear como:

$$\mathscr{E}(F) = \frac{1}{2} \sum_{i=1}^{N} [y_i - F(\mathbf{x}_i)]^2 + \frac{\lambda}{2} \|\mathbf{D}F(\mathbf{x})\|^2 \tag{5.98}$$

Não é uma questão trivial escolher um valor adequado para λ, que controle o compromisso entre duas questões conflitantes:

- A "aspereza" da solução, medida pelo termo $\|\mathbf{D}F(\mathbf{x})\|^2$
- A "infidelidade" dos dados, medida pelo termo $\sum_{i=1}^{N} [y_i - F(\mathbf{x}_i)]^2$

Uma boa escolha para o parâmetro de regularização λ é o assunto desta seção.

Erro Médio Quadrado

Considere que $R(\lambda)$ represente o "erro médio quadrado sobre um conjunto de dados especificado" entre duas funções: a função de regressão $f(\mathbf{x})$ relativa ao modelo e a função aproximativa $F_\lambda(\mathbf{x})$ representando a solução para um λ, calculado sobre o conjunto inteiro de dados. Isto é,

$$R(\lambda) = \frac{1}{N}\sum_{i=1}^{N}[f(\mathbf{x}_i) - F_\lambda(\mathbf{x}_i)]^2 \qquad (5.99)$$

O λ *ótimo* é o valor particular de λ que minimiza $R(\lambda)$.

Considere que $F_\lambda(\mathbf{x}_k)$ seja expresso como uma combinação linear do conjunto de observáveis especificado, como segue:

$$F_\lambda(\mathbf{x}_k) = \sum_{i=1}^{N} a_{ki}(\lambda) y_i \qquad (5.100)$$

Na forma matricial, podemos escrever de forma equivalente

$$\mathbf{F}_\lambda = \mathbf{A}(\lambda)\mathbf{y} \qquad (5.101)$$

onde

$$\mathbf{F}_\lambda = [F_\lambda(\mathbf{x}_1), F_\lambda(\mathbf{x}_2), ..., F_\lambda(\mathbf{x}_N)]^T$$
$$\mathbf{y} = [y_1, y_2, ..., y_N]^T$$

e

$$\mathbf{A}(\lambda) = \begin{bmatrix} a_{11} & a_{12} & \cdots & a_{1N} \\ a_{21} & a_{22} & \cdots & a_{2N} \\ \vdots & \vdots & & \vdots \\ a_{N1} & a_{N2} & \cdots & a_{NN} \end{bmatrix} \qquad (5.102)$$

A matriz N-por-N $\mathbf{A}(\lambda)$ é chamada de *matriz de influência*.

Usando esta notação matricial, podemos rescrever a Eq. (5.99) na forma

$$R(\lambda) = \frac{1}{N}\|\mathbf{f} - \mathbf{F}_\lambda\|^2$$
$$= \frac{1}{N}\|\mathbf{f} - \mathbf{A}(\lambda)\mathbf{y}\|^2 \qquad (5.103)$$

onde o vetor **f** N-por-1 é

$$\mathbf{f} = [f(\mathbf{x}_1), f(\mathbf{x}_2), ..., f(\mathbf{x}_N)]^T$$

Podemos avançar um passo na nossa formulação matricial rescrevendo a Eq. (5.95) na forma

$$\mathbf{y} = \mathbf{f} + \boldsymbol{\epsilon} \qquad (5.104)$$

onde

$$\epsilon = [\epsilon_1, \epsilon_2, ..., \epsilon_N]^T$$

Assim, usando a Eq. (5.104) em (5.103) e então expandindo os termos, obtemos

$$\begin{aligned}R(\lambda) &= \frac{1}{N}\|(I - A(\lambda))f - A(\lambda)\epsilon\|^2 \\ &= \frac{1}{N}\|(I - A(\lambda))f\|^2 - \frac{2}{N}\epsilon^T A(\lambda)(I - A(\lambda))f \\ &\quad + \frac{1}{N}\|A(\lambda)\epsilon\|^2\end{aligned} \qquad (5.105)$$

onde **I** é a matriz identidade N-por-N. Para determinar o valor esperado de $R(\lambda)$, observe os seguintes pontos:

- O primeiro termo no lado direito da Eq. (5.105) é uma constante e, dessa forma, não é afetado pelo operador do valor esperado.
- O valor esperado do segundo termo é zero em virtude da Eq. (5.96).
- O valor esperado do escalar $\|A(\lambda)\epsilon\|^2$ é

$$\begin{aligned}E[\|A(\lambda)\epsilon\|^2] &= E[\epsilon^T A^T(\lambda) A(\lambda)\epsilon] \\ &= \operatorname{tr}\{E[\epsilon^T A^T(\lambda) A(\lambda)\epsilon]\} \\ &= E\{\operatorname{tr}[\epsilon^T A^T(\lambda) A(\lambda)\epsilon]\}\end{aligned} \qquad (5.106)$$

onde usamos primeiro o fato de que o traço de um escalar é o mesmo que o próprio escalar e, então, trocamos a ordem dos operadores do valor esperado e traço.

A seguir, podemos usar esta regra da álgebra matricial: dadas duas matrizes **B** e **C** de dimensões compatíveis, o traço de **BC** é igual ao traço de **CB**. Assim, fazendo $B = \epsilon^T$ e $C = A^T(\lambda)A(\lambda)\epsilon$, podemos rescrever a Eq. (5.106) na forma equivalente

$$\begin{aligned}E[\|A(\lambda)f\|^2] &= E\{\operatorname{tr}[A^T(\lambda) A(\lambda)\epsilon\epsilon^T]\} \\ &= \sigma^2 \operatorname{tr}[A^T(\lambda) A(\lambda)]\end{aligned} \qquad (5.107)$$

onde na última linha fizemos uso da Eq. (5.97). Finalmente, notando que o traço de $A^T(\lambda)A(\lambda)$ é o mesmo que o traço de $A^2(\lambda)$, podemos escrever

$$E[\|A(\lambda)f\|^2] = \sigma^2 \operatorname{tr}[A^2(\lambda)] \qquad (5.108)$$

Juntando estes resultados, podemos expressar o valor esperado de $R(\lambda)$ como

$$E[R(\lambda)] = \frac{1}{N}\|(I - A(\lambda))f\|^2 + \frac{\sigma^2}{N}\operatorname{tr}[A^2(\lambda)] \qquad (5.109)$$

O erro médio quadrado sobre um conjunto específico de dados, $R(\lambda)$, entretanto, não é uma medida prática porque requer o conhecimento da função de regressão $f(\mathbf{x})$, que é a função a ser reconstruída. Como uma estimação de $E[R(\lambda)]$, introduzimos a seguinte definição (Craven e Wahba, 1979)

$$\hat{R}(\lambda) = \frac{1}{N}\|(\mathbf{I} - \mathbf{A}(\lambda))\mathbf{y}\|^2 + \frac{\sigma^2}{N}\mathrm{tr}\left[\mathbf{A}^2(\lambda)\right] - \frac{\sigma^2}{N}\mathrm{tr}\left[(\mathbf{I} - \mathbf{A}(\lambda))^2\right] \qquad (5.110)$$

Esta estimação não tem bias, na medida em que podemos mostrar (seguindo um procedimento similar ao descrito na derivação da Eq. (5.109)) que

$$E[\hat{R}(\lambda)] = E[R(\lambda)] \qquad (5.111)$$

Conseqüentemente, o valor que minimiza a estimação $\hat{R}(\lambda)$ pode ser tomado como uma boa escolha para o parâmetro de regularização λ.

Validação Cruzada Generalizada

Uma desvantagem da estimação $\hat{R}(\lambda)$ é que ela requer o conhecimento da variância do ruído σ^2. Em situações encontradas na prática, σ^2 é normalmente desconhecida. Para tratarmos de situações desta natureza, podemos usar o conceito da validação cruzada generalizada que foi proposta por Craven e Wahba (1979).

Começamos adaptando a forma usual de "deixar um de fora" da validação cruzada (descrita no Capítulo 4) ao problema em questão. Especificamente, seja $F\lambda^{[k]}(\mathbf{x})$ a função que minimiza o funcional

$$\mathscr{E}(F) = \frac{1}{2}\sum_{\substack{i=1 \\ i \neq k}}^{N}\left[y_i - F_\lambda(\mathbf{x}_i)\right]^2 + \frac{\lambda}{2}\|\mathbf{D}F(\mathbf{x})\|^2 \qquad (5.112)$$

onde o k-ésimo termo $[y_k - F_\lambda(\mathbf{x}_k)]$ foi deixado de fora do termo de erro padrão. Deixando este termo de fora, podemos utilizar a habilidade de $F_\lambda^{[k]}(\mathbf{x})$ de "prever" o ponto de dado ausente y_k como uma medida da qualidade de λ. Conseqüentemente, podemos introduzir a seguinte medida de qualidade

$$V_0(\lambda) = \frac{1}{N}\sum_{k=1}^{N}\left[y_k - F_\lambda^{[k]}(\mathbf{x}_k)\right]^2 \qquad (5.113)$$

que depende apenas dos dados. A *estimação de validação cruzada ordinária* de λ é, portanto, definida como o valor que minimiza $V_0(\lambda)$ (Wahba, 1990).

Uma propriedade útil de $F_\lambda^{[k]}(\mathbf{x}_k)$ é que, se o ponto de dado y_k for substituído pela previsão $F_\lambda^{[k]}(\mathbf{x}_k)$ e o funcional de Tikhonov original $\mathscr{E}(F)$ da Eq. (5.98) for minimizado utilizando os pontos de dados $y_1, y_2,..., y_{k-1}, y_k, y_{k+1},..., y_N$, obtemos $F_\lambda^{[k]}(\mathbf{x}_k)$ como solução. Esta propriedade, juntamente com o fato de que para cada vetor de entrada $\mathbf{x}$ o $F_\lambda(\mathbf{x})$ que minimiza $\mathscr{E}(F)$ depende linearmente de y_k, permite-nos escrever:

$$F_\lambda^{[k]}(\mathbf{x}_k) = F_\lambda(\mathbf{x}_k) + (F_\lambda^{[k]}(\mathbf{x}_k) - y_k)\frac{\partial F_\lambda(\mathbf{x}_k)}{\partial y_k} \tag{5.114}$$

Da Eq.(5.100), que define os elementos da matriz de influência $\mathbf{A}(\lambda)$, vemos facilmente que

$$\frac{\partial F_\lambda(\mathbf{x}_k)}{\partial y_k} = a_{kk}(\lambda) \tag{5.115}$$

onde $a_{kk}(\lambda)$ é o k-ésimo elemento diagonal de $\mathbf{A}(\lambda)$. Assim, usando a Eq. (5.115) em (5.114) e resolvendo a equação resultante para $F_\lambda^{[k]}(\mathbf{x}_k)$, obtemos

$$\begin{aligned}F_\lambda^{[k]}(\mathbf{x}_k) &= \frac{F_\lambda(\mathbf{x}_k) - a_{kk}(\lambda) y_k}{1 - a_{kk}(\lambda)} \\ &= \frac{F_\lambda(\mathbf{x}_k) - y_k}{1 - a_{kk}(\lambda)} + y_k\end{aligned} \tag{5.116}$$

Substituindo a Eq.(5.116) em (5.113), podemos redefinir $V_0(\lambda)$ como

$$V_0(\lambda) = \frac{1}{N}\sum_{k=1}^{N}\left[\frac{y_k - F_\lambda(\mathbf{x}_k)}{1 - a_{kk}(\lambda)}\right]^2 \tag{5.117}$$

Tipicamente, $a_{kk}(\lambda)$ é diferente para k diferente, o que significa que os pontos de dados em $V_0(\lambda)$ não são tratados igualmente. Para evitar esta característica indesejável da validação cruzada ordinária, Craven e Wahba (1979) introduziram a *validação cruzada generalizada* (VCG), usando uma rotação de coordenadas.[11] Especificamente, a função de validação cruzada ordinária $V_0(\lambda)$ da Eq. (5.117) é modificada como:

$$V(\lambda) = \frac{1}{N}\sum_{k=1}^{N}\omega_k\left[\frac{y_k - F_\lambda(\mathbf{x}_k)}{1 - a_{kk}(\lambda)}\right]^2 \tag{5.118}$$

onde os pesos ω_k, são definidos como

$$\omega_k = \left[\frac{1 - a_{kk}(\lambda)}{\frac{1}{N}\text{tr}[\mathbf{I} - \mathbf{A}(\lambda)]}\right]^2 \tag{5.119}$$

Então, a função de validação cruzada generalizada $V(\lambda)$ se torna

$$V(\lambda) = \frac{\frac{1}{N}\sum_{k=1}^{N}[y_k - F_\lambda(\mathbf{x}_k)]^2}{\left[\frac{1}{N}\text{tr}[\mathbf{I} - \mathbf{A}(\lambda)]\right]^2} \tag{5.120}$$

Finalmente, usar a Eq. (5.100) em (5.120) produz

$$V(\lambda) = \frac{\frac{1}{N}\|(\mathbf{I} - \mathbf{A}(\lambda))\mathbf{y}\|^2}{\left[\frac{1}{N}\text{tr}[\mathbf{I} - \mathbf{A}(\lambda)]\right]^2} \tag{5.121}$$

que, para sua computação, depende apenas de quantidades relacionadas com os dados.

Uma Propriedade Ótima da Função de Validação Cruzada Generalizada $V(\lambda)$

Considere que λ minimize o valor esperado da função de validação cruzada $V(\lambda)$. A *ineficiência do valor esperado* do método de validação cruzada generalizada é definida por

$$I^* = \frac{E[R(\lambda)]}{\min_\lambda E[R(\lambda)]} \qquad (5.122)$$

onde $R(\lambda)$ é o erro médio quadrado sobre o conjunto de dados dado na Eq.(5.99). Naturalmente, o valor assintótico de I^* satisfaz a condição

$$\lim_{N\to\infty} I^* = 1 \qquad (5.123)$$

Em outras palavras, para N grande, o erro médio quadrado $R(\lambda)$ com λ estimado pela minimização da função $V(\lambda)$ deve ser próximo do menor valor possível de $R(\lambda)$, o que torna $V(\lambda)$ um bom método para estimar λ.

Resumindo os Comentários

A idéia geral é escolher o parâmetro de regularização λ de forma a minimizar o erro médio quadrado sobre o conjunto de dados, $R(\lambda)$. Infelizmente, isto não pode ser realizado adiante, pois $R(\lambda)$ envolve a função de regressão desconhecida $f(\mathbf{x})$. Com isso, há duas possibilidades que podem ser seguidas na prática:

- Se a variância do ruído σ^2 for conhecida, podemos usar o valor que minimiza a estimação $\hat{R}(\lambda)$ da Eq. (5.110) como a escolha ótima de λ, ótima no sentido de que ela também minimiza $R(\lambda)$.
- Se σ^2 não for conhecida, podemos usar o valor que minimiza a função de validação cruzada generalizada $V(\lambda)$ da Eq. (5.121) como uma boa escolha de λ, que produz um erro médio quadrado esperado que se aproxima do menor erro médio quadrado possível quando $N \to \infty$.

O ponto importante a notar aqui é que a teoria que justifica o uso da validação cruzada generalizada para estimar λ é uma teoria assintótica. Por isso, só podem ser esperados bons resultados quando o conjunto de dados disponível for suficientemente grande para que o sinal possa ser distinguido do ruído.

A experiência prática com a validação cruzada generalizada parece mostrar que ela é robusta em relação à não-homogeneidade de variâncias e a ruído não-gaussiano (Wahba, 1990). Entretanto, é bastante provável que o método produza estimativas insatisfatórias do parâmetro de regularização λ se o processo de ruído for altamente correlacionado.

Finalmente, faremos alguns comentários a respeito do cálculo da função de validação cruzada generalizada $V(\lambda)$. Para determinados valores experimentais do parâmetro de regularização λ, encontrar o termo do denominador $[\text{tr}[\mathbf{I}-\mathbf{A}(\lambda)]/N]^2$ na fórmula da Eq. (5.121) é a parte mais custosa do trabalho envolvido no cálculo de $V(\lambda)$. O "método do traço aleatório" descrito em Wahba et al. (1995) pode ser usado para calcular $\text{tr}[\mathbf{A}(\lambda)]$; é possível se aplicar este método em sistemas muito grandes.

5.10 PROPRIEDADES APROXIMATIVAS DAS REDES RBF

No Capítulo 4, discutimos as propriedades aproximativas dos perceptrons de múltiplas camadas. As redes de função de base radial exibem boas propriedades aproximativas, equiparáveis às dos perceptrons de múltiplas camadas. A família de redes RBF é suficientemente extensa para aproximar uniformemente qualquer função contínua sobre um conjunto compacto.[12]

Teorema da Aproximação Universal

Seja $G:\mathbb{R}^{m_0} \to \mathbb{R}$ uma função limitada integrável tal que G é contínua e

$$\int_{\mathbb{R}^{m_0}} G(\mathbf{x})d\mathbf{x} \neq 0$$

Considere que $\mathcal{L}_G$ represente a família de redes RBF consistindo de funções $F: \mathbb{R}^{m_0} \to \mathbb{R}$ representadas por

$$F(\mathbf{x}) = \sum_{i=1}^{m_1} w_i G\left(\frac{\mathbf{x} - \mathbf{t}_i}{\sigma}\right)$$

onde $\sigma > 0$, $w_i \in \mathbb{R}$ e $\mathbf{t}_i \in \mathbb{R}^{m_0}$ para $i = 1, 2, ..., m_1$. Podemos então formular o *teorema da aproximação universal* para as redes RBF (Park e Sandberg, 1991):

> *Para qualquer função contínua de mapeamento de entrada-saída $f(\mathbf{x})$ existe uma rede RBF com um conjunto de centros $\{\mathbf{t}_i\}_{i=1}^{m_1}$ e uma largura $\sigma > 0$ tal que a função de mapeamento de entrada-saída $F(\mathbf{x})$ realizada pela rede RBF é próxima a $f(\mathbf{x})$ na norma L_p, $p \in [1, \infty]$.*

Note que do modo como foi formulado o teorema da aproximação universal, o núcleo $G:\mathbb{R}^{m_0} \to \mathbb{R}$ não necessita satisfazer a propriedade de simetria radial. O teorema é, portanto, mais forte que o necessário para as redes RBF. O mais importante é que ele fornece a base teórica para o projeto de redes neurais utilizando funções de base radial para aplicações práticas.

A Maldição da Dimensionalidade (Revisitada)

Além da propriedade da aproximação universal das redes RBF, há a questão da taxa de aproximação alcançável por estas redes que deve ser considerada. Da discussão no Capítulo 4, lembramos que a *complexidade* intrínseca de uma classe de funções aproximativas aumenta exponencialmente na razão de m_0/s, onde m_0 é a *dimensionalidade de entrada* (i.e., a dimensão do espaço de entrada) e s é um *índice de suavidade* que mede o número de restrições impostas à função aproximativa daquela classe particular. A *maldição da dimensionalidade* de Bellman nos diz que, independentemente da técnica de aproximação utilizada, se o índice de suavidade s for mantido constante, o número de parâmetros necessários para a função aproximativa manter um determinado grau de precisão aumenta exponencialmente com a dimensionalidade de entrada m_0. O único modo de se conseguir alcançar uma taxa de convergência independente da dimensionalidade de entrada m_0, e dessa forma ser imune à maldição da dimensionalidade, é fazer com que o índice de suavidade s aumente com o

TABELA 5.3 Duas Técnicas de Aproximação e Espaços de Funções Correspondentes com a Mesma Taxa de Convergência $O(1/\sqrt{m_1})$, onde m_1 é o Tamanho do Espaço Oculto.

Espaço de Funções	Norma	Técnica de Aproximação
$\int_{\mathbb{R}^{m_0}} \|\mathbf{s}\| \|\tilde{F}(\mathbf{s})\| d\mathbf{s} < \infty$ onde $\tilde{F}(\mathbf{s})$ é a transformada de Fourier multidimensional da função aproximativa $F(\mathbf{x})$	$L_2(\Omega)$	(a) perceptrons de múltiplas camadas $$F(\mathbf{x}) = \sum_{i=1}^{m_1} a_i \varphi\left(\mathbf{w}_i^T \mathbf{x} + b_i\right)$$ onde $\varphi(\cdot)$ é a função de ativação sigmóide
Espaço de funções de Sobolev cujas derivadas até ordem $2m > m_0$ são integráveis	$L_2(\mathbb{R}^2)$	(b) Redes RBF: $$F(\mathbf{x}) = \sum_{i=1}^{m_1} a_i \exp\left(-\frac{\|\mathbf{x}-\mathbf{t}_i\|^2}{2\sigma^2}\right)$$

número de parâmetros da função aproximativa de forma a compensar o aumento de complexidade. Este ponto está ilustrado na Tabela 5.3, adaptada de Girosi e Anzellotti (1992).

A Tabela 5.3 resume as restrições que devem ser satisfeitas pelo espaço de funções para duas técnicas de aproximação, os perceptrons de múltiplas camadas e as redes RBF, para que a taxa de convergência seja independente da dimensionalidade de entrada m_0. Naturalmente, as restrições impostas a estas duas técnicas aproximativas são diferentes, refletindo os diferentes caminhos seguidos nas suas formulações. No caso das redes RBF, o resultado é válido no *espaço de Sobolev*[13] de funções cujas derivadas até a ordem $2m > m_0$ são integráveis. Em outras palavras, é necessário que o número de derivadas da função aproximativa que são integráveis aumente com a dimensionalidade de entrada m_0 a fim de tornar a taxa de convergência independente de m_0. Como explicado no Capítulo 4, uma restrição similar se aplica aos perceptrons de múltiplas camadas, mas de um modo bastante ilusório. Dessa forma, a conclusão a ser tirada da Tabela 5.3 pode ser expressa como:

O espaço das funções aproximativas alcançável com perceptrons de múltiplas camadas e redes RBF se torna cada vez mais restrito conforme a dimensionalidade m_0 é aumentada.

O resultado final é que a maldição da dimensionalidade não pode ser quebrada por redes neurais, quer sejam perceptrons de múltiplas camadas ou redes RBF, nem por qualquer outra técnica não-linear de natureza similar.

Relação entre a Complexidade da Amostra, a Complexidade Computacional e o Desempenho de Generalização

Uma discussão do problema de aproximação seria incompleta sem algumas considerações sobre o fato de que, na prática, não temos uma quantidade infinita de dados, mas sim uma amostra de treinamento com um tamanho finito. Tampouco uma rede neural com complexidade computacional infinita, mas sim finita. Conseqüentemente, há duas componentes para o erro de generalização de uma rede neural treinada com um conjunto de dados de tamanho finito e testada com dados não vistos anteriormente, como discutido no Capítulo 2. Uma componente, chamada de *erro de aproximação*, resulta da capacidade limitada da rede de representar uma função-alvo de interesse. A outra componente, chamada de *erro de estimação*, resulta da quantidade limitada de informação sobre a função-alvo, contida no exemplo de treinamento. Usando esta forma de decomposição, Niyogi e Girosi (1996) derivaram um *limite* para o erro de generalização produzido por uma rede RBF gaussiana, expresso em termos do tamanho da camada oculta e do tamanho da amostra de treinamento. A derivação é para o caso da aprendizagem de uma função de regressão em um modelo do tipo descrito na Eq. (5.95); a função de regressão pertence a um certo espaço de Sobolev.

Este limite, formulado na terminologia da aprendizagem PAC descrito no Capítulo 2, pode ser formulado como segue (Niyogi e Girosi, 1996):

Considere que G represente a classe de redes RBF gaussianas com m_0 nós de entrada (fonte) e m_1 unidades ocultas. Considere que $f(\mathbf{x})$ represente uma função de regressão que pertença a um certo espaço de Sobolev. Assuma que a amostra de treinamento $\mathcal{T} = \{(\mathbf{x}_i, d_i)\}_{i=1}^{N}$ seja obtida por amostragem aleatória do modelo regressivo baseado em $f(\mathbf{x})$. Então, para qualquer parâmetro de crença $\delta \in (0, 1]$, o erro de generalização produzido pela rede é limitado acima por

$$O\left(\frac{1}{m_1}\right) + O\left(\frac{m_0 m_1}{N} \log(m_1 N) + \frac{1}{N} \log\left(\frac{1}{\delta}\right)\right)^{1/2} \tag{5.124}$$

com probabilidade maior que $1 - \delta$.

A partir do limite da Eq. (5.124), podemos fazer as seguintes deduções:

- O erro de generalização converge para zero somente se o número de unidades ocultas, m_1, aumentar mais lentamente que o tamanho N da amostra de treinamento.
- Para um dado tamanho N de amostra de treinamento, o número ótimo de unidades ocultas, m_1^*, se comporta como (veja o Problema 5.11)

$$m_1^* \propto N^{1/3} \tag{5.125}$$

- A rede RBF exibe uma taxa de aproximação $O(1/m_1)$ que é similar àquela derivada por Barron (1993) para o caso de um perceptron de múltiplas camadas com funções de ativação sigmóides; veja a discussão na Seção 4.12.

5.11 COMPARAÇÃO ENTRE REDES RBF E PERCEPTRONS DE MÚLTIPLAS CAMADAS

As redes de função de base radial (RBF) e os perceptrons de múltiplas camadas (MLP) são exemplos de redes em camadas alimentadas adiante, não-lineares. Ambos são aproximadores universais. Portanto, não causa surpresa a constatação de que sempre existe uma rede RBF capaz de imitar precisamente um MLP específico, ou vice-versa. Entretanto, estas duas redes diferem entre si em vários aspectos importantes.

1. Uma rede RBF (na sua forma mais básica) tem uma única camada oculta, enquanto que um MLP pode ter uma ou mais camadas ocultas.
2. Tipicamente, os nós computacionais de um MLP, localizados em uma camada oculta ou em uma camada de saída, compartilham um modelo neuronal comum. Por outro lado, os nós computacionais na camada oculta de uma rede RBF são bastante diferentes e servem a um propósito diferente daqueles da camada de saída da rede.
3. A camada oculta de uma rede RBF é não-linear, enquanto que a camada de saída é linear. Entretanto, as camadas ocultas e de saída de um MLP usado como classificador de padrões são normalmente todas não-lineares. Quando o MLP é usado para resolver problemas de regressão não-linear, uma camada linear para a saída é normalmente a escolha preferida.
4. O argumento da função de ativação de cada unidade oculta em uma rede RBF calcula a *norma* (*distância*) *euclidiana* entre o vetor de entrada e o centro daquela unidade. Enquanto isso, a função de ativação de cada unidade oculta em um MLP calcula o *produto interno* do vetor de entrada pelo vetor de peso sináptico daquela unidade.
5. Os MLPs constroem aproximações *globais* de um mapeamento de entrada-saída não-linear. Por outro lado, as redes RBF utilizando não-linearidades localizadas com decaimento exponencial (p.ex., funções gaussianas) constroem aproximações *locais* para mapeamentos de entrada-saída não-lineares.

Por sua vez, isto significa que para a aproximação de um mapeamento de entrada-saída não-linear, o MLP requer um número menor de parâmetros que a rede RBF para o mesmo grau de precisão.

As características lineares da camada de saída da rede RBF indicam que esta rede está mais proximamente relacionada com o perceptron de Rosenblatt do que com o perceptron de múltiplas camadas. Entretanto, a rede RBF difere do perceptron pela capacidade de implementar transformações não-lineares arbitrárias do espaço de entrada. Isto é bem ilustrado pelo problema do XOR, que não pode ser resolvido por nenhum perceptron linear, mas que pode ser resolvido por uma rede RBF.

5.12 REGRESSÃO DE NÚCLEO E SUA RELAÇÃO COM AS REDES RBF

A teoria das redes RBF apresentada até agora está baseada na noção de interpolação. Nesta seção, consideramos um outro ponto de vista, o da *regressão de núcleo* fundamentada na noção de estimação de densidade.

Para sermos específicos, considere novamente o modelo de regressão não-linear da Eq. (5.95) reproduzido aqui por conveniência de apresentação:

$$y_i = f(\mathbf{x}_i) + \epsilon_i, \quad i = 1, 2, ..., N$$

Como uma estimação razoável da função de regressão desconhecida $f(\mathbf{x})$, podemos tomar a média dos observáveis (i.e., os valores da saída do modelo y) próximos de um ponto $\mathbf{x}$. Para que esta abordagem seja bem-sucedida, entretanto, a média local deve estar confinada às observações dentro de uma pequena vizinhança (i.e., campo receptivo) em torno do ponto $\mathbf{x}$, porque em geral as observações correspondentes a pontos afastados de $\mathbf{x}$ têm valores médios diferentes. Mais precisamente, recordamos da discussão apresentada no Capítulo 2 que $f(\mathbf{x})$ é igual à média condicional de y dado $\mathbf{x}$ (i.e., a regressão de y sobre $\mathbf{x}$), como mostrado por

$$f(\mathbf{x}) = E[y|\mathbf{x}]$$

Usando a fórmula para o valor esperado de uma variável aleatória, podemos escrever

$$f(\mathbf{x}) = \int_{-\infty}^{\infty} y f_Y(y|\mathbf{x}) dy \qquad (5.126)$$

onde $f_Y(y|\mathbf{x})$ é a função de densidade de probabilidade (fdp) condicional de Y, dado $\mathbf{x}$. Da teoria da probabilidade, temos

$$f_Y(y|\mathbf{x}) = \frac{f_{\mathbf{X},Y}(\mathbf{x}, y)}{f_{\mathbf{X}}(\mathbf{x})} \qquad (5.127)$$

onde $f_{\mathbf{X}}(\mathbf{x})$ é a fdp de $\mathbf{x}$ e $f_{\mathbf{X},Y}(\mathbf{x}, y)$ é a fdp conjunta de $\mathbf{x}$ e y. Assim, usando a Eq. (5.127) em (5.126), obtemos a seguinte fórmula para a função de regressão

$$f(\mathbf{x}) = \frac{\int_{-\infty}^{\infty} y f_{\mathbf{X},Y}(\mathbf{x}, y) dy}{f_{\mathbf{X}}(\mathbf{x})} \qquad (5.128)$$

Nosso interesse particular é a situação onde a função de densidade de probabilidade $f_{\mathbf{X},Y}(\mathbf{x}, y)$ é desconhecida. Tudo do que dispomos é a amostra de treinamento $\{(\mathbf{x}_i, y_i)\}_{i=1}^{N}$. Para estimarmos $f_{\mathbf{X},Y}(\mathbf{x}, y)$ e portanto $f_{\mathbf{X}}(\mathbf{x})$, podemos usar um estimador não-paramétrico conhecido como o *estimador de densidade de Parzen-Rosenblatt* (Rosenblatt, 1956, 1970; Parzen, 1962). Básico para a formulação deste estimador é um *núcleo*, representado por $K(\mathbf{x})$, que tem propriedades similares àquelas associadas com a função de densidade de probabilidade:

- *O núcleo $K(\mathbf{x})$ é uma função real, contínua e limitada de $\mathbf{x}$, e simétrica em relação à origem onde apresenta seu valor máximo.*
- *O volume total sob a superfície do núcleo $K(\mathbf{x})$ é unitário;* isto é, para um vetor m-dimensional $\mathbf{x}$,

$$\int_{\mathbb{R}^m} K(\mathbf{x}) d\mathbf{x} = 1 \qquad (5.129)$$

Assumindo que $\mathbf{x}_1, \mathbf{x}_2, ..., \mathbf{x}_N$ são vetores aleatórios independentes e identicamente distribuídos, podemos definir formalmente a estimação de densidade de Parzen-Rosenblatt de $f_{\mathbf{X}}(\mathbf{x})$ como:

$$\hat{f}_{\mathbf{X}}(\mathbf{x}) = \frac{1}{Nh^{m_0}} \sum_{i=1}^{N} K\left(\frac{\mathbf{x}-\mathbf{x}_i}{h}\right) \quad \text{para } \mathbf{x} \in \mathbb{R}^{m_0} \qquad (5.130)$$

onde o parâmetro de suavização h é um número positivo chamado *largura de banda* ou simplesmente *largura*; h controla o tamanho do núcleo. (O parâmetro h usado aqui *não* deve ser confundido com o h usado para definir a derivada de Fréchet na Seção 5.5.) Uma propriedade importante do estimador de densidade de Parzen-Rosenblatt é que ele é um *estimador consistente*[14] (i.e., assintoticamente sem bias) no sentido que se $h = h(N)$ é escolhido como uma função de N tal que

$$\lim_{N \to \infty} h(N) = 0,$$

então

$$\lim_{N \to \infty} E\left[\hat{f}_{\mathbf{X}}(\mathbf{x})\right] = f_{\mathbf{X}}(\mathbf{x})$$

Para que esta última equação seja válida, $\mathbf{x}$ deve ser um ponto de continuidade para $\hat{f}_{\mathbf{X}}(\mathbf{x})$.

De uma forma similar à descrita na Eq. (5.130), podemos formular a estimação de densidade de Parzen-Rosenblatt da função de densidade de probabilidade $f_{\mathbf{X},Y}(\mathbf{x}, y)$ como segue:

$$\hat{f}_{\mathbf{X},Y}(\mathbf{x}, y) = \frac{1}{Nh^{m_0+1}} \sum_{i=1}^{N} K\left(\frac{\mathbf{x}-\mathbf{x}_i}{h}\right) K\left(\frac{y-y_i}{h}\right) \quad \text{para } \mathbf{x} \in \mathbb{R}^{m_0} \text{ e } y \in \mathbb{R} \qquad (5.131)$$

Integrando $\hat{f}_{\mathbf{X},Y}(\mathbf{x}, y)$ em relação a y, obtemos $f_{\mathbf{X}}(\mathbf{x})$ da Eq. (5.130), como esperado. Além disso,

$$\int_{-\infty}^{\infty} y\hat{f}_{\mathbf{X},Y}(\mathbf{x}, y) dy = \frac{1}{Nh^{m_0+1}} \sum_{i=1}^{N} K\left(\frac{\mathbf{x}-\mathbf{x}_i}{h}\right) \int_{-\infty}^{\infty} yK\left(\frac{y-y_i}{h}\right) dy$$

Trocando a variável de integração fazendo $z = (y - y_i)/h$ e usando a propriedade da simetria do núcleo $K(\cdot)$, obtemos o resultado

$$\int_{-\infty}^{\infty} y\hat{f}_{\mathbf{X},Y}(\mathbf{x}, y) dy = \frac{1}{Nh^{m_0}} \sum_{i=1}^{N} y_i K\left(\frac{\mathbf{x}-\mathbf{x}_i}{h}\right) \qquad (5.132)$$

Assim, usando as Eqs. (5.132) e (5.130) como estimativas das quantidades no numerador e no denominador da Eq. (5.128), respectivamente, obtemos a seguinte estimação da função de regressão $f(\mathbf{x})$, após cancelar termos comuns:

$$F(\mathbf{x}) = \hat{f}(\mathbf{x})$$

$$= \frac{\sum_{i=1}^{N} y_i K\left(\frac{\mathbf{x}-\mathbf{x}_i}{h}\right)}{\sum_{j=1}^{N} K\left(\frac{\mathbf{x}-\mathbf{x}_j}{h}\right)} \qquad (5.133)$$

onde no denominador, por clareza de apresentação, utilizamos j em vez de i como índice do somatório. Como no caso de uma rede RBF comum, o estimador de regressão de núcleo $F(\mathbf{x})$ definido na Eq. (5.133) é um aproximador universal.

Há duas formas de se considerar a função aproximativa $F(\mathbf{x})$:

1. *Estimador de regressão de Nadaraya-Watson.* Define a *função de ponderação normalizada*

$$W_{N,i}(\mathbf{x}) = \frac{K\left(\dfrac{\mathbf{x}-\mathbf{x}_i}{h}\right)}{\displaystyle\sum_{j=1}^{N} K\left(\dfrac{\mathbf{x}-\mathbf{x}_j}{h}\right)}, \quad i=1,2,\ldots,N \tag{5.134}$$

com

$$\sum_{i=1}^{N} W_{N,i}(\mathbf{x}) = 1 \quad \text{para todo } \mathbf{x} \tag{5.135}$$

Podemos então rescrever o estimador de regressão de núcleo da Eq. (5.133) na forma simplificada

$$F(\mathbf{x}) = \sum_{i=1}^{N} W_{N,i}(\mathbf{x}) y_i \tag{5.136}$$

que descreve $F(\mathbf{x})$ como uma *média ponderada* dos y observáveis. A forma particular da função de ponderação $W_{N,i}(\mathbf{x})$ dada na Eq. (5.136) foi originalmente proposta por Nadaraya (1964) e Watson (1964). Conseqüentemente, a função aproximativa da Eq. (5.136) é freqüentemente chamada de *estimador de regressão de Nadaraya-Watson (ERNW)*.[15]

2. *Rede RBF normalizada.* Neste segundo ponto de vista, assumimos *simetria esférica* do núcleo $K(\mathbf{x})$, para que, neste caso, possamos fazer (Krzyżak et al., 1996)

$$K\left(\frac{\mathbf{x}-\mathbf{x}_i}{h}\right) = K\left(\frac{\|\mathbf{x}-\mathbf{x}_i\|}{h}\right) \quad \text{para todo } i \tag{5.137}$$

onde $\|\cdot\|$ representa a norma euclidiana do vetor abrangido. Conseqüentemente, definimos a *função de base radial normalizada*

$$\psi_N(\mathbf{x},\mathbf{x}_i) = \frac{K\left(\dfrac{\|\mathbf{x}-\mathbf{x}_i\|}{h}\right)}{\displaystyle\sum_{j=1}^{N} K\left(\dfrac{\|\mathbf{x}-\mathbf{x}_j\|}{h}\right)}, \quad i=1,2,\ldots,N \tag{5.138}$$

com

$$\sum_{i=1}^{N} \psi_N(\mathbf{x},\mathbf{x}_i) = 1 \quad \text{para todo } \mathbf{x} \tag{5.139}$$

O índice N em $\psi_N(\mathbf{x},\mathbf{x}_i)$ significa o uso da *normalização*.

Para o problema de regressão considerado aqui, reconhecemos que os "pesos lineares", w_i, aplicados às funções básicas $\psi_N(\mathbf{x}, \mathbf{x}_i)$ são simplesmente os observáveis, y_i, do modelo de regressão para os dados de entrada $\mathbf{x}_i$. Assim, fazendo

$$y_i = w_i, \quad i = 1, 2, ..., N$$

podemos reformular a função aproximativa da Eq. (5.133) na forma geral

$$F(\mathbf{x}) = \sum_{i=1}^{N} w_i \psi_N(\mathbf{x}, \mathbf{x}_i) \qquad (5.140)$$

A Equação (5.140) representa o mapeamento de entrada-saída de uma *rede de função de base radial (RBF) normalizada* (Moody e Darken, 1989; Xu et al., 1994). Note que

$$0 \leq \psi_N(\mathbf{x}, \mathbf{x}_i) \leq 1 \text{ para todo } \mathbf{x} \text{ e } \mathbf{x}_i \qquad (5.141)$$

Conseqüentemente, $\psi_N(\mathbf{x}, \mathbf{x}_i)$ pode ser interpretado como a probabilidade de um evento descrito pelo vetor de entrada $\mathbf{x}$, condicional em relação a $\mathbf{x}_i$.

A diferença básica entre a função de base radial $\psi_N(\mathbf{x}, \mathbf{x}_i)$ da Eq. (5.138) e uma função de base radial ordinária é um termo no denominador que constitui o *fator de normalização*. Este fator de normalização é uma estimação da fdp relativa ao vetor de entrada $\mathbf{x}$. Conseqüentemente, a soma das funções de base $\psi_N(\mathbf{x}, \mathbf{x}_i)$ para $i = 1, 2,..., N$ para todo $\mathbf{x}$ perfaz a unidade, como descrito na Eq. (5.139). Por outro lado, não é garantido que esta condição seja satisfeita pelas funções de base (de Green) da rede RBF ordinária da Eq. (5.57).

A derivação do mapeamento de entrada-saída $F(\mathbf{x})$ descrito na Eq. (5.138) foi apresentada aqui usando-se a noção de estimação de densidade. Como no caso do problema de reconstrução de hipersuperfície, a estimação de densidade é um problema mal-formulado. Para torná-lo bem-formulado, deve-se utilizar alguma forma de regularização. O estimador de densidade de Parzen-Rosenblatt, e portanto o estimador de regressão de Nadaraya-Watson, pode ser derivado dentro do contexto da teoria de regularização (Vapnik, 1982). Naturalmente, o funcional de custo a ser minimizado para a estimação de densidade é diferente do funcional de Tikhonov determinístico da Eq. (5.23). O funcional de custo para a estimação de densidade consiste da soma de dois termos: um termo de erro quadrático envolvendo a função de densidade de probabilidade desconhecida e uma forma apropriada de funcional de estabilização.

Distribuição Gaussiana Multivariada

Em geral, pode-se escolher uma variedade de funções de núcleo. Entretanto, considerações de ordem prática e teórica limitam essa escolha. Como no caso da função de Green, um núcleo amplamente utilizado é a distribuição gaussiana multivariada:

$$K(\mathbf{x}) = \frac{1}{(2\pi)^{m_0/2}} \exp\left(-\frac{\|\mathbf{x}\|^2}{2}\right) \qquad (5.142)$$

onde m_0 é a dimensão do vetor de entrada $\mathbf{x}$. A simetria esférica do núcleo $K(\mathbf{x})$ é claramente aparente na Eq. (5.142). Assumindo o uso de uma largura (espalhamento) comum σ que desempenha o papel de parâmetro de suavização h para uma distribuição gaussiana, e centrando o núcleo em um ponto de dado $\mathbf{x}_i$, podemos escrever

$$K\left(\frac{\mathbf{x}-\mathbf{x}_i}{h}\right) = \frac{1}{(2\pi\sigma^2)^{m_0/2}}\exp\left(-\frac{\|\mathbf{x}-\mathbf{x}_i\|^2}{2\sigma^2}\right), \quad i=1,2,...,N \quad (5.143)$$

Assim, usando a Eq. (5.143), o estimador de regressão de Nadaraya-Watson assume a seguinte forma (Specht, 1991):

$$F(\mathbf{x}) = \frac{\sum_{i=1}^{N} y_i \exp\left(-\frac{\|\mathbf{x}-\mathbf{x}_i\|^2}{2\sigma^2}\right)}{\sum_{j=1}^{N} \exp\left(-\frac{\|\mathbf{x}-\mathbf{x}_j\|^2}{2\sigma^2}\right)} \quad (5.144)$$

onde o termo no denominador representando o estimador de densidade de Parzen-Rosenblatt consiste da soma de N distribuições gaussianas multivariadas centradas nos pontos de dados $\mathbf{x}_1, \mathbf{x}_2, ..., \mathbf{x}_N$.

Correspondentemente, usando a Eq. (5.143) em (5.138) e então a Eq. (5.140), a função de mapeamento de entrada-saída da rede RBF normalizada assume a seguinte forma:

$$F(\mathbf{x}) = \frac{\sum_{i=1}^{N} w_i \exp\left(-\frac{\|\mathbf{x}-\mathbf{x}_i\|^2}{2\sigma^2}\right)}{\sum_{j=1}^{N} \exp\left(-\frac{\|\mathbf{x}-\mathbf{x}_j\|^2}{2\sigma^2}\right)} \quad (5.145)$$

Nas Eqs. (5.144) e (5.145), os centros das funções de base radial normalizadas coincidem com os pontos de dados $\{\mathbf{x}_i\}_{i=1}^{N}$. Como no caso das funções de base radial ordinárias, pode-se usar um número menor de funções de base radial normalizadas, com seus centros tratados como parâmetros livres a serem escolhidos por alguma heurística (Moody e Darken, 1989) ou determinados segundo algum princípio (Poggio e Girosi, 1990a).

5.13 ESTRATÉGIAS DE APRENDIZAGEM

O processo de aprendizagem, ao qual uma rede de função de base radial (RBF) é submetida, independentemente de sua fundamentação teórica, pode ser visualizado como segue. Os pesos lineares associados com as unidades de saída da rede tendem a evoluir em uma "escala de tempo" diferente comparada às funções de ativação não-lineares das unidades ocultas. Assim, como as funções de ativação da camada oculta evoluem lentamente de acordo com alguma estratégia de otimização *não-linear*, os pesos da camada de saída se ajustam rapidamente através de uma estratégia de otimização *linear*. O ponto importante é que as diferentes camadas de uma rede RBF realizam tarefas diferentes, e assim é razoável separar a otimização das camadas ocultas e de saída da rede usando técnicas diferentes e talvez operando em diferentes escalas de tempo (Lowe, 1991a).

Existem diferentes estratégias de aprendizagem que podemos seguir no projeto de uma rede RBF, dependendo de como os centros das funções de base radial da rede são especificados. Aqui, identificamos quatro abordagens. As primeiras três estratégias de projeto se referem a uma rede RBF cuja formulação é baseada na teoria de interpolação. A última estratégia de projeto combina elementos da teoria de regularização e a teoria de estimação de regressão de núcleo.

1. Centros Fixos Selecionados ao Acaso

A abordagem mais simples é assumir funções de base radial *fixas* definindo as funções de ativação das unidades ocultas. A localização dos centros pode ser escolhida *aleatoriamente* do conjunto de dados de treinamento. Isto é considerado uma abordagem "sensata", desde que os dados de treinamento estejam distribuídos de uma forma representativa para o problema considerado (Lowe, 1989). Para as funções de base radial, empregamos uma função gaussiana *isotrópica* cujo desvio padrão é fixado de acordo com o espalhamento dos centros. Especificamente, uma função de base radial (normalizada) centrada em $\mathbf{t}_i$ é definida como

$$G(\|\mathbf{x} - \mathbf{t}_i\|^2) = \exp\left(-\frac{m_1}{d_{max}^2} \|\mathbf{x} - \mathbf{t}_i\|^2\right), \quad i = 1, 2, \ldots, m_1 \tag{5.146}$$

onde m_1 é o número de centros e d_{max} é a distância máxima entre os centros escolhidos. Na verdade, o desvio padrão (i.e., a largura) de todas as funções de base radial gaussianas é fixo em

$$\sigma = \frac{d_{max}}{\sqrt{2m_1}} \tag{5.147}$$

Esta fórmula assegura que as funções de base radial individuais não sejam pontiagudas demais ou planas demais; estas duas condições extremas devem ser evitadas. Como uma alternativa para a Eq. (5.147), podemos usar centros escalados individualmente com larguras maiores em áreas de menor densidade de pontos, o que requer experimentação com os dados de treinamento.

Os únicos parâmetros que devem ser aprendidos nesta abordagem são os pesos lineares na camada de saída da rede. Um procedimento direto para fazer isso é usar o *método da pseudo-inversa* (Broomhead e Lowe, 1988). Especificamente, temos (veja também as Eqs. (5.77) e (5.78))

$$\mathbf{w} = \mathbf{G}^+ \mathbf{d} \tag{5.148}$$

onde $\mathbf{d}$ é o vetor resposta desejada do conjunto de treinamento. A matriz $\mathbf{G}^+$ é a pseudo-inversa da matriz $\mathbf{G}$, que é definida como

$$\mathbf{G} = \{g_{ji}\} \tag{5.149}$$

onde

$$g_{ji} = \exp\left(-\frac{m_1}{d^2}\|\mathbf{x}_j - \mathbf{t}_i\|^2\right), \quad j = 1,2,...,N; \quad i = 1,2,...,m_1 \tag{5.150}$$

onde $\mathbf{x}_j$ é o j-ésimo vetor de entrada da amostra de treinamento.

A *decomposição de valor singular (SVD, singular-value decomposition)* (Golub e Van Loan, 1996) é básica para todos os algoritmos para o cálculo da pseudo-inversa de uma matriz:

Se **G** *é uma matriz real N -por- M, existem as matrizes ortogonais*

$$\mathbf{U} = \{\mathbf{u}_1, \mathbf{u}_2, ..., \mathbf{u}_N\}$$

e

$$\mathbf{V} = \{\mathbf{v}_1, \mathbf{v}_2, ..., \mathbf{v}_M\}$$

tais que

$$\mathbf{U}^T\mathbf{G}\mathbf{V} = \mathrm{diag}(\sigma_1, \sigma_2, ..., \sigma_K), \quad K = \min(M, N) \tag{5.151}$$

onde

$$\sigma_1 \geq \sigma_2 \geq \cdots \geq \sigma_K > 0$$

Os vetores coluna da matriz **U** são denominados os *vetores singulares esquerdos* de **G**, e os vetores coluna da matriz **V** são denominados os seus *vetores singulares direitos*. Os $\sigma_1, \sigma_2, ..., \sigma_K$ são denominados os *valores singulares* da matriz **G**. De acordo com o teorema da decomposição do valor singular, a pseudo-inversa M -por- N da matriz **G** é definida por

$$\mathbf{G}^+ = \mathbf{V}\mathbf{\Sigma}^+\mathbf{U}^T \tag{5.152}$$

onde $\mathbf{\Sigma}^+$ é uma matriz N -por- N definida em termos dos valores singulares de **G** por

$$\mathbf{\Sigma}^+ = \mathrm{diag}\left(\frac{1}{\sigma_1}, \frac{1}{\sigma_2}, ..., \frac{1}{\sigma_K}, 0, ..., 0\right) \tag{5.153}$$

Em Golub e Van Loan (1996), são discutidos algoritmos eficientes para o cálculo de uma matriz pseudo-inversa.

É interessante observar que a experiência com a seleção aleatória de centros mostra que este método é relativamente insensível ao uso de regularização; veja o Problema 5.14 sobre um experimento computacional de classificação de padrões usando este método. Este tipo de desempenho sugere que a seleção aleatória de centros como um método para o projeto de redes RBF a partir de um grande conjunto de treinamento de tamanho fixo talvez seja, à sua própria maneira, um método de regularização.

2. Seleção Auto-Organizada de Centros

O principal problema com o método de centros fixos descrito acima é o fato de que ele requer um grande conjunto de treinamento para se obter um nível de desempenho satisfatório. Um modo de superar esta limitação é usar um *processo de aprendizagem híbrido*, consistindo de dois diferentes estágios (Moody e Darken, 1989; Lippmann, 1989b; Chen et al., 1992):

- Estágio de *aprendizagem auto-organizada*, cujo propósito é estimar localizações adequadas para os centros das funções de base radial na camada oculta.
- Estágio de *aprendizagem supervisionada*, que completa o projeto da rede estimando os pesos lineares da camada de saída.

Apesar de se poder usar processamento por lote para implementar estes dois estágios de aprendizagem, é preferível adotar-se uma abordagem adaptativa (iterativa).

Para o processo de aprendizagem auto-organizada, necessitamos de um algoritmo de *agrupamento* ("*clustering*") que particione o conjunto fornecido de pontos de dados em subgrupos, cada um dos quais sendo tão homogêneo quanto possível. Um desses algoritmos é o *algoritmo de agrupamento de k médias* (Duda e Hart, 1973), que coloca os centros das funções de base radial apenas naquelas regiões do espaço de entrada $\mathcal{X}$ onde dados significativos estão presentes. Considere que m_1 represente o número de funções de base radial; a determinação de um valor adequado para m_1 pode requerer experimentação. Considere que $\{t_k(n)\}_{k=1}^{m_1}$ represente os centros das funções de base radial na iteração n do algoritmo. Então, o algoritmo de agrupamento de k médias atua como segue:

1. *Inicialização*. Escolha valores aleatórios para os centros iniciais $t_k(0)$; a única restrição é que estes valores iniciais sejam diferentes. Pode ser também desejável manter pequena a norma euclidiana dos centros.
2. *Amostragem*. Retire um vetor $\mathbf{x}$ do espaço de entrada $\mathcal{X}$ com uma certa probabilidade. O vetor $\mathbf{x}$ é apresentado à entrada do algoritmo na iteração n.
3. *Casamento de similaridade*. Considere que $k(\mathbf{x})$ represente o índice do centro com o melhor casamento (vencedor) com o vetor de entrada $\mathbf{x}$. Encontre $k(\mathbf{x})$ na iteração n usando a distância euclidiana mínima como critério:

$$k(\mathbf{x}) = \arg\min_k \|\mathbf{x}(n) - \mathbf{t}_k(n)\|, \quad k = 1, 2, \ldots, m_1 \qquad (5.154)$$

onde $\mathbf{t}_k(n)$ é o centro da k-ésima função de base radial na iteração n.

4. *Atualização*. Ajuste os centros das funções de base radial, usando a regra de atualização:

$$\mathbf{t}_k(n+1) = \begin{cases} \mathbf{t}_k(n) + \eta[\mathbf{x}(n) - \mathbf{t}_k(n)], & k = k(\mathbf{x}) \\ \mathbf{t}_k(n), & \text{caso contrário} \end{cases} \qquad (5.155)$$

onde η é um *parâmetro da taxa de aprendizagem* no intervalo $0 < \eta < 1$.

5. *Continuação*. Incremente n de 1, volte para o passo 2 e continue o procedimento até que não sejam mais observadas modificações nos centros $\mathbf{t}_k$.

O algoritmo de agrupamento de k médias descrito é, de fato, um caso especial de um processo de aprendizagem competitiva (o vencedor leva tudo) conhecido como *mapa auto-organizável*, que é discutido no Capítulo 9. Este último algoritmo também proporciona a implementação do estágio de aprendizagem auto-organizada.

Uma limitação do algoritmo de agrupamento de k médias é que ele pode alcançar somente uma solução ótima local que depende da escolha inicial dos centros dos agrupamentos. Conseqüentemente, podem estar sendo desperdiçados recursos computacionais se alguns centros iniciais ficarem presos em regiões do espaço de entrada $\mathcal{X}$ pela escassez de pontos de dados e podem, por isso, nunca ter a chance de se mover para novos locais onde eles são necessários. O resultado é possivelmente uma rede desnecessariamente grande. Para superar esta limitação do algoritmo de agrupamento de k médias convencional, Chen (1995) propôs o uso de um *algoritmo de agrupamento de k médias aperfeiçoado* devido a Chinunrueng e Séquin (1994), que é baseado em uma medida de variação ponderada do agrupamento, que capacita o algoritmo a convergir para uma configuração ótima ou próxima da ótima, independentemente da localização inicial dos centros.

Tendo identificado os centros individuais das funções de base radial gaussianas e sua largura comum usando o algoritmo de agrupamento de k médias ou a sua versão aperfeiçoada, o próximo e derradeiro estágio do processo de aprendizagem híbrido é estimar os pesos da camada de saída. Um método simples para esta estimação é o algoritmo do mínimo quadrado médio (LMS, *least-mean-square*) descrito no Capítulo 3. O vetor de sinais de saída produzido pelas unidades ocultas constitui o vetor de entrada para o algoritmo LMS. Note também que o algoritmo de agrupamento de k médias para as unidades ocultas e o algoritmo LMS para as unidades de saída podem realizar as suas computações individuais de uma maneira concorrente, acelerando dessa forma o processo de treinamento.

3. Seleção Supervisionada de Centros

Na terceira abordagem, os centros das funções de base radial e todos os outros parâmetros livres da rede sofrem um processo de aprendizagem supervisionada; em outras palavras, a rede RBF assume a sua forma mais generalizada. Um candidato natural para um tal processo é a aprendizagem por correção de erro, que é implementada mais convenientemente utilizando-se um procedimento de descida de gradiente que representa uma generalização do algoritmo LMS.

O primeiro passo no desenvolvimento deste procedimento de aprendizagem é definir o valor instantâneo da função de custo.

$$\mathcal{E} = \frac{1}{2}\sum_{j=1}^{N} e_j^2 \qquad (5.156)$$

onde N é o tamanho da amostra de treinamento usada para realizar a aprendizagem e e_j é o sinal de erro definido por

$$\begin{aligned} e_j &= d_j - F^*(\mathbf{x}_j) \\ &= d_j - \sum_{i=1}^{M} w_i G(\|\mathbf{x}_j - \mathbf{t}_i\|_{C_i}) \end{aligned} \qquad (5.157)$$

O que se deseja é encontrar os parâmetros livres w_i, $\mathbf{t}_i$ e Σ_i^{-1} (este último está relacionado com a matriz de ponderação de norma $\mathbf{C}_i$) de modo a minimizar $\mathcal{E}$. Os resultados desta minimização estão resumidos na Tabela 5.4; as derivações destes resultados estão apresentadas como um exercício para o leitor no Problema 5.13. Deve-se notar os seguintes pontos na Tabela 5.4.

TABELA 5.4 Fórmulas de Adaptação para os Pesos Lineares e as Posições e Espalhamentos de Centros para a Rede RBF[a]

1. *Pesos lineares* (camada de saída)

$$\frac{\partial \mathcal{E}(n)}{\partial w_i(n)} = \sum_{j=1}^{N} e_j(n) G(\|\mathbf{x}_j - \mathbf{t}_i(n)\|_{C_i})$$

$$w_i(n+1) = w_i(n) - \eta_1 \frac{\partial \mathcal{E}(n)}{\partial w_i(n)}, \quad i = 1, 2, \ldots, m_1$$

2. *Posições dos centros* (camada oculta)

$$\frac{\partial \mathcal{E}(n)}{\partial \mathbf{t}_i(n)} = 2w_i(n) \sum_{j=1}^{N} e_j(n) G'(\|\mathbf{x}_j - \mathbf{t}_i(n)\|_{C_i}) \mathbf{\Sigma}_i^{-1} [\mathbf{x}_j - \mathbf{t}_i(n)]$$

$$\mathbf{t}_i(n+1) = \mathbf{t}_i(n) - \eta_2 \frac{\partial \mathcal{E}(n)}{\partial \mathbf{t}_i(n)}, \quad i = 1, 2, \ldots, m_1$$

3. *Espalhamentos dos centros* (camada oculta)

$$\frac{\partial \mathcal{E}(n)}{\partial \mathbf{\Sigma}_i^{-1}(n)} = -w_i(n) \sum_{j=1}^{N} e_j(n) G'(\|\mathbf{x}_j - \mathbf{t}_i(n)\|_{C_i}) \mathbf{Q}_{ji}(n)$$

$$\mathbf{Q}_{ji}(n) = [\mathbf{x}_j - \mathbf{t}_i(n)][\mathbf{x}_j - \mathbf{t}_i(n)]^T$$

$$\mathbf{\Sigma}_i^{-1}(n+1) = \mathbf{\Sigma}_i^{-1}(n) - \eta_3 \frac{\partial \mathcal{E}(n)}{\partial \mathbf{\Sigma}_i^{-1}(n)}$$

[a]O termo $e_j(n)$ é o sinal de erro da unidade de saída j no tempo n. O termo $G'(\cdot)$ é a derivada primeira da função de Green $G(\cdot)$ em relação a seu argumento.

- A função de custo $\mathcal{E}$ é convexa em relação aos parâmetros lineares w_i, mas não convexa em relação aos centros $\mathbf{t}_i$ e à matriz $\mathbf{\Sigma}_i^{-1}$; neste último caso, a busca pelos valores ótimos de $\mathbf{t}_i$ e $\mathbf{\Sigma}_i^{-1}$ pode ficar presa em um mínimo local no espaço de parâmetros.
- Nas equações de atualização para w_i, $\mathbf{t}_i$ e $\mathbf{\Sigma}_i^{-1}$, são (em geral) atribuídos diferentes parâmetros da taxa de aprendizagem η_1, η_2 e η_3, respectivamente.
- Ao contrário do algoritmo de retropropagação, o procedimento de descida de gradiente descrito na Tabela 5.4 para uma rede RBF *não* envolve retropropagação de erro.
- O vetor gradiente $\partial \mathcal{E} / \partial \mathbf{t}_i$ tem um efeito similar a um *efeito de agrupamento* que é dependente da tarefa (Poggio e Girosi, 1990a).

Para a *inicialização* do procedimento de descida de gradiente, é freqüentemente desejável começar a busca no espaço de parâmetros a partir de uma condição inicial *estruturada* que limita a região do espaço de parâmetros a ser procurada a uma área útil já conhecida, que pode ser obtida implementando-se um método padrão de classificação de padrões (Lowe, 1991a). Fazendo isso, a probabilidade de convergir para um mínimo local indesejável no espaço de pesos é reduzida. Podemos começar, por exemplo, com um *classificador gaussiano*, que assume que cada padrão em cada classe é retirado de uma distribuição gaussiana; esta forma especial de classificador de padrões baseado no procedimento de teste da hipótese de Bayes é discutido no Capítulo 3.

Uma questão que surge neste estágio da discussão é: o que pode ser ganho adaptando-se as posições dos centros das funções de base radial? A resposta a esta questão naturalmente depende da aplicação de interesse. Apesar disso, com base em alguns resultados relatados na literatura, existe um mérito prático na idéia de permitir que os centros se movam. O trabalho feito por Lowe (1989) sobre reconhecimento usando redes RBF indica que a otimização não-linear dos parâmetros que definem as funções de ativação da camada oculta é benéfica quando o que se deseja é uma configuração de rede mínima. Entretanto, de acordo com Lowe, o mesmo desempenho de generalização pode ser obtido usando-se uma rede RBF maior; isto é, uma rede com um número maior de centros fixos na camada oculta, e apenas adaptando a camada de saída da rede por otimização linear.

Wettschereck e Dietterich (1992) compararam o desempenho de redes de função de base radial (gaussianas) com centros fixos com o de redes de função de base radial generalizadas com centros ajustáveis; neste segundo caso, as posições dos centros são determinadas por aprendizagem supervisionada. A comparação de desempenho foi feita para a tarefa do NETtalk. O experimento NETtalk original foi realizado por Sejnowski e Rosenberg (1987) usando um perceptron de múltiplas camadas treinado com o algoritmo de retropropagação; ele está descrito no Capítulo 13. O propósito do experimento realizado por Wettschereck e Dietterich foi entender como uma rede neural poderia aprender a mapear a grafia inglesa para a sua pronúncia fonética. O estudo experimental feito por Wettschereck e Dietterich no domínio do NETtalk pode ser resumido como segue:

- As redes RBF (com aprendizagem não-supervisionada das localizações dos centros e aprendizagem supervisionada dos pesos da camada de saída) *não* generalizam tão bem como os perceptrons de múltiplas camadas treinados com o algoritmo de retropropagação.
- As redes RBF generalizadas (com aprendizagem supervisionada das localizações dos centros bem como dos pesos da camada de saída) são capazes de superar substancialmente o desempenho de generalização dos perceptrons de múltiplas camadas.

4. Interpolação Estrita com Regularização

Um método para projetar redes RBF que combina elementos da teoria de regularização da Seção 5.5 e da teoria da estimação por regressão de núcleo descrita na Seção 5.12 é descrito de um modo fundamental por Yee (1998). O método envolve o uso combinado dos quatro ingredientes a seguir:

1. A função de base radial, G, admissível (possivelmente com algum escalamento) como núcleo de uma estimação de regressão de Nadaraya-Watson (ERNW) consistente (em termos do quadrado médio).
2. A matriz diagonal de ponderação da norma da entrada, Σ^{-1}, comum a todos os centros com os valores

$$\Sigma = \mathrm{diag}(h_1, h_2, ..., h_{m_0}) \qquad (5.158)$$

onde $h_1, h_2,..., h_{m0}$ são as *larguras de banda* por dimensão de uma ERNW com núcleo (escalado) G, como exposto anteriormente, e m_0 é a dimensionalidade do espaço de entrada. Podemos, por exemplo, fazer $h_i = \alpha_i \sigma_i^2$, $i = 1, 2,..., m_0$, onde σ_i^2 é a variância da amostra da i-ésima variável de entrada estimada a partir dos dados de entrada disponíveis para treinamento. Os *fatores de escala* positivos de entrada, $\alpha_1, \alpha_2,..., \alpha_{m0}$, podem, então, ser determinados usando um procedimento de validação cruzada (V-C) adequado, como explicado na Seção 5.9.

3. A interpolação estrita regularizada, que envolve treinamento para os pesos lineares de acordo com a Eq. (5.54).
4. A seleção do parâmetro de regularização λ e dos fatores de escala da entrada $\alpha_1, \alpha_2,..., \alpha_{m0}$, que é realizada através de um método *assintoticamente ótimo* tal como o método V-C "deixe um de fora" definido na Eq. (5.117) ou o método VCG definido na Eq. (5.121). Os parâmetros selecionados podem ser interpretados como segue:

- Quanto maior for o valor do λ selecionado, maior será o ruído que corrompe a medição dos parâmetros.
- Quando a função de base radial G for um núcleo unimodal (p.ex., o núcleo gaussiano), quanto menor for o valor de um α_i particular, mais "sensível" à dimensão de entrada associada será a saída global da rede. Inversamente, quanto maior for o valor de um α_i particular, menos "relevante" para explicar a variação da saída global da rede em relação a variações na entrada será a dimensão de entrada associada. Assim, podemos usar o α_i selecionado para ordenar a *importância* relativa das variáveis de entrada e, assim, indicar quais variáveis de entrada são candidatas adequadas à redução de dimensionalidade, se necessário.

A justificativa para este procedimento de projeto é discutida em detalhes em Yee (1998). Para os nossos propósitos nesta discussão, podemos motivar estas escolhas de projeto como segue. Pode ser mostrado que a ERNW corresponde a uma classe especial de redes RBF regularizadas, no sentido que qualquer ERNW pode ser aproximada, com erro médio quadrado e erro absoluto desprezíveis, por uma seqüência adequadamente construída de redes RBF regularizadas, para a qual, a seqüência de parâmetros de regularização $\{\lambda_N\}$ pode crescer (a uma taxa apropriada) ao infinito com N, o tamanho da amostra de treinamento. Por outro lado, quando $N \to \infty$, temos (sob condições brandas) a convergência do risco definida na Eq. (5.99) para o erro médio quadrado (global). Se usarmos um procedimento de seleção de parâmetros assintoticamente ótimo para a seqüência de parâmetros de regularização, então, por construção, a seqüência de redes RBF resultante deve ter (assintoticamente) erro médio quadrado mínimo em relação a todas as possíveis escolhas de seqüências de parâmetros de regularização, incluindo aquela correspondente à ERNW. Se prevalecerem condições tais que a ERNW seja sabidamente consistente para o erro médio quadrado, o mesmo deve também ser verdadeiro para a rede RBF regularizada, projetada de acordo com o mesmo procedimento. Em outras palavras, redes RBF regularizadas projetadas de acordo com este procedimento podem *herdar* as propriedades de consistência da ERNW. Esta conseqüência nos permite alavancar os resultados conhecidos sobre a consistência da ERNW em áreas como *regressão de séries temporais*, onde processos *dependentes* e *não-estacionários* são freqüentemente encontrados e onde não são válidas as suposições usuais das redes neurais a respeito de dados de treinamento i.i.d. e processos estacionários. Em resumo, pela *síntese* de elementos tanto da teoria de regularização como da teoria de estimação de regressão de núcleo, o procedimento de projeto aqui delineado oferece uma prescrição prática teoricamente fundamentada para o projeto e aplicação de redes RBF.

5.14 EXPERIMENTO COMPUTACIONAL: CLASSIFICAÇÃO DE PADRÕES

Nesta seção, usamos um experimento computacional para ilustrar o projeto de uma rede RBF regularizada baseada no uso de interpolação estrita. O experimento computacional envolve um problema de classificação binária baseado em dados retirados de duas distribuições gaussianas bidimensionais superpostas correspondentes às classes $\mathscr{C}_1$ e $\mathscr{C}_2$. Os detalhes das distribuições gaussianas são os mesmos daqueles descritos na Seção 4.8. A classe $\mathscr{C}_1$ é caracterizada pelo vetor média $[0, 0]^T$ e pela variância comum 1, enquanto que a classe $\mathscr{C}_2$ é caracterizada pelo vetor média $[0, 2]^T$ e pela variância comum 4. O experimento descrito nesta Seção pode ser visto, assim, como a contrapartida por RBF regularizada do experimento de aprendizagem por retropropagação da Seção 4.8.

Com duas classes $\mathscr{C}_1$ e $\mathscr{C}_2$, a rede RBF regularizada é construída para ter duas funções de saída, uma para cada classe. Também são usadas saídas indicadoras de classe com valores binários como valores de saída desejada, como mostrado por

$$d_k^{(p)} = \begin{cases} 1 & \text{se o padrão } p \text{ pertence à classe } \mathscr{C}_k \\ 0 & \text{caso contrário} \end{cases}$$

onde $k = 1, 2$.

Antes de prosseguirmos com o experimento, entretanto, devemos resolver a questão de uma regra de decisão de saída para realizar a classificação de padrões. Em Yee (1998), mostra-se que as saídas de um classificador por rede RBF regularizada fornece estimativas das probabilidades *a posteriori* de classe. Isto é verdadeiro somente sob a condição de que a rede seja treinada com saídas desejadas cujo tipo de vetor indicador de classe tenha valor binário. Podemos agora prosseguir aplicando a regra de decisão da Eq. (4.55) para esta classe de redes:

Selecione a classe correspondente à máxima função de saída.

O método de interpolação estrita para a seleção de centros é testado com diferentes valores do parâmetros de regularização λ. Para um λ predeterminado, a Eq. (5.54) é usada para calcular o vetor de pesos da camada de saída da rede RBF, como mostrado por

$$\mathbf{w} = (\mathbf{G} + \lambda \mathbf{I})^{-1} \mathbf{d}$$

onde $\mathbf{G}$ é uma matriz de Green N-por-N cujo elemento ji é igual à função de Green com simetria radial $G(\mathbf{x}_j, \mathbf{x}_i)$, N é o tamanho da amostra e $\mathbf{d}$ é o vetor resposta desejada.

Para cada parâmetro de regularização λ, o ensemble engloba 50 redes independentes, sendo cada uma testada em relação a um mesmo conjunto referencial de 1000 padrões.

A Tabela 5.5 apresenta as estatísticas de ensemble para a probabilidade de classificação correta P_c, calculada para o caso de $m_1 = 20$ centros. As estatísticas de ensemble são calculadas para valores diferentes do parâmetro de regularização λ. A Tabela 5.6 apresenta os resultados correspondentes calculados para o caso de uma rede RBF regularizada maior, com $m_1 = 100$ centros.

A Figura 5.7 mostra as fronteiras de decisão formadas pelas saídas da rede para um parâmetro de regularização $\lambda = 10$, para o qual temos as melhores estatísticas. As duas partes da Fig. 5.7 correspondem às redes com o melhor e o pior desempenho do ensemble testado; ambas as partes da figura são para o caso de 100 unidades.

TABELA 5.5 Tamanho da Camada Oculta $m_1 = 20$ Centros: Detalhes da Probabilidade de Classificação Correta, P_c(%) para Parâmetro de Regularização variável

	Parâmetro de Regularização, λ					
Estatística de Ensemble	0	0,1	1	10	100	1000
Média	57,49	72,42	74,42	73,80	72,46	72,14
Desvio Padrão	7,47	4,11	3,51	4,17	4,98	5,09
Mínimo	44,20	61,60	65,80	63,10	60,90	60,50
Máximo	72,70	78,30	78,90	79,20	79,40	79,40

TABELA 5.6 Tamanho da Camada Oculta $m_1 = 100$ Centros: Detalhes da Probabilidade de Classificação Correta, P_c (%) para Parâmetro de Regularização variável

	Parâmetro de Regularização, λ					
Estatística de Ensemble	0	0,1	1	10	100	1000
Média	50,58	77,03	77,72	77,87	76,47	75,33
Desvio Padrão	4,70	1,45	0,94	0,91	1,62	2,25
Mínimo	41,00	70,60	75,10	75,10	72,10	70,10
Máximo	61,30	79,20	79,80	79,40	78,70	78,20

Comparando as Tabelas 5.5 e 5.6, fazemos as seguintes observações:

1. Tanto para $m_1 = 20$ centros como para $m_1 = 100$ centros, o desempenho de classificação de rede para $\lambda = 0$ é relativamente pobre.
2. O uso de regularização tem uma drástica influência no desempenho de classificação da rede RBF.
3. Para $\lambda \geq 0,1$ o desempenho de classificação da rede é de certa forma insensível a um aumento no parâmetro de regularização λ. Para $m_1 = 20$ centros, o melhor desempenho é obtido com $\lambda = 1$, e para $m_1 = 100$ centros ele é obtido com $\lambda = 10$.
4. Aumentando-se o número de centros de $m_1 = 20$ para $m_1 = 100$, o desempenho de classificação melhora em cerca de 4,5 por cento.

5.15 RESUMO E DISCUSSÃO

A estrutura de uma rede RBF não é usual, já que a constituição das suas unidades ocultas é inteiramente diferente daquela das unidades de saída. Como as funções de base radial fornecem a fundamentação para o projeto das unidades ocultas, a teoria das redes RBF está intimamente relacionada à teoria das funções de base radial, que é um dos campos principais de estudo em análise numérica (Singh, 1992). Um outro ponto interessante é que, como os pesos lineares na camada de saída fornecem um conjunto de parâmetros ajustáveis, pode-se ganhar muito explorando-se a extensa literatura sobre filtros adaptativos lineares (Haykin, 1996).

Contrastando com os perceptrons de múltiplas camadas treinados com o algoritmo de retropropagação, o projeto de redes RBF segue uma abordagem caracterizada por princípios. Em

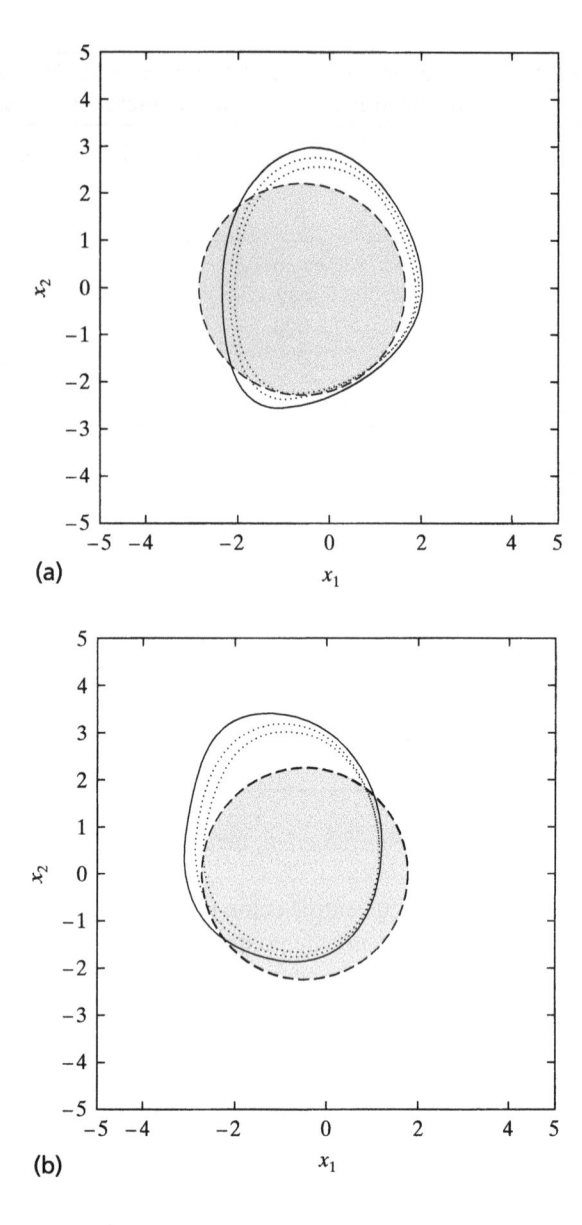

FIGURA 5.7 Resultados do experimento sobre classificação de padrões utilizando interpolação estrita com redes RBF regularizadas. (a) Melhor solução. (b) Pior solução. O círculo tracejado (sombreado) representa a solução ótima de Bayes

particular, a teoria da regularização de Tikhonov apresentada na Seção 5.5 fornece uma base matemática segura para a formulação das redes RBF. A função de Green $G(\mathbf{x}, \xi)$ desempenha um papel central nesta teoria. A forma da função de Green como a função de base da rede é determinada pela forma da *restrição de suavização* imposta na aplicação da teoria de regularização. A restrição de suavização especificada pelo operador diferencial $\mathbf{D}$ da Eq. (5.63) resulta na formulação de uma função gaussiana multivariada para a função de Green. Formulando-se uma composição diferente para o operador diferencial $\mathbf{D}$, naturalmente obtemos uma forma diferente de função de Green. Note que se for relaxada a exigência de um menor número de funções de base, a redução na complexidade computacional se torna um fator importante na determinação do regularizador de suavização. Aqui está uma outra razão possível para o uso de uma outra função (p.ex., a função *spline* de folha fina descrita no Problema 5.1) como a função de base no projeto da rede RBF regularizada na Fig. 5.5. Independentemente da escolha das funções de base, para derivar todos os benefícios da teoria de regularização aplicada ao projeto de redes RBF, necessitamos de uma abordagem fundamentada em princípios para estimar o parâmetro de regularização λ. A validação cruzada generalizada descrita na Seção 5.9 preenche esta necessidade. A teoria que justifica o uso da validação cruzada generalizada é assintótica, o que estipula que o conjunto de treinamento deve ser grande o suficiente para que seja obtida uma boa estimação de λ.

Uma outra abordagem fundamentada em princípios para o projeto de redes RBF é através da regressão de núcleo. Esta abordagem envolve a utilização de estimação de densidade, pela qual a soma das funções de base radial é exatamente a unidade. Distribuições gaussianas multivariadas fornecem um método conveniente para satisfazer esta exigência.

Concluindo, a função de mapeamento de entrada-saída de uma rede RBF gaussiana carrega uma grande semelhança com aquela realizada por uma mistura de especialistas. Este último modelo é discutido no Capítulo 7.

NOTAS E REFERÊNCIAS

1. As funções de base radial foram inicialmente introduzidas na solução do problema de interpolação multivariada real. O trabalho inicial neste assunto é estudado em Powell (1985). Este é agora um dos campos principais de pesquisa em análise numérica.
    Broomhead e Lowe (1988) foram os primeiros a explorar o uso de funções de base radial no projeto de redes neurais. Uma outra contribuição importante à teoria e ao projeto de redes de função de base radial deve-se a Poggio e Girosi (1990a). Este último artigo enfatiza o uso da teoria da regularização aplicada a esta classe de redes como um método para melhorar a generalização sobre novos dados.
2. A prova do teorema de Cover resulta das seguintes considerações (Cover, 1965):

    - *O teorema de Schlafli* ou *teorema da contagem de funções*, que afirma que o número de dicotomias que são linearmente separáveis de forma homogênea de N vetores em uma posição genérica no espaço euclidiano de dimensão m_1 é igual a

    $$C(N, m_1) = 2 \sum_{m=0}^{m_1-1} \binom{N-1}{m}$$

    Diz-se que um conjunto de vetores $\mathcal{X} = \{\mathbf{x}_i\}_{i=1}^{N}$ está em uma *posição genérica* no espaço euclidiano de dimensão m_1 se todo subconjunto com m_1 ou menos vetores for linearmente independente.
    - A *invariância à reflexão* da distribuição de probabilidade conjunta de $\mathcal{X}$, que implica que a probabilidade (condicional em $\mathcal{X}$) que uma dicotomia aleatória seja separável é igual à probabilidade incondicional que uma dicotomia particular de $\mathcal{X}$ (todos os N vetores em uma categoria) seja separável.

    O teorema da contagem de funções foi provado de maneiras diferentes, independentemente e aplicado a conFigurações específicas de perceptrons (i.e., unidades lineares de limiar) por Cameron (1960), Joseph (1960) e Winder (1961). Em Cover (1968), este teorema é aplicado para avaliar a capacidade de uma rede de perceptrons em termos do número total de parâmetros ajustáveis, que se mostra ser limitada abaixo por $N/(1 + \log_2 N)$ onde N é o número de padrões de entrada.
3. Uma outra abordagem para a regularização por incorporação de informação prévia em um mapeamento de entrada-saída é através do uso de interpolação bayesiana; para uma exposição detalhada desta abordagem, veja MacKay (1992a, b) e Neal (1995).

4. A teoria da regularização é normalmente creditada a Tikhonov (1963). Uma abordagem similar foi descrita em Phillips (1962). Por esta razão, a teoria é algumas vezes referida como *regularização de Tikhonov-Phillips*.

   Uma forma de regularização na literatura atuarial foi considerada em Whittaker (1923); o processo de suavização considerado foi referido como *graduação* ou *ajuste* das observações.

   Para uma discussão da teoria de regularização na forma de livro, veja Tikhonov e Arsenin (1977), Mozorov (1993) e Kirch (1996).

5. O conceito de "espaço de função" desenvolveu-se em conseqüência da investigação fundamental de Hilbert sobre uma certa classe de equações integrais. Enquanto Fredholm, o criador das integrais de Fredholm, formulou o problema em uma linguagem essencialmente algébrica, Hilbert reconheceu a relação próxima do problema com a geometria analítica de superfícies de segunda ordem em um espaço euclidiano de muitas dimensões (Lanczos, 1964).

6. Um *espaço normalizado* é um espaço vetorial linear no qual a função de valor real $\|\mathbf{x}\|$, chamada de *norma* de $\mathbf{x}$, é definida. A norma $\|\mathbf{x}\|$ tem as seguintes propriedades:

$$\|\mathbf{x}\| > 0 \quad para \quad \mathbf{x} \neq \mathbf{0}$$
$$\|\mathbf{0}\| = 0$$
$$\|a\mathbf{x}\| = |a| \cdot \|\mathbf{x}\|, \quad a = \text{constante}$$
$$\|\mathbf{x} + \mathbf{y}\| \leq \|\mathbf{x}\| + \|\mathbf{y}\|$$

A norma $\|\mathbf{x}\|$ desempenha o papel de "comprimento" de $\mathbf{x}$.

7. A rigor, exigimos que a função $f(\mathbf{x})$, responsável pela geração dos dados, seja um membro de um *espaço de Hilbert de núcleo reproduzível* (EHNR) com um núcleo reproduzível na forma da distribuição delta de Dirac δ (Tapia e Thompson, 1978). Fazemos isto porque exigimos que a distribuição delta de Dirac δ pertença ao conjunto de *funções infinitamente continuamente diferenciáveis, decrescentes*, isto é, o espaço clássico $\mathscr{L}$ de funções de teste para a *teoria de Schwarz de distribuições*, com norma finita induzida por $\mathbf{D}$, como mostrado por

$$H_p = \{f \in \mathscr{S} : \|\mathbf{D}f\| < \infty\}$$

Genericamente falando, os engenheiros normalmente pensam apenas no espaço L_2 sempre que o espaço de Hilbert é mencionado, talvez pelo motivo de o espaço L_2 ser isomórfico em relação a qualquer outro espaço de Hilbert. Mas a *norma* é a característica mais importante de um espaço de Hilbert, e *isometrias* (i.e., isomorfismo com preservação da norma) são mais importantes que simplesmente isomorfismo aditivo (Kailath, 1974). A teoria de EHNR mostra que há muitos outros espaços de Hilbert diferentes e bastante úteis, além do espaço L_2. Para uma revisão didática sobre EHNR, veja Kailath (1971).

8. Um *espaço de produto interno* é um espaço vetorial linear no qual o produto interno de $\mathbf{u}$ e $\mathbf{v}$, representado por $(\mathbf{u}, \mathbf{v})$ é induzido com as seguintes propriedades:

$$(\mathbf{u}, \mathbf{v}) = (\mathbf{v}, \mathbf{u})$$
$$(a\mathbf{u}, \mathbf{v}) = a(\mathbf{u}, \mathbf{v}), \quad a = \text{constante}$$
$$(\mathbf{u} + \mathbf{v}, \mathbf{w}) = (\mathbf{u}, \mathbf{w}) + (\mathbf{v}, \mathbf{w})$$
$$(\mathbf{u}, \mathbf{u}) > 0 \quad para \quad \mathbf{u} \neq \mathbf{0}$$

Diz-se que um espaço de produto interno $\mathscr{H}$ é *completo*, e conhecido como um espaço de Hilbert, se toda seqüência de Cauchy retirada de $\mathscr{H}$ converge em norma para um limite em

$\mathcal{H}$. Uma seqüência de vetores $\{\mathbf{x}_n\}$ é chamada uma *seqüência de Cauchy* se para todo $\epsilon > 0$ existir um número M tal que (Debnath e Mikusiński, 1990)

$$\|\mathbf{x}_m - \mathbf{x}_n\| < \epsilon \quad \text{para todo } (m, n) > M$$

9. Em Girosi et al. (1995), um método diferente para derivar a Eq. (5.55) é apresentado relacionando-se o termo de regularização $\mathcal{E}_c(F)$ adiante à suavidade da função aproximativa $F(\mathbf{x})$.

A *suavidade* é vista como medida da natureza oscilatória de uma função. Em particular, diz-se que uma função é mais suave que uma outra função se ela for menos oscilatória. Em outras palavras, quanto mais suave for uma função, menor será o seu conteúdo de alta freqüência. Tendo em mente esta medida de suavidade, suponha que $F(\mathbf{s})$ seja a transformada de Fourier multidimensional de $F(\mathbf{x})$, com $\mathbf{s}$ representando uma variável da transformada multidimensional. Considere que $H(\mathbf{s})$ represente uma função positiva que tende a zero quando $\|\mathbf{s}\|$ se aproxima do infinito, isto é, $1/H(\mathbf{s})$ representa a ação de um "filtro passa-altas". Então, de acordo com Girosi et al. (1995), podemos definir um funcional de suavização representando o termo de regularização como:

$$\mathcal{E}_c(F) = \frac{1}{2} \int_{\mathbb{R}^{m_0}} \frac{|F(\mathbf{s})|^2}{H(\mathbf{s})} d\mathbf{s}$$

onde m_0 é a dimensão de $\mathbf{x}$. Em virtude do teorema de Parseval da teoria de Fourier, este funcional é uma medida da potência contida na saída do filtro passa-altas $1/H(\mathbf{s})$. Assim, dispondo o problema de regularização no domínio de Fourier e usando as propriedades da transformada de Fourier, a solução da Eq. (5.55) é derivada.

10. A forma mais geral de um operador diferencial linear é

$$\mathbf{D} = p(x_1, x_2, \ldots, x_{m_0}) \frac{\partial^n}{\partial x_1^a \partial x_2^b \cdots \partial x_{m_0}^k}, \quad a + b + \cdots + k = n$$

onde $x_1, x_2, \ldots, x_{m_0}$ são os elementos do vetor $\mathbf{x}$, e $p(x_1, x_2, \ldots, x_{m_0})$ é uma função desses elementos. O operador adjunto de $\mathbf{D}$ é (Morse e Feshback, 1953)

$$\tilde{\mathbf{D}} = (-1)^n \frac{\partial^n}{\partial x_1^a \partial x_2^b \cdots \partial x_{m_0}^k} \left[p(x_1, x_2, \ldots, x_{m_0}) \right], \quad a + b + \cdots + k = n$$

11. Para obter a validação cruzada generalizada a partir de validação cruzada ordinária, podemos considerar um *problema de regressão de aresta* descrito em Wahba (1990):

$$\mathbf{y} = \mathbf{X}\alpha + \epsilon \tag{1}$$

onde $\mathbf{X}$ é uma matriz N-por-N de entradas, e o vetor ruído ϵ tem um vetor média nulo e uma matriz de covariância igual a $\sigma^2 \mathbf{I}$. Usando a decomposição de valor singular de $\mathbf{X}$, podemos escrever

$$\mathbf{X} = \mathbf{U}\mathbf{D}\mathbf{V}^T$$

onde $\mathbf{U}$ e $\mathbf{V}$ são matrizes ortogonais e $\mathbf{D}$ é uma matriz diagonal. Seja

$$\tilde{\mathbf{y}} = \mathbf{U}^T \mathbf{y}$$
$$\beta = \mathbf{V}^T \alpha$$

e

$$\tilde{\epsilon} = \mathbf{U}^T \epsilon$$

Podemos então usar **U** e **V** para transformar a Eq. (1) em

$$\tilde{\mathbf{y}} = \mathbf{D}\boldsymbol{\beta} + \tilde{\epsilon} \qquad (2)$$

A matriz diagonal **D** (não confundir com um operador diferencial) é escolhida de modo a ter seus valores singulares em pares. Dessa forma, existe uma matriz ortogonal **W** para a qual $\mathbf{WDW}^T$ é uma *matriz circulante;* isto é,

$$\mathbf{A} = \mathbf{WDW}^T$$
$$= \begin{bmatrix} a_0 & a_1 & \cdots & a_{N-1} \\ a_{N-1} & a_0 & \cdots & a_{N-2} \\ a_{N-2} & a_{N-1} & \cdots & a_{N-3} \\ \vdots & \vdots & & \vdots \\ a_1 & a_2 & \cdots & a_0 \end{bmatrix}$$

que é constante ao longo da diagonal. Seja

$$\mathbf{z} = \mathbf{W}\tilde{\mathbf{y}}$$
$$\boldsymbol{\gamma} = \mathbf{W}\boldsymbol{\beta}$$

e

$$\boldsymbol{\xi} = \mathbf{W}\tilde{\epsilon}$$

Podemos então usar **W** para transformar a Eq. (2) em

$$\mathbf{z} = \mathbf{A}\boldsymbol{\gamma} + \boldsymbol{\xi} \qquad (3)$$

A matriz diagonal **D** tem linhas "desvinculadas ao máximo", enquanto que a matriz circulante **A** tem linhas "acopladas ao máximo".

A partir destas transformações, podemos agora afirmar que a validação cruzada generalizada é equivalente a transformar o problema da regressão de aresta da Eq. (1) na forma acoplada ao máximo da Eq. (3), então fazer a validação cruzada ordinária em **z** e finalmente transformar de volta para os sistemas de coordenadas original (Wahba, 1990).

12. Em um apêndice de um capítulo em Powell (1992) que se baseia em uma palestra apresentada em 1990, é dado crédito a um resultado obtido por A.C. Brown. O resultado, aparentemente obtido em 1981, afirma que uma rede RBF pode mapear uma função arbitrária de um domínio fechado em $\mathbb{R}^{m_0}$ para $\mathbb{R}$.

Hartman et al. (1990) consideram funções e aproximações gaussianas em subconjuntos compactos de $\mathbb{R}^{m_0}$ que são convexos; mostra-se que as redes RBF com uma única camada oculta de unidades gaussianas são aproximadores universais. Entretanto, a prova mais rigorosa da propriedade de aproximação universal das redes RBF é apresentada em Park e Sandberg (1991); este último trabalho foi concluído antes da publicação do artigo de Hartman et al.

13. Seja Ω um domínio limitado em $\mathbb{R}^n$ com fronteira Γ. Considere o conjunto $\mathscr{S}$ de funções de valor real que são contínuas e têm um gradiente contínuo em $\bar{\Omega} = \Omega + \Gamma$. A forma bilinear

$$\int_\Omega (\text{grad } u \colon \text{grad } v + u\, v)d\mathbf{x}$$

é claramente um produto interno admissível em $\mathscr{S}$. O completamento de $\mathscr{S}$ na norma gerada por este produto interno é conhecido como o *espaço de Sobolev* (Debnath e Mikusiński, 1990). Espaços de Sobolev desempenham um papel importante na teoria das equações diferenciais parciais e são por isso exemplos importantes de espaços de Hilbert.

14. Para uma prova da propriedade assintoticamente sem bias do estimador de densidade de Parzen-Rosenblatt, veja Parzen (1962) e Cacoullos (1966).

15. O estimador de regressão de Nadaraya-Watson foi objeto de extenso estudo na literatura sobre estatística. Em um contexto mais amplo, a estimação funcional não-paramétrica ocupa uma posição central em estatística; veja Härdle (1990) e a coleção de artigos em Roussas (1991).

PROBLEMAS

Funções de base radial

5.1 A função *spline de folha fina* é descrita por

$$\varphi(r) = \left(\frac{r}{\sigma}\right)^2 \log\left(\frac{r}{\sigma}\right) \text{ para algum } \sigma > 0 \text{ e } r \in \mathbb{R}$$

Justifique o uso desta função como uma função de Green invariante à translação e rotação.

5.2 O conjunto de valores dado na Seção 5.8, para o vetor de peso $\mathbf{w}$ da rede RBF da Fig. 5.6 apresenta uma possível solução para o problema do XOR. Investigue um outro conjunto de valores para o vetor de peso $\mathbf{w}$ para resolver este problema.

5.3 Na Seção 5.8, apresentamos uma solução do problema do XOR usando uma rede RBF com duas unidades ocultas. Neste problema consideramos uma solução exata do problema do XOR usando uma rede RBF com quatro unidades ocultas, com cada centro das funções de base radial determinado por cada porção dos dados de entrada. Os quatro padrões de entrada possíveis são definidos por (0, 0), (0, 1), (1, 1), (1, 0), que representam os vértices ciclicamente ordenados de um quadrado.

(a) Construa a matriz de interpolação Φ para a rede RBF resultante. Depois, calcule a matriz inversa Φ^{-1}.

(b) Calcule os pesos lineares da camada de saída da rede.

5.4 A função gaussiana é a única função de base radial que pode ser fatorada.

Usando esta propriedade da função gaussiana, mostre que uma função de Green $G(\mathbf{x}, \mathbf{t})$ definida como uma distribuição gaussiana multivariada pode ser fatorada como segue:

$$G(\mathbf{x}, \mathbf{t}) = \prod_{i=1}^{m} G(x_i, t_i)$$

onde x_i e t_i são os i-ésimos elementos dos vetores m-por-1, $\mathbf{x}$ e $\mathbf{t}$.

Redes regularizadas

5.5 Considere o funcional de custo

$$\mathcal{E}(F^*) = \sum_{i=1}^{N}\left[d_i - \sum_{j=1}^{m_1} w_j G(\|\mathbf{x}_j - \mathbf{t}_i\|)\right]^2 + \lambda \|\mathbf{D}F^*\|^2$$

que se refere à função aproximativa

$$F^*(\mathbf{x}) = \sum_{i=1}^{m_1} w_i G(\|\mathbf{x} - \mathbf{t}_i\|)$$

Usando o diferencial de Frèchet, mostre que o funcional de custo $\mathcal{E}(F^*)$ é minimizado quando

$$(\mathbf{G}^T\mathbf{G} + \lambda \mathbf{G}_0)\mathbf{w} = \mathbf{G}^T\mathbf{d}$$

onde a matriz $\mathbf{G}$, N-por-m_1, a matriz $\mathbf{G}_0$, m_1-por-m_1, o vetor $\mathbf{w}$, m_1-por-1 e o vetor $\mathbf{d}$, N-por-1, são definidos pelas Equações (5.72), (5.75), (5.73) e (5.46), respectivamente.

5.6 Suponha que definimos

$$(\tilde{\mathbf{D}}\mathbf{D})_{\mathbf{U}} = \sum_{k=0}^{\infty}(-1)^k \frac{\nabla_{\mathbf{U}}^{2k}}{k!2^k}$$

onde

$$\nabla_{\mathbf{U}}^2 = \sum_{j=1}^{m_0}\sum_{i=1}^{m_0} u_{ji} \frac{\partial^2}{\partial x_j \partial x_i}$$

A matriz $\mathbf{U}$, m_0-por-m_0, com o seu ji-ésimo elemento representado por u_{ji}, é simétrica e definida positivamente. Com isso, existe a matriz inversa $\mathbf{U}^{-1}$ que permite a seguinte decomposição através da transformação de similaridade:

$$\mathbf{U}^{-1} = \mathbf{V}^T\mathbf{\Sigma}\mathbf{V}$$
$$= \mathbf{V}^T\mathbf{\Sigma}^{1/2}\mathbf{\Sigma}^{1/2}\mathbf{V}$$
$$= \mathbf{C}^T\mathbf{C}$$

onde $\mathbf{V}$ é uma matriz ortogonal, $\mathbf{\Sigma}$ é uma matriz diagonal, $\mathbf{\Sigma}^{1/2}$ é a raiz quadrada de $\mathbf{\Sigma}$ e a matriz $\mathbf{C}$ é definida por

$$\mathbf{C} = \mathbf{\Sigma}^{1/2}\mathbf{V}$$

O problema é resolver para a função de Green $G(\mathbf{x}, \mathbf{t})$ que satisfaz a seguinte condição (no sentido da distribuição):

$$(\tilde{\mathbf{D}}\mathbf{D})_{\mathbf{U}} G(\mathbf{x}, \mathbf{t}) = \delta(\mathbf{x} - \mathbf{t})$$

Usando a transformada multidimensional de Fourier para resolver esta equação para $G(\mathbf{x}, \mathbf{t})$, mostre que

$$G(\mathbf{x},\mathbf{t}) = \exp\left(-\frac{1}{2}\|\mathbf{x} - \mathbf{t}\|_C^2\right)$$

onde

$$\|\mathbf{x}\|_C^2 = \mathbf{x}^T \mathbf{C}^T \mathbf{C}\mathbf{x}$$

5.7 Considere um termo de regularização definido por

$$\int_{\mathbb{R}^{m_0}} \|\mathbf{D}F(\mathbf{x})\|^2 d\mathbf{x} = \sum_{k=0}^{\infty} a_k \int_{\mathbb{R}^{m_0}} \|D^k F(\mathbf{x})\|^2 d\mathbf{x}$$

onde

$$a_k = \frac{\sigma^{2k}}{k! 2^k}$$

e o operador diferencial linear D é definido em termos do operador gradiente ∇ e do operador Laplaciano ∇^2 como segue:

$$D^{2k} = (\nabla^2)^k$$

e

$$D^{2k+1} = \nabla(\nabla^2)^k$$

Mostre que

$$\mathbf{D}F(\mathbf{x}) = \sum_{k=0}^{\infty} \frac{\sigma^{2k}}{k! 2^k} \nabla^{2k} F(\mathbf{x})$$

5.8 Na Seção 5.5, derivamos a função aproximativa $F_\lambda(\mathbf{x})$ da Eq. (5.66) usando a relação da Eq. (5.65). Neste problema, desejamos começar com a relação da Eq. (5.65) e usar a transformação multidimensional de Fourier para derivar a Eq. (5.66). Realize esta derivação usando a seguinte definição da transformada multidimensional de Fourier da função de Green $G(\mathbf{x})$:

$$G(\mathbf{s}) = \int_{\mathbb{R}^{m_0}} G(\mathbf{x}) \exp(-i\mathbf{s}^T \mathbf{x}) d\mathbf{x}$$

onde $i = \sqrt{-1}$ e $\mathbf{s}$ é a variável transformada de dimensionalidade m_0.

5.9 Considere o problema de regressão não-linear descrito na Eq. (5.95). Considere que a_{ik} represente o ik-ésimo elemento da matriz inversa $(\mathbf{G} + \lambda \mathbf{I})^{-1}$. Com isso, começando com a Eq. (5.58), mostre que a estimação da função de regressão $f(\mathbf{x})$ pode ser expressa como

$$\hat{f}(\mathbf{x}) = k \sum_{k=1}^{N} \psi(\mathbf{x}, \mathbf{x}_k) y_k$$

onde y_k é a saída do modelo para a entrada $\mathbf{x}_k$, e

$$\psi(\mathbf{x}, \mathbf{x}_k) = \sum_{i=1}^{N} G(\|\mathbf{x} - \mathbf{x}_i\|) a_{ik}, \quad k = 1, 2, \ldots, N$$

onde $G(\|\cdot\|)$ é a função de Green.

5.10 As *funções spline* são exemplos de aproximadores polinomiais por partes (Schumaker, 1981). A idéia básica por trás do método de splines é a seguinte. Uma região de aproximação de interesse é dividida em um número finito de subregiões usando nós; os nós podem ser fixos, e neste caso os aproximadores são *linearmente* parametrizados, ou eles podem ser variáveis, e neste caso os aproximadores são *não linearmente* parametrizados. Em ambos os casos, em cada região da aproximação é usado um polinômio de grau máximo n, com a exigência adicional que a função global seja $n-1$ vezes diferenciável. Os splines polinomiais são funções relativamente suaves que são fáceis de armazenar, manipular e calcular em um computador.

Dentre as funções spline usadas na prática, as *splines cúbicas* são talvez as mais populares. O funcional de custo para uma spline cúbica relativa a uma entrada unidimensional é definido por

$$\mathcal{E}(F) = \frac{1}{2}\sum_{i=1}^{N}[y_i - f(x_i)]^2 + \frac{\lambda}{2}\int_{x_1}^{x_N}\left[\frac{d^2f(x)}{dx^2}\right]^2 dx$$

onde, na linguagem de splines, λ representa um parâmetro de *suavização*.

(a) Justifique as seguintes propriedades da solução $f_\lambda(x)$ para este problema:
 (1) $f_\lambda(x)$ é um polinômio cúbico entre dois valores sucessivos de x.
 (2) $f_\lambda(x)$ e as suas duas primeiras derivadas são contínuas, exceto nos pontos de fronteira onde a segunda derivada de $f_\lambda(x)$ é zero.

(b) Como $\mathcal{E}(f)$ tem um único mínimo, devemos ter

$$\mathcal{E}(f_\lambda + \alpha g) \geq \mathcal{E}(f_\lambda)$$

para qualquer g retirado da mesma classe de funções duplamente diferenciáveis, como f_λ, e para qualquer constante α de valor real. Isto significa que $\mathcal{E}(f_\lambda + \alpha g)$, interpretado como uma função de α, deve ter um mínimo local em $\alpha = 0$. Com isso, mostre que

$$\int_{x_1}^{x_N}\left(\frac{d^2 f_\lambda(x)}{dx^2}\right)\left(\frac{d^2 g(x)}{dx^2}\right)dx = \frac{1}{2}\sum_{i=1}^{N}[y - f_\lambda(x_i)]g(x_i)$$

que é a equação de Euler-Lagrange para o problema do spline cúbico.

Taxa de aproximação

5.11 A Equação (5.124) define o limite superior do erro de generalização de uma rede RBF gaussiana projetada para aprender uma função de regressão que pertence a um determinado espaço de Sobolev. Usando este limite, derive a fórmula da Eq. (5.125) para o tamanho ótimo desta rede para um tamanho específico de amostra de treinamento.

Estimação de núcleo

5.12 Suponha que você receba uma amostra de treinamento "sem ruído" $\{f(\mathbf{x}_i)\}_{i=1}^{N}$ e que o objetivo seja projetar uma rede que generalize para amostras de dados que estão corrompidas por ruído aditivo, e portanto não estão incluídas no conjunto de treinamento. Considere que $F(\mathbf{x})$ represente a função aproximativa realizada por tal rede, que é escolhida de modo que o erro quadrado esperado

$$J(F) = \frac{1}{2}\sum_{i=1}^{N}\int_{\mathbb{R}^{m_0}}[f(\mathbf{x}_i) - F(\mathbf{x}_i, \xi)]^2 f_\xi(\xi)d\xi$$

seja mínimo, onde $f_\xi(\xi)$ é a função densidade de probabilidade de uma distribuição de ruído no espaço de entrada $\mathbb{R}^{m_0}$. Mostre que a solução deste problema de mínimos quadrados é dada por (Webb, 1994)

$$F(\mathbf{x}) = \frac{\sum_{i=1}^{N} f(\mathbf{x}_i) f_\xi(\mathbf{x} - \mathbf{x}_i)}{\sum_{i=1}^{N} f_\xi(\mathbf{x} - \mathbf{x}_i)}$$

Compare este estimador com o estimador de regressão de Nadaraya-Watson.

Seleção supervisionada de centros

5.13 Considere o funcional de custo

$$\mathcal{E} = \frac{1}{2} \sum_{j=1}^{N} e_j^2$$

onde

$$e_j = d_j - F^*(x_j)$$
$$= d_j - \sum_{i=1}^{m_1} w_i G(\|\mathbf{x}_j - \mathbf{t}_i\|_{C_i})$$

Os parâmetros livres são os pesos lineares w_i, os centros $\mathbf{t}_i$ das funções de Green e a matriz de covariância inversa $\mathbf{\Sigma}_i^{-1} = \mathbf{C}_i^T \mathbf{C}_i$ onde $\mathbf{C}_i$ é a matriz de ponderação de norma. O problema é encontrar os valores desses parâmetros livres que minimizam o funcional de custo $\mathcal{E}$. Derive as seguintes derivadas parciais:

(a) $\dfrac{\partial \mathcal{E}}{\partial w_i} = \sum_{j=1}^{N} e_j G(\|\mathbf{x}_j - \mathbf{t}_i\|_{C_i})$

(b) $\dfrac{\partial \mathcal{E}}{\partial \mathbf{t}_i} = 2w_i \sum_{j=1}^{N} e_j G'(\|\mathbf{x}_j - \mathbf{t}_i\|_{C_i}) \mathbf{\Sigma}_i^{-1} (\mathbf{x}_j - \mathbf{t}_i)$

(c) $\dfrac{\partial \mathcal{E}}{\partial \mathbf{\Sigma}_i^{-1}} = -w_i \sum_{j=1}^{N} e_j G'(\|\mathbf{x}_j - \mathbf{t}_i\|_{C_i}) \mathbf{Q}_{ji}$

onde $G'(\cdot)$ é a derivada de $G(\cdot)$ em relação ao seu argumento e

$$\mathbf{Q}_{ji} = (\mathbf{x}_j - \mathbf{t}_i)(\mathbf{x}_j - \mathbf{t}_i)^T$$

Para obter as regras de diferenciação de um escalar em relação a um vetor, veja a nota 2 do Capítulo 3.

Experimentos Computacionais

5.14 Neste problema, continuamos com o experimento computacional da Seção 5.13 para estudar a seleção aleatória de centros para o projeto de uma rede RBF usada como um classificador de padrões binários. O objetivo do experimento é demonstrar que o desempenho de generalização da rede assim treinada é relativamente bom.

A rede deve resolver o problema de classificação de padrões binários descrito na Seção 5.13, onde o objetivo é classificar dados retirados de um modelo de mistura consistindo de duas distribuições gaussianas bidimensionais superpostas, eqüiprováveis. Uma distribuição tem um vetor média $[0, 0]^T$ e variância comum 1, enquanto que a outra distribuição tem um vetor média $[0, 2]^T$ e variância comum, 4. A regra de decisão "selecione a classe com a máxima saída da função" é usada para a classificação.

(a) Considere uma seleção aleatória de centros usando $m_1 = 20$ centros. Calcule a média, o desvio padrão e os valores mínimo e máximo da probabilidade de classificação correta P_c para diferentes valores de parâmetros de regularização $\lambda = 0, 0{,}1, 1, 10, 100, 1000$. Para o cálculo das estatísticas dos conjuntos, use 50 tentativas independentes de redes por ensemble, com cada uma testada em relação a um conjunto de referência com 1000 padrões.

(b) Construa a fronteira de decisão calculada para a configuração descrita na parte (a), para o parâmetro de regularização $\lambda = 1$.

(c) Repita os cálculos descritos na parte (a) para $m_1 = 10$ centros (selecionados aleatoriamente).

(d) Com base nos seus resultados, discuta o mérito da seleção aleatória de centros como um método para o projeto de redes RBF e o papel da regularização no desempenho da rede como um classificador de padrões.

(e) Compare seus resultados com aqueles apresentados na Seção 5.13 que foram calculados usando o método da interpolação estrita. Em particular, confirme que a seleção aleatória de centros é relativamente insensível ao parâmetro de regularização.

5.15 Pode-se argumentar que no caso do experimento descrito na Seção 5.13 envolvendo a classificação de um par de classes com distribuição gaussiana, a rede RBF lá considerada tem um bom desempenho porque usa funções de base radial gaussianas para aproximar as distribuições condicionais gaussianas de classe subjacentes. Neste problema, utilizamos um experimento computacional para explorar o projeto de uma rede RBF gaussiana para interpolação estrita para distribuições condicionais de classe distintamente descontínuas. Especificamente, considere duas classes eqüiprováveis $\mathscr{C}_1$ e $\mathscr{C}_2$ cujas distribuições

- $U(\mathscr{C}_1)$, onde $\mathscr{C}_1 \triangleq \Omega_1$ é um círculo de raio $r = 2{,}34$ centrado em $\mathbf{x}_c = [-2, 30]^T$
- $U(\mathscr{C}_2)$, onde $\mathscr{C}_2 \subset \mathbb{R}^2$ é uma região quadrada centrada em $\mathbf{x}_c$ com comprimento de lado $r = \sqrt{2\pi}$

Aqui $U(\Omega)$ representa uma distribuição uniforme sobre $\Omega \subset \mathbb{R}^2$. Estes parâmetros são escolhidos de modo que a região de decisão para a classe $\mathscr{C}_1$ seja a mesma que no caso da distribuição gaussiana considerada na Seção 5.13. Investigue o uso de regularização como um meio de melhorar o desempenho de classificação de uma rede RBF gaussiana usando interpolação estrita.

CAPÍTULO **6**

Máquinas de Vetor de Suporte

6.1 INTRODUÇÃO

No Capítulo 4, estudamos os perceptrons de múltiplas camadas treinados com o algoritmo de retropropagação. No Capítulo 5, estudamos uma outra classe de redes em camadas alimentadas adiante, as redes de função de base radial. Ambas estas redes neurais são aproximadores universais a seu próprio modo. Neste capítulo, discutimos uma outra categoria de redes alimentadas adiante universais, conhecidas como *máquinas de vetor de suporte (MVS)*, propostas por Vapnik (Boser, Guyon e Vapnik, 1992; Cortes e Vapnik, 1995; Vapnik, 1995, 1998). Como os perceptrons de múltiplas camadas e as redes de função base radial, as máquinas de vetor de suporte podem ser usadas para classificação de padrões e regressão linear.

Basicamente, a máquina de vetor de suporte é uma *máquina linear* com algumas propriedades muito interessantes. Para explicar como ela funciona, talvez seja mais fácil começar com o caso de padrões separáveis que podem surgir no contexto de classificação de padrões. Neste contexto, a idéia principal de uma máquina de vetor de suporte é construir um hiperplano como superfície de decisão de tal forma que a margem de separação entre exemplos positivos e negativos seja máxima. A máquina apresenta esta propriedade desejável seguindo uma abordagem fundamentada na teoria da aprendizagem estatística que é discutida no Capítulo 2. Mais precisamente, a máquina de vetor de suporte é uma implementação do *método de minimização estrutural de risco*. Este princípio indutivo é baseado no fato de que a taxa de erro de uma máquina de aprendizagem sobre dados de teste (i.e., a taxa de erro de generalização) é limitada pela soma da taxa de erro de treinamento e por um termo que depende da *dimensão de Vapnik-Chervonenkis (V-C)*; no caso de padrões separáveis, uma máquina de vetor de suporte produz um valor de zero para o primeiro termo e minimiza o segundo termo. Conseqüentemente, a máquina de vetor de suporte pode fornecer um bom desempenho de generalização em problemas de classificação de padrões, apesar do fato de que ela *não* incorpora conhecimento do domínio do problema. Este atributo é único das máquinas de vetor de suporte.

Uma noção que é central à construção do algoritmo de aprendizagem por vetor de suporte é o núcleo do produto interno entre um "vetor de suporte" x_i e o vetor **x** retirado do espaço de entrada.

Os vetores de suporte consistem de um pequeno subconjunto dos dados de treinamento extraído pelo algoritmo. Dependendo de como este núcleo de produto interno é gerado, podemos construir diferentes máquinas de aprendizagem, caracterizadas por superfícies de decisão não-lineares, próprias. Em particular, podemos usar o algoritmo de aprendizagem por vetor de suporte para construir os três seguintes tipos de máquinas de aprendizagem (entre outros):

- Máquinas de aprendizagem polinomial
- Redes de função de base radial
- Perceptrons de duas camadas (i.e., com uma única camada oculta)

Isto é, para cada uma dessas redes alimentadas adiante podemos usar o algoritmo de aprendizagem por vetor de suporte para implementar o processo de aprendizagem, usando um determinado conjunto de dados de treinamento, determinando automaticamente o número necessário de unidades ocultas. Dito de outra forma: enquanto que o algoritmo de retropropagação é planejado especificamente para treinar um perceptron de múltiplas camadas, o algoritmo de aprendizagem por vetor de suporte é de natureza mais genérica, porque tem uma aplicabilidade mais ampla.

Organização do Capítulo

O corpo principal do capítulo está organizado em três partes. Na primeira parte, descrevemos as idéias básicas por trás de uma máquina de vetor de suporte. Especificamente, na Seção 6.2 discutimos a construção de hiperplanos ótimos para o caso simples de padrões linearmente separáveis. A seguir, na Seção 6.3, considera-se o caso mais difícil de padrões não-separáveis.

Dessa forma, preparamos o caminho para a segunda parte do capítulo, que apresenta uma discussão detalhada da máquina de vetor de suporte para resolver tarefas de reconhecimento de padrões. Isso é feito na Seção 6.4. Na Seção 6.5, revisitamos o problema do XOR para ilustrar a construção de uma máquina de vetor de suporte. Na Seção 6.6, revisitamos o experimento computacional sobre classificação de padrões que foi estudado nos Capítulos 4 e 5, fornecendo assim uma avaliação comparativa das máquinas de vetor de suporte com os perceptrons de múltiplas camadas treinados com o algoritmo de retropropagação e com as redes de função de base radial.

A última parte do capítulo trata do problema da regressão não-linear. Na Seção 6.7 descrevemos uma função de perda que é bem adequada para este problema. Então, na Seção 6.8, discutimos a construção de uma máquina de vetor de suporte para regressão não-linear.

O capítulo conclui com algumas considerações finais na Seção 6.9.

6.2 HIPERPLANO ÓTIMO PARA PADRÕES LINEARMENTE SEPARÁVEIS

Considere uma amostra de treinamento $\{(\mathbf{x}_i, d_i)\}_{i=1}^{N}$, onde $\mathbf{x}_i$ é o padrão de entrada para o i-ésimo exemplo e d_i é a resposta desejada correspondente (saída-alvo). Para começar, assumimos que o padrão (classe) representado pelo subconjunto $d_i = +1$ e o padrão representado pelo subconjunto $d_i = -1$ são "linearmente separáveis". A equação de uma superfície de decisão na forma de um hiperplano que realiza esta separação é

$$\mathbf{w}^T \mathbf{x} + b = 0 \tag{6.1}$$

onde **x** é um vetor de entrada, **w** é um vetor peso ajustável e b é um bias. Podemos assim escrever

$$\mathbf{w}^T\mathbf{x}_i + b \geq 0 \quad \text{para } d_i = +1$$
$$\mathbf{w}^T\mathbf{x}_i + b < 0 \quad \text{para } d_i = -1 \tag{6.2}$$

A pressuposição de padrões linearmente separáveis é feita aqui para explicar a idéia básica por trás de uma máquina de vetor de suporte em um cenário bastante simples; esta pressuposição será relaxada na Seção 6.3.

Para um dado vetor peso de **w** e bias b, a separação entre o hiperplano definido na Eq. (6.1) e o ponto de dado mais próximo é denominada a *margem de separação*, representada por ρ. O objetivo de uma máquina de vetor de suporte é encontrar o hiperplano particular para o qual a margem de separação ρ é máxima. Sob esta condição, a superfície de decisão é referida como o *hiperplano ótimo*. A Figura 6.1 ilustra a construção geométrica de um hiperplano ótimo para um espaço de entrada bidimensional.

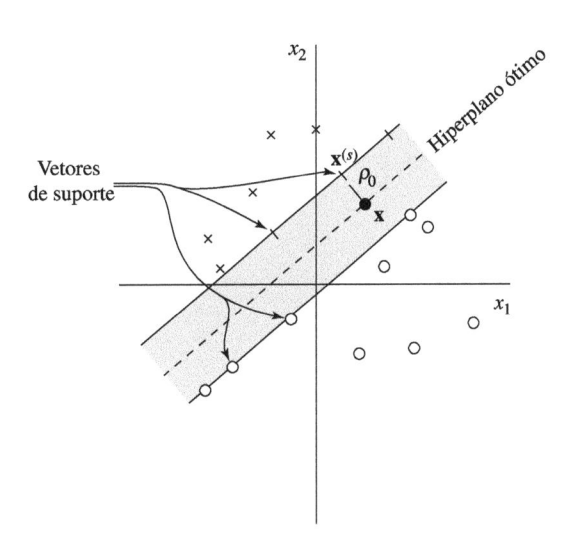

FIGURA 6.1 Ilustração da idéia de um hiperplano ótimo para padrões linearmente separáveis

Considere que $\mathbf{w}_o$ e b_o representem os valores ótimos do vetor peso e do bias, respectivamente. Conseqüentemente, o *hiperplano ótimo*, representando uma superfície de decisão linear multidimensional no espaço de entrada, é definido por

$$\mathbf{w}_o^T\mathbf{x} + b_o = 0 \tag{6.3}$$

o que é a Eq. (6.1) rescrita. A função discriminante

$$g(\mathbf{x}) = \mathbf{w}_o^T\mathbf{x} + b_o \tag{6.4}$$

fornece uma medida algébrica da *distância* de **x** até o hiperplano (Duda e Hart, 1973). Talvez o modo mais fácil de ver isto seja expressar **x** como

$$\mathbf{x} = \mathbf{x}_p + r\frac{\mathbf{w}_o}{\|\mathbf{w}_o\|}$$

onde $\mathbf{x}_p$ é a projeção normal de $\mathbf{x}$ sobre o hiperplano ótimo, e r é a distância algébrica desejada; r é positivo se $\mathbf{x}$ estiver no lado positivo do hiperplano ótimo e negativo se $\mathbf{x}$ estiver no lado negativo. Como, por definição, $g(\mathbf{x}_p) = 0$, resulta que

$$g(\mathbf{x}) = \mathbf{w}_o^T\mathbf{x} + b_o = r\|\mathbf{w}_o\|$$

ou

$$r = \frac{g(\mathbf{x})}{\|\mathbf{w}_o\|} \tag{6.5}$$

Em particular, a distância da origem (i.e., $\mathbf{x} = \mathbf{0}$) até o hiperplano ótimo é dada por $b_o/\|\mathbf{w}_o\|$. Se $b_o > 0$, a origem está no lado positivo do hiperplano ótimo; se $b_o < 0$, ela está no lado negativo. Se $b_o = 0$, o hiperplano ótimo passa pela origem. Uma interpretação geométrica destes resultados algébricos é dada na Fig. 6.2.

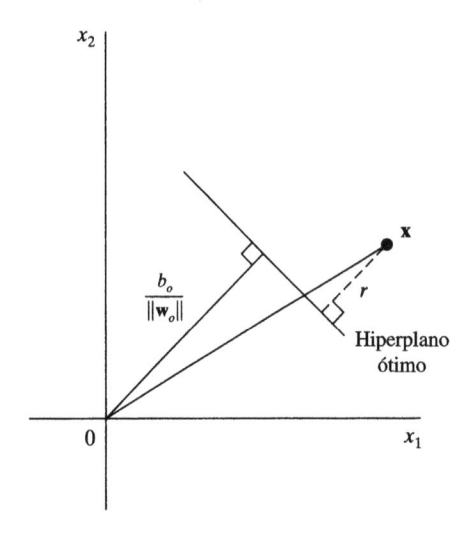

FIGURA 6.2 Interpretação geométrica das distâncias algébricas de pontos até o hiperplano ótimo para um caso bidimensional

A questão a resolver é encontrar os parâmetros $\mathbf{w}_o$ e b_o para o hiperplano ótimo, dado o conjunto de treinamento $\mathcal{T} = \{(\mathbf{x}_i, d_i)\}$. Com base nos resultados retratados na Fig. 6.2, vemos que o par $(\mathbf{w}_o, b_o)$ deve satisfazer a restrição:

$$\begin{aligned} \mathbf{w}_o^T\mathbf{x}_i + b_o \geq 1 & \quad \text{para } d_i = +1 \\ \mathbf{w}_o^T\mathbf{x}_i + b_o \leq -1 & \quad \text{para } d_i = -1 \end{aligned} \tag{6.6}$$

Note que se a Eq. (6.2) for válida, isto é, os padrões forem linearmente separáveis, podemos sempre escalar $\mathbf{w}_o$ e b_o de modo que a Eq. (6.6) seja válida; esta operação de escalamento não afeta a Eq. (6.3).

Os pontos de dados particulares $(\mathbf{x}_i, d_i)$ para os quais a primeira ou a segunda linha da Eq. (6.6) é satisfeita com o sinal de igualdade são chamados de *vetores de suporte*, por isso o nome "máquina de vetor de suporte". Estes vetores desempenham um papel proeminente na operação desta classe de máquinas de aprendizagem. Em termos conceituais, os vetores de suporte são aqueles pontos de dados que se encontram mais próximos da superfície de decisão e são, portanto, os mais difíceis de classificar. Dessa forma, têm uma influência direta na localização ótima da superfície de decisão.

Considere um vetor de suporte $\mathbf{x}^{(s)}$ para o qual $d^{(s)} = +1$. Então, por definição, temos

$$g(\mathbf{x}^{(s)}) = \mathbf{w}_o^T \mathbf{x}^{(s)} \mp b_o \mp 1 \quad \text{para } d^{(s)} = \mp 1 \tag{6.7}$$

Da Eq. (6.5) a *distância algébrica* do vetor de suporte $\mathbf{x}^{(s)}$ até o hiperplano ótimo é

$$r = \frac{g(\mathbf{x}^{(s)})}{\|\mathbf{w}_o\|}$$

$$= \begin{cases} \dfrac{1}{\|\mathbf{w}_o\|} & \text{se } d^{(s)} = +1 \\ -\dfrac{1}{\|\mathbf{w}_o\|} & \text{se } d^{(s)} = -1 \end{cases} \tag{6.8}$$

onde o sinal positivo indica que $\mathbf{x}^{(s)}$ se encontra no lado positivo do hiperplano ótimo e o sinal negativo indica que $\mathbf{x}^{(s)}$ está no lado negativo do hiperplano ótimo. Considere que ρ represente o valor ótimo da *margem de separação* entre as duas classes que constituem o conjunto de treinamento $\mathcal{T}$. Então, da Eq. (6.8) resulta que

$$\begin{aligned} \rho &= 2r \\ &= \frac{2}{\|\mathbf{w}_o\|} \end{aligned} \tag{6.9}$$

A Equação (6.9) afirma que maximizar a margem de separação entre classes é equivalente a minimizar a norma euclidiana do vetor peso $\mathbf{w}$.

Em resumo, o hiperplano ótimo definido pela Eq. (6.3) é *único* no sentido de que o vetor peso $\mathbf{w}_o$ fornece a máxima separação possível entre exemplos positivos e negativos. Esta condição ótima é alcançada minimizando-se a norma euclidiana do vetor peso $\mathbf{w}$.

Otimização Quadrática para Encontrar o Hiperplano Ótimo

Nosso objetivo é desenvolver um procedimento eficiente do ponto de vista computacional para, utilizando a amostra de treinamento $\mathcal{T} = \{(\mathbf{x}_i, d_i)\}_{i=1}^{N}$, encontrar o hiperplano ótimo, sujeito à restrição

$$d_i(\mathbf{w}^T \mathbf{x}_i + b) \geq 1 \quad \text{para } i = 1, 2, \ldots, N \tag{6.10}$$

Esta restrição combina as duas linhas da Eq. (6.6) com **w** usado no lugar de $\mathbf{w}_o$.

O problema de otimização restrito que temos que resolver pode agora ser formulado como:

*Dada a amostra de treinamento $\{(\mathbf{x}_i, d_i)\}_{i=1}^{N}$, encontre os valores ótimos do vetor peso **w** e bias b de modo que satisfaçam as restrições*

$$d_i(\mathbf{w}^T \mathbf{x}_i + b) \geq 1 \quad \text{para } i = 1, 2, \dots, N$$

*e o vetor peso **w** minimize a função de custo:*

$$\Phi(\mathbf{w}) = \frac{1}{2} \mathbf{w}^T \mathbf{w}$$

O fator de escala 1/2 é incluído aqui por conveniência de apresentação. Este problema de otimização restrito é chamado de *problema primordial*. Ele é caracterizado como segue:

- A função de custo $\Phi(\mathbf{w})$ é uma função *convexa*[1] de **w**.
- As restrições são *lineares* em relação a **w**.

Conseqüentemente, podemos resolver o problema de otimização restrito usando o *método dos multiplicadores de Lagrange* (Bertsekas, 1995).

Primeiro, construímos a *função lagrangiana*:

$$J(\mathbf{w}, b, \alpha) = \frac{1}{2} \mathbf{w}^T \mathbf{w} - \sum_{i=1}^{N} \alpha_i [d_i(\mathbf{w}^T \mathbf{x}_i + b) - 1] \tag{6.11}$$

onde as variáveis auxiliares não-negativas α_i são chamadas de *multiplicadores de Lagrange*. A solução para o problema de otimização restrito é determinada pelo *ponto de sela* da função lagrangiana $J(\mathbf{w}, b, \alpha)$, que deve ser *minimizada* em relação a **w** e a b; ela também tem que ser *maximizada* em relação a α. Assim, diferenciando $J(\mathbf{w}, b, \alpha)$ em relação a **w** e a b e igualando os resultados a zero, obtemos as duas seguintes *condições de otimização*:

$$\text{Condição 1:} \quad \frac{\partial J(\mathbf{w}, b, \alpha)}{\partial \mathbf{w}} = \mathbf{0}$$

$$\text{Condição 2:} \quad \frac{\partial J(\mathbf{w}, b, \alpha)}{\partial b} = 0$$

A aplicação da condição de otimização 1 à função lagrangiana da Eq. (6.11) produz (após remanejamento de termos)

$$\mathbf{w} = \sum_{i=1}^{N} \alpha_i d_i \mathbf{x}_i \tag{6.12}$$

A aplicação da condição de otimização 2 à função lagrangiana da Eq. (6.11) produz

$$\sum_{i=1}^{N} \alpha_i d_i = 0 \tag{6.13}$$

O vetor solução **w** é definido em termos de uma expansão que envolve os N exemplos de treinamento. Note, entretanto, que, embora esta solução seja única em virtude da convexidade da lagrangiana, o mesmo não pode ser dito sobre os coeficientes de Lagrange, α_i.

Também é importante notar que no ponto de sela, para cada multiplicador de Lagrange α_i, o produto daquele multiplicador pela sua restrição correspondente desaparece, como mostrado por

$$\alpha_i [d_i(\mathbf{w}^T \mathbf{x}_i + b) - 1] = 0 \quad \text{para } i = 1, 2, ..., N \tag{6.14}$$

Dessa forma, apenas aqueles multiplicadores que satisfazem exatamente a Eq. (6.14) podem assumir valores *não-nulos*. Esta propriedade resulta das *condições de Kuhn-Tucker* da teoria da otimização (Fletcher, 1987; Bertsekas, 1995).

Como notado anteriormente, o problema primordial lida com uma função de custo convexa e com restrições lineares. Dado um problema de otimização restrito como este, é possível construir um outro problema chamado de *problema dual*. Este segundo problema tem o mesmo valor ótimo do problema primordial, mas com os multiplicadores de Lagrange fornecendo a solução ótima. Em particular, podemos formular o seguinte *teorema da dualidade* (Bertsekas, 1995):

(a) Se o problema primordial tem uma solução ótima, então o problema dual também tem uma solução ótima, e os valores ótimos correspondentes são iguais.
(b) Para que $\mathbf{w}_o$ seja uma solução primordial ótima e α_o seja uma solução dual ótima, é necessário e suficiente que $\mathbf{w}_o$ seja realizável para o problema primordial, e

$$\Phi(\mathbf{w}_o) = J(\mathbf{w}_o, b_o, \alpha_o) = \min_{\mathbf{w}} J(\mathbf{w}, b_o, \alpha_o)$$

Para postular o problema dual para o nosso problema primordial, primeiro expandimos a Eq. (6.11), termo a termo, como segue:

$$J(\mathbf{w}, b, \alpha) = \frac{1}{2} \mathbf{w}^T \mathbf{w} - \sum_{i=1}^{N} \alpha_i d_i \mathbf{w}^T \mathbf{x}_i - b \sum_{i=1}^{N} \alpha_i d_i + \sum_{i=1}^{N} \alpha_i \tag{6.15}$$

O terceiro termo no lado direito da Eq. (6.15) é zero em virtude da condição de otimização da Eq. (6.13). Além disso, da Eq. (6.12) temos

$$\mathbf{w}^T \mathbf{w} = \sum_{i=1}^{N} \alpha_i d_i \mathbf{w}^T \mathbf{x}_i = b \sum_{i=1}^{N} \sum_{j=1}^{N} \alpha_i \alpha_j d_i d_j \mathbf{x}_i^T \mathbf{x}_j$$

Conseqüentemente, fazendo a função objetivo $J(\mathbf{w}, b, \alpha) = Q(\alpha)$, podemos reformular a Eq. (6.15) como

$$Q(\alpha) = \sum_{i=1}^{N} \alpha_i - \frac{1}{2} \sum_{i=1}^{N} \sum_{j=1}^{N} \alpha_i \alpha_j d_i d_j \mathbf{x}_i^T \mathbf{x}_j \tag{6.16}$$

onde os α_i são não negativos.

Podemos agora formular o problema dual:

Dada a amostra de treinamento $\{(\mathbf{x}_i, d_i)\}_{i=1}^{N}$, encontre os multiplicadores de Lagrange $\{\alpha_i\}_{i=1}^{N}$ que maximizam a função objetivo

$$Q(\alpha) = \sum_{i=1}^{N} \alpha_i - \frac{1}{2} \sum_{i=1}^{N} \sum_{j=1}^{N} \alpha_i \alpha_j d_i d_j \mathbf{x}_i^T \mathbf{x}_j$$

sujeita às restrições

(1) $\sum_{i=1}^{N} \alpha_i d_i = 0$

(2) $\alpha_i \geq 0$ *para* $i = 1, 2, ..., N$

Note que o problema dual é formulado inteiramente em termos dos dados de treinamento. Além disso, a função $Q(\alpha)$ a ser maximizada depende *apenas* dos padrões de entrada na forma de um conjunto de produtos escalares, $\{\mathbf{x}_i^T \mathbf{x}_j\}_{(i,j)=1}^{N}$.

Havendo determinado os multiplicadores de Lagrange ótimos, representados por $\alpha_{o,i}$, podemos calcular o vetor peso ótimo $\mathbf{w}_o$ usando a Eq. (6.12) e assim escrever

$$\mathbf{w}_o = \sum_{i=1}^{N} \alpha_{o,i} d_i \mathbf{x}_i \quad (6.17)$$

Para calcular o bias ótimo b_o, podemos usar o $\mathbf{w}_o$ assim obtido e tirar vantagem da Eq. (6.7) relativa ao vetor de suporte positivo, e assim escrever

$$b_o = 1 - \mathbf{w}_o^T \mathbf{x}^{(s)} \quad \text{para } d^{(s)} = 1 \quad (6.18)$$

Propriedades Estatísticas do Hiperplano Ótimo

Da teoria estatística da aprendizagem apresentada no Capítulo 2, relembramos que a dimensão V-C de uma máquina de aprendizagem determina o modo como uma estrutura aninhada de funções aproximativas deve ser usada. Também relembramos que a dimensão V-C de um conjunto de hiperplanos de separação em um espaço de dimensionalidade m é igual a $m + 1$. Entretanto, para aplicarmos o método da minimização estrutural de risco, descrito no Capítulo 2, precisamos construir um conjunto de hiperplanos de separação de dimensão V-C variável tal que o risco empírico (i.e., o erro de classificação de treinamento) e a dimensão V-C sejam minimizados ao mesmo tempo. Em uma máquina de vetor de suporte é imposta uma estrutura sobre o conjunto de hiperplanos de separação restringindo a norma euclidiana do vetor peso $\mathbf{w}$. Especificamente, podemos formular o seguinte teorema (Vapnik, 1995, 1998):

Considere que D represente o diâmetro da menor esfera contendo todos os vetores de entrada $\mathbf{x}_1, \mathbf{x}_2, ..., \mathbf{x}_N$. O conjunto de hiperplanos ótimos descrito pela equação

$$\mathbf{w}_o^T \mathbf{x} + b_o = 0$$

tem uma dimensão V-C h limitada acima por

$$h \leq \min\left\{\left\lceil\frac{D^2}{\rho^2}\right\rceil, m_0\right\} + 1 \tag{6.19}$$

onde o sinal de máximo $\lceil \cdot \rceil$ representa o menor inteiro maior que ou igual ao número abrangido por ele, ρ é a margem de separação igual a $2/\|\mathbf{w}_o\|$ e m_0 é a dimensionalidade do espaço de entrada.

Este teorema nos diz que podemos exercer controle sobre a dimensão VC (i.e., a complexidade) do hiperplano ótimo, independentemente da dimensionalidade m_0 do espaço de entrada, escolhendo adequadamente a margem de separação ρ.

Suponha então que temos uma estrutura aninhada descrita em termos dos hiperplanos de separação como segue:

$$S_k = \{\mathbf{w}^T\mathbf{x} + b : \|\mathbf{w}\|^2 \leq c_k\}, \quad k = 1, 2, \ldots \tag{6.20}$$

Em virtude do limite superior h da dimensão VC definido na Eq. (6.19), a estrutura aninhada descrita na Eq. (6.20) pode ser reformulada em termos das margens de separação na forma equivalente

$$S_k = \left\{\left\lceil\frac{r^2}{\rho^2}\right\rceil + 1 : \rho^2 \geq a_k\right\}, \quad k = 1, 2, \ldots \tag{6.21}$$

Os a_k e c_k são constantes.

Do Capítulo 2 também relembramos que, para obter uma boa capacidade de generalização, devemos selecionar a estrutura particular com a menor dimensão V-C e erro de treinamento, de acordo com o princípio da minimização estrutural de risco. Das Eqs. (6.19) e (6.21) vemos que esta exigência pode ser satisfeita usando-se o hiperplano ótimo (i.e., o hiperplano de separação com a maior margem de separação ρ). Equivalentemente, considerando a Eq. (6.9), devemos usar o vetor peso ótimo $\mathbf{w}_o$ tendo a norma euclidiana mínima. Assim, a escolha do hiperplano ótimo como a superfície de decisão para um conjunto de padrões linearmente separáveis não é apenas intuitivamente satisfatório, mas também está em completo cumprimento do princípio de minimização estrutural de risco de uma máquina de vetor de suporte.

6.3 HIPERPLANO ÓTIMO PARA PADRÕES NÃO-SEPARÁVEIS

A discussão até agora enfocou padrões linearmente separáveis. Nesta seção, consideramos o caso mais difícil de padrões não-separáveis. Dado um conjunto de dados de treinamento como este, não é possível construir um hiperplano de separação sem nos defrontarmos com erros de classificação. Apesar disso, desejamos encontrar um hiperplano ótimo que minimize a probabilidade de erro de classificação, calculada como a média sobre o conjunto de treinamento.

Diz-se que a margem de separação entre classes é *suave* se um ponto de dado $(\mathbf{x}_i, d_i)$ violar a seguinte condição (veja a Eq. (6.10)):

$$d_i(\mathbf{w}^T\mathbf{x}_i + b) \geq +1, \qquad i = 1, 2, \ldots, N$$

Esta violação pode surgir de duas formas:

- O ponto de dado ($\mathbf{x}_i, d_i$) se encontra dentro da região de separação, mas do lado correto da superfície de decisão, como ilustrado na Fig. 6.3a.

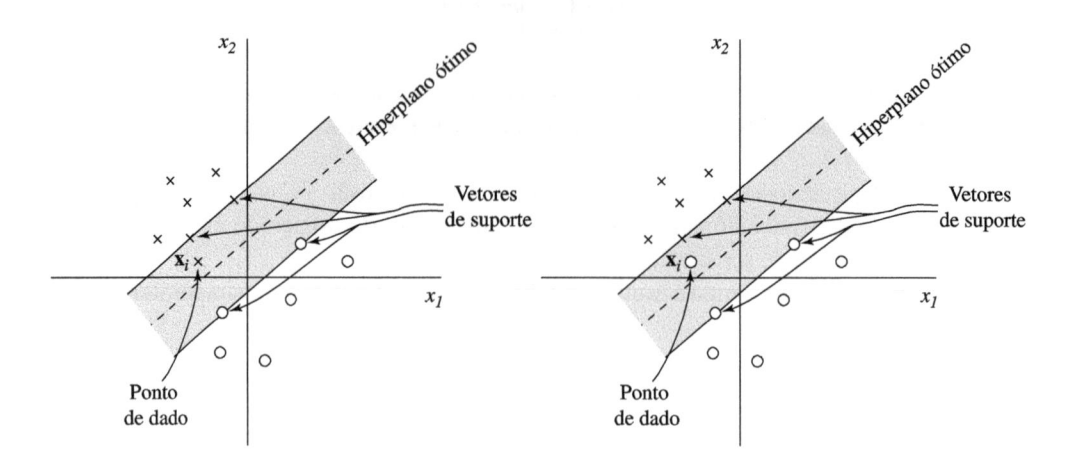

FIGURA 6.3 (a) O ponto de dado $\mathbf{x}_i$ (pertencente à classe $\mathscr{C}_1$) se encontra dentro da região de separação, mas no lado correto da superfície de decisão. (b) O ponto de dado $\mathbf{x}_i$ (pertencente à classe $\mathscr{C}_2$) se encontra no lado errado da superfície de decisão

- O ponto de dado ($\mathbf{x}_i, d_i$) se encontra no lado errado da superfície de decisão, como ilustrado na Fig. 6.3b.

Note que temos uma classificação correta no caso 1, mas uma classificação incorreta no caso 2.

Para preparar o terreno para um tratamento formal para o caso de pontos de dados não-separáveis, introduzimos um novo conjunto de variáveis escalares não negativas, $\{\xi_i\}_{i=1}^{N}$, na definição do hiperplano de separação (i.e., superfície de decisão) como mostrado aqui:

$$d_i(\mathbf{w}^T\mathbf{x}_i + b) \geq 1 - \xi_i, \qquad i = 1, 2, ..., N \qquad (6.22)$$

As ξ_i são chamadas de *variáveis soltas*; medem o desvio de um ponto de dado da condição ideal de separabilidade de padrões. Para $0 \leq \xi_i \leq 1$, o ponto de dado se encontra dentro da região de separação, mas no lado correto da superfície de decisão, como ilustrado na Fig. 6.3a. Para $\xi_i > 1$, ele se encontra no lado errado do hiperplano de separação, como ilustrado na Fig. 6.3b. Os vetores de suporte são aqueles pontos de dados particulares que satisfazem a Eq. (6.22) precisamente, mesmo se $\xi_i > 0$. Note que se um exemplo com $\xi_i > 0$ for deixado de fora do conjunto de treinamento, a superfície de decisão não muda. Assim, os vetores de suporte são definidos exatamente do mesmo modo tanto para o caso linearmente separável como para o caso não-separável.

O nosso objetivo é encontrar um hiperplano de separação para o qual o erro de classificação, como média sobre o conjunto de treinamento, é minimizado. Podemos fazer isto minimizando o funcional

$$\Phi(\xi) = \sum_{i=1}^{N} I(\xi_i - 1)$$

em relação ao vetor peso $\mathbf{w}$, sujeito à restrição descrita na Eq. (6.22) e a restrição sobre $\|\mathbf{w}\|^2$. A função $I(\xi)$ é uma *função indicadora*, definida por

$$I(\xi) = \begin{cases} 0 & \text{se } \xi \leq 0 \\ 1 & \text{se } \xi > 0 \end{cases}$$

Infelizmente, a minimização de $\Phi(\xi)$ em relação a **w** é um problema de otimização não-convexo que é NP completo.[2]

Para tornar o problema matematicamente tratável, aproximamos o funcional $\Phi(\xi)$ escrevendo

$$\Phi(\xi) = \sum_{i=1}^{N} \xi_i$$

Além disso, simplificamos a computação formulando o funcional a ser minimizado em relação ao vetor peso **w** como segue:

$$\Phi(\mathbf{w},\xi) = \frac{1}{2}\mathbf{w}^T\mathbf{w} + C\sum_{i=1}^{N} \xi_i \qquad (6.23)$$

Como anteriormente, a minimização do primeiro termo da Eq. (6.23) está relacionada com a minimização da dimensão V-C da máquina de vetor de suporte. Assim como para o segundo termo $\Sigma_i \xi_i$, ele é um limite superior para o número de erros de teste. A formulação da função de custo $\Phi(\mathbf{w}, \xi)$ da Eq. (6.23) está, portanto, em perfeito acordo com o princípio da minimização estrutural de risco.

O parâmetro C controla o compromisso entre a complexidade da máquina e o número de pontos não-separáveis; por isso, pode ser visto como uma forma de parâmetro de "regularização". O parâmetro C deve ser selecionado pelo usuário. Isto pode ser feito de duas formas:

- O parâmetro C é determinado *experimentalmente* através do uso padrão de um conjunto de treinamento/teste (validação), o que é uma forma grosseira de reamostragem.
- Ele é determinado *analiticamente* estimando a dimensão V-C através da Eq. (6.19) e então usando-se limites do desempenho de generalização da máquina baseados na dimensão V-C.

De qualquer forma, o funcional $\Phi(\mathbf{w}, \xi)$ é otimizado em relação a **w** e $\{\xi_i\}_{i=1}^{N}$, sujeito à restrição descrita na Eq. (6.22) e $\xi_i \geq 0$. Fazendo isso, a norma quadrada de **w** é tratada como uma quantidade a ser minimizada simultaneamente em relação aos pontos não-separáveis, e não como uma restrição imposta sobre a minimização do número de pontos não-separáveis.

O problema de otimização para padrões não-separáveis assim formulado inclui o problema de otimização para padrões linearmente separáveis como um caso especial. Especificamente, fazer $\xi_i = 0$ para todo i nas Eqs. (6.22) e (6.23) as reduz às formas correspondentes para o caso linearmente separável.

Podemos agora formalizar o problema primordial para o caso não-separável como:

*Dada a amostra de treinamento $\{(\mathbf{x}_i, d_i)\}_{i=1}^{N}$, encontre os valores ótimos do vetor peso **w** e do bias b de modo que satisfaçam à restrição*

$$d_i(\mathbf{w}^T\mathbf{x}_i + b) \geq 1 - \xi_i, \text{ para } i = 1, 2, \ldots, N$$

$$\xi_i \geq 0 \qquad \text{para todo } i$$

e de modo que o vetor peso **w** *e as variáveis soltas* ξ_i *minimizem o funcional de custo*

$$\Phi(\mathbf{w},\xi) = \frac{1}{2}\mathbf{w}^T\mathbf{w} + C\sum_{i=1}^{N}\xi_i$$

onde C é um parâmetro positivo especificado pelo usuário.

Usando o método dos multiplicadores de Lagrange e procedendo de maneira similar à descrita na Seção 6.2, podemos formular o problema dual para padrões não-separáveis como (veja o Problema 6.3):

Dada a amostra de treinamento $\{(\mathbf{x}_i, d_i)\}_{i=1}^{N}$, *encontre os multiplicadores de Lagrange* $\{a_i\}_{i=1}^{N}$ *que maximizam a função objetivo*

$$Q(\alpha) = \sum_{i=1}^{N}\alpha_i - \frac{1}{2}\sum_{i=1}^{N}\sum_{j=1}^{N}\alpha_i\alpha_j d_i d_j \mathbf{x}_i^T\mathbf{x}_j$$

sujeita às restrições

(1) $\sum_{i=1}^{N}\alpha_i d_i = 0$

(2) $0 \leq \alpha_i \leq C$ *para* $i = 1, 2,..., N$

onde C é um parâmetro positivo especificado pelo usuário.

Note que nem as variáveis soltas ξ_i nem os multiplicadores de Lagrange aparecem no problema dual. O problema dual para o caso de padrões não-separáveis é dessa forma similar àquele para o caso simples de padrões linearmente separáveis exceto por uma diferença pequena mas importante. A função objetivo $Q(\alpha)$ a ser maximizada é a mesma em ambos os casos. O caso não-separável difere do caso separável pelo fato de que a restrição $\alpha_i \geq 0$ é substituída pela restrição mais rigorosa $0 \leq \alpha_i \leq C$. Exceto por esta modificação, a otimização restrita para o caso não-separável e os cálculos dos valores ótimos do vetor peso **w** e do bias *b* procedem do mesmo modo como no caso linearmente separável. Note também que os vetores de suporte são definidos exatamente do mesmo modo como anteriormente.

A solução ótima para o vetor peso **w** é dada por

$$\mathbf{w}_o = \sum_{i=1}^{N_S}\alpha_{o,i}d_i\mathbf{x}_i \tag{6.24}$$

onde N_S é o número de vetores de suporte. A determinação dos valores ótimos do bias também segue um procedimento similar ao descrito anteriormente. Especificamente, as condições de Kuhn-Tucker são agora definidas por

$$\alpha_i[d_i(\mathbf{w}^T\mathbf{x}_i + b) - 1 + \xi_i] = 0, \quad i = 1, 2,..., N \tag{6.25}$$

e

$$\mu_i\xi_i = 0, \quad i = 1, 2,..., N \tag{6.26}$$

A Equação (6.25) é uma forma rescrita da Eq. (6.14), exceto pela substituição do termo da unidade por $(1 - \xi_i)$. Como na Eq. (6.26), os μ_i são multiplicadores de Lagrange que foram introduzidos para forçar a não-negatividade das variáveis soltas ξ_i para todo i. No ponto de sela, a derivada da função lagrangiana para o problema primordial em relação à variável solta ξ_i é zero, produzindo

$$\alpha_i + \mu_i = C \tag{6.27}$$

Combinando as Eqs. (6.26) e (6.27), vemos que

$$\xi_i = 0 \quad \text{se} \quad \alpha_i < C \tag{6.28}$$

Podemos determinar o bias ótimo b_o tomando qualquer ponto de dado $(\mathbf{x}_i, d_i)$ do conjunto de treinamento para o qual temos $0 < \alpha_{o,i} < C$ e com isso $\xi_i = 0$, e usando este ponto de dado na Eq. (6.25). Entretanto, de uma perspectiva em umérica, é melhor tomar o valor médio de b_o resultante de todos estes pontos de dados da amostra de treinamento (Burges, 1998).

6.4 COMO CONSTRUIR UMA MÁQUINA DE VETOR DE SUPORTE PARA RECONHECIMENTO DE PADRÕES

Tendo em mãos o material sobre como encontrar o hiperplano ótimo para padrões não-separáveis, podemos agora descrever formalmente a construção de uma máquina de vetor de suporte para uma tarefa de reconhecimento de padrões.

Basicamente, a idéia de uma máquina de vetor de suporte[3] depende de duas operações matemáticas resumidas aqui e ilustradas na Fig. 6.4:

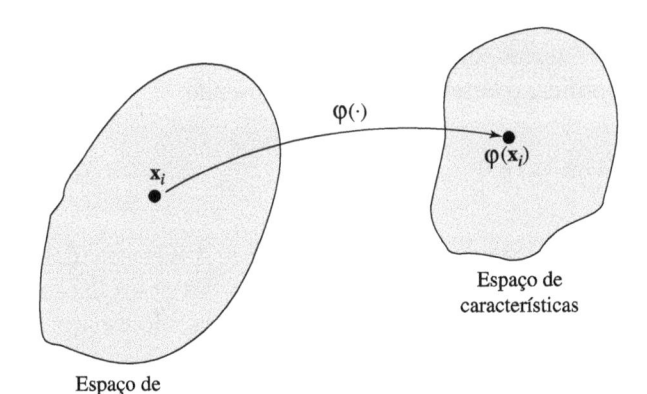

FIGURA 6.4 Mapa não-linear $\varphi(\cdot)$ do espaço de entrada para o espaço de características

1. O mapeamento não-linear de um vetor de entrada para um *espaço de características* de alta dimensionalidade, que é oculto da entrada e da saída.
2. A construção de um hiperplano ótimo para separar as características descobertas no passo 1.

A razão para cada uma destas duas operações é explicada a seguir.

A operação 1 é realizada de acordo com o teorema de Cover sobre a separabilidade de padrões, que é discutido no Capítulo 5. Considere um espaço de entrada constituído de *padrões não-linearmente separáveis*. O teorema de Cover afirma que este espaço multidimensional pode ser transformado em um novo espaço de características onde os padrões são linearmente separáveis com alta probabilidade, desde que duas condições sejam satisfeitas. Primeiro, a transformação é não-linear. Segundo, a dimensionalidade do espaço de características é suficientemente alta. Estas duas condições são incorporadas na operação 1. Note, entretanto, que o teorema de Cover *não* discute se o hiperplano de separação é ótimo. É apenas pelo uso de um hiperplano de separação ótimo que a dimensão V-C é minimizada e a generalização é alcançada.

É nesta última questão que entra a segunda operação. Especificamente, a operação 2 explora a idéia de construir um hiperplano de separação ótimo de acordo com a teoria descrita na Seção 6.3, mas com uma diferença fundamental: o hiperplano de separação é agora definido como uma função linear de vetores retirados do espaço de características em vez do espaço de entrada original. O mais importante é que a construção deste hiperplano é realizada de acordo com o princípio da minimização estrutural do risco que é fundamentada na teoria da dimensão V-C. A construção depende do cálculo do núcleo de um produto interno.

Núcleo do Produto Interno

Considere que $\mathbf{x}$ represente um vetor retirado do espaço de entrada, que é assumido como tendo dimensão m_0. Considere que $\{\varphi_j(\mathbf{x})\}_{j=1}^{m_1}$ represente um conjunto de transformações não-lineares do espaço de entrada para o espaço de características: m_1 é a dimensão do espaço de características. Assume-se que $\varphi_j(\mathbf{x})$ é definido *a priori* para todo j. Dado este conjunto de transformações não-lineares, podemos definir um hiperplano atuando como a superfície de decisão como segue:

$$\sum_{j=1}^{m_1} w_j \varphi_j(\mathbf{x}) + b = 0 \qquad (6.29)$$

onde $\{w_j\}_{j=1}^{m_1}$ representa um conjunto de pesos lineares conectando o espaço de características com o espaço de saída, e b é o bias. Podemos simplificar o desenvolvimento escrevendo

$$\sum_{j=0}^{m_1} w_j \varphi_j(\mathbf{x}) = 0 \qquad (6.30)$$

onde foi assumido que $\varphi_0(\mathbf{x}) = 1$ para todo $\mathbf{x}$, de modo que w_0 represente o bias b. A Equação (6.30) define a superfície de decisão calculada no espaço de características em termos dos pesos lineares da máquina. A quantidade $\varphi_j(\mathbf{x})$ representa a entrada fornecida ao peso w_j *através* do espaço de características. Defina o vetor

$$\varphi(\mathbf{x}) = \left[\varphi_0(\mathbf{x}), \varphi_1(\mathbf{x}), \ldots, \varphi_{m_1}(\mathbf{x})\right]^T \qquad (6.31)$$

onde, por definição, temos

$$\varphi_0(\mathbf{x}) = 1 \text{ para todo } \mathbf{x} \qquad (6.32)$$

Na verdade, o vetor φ(**x**) representa a "imagem" induzida no espaço de características pelo vetor de entrada **x**, como ilustrado na Fig. 6.4. Assim, em termos desta imagem, podemos definir a superfície de decisão na forma compacta:

$$\mathbf{w}^T \varphi(\mathbf{x}) = 0 \qquad (6.33)$$

Adaptando a Eq. (6.12) à nossa presente situação envolvendo um espaço de características onde procuramos agora a separabilidade "linear" de características, podemos escrever

$$\mathbf{w} = \sum_{i=1}^{N} \alpha_i d_i \varphi(\mathbf{x}_i) \qquad (6.34)$$

onde o *vetor de características* φ($\mathbf{x}_i$) corresponde ao padrão de entrada $\mathbf{x}_i$ no i-ésimo exemplo. Dessa forma, substituindo a Eq. (6.34) em (6.33), podemos definir a superfície de decisão calculada no espaço de características como:

$$\mathbf{w} = \sum_{i=1}^{N} \alpha_i d_i \varphi^T(\mathbf{x}_i) \varphi(\mathbf{x}) = 0 \qquad (6.35)$$

O termo $\varphi^T(\mathbf{x}_i)\varphi(\mathbf{x})$ representa o produto interno de dois vetores induzidos no espaço de características pelo vetor de entrada **x** e o padrão de entrada $\mathbf{x}_i$ relativo ao i-ésimo exemplo. Podemos então introduzir o *núcleo do produto interno* representado por $K(\mathbf{x}, \mathbf{x}_i)$ e definido por

$$\begin{aligned} K(\mathbf{x}, \mathbf{x}_i) &= \varphi^T(\mathbf{x})\varphi(\mathbf{x}_i) \\ &= \sum_{j=0}^{m_1} \varphi_j(\mathbf{x}) \varphi_j(\mathbf{x}_i) \quad \text{para } i = 1, 2, \ldots, N \end{aligned} \qquad (6.36)$$

Desta definição vemos imediatamente que o núcleo do produto interno é uma *função simétrica* de seus argumentos, como mostrado por

$$K(\mathbf{x}, \mathbf{x}_i) = K(\mathbf{x}_i, \mathbf{x}) \quad \text{para todo } i \qquad (6.37)$$

O mais importante é que podemos usar o núcleo do produto interno $K(\mathbf{x}, \mathbf{x}_i)$ para construir o hiperplano ótimo no espaço de características sem ter que considerar o próprio espaço de características de forma explícita. Isto é visto facilmente usando-se a Eq. (6.36) em (6.35), de onde resulta que o hiperplano é agora definido por

$$\sum_{i=1}^{N} \alpha_i d_i K(\mathbf{x}, \mathbf{x}_i) = 0 \qquad (6.38)$$

O Teorema de Mercer

A expansão da Eq. (6.36) para o núcleo do produto interno $K(\mathbf{x}, \mathbf{x}_i)$ é um caso especial importante do *teorema de Mercer* que aparece na análise funcional. Este teorema pode ser formalmente formulado como (Mercer, 1908; Courant e Hilbert, 1970):

Seja $K(\mathbf{x}, \mathbf{x}')$ um núcleo simétrico e contínuo que é definido no intervalo fechado $\mathbf{a} \leq \mathbf{x} \leq \mathbf{b}$ e da mesma forma para $\mathbf{x}'$. O núcleo $K(\mathbf{x}, \mathbf{x}')$ pode ser expandido na série

$$K(\mathbf{x},\mathbf{x}') = \sum_{i=1}^{\infty} \lambda_i \varphi_i(\mathbf{x}) \varphi_i(\mathbf{x}') \tag{6.39}$$

com coeficientes positivos $\lambda_i > 0$ para todo i. Para esta expansão ser válida e para convergir absoluta e uniformemente, é necessário e suficiente que a condição

$$\int_b^a \int_b^a K(\mathbf{x},\mathbf{x}') \psi(\mathbf{x}) \psi(\mathbf{x}') d\mathbf{x} d\mathbf{x}' \geq 0$$

seja válida para todo $\psi(\cdot)$ para o qual

$$\int_b^a \psi^2(\mathbf{x}) d\mathbf{x} < \infty$$

As funções $\varphi_i(\mathbf{x})$ são chamadas *autofunções* da expansão e os números λ_i são chamados *autovalores*. O fato de que todos os autovalores são positivos significa que o núcleo $K(\mathbf{x}, \mathbf{x}')$ é *definido positivamente*.

Com base no teorema de Mercer, podemos agora fazer as seguintes observações:

- Para $\lambda_i \neq 1$, a i-ésima imagem $\sqrt{\lambda_i} \varphi_i(\mathbf{x})$ induzida no espaço de características pelo vetor de entrada $\mathbf{x}$ é uma autofunção da expansão.
- Teoricamente, a dimensionalidade do espaço de características (i.e., o número de autovalores / autofunções) pode ser feita infinitamente grande.

O teorema de Mercer apenas nos diz se um núcleo candidato é realmente um núcleo de produto interno em algum espaço, e portanto admissível para uso em uma máquina de vetor de suporte, ou não. Entretanto, ele não diz nada sobre como construir as funções $\varphi_i(\mathbf{x})$; nós mesmos temos que fazer isto sozinhos.

Da equação de definição (6.23), vemos que a máquina de vetor de suporte inclui uma forma de regularização em um sentido *implícito*. Em particular, o uso de um núcleo $K(\mathbf{x}, \mathbf{x}')$ definido de acordo com o teorema de Mercer corresponde à regularização com um operador $\mathbf{D}$ tal que o núcleo $K(\mathbf{x}, \mathbf{x}')$ é a função de Green de $\tilde{\mathbf{D}}\mathbf{D}$, onde $\tilde{\mathbf{D}}$ é o adjunto de $\mathbf{D}$ (Smola e Schölkopf, 1998). A teoria da regularização é discutida no Capítulo 5.

Projeto Ótimo de uma Máquina de Vetor de Suporte

A expansão do núcleo de produto interno $K(\mathbf{x}, \mathbf{x}_i)$ na Eq. (6.36) nos permite construir uma superfície de decisão que é não-linear no espaço de entrada, mas cuja imagem no espaço de características é linear. Com base nesta expansão, podemos agora formular a forma dual para a otimização restrita de uma máquina de vetor de suporte como segue:

Dada a amostra de treinamento $\{(\mathbf{x}_i, d_i)\}_{i=1}^{N}$, encontre os multiplicadores de Lagrange $\{\alpha_i\}_{i=1}^{N}$ que maximizam a função objetivo

$$Q(\alpha) = \sum_{i=1}^{N} \alpha_i - \frac{1}{2} \sum_{i=1}^{N} \sum_{j=1}^{N} \alpha_i \alpha_j d_i d_j K(\mathbf{x}_i, \mathbf{x}_j) \tag{6.40}$$

sujeitos às restrições:

(1) $\sum_{i=1}^{N} \alpha_i d_i = 0$

(2) $0 \leq \alpha_i \leq C$ para $i = 1, 2, ..., N$

onde C é um parâmetro positivo especificado pelo usuário.

Note que a restrição (1) surge da otimização do lagrangiano $Q(\alpha)$ em relação ao bias $b = w_0$ para $\varphi_0(\mathbf{x}) = 1$. O problema dual formulado tem a mesma forma como no caso de padrões não-separáveis considerados na Seção 6.3, exceto pelo fato de que o produto interno $\mathbf{x}_i^T \mathbf{x}_j$ usado lá foi substituído pelo núcleo do produto interno $K(\mathbf{x}_i, \mathbf{x}_j)$. Podemos ver $K(\mathbf{x}_i, \mathbf{x}_j)$ como o elemento ij de uma matriz simétrica N-por-N **K**, como mostrado por

$$\mathbf{K} = \left\{ K(\mathbf{x}_i, \mathbf{x}_j) \right\}_{(i,j)=1}^{N} \tag{6.41}$$

Tendo encontrado os valores ótimos dos multiplicadores de Lagrange, representados por $\alpha_{o,i}$, podemos determinar o valor ótimo correspondente do vetor linear de peso, $\mathbf{w}_o$, que conecta o espaço de características ao espaço de saída adaptando a fórmula da Eq. (6.17) à nova situação. Especificamente, reconhecendo que a imagem $\varphi(\mathbf{x}_i)$ desempenha o papel de entrada para o vetor peso $\mathbf{w}$, podemos definir $\mathbf{w}_o$ como

$$\mathbf{w}_o = \sum_{i=1}^{N} \alpha_{o,i} d_i \varphi(\mathbf{x}_i) \tag{6.42}$$

onde $\varphi(\mathbf{x}_i)$ é a imagem induzida no espaço de características devido a $\mathbf{x}_i$. Note que a primeira componente de $\mathbf{w}_o$ representa o bias ótimo b_o.

Exemplos de Máquina de Vetor de Suporte

A exigência sobre o núcleo $K(\mathbf{x}, \mathbf{x}_i)$ é que ele satisfaça o teorema de Mercer. Entretanto, dentro desta exigência existe alguma liberdade em como ele é escolhido. Na Tabela 6.1, apresentamos resumidamente os núcleos de produto interno para três tipos comuns de máquinas de vetor de suporte: a máquina de aprendizagem polinomial, a rede de função de base radial e o perceptron de duas camadas. Devemos notar os seguintes pontos:

1. Os núcleos de produto interno para as máquinas de vetor de suporte dos tipos polinomial e função de base radial sempre satisfazem o teorema de Mercer. Em contrapartida, o núcleo de produto interno para a máquina de vetor de suporte do tipo perceptron de duas camadas sofre alguma restrição, como indicado na última linha da Tabela 6.1. Isto mostra que determinar se um dado núcleo satisfaz ou não o teorema de Mercer pode ser uma questão difícil; veja o Problema 6.8.

TABELA 6.1 Resumo dos Núcleos de Produto Interno

Tipo de máquina de vetor de suporte	Núcleo de produto interno $K(\mathbf{x}, \mathbf{x}_i)$, $i = 1, 2,..., N$	Comentários
Máquina de aprendizagem polinomial	$(\mathbf{x}^T\mathbf{x}_i + 1)^p$	A potência p é especificada *a priori* pelo usuário
Rede de função de base radial	$\exp\left(-\dfrac{1}{2\sigma^2}\|\mathbf{x} - \mathbf{x}_i\|^2\right)$	A largura σ^2, comum a todos os núcleos, é especificada *a priori* pelo usuário
Perceptron de duas camadas	$\tanh(\beta_0\mathbf{x}^T\mathbf{x}_i + \beta_1)$	O teorema de Mercer é satisfeito apenas para alguns valores de β_0 e β_1

2. Para todos os três tipos de máquina, a dimensionalidade do espaço de características é determinada pelo número de vetores de suporte extraídos dos dados de treinamento pela solução do problema de otimização restrito.
3. A teoria fundamental de uma máquina de vetor de suporte evita a necessidade de heurísticas freqüentemente usadas no projeto de redes de função de base radial e perceptrons de múltiplas camadas convencionais:
    - Na máquina de vetor de suporte do tipo função de base radial, o número de funções de base radial e seus centros são determinados automaticamente pelo número de vetores de suporte e seus valores, respectivamente.
    - Na máquina de vetor de suporte do tipo perceptron de duas camadas, o número de neurônios ocultos e seus vetores de peso são determinados automaticamente pelo número de vetores de suporte e seus valores, respectivamente.

A Figura 6.5 mostra a arquitetura de uma máquina de vetor de suporte.

Independentemente de como uma máquina de vetor de suporte é implementada, ela difere da abordagem convencional para o projeto de um perceptron de múltiplas camadas de uma forma fundamental. Na abordagem convencional, a complexidade do modelo é controlada mantendo-se o número de características (i.e., neurônios ocultos) pequeno. Por outro lado, a máquina de vetor de suporte oferece uma solução para o projeto de uma máquina de aprendizagem controlando a complexidade do modelo independentemente da dimensionalidade, como resumido aqui (Vapnik, 1995, 1998):

- *O problema conceitual.* A dimensionalidade do espaço (oculto) de características é feito propositadamente muito grande para possibilitar a construção de uma superfície de decisão na forma de um hiperplano naquele espaço. Para um bom desempenho de generalização, a complexidade do modelo é controlada pela imposição de certas restrições sobre a construção do hiperplano de separação, que resulta na extração de uma fração dos dados de treinamento como vetores de suporte.
- *O problema computacional.* A otimização em umérica em um espaço de alta dimensionalidade sofre da maldição da dimensionalidade. Este problema computacional é evitado usando a noção de um núcleo de produto interno (definido de acordo com o teorema de Mercer) e resolvendo-se a forma dual do problema de otimização restrito formulado no espaço de (dados) entrada.

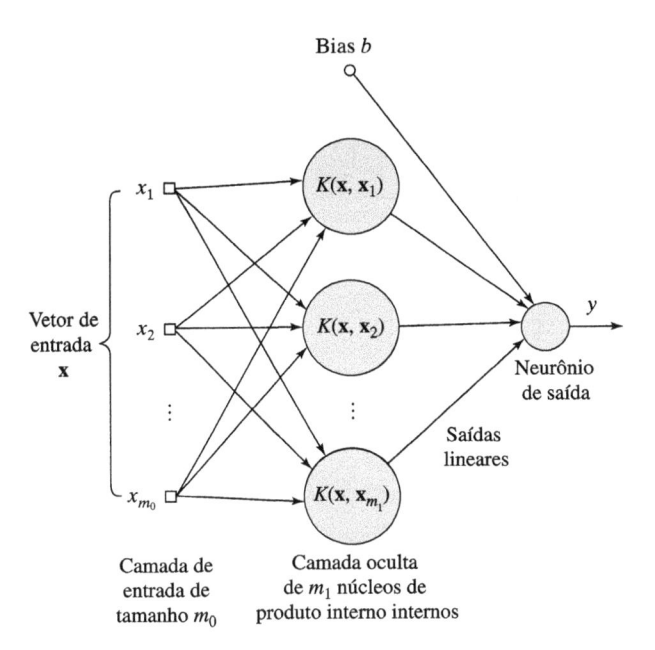

FIGURA 6.5 Arquitetura da máquina de vetor de suporte

6.5 EXEMPLO: O PROBLEMA DO XOR (REVISITADO)

Para ilustrar o procedimento para o projeto de uma máquina de vetor de suporte, revisitamos o problema do XOR (OU Exclusivo) discutido nos Capítulos 4 e 5. A Tabela 6.2 apresenta um resumo dos vetores de entrada e respostas desejadas para os quatro estados possíveis.

TABELA 6.2 O Problema do XOR

Vetor de entrada, x	Resposta desejada, d
(−1, −1)	−1
(−1, +1)	+1
(+1, −1)	+1
(+1, +1)	−1

Para prosseguirmos, considere (Cherkassky e Mulier, 1998)

$$K(\mathbf{x}, \mathbf{x}_i) = (1 + \mathbf{x}^T \mathbf{x}_i)^2 \tag{6.43}$$

Com $\mathbf{x} = [x_1, x_2]^T$ e $\mathbf{x}_i = [x_{i1}, x_{i2}]^T$, podemos assim expressar o núcleo do produto interno $K(\mathbf{x}, \mathbf{x}_i)$ em termos de *monômios* de várias ordens como segue:

$$K(\mathbf{x},\mathbf{x}_i) = 1 + x_1^2 x_{i1}^2 + 2x_1 x_2 x_{i1} x_{i2} + x_2^2 x_{i2}^2 + 2x_1 x_{i1} + 2x_2 x_{i2}$$

A imagem do vetor de entrada x induzida no espaço de características é, portanto, deduzida como

$$\varphi(\mathbf{x}) = \left[1, x_1^2, \sqrt{2} x_1 x_2, x_2^2, \sqrt{2} x_1, \sqrt{2} x_2\right]^T$$

Similarmente,

$$\varphi(\mathbf{x}_i) = \left[1, x_{i1}^2, \sqrt{2}x_{i1}x_{i2}, x_{i2}^2, \sqrt{2}x_{i1}, \sqrt{2}x_{i2}\right]^T, \quad i=1,2,3,4$$

Da Eq. (6.41) também constatamos que

$$\mathbf{K} = \begin{bmatrix} 9 & 1 & 1 & 1 \\ 1 & 9 & 1 & 1 \\ 1 & 1 & 9 & 1 \\ 1 & 1 & 1 & 9 \end{bmatrix}$$

A função objetivo para a forma dual é portanto (veja a Eq. (6.40))

$$Q(\alpha) = \alpha_1 + \alpha_2 + \alpha_3 + \alpha_4 - \frac{1}{2}(9\alpha_1^2 - 2\alpha_1\alpha_2 - 2\alpha_1\alpha_3 + 2\alpha_1\alpha_4$$
$$+ 9\alpha_2^2 + 2\alpha_2\alpha_3 - 2\alpha_2\alpha_4 + 9\alpha_3^2 - 2\alpha_3\alpha_4 + 9\alpha_4^2)$$

A otimização de $Q(\alpha)$ em relação aos multiplicadores de Lagrange produz-se o seguinte conjunto de equações simultâneas:

$$9\alpha_1 - \alpha_2 - \alpha_3 + \alpha_4 = 1$$
$$-\alpha_1 + 9\alpha_2 + \alpha_3 - \alpha_4 = 1$$
$$-\alpha_1 + \alpha_2 + 9\alpha_3 - \alpha_4 = 1$$
$$\alpha_1 - \alpha_2 - \alpha_3 + 9\alpha_4 = 1$$

Assim, os valores ótimos dos multiplicadores de Lagrange são

$$\alpha_{o,1} = \alpha_{o,2} = \alpha_{o,3} = \alpha_{o,4} = \frac{1}{8}$$

Este resultado indica que neste exemplo todos os quatro vetores de entrada $\{\mathbf{x}_i\}_{i=1}^4$ são vetores de suporte. O valor ótimo de $Q(\alpha)$ é

$$Q_0(\alpha) = \frac{1}{4}$$

Correspondentemente, podemos escrever

$$\frac{1}{2}\|\mathbf{w}_o\|^2 = \frac{1}{4}$$

ou

$$\|\mathbf{w}_o\| = \frac{1}{\sqrt{2}}$$

Da Eq. (6.42) resulta que o vetor peso ótimo é

$$\mathbf{w}_o = \frac{1}{8}\left[-\varphi(\mathbf{x}_1) + \varphi(\mathbf{x}_2) + \varphi(\mathbf{x}_3) - \varphi(\mathbf{x}_4)\right]$$

$$= \frac{1}{8}\left[-\begin{bmatrix}1\\1\\\sqrt{2}\\1\\-\sqrt{2}\\-\sqrt{2}\end{bmatrix} + \begin{bmatrix}1\\1\\-\sqrt{2}\\1\\-\sqrt{2}\\\sqrt{2}\end{bmatrix} + \begin{bmatrix}1\\1\\-\sqrt{2}\\1\\\sqrt{2}\\-\sqrt{2}\end{bmatrix} - \begin{bmatrix}1\\1\\\sqrt{2}\\1\\\sqrt{2}\\\sqrt{2}\end{bmatrix}\right]$$

$$= \begin{bmatrix}0\\0\\-1/\sqrt{2}\\0\\0\\0\end{bmatrix}$$

O primeiro elemento de $\mathbf{w}_o$ indica que o bias b é zero.

O hiperplano ótimo é definido por (veja a Eq. (6.33))

$$\mathbf{w}_o^T \varphi(\mathbf{x}) = 0$$

Isto é,

$$\begin{bmatrix}0, 0, \dfrac{-1}{\sqrt{2}}, 0, 0, 0\end{bmatrix} \begin{bmatrix}1\\x_1^2\\\sqrt{2}x_1 x_2\\x_2^2\\\sqrt{2}x_1\\\sqrt{2}x_2\end{bmatrix} = 0$$

que se reduz a

$$-x_1 x_2 = 0$$

A forma polinomial da máquina de vetor de suporte para o problema do XOR é mostrada na Fig. 6.6a. Para $x_1 = x_2 = -1$ e $x_1 = x_2 = +1$, a saída $y = -1$; e para $x_1 = -1$, $x_2 = +1$ e $x_1 = +1$ e $x_2 = -1$, temos $y = +1$. Assim, o problema do XOR é resolvido como indicado na Fig. 6.6b.

6.6 EXPERIMENTO COMPUTACIONAL

Neste experimento computacional, revisitamos o problema de classificação de padrões que estudamos nos Capítulos 4 e 5. O experimento envolveu a classificação de duas distribuições gaussianas superpostas rotuladas como 1 (classe $\mathcal{C}_1$) e 2 (Classe $\mathcal{C}_2$). Os gráficos de espalhamento para estes

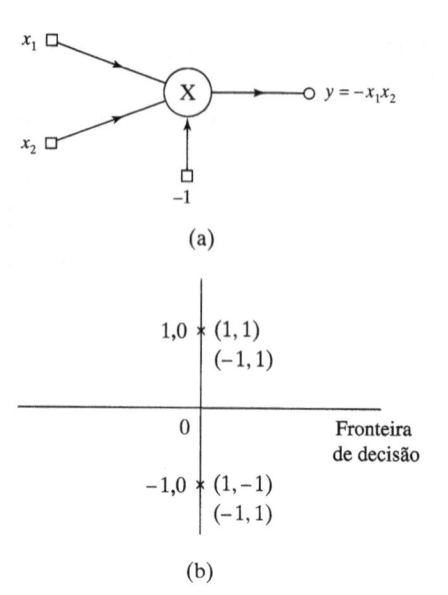

FIGURA 6.6 (a) Máquina polinomial para resolver o problema do XOR. (b) Imagens induzidas no espaço de características relativas aos quatro pontos de dados do problema do XOR

dois conjuntos de dados são mostrados na Fig. 4.14. A probabilidade de classificação correta produzida pelo classificador bayesiano (ótimo) é calculada como sendo

$$p_c = 81{,}51 \text{ por cento}$$

A Tabela 6.3 apresenta o resumo dos resultados obtidos de um experimento realizado sobre este conjunto de dados usando a máquina de vetor de suporte. Para o núcleo do produto interno, usamos a função de base radial:

$$K(\mathbf{x},\mathbf{x}_i) = \exp\left(-\frac{\|\mathbf{x}-\mathbf{x}_i\|^2}{2\sigma^2}\right), \quad i=1,2,\ldots,N$$

onde a mesma largura $\sigma^2 = 4$ foi usada para todos os pontos do conjunto de dados. A máquina foi treinada com um total de $N = 500$ pontos de dados retirados aleatoriamente da população de dados representando as duas classes. O valor usado para o parâmetro de regularização foi $C = 0{,}1$.

Os resultados apresentados na Tabela 6.3 são relativos a cinco tentativas diferentes do experimento, com cada tentativa envolvendo o uso de 500 pontos de dados para treinamento e 32.000 pontos de dados para teste. A probabilidade de classificação correta média destas cinco tentativas é 81,40 por cento. Esta média é quase igual àquela obtida pelo classificador bayesiano. O fato de que

TABELA 6.3 Resumo dos Resultados do Experimento de Classificação de Padrões em Duas Classes Usando a Máquina de Vetor de Suporte

	Largura comum, $\sigma^2 = 4$ Parâmetro de regularização, $C = 0{,}1$				
Probabilidade de classificação correta, p_c	81,22	81,28	81,55	81,49	81,45
Número de vetores de suporte, N_s	298	287	283	287	286

o resultado ótimo foi superado em 0,05 por cento em uma das tentativas é atribuído a erros experimentais.

O desempenho de classificação quase perfeito alcançado pela máquina de vetor de suporte é também confirmado pela fronteira de decisão mostrada na Fig. 6.7, que foi obtida por uma das cinco realizações da máquina escolhida ao acaso. Nesta figura, também incluímos a fronteira de decisão para um classificador bayesiano, que consiste de um círculo de centro $\mathbf{x}_c = [-2/3, 0]^T$ e raio $r = 2,34$. A Figura 6.6 claramente demonstra que a máquina de vetor de suporte é capaz de construir uma fronteira de decisão entre as duas classes $\mathscr{C}_1$ e $\mathscr{C}_2$ que é quase tão boa quanto a fronteira de decisão ótima.

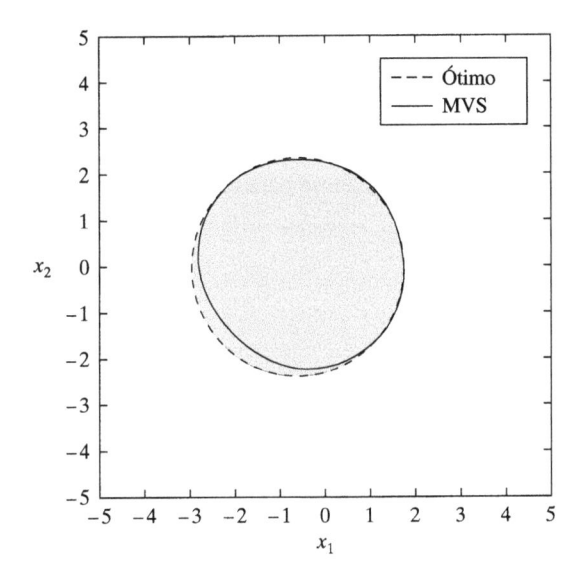

FIGURA 6.7 Superfície de decisão para o experimento computacional sobre classificação de padrões

Retornando ao resumo dos resultados apresentados na Tabela 6.3, a segunda linha mostra o tamanho de cinco diferentes realizações de máquina de vetor de suporte. Estes resultados indicam que, para este experimento, o algoritmo de aprendizagem da máquina de vetor de suporte selecionou perto de 60 por cento dos pontos de dados como vetores de suporte.

No caso de padrões não-separáveis, todos os erros de treinamento originam os seus próprios vetores de suporte; isso resulta das condições de Kuhn-Tucker. Para o presente experimento, o erro de classificação é cerca de 20 por cento. Com um tamanho de amostra de 500, constatamos, portanto, que cerca de um terço dos vetores de suporte eram devidos a erros de classificação.

Observações Finais

Comparando os resultados deste experimento computacional simples relativo à máquina de vetor de suporte com os resultados correspondentes relatados na Seção 4.8 sobre o perceptron de múltiplas camadas treinado com a mesma amostra de dados que usa o algoritmo de retropropagação, podemos fazer as seguintes observações:

1. A máquina de vetor de suporte tem a habilidade inerente de resolver um problema de classificação de padrões de uma forma *próxima do ótimo* para o problema de interesse. Além disso, ela é capaz de alcançar este desempenho notável *sem* qualquer conhecimento do domínio do problema incorporado no projeto da máquina.

2. O perceptron de múltiplas camadas treinado usando o algoritmo de retropropagação, por outro lado, fornece uma solução *eficiente do ponto de vista computacional* para o problema de classificação de padrões de interesse. Para o experimento de duas classes descrito aqui, fomos capazes de realizar uma probabilidade de classificação correta de cerca de 79,70 por cento usando um perceptron de múltiplas camadas com apenas dois neurônios ocultos.

Neste resumo, salientamos as virtudes individuais destas duas abordagens para classificação de padrões. Entretanto, para termos um resumo balanceado, devemos também identificar suas deficiências individuais. No caso de uma máquina de vetor de suporte, o desempenho de classificação quase perfeito é alcançado à custa de uma demanda significativa em complexidade computacional. Por outro lado, para um perceptron de múltiplas camadas treinado com o algoritmo de retropropagação alcançar um desempenho de classificação comparável ao da máquina de vetor de suporte para as mesmas tarefas de classificação de padrões, precisamos fazer duas coisas: incorporar conhecimento do domínio do problema no projeto do perceptron de múltiplas camadas e sintonizar um grande número de parâmetros de projeto, uma prática que pode ser cruciante para tarefas de aprendizagem difíceis.

6.7 FUNÇÃO DE PERDA INSENSÍVEL A ϵ

Até este ponto no capítulo, enfocamos o uso de máquinas de vetor de suporte para resolver tarefas de reconhecimento de padrões. Consideramos agora o uso de máquinas de vetor de suporte para resolver problemas não-lineares de regressão. Para nos prepararmos para esta discussão, primeiro abordaremos a questão de um critério de otimização adequado a esta classe de tarefas de aprendizagem.

No Capítulo 4 sobre perceptrons de múltiplas camadas e no Capítulo 5 sobre redes de função de base radial, usamos uma função de perda quadrática como critério para otimizar estas redes. A principal razão para usar este critério é matemática, isto é, por conveniência computacional. Entretanto, um estimador de quadrados mínimos é sensível à presença de pontos afastados (i.e., observações que são improvavelmente grandes para um modelo nominal) e tem um desempenho fraco quando a distribuição relativa ao ruído aditivo tem uma cauda longa. Para superar estas limitações, precisamos de um estimador *robusto* que seja *insensível a pequenas variações no modelo*.

Tendo a robustez como objetivo de projeto, qualquer medida quantitativa de robustez deve estar preocupada com a máxima degradação de desempenho que é possível para um desvio ϵ do modelo nominal de ruído. De acordo com este ponto de vista, um *procedimento ótimo de estimação robusta* minimiza a máxima degradação e será dessa forma um procedimento *minimax* de algum tipo (Huber, 1981). Quando o ruído aditivo tem uma função densidade de probabilidade que é simétrica em relação à origem, o procedimento minimax[4] para resolver o problema de regressão não-linear usa o erro absoluto como a quantidade a ser minimizada (Huber, 1964). Isto é, a função de perda tem a forma

$$L(d, y) = |d - y| \qquad (6.44)$$

onde d é a resposta desejada e y, a saída do estimador.

Para construir uma máquina de vetor de suporte para aproximar uma resposta desejada d, podemos usar uma extensão da função de perda da Eq. (6.44), originalmente proposta em Vapnik (1995, 1998), como descrito aqui

$$L_\epsilon(d,y) = \begin{cases} |d-y|-\epsilon, & \text{para } |d-y| \geq \epsilon \\ 0 & \text{caso contrário} \end{cases} \quad (6.45)$$

onde ϵ é um parâmetro predeterminado. A função de perda $L_\epsilon(d, y)$ é chamada de *função de perda insensível a ϵ*. Ela é igual a zero se o valor absoluto do desvio da saída do estimador y em relação à resposta desejada d for menor que ou igual a zero, caso contrário, ela é igual ao valor absoluto do desvio menos ϵ. A função de perda da Eq. (6.44) é um caso especial da função de perda insensível a ε para $\epsilon = 0$. A Figura 6.8 ilustra a dependência de $L_\epsilon(d, y)$ em relação ao erro $d - y$.

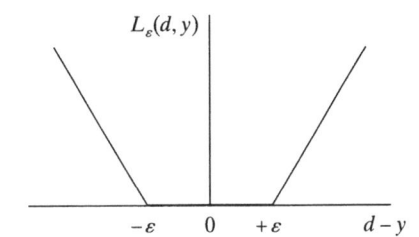

FIGURA 6.8 Função de perda insensível a ϵ

6.8 MÁQUINAS DE VETOR DE SUPORTE PARA REGRESSÃO NÃO-LINEAR

Considere um *modelo regressivo não-linear* no qual a dependência de um escalar d em relação a um vetor $\mathbf{x}$ é descrita por

$$d = f(\mathbf{x}) + v \quad (6.46)$$

A função não-linear de valor escalar $f(\mathbf{x})$ é definida pelo valor esperado condicional $E[D|\mathbf{x}]$, como discutido no Capítulo 2; D é uma variável aleatória com uma realização representada por d. O termo de ruído aditivo v é estatisticamente independente do vetor de entrada $\mathbf{x}$. A função $f(\cdot)$ e as estatísticas do ruído v são desconhecidas. Tudo o que temos disponível é um conjunto de dados de treinamento $\{(\mathbf{x}_i, d_i)\}_{i=1}^{N}$, onde $\mathbf{x}_i$ é um valor de amostra do vetor de entrada $\mathbf{x}$ e d_i é o valor correspondente da saída do modelo d. O problema é fornecer uma estimação da dependência de d em relação a $\mathbf{x}$.

Para prosseguirmos, postulamos uma estimação de d, representada por y, que é expandida em termos de um conjunto de funções de base não-lineares $\{\varphi_j(\mathbf{x})\}_{j=0}^{m_1}$ como segue:

$$\begin{aligned} y &= \sum_{j=0}^{m_1} w_j \varphi_j(\mathbf{x}) \\ &= \mathbf{w}^T \boldsymbol{\varphi}(\mathbf{x}) \end{aligned} \quad (6.47)$$

onde

$$\boldsymbol{\varphi}(\mathbf{x}) = \left[\varphi_0(\mathbf{x}), \varphi_1(\mathbf{x}), ..., \varphi_{m_1}(\mathbf{x})\right]^T$$

e

$$\mathbf{w} = \left[w_0, w_1, ..., w_{m_1}\right]^T$$

Como anteriormente, assume-se que $\varphi_0(\mathbf{x}) = 1$, de forma que w_0 representa o bias b. A questão a ser resolvida é minimizar o risco empírico

$$R_{emp} = \frac{1}{N}\sum_{i=1}^{N} L_\epsilon(d_i, y_i) \qquad (6.48)$$

sujeito à desigualdade

$$\|\mathbf{w}\|^2 \le c_0 \qquad (6.49)$$

onde c_0 é uma constante. A função de perda insensível a ϵ, $L_\epsilon(d_i, y_i)$ é definida como anteriormente na Eq. (6.45). Podemos reformular este problema de otimização restrito introduzindo dois conjuntos de *variáveis soltas* não-negativas $\{\xi_i\}_{i=1}^N$ e $\{\xi'_i\}_{i=1}^N$ que são definidas como:

$$d_i - \mathbf{w}^T\varphi(\mathbf{x}_i) \le \epsilon + \xi_i, \qquad i = 1, 2, \ldots, N \qquad (6.50)$$

$$\mathbf{w}^T\varphi(\mathbf{x}_i) - d_i \le \epsilon + \xi'_i, \qquad i = 1, 2, \ldots, N \qquad (6.51)$$

$$\xi_i \ge 0, \qquad i = 1, 2, \ldots, N \qquad (6.52)$$

$$\xi'_i \ge 0, \qquad i = 1, 2, \ldots, N \qquad (6.53)$$

As variáveis soltas ξ_i e ξ'_i descrevem a função de perda insensível a ϵ definida na Eq. (6.45). Este problema de otimização restrito pode ser, portanto, visto como equivalente ao da minimização do funcional de custo

$$\Phi(\mathbf{w}, \xi, \xi') = C\left(\sum_{i=1}^{N}(\xi_i + \xi'_i)\right) + \frac{1}{2}\mathbf{w}^T\mathbf{w} \qquad (6.54)$$

sujeita às restrições das Eqs. (6.50) a (6.53). Incorporando o termo $\mathbf{w}^T\mathbf{w}/2$ no funcional $\Phi(\mathbf{w}, \xi, \xi')$ da Eq. (6.54), dispensamos a necessidade da restrição da desigualdade da Eq. (6.49). A constante C na Eq. (6.54) é um parâmetro especificado pelo usuário. Conseqüentemente, podemos definir a função lagrangiana:

$$\begin{aligned}J(\mathbf{w},\xi,\xi',\alpha,\alpha',\gamma,\gamma') = & C\sum_{i=1}^{N}(\xi_i + \xi'_i) + \frac{1}{2}\mathbf{w}^T\mathbf{w} - \sum_{i=1}^{N}\alpha_i[\mathbf{w}^T\varphi(\mathbf{x}_i) - d_i + \epsilon + \xi_i] \\ & - \sum_{i=1}^{N}\alpha'_i[d_i - \mathbf{w}^T\varphi(\mathbf{x}_i) + \epsilon + \xi'_i] \\ & - \sum_{i=1}^{N}(\gamma_i\xi_i + \gamma'_i\xi'_i)\end{aligned} \qquad (6.55)$$

onde os α_i e os α'_i são os multiplicadores de Lagrange. O último termo no lado direito da Eq. (6.55), envolvendo γ_i e γ'_i, é incluído para assegurar que as restrições de otimização sobre os multiplicadores de Lagrange α_i e α'_i assumam formas variáveis. O objetivo é minimizar $J(\mathbf{w}, \xi, \xi', \alpha, \alpha', \gamma, \gamma')$ em relação ao vetor peso $\mathbf{w}$ e às variáveis soltas ξ e ξ'; ela também deve ser maximizada em relação a α e α' e também em relação a γ e γ'. Realizando esta otimização, temos as respectivas relações:

$$\mathbf{w} = \sum_{i=1}^{N}(\alpha_i - \alpha'_i)\boldsymbol{\varphi}(\mathbf{x}_i) \tag{6.56}$$

$$\gamma_i = C - \alpha_i \tag{6.57}$$

e

$$\gamma'_i = C - \alpha'_i \tag{6.58}$$

A otimização de $J(\mathbf{w}, \xi, \xi', \alpha, \alpha', \gamma, \gamma')$ descrita acima é o problema primordial para a regressão. Para formular o problema dual correspondente, substituímos as Eqs. (6.56) até (6.58) na Eq. (6.55), e assim obtemos o funcional convexo (após a simplificação de termos):

$$\begin{aligned} Q(\alpha_i, \alpha'_i) = & \sum_{i=1}^{N} d_i(\alpha_i - \alpha'_i) - \epsilon \sum_{i=1}^{N}(\alpha_i + \alpha'_i) \\ & - \frac{1}{2}\sum_{i=1}^{N}\sum_{j=1}^{N}(\alpha_i - \alpha'_i)(\alpha_j - \alpha'_j)K(\mathbf{x}_i, \mathbf{x}_j) \end{aligned} \tag{6.59}$$

onde $K(\mathbf{x}_i, \mathbf{x}_j)$ é o núcleo de produto interno definido de acordo com o teorema de Mercer:

$$K(\mathbf{x}_i, \mathbf{x}_j) = \boldsymbol{\varphi}^T(\mathbf{x}_i)\boldsymbol{\varphi}(\mathbf{x}_j)$$

A solução do nosso problema de otimização restrito é obtida então maximizando-se $Q(\alpha, \alpha')$ em relação aos multiplicadores de Lagrange α e α', sujeito a um novo conjunto de restrições que incorpora a constante C incluída na definição da função $\Phi(\mathbf{w}, \xi, \xi')$ da Eq. (6.54).

Podemos agora formular o problema dual para regressão não-linear usando uma máquina de vetor de suporte como segue:

Dada a amostra de treinamento $\{(\mathbf{x}_i, d_i)\}_{i=1}^{N}$, *encontre os multiplicadores de Lagrange* $\{\alpha_i\}_{i=1}^{N}$ *e* $\{\alpha'_i\}_{i=1}^{N}$ *que maximizam a função objetivo*

$$\begin{aligned} Q(\alpha_i, \alpha'_i) = & \sum_{i=1}^{N} d_i(\alpha_i - \alpha'_i) - \epsilon \sum_{i=1}^{N}(\alpha_i + \alpha'_i) \\ & - \frac{1}{2}\sum_{i=1}^{N}\sum_{j=1}^{N}(\alpha_i - \alpha'_i)(\alpha_j - \alpha'_j)K(\mathbf{x}_i, \mathbf{x}_j) \end{aligned}$$

sujeitos às seguintes restrições:

(1) $\sum_{i=1}^{N}(\alpha_i - \alpha'_i) = 0$

(2) $0 \leq \alpha_i \leq C, \quad i = 1, 2,..., N$
     $0 \leq \alpha'_i \leq C, \quad i = 1, 2,..., N$

onde C é uma constante especificada pelo usuário.

A restrição (1) surge da otimização do lagrangiano em relação ao bias $b = w_0$ para $\varphi_0(\mathbf{x}) = 1$. Assim, tendo obtido os valores ótimos de α_i e α'_i, podemos então usar a Eq. (6.56) para determinar o valor ótimo do vetor peso $\mathbf{w}$ para um mapa predeterminado $\varphi(\mathbf{x})$. Note que, como na solução do problema de reconhecimento de padrões, apenas alguns coeficientes na expansão da Eq. (6.56) têm valores diferentes de zero; em particular, os pontos de dados para os quais $\alpha_i \neq \alpha'_i$ definem os vetores de suporte para a máquina.

Os dois parâmetros ϵ e C são parâmetros livres que controlam a dimensão V-C da função aproximativa

$$F(\mathbf{x}, \mathbf{w}) = \mathbf{w}^T \mathbf{x}$$
$$= \sum_{i=1}^{N} (\alpha_i - \alpha'_i) K(\mathbf{x}, \mathbf{x}_i) \qquad (6.60)$$

Tanto ϵ como C devem ser selecionados pelo usuário. Em um sentido conceitual, a escolha de ϵ e C levanta as mesmas questões de controle da complexidade que a escolha do parâmetro C para a classificação de padrões. Na prática, entretanto, o controle da complexidade para a regressão é um problema mais difícil por duas razões:

- Os parâmetros ϵ e C devem ser *sintonizados simultaneamente*.
- A regressão é intrinsecamente mais difícil que a classificação de padrões.

Uma abordagem fundamentada em princípios para a seleção de ϵ e C ainda é uma área de pesquisa em aberto.

Finalmente, como no caso de uma máquina de vetor de suporte para reconhecimento de padrões, uma máquina de vetor de suporte para regressão não-linear pode ser implementada na forma de uma máquina de aprendizagem polinomial, ou de uma rede de função de base radial, ou de um perceptron de duas camadas. Os núcleos de produto interno para estes três métodos de implementação estão apresentados na Tabela 6.1.

6.9 RESUMO E DISCUSSÃO

A máquina de vetor de suporte é um método de aprendizagem elegante e altamente fundamentado em princípios para o projeto de uma rede alimentada adiante com uma única camada oculta de unidades não-lineares. A sua derivação segue o princípio da minimização estrutural de risco que é fundamentado na teoria da dimensão V-C, o que torna a sua derivação ainda mais profunda. Como o nome já diz, o projeto da máquina depende da extração de um subconjunto dos dados de treinamento que serve como vetores de suporte e portanto representa uma característica estável dos dados. A máquina de vetor de suporte inclui a máquina de aprendizagem polinomial, a rede de função de base radial e o perceptron de duas camadas como casos especiais. Assim, apesar destes métodos fornecerem diferentes representações de regularidades estatísticas intrínsecas contidas nos dados de treinamento, todos eles se originam de uma raiz comum, em uma configuração de uma máquina de vetor de suporte.

Diferentemente do popular algoritmo de retropropagação, o algoritmo de aprendizagem por vetor de suporte opera apenas em um modo por lote. Existe uma outra diferença importante entre estes dois algoritmos. O algoritmo de retropropagação minimiza uma função de perda quadrática, independentemente da tarefa de aprendizagem. O algoritmo de aprendizagem por vetor de suporte para reconhecimento de padrões, ao contrário, é bastante diferente daquele para regressão não-linear, como indicado abaixo:

- Quando realiza uma tarefa de reconhecimento de padrões, o algoritmo de aprendizagem por vetor de suporte minimiza o número de amostras de treinamento que se encontram dentro da margem de separação entre exemplos positivos e negativos; isto é apenas aproximadamente verdadeiro, já que as variáveis soltas ξ_i são usadas no lugar da função indicadora $I(\xi_i - 1)$. Apesar deste critério não ser exatamente o mesmo daquele da minimização da probabilidade de erro de classificação, ele é considerado mais apropriado que o critério do erro médio quadrado, que está por trás do algoritmo de retropropagação.
- Quando realiza uma tarefa de regressão não-linear, o algoritmo de aprendizagem por vetor de suporte minimiza uma função de perda insensível a ϵ, que é uma extensão do critério do erro médio absoluto da teoria minimax. Dessa forma, o algoritmo é tornado mais robusto.

Qualquer que seja a tarefa de aprendizagem, a máquina de vetor de suporte fornece um método para controlar a complexidade do modelo independentemente da dimensionalidade. Em particular, o problema da complexidade do modelo é resolvido em um espaço de alta dimensionalidade usando um hiperplano penalizado definido no espaço (oculto) de características como a superfície de decisão; o resultado é um bom desempenho de generalização. A maldição da dimensionalidade é evitada enfocando-se o problema dual para desempenhar o problema de otimização restrito. Uma importante razão para usar a formulação dual é evitar a necessidade de definir e calcular os parâmetros do hiperplano ótimo em um espaço de dados possivelmente de alta dimensionalidade.

Normalmente, o treinamento de uma máquina de vetor de suporte consiste de um problema de programação quadrática[5] que é atrativo por duas razões:

- É garantido que se encontre um extremo global da superfície de erro, onde o erro se refere à diferença entre a resposta desejada e a saída da máquina de vetor de suporte.
- A computação pode ser realizada eficientemente.

Mais importante que isso, usando um núcleo de produto interno adequado, uma máquina de vetor de suporte calcula automaticamente todos os parâmetros importantes da rede relativos àquela escolha de núcleo. Por exemplo, no caso de uma rede de função de base radial, o núcleo é uma função gaussiana. Para este método de implementação, o número de funções de base radial e seus centros, e os pesos lineares e níveis de bias são todos calculados automaticamente. Os centros das funções de base radial são definidos pelos vetores de suporte escolhidos pela estratégia de otimização quadrática. Os vetores de suporte são tipicamente uma fração do número total de exemplos que constituem a amostra de treinamento. Podemos, assim, ver o projeto de uma rede RBF obtida usando-se uma máquina de vetor de suporte, como uma versão *esparsa* do projeto correspondente resultante do uso de uma estratégia de interpolação estrita, descrita no capítulo anterior.

Várias bibliotecas[6] comerciais para otimização podem ser usadas para resolver o problema de programação quadrática. Entretanto, estas bibliotecas são de uso limitado. As exigências de memória do problema de programação quadrática cresce com o quadrado do tamanho da amostra de treinamento. Conseqüentemente, em aplicações da vida real que podem envolver vários milhares de pontos de dados, o problema de programação quadrática não pode ser resolvido pelo uso direto de uma biblioteca comercial para otimização. Osuna et al. (1997) desenvolveram um algoritmo de decomposição original que realiza a otimização resolvendo uma seqüência de subproblemas muito menores. Em particular, o algoritmo de decomposição tira proveito dos coeficientes dos vetores de suporte que estão ativos em ambos os lados de suas fronteiras definidas por $\alpha_i = 0$ e $\alpha_i = C$. Eles relatam que o algoritmo de decomposição tem um desempenho satisfatório em aplicações com 100.000 pontos de dados.

Em termos de tempo de execução, as máquinas de vetor de suporte são atualmente mais lentas que outras redes neurais (p.ex., perceptrons de múltiplas camadas treinados com o algoritmo de retropropagação) para um desempenho de generalização similar. Há duas razões para este comportamento mais lento:

1. Não há controle sobre o número de pontos de dados selecionados pelo algoritmo de aprendizagem para serem usados como vetores de suporte.
2. Não há meios para incorporar conhecimento prévio sobre a tarefa em questão no projeto da máquina de aprendizagem.

Agora discutiremos brevemente algumas modificações da máquina de vetor de suporte com o intuito de tratar destas deficiências.

A questão de como controlar a seleção de vetores de suporte é difícil, particularmente quando os padrões a serem classificados são não-separáveis e os dados de treinamento são ruidosos. Em geral, as tentativas de remover erros conhecidos dos dados antes do treinamento ou de removê-los da expansão após o treinamento não darão o mesmo hiperplano ótimo, porque os erros são necessários para penalizar a não-separabilidade. Em Osuna e Girosi (1998), foi investigado o problema da redução do tempo de execução de uma máquina de vetor de suporte para classificação de padrões. Duas abordagens inovadoras para o tratamento deste problema são descritas:

- A própria máquina de vetor de suporte é usada como uma ferramenta para regressão não-linear para aproximar a superfície de decisão (separando as classes) com uma precisão especificada pelo usuário.
- O procedimento para treinar a máquina de vetor de suporte é reformulado para produzir exatamente a mesma superfície de decisão, utilizando um menor número de funções de base.

Na primeira abordagem, a solução é simplificada aproximando-a por uma combinação linear de um *subconjunto* das funções de base. A máquina resultante é uma extensão natural da máquina de vetor de suporte para aproximação de função. Esta extensão é projetada para encontrar o mínimo de um funcional de custo da seguinte forma:

$$\mathscr{E}(F) = \sum_{i=1}^{N} |d_i - F(\mathbf{x}_i)|_\epsilon + \frac{1}{2C}\psi(F)$$

onde $F(\cdot)$ é uma função aproximativa, $\psi(\cdot)$ é um funcional de suavização e $|x|_\epsilon$ é a função de custo insensível a ϵ definida por

$$|x|_\epsilon = \begin{cases} 0 & \text{se } |x| < \epsilon \\ |x| - \epsilon & \text{caso contrário} \end{cases}$$

A função de custo insensível a ϵ tem o efeito de tornar a solução robusta a pontos afastados e insensível a erros abaixo de um certo limiar ϵ. O mínimo do funcional de custo $\mathcal{E}(F)$ tem a forma

$$F(\mathbf{x}) = \sum_{i=1}^{N} c_i G(\mathbf{x}, \mathbf{x}_i)$$

onde $G(\cdot,\cdot)$ é um núcleo que depende da escolha particular da função de suavização $\psi(\cdot)$ e os coeficientes c_i são calculados resolvendo-se um problema de programação quadrática. A solução é tipicamente *esparsa*; isto é, apenas um pequeno número dos c_i será diferente de zero e seu número é controlado pelo parâmetro ϵ. Na segunda abordagem, o problema primordial é reformulado de forma que ele tenha a mesma estrutura inicial do problema primordial original, mas com uma diferença: o núcleo do produto interno $K(\mathbf{x}, \mathbf{x}')$ é agora incorporado na formulação. Ambas as abordagens são também apropriadas para reduzir a complexidade de máquinas de vetor de suporte para regressão não-linear.

Finalmente, voltando à questão do conhecimento prévio, é amplamente reconhecido que o desempenho de uma máquina de aprendizagem pode ser melhorado incorporando-se conhecimento prévio sobre a tarefa a ser aprendida no projeto da máquina (Abu-Mostafa, 1995). Em geral, dois modos diferentes de explorar o conhecimento prévio são perseguidos na literatura:

- Um termo adicional é incluído na função de custo, forçando assim a máquina de aprendizagem a construir uma função que incorpore o conhecimento prévio. Isto é exatamente o que é feito pelo uso de regularização.
- Exemplos virtuais são gerados a partir da amostra de treinamento. A motivação aqui é que a máquina de aprendizagem possa extrair mais facilmente o conhecimento prévio destes dados de treinamento aumentados artificialmente.

Na segunda abordagem, o processo de aprendizagem pode ser desacelerado devido a correlações nos dados artificiais e ao maior tamanho do conjunto de dados de treinamento. Entretanto, a segunda abordagem tem uma vantagem em relação à primeira abordagem porque pode ser facilmente implementada para todos os tipos de conhecimento prévio e máquinas de aprendizagem. Uma forma de implementar a segunda abordagem é proceder como a seguir (Schölkopf et al., 1996):

1. Uma máquina de vetor de suporte é treinada com os dados especificados para extrair um conjunto de vetores de suporte na forma usual.
2. Exemplos artificiais, chamados de *vetores de suporte virtuais*, são gerados aplicando-se conhecimento prévio na forma de transformações de invariâncias desejadas aos vetores de suporte obtidos no passo 1.
3. Uma outra máquina de vetor de suporte é treinada com o conjunto de exemplos aumentado artificialmente.

Este método tem o potencial de produzir um ganho significativo na precisão de classificação a um custo moderado de tempo de execução: ele requer duas execuções de treinamento em vez de apenas uma, mas constrói regras de classificação usando mais vetores de suporte.

NOTAS E REFERÊNCIAS

1. Seja $\mathscr{C}$ um subconjunto de $\mathbb{R}^m$. Diz-se que o subconjunto $\mathscr{C}$ é *convexo* se

   $$\alpha x + (1 - \alpha)y \in \mathscr{C} \quad \text{para todo} \quad (x, y) \in \mathscr{C} \quad \text{e} \quad \alpha \in [0, 1]$$

   Diz-se que uma função $f: \mathscr{C} \to \mathbb{R}$ é uma *função convexa* se

   $$f(\alpha x + (1 - \alpha)y) \leq \alpha f(x) + (1 - \alpha)f(y) \quad \text{para todo} \quad (x, y) \in \mathscr{C} \quad \text{e} \quad \alpha \in [0, 1]$$

2. Sendo a complexidade computacional a questão de interesse, podemos identificar duas classes de algoritmos:
   - *Algoritmos de tempo polinomial*, que requerem um tempo de execução que é uma função polinomial do tamanho do problema. Por exemplo, o algoritmo da transformada rápida de Fourier (FFT, *fast Fourier transform*), usualmente empregado para análise espectral, é um algoritmo de tempo polinomial pois requer um tempo de execução da ordem de $n\log n$, onde n é uma medida do tamanho do problema.
   - *Algoritmos de tempo exponencial*, que requerem um tempo de execução que é uma função exponencial do tamanho do problema. Por exemplo, um algoritmo de tempo exponencial pode levar um tempo 2^n, onde n é uma medida do tamanho do problema.

   Com base nisso, podemos ver os algoritmos de tempo polinomial como algoritmos "eficientes" e os algoritmos de tempo exponencial como algoritmos "ineficientes".

   Há muitos problemas computacionais que aparecem na prática, para os quais nenhum algoritmo eficiente pode ser encontrado. Diz-se que muitos, senão todos, estes problemas aparentemente intratáveis pertencem a uma classe de problemas referida como *problemas NP completos*. O termo "NP" significa "não deterministicamente polinomial".

   Para uma discussão mais detalhada sobre problemas NP completos, veja Cook (1971), Garey e Johnson (1979) e Cormen et al. (1990).

3. A idéia de um núcleo de produto interno foi usada primeiramente por Aizerman et al. (1964a, 1964b) na formulação do método das funções de potencial, que é o precursor das redes de função de base radial. Ao mesmo tempo, Vapnik e Chervonenkis (1965) desenvolveram a idéia de um hiperplano ótimo. O uso combinado destes dois poderosos conceitos na formulação da máquina de vetor de suporte foi proposto por Vapnik e co-autores em 1992; veja Boser, Guyon e Vapnik (1992) e Cortes e Vapnik (1995). Uma análise matemática completa da máquina de vetor de suporte foi primeiramente descrita em Vapnik (1995) e subseqüentemente em uma forma mais expandida em Vapnik (1998).

4. A teoria minimax de Huber é baseada em vizinhanças que não são globais em virtude de excluírem distribuições assimétricas. Apesar disso, esta teoria trata com sucesso de uma grande parte da estatística tradicional, particularmente a regressão.

5. Em Schurmars (1997), o uso de programação linear é explorado adotando-se a norma L_1, $\|\mathbf{w}\|_1$, no lugar da norma L_2, $\|\mathbf{w}\|_2$, que é usada em máquinas de vetor de suporte. A norma L_1 do vetor peso $\mathbf{w}$ é definida por

   $$\|\mathbf{w}\|_1 = \sum_i |w_i|$$

   onde w_i é o i-ésimo elemento de $\mathbf{w}$. Aparentemente, a classificação por margem máxima usando a norma L_1 tem um viés em direção a hiperplanos com orientações axiais, isto é, em direção a vetores de peso com poucos elementos diferentes de zero.

6. As bibliotecas comerciais para programação quadrática incluem:
   - MINOS5.4: (Murtagh e Saunders, 1978)
   - LSSOL (Gill et al., 1986)
   - LOQO (Vanderbei, 1994)
   - QPOPT e SQOPT (Gill e Murray, 1991)

PROBLEMAS

Hiperplano de separação ótimo

6.1 Considere o caso de um hiperplano para padrões linearmente separáveis, que é definido pela equação

$$\mathbf{w}^T\mathbf{x} + b = 0$$

onde $\mathbf{w}$ representa o vetor peso, b representa o bias e $\mathbf{x}$ representa o vetor de entrada. Diz-se que o hiperplano corresponde a um *par canônico* $(\mathbf{w}, b)$ se, para o conjunto de padrões de entrada $\{\mathbf{x}_i\}_{i=1}^N$, for satisfeita a exigência adicional

$$\min_{i=1,2,\ldots,N} |\mathbf{w}^T\mathbf{x}_i + b| = 1$$

Mostre que esta exigência causa uma margem de separação entre as duas classes igual a $2/\|\mathbf{w}\|$.

6.2 Justifique a seguinte afirmação no contexto de padrões não-separáveis: classificação incorreta implica não-separabilidade de padrões, mas o contrário *não* é necessariamente verdadeiro.

6.3 Começando com o problema primordial para a otimização do hiperplano de separação para padrões não-separáveis, formule o problema dual como descrito na Seção 6.3.

6.4 Neste problema, exploramos o "método deixe um de fora", discutido no Capítulo 4, para estimar o erro de teste esperado produzido por um hiperplano ótimo para o caso de padrões não-separáveis. Discuta as várias possibilidades que podem surgir no uso deste método pela eliminação de um padrão qualquer da amostra de treinamento e construindo uma solução baseada nos padrões restantes.

6.5 A localização do hiperplano ótimo no espaço de dados é determinada pelos pontos de dados selecionados como vetores de suporte. Se os dados forem ruidosos, a primeira reação poderia ser questionar a robustez da margem de separação à presença de ruído. Contudo, um estudo cuidadoso do hiperplano ótimo revela que a margem de separação é realmente robusta a ruído. Discuta a razão para este comportamento robusto.

Núcleo de produto interno

6.6 O núcleo de produto interno $K(\mathbf{x}_i, \mathbf{x}_j)$ é calculado sobre uma amostra de treinamento $\mathcal{T}$ de tamanho N, produzindo a matriz N-por-N:

$$\mathbf{K} = \{K_{ij}\}_{(i,j)=1}^N$$

onde $K_{ij} = K(\mathbf{x}_i, \mathbf{x}_j)$. A matriz $\mathbf{K}$ é positiva, já que todos os seus elementos têm valores positivos. Usando a transformação de similaridade:

$$\mathbf{K} = \mathbf{Q}\Lambda\mathbf{Q}^T$$

onde Λ é uma matriz diagonal de autovalores e $\mathbf{Q}$ é uma matriz constituída dos autovetores correspondentes, formule uma expressão para o núcleo de produto interno $K(\mathbf{x}_i, \mathbf{x}_j)$ em termos dos autovalores e dos autovetores da matriz $\mathbf{K}$. Que conclusões você pode tirar desta representação?

6.7 (a) Prove a *propriedade de invariância unitária* de núcleo de produto interno $K(\mathbf{x}, \mathbf{x}_i)$; isto é,

$$K(\mathbf{x}, \mathbf{x}_i) = K(\mathbf{Qx}, \mathbf{Qx}_i)$$

onde **Q** é uma matriz unitária definida por

$$\mathbf{Q}^{-1} = \mathbf{Q}^T$$

(b) Demonstre que todos os três núcleos de produto interno descritos na Tabela 6.1 satisfazem esta propriedade.

6.8 O núcleo de produto interno para um perceptron de duas camadas é definido por

$$K(\mathbf{x}, \mathbf{x}_i) = \tanh(\beta_0 \mathbf{x}^T \mathbf{x}_i + \beta_1)$$

Explore alguns valores para as constantes β_0 e β_1 para os quais o teorema de Mercer não é satisfeito.

Classificação de padrões

6.9 O núcleo de produto interno para uma máquina de aprendizagem polinomial usada para resolver o problema do XOR é definido por

$$K(\mathbf{x}, \mathbf{x}_i) = (1 + \mathbf{x}^T \mathbf{x}_i)^p$$

Qual é o valor mínimo da potência p para o qual o problema do XOR pode ser resolvido? Assuma que p seja um inteiro positivo. Qual é o resultado se usarmos um valor para p maior que o mínimo?

6.10 A Figura P6.10 mostra a função XOR operando sobre um padrão tridimensional **x**, como descrito aqui

$$\text{XOR}(x_1, x_2, x_3) = x_1 \oplus x_2 \oplus x_3$$

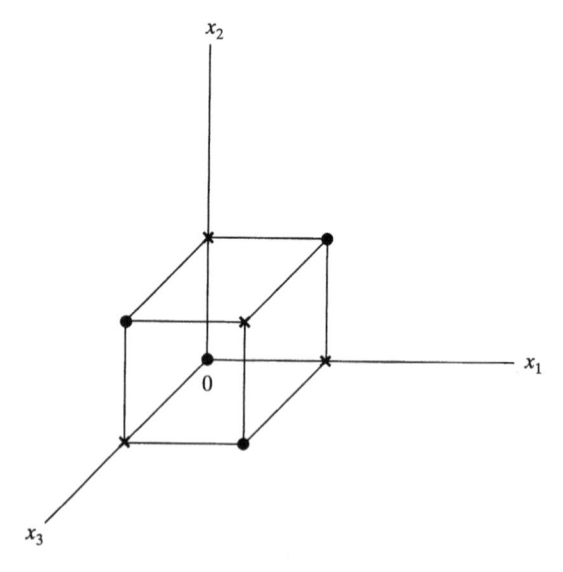

FIGURA P6.10

onde o símbolo $\oplus$ representa o operador da função booleana OU Exclusivo. Projete uma máquina de aprendizagem polinomial para separar as duas classes de pontos representadas pela saída deste operador.

6.11 Em todo o capítulo, discutimos o uso de uma máquina de vetor de suporte para classificação binária. Discuta como uma máquina de vetor de suporte pode ser usada para resolver um problema de classificação de padrão de dimensão M, onde $M > 2$.

Regressão não-linear

6.12 O problema dual descrito na Seção 6.8 para a utilização de uma máquina de vetor de suporte para resolver o problema da regressão não-linear inclui a seguinte restrição:

$$\sum_{i=1}^{N}(\alpha_i - \alpha'_i) = 0$$

onde os α_i e α'_i são os multiplicadores de Lagrange. Mostre que esta restrição surge da minimização do lagrangiano em relação ao bias b, isto é, o primeiro elemento w_0 do vetor peso $\mathbf{w}$ corresponde a $\varphi_0(\mathbf{x}) = 1$.

Virtudes e limitações

6.13 (a) Compare as virtudes e as limitações das máquinas de vetor de suporte com aquelas das redes de função de base radial (RBF) em relação às seguintes tarefas:
   (1) Classificação de padrões
   (2) Regressão não-linear
(b) Faça o mesmo para as máquinas de vetor de suporte em relação aos perceptrons de múltiplas camadas treinados pelo algoritmo de retropropagação.

Experimentos computacionais

6.14 A Figura P6.14 mostra um conjunto de pontos de dados correspondentes a duas classes, $\mathscr{C}_1$ e $\mathscr{C}_2$. As duas coordenadas, x_1 e x_2, vão de -1 a $+1$. Usando um único núcleo de função

$$K(\mathbf{x}, \mathbf{t}) = \exp(-\|\mathbf{x} - \mathbf{t}\|^2)$$

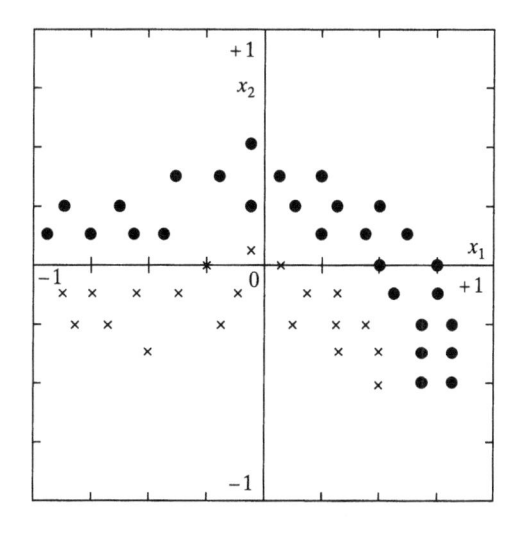

FIGURA P6.14

de base radial, construa o hiperplano ótimo e identifique os vetores de suporte para este conjunto de dados.

6.15 O experimento computacional descrito na Seção 6.6 foi para a classificação de duas distribuições gaussianas superpostas. O seguinte parâmetro de "regularização" foi usado naquele experimento: $C = 0,1$. A largura comum das funções de base radial usadas para construir os núcleos de produto interno foi $\sigma^2 = 4$. Repita o experimento computacional descrito naquela seção para os dois valores seguintes do parâmetro de regularização:
 (a) $C = 0,05$
 (b) $C = 0,2$
Comente os seus resultados com base nas considerações relatadas na Seção 6.6.

6.16 Ao aplicar as redes de função de base radial a problemas de regressão não-linear, freqüentemente constatamos que o uso de uma função de base não-localizada como a multiquádrica resulta em uma solução mais precisa que o uso de uma função de base localizada como a função gaussiana. Pode-se conjeturar que uma situação similar surge no caso das máquinas de vetor de suporte, porque o uso de uma máquina de aprendizagem polinomial (ilimitada) pode se mostrar mais precisa que uma máquina de função de base radial (limitada). Usando um experimento computacional em um problema de regressão não-linear, explore a validade desta conjetura.

CAPÍTULO 7

Máquinas de Comitê

7.1 INTRODUÇÃO

Nos três capítulos anteriores, descrevemos três diferentes abordagens de aprendizagem supervisionada. O MLP treinado com o algoritmo de retropropagação, discutido no Capítulo 4, conta para o seu projeto com uma forma de otimização global. A rede RBF, discutida no Capítulo 5, baseia seu projeto em otimização local. A máquina de vetor de suporte, discutida no Capítulo 6, explora a teoria da dimensão V-C para seu projeto. Neste capítulo, discutimos uma outra classe de métodos para resolver tarefas de aprendizagem supervisionada. A abordagem usada aqui é baseada em um princípio freqüentemente usado em engenharia: dividir e conquistar.

De acordo com o *princípio de dividir e conquistar*, uma tarefa computacional complexa é resolvida dividindo-a em um número de tarefas computacionais simples e então combinando as soluções destas tarefas. Na aprendizagem supervisionada, a simplicidade computacional é alcançada distribuindo-se a tarefa de aprendizagem entre um número de *especialistas*, que, por sua vez, divide o espaço de entrada em um conjunto de subespaços. Diz-se que a combinação de especialistas constitui uma *máquina de comitê*. Basicamente, ela funde o conhecimento adquirido por especialistas para chegar a uma decisão global que é supostamente superior àquela alcançável por qualquer um deles atuando isoladamente. A idéia de uma máquina de comitê remonta a Nilsson (1965); a estrutura da rede considerada por ele consistia de uma camada de perceptrons elementares seguida de um perceptron de votação na segunda camada.

As máquinas de comitê são aproximadores universais. Elas podem ser classificadas em duas grandes categorias:

1. *Estruturas estáticas*. Nesta classe de máquinas de comitê, as respostas de vários previsores (especialistas) são combinadas por meio de um mecanismo que *não* envolve o sinal de entrada, por isso a designação "estática". Esta categoria inclui os seguintes métodos:

- *Média de ensemble*, onde as saídas de diferentes previsores são combinadas linearmente para produzir uma saída global.
- *Reforço*, onde um algoritmo fraco de aprendizagem é convertido em um algoritmo que alcança uma precisão arbitrariamente alta.
2. *Estruturas dinâmicas*. Nesta segunda categoria de máquinas de comitê, o sinal de entrada está adiante envolvido na atuação do mecanismo que integra as saídas dos especialistas individuais em uma saída global, daí a designação "dinâmica". Aqui mencionamos dois tipos de estruturas dinâmicas:
    - *Mistura de especialistas*, na qual as respostas individuais dos especialistas são combinadas não linearmente por meio de uma única rede de passagem.
    - *Mistura hierárquica de especialistas*, na qual as respostas individuais dos especialistas são combinadas não linearmente por meio de várias redes de passagem arranjadas em uma forma hierárquica.

Na mistura de especialistas, o princípio de dividir e conquistar é aplicado apenas uma vez, enquanto que na mistura hierárquica de especialistas ele é aplicado várias vezes, resultando em um número correspondente de níveis de hierarquia.

A mistura de especialistas e a mistura hierárquica de especialistas podem também ser vistas como exemplos de redes modulares. Uma definição formal da noção de *modularidade* é (Osherson et al., 1990):

> Uma rede neural é chamada de modular se a computação realizada pela rede pode ser decomposta em dois ou mais módulos (subsistemas) que operam sobre entradas distintas sem comunicação entre eles. As saídas dos módulos são mediadas por uma unidade integradora que não pode alimentar a informação de volta para os módulos. Em particular, a unidade integradora (1) decide como as saídas dos módulos devem ser combinadas para formar a saída final do sistema e (2) decide quais módulos devem aprender que padrões de treinamento.

Esta definição de modularidade exclui a classe estática de máquinas de comitê, já que não há uma unidade integradora na saída que tenha o papel de tomada de decisão.

Organização do Capítulo

Este capítulo está organizado em duas partes. A classe de estruturas estáticas é coberta na primeira parte, englobando as Seções 7.2 até 7.5. A Seção 7.2 discute o método da média de ensemble, seguido de um experimento computacional na Seção 7.3. A Seção 7.4 discute a técnica de reforço, seguida por um experimento computacional na Seção 7.5.

A classe de estruturas dinâmicas é coberta na segunda parte do capítulo, englobando as Seções 7.6 a 7.13. Especificamente, a Seção 7.6 discute a mistura de especialistas (ME) como um modelo de mistura gaussiano associativo. A Seção 7.7 discute o caso mais geral, ou seja a mistura hierárquica de especialistas (MHE). Este modelo está intimamente relacionado com as árvores de decisão padrão. Então, a Seção 7.8 descreve como uma árvore de decisão padrão pode ser usada para resolver o problema da seleção de modelo (i.e., o número de redes de passagem e de especialistas) para a MHE. Na Seção 7.9, definimos algumas probabilidades *a posteriori* que nos ajudam na formulação de algoritmos de aprendizagem para o modelo MHE. Na Seção 7.10, estabelecemos a fundamentação para resolver o problema de estimação de parâmetro formulando a função de probabilidade para o modelo MHE. A Seção 7.11 apresenta uma visão geral das estratégias de aprendizagem.

Ela é seguida por uma discussão detalhada do chamado algoritmo ME na Seção 7.12 e a sua aplicação ao modelo MHE na Seção 7.13.

O capítulo conclui com algumas observações finais na Seção 7.14.

7.2 MÉDIA DE ENSEMBLE

A Figura 7.1 mostra um número de redes neurais treinadas diferentemente (i.e., especialistas), que compartilham uma entrada comum e cujas saídas individuais são combinadas de alguma forma para produzir uma saída global y. Para simplificar a apresentação, assume-se que as saídas dos especialistas têm valores escalares. Esta técnica é referida como um *método de média de ensemble*[1]. A motivação para seu uso tem dois aspectos:

- Se a combinação de especialistas da Fig. 7.1 fosse substituída por uma única rede neural, teríamos uma rede com um número correspondentemente grande de parâmetros ajustáveis.

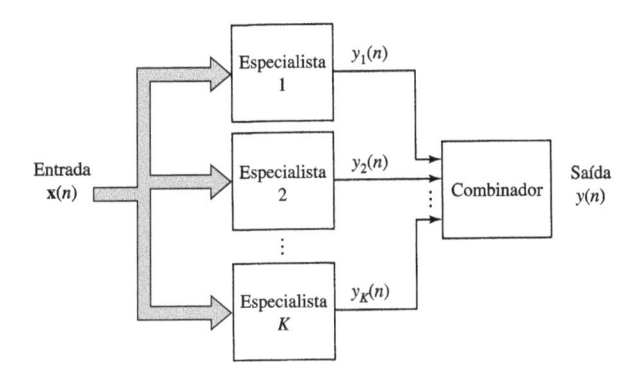

FIGURA 7.1 Diagrama em blocos de uma máquina de comitê baseada na média de ensemble

O tempo de treinamento para uma rede grande assim seria provavelmente maior que para o caso de um conjunto de especialistas treinados em paralelo.
- O risco de ajuste em excesso dos dados aumenta quando o número de parâmetros ajustáveis é grande comparado com a cardinalidade (i.e., o tamanho do conjunto) dos dados de treinamento.

De qualquer maneira, usando uma máquina de comitê como representado na Fig. 7.1, a expectativa é que os especialistas diferentemente treinados convirjam para diferentes mínimos locais na superfície de erro, e o desempenho global é aumentado combinando-se de alguma forma as saídas.

Considere primeiro o caso de uma única rede neural que tenha sido treinada com um determinado conjunto de dados. Considere que **x** represente um vetor de entrada não visto anteriormente e que d represente a resposta desejada correspondente (representando um rótulo de classe ou resposta em umérica); **x** e d representam realizações do vetor aleatório **X** e da variável aleatória D, respectivamente. Considere que $F(\mathbf{x})$ represente a função de entrada-saída realizada pela rede. Então, com base no material sobre o dilema bias/variância discutido no Capítulo 2, podemos decompor o erro médio quadrado entre $F(\mathbf{x})$ e o valor esperado condicional $E[D \mid \mathbf{X} = \mathbf{x}]$ nas suas componentes de bias e variância como a seguir:

$$E_{\mathcal{D}}[(F(\mathbf{x}) - E[D \mid \mathbf{X} = \mathbf{x}])^2] = B_{\mathcal{D}}(F(\mathbf{x})) + V_{\mathcal{D}}(F(\mathbf{x})) \tag{7.1}$$

onde $B_{\mathcal{D}}(F(\mathbf{x}))$ é o bias ao quadrado:

$$B_{\mathcal{D}}(F(\mathbf{x})) = (E_{\mathcal{D}}[F(\mathbf{x})] - E[D \mid \mathbf{X} = \mathbf{x}])^2 \qquad (7.2)$$

e $V_{\mathcal{D}}(F(\mathbf{x}))$ é a variância:

$$V_{\mathcal{D}}(F(\mathbf{x})) = E_{\mathcal{D}}[(F(\mathbf{x}) - E_{\mathcal{D}}[F(\mathbf{x})])^2] \qquad (7.3)$$

O valor esperado $E_{\mathcal{D}}$ é calculado sobre o espaço $\mathcal{D}$, definido como o *espaço englobando a distribuição de todos os conjuntos de treinamento (i.e., entradas e saídas-alvo) e a distribuição de todas as condição iniciais*.

Há diferentes modos de treinar individualmente as redes especialistas da Fig. 7.1 e também diferentes modos de combinar as suas saídas. Para a discussão apresentada aqui, consideraremos a situação onde as redes especialistas têm uma configuração idêntica, mas elas são treinadas a partir de condições iniciais diferentes. Para o combinador na saída da máquina de comitê da Fig. 7.1, usaremos um bloco que calcula a *média de ensemble*². Seja $\mathcal{I}$ o *espaço de todas as condições iniciais*. Considere que $F_I(\mathbf{x})$ represente a média das funções de entrada-saída das redes especialistas da Fig. 7.1 calculada sobre um número "representativo" de condições iniciais. Por analogia com a Eq. (7.1), podemos escrever

$$E_{\mathcal{I}}[(F_I(\mathbf{x}) - E[D \mid \mathbf{X} = \mathbf{x}])^2] = B_{\mathcal{I}}(F(\mathbf{x})) + V_{\mathcal{I}}(F(\mathbf{x})) \qquad (7.4)$$

onde $B_{\mathcal{I}}(F(\mathbf{x}))$ é o bias ao quadrado definido sobre o espaço $\mathcal{I}$:

$$B_{\mathcal{I}}(F(\mathbf{x})) = (E_{\mathcal{I}}[F_I(\mathbf{x})] - E[D \mid \mathbf{X} = \mathbf{x}])^2 \qquad (7.5)$$

e $V_{\mathcal{I}}(F(\mathbf{x}))$ é a variância correspondente:

$$V_{\mathcal{I}}(F(\mathbf{x})) = E_{\mathcal{I}}[(F_I(\mathbf{x}) - E_{\mathcal{I}}[F(\mathbf{x})])^2] \qquad (7.6)$$

O valor esperado $E_{\mathcal{I}}$ é calculado sobre o espaço $\mathcal{I}$.

Da definição do espaço $\mathcal{D}$, podemos vê-lo como o produto do espaço de condições iniciais, $\mathcal{I}$, e o *espaço remanescente* representado por $\mathcal{D}'$. Correspondentemente, podemos escrever novamente por analogia com a Eq. (7.1):

$$E_{\mathcal{D}'}[(F_I(\mathbf{x}) - E[D \mid \mathbf{X} = \mathbf{x}])^2] = B_{\mathcal{D}'}(E_I(\mathbf{x})) + V_{\mathcal{D}'}(F_I(\mathbf{x})) \qquad (7.7)$$

onde $B_{\mathcal{D}'}(F(\mathbf{x}))$ é o bias ao quadrado definido sobre o espaço remanescente $\mathcal{D}'$:

$$B_{\mathcal{D}'}(F_I(\mathbf{x})) = (E_{\mathcal{D}'}[F_I(\mathbf{x})] - E[D \mid \mathbf{X} = \mathbf{x}])^2 \qquad (7.8)$$

e $V_{\mathcal{D}'}(F_I(\mathbf{x}))$ é a variância correspondente:

$$V_{\mathcal{D}'}(F_I(\mathbf{x})) = E_{\mathcal{D}'}[(F_I(\mathbf{x}) - E_{\mathcal{D}'}[F_I(\mathbf{x})])^2] \qquad (7.9)$$

Das definições dos espaços $\mathcal{D}$, $\mathcal{I}$ e $\mathcal{D}'$, vemos facilmente que

$$E_{\mathcal{D}'}[F_I(\mathbf{x})] = E_{\mathcal{D}}[F(\mathbf{x})] \tag{7.10}$$

Com isso resulta que a Eq. (7.8) pode ser rescrita na forma equivalente:

$$\begin{aligned}B_{\mathcal{D}'}(F_I(\mathbf{x})) &= \left(E_{\mathcal{D}}[F(\mathbf{x})] - E[D\,|\,\mathbf{X} = \mathbf{x}]\right)^2 \\ &= B_{\mathcal{D}}(F(\mathbf{x}))\end{aligned} \tag{7.11}$$

Considere, a seguir, a variância $V_{\mathcal{D}'}(F_I(\mathbf{x}))$ da Eq. (7.9). Como a variância de uma variável aleatória é igual ao valor médio quadrado daquela variável aleatória menos o seu bias ao quadrado, podemos escrever equivalentemente

$$\begin{aligned}V_{\mathcal{D}'}(F_I(\mathbf{x})) &= E_{\mathcal{D}'}\left[(F_I(\mathbf{x}))^2\right] - \left(E_{\mathcal{D}'}[F_I(\mathbf{x})]\right)^2 \\ &= E_{\mathcal{D}'}\left[(F_I(\mathbf{x}))^2\right] - \left(E_{\mathcal{D}}[F(\mathbf{x})]\right)^2\end{aligned} \tag{7.12}$$

onde na última linha fizemos uso da Eq. (7.10). De modo similar, podemos redefinir a Eq. (7.3) na forma equivalente

$$V_{\mathcal{D}}(F_I(\mathbf{x})) = E_{\mathcal{D}}[(F(\mathbf{x}))^2] - (E_{\mathcal{D}}[F(\mathbf{x})])^2 \tag{7.13}$$

Note que o valor médio quadrado da função $F(\mathbf{x})$ sobre todo o espaço $\mathcal{D}$ é destinado a ser igual ou maior que o valor médio quadrado da função média de ensemble $F_I(\mathbf{x})$ sobre o espaço remanescente $\mathcal{D}'$. Isto é,

$$E_{\mathcal{D}}[(F(\mathbf{x}))^2] \geq E_{\mathcal{D}'}[(F_I(\mathbf{x}))^2]$$

Baseado nesta desigualdade, a comparação das Eqs. (7.12) e (7.13) imediatamente revela que

$$V_{\mathcal{D}'}(F_I(\mathbf{x})) \leq V_{\mathcal{D}}(F(\mathbf{x})) \tag{7.14}$$

Assim, das Eqs. (7.11) e (7.14) tiramos duas conclusões (Naftaly et al., 1997):

1. O bias da função média de ensemble $F_I(\mathbf{x})$, relativo à máquina de comitê da Fig. 7.1, é exatamente o mesmo que aquele da função $F(\mathbf{x})$ relativo a uma única rede neural.
2. A variância da função média de ensemble $F_I(\mathbf{x})$ é menor que aquela da função $F(\mathbf{x})$.

Estas constatações teóricas apontam para uma estratégia de treinamento para reduzir o erro global produzido por uma máquina de comitê devido a *condições iniciais variáveis* (Naftaly et al., 1997): os especialistas constituintes da máquina são propositadamente *treinados em excesso*, o que é justificado pelas seguintes razões. Na medida em que se considera os especialistas individuais, o bias é reduzido às custas da variância. Subseqüentemente, entretanto, a variância é reduzida pela média de ensemble dos especialistas sobre as condições iniciais, deixando o bias inalterado.

7.3 EXPERIMENTO COMPUTACIONAL I

Neste experimento computacional sobre o método da média de ensemble, revisitamos o problema de classificação de padrões considerado nos três capítulos anteriores. O problema diz respeito à classificação de duas distribuições gaussianas bidimensionais superpostas. As duas distribuições têm diferentes vetores médios e diferentes variâncias. As estatísticas da distribuição 1 (classe $\mathcal{C}_1$) são

$$\boldsymbol{\mu}_1 = [0,0]^T$$
$$\sigma_1^2 = 1$$

As estatísticas da distribuição 2 (classe $\mathcal{C}_2$) são

$$\boldsymbol{\mu}_2 = [2,0]^T$$
$$\sigma_2^2 = 4$$

Na Fig. 4.13 são mostrados os gráficos de espalhamento destas duas distribuições.

Assume-se que as duas classes são eqüiprováveis. Assume-se que os custos para classificações incorretas são iguais, e os custos para classificação correta são nulos. Baseados nisto, o classificador (ótimo) bayesiano alcança uma probabilidade de classificação correta $p_c = 81,51$ por cento. Detalhes deste cálculo são também apresentados no Capítulo 4.

No experimento computacional descrito no Capítulo 4, fomos capazes de obter uma probabilidade de classificação correta próxima a 80 por cento usando um perceptron de múltiplas camadas com dois neurônios ocultos e treinado usando o algoritmo de retropropagação. Neste experimento, estudamos uma máquina de comitê composta como mostrado a seguir:

- Dez especialistas.
- Cada especialista é constituído de um perceptron de múltiplas camadas com dois neurônios ocultos.

Todos os especialistas foram treinados individualmente usando o algoritmo de retropropagação. Os parâmetros usados no algoritmo foram

Parâmetro da taxa de aprendizagem, $\eta = 0,1$
Constante de momento, $\alpha = 0,5$

O tamanho da amostra de treinamento foi de 500 padrões. Todos os especialistas foram treinados com o mesmo conjunto de dados, mas foram inicializados diferentemente. Em particular, os valores iniciais dos pesos sinápticos e limiares foram escolhidos aleatoriamente de uma distribuição uniforme dentro do intervalo $[-1, 1]$.

A Tabela 7.1 apresenta um resumo dos desempenhos de classificação dos 10 especialistas treinados com 500 padrões usando o conjunto de teste. A probabilidade de classificação correta obtida simplesmente calculando-se a média aritmética dos 10 resultados apresentados na Tabela 7.1 é $p_{c,\text{med}} = 79,37$ por cento. Por outro lado, usando o método da média de ensemble, isto é, simplesmente somando as saídas individuais dos 10 especialistas e então calculando a probabilidade de classificação correta, obtivemos o resultado: $p_{c,\text{ens}} = 80,27$ por cento. Este resultado representa uma melhora de 0,9 por cento sobre $p_{c,\text{med}}$. A vantagem de $p_{c,\text{ens}}$ sobre $p_{c,\text{med}}$ se manteve em todas as

TABELA 7.1 Desempenhos de Classificação de Especialistas Individuais Usados em uma Máquina de Comitê

Especialista	Porcentagem de classificação correta
Rede 1	80,65
Rede 2	76,91
Rede 3	80,06
Rede 4	80,47
Rede 5	80,44
Rede 6	76,89
Rede 7	80,55
Rede 8	80,47
Rede 9	76,91
Rede 10	80,38

tentativas do experimento. Os resultados de classificação foram todos computados usando 32.000 padrões de teste.

Resumindo os resultados deste experimento, podemos dizer: o desempenho de classificação é melhorado pelo treinamento excessivo dos perceptrons de múltiplas camadas individuais (especialistas), somando suas saídas em uméricas individuais para produzir a saída global da máquina de comitê, e então tomando uma decisão.

7.4 REFORÇO

Como mencionado na introdução, reforço (*boosting*) é um outro método que pertence à classe "estática" das máquinas de comitê. O reforço é bastante diferente da média de ensemble. Em uma máquina de comitê baseada na média de ensemble, todos os especialistas da máquina são treinados com o mesmo conjunto de dados; podem diferir entre si na escolha das condições iniciais usadas no treinamento da rede. Em uma máquina por reforço, ao contrário, os especialistas são treinados com conjuntos de dados com distribuições inteiramente diferentes; este é um método geral que pode ser usado para melhorar o desempenho de *qualquer* algoritmo de aprendizagem.

O *reforço*[3] pode ser implementado de três modos fundamentalmente diferentes:

1. *Reforço por filtragem.* Esta abordagem envolve filtrar os exemplos de treinamento por diferentes versões de um algoritmo de aprendizagem fraca. Ele assume a disponibilidade de uma grande (em teoria, infinita) fonte de exemplos, com os exemplos sendo ou descartados ou mantidos durante o treinamento. Uma vantagem desta abordagem é que ela requer pouca memória comparada com as outras duas abordagens.
2. *Reforço por subamostragem.* Esta segunda abordagem trabalha com uma amostra de treinamento de tamanho *fixo*. Os exemplos são amostrados novamente durante o treinamento, de acordo com uma determinada distribuição de probabilidade. O erro é calculado em relação à amostra de treinamento fixa.
3. *Reforço por ponderação.* Esta terceira abordagem também trabalha com uma amostra de treinamento fixa, mas assume que o algoritmo de aprendizagem fraca pode receber exemplos "ponderados". O erro é calculado em relação aos exemplos ponderados.

Nesta seção, descrevemos dois diferentes algoritmos de reforço. Um deles, proposto por Schapire (1990), pertence à abordagem 1. O outro algoritmo, conhecido como AdaBoost proposto por Freund e Schapire (1996a, 1996b), pertence à abordagem 2.

Reforço por Filtragem

A idéia original do reforço descrito por Schapire (1990) está fundamentada em um *modelo de aprendizagem independente de distribuição* ou *provavelmente aproximadamente correta (PAC)*. Da discussão da aprendizagem PAC no Capítulo 2, relembramos que um *conceito* é uma função booleana em algum domínio de exemplos que contém as codificações de todos os objetos de interesse. Na aprendizagem PAC, uma máquina de aprendizagem tenta identificar um conceito binário desconhecido com base em exemplos do conceito escolhidos aleatoriamente. Para sermos mais específicos, o objetivo da máquina de aprendizagem é encontrar uma hipótese ou regra de previsão com uma taxa de erro de no máximo ϵ, para valores positivos de ϵ arbitrariamente pequenos, e isto deve se manter uniformemente para todas as distribuições de entrada. É por esta razão que o modelo de aprendizagem PAC é também referido como *modelo de aprendizagem forte*. Como os exemplos são aleatórios, é provável que a máquina de aprendizagem seja incapaz de aprender alguma coisa sobre o conceito desconhecido devido à apresentação de um exemplo altamente não-representativo. Portanto, exigimos que o modelo de aprendizagem tenha sucesso apenas em encontrar uma boa aproximação do conceito desconhecido com uma probabilidade $1 - \delta$, onde δ é um número positivo pequeno.

Em uma variante do modelo de aprendizagem PAC, chamado de *modelo de aprendizagem fraca*, a exigência em aprender um conceito desconhecido é dramaticamente relaxada. Exige-se agora que a máquina de aprendizagem encontre uma hipótese com uma taxa de erro apenas um pouco menor que 1/2. Quando uma hipótese estima um rótulo binário de uma maneira inteiramente aleatória para todos os exemplos, ela pode estar correta ou incorreta com igual probabilidade. Isto é, ela atinge uma taxa de erro de exatamente 1/2. Portanto, isto implica que um modelo de aprendizagem fraca deve ter um desempenho apenas um pouco melhor que uma estimativa aleatória. A noção de aprendizagem fraca foi introduzida por Kearns e Valiant (1989), que propuseram o *problema de reforço da hipótese* que está incorporado na seguinte questão:

As noções de aprendizagem forte e fraca são equivalentes?

Em outras palavras, uma classe de conceito que é aprendida fracamente pode também ser aprendida fortemente? Esta questão, que talvez seja surpreendente, foi respondida afirmativamente por Schapire (1990). A prova apresentada por ele foi construtiva. Especificamente, foi concebido um algoritmo para converter adiante um modelo de aprendizagem fraca em um modelo de aprendizagem forte. Isto foi conseguido através da modificação da distribuição de exemplos de forma que um modelo de aprendizagem forte fosse construído em torno do modelo fraco.

No reforço por filtragem, a máquina de comitê consiste de três especialistas ou subipóteses. O algoritmo usado para treiná-los é chamado de *algoritmo de reforço*. Os três especialistas são rotulados arbitrariamente "primeiro", "segundo" e "terceiro". Os três especialistas são treinados individualmente como apresentado a seguir:

1. O primeiro especialista é treinado com um conjunto consistindo de N_1 exemplos.
2. O primeiro especialista treinado é usado para *filtrar* um outro conjunto de exemplos procedendo da seguinte maneira:

- Jogue uma moeda verdadeira; isto, na verdade, simula uma estimativa aleatória.
- Se o resultado for *cara*, passe novos padrões através do primeiro especialista e descarte os padrões classificados corretamente até que um padrão seja classificado incorretamente. Este padrão classificado incorretamente é adicionado ao conjunto de treinamento para o segundo especialista.
- Se o resultado for *coroa*, faça o oposto. Especificamente, passe novos padrões pelo primeiro especialista e descarte os padrões classificados incorretamente até que um padrão seja classificado corretamente. Este padrão classificado corretamente é adicionado ao conjunto de treinamento para o segundo especialista.
- Continue este processo até que um total de N_1 exemplos tenha sido filtrado pelo primeiro especialista. Este conjunto de exemplos filtrados constitui o conjunto de treinamento para o segundo especialista.

Prosseguindo este procedimento de jogar uma moeda, assegura-se que se o primeiro especialista for testado com o segundo conjunto de exemplos, ele terá uma taxa de erro de 1/2. Em outras palavras, o segundo conjunto de N_1 exemplos disponível para treinar o segundo especialista tem uma distribuição inteiramente diferente do primeiro conjunto de N_1 exemplos usados para treinar o primeiro especialista. Desta forma, o segundo especialista é forçado a aprender uma distribuição diferente daquela aprendida pelo primeiro especialista.

3. Uma vez que o segundo especialista tenha sido treinado do modo usual, um terceiro conjunto de treinamento é formado para o terceiro especialista procedendo da seguinte maneira:
    - Passe um novo padrão tanto através do primeiro como do segundo especialista. Se os dois especialistas concordarem nas suas decisões, descarte aquele padrão. Por outro lado, se discordarem, o padrão é adicionado ao conjunto de treinamento para o terceiro especialista.
    - Continue com este processo até que um total de N_1 exemplos tenha sido filtrado em conjunto pelo primeiro e pelo segundo especialista. Este conjunto de exemplos filtrados em conjunto constitui o conjunto de treinamento para o terceiro especialista.

O terceiro especialista é então treinado do modo usual e com isso completa-se o treinamento de toda a máquina de comitê.

Este procedimento em três etapas é ilustrado na Fig. 7.2.

Considere que N_2 represente o número de exemplos que devem ser filtrados pelo primeiro especialista para obter o conjunto de treinamento de N_1 exemplos para o segundo especialista. Note que N_1 é fixo e N_2 depende da taxa de erro de generalização do primeiro especialista. Considere que N_3 represente o número de exemplos que devem ser filtrados em conjunto pelo primeiro e pelo segundo especialista para obter o conjunto de treinamento de N_1 exemplos para o terceiro especialista. Com N_1 exemplos também necessários para treinar o primeiro especialista, o tamanho total do conjunto de dados necessário para treinar a máquina de comitê inteira é $N_4 = N_1 + N_2 + N_3$. Entretanto, o custo computacional é baseado em $3N_1$ exemplos porque N_1 é o número de exemplos realmente usados para treinar cada um dos três especialistas. Podemos, portanto, dizer que o algoritmo de reforço descrito aqui é realmente "engenhoso" no sentido de que a máquina de comitê requer um conjunto grande de exemplos para sua operação, mas apenas um subconjunto daquele conjunto de dados é realmente usado para realizar o treinamento.

Um outro ponto a se notar é que a operação de filtragem realizada pelo primeiro especialista e a operação de filtragem conjunta realizada pelo primeiro e pelo segundo especialistas faz com que o segundo e o terceiro especialistas, respectivamente, se concentrem nas partes "difíceis de aprender" da distribuição.

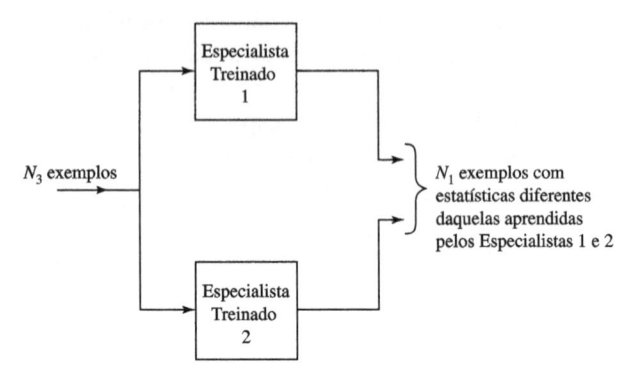

FIGURA 7.2 Ilustração do reforço por filtragem

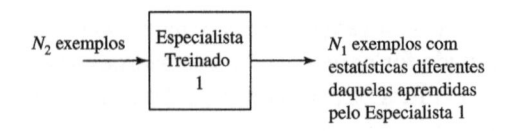

(a) Filtragem de exemplos realizada pelo Especialista 1

(b) Filtragem de exemplos realizada pelo Especialista 2 e 3

Na derivação teórica do algoritmo de reforço originalmente apresentada em Schapire (1990), foi usada *votação* simples para estimar o desempenho da máquina de comitê sobre os padrões de teste, não vistos anteriormente. Especificamente, um padrão de teste é apresentado para a máquina de comitê. Se o primeiro e o segundo especialistas na máquina de comitê concordarem em suas respectivas decisões, este rótulo de classe é usado. Caso contrário, o rótulo de classe descoberto pelo terceiro especialista é usado. Entretanto, no trabalho experimental apresentado por Drucker et al. (1993, 1994), foi determinado que a *adição* das respectivas saídas dos três especialistas produz um melhor desempenho que a votação. Por exemplo, no problema do reconhecimento de um caractere óptico (OCR, *optical character recognition*), a operação de adição é realizada simplesmente adicionando-se as saídas de "dígito 0" dos três especialistas, e analogamente para as outras nove saídas de dígitos.

Suponha que os três especialistas (i.e., subhipóteses) tenham uma taxa de erro $\epsilon < 1/2$ em relação às distribuições com as quais eles foram individualmente treinados; isto é, todos os três são modelos de aprendizagem fraca. Em Schapire (1990), é provado que a taxa de erro global da máquina de comitê é *limitada* por

$$g(\epsilon) = 3\epsilon^2 - 2\epsilon^3 \tag{7.15}$$

O limite $g(\epsilon)$ é traçado em função de ϵ na Fig. 7.3. Desta figura, vemos que o limite é significativamente menor que a taxa de erro original ϵ. Aplicando recursivamente o algoritmo de reforço, a taxa de erro pode ser feita arbitrariamente pequena. Em outras palavras, um modelo de aprendizagem fraca, que tem desempenho apenas um pouco melhor que a estimativa aleatória, é convertido em um modelo de aprendizagem forte. É neste sentido que podemos dizer que a capacidade de aprendizagem forte e a capacidade de aprendizagem fraca são realmente equivalentes.

AdaBoost

Uma limitação prática do reforço por filtragem é que freqüentemente requer uma grande amostra de treinamento. Esta limitação pode ser superada usando-se um outro algoritmo de reforço chamado

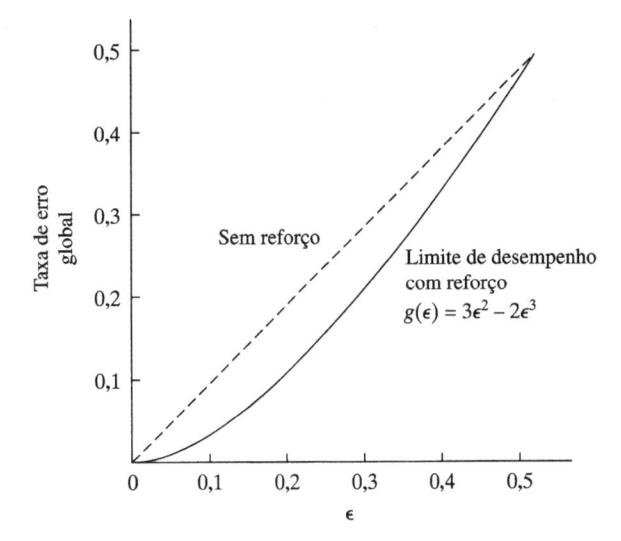

FIGURA 7.3 Gráfico da Eq. (7.15) para o reforço por filtragem

AdaBoost (Freund e Schapire, 1996a, 1996b), que pertence ao reforço por amostragem reduzida. A estrutura de amostragem do AdaBoost é a estrutura natural da aprendizagem por lote; mais importante que isso, permite a reutilização dos dados de treinamento.

Como no caso do algoritmo de reforço por filtragem, o AdaBoost tem acesso a um modelo de aprendizagem fraca. O objetivo do novo algoritmo é encontrar uma função de mapeamento final ou hipótese com baixa taxa de erro em relação a uma dada distribuição $\mathcal{D}$ sobre os exemplos de treinamento rotulados. Ele difere de outros algoritmos de reforço em dois aspectos:

- O AdaBoost se ajusta de forma *adaptativa* em relação aos erros da hipótese fraca retornada pelo modelo de aprendizagem fraca, daí o nome do algoritmo.
- O limite de desempenho do AdaBoost depende apenas do desempenho do modelo de aprendizagem fraca sobre aquelas distribuições que são realmente geradas durante o processo de aprendizagem.

O AdaBoost opera da seguinte forma. Na iteração n, o algoritmo de reforço fornece ao modelo de aprendizagem fraca uma distribuição $\mathcal{D}_n$ da amostra de treinamento $\mathcal{T}$. Em resposta, o modelo de aprendizagem fraca calcula uma hipótese $\mathcal{F}_n: \mathbf{X} \to Y$ que classifica corretamente uma fração dos exemplos de treinamento. O erro é medido em relação à distribuição $\mathcal{D}_n$. O processo continua por T iterações, e finalmente a máquina de reforço combina as hipóteses $\mathcal{F}_1, \mathcal{F}_2, ..., \mathcal{F}_T$ em uma única hipótese final $\mathcal{F}_{fim}$.

Para calcular (1) a distribuição $\mathcal{D}_n$ na iteração n e (2) a hipótese final $\mathcal{F}_{fim}$, é utilizado o procedimento simples resumido na Tabela 7.2. A distribuição inicial $\mathcal{D}_1$ é uniforme sobre a amostra de treinamento $\mathcal{T}$, como mostrado por

$$\mathcal{D}_1(i) = \frac{1}{n} \quad \text{para todo } i$$

Dada a distribuição $\mathcal{D}_n$ e a hipótese fraca $\mathcal{F}_n$ na iteração n do algoritmo, a próxima distribuição $\mathcal{D}_{n+1}$ é calculada multiplicando-se o peso do exemplo i por um número $\beta_n \in [0, 1)$, se $\mathcal{F}_n$ classifica corretamente o vetor de entrada $\mathbf{x}_i$; caso contrário, o peso permanece inalterado. Os pesos são então normalizados novamente dividindo-os pela constante de normalização Z_n. Na realidade, são atribuídos pesos pequenos para os exemplos "fáceis" do conjunto de treinamento $\mathcal{T}$, que são corretamente classificados por muitas das hipótese fracas anteriores, enquanto que os exemplos "difíceis" que

TABELA 7.2 Resumo do AdaBoost

Entrada: Amostra de treinamento $\{(\mathbf{x}_i, d_i)\}_{i=1}^{N}$,
Distribuição $\mathcal{D}$ sobre os N exemplos rotulados
Modelo de aprendizagem fraca
Inteiro T especificando o número de iterações do algoritmo

Inicialização: Faça $\mathcal{D}_1(i) = 1/N$ para todo i
Computação: Faça o seguinte para $n = 1, 2,..., T$:
1. Chame o modelo de aprendizagem fraca, fornecendo-lhe a distribuição $\mathcal{D}_n$
2. Retorne a hipótese $\mathcal{F}_n : \mathbf{X} \to Y$
3. Calcule o erro da hipótese $\mathcal{F}_n$:

$$\epsilon_n = \sum_{i:\mathcal{F}_n(\mathbf{x}_i) \neq d_i} \mathcal{D}_n(i)$$

4. Faça $\beta_n = \dfrac{\epsilon_n}{1 - \epsilon_n}$
5. Atualize a distribuição $\mathcal{D}_n$:

$$\mathcal{D}_{n+1}(i) = \frac{\mathcal{D}_n(i)}{Z_n} \times \begin{cases} \beta_n & \text{se } \mathcal{F}_n(\mathbf{x}_i) = d_i \\ 1 & \text{caso contrário} \end{cases}$$

onde Z_n é uma constante de normalização (escolhida de modo que $\mathcal{D}_{n+1}(i)$ seja uma distribuição de probabilidade).

Saída: A hipótese final é

$$\mathcal{F}_n(\mathbf{x}) = \arg\max_{d \in \mathcal{D}} \sum_{n:\mathcal{F}_n(\mathbf{x})=d} \log \frac{1}{\beta_n}$$

são freqüentemente classificados incorretamente recebem pesos grandes. Assim, o algoritmo AdaBoost concentra a maioria dos pesos naqueles exemplos que parecem ser mais difíceis de classificar.

Quanto à hipótese final $\mathcal{F}_{fim}$, é calculada por uma votação ponderada (i.e., um limiar linear ponderado) das hipóteses fracas $\mathcal{F}_1, \mathcal{F}_2,..., \mathcal{F}_T$. Isto é, para um dado vetor de entrada $\mathbf{x}$, a hipótese final $\mathcal{F}_{fim}$ fornece o rótulo d que maximiza a soma dos pesos das hipóteses fracas que prevêem aquele rótulo. O peso da hipótese $\mathcal{F}_n$ é definido como $\log(1/\beta_n)$, de forma que são atribuídos pesos maiores a hipóteses com erros menores.

A importante propriedade teórica do AdaBoost é formulada no seguinte teorema (Freund e Schapire, 1996a):

Suponha que o modelo de aprendizagem fraca, quando chamado pelo AdaBoost, gere hipóteses com erros $\epsilon_1, \epsilon_2,..., \epsilon_T$, onde o erro ϵ_n na iteração n do algoritmo AdaBoost é definido por

$$\epsilon_n = \sum_{i:\mathcal{F}_n(\mathbf{x}_i) \neq d_i} \mathcal{D}_n(i)$$

Assuma que $\epsilon_n \leq 1/2$, e seja $\gamma_n = 1/2 - \epsilon_n$. Então, vale o seguinte limite superior para o erro das hipóteses finais:

$$\frac{1}{N}\left|\{i: \mathcal{F}_{\text{fim}}(\mathbf{x}_i) \neq d_i\}\right| \leq \prod_{n=1}^{T}\sqrt{1-4\gamma_n^2} \leq \exp\left(-2\sum_{n=1}^{T}\gamma_n^2\right) \qquad (7.16)$$

Este teorema mostra que se a hipótese construída pelo modelo de aprendizagem fraca tiver de forma consistente erro apenas um pouco melhor que 1/2, então o erro de treinamento da hipótese final $\mathcal{F}_{\text{fim}}$ cai a zero exponencialmente com o tempo. Entretanto, isto não significa que o erro de generalização sobre os dados de teste seja necessariamente pequeno. Experimentos apresentados em Freund e Schapire (1996a) indicam duas coisas. Primeiro, o limite teórico do erro de treinamento é freqüentemente fraco. Segundo, o erro de generalização tende a ser muito melhor que aquele que a teoria sugere.

A Tabela 7.2 apresenta um resumo do AdaBoost para um problema de classificação binário.

Quando o número de classes possíveis (rótulos) é $M > 2$, o problema de reforço se torna mais intrincado porque a probabilidade que a estimativa aleatória dê o rótulo correto é $1/M$, que é agora menor que 1/2. Para o reforço ser capaz de usar uma hipótese que seja um pouco melhor que a estimativa aleatória nesta situação, precisamos modificar de alguma forma o algoritmo e a definição do que significa um algoritmo de "aprendizagem fraca". Em Freund e Schapire (1997) e Schapire (1997) são descritos modos de invocar esta modificação.

Desempenho de Erro

Experimentos com o AdaBoost relatados em Breiman (1996b) mostram que quando o erro de treinamento e o erro de teste são traçados como uma função do número de iterações de reforço, freqüentemente observamos que o erro de teste continua a decrescer após o erro de treinamento ter sido reduzido a zero. Este fenômeno está ilustrado na Fig. 7.4. Um resultado similar foi relatado anteriormente por Drucker et al. para o reforço por filtragem.

O fenômeno mostrado na Fig. 7.4 é muito surpreendente em relação ao que sabemos sobre o desempenho de generalização de uma única rede neural. Do Capítulo 4 lembramos que no caso de um perceptron de múltiplas camadas treinado com o algoritmo de retropropagação, o erro sobre os dados de teste (validação) decresce, alcança um mínimo e então aumenta devido ao treinamento excessivo; veja Fig. 4.20. O comportamento mostrado na Fig. 7.4 é bastante diferente, pois quando as redes se tornam cada vez mais complexas através do aumento do treinamento, o erro de generalização continua a decrescer. Este fenômeno parece contradizer a *navalha de Occam*, que afirma que uma máquina de aprendizagem deve ser tão simples quanto possível para alcançar um bom desempenho de generalização.

Em Schapire et al (1997), é dada uma explicação para este fenômeno em relação ao AdaBoost. A idéia-chave da análise ali apresentada é que na avaliação do erro de generalização produzido por uma máquina de reforço, não apenas o erro de treinamento deve ser considerado, mas também a *confiança* das classificações. A análise apresentada revela uma relação entre máquinas de reforço e máquinas de vetor de suporte; as máquinas de vetor de suporte são consideradas no capítulo anterior. Em particular, a *margem* de classificação, por exemplo, é definida como a diferença entre o peso atribuído ao rótulo correto relativo àquele exemplo e o peso máximo atribuído a qualquer rótulo único incorreto. Desta definição, é fácil ver que a margem é um número no intervalo [−1, 1] e que um exemplo é classificado corretamente se e somente se a sua margem for positiva. Assim, Schapire et al. mostram que o fenômeno observado na Fig. 7.4 está de fato relacionado com a distribuição das margens dos exemplos de treinamento em relação ao erro de classificação gerado por votação. Deve

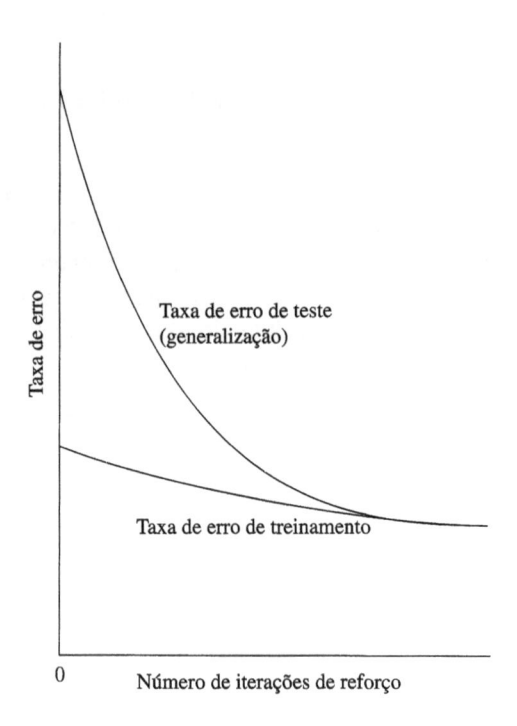

FIGURA 7.4 Desempenho de erro conceitual do algoritmo AdaBoost

ser novamente enfatizado que a análise de margem apresentada em Schapire et al. (1997) é específica para o AdaBoost e não se aplica a outros algoritmos de reforço.

7.5 EXPERIMENTO COMPUTACIONAL II

Neste experimento, exploramos o algoritmo de reforço por filtragem para resolver uma tarefa de classificação de padrões razoavelmente difícil. O problema de classificação é bidimensional, envolvendo regiões de decisão não-convexas, como mostrado na Fig. 7.5. Uma classe de padrões consiste de pontos de dados que se encontram dentro da região rotulada como $\mathscr{C}_1$ e a outra classe de padrões consiste de pontos de dados dentro da região rotulada como $\mathscr{C}_2$. O objetivo é projetar uma máquina de comitê que decida se um padrão de teste pertence à classe $\mathscr{C}_1$ ou à classe $\mathscr{C}_2$.

A máquina de comitê usada para solucionar este problema consiste de três especialistas. Cada especialista consiste de um perceptron de múltiplas camadas 2-5-2 que tem dois nós de entrada, cinco neurônios ocultos e dois neurônios de saída. Foi usado o algoritmo de retropropagação para realizar o treinamento. A Figura 7.6 mostra gráficos de espalhamento dos dados usados para treinar os três especialistas. Os dados mostrados na Fig. 7.6a foram usados para treinar o especialista 1. Os dados mostrados na Fig. 7.6b foram filtrados pelo especialista 1 após seu treinamento estar concluído; este conjunto de dados foi usado para treinar o especialista 2. Os dados mostrados na Fig. 7.6c foram filtrados pela ação combinada dos especialistas 1 e 2; este conjunto de dados foi usado para treinar o especialista 3. O tamanho da amostra de treinamento para cada especialista foi $N_1 = 1000$ padrões. Examinando estas três figuras, observamos que:

- Os dados de treinamento para o especialista 1 na Fig. 7.6a são uniformemente distribuídos.
- Os dados de treinamento para o especialista 2 na Fig. 7.6b exibem concentrações de pontos de dados nas áreas A e B que são aparentemente difíceis de serem classificados pelo primei-

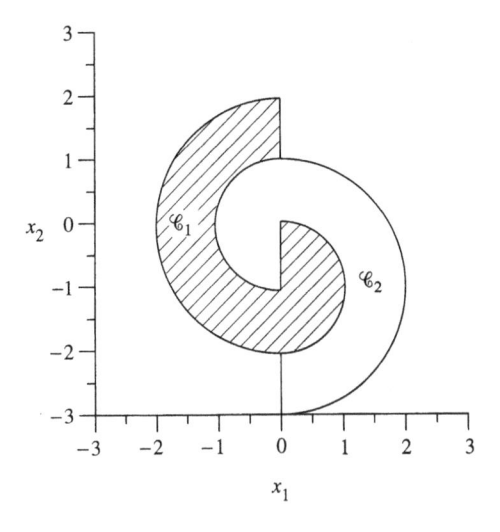

FIGURA 7.5 Configurações de padrões para o experimento sobre reforço

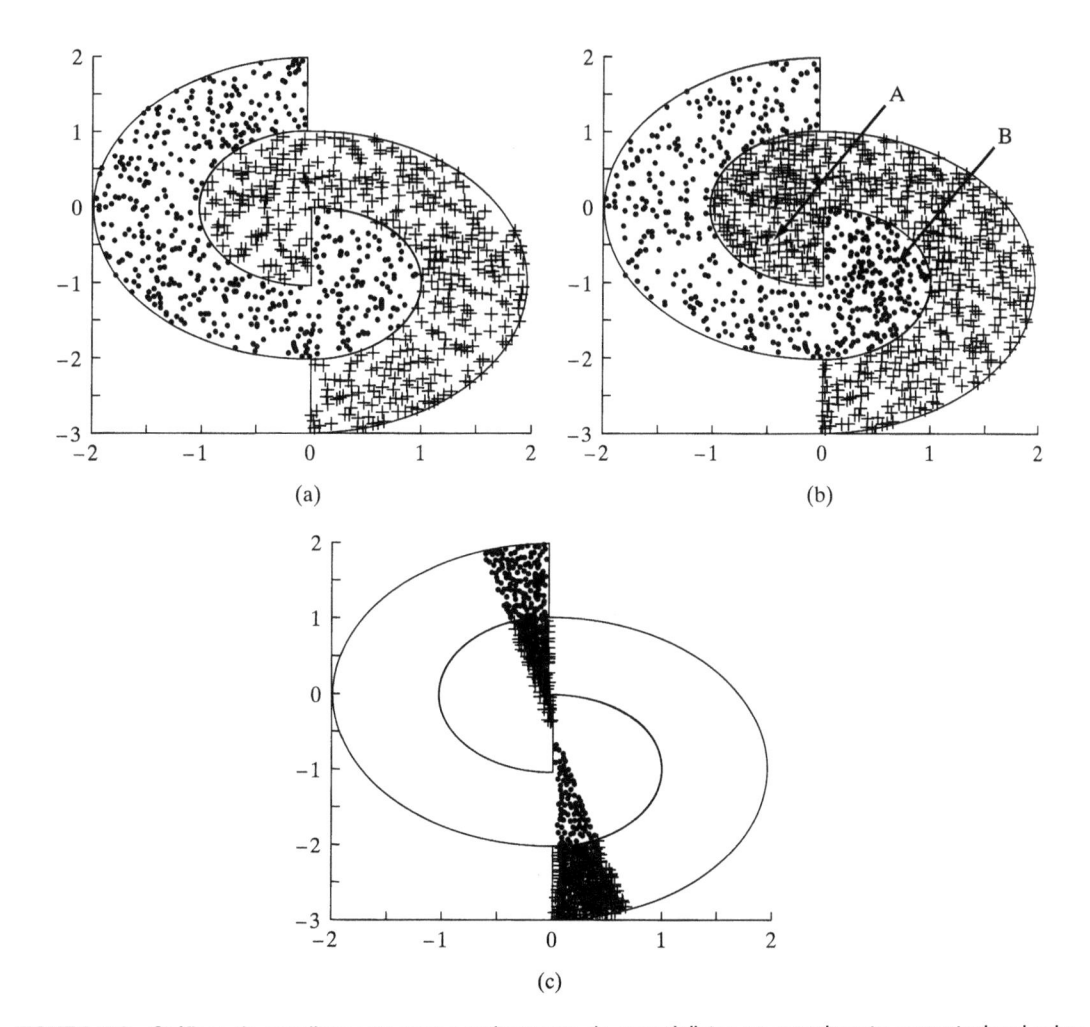

FIGURA 7.6 Gráficos de espalhamento para o treinamento de especialistas no experimento computacional sobre reforço: (a) Especialista 1. (b) Especialista 2. (c) Especialista 3

ro especialista. O número de pontos de dados nestas duas regiões é igual ao número dos pontos classificados corretamente.
- Os dados de treinamento para o especialista 3 na Fig. 7.6c exibem uma concentração ainda maior de pontos de dados aparentemente difíceis de serem classificados por ambos os especialistas 1 e 2.

As Figuras 7.7a, 7.7b e 7.7c mostram as fronteiras de decisão formadas pelos especialistas 1, 2 e 3, respectivamente. A Figura 7.7d mostra a fronteira de decisão global formada pela ação combinada de todos os três especialistas, que é obtida simplesmente pela soma de suas saídas individuais. Note que a diferença entre as regiões de decisão das figs. 7.7a e 7.7b relativas aos especialistas 1 e 2 define a distribuição de pontos de dados da Fig. 7.6c usada para treinar o especialista 3.

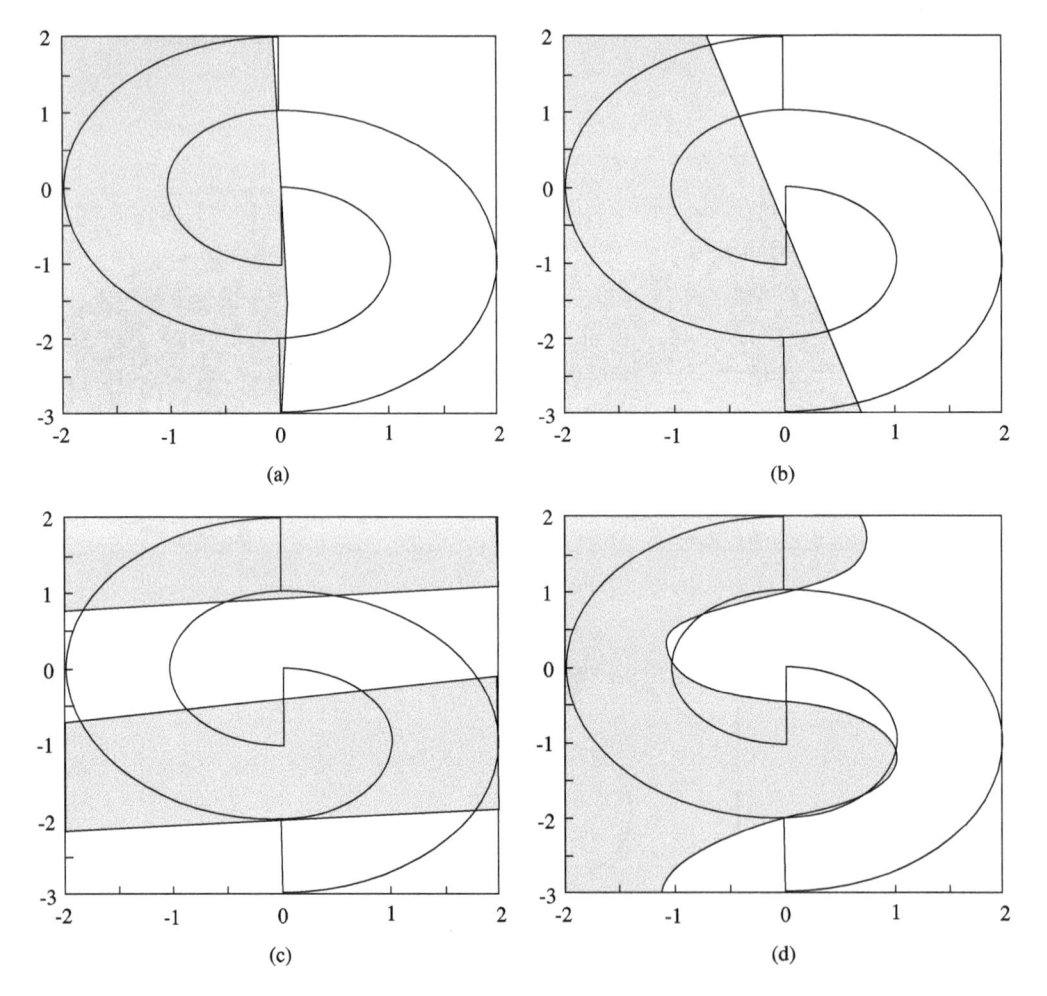

FIGURA 7.7 Fronteiras de decisão formadas pelos diferentes especialistas no experimento sobre reforço. (a) Especialista 1. (b) Especialista 2. (c) Especialista 3. (d) Máquina de comitê inteira

As probabilidades de classificação correta para os três especialistas sobre os dados de teste foram:

Especialista 1: 75,15 por cento
Especialista 2: 71,44 por cento
Especialista 3: 68,90 por cento

A probabilidade global de classificação correta para a máquina de comitê inteira foi de 91,79 por cento, que foi calculada usando 32.000 padrões de dados de teste. A fronteira de decisão global construída pelo algoritmo de reforço para os três especialistas mostrada na Fig. 7.7d é uma evidência a mais deste bom desempenho de classificação.

7.6 MODELO DE MISTURA GAUSSIANO ASSOCIATIVO

Na segunda parte do capítulo, começando com esta seção, estudamos a segunda classe de máquinas de comitê, ou seja as estruturas dinâmicas. O termo "dinâmica" é usado aqui no sentido de que a integração do conhecimento adquirido pelos especialistas é realizada sob a ação do sinal de entrada.

Para começar a discussão, considere uma rede modular na qual o processo de aprendizagem acontece fundindo de um modo suave as formas auto-organizada e supervisionada. Os especialistas tecnicamente realizam aprendizagem supervisionada na medida em que as suas saídas individuais são combinadas para modelar a resposta desejada. Percebe-se, entretanto, que os especialistas estão também realizando aprendizagem auto-organizada: isto é, eles se auto-organizam para encontrar um boa partição do espaço de entrada de modo que cada especialista modele bem seu próprio subespaço, e como grupo modelam bem o espaço de entrada.

No esquema de aprendizagem recém-descrito, há um ponto de afastamento dos esquemas considerados nos três capítulos anteriores no qual se assume um modelo específico para a geração de dados de treinamento.

Modelo Probabilístico de Geração

Para fixar as idéias, considere um problema de *regressão* no qual um vetor de regressão $\mathbf{x}$ produz uma resposta representada pela variável aleatória D; uma realização desta variável aleatória é representada por d. Sem perda de generalidade, adotamos uma forma escalar de regressão, meramente para simplificar a apresentação. Especificamente, assumimos que a geração da resposta d é governada pelo seguinte modelo probabilístico (Jordan e Jacobs, 1995):

1. Um vetor de entrada $\mathbf{x}$ é escolhido aleatoriamente de uma distribuição prévia.
2. Uma regra particular, digamos a regra k, é selecionada de acordo com a probabilidade condicional $P(k|\mathbf{x}, \mathbf{a}^{(0)})$, dado $\mathbf{x}$ e um vetor de parâmetros $\mathbf{a}^{(0)}$.
3. Para a regra k, $k = 1, 2,..., K$, a resposta do modelo d é linear em $\mathbf{x}$, com um erro aditivo ϵ_k modelado como uma variável aleatória com distribuição gaussiana com média zero e variância unitária:

$$E[\epsilon_k] = 0 \text{ para todo } k \quad (7.17)$$

e

$$\text{var}[\epsilon_k] = 1 \text{ para todo } k \quad (7.18)$$

Em relação ao ponto 3, a suposição da variância unitária é feita apenas por simplicidade didática. Em geral, cada especialista tem uma variância de saída diferente que pode ser aprendida dos dados de treinamento.

A geração probabilística de D é determinada pela probabilidade condicional $P(D = d \mid \mathbf{x}, \mathbf{w}_k^{(0)})$ dado $\mathbf{x}$ e um vetor de parâmetros $\mathbf{w}_k^{(0)}$, para $k = 1, 2, ..., K$. Não exigimos que o modelo probabilístico de geração aqui descrito deva ter uma correspondência direta com uma realidade física. Em vez disso, apenas exigimos que as decisões probabilísticas incorporadas nele representem um modelo *abstrato*, o qual com precisão incremental especifique a localização da *média condicional da resposta d em uma variedade não-linear* que relaciona o vetor de entrada à saída média (Jordan, 1994).

De acordo com este modelo, a resposta D pode ser gerada de K diferentes modos, correspondendo às K escolhas do rótulo k. Assim, a probabilidade condicional de gerar a resposta $D = d$, dado o vetor de entrada $\mathbf{x}$, é igual a

$$P(D = d \mid \mathbf{x}, \mathbf{\theta}^{(0)}) = \sum_{k=1}^{K} P(D = d \mid \mathbf{x}, \mathbf{w}_k^{(0)}) P(k \mid \mathbf{x}, \mathbf{a}^{(0)}) \qquad (7.19)$$

onde $\mathbf{\theta}^{(0)}$ é o *vetor de parâmetros do modelo de geração* representando a combinação de $\mathbf{a}^{(0)}$ e $\left\{ \mathbf{w}_k^{(0)} \right\}_{k=1}^{K}$. O índice 0 em $\mathbf{a}^{(0)}$ e $\mathbf{w}_k^{(0)}$ é usado para distinguir os parâmetros do modelo de geração daqueles do modelo de mistura de especialistas, considerado a seguir.

Modelo de Mistura de Especialistas

Considere a configuração de rede da Fig. 7.8, referida como um *modelo de mistura de especialistas (ME)*.[4] Especificamente, consiste de K módulos supervisionados chamados de *redes de especialistas* ou simplesmente *especialistas*, e de uma unidade integradora chamada de *rede de passagem* que desempenha a função de um mediador entre as redes de especialistas. Assume-se aqui que os diferentes especialistas funcionam melhor em regiões diferentes do espaço de entrada de acordo com o modelo probabilístico de geração descrito, por isso a necessidade da rede de passagem.

Como se assumiu que o problema de regressão é escalar, cada rede especialista consiste de um filtro linear. A Fig. 7.9 mostra o grafo de fluxo de sinal de um único neurônio que constitui o especialista k. Assim, a saída produzida pelo especialista k é o produto interno do vetor de entrada $\mathbf{x}$ e o vetor peso sináptico $\mathbf{w}_k$ deste neurônio, como mostrado por

$$y_k = \mathbf{w}_k^T \mathbf{x}, \quad k = 1, 2, ..., K \qquad (7.20)$$

A rede de passagem consiste de uma única camada de K neurônios, com cada neurônio atribuído a um especialista específico. A Figura 7.10a mostra o grafo arquitetural da rede de passagem e a Fig. 7.10b mostra o grafo de fluxo de sinal do neurônio k daquela rede. Ao contrário dos especialistas, os neurônios da rede de passagem são não-lineares, com suas funções de ativação definidas por

$$g_k = \frac{\exp(u_k)}{\sum_{j=1}^{K} \exp(u_j)}, \quad k = 1, 2, ..., K \qquad (7.21)$$

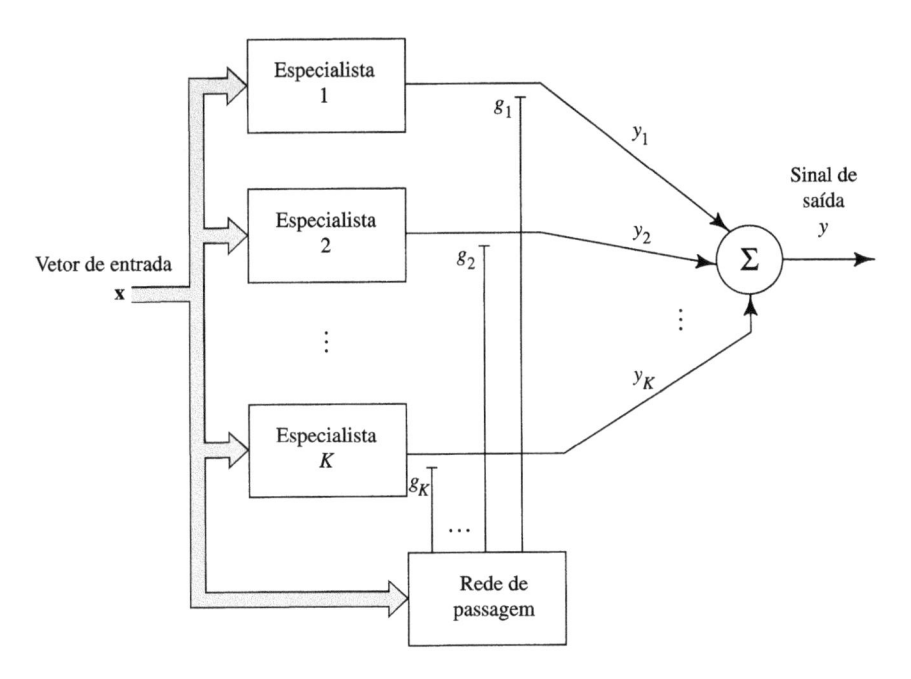

FIGURA 7.8 Diagrama em blocos do modelo ME; as saídas escalares dos especialistas são mediadas por uma rede de passagem

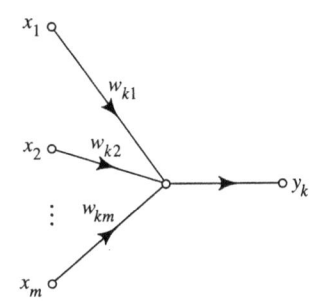

FIGURA 7.9 Grafo de fluxo de sinal de um único neurônio linear que constitui o especialista k

onde u_k é o produto interno do vetor de entrada $\mathbf{x}$ pelo vetor peso sináptico $\mathbf{a}_k$; isto é,

$$u_k = \mathbf{a}_k^T \mathbf{x}, \quad k = 1, 2, ..., K \tag{7.22}$$

A transformação exponencial "normalizada" da Eq. (7.21) pode ser vista como uma generalização da função logística para múltiplas entradas. Ela preserva a ordem hierárquica dos seus valores de entrada e é uma generalização diferenciável da operação "o vencedor leva tudo" de escolha do valor máximo. Por esta razão, a função de ativação da Eq. (7.21) é referida como *softmax* (Bridle, 1990a). Note que a dependência linear de u_k em relação à entrada $\mathbf{x}$ torna as saídas da rede de passagem funções não-lineares de $\mathbf{x}$.

Para uma interpretação probabilística do papel da rede de passagem, podemos vê-la como um "classificador" que mapeia o vetor de entrada $\mathbf{x}$ em *probabilidades multinomiais* de modo que os diferentes especialistas serão capazes de encontrar a resposta desejada (Jordan e Jacobs, 1995).

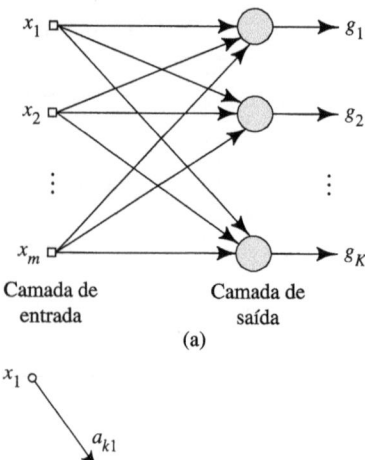

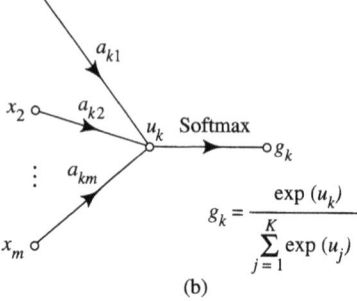

FIGURA 7.10 (a) Camada única de neurônios softmax para a rede de passagem. (b) Grafo de fluxo de sinal de um neurônio softmax

Mais importante que isso é o fato de que o uso do softmax como a função de ativação para a rede de passagem assegura que estas probabilidades satisfazem as seguintes exigências:

$$0 \leq g_k \leq 1 \text{ para todo } k \tag{7.23}$$

e

$$\sum_{k=1}^{K} g_k = 1 \tag{7.24}$$

Considere que y_k represente a saída do especialista k em resposta ao vetor de entrada **x**. A saída global do modelo ME é

$$y = \sum_{k=1}^{K} g_k y_k \tag{7.25}$$

onde, como salientado anteriormente, g_k é uma função não-linear de **x**. Dado que a regra k do modelo probabilístico seja selecionada e que a entrada seja **x**, uma saída individual y_k é tratada como a média condicional da variável aleatória D, como mostrado por

$$\begin{aligned} E[D|\mathbf{x},k] &= y_k \\ &= \mathbf{w}_k^T \mathbf{x}, \quad k = 1, 2, \ldots, K \end{aligned} \tag{7.26}$$

Com μ_k representando a média condicional de D, podemos escrever

$$\mu_k = y_k \quad k = 1, 2, \ldots, K \tag{7.27}$$

A variância de D é a mesma do erro ϵ_k. Assim, invocando o uso da Eq. (7.18), podemos escrever

$$\text{var}[D \mid \mathbf{x}, k] = 1, \quad k = 1, 2, \ldots, K \tag{7.28}$$

Dado o vetor de entrada $\mathbf{x}$ e dado que a regra k do modelo probabilístico de geração (i.e., o especialista k) seja selecionada, a função de densidade de probabilidade de D pode, portanto, ser descrita como:

$$f_D(d \mid \mathbf{x}, k, \boldsymbol{\theta}) = \frac{1}{\sqrt{2\pi}} \exp\left(-\frac{1}{2}(d - y_k)^2\right), \quad k = 1, 2, \ldots, K \tag{7.29}$$

onde $\boldsymbol{\theta}$ é um vetor parâmetro que representa os parâmetros tanto da rede de passagem como dos especialistas do modelo ME. A função densidade de probabilidade de D, dado $\mathbf{x}$, é a *mistura* das funções de densidade de probabilidade $\{f_D(d \mid \mathbf{x}, k, \boldsymbol{\theta})\}_{k=1}^{K}$, com os parâmetros de mistura sendo as probabilidades multinomiais determinadas pela rede de passagem. Podemos então escrever

$$\begin{aligned} f_D(d \mid \mathbf{x}, \boldsymbol{\theta}) &= \sum_{k=1}^{K} g_k f_D(d \mid \mathbf{x}, k, \boldsymbol{\theta}) \\ &= \frac{1}{\sqrt{2\pi}} \sum_{k=1}^{K} g_k \exp\left(-\frac{1}{2}(d - y_k)^2\right) \end{aligned} \tag{7.30}$$

A distribuição de probabilidade da Eq. (7.30) é denominada um *modelo de mistura gaussiano associativo*. A sua contrapartida não-associativa é o modelo de mistura gaussiano tradicional (Titterington et al., 1985; McLachlan e Basford, 1988), que é descrito brevemente no Capítulo 5. Um modelo associativo difere de um modelo não-associativo pelo fato de que as médias condicionais μ_k e os parâmetros de mistura g_k *não* são fixos; em vez disso, todos eles são funções do vetor de entrada $\mathbf{x}$. O modelo de mistura gaussiano da Eq. (7.30) pode assim ser visto como uma generalização do modelo de mistura gaussiano tradicional.

Os aspectos importantes do modelo ME mostrado na Fig. 7.8, assumindo que esteja adequadamente sintonizado através de treinamento, são:

1. A saída y_k do especialista k fornece uma estimativa da média condicional da variável aleatória que representa a resposta desejada D, dado $\mathbf{x}$ e dado que a regra k do modelo probabilístico de geração seja válida.
2. A saída g_k da rede de passagem define a probabilidade multinomial que a saída do especialista k coincida com o valor $D = d$, baseado no conhecimento ganho somente de $\mathbf{x}$.

Trabalhando com a distribuição de probabilidade da Eq. (7.30) e dada a amostra de treinamento $\{(\mathbf{x}_i, d_i)\}_{i=1}^{N}$, o problema é *aprender* as médias condicionais $\mu_k = y_k$ e os parâmetros de mistura g_k, $k = 1, 2, \ldots, K$, de um modo ótimo, de forma que $f_D(d \mid \mathbf{x}, \boldsymbol{\theta})$ forneça uma boa estimativa da função de densidade de probabilidade relativa ao ambiente responsável pela geração dos dados de treinamento.

Exemplo 7.1 Superfície de Regressão

Considere um modelo ME com dois especialistas e uma rede de passagem com duas saídas representadas por g_1 e g_2. A saída g_1 é definida por (veja a Eq. (7.21))

$$g_1 = \frac{\exp(u_1)}{\exp(u_1) + \exp(u_2)}$$
$$= \frac{1}{1 + \exp(-(u_1 - u_2))} \quad (7.31)$$

Considere que $\mathbf{a}_1$ e $\mathbf{a}_2$ representem dois vetores de pesos da rede de passagem. Podemos então escrever

$$u_k = \mathbf{x}^T \mathbf{a}_k, \; k = 1, 2$$

e com isso rescrever a Eq. (7.31) como:

$$g_1 = \frac{1}{1 + \exp(-\mathbf{x}^T(\mathbf{a}_1 - \mathbf{a}_2))} \quad (7.32)$$

A outra saída g_2 da rede de passagem é

$$g_2 = 1 - g_1$$
$$= \frac{1}{1 + \exp(-\mathbf{x}^T(\mathbf{a}_2 - \mathbf{a}_1))}$$

Assim, g_1 e g_2 têm a forma de uma função logística, mas com uma diferença. A orientação de g_1 é determinada pela direção do vetor diferença $(\mathbf{a}_1 - \mathbf{a}_2)$, enquanto que a orientação de g_2 é determinada pelo vetor diferença $(\mathbf{a}_2 - \mathbf{a}_1)$, que é o negativo daquele para a porta g_1. Ao longo da *aresta* definida por $\mathbf{a}_1 = \mathbf{a}_2$, temos $g_1 = g_2 = 1/2$, e os dois especialistas contribuem igualmente para a saída do modelo ME. Longe da aresta, um dos dois especialistas assume o papel dominante.

∎

7.7 MODELO DE MISTURA HIERÁRQUICA DE ESPECIALISTAS

O modelo ME da Fig. 7.8 funciona dividindo-se o espaço de entrada em diferentes subespaços, com uma única rede de passagem responsável pela distribuição da informação (extraída dos dados de treinamento) para os vários especialistas. O *modelo de mistura hierárquica de especialistas (MHE)*, ilustrado na Fig. 7.11, é uma extensão natural do modelo ME. A ilustração é para um modelo MHE de quatro especialistas. A arquitetura do modelo MHE é similar a uma *árvore*, na qual as redes de passagem estão em vários pontos não-terminais da árvore e os especialistas se encontram nas folhas da árvore. O modelo MHE se diferencia do modelo ME na medida em que o espaço de entrada é dividido em conjuntos *aninhados* de subespaços, com a informação sendo combinada e redistribuída

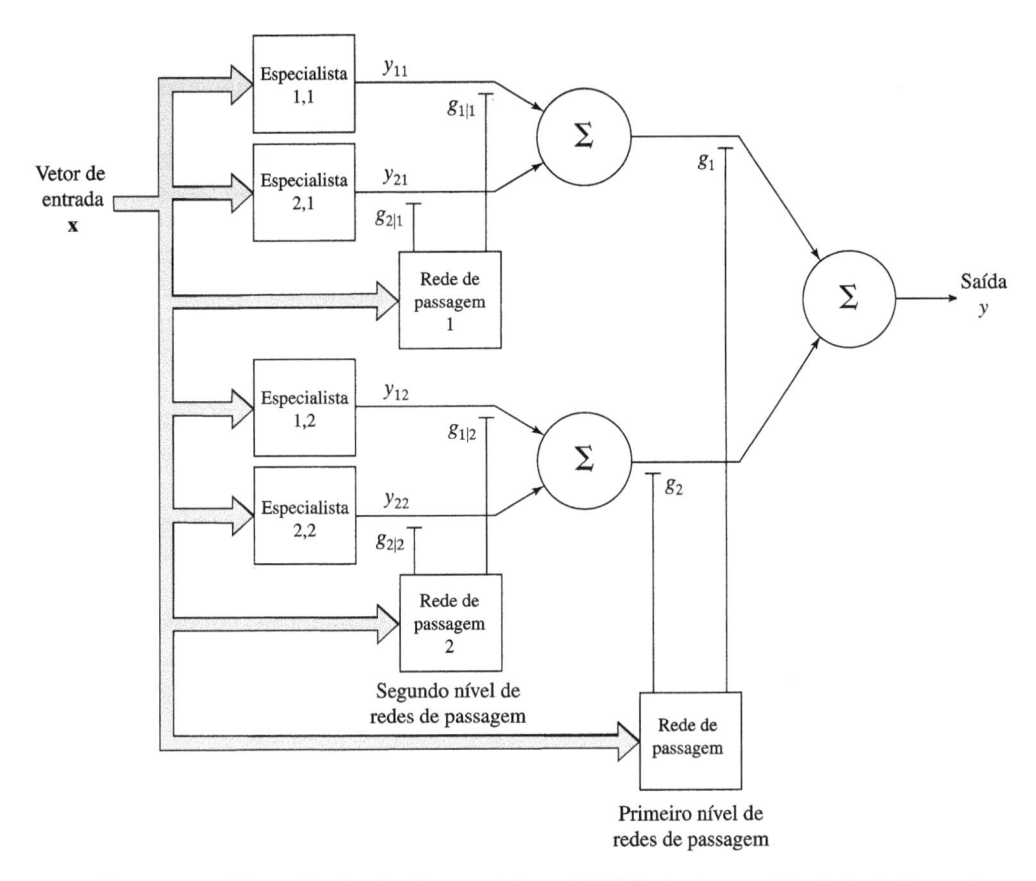

FIGURA 7.11 Mistura hierárquica de especialistas (MHE) ilustrada para dois níveis de hierarquia

entre os especialistas sob o controle de várias redes de passagem arranjadas em uma forma *hierárquica*.

O modelo MHE da Fig. 7.11 tem dois *níveis de hierarquia* ou duas *camadas de redes de passagem*. Continuando com a aplicação do princípio de dividir e conquistar em uma forma similar à ilustrada, podemos construir um modelo MHE com qualquer número de níveis de hierarquia. Note que, de acordo com a convenção descrita na Fig. 7.11, a em umeração dos *níveis* de passagem começa do nó de saída da árvore.

A formulação do modelo MHE da Fig. 7.11 pode ser vista de dois modos (Jordan, 1994):

1. *O modelo MHE é um produto da estratégia de dividir e conquistar.* Se acreditamos que essa é uma boa estratégia para dividir o espaço de entrada em regiões, então também é uma estratégia igualmente boa para dividir cada uma daquelas regiões em sub-regiões. Podemos continuar recursivamente deste modo até alcançarmos um estágio onde a complexidade das superfícies aproximativas seja um bom ajuste para a complexidade "local" dos dados de treinamento. O modelo MHE deve, portanto, ter um desempenho pelo menos tão bom ou freqüentemente melhor que o do modelo ME pelas seguintes razões: uma rede de passagem de nível mais alto no modelo MHE combina efetivamente a informação e a redistribui para os especialistas na subárvore particular controlada pela rede de passagem. Conseqüentemente, cada parâmetro da subárvore em questão compartilha sua força com outros parâmetros contidos na mesma subárvore, contribuindo assim para uma possível melhora do desempenho global do modelo MHE.

2. *O modelo MHE é uma árvore de decisão suave.* De acordo com este segundo ponto de vista, a mistura de especialistas é apenas uma árvore de decisão de um nível, algumas vezes referida como uma *decisão de toco*. Em uma configuração mais geral, o modelo MHE é visto como a estrutura probabilística para uma árvore de decisão, com o nó de saída do modelo MHE referido como a *raiz* da árvore. A metodologia de uma árvore de decisão *padrão* constrói uma árvore que leva a decisões *abruptas* (p.ex., sim-não) em regiões diferentes do espaço de entrada. Isto contrasta com as decisões suaves realizadas por um modelo MHE. Conseqüentemente, o modelo MHE pode superar o desempenho da árvore de decisão padrão por duas razões:
   - Uma decisão abrupta resulta inevitavelmente em perda de informação, enquanto que uma decisão suave tenta preservar informação. Uma decisão binária suave, por exemplo, carrega informação sobre a distância até a fronteira de decisão (i.e., o ponto em que uma decisão é 0,5), enquanto que uma decisão abrupta não pode fazê-lo. Podemos, portanto, dizer que ao contrário da árvore de decisão padrão, o modelo MHE adere à *regra de preservação de informação*. Esta regra empírica afirma que o conteúdo de informação de um sinal de entrada deve ser preservado de uma maneira eficiente do ponto de vista computacional até que o sistema esteja pronto para a tomada de decisão final ou a estimação de parâmetros final (Haykin, 1996).
   - As árvores de decisão padrão sofrem de um problema de *gula*. Uma vez que uma decisão é tomada em uma árvore assim, ela é congelada e não muda mais. O modelo MHE reduz o problema de gula porque as decisões tomadas através da árvore são continuamente alteradas. Ao contrário da árvore de decisão padrão, no modelo MHE *é* possível se recuperar de uma decisão pobre em algum ponto mais adiante na árvore.

O segundo ponto de vista, isto é, uma árvore de decisão suave, é o modo preferível de como se deve considerar um modelo MHE. Com o MHE visto como a base probabilística para uma árvore de decisão, ele nos permite calcular uma probabilidade para qualquer conjunto de dados especificado e maximizar esta probabilidade em relação aos parâmetros que determinam as divisões entre as várias regiões do espaço de entrada. Assim, com base no que já sabemos sobre as árvores de decisão padrão, podemos ter uma solução prática para o problema de seleção de modelo como discutido na próxima seção.

7.8 SELEÇÃO DE MODELO USANDO UMA ÁRVORE DE DECISÃO PADRÃO

Como acontece com todas as outras redes neurais, uma solução satisfatória para o problema da estimação de parâmetros depende da seleção de um modelo adequado para o problema tratado. No caso de um modelo MHE, a seleção do modelo envolve a escolha do número de nós de decisão e da sua disposição na árvore. Uma solução prática para este problema de seleção de modelo particular é executar um algoritmo de árvore de decisão padrão com os dados de treinamento e adotar a árvore assim obtida, como o passo de inicialização para o algoritmo de aprendizagem usado para determinar os parâmetros do modelo MHE (Jordan, 1994).

O modelo MHE tem claras semelhanças com as árvores de decisão padrão, tais como a *árvore de classificação e regressão* (CART, *classification and regression tree*) proposta por Breiman et al. (1984). A Figura 7.12 mostra um exemplo de CART, onde o espaço dos dados de entrada, $\mathcal{X}$ é repetidamente particionado por uma seqüência de *divisões* em *nós terminais*. Comparando as Figuras 7.12 e 7.11, vemos facilmente as seguintes semelhanças entre a CART e o MHE:

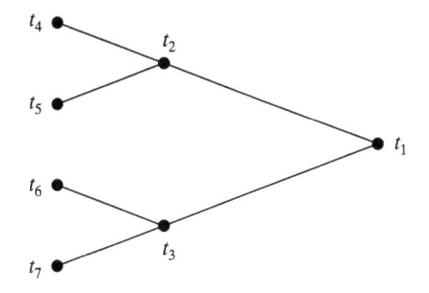

FIGURA 7.12 Árvore de decisão binária, descrita como segue:
- Nós t_2 e t_3 são *descendentes* do nó t_1.
- Nós t_4 e t_5 são *descendentes* do nó t_2; e da mesma forma para t_6 e t_7 em relação a t_3.

- As regras para selecionar divisões em intermediários (i.e., não-terminais) da CART desempenham um papel análogo às redes de passagem do modelo MHE.
- Os nós terminais da CART desempenham um papel análogo às redes especialistas do modelo MHE.

Começando com a CART para um problema de classificação ou regressão de interesse, tiramos vantagem da natureza *discreta* da CART para fornecer uma busca eficiente entre árvores alternativas. Usando uma árvore assim escolhida como passo de inicialização no algoritmo de aprendizagem para estimação de parâmetros, tiramos vantagem da base probabilística *contínua* do modelo MHE para produzir uma estimativa "suave" melhorada para a resposta desejada.

O Algoritmo CART

Com base no que foi dito acima, cabe uma breve descrição do algoritmo CART. A descrição é apresentada no contexto de regressão. Começando com os dados de treinamento $\{(\mathbf{x}_i, d_i)\}_{i=1}^{N}$, podemos usar CART para construir uma árvore binária T para regressão por mínimos quadrados, procedendo como a seguir (Breiman et al., 1984):

1. *Seleção de divisões.* Considere que um nó t represente um subconjunto da árvore corrente T. Considere que $\bar{d}(t)$ represente a média dos d_i para todos os casos $(\mathbf{x}_i, d_i)$ que se encontram dentro de t, isto é,

$$\bar{d}(t) = \frac{1}{N(t)} \sum_{\mathbf{x}_i \in t} d_i \quad (7.33)$$

onde a soma é sobre todos os d_i tais que $\mathbf{x}_i \in t$ e $N(t)$ é o número total de casos em t. Defina

$$\mathcal{E}(t) = \frac{1}{N} \sum_{\mathbf{x}_i \in t} (d_i - \bar{d}(t))^2 \quad (7.34)$$

e

$$\mathcal{E}(T) = \sum_{t \in T} \mathcal{E}(t) \quad (7.35)$$

Para o nó t, a soma $\sum_{\mathbf{x}_i \in t}(d_i - \bar{d}(t))^2$ representa a "soma dos quadrados dentro do nó"; isto é, ela é o total dos desvios quadrados de todos os d_i em t em relação às suas médias $\bar{d}(t)$. Somando-se estes desvios sobre $t \in T$ resulta a soma total dos quadrados do nó, e dividindo-a por N produz a média.

Dado um conjunto qualquer de divisões S de um nó corrente t em T, a melhor divisão s^* é aquela divisão em S que mais reduz $\mathcal{E}(T)$. Para sermos mais precisos, suponha que para qualquer divisão s do nó t em t_E (um novo nó à esquerda de t) e t_D (um outro nó novo à direita de t), fazemos

$$\Delta\mathcal{E}(s, t) = \mathcal{E}(T) - \mathcal{E}(t_E) - \mathcal{E}(t_D) \tag{7.36}$$

A melhor divisão s^* é então escolhida como a divisão particular para a qual temos

$$\Delta\mathcal{E}(s^*, t) = \max_{s \in S} \Delta\mathcal{E}(t, s) \tag{7.37}$$

Uma árvore de regressão assim construída é projetada para maximizar a redução de $\mathcal{E}(T)$.

2. *Determinação de um nó terminal.* Um nó t é declarado um nó terminal se esta condição for satisfeita:

$$\max_{s \in S} \Delta\mathcal{E}(t, s) < \beta \tag{7.38}$$

onde β é um determinado *limiar*.

3. *Estimação por mínimos quadrados dos parâmetros de um nó terminal.* Considere que t represente um nó terminal no final da árvore binária T e que $\mathbf{X}(t)$ represente a matriz composta de $\mathbf{x}_i \in t$. Considere que $\mathbf{d}(t)$ represente o vetor correspondente composto de todos os d_i em t. Defina

$$\mathbf{w}(t) = \mathbf{X}^+(t)\mathbf{d}(t) \tag{7.39}$$

onde $\mathbf{X}^+(t)$ é a pseudo-inversa da matriz $\mathbf{X}(t)$. O uso de $\mathbf{w}(t)$ produz uma estimativa por mínimos quadrados de $d(t)$ na saída do nó terminal t. Usando os pesos calculados da Eq. (7.39), o problema de seleção da divisão é resolvido procurando-se a menor soma de residuais (erros) quadrados em relação às superfícies de regressão, em vez de fazer isso em relação às médias.

Usando CART para Inicializar o Modelo MHE

Suponha que o algoritmo CART tenha sido aplicado para um conjunto de dados de treinamento, resultando em uma árvore de decisão binária para este problema. Podemos descrever uma divisão produzida por CART como uma superfície multidimensional definida por

$$\mathbf{a}^T\mathbf{x} + b = 0$$

onde $\mathbf{x}$ é o vetor de entrada, $\mathbf{a}$ representa um vetor parâmetro e b representa um bias.

Considere a seguir a situação correspondente em um modelo MHE. Do Exemplo 7.1 notamos que a superfície de regressão produzida por uma rede de passagem em uma árvore binária pode ser expressa como:

$$g = \frac{1}{1+\exp(-(\mathbf{a}^T\mathbf{x}+b))} \qquad (7.40)$$

que define uma divisão, particularmente quando $g = 1/2$. Considere que o vetor peso (diferença) **a** para esta rede de passagem particular seja escrito como

$$\mathbf{a} = \|\mathbf{a}\| \cdot \frac{\mathbf{a}}{\|\mathbf{a}\|} \qquad (7.41)$$

onde $\|\mathbf{a}\|$ representa o comprimento (i.e., a norma euclidiana) de **a**, e $\mathbf{a}/\|\mathbf{a}\|$ é um vetor de comprimento unitário normalizado. Usando a Eq. (7.41) em (7.40), podemos então rescrever uma divisão parametrizada por uma rede de passagem como:

$$g = \frac{1}{1+\exp\left(-\|\mathbf{a}\|\left(\left(\frac{\mathbf{a}}{\|\mathbf{a}\|}\right)^T \mathbf{x} + \frac{b}{\|\mathbf{a}\|}\right)\right)} \qquad (7.42)$$

onde vemos que $\mathbf{a}/\|\mathbf{a}\|$ determina a *direção* da divisão e $\|\mathbf{a}\|$ determina a sua acuidade. Da discussão apresentada no Capítulo 2, observamos que o comprimento do vetor **a** age efetivamente como o *recíproco da temperatura*. O ponto importante a notar da Eq. (7.42) é que uma rede de passagem constituída de um filtro linear seguido por uma forma softmax de não-linearidade é capaz de imitar uma divisão no estilo de CART. Além disso, temos um grau de liberdade adicional, que é o vetor parâmetro **a**. Em uma árvore de decisão padrão, este parâmetro adicional é irrelevante porque um limiar (i.e., uma decisão abrupta) é usado para criar uma divisão. Por outro lado, o comprimento de **a** tem uma influência profunda na acuidade da divisão produzida por uma rede de passagem no modelo MHE. Especificamente, para um vetor peso sináptico **a** de direção fixa, podemos afirmar que:

- quando **a** é longo (i.e., a temperatura é baixa), a divisão é abrupta, e
- quando **a** é curto (i.e., a temperatura é alta), a divisão é suave.

Se no limite tivermos $\|\mathbf{a}\| = 0$, a divisão desaparecerá e $g = 1/2$ em ambos os lados da divisão (fictícia). O efeito de se fixar $\|\mathbf{a}\| = 0$ é equivalente a podar o nó não-terminal da árvore, porque a rede de passagem em questão não divide mais. No caso muito extremo quando $\|\mathbf{a}\|$ é pequeno (i.e., a temperatura é alta) em todo nó não-terminal, o modelo MHE inteiro age como um único nó; isto é, o MHE é reduzido a um modelo de regressão linear (assumindo-se especialistas lineares). Quando os vetores pesos sinápticos da rede de passagem começam a crescer em comprimento, o MHE começa a fazer divisões (suaves), aumentando com isso o número de graus de liberdade disponível para o modelo.

Podemos assim inicializar o MHE procedendo como mostrado a seguir:

1. Aplique CART aos dados de treinamento.
2. Iguale os vetores pesos sinápticos dos especialistas do modelo MHE às estimativas por mínimos quadrados dos vetores parâmetros nos nós terminais correspondentes da árvore binária resultante da aplicação de CART.
3. Para as redes de passagem:
   (a) fixe os vetores pesos sinápticos de modo a apontarem em direções que sejam ortogonais às divisões correspondentes na árvore binária obtida por CART, e

(b) faça os comprimentos (i.e., normas euclidianas) dos vetores pesos sinápticos iguais a vetores aleatórios *pequenos*.

7.9 PROBABILIDADES *A PRIORI* E *A POSTERIORI*

As probabilidades multinomiais g_k e $g_{j|k}$ relativas ao primeiro nível e ao segundo nível das redes de passagem, respectivamente, podem ser vistas como probabilidades *a priori*, no sentido de que seus valores são dependentes apenas do vetor de entrada (estímulo) **x**. De um modo correspondente, podemos definir probabilidades *a posteriori* $h_{j|k}$ e h_k cujos valores dependem tanto do vetor de entrada **x** como das respostas dos especialistas a **x**. Este último conjunto de probabilidades é útil no desenvolvimento de algoritmos de aprendizagem para modelos MHE.

Com relação ao modelo MHE da Fig. 7.11, definimos as probabilidades *a posteriori* nos nós não-terminais da árvore como (Jordan e Jacobs, 1994):

$$h_k = \frac{g_k \sum_{j=1}^{2} g_{j|k} \exp\left(-\frac{1}{2}(d - y_{jk})^2\right)}{\sum_{k=1}^{2} g_k \sum_{j=1}^{2} g_{j|k} \exp\left(-\frac{1}{2}(d - y_{jk})^2\right)} \qquad (7.43)$$

e

$$h_{j|k} = \frac{g_{j|k} \exp\left(-\frac{1}{2}(d - y_{jk})^2\right)}{\sum_{j=1}^{2} g_{j|k} \exp\left(-\frac{1}{2}(d - y_{jk})^2\right)} \qquad (7.44)$$

O produto de h_k e $h_{j|k}$ define a *probabilidade conjunta a priori* para que o especialista (j, k) produza a saída y_{jk} que coincide com a resposta desejada d, como dado por

$$\begin{aligned} h_{jk} &= h_k h_{j|k} \\ &= \frac{g_k g_{j|k} \exp\left(-\frac{1}{2}(d - y_{jk})^2\right)}{\sum_{k=1}^{2} g_k \sum_{j=1}^{2} g_{j|k} \exp\left(-\frac{1}{2}(d - y_{jk})^2\right)} \end{aligned} \qquad (7.45)$$

A probabilidade h_{jk} satisfaz as duas condições seguintes

$$0 \le h_{jk} \le 1 \qquad \text{para todo } (j, k) \qquad (7.46)$$

e

$$\sum_{j=1}^{2} \sum_{k=1}^{2} h_{jk} = 1 \qquad (7.47)$$

A implicação da Eq. (7.47) é que a atribuição de crédito entre os especialistas se dá de forma competitiva. Além disso, notamos da Eq. (7.45) que quanto mais próximo y_{jk} estiver de d, tanto mais provável que seja atribuído crédito ao especialista (j, k) pela sua saída ter coincidido com d, o que é intuitivamente razoável.

Uma importante característica do modelo MHE que merece menção especial é a *recursividade* nas computações envolvidas no cálculo das probabilidades *a posteriori*. Examinando as Eqs. (7.43) e (7.44), vemos que o denominador de $h_{j|k}$ na Eq. (7.44) aparece no emumerador de h_k na Eq. (7.43). Em um modelo MHE, desejamos calcular a probabilidade *a posteriori* para todo nó não-terminal da árvore. É aí que a recursividade é particularmente útil. Especificamente, o cálculo das probabilidades *a posteriori* de todos os nós não-terminais da árvore é executado em um único passo como aqui descrito:

- Movendo-se através da árvore em direção ao nó raiz, nível por nível, a probabilidade *a posteriori* em qualquer nó não-terminal da árvore é obtida simplesmente combinando-se as probabilidades *a posteriori* de seus "filhos".

7.10 ESTIMAÇÃO POR MÁXIMA VEROSSIMILHANÇA

Voltando agora à questão da estimação paramétrica para o modelo MHE, primeiro notamos que a sua interpretação probabilística é um pouco diferente daquela do modelo ME. Com o modelo MHE formulado como uma árvore binária, assume-se que o ambiente responsável pela geração dos dados envolve uma *seqüência aninhada de decisões suaves (binárias), terminando na regressão do vetor de entrada* **x** *para a saída d*. Em particular, assumimos que, no *modelo probabilístico de geração* para o MHE, as decisões são modeladas como variáveis aleatórias multinomiais (Jordan e Jacobs, 1994). Isto é, para cada entrada **x** interpretamos $g_i(\mathbf{x}, \boldsymbol{\theta}_i^0)$ como as probabilidades multinomiais associadas com a primeira decisão, e $g_{j|i}(\mathbf{x}, \boldsymbol{\theta}_{ji}^0)$ como as distribuições condicionais multinomiais associadas com a segunda decisão. Como anteriormente, o índice 0 significa valores reais dos parâmetros do modelo de geração. As decisões formam uma árvore de decisão. Como no modelo ME, utiliza-se softmax como a função de ativação das redes de passagem em todo o modelo MHE. Em particular, a ativação g_k do neurônio de saída k na *rede de passagem no nível superior* é definida por

$$g_k = \frac{\exp(u_k)}{\exp(u_1) + \exp(u_2)}, \quad k = 1, \quad (7.48)$$

onde u_k é a soma ponderada das entradas aplicadas àquele neurônio. Similarmente, a ativação do neurônio de saída j na rede de passagem k no segundo nível da hierarquia é definida por

$$g_{j|k} = \frac{\exp(u_{jk})}{\exp(u_{1k}) + \exp(u_{2k})}, \quad (j,k) = 1 \quad (7.49)$$

onde u_{jk} é a soma ponderada das entradas aplicadas a este neurônio particular.

Para facilitar a apresentação, trabalharemos com um modelo MHE com apenas dois níveis de hierarquia (i.e., duas camadas de redes de passagem), como indicado na Fig. 7.11. Como com o modelo ME, assume-se que cada um dos especialistas do modelo MHE consiste de uma única camada de neurônios lineares. Considere que y_{jk} represente a saída do especialista (j, k). Podemos então expressar a saída global do modelo MHE como

$$y = \sum_{k=1}^{2} g_k \sum_{j=1}^{2} g_{j|k} y_{jk} \qquad (7.50)$$

Seguindo um procedimento similar ao descrito para o modelo ME na Seção 7.6, podemos formular a função de densidade de probabilidade da variável aleatória D representando a resposta desejada para o modelo MHE da Fig. 7.11, dada a entrada $\mathbf{x}$, como:

$$f_D(d \mid \mathbf{x}, \boldsymbol{\theta}) = \frac{1}{\sqrt{2\pi}} \sum_{k=1}^{2} g_k \sum_{j=1}^{2} g_{j|k} \exp\left(-\frac{1}{2}(d - y_{jk})^2\right) \qquad (7.51)$$

Assim, para um dado conjunto de treinamento, a Eq. (7.51) define um modelo para distribuição subjacente dos dados. O vetor $\boldsymbol{\theta}$ engloba todos os pesos sinápticos envolvidos na caracterização tanto das redes de passagem como das redes de especialistas do modelo MHE.

A designação *função de verossimilhança*, representada por $l(\boldsymbol{\theta})$, é dada à função densidade de probabilidade $f_D(d|\mathbf{x}, \boldsymbol{\theta})$, *vista como uma função do vetor de parâmetros $\boldsymbol{\theta}$*. Com isso, escrevemos

$$l(\boldsymbol{\theta}) = f_D(d|\mathbf{x}, \boldsymbol{\theta}) \qquad (7.52)$$

Embora a função densidade de probabilidade condicional conjunta e a função de verossimilhança tenham exatamente a mesma fórmula, é vital que percebamos a diferença física entre elas. No caso de $f_D(d|\mathbf{x}, \boldsymbol{\theta})$, o vetor de entrada $\mathbf{x}$ e o vetor parâmetro $\boldsymbol{\theta}$ são fixos, mas a resposta desejada d é variável. Entretanto, no caso da função de verossimilhança $l(\boldsymbol{\theta})$, ambos $\mathbf{x}$ e d são fixos, mas $\boldsymbol{\theta}$ é variável.

Na prática, constatamos que é mais conveniente trabalhar com o logaritmo da função de verossimilhança do que com a verossimilhança propriamente dita. Usando $L(\boldsymbol{\theta})$ para representar a *função logaritmo de verossimilhança*, escrevemos

$$\begin{aligned} L(\boldsymbol{\theta}) &= \log[l(\boldsymbol{\theta})] \\ &= \log[f_D(d \mid \mathbf{x}, \boldsymbol{\theta})] \end{aligned} \qquad (7.53)$$

O logaritmo de $l(\boldsymbol{\theta})$ é uma transformação monótona de $l(\boldsymbol{\theta})$. Isto significa que sempre que $l(\boldsymbol{\theta})$ aumenta, o seu logaritmo $L(\boldsymbol{\theta})$ também aumenta. Como $l(\boldsymbol{\theta})$ é uma fórmula para uma função de densidade de probabilidade, ela nunca se torna negativa. Isto acarreta que não há problema em estimar $L(\boldsymbol{\theta})$. Assim, uma estimativa $\hat{\boldsymbol{\theta}}$ do vetor parâmetro $\boldsymbol{\theta}$ pode ser obtida como uma solução da *equação da verossimilhança*

$$\frac{\partial}{\partial \boldsymbol{\theta}} l(\boldsymbol{\theta}) = \mathbf{0}$$

ou equivalentemente a *equação do logaritmo da verossimilhança*

$$\frac{\partial}{\partial \boldsymbol{\theta}} L(\boldsymbol{\theta}) = 0 \qquad (7.54)$$

O termo "estimativa por máxima verossimilhança" com as desejadas propriedades assintóticas[5] normalmente se refere a uma raiz da equação da verossimilhança que maximiza globalmente a função de verossimilhança $l(\boldsymbol{\theta})$. A estimativa $\hat{\boldsymbol{\theta}}$ usada na prática, entretanto, pode ser na realidade um máximo local e não um máximo global. De qualquer forma, a estimativa por máxima verossimilhança, proposta por Fisher (1925), é baseada em uma idéia relativamente simples:

Diferentes populações geram diferentes amostras de dados e qualquer amostra de dados especificada é mais provável de ter vindo de uma população do que de outras.

Mais especificamente, o vetor parâmetro desconhecido $\boldsymbol{\theta}$ é estimado pelo seu *valor mais plausível*, dado o vetor de entrada $\mathbf{x}$. Em outras palavras, a estimativa de máxima verossimilhança $\hat{\boldsymbol{\theta}}$ é o valor do vetor parâmetro $\boldsymbol{\theta}$ para o qual a função de densidade de probabilidade condicional $f_D(d|\mathbf{x}, \boldsymbol{\theta})$ é máxima.

7.11 ESTRATÉGIAS DE APRENDIZAGEM PARA O MODELO MHE

A descrição probabilística do modelo MHE na Seção 7.10 nos levou à função logaritmo da verossimilhança $L(\boldsymbol{\theta})$ como a função objetivo a ser maximizada. A questão crucial é como realizar esta maximização. Como em todo problema de otimização, não há uma abordagem única para a maximização de $L(\boldsymbol{\theta})$. Em vez disso, temos várias abordagens à nossa disposição, duas das quais são resumidas aqui (Jacobs e Jordan, 1991; Jordan e Jacobs, 1994):

1. *Abordagem do gradiente estocástico*. Esta abordagem produz um algoritmo para a maximização de $L(\boldsymbol{\theta})$ em tempo de execução. A sua formulação para um modelo MHE de dois níveis, como apresentado na Fig. 7.11, depende de fórmulas para os seguintes ingredientes:

- O vetor gradiente $\partial L/\partial \mathbf{w}_{jk}$ para o vetor de pesos sinápticos do especialista (j, k).
- O vetor gradiente $\partial L/\partial \mathbf{a}_k$ para o vetor de pesos sinápticos do neurônio de saída k da rede de passagem do nível superior.
- O vetor gradiente $\partial L/\partial \mathbf{a}_{jk}$ para o vetor de pesos sinápticos do neurônio de saída da rede de passagem do segundo nível associado ao especialista (j, k).

Pode-se mostrar adiante que (veja o Problema 7.9):

$$\frac{\partial L}{\partial \mathbf{w}_{jk}} = h_{j|k}(n) h_k(n) (d(n) - y_{jk}(n)) \mathbf{x}(n) \qquad (7.55)$$

$$\frac{\partial L}{\partial \mathbf{a}_k} = h_k(n) - g_k(n)) \mathbf{x}(n) \qquad (7.56)$$

$$\frac{\partial L}{\partial \mathbf{a}_{jk}} = h_k(n) (h_{j|k}(n) - g_{j|k}(n)) \mathbf{x}(n) \qquad (7.57)$$

A Equação (7.55) afirma que durante o processo de treinamento os pesos sinápticos do especialista (j, k) são ajustados para corrigir o erro entre a saída y_{jk} e a resposta desejada d, em proporção à probabilidade conjunta *a posteriori* h_{jk} que o especialista (j, k) produza uma saída que coincide com d. A Equação (7.56) afirma que os pesos sinápticos do neurônio de saída k na rede de passagem do nível superior são ajustados de modo a forçar as probabilidades *a priori* $g_k(n)$ a se moverem em direção às probabilidades *a posteriori* correspondentes $h_k(n)$. A Equação (7.57) afirma que os pesos sinápticos do neurônio de saída da rede de passagem do segundo nível associado ao especialista (j, k) são ajustados para corrigir o erro entre a probabilidade *a priori* $g_{j|k}(n)$ e a correspondente *probabilidade a posteriori* $h_{j|k}(n)$ em proporção à probabilidade *a posteriori* $h_k(n)$.

De acordo com as Eqs. (7.55) a (7.57), os pesos sinápticos do modelo MHE são atualizados após a apresentação de cada padrão (estímulo). Somando os vetores gradiente mostrados aqui, em n, podemos formular a versão por lote do algoritmo da subida do gradiente para maximizar a função logaritmo de verossimilhança $L(\theta)$.

2. *Abordagem da maximização do valor esperado.* O *algoritmo da maximização do valor esperado (ME)*, proposto por Dempster et al. (1977), fornece um procedimento iterativo para calcular a estimação por máxima verossimilhança em situações nas quais, exceto pela falta de alguns dados, a questão da estimatição por máxima verossimilhança é uma questão imediata. O algoritmo ME deriva seu nome do fato de que em cada iteração do algoritmo há dois passos:

- *O passo do valor esperado* ou *passo E*, que usa o conjunto de dados observados de um *problema de dados incompletos* e o valor corrente do vetor parâmetro para produzir dados de forma a postular um conjunto aumentado ou *conjunto de dados completos*.
- *O passo de maximização* ou *passo M*, que consiste em derivar uma nova estimativa do vetor parâmetro maximizando a função logaritmo da verossimilhança dos dados completos produzidos no passo E.

Assim, partindo de um valor adequado para o vetor parâmetro, o passo E e o passo M são repetidos alternadamente até a convergência.

As situações em que o algoritmo ME é aplicável incluem não apenas aquelas que envolvem naturalmente dados incompletos, mas também uma variedade de outras situações nas quais a falta de completeza não é de todo evidente ou natural para o problema de interesse. Na verdade, o cálculo da estimativa por máxima verossimilhança é freqüentemente muito facilitada formulando-o artificialmente como um problema de dados incompletos. Isto é feito porque o algoritmo ME é capaz de explorar a reduzida complexidade da estimação por máxima verossimilhança, dado os dados completos (McLachlan e Krishnan, 1997). O modelo MHE é um exemplo desse tipo de aplicação. Neste caso, são introduzidos artificialmente no modelo MHE dados ausentes na forma de certas variáveis indicadoras para facilitar a estimação de máxima verossimilhança do vetor parâmetro desconhecido, como descrito na Seção 7.12.

Uma importante característica do modelo MHE, quer ele seja projetado usando a abordagem do gradiente estocástico ou o algoritmo ME, apresenta-se de duas formas:

- Cada rede de passagem do modelo está continuamente calculando a probabilidade *a posteriori* para todo ponto de dado do conjunto de treinamento.
- Os ajustes aplicados aos pesos sinápticos do especialista e das redes de passagem do modelo, de uma iteração para a seguinte, são funções da probabilidade *a posteriori* assim calculada e da correspondente probabilidade *a priori*.

Conseqüentemente, se uma rede especialista em um nível mais baixo na árvore falhar em fazer um bom ajuste dos dados de treinamento na sua vizinhança local, a superfície de regressão (discriminante) de uma rede de passagem mais alta na árvore será movida para a vizinhança. Este movimento pode, por sua vez, ajudar os especialistas na próxima iteração do algoritmo de aprendizagem a ajustar melhor os dados deslocando os subespaços nos quais deveriam fazer o seu ajuste dos dados. Este é o processo pelo qual o modelo MHE é capaz de melhorar o problema de gula inerente a uma árvore de decisão padrão como a CART.

7.12 O ALGORITMO ME

O algoritmo ME é notável em parte por causa da simplicidade e generalidade da sua fundamentação teórica, e em parte por causa do amplo espectro de aplicações que ele pode tratar.[6] Nesta seção, apresentamos uma descrição do algoritmo ME em um sentido genérico. Na próxima seção, consideramos sua aplicação ao problema da estimação paramétrica no modelo MHE.

Considere que o vetor $\mathbf{z}$ represente os dados ausentes ou não-observáveis. Considere que $\mathbf{r}$ represente o vetor de dados completos, constituído de um dado observável d e do vetor de dados ausentes $\mathbf{z}$. Há, portanto, dois espaços de dados, $\mathcal{R}$ e $\mathcal{D}$, a serem considerados, com o mapeamento de $\mathcal{R}$ para $\mathcal{D}$ sendo de muitos para um. Entretanto, em vez de observar o vetor de dados completos $\mathbf{r}$, realmente somos capazes de observar os dados incompletos $d = d(\mathbf{r})$ em $\mathcal{D}$.

Considere que $f_c(\mathbf{r}|\boldsymbol{\theta})$ represente a fdp condicional de $\mathbf{r}$, dado um vetor parâmetro $\boldsymbol{\theta}$. Segue, portanto, que a fdp condicional da variável aleatória D, dado $\boldsymbol{\theta}$, é definida por

$$F_D(d|\boldsymbol{\theta}) = \int_{\mathcal{R}(d)} f_c(\mathbf{r}|\boldsymbol{\theta}) d\mathbf{r} \qquad (7.58)$$

onde $\mathcal{R}(d)$ é o subespaço de $\mathcal{R}$ que é determinado por $d = d(\mathbf{r})$. O algoritmo ME é direcionado para encontrar o valor de $\boldsymbol{\theta}$ que maximiza a *função logaritmo da verossimilhança dos dados incompletos*

$$L(\boldsymbol{\theta}) = \log f_D(d|\boldsymbol{\theta})$$

Este problema, entretanto, é resolvido inadiante trabalhando-se *iterativamente* com a *função logaritmo da verossimilhança dos dados completos*

$$L_c(\boldsymbol{\theta}) = \log f_c(\mathbf{r}|\boldsymbol{\theta}) \qquad (7.59)$$

que é uma variável aleatória, porque o vetor de dados ausentes $\mathbf{z}$ é desconhecido.

Para sermos mais específicos, considere que $\hat{\boldsymbol{\theta}}(n)$ represente o valor do vetor parâmetro $\boldsymbol{\theta}$ na iteração n do algoritmo ME. No passo E desta iteração, calculamos a expectativa

$$Q(\boldsymbol{\theta}, \hat{\boldsymbol{\theta}}(n)) = E[L_c(\boldsymbol{\theta})] \qquad (7.60)$$

onde o valor esperado é calculado em relação a $\hat{\boldsymbol{\theta}}(n)$. No passo M desta mesma iteração, maximizamos $Q(\boldsymbol{\theta}, \hat{\boldsymbol{\theta}}(n))$ em relação a $\boldsymbol{\theta}$ sobre o espaço de parâmetros (pesos) $\mathcal{W}$, e assim encontramos a estimativa paramétrica atualizada $\hat{\boldsymbol{\theta}}(n+1)$, como mostrado por

$$\hat{\boldsymbol{\theta}}(n+1) = \arg\max_{\boldsymbol{\theta}} Q(\boldsymbol{\theta}, \hat{\boldsymbol{\theta}}(n)) \qquad (7.61)$$

O algoritmo é inicializado com um valor inicial $\hat{\theta}(0)$ do vetor parâmetro θ. O passo E e o passo M são então repetidos alternadamente de acordo com as Eqs. (7.60) e (7.61), respectivamente, até que a diferença entre $L(\hat{\theta}(n+1))$ e $L(\hat{\theta}(n))$ caia a um valor arbitrariamente pequeno; neste ponto a computação é encerrada.

Note que, após uma iteração do algoritmo ME, a função logaritmo da verossimilhança para dados incompletos *não* diminui, como mostrado por (veja o Problema 7.10)

$$L(\hat{\theta}(n+1)) \geq L\hat{\theta}(n)) \quad \text{para } n = 0, 1, 2,..., \tag{7.62}$$

A igualdade normalmente significa que estamos em um ponto estacionário da função logaritmo da verossimilhança.[7]

7.13 APLICAÇÃO DO ALGORITMO ME AO MODELO MHE

Tendo nos familiarizado com o algoritmo ME, estamos agora prontos para resolver o problema da estimação paramétrica no modelo MHE usando o algoritmo ME.[8]

Considere que $g_k^{(i)}$ e $g_{j|k}^{(i)}$ representem as probabilidades multinomiais (condicionais) associadas com as decisões tomadas pela rede de passagem k do primeiro nível e pela rede de passagem (j, k) do segundo nível do modelo MHE da Fig. 7.11, respectivamente, quando ele opera com o exemplo i do conjunto de treinamento. Então, da Eq. (7.51) vemos facilmente que o valor correspondente da fdp condicional da variável aleatória D, dado o exemplo x_i e o vetor parâmetro θ, é dado por

$$f_D(d \mid x_i, \theta) = \frac{1}{\sqrt{2\pi}} \sum_{k=1}^{2} g_k^{(i)} \sum_{j=1}^{2} g_{j|k}^{(i)} \exp\left(-\frac{1}{2}(d - y_{jk}^{(i)})^2\right) \tag{7.63}$$

onde $y_{jk}^{(i)}$ é a saída produzida pelo especialista (j, k) em resposta ao exemplo i do conjunto de treinamento. Assumindo que todos os N exemplos contidos no conjunto de treinamento são estatisticamente independentes, podemos formular a função logaritmo da verossimilhança para o problema de dados incompletos como segue:

$$L(\theta) = \log\left[\prod_{i=1}^{N} f_D(d_i \mid x_i, \theta)\right] \tag{7.64}$$

Usando a Eq. (7.63) em (7.64) e ignorando a constante $-(1/2)\log(2\pi)$, podemos escrever

$$L(\theta) = \sum_{i=1}^{N} \log\left[\sum_{k=1}^{2} g_k^{(i)} \sum_{j=1}^{2} g_{j|k}^{(i)} \exp\left(-\frac{1}{2}(d_i - y_{jk}^{(i)})^2\right)\right] \tag{7.65}$$

Para calcular a estimativa por máxima verossimilhança de θ, temos que encontrar um ponto estacionário (i.e., um máximo local ou global) de $L(\theta)$. Infelizmente, a função logaritmo da verossimilhança $L(\theta)$, como definida na Eq. (7.65), não se presta para este tipo de cálculo.

Para superar esta dificuldade computacional, expandimos *artificialmente* os dados observáveis $\{d_i\}_{i=1}^{N}$ incluindo um conjunto correspondente de dados ausentes de acordo com o algoritmo ME. Fazemos isso introduzindo *variáveis indicadoras* que se relacionam com o modelo probabilístico da arquitetura MHE como descrito a seguir (Jordan e Jacobs, 1994):

- $z_k^{(i)}$ e $z_{j|k}^{(i)}$ são interpretados como os rótulos que correspondem às decisões tomadas no modelo probabilístico para o exemplo i do conjunto de treinamento. Estas variáveis são definidas de tal forma que apenas um único dos $z_k^{(i)}$ é igual a um e apenas um único dos $z_{j|k}^{(i)}$ é igual a um para todos os i. Tanto $z_k^{(i)}$ como $z_{j|k}^{(i)}$ são tratados como variáveis aleatórias discretas estatisticamente independentes com suas respectivas expectativas definidas por

$$E\left[z_k^{(i)}\right] = P\left[z_k^{(i)} = 1 \mid \mathbf{x}_i, d_i, \hat{\boldsymbol{\theta}}(n)\right]$$
$$= h_k^{(i)} \quad (7.66)$$

e

$$E\left[z_{j|k}^{(i)}\right] = P\left[z_{j|k}^{(i)} = 1 \mid \mathbf{x}_i, d_i, \hat{\boldsymbol{\theta}}(n)\right]$$
$$= h_{j|k}^{(i)} \quad (7.67)$$

onde $\hat{\boldsymbol{\theta}}(n)$ é a estimativa do vetor parâmetro $\boldsymbol{\theta}$ na iteração n do algoritmo ME.

- $z_{jk}^{(i)} = z_{j|k}^{(i)} z_k^{(i)}$ é interpretado como o rótulo que especifica o especialista (j, k) no modelo probabilístico para o exemplo i da amostra de treinamento. Ele é também tratado como uma variável aleatória discreta com seu valor esperado definido por

$$E\left[z_{jk}^{(i)}\right] = E\left[z_{j|k}^{(i)} z_k^{(i)}\right]$$
$$= E\left[z_{j|k}^{(i)}\right] E\left[z_k^{(i)}\right] \quad (7.68)$$
$$= h_{j|k}^{(i)} h_k^{(i)} = h_{jk}^{(i)}$$

Os $h_k^{(i)}, h_{j|k}^{(i)}$ e $h_{jk}^{(i)}$ nas Eqs. (7.66) a (7.68) são as probabilidades *a posteriori* introduzidas na Seção 7.9; o índice i foi adicionado a elas para designar o exemplo de treinamento em questão. Veja o Problema 7.13 para uma justificativa destas três equações.

Adicionando os dados ausentes assim definidos aos dados observáveis, o problema de estimação por máxima verossimilhança é enormemente simplificado. Mais especificamente, considere que $f_c(d_i, z_{jk}^{(i)} \mid \mathbf{x}_i, \boldsymbol{\theta})$ represente a fdp condicional dos dados completos constituída por d_i e $z_{jk}^{(i)}$, dado $\mathbf{x}_i$ e o vetor parâmetro $\boldsymbol{\theta}$. Escrevemos então

$$f_c(d_i, z_{jk}^{(i)} \mid \mathbf{x}_i, \boldsymbol{\theta}) = \prod_{j=1}^{2} \prod_{k=1}^{2} (g_k^{(i)} g_{j|k}^{(i)}(i) f_{jk}(d_i)) \quad (7.69)$$

onde $f_{jk}(d_i)$ é a fdp condicional de d_i, dado que o especialista (j, k) no modelo MHE seja escolhido; isto é, $f_{jk}(d_i)$ é dada pela distribuição gaussiana:

$$f_{jk}(d_i) = \frac{1}{\sqrt{2\pi}} \exp\left(-\frac{1}{2}(d_i - y_{jk}^{(i)})^2\right) \tag{7.70}$$

Note que a fórmula da Eq. (7.69) corresponde a um experimento hipotético, contendo variáveis indicadoras representadas por $z_{jk}^{(i)}$ que são não-observáveis em um sentido de dados físicos. Em qualquer situação, a função logaritmo da verossimilhança para o problema de dados completos, considerando o conjunto de treinamento inteiro, é dada por

$$\begin{aligned}
L_c(\boldsymbol{\theta}) &= \log\left[\prod_{i=1}^{N} f_c(d_i, z_{jk}^{(i)} \mid \mathbf{x}_i, \boldsymbol{\theta})\right] \\
&= \log\left[\prod_{i=1}^{N}\prod_{j=1}^{2}\prod_{k=1}^{2} (g_k^{(i)}(g_{j|k}^{(i)} f_{jk}(d_i))^{z_{jk}^{(i)}}\right] \\
&= \sum_{i=1}^{N}\sum_{j=1}^{2}\sum_{k=1}^{2} z_{jk}^{(i)}\left[\log g_k^{(i)} + \log g_{j|k}^{(i)} + \log f_{jk}(d_i)\right]
\end{aligned} \tag{7.71}$$

Usando a Eq. (7.70) em (7.71) e ignorando a constante $-(1/2)\log(2\pi)$, podemos, portanto, escrever

$$L_c(\boldsymbol{\theta}) = \sum_{i=1}^{N}\sum_{j=1}^{2}\sum_{k=1}^{2} z_{jk}^{(i)}\left[\log g_k^{(i)} + \log g_{j|k}^{(i)} - \frac{1}{2}(d_i - y_{jk}^{(i)})^2\right] \tag{7.72}$$

Comparando a Eq. (7.72) com (7.65), vemos imediatamente o benefício computacional ganho adicionando variáveis indicadoras como dados ausentes ao conjunto de observáveis: o problema de estimação por máxima verossimilhança foi dividido em um conjunto de problemas de regressão para os especialistas individuais e em um conjunto separado de problemas de classificação multinomial para as redes de passagem.

Para prosseguir com a aplicação do algoritmo ME, primeiro invocamos o passo E do algoritmo calculando o valor esperado da função logaritmo da verossimilhança para os dados completos $L_c(\boldsymbol{\theta})$, como mostrado por

$$\begin{aligned}
Q(\boldsymbol{\theta}, \hat{\boldsymbol{\theta}}(n)) &= E[L_c(\boldsymbol{\theta})] \\
&= \sum_{i=1}^{N}\sum_{j=1}^{2}\sum_{k=1}^{2} E[z_{jk}^{(i)}]\cdot\left(\log g_k^{(i)} + \log g_{j|k}^{(i)} - \frac{1}{2}(d_i - y_{jk}^{(i)})^2\right)
\end{aligned} \tag{7.73}$$

onde o operador do valor esperado é mostrado agindo sobre a variável indicadora $z_{jk}^{(i)}$, que é a única variável não-observável. Assim, usando a Eq. (7.68) em (7.73), obtemos (Jordan e Jacobs, 1994):

$$Q(\boldsymbol{\theta}, \hat{\boldsymbol{\theta}}(n)) = \sum_{i=1}^{N}\sum_{j=1}^{2}\sum_{k=1}^{2} h_{jk}^{(i)}\left(\log g_k^{(i)} + \log g_{j|k}^{(i)} - \frac{1}{2}(d_i - y_{jk}^{(i)})^2\right) \tag{7.74}$$

O passo M do algoritmo requer a maximização de $Q(\boldsymbol{\theta}, \hat{\boldsymbol{\theta}}(n))$ em relação a $\boldsymbol{\theta}$. O vetor parâmetro $\boldsymbol{\theta}$ é composto de dois conjuntos de pesos sinápticos: um pertencente às redes de passagem e o outro pertencente aos especialistas. Das nossas discussões anteriores, observamos o seguinte:

- Os pesos sinápticos dos especialistas determinam $y_{jk}^{(i)}$, que entra também na definição de $h_{jk}^{(i)}$. A expressão $Q(\theta, \hat{\theta}(n))$ é portanto influenciada pelos especialistas somente através do termo $h_{jk}^{(i)}(d_i - y_{jk}^{(i)})^2$.
- Os pesos sinápticos das redes de passagem determinam as probabilidades $g_{jk}^{(i)}$, $g_k^{(i)}$ e $h_{jk}^{(i)}$. A expressão $Q(\theta, \hat{\theta}(n))$ é portanto influenciada pelas redes de passagem somente através do termo $h_{jk}^{(i)}(\log g_k^{(i)} + \log g_{j|k}^{(i)})$.

Conseqüentemente, o passo M do algoritmo se reduz aos três seguintes problemas de otimização para um MHE de dois níveis de hierarquia:

$$\mathbf{w}_{jk}(n+1) = \arg\min_{\mathbf{w}_{jk}} \sum_{i=1}^{N} h_{jk}^{(i)}(d_i - y_{jk}^{(i)})^2 \tag{7.75}$$

$$\mathbf{a}_j(n+1) = \arg\max_{\mathbf{a}_j} \sum_{i=1}^{N} \sum_{k=1}^{2} h_k^{(i)} \log g_k^{(i)} \tag{7.76}$$

e

$$\mathbf{a}_{jk}(n+1) = \arg\max_{\mathbf{a}_{jk}} \sum_{i=1}^{N} \sum_{l=1}^{2} h_l^{(i)} \sum_{m=1}^{2} h_{m|l}^{(i)} \log g_{m|l}^{(i)} \tag{7.77}$$

As otimizações nas Eq. (7.75) a (7.77) são realizadas com h fixo; h é uma função dos parâmetros, mas as derivadas não são realizadas através de h. Note também que todas as quantidades no lado direito destas equações se referem a medidas feitas no passo n.

A otimização na Eq. (7.75), relativa aos especialistas, é um problema de estimação por mínimos quadrados ponderados. As duas otimizações restantes nas Eqs. (7.76) e (7.77), relativas às redes de passagem, são problemas de estimação por máxima verossimilhança.[9] Note também que, embora as equações sejam formuladas para dois níveis de hierarquia, elas podem ser facilmente estendidas para um número arbitrário de níveis de hierarquia.

7.14 RESUMO E DISCUSSÃO

No estudo de modelagem, classificação de padrões e problemas de regressão, temos dois casos extremos a considerar:

1. *Modelos simples*, que fornecem entendimento do problema de interesse, mas carecem de precisão.
2. *Modelos complexos*, que fornecem resultados precisos, mas carecem de entendimento.

Talvez seja impossível combinar simplicidade e precisão em um único modelo. No contexto da discussão apresentada na segunda parte deste capítulo, CART é um exemplo de um modelo simples que usa decisões abruptas para particionar o espaço de entrada em um conjunto de subespaços, com cada subespaço tendo seu próprio especialista. Infelizmente, o uso de decisões abruptas resulta em uma perda de informação e, conseqüentemente, perda de desempenho. O perceptron de múltiplas camadas (MLP), por outro lado, é um modelo complexo com uma forma aninhada de não-linearidade projetada para preservar a informação contida nos dados de treinamento. Entretanto, usa uma abordagem de caixa preta para ajustar uma única função aos dados, perdendo com isso o entendimento do problema. O MHE, representando um tipo dinâmico de máquina de comitê, é um modelo que representa um compromisso entre estes dois casos extremos, compartilhando características comuns de ambos, CART e MLP:

- A arquitetura do MHE é similar a da CART, mas difere dela pela partição suave do espaço de entrada, em vez da partição abrupta.
- O MHE usa uma forma aninhada de não-linearidade similar a do MLP, mas não com o propósito de realizar o mapeamento de entrada-saída, mas sim para particionar o espaço de entrada.

Neste capítulo, enfatizamos o uso de duas ferramentas para o projeto de um modelo MHE:
- CART como a base arquitetural para tratar do problema da seleção do modelo.
- O algoritmo ME para resolver o problema da estimação paramétrica pela computação iterativa das estimativas por máxima verossimilhança dos parâmetros do modelo.

Normalmente pode-se garantir que o algoritmo ME se mova de forma *ascendente* em verossimilhança. Assim, usando CART para inicializar o algoritmo ME na forma descrita na Seção 7.8, podemos esperar que o algoritmo ME produza um melhor desempenho de generalização do que seria possível com a condição inicial estabelecida por CART.

O algoritmo ME é importante e fundamental se a aplicação de interesse for de estimação por máxima verossimilhança, como no caso de *modelagem*. Uma aplicação interessante de modelagem é descrita em Jacobs, Jordan e Barto (1991b), onde um modelo ME é treinado para realizar a tarefa "o que/onde". Nesta tarefa, deseja-se que o modelo determine o que um objeto é e onde ele está no campo visual. Dois especialistas foram usados no estudo, cada um sendo especializado em um aspecto da tarefa. Para uma entrada específica, ambos os especialistas geram saídas. Então, a rede de passagem decide a mistura apropriada para aquela entrada. Os bons resultados relatados por Jacobs et al. demonstram que é possível que uma atribuição de tarefa seja determinada de forma inata, não com base na tarefa em si, mas pela coincidência entre as necessidades da tarefa e as propriedades computacionais do modelo (Elman et al., 1996).

Concluímos esta discussão retornando à outra classe de máquinas de comitê estudada na primeira parte do capítulo. Enquanto o modelo ME ou o modelo MHE se baseiam no uso de redes de passagem ativadas pelo sinal de entrada para fundir o conhecimento adquirido pelos diversos especialistas do modelo, uma máquina de comitê, baseada no uso da média de ensemble ou, alternativamente, de reforço, se baseia no próprio algoritmo de aprendizagem para realizar a integração, como resumido a seguir:

1. A média de ensemble melhora o desempenho em relação a erros de um modo engenhoso pelo uso combinado de dois efeitos:
   - Redução de erro devido a bias pelo ajuste excessivo proposital dos especialistas individuais da máquina de comitê.
   - Redução de erro devido à variância pelo uso de diferentes condições iniciais no treinamento dos especialistas individuais e então calculando a média de ensemble de suas saídas.
2. O reforço melhora o desempenho em relação a erros de uma forma engenhosa particular. Neste caso, exige-se que os especialistas individuais tenham um desempenho um pouco melhor que a estimativa aleatória. A aprendizagem fraca dos especialistas é convertida em aprendizagem forte, e assim o erro da máquina de comitê torna-se arbitrariamente pequeno. Esta notável con-

versão é realizada pela *filtragem* da distribuição dos dados de entrada de forma que os modelos de aprendizagem fraca (i.e., os especialistas) eventualmente aprendam a distribuição inteira, ou por *amostragem repetida* dos exemplos de treinamento de acordo com uma certa distribuição de probabilidade como no AdaBoost. A vantagem do AdaBoost sobre o reforço por filtragem é que ele trabalha com uma amostra de treinamento de tamanho fixo.

NOTAS E REFERÊNCIAS

1. *Os métodos por média de ensemble* são discutidos em Perrone (1993), onde uma extensa bibliografia sobre este assunto é incluída. Outras referências sobre este assunto incluem Wolpert (1992) e Hashem (1997).
2. O uso da média de ensemble para o projeto de uma máquina de comitê com um conjunto de diferentes condições iniciais foi sugerido por vários usuários de redes neurais. Entretanto, a análise estatística apresentada em Naftaly et al. (1997) e o procedimento lá descrito para treinar uma máquina de comitê projetada por média de ensemble sobre o espaço das condições iniciais parece ser a primeira do seu gênero. Naquele artigo, são apresentados resultados experimentais baseados nos dados de manchas solares e em dados de competição para previsão de energia. Em ambos os casos, é demonstrada uma redução significativa da variância tomando a média sobre o espaço de condições iniciais.

    De acordo com Naftaly et al. (1997), o uso de restrições de treinamento populares como o decaimento de pesos e a parada antecipada *não* é recomendado no projeto de uma máquina de comitê por média de ensemble sobre o espaço de condições iniciais.
3. As referências principais sobre a teoria de reforço e estudos experimentais relacionados, mais ou menos em ordem cronológica, são: Schapire (1990), Drucker et al. (1993, 1994), Freund (1995), Breiman (1996b), Freund e Schapire (1996a, 1996b, 1997), Schapire (1997) e Schapire et al. (1997). As primeiras referências sobre as três abordagens básicas de reforço são:
    - Filtragem: Schapire (1990)
    - Amostragem repetida: Freund e Schapire (1996a)
    - Ponderação: Freund (1995)
4. A idéia de usar uma mistura de especialistas para realizar uma função de mapeamento complexa foi primeiro discutida por Jacobs, Jordan, Nowlan e Hinton no seu artigo de 1991a. O desenvolvimento deste modelo foi motivado por (1) uma proposta descrita em Nowlan (1990), vendo a adaptação competitiva na aprendizagem não-supervisionada como uma tentativa de ajustar uma mistura de distribuições de probabilidade simples (tais como gaussianas) a um conjunto de pontos de dado e (2) idéias desenvolvidas na tese de doutorado de Jacobs (1990) usando uma arquitetura modular similar, mas com uma função de custo diferente.
5. Os estimadores por máxima verossimilhança têm algumas propriedades desejáveis. Sob condições bastante gerais, as seguintes propriedades *assintóticas* podem ser provadas (Kmenta, 1971):
    (i) *Os estimadores por máxima verossimilhança são consistentes*. Considere que $L(\theta)$ represente a função logaritmo de verossimilhança e que θ_i represente um elemento do vetor parâmetro θ. A derivada parcial $\partial L/\partial \theta_i$ é denominada uma *contagem*. Dizemos que um estimador por máxima verossimilhança é consistente no sentido de que o valor que o valor de θ_i, para o qual a contagem $\partial L/\partial \theta_i$ é idêntica a zero, *converge em probabilidade* ao valor verdadeiro de θ_i quando o tamanho da amostra usado na estimação tende a infinito.

(ii) *Os estimadores por máxima verossimilhança são assintoticamente eficientes.* Isto é,

$$\lim_{N \to \infty}\left\{\frac{\text{var}\left[\theta_i - \hat{\theta}_i\right]}{I_{ii}}\right\} = 1 \quad \text{para todo } i$$

onde N é o tamanho da amostra, $\hat{\theta}_i$ é a estimativa por máxima verossimilhança de θ_i, e I_{ii} é o i-ésimo elemento da diagonal da inversa da *matriz de informação de Fisher*. A matriz de informação de Fisher é definida por

$$\mathbf{J} = -\begin{bmatrix} E\left[\frac{\partial^2 L}{\partial \theta_1^2}\right] & E\left[\frac{\partial^2 L}{\partial \theta_1 \partial \theta_2}\right] & \cdots & E\left[\frac{\partial^2 L}{\partial \theta_1 \partial \theta_M}\right] \\ E\left[\frac{\partial^2 L}{\partial \theta_2 \partial \theta_1}\right] & E\left[\frac{\partial^2 L}{\partial \theta_2^2}\right] & \cdots & E\left[\frac{\partial^2 L}{\partial \theta_2 \partial \theta_M}\right] \\ \vdots & \vdots & & \vdots \\ E\left[\frac{\partial^2 L}{\partial \theta_M \partial \theta_1}\right] & E\left[\frac{\partial^2 L}{\partial \theta_M \partial \theta_2}\right] & \cdots & E\left[\frac{\partial^2 L}{\partial \theta_M^2}\right] \end{bmatrix}$$

onde M é a dimensão do vetor parâmetro $\boldsymbol{\theta}$.

(iii) *Os estimadores por máxima verossimilhança são assintoticamente gaussianos.* Isto é, quando o tamanho da amostra se aproxima do infinito, cada elemento da estimativa por máxima verossimilhança $\boldsymbol{\theta}$ assume uma distribuição gaussiana.

Na prática, constatamos que as propriedades para grandes amostras (i.e., assintóticas) dos estimadores por máxima verossimilhança são válidas para tamanhos de amostras $N \geq 50$.

6. O artigo de Newcomb (1886), considerando a estimação de parâmetros de uma mistura de duas distribuições gaussianas univariadas, parece ser a primeira referência a um processo do tipo ME relatada na literatura.

O nome "algoritmo ME" foi cunhado por Dempster, Laird e Rubin no seu artigo fundamental de 1977. Naquele artigo, foi apresentada pela primeira vez a formulação do algoritmo ME para calcular estimativas por máxima verossimilhança de dados incompletos em vários níveis de generalidade.

O primeiro relato unificado sobre a teoria, metodologia e aplicações do algoritmo ME, sua história e extensões foi apresentado em forma de livro por McLachlan e Krishnan (1997).

7. Sob condições razoavelmente gerais, os valores de verossimilhança calculados pelo algoritmo ME convergem para valores estacionários. Wu (1983) apresenta um relato detalhado sobre as propriedades de convergência do algoritmo ME. Entretanto, o algoritmo ME *nem sempre* resulta em um máximo local ou global de função de verossimilhança. No Capítulo 3 do livro de McLachlan e Krishnan (1997), são apresentados dois exemplos em que isto não acontece. Em um exemplo o algoritmo converge para um ponto de sela, e no outro exemplo o algoritmo converge para um *mínimo* local da função de verossimilhança.

8. O algoritmo ME pode também tratar a *máxima estimação a posteriori (MAP)* bayesiana incorporando informação *prévia* ao vetor parâmetro; veja o Problema 7.11. Usando a regra de Bayes, podemos expressar a função de densidade de probabilidade para o vetor parâmetro $\boldsymbol{\theta}$, dado um conjunto de observações $\mathbf{x}$, como

$$f_{\boldsymbol{\Theta}}(\boldsymbol{\theta} \mid \mathbf{x}) = \frac{f_X(\mathbf{x} \mid \boldsymbol{\theta}) f_{\boldsymbol{\Theta}}(\boldsymbol{\theta})}{f_X(\mathbf{x})}$$

Desta relação, vemos facilmente que maximizar a densidade *a priori* $f_{\boldsymbol{\Theta}}(\boldsymbol{\theta}|\mathbf{x})$ é equivalente a maximizar o produto $f_X(\mathbf{x}|\boldsymbol{\theta}) f_{\boldsymbol{\Theta}}(\boldsymbol{\theta})$, pois $f_X(\mathbf{x})$ é independente de $\boldsymbol{\theta}$. A função densidade de probabilidade $f_\Theta(\boldsymbol{\theta})$ representa a informação prévia disponível sobre $\boldsymbol{\theta}$. Maximizar $f_\Theta(\boldsymbol{\theta}|\mathbf{x})$ fornece a estimativa *mais provável* do vetor parâmetro $\boldsymbol{\theta}$, dado $\mathbf{x}$. Dois pontos devem ser notados no contexto desta estimativa:

- A estimação por máxima verossimilhança, representada pela maximização de $f_\mathbf{X}(\mathbf{x}|\boldsymbol{\theta})$ em relação a $\boldsymbol{\theta}$, é uma forma reduzida da máxima estimação *a posteriori*, reduzida no sentido de que não contém informação prévia.
- O uso de informação prévia é sinônimo de regularização, que corresponde (relembramos do Capítulo 5) a um mapeamento de entrada-saída suave.

Em Waterhouse et al. (1996), é apresentada uma estrutura bayesiana para estimar parâmetros de uma mistura de modelos de especialistas. A abordagem bayesiana lá descrita supera um fenômeno conhecido como "ajuste excessivo", que leva a uma estimativa com alta variância quando se usa a inferência por máxima verossimilhança.

9. Um algoritmo eficiente, conhecido como o *algoritmo dos mínimos quadrados iterativamente ponderados (IRLS, iteratively reweighted least-squares)*, pode ser usado para resolver problemas de estimação por máxima verossimilhança descritos nas Eqs. (7.76) e (7.77); para uma descrição do algoritmo IRLS, veja McCullagh e Nelder (1989).

PROBLEMAS

Média de Ensemble

7.1 Considere uma máquina de comitê consistindo de K especialistas. A função de entrada-saída do especialista k é representada por $F_k(\mathbf{x})$, onde $\mathbf{x}$ é o vetor de entrada e $k = 1, 2, ..., K$. As saídas individuais dos especialistas são combinadas linearmente para formar a saída global y, definida por

$$y = \sum_{k=1}^{K} w_k F_k(\mathbf{x})$$

onde w_k é um peso linear atribuído a $F_k(\mathbf{x})$. O objetivo é calcular w_k de modo que y forneça uma estimativa de mínimos quadrados da resposta desejada d correspondente a $\mathbf{x}$. Dado um conjunto de dados de treinamento $\{(\mathbf{x}_i, d_i)\}_{i=1}^{N}$, determine os valores de w_k necessários para resolver este problema de estimação paramétrica.

Reforço

7.2 Compare as vantagens e desvantagens computacionais do reforço por filtragem e do AdaBoost.

7.3 Normalmente, o reforço tem melhor desempenho em modelos de aprendizagem fraca, isto é, modelos de aprendizagem com taxas de erro de generalização relativamente baixas. Suponha, entretanto, que você tenha um modelo de aprendizagem forte, isto é, um modelo com alta taxa de erro de generalização. Assuma que você esteja tratando com uma amostra de treinamento de tamanho fixo. Como o reforço por filtragem e o AdaBoost enfrentam esta situação?

Mistura de Especialistas

7.4 Considere uma tarefa linear por partes descrita por

$$F(x_1, x_2, ..., x_{10}) = \begin{cases} 3x_2 + 2x_3 + x_4 + 3 + \epsilon & \text{se } x_1 = 1 \\ 3x_5 + 2x_6 + x_7 - 3 + \epsilon & \text{se } x_1 = -1 \end{cases}$$

Para comparação, são usadas as seguintes configurações de rede:
1. Perceptron de múltiplas camadas: Rede "10→10→1"
2. Mistura de especialistas: Redes de passagem: 10→2;
    Redes de especialistas: 10→1

Compare as complexidades computacionais destas duas redes.

7.5 O modelo ME descrito pela função de densidade de probabilidade condicional da Eq. (7.30) é baseado em um modelo de regressão escalar, no qual o erro segue uma distribuição gaussiana com média zero e variância unitária.

(a) Reformule esta equação para o caso mais geral de um modelo ME correspondente a um modelo de regressão múltipla, no qual a resposta desejada é um vetor com dimensão q e o erro é uma distribuição gaussiana multivariada com média zero e matriz de covariância Σ.

(b) Em que o modelo ME para esta reformulação é diferente do modelo ME mostrado na Fig. 7.8?

7.6 Derive o algoritmo do gradiente estocástico para o treinamento de modelos de mistura de especialistas.

Mistura Hierárquica de Especialistas

7.7 (a) Construa o diagrama em blocos de um modelo MHE com três níveis de hierarquia. Assuma o uso de uma árvore de decisão binária para o modelo.

(b) Escreva as probabilidades *a posteriori* para os nós não-terminais do MHE descrito na parte (a). Demonstre a recursividade das computações envolvidas no cálculo destas probabilidades.

(c) Formule a função de densidade de probabilidade condicional para o modelo MHE descrito na parte (a).

7.8 Discuta as similaridades e diferenças entre os modelos MHE e as redes de função de base radial (RBF).

7.9 Derive as equações que descrevem o algoritmo do gradiente estocástico para o treinamento de um modelo MHE com dois níveis de hierarquia. Assuma uma árvore de decisão binária para o modelo.

Algoritmo ME e sua Aplicação ao Modelo MHE

7.10 Prove a propriedade de crescimento monótono do algoritmo ME descrito na Eq. (7.62). Para esta derivação faça o seguinte.

(a) Considere que

$$k(\mathbf{r} \mid d, \boldsymbol{\theta}) = \frac{f_c(\mathbf{r} \mid \boldsymbol{\theta})}{f_D(d \mid \boldsymbol{\theta})}$$

represente a função densidade de probabilidade condicional do vetor de dados aumentado $\mathbf{r}$, dada a observação d e o vetor parâmetro $\boldsymbol{\theta}$. Com isso, a função logaritmo da verossimilhança dos dados incompletos pode ser expressa como

$$L(\boldsymbol{\theta}) = L_c(\boldsymbol{\theta}) - \log k(\mathbf{r}|d, \boldsymbol{\theta})$$

onde $L_c(\boldsymbol{\theta}) = \log f_c(\mathbf{r} \mid \boldsymbol{\theta})$ é a função de probabilidade logarítmica dos dados completos. Tomando a expectativa de $L(\boldsymbol{\theta})$ em relação à distribuição condicional de $\mathbf{r}$, dado d, mostre que

$$L(\boldsymbol{\theta}) = Q(\boldsymbol{\theta}, \hat{\boldsymbol{\theta}}(n)) - K(\boldsymbol{\theta}, \hat{\boldsymbol{\theta}}(n))$$

onde

$$K(\boldsymbol{\theta}, \hat{\boldsymbol{\theta}}(n)) = E[\log k(\mathbf{r}|d, \hat{\boldsymbol{\theta}})]$$

Com isso, mostre que

$$L\big(\hat{\boldsymbol{\theta}}(n+1)\big) - L\big(\hat{\boldsymbol{\theta}}(n)\big) = \Big[Q\big(\hat{\boldsymbol{\theta}}(n+1), \hat{\boldsymbol{\theta}}(n)\big) - Q\big(\hat{\boldsymbol{\theta}}(n), \hat{\boldsymbol{\theta}}(n)\big)\Big]$$
$$- \Big[K\big(\hat{\boldsymbol{\theta}}(n+1), \hat{\boldsymbol{\theta}}(n)\big) - K\big(\hat{\boldsymbol{\theta}}(n), \hat{\boldsymbol{\theta}}(n)\big)\Big]$$

(b) A *desigualdade de Jensen* afirma que se $f(\cdot)$ é uma função convexa e u é uma variável aleatória, então

$$E[g(u)] \geq g(E[u])$$

onde E é o operador expectativa; além disso, se $g(\cdot)$ é estritamente convexa, então a igualdade nesta relação implica que $u = E[u]$ com probabilidade 1 (Cover e Thomas, 1991).

Usando a desigualdade de Jansen, mostre que

$$K(\hat{\boldsymbol{\theta}}(n+1), \hat{\boldsymbol{\theta}}(n)) - K(\hat{\boldsymbol{\theta}}(n), \hat{\boldsymbol{\theta}}(n)) \leq 0$$

Com isso, mostre que a Equação (7,62) é válida para $n = 0, 1, 2,\dots$

7.11 O algoritmo ME é facilmente modificável para acomodar a máxima estimativa *a posteriori* (MAP) de um vetor parâmetro $\boldsymbol{\theta}$. Usando a regra de Bayes, modifique o passo E e o passo M do algoritmo ME para fornecer esta estimação.

7.12 Para um MHE treinado com o algoritmo ME e um MLP treinado com o algoritmo de retropropagação para fornecer um nível de desempenho similar para uma dada tarefa, esperaríamos intuitivamente que a complexidade do MHE superasse aquela do MLP. Argumente a favor ou contra a plausibilidade desta afirmação.

7.13 Justifique as relações entre as variáveis indicadoras e as probabilidades *a posteriori* descritas nas Equações (7.66) a (7.68).

7.14 A Equação (7.75) descreve os mínimos quadrados ponderados para a otimização das redes especialistas do modelo MHE da Figura 7.11, assumindo que a resposta desejada d seja um escalar. Como se modifica esta relação para o caso de uma resposta desejada multidimensional?

CAPÍTULO 8

Análise de Componentes Principais

8.1 INTRODUÇÃO

Uma importante característica das redes neurais é a habilidade que elas têm de *aprender* a partir do seu ambiente e, através da aprendizagem, *melhorar* o desempenho de algum modo. Nos quatro capítulos anteriores, o enfoque foi nos algoritmos para aprendizagem supervisionada, para os quais um conjunto de alvos de interesse é fornecido por um professor externo. Os alvos tomam a forma de um mapeamento de entrada-saída desejado, que a rede deve aproximar. Neste capítulo e nos próximos três, estudamos algoritmos para *aprendizagem auto-organizada* ou *aprendizagem não-supervisionada*. O objetivo de um algoritmo para aprendizagem auto-organizada é *descobrir* padrões significativos ou características nos dados de entrada e fazer esta descoberta *sem* um professor. Para fazer isto, o algoritmo dispõe de um conjunto de regras de natureza *local*, que o capacitam a aprender a calcular um mapeamento de entrada-saída com propriedades desejáveis específicas; o termo "local" significa que a modificação aplicada ao peso sináptico de um neurônio é confinada à vizinhança imediata daquele neurônio. A modelagem das estruturas de rede usadas para a aprendizagem auto-organizada tende a seguir as estruturas neurobiológicas de uma maneira muito mais extensa do que na aprendizagem supervisionada. Isto não deve causar surpresa, porque o processo de organização de rede é fundamental para a organização do cérebro.

A estrutura de um sistema auto-organizável pode assumir uma variedade de formas diferentes. Ela pode, por exemplo, consistir de uma *camada de entrada (fonte)* e uma *camada de saída (de representação)*, com conexões alimentadas para frente da entrada para a saída e conexões laterais entre neurônios na camada de saída. Um outro exemplo é uma rede alimentada adiante com múltiplas camadas, na qual a auto-organização procede na forma de camada por camada. Em ambos os exemplos, o processo de aprendizagem consiste em modificar repetidamente os pesos sinápticos de todas as conexões do sistema em resposta a padrões de entrada (ativação) e de acordo com regras predeterminadas, até se desenvolver uma configuração final.

Este capítulo sobre sistemas auto-organizáveis é restrito à aprendizagem hebbiana. O foco principal do capítulo é a *análise de componentes principais*, que é uma técnica padrão normalmente utilizada para redução de dados em reconhecimento estatístico de padrões e processamento de sinais.

Organização do Capítulo

O material deste capítulo está organizado como descrito a seguir. Na Seção 8.2, usamos argumentos qualitativos para descrever os princípios básicos da auto-organização. Isto é seguido por um material introdutório sobre análise de componentes principais na Seção 8.3, que também é básico para os sistemas auto-organizáveis discutidos no resto do capítulo.

Com esta fundamentação básica, prosseguimos então para estudar alguns sistemas auto-organizáveis específicos. Na Seção 8.4, descrevemos um modelo simples consistindo de um único neurônio, que extrai a primeira componente principal de uma forma auto-organizada. Na Seção 8.5, descrevemos um sistema auto-organizável mais elaborado na forma de uma rede alimentada adiante com uma única camada de neurônios, que extrai todas as componentes principais fundamentando-se no modelo simples anterior. Este procedimento é ilustrado por um experimento computacional sobre codificação de imagens apresentado na Seção 8.6. Na Seção 8.7, descrevemos um outro sistema auto-organizável para uma função similar; este sistema é ainda mais elaborado porque também inclui conexões laterais.

Na Seção 8.8, apresentamos uma classificação de algoritmos para análise de componentes principais usando redes neurais. Isto é seguido pela Seção 8.9 sobre a classificação de algoritmos de redução de dados em métodos adaptativos e por lote.

Na Seção 8.10, descrevemos uma forma não-linear de análise de componentes principais que se baseia na idéia de um núcleo de produto interno definido de acordo com o teorema de Mercer, que é discutido no Capítulo 6 sobre máquinas de vetor de suporte.

O capítulo conclui na Seção 8.11 com algumas reflexões finais sobre análise de componentes principais.

8.2 ALGUNS PRINCÍPIOS INTUITIVOS DE AUTO-ORGANIZAÇÃO

Como mencionado anteriormente, a aprendizagem auto-organizada (não-supervisionada) consiste em modificar repetidamente os pesos sinápticos de uma rede neural em resposta a padrões de ativação e de acordo com regras preestabelecidas, até que se desenvolva uma configuração final. A questão-chave, obviamente, é como uma configuração útil pode se desenvolver a partir da auto-organização. A resposta se encontra na seguinte observação (Turing, 1952):

Ordem global pode surgir de interações locais.

Esta observação é de importância fundamental; ela se aplica ao cérebro e às redes neurais artificiais. Em particular, muitas interações locais originalmente aleatórias entre neurônios vizinhos de uma rede podem se fundir em estados de ordem global e finalmente levar a um comportamento coerente na forma de padrões espaciais ou ritmos temporais; estes são a essência da auto-organização.

A organização da rede acontece em dois níveis diferentes que interagem entre si na forma de um laço de *realimentação*. Os dois níveis são:

- *Atividade*. Certos padrões de atividade são produzidos por uma determinada rede em resposta a sinais de entrada.
- *Conectividade*. Forças de conexão (pesos sinápticos) da rede são modificadas em resposta a sinais neurais dos padrões de atividade, devido à plasticidade sináptica.

A realimentação entre as modificações nos pesos sinápticos e as modificações nos padrões de atividade deve ser *positiva* para se obter auto-organização (em vez da estabilização) da rede. Conseqüentemente, podemos abstrair o primeiro princípio da auto-organização (von der Malsburg, 1990a):

PRINCÍPIO 1. Modificações dos pesos sinápticos tendem a se auto-amplificar.

Este processo de auto-amplificação é restrito pela exigência que as modificações dos pesos sinápticos devam ser baseadas em sinais disponíveis localmente, ou seja sinais pré-sinápticos e pós-sinápticos. As exigências de auto-reforço e localidade especificam o mecanismo pelo qual uma sinapse forte leva a uma coincidência dos sinais pré-sinápticos e pós-sinápticos. Por sua vez, a força da sinapse é aumentada por tal coincidência. O mecanismo descrito aqui é na realidade uma reformulação do postulado de aprendizagem de Hebb!

Para se estabilizar o sistema, deve haver alguma forma de competição por recursos "limitados" (p.ex., número de entradas, recursos de energia). Especificamente, um aumento na força de algumas sinapses da rede deve ser compensado por uma redução em outras sinapses. Conseqüentemente, apenas sinapses "bem-sucedidas" podem aumentar, enquanto que as não tão bem-sucedidas tendem a se enfraquecer e eventualmente desaparecer. Esta observação nos leva a abstrair o segundo princípio da auto-organização (von der Malsburg, 1990a):

PRINCÍPIO 2. A limitação de recursos leva à competição entre sinapses e com isso à seleção das sinapses que crescem mais vigorosamente (i.e, as mais ajustadas) às custas das outras.

Este princípio também é possibilitado pela plasticidade sináptica.

Para a nossa próxima observação, notamos que uma única sinapse por si só não pode produzir eficientemente eventos favoráveis. Para fazer isso, necessitamos da cooperação entre um conjunto de sinapses que convirjam para um neurônio particular e que carreguem sinais coincidentes suficientemente fortes para ativar aquele neurônio. Portanto, podemos abstrair o terceiro princípio da auto-organização (von der Malsburg, 1990a):

PRINCÍPIO 3. As modificações em pesos sinápticos tendem a cooperar.

A presença de uma sinapse vigorosa pode reforçar o ajuste de outras sinapses, apesar da competição global da rede. Esta forma de cooperação pode surgir devido à plasticidade sináptica, ou devido à estimulação simultânea de neurônios pré-sinápticos causada pela existência de condições apropriadas no ambiente externo.

Todos os três princípios da auto-organização descritos até aqui se relacionam apenas à própria rede neural. Entretanto, para que a aprendizagem auto-organizada realize uma função de processamento de informação útil, deve haver *redundância* nos padrões de ativação fornecidos à rede pelo ambiente. A questão da redundância é discutida dentro da estrutura da teoria da informação de Shannon, no Capítulo 10. Por enquanto é suficiente postular o último princípio do auto-organização como segue (Barlow, 1989):

PRINCÍPIO 4. Ordem e estrutura nos padrões de informação representam informação redundante que é adquirida pela rede neural na forma de conhecimento, que é um pré-requisito necessário para a aprendizagem auto-organizada.

Parte deste conhecimento pode ser obtido por observações dos parâmetros estatísticos como a média, a variância e a matriz de correlação dos dados de entrada.

Os Princípios de 1 a 4 sobre aprendizagem auto-organizada fornecem a base neurobiológica para os algoritmos adaptativos para a análise de componentes principais neste capítulo e para o mapa auto-organizável de Kohonen apresentado no próximo capítulo. Estes princípios são também incorporados em muitos outros modelos auto-organizados que são motivados por considerações neurobiológicas. Um desses modelos que merece ser mencionado é o *modelo de Linsker* do sistema visual dos mamíferos (Linsker, 1986).

Análise de Características Auto-Organizadas

O processamento de informação no sistema visual é realizado em estágios. Em particular, características simples como contraste e orientação de bordas são analisadas nos estágios iniciais do sistema, enquanto que características complexas mais elaboradas são analisadas em estágios mais avançados. A Figura 8.1 mostra a estrutura geral de uma rede modular que se assemelha ao sistema visual. No modelo de Linsker, os neurônios da rede na Figura 8.1 estão organizados em camadas bidimensionais, com conexões locais para frente de uma camada para a seguinte. Cada neurônio recebe informação de um número limitado de neurônios localizados em uma região correspondente da camada anterior, que constitui o *campo receptivo* daquele neurônio. Os campos receptivos da rede desempenham um papel crucial no processo de desenvolvimento sináptico porque eles tornam possível para neurônios em uma camada responder a *correlações espaciais* das atividades neurais na camada anterior. São feitas duas pressuposições de natureza estrutural:

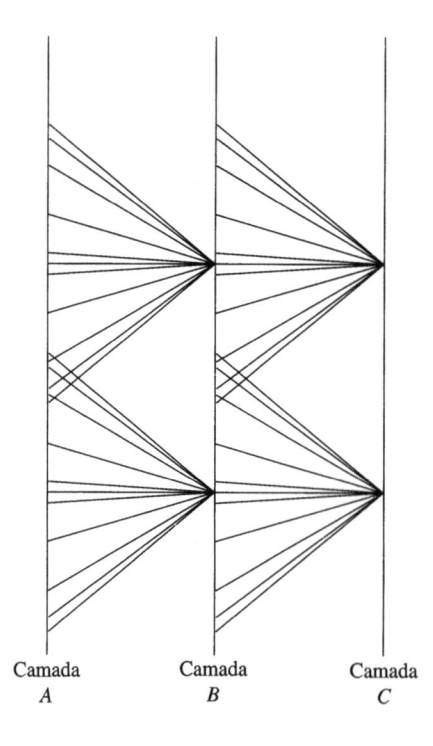

FIGURA 8.1 Planta de uma rede modular auto-adaptativa

Camada *A* Camada *B* Camada *C*

1. As posições das conexões sinápticas são fixas para todo o processo de desenvolvimento neuronal, uma vez que elas tenham sido escolhidas.
2. Cada neurônio atua como um combinador linear.

O modelo combina aspectos da modificação sináptica segundo Hebb com aprendizagem cooperativa e competitiva de tal forma que as saídas da rede discriminam otimamente entre um conjunto de entradas, com a aprendizagem auto-organizada sendo realizada em uma *forma camada por camada*. Isto é, o processo de aprendizagem permite que as propriedades de análise de características auto-organizadas se desenvolvam totalmente antes de prosseguir para a próxima camada. Em Linsker (1986), são apresentados resultados de simulação qualitativamente similares às propriedades encontradas nos estágios iniciais do processamento visual em gatos e macacos. Reconhecendo a natureza altamente complexa do sistema visual, é realmente notável que o modelo simples considerado por Linsker seja capaz de desenvolver neurônios para análise de características. Não se espera que os neurônios para análise de características no sistema visual dos mamíferos se desenvolvam exatamente da maneira descrita pelo modelo de Linsker. O ponto principal é que tais estruturas podem ser produzidas por uma rede em camadas relativamente simples cujas conexões sinápticas se desenvolvem de acordo com a forma hebbiana de aprendizagem.

Nosso interesse primordial neste capítulo, entretanto, se concentra na análise de componentes principais e como ela pode ser realizada usando-se sistemas auto-organizáveis baseados na aprendizagem hebbiana.

8.3 ANÁLISE DE COMPONENTES PRINCIPAIS

Um problema comum em reconhecimento estatístico de padrões é a seleção das características ou extração de características. A *seleção de características* se refere a um processo no qual um *espaço de dados* é transformado em um *espaço de características* que, em teoria, tem exatamente a mesma dimensão que o espaço original de dados. Entretanto, a transformação é projetada de tal forma que o conjunto de dados pode ser representado por um número reduzido de características "efetivas" e ainda reter a maioria do conteúdo de informação intrínseco dos dados; em outras palavras, o conjunto de dados sofre uma *redução de dimensionalidade*. Para sermos mais específicos, suponha que tenhamos um vetor **x** de dimensão m e desejemos transmiti-lo usando l números, onde $l < m$. Se simplesmente truncarmos o vetor **x**, causaremos um erro médio quadrado igual à soma das variâncias dos elementos eliminados de **x**. Assim, fazemos a seguinte pergunta: existe uma transformação *linear* inversiva **T** tal que o truncamento de **Tx** seja ótimo no sentido do erro médio quadrado? Claramente, a transformação **T** deve ter a propriedade que alguns de seus componentes tenham baixa variância. A *análise de componentes principais* (também conhecida como a *transformação de Karhunen-Loève* na teoria da comunicação) maximiza a taxa de redução da variância e é, portanto, a escolha correta. Neste capítulo, derivamos algoritmos de aprendizagem baseados na aprendizagem hebbiana que podem realizar análise de componentes principais[1] sobre o vetor de dados de interesse.

Considere que **X** represente um *vetor aleatório* de dimensão m representando o ambiente de interesse. Assumimos que o vetor aleatório **X** tem média zero:

$$E[\mathbf{X}] = \mathbf{0}$$

onde E é o operador estatístico valor esperado. Se **X** tiver uma média não-nula, subtraímos a média antes de prosseguirmos com a análise. Considere que **q** represente um *vetor unitário*, também de dimensão m, sobre o qual o vetor **X** será *projetado*. Esta projeção é definida pelo produto interno dos vetores **X** e **q**, como mostrado por

$$A = \mathbf{X}^T\mathbf{q} = \mathbf{q}^T\mathbf{X} \tag{8.1}$$

sujeito à restrição

$$\|\mathbf{q}\| = (\mathbf{q}^T\mathbf{q})^{1/2} = 1 \tag{8.2}$$

A projeção A é uma *variável aleatória* com uma média e uma variância relacionadas com as estatísticas do vetor aleatório **X**. Sob a suposição de que o vetor aleatório **X** tenha média zero, segue que o valor médio da projeção A é zero também:

$$E[A] = \mathbf{q}^T E[\mathbf{X}] = 0$$

A variância de A é, portanto, a mesma que o seu valor médio quadrado, e assim podemos escrever

$$\begin{aligned}\sigma^2 &= E\left[A^2\right] \\ &= E\left[(\mathbf{q}^T\mathbf{X})(\mathbf{X}^T\mathbf{q})\right] \\ &= \mathbf{q}^T E\left[\mathbf{X}\mathbf{X}^T\right]\mathbf{q} \\ &= \mathbf{q}^T \mathbf{R} \mathbf{q}\end{aligned} \tag{8.3}$$

A matriz **R** m-por-m é a *matriz de correlação* do vetor aleatório **X**, formalmente definido como o valor esperado do produto externo do vetor **X** com ele mesmo, como mostrado por

$$\mathbf{R} = E[\mathbf{X}\mathbf{X}^T] \tag{8.4}$$

Observamos que a matriz de correlação **R** é *simétrica*, o que significa que

$$\mathbf{R}^T = \mathbf{R} \tag{8.5}$$

Desta propriedade segue que se **a** e **b** são vetores m-por-1, então

$$\mathbf{a}^T\mathbf{R}\mathbf{b} = \mathbf{b}^T\mathbf{R}\mathbf{a} \tag{8.6}$$

Da Equação (8.3) vemos que a variância σ^2 da projeção A é uma função do vetor unitário **q**; podemos então escrever

$$\begin{aligned}\psi(\mathbf{q}) &= \sigma^2 \\ &= \mathbf{q}^T\mathbf{R}\mathbf{q}\end{aligned} \tag{8.7}$$

o que nos permite pensar em $\psi(\mathbf{q})$ como uma *prova de variância*.

Auto-estrutura da Análise de Componentes Principais

A próxima questão a ser considerada se refere a encontrar aqueles vetores unitários **q** ao longo dos quais ψ(**q**) tem valores *extremos* ou *estacionários* (máximos ou mínimos locais), sujeitos a uma restrição sobre a norma euclidiana de **q**. A solução para este problema se encontra na autoestrutura da matriz de correlação **R**. Se **q** é um vetor unitário tal que a prova de variância ψ(**q**) tem um valor extremo, então para qualquer pequena perturbação δ**q** do vetor unitário **q**, temos que, em primeira ordem em δ**q**,

$$\psi(\mathbf{q} + \delta\mathbf{q}) = \psi(\mathbf{q}) \tag{8.8}$$

Agora, da definição da prova de variância dada na Equação (8.7), temos

$$\psi(\mathbf{q} + \delta\mathbf{q}) = (\mathbf{q} + \delta\mathbf{q})^T \mathbf{R}(\mathbf{q} + \delta\mathbf{q})$$
$$= \mathbf{q}^T \mathbf{R}\mathbf{q} + 2(\delta\mathbf{q})^T \mathbf{R}\mathbf{q} + (\delta\mathbf{q})^T \mathbf{R}\delta\mathbf{q}$$

onde na segunda linha fizemos uso da Equação (8.6). Ignorando o termo de segunda ordem $(\delta\mathbf{q})^T\mathbf{R}\delta\mathbf{q}$ e invocando a definição da Equação (8.7), podemos, portanto, escrever

$$\psi(\mathbf{q} + \delta\mathbf{q}) = \mathbf{q}^T \mathbf{R}\mathbf{q} + 2(\delta\mathbf{q})^T \mathbf{R}\mathbf{q}$$
$$= \psi(\mathbf{q}) + 2(\delta\mathbf{q})^T \mathbf{R}\mathbf{q} \tag{8.9}$$

Assim, o uso da Eq. (8.8) em (8.9) implica que

$$(\delta\mathbf{q})^T \mathbf{R}\mathbf{q} = 0 \tag{8.10}$$

Não são admitidas quaisquer perturbações δ**q** de **q**; em vez disso, estamos restritos a usar apenas aquelas perturbações para as quais a norma euclidiana do vetor perturbado **q** + δ**q** se mantém igual à unidade; isto é

$$\|\mathbf{q} + \delta\mathbf{q}\| = 1$$

ou equivalentemente,

$$(\mathbf{q} + \delta\mathbf{q})^T(\mathbf{q} + \delta\mathbf{q}) = 1$$

Assim, com base na Eq. (8.2), exigimos que em primeira ordem em δ**q**,

$$(\delta\mathbf{q})^T \mathbf{q} = 0 \tag{8.11}$$

Isto significa que as perturbações δ**q** devem ser ortogonais a **q**, e com isso é permitida apenas uma modificação na direção de **q**.

Por convenção, os elementos do vetor unitário **q** são adimensionais em um sentido físico. Se, portanto, combinarmos as Eqs. (8.10) e (8.11), devemos introduzir um fator de escala λ nesta última equação com as mesmas dimensões que os elementos na matriz de correlação **R**. Podemos então escrever

$$(\delta\mathbf{q})^T\mathbf{R}\mathbf{q} - \lambda(\delta\mathbf{q})^T\mathbf{q} = 0$$

ou equivalentemente,

$$(\delta\mathbf{q})^T(\mathbf{R}\mathbf{q} - \lambda\mathbf{q}) = 0 \tag{8.12}$$

Para que valha a condição da Eq. (8.12), é necessário e suficiente ter

$$\mathbf{R}\mathbf{q} = \lambda\mathbf{q} \tag{8.13}$$

Esta é a equação que governa os vetores unitários $\mathbf{q}$ para os quais a prova de variância $\psi(\mathbf{q})$ tem valores extremos.

A Equação (8.13) é reconhecida como o *problema do autovalor*, usualmente encontrado na álgebra linear (Strang, 1980). O problema tem soluções não-triviais (i.e., $\mathbf{q} \neq \mathbf{0}$) apenas para valores especiais de λ que são chamados os *autovalores* da matriz de correlação $\mathbf{R}$. Os valores associados de $\mathbf{q}$ são chamados *autovetores*. Uma matriz de correlação é caracterizada por autovalores reais não-negativos. Os autovetores associados são únicos, assumindo que os autovalores são distintos. Considere que os autovalores da matriz $\mathbf{R}$ m-por-m sejam representados por $\lambda_1, \lambda_2,..., \lambda_m$ e que os autovetores associados sejam representados por $\mathbf{q}_1, \mathbf{q}_2,..., \mathbf{q}_m$, respectivamente. Podemos então escrever

$$\mathbf{R}\mathbf{q}_j = \lambda_j \mathbf{q}_j, \qquad j = 1, 2,..., m \tag{8.14}$$

Considere que os autovalores correspondentes estejam arranjados em ordem decrescente

$$\lambda_1 > \lambda_2 > \cdots > \lambda_j > \cdots > \lambda_m \tag{8.15}$$

de forma que $\lambda_1 = \lambda_{max}$. Considere que os autovetores associados sejam usados para construir uma matriz m-por-m:

$$\mathbf{Q} = [\mathbf{q}_1, \mathbf{q}_2,..., \mathbf{q}_j,..., \mathbf{q}_m] \tag{8.16}$$

Podemos então combinar o conjunto de m equações representado em (8.14) em uma única equação:

$$\mathbf{R}\mathbf{Q} = \mathbf{Q}\mathbf{\Lambda} \tag{8.17}$$

onde $\mathbf{\Lambda}$ é uma matriz diagonal definida pelos autovalores da matriz $\mathbf{R}$:

$$\mathbf{\Lambda} = \text{diag}[\lambda_1, \lambda_2,..., \lambda_j,..., \lambda_m] \tag{8.18}$$

A matriz $\mathbf{Q}$ é uma *matriz ortogonal (unitária)* no sentido que seus vetores coluna (i.e., os autovetores de $\mathbf{R}$) satisfazem as *condições de ortonormalidade*:

$$\mathbf{q}_i^T\mathbf{q}_j = \begin{cases} 1, & j = i \\ 0, & j \neq i \end{cases} \tag{8.19}$$

A Equação (8.19) requer autovalores distintos. Equivalentemente, podemos escrever

$$Q^T Q = I$$

da qual deduzimos que a inversa da matriz **Q** é a mesma que a sua transposta, como mostrado por

$$Q^T = Q^{-1} \tag{8.20}$$

Isto significa que podemos rescrever a Eq. (8.17) em uma forma conhecida como a *transformação de similaridade ortogonal*:

$$Q^T R Q = \Lambda \tag{8.21}$$

ou na forma expandida,

$$\mathbf{q}_j^T \mathbf{R} \mathbf{q}_k = \begin{cases} \lambda_j, & k = j \\ 0, & k \neq j \end{cases} \tag{8.22}$$

A transformação de similaridade ortogonal (unitária) da Eq. (8.21) transforma a matriz de correlação **R** em uma matriz diagonal de autovalores. A matriz de correlação **R** pode ela mesma ser expressa em termos de seus autovalores e autovetores como

$$\mathbf{R} = \sum_{i=1}^{m} \lambda_i \mathbf{q}_i \mathbf{q}_i^T \tag{8.23}$$

que é referido como o *teorema espectral*. O produto externo $\mathbf{q}_i \mathbf{q}_i^T$ é de *posto* 1 para todo i.

As Equações (8.21) e (8.23) são duas representações equivalentes da *decomposição por autovalor* da matriz de correlação **R**.

A análise de componentes principais e a decomposição por autovalor da matriz **R** são basicamente a mesma coisa, apenas vêm o problema de modos diferentes. Esta equivalência advém das Eqs. (8.7) e (8.23) onde vemos que as provas de variância e os autovalores são realmente iguais, como mostrado por

$$\psi(\mathbf{q}_j) = \lambda_j, \qquad j = 1, 2, \ldots, m \tag{8.24}$$

Podemos agora resumir as duas constatações importantes que fizemos acerca da auto-estrutura da análise de componentes principais:

- Os autovetores da matriz de correlação **R** relativos ao vetor aleatório de média zero **X** definem os vetores unitários $\mathbf{q}_j$, representando as direções principais ao longo das quais as provas de variância $\psi(\mathbf{q}_j)$ têm seus valores extremos.
- Os autovalores associados definem os valores extremos das provas de variância $\psi(\mathbf{u}_j)$.

Representações Básicas de Dados

Considere que o *vetor de dados* **x** represente uma realização do vetor aleatório **X**.

Com m soluções possíveis para o vetor unitário **q**, constatamos que existem m projeções possíveis do vetor de dados **x** a serem consideradas. Especificamente, da Eq. (8.1) notamos que

$$a_j = \mathbf{q}_j^T \mathbf{x} = \mathbf{x}^T \mathbf{q}_j, \quad j = 1, 2, \ldots, m \qquad (8.25)$$

onde a_j são as projeções de **x** sobre as direções principais representadas pelos vetores unitários $\mathbf{u}_j$. Os a_j são chamados de *componentes principais*; têm as mesmas dimensões físicas que o vetor de dados **x**. A fórmula na Eq. (8.25) pode ser vista como uma fórmula de *análise*.

Para reconstruir exatamente o vetor de dados originais **x** a partir das projeções a_j, procedemos como descrito a seguir. Primeiro, combinamos o conjunto de projeções $\{a_j | j = 1, 2, \ldots, m\}$ em um único vetor, como mostrado por

$$\begin{aligned}
\mathbf{a} &= [a_1, a_2, \ldots, a_m]^T \\
&= [\mathbf{x}^T \mathbf{q}_1, \mathbf{x}^T \mathbf{q}_2, \ldots, \mathbf{x}^T \mathbf{q}_m]^T \\
&= \mathbf{Q}^T \mathbf{x}
\end{aligned} \qquad (8.26)$$

A seguir, multiplicamos ambos os lados da Eq. (8.26) pela matriz **Q**, e então usamos a relação da Eq. (8.20). Conseqüentemente, o vetor de dados original **x** pode ser reconstruído como segue

$$\begin{aligned}
\mathbf{x} &= \mathbf{Q}\mathbf{a} \\
&= \sum_{j=1}^{m} a_j \mathbf{q}_j
\end{aligned} \qquad (8.27)$$

que pode ser visto como a fórmula para a *síntese*. Neste sentido, os vetores unitários $\mathbf{q}_j$ representam uma *base* do espaço de dados. Realmente, a Eq. (8.27) não é nada mais do que uma transformação de coordenadas, de acordo com a qual um ponto **x** no espaço de dados é transformado em um ponto **a** correspondente no espaço de características.

Redução de Dimensionalidade

Da perspectiva de reconhecimento estatístico de padrões, o valor prático da análise de componentes principais é que ela fornece uma técnica efetiva para *redução de dimensionalidade*. Em particular, podemos reduzir o número de características necessárias para a representação efetiva de dados descartando aquelas combinações lineares da Eq. (8.27) que têm variâncias pequenas e retendo apenas aqueles termos que têm variâncias grandes. Suponha que $\lambda_1, \lambda_2, \ldots, \lambda_l$ representem os maiores autovalores l da matriz de correlação **R**. Podemos então aproximar o vetor de dados **x** *truncando* a expansão da Eq. (8.27) após l termos como segue:

$$\hat{\mathbf{x}} = \sum_{j=1}^{m} a_j \mathbf{q}_j$$

$$= [\mathbf{q}_1, \mathbf{q}_2, \ldots, \mathbf{q}_l] \begin{bmatrix} a_1 \\ a_2 \\ \vdots \\ a_l \end{bmatrix}, \quad l \le m \tag{8.28}$$

Dado o vetor de dados original **x**, podemos usar a Eq. (8.25) para calcular o conjunto de componentes principais mantidos na Eq. (8.28) como segue:

$$\begin{bmatrix} a_1 \\ a_2 \\ \vdots \\ a_l \end{bmatrix} = \begin{bmatrix} \mathbf{q}_1^T \\ \mathbf{q}_2^T \\ \vdots \\ \mathbf{q}_l^T \end{bmatrix} \mathbf{x}, \quad l \le m \tag{8.29}$$

A projeção linear da Eq. (8.29) de $\mathbb{R}^m$ para $\mathbb{R}^l$ (i.e., o mapeamento do espaço de dados para o espaço de características) representa um *codificador* para a representação aproximada do vetor de dados **x** como ilustrado na Fig. 8.2a. Correspondentemente, a projeção linear da Eq. (8.28) de $\mathbb{R}^l$ para $\mathbb{R}^m$ (i.e., o mapeamento do espaço de características de volta para o espaço de dados) representa um *decodificador* para a reconstrução aproximada do vetor de dados original **x**, como ilustrado na Fig. 8.2b.

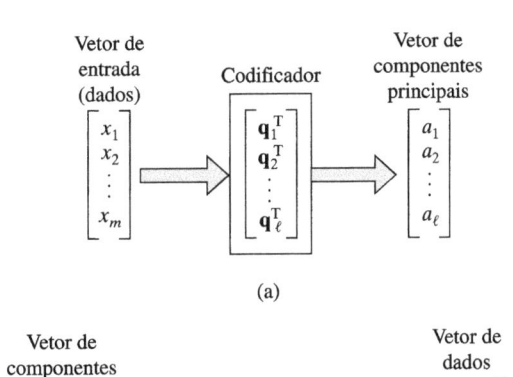

FIGURA 8.2 Ilustração de duas fases da análise de componentes principais: (a) Codificação. (b) Decodificação

Note que os autovalores *dominantes* (i.e., os maiores) $\lambda_1, \lambda_2, \ldots, \lambda_l$ não entram nos cálculos descritos nas Eq. (8.28) e (8.29); apenas determinam o número de componentes principais usadas para a codificação e a decodificação, respectivamente.

O *vetor de erro de aproximação* **e** é igual à diferença entre o vetor de dados original **x** e o vetor aproximado de dados $\hat{\mathbf{x}}$ como mostrado por

$$\mathbf{e} = \mathbf{x} - \hat{\mathbf{x}} \tag{8.30}$$

Substituindo as Eqs. (8.27) e (8.28) em (8.30) produz

$$\mathbf{e} = \sum_{j=l+1}^{m} a_j \mathbf{q}_j \tag{8.31}$$

O vetor de erro **e** *é ortogonal ao vetor aproximado de dados* $\hat{\mathbf{x}}$, como ilustrado na Fig. 8.3. Em outras palavras, o produto interno dos vetores $\hat{\mathbf{x}}$ e **e** é zero. Esta propriedade é mostrada usando-se as Eqs. (8.28) e (8.31) como segue:

$$\begin{aligned}\mathbf{e}^T\hat{\mathbf{x}} &= \sum_{i=l+1}^{m} a_i \mathbf{q}_i^T \sum_{j=1}^{l} a_j \mathbf{q}_j \\ &= \sum_{i=l+1}^{m} \sum_{j=1}^{m} a_i a_j \mathbf{q}_i^T \mathbf{q}_j \\ &= 0\end{aligned} \tag{8.32}$$

FIGURA 8.3 Ilustração da relação entre o vetor **x**, sua versão reconstruída $\hat{\mathbf{x}}$, e o vetor erro **e**

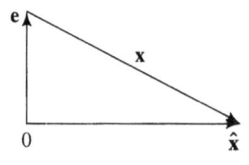

onde usamos a segunda condição da Eq. (8.19). A Equação (8.32) é conhecida como o *princípio da ortogonalidade*.

A variância total das m componentes do vetor de dados **x** é, pela Eq. (8.7) e a primeira linha da Eq. (8.22),

$$\sum_{j=1}^{m} \sigma_j^2 = \sum_{j=1}^{m} \lambda_j \tag{8.33}$$

onde σ_j^2 é a variância da *j*-ésima componente principal a_j. A variância total dos l elementos do vetor aproximado $\hat{x}$ é

$$\sum_{j=1}^{l} \sigma_j^2 = \sum_{j=1}^{l} \lambda_j \tag{8.34}$$

A variância total dos $(l - m)$ elementos do vetor erro de aproximação $\mathbf{x} - \hat{\mathbf{x}}$ é portanto

$$\sum_{j=l+1}^{m} \sigma_j^2 = \sum_{j=l+1}^{m} \lambda_j \tag{8.35}$$

Os autovalores $\lambda_{l+1}, ..., \lambda_m$ são os *menores* $(m - l)$ autovalores da matriz de correlação **R**; correspondem aos termos descartados da expansão da Eq. (8.28) usada para reconstruir o vetor aproximativo $\hat{\mathbf{x}}$.

Quanto mais próximos de zero forem estes autovalores, mais efetiva será a redução de dimensionalidade (resultante da aplicação da análise de componentes principais ao vetor de dados **x**) em preservar o conteúdo de informação dos dados de entrada originais. Assim, para realizar a redução de dimensionalidade em determinados dados de entrada, *calculamos os autovalores e autovetores da matriz de correlação do vetor de dados de entrada e então projetamos os dados ortogonalmente sobre o subespaço abrangido pelos autovetores pertencentes aos autovalores dominantes*. Este método de representação de dados é usualmente referido como *decomposição em subespaço* (Oja, 1983).

Exemplo 8.1 Conjunto de Dados Bivariados

Para ilustrar a aplicação da análise de componentes principais, considere o exemplo de um conjunto de dados bivariados (bidimensionais) representado na Fig. 8.4, onde se assume que ambos os eixos de características são aproximadamente da mesma escala. Os eixos horizontal e vertical do diagrama representam as coordenadas naturais do conjunto de dados. Os eixos girados rotulados 1 e 2 resultam da aplicação da análise de componentes principais a este conjunto de dados. Da Fig. 8.4 vemos que a projeção do conjunto de dados sobre o eixo 1 captura a característica saliente dos dados, ou seja o fato de o conjunto de dados ser bimodal (i.e., há dois agrupamentos na sua estrutura). De fato, a variância das projeções dos pontos de dados sobre o eixo 1 é maior do que para qualquer outro eixo de projeção da figura. Por outro lado, a característica bimodal inerente do conjunto de dados é totalmente obscurecida quando ele é projetado sobre o eixo ortogonal 2.

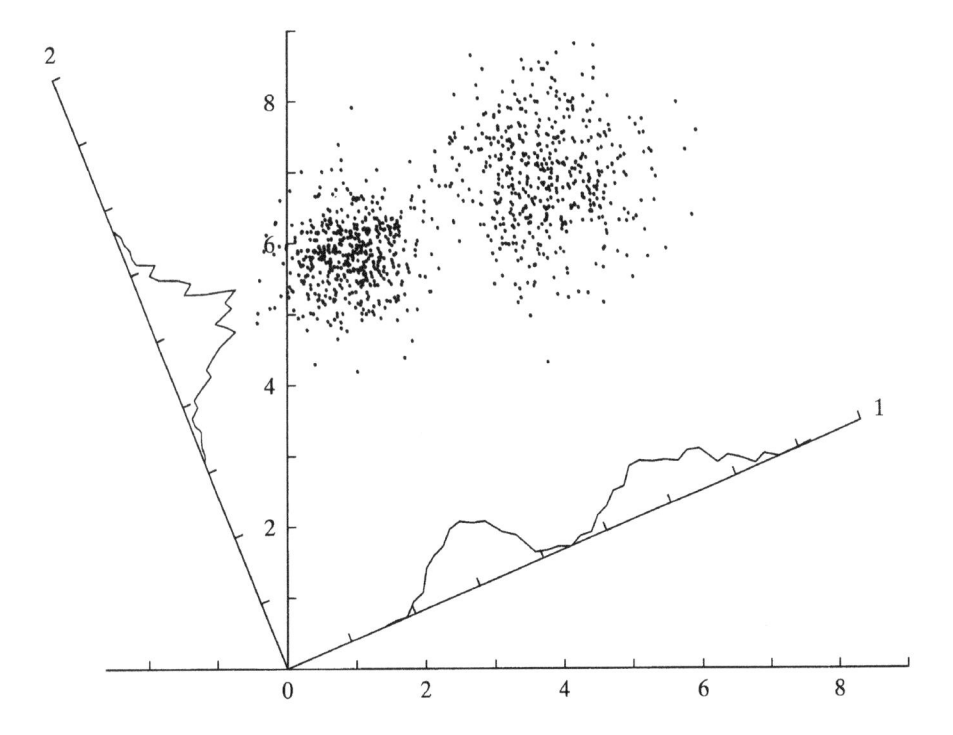

FIGURA 8.4 Uma nuvem de pontos de dados é mostrada em duas dimensões, e são indicados os gráficos de densidade formados pela projeção desta nuvem sobre cada um dos dois eixos, 1 e 2. A projeção sobre o eixo 1 tem variância máxima e claramente mostra o caráter bimodal ou caráter do agrupamento dos dados

O ponto importante a ser notado neste exemplo simples é que, embora a estrutura de agrupamentos do conjunto de dados seja evidente no gráfico bidimensional dos dados brutos mostrados na estrutura dos eixos horizontal e vertical, isto nem sempre é o caso na prática. No caso mais geral de conjuntos de alta dimensionalidade, é bem possível ter-se a estrutura intrínseca de agrupamentos dos dados ocultada e para vê-la devemos realizar uma análise estatística similar à análise de componentes principais (Linsker, 1988a).

■

8.4 AUTOFILTRO MÁXIMO BASEADO NA APRENDIZAGEM HEBBIANA

Há uma correspondência próxima entre o comportamento das redes neurais auto-organizadas e o método estatístico da análise de componentes principais. Nesta seção, demonstramos esta correspondência estabelecendo um resultado notável: um único neurônio linear com uma regra de adaptação do tipo hebbiano para seus pesos sinápticos pode evoluir para um filtro para a primeira componente principal da distribuição de entrada (Oja, 1982).

Para prosseguirmos com a demonstração, considere o modelo neuronal simples representado na Fig. 8.5a. O modelo é *linear* no sentido de que a saída do modelo é uma combinação linear de suas entradas. O neurônio recebe um conjunto de m sinais de entrada $x_1, x_2, ..., x_m$ através de um conjunto correspondente de m sinapses com pesos $w_1, w_2, ..., w_m$, respectivamente. A saída do modelo resultante y é assim definida por

$$y = \sum_{i=1}^{m} w_i x_i \qquad (8.36)$$

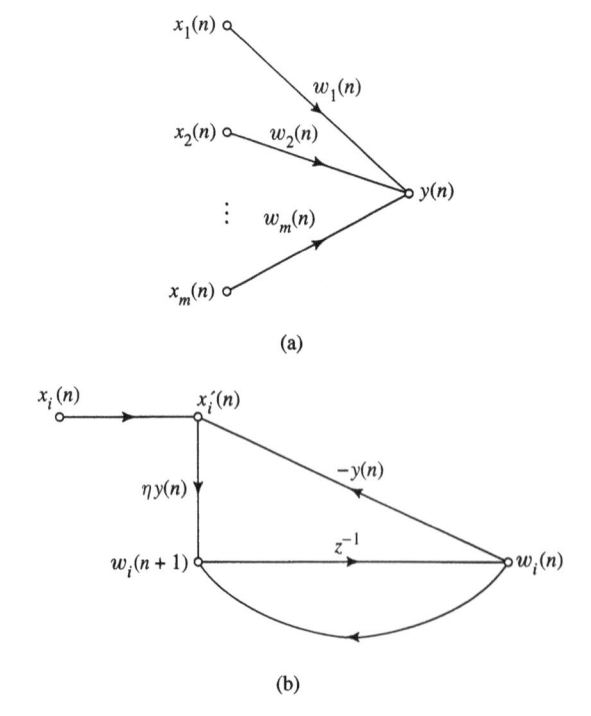

FIGURA 8.5 Representação do grafo de fluxo de sinal do autofiltro máximo. (a) Grafo da Eq. (8.36). (b) Grafo das Eqs. (8.41) e (8.42)

Note que na situação descrita aqui estamos tratando com um único neurônio, de modo que não é necessário usar índices duplos para identificar os pesos sinápticos da rede.

De acordo com o postulado de aprendizagem de Hebb, um peso sináptico w_i varia com o tempo, crescendo fortemente quando o sinal pré-sináptico x_i e o sinal pós-sináptico y coincidem entre si. Especificamente, podemos escrever

$$w_i(n + 1) = w_i(n) + \eta y(n) x_i(n), \quad i = 1, 2, ..., m \tag{8.37}$$

onde n representa o tempo discreto e η, o *parâmetro da taxa de aprendizagem*. Entretanto, esta regra de aprendizagem na sua forma básica leva ao crescimento ilimitado do peso sináptico w_i, o que é inaceitável por razões físicas. Podemos superar este problema incorporando alguma forma de *saturação* ou *normalização* na regra de aprendizagem para a adaptação dos pesos sinápticos. O uso de normalização tem o efeito de introduzir competição entre as sinapses do neurônio por recursos limitados, a qual, pelo Princípio 2 da auto-organização, é essencial para a estabilização. De um ponto de vista matemático, uma forma conveniente de normalização é descrita por (Oja, 1982):

$$w_i(n+1) = \frac{w_i(n) + \eta y(n) x_i(n)}{\left(\sum_{i=1}^{m}[w_i(n) + \eta y(n) x_i(n)]^2\right)^{1/2}} \tag{8.38}$$

onde o somatório no denominador se estende sobre o conjunto completo de sinapses associadas com o neurônio. Assumindo que o parâmetro da taxa de aprendizagem η seja pequeno, podemos expandir a Eq. (8.38) como uma série de potências em η, e assim escrever

$$w_i(n + 1) = w_i(n) + \eta y(n)[x_i(n) - y(n) w_i(n)] + O(\eta^2) \tag{8.39}$$

onde o termo $O(\eta^2)$ representa efeitos de segunda ordem e de ordens mais altas em η. Portanto, para η pequeno, podemos ignorar este termo e com isso realizar uma aproximação em primeira ordem em relação a η da Eq. (8.38) como segue:

$$w_i(n + 1) = w_i(n) + \eta y(n)[x_i(n) - y(n) w_i(n)] \tag{8.40}$$

O termo $y(n)x_i(n)$ no lado direito da Eq. (8.40) representa as modificações hebbianas usuais do peso sináptico w_i, e portanto é responsável pelo efeito de auto-amplificação ditado pelo Princípio 1 da auto-organização. A inclusão do termo negativo $-y(n)w_i(n)$ é responsável pela estabilização de acordo com o Princípio 2; ele modifica a entrada $x_i(n)$ em uma forma que é dependente do peso sináptico associado $w_i(n)$ e da saída $y(n)$, como mostrado por

$$x_i'(n) = x_i(n) - y(n) w_i(n) \tag{8.41}$$

que pode ser visto como a *entrada efetiva* da i-ésima sinapse. Podemos agora usar a definição dada na Eq. (8.41) para rescrever a regra de aprendizagem da Eq. (8.40) como segue:

$$w_i(n + 1) = w_i(n) + \eta y(n) x_i'(n) \tag{8.42}$$

A operação global do neurônio é representada por uma combinação de dois grafos de fluxo de sinal, como mostrado na Fig. 8.5. O grafo de fluxo de sinal da Fig. 8.5a mostra a dependência da saída

$y(n)$ em relação aos pesos $w_1(n), w_2(n), ..., w_m(n)$, de acordo com a Eq. (8.36). O grafo de fluxo de sinal da Fig. 8.5b fornece uma descrição das Eqs. (8.41) e (8.42); a transmitância z^{-1} na porção central do grafo representa um operador de atraso unitário. O sinal de saída $y(n)$ produzido na Fig. 8.5a age como uma transmitância na Fig. 8.5b. O grafo da Fig. 8.5b exibe claramente as duas seguintes formas de realimentação interna agindo sobre o neurônio:

- Realimentação positiva para auto-amplificação e conseqüente aumento do peso sináptico $w_i(n)$, de acordo com a sua entrada externa $x_i(n)$.
- Realimentação negativa devido a $-y(n)$ para controlar o crescimento, resultando assim em estabilização do peso sináptico $w_i(n)$.

O termo produto $-y(n)w_i(n)$ está relacionado com o *fator de esquecimento* ou *fator de fuga* que é freqüentemente usado em regras de aprendizagem, mas com uma diferença: o fator de esquecimento se torna mais pronunciado com uma resposta $y(n)$ mais forte. Este tipo de controle tem aparentemente suporte biológico (Stent, 1973).

Formulação Matricial do Algoritmo

Por conveniência de apresentação, considere

$$\mathbf{x}(n) = [x_1(n), x_2(n), ..., x_m(n)]^T \tag{8.43}$$

e

$$\mathbf{w}(n) = [w_1(n), w_2(n), ..., w_m(n)]^T \tag{8.44}$$

O vetor de entrada $\mathbf{x}(n)$ e o vetor peso sináptico $\mathbf{w}(n)$ são tipicamente realizações de vetores aleatórios. Usando esta notação vetorial, podemos rescrever a Eq. (8.36) na forma de um produto interno como segue:

$$y(n) = \mathbf{x}^T(n)\mathbf{w}(n) = \mathbf{w}^T(n)\mathbf{x}(n) \tag{8.45}$$

Similarmente, podemos rescrever a Eq. (8.40) como

$$\mathbf{w}(n+1) = \mathbf{w}(n) + \eta y(n)[\mathbf{x}(n) - y(n)\mathbf{w}(n)] \tag{8.46}$$

Assim, substituir a Eq. (8.45) em (8.46) produz

$$\mathbf{w}(n+1) = \mathbf{w}(n) + \eta[\mathbf{x}(n)\,\mathbf{x}^T(n)\mathbf{w}(n) - \mathbf{w}^T(n)\mathbf{x}(n)\mathbf{x}^T(n)\mathbf{w}(n)\mathbf{w}(n)] \tag{8.47}$$

O algoritmo de aprendizagem da Eq. (8.47) representa uma *equação não-linear estocástica de diferenças*, o que torna a análise da convergência do algoritmo matematicamente difícil. Para preparar o caminho para esta análise de convergência, discorreremos brevemente para introduzir uma ferramenta geral para análise de convergência de algoritmos de aproximação estocásticos.

Teorema da Estabilidade Assintótica

O algoritmo de aprendizagem auto-organizada da Eq. (8.47) é um caso especial do algoritmo estocástico genérico de aproximação

$$\mathbf{w}(n+1) = \mathbf{w}(n) + \eta(n)h(\mathbf{w}(n), \mathbf{x}(n)), \quad n = 0, 1, 2,..., \tag{8.48}$$

Assume-se que $\eta(\cdot)$ seja uma seqüência de escalares positivos.

A *função de atualização* $h(\cdot,\cdot)$ é uma função determinística com algumas condições de regularidade impostas a ela. Esta função, juntamente com a seqüência escalar $\eta(\cdot)$, especifica a estrutura completa do algoritmo.

O objetivo do procedimento descrito aqui é associar uma *equação diferencial ordinária determinística (EDO)* à equação não-linear estocástica de diferenças (8.48). As propriedades de estabilidade da equação diferencial estão ligadas às propriedades de convergência do algoritmo. Este procedimento é uma ferramenta razoavelmente geral e tem larga aplicabilidade. Ele foi desenvolvido independentemente por Ljung (1977) e por Kushner e Clark (1978), que usaram diferentes abordagens.[2]

Para começar, o procedimento assume que o algoritmo de aproximação estocástico descrito pela Eq. (8.48) satisfaz o seguinte conjunto de condições, usando a nossa terminologia:

1. $\eta(n)$ é uma seqüência decrescente de números reais positivos, tal que temos:

    (a) $$\sum_{n=1}^{\infty} \eta(n) = \infty \tag{8.49}$$

    (b) $$\sum_{n=1}^{\infty} \eta^p(n) < \infty \quad \text{para} \quad p > 1 \tag{8.50}$$

    (c) $$\eta(n) \to 0 \quad \text{quando } n \to \infty \tag{8.51}$$

2. A seqüência de vetores de parâmetros (pesos sinápticos) $\mathbf{w}(\cdot)$ é limitada com probabilidade 1.
3. A função de atualização $h(\mathbf{w},\mathbf{x})$ é continuamente diferenciável em relação a $\mathbf{w}$ e a $\mathbf{x}$, e suas derivadas são limitadas no tempo.
4. O limite

$$\bar{h}(\mathbf{w}) = \lim_{n \to \infty} E[h(\mathbf{w},\mathbf{X})] \tag{8.52}$$

existe para cada $\mathbf{w}$; o operador estatístico do valor esperado E é aplicado sobre o vetor aleatório $\mathbf{X}$ com uma realização representada por $\mathbf{x}$.

5. Existe uma solução assintoticamente estável localmente (no sentido de Lyapunov) para a equação diferencial ordinária

$$\frac{d}{dt}\mathbf{w}(t) = \bar{h}(\mathbf{w}(t)) \tag{8.53}$$

onde t representa o tempo contínuo; a estabilidade no sentido de Lyapunov é discutida no Capítulo 14.

6. Considere que $\mathbf{q}_1$ represente a solução da Eq. (8.53) com uma bacia de atração $\mathcal{B}(\mathbf{q})$; a bacia de atração é definida no Capítulo 14. Então o vetor de parâmetros $\mathbf{w}(n)$ entra em um subconjunto compacto $\mathcal{A}$ do poço de atração $\mathcal{B}(\mathbf{q})$ infinitas vezes, com probabilidade 1.

As seis condições descritas aqui são todas razoáveis. Em particular, a condição 1(a) é uma condição necessária que torna possível para o algoritmo mover a estimativa para um limite desejado, independentemente das condições iniciais. A condição 1(b) condiciona a velocidade com que $\eta(n)$ deve tender a zero; ela é muito menos restritiva que a condição usual

$$\sum_{n=1}^{\infty} \eta^2(n) < \infty$$

A condição 4 é a suposição básica que torna possível a associação de uma equação diferencial com o algoritmo da Eq. (8.48).

Considere, então, um algoritmo de aproximação estocástico descrito pela equação recursiva (8.48), sujeito às suposições 1 a 6. Podemos então formular o *teorema da estabilidade assintótica* para esta classe de algoritmos de aproximação estocásticos como segue (Ljung, 1977; Kushner e Clark, 1978):

$$\lim_{n \to \infty} \mathbf{w}(n) = \mathbf{q}_1, \quad \text{infinitas vezes com probabilidade 1} \quad (8.54)$$

Enfatizamos, entretanto, que, embora o procedimento descrito aqui possa nos fornecer informação sobre as propriedades assintóticas do algoritmo (8.48), ele normalmente não nos esclarece a respeito do número de iterações n necessárias para os resultados da análise serem aplicáveis. Além disso, em problemas de rastreamento em que um vetor parâmetro variável no tempo deve ser seguido usando o algoritmo (8.48), não é possível se exigir

$$\eta(n) \to 0 \quad \text{quando } n \to \infty$$

como estipulado pela condição 1(c). Podemos superar esta dificuldade atribuindo um valor positivo pequeno a η, cujo tamanho normalmente depende da aplicação de interesse. Isto é feito normalmente no uso prático de algoritmos estocásticos de aproximação em redes neurais.

Análise de Estabilidade do Autofiltro Máximo

Na abordagem EDO para a estabilidade, temos a ferramenta de que precisamos para investigar o comportamento de convergência do algoritmo recursivo da Eq. (8.46) relativa ao autofiltro máximo, como aqui descrito.

Para satisfazer a condição 1 do teorema de estabilidade assintótica, fazemos

$$\eta(n) = \frac{1}{n}$$

A seguir, notamos da Eq. (8.47) que a função de atualização $h(\mathbf{w},\mathbf{x})$ é definida por

$$\begin{aligned} h(\mathbf{w}, \mathbf{x}) &= \mathbf{x}(n)y(n) - y^2(n)\mathbf{w}(n) \\ &= \mathbf{x}(n)\mathbf{x}^T(n)\mathbf{w}(n) - \left[\mathbf{w}^T(n)\mathbf{x}(n)\mathbf{x}^T(n)\mathbf{w}(n)\right]\mathbf{w}(n) \end{aligned} \quad (8.55)$$

que claramente satisfaz a condição 3 do teorema. A Equação (8.55) resulta do uso de uma realização **x** do vetor aleatório **X** na função de atualização $h(\mathbf{w}, \mathbf{X})$. Para a condição 4 tomamos o valor esperado de $h(\mathbf{w}, \mathbf{X})$ sobre **X**, e assim escrevemos

$$\begin{aligned}\bar{h} &= \lim_{n\to\infty} E\left[\mathbf{X}(n)\mathbf{X}^T(n)\mathbf{w}(n) - (\mathbf{w}^T(n)\mathbf{X}(n)\mathbf{X}^T(n)\mathbf{w}(n))\mathbf{w}(n)\right] \\ &= \mathbf{R}\mathbf{w}(\infty) - \left[\mathbf{w}^T(\infty)\mathbf{R}\mathbf{w}(\infty)\right]\mathbf{w}(\infty)\end{aligned} \quad (8.56)$$

onde **R** é a matriz de correlação do processo estocástico representado pelo vetor aleatório $\mathbf{X}(n)$, e $\mathbf{w}(\cdot)$ é o valor limite do vetor peso sináptico.

De acordo com a condição 5 e com base nas Eqs. (8.53) e (8.56), procuramos pontos estáveis da equação diferencial não-linear

$$\begin{aligned}\frac{d}{dt}\mathbf{w}(t) &= \bar{h}(\mathbf{w}(t)) \\ &= \mathbf{R}\mathbf{w}(t) - \left[\mathbf{w}^T(t)\mathbf{R}\mathbf{w}(t)\right]\mathbf{w}(t)\end{aligned} \quad (8.57)$$

Considere que $\mathbf{w}(t)$ seja expandido em termos do conjunto ortonormal completo de autovetores da matriz de correlação **R** como segue:

$$\mathbf{w}(t) = \sum_{k=1}^{m} \theta_k(t) \mathbf{q}_k \quad (8.58)$$

onde $\mathbf{q}_k$ é o k-ésimo autovetor normalizado da matriz **R**, e o coeficiente $\theta_k(t)$ é a projeção variável no tempo do vetor $\mathbf{w}(t)$ sobre $\mathbf{q}_k$. Substituindo a Eq. (8.58) em (8.57) e usando as definições básicas

$$\mathbf{R}\mathbf{q}_k = \lambda_k \mathbf{q}_k$$

e

$$\mathbf{q}_k^T \mathbf{R} \mathbf{q}_k = \lambda_k$$

onde λ_k é o autovalor associado com $\mathbf{q}_k$, finalmente obtemos

$$\sum_{k=1}^{m}\frac{d\theta_k(t)}{dt}\mathbf{q}_k = \sum_{k=1}^{m}\lambda_k\theta_k(t)\mathbf{q}_k - \left[\sum_{l=1}^{m}\lambda_l\theta_l^2(t)\right]\sum_{k=1}^{m}\theta_k(t)\mathbf{q}_k \quad (8.59)$$

Equivalentemente, podemos escrever

$$\frac{d\theta_k(t)}{dt} = \lambda_k\theta_k(t) - \theta_k(t)\sum_{l=1}^{m}\lambda_l\theta_l^2(t), \quad k = 1, 2, \ldots, m \quad (8.60)$$

Reduzimos assim a análise de convergência do algoritmo de aproximação estocástico de (8.48) à análise de estabilidade de um sistema de equações diferenciais ordinárias (8.60) envolvendo os *modos principais* $\theta_k(t)$.

Há dois casos a serem considerados aqui, dependendo do valor atribuído ao índice k. O caso I corresponde a $1 < k \leq m$, e o caso II corresponde a $k = 1$; m é a dimensão de ambos, $\mathbf{x}(n)$ e $\mathbf{w}(n)$. Estes dois casos são considerados separadamente.

Caso I. $1 < k \leq m$. Para o tratamento deste caso, definimos

$$\alpha_k(t) = \frac{\theta_k(t)}{\theta_1(t)}, \quad 1 < k \leq m \tag{8.61}$$

Assim, assume-se que $\theta_1(t) \neq 0$, o que é verdade com probabilidade 1 desde que *os valores iniciais* $\mathbf{w}(0)$ *sejam escolhidos ao acaso*. Então, diferenciando ambos os lados da Eq. (8.61) em relação ao tempo t, obtemos

$$\begin{aligned}\frac{d\alpha_k(t)}{dt} &= \frac{1}{\theta_1(t)}\frac{d\theta_k(t)}{dt} - \frac{\theta_k(t)}{\theta_1^2(t)}\frac{d\theta_1(t)}{dt} \\ &= \frac{1}{\theta_1(t)}\frac{d\theta_k(t)}{dt} - \frac{\alpha_k(t)}{\theta_1(t)}\frac{d\theta_1(t)}{dt}, \quad 1 < k \leq m\end{aligned} \tag{8.62}$$

A seguir, usando a Eq. (8.60) em (8.62), aplicando a definição da Eq. (8.61) e então simplificando o resultado, obtemos

$$\frac{d\alpha_k(t)}{dt} = -(\lambda_1 - \lambda_k)\alpha_k(t), \quad 1 < k \leq n \tag{8.63}$$

Com a suposição de que os autovalores da matriz de correlação $\mathbf{R}$ são distintos e arranjados em ordem decrescente, temos

$$\lambda_1 > \lambda_2 > \cdots > \lambda_k > \cdots > \lambda_m > 0 \tag{8.64}$$

Daí segue que a diferença dos autovalores $\lambda_1 - \lambda_k$, representando a recíproca de uma constante de tempo na Eq. (8.63), é positiva, e assim constatamos que para o caso I:

$$\alpha_k(t) \to 0 \text{ quando } t \to \infty \text{ para } 1 < k \leq m \tag{8.65}$$

Caso II. $k = 1$. Da Eq. (8.60), este segundo caso é descrito pela equação diferencial

$$\begin{aligned}\frac{d\theta_1(t)}{dt} &= \lambda_1\theta_1(t) - \theta_1(t)\sum_{l=1}^{m}\lambda_l\theta_l^2(t) \\ &= \lambda_1\theta_1(t) - \lambda_1\theta_1^3(t) - \theta_1(t)\sum_{l=2}^{m}\lambda_l\theta_l^2(t) \\ &= \lambda_1\theta_1(t) - \lambda_1\theta_1^3(t) - \theta_1^3(t)\sum_{l=2}^{m}\lambda_l\alpha_l^2(t)\end{aligned} \tag{8.66}$$

Entretanto, do caso I sabemos que $\alpha_l \to 0$ para $l \neq 1$ quando $t \to \infty$. Assim, o último termo no lado direito da Eq. (8.66) se aproxima de zero quando o tempo t se aproxima do infinito. Ignorando este termo, a Eq. (8.66) se simplifica para

$$\frac{d\theta_1(t)}{dt} = \lambda_1 \theta_1(t)\left[1 - \theta_1^2(t)\right] \quad \text{para } t \to \infty \tag{8.67}$$

Deve-se enfatizar, entretanto, que a Eq. (8.67) é válida apenas em um sentido assintótico.

A equação (8.67) representa um *sistema autônomo* (i.e., um sistema sem dependência temporal explícita). A estabilidade de um sistema como este é mais bem tratada usando-se uma função positivamente definida denominada a *função de Lyapunov*, cujo tratamento detalhado é apresentado no Capítulo 14. Considere que **s** represente o vetor de estado de um sistema autônomo, e $V(t)$ represente uma função de Lyapunov do sistema. Um estado de equilíbrio $\bar{\mathbf{s}}$ do sistema é assintoticamente estável se

$$\frac{d}{dt}V(t) < 0 \quad \text{para } \mathbf{s} \in \mathcal{U} - \bar{\mathbf{s}}$$

onde $\mathcal{U}$ é uma vizinhança pequena em torno de $\bar{\mathbf{s}}$.

Para o problema considerado, afirmamos que a equação diferencial (8.67) tem uma função de Lyapunov definida por

$$V(t) = [\theta_1^2(t) - 1]^2 \tag{8.68}$$

Para validar esta afirmação, devemos mostrar que $V(t)$ satisfaz duas condições:

1. $\dfrac{dV(t)}{dt} < 0$ para todo t \hfill (8.69)

2. $V(t)$ tem um mínimo \hfill (8.70)

Diferenciando a Eq. (8.68) em relação ao tempo, obtemos

$$\begin{aligned}\frac{dV(t)}{dt} &= 4\theta_1(t)[\theta_1(t)-1]\frac{d\theta_1}{dt} \\ &= 4\lambda_1 \theta_1^2(t)\left[\theta_1^2(t)-1\right]^2 \quad \text{para } t \to \infty\end{aligned} \tag{8.71}$$

onde na segunda linha fizemos uso da Eq. (8.67). Como o autovalor λ_1 é positivo, observamos da Eq. (8.71) que a condição da Eq. (8.69) é verdadeira para t tendendo ao infinito. Além disso, da Eq. (8.71) notamos que $V(t)$ tem um mínimo [i.e., $dV(t)/dt$ é zero] em $\theta_1(t) = \pm 1$, e assim a condição da Eq. (8.70) também é satisfeita. Podemos, portanto, concluir a análise do caso II afirmando que

$$\theta_1(t) \to \pm 1 \quad \text{quando } t \to \infty \tag{8.72}$$

Com base no resultado descrito na Eq. (8.72) e na definição da Eq. (8.71), podemos reformular o resultado do caso I dado da Eq. (8.65) na sua forma final:

$$\theta_k(t) \to 0 \quad \text{quando } t \to \infty \text{ para } 1 < k \leq m \tag{8.73}$$

A conclusão global tirada da análise dos casos I e II tem dois aspectos:

- O único modo principal do algoritmo de aproximação estocástico descrito na Eq. (8.47) que convergirá é $\theta_1(t)$; todos os outros modos do algoritmo decairão a zero.
- O modo $\theta_1(t)$ convergirá para ±1.

Com isso, a condição 5 do teorema de estabilidade assintótica é satisfeita. Especificamente, com base na expansão descrita na Eq. (8.58), podemos formalmente afirmar que

$$\mathbf{w}(t) \to \mathbf{q}_1 \text{ quando } t \to \infty$$

onde $\mathbf{q}_1$ é o autovetor normalizado associado ao maior autovalor λ_1 da matriz de correlação $\mathbf{R}$.

A seguir, devemos mostrar que, de acordo com a condição 6 do teorema da estabilidade assintótica, existe um subconjunto $\mathcal{A}$ do conjunto de todos os vetores, tal que

$$\lim_{n \to \infty} \mathbf{w}(n) = \mathbf{q}_1 \text{ infinitas vezes com probabilidade 1}$$

Para fazer isso, devemos primeiro satisfazer a condição 2, o que é feito *limitando de modo abrupto* as componentes de $\mathbf{w}(n)$ de modo que as suas magnitudes permaneçam abaixo de algum limiar a. Podemos então definir a norma de $\mathbf{w}(n)$ escrevendo

$$\|\mathbf{w}(n)\| = \max_j |w_j(n)| \le a \qquad (8.74)$$

Seja $\mathcal{A}$ o subconjunto compacto de $\mathbb{R}^m$ definido pelo conjunto de vetores com norma menor ou igual a a. Pode-se mostrar imediatamente que (Sanger, 1989b)

Se $\|\mathbf{w}(n)\| \le a$, e a constante a é suficientemente grande, então $\|\mathbf{w}(n+1)\| < \|\mathbf{w}(n)\|$ com probabilidade 1.

Assim, quando o número de iterações n aumenta, $\mathbf{w}(n)$ eventualmente estará dentro de $\mathcal{A}$, e permanecerá dentro de $\mathcal{A}$ (infinitas vezes) com probabilidade 1. Como a bacia de atração $\mathcal{B}(\mathbf{q}_1)$ inclui todos os vetores com norma limitada, temos $\mathcal{A} \in \mathcal{B}(\mathbf{q}_1)$. Em outras palavras, a condição 6 é satisfeita.

Satisfizemos agora todas as seis condições do teorema de estabilidade assintótica, e com isso mostramos que (sujeito às suposições mencionadas) o algoritmo de aproximação estocástico de (8.47) fará com que $\mathbf{w}(n)$ convirja com probabilidade 1 para o autovetor $\mathbf{q}_1$ associado com o maior autovalor λ_1 da matriz de correlação $\mathbf{R}$. Este não é o único ponto fixo do algoritmo, mas é o único que é assintoticamente estável.

Resumindo as Propriedades do Autofiltro Máximo Baseado na Aprendizagem Hebbiana

A análise de convergência apresentada acima mostra que um único neurônio linear governado pela regra de aprendizagem auto-organizada da Eq. (8.39), ou equivalentemente aquela da Eq. (8.46), extrai de forma adaptativa a primeira componente principal de uma entrada estacionária. A primeira componente principal corresponde ao maior autovalor λ_1 da matriz de correlação do vetor aleatório $\mathbf{X}(n)$; na verdade, λ_1 está relacionado com a variância da saída do modelo $y(n)$, como mostrado aqui.

Considere que $\sigma^2(n)$ represente a variância da variável aleatória $Y(n)$ com uma realização representada por $y(n)$, isto é,

$$\sigma^2(n) = E[Y^2(n)] \tag{8.75}$$

onde $Y(n)$ tem média zero para uma entrada com média zero. Fazendo $n \to \infty$ na Eq. (8.46) e usando o fato de que, de modo correspondente, $\mathbf{w}(n)$ tende a $\mathbf{q}_1$, obtemos

$$\mathbf{x}(n) = y(n)\,\mathbf{q}_1 \text{ para } n \to \infty$$

Usando esta relação, podemos mostrar que a variância $\sigma^2(n)$ tende a λ_1 quando o número de iterações n se aproxima do infinito; veja o Problema 8.2.

Em resumo, um neurônio linear baseado na aprendizagem hebbiana cuja operação é descrita pela Eq. (8.46) converge com probabilidade 1 a um ponto fixo, que é caracterizado como segue (Oja, 1982):

1. A variância da saída do modelo se aproxima do maior autovalor da matriz de correlação $\mathbf{R}$, como mostrado por

$$\lim_{n\to\infty} \sigma^2(n) = \lambda_1 \tag{8.76}$$

2. O vetor peso sináptico do modelo se aproxima do autovetor associado, como mostrado por

$$\lim_{n\to\infty} \mathbf{w}(n) = \mathbf{q}_1 \tag{8.77}$$

com

$$\lim_{n\to\infty} \|\mathbf{w}(n)\| = 1 \tag{8.78}$$

Estes resultados assumem que a matriz de correlação $\mathbf{R}$ é positivamente definida com o maior autovalor λ_1 tendo multiplicidade 1. Eles também são válidos para uma matriz de correlação $\mathbf{R}$ definida não negativamente desde que $\lambda_1 > 0$ com multiplicidade 1.

Exemplo 8.2 Filtro Casado

Considere um vetor aleatório $\mathbf{X}(n)$ composto como segue:

$$\mathbf{X}(n) = \mathbf{s} + \mathbf{V}(n)$$

onde $\mathbf{s}$ é um vetor unitário fixo representando a *componente do sinal*, e $\mathbf{V}(n)$ é a *componente de ruído branco* com média zero. A matriz de correlação do vetor de entrada é

$$\begin{aligned}\mathbf{R} &= E\left[\mathbf{X}(n)\mathbf{X}^T(n)\right] \\ &= \mathbf{s}\mathbf{s}^T + \sigma^2 \mathbf{I}\end{aligned}$$

onde σ^2 é a variância dos elementos do vetor de ruído $\mathbf{V}(n)$, e $\mathbf{I}$ é a matriz identidade. O maior autovalor da matriz de correlação $\mathbf{R}$ é portanto

$$\lambda_1 = 1 + \sigma^2$$

O autovetor associado $\mathbf{q}_1$ é

$$\mathbf{q}_1 = \mathbf{s}$$

Pode-se mostrar facilmente que esta solução satisfaz o problema de autovalor

$$\mathbf{R}\mathbf{q}_1 = \lambda_1 \mathbf{q}_1$$

Assim, para a situação descrita neste exemplo, o neurônio linear auto-organizado (sob convergência à sua condição estável) atua como um *filtro casado* no sentido de que a sua resposta ao impulso (representada pelos pesos sinápticos) está casada com a componente de sinal $\mathbf{s}$ do vetor de entrada $\mathbf{X}(n)$. ∎

8.5 ANÁLISE DE COMPONENTES PRINCIPAIS BASEADA NA APRENDIZAGEM HEBBIANA

O autofiltro máximo baseado na aprendizagem hebbiana da seção anterior extrai a primeira componente principal da entrada. Este modelo de neurônio linear único pode ser expandido em uma rede alimentada adiante com uma única camada de neurônios lineares visando à análise de componentes principais de tamanho arbitrário na entrada (Sanger, 1989b).

Para sermos específicos, considere a rede alimentada adiante mostrada na Fig. 8.6. São feitas as duas seguintes suposições de natureza estrutural:

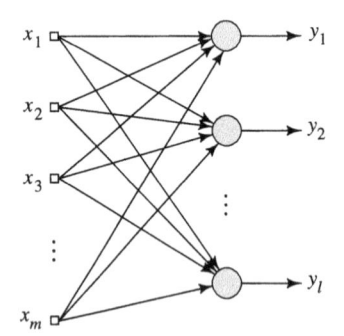

FIGURA 8.6 Rede alimentada adiante com uma única camada de nós computacionais

1. Cada neurônio na camada de saída da rede é *linear*.
2. A rede tem m entradas e l saídas, sendo ambas especificadas. Além disso, a rede tem menos saídas que entradas (i.e., $l < m$).

O único aspecto da rede que está sujeito a treinamento é o conjunto de pesos sinápticos $\{w_{ji}\}$ conectando nós de fonte i na camada de entrada a computacionais j na camada de saída, onde $i = 1, 2,..., m$, e $j = 1, 2,..., l$.

A saída $y_j(n)$ de um neurônio j no tempo n, produzida em resposta ao conjunto de entradas $\{x_i(n) | i = 1, 2,..., m\}$ é dada por (veja a Fig. 8.7a)

ANÁLISE DE COMPONENTES PRINCIPAIS

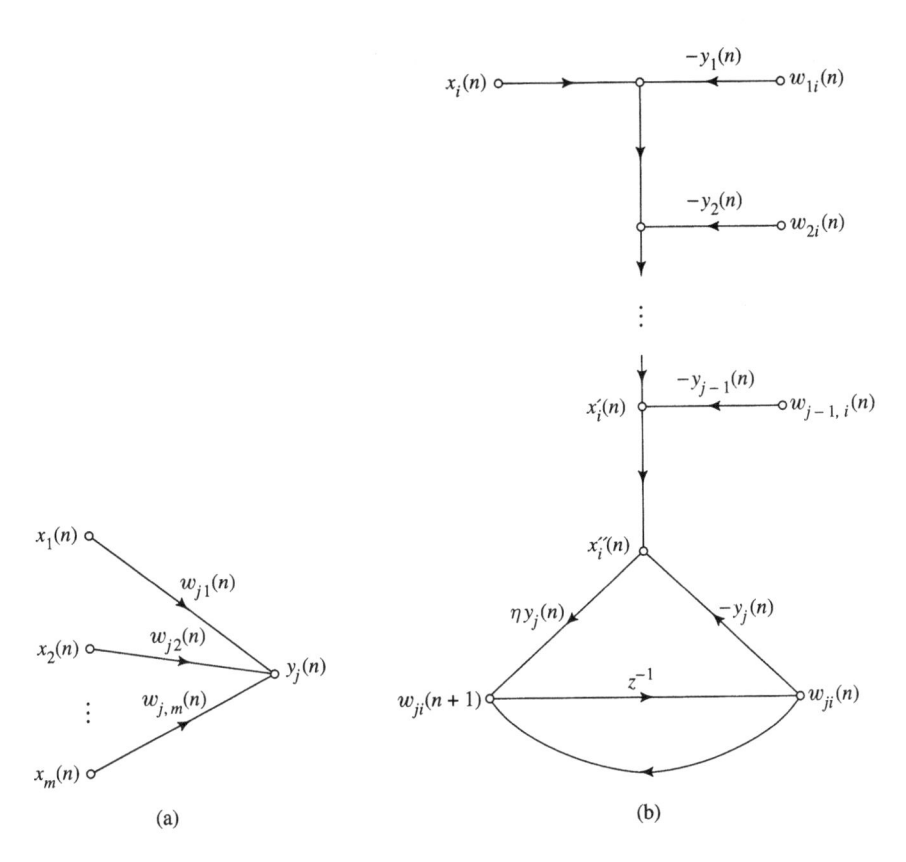

FIGURA 8.7 A representação por grafo de fluxo de sinal do algoritmo hebbiano generalizado. (a) Grafo da Eq. (8.79). (b) Grafo das Eqs. (8.80) a (8.81)

$$y_j(n) = \sum_{i=1}^{m} w_{ji}(n)x_i(n), \quad j = 1,2,...,l \tag{8.79}$$

O peso sináptico $w_{ji}(n)$ é adaptado de acordo com uma forma generalizada da aprendizagem hebbiana, como mostrado por (Sanger, 1989b):

$$\Delta w_{ji}(n) = \eta \left[y_j(n)x_i(n) - y_j(n)\sum_{k=1}^{j} w_{ki}(n)y_k(n) \right], \quad \begin{matrix} i = 1,2,...,m \\ j = 1,2,...,l \end{matrix} \tag{8.80}$$

onde $\Delta w_{ji}(n)$ é a modificação aplicada ao peso sináptico $w_{ji}(n)$ no tempo n, e η é o parâmetro da taxa de aprendizagem. O *algoritmo hebbiano generalizado* (AHG) da Eq. (8.80) para uma camada de l neurônios inclui o algoritmo da Eq. (8.39) para um único neurônio como um caso especial, isto é, $j = 1$.

Para podermos observar o comportamento do algoritmo hebbiano generalizado, rescrevemos a Eq. (8.80) na forma

$$\Delta w_{ji}(n) = \eta y_j(n)\left[x_i'(n) - w_{ji}(n)y_j(n) \right], \quad \begin{matrix} i = 1,2,...,m \\ j = 1,2,...,l \end{matrix} \tag{8.81}$$

onde $x_i'(n)$ é uma versão modificada do i-ésimo elemento do vetor de entrada $\mathbf{x}(n)$; ele é uma função do índice j, como mostrado por

$$x_i'(n) = x_i(n) - \sum_{k=1}^{j-1} w_{ki}(n) y_k(n) \tag{8.82}$$

Para um neurônio j específico, o algoritmo descrito na Eq. (8.81) tem exatamente a mesma forma matemática da Eq. (8.39) exceto pelo fato de que o sinal de entrada $x_i(n)$ é substituído por seu valor modificado $x_i'(n)$ na Eq. (8.82). Podemos ir um passo à frente e rescrever a Eq. (8.81) em uma forma que corresponde ao postulado de aprendizagem de Hebb, como mostrado por

$$\Delta w_{ji}(n) = \eta y_j(n) x_i''(n) \tag{8.83}$$

onde

$$x_i''(n) = x_i'(n) - w_{ji}(n) y_j(n) \tag{8.84}$$

Assim, notando que

$$\Delta w_{ji}(n+1) = w_{ji}(n) + \Delta w_{ji}(n) \tag{8.85}$$

e

$$w_{ji}(n) = z^{-1}[w_{ji}(n+1)] \tag{8.86}$$

onde z^{-1} é o operador atraso unitário, podemos construir o grafo de fluxo de sinal da Fig. 8.7b para o algoritmo hebbiano generalizado. Deste grafo vemos que o algoritmo leva a uma forma *local* de implementação, desde que seja formulado como na Eq. (8.85). Note também que $y_j(n)$, responsável pela realimentação no grafo de fluxo de sinal da Fig. 8.7b, é determinado pela Eq. (8.79); a representação por grafo de fluxo de sinal desta última equação é mostrada na Fig. 8.7a.

Para uma compreensão heurística de como o algoritmo hebbiano generalizado opera realmente, primeiro usamos a notação matricial para rescrever a versão do algoritmo definido na Eq. (8.81) como segue:

$$\Delta \mathbf{w}_j(n) = \eta y_j(n) \mathbf{x}'(n) - \eta y_j^2(n) \mathbf{w}_j(n), \quad j = 1, 2, \ldots, l \tag{8.87}$$

onde

$$\mathbf{x}'(n) = \mathbf{x}(n) - \sum_{k=1}^{j-1} \mathbf{w}_k(n) y_k(n) \tag{8.88}$$

O vetor $\mathbf{x}'(n)$ representa uma forma modificada do vetor de entrada. Com base na representação dada na Eq. (8.87), fazemos as seguintes observações (Sanger, 1989b):

1. Para o primeiro neurônio da rede alimentada adiante mostrada na Fig. 9.6, temos

$$j = 1: \mathbf{x}'(n) = \mathbf{x}(n)$$

Neste caso, o algoritmo hebbiano generalizado se reduz àquele da Eq. (8.46) para um único neurônio. Do material apresentado na Seção 8.5 já sabemos que este neurônio descobrirá a primeira componente principal do vetor de entrada $\mathbf{x}(n)$.

2. Para o segundo neurônio da rede da Fig. 8.6, escrevemos

$$j = 2: \mathbf{x}'(n) = \mathbf{x}(n) - \mathbf{w}_1(n)y_1(n)$$

Desde que o primeiro neurônio já tenha convergido para a primeira componente principal, o segundo neurônio enxerga um vetor de entrada $\mathbf{x}'(n)$ do qual o primeiro autovetor da matriz de correlação $\mathbf{R}$ foi removido. O segundo neurônio, portanto, extrai a primeira componente principal de $\mathbf{x}'(n)$, que é equivalente à segunda componente principal do vetor de entrada original $\mathbf{x}(n)$.

3. Para o terceiro neurônio, escrevemos

$$j = 3: \mathbf{x}'(n) = \mathbf{x}(n) - \mathbf{w}_1(n)y_1(n) - \mathbf{w}_2(n)y_2(n)$$

Suponha que os primeiros dois neurônios já tenham convergido para a primeira e para a segunda componentes principais, como explicado nos passos 1 e 2. O terceiro neurônio enxerga agora um vetor de entrada $\mathbf{x}'(n)$ do qual foram removidos os dois primeiros autovetores. Portanto, ele extrai a primeira componente do vetor $\mathbf{x}'(n)$, que é equivalente à terceira componente principal do vetor de entrada original $\mathbf{x}(n)$.

4. Prosseguindo desta forma para os neurônios restantes da rede alimentada adiante da Fig. 8.6, vemos agora que cada saída da rede treinada de acordo com o algoritmo hebbiano generalizado da Eq. (8.81) representa a resposta a um autovetor particular da matriz de correlação do vetor de entrada e que as saídas individuais são ordenadas por autovalores decrescentes.

Este método de cálculo dos autovetores é similar a uma técnica conhecida como *técnica de deflação de Hotelling* (Kreyszig, 1988); ela segue um procedimento similar à ortogonalização de Gram-Schmidt (Strang, 1980).

Com a descrição neurônio por neurônio apresentada aqui pretende-se meramente simplificar a explanação. Na prática, todos os neurônios no algoritmo hebbiano generalizado tendem a convergir juntos.

Considerações sobre Convergência

Considere que $\mathbf{W}(n) = \{w_{ji}(n)\}$ represente a matriz de pesos sinápticos l-por-m da rede alimentada adiante mostrada na Fig. 8.6; isto é,

$$\mathbf{W}(n) = [\mathbf{w}_1(n), \mathbf{w}_2(n), \ldots, \mathbf{w}_l(n)]^T \tag{8.89}$$

Suponha que o parâmetro da taxa de aprendizagem do algoritmo hebbiano generalizado da Eq. (8.81) assuma uma forma variável no tempo $\eta(n)$, tal que no limite temos

$$\lim_{n \to \infty} \eta(n) = 0 \quad \text{e} \quad \sum_{n=0}^{\infty} \eta(n) = \infty \tag{8.90}$$

Podemos então rescrever este algoritmo na forma matricial

$$\Delta \mathbf{W}(n) = \eta(n)\{\mathbf{y}(n)\mathbf{x}^T(n) - \text{TI}[\mathbf{y}(n)\mathbf{y}^T(n)]\mathbf{W}(n)\} \quad (8.91)$$

onde o operador TI[·] fixa em zero todos os elementos acima da diagonal da matriz do argumento, tornando-a com isso uma matriz *triangular inferior*. Sob estas condições, e invocando as suposições feitas na Seção 8.4, prova-se a convergência do algoritmo AHG seguindo um procedimento similar àquele apresentado na seção anterior para o autofiltro máximo. Assim, podemos formular o seguinte teorema (Sanger, 1989b):

Se atribuirmos à matriz peso sináptico $\mathbf{W}(n)$ valores aleatórios no passo de tempo $n = 0$, então com probabilidade 1, o algoritmo hebbiano generalizado da Eq. (8.91) convergirá para um ponto fixo com $\mathbf{W}^T(n)$ se aproximando de uma matriz cujas colunas são os primeiros l autovetores da matriz de correlação $\mathbf{R}$, m-por-m, do vetor de entrada m-por-1, ordenada por autovalores decrescentes.

A importância prática deste teorema é que ele garante que o algoritmo hebbiano generalizado encontre os primeiros l autovetores da matriz de correlação $\mathbf{R}$, assumindo que os autovalores associados sejam distintos. Igualmente importante é o fato de que não necessitamos calcular a matriz de correlação $\mathbf{R}$. Em vez disso, os primeiros l autovetores de $\mathbf{R}$ são calculados pelo algoritmo adiante dos dados de entrada. A economia computacional resultante pode ser enorme, especialmente se a dimensionalidade m do espaço de entrada for muito grande e o número necessário de autovetores associados com os l maiores autovalores da matriz de correlação $\mathbf{R}$ for uma pequena fração de m.

O teorema de convergência é formulado em termos de um parâmetro da taxa de aprendizagem variável no tempo $\eta(n)$. Na prática, o parâmetro da taxa de aprendizagem é escolhido como uma pequena constante η, garantindo assim a convergência com erro médio quadrado nos pesos sinápticos de ordem η.

Em Chatterjee et al. (1998), são investigadas as propriedades de convergência do algoritmo AHG descrito na Eq. (8.91). A análise aí apresentada mostra que η crescente leva a uma convergência mais rápida e a um maior erro médio quadrado assintótico, o que é intuitivamente satisfatório. Naquele artigo, é explicitado o compromisso entre a precisão dos cálculos e a velocidade da aprendizagem, entre outras coisas.

Otimização do Algoritmo Hebbiano Generalizado

Suponha que no limite escrevamos

$$\Delta \mathbf{w}_j(n) \to \mathbf{0} \text{ e } \mathbf{w}_j(n) \to \mathbf{q}_j \text{ quando } n \to \infty \text{ para } j = 1, 2, \ldots, l \quad (8.92)$$

e que tenhamos

$$\|\mathbf{w}_j(n)\| = 1 \text{ para todo } j \quad (8.93)$$

Então, os valores limites $\mathbf{q}_1, \mathbf{q}_2, \ldots, \mathbf{q}_l$ dos vetores de pesos sinápticos dos neurônios na rede alimentada adiante da Fig. 8.5 representam os *autovetores normalizados* associados com l autovalores dominantes da matriz de correlação $\mathbf{R}$, e que são ordenados descendentemente por autovalor. Em equilíbrio, podemos, portanto, escrever

$$\mathbf{q}_j^T \mathbf{R} \mathbf{q}_k = \begin{cases} \lambda_j, & k = j \\ 0, & k \neq j \end{cases} \quad (8.94)$$

onde $\lambda_1 > \lambda_2 > \cdots > \lambda_{l'}$

Para a saída do neurônio j, temos o valor limite

$$\lim_{n \to \infty} y_j(n) = \mathbf{x}^T(n)\mathbf{q}_j = \mathbf{q}_j^T \mathbf{x}(n) \tag{8.95}$$

Considere que $Y_j(n)$ represente uma variável aleatória com uma realização representada pela saída $y_j(n)$. A correlação cruzada entre as variáveis $Y_j(n)$ e $Y_k(n)$ em equilíbrio é dada por

$$\begin{aligned}\lim_{n \to \infty} E\left[Y_j(n)Y_k(n)\right] &= E\left[\mathbf{q}_j^T \mathbf{X}(n)\mathbf{X}^T(n)\mathbf{q}_k\right] \\ &= \mathbf{q}_j^T \mathbf{R} \mathbf{q}_k \\ &= \begin{cases} \lambda_j, & k = j \\ 0, & k \neq j \end{cases}\end{aligned} \tag{8.96}$$

Assim, podemos afirmar que no equilíbrio o algoritmo hebbiano generalizado da Eq. (8.91) atua como um *auto-analisador* dos dados de entrada.

Considere que $\hat{\mathbf{x}}(n)$ represente o valor particular do vetor de entrada $\mathbf{x}(n)$ para o qual as condições limites da Eq. (8.92) são satisfeitas para $j = l - 1$. Assim, da forma matricial da Eq. (8.80), constatamos que no limite

$$\hat{\mathbf{x}}(n) = \sum_{k=1}^{l} y_k(n) \mathbf{q}_k \tag{8.97}$$

Isto significa que dados dois conjuntos de quantidades, os valores limites $\mathbf{q}_1, \mathbf{q}_2, \ldots, \mathbf{q}_l$ dos vetores de pesos sinápticos dos neurônios na rede alimentada adiante da Fig. 8.5 e as saídas correspondentes $y_1(n), y_2(n), \ldots, y_l(n)$, podemos então construir uma *estimativa linear de mínimos quadrados* $\hat{\mathbf{x}}(n)$ do vetor de entrada $\mathbf{x}(n)$. De fato, a fórmula da Eq. (8.97) pode ser vista como uma fórmula para *reconstrução de dados*, como mostrado na Fig. 8.8. Note que, com base na discussão apresentada na Seção 8.3, este método de reconstrução de dados está sujeito a um vetor de erro de aproximação que é ortogonal à estimativa $\hat{\mathbf{x}}(n)$.

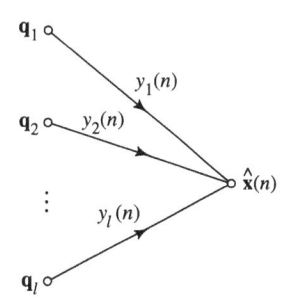

FIGURA 8.8 Representação por grafo de fluxo de sinal de como é calculado o vetor reconstruído $\hat{\mathbf{x}}$

Resumo do AHG

Os cálculos envolvidos no algoritmo hebbiano generalizado (AHG) são simples; podem ser resumidos como segue:

1. Inicialize os pesos sinápticos da rede, w_{ji}, com valores pequenos no tempo $n = 1$. Atribua um pequeno valor positivo ao parâmetro da taxa de aprendizagem η.

2. Para $n = 1, j = 1, 2,..., l$, e $i = 1, 2,..., m$, calcule

$$y_j(n) = \sum_{i=1}^{m} w_{ji}(n)x_i(n)$$

$$\Delta w_{ji}(n) = \eta \left[y_j(n)x_i(n) - y_j(n)\sum_{k=1}^{j} w_{ki}(n)y_k(n) \right]$$

onde $x_i(n)$ é a i-ésima componente do vetor de entrada m-por-1, $\mathbf{x}(n)$ e l é o número desejado de componentes principais.

3. Incremente n em 1, vá para o passo 2 e continue até os pesos sinápticos w_{ji} alcançarem seus valores de equilíbrio. Para n grande, o peso sináptico w_{ji} do neurônio j converge para a i-ésima componente do autovetor associado com o j-ésimo autovalor da matriz de correlação do vetor de entrada $\mathbf{x}(n)$.

8.6 EXPERIMENTO COMPUTACIONAL: CODIFICAÇÃO DE IMAGEM

Completamos a discussão do algoritmo de aprendizagem hebbiana generalizado examinando o seu uso para resolver um problema de *codificação de imagem*.

A Fig. 8.9a mostra uma imagem de pais usada para treinamento: esta imagem enfatiza informação de *bordas*. Ela foi digitalizada para formar uma imagem 256 × 256 com 256 níveis de cinza. A imagem foi codificada usando-se uma rede linear alimentada adiante com uma única camada de 8 neurônios, cada um com 64 entradas. Para treinar a rede, foram usados blocos 8 × 8 não-superpostos da imagem. O experimento foi realizado com 2000 varreduras da imagem e com uma pequena taxa de aprendizagem $\eta = 10^{-4}$.

A Fig. 8.9b mostra as máscaras 8 × 8 representando os pesos sinápticos aprendidos pela rede. Cada uma das oito máscaras mostra o conjunto de pesos sinápticos associados com um neurônio particular da rede. Especificamente, sinapses excitatórias (pesos positivos) são mostradas em branco, enquanto que sinapses inibitórias (pesos negativos) são mostradas em preto; cinza indica pesos zero. Na nossa notação, as máscaras representam as colunas da matriz 64 × 8 de pesos sinápticos $\mathbf{W}^T$ após o algoritmo hebbiano generalizado ter convergido.

Para codificar a imagem, foi usado o seguinte procedimento:

- Cada bloco 8 × 8 da imagem foi multiplicado por cada uma das 8 máscaras mostradas na Fig. 8.9b, gerando assim 8 coeficientes para a codificação da imagem; a Fig. 8.9c mostra a imagem reconstruída baseada nas 8 componentes principais dominantes sem quantização.
- Cada coeficiente foi uniformemente quantizado com um número de bits aproximadamente proporcional ao logaritmo da variância daquele coeficiente sobre a imagem. Assim, foram atribuídos 6 bits a cada uma das três primeiras máscaras, 4 bits a cada uma das duas máscaras seguintes, 3 bits a cada uma das duas máscaras seguintes e 2 bits à última máscara. Com base nesta representação, foi necessário um total de 34 bits para codificar cada bloco 8 × 8 de pontos (*pixels*), resultando em uma taxa de dados de 0,53 bits por ponto.

Para reconstruir a imagem a partir dos coeficientes quantizados, todas as máscaras foram ponderadas por seus coeficientes quantizados, e então somadas para reconstituir cada bloco da imagem. A imagem reconstruída dos pais com uma razão de compressão de 15 para 1 está mostrada na Fig. 8.9d.

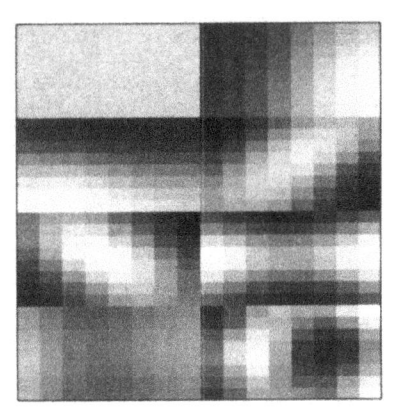

FIGURA 8.9 (a) Uma imagem de pais usada no experimento de codificação de imagem. (b) Máscaras 8 × 8 representando os pesos sinápticos aprendidos pelo AHG. (c) Imagem reconstruída dos pais obtida usando-se as 8 componentes principais dominantes sem quantização. (d) Imagem reconstruída dos pais com razão de compressão de 15 para 1 usando quantização

Para uma variação da primeira imagem, aplicamos a seguir o algoritmo hebbiano generalizado à imagem de uma cena de oceano mostrada na Fig. 8.10a. Esta segunda imagem enfatiza a informação *textural*. A Figura 8.10b mostra as máscaras 8 × 8 dos pesos sinápticos aprendidos pela rede procedendo da mesma maneira descrita acima; note a diferença entre estas máscaras e aquelas da Fig. 8.9b. A Figura 8.10c mostra a imagem reconstruída da cena de oceano com base nas 8 componentes principais dominantes sem quantização. Para estudar o efeito da quantização, as saídas das primeiras duas máscaras foram quantizadas usando-se 5 bits cada, a terceira com 3 bits e as restantes 5 máscaras com 2 bits cada. Assim, foi necessário um total de 23 bits para codificar cada bloco 8 × 8 de pontos, resultando em uma taxa de bits de 0,36 bits por ponto. A Figura 8.10d mostra a imagem reconstruída da cena de oceano, usando suas próprias máscaras quantizadas na maneira descrita acima. A razão de compressão desta imagem foi de 22 para 1.

Para testar o desempenho de "generalização" do algoritmo hebbiano generalizado, finalmente usamos as máscaras da Fig. 8.9b para decompor a cena de oceano da Fig. 8.10a e então aplicamos o mesmo procedimento de quantização que foi usado para gerar a imagem reconstruída da Fig. 8.10d.

FIGURA 8.10 (a) Imagem de cena de oceano. (b) Máscaras 8 × 8 representando os pesos sinápticos aprendidos pelo algoritmo AHG aplicado à cena de oceano. (c) Imagem reconstruída da cena de oceano usando 8 componentes principais dominantes. (d) Imagem reconstruída da cena de oceano com razão de compressão de 22 para 1, usando as máscaras da parte (b) com quantização. (e) Imagem reconstruída da cena de oceano usando as máscaras da Fig. 8.9(b) para codificação, com quantização para uma compressão de 22 para 1, a mesma que aquela da parte (d)

O resultado desta reconstrução de imagem é mostrado na Fig. 8.10e com uma razão de compressão de 22 para 1, a mesma que a da Fig. 8.10d. Enquanto que as imagens reconstruídas nas Figuras 8.10d e 8.10e guardam uma concordância surpreendente entre si, pode-se ver que a Fig. 8.10d possui uma maior quantidade de informação textural "verdadeira" e, portanto, aparenta ser menos "quadriculada" que a Fig. 8.10e. A razão para este comportamento está nos pesos da rede. Para o treinamento realizado com as imagens dos pais e da cena de oceano, os primeiros quatro pesos são muito similares. Entretanto, para a imagem dos pais os quatro pesos finais codificam informação de borda, mas no caso da cena de oceano estes pesos codificam informação textural. Assim, quando ocorre a codificação da cena de oceano com os pesos do tipo de borda, a reconstrução dos dados texturais é grosseira, resultando assim uma aparência quadriculada.

8.7 ANÁLISE DE COMPONENTES PRINCIPAIS ADAPTATIVA USANDO INIBIÇÃO LATERAL

O algoritmo hebbiano generalizado descrito na seção anterior se baseia no uso exclusivo de conexões para frente para a análise de componentes principais. Nesta seção, descrevemos um outro algoritmo chamado de *extração adaptativa de componentes principais* (APEX, *adaptive principal components extraction*) (Kung e Diamantaras, 1990; Diamantaras e Kung, 1996). O algoritmo APEX usa tanto conexões para frente como para trás.[3] O algoritmo é de natureza iterativa na medida em que, se fornecermos as primeiras $(j-1)$ componentes principais, a j-ésima componente principal é facilmente calculada.

A Figura 8.11 mostra o modelo de rede usado para a derivação do algoritmo APEX. Como anteriormente, o vetor de entrada **x** tem dimensão m, com suas componentes representadas por x_1, x_2,..., x_m. Assume-se que cada neurônio da rede seja linear. Como mostrado na Fig. 8.11, há na rede dois tipos de conexões sinápticas:

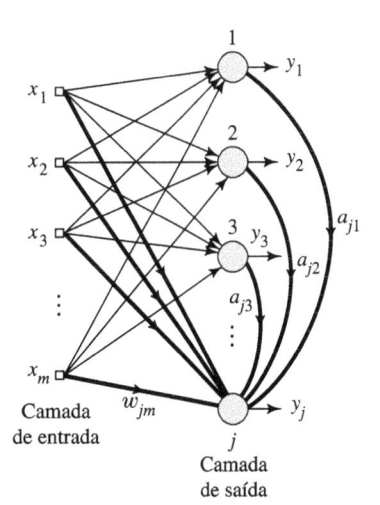

FIGURA 8.11 Rede com conexões para frente e conexões laterais para a derivação do algoritmo APEX

- *Conexões para frente* dos nós de entrada para cada neurônio 1, 2,..., j, com $j < m$. As conexões para frente para o neurônio j são de particular interesse; estas conexões são representadas pelo vetor peso para frente

$$\mathbf{w}_j = [w_{j1}(n), w_{j2}(n),..., w_{jm}(n)]^T$$

As conexões para frente operam de acordo com a *regra de aprendizagem hebbiana*; são *excitatórias* e com isso são responsáveis pela auto-amplificação.
- *Conexões laterais* das saídas individuais dos neurônios 1, 2,..., $j-1$ para o neurônio j, aplicando desse modo *realimentação* à rede. Estas conexões são representadas pelo vetor peso de realimentação

$$\mathbf{a}_j(n) = [a_{j1}(n), a_{j2}(n),..., a_{j,j-1}(n)]^T$$

As conexões laterais operam de acordo com uma *regra de aprendizagem anti-hebbiana*, que tem o efeito de fazê-las *inibitórias*.

Na Figura 8.11, as conexões para frente e realimentadas do neurônio j estão em negrito meramente para enfatizar que o neurônio j é o objeto de estudo.

A saída $y_j(n)$ do neurônio j é dada por

$$y_j(n) = \mathbf{w}_j^T(n)\mathbf{x}(n) + \mathbf{a}_j^T(n)\mathbf{y}_{j-1}(n) \tag{8.98}$$

onde a contribuição $\mathbf{w}_j^T(n)\mathbf{x}(n)$ se deve às conexões para frente, e a contribuição restante $\mathbf{a}_j^T(n)\mathbf{y}_{j-1}(n)$ se deve às conexões laterais. O vetor sinal realimentado $\mathbf{y}_{j-1}(n)$ é definido pelas saídas dos neurônios 1, 2,..., $j-1$:

$$\mathbf{y}_{j-1}(n) = [y_1(n), y_2(n),..., y_{j-1}(n)]^T \tag{8.99}$$

Assume-se também que o vetor de entrada $\mathbf{x}(n)$ seja retirado de um processo estacionário cuja matriz de correlação $\mathbf{R}$ tenha *autovalores distintos arranjados em ordem decrescente* como segue:

$$\lambda_1 > \lambda_2 > \cdots > \lambda_{j-1} > \lambda_j > \cdots > \lambda_m \tag{8.100}$$

Assume-se também que os neurônios 1, 2,..., $j-1$ da rede da Fig. 8.11 *já tenham convergido para suas respectivas condições estáveis*, como mostrado por

$$\mathbf{w}_k(0) = \mathbf{q}_k, \qquad k = 1, 2,..., j-1 \tag{8.101}$$

$$\mathbf{a}_k(0) = \mathbf{0}, \qquad k = 1, 2,..., j-1 \tag{8.102}$$

onde $\mathbf{q}_k$ é o autovetor associado com o k-ésimo autovalor da matriz de correlação $\mathbf{R}$, e o passo de tempo $n = 0$ se refere ao início dos cálculos do neurônio j da rede. Podemos então usar as Eqs. (8.98), (8.99), (8.101) e (8.102) para escrever

$$\begin{aligned}\mathbf{y}_{j-1}(n) &= \left[\mathbf{q}_1^T\mathbf{x}(n), \mathbf{q}_2^T\mathbf{x}(n),..., \mathbf{q}_{j-1}^T\mathbf{x}(n)\right] \\ &= \mathbf{Q}\mathbf{x}(n)\end{aligned} \tag{8.103}$$

onde $\mathbf{Q}$ é uma matriz $(j-1)$-por-m definida em termos dos autovetores $\mathbf{q}_1, \mathbf{q}_2,..., \mathbf{q}_{j-1}$ associados com os $(j-1)$ maiores autovalores $\lambda_1, \lambda_2,..., \lambda_{j-1}$ da matriz de correlação $\mathbf{R}$; isto é,

$$\mathbf{Q} = [\mathbf{q}_1, \mathbf{q}_2,..., \mathbf{q}_{j-1}]^T \tag{8.104}$$

O objetivo é usar o neurônio j da rede da Fig. 8.11 para calcular o próximo maior autovalor λ_j da matriz de correlação $\mathbf{R}$ do vetor de entrada $\mathbf{x}(n)$ e o autovetor associado $\mathbf{q}_j$.

As equações de atualização para o vetor de peso para frente $\mathbf{w}_j(n)$ e para o vetor de peso realimentado $\mathbf{a}_j(n)$ do neurônio j são definidas, respectivamente, como

$$\mathbf{w}_j(n+1) = \mathbf{w}_j(n) + \eta\left[y_j(n)\mathbf{x}(n) - y_j^2(n)\mathbf{w}_j(n)\right] \tag{8.105}$$

e

$$\mathbf{a}_j(n+1) = \mathbf{a}_j(n) - \eta\left[y_j(n)\mathbf{y}_{j-1}(n) + y_j^2(n)\mathbf{a}_j(n)\right] \tag{8.106}$$

onde η é o *parâmetro da taxa de aprendizagem*, assumido ser o mesmo para ambas as equações de atualização. O termo $y_j(n)\mathbf{x}(n)$ do lado direito da Eq. (8.105) representa aprendizagem hebbiana, enquanto que o termo $-y_j(n)\mathbf{y}_{j-1}(n)$ no lado direito da Eq. (8.106) representa aprendizagem anti-hebbiana. Os termos restantes, $-y_j^2(n)\mathbf{w}_j(n)$ e $y_j^2(n)\mathbf{a}_j(n)$, são incluídos nestas equações para assegurar a estabilidade do algoritmo. Basicamente, a Eq. (8.105) é a forma vetorial da regra de aprendizagem de Oja descrita na Eq. (8.40), enquanto que a Eq. (8.106) é *nova*, responsável pelo uso da inibição lateral (Kung e Diamantaras, 1990; Diamantaras e Kung, 1996).

Provamos a estabilidade absoluta da rede neural da Fig. 8.11 por *indução*, como segue:

- Primeiro, provamos que se os neurônios 1, 2,..., $j - 1$ convergiram para suas condições estáveis, então o neurônio j converge para a sua própria condição estável extraindo o próximo maior autovalor λ_j da matriz de correlação $\mathbf{R}$ do vetor de entrada $\mathbf{x}(n)$ e o autovetor associado $\mathbf{q}_j$.
- A seguir, completamos a prova por indução reconhecendo que o neurônio 1 não tem realimentação e, portanto, o vetor de peso realimentado $\mathbf{a}_1$ é zero. Assim, este neurônio particular opera exatamente do mesmo modo que o neurônio de Oja, e da Seção 8.4 sabemos que este neurônio é absolutamente estável sob certas condições.

A única questão que requer atenção é, portanto, o primeiro ponto.

Para prosseguirmos então, invocamos as suposições fundamentais feitas na Seção 8.4, e assim formulamos o seguinte teorema no contexto do neurônio j da rede neural da Fig. 8.11 operando sob as condições descritas pelas Eqs. (8.105) e (8.106) (Kung e Diamantaras, 1990; Diamantaras e Kung, 1996):

Desde que se atribua ao parâmetro da taxa de aprendizagem η um valor suficientemente pequeno para assegurar que os ajustes dos vetores de peso ocorram lentamente, então, no limite, o vetor de peso para frente e a potência média da saída (variância) do neurônio j se aproximam, respectivamente, do autovetor normalizado $\mathbf{q}_j$ e do autovalor correspondente λ_j da matriz de correlação $\mathbf{R}$, como mostrado por, respectivamente

$$\lim_{n\to\infty} \mathbf{w}_j(n) = \mathbf{q}_j$$

e

$$\lim_{n\to\infty} \sigma_j^2(n) = \lambda_j$$

onde $\sigma_j^2(n) = E[y_j^2(N)]$ e $\lambda_1 > \lambda_2 > \cdots > \lambda_j > \cdots > \lambda_m > 0$. Em outras palavras, dados os autovetores $\mathbf{q}_1,..., \mathbf{q}_{j-1}$, o neurônio j da rede da Fig. 8.11 calcula o próximo maior autovalor λ_j e o autovetor associado $\mathbf{q}_j$.

Para provar este teorema, considere primeiro a Eq. (8.105). Usando as Eqs. (8.98) e (8.99) e reconhecendo que

$$\mathbf{a}_j^T(n)\mathbf{y}_{j-1}(n) = \mathbf{y}_{j-1}^T(n)\mathbf{a}_j(n)$$

Podemos dispor a Eq. (8.105) como segue:

$$\mathbf{w}_j(n+1) = \mathbf{w}_j(n) + \eta\left[\mathbf{x}(n)\mathbf{x}^T(n)\mathbf{w}_j(n) + \mathbf{x}(n)\mathbf{x}^T(n)\mathbf{Q}^T\mathbf{a}_j(n) - y_j^2(n)\mathbf{w}_j(n)\right] \quad (8.107)$$

onde a matriz $\mathbf{Q}$ é definida pela Eq. (8.104). O termo $y_j^2(n)$ na Eq. (8.107) não foi tocado por uma razão que se tornará evidente. Invocando as suposições fundamentais descritas na Seção 8.4, observamos que aplicar o operador estatístico do valor esperado em ambos os lados da Eq. (8.107) produz

$$\mathbf{w}_j(n+1) = \mathbf{w}_j(n) + \eta\left[\mathbf{R}\mathbf{w}_j(n) + \mathbf{R}\mathbf{Q}^T\mathbf{a}_j(n) - \sigma_j^2(n)\mathbf{w}_j(n)\right] \quad (8.108)$$

onde $\mathbf{R}$ é a matriz de correlação do vetor de entrada $\mathbf{x}(n)$, e $\sigma_j^2(n)$ é a potência média da saída do neurônio j. Considere que o vetor peso sináptico $\mathbf{w}_j(n)$ seja expandido em termos do conjunto inteiro ortonormal de autovetores da matriz de correlação como segue:

$$\mathbf{w}_j(n) = \sum_{k=1}^{m} \theta_{jk}(n)\mathbf{q}_k \quad (8.109)$$

onde $\mathbf{q}_k$ é o autovetor associado com o autovalor λ_k da matriz $\mathbf{R}$ e $\theta_{jk}(n)$ é um coeficiente da expansão, variável no tempo. Podemos então usar a relação básica (veja a Eq. (8.14))

$$\mathbf{R}\mathbf{q}_k = \lambda_k \mathbf{q}_k$$

para expressar o produto matricial $\mathbf{R}\mathbf{w}_j(n)$ como segue:

$$\begin{aligned}\mathbf{R}\mathbf{w}_j(n) &= \sum_{k=1}^{m} \theta_{jk}(n)\mathbf{R}\mathbf{q}_k \\ &= \sum_{k=1}^{m} \lambda_k \theta_{jk}(n)\mathbf{q}_k\end{aligned} \quad (8.110)$$

Similarmente, usando a Eq. (8.104), podemos expressar o produto matricial $\mathbf{RQ}^T\mathbf{a}_j(n)$ como

$$\begin{aligned}\mathbf{RQ}^T\mathbf{a}_j(n) &= \mathbf{R}[\mathbf{q}_1, \mathbf{q}_2, \ldots, \mathbf{q}_{j-1}]\mathbf{a}_j(n) \\ &= [\lambda_1\mathbf{q}_1, \lambda_2\mathbf{q}_2, \ldots, \lambda_{j-1}\mathbf{q}_{j-1}] \begin{bmatrix} a_{j1}(n) \\ a_{j2}(n) \\ \vdots \\ a_{j,j-1}(n) \end{bmatrix} \\ &= \sum_{k=1}^{j-1} \lambda_k a_{jk}(n)\mathbf{q}_k\end{aligned} \quad (8.111)$$

Assim, substituindo as Eqs. (8.109), (8.110) e (8.111) em (8.108) e simplificando, obtemos (Kung e Diamantaras, 1990)

$$\sum_{k=1}^{m}\theta_{jk}(n+1)\mathbf{q}_k = \sum_{k=1}^{m}\left\{1+\eta\left[\lambda_k - \sigma_j^2(n)\right]\right\}\theta_{jk}(n)\mathbf{q}_k \\ + \eta\sum_{k=1}^{j-1}\lambda_k a_{jk}(n)\mathbf{q}_k \qquad (8.112)$$

Seguindo um procedimento similar ao descrito, é possível mostrar que a equação de atualização (8.106) para o vetor de peso realimentado $\mathbf{a}_j(n)$ pode ser transformada como segue (veja o Problema 8.7):

$$\mathbf{a}_j(n+1) = -\eta\lambda_k\theta_{jk}(n)\mathbf{1}_k + \left\{1 - \eta\left[\lambda_k + \sigma_j^2(n)\right]\right\}\mathbf{a}_j(n) \qquad (8.113)$$

onde $\mathbf{1}_k$ é um vetor cujos elementos são todos zero, com exceção do k-ésimo elemento, que é igual a 1. O índice k é restrito ao intervalo $1 \leq k \leq j-1$.

Há dois casos a serem considerados, dependendo do valor atribuído ao índice k em relação a $j-1$. O caso I se refere a $1 \leq k \leq j-1$, relativo à análise dos modos principais "antigos" da rede. O caso II se refere a $j \leq k \leq m$, que é relativo à análise dos modos principais "novos" restantes. O número total de modos principais é m, a dimensão do vetor de entrada $\mathbf{x}(n)$.

CASO I: $1 \leq k \leq j-1$

Neste caso, deduzimos as seguintes equações de atualização para o coeficiente $\theta_{jk}(n)$ associado ao autovetor $\mathbf{q}_k$ e ao peso realimentado $a_{jk}(n)$ das Eqs. (8.112) e (8.113), respectivamente:

$$\theta_{jk}(n+1) = \eta\lambda_k a_{jk}(n) + \left\{1+\eta\left[\lambda_k + \sigma_j^2(n)\right]\right\}\theta_{jk}(n) \qquad (8.114)$$

e

$$a_{jk}(n+1) = -\eta\lambda_k\theta_{jk}(n) + \left\{1 - \eta\left[\lambda_k + \sigma_j^2(n)\right]\right\}a_{jk}(n) \qquad (8.115)$$

A Figura 8.12 apresenta uma representação por grafo de fluxo de sinal das Eqs. (8.114) e (8.115). Na forma matricial, podemos reescrever as Eqs. (8.114) e (8.115) como

$$\begin{bmatrix}\theta_{jk}(n+1) \\ a_{jk}(n+1)\end{bmatrix} = \begin{bmatrix} 1+\eta[\lambda_k - \sigma_j^2(n)] & \eta\lambda_k \\ -\eta\lambda_k & 1-\eta[\lambda_k + \sigma_j^2(n)]\end{bmatrix}\begin{bmatrix}\theta_{jk}(n) \\ a_{jk}(n)\end{bmatrix} \qquad (8.116)$$

O sistema matricial descrito na Eq. (8.116) tem um autovalor duplo em

$$\rho_{jk} = \left[1-\eta\sigma_j^2(n)\right]^2 \qquad (8.117)$$

Da Eq. (8.117) podemos fazer duas considerações importantes:

1. O autovalor duplo ρ_{jk} da matriz do sistema da Eq. (8.116) é independente de todos os autovalores λ_k da matriz de correlação $\mathbf{R}$, correspondendo a $k = 1, 2,..., j-1$.

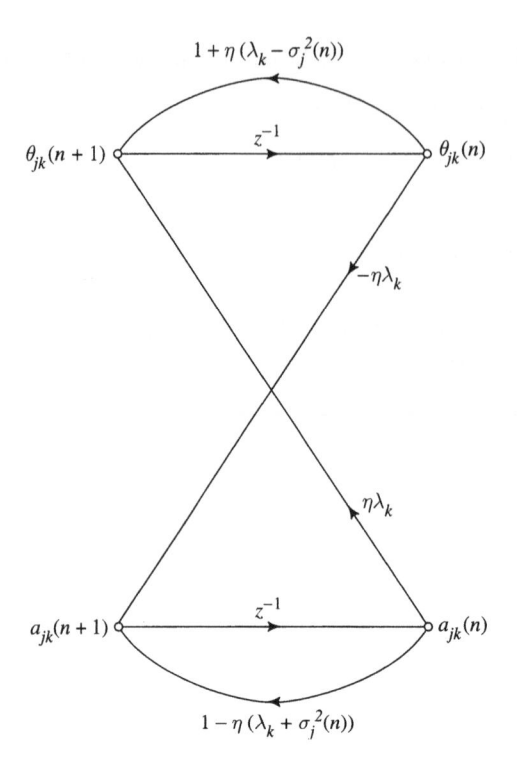

FIGURA 8.12 Representação do grafo de fluxo de sinal das Eqs. (8.114) e (8.115)

2. Para todo k, o autovalor duplo ρ_{jk} depende apenas do parâmetro da taxa de aprendizagem η e da potência média da saída σ_j^2 do neurônio j. Ele é, portanto, menor que a unidade, desde que η seja um número positivo suficientemente pequeno

Dado que $\rho_{jk} < 1$, os coeficientes $\theta_{jk}(n)$ da expansão da Eq. (8.109) e os pesos realimentados $a_{jk}(n)$, para todo k, se aproximarão de zero assintoticamente com a mesma velocidade, já que todos os modos principais da rede têm o mesmo autovalor (Kung e Diamantaras,1990; Diamantaras e Kung, 1996). Este resultado é uma conseqüência da propriedade que a ortogonalidade dos autovetores de uma matriz de correlação não depende dos autovalores. Em outras palavras, a expansão de $\mathbf{w}_j(n)$ em termos do conjunto ortonormal de autovetores da matriz de correlação $\mathbf{R}$ dada na Eq. (8.109), que é básica para o resultado descrito na Eq. (8.117), é *invariante* em relação à escolha dos autovalores $\lambda_1, \lambda_2,..., \lambda_{j-1}$.

CASO II: $j \leq k \leq m$

Neste segundo caso, os pesos realimentados $a_{jk}(n)$ não têm influência sobre os modos da rede, como mostrado por

$$a_{jk}(n) = 0 \text{ para } j \leq k \leq m \tag{8.118}$$

Assim, para todo modo principal $k \geq j$ temos uma equação muito simples:

$$\theta_{jk}(n+1) = \left\{1 + \eta\left[\lambda_k - \sigma_j^2(n)\right]\right\}\theta_{jk}(n) \tag{8.119}$$

que segue adiante das Eqs. (8.112) e (8.118). De acordo com o caso I, tanto $\theta_{jk}(n)$ como $a_{jk}(n)$ irão eventualmente convergir a zero para $k = 1, 2,..., j - 1$. Com a variável aleatória $Y_j(n)$ representando a saída do neurônio j, podemos expressar a sua potência média de saída como segue:

$$\sigma_j^2(n) = E[Y_j^2(n)]$$
$$= \sum_{k=j}^{m} \lambda_k \theta_{jk}^2(n) \tag{8.120}$$

onde na última linha fizemos uso da seguinte relação:

$$\mathbf{q}_k^T \mathbf{R} \mathbf{q}_l = \begin{cases} \lambda_k, & l = k \\ 0, & \text{caso contrário} \end{cases}$$

Segue, portanto, que a Eq. (8.119) não pode divergir, porque sempre que $\theta_{jk}(n)$ se tornar grande tal que $\sigma_j^2(n) > \lambda_k$, então $1 + \eta[\lambda_k - \sigma_j^2(n)]$ então torna menor que a unidade, e neste caso $\theta_{jk}(n)$ decrescerá em magnitude. Considere que o algoritmo seja inicializado com $\theta_{jj}(0) \neq 0$. Defina também

$$r_{jk}(n) = \frac{\theta_{jk}(n)}{\theta_{jj}(n)}, \quad k = j+1,...,m \tag{8.121}$$

Podemos então usar a Eq. (8.119) para escrever

$$r_{jk}(n+1) = \frac{1 + \eta[\lambda_k - \sigma_j^2(n)]}{1 + \eta[\lambda_j - \sigma_j^2(n)]} r_{jk}(n) \tag{8.122}$$

Com os autovalores da matriz de correlação arranjados em ordem descendente

$$\lambda_1 > \lambda_2 > \cdots > \lambda_k > \cdots > \lambda_j > \cdots > \lambda_m$$

segue que

$$\frac{\theta_{jk}(n)}{\theta_{jj}(n)} < 1 \text{ para todo } n, \text{ e para } k = j+1,..., m \tag{8.123}$$

Além disso, notamos das Eqs. (8.119) e (8.120) que $\theta_{jj}(n + 1)$ permanece limitado; portanto,

$$r_{jk}(n) \to 0 \text{ quando } n \to \infty \text{ para } k = j+1,..., m \tag{8.124}$$

Equivalentemente, com base na definição dada na Eq. (8.121) podemos afirmar que

$$\theta_{jk}(n) \to 0 \text{ quando } n \to \infty \text{ para } k = j+1,..., m \tag{8.125}$$

Sob esta condição, a Eq. (8.120) se simplifica para

$$\sigma_j^2(n) = \lambda_j \theta_{jj}^2(n) \tag{8.126}$$

e assim a Eq. (8.119) para $k = j$ se torna

$$\theta_{jj}(n + 1) = \{1 + \eta\lambda_j[1 - \theta_{jj}(n)]\}\theta_{jj}(n) \quad (8.127)$$

Desta equação, deduzimos imediatamente que

$$\theta_{jj}(n) \to 1 \text{ quando } n \to \infty \quad (8.128)$$

As implicações desta condição limite e da Eq. (8.125) têm dois aspectos:

1. Da Eq. (8.126) temos

$$\sigma_j^2(n) \to \lambda_j \quad \text{quando } n \to \infty \quad (8.129)$$

2. Da Eq. (8.109) temos

$$\mathbf{w}_j(n) \to \mathbf{q}_j \text{ quando } n \to \infty \quad (8.130)$$

Em outras palavras, o modelo de rede neural da Fig. 8.11 extrai o j-ésimo autovalor e o autovetor associado da matriz de correlação $\mathbf{R}$ do vetor de entrada $\mathbf{x}(n)$ quando o número de iterações n se aproxima do infinito. É claro que isto presume que os neurônios $1, 2,\ldots, j - 1$ da rede já tenham convergido para os respectivos autovalores e autovetores associados da matriz de correlação $\mathbf{R}$.

O tratamento do algoritmo APEX apresentado aqui se baseia na premissa de que os neurônios $1, 2,\ldots, j - 1$ tenham convergido antes de o neurônio j começar a atuar. Isto foi feito apenas para explicar a operação do algoritmo de uma forma simples. Na prática, entretanto, os neurônios no algoritmo APEX tendem a convergir conjuntamente.[4]

Taxa de Aprendizagem

No algoritmo APEX descrito nas Eqs. (8.105) e (8.106), o mesmo parâmetro da taxa de aprendizagem η é usado para atualizar tanto o vetor de peso conectado para frente $\mathbf{w}_j(n)$ como o vetor de peso realimentado $\mathbf{a}_j(n)$. A relação da Eq. (8.117) pode ser explorada para definir um valor ótimo para o parâmetro da taxa de aprendizagem para cada neurônio j fazendo o autovalor duplo ρ_{jk} igual a zero. Neste caso, temos

$$\eta_{j,\text{ótimo}}(n) = \frac{1}{\sigma_j^2(n)} \quad (8.131)$$

onde $\sigma_j^2(n)$ é a potência média da saída do neurônio j. Entretanto, uma proposição mais prática é fazer (Kung e Diamantaras, 1990; Diamantaras e Kung, 1996):

$$\eta_j = \frac{1}{\lambda_{j-1}} \quad (8.132)$$

que produz um valor subestimado para o parâmetro da taxa de aprendizagem, já que $\lambda_{j-1} > \lambda_j$ e $\sigma_j^2(n) \to \lambda_j$ quando $n \to \infty$. Note que o autovalor λ_{j-1} é calculado pelo neurônio $j - 1$ e, portanto, está disponível para ser usado na atualização dos pesos para frente e realimentados do neurônio j.

Resumo do Algoritmo APEX

1. Inicialize o vetor peso conectado para frente $\mathbf{w}_j$ e o vetor peso realimentado $\mathbf{a}_j$ com valores aleatórios pequenos no tempo $n = 1$, onde $j = 1, 2,..., m$. Atribua ao parâmetro da taxa de aprendizagem η um valor positivo pequeno.
2. Faça $j = 1$ e para $n = 1, 2,...$, calcule

$$y_1(n) = \mathbf{w}_1^T(n)\mathbf{x}(n)$$
$$\mathbf{w}_1(n+1) = \mathbf{w}_1(n) + \eta[y_1(n)\mathbf{x}(n) - y_1^2(n)\mathbf{w}_1(n)]$$

onde $\mathbf{x}(n)$ é o vetor de entrada. Para n grande, temos $\mathbf{w}_1(n) \rightarrow \mathbf{q}_1$, onde $\mathbf{q}_1$ é o autovetor associado com o maior autovalor λ_1 da matriz de correlação de $\mathbf{x}(n)$.
3. Faça $j = 2$ e para $n = 1, 2,...$, calcule

$$\mathbf{y}_{j-1}(n) = [y_1(n), y_2(n),...y_{j-1}(n)]^T$$
$$y_j(n) = \mathbf{w}_j^T(n)\mathbf{x}(n) + \mathbf{a}_j^T(n)\mathbf{y}_{j-1}(n)$$
$$\mathbf{w}_j(n+1) = \mathbf{w}_j(n) + \eta[y_j(n)\mathbf{x}(n) - y_j^2(n)\mathbf{w}_j(n)]$$
$$\mathbf{a}_j(n+1) = \mathbf{a}_j(n) - \eta[y_j(n)\mathbf{y}_{j-1}(n) + y_j^2(n)\mathbf{a}_j(n)]$$

4. Incremente j em 1, vá para o passo 3 e continue até $j = m$, onde m é o número desejado de componentes principais. (Note que $j = 1$ corresponde ao autovetor associado com o maior autovalor, o qual é tratado no passo 2.) Para n grande, temos $\mathbf{w}_j(n) \rightarrow \mathbf{q}_j$ e $\mathbf{w}_j(n) \rightarrow \mathbf{0}$, onde $\mathbf{q}_j$ é o autovetor associado com o j-ésimo autovalor da matriz de correlação de $\mathbf{x}(n)$.

8.8 DUAS CLASSES DE ALGORITMOS DE ACP

Além do algoritmo hebbiano generalizado (AHG), discutido na Seção 8.5, e do algoritmo APEX, discutido na Seção 8.7, vários outros algoritmos para análise de componentes principais (ACP) foram relatados na literatura.[5] Os vários algoritmos ACP usando redes neurais podem ser categorizados em duas classes: *algoritmos de reestimação* e *algoritmos de decorrelação*.

De acordo com esta classificação, o AHG é um algoritmo de reestimação já que as Eqs. (8.87) e (8.88) podem ser reagrupadas na forma equivalente

$$\mathbf{w}_j(n + 1) = \mathbf{w}_j(n) + \eta y_j(n)[\mathbf{x}(n) - \hat{\mathbf{x}}_j(n)] \quad (8.133)$$

onde $\hat{\mathbf{x}}_j(n)$ é o *reestimador* definido por

$$\hat{\mathbf{x}}_j(n) = \sum_{k=1}^{j} \mathbf{w}_k(n) y_k(n) \quad (8.134)$$

Em um algoritmo de reestimação, a rede neural tem apenas conexões para frente, cujas forças (pesos) são modificadas de uma maneira hebbiana. As saídas sucessivas da rede são forçadas a aprender componentes principais diferentes subtraindo-se estimativas das componentes anteriores da entrada antes que o conjunto de dados seja envolvido no processo de aprendizagem.

O algoritmo APEX, ao contrário, é um algoritmo de decorrelação. Em um algoritmo assim, a rede neural tem conexões para frente e realimentadas. As forças das conexões para frente seguem uma lei hebbiana, enquanto que as forças das conexões realimentadas seguem uma lei anti-hebbiana. As saídas sucessivas da rede são decorrelacionadas, forçando a rede a responder a componentes principais diferentes.

Subespaço Principal

Em situações em que apenas o *subespaço principal* (i.e., o espaço das componentes principais) é necessário, podemos usar um *modelo simétrico* no qual o reestimador $\mathbf{x}_j(n)$ no algoritmo AHG é substituído por

$$\hat{\mathbf{x}}(n) = \sum_{k=1}^{l} \mathbf{w}_k(n) y_k(n) \quad \text{para todo } l \tag{8.135}$$

No modelo simétrico definido pelas Eqs. (8.133) e (8.135), a rede converge para um conjunto de saídas que abrange o subespaço principal, em vez das próprias componentes principais. Na convergência, os vetores de peso da rede são ortogonais entre si, como no AHG. O subespaço principal, como descrito aqui, pode ser visto como uma generalização da regra clássica de Oja definida na Eq. (8.46).

8.9 MÉTODOS DE COMPUTAÇÃO POR LOTE E ADAPTATIVO

Uma discussão da análise de componentes principais seria incompleta sem uma consideração dos aspectos computacionais do problema. Neste contexto, há duas abordagens básicas para o cálculo de componentes principais: os métodos por lote e adaptativo.

O método da decomposição por autovalor descrito na Seção 8.3 e o método relacionado da decomposição por valor singular pertencem à categoria *por lote*. Por outro lado, os algoritmos AHG e APEX discutidos nas Seções 8.5 e 8.7 pertencem à categoria *adaptativa*.

Em teoria, a decomposição por autovalor é baseada na matriz de correlação por média de ensemble $\mathbf{R}$ de um vetor aleatório $\mathbf{X}(n)$ como descrito na Seção 8.3. Na prática, usamos uma estimativa da matriz de correlação $\mathbf{R}$. Suponha que $\{\mathbf{x}(n)\}_{n=1}^{N}$ represente um conjunto de N realizações do vetor aleatório $\mathbf{X}(n)$ em instantes de tempo discretos espaçados uniformemente. Dado este conjunto de observações, podemos então usar a *média da amostra* como uma estimativa da matriz de correlação como segue:

$$\hat{\mathbf{R}}(N) = \frac{1}{N} \sum_{n=1}^{N} \mathbf{x}(n) \mathbf{x}^T(n) \tag{8.136}$$

Desde que o ambiente representado pelo vetor aleatório $\mathbf{X}(n)$ seja ergódico, a média da amostra $\hat{\mathbf{R}}(N)$ se aproxima de $\mathbf{R}$ quando o tamanho da amostra se aproxima do infinito. Baseados nisto, podemos aplicar o procedimento da decomposição por autovalor sobre a média da amostra $\hat{\mathbf{R}}(N)$ e dessa forma calcular seus autovalores e autovetores associados invocando o uso da Eq. (8.22) com $\hat{\mathbf{R}}(N)$ utilizado no lugar de $\mathbf{R}$.

De uma perspectiva em umérica, entretanto, um método melhor é usar a *decomposição por valor singular* (DVS) aplicando-a adiante à *matriz de dados*. Para o conjunto de observações $\{\mathbf{x}(n)\}_{n=1}^{N}$, a matriz de dados é definida por

$$\mathbf{A} = [\mathbf{x}(1), \mathbf{x}(2),...,\mathbf{x}(N)] \qquad (8.137)$$

Então, exceto por um fator de escala $1/N$, vemos facilmente que a estimativa $\hat{\mathbf{R}}(N)$ da matriz de correlação $\mathbf{R}$ é igual ao produto matricial $\mathbf{A}\mathbf{A}^T$. De acordo com o *teorema da decomposição por valor singular* descrito no Capítulo 5, a matriz de dados $\mathbf{A}(n)$ pode ser decomposta como segue (Golub e Van Loan, 1996):

$$\mathbf{A} = \mathbf{U}\mathbf{\Sigma}\mathbf{V}^T \qquad (8.138)$$

onde $\mathbf{U}$ e $\mathbf{V}$ são matrizes ortogonais, o que significa que

$$\mathbf{U}^{-1} = \mathbf{U}^T \qquad (8.139)$$

e

$$\mathbf{V}^{-1} = \mathbf{V}^T \qquad (8.140)$$

Quanto à matriz $\mathbf{\Sigma}$, ela tem uma estrutura da forma

$$\mathbf{\Sigma} = \begin{bmatrix} \begin{bmatrix} \sigma_1 & & & 0 \\ & \sigma_2 & & \\ & & \ddots & \\ 0 & & & \sigma_k \end{bmatrix} & 0 \\ \hline 0 & 0 \end{bmatrix} \qquad (8.141)$$

onde $k \leq m$, e onde m é a dimensão do vetor de observação $\mathbf{x}(n)$. Os números $\sigma_1, \sigma_2,..., \sigma_k$ são denominados os *valores singulares* da matriz de dados $\mathbf{A}$. Correspondentemente, as colunas da matriz ortogonal $\mathbf{U}$ são chamadas de *vetores singulares esquerdos*, e as colunas da matriz $\mathbf{V}$ são chamadas de *vetores singulares direitos*. A decomposição por valor singular da matriz de dados $\mathbf{A}$ está relacionada com a decomposição por autovalor da estimativa $\hat{\mathbf{R}}(N)$ da matriz de correlação da seguinte forma:

- Exceto pelo fator de escala $1/\sqrt{N}$, os valores singulares da matriz de dados $\mathbf{A}$ são as raízes quadradas dos autovalores das estimativas $\hat{\mathbf{R}}(N)$.
- O vetores singulares esquerdos de $\mathbf{A}$ são os autovetores de $\hat{\mathbf{R}}(N)$.

Agora podemos ver a vantagem numérica da decomposição por valor singular sobre a decomposição por autovalor. Para uma precisão de computação predeterminada, o procedimento de decomposição por valor singular requer a metade da precisão em umérica do procedimento de decomposição por autovalor. Além disso, vários algoritmos e rotinas enlatadas altamente precisas estão disponíveis para implementar o procedimento de decomposição por valor singular em um computador (Golub e Van Loan, 1996; Haykin, 1996). Entretanto, na prática, as exigências de armazenamento podem restringir o uso destas rotinas para tamanhos de amostra que não sejam excessivos.

A seguir, voltamo-nos para a categoria dos *métodos adaptativos*, que trabalham com um tamanho N de amostra arbitrariamente grande. Para todos os propósitos práticos, não há restrição sobre N. Os métodos adaptativos são exemplificados pelas redes neurais baseadas na aprendizagem hebbiana, cuja operação é inspirada por idéias da neurobiologia. A exigência de armazenamento destes métodos é relativamente modesta, já que não precisam ser armazenados valores intermediários dos autovalores e autovetores associados. Uma outra característica atrativa dos algoritmos adaptativos é que, em um *ambiente não-estacionário*, eles têm uma habilidade inerente de *seguir* variações graduais da solução ótima de uma maneira econômica em comparação com os métodos por lote. Entretanto, a principal deficiência dos algoritmos adaptativos do tipo de aproximação estocástica é a sua taxa de convergência relativamente lenta, que os coloca em desvantagem quando comparados com as clássicas técnicas por lote; este é especialmente o caso em problemas estacionários grandes, mesmo quando os métodos adaptativos são implementados com componentes físicos neurais em paralelo (Kotilainen, 1993).

8.10 ANÁLISE DE COMPONENTES PRINCIPAIS POR NÚCLEO

A forma de ACP discutida até este ponto no capítulo envolve cálculos no espaço de entrada (de dados). Consideramos agora uma outra forma de ACP em que a computação é realizada em um espaço de características que é *não linearmente* relacionado com o espaço de entrada. O espaço de características ao qual nos referimos é aquele definido por um *núcleo de produto interno* de acordo com o teorema de Mercer; a noção de núcleos de produtos internos é discutida no Capítulo 6 sobre máquinas de vetor de suporte. A idéia da *análise de componentes principais baseada em núcleo* foi proposta por Schölkopf et al. (1998).

Devido à relação não-linear entre o espaço de entrada e o espaço de características, a ACP por núcleo é não-linear. Entretanto, ao contrário de outras formas de ACP não-lineares,[6] a implementação da ACP por núcleo se baseia na álgebra linear. Podemos, portanto, pensar na ACP por núcleo como uma extensão natural da ACP ordinária.

Suponha que o vetor $\varphi(\mathbf{x}_j)$ represente a imagem de um vetor de entrada $\mathbf{x}_j$ induzido em um espaço de características definido pelo mapa não-linear: $\varphi: \mathbb{R}^{m_0} \to \mathbb{R}^{m_1}$, onde m_0 é a dimensionalidade do espaço de entrada e m_1 é a dimensionalidade do espaço de características. Dado o conjunto de exemplos $\{\mathbf{x}_i\}_{i=1}^{N}$, temos um conjunto correspondente de vetores característicos $\{\varphi(\mathbf{x}_i)\}_{i=1}^{N}$. Conseqüentemente, podemos definir uma matriz de correlação m_1-por-m_1 no espaço de características, representada por $\tilde{\mathbf{R}}$, como segue:

$$\tilde{\mathbf{R}} = \frac{1}{N} \sum_{i=1}^{N} \varphi(\mathbf{x}_i) \varphi^T(\mathbf{x}_i) \tag{8.142}$$

Como no caso da ACP ordinária, a primeira coisa a fazer é assegurar que o conjunto de vetores característicos $\{\varphi(\mathbf{x}_i)\}_{i=1}^{N}$ tenha média zero:

$$\frac{1}{N} \sum_{i=1}^{N} \varphi(\mathbf{x}_i) = \mathbf{0}$$

Satisfazer esta condição no espaço de características é uma proposição mais difícil do que satisfazê-la no espaço de entrada; no Problema 8.10 descrevemos um procedimento para satisfazer esta exigência. Prosseguindo então com a suposição de que os vetores de características tenham sido centrados, podemos adaptar o uso da Eq. (8.14) para a nossa situação presente escrevendo

$$\tilde{\mathbf{R}}\,\tilde{\mathbf{q}} = \tilde{\lambda}\,\tilde{\mathbf{q}} \qquad (8.143)$$

onde $\tilde{\lambda}$ é um autovalor da matriz de correlação $\tilde{\mathbf{R}}$ e $\tilde{\mathbf{q}}$ é o autovetor associado. Notamos agora que todos os autovetores que satisfazem a Eq. (8.143) para $\tilde{\lambda} \neq 0$ são abrangidos pelo conjunto de vetores característicos $\{\boldsymbol{\varphi}(\mathbf{x}_j)\}_{j=1}^{N}$. Conseqüentemente, existe um conjunto correspondente de coeficientes $\{\alpha_j\}_{j=1}^{N}$ para o qual podemos escrever

$$\tilde{\mathbf{q}} = \sum_{j=1}^{N} \alpha_j \boldsymbol{\varphi}(\mathbf{x}_j) \qquad (8.144)$$

Assim, substituindo as Eqs. (8.142) e (8.144) em (8.143), obtemos

$$\sum_{i=1}^{N}\sum_{j=1}^{N} \alpha_j \boldsymbol{\varphi}(\mathbf{x}_i) K(\mathbf{x}_i, \mathbf{x}_j) = N\tilde{\lambda}\sum_{j=1}^{N} \alpha_j \boldsymbol{\varphi}(\mathbf{x}_i) \qquad (8.145)$$

onde $K(\mathbf{x}_i, \mathbf{x}_j)$ é um *núcleo de produto interno* definido em termos dos vetores de características por

$$K(\mathbf{x}_i, \mathbf{x}_j) = \boldsymbol{\varphi}^T(\mathbf{x}_i) \boldsymbol{\varphi}(\mathbf{x}_j) \qquad (8.146)$$

Precisamos ir um passo adiante com a Eq. (8.145) a fim de que a relação seja expressa inteiramente em termos do núcleo de produto interno. Para fazer isso, multiplicamos ambos os lados da Eq. (8.145) pelo vetor transposto $\boldsymbol{\varphi}^T(\mathbf{x}_k)$, obtendo assim

$$\sum_{i=1}^{N}\sum_{j=1}^{N} \alpha_j K(\mathbf{x}_k, \mathbf{x}_i) K(\mathbf{x}_i, \mathbf{x}_j) = N\tilde{\lambda}\sum_{j=1}^{N} \alpha_j K(\mathbf{x}_k, \mathbf{x}_j), \quad k = 1, 2, \ldots, N \qquad (8.147)$$

onde as definições de $K(\mathbf{x}_k, \mathbf{x}_i)$ e $K(\mathbf{x}_k, \mathbf{x}_j)$ seguem a Eq. (8.146).

Introduzimos agora duas definições matriciais:

- A matriz $\mathbf{K}$, N-por-N, chamada a *matriz de núcleo*, cujo elemento ij é o núcleo de produto interno $K(\mathbf{x}_i, \mathbf{x}_j)$.
- O vetor $\boldsymbol{\alpha}$ N-por-1, cujo elemento j é o coeficiente α_j.

Conseqüentemente, podemos reagrupar a Eq. (8.147) na forma matricial compacta:

$$\mathbf{K}^2 \boldsymbol{\alpha} = N\,\tilde{\lambda}\,\mathbf{K}\boldsymbol{\alpha} \qquad (8.148)$$

onde a matriz quadrada $\mathbf{K}^2$ representa o produto de $\mathbf{K}$ por ela mesma. Como $\mathbf{K}$ é comum em ambos os lados da Eq. (8.148), todas as soluções deste problema de autovalor que são de interesse são igualmente bem-representadas no problema de autovalor mais simples:

$$\mathbf{K}\boldsymbol{\alpha} = N\tilde{\lambda}\boldsymbol{\alpha} \qquad (8.149)$$

Considere que $\lambda_1 \geq \lambda_2 \geq \cdots \geq \lambda_N$ represente os autovalores da matriz de núcleo $\mathbf{K}$; isto é

$$\lambda_j = N\tilde{\lambda}_j, \qquad j = 1, 2, \ldots, N \qquad (8.150)$$

onde $\tilde{\lambda}_j$ é o j-ésimo autovalor da matriz de correlação $\tilde{\mathbf{R}}$. Então, a Eq. (8.149) toma a forma padrão

$$\mathbf{K}\boldsymbol{\alpha} = \lambda\boldsymbol{\alpha} \qquad (8.151)$$

onde o vetor coeficiente $\boldsymbol{\alpha}$ desempenha o papel do autovetor associado com o autovalor λ da matriz de núcleo $\mathbf{K}$. O vetor $\boldsymbol{\alpha}$ é normalizado exigindo-se que o autovetor $\tilde{\mathbf{q}}$ da matriz de correlação $\tilde{\mathbf{R}}$ seja normalizado em comprimento unitário; isto é

$$\tilde{\mathbf{q}}_k^T \tilde{\mathbf{q}}_k = 1 \quad \text{para} \quad k = 1, 2, \ldots, p \qquad (8.152)$$

onde é assumido que os autovalores estão arranjados em ordem decrescente, com λ_p sendo o menor autovalor diferente de zero da matriz de núcleo $\mathbf{K}$. Usando a Eq. (8.144) e então invocando a Eq. (8.151), podemos mostrar que a condição de normalização da Eq. (8.152) é equivalente a

$$\boldsymbol{\alpha}_k^T \boldsymbol{\alpha}_k = \frac{1}{\lambda_k}, \quad k = 1, 2, \ldots, p \qquad (8.153)$$

Para a extração das componentes principais, precisamos calcular as projeções sobre os autovetores $\tilde{\mathbf{q}}_k$ no espaço de características, como mostrado por

$$\begin{aligned}
\tilde{\mathbf{q}}_k^T \boldsymbol{\varphi}(\mathbf{x}) &= \sum_{j=1}^{N} \alpha_{k,j} \boldsymbol{\varphi}^T(\mathbf{x}_j) \boldsymbol{\varphi}(\mathbf{x}) \\
&= \sum_{j=1}^{N} \alpha_{k,j} K(\mathbf{x}_j, \mathbf{x}), \quad k = 1, 2, \ldots, p
\end{aligned} \qquad (8.154)$$

onde o vetor $\mathbf{x}$ é um ponto de "teste", e $\alpha_{k,j}$ é o j-ésimo coeficiente do autovetor $\boldsymbol{\alpha}_k$ associado com o k-ésimo autovalor da matriz $\mathbf{K}$. As projeções da Eq. (8.154) definem as *componentes principais não-lineares* no espaço de características de dimensão m_1.

A Figura 8.13 ilustra a idéia básica da ACP por núcleo, onde o espaço de características é não linearmente relacionado com o espaço de entrada através da transformação $\varphi(\mathbf{x})$. As partes a e b da figura se referem ao espaço de entrada e ao espaço de características, respectivamente. As linhas de contorno mostradas na Fig. 8.13b representam projeções constantes sobre o autovetor principal, que é mostrado como uma flecha tracejada. Assume-se nesta figura que a transformação $\varphi(\mathbf{x})$ tenha sido escolhida de forma que as imagens dos pontos de dados induzidas no espaço de características congregam-se essencialmente ao longo do autovetor. A Figura 8.13a mostra as linhas de contorno *não-lineares* no espaço de entrada que correspondem àquelas no espaço de características. Note que propositadamente não mostramos uma imagem do autovetor no espaço de entrada, pois ela pode nem mesmo existir (Schölkopf et al., 1998).

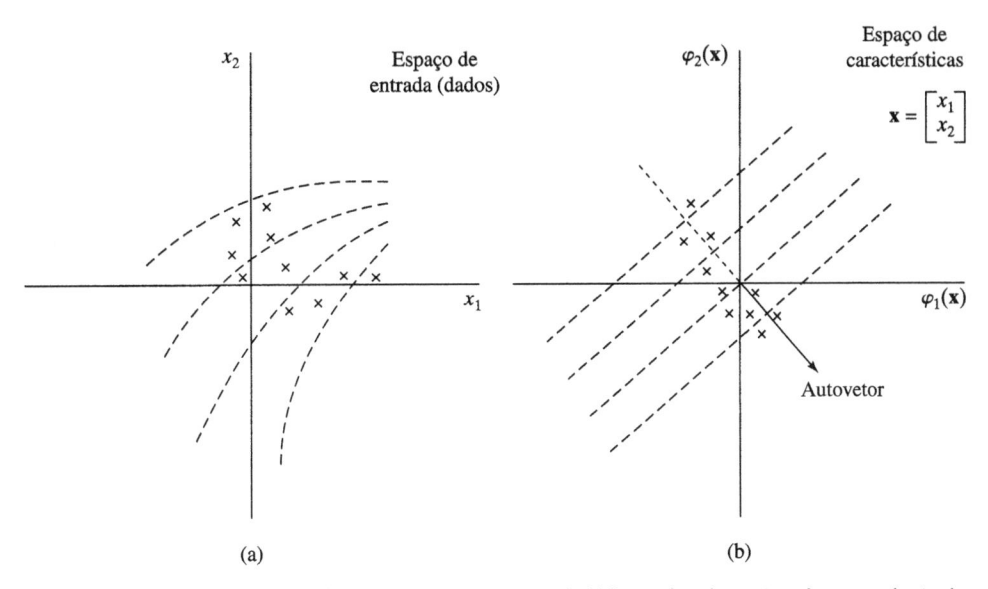

FIGURA 8.13 Ilustração da ACP por núcleo. (a) Espaço de entrada bidimensional, mostrando um conjunto de pontos de dados. (b) Espaço de características bidimensional, mostrando as imagens induzidas dos pontos de dados congregadas em torno de um autovetor principal. As linhas tracejadas uniformemente espaçadas na parte (b) representam contornos de projeções constantes sobre o autovetor; os contornos correspondentes são não-lineares no espaço de entrada

Para núcleos de produto interno definidos de acordo com o teorema de Mercer, estamos basicamente realizando ACP em um espaço de características de dimensão m_1, onde a dimensão m_1 é um parâmetro de projeto. Todas as propriedades da ACP ordinária que estão descritas na Seção 8.3 continuam valendo para a ACP por núcleo. Em particular, a ACP por núcleo é linear no espaço de características, mas não-linear no espaço de entrada. Assim, ela pode ser aplicada a todos aqueles domínios onde a ACP ordinária tem sido usada para extração de características ou redução de dados, para os quais a extensão não-linear faça sentido.

No Capítulo 6, apresentamos três métodos para construir núcleos de produto interno que foram baseados no uso de polinômios, funções de base radial e funções hiperbólicas; veja a Tabela 6.1. A questão de como selecionar o núcleo mais adequado para uma dada tarefa (i.e., o espaço de características apropriado) é um problema em aberto (Schölkopf, 1997).

Resumo da ACP por Núcleo

1. Dados os exemplos de treinamento $\{\mathbf{x}_i\}_{i=1}^{N}$, calcule a matriz por núcleo N-por-N, $\mathbf{K} = \{K(\mathbf{x}_i,\mathbf{x}_j)\}$, onde

$$K(\mathbf{x}_i,\mathbf{x}_j) = \boldsymbol{\varphi}^T(\mathbf{x}_i)\boldsymbol{\varphi}(\mathbf{x}_j)$$

2. Resolva o problema de autovalor:

$$\mathbf{K}\boldsymbol{\alpha} = \lambda\boldsymbol{\alpha}$$

onde λ é um autovalor da matriz de núcleo $\mathbf{K}$ e $\boldsymbol{\alpha}$ é o autovetor associado.

3. Normalize os autovetores assim calculados exigindo que

$$\boldsymbol{\alpha}_k^T\boldsymbol{\alpha}_k = \frac{1}{\lambda_k}, \quad k=1,2,...,p$$

onde λ_p é o menor autovalor diferente de zero da matriz **K**, assumindo que os autovalores estejam arranjados em ordem decrescente.

4. Para a extração das componentes principais de um ponto de teste **x**, calcule as projeções

$$a_k = \tilde{\mathbf{q}}_k^T \boldsymbol{\varphi}(\mathbf{x})$$
$$= \sum_{j=1}^{N} \alpha_{k,j} K(\mathbf{x}_j, \mathbf{x}), \quad k = 1, 2, ..., p$$

onde $\alpha_{k,j}$ é o j-ésimo elemento do autovetor $\boldsymbol{\alpha}_k$.

Exemplo 8.3

Para fornecer uma compreensão intuitiva sobre a operação da ACP por núcleo, mostramos na Fig. 8.14 os resultados de um experimento simples descrito em Schölkopf et al. (1998). Os dados bidimensionais, consistindo de componentes x_1 e x_2, usados neste experimento foram gerados como segue: os valores x_1 têm uma distribuição uniforme no intervalo [–1, 1]. Os valores x_2 são não linearmente relacionados com os valores x_1 pela fórmula:

$$x_2 = x_1^2 + v$$

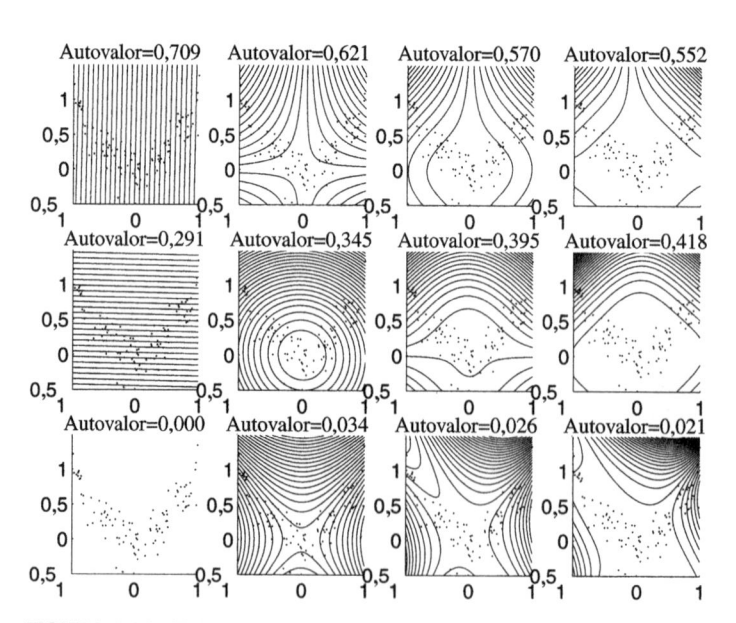

FIGURA 8.14 Exemplo bidimensional ilustrando a ACP por núcleo. Da esquerda para a direita, o grau polinomial do núcleo é d = 1, 2, 3, 4. De cima para baixo, são mostrados os primeiros três autovetores no espaço de características. A primeira coluna corresponde à ACP ordinária e as outras três colunas correspondem à ACP por núcleo com grau polinomial d = 2, 3, 4. (Reproduzido com permissão do Dr. Klaus-Robert Müller.)

onde v é um ruído aditivo gaussiano de média zero e variância 0,04.

Os resultados da ACP mostrados na Fig. 8.14 foram obtidos usando-se polinômios de núcleo:

$$K(\mathbf{x}, \mathbf{x}_i) = (\mathbf{x}^T \mathbf{x}_i)^d, \quad d = 1, 2, 3, 4$$

onde $d = 1$ corresponde à ACP linear, e $d = 2, 3, 4$ corresponde à ACP por núcleo. A ACP linear, mostrada à esquerda da Fig. 8.14, resulta em apenas dois autovalores, pois a dimensionalidade do espaço de entrada é dois. A ACP por núcleo, ao contrário, permite a extração de componentes de ordem mais alta, como mostrado pelos resultados apresentados nas colunas 2, 3 e 4 da Fig. 8.14, correspondentes ao grau polinomial $d = 2, 3, 4$, respectivamente. As linhas de contorno mostradas em cada parte da figura (exceto para o autovalor zero no caso de ACP linear) representam os valores principais constantes (i.e., as projeções constantes sobre o autovetor associado com o autovalor em questão).

Com base nos resultados mostrados na Fig. 8.14, fazemos as seguintes observações:

- Como esperado, a ACP linear falha em fornecer uma representação adequada dos dados de entrada não-lineares.
- Em todos os casos, a primeira componente principal varia monotonamente ao longo de uma parábola que passa pelos dados de entrada.
- Na ACP por núcleo, a segunda e a terceira componentes principais exibem um comportamento que aparenta ser um tanto similar para diferentes valores de graus polinomiais d.
- No caso do grau polinomial $d = 2$, a terceira componente principal da ACP por núcleo parece captar a variância devido ao ruído aditivo gaussiano v. Removendo a contribuição devido a esta componente, estaríamos de fato realizando alguma forma de redução de ruído.

8.11 RESUMO E DISCUSSÃO

Neste capítulo, apresentamos elementos sobre a teoria da análise de componentes principais e o uso de redes neurais para sua implementação. Agora é apropriado refletirmos sobre estes elementos e perguntarmos: qual é a utilidade da análise de componentes principais? A resposta a esta questão depende, é claro, da aplicação de interesse.

Se o objetivo principal é realizar boa *compressão de dados* preservando o máximo possível de informação sobre as entradas, o uso da análise de componentes principais oferece um procedimento útil de aprendizagem auto-organizada. Aqui notamos do material apresentado na Seção 8.3 que o uso de um método de decomposição em subespaço baseado nas "primeiras l componentes principais" dos dados de entrada fornece um mapeamento linear, que é ótimo no sentido de que ele permite a reconstrução dos dados de entrada originais, otimizando em relação ao erro médio quadrado. Além disso, uma representação baseada nas primeiras l componentes principais é preferível frente a uma representação arbitrária em subespaço, porque as componentes principais dos dados de entrada são naturalmente ordenadas em autovalor decrescente ou, equivalentemente, em variância decrescente. Conseqüentemente, podemos otimizar o uso da análise de componentes principais para compressão de dados empregando a maior precisão em umérica possível para codificar a primeira componente principal da entrada e progressivamente passando a empregar menor precisão para codificar as $l - 1$ componentes restantes.

Uma questão relacionada a isso é a representação de um conjunto de dados constituído de uma agregação de vários *agrupamentos*. Para os agrupamentos serem individualmente visíveis, a separação entre eles deve ser maior que o espalhamento interno dos agrupamentos. Se acontecer de existir apenas poucos agrupamentos no conjunto de dados, então os eixos principais dominantes encontrados usando a análise de componentes principais tenderá a escolher projeções de agrupamentos com boas separações, fornecendo assim uma base efetiva para a *extração de características*.

Neste último contexto, mencionamos uma aplicação útil de um analisador de componentes principais como o *pré-processador* para uma rede neural supervisionada (p.ex., um perceptron de múltiplas camadas treinado com o algoritmo de retropropagação). Aqui a motivação é acelerar a convergência do processo de aprendizagem retirando a correlação dos dados de entrada. Um procedimento de aprendizagem supervisionada como o de retropropagação se baseia na descida mais íngreme. O processo de convergência nesta forma de aprendizagem é tipicamente lento devido a efeitos interativos de pesos sinápticos de um perceptron de múltiplas camadas sobre o sinal de erro, mesmo com o uso de procedimentos simples de aceleração local como o momento e taxas de aprendizagem adaptativas para pesos individuais. Se, entretanto, as entradas para o perceptron de múltiplas camadas consistirem de componentes não-correlacionadas, então da discussão apresentada no Capítulo 4 notamos que a matriz hessiana da função de custo $\mathscr{E}(n)$ em relação aos parâmetros livres da rede é mais proximamente diagonal do que seria no caso contrário. Uma vez que esta forma de diagonalização seja realizada, o uso de procedimentos de aceleração locais simples permite uma aceleração considerável no processo de convergência, o que se torna possível pelo escalamento apropriado das taxas de aprendizagem ao longo de cada eixo de peso, independentemente (Becker, 1991).

Como os algoritmos baseados na aprendizagem hebbiana deste capítulo foram motivados por idéias tiradas da neurobiologia, é adequado concluir a nossa discussão comentando o papel da análise de componentes principais em sistemas perceptivos biológicos. Linsker (1990a) questiona a "suficiência" da análise de componentes principais como princípio para determinar a propriedade de resposta desenvolvida por um neurônio para analisar um conjunto de "cenas" de entrada. Em particular, o fato de a análise de componentes principais ser ótima em relação à reconstrução precisa de um sinal de entrada a partir de uma resposta de um neurônio é considerada de relevância questionável. Em geral, parece que um cérebro faz muito mais do que simplesmente tentar reproduzir as cenas de entrada recebidas pelas suas unidades sensoriais. Em vez disso, algumas "indicações significativas" ou feições são extraídas de forma a permitir interpretações de alto nível sobre as entradas. Podemos, portanto, precisar a questão que levantamos no início desta discussão e perguntar: qual a utilidade da análise de componentes principais para o processamento perceptivo?

Ambros-Ingerson et al. (1990) mostraram a importância dos algoritmos apresentados por Oja (1982) e Sanger (1989a) para a análise de componentes principais (i.e., os algoritmos inspirados na aprendizagem hebbiana discutidos nas Seções 8.4 e 8.5) em um *algoritmo de agrupamento hierárquico*. Eles formularam a hipótese de que o agrupamento hierárquico pode emergir como uma propriedade fundamental (ao menos em parte) das memórias baseadas em potenciação de longo prazo (PLP) – como as modificações sinápticas do tipo encontrado em redes do tipo córtico-bulbar e circuitos de concepção similar em outras regiões do cérebro, e identificaram quais as propriedades que podem ser usadas para reconhecer indícios do ambiente. O ponto é que a análise de componentes principais auto-organizada pode ser importante para o agrupamento hierárquico de indícios aprendidos no córtex cerebral não por causa da sua propriedade de reconstrução otimizada, mas pela virtude de sua propriedade intrínseca de escolher projeções de agrupamentos com boas separações.

Um outro papel interessante da análise de componentes principais para o processamento perceptivo aparece em uma abordagem do problema da *"forma a partir de sombra"* proposto em Atick et al. (1996). O problema pode ser formulado como segue: como o cérebro é capaz de perceber uma forma tridimensional a partir dos padrões de sombra projetados em uma imagem bidimensional? Atick et al. propõem uma solução hierárquica ao problema da forma a partir de sombras, consistindo de duas noções:

1. O cérebro, através da evolução ou de experiência anterior, descobriu que os objetos podem ser classificados em classes de objetos de dimensão mais baixa levando em consideração a sua forma. Esta noção, na verdade, se baseia no fato de que os *indícios* que o cérebro usa para extrair uma interpretação tridimensional são bem conhecidos.

2. Com base na noção 1, a extração de uma forma a partir de padrões de sombra é reduzida ao problema muito mais simples de *estimação paramétrica* em um espaço de baixa dimensionalidade.

Por exemplo, a estrutura grosseira da forma de uma cabeça humana é invariavelmente a mesma, no sentido de que todas as pessoas têm narizes representando protuberâncias, órbitas oculares representando depressões, e testas e bochechas representando regiões planas. Esta invariância sugere que qualquer face dada, expressa como $r(\theta,l)$ em coordenadas cilíndricas, pode ser descrita como a soma de duas componentes:

$$r(\theta,l) = r_0(\theta,l) + \rho(\theta,l)$$

onde $r_0(\theta,l)$ representa uma *cabeça média* para uma determinada categoria de pessoas (p.ex., homens adultos ou mulheres adultas), e $\rho(\theta,l)$ representa *perturbações* que capturam a identidade de uma pessoa particular. Tipicamente, $\rho(\theta,l)$ é pequeno comparado com $r_0(\theta,l)$. Para representar $\rho(\theta,l)$, Atick et al. utilizam a análise de componentes principais, na qual as flutuações são representadas em termos de um conjunto de autofunções (i.e., a contrapartida bidimensional dos autovetores). Em Atick et al. (1996), são apresentados resultados demonstrando a habilidade da abordagem hierárquica de dois estágios em recuperar a superfície tridimensional para uma dada pessoa de uma única imagem bidimensional daquela pessoa.

NOTAS E REFERÊNCIAS

1. A análise de componentes principais (ACP) talvez seja a técnica mais antiga e mais bem conhecida de análise multivariada (Jolliffe, 1986; Preisendorfer, 1988). Ela foi introduzida primeiro por Pearson (1901), que a usou em um contexto biológico para dispor a análise de regressão linear em uma nova forma. Ela foi então desenvolvida por Hotelling (1993) em um trabalho sobre psicometria. Ela apareceu novamente e independentemente na formulação da teoria das probabilidades, como considerada por Karhunen (1947); e foi generalizada posteriormente por Loéve (1963).
2. As abordagens seguidas por Ljung (1977) e Kushner e Clark (1978) para estudar o comportamento dinâmico de um algoritmo de aproximação estocástica reduzem o problema ao estudo da dinâmica de uma equação diferencial associada. Entretanto, estas duas abordagens são fundamentalmente diferentes. A abordagem de Ljung envolve o uso de uma função de Lyapunov, enquanto que a abordagem seguida por Kushner e Clark envolve um processo de interpolação linear e invoca o chamado teorema de Arzelà-Ascoli (Dunford e Schwartz, 1966). A abordagem de Kushner e Clark é seguida em Diamantaras e Kung (1996) para estudar a convergência do autofiltro máximo baseado na aprendizagem hebbiana. As conclusões obtidas ali são as mesmas que as obtidas usando a abordagem de Ljung.
3. Földiak (1989) expandiu a configuração de rede neural para análise de componentes principais incluindo conexões realimentadas anti-hebbianas. A motivação para esta modificação foi derivada de um trabalho anterior de Barlow e Földiak (1989) sobre adaptação e eliminação de correlação no córtex visual; ali foi demonstrado que se os neurônios interagirem de acordo com uma regra anti-hebbiana, então as saídas dos neurônios definem um sistema de coordenadas no qual não há correlações mesmo quando os sinais incidentes tenham fortes correlações.

    O uso de inibições laterais entre neurônios de saída foi também proposto por Rubner e Tavan (1989) e Rubner e Schulten (1990). Entretanto, ao contrário do modelo proposto por Földiak, a rede lateral considerada por Rubner et al. não é simetricamente conectada. Em vez disso, a rede lateral é hierárquica, com o neurônio i (digamos) inibindo todos os outros neurônios no modelo exceto para $1, 2, ..., i - 1$, onde $i = 1, 2, ...$.

O modelo APEX estudado em Kung e Diamantaras (1990) tem a mesma topologia de rede que a do modelo de Rubner et al., mas usa a regra de aprendizagem de neurônio único de Oja (descrita na Seção 8.4) para ajustar os pesos sinápticos tanto das conexões para frente como das conexões laterais do modelo.

4. Uma prova rigorosa da convergência do algoritmo APEX, com todos os neurônios tendendo a convergir em conjunto, é dada em Chen e Liu (1992).
5. Para uma discussão de vários modelos neurais para análise de componentes principais e sua comparação, veja o livro de Diamantaras e Kung (1996).
6. Os métodos de ACP não-lineares, excluindo ACP por núcleo, podem ser agrupados em três classes (Diamantaras e Kung, 1996):
   - *Redes hebbianas,* que são obtidas substituindo-se os neurônios lineares nos algoritmos ACP baseados na aprendizagem hebbiana por neurônios não-lineares (Karhunen e Joutsensalo, 1995).
   - *Redes replicadoras* ou *auto-codificadoras*, que são construídas em torno de perceptrons de múltiplas camadas: as redes replicadoras são discutidas no Capítulo 4.
   - *Curvas principais*, que são baseadas em uma estimação iterativa de uma curva ou superfície que captura a estrutura dos dados (Hastie e Stuelzle, 1989). Em Ritter et al. (1992) e Cherkassky e Mulier (1995), é mostrado que o mapa auto-organizável de Kohonen pode ser visto como um procedimento computacional para encontrar uma aproximação discreta das curvas principais; os mapas auto-organizáveis são discutidos no próximo capítulo.

PROBLEMAS

Autofiltro máximo baseado na aprendizagem hebbiana

8.1 Para o filtro casado considerado no Exemplo 8.2, o autovalor λ_1 e o autovetor associado $\mathbf{q}_1$ são definidos por

$$\lambda_1 = 1 + \sigma^2$$
$$\mathbf{q}_1 = \mathbf{s}$$

Mostre que estes parâmetros satisfazem a relação básica

$$\mathbf{R}\mathbf{q}_1 = \lambda_1 \mathbf{q}_1$$

onde $\mathbf{R}$ é a matriz de correlação do vetor de entrada $\mathbf{X}$.

8.2 Considere o autofiltro máximo onde o vetor peso $\mathbf{w}(n)$ evolui de acordo com a Eq. (8.46). Mostre que a variância da saída do filtro se aproxima de λ_{max} quando n se aproxima do infinito, onde λ_{max} é o maior autovalor da matriz de correlação do vetor de entrada.

8.3 A *análise de componentes menores* (ACM) é o oposto da análise de componentes principais. Na ACM, procuramos encontrar aquelas direções que *minimizam* a variância da projeção. As direções que são assim encontradas são os autovetores correspondentes aos menores (mínimos) autovalores da matriz de correlação $\mathbf{R}$ do vetor de entrada $\mathbf{X}(n)$.

Neste problema, exploramos a forma de modificar o único neurônio da Seção 8.4, de modo a encontrar a componente menor de $\mathbf{R}$. Em particular, trocamos o sinal na regra de aprendizagem da Eq. (8.40), obtendo (Xu et al., 1992)

$$w_i(n+1) = w_i(n) - \eta y(n)[x_i(n) - y(n)w_i(n)]$$

Mostre que se o menor autovalor da matriz de correlação **R** for λ_m com multiplicidade 1, então

$$\lim_{n\to\infty} \mathbf{w}(n) = \eta \mathbf{q}_m$$

onde $\mathbf{q}_m$ é o autovetor associado com λ_m.

Análise de componentes principais baseada na aprendizagem hebbiana

8.4 Construa um grafo de fluxo de sinal para representar as Eqs. de valor vetorial (8.87) e (8.88).

8.5 A abordagem por equação diferencial ordinária para a análise de convergência descrita na Seção 8.4 não se aplica adiante ao algoritmo de aprendizagem hebbiana generalizado (AHG). Entretanto, expressando a matriz de peso sináptico $\mathbf{W}(n)$ na Eq. (8.91) como um vetor constituído das colunas individuais de $\mathbf{W}(n)$, podemos interpretar a função de atualização $h(\cdot,\cdot)$ na maneira usual, e então aplicar o teorema da estabilidade assintótica. Assim, com base no que foi dito aqui, explore o teorema da convergência para o algoritmo de aprendizagem hebbiana generalizado.

8.6 Neste problema, exploramos o uso do algoritmo hebbiano generalizado para estudar os campos receptivos bidimensionais produzidos por uma entrada aleatória (Sanger, 1990). A entrada aleatória consiste de um campo bidimensional de ruído gaussiano independente com média zero e variância unitária, que é convoluído com uma máscara (filtro) gaussiana e então multiplicado por uma janela gaussiana. A máscara gaussiana tem um desvio padrão de 2 pontos (*pixels*), e a janela gaussiana tem um desvio padrão de 8 pontos. A entrada aleatória resultante $x(r, s)$ na posição (r, s) pode assim ser escrita como segue:

$$x(r,s) = m(r,s)[g(r,s) * w(r,s)]$$

onde $w(r, s)$ é o campo de ruído gaussiano independente e identicamente distribuído, $g(r, s)$ é a máscara gaussiana e $m(r, s)$ é a função da janela gaussiana. A convolução circular de $g(r, s)$ e $w(r, s)$ é definida por

$$g(r,s) * w(r,s) = \sum_{p=0}^{N-1} \sum_{q=0}^{N-1} g(p,q) w(r-p, s-q)$$

onde assume-se que $g(r, s)$ e $w(r, s)$ são periódicas.

Use 2000 exemplos da entrada aleatória $x(r, s)$ para treinar uma rede alimentada para frente de camada única utilizando o algoritmo hebbiano generalizado. A rede tem 4096 entradas arranjadas como uma grade de 64 × 64 pontos, e 16 saídas. Os pesos sinápticos resultantes da rede treinada são representados como um arranjo de 64 × 64 números. Realize os cálculos descritos aqui e mostre os 16 arranjos dos pesos sinápticos como máscaras bidimensionais. Comente os seus resultados.

8.7 A Equação (8.113) define a versão transformada da equação de atualização (8.106) para calcular o vetor de peso realimentado $\mathbf{a}_j(n)$. A transformação é baseada na definição do vetor peso sináptico $\mathbf{w}_j(n)$ em termos dos m modos principais da rede dada na Eq. (8.109). Derive a Eq. (8.113).

8.8 Considere a matriz do sistema da Eq. (8.116), representada pelo grafo de fluxo de sinal da Fig. 8.12 que corresponde a $1 \leq k \leq j-1$.
  (a) Formule a equação característica desta matriz 2 × 2.
  (b) Mostre que a matriz tem um autovalor duplo.

(c) Justifique a afirmação de que todos os modos principais da rede têm o mesmo autovalor.

8.9 O AHG usa apenas conexões para frente, enquanto que o algoritmo APEX usa tanto conexões para frente como conexões laterais. Apesar destas diferenças, o comportamento de convergência a longo prazo do algoritmo APEX é, em teoria, exatamente o mesmo que aquele do AHG. Justifique a validade desta afirmação.

ACP por núcleo

8.10 Considere que $\overline{K}_{ij}$ represente a contrapartida centrada do ij-ésimo elemento K_{ij} da matriz de núcleo **K**. Mostre que (Schölkopf, 1997)

$$\overline{K}_{ij} = K_{ij} - \frac{1}{N}\sum_{m=1}^{N}\varphi^T(\mathbf{x}_m)\varphi(\mathbf{x}_j) - \frac{1}{N}\sum_{n=1}^{N}\varphi^T(\mathbf{x}_i)\varphi(\mathbf{x}_n)$$
$$+ \frac{1}{N^2}\sum_{m=1}^{N}\sum_{n=1}^{N}\varphi^T(\mathbf{x}_m)\varphi(\mathbf{x}_n)$$

Sugira uma representação compacta desta relação na forma matricial.

8.11 Mostre que a normalização do autovetor α da matriz de núcleo **K** é equivalente à exigência de que a Eq. (8.153) seja satisfeita.

8.12 Resuma as propriedades da ACP por núcleo.

CAPÍTULO 9

Mapas Auto-Organizáveis

9.1 INTRODUÇÃO

Neste capítulo, continuamos nosso estudo dos sistemas auto-organizáveis considerando uma classe especial de grades neurais conhecidas como mapas auto-organizáveis. Estas grades são baseadas na *aprendizagem competitiva*; os neurônios de saída da grade competem entre si para serem ativados ou disparados, com o resultado que apenas *um* neurônio de saída, ou um neurônio por grupo, está ligado em um instante de tempo. Um neurônio de saída que vence a competição é chamado de um *neurônio vencedor leva tudo* ou simplesmente um *neurônio vencedor*. Uma forma de induzir uma competição do tipo "o vencedor leva tudo" entre os neurônios de saída é usar conexões laterais inibitórias (i.e., caminhos de realimentação negativa) entre eles; esta idéia foi originalmente proposta por Rosenblatt (1958).

Em um *mapa auto-organizável*, os neurônios estão colocados em nós de uma *grade* que é normalmente uni- ou bidimensional. Mapas de dimensionalidade mais alta são também possíveis, mas não são tão comuns. Os neurônios se tornam *seletivamente sintonizados* a vários padrões de entrada (estímulos) ou classes de padrões de entrada no decorrer de um processo de aprendizagem. As localizações dos neurônios assim sintonizados (i.e., os neurônios vencedores) se tornam ordenadas entre si de forma que um sistema de coordenadas significativo para diferentes *características* de entrada é criado sobre a grade (Kohonen, 1990a). Um mapa auto-organizável é, portanto, caracterizado pela formação de um *mapa topográfico* dos padrões de entrada no qual as *localizações espaciais (i.e., coordenadas) dos neurônios na grade são indicativas das características estatísticas intrínsecas contidas nos padrões de entrada*, daí o nome "mapa auto-organizável".

Como modelo neural, o mapa auto-organizável fornece uma ponte entre dois níveis de adaptação:

- Regras de adaptação formuladas ao nível microscópico de um único neurônio.
- Formação de padrões de seletividade de características experimentalmente melhores e fisicamente acessíveis ao nível microscópico de camadas neurais.

Devido a um mapa auto-organizável ser inerentemente não-linear, ele pode ser visto como uma generalização não-linear da análise de componentes principais (Ritter, 1995).

O desenvolvimento de mapas auto-organizáveis como modelo neural é motivado por uma característica distintiva do cérebro humano: o cérebro está organizado em vários lugares de modo que entradas sensoriais diferentes são representadas por *mapas computacionais ordenados topologicamente*. Em particular, entradas sensoriais como a táctil (Kaas et al., 1983), a visual (Hubel e Wiesel, 1962, 1977) e a acústica (Suga, 1985) são mapeadas para áreas diferentes do córtex cerebral de uma maneira topologicamente ordenada. Assim, o mapa computacional constitui um bloco construtivo básico na infra-estrutura de processamento de informação do sistema nervoso. Um mapa computacional é definido por um arranjo de neurônios representando processadores ou filtros ajustados de forma um pouco diferente entre si, que operam paralelamente sobre os sinais que carregam informação. Conseqüentemente, os neurônios transformam sinais de entrada em uma *distribuição de probabilidade codificada por localização* que representa os valores calculados de parâmetros por posições de máxima atividade relativa dentro do mapa (Knudsen et al., 1987). A informação assim derivada é de uma forma que pode ser facilmente acessada por processadores de ordem mais elevada usando esquemas de conexão relativamente simples.

Organização do Capítulo

O material apresentado neste capítulo sobre mapas computacionais está organizado como segue. Na Seção 9.2, descrevemos dois modelos de mapeamento de características, que de seu modo peculiar são capazes de explicar ou capturar as características essenciais de mapas computacionais no cérebro. Os dois modelos diferem entre si na forma das entradas utilizadas.

O resto do capítulo é devotado a considerações detalhadas de um destes modelos, usualmente referido como um "mapa auto-organizável" proposto por Kohonen (1982). Na Seção 9.3, usamos considerações neurobiológicas para desenvolver um formalismo matemático do modelo de Kohonen. Um resumo do modelo é apresentado na Seção 9.4. Propriedades importantes do modelo são descritas na Seção 9.5, que é seguida por simulações computacionais na Seção 9.6. Finalmente, o desempenho do mapa de características pode ser ajustado finamente através de uma técnica supervisionada conhecida como quantização vetorial por aprendizagem; esta técnica é descrita na Seção 9.7. A Seção 9.8 descreve um experimento computacional sobre classificação adaptativa de padrões que combina o uso de quantização vetorial por aprendizagem e o mapa auto-organizável. Na Seção 9.9, descrevemos a quantização vetorial hierárquica construída em torno do mapa auto-organizável para compressão de dados. A Seção 9.10 descreve uma outra aplicação do mapa auto-organizável para construir mapas contextuais que encontram aplicações em categorização não-supervisionada de classes de fonemas a partir de texto, sensoriamento remoto e exploração de dados. O capítulo conclui com algumas considerações finais na Seção 9.12.

9.2 DOIS MODELOS BÁSICOS DE MAPEAMENTO DE CARACTERÍSTICAS

Qualquer um que examine um cérebro humano fica impressionado com a extensão que o córtex cerebral ocupa no cérebro. O cérebro é quase totalmente envolvido pelo córtex cerebral, que obscurece as outras partes. Do ponto de vista apenas da complexidade, o córtex cerebral provavelmente supere qualquer outra estrutura conhecida no universo (Hubel e Wiesel, 1977). O que é igualmente impressionante é o modo como diferentes entradas sensoriais (motora, somestésica, visual, auditiva, etc.) são *mapeadas* para áreas correspondentes do córtex cerebral de uma forma *ordenada*; para avaliar este ponto, veja os mapas cito-arquiteturais do córtex cerebral na Fig. 2.4. O uso de mapas computacionais oferece as seguintes propriedades (Knudsen et al., 1987):

- Em cada estágio de representação, cada parte da informação incidente é mantida no seu próprio contexto.
- Neurônios que lidam com partes relacionadas de informação estão próximos entre si de modo a poderem interagir através de conexões sinápticas curtas.

Nosso interesse se concentra na construção de mapas topográficos artificiais que aprendem através de auto-organização de uma maneira inspirada na neurobiologia. Neste contexto, o ponto que emerge da breve discussão sobre mapas computacionais no cérebro é o *princípio da formação de mapas topográficos*, que pode ser formulado como (Kohonen, 1990a):

A localização espacial de um neurônio de saída em um mapa topográfico corresponde a um domínio ou característica particular do dado retirado do espaço de entrada.

Este princípio forneceu a motivação neurobiológica para dois *modelos de mapeamento de características*[1] diferentes descritos aqui.

A Fig. 9.1 mostra a planta dos dois modelos. Em ambos os casos, os neurônios de saída estão arranjados em uma grade bidimensional. Este tipo de topologia assegura que cada neurônio tenha um conjunto de vizinhos. Os modelos diferem entre si no modo como os padrões de entrada são especificados.

O modelo da Fig. 9.1a foi originalmente proposto por Willshaw e von der Malsburg (1976) sobre bases biológicas para explicar o problema do mapeamento retinotópico da retina para o córtex visual (nos vertebrados superiores). Especificamente, há duas grades bidimensionais separadas de neurônios conectadas entre si, uma delas se projetando sobre a outra. Uma grade representa os neurônios pré-sinápticos (de entrada) e a outra grade representa os neurônios pós-sinápticos (de saída). A grade pós-sináptica utiliza um *mecanismo excitatório de curto alcance* bem como um *mecanismo inibitório de longo alcance*. Estes dois mecanismos são de natureza local e são cruciais para a auto-organização. As duas grades são conectadas entre si por sinapses modificáveis do tipo hebbiano. A rigor, portanto, os neurônios pós-sinápticos não são do tipo o vencedor leva tudo; em vez disso, é usado um limiar para assegurar que apenas poucos neurônios pós-sinápticos dispararão em um determinado instante. Além disso, para evitar um constante aumento dos pesos sinápticos que pode levar à instabilidade da grade, o peso total associado com cada neurônio pós-sináptico é limitado por uma condição de limite superior.[2] Assim, para cada neurônio, alguns pesos sinápticos aumentam enquanto que outros diminuem. A idéia básica do modelo de Willshaw-von der Malsburg é que a proximidade geométrica de neurônios pré-sinápticos seja codificada na forma de correlações na sua atividade elétrica, e usar estas correlações na grade pós-sináptica de forma a conectar neurônios pré-sinápticos vizinhos com neurônios pós-sinápticos vizinhos. Dessa forma, um mapeamento topologicamente ordenado é produzido por auto-organização. Note, entretanto, que o modelo de Willshaw-von der Malsburg é especializado em mapeamentos nos quais a dimensão de entrada é a mesma que a dimensão de saída.

O segundo modelo da Fig. 9.1b, introduzido por Kohonen (1982), não pretende explicar detalhes neurobiológicos. O modelo captura as características essenciais dos mapas computacionais do cérebro e ainda se mantém tratável do ponto de vista computacional.[3] O modelo de Kohonen aparentemente é mais geral que o modelo de Willshaw-von der Malsburg na medida em que ele é capaz de realizar compressão de dados (i.e., redução da dimensionalidade na entrada).

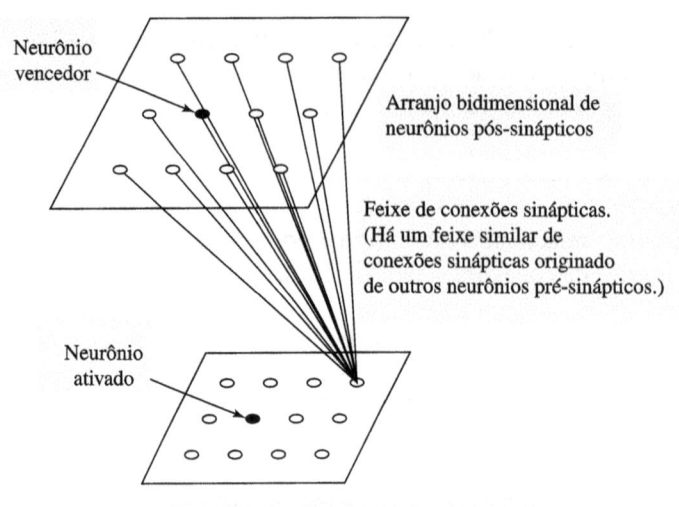

FIGURA 9.1 Dois mapas auto-organizados de características

(a) Modelo de Willshaw-von der Malsburg

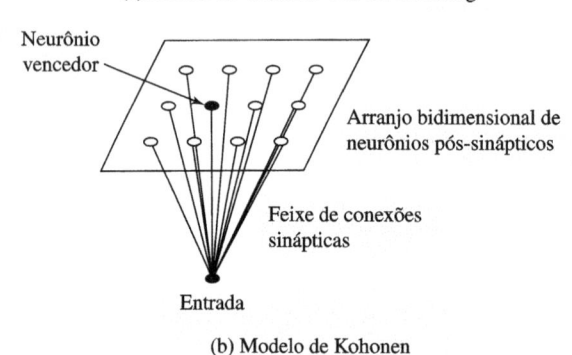

(b) Modelo de Kohonen

Na realidade, o modelo de Kohonen pertence à classe de algoritmos de *codificação vetorial*. O modelo produz um mapeamento topológico que localiza otimamente um número fixo de vetores (i.e., palavras de código) em um espaço de entrada de dimensionalidade mais elevada, e desse modo facilita a compressão de dados. O modelo de Kohonen pode, portanto, ser derivado de dois modos. Podemos utilizar as idéias básicas da auto-organização, motivadas por considerações neurobiológicas, para derivar o modelo, que é a abordagem tradicional (Kohonen, 1982, 1990a, 1997a). Alternativamente, podemos usar uma abordagem de quantização vetorial que usa um modelo envolvendo um codificador e um decodificador, que é motivada por considerações da teoria de comunicação (Luttrell, 1989b, 1991a). Neste capítulo, consideramos ambas as abordagens.

O modelo de Kohonen recebeu muito mais atenção na literatura que o modelo de Willshaw-von der Malsburg. Ele possui certas propriedades discutidas mais adiante no capítulo, que o tornam particularmente interessante para a compreensão e a modelagem de mapas corticais no cérebro. O restante do capítulo dedica-se à derivação do *mapa auto-organizável*, suas propriedades básicas e ramificações.

9.3 O MAPA AUTO-ORGANIZÁVEL

O principal objetivo do mapa auto-organizável (SOM, *self-organizing map*) é transformar um padrão de sinal incidente de dimensão arbitrária em um mapa discreto uni- ou bidimensional e realizar esta transformação adaptativamente de uma maneira topologicamente ordenada.

A Figura 9.2 mostra o diagrama esquemático de uma grade bidimensional de neurônios normalmente usada como o mapa discreto. Cada neurônio da grade está totalmente conectado com todos os nós de fonte da camada de entrada. Esta grade representa uma estrutura alimentada adiante com uma única camada computacional consistindo de neurônios arranjados em linhas e colunas. Uma grade unidimensional é um caso especial da configuração representada na Fig. 9.2: neste caso especial, a camada computacional consiste simplesmente de uma única coluna ou linha de neurônios.

Cada padrão de entrada apresentado à grade consiste tipicamente de uma região localizada ou "foco" de atividade contra um fundo em repouso. A localização e a natureza deste foco usualmente variam de uma realização do padrão de entrada para outra. Todos os neurônios da grade devem, portanto, ser expostos a um número suficiente de diferentes realizações do padrão de entrada para assegurar que o processo de auto-organização tenha uma chance de amadurecer apropriadamente.

O algoritmo responsável pela formação do mapa auto-organizável começa primeiramente *inicializando* os pesos sinápticos da grade. Isto pode ser feito atribuindo-lhes *valores pequenos tomados de um gerador de números aleatórios*; fazendo dessa forma, nenhuma organização prévia

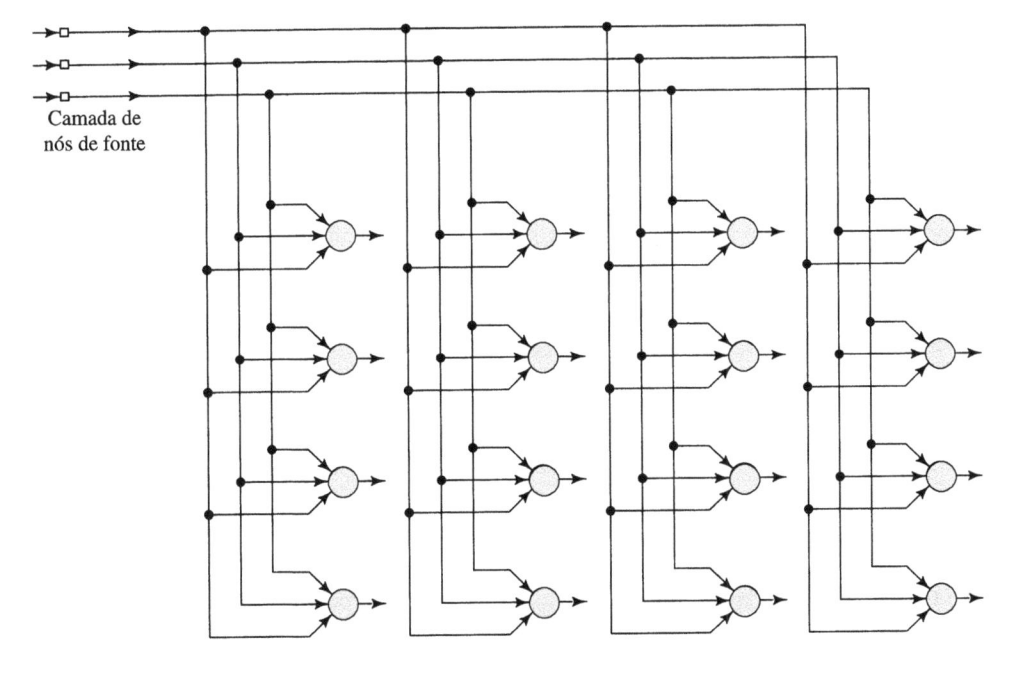

FIGURA 9.2 Grade bidimensional de neurônios

é imposta ao mapa de características. Uma vez que a grade tenha sido apropriadamente inicializada, há três processos essenciais envolvidos na formação do mapa auto-organizável, como resumido aqui:

1. *Competição.* Para cada padrão de entrada, os neurônios da grade calculam seus respectivos valores de uma função discriminante. Esta função discriminante fornece a base para a competição entre os neurônios. O neurônio particular com o maior valor da função discriminante é declarado vencedor da competição.
2. *Cooperação.* O neurônio vencedor determina a localização espacial de uma vizinhança topológica de neurônios excitados, fornecendo assim a base para a cooperação entre os neurônios vizinhos.
3. *Adaptação Sináptica.* Este último mecanismo permite que os neurônios excitados aumentem seus valores individuais da função discriminante em relação ao padrão de entrada através de

ajustes adequados aplicados a seus pesos sinápticos. Os ajustes feitos são tais que a resposta do neurônio vencedor à aplicação subseqüente de um padrão de entrada similar é melhorada.

Os processos de competição e cooperação estão de acordo com dois dos quatro princípios de auto-organização descritos no Capítulo 8. Quanto ao princípio de auto-amplificação, ele aparece em uma forma modificada de aprendizagem hebbiana no processo adaptativo. Como explicado no Capítulo 8, a presença de redundância nos dados de entrada (apesar de não mencionado explicitamente na descrição do algoritmo SOM) é necessária para a aprendizagem, pois fornece conhecimento. Agora, são apresentadas descrições detalhadas dos processos de competição, cooperação e adaptação sináptica.

O Processo Competitivo

Considere que m represente a dimensão do espaço de entrada (de dados). Considere que um padrão (vetor) de entrada selecionado aleatoriamente do espaço de entrada seja representado por

$$\mathbf{x} = [\, x_1, x_2, \ldots, x_m]^T \tag{9.1}$$

O vetor peso sináptico de cada neurônio da grade tem a mesma dimensão que o espaço de entrada. Considere que o vetor peso sináptico do neurônio j seja representado por

$$\mathbf{w}_j = [\, w_{j1}, w_{j2}, \ldots, w_{jm}]^T, \qquad j = 1, 2, \ldots, l \tag{9.2}$$

onde l é o número total de neurônios na grade. Para encontrar o melhor casamento do vetor de entrada $\mathbf{x}$ com os vetores de pesos sinápticos $\mathbf{w}_j$, compare os produtos internos $\mathbf{w}_j^T \mathbf{x}$ para $j = 1, 2, \ldots, l$ e selecione o maior. Isto assume que o mesmo limiar seja aplicado a todos os neurônios; o limiar é o negativo do bias. Assim, selecionando o neurônio com o maior produto interno $\mathbf{w}_j^T \mathbf{x}$, teremos de fato determinado a localização onde a vizinhança topológica dos neurônios excitados deve ser centrada.

Do Capítulo 1 recordamos que o critério do melhor casamento, baseado na maximização do produto interno $\mathbf{w}_j^T \mathbf{x}$, é matematicamente equivalente a minimizar a distância euclidiana entre os vetores $\mathbf{x}$ e $\mathbf{w}_j$. Se usarmos o índice $i(\mathbf{x})$ para identificar o neurônio que melhor casa com o vetor de entrada $\mathbf{x}$, podemos então determinar $i(\mathbf{x})$ aplicando a condição[4]

$$i(\mathbf{x}) = \arg\min_j \|\mathbf{x} - \mathbf{w}_j\|, \quad j = 1, 2, \ldots, l \tag{9.3}$$

que resume a essência do processo competitivo entre os neurônios. De acordo com a Eq. (9.3), $i(\mathbf{x})$ é o objeto da nossa atenção porque queremos a identidade do neurônio i. O neurônio particular i que satisfaz esta condição é chamado o *neurônio melhor casado* ou *neurônio vencedor* para o vetor de entrada $\mathbf{x}$. A Equação (9.3) leva a esta observação:

> *Um espaço contínuo de entrada de padrões de ativação é mapeado para um espaço discreto de saída de neurônios por um processo de competição entre os neurônios da grade.*

Dependendo da aplicação de interesse, a resposta da grade pode ser tanto o índice do neurônio vencedor (i.e., sua posição na grade), como o vetor de peso sináptico que está mais próximo do vetor de entrada em um sentido euclidiano.

O Processo Cooperativo

O neurônio vencedor localiza o centro de uma vizinhança topológica de neurônios cooperativos. A questão-chave é: como definimos uma vizinhança topológica que seja correta do ponto de vista neurobiológico? Para responder a esta questão, lembremos que há evidência neurobiológica para a *interação lateral* entre um conjunto de neurônios excitados. Em particular, um neurônio que está disparando tende a excitar *mais fortemente* os neurônios na sua vizinhança imediata que aqueles distantes dele, o que é intuitivamente razoável. Esta observação nos leva a fazer com que a vizinhança topológica em torno do neurônio vencedor i decaia suavemente com a distância lateral[5] (Lo et al., 1991, 1993; Ritter et al., 1992). Para sermos específicos, considere que $h_{j,i}$ represente a *vizinhança topológica* centrada no neurônio vencedor i e que contenha um conjunto de neurônios excitados (cooperativos), sendo um neurônio típico deste conjunto representado por j. Considere que $d_{j,i}$ represente a distância *lateral* entre o neurônio vencedor i e o neurônio excitado j. Então, podemos assumir que a vizinhança topológica $h_{j,i}$ é uma função unimodal da distância $d_{j,i}$, desde que ela satisfaça duas exigências distintas:

- A vizinhança topológica $h_{j,i}$ é simétrica em relação ao ponto máximo definido por $d_{i,j} = 0$; em outras palavras, ela alcança o seu valor máximo no neurônio vencedor i para o qual a distância $d_{j,i}$ é zero.
- A amplitude da vizinhança topológica $h_{j,i}$ decresce monotonamente com o aumento da distância lateral $d_{j,i}$, decaindo a zero para $d_{j,i} \to \infty$; esta é uma condição necessária para a convergência.

Uma escolha típica de $h_{j,i}$ que satisfaz estas exigências é a função *gaussiana*[6]

$$h_{j,i(\mathbf{x})} = \exp\left(-\frac{d_{j,i}^2}{2\sigma^2}\right) \qquad (9.4)$$

que é *invariante à translação* (i.e., independente da localização do neurônio vencedor). O parâmetro σ é a "largura efetiva" da vizinhança topológica como ilustrado na Fig. 9.3; ele mede o grau com o qual neurônios excitados na vizinhança do neurônio vencedor participam do processo de aprendizagem. Em um sentido qualitativo, a vizinhança topológica gaussiana da Eq. (9.4) é mais biologicamente apropriada que uma vizinhança retangular. Seu uso também faz com que o algoritmo SOM convirja mais rapidamente que com uma vizinhança topológica retangular (Lo et al., 1991, 1993; Erwin et al., 1992a).

Para que a cooperação entre neurônios vizinhos se mantenha, é necessário que a vizinhança topológica $h_{j,i}$ seja dependente da distância lateral $d_{j,i}$ entre o neurônio vencedor i e o neurônio excitado j no espaço de saída em vez de ser dependente de alguma medida de distância no espaço de entrada original. Isto é precisamente o que temos na Eq. (9.4). No caso de uma grade unidimensional, $d_{j,i}$ é um inteiro igual a $|j-i|$. Por outro lado, no caso de uma grade bidimensional ela é definida por

$$d_{j,i}^2 = \left\|\mathbf{r}_j - \mathbf{r}_i\right\|^2 \qquad (9.5)$$

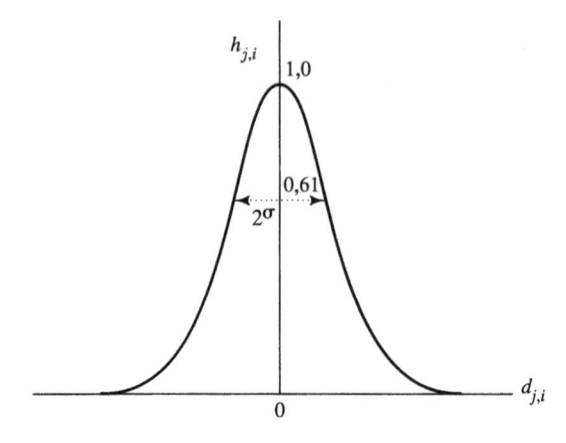

FIGURA 9.3 Função de vizinhança gaussiana

onde o vetor discreto $\mathbf{r}_j$ define a posição do neurônio excitado j e $\mathbf{r}_i$ define a posição discreta do neurônio vencedor i, sendo ambos medidos no espaço de saída discreto.

Uma outra característica única do algoritmo SOM é que o tamanho da vizinhança topológica diminui com o tempo. Esta exigência é satisfeita fazendo-se com que a largura σ da função de vizinhança topológica $h_{j,i}$ diminua com o tempo. Uma escolha popular para a dependência de σ com o tempo discreto n é o decaimento exponencial descrito por (Ritter et al., 1992; Obermayer et al., 1991)

$$\sigma(n) = \sigma_0 \exp\left(-\frac{n}{\tau_1}\right) \quad n = 0,1,2,..., \tag{9.6}$$

onde σ_0 é o valor de σ na inicialização do algoritmo SOM, e τ_1 é uma *constante de tempo*. Conseqüentemente, a vizinhança topológica assume uma forma variável no tempo, como mostrado por

$$h_{j,i(\mathbf{x})}(n) = \exp\left(-\frac{d_{j,i}^2}{2\sigma^2(n)}\right), \quad n = 0,1,2,..., \tag{9.7}$$

onde $\sigma(n)$ é definido pela Eq. (9.6). Assim, quando o tempo n (i.e., o número de iterações) aumenta, a largura $\sigma(n)$ decresce a uma taxa exponencial e a vizinhança topológica diminui de uma maneira correspondente. De agora em diante, nos referiremos a $h_{j,i(\mathbf{x})}(n)$ como a *função de vizinhança*.

Um outro modo útil de ver a variação da função de vizinhança $h_{j,i(\mathbf{x})}(n)$ em torno de um neurônio vencedor $i(\mathbf{x})$ é como segue (Luttrell, 1989a). O propósito de um $h_{j,i(\mathbf{x})}(n)$ largo é essencialmente *correlacionar* as direções das atualizações dos pesos de um grande número de neurônios excitados da grade. Quando a largura de $h_{j,i(\mathbf{x})}(n)$ é diminuída, também diminui o número de neurônios cujas direções de atualização são correlacionadas. Este fenômeno se torna particularmente óbvio quando o treinamento de um mapa auto-organizável é executado em uma tela de computador. É um desperdício de recursos computacionais mover um grande número de graus de liberdade em torno de um neurônio vencedor de forma correlacionada, como no caso do agoritmo SOM padrão. Em vez disso, é muito melhor usar uma forma de treinamento SOM *normalizada*, na qual trabalhamos com um número bem menor de *graus de liberdade normalizados*. Esta operação é facilmente realizada na forma discreta tendo uma função de vizinhança $h_{j,i(\mathbf{x})}(n)$ de largura *constante*, mas gradualmente *aumentando* o número total de neurônios. Os novos neurônios são inseridos na metade da distância entre os neurônios antigos, e a suavidade do algoritmo SOM garante que os novos neurônios se insiram na adaptação sináptica de uma maneira suave (Luttrell, 1989a). Um resumo do algoritmo SOM normalizado é apresentado no Problema 9.13.

O Processo Adaptativo

Agora chegamos ao último processo, o processo adaptativo sináptico, na formação auto-organizada de um mapa de características. Para que a grade seja auto-organizável, é necessário que o vetor de peso sináptico $\mathbf{w}_j$ do neurônio j da grade se modifique em relação ao vetor de entrada $\mathbf{x}$. A questão é como fazer esta modificação. No postulado de aprendizagem de Hebb, um peso sináptico é aumentado com uma ocorrência simultânea de atividades pré-sináptica e pós-sináptica. O uso de tal regra é muito adequado para aprendizagem associativa. Entretanto, para o tipo de aprendizagem não-supervisionada considerado aqui a hipótese hebbiana na sua forma básica não é satisfatória pelas seguintes razões: as modificações das conectividades ocorrem apenas em uma direção, o que leva no final todos os pesos à saturação. Para superar este problema, modificamos a hipótese hebbiana incluindo um *termo de esquecimento* — $g(y_j)\mathbf{w}_j$, onde $\mathbf{w}_j$ é o vetor peso sináptico do neurônio j e $g(y_j)$ é uma função escalar positiva da resposta y_j. A única exigência imposta à função $g(y_j)$ é que o termo constante da expansão em série de Taylor de $g(y_j)$ seja zero, de modo que podemos escrever

$$g(y_j) = 0 \quad \text{para } y_j = 0 \tag{9.8}$$

O significado desta exigência se tornará aparente brevemente. Dada esta função, podemos então expressar a modificação do vetor peso do neurônio j da grade como segue:

$$\Delta \mathbf{w}_j = \eta y_j \mathbf{x} - g(y_j)\mathbf{w}_j \tag{9.9}$$

onde η é o *parâmetro da taxa de aprendizagem* do algoritmo. O primeiro termo do lado direito da Eq. (9.9) é o termo hebbiano e o segundo termo é o termo de esquecimento. Para satisfazer a exigência da Eq. (9.8), escolhemos uma função linear para $g(y_j)$, como mostrado por

$$g(y_j) = \eta y_j \tag{9.10}$$

Podemos simplificar mais a Eq. (9.9) fazendo

$$y_j = h_{j,i(\mathbf{x})} \tag{9.11}$$

Usando as Eqs. (9.10) e (9.11) em (9.9), obtemos

$$\Delta \mathbf{w}_j = \eta h_{j,i(\mathbf{x})}(\mathbf{x} - \mathbf{w}_j) \tag{9.12}$$

Finalmente, usando o formalismo de tempo discreto, dado o vetor peso sináptico $\mathbf{w}_j(n)$ do neurônio j no tempo n, o vetor de peso atualizado $\mathbf{w}_j(n+1)$ no tempo $n+1$ é definido por (Kohonen, 1982; Ritter et al., 1992; Kohonen, 1997a):

$$\mathbf{w}_j(n+1) = \mathbf{w}_j(n) + \eta(n) h_{j,i(\mathbf{x})}(n)(\mathbf{x} - \mathbf{w}_j(n)) \tag{9.13}$$

que é aplicado a todos os neurônios da grade que se encontram dentro da vizinhança topológica do neurônio vencedor i. A Equação (9.13) tem o efeito de mover o vetor peso sináptico $\mathbf{w}_i$ do neurônio vencedor i em direção ao vetor de entrada $\mathbf{x}$. Através da apresentação repetida dos dados de treinamento, os vetores de peso sináptico tendem a seguir a distribuição dos vetores de entrada devido à atualização da vizinhança. O algoritmo, portanto, leva a uma *ordenação topológica* do mapa de características no espaço de entrada no sentido de que neurônios que são adjacentes na grade tenderão a ter vetores de peso sináptico similares. Temos mais a dizer sobre esta questão na Seção 9.5.

A Equação (9.13) é a fórmula desejada para calcular os pesos sinápticos do mapa de características. Além desta equação, entretanto, precisamos da heurística da Eq. (9.7) para selecionar a função de vizinhança $h_{j,i(\mathbf{x})}(n)$ e uma outra heurística para selecionar o parâmetro da taxa de aprendizagem $\eta(n)$.

O parâmetro da taxa de aprendizagem $\eta(n)$ deve ser variável no tempo como indicado na Eq. (9.13), que corresponde ao caso da aproximação estocástica. Em particular, ele deve começar em um valor inicial η_0 e então decrescer gradualmente com o aumento do tempo n. Esta exigência pode ser satisfeita escolhendo-se um decaimento exponencial para $\eta(n)$, como mostrado por

$$\eta(n) = \eta_0 \exp\left(-\frac{n}{\tau_2}\right), \quad n = 0,1,2..., \tag{9.14}$$

onde τ_2 é uma outra constante de tempo do algoritmo SOM. Apesar de as fórmulas de decaimento exponencial descritas nas Eqs. (9.6) e (9.14) para a largura da função de vizinhança e o parâmetro da taxa de aprendizagem, respectivamente, poderem não ser ótimas, elas são normalmente adequadas para a formação do mapa de características de uma maneira auto-organizada.

As Duas Fases do Processo Adaptativo: Ordenação e Convergência

Começando de um estado inicial de desordem completa, é surpreendente como o algoritmo SOM gradualmente leva a uma representação organizada de padrões de ativação retirados do espaço de entrada, desde que os parâmetros do algoritmo sejam selecionados adequadamente. Podemos decompor a adaptação dos pesos sinápticos da grade, calculada de acordo com a Eq. (9.13), em duas fases: uma fase de ordenação ou de auto-organização seguida por uma fase de convergência. Estas duas fases do processo adaptativo são descritas como segue (Kohonen, 1982, 1997a):

1. *Fase de auto-organização* ou *de ordenação*. É durante esta primeira fase do processo adaptativo que ocorre a ordenação topológica dos vetores de peso. A fase de ordenação pode exigir 1000 iterações do algoritmo SOM, e possivelmente até mais. Deve-se levar em conta considerações cuidadosas sobre a escolha do parâmetro de aprendizagem e da função de vizinhança:

- O parâmetro da taxa de aprendizagem $\eta(n)$ deve iniciar com um valor próximo a 0,1; depois, ele deve decrescer gradualmente, mas permanecer acima de 0,01. Estes valores desejáveis são satisfeitos pelas seguintes escolhas na fórmula da Eq. (9.14):

$$\eta_0 = 0,1$$
$$\tau_2 = 1000$$

- A função de vizinhança $h_{j,i}(n)$ deve inicialmente incluir quase todos os neurônios da grade centrados no neurônio vencedor i, e então diminuir lentamente com o tempo. Especificamente, durante a fase de ordenação, que pode exigir 1000 iterações ou mais, permite-se que $h_{j,i}(n)$ se reduza a um valor pequeno de apenas um par de neurônios vizinhos em torno do neurônio vencedor ou ao próprio neurônio vencedor. Assumindo o uso de uma grade bidimensional de neurônios para o mapa discreto, podemos assim igualar o tamanho inicial σ_0 da função de vizinhança ao "raio" da grade. Correspondentemente, podemos especificar a constante de tempo τ_1 na fórmula da Eq. (9.6) como segue:

$$\tau_1 = \frac{1000}{\log \sigma_0}$$

2. *Fase de convergência.* Esta segunda fase do processo adaptativo é necessária para realizar uma sintonia fina do mapa de características e assim produzir uma quantização estatística precisa do espaço de entrada. Como regra geral, o número de iterações que constituem a fase de convergência deve ser no mínimo 500 vezes o número de neurônios na grade. Assim, a fase de convergência pode durar milhares ou dezenas de milhares de iterações:

- Para uma boa precisão estatística, o parâmetro da taxa de aprendizagem $\eta(n)$ deve se mantido durante a fase de convergência em um valor pequeno, da ordem de 0,01. Em todo caso, não se deve permitir que ele diminua a zero; caso contrário, é possível que a grade fique presa em um estado metaestável. Um *estado metaestável* pertence a uma configuração do mapa de características com um defeito topológico. O decaimento exponencial da Eq. (9.14) garante contra a possibilidade de estados metaestáveis.
- A função de vizinhança $h_{j,i(\mathbf{x})}(n)$ deve conter apenas os vizinhos mais próximos de um neurônio vencedor, que pode eventualmente se reduzir a um ou a zero neurônios vizinhos.

9.4 RESUMO DO ALGORITMO SOM

A essência do algoritmo SOM de Kohonen é que ele substitui por uma computação geométrica simples as propriedades mais detalhadas da regra baseada em aprendizagem hebbiana e interações laterais. Os ingredientes/parâmetros essenciais do algoritmo são:

- Um espaço de entrada contínuo de padrões de ativação que são gerados de acordo com uma certa distribuição de probabilidade.
- Uma topologia da grade na forma de uma grade de neurônios, que define um espaço de saída discreto.
- Uma função de vizinhança variável no tempo $h_{j,i(\mathbf{x})}(n)$ que é definida em torno de um neurônio vencedor $i(\mathbf{x})$.

- Um parâmetro da taxa de aprendizagem $\eta(n)$ que começa em um valor inicial η_0 e então diminui gradualmente com o tempo, n, mas nunca vai a zero.

Para a função de vizinhança e parâmetro da taxa de aprendizagem, podemos usar as Eqs. (9.7) e (9.14), respectivamente, para a fase de ordenação (i.e., as primeiras mil iterações aproximadamente). Para uma boa precisão estatística, $\eta(n)$ deve ser mantido em um valor pequeno (0,01 ou menos) durante a convergência para um período de tempo razoavelmente longo, que é tipicamente de 1000 iterações. Como no caso da função de vizinhança, ele deve conter apenas os vizinhos mais próximos do neurônio vencedor no início da fase de convergência e pode eventualmente diminuir a um ou a zero neurônios vizinhos.

Há três passos básicos envolvidos na aplicação do algoritmo após a inicialização: amostragem, casamento por similaridade e atualização. Estes três passos são repetidos até a formação do mapa de características estar completa. O algoritmo é resumido como segue:

1. *Inicialização.* Escolha valores aleatórios para os vetores de peso iniciais $\mathbf{w}_j(0)$. A única restrição aqui é que os $\mathbf{w}_j(0)$ sejam diferentes para $j = 1, 2,..., l$, onde l é o número de neurônios na grade. Pode ser desejável manter a magnitude dos pesos pequena.

   Um outro modo de inicializar o algoritmo é selecionar os vetores de peso $\{\mathbf{w}_j(0)\}_{j=1}^{l}$ a partir do conjunto disponível de vetores de entrada $\{\mathbf{x}_i\}_{i=1}^{N}$ de uma maneira aleatória.

2. *Amostragem.* Retire uma amostra $\mathbf{x}$ do espaço de entrada com uma certa probabilidade; o vetor $\mathbf{x}$ representa o padrão de ativação que é aplicado à grade. A dimensão do vetor $\mathbf{x}$ é igual a m.

3. *Casamento por Similaridade.* Encontre o neurônio com o melhor casamento (vencedor) $i(\mathbf{x})$ no passo de tempo n usando o critério da mínima distância euclidiana:

$$i(\mathbf{x}) = \arg\min_j \|\mathbf{x}(n) - \mathbf{w}_j\|, \quad j = 1, 2, ..., l$$

4. *Atualização.* Ajuste os vetores de peso sináptico de todos os neurônios usando a fórmula de atualização

$$\mathbf{w}_j(n+1) = \mathbf{w}_j(n) + \eta(n) h_{j,i(\mathbf{x})}(n)(\mathbf{x}(n) - \mathbf{w}_j(n))$$

onde $\eta(n)$ é o parâmetro da taxa de aprendizagem e $h_{j,i(\mathbf{x})}(n)$ é a função de vizinhança centrada em torno do neurônio vencedor $i(\mathbf{x})$; ambos $\eta(n)$ e $h_{j,i(\mathbf{x})}(n)$ são variados dinamicamente durante a aprendizagem para obter melhores resultados.

5. *Continuação.* Continue com o passo 2 até que não sejam observadas modificações significativas no mapa de características.

9.5 PROPRIEDADES DO MAPA DE CARACTERÍSTICAS

Uma vez que o algoritmo SOM tenha convergido, o *mapa de características* calculado pelo algoritmo mostra características estatísticas importantes do espaço de entrada.

Para começar, considere que $\mathcal{X}$ represente um *espaço de entrada (de dados) contínuo*, cuja topologia é definida pela relação métrica dos vetores $\mathbf{x} \in \mathcal{X}$. Considere que $\mathcal{A}$ represente um *espaço de saída discreto*, cuja topologia é definida dispondo-se um conjunto de neurônios como os nós computacionais de uma grade. Suponha que Φ represente uma transformação não-linear chamada de *mapa de características*, que mapeia o espaço de entrada $\mathcal{X}$ para o espaço de saída $\mathcal{A}$, como mostrado por

$$\Phi: \mathcal{X} \to \mathcal{A} \tag{9.15}$$

A Equação (9.15) pode ser vista como uma abstração da Eq. (9.3) que define a localização de um neurônio vencedor $i(\mathbf{x})$ surgido em resposta ao vetor de entrada $\mathbf{x}$. Por exemplo, em um contexto neurobiológico, o espaço de entrada $\mathcal{X}$ pode representar o conjunto de coordenadas de receptores somestésicos densamente distribuídos sobre a superfície inteira do corpo. Correspondentemente, o espaço de saída $\mathcal{A}$ representa o conjunto de neurônios localizados naquela camada do córtex cerebral à qual os receptores somestésicos estão confinados.

Dado um vetor de entrada $\mathbf{x}$, o algoritmo SOM primeiro identifica um neurônio com o melhor casamento ou neurônio vencedor $i(\mathbf{x})$ no espaço de saída $\mathcal{A}$, de acordo com o mapa de características Φ. O vetor peso sináptico $\mathbf{w}_i$ do neurônio $i(\mathbf{x})$ pode então ser visto como um *ponteiro* para aquele neurônio no espaço de entrada $\mathcal{X}$; isto é, os elementos sinápticos do vetor $\mathbf{w}_i$ podem ser vistos como as coordenadas da *imagem* do neurônio i projetada no espaço de entrada. Estas duas operações são mostradas na Fig. 9.4.

O mapa de características Φ tem algumas propriedades importantes:

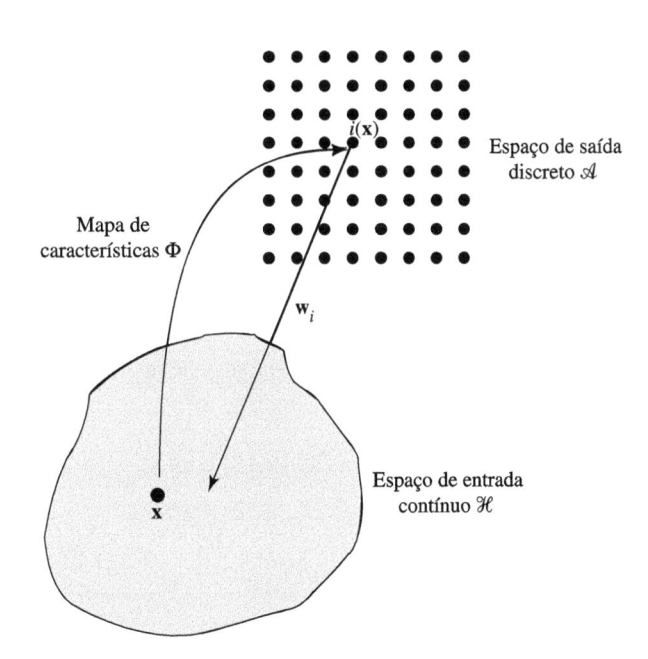

FIGURA 9.4 Ilustração da relação entre o mapa de característica Φ e o vetor de peso $\mathbf{w}_j$ do neurônio vencedor i

Propriedade 1. Aproximação do Espaço de Entrada. *O mapa de características* Φ, *representado pelo conjunto de vetores de pesos sinápticos* $\{\mathbf{w}_j\}$ *no espaço de saída* $\mathcal{A}$, *fornece uma boa aproximação para o espaço de entrada* $\mathcal{X}$.

O objetivo básico do algoritmo SOM é armazenar um conjunto grande de vetores de entrada $\mathbf{x} \in \mathcal{X}$, encontrando um conjunto menor de protótipos $\mathbf{w}_j \in \mathcal{A}$, de modo a fornecer uma boa aproximação para o espaço de entrada original $\mathcal{X}$. A base teórica da idéia descrita acima está fundamentada na *teoria da quantização vetorial*, cuja motivação é a redução de dimensionalidade ou compressão de dados (Gersho e Gray, 1992). Portanto, é apropriado apresentar uma breve discussão desta teoria.

Considere a Fig. 9.5, onde **c**(**x**) atua como um *codificador* do vetor de entrada **x** e **x**'(**c**) atua como um *decodificador* de **c**(**x**). O vetor **x** é selecionado aleatoriamente de uma amostra de treinamento (i.e., o espaço de entrada $\mathcal{X}$), sujeito a uma função de densidade de probabilidade $f_{\mathbf{x}}(\mathbf{x})$. O esquema de codificação-decodificação ótimo é determinado variando-se as funções **c**(**x**) e **x**'(**c**), de modo a minimizar a *distorção esperada* definida por

$$D = \frac{1}{2}\int_{-\infty}^{\infty} d\mathbf{x} f_{\mathbf{x}}(\mathbf{x}) d(\mathbf{x}, \mathbf{x}') \tag{9.16}$$

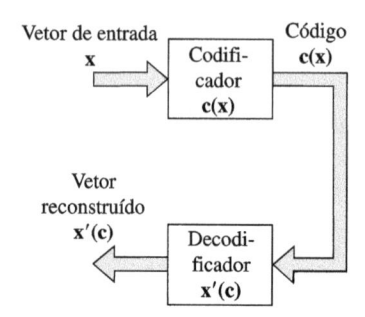

FIGURA 9.5 Modelo codificador-decodificador

onde o fator 1/2 foi introduzido por conveniência de apresentação, e $d(\mathbf{x}, \mathbf{x}')$ é uma medida de *distorção*. A integração é realizada sobre todo o espaço de entrada $\mathcal{X}$ assumido de dimensionalidade *m*. Uma escolha popular para a medida de distorção $d(\mathbf{x}, \mathbf{x}')$ é o quadrado da distância euclidiana entre o vetor de entrada **x** e o vetor reconstruído **x**'; isto é,

$$\begin{aligned} d(\mathbf{x}, \mathbf{x}') &= \|\mathbf{x} - \mathbf{x}'\|^2 \\ &= (\mathbf{x} - \mathbf{x}')^T (\mathbf{x} - \mathbf{x}') \end{aligned} \tag{9.17}$$

Com isso podemos rescrever a Eq. (9.16) como

$$D = \frac{1}{2}\int_{-\infty}^{\infty} d\mathbf{x} f_{\mathbf{x}}(\mathbf{x}) \|\mathbf{x} - \mathbf{x}'\|^2 \tag{9.18}$$

As condições necessárias para a minimização da distorção esperada *D* são incorporadas no *algoritmo de Lloyd generalizado*[7] (Gersho e Gray, 1992). São duas estas condições:

Condição 1. Dado o vetor de entrada **x**, escolha o código **c** = **c**(**x**) para minimizar a distorção de erro quadrado $\|\mathbf{x} - \mathbf{x}'(\mathbf{c})\|^2$.

Condição 2. Dado o código **c**, calcule o vetor reconstruído **x**' = **x**'(**c**) como o centróide dos vetores de entrada **x** que satisfazem a condição 1.

A condição 1 é reconhecida como a regra de codificação do *vizinho mais próximo*. As condições 1 e 2 implicam que a distorção média D é estacionária (i.e., está em um mínimo local) em relação a variações no codificador $c(x)$ e no decodificador $x'(c)$, respectivamente. Para implementar a quantização vetorial, o algoritmo de Lloyd generalizado opera em um modo de treinamento *por lote*. Basicamente, o algoritmo consiste em otimizar sucessivamente o codificador $c(x)$ de acordo com a condição 1, e então otimizar o decodificador $x'(c)$ de acordo com a condição 2, até que a distorção esperada D alcance um mínimo. Para superar o problema do mínimo local, pode ser necessário executar o algoritmo de Lloyd generalizado várias vezes com diferentes vetores de código iniciais.

O algoritmo de Lloyd generalizado está intimamente relacionado com o algoritmo SOM, como mostrado em Luttrell (1989b). Podemos delinear a forma desta relação considerando o esquema mostrado na Fig. 9.6, onde introduzimos um processo de *ruído* independente do sinal v após o codificador $c(x)$.

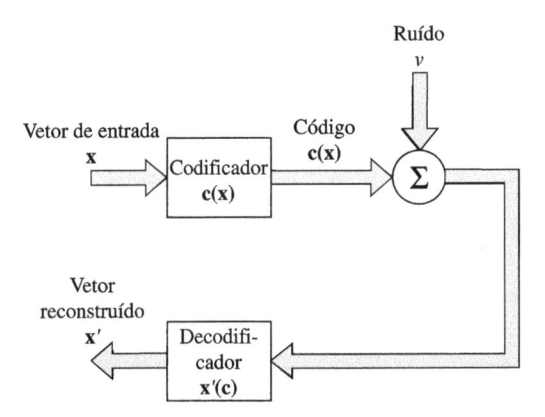

FIGURA 9.6 Modelo codificador-decodificador ruidoso

O ruído v está associado a um "canal de comunicação" fictício entre o codificador e o decodificador, cujo propósito é levar em conta a possibilidade de o código de saída $c(x)$ estar distorcido. Com base no modelo mostrado na Fig. 9.6, podemos considerar uma forma *modificada* de distorção esperada como segue:

$$D_1 = \frac{1}{2}\int_{-\infty}^{\infty} d\mathbf{x} f_\mathbf{x}(\mathbf{x}) \int_{-\infty}^{\infty} dv \pi(v) \|\mathbf{x} - \mathbf{x}'(\mathbf{c}(\mathbf{x}) + v)\|^2 \quad (9.19)$$

onde $\pi(v)$ é a função de densidade de probabilidade (fdp) do ruído aditivo v, e a segunda integração é sobre todas as realizações possíveis deste ruído.

De acordo com a estratégia descrita para o algoritmo de Lloyd generalizado, há duas otimizações separadas a serem consideradas para o modelo da Fig. 9.6, uma relativa ao codificador e a outra relativa ao decodificador. Para encontrar o codificador ótimo para um dado $\mathbf{x}$, necessitamos da derivada parcial da medida de distorção esperada D_1 em relação ao vetor codificado $\mathbf{c}$. Usando a Eq. (9.19), obtemos assim

$$\frac{\partial D_1}{\partial \mathbf{c}} = \frac{1}{2} f_\mathbf{x}(\mathbf{x}) \int_{-\infty}^{\infty} dv \pi(v) \frac{\partial}{\partial \mathbf{c}} \|\mathbf{x} - \mathbf{x}'(\mathbf{c})\|^2 \Big|_{\mathbf{c}=\mathbf{c}(\mathbf{x})+v} \quad (9.20)$$

Para encontrar o decodificador ótimo para um dado $\mathbf{c}$, necessitamos da derivada parcial da medida de distorção esperada D_1 em relação ao vetor decodificado $\mathbf{x}'(\mathbf{c})$. Usando a Eq. (9.19), obtemos assim

$$\frac{\partial D_1}{\partial \mathbf{x}'(\mathbf{c})} = -\int_{-\infty}^{\infty} d\mathbf{x} f_{\mathbf{X}}(\mathbf{x}) \pi(\mathbf{c} - \mathbf{c}(\mathbf{x}))(\mathbf{x} - \mathbf{x}'(\mathbf{c})) \qquad (9.21)$$

Assim, com base nas Eqs. (9.20) e (9.21), as condições 1 e 2 formuladas anteriormente para o algoritmo de Lloyd generalizado devem ser modificadas como segue (Luttrell, 1989b):

Condição I. Dado o vetor de entrada $\mathbf{x}$, escolha o código $\mathbf{c} = \mathbf{c}(\mathbf{x})$ para minimizar a medida de distorção

$$D_2 = \int_{-\infty}^{\infty} d\boldsymbol{v}\, \pi(\boldsymbol{v}) \|\mathbf{x} - \mathbf{x}'(\mathbf{c}(\mathbf{x})) + \boldsymbol{v}\|^2 \qquad (9.22)$$

Condição II. Dado o código $\mathbf{c}$, calcule o vetor reconstruído $\mathbf{x}'(\mathbf{c})$ para satisfazer a condição

$$\mathbf{x}'(\mathbf{c}) = \frac{\int_{-\infty}^{\infty} d\mathbf{x} f_{\mathbf{X}}(\mathbf{x}) \pi(\mathbf{c} - \mathbf{c}(\mathbf{x})) \mathbf{x}}{\int_{-\infty}^{\infty} d\mathbf{x} f_{\mathbf{X}}(\mathbf{x}) \pi(\mathbf{c} - \mathbf{c}(\mathbf{x}))} \qquad (9.23)$$

A Equação (9.23) é obtida fazendo-se a derivada parcial $\partial D_1/\partial \mathbf{x}'(\mathbf{c})$ na Eq. (9.21) igual a zero e então resolvendo-se para $\mathbf{x}'(\mathbf{c})$.

O modelo descrito na Fig. 9.5 pode ser visto como um caso especial daquele mostrado na Fig. 9.6. Em particular, se fizermos a função de densidade de probabilidade $\pi(\boldsymbol{v})$ do ruído $\boldsymbol{v}$ igual a uma função delta de Dirac $\delta(\boldsymbol{v})$, as condições I e II se reduzem às condições 1 e 2 para o algoritmo de Lloyd generalizado, respectivamente.

Para simplificar a condição I, assumimos que $\pi(\boldsymbol{v})$ é uma função suave de $\boldsymbol{v}$. Com isso pode-se mostrar que, para uma aproximação de segunda ordem, a medida de distorção D_2 definida na Eq. (9.22) consiste de duas componentes (Luttrell, 1989b):

- O termo de distorção *convencional*, definido pela distorção de erro quadrado $\|\mathbf{x} - \mathbf{x}'(\mathbf{c})\|^2$
- Um termo de *curvatura* que surge do modelo de ruído $\pi(\boldsymbol{v})$

Assumindo que o termo de curvatura seja pequeno, a condição I para o modelo da Fig. 9.6 pode ser aproximada pela condição 1 para o modelo sem ruído da Fig. 9.5. Por sua vez, isto reduz a condição I a uma regra de codificação por vizinho mais próximo, como anteriormente.

No caso da condição II, podemos realizá-la usando aprendizagem por descida estocástica. Em particular, escolhemos vetores de entrada $\mathbf{x}$ aleatoriamente do espaço de entrada $\mathcal{X}$ usando o fator $\int d\mathbf{x} f_{\mathbf{X}}(\mathbf{x})$ e atualizamos o vetor reconstruído $\mathbf{x}'(\mathbf{c})$ como segue (Luttrell, 1989b):

$$\mathbf{x}'_{novo}(\mathbf{c}) \leftarrow \mathbf{x}'_{velho}(\mathbf{c}) + \eta \pi(\mathbf{c} - \mathbf{c}(\mathbf{x}))[\mathbf{x} - \mathbf{x}'_{velho}(\mathbf{c})] \qquad (9.24)$$

onde η é o parâmetro da taxa de aprendizagem e $\mathbf{c}(\mathbf{x})$ é a aproximação da condição 1 por codificação por vizinho mais próximo. A equação de atualização (9.24) é obtida por inspeção da derivada parcial na Eq. (9.21). Esta atualização é aplicada a todo $\mathbf{c}$, para o qual temos

$$\pi(\mathbf{c} - \mathbf{c}(\mathbf{x})) > 0 \tag{9.25}$$

Podemos considerar o procedimento de descida do gradiente descrito na Eq. (9.24) como um modo de minimizar a medida de distorção D_1 da Eq. (9.19). Isto é, as Eqs. (9.23) e (9.24) são essencialmente do mesmo tipo, exceto pelo fato de que (9.23) é por lote e (9.24) é contínua (i.e., na forma fluente).

A equação de atualização (9.24) é idêntica ao algoritmo (contínuo) SOM da Eq. (9.13), tendo em mente as correspondências listadas na Tabela 9.1. Conseqüentemente, podemos afirmar que o algoritmo de Lloyd generalizado para quantização vetorial é a versão com treinamento por lote do algoritmo SOM com tamanho de vizinhança zero; para vizinhança zero, $\pi(0) = 1$. Note que para obtermos o algoritmo de Lloyd generalizado da versão por lote do algoritmo SOM, *não* necessitamos fazer qualquer aproximação porque os termos de curvatura (e os termos de ordem mais alta) não contribuem quando a vizinhança tem largura *zero*.

TABELA 9.1 Correspondência entre o Algoritmo SOM e o Modelo da Fig. 9.6

Modelo de Codificação e Decodificação da Fig. 9.6	Algoritmo SOM
Codificador $\mathbf{c}(\mathbf{x})$	Neurônio com melhor casamento $i(\mathbf{x})$
Vetor reconstruído $\mathbf{x}'(\mathbf{c})$	Vetor peso sináptico $\mathbf{w}_j$
Função de densidade de probabilidade $\pi(\mathbf{c} - \mathbf{c}(\mathbf{x}))$	Função de vizinhança $h_{j,i(\mathbf{x})}$

Os pontos importantes a notar da discussão apresentada aqui são:

- O algoritmo SOM é um algoritmo de quantização vetorial, que fornece uma boa aproximação para o espaço de entrada $\mathcal{X}$. Este ponto de vista fornece uma outra abordagem para derivar o algoritmo SOM, como exemplificado pela Eq. (9.24).
- De acordo com este ponto de vista, a função de vizinhança $h_{j,i(\mathbf{x})}$ no algoritmo SOM tem a forma de uma função de densidade de probabilidade. Em Luttrell (1991a), um modelo gaussiano de média zero é considerado apropriado para o ruído v no modelo da Fig. 9.6. Temos assim também uma justificativa teórica para adotar a função de vizinhança gaussiana da Eq. (9.4).

O algoritmo *SOM por lote*[8] é meramente uma reformulação da Eq. (9.23), com os somatórios usados para aproximar as integrais no numerador e no denominador no lado direito da equação. Note que nesta versão do algoritmo SOM a ordem na qual os padrões de entrada são apresentados à rede não tem efeito sobre a forma final do mapa de características, e não há necessidade para uma variação da taxa de aprendizagem. Mas o algoritmo ainda requer o uso de uma função de vizinhança.

Propriedade 2. Ordenação Topológica. *O mapa de características Φ calculado pelo algoritmo SOM é ordenado de modo topológico, no sentido de que a localização espacial de um neurônio na grade corresponde a um domínio particular ou característica dos padrões de entrada.*

A propriedade de ordenação topológica[9] é uma conseqüência direta da equação de atualização (9.13) que força o vetor peso sináptico $\mathbf{w}_i$ do neurônio vencedor $i(\mathbf{x})$ a se mover em direção ao vetor de entrada $\mathbf{x}$. Ela também tem o efeito de mover os vetores de pesos sinápticos $\mathbf{w}_j$ dos neurônios mais próximos *j* junto com o neurônio vencedor *i*(**x**). Podemos, portanto, visualizar o mapa de características Φ como uma *rede elástica* ou *virtual* com a topologia de uma grade uni- ou bidimensional como prescrito no espaço de saída 𝒜, e cujos nós têm pesos como coordenadas no espaço de entrada 𝒳 (Ritter, 1995). O objetivo global do algoritmo pode assim ser formulado como:

> *Aproximar o espaço de entrada 𝒳 por ponteiros ou protótipos na forma de vetores de pesos sinápticos w_j, de tal forma que o mapa de características Φ forneça uma representação fiel das características importantes dos vetores de entrada* $x \in 𝒳$ *em termos de um certo critério.*

O mapa de características Φ é normalmente mostrado no espaço de entrada 𝒳. Especificamente, todos os ponteiros (i.e., vetores de pesos sinápticos) são mostrados como pontos, e os ponteiros dos neurônios vizinhos são conectados com linhas de acordo com a topologia da grade. Assim, usando uma linha para conectar dois ponteiros w_i e w_j, estamos indicando que os neurônios correspondentes *i* e *j* são neurônios vizinhos na grade.

Propriedade 3. Casamento de Densidade. *O mapa de características Φ reflete variações na estatística da distribuição de entrada: regiões no espaço de entrada 𝒳 de onde vetores de amostra* **x** *são retirados com uma alta probabilidade de ocorrência são mapeadas para domínios maiores do espaço de saída 𝒜, e portanto com melhor resolução que regiões em 𝒳 das quais vetores de amostra* **x** *são retirados com uma baixa probabilidade de ocorrência.*

Considere que $f_\mathbf{X}(\mathbf{x})$ represente a fdp multidimensional do vetor de entrada aleatório **X**. Esta fdp, integrada sobre todo o espaço de entrada 𝒳, deve ser igual à unidade, por definição:

$$\int_{-\infty}^{\infty} f_\mathbf{X}(\mathbf{x})d\mathbf{x} = 1$$

Considere que $m(\mathbf{x})$ represente o *fator de magnificação* do mapa, definido como o número de neurônios em um pequeno volume $d\mathbf{x}$ do espaço de entrada 𝒳. O fator de magnificação, integrado sobre o espaço de entrada 𝒳, deve conter o número total *l* de neurônios na rede, como mostrado por

$$\int_{-\infty}^{\infty} m(\mathbf{x})d\mathbf{x} = l \qquad (9.26)$$

Para o algoritmo SOM efetuar o *casamento exato com a densidade de entrada*, é necessário que (Amari, 1980)

$$m(\mathbf{x}) \propto f_\mathbf{X}(\mathbf{x}) \qquad (9.27)$$

Esta propriedade implica que se uma região particular do espaço de entrada contém estímulos que ocorrem freqüentemente, ela será representada por uma área maior no mapa de características que uma região do espaço de entrada onde os estímulos ocorrem menos freqüentemente.

Geralmente em mapas de características bidimensionais, o fator de magnificação $m(\mathbf{x})$ não pode ser expresso como uma função simples da função de densidade de probabilidade $f_\mathbf{X}(\mathbf{x})$ do vetor de entrada **x**. Apenas no caso de um mapa de características unidimensional é possível derivar tal relação. Para este caso especial, constatamos que, ao contrário da suposição anterior (Kohonen,

1982), o fator de magnificação $m(\mathbf{x})$ *não* é proporcional a $f_\mathbf{X}(\mathbf{x})$. Dois resultados diferentes são relatados na literatura, dependendo do método de codificação defendido:

1. *Codificação por mínima distorção*, pela qual são mantidos os termos de curvatura e todos os termos de ordem mais alta na medida de distorção da Eq. (9.22) devido ao modelo de ruído $\pi(v)$. Este método de codificação produz o resultado

$$m(\mathbf{x}) \propto f_\mathbf{X}^{1/3}(\mathbf{x}) \qquad (9.28)$$

que é o mesmo resultado obtido para o quantizador vetorial padrão (Luttrell, 1991a).
2. *Codificação por vizinho mais próximo*, que emerge se os termos de curvatura forem ignorados, como na forma padrão do algoritmo SOM. Este método de codificação produz o resultado (Ritter, 1991)

$$m(\mathbf{x}) \propto f_\mathbf{X}^{2/3}(\mathbf{x}) \qquad (9.29)$$

Ainda é válida a nossa afirmação anterior que um agrupamento de estímulos de entrada freqüentemente ocorrente é representado por uma área maior no mapa de características, embora em uma versão distorcida da condição ideal descrita na Eq. (9.27).

Como regra geral (confirmada por simulações computacionais), o mapa de características calculado pelo algoritmo SOM tende a representar excessivamente regiões de baixa densidade de entrada e a representar insuficientemente regiões de alta densidade de entrada. Em outras palavras, o algoritmo SOM falha em fornecer uma representação fiel da distribuição de probabilidade intrínseca dos dados de entrada.[10]

Propriedade 4. Seleção de características. *A partir de dados do espaço de entrada com uma distribuição não-linear, o mapa auto-organizável é capaz de selecionar um conjunto das melhores características para aproximar a distribuição subjacente.*

Esta propriedade é uma culminância natural das propriedades 1 a 3. Ela nos faz lembrar a idéia da análise de componentes principais que é discutida no capítulo anterior, mas com uma diferença importante como ilustrado na Fig. 9.7. Na Fig. 9.7a, mostramos uma distribuição bidimensional de pontos com média zero resultante de um mapeamento de entrada-saída linear corrompido por ruído aditivo. Nesta situação, a análise de componentes principais funciona muito bem: ela nos diz que a melhor descrição da distribuição "linear" da Fig. 9.7a é definida por uma linha reta (i.e., um "hiperplano" unidimensional) que passa pela origem e corre paralelamente ao autovetor associado com o maior autovalor de matriz de correlação dos dados. Considere a seguir a situação descrita na Fig. 9.7b, que é o resultado de um mapeamento de entrada-saída não-linear corrompido por ruído aditivo de média zero. Nesta segunda situação, é impossível para uma aproximação por linha reta calculada por análise de componentes principais fornecer uma descrição aceitável dos dados. Por outro lado, o uso de um mapa auto-organizável construído sobre uma rede unidimensional de neurônios é capaz de superar este problema de aproximação em virtude de sua propriedade de ordenação topológica. Esta última aproximação é ilustrada na Fig. 9.7b.

Em termos precisos, podemos afirmar que mapas de características auto-organizáveis fornecem uma aproximação *discreta* das assim chamadas *curvas principais*[11] ou *superfícies principais* (Hastie e Stuetzle, 1989), e podem, portanto, ser vistos como uma generalização não-linear da análise de componentes principais.

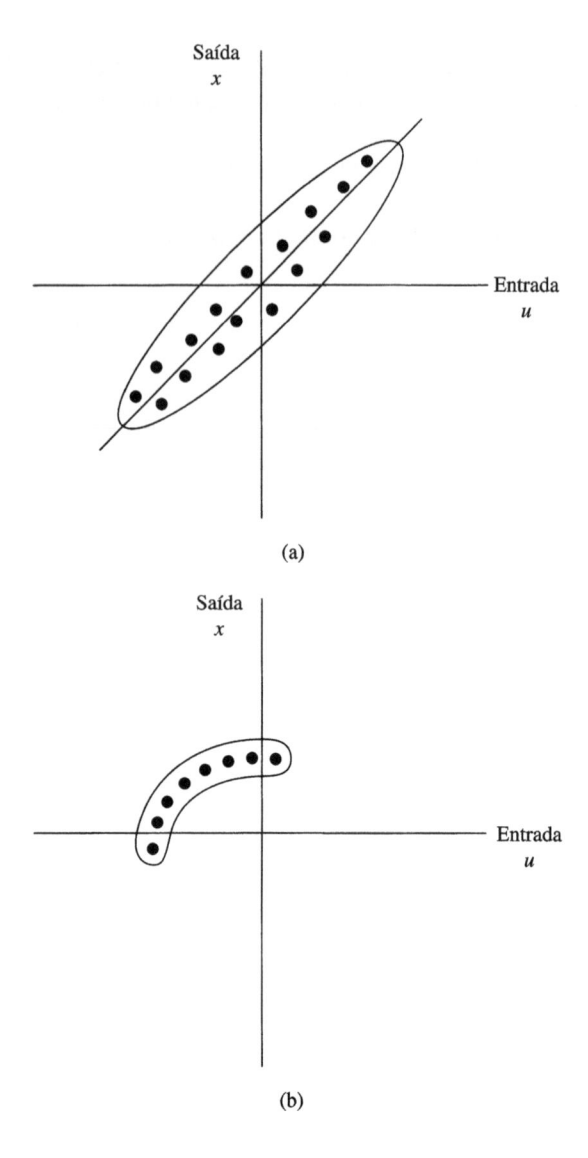

FIGURA 9.7 (a) Distribuição bidimensional produzida por um mapeamento de entrada-saída linear. (b) Distribuição bidimensional produzida por um mapeamento de entrada-saída não-linear

9.6 SIMULAÇÕES COMPUTACIONAIS

Grade Bidimensional Acionada por uma Distribuição Bidimensional

Ilustramos o comportamento do algoritmo SOM usando simulações computacionais para estudar uma rede com 100 neurônios, arranjados na forma de uma grade bidimensional com 10 linhas e 10 colunas. A rede é treinada com um vetor de entrada bidimensional **x**, cujos elementos x_1 e x_2 estão uniformemente distribuídos na região $\{(-1 < x_1 < +1); (-1 < x_2 < +1)\}$. Para inicializar a rede, os pesos sinápticos são escolhidos de um conjunto aleatório.

A Fig. 9.8 mostra três estágios do treinamento através do qual a rede aprende a representar a distribuição de entrada. A Figura 9.8a mostra a distribuição de dados usada para treinar o mapa de características. A Figura 9.8b mostra os valores iniciais dos pesos sinápticos, escolhidos aleatoriamente. As Figuras 9.8c e 9.8d apresentam os valores dos vetores de pesos sinápticos, traçados como pontos no espaço de entrada, após a conclusão das fases de ordenação e convergência, respectivamente. As linhas desenhadas na Fig. 9.8 conectam neurônios vizinhos (através de linhas e colunas) da rede.

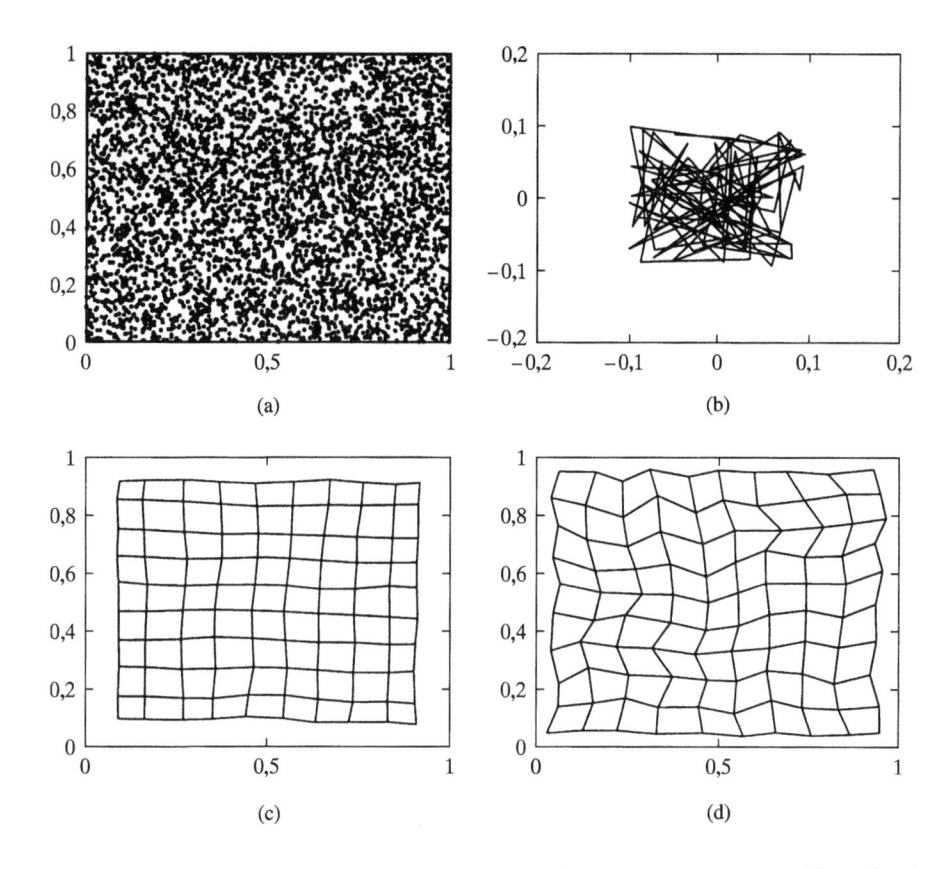

FIGURA 9.8 (a) Distribuição dos dados de entrada. (b) Condição inicial da grade bidimensional. (c) Condição da grade no final da fase de ordenação. (d) Condição da grade no final da fase de convergência

Os resultados mostrados na Fig. 9.8 demonstram a fase de ordenação e a fase de convergência que caracterizam o processo de aprendizagem do algoritmo SOM. Durante a fase de ordenação, o mapa se *desdobra* para formar uma malha, como mostrado na Fig. 9.8c. Os neurônios são mapeados na ordem correta ao final desta fase. Durante a fase de convergência, o mapa se estende para preencher o espaço de entrada. Ao final desta segunda fase, mostrada na Fig. 9.8d, a distribuição estatística dos neurônios no mapa se aproxima daquela dos vetores de entrada, exceto por alguns efeitos de borda. Comparando o estado final do mapa de características na Fig. 9.8d com a distribuição uniforme da entrada na Fig. 9.8a, vemos que o ajuste do mapa durante a fase de convergência capturou as irregularidades locais que podem ser vistas na distribuição de entrada.

A propriedade de ordenação topológica do algoritmo SOM está bem ilustrada na Fig. 9.8d. Em particular, observamos que o algoritmo (após a convergência) captura a topologia intrínseca da distribuição uniforme na entrada. Nas simulações computacionais apresentadas na Fig. 9.8, tanto o espaço de entrada $\mathcal{X}$ como o espaço de saída $\mathcal{A}$ são bidimensionais.

Grade Unidimensional Acionada por uma Distribuição Bidimensional

Examinamos agora o caso quando a dimensão do espaço de entrada $\mathcal{X}$ é maior que a dimensão do espaço de saída $\mathcal{A}$. Apesar deste descasamento, o mapa de características Φ é freqüentemente capaz de formar uma representação topológica da distribuição de entrada. A Figura 9.9 mostra três estágios diferentes na evolução de um mapa de características inicializado como na Fig. 9.9b e treinado

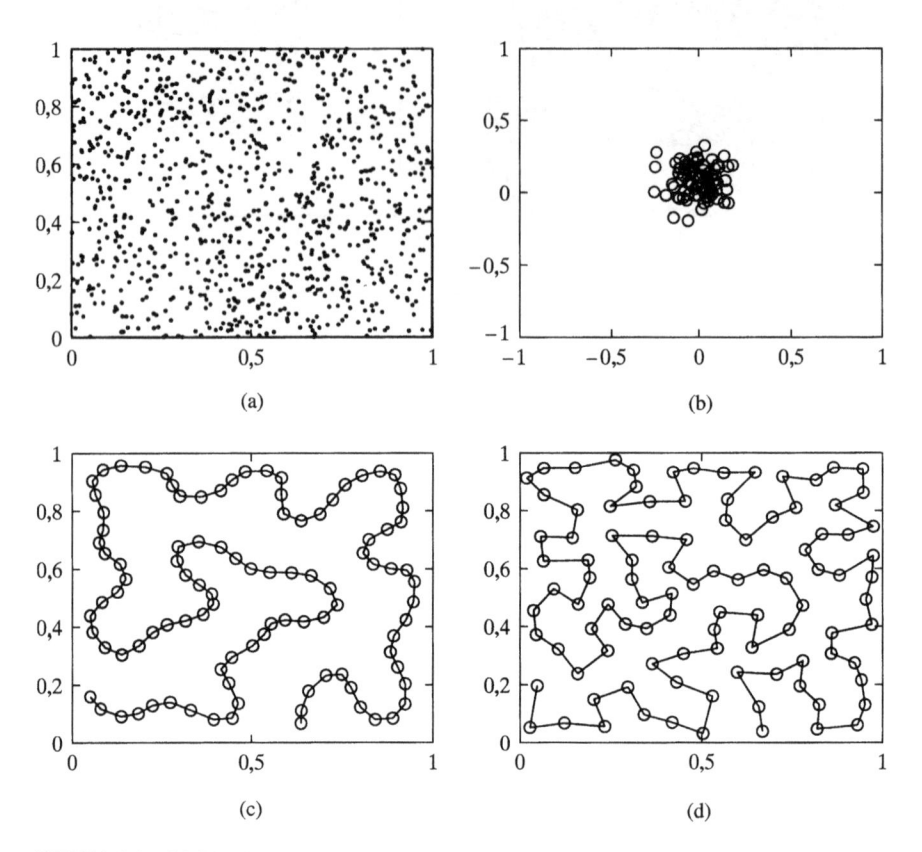

FIGURA 9.9 (a) Distribuição de dados de entrada bidimensionais. (b) Condição inicial da grade unidimensional. (c) Condição da rede no final da fase de ordenação. (d) Condição da grade no final da fase de convergência

com dados de entrada retirados de uma distribuição uniforme dentro de um quadrado como na Fig. 9.9a, mas desta vez a computação é realizada com uma grade unidimensional de 100 neurônios. As Figuras 9.9c e 9.9d mostram o mapa de características após a conclusão das fases de ordenação e de convergência, respectivamente. Aqui vemos que o mapa de características calculado pelo algoritmo está bastante distorcido para que possa preencher tão densamente quanto possível o quadrado e assim fornecer uma boa aproximação à topologia subjacente do espaço bidimensional de entrada $\mathcal{X}$. A curva aproximativa da Fig. 9.9d se assemelha a uma *curva de Peano* (Kohonen, 1990a). Uma operação desta natureza exemplificada pelo mapa de características da Fig. 9.9, onde um espaço de entrada $\mathcal{X}$ é representado pela sua projeção em um espaço de saída $\mathcal{A}$ de dimensão mais baixa, é referida como *redução de dimensionalidade*.

Especificações de Parâmetros para as Simulações

A Figura 9.10 apresenta detalhes das variações da função de vizinhança $h_{j,i}(n)$ e do parâmetro da taxa de aprendizagem $\eta(n)$ com o tempo (i.e., número de épocas) para os experimentos envolvendo

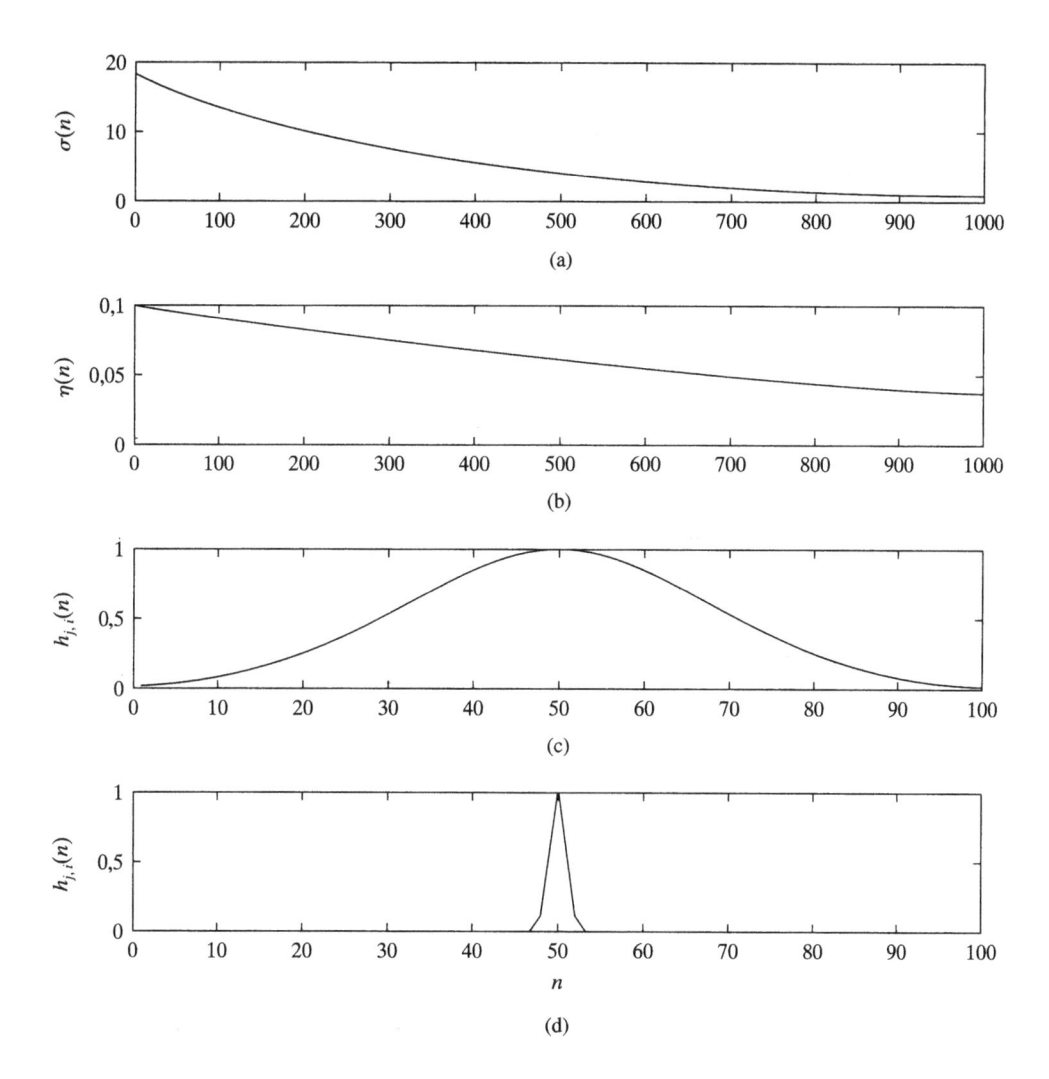

FIGURA 9.10 (a) Decaimento exponencial do parâmetro da função de vizinhança $\sigma(n)$. (b) Decaimento exponencial do parâmetro da taxa de aprendizagem $\eta(n)$. (c) Forma inicial da função de vizinhança gaussiana. (d) Forma da função de vizinhança no final da fase de ordenação (i.e., início da fase de convergência)

uma grade unidimensional. O parâmetro da função de vizinhança $\sigma(n)$, mostrado na Fig. 9.10a, começa com um valor inicial $\sigma_0 = 18$ e então diminui para aproximadamente 1 em 1000 iterações durante a fase de ordenação. Durante esta mesma fase, o parâmetro da taxa de aprendizagem $\eta(n)$ começa com um valor inicial $\eta_0 = 0,1$ e então decresce para 0,037. A Figura 9.10c mostra a distribuição gaussiana inicial de neurônios em torno do neurônio vencedor localizado no ponto médio da grade unidimensional. A Figura 9.10d mostra a forma da função de vizinhança no final da fase de ordenação. Durante a fase de convergência, o parâmetro da taxa de aprendizagem decresce linearmente de 0,037 a 0,001 em 5000 iterações. Durante a mesma fase, a função de vizinhança decresce essencialmente a zero.

As especificações da fase de ordenação e da fase de convergência para as simulações computacionais da Fig. 9.8 envolvendo a grade bidimensional são similares àquelas usadas para a grade unidimensional, exceto pelo fato de que a função de vizinhança é agora bidimensional.

O parâmetro σ(n) começa com um valor inicial $\sigma_0 = 3$ e então decresce para 0,75 em 1000 iterações. A Figura 9.11 mostra o valor inicial da função de vizinhança gaussiana bidimensional $h_{j,i}(n)$, para $\sigma_0 = 3$ e um neurônio vencedor centrado no ponto (7, 8) dentro da grade bidimensional de 10 × 10 neurônios.

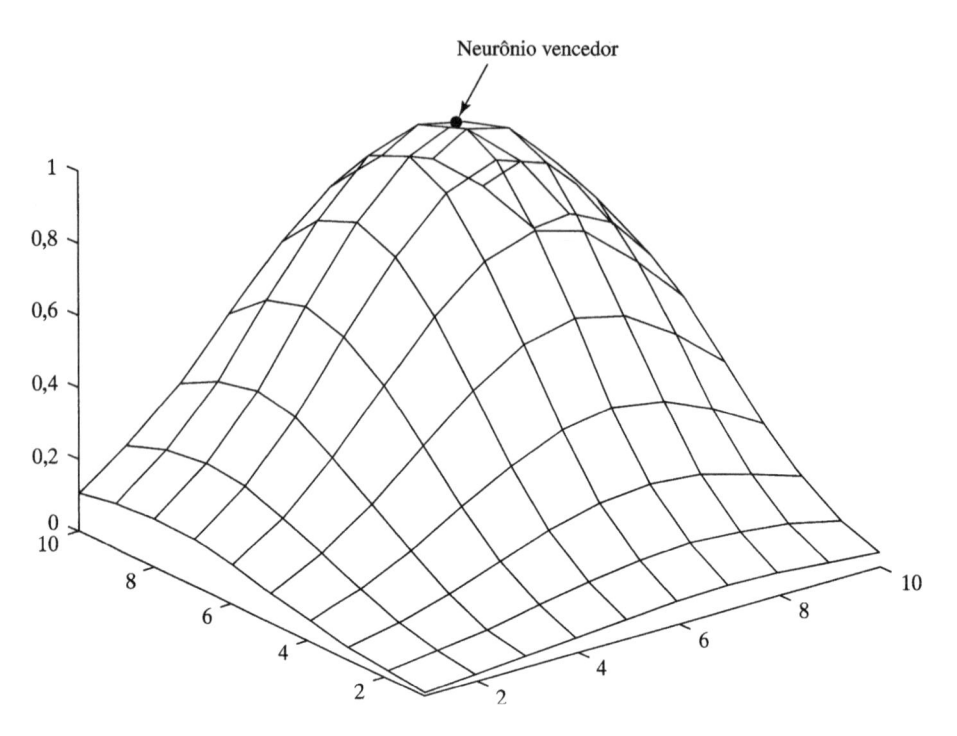

FIGURA 9.11 Condição inicial da função de vizinhança gaussiana bidimensional centrada em um neurônio vencedor localizado no ponto (7, 8) em uma grade bidimensional de 10 × 10 neurônios

9.7 QUANTIZAÇÃO VETORIAL POR APRENDIZAGEM

A *quantização vetorial*, discutida anteriormente na Seção 9.6, é uma técnica que explora a estrutura subjacente dos vetores de entrada para o propósito de compressão de dados (Gersho e Gray, 1992). Especificamente, um espaço de entrada é dividido em um número de regiões distintas, e para cada região é definido um vetor de reconstrução. Quando um novo vetor de entrada é apresentado ao quantizador, é determinada inicialmente a região na qual o vetor se encontra, e ela é então representada pelo vetor de reprodução para aquela região. Com isso, utilizando uma versão codificada deste vetor de reprodução para armazenamento ou transmissão no lugar do vetor de entrada original, pode-se obter uma considerável economia em armazenagem ou largura de banda de transmissão, às custas de alguma distorção. A coleção de possíveis vetores de reprodução é chamada de *livro de código* do quantizador, e seus membros são denominados *palavras de código*.

Um quantizador vetorial com mínima distorção de codificação é chamado um *quantizador de Voronoi* ou *por vizinho mais próximo*, já que as *células de Voronoi* em torno de um conjunto de pontos em um espaço de entrada correspondem a uma partição daquele espaço de acordo com a *regra do vizinho mais próximo* baseada na métrica euclidiana (Gersho e Gray, 1992). A Figura 9.12 mostra um exemplo de um espaço de entrada dividido em quatro células de Voronoi com seus vetores de Voronoi associados (i.e., vetores de reconstrução). Cada célula de Voronoi contém aqueles pontos

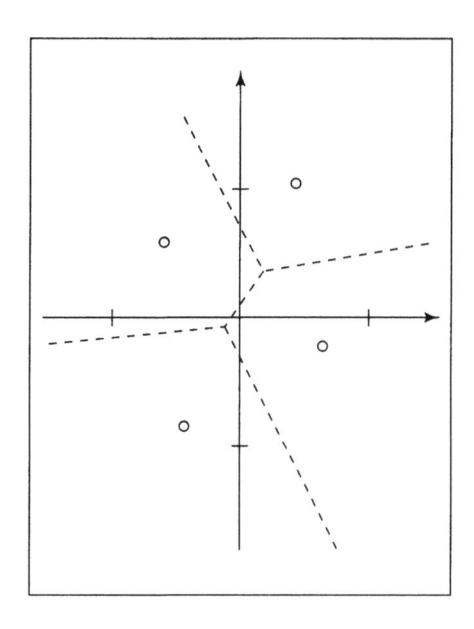

FIGURA 9.12 Diagrama de Voronoi envolvendo quatro células. (Adaptado de R.M. Gray, 1984, com permissão do IEEE.)

do espaço de entrada que são os mais próximos do vetor de Voronoi dentre a totalidade destes pontos.

O algoritmo SOM fornece um método aproximativo para calcular os vetores de Voronoi de uma maneira não-supervisionada, com a aproximação sendo especificada pelos vetores de pesos sinápticos dos neurônios no mapa de características; isto é simplesmente a reformulação da propriedade 1 do algoritmo SOM discutida na Seção 9.6. O cálculo do mapa de características pode, portanto, ser visto como o primeiro de dois estágios para resolver de forma adaptativa um problema de classificação de padrões, como mostrado na Fig. 9.13. O segundo estágio é realizado pela quantização vetorial por aprendizagem, que fornece um mecanismo para o ajuste fino de um mapa de características.

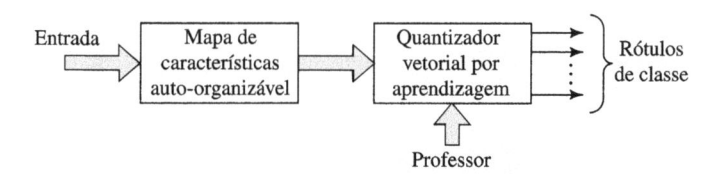

FIGURA 9.13 Diagrama em blocos da classificação adaptativa de padrões, usando um mapa de características auto-organizável e quantizador vetorial por aprendizagem

A *quantização vetorial por aprendizagem*[12] (LVQ, *learning vector quantization*) é uma técnica de aprendizagem supervisionada que usa a informação sobre as classes para mover ligeiramente os vetores de Voronoi, a fim de melhorar a qualidade das regiões de decisão do classificador. Um vetor de entrada **x** é tomado aleatoriamente do espaço de entrada. Se os rótulos de classe do vetor de entrada **x** e de um vetor de Voronoi **w** concordarem, o vetor de Voronoi **w** é movido em direção ao vetor de entrada **x**. Se, por outro lado, os rótulos de classe do vetor de entrada **x** e do vetor de Voronoi **w** discordarem, o vetor de Voronoi **w** é afastado do vetor de entrada **x**.

Considere que $\{\mathbf{w}_j\}_{j=1}^{l}$ represente o conjunto de vetores de Voronoi e que $\{\mathbf{x}_i\}_{i=1}^{N}$ represente o conjunto de vetores de entrada (de observação). Assumimos que há muito mais vetores de entrada do que vetores de Voronoi, o que é tipicamente o caso na prática. O algoritmo de quantização vetorial por aprendizagem (LVQ) opera como segue:

(i) Suponha que o vetor de Voronoi $\mathbf{w}_c$ seja o mais próximo do vetor de entrada $\mathbf{x}_i$. Considere que $\mathscr{C}_{\mathbf{w}_c}$ represente a classe associada com o vetor de Voronoi $\mathbf{w}_c$ e $\mathscr{C}_{\mathbf{x}_i}$ represente o rótulo de classe do vetor de entrada $\mathbf{x}_i$. O vetor de Voronoi $\mathbf{w}_c$ é ajustado como segue:
 - Se $\mathscr{C}_{\mathbf{w}_c} = \mathscr{C}_{\mathbf{x}_i}$, então

$$\mathbf{w}_c(n+1) = \mathbf{w}_c(n) + \alpha_n[\mathbf{x}_i - \mathbf{w}_c(n)] \qquad (9.30)$$

onde $0 < \alpha_n < 1$.
 - Se, por outro lado, $\mathscr{C}_{\mathbf{w}_c} \neq \mathscr{C}_{\mathbf{x}_i}$, então

$$\mathbf{w}_c(n+1) = \mathbf{w}_c(n) - \alpha_n[\mathbf{x}_i - \mathbf{w}_c(n)] \qquad (9.31)$$

(ii) Os outros vetores de Voronoi não são modificados.

É desejável que a constante de aprendizagem α_n decresça monotonamente com o número de iterações n. Por exemplo, α_n pode inicialmente ser 0,1 ou menor, e então decrescer linearmente com n. Após vários passos através dos dados de entrada, os vetores de Voronoi tipicamente convergem, e o treinamento está completo. Entretanto, podem aparecer dificuldades se o método for aplicado sem o cuidado adequado.

9.8 EXPERIMENTO COMPUTACIONAL: CLASSIFICAÇÃO ADAPTATIVA DE PADRÕES

Em classificação de padrões, o primeiro e mais importante passo é a *seleção* (extração) *de características*, que normalmente é realizada de uma maneira não-supervisionada. O objetivo deste primeiro passo é selecionar um conjunto razoavelmente pequeno de padrões, no qual está concentrado o conteúdo de informação essencial dos dados de entrada (a ser classificado). O mapa auto-organizável, em virtude da propriedade 4 discutida na Seção 9.5, é bem adequado para a tarefa de seleção de características, particularmente se os dados de entrada forem gerados por um processo não-linear.

O segundo passo na classificação de padrões é a *classificação* propriamente dita, onde as características selecionadas dos dados de entrada são atribuídas a classes individuais. Embora um mapa auto-organizável seja equipado também para realizar a classificação, o procedimento recomendado para se obter o melhor desempenho é acompanhá-lo com um esquema de aprendizagem supervisionada para o segundo estágio de classificação. A combinação de um mapa auto-organizável e um esquema de aprendizagem supervisionada forma a base de uma *classificação adaptativa de padrões* de natureza *híbrida*.

Esta abordagem híbrida para classificação de padrões pode tomar diferentes formas, dependendo de como o esquema de aprendizagem supervisionada for implementado. Um esquema simples é usar um quantizador vetorial por aprendizagem, que é descrito na Seção anterior. Dessa forma, temos o classificador adaptativo de padrões de dois estágios mostrado na Fig. 9.13.

Neste experimento, revisitamos a classificação de padrões bidimensionais superpostos com padrões de distribuições gaussianas com rótulos 1 (classe $\mathcal{C}_1$) e 2 (classe $\mathcal{C}_2$), que foi descrita inicialmente no Capítulo 4 envolvendo o uso de um perceptron de múltiplas camadas treinado com o algoritmo de retropropagação. Os gráficos de espalhamento para os dados usados no experimento são mostrados na Fig. 4.13.

A Figura 9.14a mostra o mapa de características bidimensional de 5×5 neurônios após o treinamento com o algoritmo SOM estar completo. O mapa de características foi rotulado, com cada neurônio atribuído a uma classe ou a outra dependendo de como ele responde a dados de teste retirados da distribuição de entrada. A Figura 9.14b mostra a fronteira de decisão realizada pelo mapa de características operando sozinho.

A Figura 9.14c mostra o mapa de características modificado após ser ajustado de uma maneira supervisionada usando LVQ. A Figura 9.14d mostra a fronteira de decisão produzida pela ação

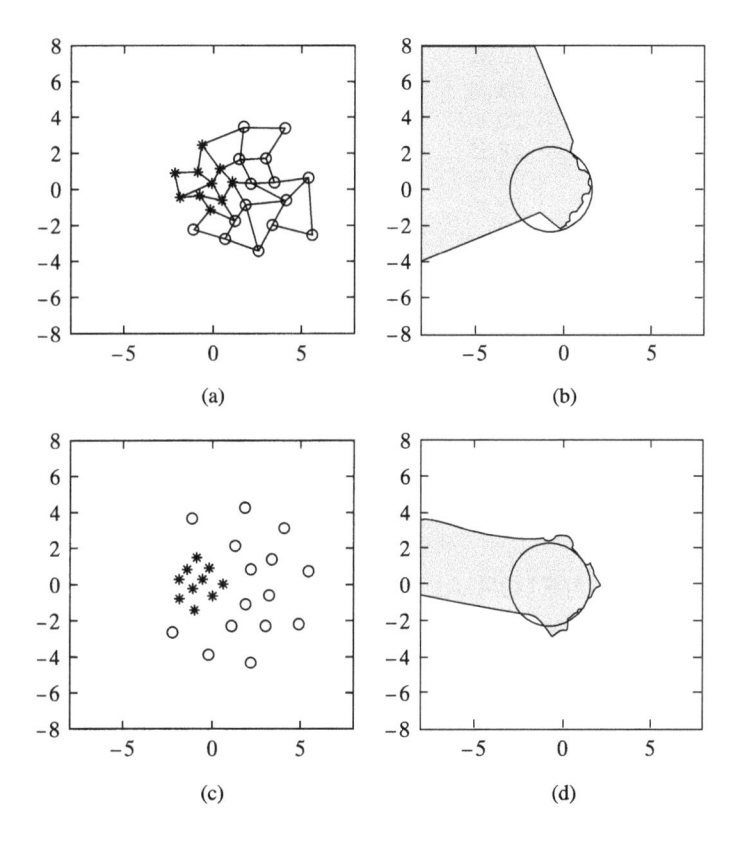

FIGURA 9.14 (a) Mapa auto-organizável após rotulação. (b) Fronteira de decisão construída pelo mapa de características da parte a. (c) Mapa rotulado após quantização vetorial por aprendizagem. (d) Fronteira de decisão construída pelo mapa de características da parte c

combinada dos algoritmos SOM e LVQ. Comparando estas duas figuras com as suas contrapartidas mostradas nas Figs. 9.14a e 9.14b, vemos, de uma maneira qualitativa, o efeito benéfico obtido pelo uso da LVQ.

A Tabela 9.2 apresenta um resumo dos desempenhos de classificação do mapa de características sozinho e do mapa de características trabalhando junto com o quantizador vetorial por aprendizagem. Os resultados apresentados aqui foram obtidos sobre 10 tentativas independentes do experimento, com cada experimento envolvendo o uso de 30.000 padrões como dados de teste. Em cada tentativa do experimento, houve uma melhora do desempenho de classificação devido ao uso de LVQ. O desempenho de classificação médio para o mapa de características sozinho é de 79,61 por cento, e para a combinação do mapa de características com o quantizador vetorial por aprendiza-

TABELA 9.2 Resumo dos Desempenhos de Classificação (Porcentagem) para o Experimento Computacional sobre a Distribuição Gaussiana Bidimensional Superposta Usando uma Grade 5 × 5

Tentativa	Mapa de características sozinho vetorial	Combinação em cascata do mapa de características com o quantizador por aprendizagem
1	79,05	80,18
2	79,79	80,56
3	79,41	81,17
4	79,38	79,84
5	80,30	80,43
6	79,55	80,36
7	79,79	80,86
8	78,48	80,21
9	80,00	80,51
10	80,32	81,06
Média	79,61%	80,52%

gem é de 80,52 por cento, o que representa uma melhora de 0,91 por cento sobre o mapa de características sozinho. Como padrão de referência recordamos que o desempenho do classificador ótimo bayesiano para este experimento é de 81,51 por cento.

9.9 QUANTIZAÇÃO VETORIAL HIERÁRQUICA

Na discussão da propriedade 1 do mapa de características auto-organizável na Seção 9.6, salientamos que ele está intimamente relacionado com o algoritmo de Lloyd generalizado para a quantização vetorial. A quantização vetorial é uma forma de compressão de dados *com perda*, no sentido de que alguma informação contida nos dados de entrada é perdida como resultado da compressão. A compressão de dados está fundamentada em um ramo da teoria da informação de Shannon conhecida como *teoria da distorção da taxa* (Cover e Thomas, 1991). Para a nossa presente discussão sobre quantização vetorial hierárquica, é apropriado começar formulando o seguinte resultado fundamental da teoria da distorção da taxa (Gray, 1984):

> Pode-se sempre alcançar melhores desempenhos de compressão de dados codificando vetores em vez de escalares, mesmo se a fonte de dados for sem memória (p.ex., ela fornece uma seqüência de variáveis aleatórias independentes), ou se o sistema de compressão de dados tiver memória (i.e., a ação de um codificador depende das entradas ou saídas passadas do codificador).

Este resultado fundamental serve de base para o grande esforço em pesquisas devotadas à quantização vetorial (Gersho e Gray, 1992).

Entretanto, algoritmos convencionais de quantização vetorial requerem uma quantidade proibitiva de computação, o que tem impedido seu uso prático. A parte da quantização vetorial que mais consome tempo é a operação de codificação. Para a codificação, o vetor de entrada deve ser comparado com cada vetor do livro de código a fim de determinar qual código em particular produz a mínima distorção. Para um livro de código contendo N vetores de código, por exemplo, o tempo consumido na codificação é da ordem de N, que pode assim ser grande quando N for grande. Em Luttrell (1989a), é descrito um *quantizador vetorial hierárquico multiestágio* que relega a precisão em favor da velocidade de codificação. Este esquema não é simplesmente a busca em árvore padrão de um livro de código; ele é genuinamente novo. O quantizador vetorial hierárquico multiestágio tenta fatorar a quantização vetorial global em um número de operações elementares, cada uma requerendo pouca computação. Preferivelmente, a fatoração é reduzida a uma única tabela de consulta por operação elementar. Pelo uso engenhoso do algoritmo SOM para treinar cada estágio do quantizador, a perda em precisão pode ser pequena (tão pequena quanto uma fração de um decibel), enquanto que o ganho em velocidade de computação é grande.

Considere dois quantizadores vetoriais QV_1 e QV_2, com QV_1 alimentando QV_2 com a sua saída. A saída de QV_2 é a versão codificada final do sinal de entrada original aplicado a QV_1. Realizando a sua quantização, é inevitável que QV_2 descarte alguma informação. Na medida em que QV_1 é considerado, o único efeito de QV_2 é, portanto, distorcer a informação fornecida por QV_1. Assim, o algoritmo SOM é aparentemente o método de treinamento apropriado para QV_1, pois leva em conta a distorção induzida por QV_2 (Luttrell, 1989a). Para usarmos o algoritmo de Lloyd generalizado para treinar QV_2, precisamos apenas assumir que a saída de QV_2 não é corrompida antes de realizarmos a reconstrução. Então, não precisamos introduzir qualquer modelo de ruído (na saída de QV_2) com a sua função de vizinhança de largura finita associada.

Podemos generalizar este argumento heurístico para um quantizador vetorial multiestágio. Cada estágio deve ser projetado para levar em conta a distorção induzida por todos os estágios *subseqüentes*, e modelá-la como ruído. Para isto, o algoritmo SOM é usado para treinar todos os estágios do quantizador, exceto o último estágio para o qual o algoritmo de Lloyd é adequado.

A quantização vetorial hierárquica é um caso especial de quantização vetorial multiestágio (Luttrell, 1989a). Como ilustração, considere a quantização do vetor de entrada 4×1

$$\mathbf{x} = [x_1, x_2, x_3, x_4]^T$$

Na Fig. 9.15a, mostramos um quantizador vetorial de estágio único para $\mathbf{x}$. Alternativamente, podemos usar um quantizador vetorial hierárquico de dois estágios como representado na Fig. 9.15b. A diferença significativa entre estes dois esquemas é que a dimensão de entrada do quantizador da Fig. 9.15a é quatro, enquanto que para o quantizador da Fig. 9.15b ela é dois. Correspondentemente, o quantizador da Fig. 9.15b requer uma tabela de consulta de tamanho menor, e portanto é mais simples de implementar que aquele da Fig. 9.15a. Esta é a vantagem de um quantizador hierárquico em relação a um quantizador convencional.

Luttrell (1989a) demonstrou o desempenho de um quantizador vetorial hierárquico multiestágio aplicado a várias séries temporais estocásticas, com pequena perda em precisão de codificação. Na Fig. 9.16, reproduzimos os resultados de Luttrell para o caso de um processo de ruído gaussiano correlacionado gerado pelo uso de um *modelo auto-regressivo (AR) de primeira ordem*:

$$x(n + 1) = \rho x(n) + v(n) \qquad (9.32)$$

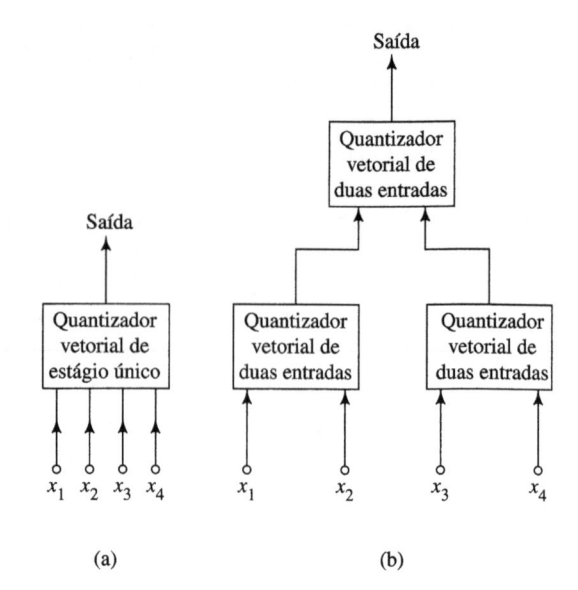

FIGURA 9.15 (a) Quantizador vetorial de estágio único com entrada de dimensionalidade quatro. (b) Quantizador vetorial hierárquico de dois estágios usando quantizadores vetoriais de duas entradas. (De S.P. Luttrell, 1989a, direitos autorais de British Crown.)

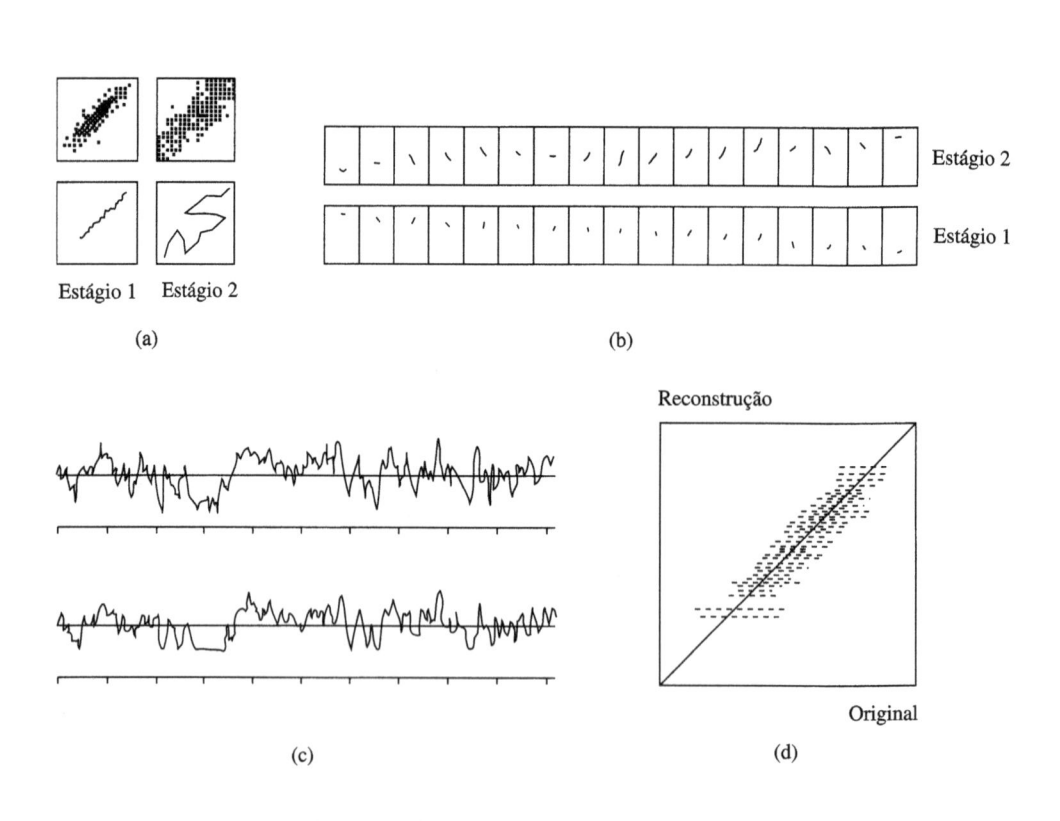

FIGURA 9.16 Resultados de codificação/decodificação em dois estágios para entrada de ruído gaussiano correlacionado. Coeficiente de correlação $\rho = 0{,}85$ (De S.P. Luttrell, 1989a, direitos autorais de British Crown.)

onde ρ é o coeficiente de AR e os $v(n)$ são variáveis aleatórias gaussianas independentes e identicamente distribuídas (iid) de média zero e variância unitária. Assim, podemos mostrar que $x(n)$ é caracterizado como segue:

$$E[x(n)] = 0 \tag{9.33}$$

$$E\left[x^2(n)\right] = \frac{1}{1-\rho^2} \tag{9.34}$$

$$\frac{E[x(n+1)x(n)]}{E[x^2(n)]} = \rho \tag{9.35}$$

Assim, ρ pode ser visto também como o *coeficiente de correlação* da série temporal $\{x(n)\}$. Para iniciar a geração da série temporal de acordo com a Eq. (9.32), foi usada uma variável aleatória gaussiana de média zero e variância $1/(1-\rho^2)$ para $x(0)$, e para o coeficiente de correlação, foi usado o valor ρ = 0,85.

Para a quantização vetorial foi usado um codificador hierárquico com um espaço de entrada de dimensionalidade quatro, como a árvore binária da Fig. 9.15b. Para a série temporal AR $\{x(n)\}$, a simetria de translação implica que são necessárias apenas *duas* tabelas de consulta distintas. O tamanho de cada tabela depende exponencialmente do número de bits de entrada, e depende linearmente do número de bits de saída. Durante o treinamento, é necessário um grande número de bits para representar os números de modo a se obter uma computação correta das atualizações descritas na Eq. (9.24); por isso, as tabelas de consulta não são usadas durante o treinamento. Uma vez que o treinamento esteja completo, entretanto, o número de bits pode ser reduzido ao seu nível normal, e as posições da tabela preenchidas correspondentemente. Para o codificador mostrado na Fig. 9.15b, as amostras de entrada foram aproximadas usando quatro bits por amostra. Para todos os estágios do codificador, foram usados N (= 17) vetores de código, de modo que o número de bits de saída para cada tabela de consulta foi também aproximadamente quatro. Com isso, o tamanho do espaço de endereçamento das tabelas de consulta, tanto do primeiro como do segundo estágio, é 256 (= 2^{4+4}), o que significa que a exigência de memória global para representar as tabelas é modesta.

A Fig. 9.16 mostra os resultados de codificação-decodificação obtidos com $x(n)$ como entrada. A metade inferior da Fig. 9.16a mostra os vetores de código para cada um dos dois estágios como uma curva inserida em um espaço de entrada bidimensional; a metade superior da Fig. 9.16a apresenta estimativas das matrizes de co-ocorrência correspondentes usando quadrados com formato 16 × 16. A Figura 9.16b apresenta, como fragmentos da série temporal, o seguinte:

- O vetor de código calculado pelo primeiro estágio do codificador
- O vetor de reconstrução calculado pelo segundo estágio que minimiza a distorção de quadrados mínimos, mantendo todas as outras variáveis fixas

A Figura 9.16c apresenta 512 amostras de ambas as séries temporais originais (curva superior) e a sua reconstrução (curva inferior) na saída do último estágio do codificador; a escala horizontal na Fig. 9.16c é a metade daquela da Fig. 9.16b. Finalmente, a Fig. 9.16d apresenta uma matriz de coocorrência criada a partir de um par de amostras: uma amostra da série temporal original e a sua reconstrução correspondente. A largura da faixa na Fig. 9.16d indica a extensão da distorção produzida pela quantização vetorial hierárquica.

Examinando as formas de onda na Fig. 9.16c, vemos que a reconstrução é uma boa representação da série temporal original, exceto por alguns picos positivos e negativos que foram cortados. De acordo com Luttrell (1989a), a distorção média quadrada normalizada foi calculada como 0,15, que é quase tão boa (perda de 0,05 dB) quanto os 8,8 dB obtidos com o codificador multiestágio com bloco de quatro amostras usando um bit por amostra (Jayant and Noll, 1984).

9.10 MAPAS CONTEXTUAIS

Há dois modos fundamentalmente diferentes de se visualizar um mapa de características auto-organizável. Em um dos métodos de visualização, o mapa de características é visto como uma rede elástica com os vetores de peso sináptico tratados como ponteiros para os respectivos neurônios, que estão direcionados para o espaço de entrada. Este método de visualização é particularmente útil para mostrar a propriedade de ordenação topológica do algoritmo SOM, como ilustrado pelos resultados dos experimentos de simulação computacional apresentados na Seção 9.6.

No segundo método de visualização, atribuem-se rótulos de classe a neurônios em uma grade bidimensional (representando a camada de saída da rede), dependendo de como cada *padrão de teste* (não visto anteriormente) excita um neurônio particular na rede auto-organizada. Como resultado deste segundo estágio de estimulação, os neurônios na grade bidimensional são particionados em um número de *regiões coerentes*, coerente no sentido de que cada grupo de neurônios representa um conjunto distinto de símbolos contíguos ou rótulos (Ritter e Kohonen, 1989). Isto presume que foram seguidas as condições corretas para o desenvolvimento de um mapa de características bem-ordenado, em primeiro lugar.

Considere, por exemplo, o conjunto de dados apresentado na Tabela 9.3, que é relativo a um número de animais diferentes. Cada coluna da tabela é uma descrição esquemática de um animal, baseada na presença (= 1) ou ausência (= 0) de um entre 13 diferentes atributos dados à esquerda. Alguns atributos como "penas" e "duas pernas" são correlacionados, enquanto que muitos dos outros atributos são não-correlacionados. Para cada animal dado no topo da tabela temos um *código de atributo* $\mathbf{x}_a$ constituído de 13 elementos. O animal é especificado por um *código simbólico* $\mathbf{x}_s$, cuja composição *não* deve transmitir qualquer informação ou similaridade conhecida entre os animais. Para o exemplo em questão, $\mathbf{x}_s$ consiste de um vetor coluna cujo k-ésimo elemento, representando o animal $k = 1, 2,..., 16$, recebe um valor fixo a; os elementos restantes são todos igualados a zero. O parâmetro a determina a influência relativa do código simbólico comparado ao código de atributo. Para termos certeza de que o código de atributo é o dominante, a é escolhido igual a 0,2. O vetor de entrada $\mathbf{x}$ para cada animal é um vetor de 29 elementos, representando uma concatenação do código de atributo $\mathbf{x}_a$ e do código simbólico $\mathbf{x}_s$, como mostrado por

$$\mathbf{x} = \begin{bmatrix} \mathbf{x}_s \\ \mathbf{x}_a \end{bmatrix} = \begin{bmatrix} \mathbf{x}_s \\ \mathbf{0} \end{bmatrix} + \begin{bmatrix} \mathbf{0} \\ \mathbf{x}_a \end{bmatrix}$$

Finalmente, cada vetor de dados é normalizado para resultar em um comprimento unitário. Os padrões do conjunto de dados assim gerados são apresentados a uma grade bidimensional de 10×10 neurônios, e os pesos sinápticos dos neurônios são ajustados de acordo com o algoritmo SOM resumido na Seção 9.4. O treinamento se estendeu por 2000 iterações, após o que o mapa de características deve ter alcançado um estado de equilíbrio. A seguir, um padrão de teste definido por $\mathbf{x} = [\mathbf{x}_s, \mathbf{0}]^T$ contendo o

TABELA 9.3 Nomes de Animais e seus Atributos

Animal		Pombo	Galinha	Pato	Ganso	Coruja	Falcão	Águia	Raposa	Cão	Lobo	Gato	Tigre	Leão	Cavalo	Zebra	Vaca
é	pequeno	1	1	1	1	1	1	0	0	0	0	1	0	0	0	0	0
	médio	0	0	0	0	0	0	1	1	1	1	0	0	0	0	0	0
	grande	0	0	0	0	0	0	0	0	0	0	0	1	1	1	1	1
tem	2 patas	1	1	1	1	1	1	1	0	0	0	0	0	0	0	0	0
	4 patas	0	0	0	0	0	0	0	1	1	1	1	1	1	1	1	1
	pêlos	0	0	0	0	0	0	0	1	1	1	1	1	1	1	1	1
	cascos	0	0	0	0	0	0	0	0	0	0	0	0	0	1	1	1
	crina/juba	0	0	0	0	0	0	0	0	0	1	0	0	1	1	1	0
	penas	1	1	1	1	1	1	1	0	0	0	0	0	0	0	0	0
gosta de	caçar	0	0	0	0	1	1	1	1	0	1	1	1	1	0	0	0
	correr	0	0	0	0	0	0	0	0	1	1	0	1	1	1	1	0
	voar	1	0	0	1	1	1	1	0	0	0	0	0	0	0	0	0
	nadar	0	0	1	1	0	0	0	0	0	0	0	0	0	0	0	0

código simbólico de apenas um animal, é apresentado à rede auto-organizada e o neurônio com a resposta mais forte é identificado. Isto é repetido para todos os 16 animais.

Procedendo desta maneira, obtemos o mapa mostrado na Fig. 9.17, em que os neurônios rotulados representam aqueles com as respostas mais fortes em relação a seus respectivos padrões de teste; os pontos representam neurônios com respostas mais fracas.

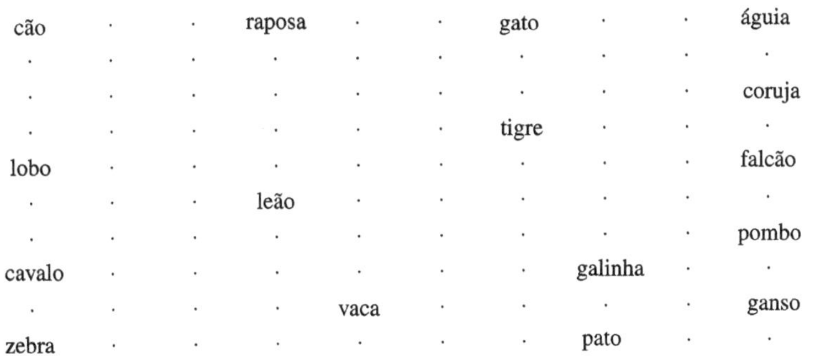

```
cão       .       raposa    .       gato      .       .       águia
.         .       .         .       .         .       .       .
.         .       .         .       .         .       .       coruja
.         .       .         .       tigre     .       .       .
lobo      .       .         .       .         .       .       falcão
.         .       leão      .       .         .       .       .
.         .       .         .       .         .       .       pombo
cavalo    .       .         .       .         .   galinha     .
.         .       .     vaca        .         .       .       ganso
zebra     .       .         .       .         .    pato       .
```

FIGURA 9.17 Mapa de características contendo neurônios rotulados com respostas mais fortes a suas respectivas entradas

A Figura 9.18 mostra o resultado do "mapeamento simulado de penetração de eletrodo" para a mesma rede auto-organizada. Desta vez, entretanto, cada neurônio da rede foi marcado pelo animal particular para o qual produz a melhor resposta. A Figura 9.18 mostra claramente que o mapa de características essencialmente capturou as "relações familiares" entre os 16 animais diferentes. Há três agrupamentos distintos, um representando "pássaros", um segundo representando "espécies pacíficas", e o terceiro representando animais que são "caçadores".

cão	cão	raposa	raposa	raposa	gato	gato	gato	águia	águia
cão	cão	raposa	raposa	raposa	gato	gato	gato	águia	águia
lobo	lobo	lobo	raposa	gato	tigre	tigre	tigre	coruja	coruja
lobo	lobo	leão	leão	leão	tigre	tigre	tigre	falcão	falcão
lobo	lobo	leão	leão	leão	tigre	tigre	tigre	falcão	falcão
lobo	lobo	leão	leão	leão	coruja	pombo	falcão	pombo	pombo
cavalo	cavalo	leão	leão	leão	pombo	galinha	galinha	pombo	pombo
cavalo	cavalo	zebra	vaca	vaca	vaca	galinha	galinha	pombo	pombo
zebra	zebra	zebra	vaca	vaca	vaca	galinha	galinha	pato	ganso
zebra	zebra	zebra	vaca	vaca	vaca	pato	pato	pato	ganso

FIGURA 9.18 Mapa semântico obtido através do uso de mapeamento simulado de penetração de eletrodo. O mapa é dividido em três regiões representando: pássaros, espécies pacíficas e caçadores

Um mapa de características do tipo ilustrado na Fig. 9.18 é referido como um *mapa contextual* ou *mapa semântico* (Ritter e Kohonen, 1989; Kohonen, 1997a). Este mapa se assemelha aos mapas corticais (i.e., os mapas computacionais formados no córtex cerebral) que são discutidos brevemente na Seção 9.2. Os mapas contextuais, resultantes do uso do algoritmo SOM, encontram aplicações em campos tão diversos como classificação não-supervisionada de classes fonéticas a partir de textos, sensoriamento remoto (Kohonen, 1997a) e exploração de dados ou mineração de dados (Kohonen, 1997b).

9.11 RESUMO E DISCUSSÃO

O mapa auto-organizável proposto por Kohonen (1982) é uma rede neural engenhosa construída em torno de uma grade uni- ou bidimensional de neurônios para capturar as características importantes contidas em um espaço de entrada (dados) de interesse. Dessa forma, ele fornece uma representação estrutural dos dados de entrada pelos vetores de peso dos neurônios como protótipos. O algoritmo SOM é inspirado na neurobiologia, incorporando todos os mecanismos que são básicos para a auto-organização: competição, cooperação e auto-amplificação que são discutidos no Capítulo 8. Ele pode assim servir como modelo genérico apesar de degenerado para descrever a emergência dos fenômenos de ordenação coletiva em sistemas complexos após iniciar a partir da desordem total.

O mapa auto-organizável pode também ser visto como um quantizador vetorial, fornecendo assim uma abordagem fundamentada em princípios para derivar a regra de atualização usada para ajustar os vetores de peso (Luttrell, 1989b). Esta última abordagem enfatiza claramente o papel da função de vizinhança como uma função de densidade de probabilidade.

Entretanto, deve ser enfatizado que esta última abordagem, baseada no uso da distribuição média D_1 na Eq. (9.19) como a função de custo a ser minimizada, pode ser justificada apenas quando o mapa de características já está bem-ordenado. Em Erwin et al. (1992b), é mostrado que a dinâmica de aprendizagem de um mapa auto-organizável durante a fase de ordenação do processo adaptativo (i.e., durante a ordenação topológica de um mapa de características que está altamente desordenado no início) *não pode* ser descrita por uma descida estocástica de gradiente em relação a uma *única* função de custo. Mas no caso de uma grade unidimensional, ela pode ser descrita usando-se um conjunto de funções de custo, uma para cada neurônio da rede, que são minimizadas independentemente, seguindo uma descida estocástica de gradiente.

O que é surpreendente acerca do algoritmo SOM de Kohonen é que ele é tão simples de implementar, apesar de matematicamente ser tão difícil de analisar suas propriedades em uma formulação geral. Alguns métodos razoavelmente poderosos foram usados para analisá-lo por vários investigadores, mas produziram apenas resultados de aplicabilidade limitada. Em Cottrell et al. (1997), é apresentado um levantamento de resultados sobre aspectos teóricos do algoritmo SOM. Em particular, é ressaltado um resultado recente obtido por Forte e Pagés (1995, 1997), onde se afirma que no caso de uma grade unidimensional temos uma prova rigorosa da convergência "quase certa" do algoritmo SOM para um único estado após completar a fase de auto-organização. Mostrou-se que este resultado importante é válido para uma classe geral de funções de vizinhança. Entretanto, não pode se dizer o mesmo para uma configuração multidimensional.

É interessante ainda se fazer um questionamento final. Com o mapa de características auto-organizável sendo inspirado por idéias derivadas dos mapas corticais do cérebro, parece natural indagar se um modelo assim poderia realmente explicar a formação dos mapas corticais. Erwin et al. (1995) realizaram esta investigação. Mostraram que o mapa de características auto-organizável é capaz de explicar a formação de mapas computacionais no córtex visual primário do macaco. O espaço de entrada usado neste estudo tem cinco dimensões: duas dimensões para representar a posição de um campo receptivo no espaço retinotópico e as três dimensões restantes para representar a orientação preferencial, a seletividade de orientação e a dominância ocular. A superfície cortical é dividida em pequenas áreas que são consideradas unidades computacionais (i.e., neurônios artificiais) de uma grade quadrada bidimensional. Admitindo-se certas suposições, mostra-se que a aprendizagem hebbiana resulta em padrões espaciais de orientação e dominância ocular que são notavelmente similares àqueles encontrados no macaco.

NOTAS E REFERÊNCIAS

1. Os dois modelos de mapeamento de características da Fig. 9.1 foram inspirados pelos estudos pioneiros sobre auto-organização de von der Malsburg (1973), que notou que um modelo de córtex visual não poderia ser inteiramente predeterminado geneticamente; em vez disso, um processo auto-organizável envolvendo aprendizagem sináptica pode ser responsável pela ordenação *local* de células corticais sensitivas a características. Entretanto, a ordenação topográfica global *não* foi alcançada no modelo de von der Malsburg porque o modelo usava uma vizinhança fixa (pequena). A simulação computacional de von der Malsburg foi talvez a primeira a demonstrar a auto-organização.
2. Amari (1980) relaxa um pouco esta restrição sobre os pesos sinápticos dos neurônios póssinápticos. A análise matemática apresentada por Amari elucida a estabilidade dinâmica de um mapa cortical formado por auto-organização.
3. A plausibilidade neurobiológica do mapa auto-organizável (SOM) é discutida em Kohonen (1993,1997a).
4. A regra de aprendizagem competitiva descrita na Eq. (9.3) foi introduzida primeiramente na literatura de redes neurais em Grossberg (1969b).
5. Na forma original do algoritmo SOM derivado por Kohonen (1982), a vizinhança topológica é assumida tendo-se uma amplitude constante. Considere que $d_{j,i}$ represente a *distância lateral* entre o neurônio vencedor i e o neurônio excitado j dentro da função de vizinhança. A vizinhança topológica para o caso de uma grade unidimensional é com isso definida por

$$h_{j,i} = \begin{cases} 1, & -K \le d_{j,i} \le K \\ 0, & \text{caso contrário} \end{cases} \tag{1}$$

onde $2K$ é o tamanho total da vizinhança unidimensional de neurônios excitados. Contrariamente a considerações neurobiológicas, a implicação do modelo descrito na Eq. (1) é que todos os neurônios localizados dentro da vizinhança topológica disparam com a mesma taxa, e a interação entre estes neurônios é independente da sua distância lateral ao neurônio vencedor i.

6. Em Erwin et al. (1992b), é mostrado que estados metaestáveis, representando defeitos topológicos na configuração de um mapa de características, surgem quando o algoritmo SOM utiliza uma função de vizinhança que é não-convexa. Uma função gaussiana é convexa, enquanto que uma função retangular não o é. Uma função de vizinhança convexa larga tal como uma gaussiana larga leva a tempos de ordenação topológica relativamente menores do que para uma função não-convexa (p.ex., retangular) devido à ausência de estados metaestáveis.

7. Na literatura referente à teoria da comunicação e da informação, foi proposto um método antigo conhecido como o *algoritmo de Lloyd* para quantização escalar. O algoritmo foi descrito primeiro por Lloyd em um relatório não-publicado de 1957 dos Laboratórios Bell (Lloyd, 1957), então muito mais tarde apareceu em forma publicada (Lloyd, 1982). O algoritmo de Lloyd é algumas vezes também referido como o "quantizador Max". O *algoritmo de Lloyd generalizado* (ALG) para quantização vetorial é uma generalização direta do algoritmo de Lloyd original. O algoritmo de Lloyd generalizado é algumas vezes referido como *algoritmo de k médias* segundo McQueen (1967), que o usou como uma ferramenta para agrupamento estatístico. Ele também é algumas vezes referido na literatura de compressão de dados como o *algoritmo LBG* segundo Linde et al. (1980). Para um relato histórico do algoritmo de Lloyd e do algoritmo de Lloyd generalizado, veja Gersho e Gray (1992).

8. Em Kohonen (1993), são apresentados resultados experimentais mostrando que a versão por lote do algoritmo SOM é mais rápida que a sua versão em tempo de execução. Entretanto, a capacidade adaptativa do algoritmo SOM é perdida quando se usa a versão por lote.

9. A propriedade topológica de um mapa auto-organizável pode ser estimada quantitativamente de diferentes modos. Uma dessas medidas quantitativas, chamada o *produto topográfico*, é descrita em Bauer e Pawelzik (1992), que pode ser usada para comparar o comportamento quanto à fidelidade de diferentes mapas de características relativos a diferentes dimensionalidades. Entretanto, a medida é quantitativa apenas quando a dimensão da grade coincide com aquela do espaço de entrada.

10. A inabilidade do algoritmo SOM em fornecer uma representação fiel da distribuição relativa aos dados de entrada instigaram modificações do algoritmo e o desenvolvimento de novos algoritmos auto-organizáveis que são fiéis à entrada.

    Na literatura foram relatados dois tipos de modificações do algoritmo SOM:

    (i) *Modificação do processo competitivo*. Em DeSieno (1988), é usada uma forma de memória para rastrear as atividades cumulativas dos neurônios individuais na grade. Em particular, é adicionado um mecanismo de "consciência" para regular o bias do processo de aprendizagem competitiva do algoritmo SOM. Isto é feito de tal forma que cada neurônio, independentemente de sua localização na grade, tem a chance de vencer a competição com uma probabilidade próxima à ideal de $1/l$, onde l é o número total de neurônios. Uma descrição do algoritmo SOM com consciência é apresentada no Problema 9.8.

    (ii) *Modificação do processo adaptativo*. Nesta segunda abordagem, a regra de atualização para ajustar o vetor de peso de cada neurônio sob a influência da função de vizinhança é modificada para controlar as propriedades de magnificação do mapa de características. Em Bauer et al. (1996), é mostrado que através da adição de um parâmetro ajustável de tamanho do passo à regra de atualização, é possível para o mapa de carac-

terísticas fornecer uma representação fiel da distribuição de entrada. Lin et al. (1997) seguem um caminho similar introduzindo duas modificações no algoritmo SOM:
- A regra de atualização é modificada para extrair a dependência direta em relação ao vetor de entrada **x** e ao vetor de peso $\mathbf{w}_j$ do neurônio j em questão.
- A partição de Voronoi é substituída por uma partição com variação homogênea projetada especialmente para distribuições de entrada separáveis.

Esta segunda modificação permite que o algoritmo SOM realize uma separação cega de fonte. (Separação cega de fonte é discutida brevemente no Capítulo 1 e é discutida em maior detalhe no Capítulo 10.)

As modificações mencionadas se baseiam no algoritmo SOM padrão de uma forma ou de outra. Em Linsker (1989b), é seguida uma abordagem totalmente diferente. Especificamente, é derivada uma regra de aprendizagem global para a formação do mapa topográfico maximizando-se a informação mútua entre o sinal de saída e a parte do sinal da entrada corrompida por ruído aditivo. (A noção de informação mútua, baseada na teoria da informação de Shannon, é discutida no Capítulo 10.) O modelo de Linsker produz uma distribuição de neurônios que coincide exatamente com a distribuição de entrada. O uso de uma abordagem baseada na teoria da informação para a formação do mapa topográfico em uma maneira auto-organizada é também seguido em Van Hulle (1996, 1997).

11. A relação entre o algoritmo SOM e as curvas principais é discutida em Ritter et al. (1992) e Cherkassky e Mulier (1995). O algoritmo para encontrar uma curva principal consiste de dois passos (Hastie e Stuetzl, 1989):
    1. *Projeção*. Para cada ponto de dado, encontre a sua projeção mais próxima ou o ponto mais próximo sobre a curva.
    2. *Valor esperado condicional*. Aplique uma suavização dos pontos de espalhamento aos valores projetados ao longo da extensão da curva. O procedimento recomendável é iniciar a suavização com uma grande extensão e então decrescê-la gradualmente.

    Estes dois passos são similares à quantização vetorial e ao recozimento da vizinhança realizadas no algoritmo SOM.

12. A idéia da quantização vetorial por aprendizagem foi proposta por Kohonen em 1986; três versões deste algoritmo são descritas em Kohonen (1990b; 1997a). A versão do algoritmo discutido na Seção 9.7 é a primeira versão de quantização vetorial por aprendizagem, referida como LVQ1 por Kohonen.

    O algoritmo de quantização vetorial por aprendizagem é um algoritmo de aproximação estocástica. Baras e LaVigna (1990) discutem as propriedades de convergência do algoritmo usando a abordagem da equação diferencial ordinária (EDO) que é descrita no Capítulo 8.

PROBLEMAS

Algoritmo SOM

9.1 A função $g(y_j)$ representa uma função não-linear da resposta y_j, que é usada no algoritmo SOM como descrito na Eq. (9.9). Discuta a implicação do que poderia acontecer se o termo constante na série de Taylor de $g(y_j)$ for diferente de zero.

9.2 Assuma que $\pi(\boldsymbol{v})$ é uma função suave do ruído $\boldsymbol{v}$ no modelo da Fig. 9.6. Usando uma expansão de Taylor da medida de distorção da Eq. (9.19), determine o termo de curvatura que surge do modelo de ruído $\pi(\boldsymbol{v})$.

9.3 Algumas vezes diz-se que o algoritmo SOM *preserva* as relações topológicas que existem no espaço de entrada. A rigor, esta propriedade pode ser garantida apenas para um espaço de entrada de igual ou menor dimensionalidade que aquele da grade neural. Discuta a validade desta afirmação.

9.4 Diz-se que o algoritmo SOM baseado em aprendizagem competitiva carece de qualquer tolerância a falhas de componentes físicos, embora o algoritmo seja tolerante a erro pois uma pequena perturbação aplicada ao vetor de entrada faz com que a saída pule do neurônio vencedor para um neurônio vizinho. Discuta as implicações destas duas afirmações.

9.5 Considere a versão por lote do algoritmo SOM obtido expressando a Eq. (9.23) na sua forma discreta, como mostrado por

$$\mathbf{w}_j = \frac{\sum_i \pi_{j,i} \mathbf{x}_i}{\sum_i \pi_{j,i}}, \quad j = 1, 2, \ldots, l$$

Mostre que esta versão do algoritmo SOM pode ser expressa em uma forma similar ao estimador por regressão de Nadaraya-Watson (Cherkassky e Mulier, 1995); este estimador é discutido no Capítulo 5.

Quantização vetorial por aprendizagem

9.6 Neste problema, consideramos a forma otimizada do algoritmo de quantização vetorial por aprendizagem da Seção 9.7 (Kohonen, 1997a). Desejamos adaptá-lo de forma que os efeitos das correções dos vetores de Voronoi, feitas em tempos diferentes, tenham igual influência quando considerados no final do período de aprendizagem.

(a) Primeiro, mostre que as Eqs. (9.30) e (9.31) podem ser integradas em uma única equação, como segue:

$$\mathbf{w}_c(n+1) = (1 - s_n \alpha_n)\mathbf{w}_c(n) + s_n \alpha_n \mathbf{x}(n)$$

onde

$$s_n = \begin{cases} +1 & \text{se a classificação estiver correta} \\ -1 & \text{se a classificação estiver errada} \end{cases}$$

(b) Com isso, mostre que o critério de otimização descrito no início do problema é satisfeito se

$$\alpha_n = (1 - s_n \alpha_n)\alpha_{n-1}$$

o que produz o valor otimizado da constante de aprendizagem α_n a seguir:

$$\alpha_n^{\text{ótimo}} = \frac{\alpha_{n-1}^{\text{ótimo}}}{1 + s_n \alpha_{n-1}^{\text{ótimo}}}$$

9.7 As regras de atualização tanto para o autofiltro máximo discutido no Capítulo 8 como para o mapa auto-organizável empregam modificações do postulado de aprendizagem de Hebb. Compare estas duas modificações, ressaltando as diferenças e similaridades entre elas.

9.8 O *algoritmo de consciência* é uma modificação do algoritmo SOM, que força o casamento de densidade a ser exato (DeSieno, 1988). No algoritmo de consciência, resumido na Tabela P9.8, cada neurônio registra quantas vezes venceu a competição (i.e., quantas vezes seu vetor de peso sináptico foi o mais próximo do vetor de entrada em termos de distância euclidiana). A noção usada aqui é que se um neurônio vence muito freqüentemente, ele "se sente culpado" e por isso se retira da competição.

TABELA P9.8 Resumo do Algoritmo de Consciência

1. Encontre o vetor peso sináptico $\mathbf{w}_i$ mais próximo do vetor de entrada $\mathbf{x}$:

$$\|\mathbf{x} - \mathbf{w}_i\| = \min_j \|\mathbf{x} - \mathbf{w}_j\|, \quad j = 1, 2, \ldots, N$$

2. Mantenha um total corrente da fração de tempo, p_j, que o neurônio j vence a competição:

$$p_j^{novo} = p_j^{velho} + B\left(y_j - p_j^{velho}\right)$$

onde $0 < B \ll 1$ e

$$y_j = \begin{cases} 1 & \text{se o neurônio } j \text{ é o neurônio vencedor} \\ 0 & \text{caso contrário} \end{cases}$$

Os p_j são inicializados em zero no começo do algoritmo.

3. Encontre o novo neurônio vencedor usando o mecanismo de consciência

$$\|\mathbf{x} - \mathbf{w}_i\| = \min_j (\|\mathbf{x} - \mathbf{w}_j\| - b_j)$$

onde b_j é um termo de *bias* introduzido para modificar a competição; é definido por

$$b_j = C\left(\frac{1}{N} - p_j\right)$$

onde C é um fator de bias e N é o número total de neurônios na rede.

4. Atualize o vetor peso sináptico do neurônio vencedor:

$$\mathbf{w}_i^{novo} = \mathbf{w}_i^{velho} + \eta(\mathbf{x} - \mathbf{w}_i^{velho})$$

onde η é o parâmetro da taxa de aprendizagem usual utilizado no algoritmo SOM.

Para investigar a melhora produzida no casamento de densidade pelo uso do algoritmo de consciência, considere uma grade unidimensional; (i.e., um arranjo linear) constituída de 20 neurônios, que é treinada com a densidade de entrada linear traçada na Fig. P9.8.

(a) Usando simulações computacionais, compare o casamento de densidade produzido pelo algoritmo de consciência com aquele produzido pelo algoritmo SOM. Para o algoritmo SOM use $\eta = 0{,}05$ e para o algoritmo de consciência use $B = 0{,}0001$, $C = 1{,}0$ e $\eta = 0{,}05$.

(b) Como medida de referência para esta comparação, inclua o casamento "exato" com a densidade de entrada.

Discuta os resultados de suas simulações computacionais.

Experimentos computacionais

9.9 Neste experimento, usamos simulações computacionais para investigar o algoritmo SOM aplicado a uma grade unidimensional com uma entrada bidimensional. A grade consiste de 65 neurônios. As entradas consistem de pontos aleatórios uniformemente distribuídos dentro da área triangular mostrada na Fig. P9.9. Calcule o mapa produzido pelo algoritmo SOM após 0, 20, 100, 1000, 10.000 e 25.000 iterações.

9.10 Considere uma grade bidimensional de neurônios treinada com uma distribuição de entrada tridimensional. A grade consiste de 10×10 neurônios.

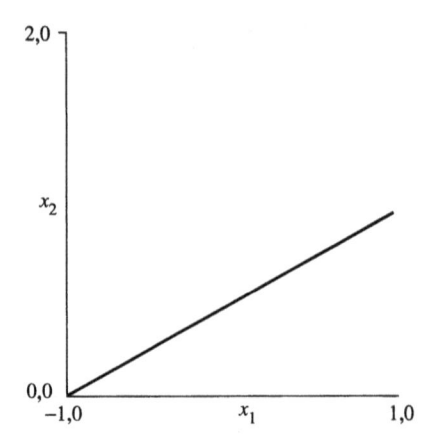

FIGURA P9.8

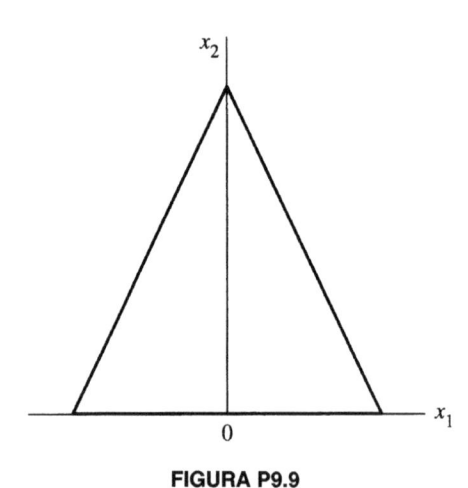

FIGURA P9.9

(a) A entrada é uniformemente distribuída em um volume delgado definido por

$$\{(0 < x_1 < 1), (0 < x_2 < 1), (0 < x_3 < 0{,}2)\}$$

Use o algoritmo SOM para calcular uma projeção bidimensional do espaço de entrada após 50, 1000 e 10.000 iterações do algoritmo.

(b) Repita os seus cálculos para o caso quando a entrada é uniformemente distribuída dentro de um volume mais largo de um paralelepípedo definido por

$$\{(0 < x_1 < 1), (0 < x_2 < 1), (0 < x_3 < 0{,}4)\}$$

(c) Repita os cálculos mais uma vez para o caso quando a entrada é uniformemente distribuída dentro de um cubo definido por

$$\{(0 < x_1 < 1), (0 < x_2 < 1), (0 < x_3 < 1)\}$$

Discuta as implicações dos resultados de suas simulações computacionais.

9.11 Um problema que surge ocasionalmente na aplicação do algoritmo SOM é a falha de ordenação topológica criando um mapa "dobrado". Este problema aparece quando se permite que o tamanho da vizinhança decaia rápido demais. A criação de um mapa dobrado pode ser vista como uma forma de um "mínimo local" do processo de ordenação topológica.

Para investigar este fenômeno, considere uma rede bidimensional de 10×20 neurônios treinada com uma entrada bidimensional uniformemente distribuída dentro do quadrado $\{(-1 < x_1 < +1), (-1 < x_2 < +1)\}$. Calcule o mapa produzido pelo algoritmo SOM, permitindo que a função de vizinhança em torno do vencedor decaia muito mais rapidamente do que seria normalmente usado. Você pode ter que repetir o experimento várias vezes para observar uma falha no processo de ordenação.

9.12 A propriedade de ordenação topológica do algoritmo SOM pode ser usada para formar uma representação bidimensional abstrata de um espaço de entrada de alta dimensionalidade. Para investigar esta forma de representação, considere uma grade bidimensional consistindo de 10×10 neurônios que é treinada com uma entrada consistindo de quatro nuvens gaussianas, $\mathscr{C}_1$, $\mathscr{C}_2$, $\mathscr{C}_3$ e $\mathscr{C}_4$, em um espaço de entrada de dimensionalidade igual a oito. Todas as nuvens têm variância unitária, mas centros diferentes. Os centros estão localizados nos pontos $(0, 0, 0,...,0)$, $(4, 0, 0,...,0)$, $(4, 4, 0,..., 0)$ e $(0, 4, 0,..., 0)$. Calcule o mapa produzido pelo algoritmo SOM, com cada neurônio do mapa sendo rotulado com a classe particular mais representada pelos pontos de entrada em sua volta.

9.13 A Tabela P9.13 apresenta um resumo do *algoritmo SOM normalizado*; uma breve descrição do algoritmo é dada na Seção 9.3. Compare os algoritmos SOM convencional e normalizado, tendo em mente as duas seguintes questões:
  1. A complexidade de codificação envolvida na implementação algorítmica.
  2. O tempo computacional necessário para o treinamento.

Ilustre a comparação entre estes dois algoritmos usando dados retirados de uma distribuição uniforme dentro de um quadrado e as duas seguintes configurações de rede:

(a) Grade unidimensional de 257 neurônios.
(b) Grade unidimensional de 2049 neurônios.

Em ambos os casos, comece com um número inicial de vetores de código igual a dois.

9.14 Considere o diagrama de sinal-espaço mostrado na Fig. P9.14 correspondente à *modulação de pulso-amplitude M-ária* (PAM, *pulse-amplitude modulation*) com $M = 8$. Os pontos de sinal correspondem a blocos de dados em código Gray. Cada ponto de sinal é representado por um sinal de pulso retangular com escalamento de amplitude apropriado:

$$p(t) = \pm\frac{7}{2}, \pm\frac{5}{2}, \pm\frac{3}{2}, \pm\frac{1}{2}, \quad 0 \le t \le T$$

onde T é o intervalo de geração do sinal. Na entrada do receptor, adiciona-se ruído branco gaussiano de média zero ao sinal transmitido com razão sinal-ruído (RSR) variável. A RSR é definida como a razão da potência "média" do sinal transmitido pela potência média do ruído.

(a) Usando uma seqüência binária aleatória como a entrada do transmissor, gere dados representando o sinal recebido para RSR = 10, 20 e 30 dB.
(b) Para cada uma dessas RSR, configure um mapa de características auto-organizável. Para valores típicos você pode usar:
  - Um vetor de entrada constituído de oito elementos obtidos por amostragem do sinal recebido a uma taxa igual a oito vezes a taxa de geração do sinal (i.e., 8 amostras por intervalo de geração do sinal). Não assuma qualquer conhecimento sobre informação temporal.
  - Uma rede unidimensional de 64 neurônios (i.e., oito vezes o tamanho do vetor de entrada).
(c) Mostre os mapas de características para cada uma das três RSR, e com isso demonstre a propriedade de ordenação topológica do algoritmo SOM.

TABELA P9.13 Resumo do Algoritmo de Treinamento Renormalizado (Versão Unidimensional)

1. *Inicialização*. Faça o número de vetores de código igual a um número pequeno (p.ex., use dois por simplicidade ou algum outro valor mais representativo do problema considerado). Inicialize suas posições para serem aquelas de um número correspondente de vetores de treinamento escolhidos aleatoriamente do conjunto de treinamento.

2. *Seleção de um vetor de entrada*. Escolha um vetor de entrada aleatoriamente do conjunto de treinamento.

3. *Codificação do vetor de entrada*. Determine o vetor de código "vencedor" (i.e., o vetor peso sináptico do neurônio vencedor). Para isto, use a prescrição de codificação ou do "vizinho mais próximo" ou da "distorção mínima", conforme a necessidade.

4. *Atualização do livro de código*. Faça a atualização usual do "vencedor e de seus vizinhos topológicos". Você pode considerar suficiente manter o parâmetro da taxa de aprendizagem η fixo (digamos em 0,125) e atualizar o neurônio vencedor usando η, e seus vizinhos mais próximos usando $\eta/2$, por exemplo.

5. *Divisão do livro de código*.[a] Continue com a atualização do livro de código (passo 4), cada vez usando um novo vetor de entrada escolhido aleatoriamente do conjunto de treinamento, até que o número de atualizações do livro de código seja cerca de 10-30 vezes o número de vetores de código. Quando este número é alcançado, o livro de código provavelmente se estabilizou e é o momento de dividir o livro de código. Você pode fazer isto tomando a seqüência de Peano de vetores de código que você tem e interpolando suas posições para gerar uma aproximação de granulosidade mais fina da seqüência de Peano; você pode simplesmente colocar um vetor de código extra no meio entre cada dois vetores de código existentes.

6. *Finalização do treinamento*. A atualização do livro de código e a divisão do livro de código continuam até que o número total de vetores de código alcance um valor predeterminado (p.ex., 100), quando o treinamento total é encerrado.

[a] A divisão do livro de código dobra aproximadamente o número de vetores de código após cada época, e assim não demora muitas épocas para alcançar qualquer número predeterminado de vetores de código.

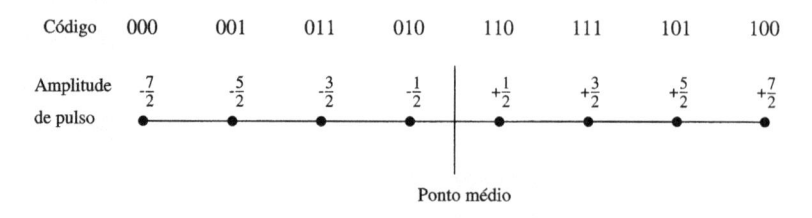

Código	000	001	011	010	110	111	101	100
Amplitude de pulso	$-\frac{7}{2}$	$-\frac{5}{2}$	$-\frac{3}{2}$	$-\frac{1}{2}$	$+\frac{1}{2}$	$+\frac{3}{2}$	$+\frac{5}{2}$	$+\frac{7}{2}$

Ponto médio

FIGURA P9.14

CAPÍTULO 10

Modelos Teóricos da Informação

10.1 INTRODUÇÃO

Em um artigo clássico publicado em 1948, Claude Shannon estabeleceu os fundamentos da *teoria da informação*. O trabalho original de Shannon sobre a teoria da informação[1], e seu refinamento por outros autores, foi uma resposta direta às necessidades de engenheiros eletricistas para projetar sistemas de comunicação que sejam tanto *eficientes* como *confiáveis*. Apesar de suas origens práticas, a teoria da informação como nós a conhecemos hoje é uma teoria matemática profunda preocupada com a essência do *processo de comunicação*. A teoria fornece uma estrutura para o estudo das questões fundamentais como a eficiência da representação da informação e as limitações envolvidas na transmissão confiável da informação através de um canal de comunicação. Além disso, a teoria engloba uma profusão de teoremas poderosos para calcular *limites* ideais de representação ótima e de transmissão de sinais portadores de informação. Estes limites são importantes porque fornecem parâmetros de referência para o projeto aperfeiçoado de sistemas de processamento de informação.

O principal objetivo deste capítulo é discutir *modelos teóricos da informação* que levem à auto-organização de uma forma fundamentada em princípios. Neste contexto, um modelo que merece menção especial é o *princípio da máxima informação mútua*[2] formulado por Linsker (1988). Este princípio afirma que as conexões sinápticas de uma rede neural de múltiplas camadas se desenvolvem de forma a *maximizar a quantidade de informação que é preservada quando ocorre transformação de sinais em cada estágio de processamento da rede, sujeita a certas restrições*. A idéia de que a teoria da informação pode oferecer uma explicação para o processamento perceptivo não é nova.[3] Podemos mencionar, por exemplo, um antigo artigo de Attneave (1954), no qual é proposta a seguinte função da teórica da informação para o sistema perceptivo:

> Uma função principal da maquinaria perceptiva é retirar alguma redundância da estimulação, para descrever ou codificar a informação em uma forma mais econômica que aquela com a qual ela atinge os receptores.

A principal idéia por trás do artigo de Attneave é o reconhecimento de que a codificação de dados de uma cena com o propósito de redução de redundância está relacionada à identificação de características específicas na cena. Esta importante constatação está relacionada a uma visão do cérebro descrita em Craik (1943), no qual é construído um modelo do mundo externo que incorpora as regularidades e restrições do mundo.

Organização do Capítulo

O conteúdo principal do capítulo está organizado em duas partes. A primeira parte, consistindo das Seções 10.2 a 10.5, fornece uma revisão dos fundamentos da teoria da informação. Na Seção 10.2, discutimos o conceito de entropia como uma medida quantitativa de informação, que leva naturalmente ao princípio da máxima entropia discutido na Seção 10.3. A seguir, na Seção 10.4, discutimos o conceito de informação mútua e suas propriedades, seguido por uma discussão da divergência de Kullback-Leibler na Seção 10.5.

A segunda parte do capítulo, consistindo das Seções 10.6 a 10.14, trata de modelos teóricos da informação para sistemas auto-organizáveis. A Seção 10.6 ressalta a informação mútua como uma função objetivo a ser otimizada. O princípio da máxima informação mútua é discutido na Seção 10.7, que é seguida por uma discussão da relação entre este princípio e o da redução de redundância na Seção 10.8. As Seções 10.9 e 10.10 tratam de duas variantes do princípio da máxima informação mútua que são adequadas para diferentes aplicações em processamento de imagens. As Seções 10.11 a 10.14 apresentam três métodos diferentes para resolver o problema da separação cega de fontes.

O capítulo conclui com algumas considerações finais na Seção 10.15.

10.2 ENTROPIA

Seguindo a terminologia normalmente utilizada na teoria das probabilidades, usamos uma letra maiúscula para representar uma *variável aleatória*, e a letra minúscula correspondente para representar o *valor* da variável aleatória.

Considere então uma variável aleatória X, em que cada realização (apresentação) sua pode ser vista como uma *mensagem*. A rigor, se a variável aleatória X for contínua em seu intervalo de amplitude, então ela carrega uma quantidade infinita de informação. Entretanto, do embasamento físico e biológico reconhecemos que não faz sentido pensarmos em termos de medidas de amplitude com precisão infinita, o que sugere que o valor de X pode ser uniformemente *quantizado* em um número finito de níveis discretos. Conseqüentemente, podemos ver X como uma variável aleatória *discreta*, modelada como segue:

$$X = \{x_k \mid k = 0, \pm 1, ..., \pm K\} \tag{10.1}$$

onde x_k é um número discreto e $(2K + 1)$ é o número total de níveis discretos. Assume-se que a separação δx entre os níveis discretos seja suficientemente pequena para o modelo da Eq. (10.1) fornecer uma representação adequada para a variável de interesse. Podemos, é claro, passar para o limite contínuo fazendo δx se aproximar de zero e K tender ao infinito, e neste caso temos uma variável aleatória contínua e (como veremos mais adiante nesta seção) os somatórios se tornam integrais.

Para completar o modelo, considere que o evento $X = x_k$ ocorra com *probabilidade*

$$p_k = P(X = x_k) \tag{10.2}$$

com a exigência que

$$0 \leq p_k \leq 1 \text{ e } \sum_{k=-K}^{K} p_k = 1 \tag{10.3}$$

Suponha que o evento $X = x_k$ ocorra com probabilidade $p_k = 1$, o que por sua vez requer que $p_i = 0$ para todo $i \neq k$. Em tal situação não há "surpresa" e, portanto, nenhuma "informação" é transmitida pela ocorrência do evento $X = x_k$, pois sabemos como a mensagem deve ser. Se, por outro lado, os vários níveis discretos ocorrerem com diferentes probabilidades e, em particular, a probabilidade p_k for baixa, então há mais "surpresa" e portanto "informação" quando X assumir o valor x_k em vez de um outro valor x_i com maior probabilidade p_i, $i \neq k$. Assim, as palavras "incerteza", "surpresa" e "informação" estão todas relacionadas. Antes da ocorrência do evento $X = x_k$, há uma quantidade de incerteza. Quando o evento $X = x_k$ ocorre, existe uma quantidade de surpresa. Após a ocorrência de $X = x_k$, há um aumento na quantidade de informação. Estas três quantidades são obviamente a mesma. Além disso, a quantidade de informação está relacionada com o *inverso* da probabilidade de ocorrência.

Definimos a quantidade de informação ganha após observar o evento $X = x_k$ com probabilidade p_k como a função logarítmica

$$I(x_k) = \log\left(\frac{1}{p_k}\right) = -\log p_k \tag{10.4}$$

onde a base do logaritmo é arbitrária. Quando o logaritmo natural é usado, as unidades de informação são *nats*, e quando o logaritmo de base 2 é usado as unidades são *bits*. Em qualquer caso, a definição de informação dada na Eq. (10.4) exibe as seguintes propriedades:

1. $$I(x_k) = 0 \text{ para } p_k = 1 \tag{10.5}$$

    Obviamente, se estivermos absolutamente certos do resultado de um evento, *nenhuma* informação é ganha pela sua ocorrência.

2. $$I(x_k) \geq 0 \text{ para } 0 \leq p_k \leq 1 \tag{10.6}$$

    Isto é, a ocorrência de um evento $X = x_k$ fornece alguma informação ou nenhuma informação, mas nunca resulta em uma perda de informação.

3. $$I(x_k) > I(x_i) \text{ para } p_k < p_i \tag{10.7}$$

    Isto é, quanto menos provável for um evento, mais informação é ganha através da sua ocorrência.

A quantidade de informação $I(x_k)$ é uma variável aleatória discreta com probabilidade p_k. O valor médio de $I(x_k)$ sobre o intervalo completo de $2K + 1$ valores discretos é dado por

$$\begin{aligned} H(X) &= E[I(x_k)] \\ &= \sum_{k=-K}^{K} p_k I(x_k) \\ &= -\sum_{k=-K}^{K} p_k \log p_k \end{aligned} \tag{10.8}$$

A quantidade $H(X)$ é chamada a *entropia* de uma variável aleatória X que pode assumir um conjunto finito de valores discretos; é chamada assim em reconhecimento à analogia entre a definição dada na Eq. (10.8) e aquela da entropia na termodinâmica estatística[4]. A entropia $H(X)$ é uma medida da *quantidade média de informação transmitida por mensagem*. Note, entretanto, que o X em $H(X)$ não é um argumento de uma função, mas sim um rótulo para uma variável aleatória. Note também que na definição da Eq. (10.8) fizemos $0\log 0$ ser 0.

A entropia $H(X)$ é limitada como segue:

$$0 \leq H(X) \leq \log(2K+1) \tag{10.9}$$

onde $(2K+1)$ é o número total de níveis discretos. Além disso, podemos fazer as seguintes afirmações:

1. $H(X) = 0$ se e somente se a probabilidade $p_k = 1$ para algum k, e as probabilidades restantes no conjunto são todas zero; este limite inferior da entropia corresponde a nenhuma *incerteza*.
2. $H(X) = \log_2(2K+1)$, se e somente se $p_k = 1/(2K+1)$ para todo k (i.e., todos os níveis discretos são eqüiprováveis); este limite superior da entropia corresponde à *incerteza máxima*.

A prova da propriedade 2 resulta do seguinte lema (Gray, 1990):

Dadas duas distribuições de probabilidade quaisquer $\{p_k\}$ e $\{q_k\}$ para uma variável aleatória discreta X, então

$$\sum_k p_k \log\left(\frac{p_k}{q_k}\right) \geq 0 \tag{10.10}$$

que é satisfeita com a igualdade se e somente se $q_k = p_k$ para todo k.

A quantidade usada neste lema é de tal importância fundamental que fazemos uma pausa para dispô-la em uma forma adequada para uso no estudo de sistemas estocásticos. Considere que $p_X(x)$ e $q_X(x)$ representem as probabilidades que a variável aleatória X esteja no estado x sob duas condições de operação diferentes. A *entropia relativa* ou *divergência (distância) de Kullback-Leibler* entre as duas *funções de massa da probabilidade* $p_X(x)$ e $q_X(x)$ é definida por (Kullback, 1968; Gray, 1990; Cover e Thomas, 1991)

$$D_{p\|q} = \sum_{x \in \mathcal{X}} p_X(x) \log\left(\frac{p_X(x)}{q_X(x)}\right) \tag{10.11}$$

onde o somatório é sobre todos os estados possíveis do sistema (i.e., o alfabeto $\mathcal{X}$ da variável aleatória discreta X). A função de massa da probabilidade $q_X(x)$ desempenha o papel de uma *medida de referência*.

A Entropia Diferencial de Variáveis Aleatórias Contínuas

A discussão de conceitos teóricos da informação até agora envolveu conjuntos de variáveis aleatórias que são discretas em seus valores de amplitude. Agora estendemos alguns desses conceitos para variáveis aleatórias contínuas.

Considere uma variável aleatória contínua X com a *função de densidade de probabilidade* $f_X(x)$. Por analogia com a entropia de uma variável aleatória discreta, introduzimos a seguinte definição:

$$h(X) = -\int_{-\infty}^{\infty} f_X(x) \log f_X(x) dx \qquad (10.12)$$
$$= -E\left[\log f_X(x) dx\right]$$

Nos referimos a $h(X)$ como a *entropia diferencial* de X para distingui-la da entropia ordinária ou *entropia absoluta*. Fazemos isso por reconhecer que, embora $h(X)$ seja uma quantidade matemática útil de se conhecer, ela *não* é de forma alguma uma medida da aleatoriedade de X.

Justificamos o uso da Eq. (10.12) como segue. Começamos vendo a variável aleatória contínua X como a forma limite de uma variável aleatória discreta que assume o valor $x_k = k\delta x$, onde $k = 0, \pm 1, \pm 2, \ldots$, e δx se aproxima de zero. Por definição, a variável aleatória contínua X assume um valor no intervalo $[x_k, x_k + \delta x]$ com probabilidade $f_X(x_k)\delta x$. Assim, permitindo que δx se aproxime de zero, a entropia ordinária da variável aleatória contínua X pode ser escrita no limite como

$$\begin{aligned} H(X) &= -\lim_{\delta x \to 0} \sum_{k=-\infty}^{\infty} f_X(x_k)\delta x \log(f_X(x_k)\delta x) \\ &= -\lim_{\delta x \to 0}\left[\sum_{k=-\infty}^{\infty} f_X(x_k)(\log f_X(x_k))\delta x + \log \delta x \sum_{k=-\infty}^{\infty} f_X(x_k)\delta x\right] \\ &= -\int_{-\infty}^{\infty} f_X(x)\log f_X(x) dx - \lim_{\delta x \to 0}\log \delta x \int_{-\infty}^{\infty} f_X(x) dx \\ &= h(X) - \lim_{\delta x \to 0}\log \delta x \end{aligned} \qquad (10.13)$$

onde na última linha fizemos uso da Eq. (10.12) e do fato de que a área total sob a curva da função de densidade de probabilidade $f_X(x)$ é unitária. No limite quando δx se aproxima de zero, $-\log \delta x$ se aproxima do infinito. Isto significa que a entropia de uma variável aleatória contínua é infinitamente grande. Intuitivamente, esperaríamos que isto fosse verdade porque uma variável aleatória contínua pode assumir um valor qualquer no intervalo $(-\infty, \infty)$ e a incerteza associada com a variável tende ao infinito. Evitamos o problema associado com o termo $\log \delta x$ adotando $h(X)$ como uma entropia diferencial, com o termo $-\log \delta x$ servindo como referência. Além disso, como a informação processada pelo sistema estocástico como uma entidade de interesse é realmente a diferença entre dois termos de entropia que têm uma referência comum, a informação será a mesma que a diferença entre os termos de entropia diferencial correspondentes. Com isso, justificamos perfeitamente o uso do termo $h(X)$, definido na Eq. (10.13), como a entropia diferencial da variável aleatória contínua X.

Quando temos um vetor aleatório contínuo $\mathbf{X}$ consistindo de n variáveis aleatórias $X_1, X_2, \ldots, X_n$, definimos a entropia diferencial de $\mathbf{X}$ como a *integral (n vezes) múltipla*

$$h(\mathbf{X}) = -\int_{-\infty}^{\infty} f_{\mathbf{x}}(\mathbf{x}) \log f_{\mathbf{x}}(\mathbf{x}) d\mathbf{x} \qquad (10.14)$$
$$= -E\left[\log f_{\mathbf{x}}(\mathbf{x})\right]$$

onde $f_\mathbf{X}(\mathbf{x})$ é a função de densidade de probabilidade conjunta de **X**.

Exemplo 10.1   Distribuição Uniforme

Considere uma variável aleatória X uniformemente distribuída dentro do intervalo [0, 1], como mostrado por

$$f_x(x) = \begin{cases} 1 & \text{para } 0 \leq x \leq 1 \\ 0 & \text{caso contrário} \end{cases}$$

Aplicando a Eq. (10.12), constatamos que a entropia diferencial de X é

$$h(X) = -\int_{-\infty}^{\infty} 1 \cdot \log 1 dx$$
$$= -\int_{-\infty}^{\infty} 1 \cdot 0 dx$$
$$= 0$$

Portanto, a entropia de X é zero.

∎

Propriedades da Entropia Diferencial

Da definição de entropia diferencial $h(X)$ dada na Eq. (10.12), vemos facilmente que uma translação não altera o seu valor; isto é,

$$h(X + c) = h(X) \tag{10.15}$$

onde c é uma constante.

Uma outra propriedade útil de $h(X)$ é descrita por

$$h(aX) = h(X) + \log |a| \tag{10.16}$$

onde a é um fator de escalamento. Para provar esta propriedade, primeiro reconhecemos que como a área sob a curva de uma função de densidade de probabilidade é unitária, então

$$f_Y(y) = \frac{1}{|a|} f_Y\left(\frac{y}{a}\right) \tag{10.17}$$

A seguir, usando a fórmula da Eq. (10.12), podemos escrever

$$h(Y) = -E[\log f_Y(y)]$$

$$= -E\left[\log\left(\frac{1}{|a|} f_Y\left(\frac{y}{a}\right)\right)\right]$$

$$= -E\left[\log f_Y\left(\frac{y}{a}\right)\right] + \log|a|$$

Colocando $Y = aX$ nesta relação, obtemos

$$h(aX) = -\int_{-\infty}^{\infty} f_X(x)\log f_X(x)dx + \log|a|$$

da qual segue imediatamente a Eq. (10.16).

A Eq. (10.16) se aplica a uma variável aleatória escalar. Ela pode ser generalizada para o caso de um vetor aleatório **X** multiplicado por uma matriz **A** como segue:

$$h(\mathbf{AX}) = h(\mathbf{X}) + \log|\det(\mathbf{A})| \tag{10.18}$$

onde $\det(\mathbf{A})$ é o determinante da matriz **A**.

10.3 O PRINCÍPIO DA MÁXIMA ENTROPIA

Suponha que nos seja dado um sistema estocástico com um conjunto de estados conhecidos mas com probabilidades desconhecidas, e que de alguma forma conheçamos algumas *restrições* sobre a distribuição de probabilidade dos estados. As restrições podem ser certos valores médios de ensemble ou limites destes valores. O problema é escolher um modelo probabilístico que seja ótimo em algum sentido, dado este *conhecimento prévio* sobre o modelo. Normalmente constatamos que há um número infinito de modelos possíveis que satisfazem as restrições. Qual o modelo que devemos escolher?

A resposta a esta questão fundamental se encontra no princípio da *máxima entropia* (Max Ent)[5] de Jaynes (1957). O princípio Max Ent pode ser formulado como segue (Jaynes, 1957, 1982):

> Quando uma inferência é feita com base em informação incompleta, ela deve ser retirada da distribuição de probabilidade que maximiza a entropia, sujeita a restrições sobre a distribuição.

Na verdade, a noção de entropia define um tipo de medida sobre o espaço de distribuições de probabilidade, tal que aquelas distribuições com alta entropia são favorecidas em relação a outras.

Desta afirmação, é evidente que o problema Max Ent é um problema de otimização restrito. Para ilustrar o procedimento para resolver tal problema, considere a maximização da entropia diferencial

$$h(X) = -\int_{-\infty}^{\infty} f_X(x)\log f_X(x)dx$$

sobre todas as funções de densidade de probabilidade de uma variável aleatória X, sujeita às seguintes restrições:

1. $f_X(x) \geq 0$, com a igualdade fora do suporte de x.

2. $\int_{-\infty}^{\infty} f_X(x)dx = 1$.

3. $\int_{-\infty}^{\infty} f_X(x)g_i(x)dx = \alpha_i$ para $i = 1, 2, ..., m$

onde $g_i(x)$ é uma função de x. As restrições 1 e 2 simplesmente descrevem duas propriedades fundamentais de uma função de densidade de probabilidade. A restrição 3 define os momentos de X dependendo de como a função $g_i(x)$ é formulada. Na verdade, a restrição 3 resume o conhecimento prévio disponível sobre a variável aleatória X. Para resolver este problema de otimização restrito, usamos o *método dos multiplicadores de Lagrange*[6] formulando inicialmente a função objetivo

$$J(f) = \int_{-\infty}^{\infty} \left[-f_X(x) \log f_X(x) + \lambda_0 f_X(x) + \sum_{i=1}^{m} \lambda_i g_i(x) f_X(x) \right] dx \qquad (10.19)$$

onde $\lambda_0, \lambda_1, ..., \lambda_m$ são os *multiplicadores de Lagrange*. Diferenciando o integrando em relação a $f_X(x)$ e então igualando o resultado a zero, obtemos

$$-1 - \log f_X(x) + \lambda_0 + \sum_{i=1}^{m} \lambda_i g_i(x) = 0$$

Resolvendo esta equação para o $f_X(x)$ desconhecido, obtemos

$$f_X(x) = \exp\left(-1 + \lambda_0 + \sum_{i=1}^{m} \lambda_i g_i(x)\right) \qquad (10.20)$$

Os multiplicadores de Lagrange na Eq. (10.20) são escolhidos de acordo com as restrições 2 e 3. A Equação (10.20) define a máxima distribuição de entropia para este problema.

Exemplo 10.2 Distribuição Gaussiana Unidimensional

Suponha que o conhecimento prévio disponível para nós, consista da média μ e da variância σ^2 de uma variável aleatória X. Por definição, temos

$$\int_{-\infty}^{\infty} (x - \mu)^2 f_X(x) dx = \sigma_2 = \text{constante}$$

Comparando esta equação com a restrição 3, vemos facilmente que

$$g_1(x) = (x - \mu)^2$$
$$\alpha_1 = \sigma^2$$

Assim, o uso da Eq. (10.20) produz

$$f_X(x) = \exp\left[-1 + \lambda_0 + \lambda_1(x - \mu)^2\right]$$

Note que λ_1 deve ser negativo para que as integrais de $f_X(x)$ e $(x-\sigma)^2 f_X(x)$ em relação a x convirjam. Substituindo esta equação nas restrições de igualdade 2 e 3 e então resolvendo para λ_0 e λ_1, obtemos

$$\lambda_0 = 1 - \log(2\pi\sigma^2)$$

e

$$\lambda_1 = -\frac{1}{2\sigma^2}$$

A forma desejada para $f_X(x)$ é, portanto, descrita por

$$f_X(x) = \frac{1}{\sqrt{2\pi}\sigma} \exp\left(-\frac{(x-\mu)^2}{2\sigma^2}\right) \tag{10.21}$$

que é reconhecida como a densidade de probabilidade de uma *variável aleatória gaussiana X de média* μ *e variância* σ^2. O valor máximo da entropia diferencial de uma variável aleatória assim é dado por

$$h(X) = \frac{1}{2}\left[1 + \log(2\pi\sigma^2)\right] \tag{10.22}$$

Podemos resumir os resultados deste exemplo como segue:

1. *Para uma determinada variância* σ^2, *a variável aleatória gaussiana tem a maior entropia diferencial alcançável por uma variável aleatória*. Isto é, se X é uma variável aleatória gaussiana e Y é qualquer outra variável aleatória com a mesma média e variância, então para todo Y

$$h(X) \geq h(Y)$$

   valendo a igualdade apenas se X e Y forem iguais.
2. *A entropia de uma variável aleatória gaussiana X é unicamente determinada pela variância de X* (i.e., é independente da média de X).

■

Exemplo 10.3 Distribuição Gaussiana Multidimensional

Neste segundo exemplo, desejamos utilizar os resultados do Exemplo 10.2 para calcular a entropia diferencial de uma *distribuição gaussiana multidimensional*. Como a entropia de uma variável aleatória gaussiana X é independente da média de X, podemos simplificar a discussão neste exemplo considerando um vetor m-dimensional $\mathbf{X}$ de média zero. Considere que as estatísticas de segunda ordem de $\mathbf{X}$ sejam descritas pela matriz de covariância $\mathbf{\Sigma}$ definida como o valor esperado do produto externo de $\mathbf{X}$ com ele mesmo. A função de densidade de probabilidade conjunta do vetor aleatório $\mathbf{X}$ é dada por (Wilks, 1962)

$$f_{\mathbf{x}}(\mathbf{x}) = \frac{1}{(2\pi)^{m/2}(\det(\mathbf{\Sigma}))^{1/2}} \exp\left(-\frac{1}{2}\mathbf{x}^T\mathbf{\Sigma}^{-1}\mathbf{x}\right) \tag{10.23}$$

onde $\det(\mathbf{\Sigma})$ é o determinante de $\mathbf{\Sigma}$. A Equação (10.14) define a entropia diferencial de $\mathbf{X}$. Portanto, substituindo a Eq. (10.23) em (10.14), obtemos o resultado

$$h(\mathbf{X}) = \frac{1}{2}\left[m + m\log(2\pi) + \log|\det(\mathbf{\Sigma})|\right] \qquad (10.24)$$

que inclui a Eq. (10.22) como um caso especial. Com base no princípio Max Ent, podemos assim afirmar que, para uma dada matriz de covariância $\mathbf{\Sigma}$, a distribuição gaussiana multivariada da Eq. (10.23) tem a maior entropia diferencial alcançável por um vetor aleatório de média zero, e que a máxima entropia diferencial é definida pela Eq. (10.24).

■

10.4 INFORMAÇÃO MÚTUA

No projeto de um sistema auto-organizável, o objetivo principal é desenvolver um algoritmo que seja capaz de aprender uma relação de entrada-saída de interesse com base apenas nos padrões de entrada. Neste contexto, a noção de informação mútua é de profunda importância por causa de algumas propriedades muito desejáveis. Para preparar o cenário para a discussão, considere um sistema estocástico com entrada X e saída Y. Permite-se que tanto X como Y assumam apenas valores *discretos*, representados por x e y, respectivamente. A entropia $H(X)$ é uma medida da incerteza *a priori* sobre X. Como podemos medir a incerteza sobre X após observarmos Y? Para responder a esta questão, definimos a *entropia condicional* de X dado Y como segue (Gray, 1990; Cover e Thomas, 1991):

$$H(X|Y) = H(X,Y) - H(Y) \qquad (10.25)$$

com a propriedade que

$$0 \leq H(X|Y) \leq H(X) \qquad (10.26)$$

A entropia condicional $H(X|Y)$ representa a *quantidade de incerteza restante sobre a entrada X do sistema após a saída Y do sistema ter sido observada*. A outra quantidade $H(X,Y)$ na Eq. (10.25) é a *entropia conjunta* de X e Y, que é definida por

$$H(X,Y) = -\sum_{x \in \mathcal{X}} \sum_{y \in \mathcal{Y}} p(x,y) \log p(x,y)$$

onde $p(x, y)$ é a *função de massa da probabilidade conjunta* das variáveis aleatórias discretas X e Y, e $\mathcal{X}$ e $\mathcal{Y}$ são os seus respectivos alfabetos.

Como a entropia $H(X)$ representa a nossa incerteza sobre a entrada do sistema *antes* de observarmos a saída do sistema e a entropia condicional $H(X|Y)$ representa a nossa incerteza sobre a entrada do sistema *após* observarmos a saída do sistema, a diferença $H(X) - H(X|Y)$ deve representar a nossa incerteza sobre a entrada do sistema que é resolvida pela observação da saída do sistema. Esta quantidade é chamada de *informação mútua* entre as variáveis aleatórias X e Y. Representando-a por $I(X;Y)$, podemos então escrever[7]

$$I(X;Y) = H(X) - H(X|Y)$$
$$= \sum_{x \in \mathcal{X}} \sum_{y \in \mathcal{Y}} p(x,y) \log\left(\frac{p(x,y)}{p(x)p(y)}\right) \qquad (10.27)$$

A entropia é um caso especial de informação mútua, pois temos que

$$H(X) = I(X; X)$$

A informação mútua $I(X;Y)$ entre duas variáveis aleatórias discretas X e Y tem as seguintes propriedades (Cover e Thomas, 1991; Gray, 1990).

1. *A informação mútua entre X e Y é simétrica*; isto é,

$$I(Y; X) = I(X; Y)$$

onde a informação mútua $I(Y;X)$ é uma medida da incerteza sobre a saída Y do sistema que é resolvida observando-se a entrada X do sistema, e a informação mútua $I(X;Y)$ é uma medida da incerteza sobre a entrada do sistema que é resolvida observando-se a saída do sistema.

2. *A informação mútua entre X e Y é sempre não-negativa*; isto é,

$$I(X; Y) \geq 0$$

Na verdade, esta propriedade afirma que não podemos perder informação, em média, observando a saída do sistema Y. Além disso, a informação mútua é zero se e somente se a entrada e a saída do sistema forem estatisticamente independentes.

3. *A informação mútua entre X e Y pode ser expressa em termos da entropia de Y como*

$$I(X; Y) = H(Y) - H(Y|X) \qquad (10.28)$$

onde $H(Y|X)$ é uma *entropia condicional*. O lado direito da Eq. (10.28) é a média de ensemble da informação transmitida pela saída Y do sistema, menos a média de ensemble da informação transmitida por Y dado que já conhecemos a entrada X do sistema. Esta última quantidade, $H(Y|X)$, transmite informação sobre o ruído do processamento, em vez de informação sobre a entrada X do sistema.

A Figura 10.1 fornece uma interpretação visual das Eqs. (10.27) e (10.28). A entropia da entrada X do sistema X é representada pelo círculo da esquerda. A entropia da saída Y é representada pelo círculo da direita. A informação mútua entre X e Y é representada pela área superposta entre estes dois círculos.

Informação Mútua para Variáveis Aleatórias Contínuas

Considere a seguir um par de variáveis aleatórias contínuas X e Y. Por analogia com a Eq. (10.27), definimos a *informação mútua* entre as variáveis aleatórias X e Y como

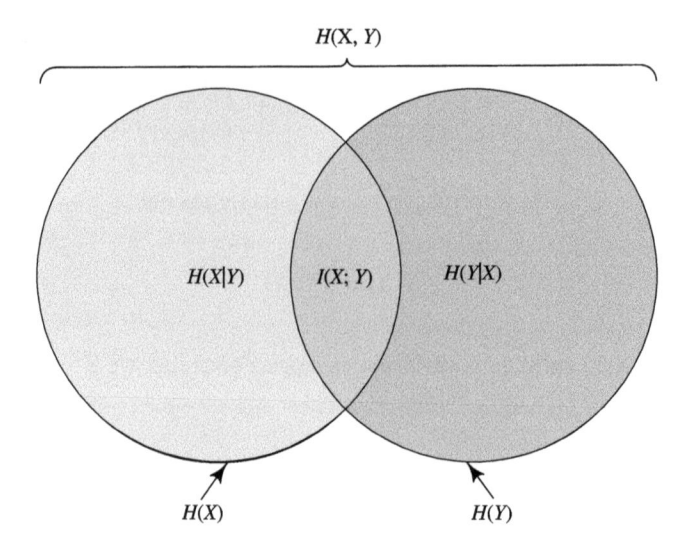

FIGURA 10.1 Ilustração das relações entre a informação mútua $I(X;Y)$ e as entropias $H(X)$ e $H(Y)$

$$I(X;Y) = \int_{-\infty}^{\infty}\int_{-\infty}^{\infty} f_{X,Y}(x,y)\log\left(\frac{f_X(x|y)}{f_X(x)}\right)dx\,dy \qquad (10.29)$$

onde $f_{X,Y}(x,y)$ é a função de densidade de probabilidade conjunta de X e Y, e $f_X(x|y)$ é a função de densidade de probabilidade condicional de X, dado $Y = y$. Note que

$$f_{X,Y}(x,y) = f_X(x|y)f_Y(y)$$

e assim podemos também escrever

$$I(X;Y) = \int_{-\infty}^{\infty}\int_{-\infty}^{\infty} f_{X,Y}(x,y)\log\left(\frac{f_{X,Y}(x,y)}{f_X(x)f_Y(y)}\right)dx\,dy$$

Além disso, por analogia com a nossa discussão anterior sobre variáveis aleatórias discretas, a informação mútua $I(X;Y)$ entre as variáveis aleatórias contínuas X e Y tem as seguintes propriedades:

$$\begin{aligned}I(X;Y) &= h(X) - h(X|Y)\\ &= h(Y) - h(Y|X)\\ &= h(X) + h(Y) - h(X,Y)\end{aligned} \qquad (10.30)$$

$$I(Y;X) = I(X;Y) \qquad (10.31)$$

$$I(X;Y) \geq 0 \qquad (10.32)$$

O parâmetro $h(X)$ é a entropia diferencial de X; da mesma forma para $h(Y)$. O parâmetro $h(X|Y)$ é a *entropia diferencial condicional* de X dado Y; é definida pela integral dupla

$$h(X|Y) = -\int_{-\infty}^{\infty}\int_{-\infty}^{\infty} f_{X,Y}(x,y)\log f_X(x|y)\,dx\,dy \tag{10.33}$$

O parâmetro $h(Y|X)$ é a entropia diferencial condicional de Y dado X. É definida de uma maneira similar a $h(X|Y)$. O parâmetro $h(X,Y)$ é a entropia diferencial conjunta de X e Y.

Note que a Eq. (10.32) é satisfeita com o sinal de igualdade somente quando as variáveis aleatórias X e Y forem *estatisticamente independentes*. Quando esta condição é satisfeita, a função de densidade de probabilidade conjunta de X e Y pode ser fatorada como

$$f_{X,Y}(x, y) = f_X(x)f_Y(y) \tag{10.34}$$

onde $f_X(x)$ e $f_Y(y)$ são as funções de densidade de probabilidade marginais de X e Y, respectivamente. Equivalentemente, podemos escrever

$$f_X(x|y) = f_X(x)$$

que afirma que o conhecimento sobre o resultado de Y não pode afetar a distribuição de X. Aplicando esta condição à Eq. (10.29), a informação mútua $I(X; Y)$ entre X e Y se reduz a zero.

A definição da informação mútua $I(X; Y)$ dada na Eq. (10.29) se aplica a variáveis aleatórias escalares X e Y. Esta definição pode ser facilmente estendida para vetores aleatórios $\mathbf{X}$ e $\mathbf{Y}$, e podemos assim escrever $I(\mathbf{X}; \mathbf{Y})$. Especificamente, definimos $I(\mathbf{X}; \mathbf{Y})$ como a integral múltipla:

$$I(\mathbf{X}; \mathbf{Y}) = \int_{-\infty}^{\infty}\int_{-\infty}^{\infty} f_{\mathbf{X},\mathbf{Y}}(\mathbf{x},\mathbf{y})\log\left(\frac{f_\mathbf{X}(\mathbf{x}|\mathbf{y})}{f_\mathbf{X}(\mathbf{x})}\right)d\mathbf{x}\,d\mathbf{y} \tag{10.35}$$

A informação mútua $I(\mathbf{X}; \mathbf{Y})$ tem propriedades que correspondem àquelas dadas nas Eqs. (10.30) a (10.32) para variáveis aleatórias escalares.

10.5 DIVERGÊNCIA DE KULLBACK-LEIBLER

Na Eq. (10.11), definimos a divergência de Kullback-Leibler para variáveis aleatórias discretas. Esta definição pode ser estendida para o caso geral de vetores aleatórios contínuos. Considere que $f_\mathbf{X}(\mathbf{x})$ e $g_\mathbf{X}(\mathbf{x})$ representem duas funções de densidade de probabilidade diferentes de um vetor aleatório m-por-1, $\mathbf{X}$. Considerando-se a Eq. (10.11), podemos então definir a *divergência de Kullback-Leibler* entre $f_\mathbf{X}(\mathbf{x})$ e $g_\mathbf{X}(\mathbf{x})$ como segue (Kullback, 1968; Shore e Johnson, 1980):

$$D_{f_\mathbf{X}\|g_\mathbf{X}} = \int_{-\infty}^{\infty} f_\mathbf{X}(\mathbf{x})\log\left(\frac{f_\mathbf{X}(\mathbf{x})}{g_\mathbf{X}(\mathbf{x})}\right)d\mathbf{x} \tag{10.36}$$

A divergência de Kullback-Leibler tem algumas propriedades únicas:

1. Tem sempre um valor positivo ou é zero. Para o caso especial quando $f_X(x) = g_X(x)$, temos um perfeito casamento entre as duas distribuições, e $D_{f\|g}$ é exatamente zero.
2. É invariante em relação às seguintes variações nas componentes do vetor **x**:
   - Permutação da ordem na qual as componentes estão arranjadas.
   - Escalamento de amplitude.
   - Transformação não-linear monótona.

A informação mútua $I(X; Y)$ entre o par de vetores **X** e **Y** tem uma interessante interpretação em termos da divergência de Kullback-Leibler. Primeiro, notamos que

$$f_{X,Y}(x,y) = f_Y(y|x) f_X(x) \tag{10.37}$$

Com isso, podemos rescrever a Eq. (10.35) na forma equivalente

$$I(X;Y) = \int_{-\infty}^{\infty} \int_{-\infty}^{\infty} f_{X,Y}(x,y) \log\left(\frac{f_{X,Y}(x,y)}{f_X(x) f_Y(y)} \right) dx\, dy$$

Comparando esta fórmula com aquela da Eq. (10.36), deduzimos imediatamente o seguinte resultado:

$$I(X;Y) D_{f_{X,Y} \| f_X f_Y} \tag{10.38}$$

Em outras palavras, a informação mútua $I(X; Y)$ entre **X** e **Y** é igual à divergência de Kullback-Leibler entre a função de densidade de probabilidade conjunta $f_{X,Y}(x,y)$ e o produto das funções de densidade de probabilidade $f_X(x)$ e $f_Y(y)$.

Um caso especial deste último resultado é a divergência de Kullback-Leibler entre a função de densidade de probabilidade $f_X(x)$ de um vetor aleatório m-por-1 **X** e o produto de suas m funções de densidade de probabilidade marginais. Considere que $\tilde{f}_{X_i}(x_i)$ represente a i-ésima função de densidade de probabilidade marginal do elemento X_i, que é definida por

$$\tilde{f}_{X_i}(x_i) = \int_{-\infty}^{\infty} f_X(x) dx^{(i)}, \quad i = 1, 2, \ldots, m \tag{10.39}$$

onde $x^{(i)}$ é o vetor $(m-1)$-por-1 que resulta após a remoção do i-ésimo elemento do vetor **x**. A divergência de Kullback-Leibler entre $f_X(x)$ e a *distribuição fatorial* $\prod_i \tilde{f}_{X_i}(x_i)$ é dada por

$$D_{f_X \| \tilde{f}_X} = \int_{-\infty}^{\infty} f_X(x) \log\left(\frac{f_X(x)}{\prod_{i=1}^{m} \tilde{f}_{X_i}(x_i)} \right) dx \tag{10.40}$$

que pode também ser escrita na forma expandida

$$D_{f_{\mathbf{X}}\|\tilde{f}_{\mathbf{X}}} = \int_{-\infty}^{\infty} f_{\mathbf{X}}(\mathbf{x})\log f_{\mathbf{X}}(\mathbf{x})d\mathbf{x} - \sum_{i=1}^{m}\int_{-\infty}^{\infty} f_{\mathbf{X}}(\mathbf{x})\log \tilde{f}_{X_i}(x_i)d\mathbf{x} \qquad (10.41)$$

A primeira integral no lado direito da Eq. (10.41) é, por definição, igual a $-h(\mathbf{X})$, onde $h(\mathbf{X})$ é a entropia diferencial de $\mathbf{X}$. Para tratar do segundo termo, primeiro notamos que

$$d\mathbf{x} = d\mathbf{x}^{(i)}dx_i$$

Assim, podemos escrever

$$\int_{-\infty}^{\infty} f_{\mathbf{X}}(\mathbf{x})\log \tilde{f}_{X_i}(\mathbf{x}_i)d\mathbf{x} = \int_{-\infty}^{\infty} \log \tilde{f}_{X_i}(\mathbf{x}_i)\int_{-\infty}^{\infty} f_{\mathbf{X}}(\mathbf{x})d\mathbf{x}^{(i)}dx_i \qquad (10.42)$$

onde a integral interna no lado direito é em relação ao vetor $(m-1)$-por-1 $\mathbf{x}^{(i)}$ e a integral externa é em relação ao escalar x_i. Mas da Eq. (10.39) vemos que a integral interna é na verdade igual à função de densidade de probabilidade marginal $\tilde{f}_{X_i}(x_i)$. Conseqüentemente, podemos rescrever a Eq. (10.42) na forma equivalente

$$\int_{-\infty}^{\infty} f_{\mathbf{X}}(\mathbf{x})\log \tilde{f}_{X_i}(\mathbf{x}_i)d\mathbf{x} = \int_{-\infty}^{\infty} \tilde{f}_{X_i}(\mathbf{x}_i)\log \tilde{f}_{X_i}(\mathbf{x}_i)dx_i$$
$$= -\tilde{h}(X_i), \quad i=1,2,...,m \qquad (10.43)$$

onde $\tilde{h}(X_i)$ é a i-ésima *entropia marginal* (i.e., a entropia diferencial baseada na função de densidade de probabilidade marginal $\tilde{f}_{X_i}(x_i)$). Finalmente, usando a Eq. (10.43) em (10.41) e notando que a primeira integral na Eq. (10.41) é igual a $-h(\mathbf{X})$, podemos simplificar a divergência de Kullback-Leibler da Eq. (10.41) para

$$D_{f_{\mathbf{X}}\|\tilde{f}_{\mathbf{X}}} = -h(\mathbf{X}) + \sum_{i=1}^{m}\tilde{h}(X_i) \qquad (10.44)$$

Esta fórmula será particularmente útil no nosso estudo sobre o problema da separação cega de fontes mais adiante neste capítulo.

Decomposição por Pitágoras

Considere a seguir a divergência de Kullback-Leibler entre as funções densidade de probabilidade $f_{\mathbf{X}}(\mathbf{x})$ e $f_{\mathbf{U}}(\mathbf{x})$. O vetor aleatório m-por-1 $\mathbf{U}$ consiste de variáveis independentes, como mostrado por

$$f_{\mathbf{U}}(\mathbf{x}) = \prod_{i=1}^{m} f_{U_i}(x_i)$$

e o vetor aleatório m-por-1 $\mathbf{X}$ é definido em termos de $\mathbf{U}$ por

$$\mathbf{X} = \mathbf{A}\mathbf{U}$$

onde $\mathbf{A}$ é uma matriz não-diagonal. Considere que $\tilde{f}_{X_i}(x_i)$ represente a função de densidade de probabilidade marginal de cada X_i que é derivada de $f_\mathbf{X}(\mathbf{x})$. Então, a divergência de Kullback-Leibler entre $f_\mathbf{X}(\mathbf{x})$ e $f_\mathbf{U}(\mathbf{x})$ admite a seguinte *decomposição por Pitágoras*:

$$D_{f_\mathbf{X}\|f_\mathbf{U}} = D_{f_\mathbf{X}\|\tilde{f}_\mathbf{X}} + D_{\tilde{f}_\mathbf{X}\|f_\mathbf{U}} \tag{10.45}$$

Referimo-nos a esta clássica relação como uma decomposição por Pitágoras porque ela tem uma interpretação geométrica sobre a informação (Amari, 1985). Na nota 8 é apresentada uma prova desta decomposição.

10.6 INFORMAÇÃO MÚTUA COMO UMA FUNÇÃO OBJETIVO A SER OTIMIZADA

Agora que desenvolvemos uma compreensão adequada sobre a teoria da informação de Shannon, estamos prontos para discutir o seu papel no estudo de sistemas auto-organizáveis.

Para prosseguirmos com a discussão, considere um sistema neural com múltiplas entradas e saídas. O objetivo principal aqui é que o sistema seja auto-organizável, projetado para uma tarefa específica (p.ex., modelagem, extração de características estatisticamente salientes ou separação de sinais). Este objetivo pode ser satisfeito escolhendo-se a informação mútua entre certas variáveis do sistema como a *função objetivo* a ser otimizada. Esta escolha particular é justificável pelas seguintes considerações:

- A informação mútua tem algumas propriedades únicas como discutido na Seção 10.4.
- Ela pode ser determinada sem a necessidade de um professor, de modo que são naturalmente dadas condições para auto-organização.

Com isso, o problema recai em ajustar os parâmetros livres (i.e., pesos sinápticos) do sistema de modo a otimizar a informação mútua.

Dependendo da aplicação de interesse, podemos identificar quatro diferentes cenários como ilustrado na Fig. 10.2, que podem surgir na prática. Estes cenários são descritos como segue:

- No cenário 1 representado na Fig. 10.2a, o vetor de entrada $\mathbf{X}$ é composto pelos elementos $X_1, X_2, ..., X_m$, e o vetor de saída $\mathbf{Y}$ é composto pelos elementos $Y_1, Y_2, ..., Y_l$. O objetivo é *maximizar a informação transmitida para a saída $\mathbf{Y}$ do sistema sobre a entrada $\mathbf{X}$ do sistema*.
- No cenário 2 representado na Fig. 10.2b, um par de vetores de entrada $\mathbf{X}_a$ e $\mathbf{X}_b$ é derivado de regiões adjacentes, mas não-superpostas da imagem. As entradas $\mathbf{X}_a$ e $\mathbf{X}_b$ produzem saídas escalares Y_a e Y_b, respectivamente. O objetivo é *maximizar a informação transmitida para Y_a sobre Y_b e vice-versa*.

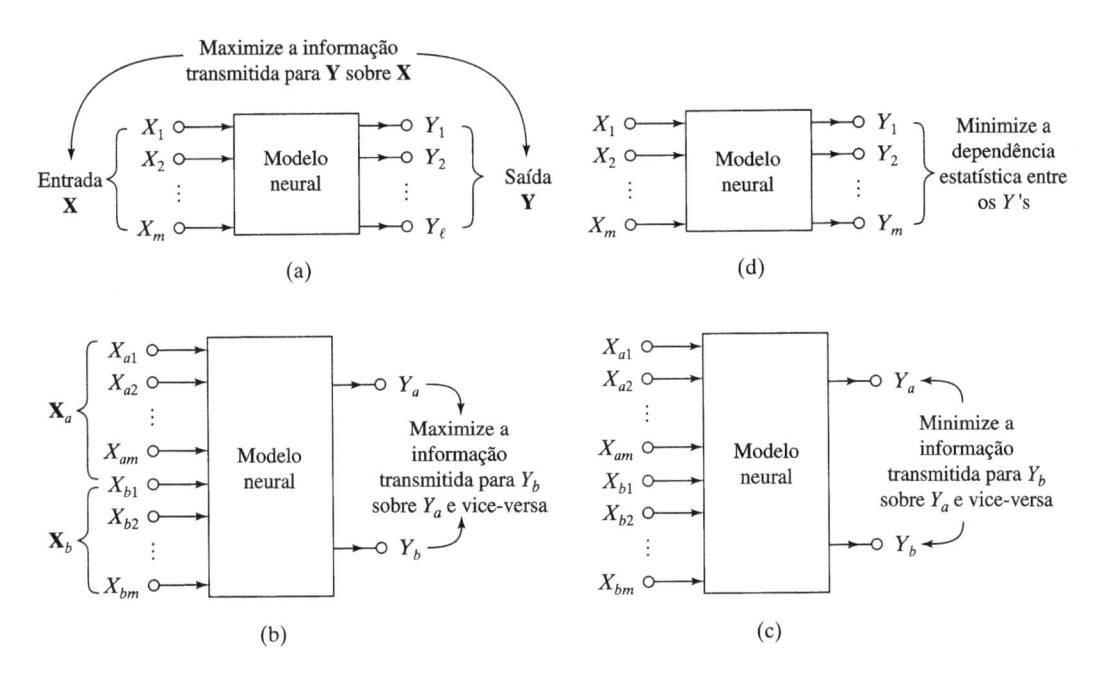

FIGURA 10.2 Quatro cenários básicos que se prestam à aplicação do Infomax e de suas três variantes

- No cenário 3 representado na Fig. 10.2c, os vetores de entrada $\mathbf{X}_a$ e $\mathbf{X}_b$ são derivados de um par de regiões correspondentes pertencentes a duas imagens separadas. As saídas produzidas por estes dois vetores de entrada são representadas por Y_a e Y_b, respectivamente. O objetivo é *minimizar a informação transmitida para Y_a sobre Y_b*.
- No cenário 4 representado na Fig. 10.2d, o vetor de entrada $\mathbf{X}$ e o vetor de saída $\mathbf{Y}$ são definidos de uma forma similar àqueles da Fig. 10.2a, mas com igual dimensionalidade (i.e., $l = m$). O objetivo aqui é *minimizar a dependência estatística entre as componentes do vetor de saída $\mathbf{Y}$*.

Em todas estas situações, a informação mútua desempenha um papel central. Entretanto, o modo como é formulada depende da situação particular que está sendo considerada. No restante do capítulo, serão discutidas as questões envolvidas nestes cenários e suas implicações práticas, na mesma ordem em que foram aqui apresentadas.

10.7 PRINCÍPIO DA MÁXIMA INFORMAÇÃO MÚTUA

A idéia de projetar um processador neural para maximizar a informação mútua $I(\mathbf{Y}; \mathbf{X})$ é atraente como base para o processamento estatístico de sinal. Este método de otimização está incorporado no *princípio da máxima informação mútua (Infomax)* de Linsker (1987, 1988a, 1989a), que pode ser formulado formalmente como segue:

> A transformação de um vetor aleatório $\mathbf{X}$ observado na camada de entrada de um sistema neural em um vetor aleatório $\mathbf{Y}$ produzido na camada de saída do sistema deve ser escolhida de modo que as atividades dos neurônios na camada de saída maximizem de forma conjunta a informação sobre as atividades na camada de entrada. A função objetivo a ser maximizada é a informação mútua $I(\mathbf{Y}; \mathbf{X})$ entre os vetores $\mathbf{X}$ e $\mathbf{Y}$.

O princípio Infomax provê uma estrutura matemática para a auto-organização do sistema de transmissão de sinais descrito na Fig. 10.2a que é independente da regra usada para sua implementação. Este princípio também pode ser visto como a contrapartida de rede neural para o conceito de *capacidade do canal*, que define o limite de Shannon da taxa de transmissão de informação através de um canal de comunicação.

A seguir, ilustramos a aplicação do princípio Infomax com dois exemplos envolvendo um único neurônio ruidoso. Em um dos exemplos, o ruído aparece na saída, e no outro exemplo aparece na entrada.

Exemplo 10.4 Um Único Neurônio Corrompido por Ruído de Processamento

Considere o caso simples de um neurônio linear que recebe suas entradas de um conjunto de m nós de fonte. Considere que a saída deste neurônio na presença de *ruído de processamento* seja expressa como

$$Y = \left(\sum_{i=1}^{m} w_i X_i \right) + N \qquad (10.46)$$

onde w_i é o i-ésimo peso sináptico e N é o ruído de processamento, como modelado na Fig. 10.3. Assumimos que:

- A saída Y do neurônio é uma variável aleatória gaussiana com variância σ_Y^2.
- O ruído de processamento N é também uma variável aleatória gaussiana com média zero e variância σ_N^2.
- O ruído de processamento não é correlacionado com qualquer uma das componentes de entrada. Isto é,

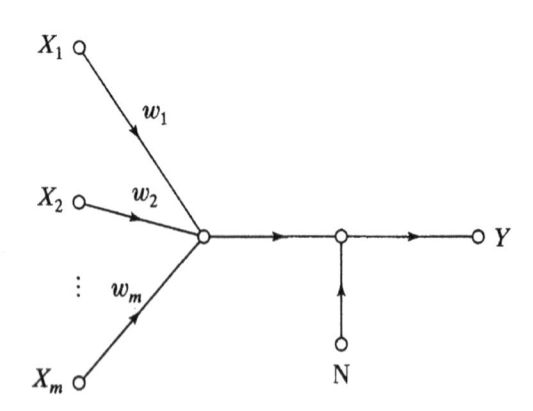

FIGURA 10.3 Grafo de fluxo de sinal de um neurônio ruidoso

$$E[NX_i] = 0 \qquad \text{para todo } i$$

A forma gaussiana da saída Y pode ser satisfeita de duas formas. Todas as entradas $X_1, X_2,...,X_m$ têm distribuição gaussiana. Então, assumindo-se que o ruído aditivo N seja também gaussiano, garante-se que Y é gaussiana em virtude de ser a soma ponderada de um número de variáveis aleatórias com distribuição gaussiana. Alternativamente, as entradas $X_1, X_2,...,X_m$ são idêntica e independentemente distribuídas; neste caso, a distribuição de sua soma ponderada se aproxima de uma distribuição gaussiana para m grande pelo teorema do limite central.

Para prosseguirmos com a análise, notamos primeiro da segunda linha da Eq. (10.30) que a informação mútua $I(Y; \mathbf{X})$ entre a saída Y do neurônio e o vetor de entrada $\mathbf{X}$ é

$$I(Y; \mathbf{X}) = h(Y) - h(Y|\mathbf{X}) \tag{10.47}$$

Em vista da Eq. (10.46), notamos que a função de densidade de probabilidade de Y, dado o vetor de entrada $\mathbf{X}$, é a mesma que a função de densidade de probabilidade de uma constante mais uma variável aleatória com distribuição gaussiana. Conseqüentemente, a entropia condicional $h(Y|\mathbf{X})$ é a "informação" que o neurônio de saída transmite acerca do ruído de processamento N e não do vetor de sinal $\mathbf{X}$. Podemos assim fazer

$$h(Y|\mathbf{X}) = h(\mathrm{N})$$

e, portanto, rescrever a Eq. (10.47) simplesmente como

$$I(Y; \mathbf{X}) = h(Y) - h(\mathrm{N}) \tag{10.48}$$

Aplicando a Eq. (10.22) para a entropia diferencial de uma variável aleatória gaussiana ao problema em considerado, obtemos

$$h(Y) = \frac{1}{2}\left[1 + \log(2\pi\sigma_Y^2)\right] \tag{10.49}$$

e

$$h(\mathrm{N}) = \frac{1}{2}\left[1 + \log(2\pi\sigma_\mathrm{N}^2)\right] \tag{10.50}$$

Após simplificação, o uso das Eqs. (10.49) e (10.50) em (10.48) produz

$$I(Y; \mathbf{X}) = \frac{1}{2}\log\left(\frac{\sigma_Y^2}{\sigma_\mathrm{N}^2}\right) \tag{10.51}$$

onde σ_Y^2 depende de σ_N^2.

A razão $\sigma_Y^2/\sigma_\mathrm{N}^2$ pode ser vista como uma *relação sinal-ruído*. Impondo a restrição que a variância do ruído σ_N^2 é fixa, vemos da Eq. (10.51) que a informação mútua $I(Y;\mathbf{X})$ é maximizada pela maximização da variância σ_Y^2 da saída Y do neurônio. Podemos, portanto, afirmar que sob certas condições, maximizando-se a variância de saída de um neurônio, maximiza-se a informação mútua entre o sinal de saída daquele neurônio e as suas entradas (Linsker, 1988a). ∎

Exemplo 10.5 Um Único Neurônio Corrompido por Ruído na Entrada Aditivo

Suponha que o ruído corrompendo o comportamento de um neurônio linear se origine nos terminais de entrada das sinapses como mostrado no modelo da Fig. 10.4. De acordo com este segundo modelo de ruído, temos

$$Y = \sum_{i=1}^{m} w_i(X_i + N_i) \qquad (10.52)$$

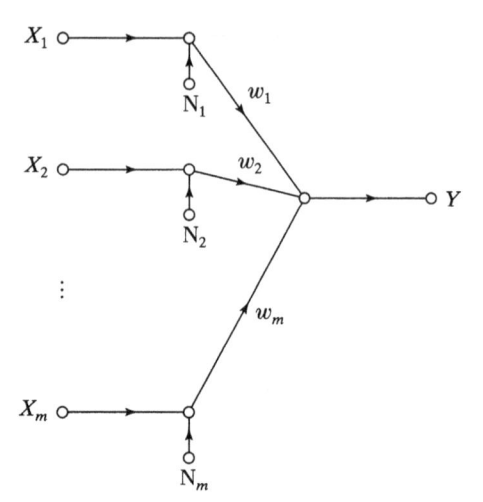

FIGURA 10.4 Um outro modelo de ruído

onde se assume que cada ruído N_i seja uma variável aleatória gaussiana independente com média zero e variância σ_N^2. Podemos rescrever a Eq. (10.52) em uma forma similar àquela da Eq. (10.46), como mostrado por

$$Y = \left(\sum_{i=1}^{m} w_i X_i\right) + N'$$

onde N' é uma componente de ruído composto, definida por

$$N' = \sum_{i=1}^{m} w_i N_i$$

O ruído N' tem uma distribuição gaussiana com média zero e uma variância igual à soma das variâncias de suas componentes de ruído independentes; isto é,

$$\sigma_{N'}^2 = \sum_{i=1}^{m} w_i^2 \sigma_N^2$$

Como anteriormente, assumimos que a saída Y do neurônio tem uma distribuição gaussiana com variância σ_Y^2. A informação mútua $I(Y; \mathbf{X})$ entre Y e $\mathbf{X}$ é ainda dada pela Eq. (10.47). Desta vez, entretanto, a entropia condicional $h(Y|\mathbf{X})$ é definida por

$$h(Y|\mathbf{X}) = h(N')$$
$$= \frac{1}{2}(1 + 2\pi\sigma_{N'}^2)$$
$$= \frac{1}{2}\left[1 + 2\pi\sigma_N^2 \sum_{i=1}^{m} w_i^2\right] \quad (10.53)$$

Assim, usando as Eqs. (10.49) e (10.53) em (10.47) e então simplificando os termos, obtemos (Linsker, 1988a)

$$I(Y;\mathbf{X}) = \frac{1}{2}\log\left(\frac{\sigma_Y^2}{\sigma_N^2 \sum_{i=1}^{m} w_i^2}\right) \quad (10.54)$$

Com a restrição que a variância do ruído σ_N^2 seja mantida constante, a informação mútua $I(Y; \mathbf{X})$ é agora maximizada pela maximização da relação $\sigma_Y^2 / \sum_{i=1}^{m} w_i^2$, onde σ_Y^2 é uma função de w_i.

■

O que podemos deduzir dos Exemplos 10.4 e 10.5? Primeiro, vemos do material apresentado nestes dois exemplos que o resultado de aplicarmos o princípio Infomax depende do problema. A equivalência entre maximizar a informação mútua $I(Y; \mathbf{X})$ e a variância de saída que se aplica ao modelo da Fig. 10.3, para uma variância de ruído predeterminada σ_N^2, não se aplica ao modelo da Fig. 10.4. Apenas quando impomos a restrição $\sum_i w_i^2 = 1$ ao modelo da Fig. 10.4 que ambos os modelos se comportam de maneira similar.

Em geral, a determinação da informação mútua $I(\mathbf{Y};\mathbf{X})$ entre o vetor de entrada $\mathbf{X}$ e o vetor de saída $\mathbf{Y}$ é uma tarefa difícil. Nos Exemplos 10.4 e 10.5, tornamos a análise matemática tratável assumindo que as distribuições de ruído em um sistema com uma ou mais fontes de ruído são *gaussianas multivariadas*. Esta suposição precisa ser justificada.

Adotando-se um modelo de ruído gaussiano, estamos essencialmente invocando uma informação mútua "substituta" calculada sob a premissa de que o vetor de saída $\mathbf{Y}$ de um neurônio tem uma distribuição gaussiana multivariada com o mesmo vetor média e a mesma matriz de covariância que a distribuição real. Em Linsker (1993), a divergência de Kullback-Leibler é usada para fornecer uma justificativa fundamentada em princípios para o uso de uma tal informação mútua substituta, sob a condição de que a rede tenha armazenado informação sobre o vetor média e a matriz de covariância do vetor de saída $\mathbf{Y}$, mas não sobre estatísticas de ordem mais alta.

Finalmente, a análise apresentada nos Exemplos 10.4 e 10.5 foi realizada no contexto de um único neurônio. Isto foi feito de propósito com uma idéia específica em mente: para o princípio Infomax ser matematicamente tratável, a otimização deve ser realizada em um nível neuronal local. Este tipo de otimização é consistente com a essência da auto-organização.

Exemplo 10.6

Nos Exemplos 10.4 e 10.5, consideramos neurônios ruidosos. Neste exemplo, consideramos uma rede sem ruído que transforma um vetor aleatório $\mathbf{X}$ de distribuição arbitrária em um novo vetor aleatório $\mathbf{Y}$ de distribuição diferente. Reconhecendo que $I(\mathbf{X}; \mathbf{Y}) = I(\mathbf{Y}; \mathbf{X})$ e estendendo a Eq. (10.28) à situação descrita aqui, podemos expressar a informação mútua entre o vetor de entrada $\mathbf{X}$ e o vetor de saída $\mathbf{Y}$ como segue:

$$I(\mathbf{Y}; \mathbf{X}) = H(\mathbf{Y}) - H(\mathbf{Y}|\mathbf{X})$$

onde $H(\mathbf{Y})$ é a entropia de $\mathbf{Y}$ e $H(\mathbf{Y}|\mathbf{X})$ é a entropia condicional de $\mathbf{Y}$ dado $\mathbf{X}$. Com a suposição de que o mapeamento de $\mathbf{X}$ para $\mathbf{Y}$ é sem ruído, a entropia condicional $H(\mathbf{Y}|\mathbf{X})$ atinge o seu menor valor possível: ela diverge para $-\infty$. Este resultado se deve à natureza diferencial da entropia de uma variável aleatória contínua que foi discutido na Seção 10.2. Entretanto, esta dificuldade não tem conseqüências quando consideramos o *gradiente* da informação mútua $I(\mathbf{Y}; \mathbf{X})$ em relação a uma matriz de peso $\mathbf{W}$ que parametriza a rede de mapeamento. Especificamente, podemos escrever:

$$\frac{\partial I(\mathbf{Y}; \mathbf{X})}{\partial \mathbf{W}} = \frac{\partial H(\mathbf{Y})}{\partial \mathbf{W}} \qquad (10.55)$$

porque a entropia condicional $H(\mathbf{Y}|\mathbf{X})$ é independente de $\mathbf{W}$. A Equação (10.55) mostra que para uma rede de mapeamento sem ruído, maximizar a entropia da saída $\mathbf{Y}$ da rede é equivalente a maximizar a informação mútua entre $\mathbf{Y}$ e a entrada $\mathbf{X}$ da rede, sendo ambas as maximizações realizadas em relação à matriz de pesos $\mathbf{W}$ da rede de mapeamento (Bell e Sejnowski, 1995).

■

10.8 INFOMAX E REDUÇÃO DE REDUNDÂNCIA

Na estrutura de Shannon da teoria da informação, ordem e estrutura representam *redundância*, que diminui a incerteza que é resolvida pelo receptor de informação. Quanto maiores, a ordem e a estrutura que temos no processo associado, menos informação recebemos observando aquele processo. Considere, por exemplo, a seqüência altamente estruturada e redundante de exemplos *aaaaaa*. Recebendo o primeiro exemplo *a*, podemos imediatamente dizer que os restantes cinco exemplos são todos iguais. A informação transmitida por esta seqüência de exemplos é limitada àquela contida em um único exemplo. Em outras palavras, quanto mais redundante for uma seqüência de exemplos, menos conteúdo de informação é recebido do ambiente.

Da definição de informação mútua $I(\mathbf{Y}; \mathbf{X})$, sabemos que é uma medida da incerteza sobre a saída $\mathbf{Y}$ de um sistema que é resolvida observando-se a entrada $\mathbf{X}$ do sistema. O princípio Infomax opera maximizando-se a informação mútua $I(\mathbf{Y}; \mathbf{X})$, resultando que teremos uma maior certeza sobre a saída $\mathbf{Y}$ do sistema observando a entrada $\mathbf{X}$ do sistema. Com base na relação anteriormente mencionada entre informação e redundância, podemos, portanto, dizer que o princípio Infomax leva a uma redução da redundância na saída $\mathbf{Y}$ comparada com aquela na entrada $\mathbf{X}$.

A presença de ruído é um fator que sugere o uso de redundância e do método relacionado de diversidade (Linsker, 1988a). Quando o ruído aditivo no sinal de entrada é alto, podemos usar a redundância para combater os efeitos degradantes do ruído. Em um ambiente assim, mais componentes (correlacionadas) do sinal de entrada são combinadas pelo processador para fornecer uma representação precisa da entrada. Além disso, quando o ruído de saída (i.e., ruído do processador) é alto, mais componentes de saída são direcionadas pelo processador para fornecer informação redundante. Com isso, o número de propriedades independentes observadas na saída do processador é reduzido, mas a precisão da representação de cada propriedade é aumentada. Podemos assim afirmar que *um alto nível de ruído favorece a redundância da representação*. Entretanto, quando o *nível de ruído é baixo, a diversidade da representação é favorecida* em detrimento da redundância. Por diversidade entendemos duas ou mais saídas com diferentes propriedades sendo produzidas pelo processador. O Problema 10.6 discute o compromisso redundância/diversidade da perspectiva do Infomax. É interessante notarmos que o compromisso redundância/diversidade é em parte análogo (apesar de diferente) ao compromisso viés/variância discutido no Capítulo 2.

Modelagem de um Sistema Perceptivo

Desde os primórdios da teoria da informação, tem sido sugerido que a redundância de mensagens sensoriais (estímulos) é importante para o entendimento da percepção (Attneave, 1954; Barlow, 1959). De fato, a redundância de mensagens sensoriais fornece o *conhecimento* que permite ao cérebro construir seus "mapas cognitivos" ou "modelos de trabalho" do seu meio ambiente (Barlow, 1989). As regularidades nas mensagens sensoriais devem ser codificadas de alguma forma pelo cérebro para que ele saiba o que acontece normalmente. Entretanto, a *redução da redundância* é a forma mais específica da *hipótese de Barlow*. Esta hipótese diz que o objetivo do processamento primário é transformar a entrada sensorial altamente redundante em um *código fatorial* mais eficiente. Em outras palavras, as saídas neuronais se tornam *estatisticamente independentes* quando condicionadas na entrada.

Inspirados pela hipótese de Barlow, Atick e Redlich (1990) postularam o *princípio da mínima redundância* como base para um modelo teórico da informação do sistema perceptivo mostrado na Fig. 10.5. O modelo consiste de três componentes: o *canal de entrada*, o *sistema de codificação* e o *canal de saída*. A saída do canal de entrada é descrita por

$$X = S + N_1$$

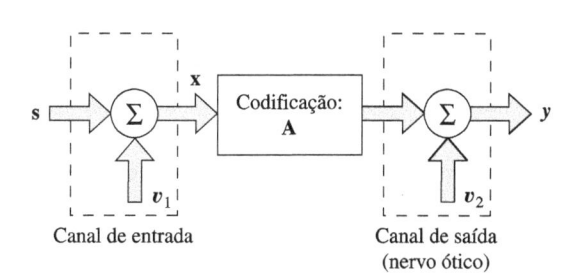

FIGURA 10.5 Modelo de um sistema perceptivo. O vetor sinal **s** e os vetores de ruído v_1 e v_2 são valores dos vetores aleatórios **S**, **N**$_1$ e **N**$_2$, respectivamente

onde **S** é um sinal ideal recebido pelo canal de entrada e assume-se que **N**$_1$ seja a fonte de todo o ruído na entrada. O sinal **X** é a seguir transformado (codificado) por um operador matricial linear **A**. Ele é então transmitido através do nervo ótico, ou canal de saída, produzindo a saída **Y**, como mostrado por

$$Y = AX + N_2$$

onde **N**$_2$ representa o ruído intrínseco após a codificação. Na abordagem seguida por Atick e Redlich, observa-se que sinais de luz que incidem na retina contêm informação sensorial útil em uma forma altamente redundante. Além disso, levanta-se a hipótese de que o propósito do processamento do sinal da retina é reduzir ou eliminar os bits redundantes de dados devido tanto a correlações como a ruído, antes de enviar o sinal através do nervo óptico. Para quantificar esta noção, é definida uma *medida de redundância* por

$$R = 1 - \frac{I(\mathbf{Y};\mathbf{S})}{C(\mathbf{Y})} \tag{10.56}$$

onde $I(\mathbf{Y};\mathbf{S})$ é a informação mútua entre $\mathbf{Y}$ e $\mathbf{S}$, e $C(\mathbf{Y})$ é a capacidade do canal do nervo ótico (canal de saída). A Equação (10.56) é justificada com base no argumento de que a informação na qual o cérebro está interessado é o sinal ideal $\mathbf{S}$, enquanto que o canal físico através do qual esta informação precisa passar é na realidade o nervo óptico. Assume-se que não haja redução de dimensionalidade no mapeamento de entrada-saída realizado pelo sistema perceptivo, o que significa que $C(\mathbf{Y}) > I(\mathbf{Y};\mathbf{S})$. O objetivo é encontrar um mapeamento de entrada-saída (i.e., a matriz $\mathbf{A}$) que minimiza a medida de redundância R, sujeita à restrição de não haver perda de informação, como mostrado por

$$I(\mathbf{Y};\mathbf{X}) = I(\mathbf{X};\mathbf{X}) - \epsilon$$

onde ϵ é um parâmetro positivo pequeno. A *capacidade do canal* $C(\mathbf{Y})$ é definida como a taxa máxima de fluxo de informação possível através do nervo óptico, estendendo-se sobre todas as distribuições de probabilidade das entradas aplicadas a ele e mantendo fixa a potência média de entrada.

Quando o vetor sinal $\mathbf{S}$ e o vetor de saída $\mathbf{Y}$ têm a mesma dimensionalidade e há ruído no sistema, o princípio da mínima redundância e o princípio Infomax são matematicamente equivalentes, desde que uma restrição similar seja imposta à capacidade computacional dos neurônios de saída em ambos os casos. Para sermos específicos, suponha que a capacidade do canal seja medida em termos do intervalo dinâmico da saída de cada neurônio do modelo da Fig. 10.5. Então, de acordo com o princípio da mínima redundância, a quantidade a ser minimizada é

$$1 - \frac{I(\mathbf{Y};\mathbf{S})}{C(\mathbf{Y})}$$

para uma dada perda de informação permissível, e portanto para um dado $I(\mathbf{Y};\mathbf{S})$. Assim a quantidade a ser minimizada é essencialmente

$$F_1(\mathbf{Y};\mathbf{S}) = C(\mathbf{Y}) - \lambda I(\mathbf{Y};\mathbf{S}) \tag{10.57}$$

Por outro lado, de acordo com o princípio Infomax a quantidade a ser maximizada no modelo da Fig. 10.5 é

$$F_2(\mathbf{Y};\mathbf{S}) = I(\mathbf{Y};\mathbf{S}) + \lambda C(\mathbf{Y}) \tag{10.58}$$

Embora as funções $F_1(\mathbf{Y};\mathbf{S})$ e $F_2(\mathbf{Y};\mathbf{S})$ sejam diferentes, suas otimizações produzem resultados idênticos: ambas são formulações do método dos multiplicadores de Lagrange, com os papéis de $I(\mathbf{Y};\mathbf{S})$ e $C(\mathbf{Y})$ simplesmente trocados.

O ponto importante a notar desta discussão é que, apesar da diferença nas formulações, estes dois princípios teóricos da informação levam a resultados similares. Em resumo, a maximização da informação mútua entre a saída e a entrada de um sistema neural leva de fato à redução da redundância.[9]

10.9 CARACTERÍSTICAS ESPACIALMENTE COERENTES

O princípio Infomax, como postulado na Seção 10.6, aplica-se à situação na qual a informação mútua $I(\mathbf{Y}; \mathbf{X})$ entre o vetor de saída $\mathbf{Y}$ de um sistema neural e o vetor de entrada $\mathbf{X}$ é a função objetivo a ser maximizada, como ilustrado na Fig. 10.2a. Com modificações apropriadas na terminologia, podemos estender este princípio para lidar com o processamento não-supervisionado da imagem de uma cena natural (Becker e Hinton, 1992). Um elemento (*pixel*) não-processado de uma imagem assim contém uma riqueza de informações sobre a cena de interesse, embora em forma complexa. Em particular, a intensidade de cada elemento é afetada por parâmetros intrínsecos tais como profundidade, reflexibilidade e orientação da superfície, bem como pelo ruído de fundo e

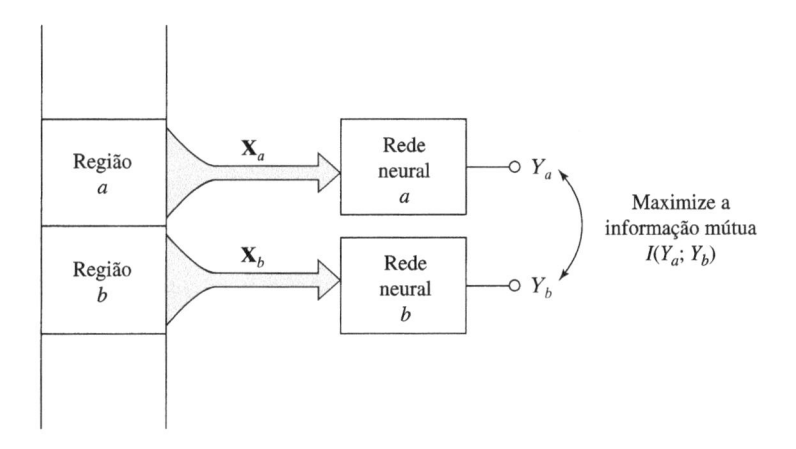

FIGURA 10.6 Processamento de duas regiões vizinhas de uma imagem de acordo com a primeira variante do Infomax

iluminação. O objetivo é projetar um sistema auto-organizável que seja capaz de aprender a codificar esta informação complexa em uma forma mais simples. Para sermos mais específicos, o objetivo é extrair características de ordem mais alta que exibam *coerência simples através do espaço* de tal forma que a representação da informação em uma região espacialmente localizada da imagem torne mais fácil produzir a representação da informação em regiões vizinhas; uma região se refere a uma coleção de elementos na imagem. A situação descrita aqui é relativa ao cenário ilustrado na Fig. 10.2b.

Podemos assim formular a *primeira* variante do princípio Infomax[10] como segue (Becker, 1996; Becker e Hinton, 1992):

> A transformação de um par de vetores $\mathbf{X}_a$ e $\mathbf{X}_b$ (representando regiões adjacentes, não superpostas de uma imagem por um sistema neural) deve ser escolhida de modo que a saída escalar Y_a do sistema devido à entrada $\mathbf{X}_a$ maximize a informação sobre a segunda saída escalar Y_b devido a $\mathbf{X}_b$. A função objetivo a ser maximizada é a informação mútua $I(Y_a; Y_b)$ entre as saídas Y_a e Y_b.

Referimo-nos a este princípio como uma variante do princípio Infomax no sentido de que não é equivalente a Infomax ou derivado dele, mas certamente funciona de uma maneira similar.

Para sermos específicos, considere a Fig. 10.6 que mostra duas redes (módulos) neurais a e b recebendo as entradas $\mathbf{X}_a$ e $\mathbf{X}_b$ de regiões adjacentes não-superpostas de uma imagem. Os escalares Y_a e Y_b representam as saídas destes dois módulos causadas pelos respectivos vetores de entrada $\mathbf{X}_a$ e $\mathbf{X}_b$. Considere que S represente uma componente de sinal comum a ambos Y_a e Y_b, que é representativa da coerência espacial através das duas regiões pertinentes da imagem original.

Podemos expressar Y_a e Y_b como versões ruidosas do sinal comum S, como mostrado por

$$Y_a = S + N_a \tag{10.59}$$

e

$$Y_b = S + N_b \tag{10.60}$$

N_a e N_b são componentes de ruído aditivo, assumidas como sendo variáveis aleatórias de distribuição gaussiana de média zero, estatisticamente independentes. Assume-se que a componente de sinal S é também gaussiana com uma distribuição própria. De acordo com as Eqs. (10.59) e (10.60), os dois módulos a e b da Fig. 10.6 tornam as suposições consistentes entre si.

Utilizando a última linha da Eq. (10.30), a informação mútua entre Y_a e Y_b é definida por

$$I(Y_a; Y_b) = h(Y_a) + h(Y_b) - h(Y_a, Y_b) \tag{10.61}$$

De acordo com a fórmula da Eq. (10.22) para a entropia diferencial de uma variável aleatória gaussiana, a entropia diferencial $h(Y_a)$ de Y_a é dada por

$$h(Y_a) = \frac{1}{2}\left[1 + \log(2\pi\sigma_a^2)\right] \tag{10.62}$$

onde σ_a^2 é a variância de Y_a. Similarmente, a entropia diferencial de Y_b é dada por

$$h(Y_b) = \frac{1}{2}\left[1 + \log(2\pi\sigma_b^2)\right] \tag{10.63}$$

onde σ_b^2 é a variância de Y_b. Como para o caso da entropia diferencial conjunta $h(Y_a, Y_b)$, utilizamos a fórmula da Eq. (10.24) para escrever

$$h(Y_a, Y_b) = 1 + \log(2\pi) + \frac{1}{2}\log|\det(\Sigma)| \tag{10.64}$$

A matriz Σ, 2-por-2, é a matriz de covariância de Y_a e Y_b; é definida por

$$\Sigma = \begin{bmatrix} \sigma_a^2 & \rho_{ab}\sigma_a\sigma_b \\ \rho_{ab}\sigma_a\sigma_b & \sigma_b^2 \end{bmatrix} \tag{10.65}$$

onde ρ_{ab} é o *coeficiente de correlação* de Y_a e Y_b; que é

$$\rho_{ab} = \frac{E\left[(Y_a - E[Y_a])(Y_b - E[Y_b])\right]}{\sigma_a \sigma_b} \tag{10.66}$$

Com isso, o determinante de $\boldsymbol{\Sigma}$ é

$$\det(\boldsymbol{\Sigma}) = \sigma_a^2 \sigma_b^2 (1 - \rho_{ab}^2) \qquad (10.67)$$

e assim podemos rescrever a Eq. (10.64) como

$$h(Y_a, Y_b) = 1 + \log(2\pi) + \frac{1}{2}\log\left[\sigma_a^2 \sigma_b^2 (1 - \rho_{ab}^2)\right] \qquad (10.68)$$

Substituindo as Eqs. (10.62), (10.63) e (10.68) em (10.61) e então simplificando os termos, obtemos

$$I(Y_a; Y_b) = -\frac{1}{2}\log(1 - \rho_{ab}^2) \qquad (10.69)$$

Da Eq. (10.69) deduzimos imediatamente que maximizar a informação mútua $I(Y_a;Y_b)$ é equivalente a maximizar o coeficiente de correlação ρ_{ab}, o que é razoável intuitivamente. Note que, por definição, $|\rho_{ab}| \le 1$.

Maximizar a informação mútua $I(Y_a;Y_b)$ pode ser visto como a generalização não-linear da correlação canônica da estatística (Becker e Hinton, 1992). Dados dois vetores (estímulos) de entrada $\mathbf{X}_a$ e $\mathbf{X}_b$ (não necessariamente da mesma dimensionalidade) e dois vetores de peso correspondentes, $\mathbf{w}_a$ e $\mathbf{w}_b$, o objetivo da *análise da correlação canônica* é encontrar as combinações lineares $Y_a = \mathbf{w}_a^T \mathbf{X}_a$ e $Y_b = \mathbf{w}_b^T \mathbf{X}_b$ que têm máxima correlação entre elas (Anderson, 1984). Maximizar $I(Y_a; Y_b)$ é uma generalização não-linear da correlação canônica em virtude da não-linearidade incorporada no projeto dos módulos neurais da Fig. 10.6.

Em Becker e Hinton (1992), é demonstrado que ao se maximizar a informação mútua $I(Y_a;Y_b)$ é possível extrair a disparidade relativa à profundidade de estereogramas de pontos aleatórios. Este é um problema difícil de extração de características que não pode ser resolvido por uma rede neural linear ou de uma camada.

10.10 CARACTERÍSTICAS ESPACIALMENTE INCOERENTES

O processamento não-supervisionado de uma imagem considerado na seção anterior trata da extração de características espacialmente coerentes de uma imagem. Consideramos agora a situação oposta à descrita ali. Para sermos específicos, considere a Fig. 10.2c, onde o objetivo é acentuar as *diferenças espaciais* entre um par de regiões correspondentes derivadas de duas imagens separadas. Enquanto que a informação mútua entre as saídas dos módulos é maximizada na Fig. 10.2b, fazemos exatamente o oposto na Fig. 10.2c.

Podemos assim formular a *segunda* variante do princípio Infomax como segue (Ukrainec e Haykin, 1992, 1996):

> A transformação de um par de vetores de entrada $\mathbf{X}_a$ e $\mathbf{X}_b$, representando dados derivados de regiões correspondentes em um par de imagens separadas, por um sistema neural deve ser escolhida de modo que a saída escalar Y_a do sistema devido à entrada $\mathbf{X}_a$ minimize a informação sobre a segunda saída escalar Y_b devido a $\mathbf{X}_b$. A função objetivo a ser minimizada é a informação mútua $I(Y_a;Y_b)$ entre as saídas Y_a e Y_b.

Aqui, novamente nos referimos a este princípio como uma variante do princípio Infomax sendo que ele não é equivalente ao Infomax ou derivado dele, mas certamente funciona inspirado nele.[11]

A segunda variante do princípio Infomax encontra aplicação em *polarimetria de radar*, por exemplo, onde um sistema de vigilância por radar produz um par (ou mais) de imagens de um ambiente de interesse transmitindo em uma polarização e recebendo o espalhamento retornado do ambiente na mesma polarização ou em uma polarização diferente. A polarização pode ser vertical ou horizontal. Podemos, por exemplo, ter um par de imagens de radar, uma imagem representando a polarização paralela (p. ex., horizontal-horizontal), e a outra imagem representando a polarização cruzada (horizontal na transmissão e vertical na recepção). Uma aplicação assim é descrita em Ukrainec e Haykin (1992, 1996), que se refere ao *realce de um alvo por polarização* em um sistema de radar de polarização dual. A amostra da cena do radar usada no estudo é descrita a seguir. Um radar incoerente transmite de uma maneira polarizada horizontalmente e recebe retornos de radar em ambos os canais, horizontal e vertical. O alvo de interesse é um *refletor de desvio de polarização cooperativo* projetado para girar a polarização incidente em 90 graus. Na operação normal de um sistema de radar, a detecção de um alvo como este se torna difícil devido às imperfeições no sistema bem como por reflexões de alvos polarimétricos indesejáveis no solo (i.e, "desordem" de radar). Percebemos que é necessário um mapeamento não-linear para levar em conta a distribuição não-gaussiana comum dos retornos de radar. O problema de realce do alvo é formulado como um problema variacional envolvendo a minimização de um funcional de custo quadrático com restrições. O resultado líquido é uma imagem com polarização cruzada processada que exibe uma melhora significativa na visibilidade do alvo, muito mais pronunciada que aquela alcançável através do uso de uma técnica linear como a análise de componentes principais. O modelo usado por Ukrainec e Haykin assume estatísticas gaussianas para os dados transformados, já que uma estimativa independente de modelo da função de densidade de probabilidade é uma tarefa computacionalmente desafiadora. A informação mútua entre duas variáveis gaussianas Y_a e Y_b é definida pela Eq. (10.61). Para aprender os pesos sinápticos dos dois módulos, é seguida uma abordagem variacional. O objetivo é suprimir a desordem de radar que é comum às imagens polarizadas horizontal e verticalmente. Para satisfazer esta exigência, a informação mútua $I(Y_a;Y_b)$ é minimizada, sujeita a uma restrição imposta aos pesos sinápticos como mostrado por

$$P = (\text{tr}[\mathbf{W}^T\mathbf{W}] - 1)^2 \tag{10.70}$$

onde $\mathbf{W}$ é a matriz de peso global da rede, e $\text{tr}[\cdot]$ é o traço da matriz dentro dos colchetes. Um ponto estacionário é alcançado quando temos

$$\nabla_{\mathbf{W}} I(Y_a;Y_b) + \lambda \nabla_{\mathbf{W}} P = 0 \tag{10.71}$$

onde λ é o multiplicador de Lagrange. Foi usada uma rotina de otimização quase-Newton para encontrar o mínimo; os métodos quase-Newton são discutidos no Capítulo 4.

A Figura 10.7 mostra a arquitetura da rede neural usada em Ukrainec e Haykin (1992, 1996). Uma rede de função de base radial (RBF) foi escolhida para cada um dos dois módulos porque tem a vantagem de fornecer um conjunto de funções de base radial (i.e., uma camada oculta não-adaptativa). Os dados de entrada são expandidos sobre as funções de base e então combinados usando camadas de pesos *lineares*; as linhas tracejadas mostradas na Fig. 10.7 representam as conexões de acoplamento cruzado entre os dois módulos. Os centros das funções gaussianas foram

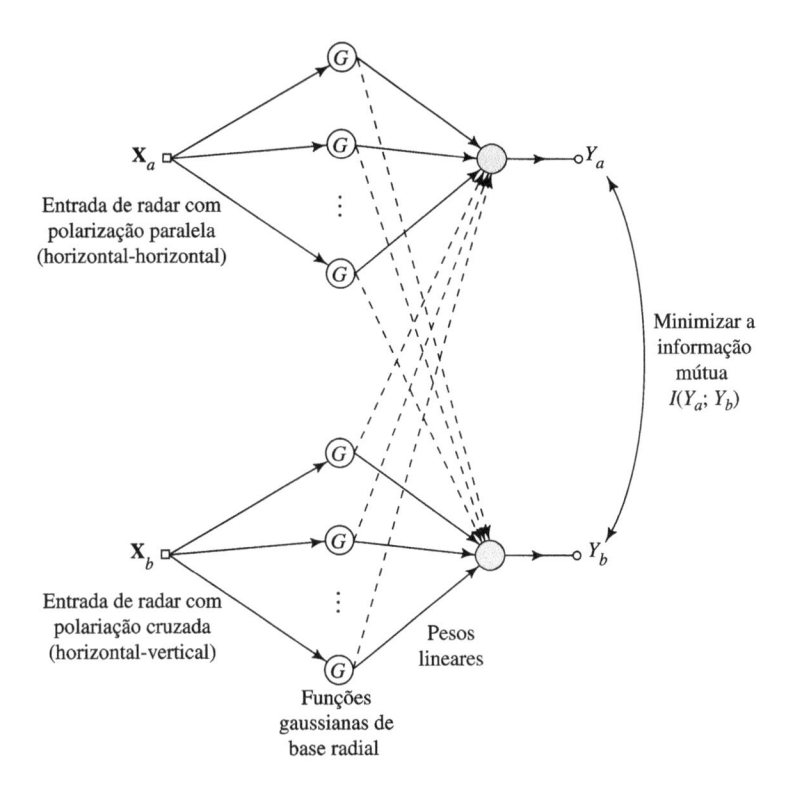

FIGURA 10.7 Diagrama em blocos de um processador neural, cujo objetivo é suprimir desordem de fundo usando um par de entradas de radar não-coerentes polarimétricas; a supressão de desordem é alcançada minimizando a informação mútua entre as saídas dos dois módulos

escolhidos em intervalos uniformemente espaçados para cobrir todo o domínio de entrada, e suas larguras foram escolhidas usando uma heurística. A Figura 10.8a mostra as imagens brutas de radar horizontalmente polarizada e verticalmente polarizada (ambas no receptor) de uma configuração semelhante a um parque nas margens do Lago Ontário. A coordenada do alcance está ao longo do eixo horizontal de cada imagem, aumentando da esquerda para a direita; a coordenada do azimute está sobre o eixo vertical, aumentando para baixo na imagem. A Figura 10.8b mostra a imagem combinada obtida minimizando a informação mútua entre as imagens de radar polarizadas horizontalmente e verticalmente, como descrito acima. A mancha brilhante claramente visível nesta imagem corresponde ao retorno de radar de um refletor de desvio de polarização cooperativo colocado ao longo da margem do lago. O desempenho de supressão de desordem do modelo teórico da informação descrito aqui supera aquele das projeções normalmente empregadas utilizando análise de componentes principais (Ukrainec e Haykin, 1992, 1996).[12]

10.11 ANÁLISE DE COMPONENTES INDEPENDENTES

Desviamos agora nossa atenção para o último cenário descrito na Fig. 10.2d. Para adicionar mais especificidade ao problema de processamento de sinal lá formulado, considere o diagrama em blocos da Fig. 10.9. A operação inicia com um vetor fonte aleatório $\mathbf{U}(n)$ definido por

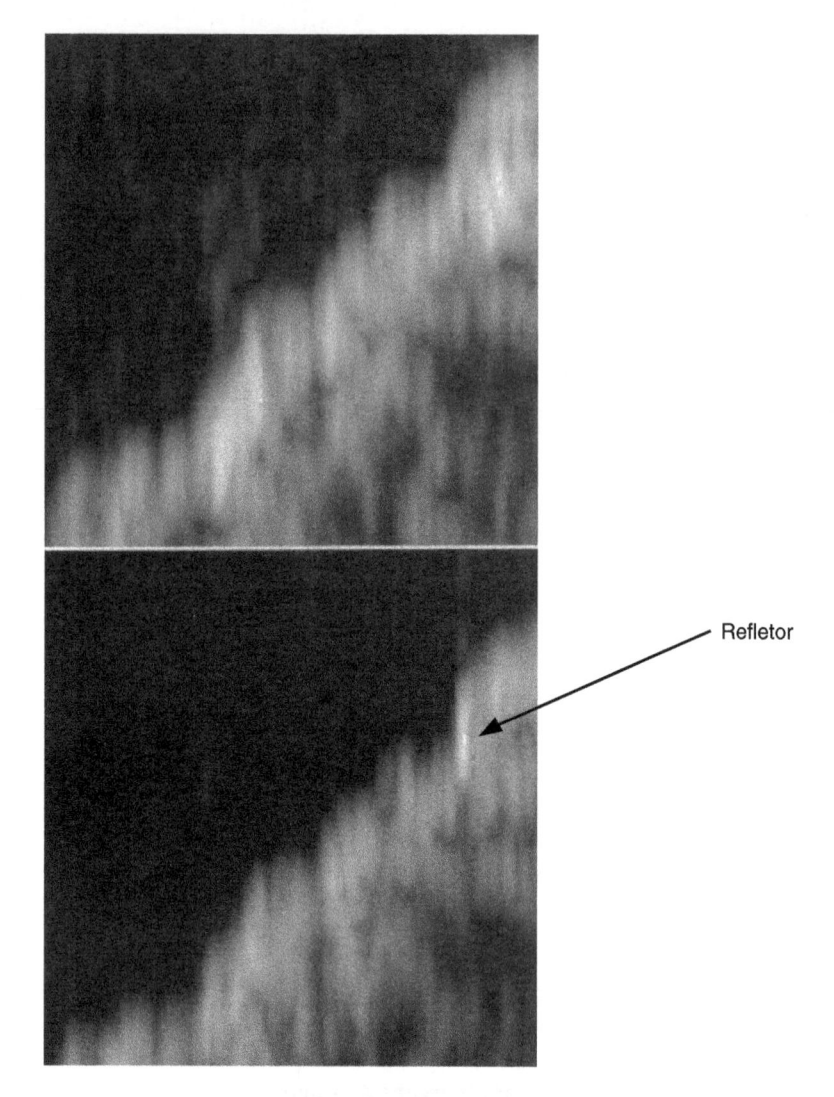

FIGURA 10.8a Imagens brutas de radar de varredura B (azimute traçado em função do alcance) para polarizações horizontal-horizontal (acima) e horizontal-vertical (abaixo)

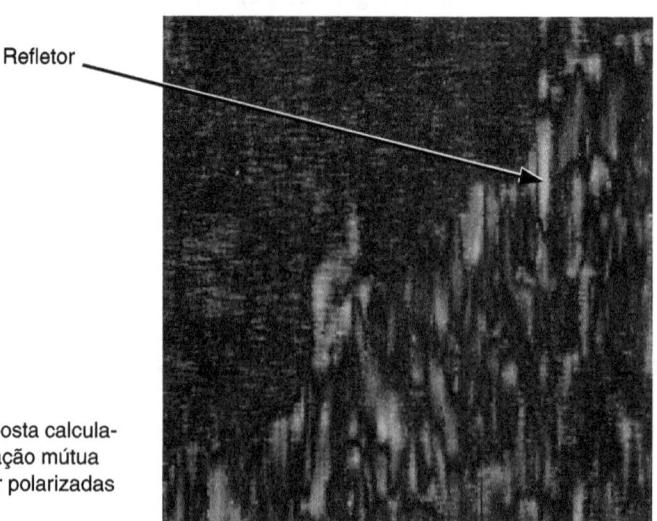

Refletor

FIGURA 10.8b Imagem composta calculada pela minimização da informação mútua entre as duas imagens de radar polarizadas da Fig. 10.8a

Refletor

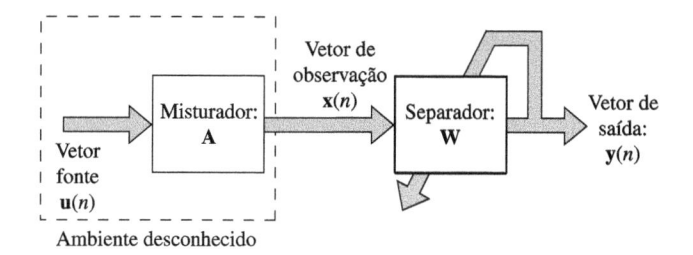

FIGURA 10.9 Diagrama em blocos de processador para o problema de separação cega de fontes. Os vetores **u**, **x** e **y** são valores dos vetores aleatórios respectivos **U**, **X** e **Y**

$$U = [U_1, U_2, ..., U_m]^T$$

onde as m componentes são supridas por um conjunto de *fontes independentes*. Aqui são consideradas seqüências temporais; de agora em diante, o argumento n representa o tempo discreto. O vetor **U** é aplicado a um sistema linear cuja caracterização de entrada-saída é definida por uma matriz m-por-m não-singular **A**, chamada de *matriz de mistura*. O resultado é um vetor de observação m-por-1 **X**(n) relacionado a **U**(n) como segue (veja a Fig. 10.10a)

$$X = AU \tag{10.72}$$

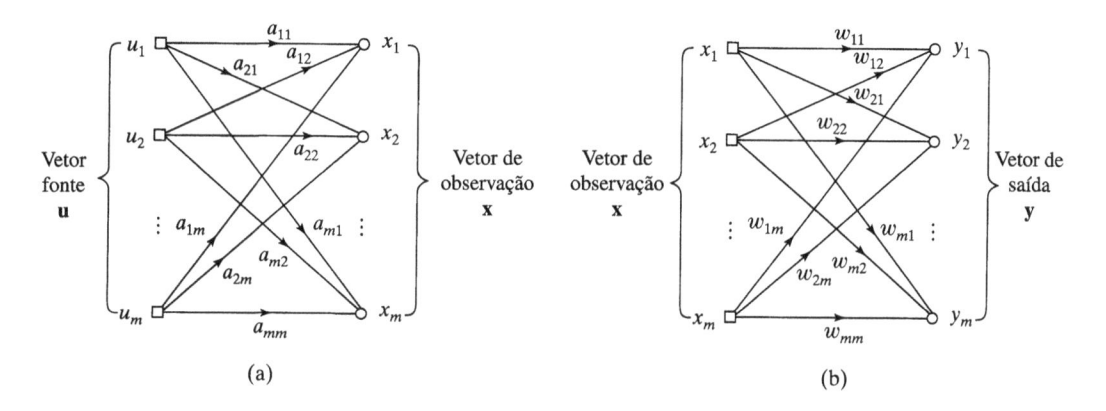

FIGURA 10.10 Descrição detalhada da (a) matriz de mistura e (b) da matriz de separação

onde

$$X = [X_1, X_2, ..., X_m]^T$$

O vetor fonte **U** e a matriz de mistura **A** são ambos desconhecidos: a única informação disponível para nós é o vetor de observação **X**. Dado **X**, o problema é encontrar uma *matriz de separação* **W** tal que o vetor fonte original **U** possa ser recuperado a partir do vetor de saída **Y** definido por (veja a Fig. 10.10b)

$$Y = WX \tag{10.73}$$

onde

$$\mathbf{Y} = [Y_1, Y_2, ..., Y_m]^T$$

Normalmente, assume-se que os sinais de fonte $U_1, U_2, ..., U_m$ são sinais de média zero, que por sua vez significa que os observáveis $X_1, X_2, ..., X_m$ são também sinais de média zero. O mesmo é verdadeiro para as saídas do separador $Y_1, Y_2, ..., Y_m$.

Podemos assim formular o *problema de separação cega de fontes* como segue:

Dadas N realizações independentes do vetor de observação X, encontre uma estimativa da inversa da matriz de mistura A.

A separação de fontes explora fundamentalmente a *diversidade espacial* pela qual sensores diferentes que fornecem as realizações do vetor **X** carregam diferentes misturas de fontes. A diversidade espectral, se existir, pode também ser explorada, mas a abordagem fundamental para a separação de fontes é essencialmente *espacial*: procurando por estrutura através dos sensores e não através do tempo (Cardoso, 1998a).

A solução para o problema de separação cega de fontes é realizável, exceto para um escalamento arbitrário de cada componente do sinal e permutação de índices. Em outras palavras, é possível encontrar uma matriz de separação **W** cujas linhas individuais são escalamentos e permutações da matriz **A**. Isto é, a solução pode ser expressa na forma

$$\mathbf{Y} = \mathbf{WX} = \mathbf{WAU} \rightarrow \mathbf{DPU}$$

onde **D** é uma matriz diagonal não-singular e **P** é uma matriz de permutação.

O problema descrito aqui é normalmente referido como o problema de separação cega das fontes (de sinal),[13] onde o termo "cega" é usado para significar o fato de que a única informação usada para recuperar as fontes de sinal originais está contida em uma realização do vetor de observação **X**, representada por **x**. O princípio fundamental envolvido na sua solução é chamado de *análise de componentes independentes* (ACI) (Comon, 1994), que pode ser visto como uma extensão da análise de componentes principais (ACP). Enquanto a ACP pode apenas impor independência até a segunda ordem restringindo os vetores de direção a serem ortogonais, a ACI impõe *independência estatística* sobre as componentes do vetor de saída **Y** e não tem restrição de ortogonalidade. Note também que, na prática, uma implementação algorítmica de análise de componentes independentes pode apenas buscar as componentes "tão estatisticamente independentes quanto possível".

A necessidade para separação cega de fontes surge em diversas aplicações, incluindo as seguintes:

- *Separação de voz*. Nesta aplicação, o vetor **x** consiste de vários sinais de voz que foram misturados linearmente, e o objetivo é separá-los (Bell e Sejnowski, 1995). Uma forma difícil desta situação, por exemplo, aparece em um ambiente de teleconferência.
- *Processamento de arranjo de antenas*. Nesta segunda aplicação, o vetor **x** representa a saída de um arranjo de antenas de radar produzida por vários sinais incidentes de banda estreita originários de fontes de direções desconhecidas (Cardoso e Souloumia, 1993; Swindlehurst et al., 1997). Aqui novamente o objetivo é separar os sinais de fonte. (Um sinal

de banda estreita significa um sinal passa-banda cuja largura de banda é pequena comparada com a freqüência da portadora.)
- *Registros biomédicos multisensorais*. Nesta terceira aplicação, o vetor **x** consiste de registros constituídos por uma multidão de sensores usados para monitorar sinais biológicos de interesse. O objetivo pode ser, por exemplo, separar o batimento cardíaco de um feto do batimento da mãe (Cardoso, 1998b).
- *Análise de dados do mercado financeiro*. Nesta aplicação, o vetor **x** consiste de um conjunto de dados diferentes do mercado de ações, e o objetivo é extrair o conjunto subjacente de componentes dominantes independentes (Back e Weigend, 1998).

Nestas aplicações, o problema da separação cega de fontes pode ainda ser composto pela possível presença de atrasos de propagação desconhecidos, pela filtragem extensiva imposta às fontes por seus ambientes e pela contaminação inevitável do vetor de observação **x** por ruído. Estas deteriorações significam que (infelizmente) a forma idealizada de mistura instantânea de sinais descrita na Eq. (10.72) é raramente encontrada em situações do mundo real. No que segue, entretanto, ignoraremos estas deteriorações para compreendermos os aspectos fundamentais do problema de separação cega de fontes.

Critério para Independência Estatística

Sendo a independência estatística a propriedade desejada das componentes do vetor de saída **Y** para a separação cega de fontes, qual é a medida prática que podemos usar para ela? Uma possibilidade óbvia é escolher a informação mútua $I(Y_i;Y_j)$ entre as variáveis aleatórias Y_i e Y_j que constituem quaisquer dois componentes do vetor de saída **Y**. Quando, no caso ideal, $I(Y_i;Y_j)$ é zero, as componentes Y_i e Y_j são estatisticamente independentes. Isto sugere minimizar a informação mútua entre todos os pares de variáveis aleatórias que constituem o vetor de saída **Y**. Este objetivo é equivalente a minimizar a divergência de Kullback-Leibler entre as duas seguintes distribuições: (1) a função de densidade de probabilidade $f_\mathbf{Y}(\mathbf{y},\mathbf{W})$ parametrizada por **W** e (2) a distribuição fatorial correspondente definida por

$$\tilde{f}_\mathbf{Y}(\mathbf{y},\mathbf{W}) = \prod_{i=1}^{m} \tilde{f}_{Y_i}(y_i,\mathbf{W}) \tag{10.74}$$

onde $\tilde{f}_{Y_i}(y_i,\mathbf{W})$ é a função de densidade de probabilidade marginal de Y_i. Na verdade, a Eq. (10.74) pode ser vista como uma *restrição* imposta ao algoritmo de aprendizagem, forçando-o a contrastar $f_\mathbf{Y}(\mathbf{y},\mathbf{W})$ com a distribuição fatorial $\tilde{f}_\mathbf{Y}(y,\mathbf{W})$. Podemos assim formular a terceira variante do princípio Infomax para a análise de componentes independentes como (Comon, 1994):

> Dado um vetor *m*-por-1, **X** representando uma combinação linear de m sinais fonte independentes, a transformação do vetor de observação **X** por um sistema neural em um novo vetor **Y** deve ser realizada de tal forma que a divergência de Kullback-Leibler entre a função representante da probabilidade parametrizada $f_\mathbf{Y}(\mathbf{y},\mathbf{W})$ e a distribuição fatorial correspondente $\tilde{f}_\mathbf{Y}(y,\mathbf{W})$ seja minimizada em relação à matriz paramétrica desconhecida **W**.

A divergência de Kullback-Leibler para o problema descrito aqui é considerada na Seção 10.5. A fórmula que estamos procurando é dada pela Eq. (10.44). Adaptando aquela fórmula à nossa situação presente, podemos expressar a divergência de Kullback-Leibler entre as funções densidade de probabilidade $f_Y(y,W)$ e $\tilde{f}_Y(y,W)$ como segue:

$$D_{f\|\tilde{f}}(W) = -h(Y) + \sum_{i=1}^{m} \tilde{h}(Y_i) \tag{10.75}$$

onde $h(Y)$ é a entropia do vetor aleatório Y na saída do separador e $\tilde{h}(Y_i)$ é a entropia marginal do i-ésimo elemento de Y. A divergência de Kullback-Leibler $D_{f\|\tilde{f}}$ é a função (de contraste) objetivo sobre a qual nos concentraremos daqui para frente para resolver o problema da separação cega de fontes.

Determinação da Entropia Diferencial h(Y)

O vetor de saída Y está relacionado com o vetor de entrada X pela Eq. (10.73), onde W é a matriz de separação. Com base na Eq. (10.18), podemos expressar a entropia diferencial de Y como:

$$\begin{aligned} h(Y) &= h(WX) \\ &= h(X) + \log|\det(W)| \end{aligned} \tag{10.76}$$

onde $\det(W)$ é o determinante de W.

Determinação da Entropia Marginal $\tilde{h}(Y_i)$

Para determinar a divergência de Kullback-Leibler $D_{f\|\tilde{f}}$, também precisamos conhecer a entropia marginal $\tilde{h}(Y_i)$. Para determinar $\tilde{h}(Y_i)$, precisamos conhecer a distribuição marginal de Y_i, que por sua vez requer integrar os efeitos de todas as componentes do vetor aleatório Y exceto para a i-ésima componente. Para um vetor Y de alta dimensionalidade, é normalmente mais difícil calcular $\tilde{h}(Y_i)$ que $h(Y)$. Podemos superar esta dificuldade derivando uma fórmula aproximada para $\tilde{h}(Y_i)$ em termos dos momentos de ordem mais alta da variável aleatória Y_i. Isto é realizado truncando-se uma das expansões a seguir:

- A série de Edgeworth (Comon, 1991)
- A série de Gram-Charlier (Amari et al., 1996)

Neste capítulo, seguimos a última abordagem. Na nota 14, é apresentada uma exposição da série de Gram-Charlier. Naquela nota é também apresentada uma breve descrição da série de Edgeworth.

Para sermos específicos, a expansão de Gram-Charlier da função de densidade de probabilidade marginal parametrizada $\tilde{f}_{Y_i}(y_i, W)$ é descrita por

$$\tilde{f}_{Y_i}(y_i, W) = \alpha(y_i)\left[1 + \sum_{k=3}^{\infty} c_k H_k(y_i)\right] \tag{10.77}$$

onde os vários termos são definidos como segue:

1. O fator multiplicativo $\alpha(y_i)$ é a função de densidade de probabilidade de uma variável aleatória gaussiana com média zero e variância unitária; isto é,

$$\alpha(y_i) = \frac{1}{\sqrt{2\pi}} e^{-y_i^2/2}$$

2. Os $H_k(y_i)$ são *polinômios de Hermite*.
3. Os coeficientes da expansão $\{c_k: k = 3, 4,...,\}$, são definidos em termos das acumulações da variável aleatória Y_i.

A ordem natural dos termos na Eq. (10.77) *não* é a melhor para a série de Gram-Charlier. Em vez disso, os termos listados aqui em parênteses devem ser agrupados juntos (Helstrom, 1968):

$$k = (0), (3), (4, 6), (5, 7, 9),...$$

Para o problema da separação cega de fontes, a aproximação da função de densidade de probabilidade marginal $\tilde{f}_{Y_i}(y_i)$ truncando a série de Gram-Charlier em $k = (4, 6)$ é considerada adequada. Podemos escrever assim

$$\tilde{f}_{Y_i}(y_i) \simeq \alpha(y_i)\left(1 + \frac{\kappa_{i,3}}{3!} H_3(y_i) + \frac{\kappa_{i,2}^2}{4!} H_4(y_i) + \frac{(\kappa_{i,6} + 10\kappa_{i,3}^2)}{6!} H_6(y_i)\right) \quad (10.78)$$

onde $\kappa_{i,k}$ é o *acumulador* de ordem k de Y_i. Considere que $m_{i,k}$ represente o *momento* de ordem k de Y_i definido por

$$\begin{aligned} m_{i,k} &= E\left[Y_i^k\right] \\ &= E\left[\left(\sum_{k=1}^{m} w_{ik}X_i\right)^k\right] \end{aligned} \quad (10.79)$$

onde X_i é o *i*-ésimo elemento do vetor de observação $\mathbf{X}$ e w_{ik} é o *ik*-ésimo elemento da matriz de peso $\mathbf{W}$. Anteriormente, justificamos a suposição da média zero de Y_i para todo i. Correspondentemente, temos $\sigma_i^2 = m_{i,2}$ (i.e., a variância e o valor médio quadrado são iguais) e assim relacionamos os acumuladores de Y_i aos seus momentos como segue:

$$\kappa_{i,3} = m_{i,3} \quad (10.80)$$

$$\kappa_{i,4} = m_{i,4} - 3m_{i,2}^2 \quad (10.81)$$

$$\kappa_{i,6} = m_{i,6} - 10m_{i,3}^2 - 15m_{i,2}m_{i,4} + 30m_{i,2}^3 \quad (10.82)$$

O algoritmo de $\tilde{f}_{Y_i}(y_i)$ usando a aproximação da Eq. (10.78) é dado por

$$\log \tilde{f}_{Y_i}(y_i) \simeq \log \alpha(y_i) + \log\left(1 + \frac{\kappa_{i,3}}{3!} H_3(y_i) + \frac{\kappa_{i,2}^2}{4!} H_4(y_i) + \frac{(\kappa_{i,6} + 10\kappa_{i,3}^2)}{6!} H_6(y_i)\right) \quad (10.83)$$

Para prosseguirmos, usamos a expansão de um logaritmo:

$$\log(1+y) \simeq y - \frac{y^2}{2} \quad (10.84)$$

onde todos os termos de ordem três e de ordem mais alta são ignorados.

Da nossa discussão anterior recordamos que a fórmula para a entropia marginal de Y_i é (veja a Eq. (10.43))

$$\tilde{h}(Y_i) = -\int_{-\infty}^{\infty} f_{Y_i}(y_i) \log f_{Y_i}(y_i) dy_i, \quad i = 1, 2, \ldots, m$$

onde m é o número de fontes. Utilizando as aproximações descritas nas Eqs. (10.78), (10.83) e (10.84) e invocando certas integrais que envolvem a densidade gaussiana normalizada $\alpha(y_i)$ e vários polinômios de Hermite $H_k(y_i)$, obtemos a seguinte fórmula aproximada para a entropia marginal (Madhuaranth e Haykin, 1998):

$$\begin{aligned}\tilde{h}(Y_i) \simeq & \frac{1}{2}\log(2\pi e) - \frac{\kappa_{i,3}^2}{12} - \frac{\kappa_{i,4}^2}{48} - \frac{(\kappa_{i,6} + 10\kappa_{i,3}^2)^2}{1440} \\ & + \frac{3}{8}\kappa_{i,3}^2 \kappa_{i,4} + \frac{\kappa_{i,3}^2(\kappa_{i,6} + 10\kappa_{i,3}^2)}{24} + \frac{\kappa_{i,4}^2(\kappa_{i,6} + 10\kappa_{i,3}^2)}{24} \\ & + \frac{\kappa_{i,4}(\kappa_{i,6} + 10\kappa_{i,3}^2)^2}{64} + \frac{\kappa_{i,4}^3}{16} + \frac{(\kappa_{i,6} + 10\kappa_{i,3}^2)^3}{432}\end{aligned} \quad (10.85)$$

Substituindo as Eqs. (10.76) e (10.85) em (10.75), obtemos a divergência de Kullback-Leibler para o problema considerado:

$$\begin{aligned}D_{f\|\tilde{f}}(\mathbf{W}) \simeq & -h(\mathbf{X}) - \log|\det(\mathbf{W})| + \frac{m}{2}\log(2\pi e) \\ & -\sum_{i=1}^{m}\left(\frac{\kappa_{i,3}^2}{12} + \frac{\kappa_{i,4}^2}{48} + \frac{(\kappa_{i,6} + 10\kappa_{i,3}^2)^2}{1440} - \frac{3}{8}\kappa_{i,3}^2 \kappa_{i,4}\right. \\ & -\frac{\kappa_{i,3}^2(\kappa_{i,6} + 10\kappa_{i,3}^2)^2}{24} - \frac{\kappa_{i,4}^2(\kappa_{i,6} + 10\kappa_{i,3}^2)}{24} \\ & \left.-\frac{\kappa_{i,4}(\kappa_{i,6} + 10\kappa_{i,3}^2)^2}{64} - \frac{\kappa_{i,4}^3}{16} - \frac{(\kappa_{i,6} + 10\kappa_{i,3}^2)^3}{432}\right)\end{aligned} \quad (10.86)$$

onde os acumuladores são todos funções da matriz de peso $\mathbf{W}$.

Função de Ativação

Para calcular a divergência de Kullback-Leibler descrita na Eq. (10.86), precisamos de um procedimento adaptativo para o cálculo dos acumuladores de ordem mais alta para o vetor de observação **x**. A questão é: como realizaremos este cálculo, tendo em mente o modo como a fórmula da Eq. (10.86) é derivada? Lembre-se de que a derivação é baseada na expansão de Gram-Charlier, assumindo-se que a variável aleatória Y_i tem média zero e variância unitária. Justificamos anteriormente a suposição de média zero com base em que, a princípio, os sinais de fonte tipicamente têm média zero. No que diz respeito à suposição de variância unitária, podemos tratá-la por uma das duas abordagens a seguir:

1. *Abordagem restrita*. Nesta abordagem, a suposição de variância unitária é *imposta* ao cálculo dos acumuladores de ordem mais alta $\kappa_{i,3}$, $\kappa_{i,4}$ e $\kappa_{i,6}$ para todo i (Amari et al., 1996). Infelizmente, não há garantia de que a variância de Y_i, ou seja σ_i^2, permaneça constante, muito menos igual a 1, durante a computação. Das equações das definições (10.81) e (10.82), notamos que tanto $\kappa_{i,4}$ como $\kappa_{i,6}$ dependem de $\sigma_i^2 = m_{i,2}$. O resultado de assumirmos $\sigma_i^2 = 1$ é que as estimativas derivadas para $\kappa_{i,4}$ e $\kappa_{i,6}$ tem um forte *viés* e, portanto, são incorretas em relação à estimativa de $\kappa_{i,3}$.

2. *Abordagem irrestrita*. Nesta abordagem alternativa, a variância σ_i^2 é tratada como um *parâmetro desconhecido variável no tempo*, que é como ela realmente se apresenta na prática (Madhuranath e Haykin, 1998). O efeito do desvio do valor de σ_i^2 de 1 é visto como uma variação de escalamento no valor da variável aleatória Y_i. O mais importante é que as estimativas derivadas para $\kappa_{i,4}$ e $\kappa_{i,6}$ levam em conta a variação de σ_i^2 com o tempo. É mantida, assim, uma relação adequada entre as estimativas dos três acumuladores de ordem mais alta da Eq. (10.86).

Um estudo experimental da separação cega de fontes relatado em Madhuranath e Haykin (1998) mostra que a abordagem irrestrita produz um desempenho superior comparado com a abordagem restrita. No que segue, seguimos a abordagem irrestrita.

Para desenvolvermos um algoritmo de aprendizagem para calcular **W**, precisamos diferenciar a Eq. (10.86) em relação a **W** e assim formular uma função de ativação para o algoritmo.

Considere que A_{ik} represente o *ik-ésimo co-fator* da matriz **W**. Utilizando a *expansão de Laplace* de det(**W**) para a i-ésima linha, podemos escrever (Wylie e Barrett, 1982)

$$\det(\mathbf{W}) = \sum_{k=1}^{m} w_{ik} A_{ik}, \quad i = 1, 2, \ldots, m \tag{10.87}$$

onde w_{ik} é o ik-ésimo elemento da matriz **W**. Assim, diferenciando o logaritmo de det(**W**) em relação a w_{ik}, obtemos

$$\begin{aligned}\frac{\partial}{\partial w_{ik}} \log(\det(\mathbf{W})) &= \frac{1}{\det(\mathbf{W})} \frac{\partial}{\partial w_{ik}} \det(\mathbf{W}) \\ &= \frac{A_{ik}}{\det(\mathbf{W})} \\ &= (\mathbf{W}^{-T})_{ik}\end{aligned} \tag{10.88}$$

onde $\mathbf{W}^{-T}$ é a inversa da matriz transposta $\mathbf{W}^T$. As derivadas parciais dos outros termos (que dependem de $\mathbf{W}$) na Eq. (10.86) com relação a w_{ik} são (veja as Eqs. (10.80) a (10.82))

$$\frac{\partial \kappa_{i,3}}{\partial w_{ik}} = 3E[Y_i^2 X_k]$$

$$\frac{\partial \kappa_{i,4}}{\partial w_{ik}} = 4E[Y_i^3 X_k] - 12m_{i,2}E[Y_i X_k]$$

$$\frac{\partial}{\partial w_{ik}}(\kappa_{i,6} + 10\kappa_{i,3}^2) = 6E[Y_i^5 X_k] - 30m_{i,4}E[Y_i X_k]$$

$$-60m_{i,2} E[Y_i^3 X_k] + 180m_{i,2}^2 E[Y_i X_k]$$

Na derivação de um algoritmo adaptativo, a abordagem usual é substituir os valores esperados por seus valores instantâneos. Assim, fazendo esta substituição nestas três equações, obtemos os seguintes resultados aproximados:

$$\frac{\partial \kappa_{i,3}}{\partial w_{ik}} \simeq 3y_i^2 x_k \tag{10.89}$$

$$\frac{\partial \kappa_{i,4}}{\partial w_{ik}} \simeq -8y_i^3 x_k \tag{10.90}$$

$$\frac{\partial}{\partial w_{ik}}(\kappa_{i,6} + 10\kappa_{i,3}^2) \simeq 96y_i^5 x_k \tag{10.91}$$

Substituir as Eqs. (10.88) a (10.91) na expressão para a derivada da Eq. (10.86) em relação a w_{ik} produz

$$\frac{\partial}{\partial w_{ik}} D_{f\|\tilde{f}}(\mathbf{W}) \simeq -(\mathbf{W}^{-T})_{ik} + \varphi(y_i)x_k \tag{10.92}$$

onde $\varphi(y_i)$ é a *função de ativação* não-monótona do algoritmo de aprendizagem, definida por (Madhuranath e Haykin, 1998)

$$\varphi(y_i) = \frac{1}{2}y_i^5 + \frac{2}{3}y_i^7 + \frac{15}{2}y_i^9 + \frac{2}{15}y_i^{11} - \frac{112}{3}y_i^{13} + 128y_i^{15} - \frac{512}{3}y_i^{17} \tag{10.93}$$

A Figura 10.11 traça a função de ativação $\varphi(y_i)$ para valores de y_i no intervalo $-1 < y_i < 1$. Isto cobre o intervalo de valores da saída do separador y_i para os quais a operação do algoritmo de aprendizagem está normalmente confinada. É interessante notar que a inclinação da função de ativação é positiva no intervalo (−0,734, 0,734); esta é uma exigência para a estabilidade do algoritmo como discutido mais adiante nesta seção.

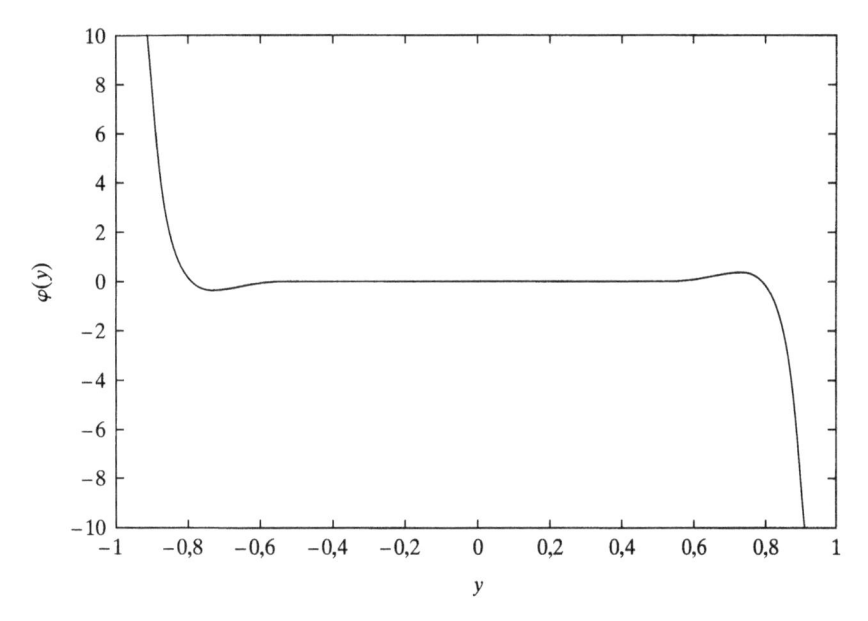

FIGURA 10.11 Função de ativação φ(y) da Eq. (10.93)

Algoritmo de Aprendizagem para ACI

O objetivo do algoritmo de aprendizagem é minimizar a divergência de Kullback-Leibler entre a função de densidade de probabilidade de **Y** e a distribuição fatorial de Y_i para $i = 1, 2,..., m$. Esta minimização pode ser implementada usando-se o método da descida do gradiente pelo qual o ajuste aplicado ao peso w_{ik} é definido por

$$\Delta w_{ik} = -\eta \frac{\partial}{\partial w_{ik}} D_{f\|\tilde{f}}$$
$$= \eta\left((\mathbf{W}^{-T})_{ik} - \varphi(y_i)x_k\right) \quad (10.94)$$

onde η é um parâmetro da taxa de aprendizagem.

Estendendo a fórmula da Eq. (10.94) para toda a matriz de peso **W** do separador, podemos expressar o ajuste Δ**W** aplicado a **W** como segue:

$$\Delta \mathbf{W} = \eta(\mathbf{W}^{-T} - \boldsymbol{\varphi}(\mathbf{y})\mathbf{x}^T) \quad (10.95)$$

onde $\mathbf{x}^T$ é o transposto do vetor de observação m-por-1 **x**, e

$$\boldsymbol{\varphi}(\mathbf{y}) = [\ \varphi(y_1),\ \varphi(y_2),...,\ \varphi(y_m)]^T \quad (10.96)$$

A fórmula para Δ**W** dada na Eq. (10.95) pode ser rescrita notando que

$$\mathbf{y}^T = \mathbf{x}^T \mathbf{W}^T$$

e com isso podemos reformulá-la na forma equivalente

$$\begin{aligned}\Delta \mathbf{W} &= \eta\left[\mathbf{I} - \varphi(y)\mathbf{x}^T\mathbf{W}^T\right]\mathbf{W}^{-T} \\ &= \eta\left[\mathbf{I} - \varphi(\mathbf{y})\mathbf{y}^T\right]\mathbf{W}^{-T}\end{aligned} \tag{10.97}$$

onde $\mathbf{I}$ é a matriz identidade. A regra de atualização para adaptar a matriz de separação toma a forma

$$\mathbf{W}(n+1) = \mathbf{W}(n) + \eta(n)[\mathbf{I} - \varphi(\mathbf{y}(n))\mathbf{y}^T(n)]\mathbf{W}^{-T}(n) \tag{10.98}$$

onde todos os parâmetros são mostrados nas suas formas variantes no tempo.

Propriedade Equivariante

O objetivo de um algoritmo de separação cega de fontes é atualizar a matriz de separação $\mathbf{W}(n)$ de modo que o vetor de saída

$$\mathbf{y}(n) = \mathbf{W}(n)\mathbf{x}(n) = \mathbf{W}(n)\mathbf{A}\mathbf{u}(n)$$

esteja o mais próximo possível do vetor fonte original $\mathbf{u}(n)$ em um sentido estatístico. Para sermos mais específicos, considere um sistema global caracterizado por uma matriz $\mathbf{C}(n)$ que é obtida multiplicando-se a matriz de mistura $\mathbf{A}$ pela matriz de separação $\mathbf{W}(n)$ como mostrado por

$$\mathbf{C}(n) = \mathbf{W}(n)\mathbf{A} \tag{10.99}$$

Idealmente, este sistema global deveria satisfazer duas condições:

1. O algoritmo responsável por ajustar $\mathbf{C}(n)$ converge para um valor ótimo igual à matriz de permutação.
2. O algoritmo propriamente dito é descrito por

$$\mathbf{C}(n+1) = \mathbf{C}(n) + \eta(n)\mathbf{G}(\mathbf{C}(n)\mathbf{u}(n))\mathbf{C}(n) \tag{10.100}$$

onde $\mathbf{G}(\mathbf{C}(n)\mathbf{u}(n))$ é uma função de valor vetorial de $\mathbf{C}(n)\mathbf{u}(n)$. O desempenho do algoritmo é totalmente caracterizado pela matriz do sistema $\mathbf{C}(n)$ e *não* pelos valores individuais da matriz de mistura $\mathbf{A}$ e da matriz de separação $\mathbf{W}(n)$. Um sistema adaptativo assim é dito ser *equivariante* (Cardoso e Laheld, 1996).

O algoritmo adaptativo da Eq. (10.98) é certamente capaz de satisfazer aproximadamente a primeira condição. Entretanto, da forma como está, não pode satisfazer a segunda condição. Para apreciarmos este ponto, podemos rescrever a Eq. (10.98) na forma equivalente

$$\mathbf{C}(n+1) = \mathbf{C}(n) + \eta(n)\mathbf{G}(\mathbf{C}(n)\mathbf{u}(n))\mathbf{W}^{-T}(n)\mathbf{A} \tag{10.101}$$

onde

$$G(C(n)u(n)) = I - \varphi(C(n)u(n))(C(n)u(n))^T \tag{10.102}$$

O algoritmo da Eq. (10.98) não satisfaz a condição equivariante descrita na Eq. (10.100), pois a função de valor vetorial $G(C(n)u(n))$ é multiplicada posteriormente por $W^{-T}(n)A$, o que, em geral, é diferente de $C(n)$. Podemos retificar esta situação interpondo o produto matricial $W^{T}(n)W(n)$ entre elas. O termo $W^{T}W$, sendo constituído do produto da matriz W com a sua transposta, é sempre positivamente definido. Esta é a razão por que a multiplicação por $W^{T}W$ não muda o sinal dos mínimos do algoritmo de aprendizagem.

A questão importante é: qual é a implicação desta modificação que é feita para satisfazer a condição equivariante? A resposta se encontra no modo como a descida do gradiente no espaço dos parâmetros é formulada. Idealmente, deveríamos utilizar o *gradiente natural*[15] da função objetivo $D_{f\|g}(W)$, definido em termos do gradiente usual $\nabla D_{f\|\tilde{f}}$ como:

$$\nabla^* D_{f\|\tilde{f}}(W) = \left(\nabla D_{f\|\tilde{f}}(W)\right) W^T W \tag{10.103}$$

A matriz usual do gradiente $\nabla D_{f\|\tilde{f}}$ é definida pela Eq. (10.92). Em um sentido implícito, o gradiente $\nabla D_{f\|\tilde{f}}(W)$ é a direção ótima para a descida apenas quando o espaço de parâmetros $\mathcal{W} = \{W\}$ é euclidiano com um sistema de coordenadas ortonormal. Em uma situação típica envolvendo redes neurais, entretanto, o espaço de parâmetros $\mathcal{W}$ tem um sistema de coordenadas não-ortonormal. Nesta situação, o gradiente natural $\nabla^* D_{f\|\tilde{f}}(W)$ fornece a *descida mais íngreme*, daí a preferência em usá-lo em vez do gradiente usual na formulação do algoritmo estocástico para a separação cega de fontes. Para que o espaço do gradiente natural seja definível, duas condições devem ser satisfeitas:

1. O espaço de parâmetros $\mathcal{W}$ é *riemanniano*.[16] A estrutura riemanniana é uma variedade diferenciável com uma métrica positivamente definida W.
2. A matriz W é não-singular (i.e., pode ser invertida).

Estas duas condições são satisfeitas para o problema considerado.

Modificando o algoritmo da Eq. (10.98) desta maneira, podemos escrever

$$\begin{aligned}W(n+1) &= W(n) + \eta(n)\left[I - \varphi(y(n))y^T\right]\left(W(n)W^T(n)\right)W^{-T}(n) \\ &= W(n) + \eta(n)\left[I - \varphi(y(n))y^T(n)\right]W(n)\end{aligned} \tag{10.104}$$

que leva à separação cega de fontes com a propriedade equivariante. A Figura 10.12 mostra uma representação de grafo de fluxo de sinal da Eq. (10.104).

Para o algoritmo adaptativo descrito na Eq. (10.104) produzir uma solução correta para o problema da separação cega de fontes descrito na Fig. 10.9, as duas exigências seguintes devem ser satisfeitas para todas as componentes do vetor de saída Y:

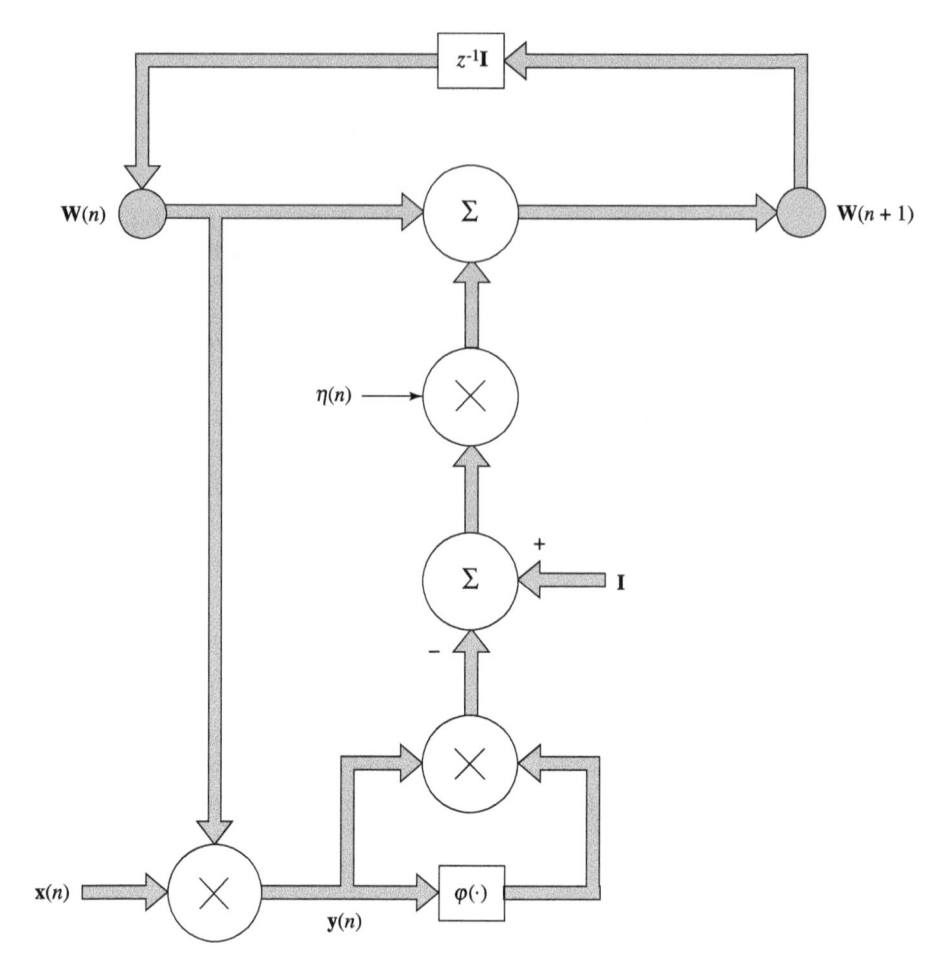

FIGURA 10.12 Grafo de fluxo de sinal do algoritmo de aprendizagem para separação cega de fontes descrito na Eq. (10.104)

- A expansão de Gram-Charlier usada para calcular a não-linearidade $\varphi(\cdot)$ inclui um número suficiente de termos para produzir uma boa aproximação para a entropia marginal $h(Y_i)$; esta exigência é satisfeita, por exemplo, pela função de ativação da Eq. (10.93).
- A taxa de aprendizagem η é pequena o suficiente para que as estimativas dos acumuladores de Y_i sejam confiáveis.

Considerações sobre a Estabilidade

Uma discussão do problema da separação cega de fontes seria incompleta sem a consideração da estabilidade do algoritmo adaptativo descrito na Eq. (10.104). Em Amari et al. (1997), é apresentada uma análise geral da estabilidade deste algoritmo para uma função de ativação arbitrária $\varphi(\cdot)$. A análise é realizada no sentido da convergência assintótica do algoritmo para o ponto de equilíbrio desejado onde é garantida uma separação de fontes bem-sucedida.

A Equação (10.104) é uma descrição em tempo discreto do algoritmo de separação cega de fontes baseado no gradiente natural. Para o propósito da análise de estabilidade, o algoritmo é reformulado em tempo contínuo como segue:

$$\dot{\mathbf{W}}(t) = \eta(t)[\mathbf{I} - \varphi(\mathbf{y}(t))\mathbf{y}^T(t)]\mathbf{W}(t) \qquad (10.105)$$

onde t representa o tempo contínuo, e $\dot{\mathbf{W}}(t) = \partial \mathbf{W}(t)/\partial t$. O parâmetro da taxa de aprendizagem $\eta(t)$ é positivo para todo tempo t. Considere que

$$\sigma_i^2 = E\left[y_i^2\right] \qquad (10.106)$$

$$k_i = E\left[\frac{\partial \varphi(y_i)}{\partial y_i}\right] \qquad (10.107)$$

$$q_i = E\left[y_i^2 \frac{\partial \varphi(y_i)}{\partial y_i}\right] \qquad (10.108)$$

Então, de acordo com Amari et al. (1997), a solução para a separação é um ponto de equilíbrio estável do algoritmo adaptativo da Eq. (10.104) para uma função de ativação arbitrária $\varphi(\cdot)$ se e somente se as seguintes condições forem satisfeitas

$$q_i + 1 > 0 \qquad (10.109)$$

$$k_i > 0 \qquad (10.110)$$

$$\sigma_i^2 \sigma_j^2 k_i k_j > 1 \qquad (10.111)$$

para todo (i,j) com $i \ne j$. As Equações (10.109) a (10.111) são as condições necessárias e suficientes para a estabilidade do algoritmo adaptativo da Eq. (10.104).

Considerações sobre a Convergência

Dado que tenhamos satisfeito as exigências de estabilidade das Eqs. (10.109) a (10.111), o que podemos dizer sobre o comportamento da convergência do algoritmo de aprendizagem da Eq. (10.104) baseado na função de ativação da Eq. (10.93)? Com base em um estudo experimental relatado em Madhuranath e Haykin (1998), podemos dizer, grosso modo, que há duas fases no processo de convergência:

- Na fase I, a variância $\sigma_i^2(n)$ da variável aleatória Y_i na saída do separador passa por um período de ajuste, após o que ela atinge um valor razoavelmente estável. Durante esta fase, os acumuladores $\kappa_{i,3}$, $\kappa_{i,4}$ e $\kappa_{i,6}$ permanecem essencialmente constantes.
- Na fase II, os acumuladores $\kappa_{i,3}$, $\kappa_{i,4}$ e $\kappa_{i,6}$ passam por um período de ajustes específicos, após o que atingem valores razoavelmente estáveis. Neste ponto, podemos dizer que o algoritmo convergiu.

Parece assim que uma estimativa da variância e dos acumuladores de ordem mais alta das saídas do separador (i.e., sinais separados de fontes) forma a base de um procedimento para estudar o comportamento da convergência do algoritmo de aprendizagem da Eq. (10.104). É também interessante notarmos que é apenas na fase II que o algoritmo conforma-se à expansão de Gram-Charlier.

10.12 EXPERIMENTO COMPUTACIONAL

Considere o sistema descrito na Fig. 10.9 envolvendo as três seguintes fontes independentes:

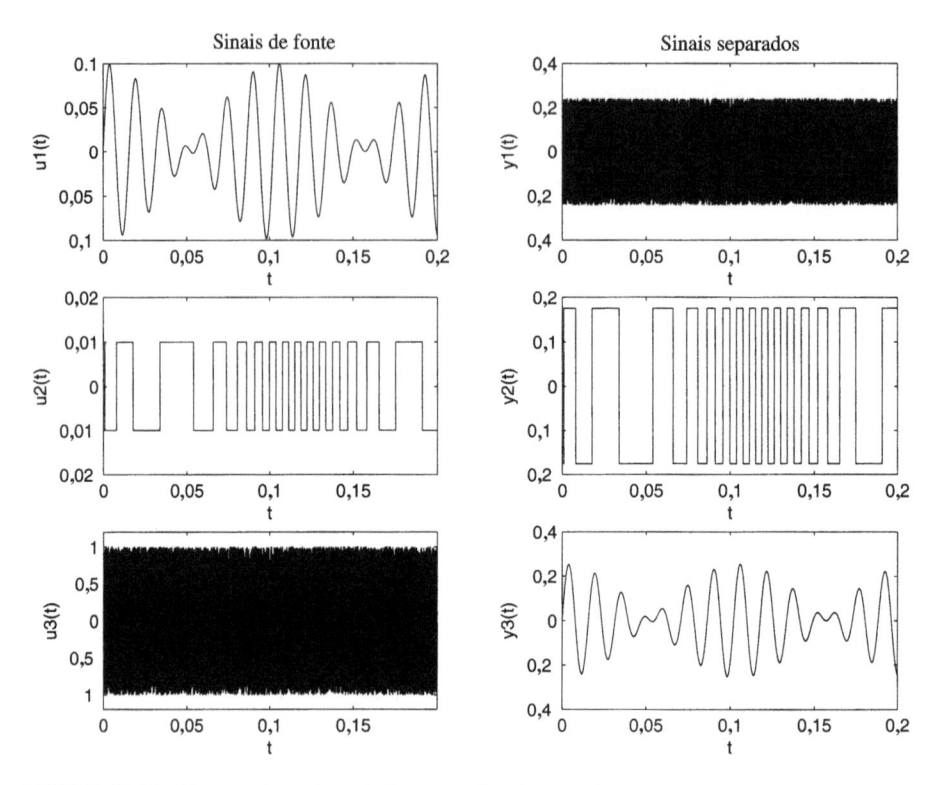

FIGURA 10.13 Formas de onda no lado esquerdo: sinais de fonte originais. Formas de onda do lado direito: sinais de fonte separados

$u_1(n) = 0{,}1$ sen $(400n)$ cos $(30n)$
$u_2(n) = 0{,}01$ sinal(sen $(500n) + 9\cos(40n))$
$u_3(n) = $ ruído uniformemente distribuído no intervalo $[-1, 1]$

A matriz de mistura **A** é

$$\mathbf{A} = \begin{bmatrix} 0{,}56 & 0{,}79 & -0{,}37 \\ -0{,}75 & 0{,}65 & 0{,}86 \\ 0{,}17 & 0{,}32 & -0{,}48 \end{bmatrix}$$

As formas de onda dos sinais de fonte são mostradas no lado esquerdo da Fig. 10.13.

Para o separador, usamos a versão por lote da regra de atualização descrita na Eq. (10.104); veja o Problema 10.14. Foi escolhido o processamento por lote principalmente pela sua melhor convergência. O algoritmo foi implementado usando-se as seguintes condições:

- *Inicialização*. Para inicializar o algoritmo, os pesos na matriz de separação **W** foram tomados de um gerador de números aleatórios com uma distribuição uniforme dentro do intervalo [0,0, 0,05].

- *Taxa de aprendizagem.* O parâmetro da taxa de aprendizagem foi fixado em η = 0,1.
- *Duração do sinal.* A série temporal produzida na saída do misturador tem um período de amostragem de 10^{-4}s e contém N = 65.000 amostras

O lado direito da Fig. 10.13 mostra as formas de onda dos sinais produzidos na saída do separador da Fig. 10.9 após 300 iterações. Exceto pelo escalamento e permutação das saídas fonte desconhecidas, não há diferenças discerníveis entre os dois conjuntos de formas de onda mostrados nos lados esquerdo e direito da Fig. 10.13. Para os resultados apresentados aqui, a matriz de peso real usada na inicialização do algoritmo foi

$$\mathbf{W}(0) = \begin{bmatrix} 0,0109 & 0,0340 & 0,0260 \\ 0,0024 & 0,0467 & 0,0415 \\ 0,0339 & 0,0192 & 0,0017 \end{bmatrix}$$

O algoritmo convergiu para a matriz de peso final

$$\mathbf{W} = \begin{bmatrix} 0,2222 & 0,0294 & -0,6213 \\ -10,1932 & -9,8141 & -9,7259 \\ 4,1191 & -1,7879 & -6,3765 \end{bmatrix}$$

O valor correspondente do produto matricial **WA** é

$$\mathbf{WA} = \begin{bmatrix} -0,0032 & -0,0041 & 0,2413 \\ -0,0010 & -17,5441 & -0,0002 \\ 2,5636 & 0,0515 & -0,0009 \end{bmatrix}$$

Arranjando os termos neste produto matricial de modo que os sinais de saída apareçam na mesma ordem que os sinais de entrada, podemos escrever

$$\mathbf{WA} = \begin{bmatrix} 2,5636 & 0,0515 & -0,0009 \\ -0,0010 & -17,5441 & -0,0002 \\ -0,0032 & -0,0041 & 0,2413 \end{bmatrix}$$

A primeira, a segunda e a terceira linhas do produto matricial correspondem ao sinal modulado em amplitude, ao sinal modulado em freqüência cortado e ao ruído, respectivamente. Os elementos da diagonal de **WA** definem os fatores pelos quais as formas de onda de saída no lado direito da Fig. 10.13 foram escaladas em relação às formas de onda das fontes originais do lado esquerdo da figura.

Para uma avaliação quantitativa do desempenho do separador, podemos utilizar um índice de rejeição global definido por (Amari et al., 1996)

$$\mathcal{I} = \sum_{i=1}^{m}\left(\sum_{j=1}^{m} \frac{|p_{ij}|}{\max_k |p_{ik}|} - 1\right) + \sum_{j=1}^{m}\left(\sum_{i=1}^{m} \frac{|p_{ij}|}{\max_k |p_{ki}|} - 1\right)$$

onde $\mathbf{P} = \{p_{ij}\} = \mathbf{WA}$. O índice de desempenho $\mathscr{I}$ é uma medida da *diagonalidade* da matriz $\mathbf{P}$. Se a matriz $\mathbf{P}$ for perfeitamente diagonal $\mathscr{I} = 0$. Para uma matriz $\mathbf{P}$ cujos elementos não estão concentrados na diagonal principal, o índice de desempenho $\mathscr{I}$ será alto.

Para as formas de onda mostradas na Fig. 10.13, $\mathscr{I} = 0{,}0606$.

10.13 ESTIMAÇÃO POR MÁXIMA VEROSSIMILHANÇA

O método da análise de componentes independentes (i.e., a terceira variante do princípio Infomax) descrito na seção anterior é apenas um entre vários métodos que foram propostos na literatura para separação cega de fontes. Em um contexto teórico da informação, entretanto, há apenas dois outros métodos para realizar a tarefa de separação de fontes de uma maneira não-supervisionada: a máxima verossimilhança e a máxima entropia. Nesta seção, discutimos a máxima verossimilhança.

A máxima verossimilhança é um procedimento bem-estabelecido para a estimação estatística com algumas propriedades desejáveis; veja a nota 5 do Capítulo 7. Neste procedimento, primeiro formulamos uma função logaritmo da verossimilhança e então a otimizamos em relação ao vetor de parâmetros do modelo probabilístico considerado. Da discussão apresentada no Capítulo 7, recordamos que a função de verossimilhança é a função de densidade de probabilidade de um conjunto de dados em um determinado modelo, mas vista como uma função dos parâmetros desconhecidos do modelo. Referindo-nos à Fig. 10.9, considere que $f_{\mathbf{U}}(\cdot)$ represente a função de densidade de probabilidade do vetor aleatório fonte $\mathbf{U}$. Então, a função de densidade de probabilidade do vetor de observação $\mathbf{X} = \mathbf{AU}$ na saída do misturador é definida por (Papoulis, 1984)

$$f_{\mathbf{X}}(\mathbf{x}, \mathbf{A}) = |\det(\mathbf{A})|^{-1} f_{\mathbf{U}}(\mathbf{A}^{-1}\mathbf{x}) \tag{10.112}$$

onde $\det(\mathbf{A})$ é o determinante da matriz de mistura $\mathbf{A}$. Considere que $\mathscr{I} = \{\mathbf{x}_k\}_{k=1}^{N}$ represente um conjunto de N realizações independentes do vetor aleatório $\mathbf{X}$. Podemos então escrever

$$f_{\mathbf{X}}(\mathscr{I}, \mathbf{A}) = \prod_{k=1}^{N} f_{\mathbf{X}}(\mathbf{x}_k, \mathbf{A}) \tag{10.113}$$

É mais conveniente trabalharmos com a versão *normalizada* (dividida pelo tamanho da amostra N) da função logaritmo da verossimilhança, como mostrado por

$$\frac{1}{N} \log f_{\mathbf{X}}(\mathscr{I}, \mathbf{A}) = \frac{1}{N} \sum_{k=1}^{N} \log f_{\mathbf{X}}(\mathbf{x}_k, \mathbf{A})$$

$$= \frac{1}{N} \sum_{k=1}^{N} \log f_{\mathbf{U}}(\mathbf{A}^{-1}\mathbf{x}_k) - \log|\det(\mathbf{A})|$$

Considere que $\mathbf{y} = \mathbf{A}^{-1}\mathbf{x}$ seja uma realização do vetor aleatório $\mathbf{Y}$ na saída do separador e que possamos assim escrever

$$\frac{1}{N} \log f_{\mathbf{X}}(\mathscr{I}, \mathbf{A}) = \frac{1}{N} \sum_{k=1}^{N} \log f_{\mathbf{U}}(\mathbf{y}_k) - \log|\det(\mathbf{A})| \tag{10.114}$$

Considere que $\mathbf{A}^{-1} = \mathbf{W}$ e que $f_\mathbf{Y}(\mathbf{y}, \mathbf{W})$ represente a função de densidade de probabilidade de $\mathbf{Y}$ parametrizada por $\mathbf{W}$. Então, reconhecendo que o somatório na Eq. (10.114) é a média da amostra de $\log f_\mathbf{U}(\mathbf{y}_k)$, obtemos da lei dos grandes números que, com probabilidade 1, quando o tamanho da amostra N se aproxima do infinito:

$$L(\mathbf{W}) = \lim_{N \to \infty} \frac{1}{N} \sum_{k=1}^{N} \log f_\mathbf{U}(\mathbf{y}_k) + \log|\det(\mathbf{W})|$$

$$= E[\log f_\mathbf{U}(\mathbf{y}_k)] + \log|\det(\mathbf{W})| \qquad (10.115)$$

$$= \int_{-\infty}^{\infty} f_\mathbf{Y}(\mathbf{y}, \mathbf{W}) \log f_\mathbf{U}(\mathbf{y}) + \log|\det(\mathbf{W})|$$

onde o valor esperado na segunda linha é em relação a $\mathbf{Y}$. A quantidade $L(\mathbf{W})$ é a função logaritmo da verossimilhança desejada. Escrevendo

$$f_\mathbf{U}(\mathbf{y}) = \left(\frac{f_\mathbf{U}(\mathbf{y})}{f_\mathbf{Y}(\mathbf{y}, \mathbf{W})}\right) f_\mathbf{Y}(\mathbf{y}, \mathbf{W})$$

podemos expressar $L(\mathbf{W})$ na forma equivalente

$$L(\mathbf{W}) = \int_{-\infty}^{\infty} f_\mathbf{Y}(\mathbf{y}, \mathbf{W}) \log\left(\frac{f_\mathbf{U}(\mathbf{y})}{f_\mathbf{Y}(\mathbf{y}, \mathbf{W})}\right) d\mathbf{y} + \int_{-\infty}^{\infty} f_\mathbf{Y}(\mathbf{y}, \mathbf{W}) \log f_\mathbf{Y}(\mathbf{y}, \mathbf{W}) d\mathbf{y} + \log|\det(\mathbf{W})|$$

$$= D_{f_\mathbf{Y} \| f_\mathbf{U}} - h(\mathbf{Y}, \mathbf{W}) + \log|\det(\mathbf{W})| \qquad (10.116)$$

onde $h(\mathbf{Y}, \mathbf{W})$ é a entropia diferencial do vetor aleatório $\mathbf{Y}$ parametrizado por $\mathbf{W}$, e $D_{f_\mathbf{Y} \| f_\mathbf{U}}$ é a divergência de Kullback-Leibler entre $f_\mathbf{Y}(\mathbf{y}, \mathbf{W})$ e $f_\mathbf{U}(\mathbf{y})$. Usando a Eq. (10.76) em (10.116), podemos simplificar a expressão para a função logaritmo da verossimilhança $L(\mathbf{W})$ como segue (Cardoso, 1998a):

$$L(\mathbf{W}) = -D_{f_\mathbf{Y} \| f_\mathbf{U}} - h(\mathbf{X}) \qquad (10.117)$$

onde $h(\mathbf{X})$ é a entropia diferencial do vetor aleatório $\mathbf{X}$ na entrada do separador. A única quantidade na Eq. (10.117) que depende do vetor de peso $\mathbf{W}$ do separador é a divergência de Kullback-Leibler $D_{f_\mathbf{Y} \| f_\mathbf{U}}$. Portanto, concluímos da Eq. (10.117) que maximizar a função logaritmo da verossimilhança $L(\mathbf{W})$ é equivalente a minimizar a divergência de Kullback-Leibler $D_{f_\mathbf{Y} \| f_\mathbf{U}}$, isto é, casar a distribuição de probabilidade da saída do separador $\mathbf{Y}$ com aquela do vetor fonte original $\mathbf{U}$, o que é intuitivamente razoável.

Relação entre a Máxima Verossimilhança e a Análise de Componentes Independentes

Aplicando a decomposição de Pitágoras descrita na Eq. (10.45) ao problema considerado, podemos expressar a divergência de Kullback-Leibler $D_{f_\mathbf{Y} \| f_\mathbf{U}}$ para a máxima verossimilhança como segue:

$$D_{f_Y\|f_U} = D_{f_Y\|\tilde{f}_Y} + D_{\tilde{f}_Y\|f_U} \qquad (10.118)$$

A primeira divergência de Kullback-Leibler $D_{f_Y\|\tilde{f}_Y}$ no lado direito da Eq. (10.118) é uma medida de *descasamento estrutural* que caracteriza o método de análise de componentes independentes. A segunda divergência de Kullback-Leibler $D_{\tilde{f}_Y\|f_U}$ é uma medida de *descasamento marginal* entre a distribuição marginal da saída do separador **Y** e a distribuição do vetor fonte original **U**. Podemos assim expressar o critério "global" de casamento da distribuição por máxima verossimilhança como segue (Amari, 1997; Cardoso, 1998a):

$$\begin{pmatrix} \text{Descasamento} \\ \text{total} \end{pmatrix} = \begin{pmatrix} \text{Descasamento} \\ \text{estrutural} \end{pmatrix} + \begin{pmatrix} \text{Descasamento} \\ \text{marginal} \end{pmatrix} \qquad (10.119)$$

O "descasamento estrutural" se refere à estrutura de uma distribuição relativa a um conjunto de variáveis independentes, enquanto que "descasamento marginal" se refere ao descasamento entre as distribuições marginais individuais.

Sob a condição ideal $\mathbf{W} = \mathbf{A}^{-1}$ (i.e., separação cega perfeita de fontes), tanto o descasamento estrutural como o descasamento marginal desaparecem. Neste ponto, a máxima verossimilhança e a análise de componentes independentes produzem a mesma solução. A relação idealizada entre a máxima verossimilhança e a análise de componentes independentes é mostrada na Fig. 10.14 (Cardoso, 1996; Amari, 1997). Nesta figura, $\mathcal{S}$ é o conjunto de *todas* as funções de densidade de probabilidade $f_Y(\mathbf{y})$ do vetor aleatório **Y** na saída do separador; $\mathcal{I}$ é o conjunto de todas as distribuições de probabilidade independentes, isto é, aquelas na forma de produto. Ambos $\mathcal{S}$ e $\mathcal{I}$ são de dimensão infinita. O conjunto $\mathcal{D} = \{f_Y(\mathbf{y}, \mathbf{W})\}$ é o conjunto finito de distribuições de probabilidade medidas na saída do separador. O conjunto $\mathcal{D}$ tem dimensionalidade m^2, onde m é a dimensão de **Y**, e a matriz de peso **W** é um sistema de coordenadas dentro dele. Da Fig. 10.14 vemos claramente que tanto $D_{f_Y\|\tilde{f}_Y}$ como $D_{\tilde{f}_Y\|f_U}$ são minimizados em $\mathbf{W} = \mathbf{A}^{-1}$. É interessante provarmos que os conjuntos $\mathcal{D}$ e $\mathcal{I}$ são mesmo ortogonais no seu ponto de interseção definido pela função de densidade de probabilidade $f_U(\mathbf{y})$.

Um algoritmo para separação cega de fontes baseado na máxima verossimilhança deve incluir condições para estimar as distribuições relativas às fontes quando são desconhecidas, o que é tipicamente o caso. Os parâmetros para esta estimação podem ser adaptados assim como adaptamos a matriz de peso do separador **W**. Em outras palavras, devemos realizar uma *estimação conjunta* da matriz de mistura e (algumas características) das distribuições das fontes (Cardoso, 1997, 1998a); uma abordagem elegante e bem-desenvolvida para esta estimação é apresentada em Pham et al. (1992, 1997).

10.14 MÉTODO DA MÁXIMA ENTROPIA

O *método da máxima entropia* para a separação de fontes foi proposto por Bell e Sejnowski (1995). A Figura 10.15 mostra o diagrama em blocos do sistema baseado neste método. Como anteriormente, o separador opera sobre o vetor de observação **X** para produzir uma saída $\mathbf{Y} = \mathbf{WX}$ que é uma estimativa do vetor fonte original **U**. O vetor **Y** é transformado em um vetor **Z** passando-o através de uma não-linearidade de múltiplos componentes representada por $\mathbf{G}(\cdot)$, que é monótona e pode ser invertida. Assim, ao contrário de **Y**, garante-se que o vetor **Z** tenha uma entropia diferencial limitada $h(\mathbf{Z})$ para um separador arbitrariamente grande. Para uma não-linearidade $\mathbf{G}(\cdot)$ predeterminada, o

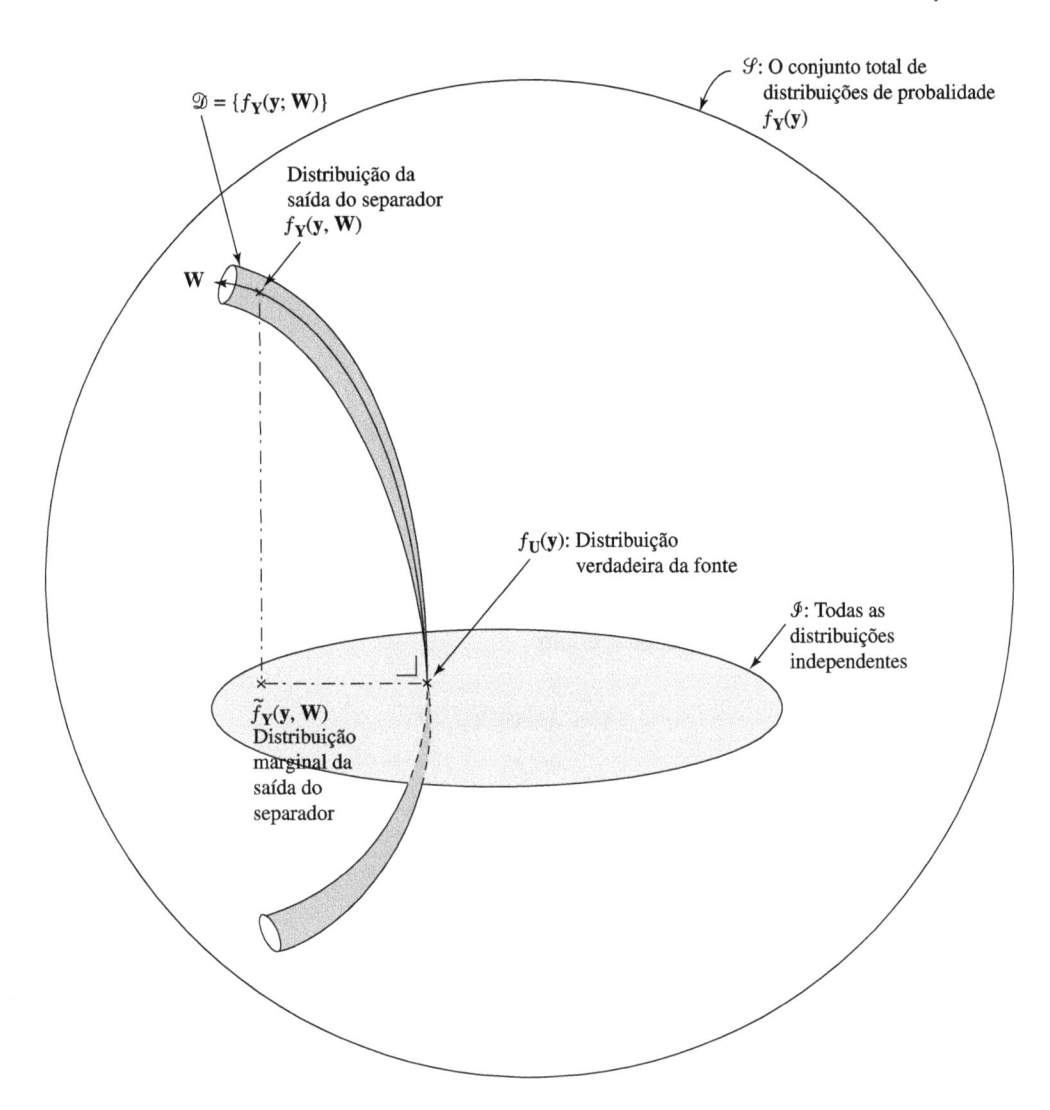

FIGURA 10.14 Ilustração da relação entre a máxima verossimilhança e a análise de componentes independentes para separação cega de fontes. A máxima verossimilhança minimiza $D_{f_Y \| f_U}$, enquanto que a análise de componentes independentes minimiza $D_{f_Y \| \tilde{f}_Y}$

método da máxima entropia produz uma estimativa do vetor fonte original $\mathbf{U}$ maximizando a entropia $h(\mathbf{Z})$ em relação a $\mathbf{W}$. Com base na Eq. (10.55) derivada no Exemplo 10.6, vemos que o método da máxima entropia está intimamente relacionado ao princípio Infomax.[17]

A não-linearidade $\mathbf{G}$ é um *mapa diagonal* descrito por

$$\mathbf{G}: \begin{bmatrix} y_1 \\ y_2 \\ \vdots \\ y_m \end{bmatrix} \to \begin{bmatrix} g_1(y_1) \\ g_2(y_2) \\ \vdots \\ g_m(y_m) \end{bmatrix} = \begin{bmatrix} z_1 \\ z_2 \\ \vdots \\ z_m \end{bmatrix} \qquad (10.120)$$

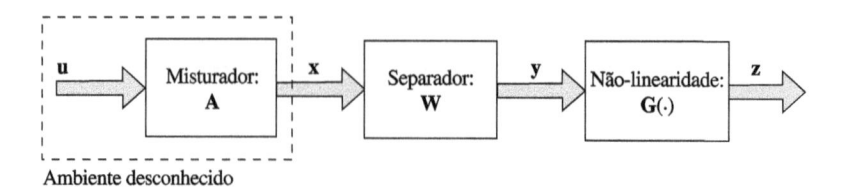

FIGURA 10.15 Diagrama em blocos do método da máxima entropia para separação cega de fontes. Os vetores **u**, **x**, **y** e **z** são valores dos vetores aleatórios **U**, **X**, **Y** e **Z**, respectivamente

Assim, podemos escrever

$$\begin{aligned}\mathbf{Z} &= \mathbf{G}(\mathbf{Y}) \\ &= \mathbf{G}(\mathbf{WAU})\end{aligned} \quad (10.121)$$

Como a não-linearidade $\mathbf{G}(\cdot)$ pode ser invertida, podemos expressar o vetor fonte original $\mathbf{U}$ em termos do vetor de saída do separador $\mathbf{Z}$ como

$$\begin{aligned}\mathbf{U} &= \mathbf{A}^{-1}\mathbf{W}^{-1}\mathbf{G}^{-1}(\mathbf{Z}) \\ &= \Psi(\mathbf{Z})\end{aligned} \quad (10.122)$$

onde $\mathbf{G}^{-1}$ é a *não-linearidade inversa*:

$$\mathbf{G}^{-1}: \begin{bmatrix} z_1 \\ z_2 \\ \vdots \\ z_m \end{bmatrix} \rightarrow \begin{bmatrix} g_1^{-1}(z_1) \\ g_2^{-1}(z_2) \\ \vdots \\ g_m^{-1}(z_m) \end{bmatrix} = \begin{bmatrix} y_1 \\ y_2 \\ \vdots \\ y_m \end{bmatrix} \quad (10.123)$$

A função de densidade de probabilidade do vetor de saída $\mathbf{Z}$ é definida em termos daquela do vetor fonte $\mathbf{U}$ (Papoulis, 1984)

$$f_\mathbf{Z}(\mathbf{z}) = \left. \frac{f_\mathbf{U}(\mathbf{u})}{|\det(\mathbf{J}(\mathbf{u}))|} \right|_{\mathbf{u}=\Psi(\mathbf{Z})} \quad (10.124)$$

onde $\det(\mathbf{J}(\mathbf{u}))$ é o determinante da matriz jacobiana $\mathbf{J}(\mathbf{u})$. O elemento de índice ij desta última matriz é definido por

$$J_{ij} = \frac{\partial z_i}{\partial u_j} \quad (10.125)$$

Assim, a entropia do vetor aleatório $\mathbf{Z}$ na saída da não-linearidade $\mathbf{G}$ é

$$h(\mathbf{Z}) = -E[\log f_\mathbf{Z}(\mathbf{z})]$$

$$= -E\left[\log\left(\frac{f_\mathbf{U}(\mathbf{u})}{|\det(\mathbf{J}(\mathbf{u}))|}\right)\right]_{\mathbf{u}=\Psi(\mathbf{z})} \quad (10.126)$$

$$= -D_{f_\mathbf{U}\|\det\mathbf{J}|} \quad \text{calculada em } \mathbf{u} = \Psi(\mathbf{z})$$

Vemos assim que maximizar a entropia $h(\mathbf{Z})$ é equivalente a minimizar a divergência de Kullback-Leibler entre $f_\mathbf{U}(\mathbf{u})$ e uma função de densidade de probabilidade de $\mathbf{U}$ definida por $|\det(\mathbf{J}(\mathbf{u}))|$.

Suponha agora que a variável aleatória Z_i (i.e., o i-ésimo elemento de $\mathbf{Z}$) seja *uniformemente distribuída* dentro do intervalo $[0, 1]$ para todo i. De acordo com o Exemplo 10.1, a entropia $h(\mathbf{Z})$ é então igual a zero. Correspondentemente, constatamos da Eq. (10.126) que

$$f_\mathbf{U}(\mathbf{u}) = |\det(\mathbf{J}(\mathbf{u}))| \quad (10.127)$$

Sob a condição ideal $\mathbf{W} = \mathbf{A}^{-1}$, esta relação se reduz a

$$f_{U_i}(u_i) = \left.\frac{\partial z_i}{\partial y_i}\right|_{z_i=g(u_i)} \quad \text{para todo } i \quad (10.128)$$

De modo inverso, podemos dizer que, se a Eq. (10.128) for satisfeita, então maximizar $h(\mathbf{Z})$ produz $\mathbf{W} = \mathbf{A}^{-1}$ e a separação cega de fontes é assim realizada.

Podemos agora resumir os resultados obtidos sobre o método da máxima entropia para a separação cega de fontes como segue (Bell e Sejnowski, 1995):

Considere que a não-linearidade na saída do separador da Fig. 10.15 seja definida em termos da distribuição original das fontes como

$$z_i = g_i(y_i)$$

$$= \int_{-\infty}^{z_i} f_{U_i}(u_i)du_i \quad \text{para } i = 1, 2, \ldots, m \quad (10.129)$$

Maximizar a entropia do vetor aleatório $\mathbf{Z}$ na saída da não-linearidade $\mathbf{G}$ é então equivalente a $\mathbf{W} = \mathbf{A}^{-1}$, o que produz a separação perfeita das fontes.

Os métodos da máxima entropia e da máxima verossimilhança para separação cega de fontes são de fato equivalentes sob a condição de que a variável aleatória Z_i seja uniformemente distribuída dentro do intervalo $[0, 1]$ para todo i (Cardoso, 1997). Para provarmos, esta relação, primeiro usamos a regra da cadeia do cálculo para rescrever a Eq. (10.125) na forma equivalente

$$J_{ij} = \sum_{k=1}^{m} \frac{\partial z_i}{\partial y_i}\frac{\partial y_i}{\partial x_k}\frac{\partial x_k}{\partial u_j}$$

$$= \sum_{k=1}^{m} \frac{\partial z_i}{\partial y_i} w_{ik} a_{kj} \quad (10.130)$$

A matriz jacobiana $\mathbf{J}$ pode assim ser expressa como

$$\mathbf{J} = \mathbf{DWA}$$

onde $\mathbf{D}$ é a matriz diagonal

$$\mathbf{D} = \text{diag}\left(\frac{\partial z_1}{\partial y_1}, \frac{\partial z_2}{\partial y_2}, \dots, \frac{\partial z_m}{\partial y_m}\right)$$

Assim,

$$|\det(\mathbf{J})| = |\det(\mathbf{WA})|\prod_{i=1}^{m}\frac{\partial z_i}{\partial y_i} \qquad (10.131)$$

Uma estimativa da função de densidade de probabilidade $f_U(\mathbf{u})$ parametrizada pela matriz de peso $\mathbf{W}$ e a não-linearidade $\mathbf{G}$, com base na Eq. (10.131), pode ser escrita formalmente como (Roth e Baram, 1996)

$$f_U(\mathbf{u}|\mathbf{W},\mathbf{G}) = |\det(\mathbf{WA})|\prod_{i=1}^{m}\frac{\partial g_i(y_i)}{\partial y_i} \qquad (10.132)$$

Vemos assim que, sob esta condição, maximizar a função logaritmo da verossimilhança $\log f_U(\mathbf{u}|\mathbf{W},\mathbf{G})$ é equivalente a maximizar a entropia $h(\mathbf{Z})$ para a separação cega de fontes. Isto é, os métodos da máxima entropia e da máxima verossimilhança são equivalentes.

Algoritmo de Aprendizagem para Separação Cega de Fontes

Com referência à segunda linha da Eq. (10.126), notamos que, como a distribuição das fontes é tipicamente fixa, maximizar a entropia $h(\mathbf{z})$ requer maximizar o valor esperado do termo do denominador $\log|\det(\mathbf{J}(\mathbf{u}))|$ em relação à matriz de peso $\mathbf{W}$. Tendo como objetivo um algoritmo adaptativo para realizar esta computação, podemos considerar a função objetivo instantânea

$$\Phi = \log|\det(\mathbf{J})| \qquad (10.133)$$

Substituir a Eq. (10.131) em (10.133) produz

$$\Phi = \log|\det(\mathbf{A})| + \log|\det(\mathbf{W})| + \sum_{i=1}^{m}\log\left(\frac{\partial z_i}{\partial y_i}\right) \qquad (10.134)$$

Assim, diferenciando Φ em relação à matriz de peso $\mathbf{W}$ do separador, obtemos (veja o Problema 10.16)

$$\frac{\partial \Phi}{\partial \mathbf{W}} = \mathbf{W}^{-T} + \sum_{i=1}^{m}\frac{\partial}{\partial \mathbf{W}}\log\left(\frac{\partial z_i}{\partial y_i}\right) \qquad (10.135)$$

Para prosseguirmos com esta fórmula, precisamos especificar a não-linearidade fornecida pela saída do separador. Uma forma simples de não-linearidade que pode ser usada aqui é a função logística

$$z_i = g(y_i)$$
$$= \frac{1}{1+e^{-y_i}}, \quad i = 1, 2, ..., m \tag{10.136}$$

A Figura 10.16 apresenta gráficos desta não-linearidade e da sua inversa. Esta figura mostra que a função logística satisfaz os requisitos básicos para separação cega de fontes, sendo monótona e podendo ser invertida. A substituição da Eq. (10.136) em (10.135) produz

$$\frac{\partial \Phi}{\partial \mathbf{W}} = \mathbf{W}^{-T} + (\mathbf{1} - 2\mathbf{z})\mathbf{x}^T$$

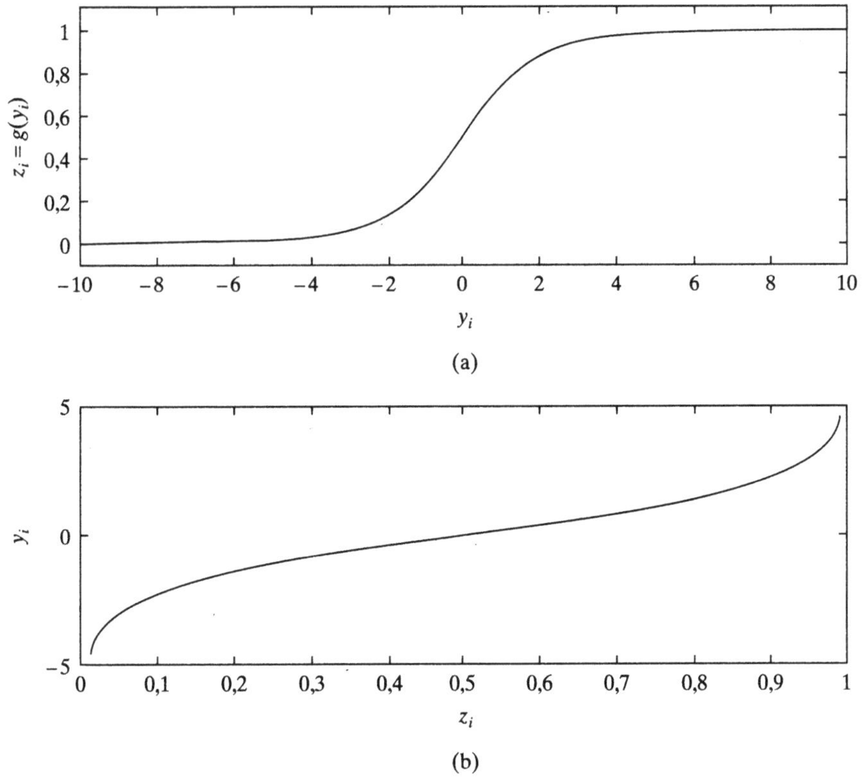

FIGURA 10.16 (a) Função logística: $z_i = g(y_i) = \frac{1}{1+e^{-y_i}}$. (b) Inversa da função logística: $y_i = g^{-1}(z_i)$

onde $\mathbf{x}$ é o vetor sinal recebido, $\mathbf{z}$ é o vetor de saída transformado do separador e $\mathbf{1}$ é um vetor correspondente de uns.

O objetivo do algoritmo de aprendizagem é maximizar a entropia $h(\mathbf{Z})$. Correspondentemente, invocando o método da subida mais íngreme, a modificação aplicada à matriz de peso $\mathbf{W}$ é (Bell e Sejnowski, 1995)

$$\Delta \mathbf{W} = \eta \frac{\partial \Phi}{\partial \mathbf{W}}$$
$$= \eta(\mathbf{W}^{-T} + (1-2\mathbf{z})\mathbf{x}^{T}) \quad (10.137)$$

onde η é o parâmetro da taxa de aprendizagem. Como no caso da análise de componentes independentes, podemos eliminar a necessidade de inverter a matriz de pesos transposta $\mathbf{W}^T$ usando o gradiente natural, o que é equivalente a multiplicar a Eq. (10.137) pelo produto matricial $\mathbf{W}^T\mathbf{W}$. Este escalamento ótimo produz a fórmula desejada para a modificação dos pesos:

$$\Delta \mathbf{W} = \eta\left(\mathbf{W}^{-T} + (1-2\mathbf{z})\mathbf{x}^{T}\right)\mathbf{W}^{T}\mathbf{W}$$
$$= \eta(\mathbf{I} + (1-2\mathbf{z})(\mathbf{W}\mathbf{x})^{T})\mathbf{W} \quad (10.138)$$
$$= \eta(\mathbf{I} + (1-2\mathbf{z})\mathbf{y}^{T})\mathbf{W}$$

onde o vetor $\mathbf{y}$ é a saída do separador. O algoritmo de aprendizagem para calcular a matriz de peso $\mathbf{W}$ é com isso

$$\mathbf{W}(n+1) = \mathbf{W}(n) + \eta(\mathbf{I} + (1-2\mathbf{z}(n))\mathbf{y}^{T}(n))\mathbf{W}(n) \quad (10.139)$$

O algoritmo é inicializado com $\mathbf{W}(0)$ selecionado de um conjunto uniformemente distribuído de números pequenos.

Considerações teóricas e investigações experimentais mostraram que o algoritmo de aprendizagem da Eq. (10.139) é limitado à separação de fontes com distribuições supergaussianas (Bell e Sejnowski, 1995); para a definição de distribuições supergaussianas, veja a nota 18. Esta limitação é uma conseqüência direta do uso de uma função logística para a não-linearidade no terminal de saída do sistema da Fig. 10.15. Em particular, a função logística impõe conhecimento prévio, isto é uma forma supergaussiana, sobre a distribuição da fonte. Entretanto, a restrição no método da máxima entropia à função logística não representa nada a mais do que a restrição do método da máxima verossimilhança a algum conhecimento prévio. A aplicação do método da máxima entropia pode ser ampliada para um espectro mais largo de distribuições de fonte modificando-se o algoritmo de aprendizagem da Eq. (10.138) de modo a considerar a estimativa conjunta da distribuição relativa às fontes e à matriz de mistura. Esta exigência é similar àquela discutida para a máxima verossimilhança na seção anterior.

10.15 RESUMO E DISCUSSÃO

Neste capítulo, estabelecemos a informação mútua, fundamentada na teoria da informação de Shannon, como ferramenta estatística básica para a auto-organização. A informação mútua entre um processo de entrada e um processo de saída tem algumas propriedades únicas que sugerem sua adoção como a função objetivo a ser otimizada para a aprendizagem auto-organizada. De fato, alguns princípios importantes para a auto-organização emergiram da discussão apresentada neste capítulo:

- *O princípio da máxima informação mútua (Infomax)* (Linsker, 1988). Este princípio, na sua forma básica, é bem adequado ao desenvolvimento de modelos auto-organizados e mapas de características.
- A *primeira variante* do Infomax, de Becker e Hinton (1992), é bem adequada para o processamento de imagens onde o objetivo é a descoberta de propriedades de uma entrada sensorial ruidosa exibindo coerência através tanto do espaço como do tempo.
- A *segunda variante* do Infomax, de Ukrainec e Haykin (1992), encontra aplicações no processamento dual de imagens no qual o objetivo é maximizar a diferenciação espacial entre regiões correspondentes de duas imagens separadas (vistas) de um ambiente de interesse.
- A terceira variante do Infomax para *análise de componentes independentes* foi proposta por Comon (1994), embora suas raízes remontem à hipótese de Barlow (Barlow, 1985, 1989). Apesar disso, em Comon (1994) foi apresentada pela primeira vez uma formulação rigorosa da análise de componentes independentes.
- O método da máxima entropia de Bell e Sejnowski (1995), que está também relacionado com o princípio Infomax. A máxima entropia é equivalente à máxima verossimilhança (Cardoso, 1997).

A análise de componentes independentes e o método da máxima entropia fornecem dois métodos alternativos para a separação cega de fontes, cada um oferecendo atributos próprios. Um algoritmo para separação cega de fontes baseado no método da máxima entropia é simples de implementar, enquanto que um algoritmo correspondente baseado na análise de componentes independentes é mais elaborado na derivação, mas pode ter uma aplicabilidade mais ampla.

Uma motivação neurobiológica que é freqüentemente citada para a separação cega de fontes é o fenômeno da festa de coquetel. Este fenômeno se refere à notável habilidade humana de sintonizar seletivamente e seguir uma entrada auditiva de interesse em um ambiente ruidoso. Como explicado no Capítulo 2, o modelo neurobiológico envolvido na solução deste problema muito difícil de processamento de sinal é muito mais complicado do que aquilo que está envolvido no modelo idealizado descrito na Fig. 10.9. O modelo neurobiológico envolve as formas de processamento tanto temporal como espacial, que são necessárias para lidar com atrasos desconhecidos, reverberação e ruído. Agora que temos um entendimento razoavelmente firme das questões básicas envolvidas na solução neural para o problema padrão de separação cega de fontes, talvez seja oportuno atacarmos problemas da vida real em uma escala comparável ao fenômeno da festa de coquetel.

Uma outra área de pesquisa em aberto, merecedora de atenção detalhada, é a *deconvolução cega*. Deconvolução é uma operação de processamento de sinal que idealmente desfaz os efeitos da convolução realizada por um sistema linear invariante no tempo operando no sinal de entrada. Mais especificamente, na deconvolução ordinária tanto o sinal de saída como o sistema são conhecidos, e o objetivo é reconstruir aquilo que o sinal de entrada deve ter sido. Na deconvolução cega, ou em termos mais precisos, deconvolução não-supervisionada, *apenas* o sinal de saída é conhecido e pode haver também informação sobre as estatísticas da fonte; o objetivo é encontrar o sinal de entrada, o sistema, ou ambos. Claramente, a deconvolução cega é uma tarefa de processamento de sinal mais difícil que a deconvolução ordinária. Embora a deconvolução cega tenha de fato recebido bastante atenção na literatura (Haykin, 1994a), o nosso entendimento de uma abordagem teórica da informação para a deconvolução cega quando comparado ao problema da separação cega de fontes está em um estágio inicial de desenvolvimento (Douglas e Haykin, 1997). Além disso, uma solução efetiva em termos de custos para a equalização cega de um canal hostil tal como o canal de comunicação móvel é tão desafiador quanto o problema da festa de coquetel.

Em resumo, a *adaptação cega*, seja no contexto da separação de fontes ou da deconvolução, tem um longo caminho a percorrer antes de alcançar um estágio maduro de desenvolvimento comparável ao da aprendizagem supervisionada.

NOTAS E REFERÊNCIAS

1. Para um tratamento detalhado da teoria da informação, veja o livro de Cover e Thomas (1991); veja também Gray (1990). Para uma coleção de artigos sobre o desenvolvimento da teoria da informação (incluindo o artigo clássico de 1948 de Shannon), veja Slepian (1973). O artigo de Shannon está também reproduzido, com pequenas revisões, nos livros de Shannon e Weaver (1949) e Sloane e Wyner (1993).

   Para uma breve revisão dos importantes princípios da teoria da informação tendo em mente o processamento neural, veja Atick (1992). Para um tratamento da teoria da informação de uma perspectiva biológica, veja Yockey (1992).

2. O princípio da máxima informação mútua de Linsker para a auto-organização não deve ser confundido com a regra da preservação do conteúdo de informação para tomada de decisão, uma regra prática que é brevemente discutida no Capítulo 7.

3. Para uma revisão da literatura sobre a relação entre teoria da informação e percepção, veja Linsker (1990c) e Atick (1992).

4. O termo "entropia", em um contexto de teoria da informação, deriva seu nome da analogia com a entropia na termodinâmica; esta última quantidade é definida por (veja o Capítulo 11)

$$H = -k_B \sum_\alpha p_\alpha \log p_\alpha$$

   onde k_B é a constante de Boltzmann e p_α é a probabilidade de que o sistema esteja no estado α. Exceto pelo fator k_B, a fórmula para a entropia H na termodinâmica tem exatamente a mesma forma matemática da definição de entropia dada na Eq. (10.8)

5. Em Shore e Johnson (1980), prova-se que o princípio da máxima entropia é correto no seguinte sentido:

   > Dado conhecimento prévio na forma de restrições, há apenas uma distribuição que satisfaz estas restrições que pode ser escolhida por um procedimento que satisfaça os "axiomas de consistência"; esta distribuição única é definida como a entropia de maximização.

   São quatro os axiomas de consistência:
   I. Unicidade: o resultado deve ser único.
   II. Invariância: a escolha de coordenadas não deve afetar o resultado.
   III. Independência do sistema: não deve fazer diferença se é levada em conta informação independente sobre sistemas independentes separadamente, em termos de densidades diferentes, ou de forma conjunta, em termos de uma densidade conjunta.
   IV. Independência de subconjunto: não deve importar se um subconjunto independente de estados do sistema é tratado em termos de uma densidade condicional separada ou em termos da densidade total do sistema.

   Em Shore e Johnson (1980), é mostrado que a entropia relativa ou a divergência de Kullback-Leibler também satisfaz os axiomas de consistência.

6. Para uma discussão do método dos multiplicadores de Lagrange, veja o livro de Dorny (1975).

7. O termo $I(X;Y)$ era originalmente referido como a *taxa de transmissão de informação* por Shannon (1948). Hoje, contudo, este termo é normalmente referido como a informação mútua entre as variáveis aleatórias X e Y.
8. Para provar a decomposição da Eq. (10.45), podemos proceder como segue. Por definição temos

$$\begin{aligned}
D_{f_\mathbf{X}\|f_\mathbf{U}} &= \int_{-\infty}^{\infty} f_\mathbf{X}(\mathbf{x})\log\left(\frac{f_\mathbf{X}(\mathbf{x})}{f_\mathbf{U}(\mathbf{x})}\right)d\mathbf{x} \\
&= \int_{-\infty}^{\infty} f_\mathbf{X}(\mathbf{x})\log\left(\frac{f_\mathbf{X}(\mathbf{x})}{\tilde{f}_\mathbf{X}(\mathbf{x})}\cdot\frac{\tilde{f}_\mathbf{X}(\mathbf{x})}{f_\mathbf{U}(\mathbf{x})}\right)d\mathbf{x} \qquad (1)\\
&= \int_{-\infty}^{\infty} f_\mathbf{X}(\mathbf{x})\log\left(\frac{f_\mathbf{X}(\mathbf{x})}{\tilde{f}_\mathbf{X}(\mathbf{x})}\right)d\mathbf{x} + \int_{-\infty}^{\infty} f_\mathbf{X}(\mathbf{x})\log\left(\frac{\tilde{f}_\mathbf{X}(\mathbf{x})}{f_\mathbf{U}(\mathbf{x})}\right)d\mathbf{x} \\
&= D_{f_\mathbf{X}\|\tilde{f}_\mathbf{X}} + \int_{-\infty}^{\infty} f_\mathbf{X}(\mathbf{x})\log\left(\frac{\tilde{f}_\mathbf{X}(\mathbf{x})}{f_\mathbf{U}(\mathbf{x})}\right)d\mathbf{x}
\end{aligned}$$

Das definições de $\tilde{f}_\mathbf{X}(\mathbf{x})$ e $f_\mathbf{U}(\mathbf{u})$, temos que

$$\begin{aligned}
\log\left(\frac{\tilde{f}_\mathbf{X}(\mathbf{x})}{f_\mathbf{U}(\mathbf{x})}\right) &= \log\left(\frac{\prod_{i=1}^{m}\tilde{f}_{X_i}(x_i)}{\prod_{i=1}^{m}f_{U_i}(x_i)}\right) \\
&= \sum_{i=1}^{m}\log\left(\frac{\tilde{f}_{X_i}(x_i)}{f_{U_i}(x_i)}\right)
\end{aligned}$$

Considere que B represente a integral na última linha da Eq. (1). Podemos então escrever

$$\begin{aligned}
B &= \int_{-\infty}^{\infty} f_\mathbf{X}(\mathbf{x})\log\left(\frac{\tilde{f}_\mathbf{X}(\mathbf{x})}{f_\mathbf{U}(\mathbf{x})}\right)d\mathbf{x} \\
&= \int_{-\infty}^{\infty} f_\mathbf{X}(\mathbf{x})\log\left(\frac{\prod_{i=1}^{m}\tilde{f}_{X_i}(x_i)}{\prod_{i=1}^{m}f_{U_i}(x_i)}\right)d\mathbf{x} \qquad (2)\\
&= \sum_{i=1}^{m}\int_{-\infty}^{\infty}\left(\log\left(\frac{\tilde{f}_{X_i}(x_i)}{f_{U_i}(x_i)}\right)\int_{-\infty}^{\infty}f_\mathbf{X}(\mathbf{x})d\mathbf{x}^{(i)}\right)dx_i \\
&= \sum_{i=1}^{m}\int_{-\infty}^{\infty}\log\left(\frac{\tilde{f}_{X_i}(x_i)}{f_{U_i}(x_i)}\right)\tilde{f}_{X_i}(x_i)dx_i
\end{aligned}$$

onde na última linha usamos a definição da Eq. (10.39). A integral na Eq. (2) é a divergência de Kullback-Leibler $D_{\tilde{f}_{X_i}\|f_{U_i}}$ para $i=1,2,\ldots,m$. Para colocar a expressão para B na sua forma final, notamos que a área sob de $\tilde{f}_{X_j}(x_j)$ é unitária, e portanto escrevemos

$$B = \sum_{i=1}^{m}\int_{-\infty}^{\infty}\prod_{j=1}^{m}\tilde{f}_{X_j}(x_j)\left(\log\left(\frac{\tilde{f}_{X_i}(x_i)}{f_{U_i}(x_i)}\right)dx_i\right)d\mathbf{x}^{(i)}$$

$$= \int_{-\infty}^{\infty}\tilde{f}_{\mathbf{X}}(\mathbf{x})\log\left(\frac{\prod_{i=1}^{m}\tilde{f}_{X_i}(x_i)}{\prod_{i=1}^{m}f_{U_i}(x_i)}\right)d\mathbf{x} \tag{3}$$

$$= D_{\tilde{f}_{\mathbf{X}}\|f_U}$$

onde na primeira linha usamos a definição $d\mathbf{x} = dx_i d\mathbf{x}^{(i)}$ como descrito na Seção 10.5. Assim, substituindo a Eq. (3) em (1), obtemos a decomposição desejada:

$$D_{f_{\mathbf{X}}\|f_U} = D_{f_{\mathbf{X}}\|\tilde{f}_{\mathbf{X}}} + D_{\tilde{f}_{\mathbf{X}}\|f_U}$$

9. Nadal e Parga (1994, 1997) também discutem a relação entre o Infomax e a redução de redundância, chegando a uma conclusão similar de que a maximização da informação mútua entre o vetor de entrada e o vetor de saída de um sistema neural leva à redução de dados. Haft e van Hemmen (1998) discutem a implementação de filtros Infomax para a retina. Eles mostram que a redundância é essencial para alcançar robustez contra ruído de uma representação interna do ambiente como ela é produzida por um sistema como a retina.
10. Becker e Hinton (1992) usam a acrossemia I_{max} para se referirem à primeira variante do princípio Infomax.
11. Em Uttley (1970) considera-se um *caminho de informação negativa* para otimizar o negativo da informação mútua entre os sinais na entrada e a saída do caminho. Mostra-se que um sistema assim se adapta para se tornar um discriminador do padrão mais freqüente que ocorre no conjunto de sinais de entrada durante a adaptação. O modelo é chamado de "informon", que se relaciona fracamente com a segunda variante do princípio Infomax.
12. O sistema descrito em Ukrainec e Haykin (1996) inclui um processador de detecção *a posteriori* que utiliza informação prévia sobre a localização do refletor ao longo da borda entre água e terra do curso d'água. Um *processador de lógica nebulosa (fuzzy)* combina o desempenho da detecção primária com a saída de um detector de borda baseado em visão para remover efetivamente alarmes falsos, resultando assim em uma melhoria extra do desempenho do sistema.
13. A separação cega de fontes remonta ao artigo fundamental de Hérault, Jutten e Ans (1985). Para um relato histórico do problema de separação cega de fontes, veja Nadal e Parga (1997); este artigo também enfatiza os aspectos neurobiológicos do problema. Para uma visão geral aprofundada da separação cega de fontes, com ênfase nos princípios relacionados com o processamento de sinal, veja Cardoso (1998a).
14. **Aproximação da Função de Densidade de Probabilidade**
    (a) *A Expansão de Gram-Charlier*
    Considere que $\varphi_Y(\omega)$ represente a *função característica* de uma variável aleatória Y tendo a função de densidade de probabilidade $f_Y(y)$. Por definição temos

$$\varphi_Y(\omega) = \int_{-\infty}^{\infty} f_Y(y)e^{j\omega y}dy \tag{1}$$

onde $j = \sqrt{-1}$ e ω é real. Em outras palavras, a função característica $\varphi_Y(\omega)$ é a transformada de Fourier da função de densidade de probabilidade $f_Y(y)$, exceto por uma troca de sinal no expoente. Em geral, a função característica $\varphi_Y(\omega)$ é um número complexo cujas partes real e imaginária são finitas para todo ω. Se o k-ésimo momento da variável aleatória Y existir, então $\varphi_Y(\omega)$ pode ser expandida em uma série de potências em uma vizinhança de $\omega = 0$ como segue:

$$\varphi_Y(\omega) = 1 + \sum_{k=1}^{\infty} \frac{(j\omega)^k}{k!} m_k \qquad (2)$$

onde m_k é o k-ésimo *momento* de ordem da variável aleatória Y; é definido por

$$\begin{aligned} m_k &= E[Y^k] \\ &= \int_{-\infty}^{\infty} y^k f_Y(y) dy \end{aligned} \qquad (3)$$

Deriva-se a Equação (2) simplesmente substituindo a expansão da função exponencial $e^{j\omega y}$ na Eq. (1), trocando a ordem do somatório e da integral e então invocando a definição da Eq. (3). Se a função característica $\varphi_Y(\omega)$ puder ser expandida como na Eq. (2), então podemos também expandir o logaritmo de $\varphi_Y(\omega)$ como segue (Wilks, 1962):

$$\log \varphi_Y(\omega) = \sum_{n=1}^{\infty} \frac{\kappa_n}{n!} (j\omega)^n \qquad (4)$$

onde κ_n é denominado o *acumulador* ou *semi-invariante* de ordem n da variável aleatória Y. A Equação (4) é derivada expandindo-se o logaritmo de $\varphi_Y(\omega)$ em uma série de Taylor em $j\omega$ em torno de $\omega = 0$.

Para simplificar o desenvolvimento, a partir de agora fazemos duas suposições:
1. A variável aleatória Y tem média zero, isto é, $\mu = 0$.
2. A variância de Y é normalizada em relação à unidade, isto é, $\sigma^2 = 1$.

Correspondentemente, temos $\kappa_1 = 0$, $\kappa_2 = 1$, e a expansão na Eq. (4) se torna

$$\log \varphi_Y(\omega) = \frac{1}{2}(j\omega)^2 + \sum_{n=3}^{\infty} \frac{\kappa_n}{n!} (j\omega)^n \qquad (5)$$

Agora, considere que

$$r(\omega) = \sum_{n=3}^{\infty} \frac{\kappa_n}{n!} (j\omega)^n$$

Podemos então rescrever a eq. (5) como

$$\log \varphi_Y(\omega) = \frac{1}{2}(j\omega)^2 + r(\omega)$$

Isto é, a função característica $\varphi_Y(\omega)$ pode ser expressa como o produto de dois termos exponenciais:

$$\omega_Y(\omega) = \exp\left(-\frac{\omega^2}{2}\right) \cdot \exp(r(\omega)) \qquad (6)$$

Usando a expansão em série de potência para o termo exponencial $\exp(r(\omega))$, temos

$$\exp(r(\omega)) = 1 + \sum_{l=1}^{\infty} \frac{r^l(\omega)}{l!} \qquad (7)$$

Substituindo a Eq. (7) em (6) e agrupando os termos com potências iguais de $(j\omega)$ no somatório duplo resultante, obtemos novos coeficientes da expansão de $\varphi_Y(\omega)$ tais como estes mostrados aqui:

$$c_1 = 0$$
$$c_2 = 0$$
$$c_3 = \frac{\kappa_3}{6}$$
$$c_4 = \frac{\kappa_4}{24}$$
$$c_5 = \frac{\kappa_5}{120}$$
$$c_6 = \frac{1}{720}(\kappa_6 + 10\kappa_3^2)$$
$$c_7 = \frac{1}{5040}(\kappa_7 + 35\kappa_4\kappa_3)$$
$$c_8 = \frac{1}{40320}(\kappa_8 + 56\kappa_5\kappa_3 + 35\kappa_4^2)$$

e assim por diante. Podemos agora fazer a transformada inversa de Fourier de $\varphi_Y(\omega)$ para obter uma expansão para a função de densidade de probabilidade $f_Y(y)$. Em particular, podemos escrever

$$f_Y(y) = \alpha(y)\left(1 + \sum_{k=3}^{\infty} c_k H_k(y)\right) \qquad (8)$$

onde $\alpha(y)$ é a função de densidade de probabilidade de uma *variável aleatória gaussiana normalizada* de média zero e variância unitária:

$$\alpha(y) = \frac{1}{\sqrt{2\pi}} e^{-y^2/2} \qquad (9)$$

A expansão da Eq. (8) é conhecida como a *série de Gram-Charlier* de uma função de densidade de probabilidade em termos da função gaussiana e de suas derivadas (Stuart e Ord, 1994). Uma expansão deste tipo tem um apelo intuitivo. Em particular, se a variável aleatória Y consiste da soma de um número de variáveis aleatórias independentes e identicamente distribuídas, então quando o número dessas variáveis aumenta, o teorema do limite central nos diz que a variável aleatória Y é assintoticamente gaussiana. O primeiro termo da série de Gram-Charlier é de fato gaussiano, o que significa que para esta soma o resto da série se aproxima de zero quando o número de variáveis na soma aumenta.

O *polinômio de Hermite* $H_k(y)$ que aparece na Eq. (8) é definido em termos das k-ésimas derivadas de $\alpha(y)$ por

$$\alpha^{(k)}(y) = (-1)^k \alpha(y) H_k(y) \qquad (10)$$

Alguns polinômios de Hermite típicos são

$$H_0(y) = 1$$
$$H_1(y) = y$$
$$H_2(y) = y^2 - 1$$
$$H_3(y) = y^3 - 3y$$
$$H_4(y) = y^4 - 6y^2 + 3$$
$$H_5(y) = y^5 - 10y^3 + 15y$$
$$H_6(y) = y^6 - 15y^4 + 45y^2 - 15$$

Uma relação recursiva para estes polinômios é

$$H_{k+1}(y) = yH_k(y) - kH_{k-1}(y) \qquad (11)$$

Uma propriedade particularmente útil dos polinômios de Hermite é que $H_k(y)$ e a m-ésima derivada da função gaussiana $\alpha(y)$ são *biortogonais*, como mostrado por

$$\int_{-\infty}^{\infty} H_k(y)\alpha^{(m)}(y)dy = (-1)^m m!\delta_{km}, \quad (k,m) = 0,1,\ldots \qquad (12)$$

δ_{km} é o delta de Kronecker, que é igual à unidade se $k = m$ e zero caso contrário.

É importante se notar que a ordem natural dos termos *não* é a melhor para a série de Gram-Charlier. Em vez disso, os termos listados aqui em parênteses devem ser agrupados (Helstrom, 1968)

$$k = (0), (3), (4, 6), (5, 7, 9) \qquad (13)$$

Os elementos destes grupos são normalmente da mesma ordem de magnitude. Se retivermos termos até $k = 4$, por exemplo, devemos também incluir o termo $k = 6$.

(b) *A Expansão de Edgeworth*

Como anteriormente, considere que $\alpha(y)$ represente a função de densidade de probabilidade de uma variável aleatória normalizada para média zero e variância unitária. A expansão de Edgeworth da função de densidade de probabilidade de uma variável aleatória Y em torno da aproximação gaussiana $\alpha(y)$ é dada por (Comon, 1994; Stuart e Ord, 1994)

$$\begin{aligned}\frac{f_Y(y)}{\alpha(y)} &= 1 + \frac{\kappa_3}{3!}H_3(y) + \frac{\kappa_4}{4!}H_4(y) + \frac{10\kappa_3^2}{6!}H_6(y) + \frac{\kappa_5}{5!}H_5(y) \\ &+ \frac{35\kappa_3\kappa_4}{7!}H_7(y) + \frac{280\kappa_3^3}{9!}H_9(y) + \frac{\kappa_6}{6!}H_6(y) + \frac{56\kappa_3\kappa_5}{8!}H_8(y) \\ &+ \frac{35\kappa_4^2}{8!}H_8(y) + \frac{2100\kappa_3^2\kappa_4}{10!}H_{10}(y) + \frac{15400\kappa_3^4}{12!}H_{12}(y) + \cdots\end{aligned} \qquad (14)$$

onde κ_i representa o acumulador de ordem i da variável aleatória escalar padronizada Y, e H_i representa o polinômio de Hermite de ordem i. A Equação (14) é chamada de *série de Edgeworth*.

A característica-chave da expansão de Edgeworth é que seus coeficientes decrescem uniformemente. Por outro lado, os termos na expansão de Gram-Charlier da Eq. (8) não tendem uniformemente a zero do ponto de vista de erros numéricos; isto é, em geral nenhum termo é desprezível comparado com um termo precedente. É por esta razão que o procedimento recomendável para truncar a expansão de Gram-Charlier é seguir o agrupamento de termos descrito na Eq. (13).

15. A idéia de usar $\nabla^*D = (\nabla D)W^TW$ em vez do gradiente usual ∇D para resolver o problema de separação de fontes é descrita em Cardoso e Laheld (1996). Lá, ∇^*D é referido como o *gradiente relativo*. Este gradiente é exatamente o mesmo que o *gradiente natural*, cuja definição resulta de uma perspectiva geométrica da informação (Amari, 1998; Amari et al. 1996). Um algoritmo similar foi descrito anteriormente em Cichocki e Moszczyński (1992) e Cichocki (et al., 1994).

16. No espaço riemanniano de dimensão n, por exemplo, a norma quadrada de um vetor **a** é definida por

$$\|\mathbf{a}\|^2 = \sum_{i=1}^{n}\sum_{j=1}^{n} g_{ij} a_i a_j$$

onde os g_{ij} são funções das coordenadas $x_1, x_2, ..., x_n$ do espaço riemanniano, $g_{ij} = g_{ji}$, e o lado direito desta expressão é sempre positivo. Esta expressão é uma generalização da fórmula euclidiana para uma norma quadrada:

$$\|\mathbf{a}\|^2 = \sum_{i=1}^{n} a_i^2$$

Para uma discussão da estrutura riemanniana, veja Amari (1987) e Murray e Rice (1993).

17. Bell e Sejnowski (1995) se referem a seu método de separação cega de fontes como Infomax com base na Eq. (10.55) que define a relação entre a entropia $H(\mathbf{Y})$ e a informação mútua $I(\mathbf{Y}; \mathbf{X})$. Entretanto, a terminologia preferível é "método da máxima entropia" já que envolve a maximização da entropia $h(\mathbf{Z})$, onde $\mathbf{Z} = \mathbf{G}(\mathbf{Y})$. Uma nota de advertência: o método da máxima entropia para a separação cega de fontes de Bell e Sejnowski *não* deve ser confundido com o método de máxima entropia (MME) de Burg (1975) para a análise espectral.

18. Diz-se que uma variável aleatória X é *subgaussiana* (Benveniste et al., 1987) se:
    * ela for uniformemente distribuída, ou
    * a sua função de densidade de probabilidade $f_X(x)$ puder ser expressa na forma $\exp(-g(x))$ onde $g(x)$ é uma função par que é diferenciável, exceto possivelmente na origem e $g(x)$ e $g'(x)/x$ são estritamente crescentes para $0 < x < \infty$.

    Podemos ter, por exemplo, $g(x) = |x|^\beta$ com $\beta > 2$.

    Entretanto, se $g'(x)/x$ for estritamente decrescente para $0 < x < \infty$ e as demais propriedades mencionadas forem válidas, a variável aleatória X é dita ser *supergaussiana* (Benveniste et al., 1987). Podemos ter, por exemplo $g(x) = |x|^\beta$ com $\beta < 2$.

    Algumas vezes (talvez de um modo abusivo) o sinal da curtose de uma variável aleatória é usado como indicador de sua subgaussianidade ou supergaussianidade. A *curtose* de uma variável aleatória X é definida por

$$K_4(x) = \frac{E[X^4]}{(E[X^2])^2} - 3$$

Baseado nisto, a variável aleatória X é dita ser subgaussiana ou supergaussiana se a curtose $K_4(x)$ for negativa ou positiva, respectivamente.

PROBLEMAS

O Princípio MaxEnt

10.1 O suporte de uma variável aleatória X (i.e., o intervalo de valores para os quais ela é não zero) é definido por $[a, b]$; não há nenhuma outra restrição imposta a esta variável aleatória. Qual é a distribuição de entropia máxima para esta variável aleatória? Justifique a sua resposta.

A Informação Mútua

10.2 Derive as propriedades da informação mútua $I(X; Y)$ entre dois valores aleatórios com valores contínuos X e Y como descrito na Seção 10.4.

10.3 Considere um vetor de entrada aleatório $\mathbf{X}$ constituído de uma componente primária $\mathbf{X}_1$ e de uma componente de contexto $\mathbf{X}_2$. Defina

$$Y_i = \mathbf{a}_i^T \mathbf{X}_1$$
$$Z_i = \mathbf{b}_i^T \mathbf{X}_2$$

Como a informação mútua entre $\mathbf{X}_1$ e $\mathbf{X}_2$ está relacionada com a informação mútua entre Y_i e Z_i? Assuma que o modelo de probabilidade de $\mathbf{X}$ é definido pela distribuição gaussiana multivariada,

$$f_{\mathbf{X}}(\mathbf{x}) = \frac{1}{(2\pi)^{m/2}(\det \boldsymbol{\Sigma})^{1/2}} \exp((\mathbf{x} - \boldsymbol{\mu})^T \boldsymbol{\Sigma}^{-1}(\mathbf{x} - \boldsymbol{\mu}))$$

onde $\boldsymbol{\mu}$ é o vetor média de $\mathbf{X}$ e $\boldsymbol{\Sigma}$ é a matriz de covariância.

10.4 Neste problema, exploramos o uso da entropia relativa ou divergência de Kullback-Leibler para derivar um algoritmo de aprendizagem supervisionada para perceptrons de múltiplas camadas (Hopfield, 1987b; Baum e Wilczek, 1988). Para sermos específicos, considere um perceptron de múltiplas camadas consistindo de uma camada de entrada, uma camada oculta e uma camada de saída. Dado um caso ou exemplo α apresentado na entrada, atribui-se à saída do neurônio k na camada de saída uma interpretação probabilística:

$$y_{k|\alpha} = p_{k|\alpha}$$

Correspondentemente, considere que $q_{k|\alpha}$ represente o valor real (verdadeiro) da probabilidade condicional que a proposição k seja verdadeira, dado o caso de entrada α. A entropia relativa para o perceptron de múltiplas camadas é definida por

$$D_{p\|q} = \sum_{\alpha} p_{\alpha} \sum_{\kappa} \left(q_{k|\alpha} \log\left(\frac{q_{k|\alpha}}{p_{k|\alpha}}\right) + (1 - q_{k|\alpha}) \log\left(\frac{1 - q_{k|\alpha}}{1 - p_{k|\alpha}}\right) \right)$$

onde p_{α} é a probabilidade *a priori* da ocorrência do caso α.

Usando $D_{p\|q}$ como a função de custo a ser otimizada, derive uma regra de aprendizagem para treinar o perceptron de múltiplas camadas.

O Princípio Infomax

10.5 Considere dois canais cujas saídas são representadas pelas variáveis aleatórias X e Y. O objetivo é maximizar a informação mútua entre X e Y. Mostre que este objetivo é alcançado quando duas condições forem satisfeitas:

(a) A probabilidade de ocorrência de X ou a probabilidade de ocorrência de Y é 0,5.
(b) A distribuição de probabilidade conjunta de X e Y está concentrada em uma pequena região do espaço de probabilidade.

10.6 Considere o modelo de ruído da Fig. P10.6, que mostra m nós fontes na camada de entrada de uma rede com dois neurônios. Ambos os neurônios são lineares. As entradas são representadas por $X_1, X_2,..., X_m$, e as saídas resultantes são representadas por Y_1 e Y_2. Você pode fazer as seguintes suposições:

- As componentes de ruído aditivo N_1 e N_2 nas saídas da rede têm distribuições gaussianas, com média zero e variância comum σ_N^2. Elas também não são correlacionados entre si.
- Cada fonte de ruído não é correlacionada com os sinais de entrada.
- Os sinais de saída Y_1 e Y_2 são ambos variáveis aleatórias gaussianas com média zero.

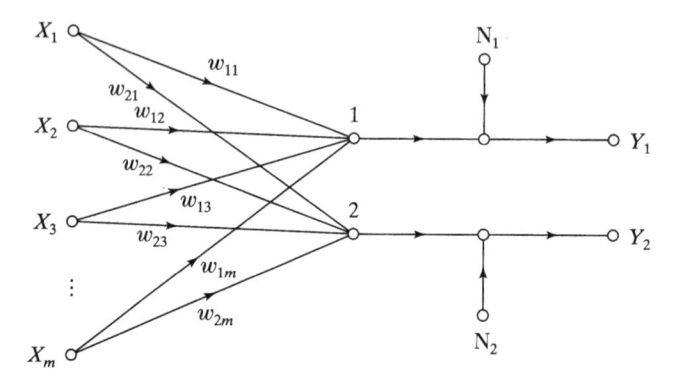

FIGURA P10.6

(a) Determine a informação mútua $I(\mathbf{Y};\mathbf{X})$ entre o vetor de saída $\mathbf{Y} = [Y_1, Y_2]^T$ e o vetor de entrada $\mathbf{X} = [X_1, X_2,..., X_m]^T$.
(b) Usando o resultado derivado na parte (a), investigue o compromisso redundância/diversidade sob as seguintes condições (Linsker, 1988a):
   (i) Grande variância de ruído, representada por σ_N^2 grande em comparação com as variâncias de Y_1 e Y_2.
   (ii) Pequena variância de ruído, representada por σ_N^2 pequena em comparação com as variâncias de Y_1 e Y_2.

10.7 Na variante do princípio Infomax descrita na Seção 10.9, segundo Becker e Hinton (1992), o objetivo é maximizar a informação mútua $I(Y_a; Y_b)$ entre as saídas Y_a e Y_b de um sistema neural ruidoso devido aos vetores de entrada $\mathbf{X}_a$ e $\mathbf{X}_b$. Em uma outra abordagem discutida em Becker e Hinton (1992), é fixado um objetivo diferente: maximizar a informação mútua $I\left(\dfrac{Y_a + Y_b}{2}; S\right)$ entre a média das saídas Y_a e Y_b e a componente relativa ao sinal S comum a estas duas saídas.

Usando o modelo ruidoso descrito nas Eqs. (10.59) e (10.60), faça o seguinte:
(a) Mostre que

$$I\left(\dfrac{Y_a + Y_b}{2}; S\right) = \dfrac{\text{var}[Y_a + Y_b]}{\text{var}[N_a + N_b]}$$

onde N_a e N_b são as componentes de ruído em Y_a e Y_b, respectivamente.

(b) Demonstre a interpretação desta informação mútua como uma relação entre sinal-mais-ruído para ruído.

Análise de Componentes Independentes

10.8 Faça uma comparação detalhada entre a análise de componentes principais (discutida no Capítulo 8) e a análise de componentes independentes (discutida neste capítulo).

10.9 A análise de componentes independentes pode ser usada como um passo de pré-processamento para a análise aproximada de dados antes da detecção e da classificação (Comon, 1994). Discuta a propriedade da análise de componentes independentes que pode ser explorada para esta aplicação.

10.10 O *teorema de Darmois* afirma que a soma de variáveis independentes pode ter distribuição gaussiana apenas se estas variáveis tiverem elas mesmas distribuições gaussianas (Darmois, 1953). Utilize a análise de componentes independentes para provar este teorema.

10.11 Na prática, uma implementação algorítmica da análise de componentes independentes pode apenas buscar as componentes "tão estatisticamente independente quanto possível". Contraste a solução para o problema da separação cega de fontes usando este algoritmo com a solução obtida usando um método de decorrelação. Assuma que a matriz de covariância do vetor de observação seja não-singular.

10.12 Com referência ao esquema descrito na Fig. 10.9, mostre que minimizar a informação mútua entre quaisquer duas componentes da saída do separador $\mathbf{Y}$ é equivalente a minimizar a divergência de Kullback-Leibler entre a função de densidade de probabilidade parametrizada $f_\mathbf{Y}(\mathbf{y}, \mathbf{W})$ e a distribuição fatorial correspondente $\tilde{f}_\mathbf{Y}(\mathbf{y}, \mathbf{W})$.

10.13 O algoritmo adaptativo para a separação cega de fontes descrito na Eq. (10.104) tem duas propriedades importantes: (1) a propriedade equivariante e (2) a propriedade que a matriz de peso $\mathbf{W}$ é mantida não-singular. A propriedade (1) é discutida com algum detalhe na parte final da Seção 10.11. Neste problema, consideramos a segunda propriedade.

Desde que o valor inicial $\mathbf{W}(0)$ utilizado no início do algoritmo da Eq. (10.104) satisfaça a condição $|\det(\mathbf{W}(0))| \neq 0$, mostre que

$$|\det(\mathbf{W}(n))| \neq 0 \qquad \text{para todo } n$$

Esta é a condição necessária e suficiente para assegurar que $\mathbf{W}(n)$ seja não-singular para todo n.

10.14 Neste problema, formulamos a versão por lote do algoritmo de separação cega de fontes descrito na Eq. (10.104). Especificamente escrevemos

$$\Delta \mathbf{W} = \eta \left(\mathbf{I} - \frac{1}{N} \mathbf{\Phi}(\mathbf{Y}) \mathbf{Y}^T \right) \mathbf{W}$$

onde

$$\mathbf{Y} = \begin{bmatrix} y_1(1) & y_1(2) & \cdots & y_1(N) \\ y_2(1) & y_2(2) & \cdots & y_2(N) \\ \vdots & \vdots & & \vdots \\ y_m(1) & y_m(2) & \cdots & y_m(N) \end{bmatrix}$$

e

$$\Phi(\mathbf{Y}) = \begin{bmatrix} \varphi(y_1(1)) & \varphi(y_1(2)) & \cdots & \varphi(y_1(N)) \\ \varphi(y_2(1)) & \varphi(y_2(2)) & \cdots & \varphi(y_2(N)) \\ \vdots & \vdots & & \vdots \\ \varphi(y_m(1)) & \varphi(y_m(2)) & \cdots & \varphi(y_m(N)) \end{bmatrix}$$

onde N é o número de pontos de dados disponíveis. Justifique a formulação do ajuste $\Delta \mathbf{W}$ aplicado à matriz de peso $\mathbf{W}$ como descrito.

Método da Máxima Entropia

10.15 Considere a Fig. 10.15 na qual temos

$$\mathbf{Y} = \mathbf{W}\mathbf{X}$$

onde

$$\mathbf{Y} = [Y_1, Y_2, ..., Y_m]^T$$
$$\mathbf{X} = [X_1, X_2, ..., X_m]^T$$

e $\mathbf{W}$ é uma matriz de peso m-por-m. Seja

$$\mathbf{Z} = [Z_1, Z_2, ..., Z_m]^T$$

onde

$$Z_k = \varphi(Y_k), \qquad k = 1, 2, ..., m$$

(a) Mostre que a entropia conjunta de $\mathbf{Z}$ está relacionada com a divergência de Kullback-Leibler $D_{f\|\tilde{f}}$ como segue:

$$h(\mathbf{Z}) = -D_{f\|\tilde{f}} + D_{f\|q}$$

onde $D_{f\|q}$ é a divergência de Kullback-Leibler entre (a) a função de densidade de probabilidade da versão estatisticamente independente (i.e., fatorizada) do vetor de saída $\mathbf{Y}$ e (b), uma "função de densidade de probabilidade" definida por $\Pi_{i=1}^m q(y_i)$.

(b) Como a fórmula para $h(\mathbf{Z})$ é modificada para o caso quando $q(Y_i)$ é igual à função de densidade de probabilidade da saída original da fonte U_i para todo i?

10.16 (a) Começando com a Eq. (10.134), derive o resultado dado na Eq. (10.135).
(b) Para a função logística descrita na Eq. (10.136), mostre que o uso da Eq. (10.135) produz a fórmula dada na Eq. (10.137).

CAPÍTULO 11

Máquinas Estocásticas e suas Aproximações Baseadas na Mecânica Estatística

11.1 INTRODUÇÃO

Para a nossa última classe de sistemas de aprendizagem não-supervisionados (sistemas auto-organizados), nós nos voltamos para a mecânica estatística como fonte de idéias. O tema da *mecânica estatística* abrange o estudo formal das propriedades macroscópicas do equilíbrio de grandes sistemas de elementos que estão sujeitos às leis microscópicas da mecânica. O principal objetivo da mecânica estatística é derivar as propriedades termodinâmicas de corpos macroscópicos partindo do movimento de elementos microscópicos tais como átomos e elétrons (Landau e Lifshitz, 1980; Parisi, 1988). O número de graus de liberdade encontrado aqui é enorme, tornando obrigatório o uso de métodos probabilísticos. Como no caso da teoria da informação de Shannon, o conceito de entropia desempenha um papel vital no estudo da mecânica estatística: quanto mais ordenado for o sistema, ou mais concentrada for a sua distribuição de probabilidade, menor será a entropia. Do mesmo modo, podemos dizer que quanto mais desordenado for o sistema, ou mais uniforme for a sua distribuição de probabilidade, maior será a entropia. Em 1957, Jaynes mostrou que a entropia pode ser usada não apenas como ponto de partida para a formulação da inferência estatística como descrito no capítulo anterior, mas também para gerar a distribuição de Gibbs que é básica para o estudo da mecânica estatística.

O interesse na utilização da mecânica estatística como base para o estudo de redes neurais remonta aos trabalhos iniciais de Cragg e Temperley (1954) e Cowan (1968). A *máquina de Boltzmann* (Hinton e Sejnowski, 1983, 1986; Ackley et al., 1985) talvez seja a primeira máquina de aprendizagem em múltiplas camadas inspirada pela mecânica estatística. A máquina é assim denominada em reconhecimento à equivalência formal entre o trabalho original de Boltzmann sobre a termodinâmica estatística e o comportamento dinâmico próprio da rede. Basicamente, a máquina de Boltzmann é um dispositivo para modelar a distribuição de densidade de probabilidade de um determinado conjunto de dados, do qual as distribuições condicionais para uso em tarefas como complementação de padrões e classificação de padrões podem ser derivadas. Infelizmente, o processo de aprendizagem da máquina de Boltzmann é dolorosamente lento. Esta deficiência motivou modificações na máquina de Boltzmann e inspirou a formulação de novas máquinas estocásticas. Estas questões constituem a essência do material apresentado neste capítulo.

Organização do Capítulo

O capítulo está organizado em três partes. A primeira parte consiste das Seções 11.2 a 11.6. A Seção 11.2 apresenta uma breve revisão da mecânica estatística. Ela é seguida pela Seção 11.3, uma breve revisão de um tipo especial de processo estocástico conhecido como cadeia de Markov, que é usualmente encontrado no estudo da mecânica estatística. As Seções 11.4, 11.5 e 11.6 descrevem três técnicas de simulação estocástica: o algoritmo Metropolis, o recozimento simulado e a amostragem de Gibbs.

A segunda parte do capítulo, constituída das Seções 11.7 a 11.9, discute três tipos de máquinas estocásticas. A Seção 11.7 descreve a máquina de Boltzmann. A Seção 11.8 descreve as redes de crença sigmóide. A Seção 11.9 descreve uma outra máquina estocástica inovadora conhecida como máquina de Helmholtz.

A última parte do capítulo, constituída das Seções 11.10 a 11.13, discute aproximações das máquinas estocásticas. As aproximações são baseadas na idéia da teoria do campo médio da mecânica estatística. A Seção 11.10 discute a teoria do campo médio em termos gerais. A Seção 11.11 discute uma teoria simplificada do campo médio da máquina de Boltzmann, seguida por uma abordagem mais fundamentada em princípios para a teoria do campo médio das redes de crença sigmóide na Seção 11.12. A Seção 11.13 descreve o recozimento determinístico, que é uma aproximação do recozimento simulado.

O capítulo conclui com algumas considerações finais na Seção 11.14.

11.2 A MECÂNICA ESTATÍSTICA

Considere um sistema físico com muitos graus de liberdade, que pode residir em qualquer estado de um grande número de estados possíveis. Considere que p_i represente a probabilidade de ocorrência do estado i, por exemplo, com as seguintes propriedades:

$$p_i \geq 0 \quad \text{para todo } i \tag{11.1}$$

e

$$\sum_i p_i = 1 \tag{11.2}$$

Considere que E_i represente a *energia* do sistema quando está no estado i. Um resultado fundamental da mecânica estatística nos diz que quando o sistema está em equilíbrio térmico com seu meio ambiente, o estado i ocorre com uma probabilidade definida por

$$p_i = \frac{1}{Z} \exp\left(-\frac{E_i}{k_B T}\right) \tag{11.3}$$

onde T é a *temperatura absoluta* em kelvins, k_B é a *constante de Boltzmann* e Z é uma constante que é independente de todos os estados. Um grau kelvin corresponde a $-273°$ na escala Celsius, e $k_B = 1{,}38 + 10^{-23}$ joules/kelvin.

A equação (11.2) define a condição para a normalização de probabilidades. Impondo esta condição à Eq. (11.3), obtemos

$$Z = \sum_i \exp\left(-\frac{E_i}{k_B T}\right) \quad (11.4)$$

A quantidade normalizadora Z é chamada de *soma de estados* ou *função de partição*. (O símbolo Z é normalmente usado porque o nome em alemão para este termo é *Zustandsumme*.) A distribuição de probabilidade da Eq. (11.3) é chamada de *distribuição canônica* ou *distribuição de Gibbs*;[1] o fator exponencial $\exp(-E_i/k_B T)$ é chamado de *fator de Boltzmann*.

Os seguintes pontos da distribuição de Gibbs são dignos de nota:

1. Estados de baixa energia têm uma maior probabilidade de ocorrência que estados de alta energia.
2. Quando a temperatura T é reduzida, a probabilidade é concentrada em um conjunto menor de estados de baixa energia.

No contexto das redes neurais, que é a nossa preocupação principal, o parâmetro T pode ser visto como uma *pseudotemperatura* que controla as flutuações térmicas que representam o efeito de "ruído sináptico" em um neurônio. A sua escala precisa é, portanto, irrelevante. Conseqüentemente, podemos escolher medir este parâmetro fixando a constante k_B igual à unidade e com isso redefinindo a probabilidade p_i e a função de partição Z como segue, respectivamente:

$$p_i = \frac{1}{Z} \exp\left(-\frac{E_i}{T}\right) \quad (11.5)$$

e

$$Z = \sum_i \exp\left(-\frac{E_i}{T}\right) \quad (11.6)$$

Daqui em diante, nosso tratamento de mecânica estatística é baseado nestas duas definições, onde T é referida simplesmente como a *temperatura do sistema*. Da Eq. (11.5) notamos que $-\log p_i$ pode ser visto como uma forma de "energia" medida à temperatura unitária.

Energia Livre e Entropia

A *energia livre* de Helmholtz de um sistema físico, representada por F, é definida em termos da função de partição Z como segue:

$$F = -T \log Z \quad (11.7)$$

A *energia média* do sistema é definida por

$$<E> = \sum_i p_i E_i \qquad (11.8)$$

onde <·> representa a operação de média de ensemble. Assim, usando as Eqs. (11.5) a (11.8), vemos que a diferença entre a energia média e a energia livre é dada por

$$<E> - F = -T \sum_i p_i \log p_i \qquad (11.9)$$

A quantidade no lado direito da Eq. (11.9), com exceção da temperatura T, é reconhecida como a *entropia* do sistema, como mostrado por

$$H = -\sum_i p_i \log p_i \qquad (11.10)$$

Podemos então rescrever a Eq. (11.9) na forma

$$<E> - F = TH$$

ou, equivalentemente,

$$F = <E> - TH \qquad (11.11)$$

Considere dois sistemas, A e A', colocados em contato térmico entre si. Suponha que o sistema A seja pequeno comparado com o sistema A', de modo que A' atue como um reservatório de calor a uma temperatura constante, T. A entropia total dos dois sistemas tende a aumentar de acordo com a relação (Reif, 1967)

$$\Delta H + \Delta H' \geq 0$$

onde ΔH e $\Delta H'$ representam as variações de entropia dos sistemas A e A', respectivamente. A implicação desta relação, com base na Eq. (11.11), é que a energia livre do sistema, F, tende a decrescer e a se tornar um mínimo na situação de equilíbrio. Da mecânica estatística obtemos que a distribuição de probabilidade resultante é definida pela distribuição de Gibbs. Temos assim um importante princípio chamado o *princípio da mínima energia livre*, que pode ser formulado como segue (Landau e Lifshitz, 1980; Parisi, 1988):

> O mínimo de energia livre de um sistema estocástico em relação às variáveis do sistema é alcançado no equilíbrio térmico, onde então o sistema é governado pela distribuição de Gibbs.

Na natureza, um sistema físico tende a se encontrar com mínima energia livre.

11.3 CADEIAS DE MARKOV

Considere um sistema cuja evolução seja descrita por um processo estocástico $\{X_n, n = 1, 2,...\}$, consistindo de uma família de variáveis aleatórias. O valor x_n assumido pela variável aleatória X_n no tempo discreto n é chamado de *estado* do sistema naquele instante de tempo. O espaço de todos os valores possíveis que as variáveis aleatórias podem assumir é chamado de *espaço de estados* do sistema. Se a estrutura do processo estocástico $\{X_n, n = 1, 2,...\}$ é tal que a distribuição de probabilidade condicional de X_{n+1} depende apenas do valor de X_n e é independente de todos os valores anteriores, dizemos que o processo é uma *cadeia de Markov* (Feller, 1950; Ash, 1965). Mais precisamente, temos

$$P(X_{n+1} = x_{n+1} | X_n = x_n,..., X_1 = x_1) = P(X_{n+1} = x_{n+1} | X_n = x_n) \tag{11.12}$$

que é chamada de *propriedade de Markov*. Em outras palavras, *uma seqüência de variáveis aleatórias $X_1, X_2,..., X_n, X_{n+1}$ forma uma cadeia de Markov se a probabilidade de que o sistema esteja no estado x_{n+1} no tempo $n + 1$ dependa exclusivamente da probabilidade de que o sistema esteja no estado x_n no tempo n.*

Podemos assim pensar na cadeia de Markov como um *modelo gerador*, consistindo de um número de estados ligados entre si (aos pares) por transições possíveis. Em cada instante que um estado particular é visitado, o modelo coloca na saída o símbolo associado àquele estado.

Probabilidades de Transição

Em uma cadeia de Markov, a transição de um estado para outro é *probabilística*, mas a produção de um símbolo de saída é determinística. Considere que

$$p_{ij} = P(X_{n+1} = j | X_n = i) \tag{11.13}$$

represente a *probabilidade de transição* do estado i no tempo n para o estado j no tempo $n + 1$. Como os p_{ij} são probabilidades condicionais, todas as probabilidades de transição devem satisfazer duas condições:

$$p_{ij} \geq 0 \quad \text{para todo } (i, j) \tag{11.14}$$

e

$$\sum_j p_{ij} = 1 \quad \text{para todo } i \tag{11.15}$$

Assumiremos que as probabilidades de transição são fixas e não variam com o tempo; isto é, a Eq. (11.13) é satisfeita para todo tempo n. Neste caso, dizemos que a cadeia de Markov é *homogênea* no tempo.

No caso de um sistema com um número finito K de estados possíveis, por exemplo, as probabilidades de transição constituem uma matriz K-por-K:

$$\mathbf{P} = \begin{bmatrix} p_{11} & p_{12} & \cdots & p_{1K} \\ p_{21} & p_{22} & \cdots & p_{2K} \\ \vdots & \vdots & & \vdots \\ p_{K1} & p_{K2} & \cdots & p_{KK} \end{bmatrix} \qquad (11.16)$$

cujos elementos individuais satisfazem as condições descritas nas Eqs. (11.14) e (11.15); a última condição afirma que a soma de cada linha de $\mathbf{P}$ deve resultar em um. Uma matriz deste tipo é chamada de *matriz estocástica*. Qualquer matriz estocástica pode servir como uma matriz de probabilidades de transição.

A definição da probabilidade de transição de passo único dada na Eq. (11.13) pode ser generalizada para casos em que a transição de um estado para outro ocorra em um número fixo de passos. Considere que $p_{ij}^{(m)}$ represente a *probabilidade de transição em m passos* do estado i para o estado j:

$$p_{ij}^{(m)} = P(X_{n+m} = x_j | X_n = x_i), \quad m = 1, 2, \ldots \qquad (11.17)$$

Podemos ver $p_{ij}^{(m)}$ como a soma sobre todos os estados intermediários k através dos quais o sistema passa na sua transição do estado i para o estado j. Especificamente, $p_{ij}^{(m+1)}$ está relacionado com $p_{ij}^{(m)}$ pela relação recursiva:

$$p_{ij}^{(m+1)} = \sum_k p_{ik}^{(m)} p_{kj}, \quad m = 1, 2, \ldots \qquad (11.18)$$

com

$$p_{ik}^{(1)} = p_{ik}$$

A Equação (11.18) pode ser generalizada como segue:

$$p_{ij}^{(m+n)} = \sum_k p_{ik}^{(m)} p_{kj}^{(n)}, \quad (m, n) = 1, 2, \ldots \qquad (11.19)$$

que é um caso especial da *identidade de Chapman-Kolmogorov* (Feller, 1950).

Quando um estado da cadeia pode ocorrer novamente apenas em intervalos de tempo que são múltiplos de d, onde d é o maior desses inteiros, dizemos que o estado tem *período d*. Uma cadeia de Markov é chamada de *aperiódica* se todos os seus estados têm período 1.

Propriedades Recorrentes

Suponha que uma cadeia de Markov inicie no estado i. Diz-se que o estado i é um estado *recorrente* se a cadeia de Markov retorna ao estado i com probabilidade 1; isto é,

$$f_i = P \text{ (sempre retornando ao estado } i) = 1$$

Se a probabilidade f_i for menor que 1, diz-se que o estado i é um estado *transiente* (Leon-Garcia, 1994).

Se a cadeia de Markov começar em um estado recorrente, aquele estado ocorrerá novamente um número infinito de vezes. Se iniciar em um estado transiente, aquele estado ocorrerá apenas um número finito de vezes, o que pode ser explicado como segue. Podemos ver uma nova ocorrência do estado i como uma tentativa de Bernoulli com uma probabilidade de sucesso igual a f_i. O número de retornos é assim uma variável aleatória geométrica com uma média de $(1 - f_i^{-1})$. Se $f_i <$ 1, então segue que o número de um número infinito de sucessos é zero. Com isso, um estado transiente não pode ocorrer novamente após um determinado número finito de retornos (Leon-Garcia, 1994).

Se uma cadeia de Markov tiver alguns estados transientes e alguns estados recorrentes, então o processo tenderá a se mover apenas entre os estados recorrentes.

Cadeias de Markov Irredutíveis

Dizemos que o estado j de uma cadeia de Markov é *acessível* a partir do estado i se houver uma seqüência finita de transições de i para j com probabilidade positiva. Se os estados i e j forem acessíveis entre si, diz-se que os estados i e j da cadeia de Markov se *comunicam* entre si. Esta comunicação é descrita escrevendo-se $i \leftrightarrow j$. Claramente, se o estado i se comunica com o estado j e o estado j se comunica com o estado k, isto é, $i \leftrightarrow j$ e $j \leftrightarrow k$, então o estado i se comunica com o estado k, isto é, $i \leftrightarrow k$.

Se dois estados de uma cadeia de Markov se comunicam entre si, diz-se que eles pertencem à mesma *classe*. Em geral, os estados de uma cadeia de Markov consistem de uma ou mais classes disjuntas. Entretanto, se todos os estados consistirem de uma única classe, diz-se que a cadeia de Markov é *indecomponível* ou *irredutível*. Em outras palavras, iniciando em qualquer estado de uma cadeia de Markov irredutível, podemos alcançar qualquer outro estado com probabilidade positiva Cadeias redutíveis têm pouco interesse prático na maioria das áreas de aplicação. Conseqüentemente, restringimos a nossa atenção às cadeias irredutíveis.

Considere uma cadeia de Markov irredutível que inicia em um estado recorrente i no tempo $n = 0$. Considere que $T_i(k)$ represente o tempo que decorre entre os retornos $(k-1)$ e k para o estado i. O *tempo de recorrência médio* do estado i é definido como o valor esperado de $T_i(k)$ sobre os retornos k. A *probabilidade de estado estacionário* do estado i, representada por π_i, é igual ao recíproco do tempo de recorrência médio $E[T_i(k)]$, como mostrado por

$$\pi_i = \frac{1}{E[T_i(k)]}$$

Se $E[T_i(k)] < \infty$, isto é, $\pi_i > 0$, diz-se que o estado i é um *estado recorrente (persistente) positivo*. Se $E[T_i(k)] = \infty$, isto é, $\pi_i = 0$, diz-se que o estado i é um *estado recorrente (persistente) nulo*. A implicação de $\pi_i = 0$ é que a cadeia de Markov eventualmente alcança um ponto em que um retorno ao estado i é impossível. A recorrência positiva e a recorrência nula são propriedades de classe *diferentes*, o que significa que uma cadeia de Markov com estados recorrentes positivos e estados recorrentes nulos é redutível.

Cadeias de Markov Ergódicas

A princípio, *ergodicidade* significa que podemos substituir médias temporais por médias de ensemble. No contexto de uma cadeia de Markov, ergodicidade significa que a proporção de tempo a longo prazo que a cadeia passa no estado i corresponde à probabilidade de estado estacionário π_i, o que pode ser justificado como segue. A *proporção de tempo passado no estado i após k retornos*, representada por $v_i(k)$, é definida por

$$v_i(k) = \frac{k}{\sum_{l=1}^{k} T_i(l)}$$

O tempo de retorno $T_i(l)$ forma uma seqüência de variáveis aleatórias independentemente e identicamente distribuídas já que, por definição, cada tempo de retorno é estatisticamente independente de todos os tempos de retorno anteriores. Além disso, no caso de um estado recorrente i, a cadeia retorna ao estado i um número infinito de vezes. Assim, quando o número de retornos k se aproxima do infinito, a *lei dos grandes números* afirma que a proporção de tempo passado no estado i se aproxima da probabilidade de estado estacionário, como mostrado por

$$\lim_{k \to \infty} v_i(k) = \pi_i \quad \text{para } i = 1, 2, \ldots, K \tag{11.20}$$

Uma condição suficiente, mas não necessária, para uma cadeia de Markov ser *ergódica* é que seja irredutível e aperiódica.

Convergência para Distribuições Estacionárias

Considere uma cadeia de Markov ergódica caracterizada por uma matriz estocástica $\mathbf{P}$. Considere que o vetor linha $\boldsymbol{\pi}^{(n-1)}$ represente o *vetor distribuição de estado* da cadeia no tempo $n-1$; o elemento j de $\boldsymbol{\pi}^{(n-1)}$ é a probabilidade de que a cadeia esteja no estado x_j no tempo $n-1$. O vetor distribuição de estado no tempo n é definido por

$$\boldsymbol{\pi}^{(n)} = \boldsymbol{\pi}^{(n-1)} \mathbf{P} \tag{11.21}$$

Por iteração da Eq. (11.21), obtemos

$$\boldsymbol{\pi}^{(n)} = \boldsymbol{\pi}^{(n-1)} \mathbf{P} = \boldsymbol{\pi}^{(n-2)} \mathbf{P}^2 = \boldsymbol{\pi}^{(n-3)} \mathbf{P}^3 = \cdots$$

e finalmente podemos escrever

$$\boldsymbol{\pi}^{(n)} = \boldsymbol{\pi}^{(0)} \mathbf{P}^n \tag{11.22}$$

onde $\boldsymbol{\pi}^{(0)}$ é o *valor inicial* do vetor distribuição de estado. Em outras palavras, o vetor distribuição de estado da cadeia de Markov no tempo n é o produto do vetor distribuição de estado inicial $\boldsymbol{\pi}^{(0)}$ e a potência n da matriz estocástica $\mathbf{P}$.

Considere que $p_{ij}^{(n)}$ represente o elemento ij de $\mathbf{P}^n$. Suponha que quando o tempo n se aproxima do infinito, $p_{ij}^{(n)}$ tenda a π_j independentemente de i, onde π_j é a probabilidade de estado estacionário do estado j. Conseqüentemente, para n grande, a matriz $\mathbf{P}^n$ se aproxima da forma limite de uma matriz quadrada com linhas idênticas como mostrado por

$$\lim_{n\to\infty} \mathbf{P}^n = \begin{bmatrix} \pi_1 & \pi_2 & \cdots & \pi_K \\ \pi_1 & \pi_2 & \cdots & \pi_K \\ \vdots & \vdots & & \vdots \\ \pi_1 & \pi_2 & \cdots & \pi_K \end{bmatrix}$$
$$= \begin{bmatrix} \boldsymbol{\pi} \\ \boldsymbol{\pi} \\ \vdots \\ \boldsymbol{\pi} \end{bmatrix}$$
(11.23)

onde $\boldsymbol{\pi}$ é um vetor linha consistindo de $\pi_1, \pi_2, ..., \pi_K$. Então, constatamos da Eq. (11.22) que (após reagrupar termos)

$$\left[\sum_{j=1}^{K} \pi_j^{(0)} - 1\right]\boldsymbol{\pi} = \mathbf{0}$$

Como, por definição $\sum_{j=1}^{K} \pi_j^{(0)} = 1$, esta condição é satisfeita pelo vetor $\boldsymbol{\pi}$ independentemente da distribuição inicial.

Podemos agora formular o *teorema da ergodicidade* para cadeias de Markov como segue (Feller, 1950; Ash, 1965):

Considere que uma cadeia de Markov ergódica com estados $x_1, x_2, ... x_K$ e matriz estocástica $\mathbf{P} = \{p_{ij}\}$ seja irredutível. A cadeia então tem uma única distribuição estacionária para a qual converge a partir de qualquer estado inicial; isto é, há apenas um único conjunto de números $\{\pi_j\}_{j=1}^{K}$ tal que

1. $\lim_{n\to\infty} p_{ij}^{(n)} = \pi_j$ para todo i (11.24)

2. $\pi_j > 0$ para todo j (11.25)

3. $\sum_{j=1}^{K} \pi_j = 1$ (11.26)

4. $\pi_j = \sum_{i=1}^{K} \pi_i p_{ij}$ para $j = 1, 2, ..., K$ (11.27)

De modo inverso, suponha que a cadeia de Markov seja irredutível e aperiódica e que existam números $\{\pi_j\}_{j=1}^{K}$ que satisfaçam as Eqs. (11.25) a (11.27). Então, a cadeia é ergódica, os π_j são dados pela Eq. (11.24) e o tempo de recorrência médio do estado j é $1/\pi_j$.

A distribuição de probabilidade $\{\pi_j\}_{j=1}^K$ é chamada de uma *distribuição invariante* ou *estacionária*. É chamada assim porque persiste para sempre uma vez que tenha se estabelecido. Com base no teorema da ergodicidade, podemos afirmar o seguinte:

- Partindo de uma distribuição inicial arbitrária, as probabilidades de transição de uma cadeia de Markov convergirão para uma distribuição estacionária desde que exista uma tal distribuição.
- A distribuição estacionária da cadeia de Markov é totalmente independente da distribuição inicial se a cadeia for ergódica.

Exemplo 11.1

Considere uma cadeia de Markov cujo *diagrama de transição de estado* está representado na Fig. 11.1. A cadeia tem dois estados x_1 e x_2. A matriz estocástica da cadeia é

$$\mathbf{P} = \begin{bmatrix} \frac{1}{4} & \frac{3}{4} \\ \frac{1}{2} & \frac{1}{2} \end{bmatrix}$$

que satisfaz as condições das Eqs. (11.14) e (11.15).

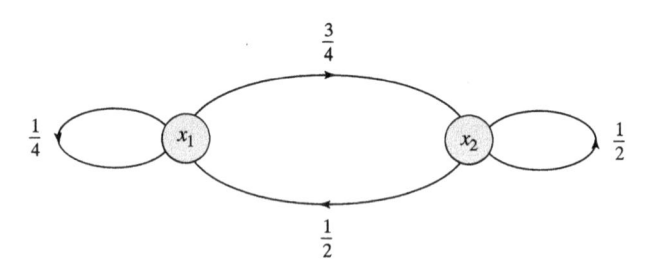

FIGURA 11.1 Diagrama de transição de estado da cadeia de Markov para o exemplo 11.1

Suponha que a condição inicial seja

$$\boldsymbol{\pi}^{(0)} = \begin{bmatrix} \frac{1}{6} & \frac{5}{6} \end{bmatrix}$$

Da Eq. (11.21) constatamos que o vetor da distribuição de estado no tempo $n = 1$ é

$$\boldsymbol{\pi}^{(1)} = \boldsymbol{\pi}^{(0)}\mathbf{P}$$

$$= \begin{bmatrix} \frac{1}{6} & \frac{5}{6} \end{bmatrix} \begin{bmatrix} \frac{1}{4} & \frac{3}{4} \\ \frac{1}{2} & \frac{1}{2} \end{bmatrix}$$

$$= \begin{bmatrix} \frac{11}{24} & \frac{13}{24} \end{bmatrix}$$

Elevando a matriz estocástica $\mathbf{P}$ à potência $n = 2, 3, 4$, temos

$$\mathbf{P}^2 = \begin{bmatrix} 0,4375 & 0,5625 \\ 0,3750 & 0,6250 \end{bmatrix}$$

$$\mathbf{P}^3 = \begin{bmatrix} 0,4001 & 0,5999 \\ 0,3999 & 0,6001 \end{bmatrix}$$

$$\mathbf{P}^4 = \begin{bmatrix} 0,4000 & 0,6000 \\ 0,4000 & 0,6000 \end{bmatrix}$$

Assim, $\pi_1 = 0,4000$ e $\pi_2 = 0,6000$. Neste exemplo, a convergência para a distribuição estacionária é alcançada essencialmente em $n = 4$ iterações. Com π_1 e π_2 sendo maiores que zero, ambos os estados são recorrentes positivos, e a cadeia é dessa forma irredutível. Note também que a cadeia é aperiódica, pois o máximo divisor comum de todos os inteiros $n \geq 1$, tais que $(\mathbf{P}^n)_{jj} > 0$, é igual a 1. Concluímos, portanto, que a cadeia de Markov da Fig. 11.1 é ergódica.

■

Exemplo 11.2

Considere uma cadeia de Markov com uma matriz estocástica em que alguns de seus elementos são zero:

$$\mathbf{P} = \begin{bmatrix} 0 & 0 & 1 \\ \dfrac{1}{3} & \dfrac{1}{6} & \dfrac{1}{2} \\ \dfrac{3}{4} & \dfrac{1}{4} & 0 \end{bmatrix}$$

O diagrama de transição de estado da cadeia é representado na Fig. 11.2.

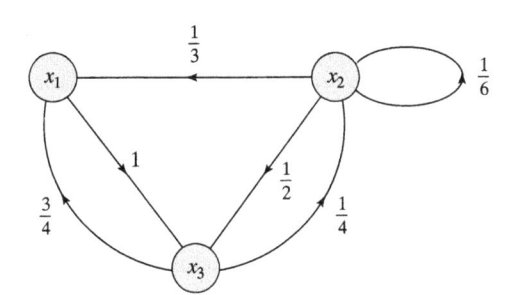

FIGURA 11.2 Diagrama de transição de estado da cadeia de Markov do Exemplo 11.2

Aplicando a Eq. (11.27), obtemos o seguinte conjunto de equações simultâneas:

$$\pi_1 = \frac{1}{3}\pi_2 + \frac{3}{4}\pi_3$$

$$\pi_2 = \frac{1}{6}\pi_2 + \frac{1}{4}\pi_3$$

$$\pi_3 = \pi_1 + \frac{1}{2}\pi_2$$

Resolvendo estas equações para π_1, π_2 e π_3, obtemos

$$\pi_1 = 0,3953$$
$$\pi_2 = 0,1395$$
$$\pi_3 = 0,4652$$

A cadeia de Markov dada é ergódica com sua distribuição estacionária definida por π_1, π_2 e π_3. ∎

Classificação de Estados

Com base no material apresentado aqui, podemos desenvolver um resumo das classes às quais um estado pode pertencer como mostrado na Fig. 11.3 (Feller, 1950; Leon-Garcia, 1994). Esta figura também inclui o comportamento a longo prazo associado do estado.

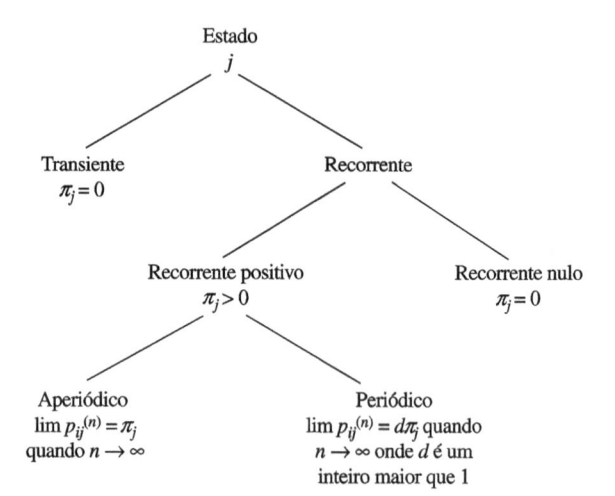

FIGURA 11.3 Classificação dos estados de uma cadeia de Markov e seu comportamento a longo prazo associado

```
                        Estado
                          j
                         / \
                        /   \
                 Transiente  Recorrente
                  π_j = 0      / \
                              /   \
                  Recorrente positivo   Recorrente nulo
                       π_j > 0              π_j = 0
                       / \
                      /   \
                 Aperiódico           Periódico
            lim p_ij^(n) = π_j    lim p_ij^(n) = dπ_j quando
            quando n → ∞          n → ∞ onde d é um
                                  inteiro maior que 1
```

Princípio do Balanço Detalhado

As Equações (11.25) e (11.26) meramente enfatizam o fato de que os números π_j são probabilidades. A Equação (11.27) é a equação crítica porque também deve ser satisfeita para que a cadeia de Markov seja irredutível e, portanto, para que exista uma distribuição estacionária. Esta última equação é uma reformulação do princípio do balanço detalhado que surge na cinética das reações de primeira ordem. O *princípio do balanço detalhado* afirma que, em equilíbrio térmico, a taxa de ocorrência de qualquer transição é igual à taxa correspondente de ocorrência da transição inversa, como mostrado por (Reif, 1965):

$$\pi_i p_{ij} = \pi_j p_{ji} \tag{11.28}$$

Para derivar a relação da Eq. (11.27), podemos manipular o somatório no lado direito desta equação como segue:

$$\sum_{i=1}^{K} \pi_i p_{ij} = \sum_{i=1}^{K} \left(\frac{\pi_i}{\pi_j} p_{ij} \right) \pi_j$$

$$= \sum_{i=1}^{K} (p_{ji}) \pi_j$$

$$= \pi_j$$

Na segunda linha desta expressão, utilizamos o princípio do balanço detalhado, e na última linha usamos o fato de que as probabilidades de transição de uma cadeia de Markov satisfazem a condição (veja a Eq. (11.15) com os papéis de i e j trocados):

$$\sum_{i=1}^{K} p_{ji} = 1 \quad \text{para todo } j$$

Note que o princípio do balanço detalhado implica que a distribuição $\{\pi_j\}$ seja uma distribuição estacionária.

11.4 O ALGORITMO METROPOLIS

Agora que compreendemos a composição de uma cadeia de Markov, vamos usá-la para formular um algoritmo estocástico para simular a evolução de um sistema físico para o equilíbrio térmico. O algoritmo é chamado de *algoritmo Metropolis* (Metropolis et al., 1953). Ele é um método de Monte Carlo modificado, introduzido nos primórdios da ciência da computação para a simulação estocástica de uma coleção de átomos em equilíbrio a uma dada temperatura.

Suponha que a variável aleatória X_n representando uma cadeia de Markov arbitrária esteja no estado x_i no tempo n. Geramos aleatoriamente um novo estado x_j, representando uma realização de uma outra variável aleatória Y_n. Assume-se que a geração deste novo estado satisfaz a condição de simetria:

$$P(Y_n = x_j | X_n = x_i) = P(Y_n = x_i | X_n = x_j)$$

Considere que ΔE represente a diferença de energia resultante da transição do sistema do estado $X_n = x_i$ para o estado $Y_n = x_j$. Se a diferença de energia ΔE for negativa, a transição leva a um estado com energia mais baixa e a transição é aceita. O novo estado é então aceito como ponto inicial para o novo passo do algoritmo, isto é, fazemos $X_{n+1} = Y_n$. Se, por outro lado, a diferença de energia ΔE for positiva, o algoritmo procede de uma maneira probabilística naquele ponto. Primeiro, selecionamos um número aleatório ξ uniformemente distribuído no intervalo $[0, 1]$. Se $\xi < \exp(-\Delta E/T)$, onde T é a temperatura de operação, a transição é aceita e fazemos $X_{n+1} = Y_n$. Caso contrário, a transição é rejeitada e fazemos $X_{n+1} = X_n$; isto é, a configuração antiga é reutilizada para o próximo passo do algoritmo.

Escolha das Probabilidades de Transição

Considere que a cadeia de Markov arbitrária tenha probabilidades de transição *a priori* representadas por τ_{ij}, que satisfazem três condições:

1. *Não-negatividade*:

$$\tau_{ij} \geq 0 \quad \text{para todo } (i,j)$$

2. *Normalização*:

$$\sum_j \tau_{ji} = 1 \quad \text{para todo } j$$

3. *Simetria*:

$$\tau_{ij} = \tau_{ji} \quad \text{para todo } (i,j)$$

Considere que π_i represente a probabilidade de estado estacionário que a cadeia de Markov esteja no estado x_i, $i = 1, 2, \ldots, K$. Podemos então usar os τ_{ij} simétricos e a razão de distribuições de probabilidade π_j/π_i, a ser definida, para formular o conjunto desejado de probabilidades de transição como (Beckerman, 1997):

$$p_{ij} = \begin{cases} \tau_{ij}\left(\dfrac{\pi_j}{\pi_i}\right) & \text{para} \quad \dfrac{\pi_j}{\pi_i} < 1 \\ \tau_{ij} & \text{para} \quad \dfrac{\pi_j}{\pi_i} \geq 1 \end{cases} \quad (11.29)$$

Para assegurar que as probabilidades de transição sejam normalizadas para a unidade, introduzimos esta definição adicional para a probabilidade de não-transição:

$$\begin{aligned} p_{ij} &= \tau_{ij} + \sum_{j \neq i} \tau_{ij}\left(1 - \frac{\pi_j}{\pi_i}\right) \\ &= 1 - \sum_{j \neq i} \alpha_{ij}\tau_{ij} \end{aligned} \quad (11.30)$$

onde α_{ij} é a probabilidade de movimentação definida por

$$\alpha_{ij} = \min\left(1, \frac{\pi_j}{\pi_i}\right) \quad (11.31)$$

A única exigência importante é como escolher a razão π_j/π_i. Para satisfazer esta exigência, escolhemos a distribuição de probabilidade para a qual desejamos que a cadeia de Markov convirja como sendo uma distribuição de Gibbs, como mostrado por

$$\pi_j = \frac{1}{Z}\exp\left(-\frac{E_j}{T}\right)$$

no qual a razão de distribuições de probabilidade π_j/π_i toma a forma simples

$$\frac{\pi_j}{\pi_i} = \exp\left(-\frac{\Delta E}{T}\right) \tag{11.32}$$

onde

$$\Delta E = E_j - E_i \tag{11.33}$$

Usando a razão de distribuições de probabilidade, eliminamos a dependência em relação à função de partição Z.

Por construção, as probabilidades de transição são todas não-negativas e normalizadas para a unidade, como exigido pelas Eqs. (11.14) e (11.15). Além disso, elas satisfazem o princípio do balanço detalhado definido pela Eq. (11.28). Este princípio é uma condição suficiente para o equilíbrio térmico. Para demonstrar que o princípio do balanço detalhado é satisfeito, apresentamos as seguintes considerações:

Caso 1: $\Delta E < 0$. Suponha que indo do estado x_i para o estado x_j, a variação de energia ΔE é negativa. Da Eq. (11.32) constatamos que $(\pi_j/\pi_i) > 1$, o uso da Eq. (11.29) produz

$$\pi_i p_{ij} = \pi_i \tau_{ij} = \pi_i \tau_{ji}$$

e

$$\pi_j p_{ji} = \pi_j \left(\frac{\pi_i}{\pi_j}\tau_{ji}\right) = \pi_i \tau_{ji}$$

Assim, o princípio do balanço detalhado é satisfeito para $\Delta E < 0$.

Caso 2: $\Delta E > 0$. Suponha agora que a variação de energia ΔE em ir do estado x_i para o estado x_j seja positiva. Neste caso, constatamos que $(\pi_j/\pi_i) < 1$, e o uso da Eq. (11.29) produz

$$\pi_i p_{ij} = \pi_i \left(\frac{\pi_j}{\pi_i}\tau_{ij}\right) = \pi_j \tau_{ij} = \pi_j \tau_{ji}$$

e

$$\pi_j p_{ji} = \pi_j \tau_{ji}$$

Aqui vemos novamente que o princípio do balanço detalhado é satisfeito.

Para completar o quadro, precisamos esclarecer o uso das probabilidades de transição *a priori* representadas por τ_{ij}. Estas probabilidades de transição são de fato o modelo probabilístico do passo aleatório no algoritmo Metropolis. Da descrição do algoritmo apresentada anteriormente, lembramos que o passo aleatório é seguido por uma decisão aleatória. Podemos, portanto, concluir que as probabilidades de transição p_{ij} definidas nas Eqs. (11.29) e (11.30) em termos das probabilidades de transição *a priori*, τ_{ij}, e das probabilidades de estado estacionário, π_j, são realmente a escolha correta para o algoritmo Metropolis.

É importante notar que a distribuição estacionária gerada pelo algoritmo Metropolis não determina unicamente a cadeia de Markov. A distribuição de Gibbs no equilíbrio pode ser gerada usando uma regra de atualização diferente da regra Monte Carlo aplicada no algoritmo Metropolis. Ela pode, por exemplo, ser gerada utilizando a regra de aprendizagem de Boltzmann de Ackley et al. (1986); esta regra é discutida na Seção 11.7.

11.5 RECOZIMENTO SIMULADO

Considere o problema de encontrar um sistema de baixa energia cujos estados estejam ordenados em uma cadeia de Markov. Da Eq. (11.11) observamos que quando a temperatura T se aproxima de zero, a energia livre F do sistema se aproxima da energia média $<E>$. Com $F \to <E>$, então observamos do princípio da mínima energia livre que a distribuição de Gibbs, que é a distribuição estacionária da cadeia de Markov, precipita-se sobre o mínimo global da energia média $<E>$ quando $T \to 0$. Em outras palavras, estados ordenados de baixa energia são fortemente favorecidos em baixas temperaturas. Estas observações nos levam a levantar a questão: por que não aplicar simplesmente o algoritmo Metropolis para gerar uma população de configurações representativas do sistema estocástico em temperaturas muito baixas? Não defendemos o uso de tal estratégia porque a taxa de convergência da cadeia de Markov para o equilíbrio térmico é extremamente lenta a temperaturas muito baixas. Em vez disso, o método preferível para melhorar a eficiência computacional é operar o sistema estocástico a uma temperatura alta em que a convergência para o equilíbrio é rápida, e então manter o sistema em equilíbrio enquanto a temperatura é cuidadosamente reduzida. Isto é, utilizamos uma combinação de dois ingredientes relacionados:

- Um roteiro que determina a taxa com a qual a temperatura é abaixada.
- Um algoritmo – exemplificado pelo algoritmo Metropolis – que iterativamente encontra a distribuição de equilíbrio a cada nova temperatura do roteiro usando o estado final do sistema à temperatura anterior como ponto inicial para a nova temperatura.

Este esquema em duas fases é a essência de uma técnica de relaxação estocástica largamente utilizada conhecida como *recozimento simulado*[2] (Kirkpatrick et al., 1983). A técnica deriva seu nome por analogia ao processo de recozimento em física ou química no qual se inicia o processo a uma alta temperatura e então se reduz a temperatura lentamente enquanto se mantém o equilíbrio térmico.

O objetivo principal do recozimento simulado é encontrar o mínimo global de uma função de custo que caracteriza sistemas grandes e complexos.[3] Como tal, ele fornece uma ferramenta poderosa para resolver problemas de otimização não-convexos, motivado pela seguinte idéia simples:

Para otimizar um sistema muito grande e complexo (i.e., um sistema com muitos graus de liberdade), em vez de sempre avançar no sentido descendente, procure prosseguir no sentido descendente na maior parte do tempo.

O recozimento simulado difere dos algoritmos de otimização iterativos convencionais em dois aspectos importantes:

- O algoritmo não fica necessariamente preso em mínimos locais, pois é sempre possível uma transição para fora de um mínimo local quando o sistema opera a uma temperatura diferente de zero.
- O recozimento simulado é *adaptativo* no sentido de que as características grosseiras do estado final do sistema são vistas a altas temperaturas, enquanto que os detalhes finos do estado aparecem em temperaturas mais baixas.

Roteiro de Recozimento

Como mencionado anteriormente, o algoritmo Metropolis é a base para o processo de recozimento simulado, no curso do qual a temperatura T é reduzida lentamente. Isto é, a temperatura T desempenha o papel de um parâmetro de *controle*. O processo de recozimento simulado convergirá para uma configuração de mínima energia desde que a temperatura seja reduzida de modo não mais rápido que uma taxa logarítmica. Infelizmente, um roteiro de recozimento assim é extremamente lento – lento demais para ser de uso prático. Na prática, devemos recorrer a uma *aproximação de tempo finito* da convergência assintótica do algoritmo. O preço pago pela aproximação é que não é mais garantido que o algoritmo encontre um mínimo global com probabilidade 1. Apesar disso, a forma aproximada resultante do algoritmo é capaz de produzir soluções próximas do ótimo para muitas aplicações práticas.

Para implementar uma aproximação de tempo finito do algoritmo de recozimento simulado, devemos especificar um conjunto de parâmetros que governem a convergência do algoritmo. Estes parâmetros são combinados em um *roteiro de recozimento* ou *roteiro de resfriamento*. O roteiro de recozimento especifica uma seqüência finita de valores de temperatura e um número finito de transições a serem experimentadas a cada valor de temperatura. O roteiro de recozimento de Kirkpatrick et al. (1983) especifica os parâmetros de interesse como segue:[4]

- *Valor Inicial da Temperatura*. O valor inicial T_0 da temperatura é escolhido suficientemente alto para assegurar que virtualmente todas as transições propostas sejam aceitas pelo algoritmo de recozimento simulado.
- *Decremento da Temperatura*. Normalmente, o resfriamento é realizado *exponencialmente*, e as modificações feitas no valor da temperatura são pequenas. Em particular, a *função de decremento* é definida por

$$T_k = \alpha T_{k-1}, \quad k = 1, 2, \ldots \quad (11.34)$$

onde α é uma constante menor que, mas próxima à, unidade. Valores típicos de α se encontram entre 0,8 e 0,99. A cada temperatura, são tentadas transições suficientes de modo que haja em média 10 transições *aceitas* por experimento.
- *Valor Final da Temperatura*. O sistema é congelado e o recozimento é encerrado se o número desejado de aceitações não é alcançado em três temperaturas sucessivas.

O último critério pode ser refinado exigindo-se que a *razão de aceitação*, definida como o número de transições aceitas dividido pelo número de transições propostas, seja menor que um valor predeterminado (Johnson et al., 1989).

Recozimento Simulado para Otimização Combinatória

O recozimento simulado é particularmente bem adequado para resolver problemas de otimização combinatória. O objetivo da *otimização combinatória* é minimizar a função de custo de um sistema discreto finito caracterizado por um grande número de possíveis soluções. Essencialmente, o recozimento simulado utiliza o algoritmo Metropolis para gerar uma seqüência de soluções invocando uma analogia entre um sistema físico de muitas partículas e um problema de otimização combinatória.

No recozimento simulado, interpretamos a energia E_i da distribuição de Gibbs da Eq. (11.5) como um custo em umérico e a temperatura T como um parâmetro de controle. O custo em umérico atribui a cada configuração no problema de otimização combinatória um valor escalar que descreve o quão desejável é aquela configuração particular para a solução. A próxima questão no procedimento de recozimento simulado a ser considerada é como identificar configurações e gerar novas configurações a partir de configurações prévias em uma maneira local. É aí que o algoritmo Metropolis desempenha seu papel. Podemos assim resumir a correspondência entre a terminologia da física estatística e da otimização combinatória da maneira como está mostrado na Tabela 11.1 (Beckerman, 1997).

TABELA 11.1 Correspondência entre a Física Estatística e a Otimização Combinatória

Física estatística	Otimização Combinatória
Amostra	Exemplo do problema
Estado (configuração)	Configuração
Energia	Função de custo
Temperatura	Parâmetro de Controle
Energia do estado fundamental	Custo mínimo
Configuração do estado fundamental	Configuração ótima

11.6 AMOSTRAGEM DE GIBBS

Assim como o algoritmo Metropolis, o *amostrador de Gibbs*[5] gera uma cadeia de Markov com a distribuição de Gibbs como a distribuição de equilíbrio. Entretanto, as probabilidades de transição associadas com o amostrador de Gibbs são não-estacionárias (Geman e Geman, 1984). Em última análise, a escolha entre o amostrador de Gibbs e o algoritmo Metropolis é baseada em detalhes técnicos do problema considerado.

Para prosseguir com uma descrição deste esquema de amostragem, considere um vetor aleatório $\mathbf{X}$ de dimensionalidade K constituído das componentes $X_1, X_2, ..., X_K$. Suponha que tenhamos conhecimento da distribuição condicional de X_k, dados os valores de todas as outras componentes de $\mathbf{X}$ para $k = 1, 2, ..., K$. O problema que desejamos abordar é como obter uma estimativa em umérica da densidade marginal da variável aleatória X_k para cada k. O amostrador de Gibbs atua gerando um valor para a distribuição condicional para cada componente do vetor aleatório $\mathbf{X}$, dados os valores de todas as outras componentes de $\mathbf{X}$. Especificamente, partindo de uma configuração arbitrária $\{x_1(0), x_2(0), ..., x_K(0)\}$, fazemos as seguintes escolhas na primeira iteração da amostragem de Gibbs:

$x_1(1)$ é retirado da distribuição de X_1, dados $x_2(0), x_3(0), ..., x_K(0)$.

$x_2(1)$ é retirado da distribuição de X_2, dados $x_1(1), x_3(0),..., x_K(0)$.
⋮

$x_k(1)$ é retirado da distribuição de X_k, dados $x_1(1),..., x_{k-1}(1), x_{k+1}(0),..., x_K(0)$.
⋮

$x_K(1)$ é retirado da distribuição de X_K, dados $x_1(1), x_2(1)..., x_{K-1}(1)$.

Procedemos desta maneira na segunda iteração e em todas as outras iterações do esquema de amostragem. Os dois pontos seguintes devem ser cuidadosamente considerados:

1. Cada componente do vetor aleatório **X** é "visitada" na ordem natural, com o resultado que um total de K novas variantes são geradas em cada iteração.
2. O novo valor da componente X_{k-1} é usado imediatamente quando um novo valor de X_k é retirado para $k = 2, 3,..., K$.

Desta discussão vemos que o amostrador de Gibbs é um esquema *adaptativo iterativo*. Após n iterações de seu uso, chegamos a K variantes: $X_1(n), X_2(n),..., X_K(n)$.

Sob condições suaves, são válidos os três seguintes teoremas para a amostragem de Gibbs (Geman e Geman, 1984; Gelfand e Smith, 1990):

1. *Teorema da convergência.* A variável aleatória $X_k(n)$ converge em distribuição para as distribuições verdadeiras de X_k para $k = 1, 2,..., K$ quando n se aproxima do infinito; ou seja,

$$\lim_{n \to \infty} P(X_k^{(n)} \leq x | x_k(0)) = F_{X_k}(x) \quad \text{para } k = 1, 2,..., K \quad (11.35)$$

onde $F_{X_k}(x)$ é a função distribuição de probabilidade marginal de X_K.

Na verdade, em Geman e Geman (1984) é provado um resultado mais forte. Especificamente, em vez de requerer que cada componente do vetor aleatório **X** seja visitada em repetições da ordem natural, a convergência da amostragem de Gibbs ainda é válida sob um esquema de visitação aleatório desde que este esquema não dependa dos valores das variáveis e que cada componente de **X** seja visitada "infinitas vezes".

2. *Teorema da taxa de convergência.* A distribuição de probabilidade conjunta das variáveis aleatórias $X_1(n), X_2(n),..., X_K(n)$ converge para a distribuição de probabilidade conjunta verdadeira de $X_1, X_2,..., X_K$ em uma taxa geométrica em n.

Este teorema assume que as componentes de **X** são visitadas na ordem natural. Entretanto, quando é usada uma abordagem de visitação arbitrária mas infinitamente freqüente, então é necessário um ajuste mínimo da taxa de convergência.

3. *Teorema ergódico.* Para qualquer função mensurável g, por exemplo, das variáveis aleatórias $X_1, X_2,..., X_K$ cujo valor esperado exista, temos

$$\lim_{n \to \infty} \frac{1}{n} \sum_{i=1}^{n} g(X_1(i), X_2(i),..., X_K(i)) \to E[g(X_1, X_2,..., X_K)] \quad (11.36)$$

com probabilidade 1 (i.e., quase certamente).

O teorema ergódico nos diz como usar a saída do amostrador de Gibbs para obter estimativas em uméricas das densidades marginais desejadas.

A amostragem de Gibbs é utilizada na máquina de Boltzmann para realizar amostragens de distribuições sobre neurônios ocultos; esta máquina estocástica é discutida na próxima seção. No contexto de uma máquina estocástica usando unidades binárias (p.ex., a máquina de Boltzmann), deve-se notar que o amostrador de Gibbs é exatamente o mesmo que uma variante do algoritmo Metropolis. Na forma padrão do algoritmo Metropolis, avançamos para baixo com probabilidade 1. Na forma alternativa do algoritmo Metropolis, ao contrário, vamos para baixo com uma probabilidade igual a 1 menos a exponencial da variação de energia (i.e., o complemento da regra de subida). Em outras palavras, se uma modificação abaixar a energia E ou deixá-la inalterada, esta modificação é aceita; se a modificação aumentar a energia, ela é aceita com probabilidade $\exp(-\Delta E)$ e é rejeitada caso contrário, com o estado antigo então sendo repetido (Neal, 1993).

11.7 A MÁQUINA DE BOLTZMANN

A *máquina de Boltzmann* é uma máquina estocástica cuja composição consiste de neurônios estocásticos. Um *neurônio estocástico* reside em um de dois estados possíveis de uma maneira probabilística, como discutido no Capítulo 1. Estes dois estados podem ser designados como +1 para o estado "ligado" e –1 para o estado "desligado", ou 1 e 0, respectivamente. Adotaremos a primeira designação. Uma outra característica distintiva da máquina de Boltzmann é o uso de *conexões sinápticas simétricas* entre seus neurônios. O uso desta forma de conexões sinápticas é também motivado por considerações da física estatística.

Os neurônios estocásticos da máquina de Boltzmann se dividem em dois grupos funcionais: os *visíveis* e os *ocultos*, como representado na Fig. 11.4. Os neurônios visíveis[6] fornecem uma interface entre a rede e o ambiente no qual ela opera. Durante a fase de treinamento da rede, os neurônios visíveis estão todos *presos* a estados específicos determinados pelo ambiente. Os neurônios

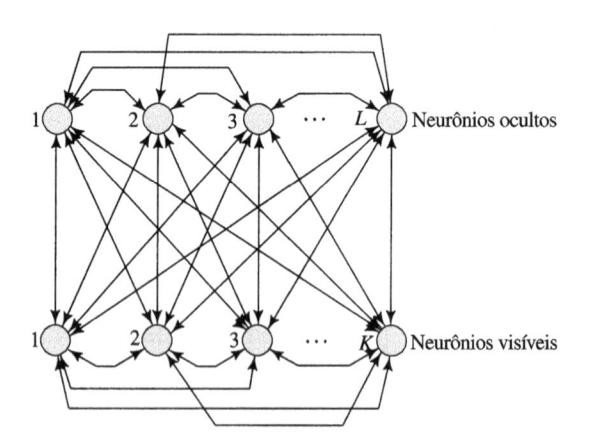

FIGURA 11.4 Grafo arquitetural da máquina de Boltzmann; K é o número de neurônios visíveis e L é o número de neurônios ocultos

ocultos, por outro lado, sempre operam livremente; são usados para explicar as restrições subjacentes contidas nos vetores de entrada do ambiente. Os neurônios ocultos realizam esta tarefa capturando correlações de ordem mais alta nos vetores presos. A rede descrita aqui representa um caso especial da máquina de Boltzmann. Ela pode ser vista como um procedimento de aprendizagem não-supervisionada para modelar uma distribuição de probabilidade que é especificada pelos padrões presos aos neurônios visíveis com probabilidades apropriadas. Dessa forma, a rede pode realizar a *complementação de padrões*. Especificamente, quando um vetor portador de informação está preso a um subconjunto de neurônios visíveis, a rede realiza a complementação sobre os neurônios visíveis restantes, desde que ela tenha aprendido adequadamente a distribuição de treinamento (Hinton, 1989).

O objetivo principal da aprendizagem de Boltzmann é produzir uma rede neural que modele corretamente padrões de entrada de acordo com uma distribuição de Boltzmann. Aplicando esta forma de aprendizagem, são feitas duas suposições:

- Cada vetor (padrão) de entrada do ambiente persiste tempo suficiente para permitir que a rede alcance o *equilíbrio térmico*.
- *Não* há estrutura na ordem seqüencial na qual os vetores do ambiente estão presos às unidades visíveis da rede.

Diz-se que um conjunto particular de pesos sinápticos constitui um modelo perfeito da estrutura do ambiente se ele levar exatamente à mesma distribuição de probabilidade dos estados das unidades visíveis (quando a rede está funcionando livremente) que quando estas unidades estão presas aos vetores de entrada do ambiente. Em geral, a menos que o número de unidades ocultas seja exponencialmente grande comparado com o número de unidades visíveis, é impossível atingir este modelo perfeito. Se, contudo, o ambiente tiver uma estrutura regular, e a rede utilizar suas unidades ocultas para capturar estas regularidades, ela pode alcançar um bom casamento com o ambiente com um número aceitável de unidades ocultas.

Amostragem de Gibbs e Recozimento Simulado para a Máquina de Boltzmann

Considere que $\mathbf{x}$ represente o vetor de estado da máquina de Boltzmann, com sua componente x_i representando o estado do neurônio i. O estado $\mathbf{x}$ representa uma realização do vetor aleatório $\mathbf{X}$. A conexão sináptica do neurônio i para o neurônio j é representada por w_{ji}, com

$$w_{ji} = w_{ij} \qquad \text{para todo } (i,j) \tag{11.37}$$

e

$$w_{ii} = 0 \qquad \text{para todo } i \tag{11.38}$$

A Equação (11.37) descreve a simetria e a Eq. (11.38) enfatiza a ausência de auto-realimentação. O uso de um bias é permitido utilizando-se o vetor w_{j0} de um nó fictício mantido a +1 e conectando-o ao neurônio j para todo j.

Por analogia com a termodinâmica, a energia da máquina de Boltzmann é definida por[7]

$$E(\mathbf{x}) = -\frac{1}{2}\sum_{i}\sum_{\substack{j \\ i \neq j}} w_{ji} x_i x_j \tag{11.39}$$

Invocando a distribuição de Gibbs da Eq. (11.5), podemos definir a probabilidade de que a rede (assumida estar em equilíbrio à temperatura T) está no estado $\mathbf{x}$ como segue:

$$P(\mathbf{X} = \mathbf{x}) = \frac{1}{Z}\exp\left(-\frac{E(\mathbf{x})}{T}\right) \qquad (11.40)$$

onde Z é a função de partição.

Para simplificar a apresentação, defina um evento único A e os eventos conjuntos B e C como segue:

$A: X_j = x_j$

$B: \{X_i = x_i\}_{i=1, i \neq j}^{K}$

$C: \{X_i = x_i\}_{i=1}^{K}$

Na realidade, o evento conjunto B exclui A, e o evento conjunto C inclui tanto A como B. A probabilidade de B é a probabilidade marginal de C em relação a A. Assim, usando as Eqs. (11.39) e (11.40), podemos escrever

$$P(C) = (A, B)$$
$$= \frac{1}{Z}\exp\left(\frac{1}{2T}\sum_i \sum_{\substack{j \\ i \neq j}} w_{ji} x_i x_j\right) \qquad (11.41)$$

e

$$P(B) = \sum_A P(A, B)$$
$$= \frac{1}{Z}\sum_{x_j} \exp\left(\frac{1}{2T}\sum_i \sum_{\substack{j \\ i \neq j}} w_{ji} x_i x_j\right) \qquad (11.42)$$

O expoente nas Eqs. (11.41) e (11.42) pode ser expresso como a soma de duas componentes, uma envolvendo x_j e a outra sendo independente de x_j. A componente envolvendo x_j é dada por

$$\frac{x_j}{2T} \sum_{\substack{i \\ i \neq j}} w_{ji} x_i$$

Conseqüentemente, fazendo $x_j = x = \pm 1$, podemos expressar a probabilidade condicional de A, dado B, como segue:

$$P(A|B) = \frac{P(A,B)}{P(B)}$$
$$= \frac{1}{1 + \exp\left(-\frac{x_j}{T}\sum_{\substack{i \\ i \neq j}} w_{ji} x_i\right)}$$

Ou seja, podemos escrever

$$P(X_j = x | \{X_i = x_i\}_{i=1, i \neq j}^{K}) = \varphi\left(\frac{x}{T}\sum_{\substack{i \\ i \neq j}} w_{ji} x_i\right) \qquad (11.43)$$

onde $\varphi(\cdot)$ é uma função sigmóide de seu argumento, como mostrado por

$$\varphi(v) = \frac{1}{1 + \exp(-v)} \qquad (11.44)$$

Note que embora x varie entre -1 e $+1$, o argumento inteiro $v = \frac{x}{T}\sum_{i \neq j} w_{ji} x_i$ para N grande pode variar entre $-\infty$ e $+\infty$, como mostrado na Fig. 11.5. Note também que, ao se derivar a Eq. (11.43), foi eliminada a necessidade da função de partição Z. Isto é altamente desejável pois o cálculo direto de Z é impraticável para uma rede de grande complexidade.

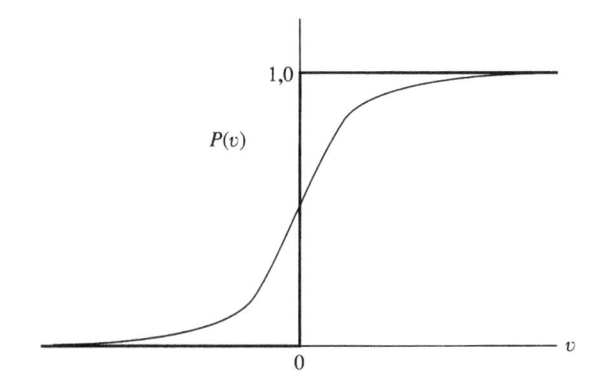

FIGURA 11.5 Função com forma sigmóide $\varphi(v)$

O uso da amostragem de Gibbs exibe a distribuição conjunta $P(A, B)$. Basicamente, como explicado na Seção 11.6, esta simulação estocástica começa atribuindo-se à rede um estado arbitrário, sendo todos os neurônios visitados na sua ordem natural. A cada visita, é escolhido um novo valor para o estado de cada neurônio de acordo com a distribuição de probabilidade do neurônio, condicionada aos valores dos estados de todos os outros neurônios da rede. Desde que a simulação estocástica seja realizada durante um período suficientemente longo, a rede alcançará o equilíbrio térmico à temperatura T.

Infelizmente, o tempo consumido para alcançar o equilíbrio térmico pode ser muito longo. Para superar esta dificuldade, utiliza-se o recozimento simulado para uma seqüência finita de temperaturas $T_0, T_1, ..., T_{final}$ como explicado na Seção 11.5. Especificamente, a temperatura é inicialmente ajustada em um valor elevado T_0, permitindo assim que o equilíbrio térmico seja alcançado rapidamente. Depois, a temperatura T é reduzida gradualmente até o valor final T_{final}, onde os estados neuronais terão alcançado (espera-se) suas distribuições marginais.

Regra de Aprendizagem de Boltzmann

Devido ao fato de a máquina de Boltzmann ser uma máquina estocástica, é natural procurar-se na teoria das probabilidades um índice de desempenho adequado. Um desses critérios é a *função de verossimilhança*.[8] Baseado nela, o objetivo da aprendizagem de Boltzmann é maximizar a função de verossimilhança ou, equivalentemente, a função logaritmo da verossimilhança, de acordo com o *princípio da máxima verossimilhança*.

Considere que $\mathcal{T}$ represente o conjunto de exemplos de treinamento retirados da distribuição de probabilidade de interesse. Assume-se que os exemplos são todos binários. É permitida a repetição de exemplos de treinamento na proporção da freqüência conhecida de sua ocorrência. Considere que um subconjunto do vetor de estado $\mathbf{x}$, digamos $\mathbf{x}_\alpha$, represente os neurônios visíveis. A parte restante do vetor de estado $\mathbf{x}$, digamos $\mathbf{x}_\beta$, representa o estado dos neurônios ocultos. Os vetores de estado, $\mathbf{x}$, $\mathbf{x}_\alpha$ e $\mathbf{x}_\beta$ são realizações dos vetores aleatórios $\mathbf{X}$, $\mathbf{X}_\alpha$ e $\mathbf{X}_\beta$, respectivamente. Há duas fases para a operação da máquina de Boltzmann:

- *Fase positiva*. Nesta fase, a rede opera na sua condição presa (i.e., sob a influência do conjunto de treinamento $\mathcal{T}$).
- *Fase negativa*. Nesta segunda fase, permite-se que a rede opere livremente, e portanto sem entradas do ambiente.

Dado o vetor de peso sináptico $\mathbf{w}$ para toda a rede, a probabilidade de que os neurônios visíveis estejam no estado $\mathbf{x}_\alpha$ é $P(\mathbf{X}_\alpha = \mathbf{x}_\alpha)$. Considerando os diversos valores possíveis de $\mathbf{x}_\alpha$ contidos no conjunto de treinamento $\mathcal{T}$, assumidos serem estatisticamente independentes, a distribuição de probabilidade global é a distribuição fatorial $\prod_{\mathbf{x}_\alpha \in \mathcal{T}} P(\mathbf{X}_\alpha = \mathbf{x}_\alpha)$. Para formular a função logaritmo da verossimilhança $L(\mathbf{w})$, tome o logaritmo desta distribuição fatorial e trate $\mathbf{w}$ como o vetor de parâmetros desconhecido. Podemos assim escrever

$$L(\mathbf{w}) = \log \prod_{\mathbf{x}_\alpha \in \mathcal{T}} P(\mathbf{X}_\alpha = \mathbf{x}_\alpha) \\ = \sum_{\mathbf{x}_\alpha \in \mathcal{T}} \log P(\mathbf{X}_\alpha = \mathbf{x}_\alpha)$$ (11.45)

Para formular a expressão para a probabilidade marginal $P(\mathbf{X}_\alpha = \mathbf{x}_\alpha)$ em termos da função energia $E(\mathbf{x})$, utilizamos o seguinte:

- A probabilidade $P(\mathbf{X} = \mathbf{x})$ é igual a $\frac{1}{Z}\exp(-E(\mathbf{x})/T)$ da Eq. (11.40).
- Por definição, o vetor de estado $\mathbf{x}$ é a combinação conjunta de $\mathbf{x}_\alpha$ relativo aos neurônios visíveis e $\mathbf{x}_\beta$ relativo aos neurônios ocultos. Assim, a probabilidade de encontrar os neurônios visíveis no estado $\mathbf{x}_\alpha$ com qualquer $\mathbf{x}_\beta$ é dada por

$$P(\mathbf{X}_\alpha = \mathbf{x}_\alpha) = \frac{1}{Z}\sum_{\mathbf{x}_\beta} \exp\left(-\frac{E(\mathbf{x})}{T}\right)$$ (11.46)

onde o vetor aleatório $\mathbf{X}_\alpha$ é um subconjunto de $\mathbf{X}$. A função de partição Z é ela mesma definida por (veja a Eq. (11.6)):

$$Z = \sum_{\mathbf{x}} \exp\left(-\frac{E(\mathbf{x})}{T}\right)$$ (11.47)

Assim, substituindo as Eqs. (11.46) e (11.47) em (11.45), obtemos a expressão desejada para a função logaritmo da verossimilhança:

$$L(\mathbf{w}) = \sum_{\mathbf{x}_\alpha \in \mathcal{T}} \left(\log \sum_{\mathbf{x}_\beta} \exp\left(-\frac{E(\mathbf{x})}{T}\right) - \log \sum_{\mathbf{x}} \exp\left(-\frac{E(\mathbf{x})}{T}\right) \right) \quad (11.48)$$

A dependência em **w** está contida na função de energia $E(\mathbf{x})$, como mostrado na Eq. (11.39).

Diferenciando $L(\mathbf{w})$ em relação a w_{ji} com base na Eq. (11.39), obtemos o seguinte resultado após alguma manipulação de termos (veja o Problema 11.8):

$$\frac{\partial L(\mathbf{w})}{\partial w_{ji}} = \frac{1}{T} \sum_{\mathbf{x}_\alpha \in \mathcal{T}} \left(\sum_{\mathbf{x}_\beta} P(\mathbf{X}_\beta = \mathbf{x}_\beta | \mathbf{X}_\alpha = \mathbf{x}_\alpha) x_j x_i - \sum_{\mathbf{x}} P(\mathbf{X} = \mathbf{x}) x_j x_i \right) \quad (11.49)$$

Para simplificar o desenvolvimento, introduzimos duas definições:

$$\rho_{ji}^+ = <x_j x_i>^+$$
$$= \sum_{\mathbf{x}_\alpha \in \mathcal{T}} \sum_{\mathbf{x}_\beta} P(\mathbf{X}_\beta = \mathbf{x}_\beta | \mathbf{X}_\alpha = \mathbf{x}_\alpha) x_j x_i \quad (11.50)$$

e

$$\rho_{ji}^- = <x_j x_i>^-$$
$$= \sum_{\mathbf{x}_\alpha \in \mathcal{T}} \sum_{\mathbf{x}_\beta} P(\mathbf{X} = \mathbf{x}) x_j x_i \quad (11.51)$$

Em um sentido livre, podemos ver a primeira média, ρ_{ji}^+, como a taxa de disparo média ou *correlação* entre os estados dos neurônios i e j com a rede operando na sua fase presa ou fase positiva, e similarmente podemos ver a segunda média, ρ_{ji}^-, como a *correlação* entre os estados dos neurônios i e j com a rede operando na sua fase livre ou fase negativa. Com estas definições podemos simplificar a Eq. (11.49) para

$$\frac{\partial L(\mathbf{w})}{\partial w_{ji}} = \frac{1}{T}\left(\rho_{ji}^+ - \rho_{ji}^-\right) \quad (11.52)$$

O objetivo da aprendizagem de Boltzmann é maximizar a função logaritmo da verossimilhança $L(\mathbf{w})$. Podemos usar a *subida do gradiente* para alcançar este objetivo escrevendo

$$\Delta w_{ji} = \epsilon \frac{\partial L(\mathbf{w})}{\partial w_{ji}}$$
$$= \eta\left(\rho_{ji}^+ - \rho_{ji}^-\right) \quad (11.53)$$

onde η é um *parâmetro da taxa de aprendizagem*; ele é definido em termos de ϵ e da temperatura de operação T como:

$$\eta = \frac{\epsilon}{T} \qquad (11.54)$$

A regra da subida do gradiente da Eq. (11.53) é chamada de *regra de aprendizagem de Boltzmann*. A aprendizagem descrita aqui é realizada em lote; ou seja, as modificações dos pesos sinápticos são feitas após a apresentação do conjunto inteiro de exemplos de treinamento.

De acordo com esta regra de aprendizagem, os pesos sinápticos de uma máquina de Boltzmann são ajustados utilizando-se apenas observações disponíveis localmente sob duas diferentes condições: (1) operando presa e (2) operando livremente. Esta característica importante da aprendizagem de Boltzmann simplifica enormemente a arquitetura da rede, em especial quando se lida com redes grandes. Uma outra característica útil da aprendizagem de Boltzmann, que pode parecer uma surpresa, é que a regra para ajustar o peso sináptico do neurônio i para o neurônio j é independente do fato de estes dois neurônios serem ambos visíveis, ambos ocultos, ou um visível e o outro oculto. Todas estas características da aprendizagem de Boltzmann resultam de uma análise fundamental de Hinton e Sejnowski (1983, 1986), que vincula o modelo matemático abstrato da máquina de Boltzmann às redes neurais usando uma combinação de dois fatores:

- A distribuição de Gibbs para descrever o quão estocástico é um neurônio.
- A função de energia baseada na física estatística, dada pela Eq. (11.39), para definir a distribuição de Gibbs.

Do ponto de vista da aprendizagem, os dois termos que constituem a regra de aprendizagem de Boltzmann da Eq. (11.53) têm significados opostos. Podemos ver o primeiro termo, correspondente à condição presa da rede, como essencialmente uma regra de *aprendizagem* hebbiana; e ver o segundo termo, correspondendo à condição de operação livre da rede, como um termo de "*desaprendizagem*" ou *esquecimento*. De fato, a regra de aprendizagem de Boltzmann representa uma *generalização* da *regra de esquecimento repetido e reaprendizagem* descrita por Pöppel e Krey (1987) para o caso de redes simétricas sem neurônios ocultos.

É também interessante notar que, como o algoritmo de aprendizagem da máquina de Boltzmann requer que os neurônios ocultos reconheçam a diferença entre atividades estimuladas e atividades operando livremente, e desde que haja uma rede (oculta) externa que sinalize para os neurônios ocultos que a máquina está sendo estimulada, temos uma forma primitiva de um mecanismo de *atenção* (Cowan e Sharp, 1988).

Necessidade da Fase Negativa e suas Implicações

O uso combinado de uma fase positiva e de uma fase negativa estabiliza a distribuição de pesos sinápticos na máquina de Boltzmann. Esta necessidade pode ser justificada de outro modo. Intuitivamente, podemos dizer que a necessidade de uma fase negativa bem como de uma fase positiva na aprendizagem de Boltzmann surge devido à presença da função de partição, Z, na expressão para a probabilidade de um vetor de estado de um neurônio. A implicação desta afirmação é que a direção da descida mais íngreme no espaço de energia *não* é a mesma que a direção da subida mais íngreme no espaço de probabilidade. De fato, a fase negativa no procedimento de aprendizagem é necessária para levar em consideração estas discrepâncias (Neal, 1992).

O uso de uma fase negativa na aprendizagem de Boltzmann tem duas grandes desvantagens:

1. *Aumento do tempo de computação.* Na fase positiva, alguns neurônios estão presos ao ambiente externo, enquanto que na fase negativa todos os neurônios estão operando livremente. Conseqüentemente, o tempo necessário para a simulação estocástica de uma máquina de Boltzmann é aumentado.
2. *Sensibilidade a erros estatísticos.* A regra de aprendizagem de Boltzmann envolve a *diferença* entre duas correlações médias, uma calculada para a fase positiva e a outra calculada para a fase negativa. Quando estas duas correlações são similares, a presença de ruído de amostragem faz com que a diferença entre elas seja ainda mais ruidosa.

Podemos eliminar estas desvantagens da máquina de Boltzmann utilizando uma rede de crença sigmóide. Nesta nova classe de máquinas estocásticas, o controle sobre o procedimento de aprendizagem é exercido através de outros meios que não uma fase negativa.

11.8 REDES DE CRENÇA SIGMÓIDE

Redes de crença sigmóide ou *redes de crença logística* foram desenvolvidas por Neal em 1992 em um esforço para encontrar uma máquina estocástica que compartilhasse com a máquina de Boltzmann a capacidade de aprender distribuições de probabilidade arbitrárias sobre vetores binários, mas que não necessitasse da fase negativa do procedimento de aprendizagem da máquina de Boltzmann. Este objetivo foi alcançado substituindo-se as conexões simétricas da máquina de Boltzmann por *conexões orientadas que formam um grafo acíclico*. Especificamente, uma rede de crença sigmóide consiste de uma arquitetura de múltiplas camadas com neurônios estocásticos binários, como ilustrado na Fig. 11.6. A natureza acíclica da máquina torna fácil a realização de cálculos probabilísticos. Em particular, a rede utiliza a função sigmóide da Eq. (11.43), em analogia com a máquina de Boltzmann, para calcular a probabilidade condicional de um neurônio sendo ativado em resposta a seu próprio campo local induzido.

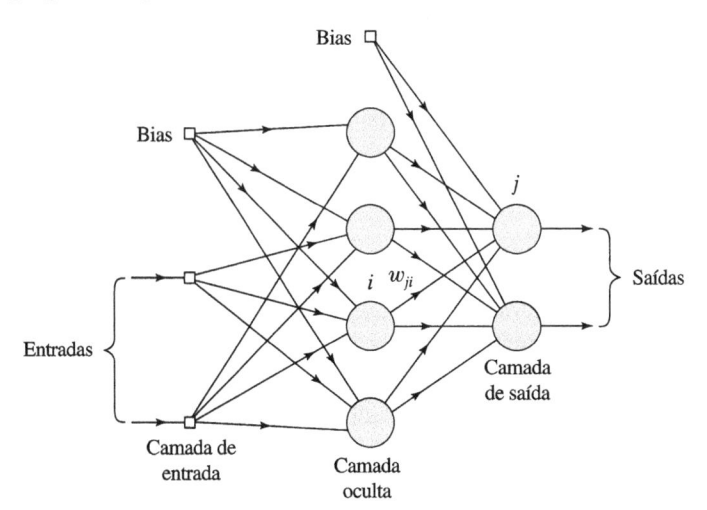

FIGURA 11.6 Grafo arquitetural da rede de crença sigmóide

Propriedades Fundamentais das Redes de Crença Sigmóide

Considere que o vetor **X**, consistindo das variáveis aleatórias binárias $X_1, X_2,..., X_N$, defina uma rede de crença sigmóide composta de N neurônios estocásticos. Os *pais* do elemento X_j em **X** são representados por

$$\text{pa}(X_j) \subseteq \{X_1, X_2, ... X_{j-1}\} \tag{11.55}$$

Em outras palavras, pa(X_j) é o menor subconjunto do vetor aleatório **X** para o qual temos

$$P(X_j = x_j | X_1 = x_1, ..., X_{j-1} = x_{j-1}) = P(X_j = x_j | \text{pa}(X_j)) \tag{11.56}$$

Uma virtude importante das redes de crença sigmóide é a sua habilidade de exibir claramente as dependências condicionais do modelo probabilístico próprio dos dados de entrada. Em particular, a probabilidade de que o j-ésimo neurônio seja ativado é definida pela função sigmóide (veja a Eq. (11.43))

$$P(X_j = x_j | \text{pa}(X_j)) = \varphi\left(\frac{x_j}{T} \sum_{i<j} w_{ji} x_i\right) \tag{11.57}$$

onde w_{ji} é o peso sináptico do neurônio i para o neurônio j, como mostrado na Fig. 11.6. Ou seja, a probabilidade condicional $P(X_j = x_j | \text{pa}(X_j))$ depende de pa(X_j) unicamente através de uma soma de entradas ponderadas. Assim, a Eq. (11.57) fornece a base para a propagação de crenças através da rede.

Realizando-se os cálculos de probabilidade da rede de crença sigmóide, notam-se os dois pontos seguintes:

1. $w_{ji} = 0$ para todo X_j não pertencente a pa(X_j)
2. $w_{ji} = 0$ para todo $i \geq j$

O primeiro ponto segue da definição dos pais. O segundo ponto segue do fato de que uma rede de crença sigmóide é um grafo acíclico orientado.

Como o nome implica, as redes de crença sigmóide pertencem à classe geral das *redes de crença*[9] estudadas extensivamente na literatura (Pearl, 1988). A operação estocástica das redes de crença sigmóide é algo mais complexa que a máquina de Boltzmann. Apesar disso, elas se adaptam ao uso de aprendizagem por subida do gradiente no espaço de probabilidade, baseado na informação disponível localmente.

Aprendizagem em Redes de Crença Sigmóide

Considere que $\mathcal{T}$ represente um conjunto de exemplos retirados da distribuição de probabilidade de interesse. Assume-se que cada exemplo seja binário, representando certos atributos. É permitida a repetição de exemplos de treinamento, na proporção da freqüência de ocorrência de uma combinação particular de atributos. Para modelar a distribuição da qual $\mathcal{T}$ é retirado, procedemos como segue:

1. Decide-se por um tamanho do vetor de estado, **x**, para a rede.
2. Seleciona-se um subconjunto do vetor de estado, digamos $\mathbf{x}_\alpha$, para representar os atributos dos casos de treinamento; ou seja, $\mathbf{x}_\alpha$ representa o vetor de estado dos neurônios visíveis (i.e., os nós de evidências).

3. A parte restante do vetor de estado **x**, representada por $\mathbf{x}_\beta$, define o vetor de estado dos neurônios ocultos (i.e., aqueles nós computacionais para os quais não temos valores exemplificados).

O projeto de uma rede de crença sigmóide depende enormemente do modo como as unidades visíveis e ocultas são arranjadas, para um dado vetor de estado **x**. Portanto, diferentes arranjos de neurônios visíveis e ocultos podem resultar em configurações diferentes.

Como no caso da máquina de Boltzmann, derivamos a regra de aprendizagem desejada para uma rede de crença sigmóide maximizando a função logaritmo da verossimilhança, calculada a partir do conjunto de treinamento $\mathcal{T}$. A função logaritmo da verossimilhança, $L(\mathbf{w})$, é definida pela Eq. (11.45), reproduzida aqui por conveniência de apresentação:

$$L(\mathbf{w}) = \sum_{\mathbf{x}_\alpha \in \mathcal{T}} \log P(\mathbf{X}_\alpha = \mathbf{x}_\alpha)$$

onde **w** é o vetor peso sináptico da rede, tratado como incógnita. O vetor de estado $\mathbf{x}_\alpha$, relativo aos neurônios visíveis, é uma realização do vetor aleatório $\mathbf{X}_\alpha$. Considere que w_{ji} represente o ji-ésimo elemento de **w** (i.e., o peso sináptico do neurônio i para o neurônio j). Diferenciando $L(\mathbf{w})$ em relação a w_{ji}, obtemos

$$\frac{\partial L(\mathbf{w})}{\partial w_{ji}} = \sum_{\mathbf{x}_\alpha \in \mathcal{T}} \frac{1}{P(\mathbf{X}_\alpha = \mathbf{x}_\alpha)} \frac{\partial P(\mathbf{X}_\alpha = \mathbf{x}_\alpha)}{\partial w_{ji}}$$

A seguir, notamos as duas seguintes relações probabilísticas:

$$\begin{aligned} P(\mathbf{X}_\alpha = \mathbf{x}_\alpha) &= \sum_{\mathbf{x}_\beta} P(\mathbf{X} = (\mathbf{x}_\alpha, \mathbf{x}_\beta)) \\ &= \sum_{\mathbf{x}_\beta} P(\mathbf{X} = \mathbf{x}) \end{aligned} \qquad (11.58)$$

onde o vetor aleatório **X** é relativo à rede toda e o vetor de estado $\mathbf{x} = (\mathbf{x}_\alpha, \mathbf{x}_\beta)$ é uma realização dele, e

$$P(\mathbf{X} = \mathbf{x}) = P(\mathbf{X} = \mathbf{x} | \mathbf{X}_\alpha = \mathbf{x}_\alpha) P(\mathbf{X}_\alpha = \mathbf{x}_\alpha) \qquad (11.59)$$

que define a probabilidade do evento conjunto $\mathbf{X} = \mathbf{x} = (\mathbf{x}_\alpha, \mathbf{x}_\beta)$.

Com base nestas duas relações, podemos redefinir a derivada parcial $\partial L(\mathbf{w})/\partial w_{ji}$ na forma equivalente:

$$\frac{\partial L(\mathbf{w})}{\partial w_{ji}} = \sum_{\mathbf{x}_\alpha \in \mathcal{T}} \sum_{\mathbf{x}_\beta} \frac{P(\mathbf{X} = \mathbf{x} | \mathbf{X}_\alpha = \mathbf{x}_\alpha)}{P(\mathbf{X} = \mathbf{x})} \frac{\partial P(\mathbf{X} = \mathbf{x})}{\partial w_{ji}} \qquad (11.60)$$

Com base na Eq. (11.43), podemos escrever

$$P(\mathbf{X} = \mathbf{x}) = \prod_j \varphi\left(\frac{x_j}{T} \sum_{i<j} w_{ji} x_i\right) \qquad (11.61)$$

onde φ(·) é uma função sigmóide. Podemos, portanto, escrever

$$\frac{1}{P(\mathbf{X}=\mathbf{x})} = \frac{\partial P(\mathbf{X}=\mathbf{x})}{\partial w_{ji}} \frac{\partial}{\partial w_{ji}} \log P(\mathbf{X}=\mathbf{x})$$

$$= \frac{\partial}{\partial w_{ji}} \sum_j \log \varphi\left(\frac{x_j}{T} \sum_{i<j} w_{ji} x_i\right)$$

$$= \frac{1}{T} \sum_j \frac{1}{\varphi\left(\frac{x_j}{T} \sum_{i<j} w_{ji} x_i\right)} \varphi'\left(\frac{x_j}{T} \sum_{i<j} w_{ji} x_i\right) x_j x_i$$

onde φ'(·) é a primeira derivada da função sigmóide φ(·) em relação a seu argumento. Mas da definição de φ(·) dada na Eq. (11.44) constatamos facilmente que

$$\varphi'(v) = \varphi(v)\varphi(-v) \qquad (11.62)$$

onde φ(−v) é obtido a partir de φ(v) substituindo-se v por −v. Com isso, podemos escrever

$$\frac{1}{P(\mathbf{X}=\mathbf{x})} = \frac{\partial P(\mathbf{X}=\mathbf{x})}{\partial w_{ji}} = \frac{1}{T} \sum_j \varphi\left(-\frac{x_j}{T} \sum_{i<j} w_{ji} x_i\right) x_j x_i \qquad (11.63)$$

Conseqüentemente, substituindo a Eq. (11.63) em (11.60), obtemos

$$\frac{\partial L(\mathbf{w})}{\partial w_{ji}} = \frac{1}{T} \sum_{\mathbf{x}_\alpha \in \mathcal{T}} \sum_{\mathbf{x}_\beta} P(\mathbf{X}=\mathbf{x}|\mathbf{X}_\alpha=\mathbf{x}_\alpha) \varphi\left(-\frac{x_j}{T} \sum_{i<j} w_{ji} x_i\right) x_j x_i \qquad (11.64)$$

Para simplificar o desenvolvimento, definimos a média de ensemble

$$\rho_{ji} = < \varphi\left(-x_j \sum_{i<j} w_{ji} x_i\right) x_j x_i >$$

$$= \sum_{\mathbf{x}_\alpha \in \mathcal{T}} \sum_{\mathbf{x}_\beta} P(\mathbf{X}=\mathbf{x}|\mathbf{X}_\alpha=\mathbf{x}_\alpha) \varphi\left(-\frac{x_j}{T} \sum_{i<j} w_{ji} x_i\right) x_j x_i \qquad (11.65)$$

que representa uma *correlação média* entre os estados dos neurônios i e j, ponderada pelo fator $\varphi(-\frac{x_j}{T}\Sigma_{i<j} w_{ji} x_i)$. Esta média é tomada sobre todos os valores possíveis de $\mathbf{x}_\alpha$ (retirados do conjunto de treinamento $\mathcal{T}$) bem como sobre todos os valores possíveis de $\mathbf{x}_\beta$, com $\mathbf{x}_\alpha$ se referindo aos neurônios visíveis e $\mathbf{x}_\beta$ se referindo aos neurônios ocultos.

A subida do gradiente no espaço de probabilidades é realizada definindo-se a modificação incremental no peso sináptico w_{ji} como

$$\Delta w_{ji} = \epsilon \frac{\partial L(\mathbf{w})}{\partial w_{ji}}$$
$$= \eta \rho_{ji} \qquad (11.66)$$

onde $\eta = \epsilon/T$ é um parâmetro da taxa de aprendizagem e ρ_{ji} é definido pela Eq. (11.65). A Equação (11.66) é a *regra de aprendizagem para uma rede de crença sigmóide*.

Na Tabela 11.2, é apresentado um resumo do procedimento de aprendizagem da rede de crença sigmóide, onde a aprendizagem é realizada no modo por lote; ou seja, as modificações nos pesos sinápticos da rede são feitas com base no conjunto inteiro de casos de treinamento. O resumo apresentado na Tabela 11.2 não inclui o uso de recozimento simulado, que é o motivo de termos fixado a temperatura T em 1. Entretanto, como no caso da máquina de Boltzmann, pode-se incorporar o recozimento simulado no procedimento de aprendizagem da rede de crença sigmóide para alcançar o equilíbrio térmico mais rapidamente, se assim for desejado.

TABELA 11.2 Resumo do Procedimento de Aprendizagem da Rede de Crença Sigmóide

---

Inicialização. Inicialize a rede fixando os pesos w_{ji} da rede em valores aleatórios uniformemente distribuídos no intervalo $[-a, a]$; um valor típico de a é 0,5.

1. Dado um conjunto de casos de treinamento $\mathcal{T}$, prenda os neurônios visíveis da rede a $\mathbf{x}_\alpha$, onde $\mathbf{x}_\alpha \in \mathcal{T}$.

2. Para cada $\mathbf{x}_\alpha$, realize uma simulação separada da amostragem de Gibbs da rede a uma temperatura de operação T, e observe o vetor de estado resultante $\mathbf{x}$ de toda a rede. Desde que a simulação seja realizada em um tempo suficientemente longo, os valores de $\mathbf{x}$ para os diferentes casos contidos no conjunto de treinamento $\mathcal{T}$ devem vir da distribuição condicional do vetor aleatório correspondente $\mathbf{X}$, dado aquele conjunto de treinamento particular.

3. Calcule a média de ensemble

$$\rho_{ji} = \sum_{\mathbf{x}_\alpha \in \mathcal{T}} \sum_{\mathbf{x}_\beta} P(\mathbf{X} = \mathbf{x} | \mathbf{X}_\alpha = \mathbf{x}_\alpha) x_j x_i \varphi\left(-x_j \sum_{i<j} w_{ji} x_i\right)$$

onde o vetor aleatório $\mathbf{X}_\alpha$ é um subconjunto de $\mathbf{X}$, e $\mathbf{x} = (\mathbf{x}_\alpha, \mathbf{x}_\beta)$ com $\mathbf{x}_\alpha$ se referindo aos neurônios visíveis e $\mathbf{x}_\beta$ se referindo aos neurônios ocultos; x_j é o j-ésimo elemento do vetor de estado $\mathbf{x}$ (i.e., o estado do neurônio j), e w_{ji} é o peso sináptico do neurônio i para o neurônio j. A função sigmóide $\varphi(\cdot)$ é definida por

$$\varphi(v) = \frac{1}{1 + \exp(-v)}$$

4. Incremente cada peso sináptico da rede pela quantidade

$$\Delta w_{ji} = \eta \rho_{ji}$$

onde η é o parâmetro da taxa de aprendizagem. Este ajuste deve mover os pesos sinápticos da rede ao longo do gradiente em direção a um máximo local da função logaritmo da verossimilhança $L(\mathbf{w})$ de acordo com o princípio da máxima verossimilhança.

Diferentemente da máquina de Boltzmann, é necessária apenas uma única fase para a aprendizagem de uma rede de crença sigmóide. A razão para esta simplificação é que a normalização da distribuição de probabilidade sobre os vetores de estado é realizada a nível local de cada neurônio através da função sigmóide $\varphi(\cdot)$, em vez de globalmente através da função de partição Z, que é difícil de calcular pois envolve todas as configurações possíveis de estados. Uma vez que a distribuição condicional do vetor aleatório $\mathbf{X}$, dados os valores de $\mathbf{x}_\alpha$ retirados do conjunto de treinamento $\mathcal{T}$, tenha sido corretamente modelada através da amostragem de Gibbs, o papel da fase negativa no procedimento de aprendizagem da máquina de Boltzmann é assumido pelo fator de ponderação $\varphi(-\frac{x_j}{T}\Sigma_{i<j} w_{ji} x_i)$ envolvido no cálculo da correlação média de ensemble ρ_{ji} entre os estados dos neurônios i e j. Quando o mínimo local da função logaritmo da verossimilhança $L(\mathbf{w})$ é alcançada, este fator de ponderação se torna zero quando a rede aprende um mapeamento determinístico; caso contrário, o seu efeito médio se torna zero.

Em Neal (1992), são apresentados resultados experimentais que mostram que (1) as redes de crença sigmóide são capazes de aprender a modelar distribuições não-triviais, (2) estas redes podem aprender a uma taxa mais rápida que a máquina de Boltzmann e (3) esta vantagem de uma rede de crença sigmóide sobre a máquina de Bolzmann se deve à eliminação da fase negativa do procedimento de aprendizagem.

11.9 A MÁQUINA DE HELMHOLTZ

As redes de crença sigmóide fornecem uma estrutura em múltiplas camadas poderosa para representar e aprender as relações estatísticas de ordem mais alta entre entradas sensoriais de interesse de uma maneira não-supervisionada. A *máquina de Helmholtz*,[10] primeiramente descrita em Dayan et al. (1995) e Hinton et al. (1995), fornece uma outra estrutura em múltiplas camadas engenhosa para alcançar um objetivo similar sem usar a amostragem de Gibbs.

A máquina de Helmholtz utiliza dois conjuntos inteiramente diferentes de conexões sinápticas, como ilustrado na Fig. 11.7 para o caso de uma rede com duas camadas de neurônios estocásticos binários. As conexões para frente, mostradas como linhas sólidas na Fig. 11.7, constituem o *modelo de reconhecimento*.

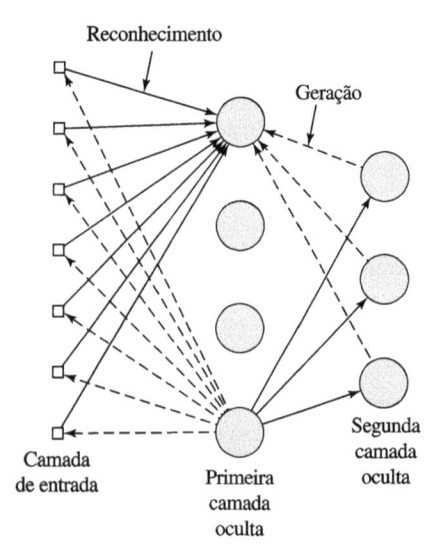

FIGURA 11.7 Grafo arquitetural da máquina de Helmholtz consistindo de neurônios conectados com conexões de reconhecimento (linhas sólidas) e de geração (linhas tracejadas)

O propósito deste modelo é *inferir* uma distribuição de probabilidade relacionada com as causas do vetor de entrada. As conexões de realimentação, mostradas como linhas tracejadas na Fig. 11.7, constituem o *modelo de geração*. O propósito deste segundo modelo é *reconstruir* uma aproximação do vetor de entrada original a partir das representações subjacentes capturadas pelas camadas ocultas da rede, possibilitando com isso que ela opere de uma *maneira auto-supervisionada*. Tanto o modelo de reconhecimento como o de geração operam estritamente com alimentação para frente, sem realimentação; interagem apenas através do procedimento de aprendizagem.

Hinton et al. (1995) descrevem um algoritmo estocástico, chamado de *algoritmo acordado-adormecido*, para calcular os pesos de reconhecimento e de geração da máquina de Helmholtz. Como o nome implica, há duas fases no algoritmo: uma fase "acordada" e uma fase "adormecida". Na fase "acordada", a rede é acionada na direção para frente pelos pesos de reconhecimento. Com isso, produz-se uma representação do vetor de peso na primeira camada oculta. A seguir, a segunda camada oculta produz uma segunda representação da primeira representação, e assim por diante para as outras camadas ocultas da rede. O conjunto de representações produzidos dessa forma nas diferentes camadas ocultas da rede fornece uma representação global do vetor de entrada pela rede. Embora os neurônios sejam acionados pelos pesos de reconhecimento, apenas os pesos de geração são realmente ajustados durante a fase "acordada" usando informação disponível localmente. Na verdade, esta fase do processo de aprendizagem torna cada camada da representação global melhor na reconstrução das atividades formadas na camada precedente.

Na fase "adormecida" do algoritmo, os pesos de reconhecimento são desligados. A rede é acionada na direção retrógrada pelos pesos de geração, iniciando na camada oculta mais externa e atuando para trás, camada por camada, até a camada de entrada. Pelo fato de os neurônios serem estocásticos, a repetição deste processo provocaria tipicamente o surgimento de vetores "fantasiosos" na camada de entrada. Estas fantasias forneceriam uma amostra sem viés do modelo de geração da rede sobre o mundo. Tendo produzido uma fantasia, a regra delta simples (descrita no Capítulo 3) é usada para ajustar os pesos de reconhecimento de modo a maximizar o logaritmo da probabilidade de recuperar as atividades ocultas que realmente causaram a fantasia. Como no caso da fase "acordada", a fase "adormecida" utiliza apenas informação disponível localmente.

A regra de aprendizagem para os pesos de geração (i.e., conexões de realimentação) também utiliza a regra delta simples. Entretanto, em vez de seguir o gradiente da função logaritmo da verossimilhança, esta regra segue o gradiente de uma função logaritmo da verossimilhança *penalizada*. O termo de punição é a divergência de Kullback-Leibler entre a distribuição *a posteriori* verdadeira e a distribuição real produzida pelo modelo de reconhecimento (Hinton et al., 1995); a divergência de Kullback-Leibler ou entropia relativa é discutida no capítulo precedente. De fato, a função logaritmo da verossimilhança penalizada atua como um limite inferior sobre a função logaritmo da verossimilhança dos dados de entrada, que é melhorado durante o processo de aprendizagem. Em particular, o processo de aprendizagem tenta ajustar os pesos de geração para trazer a distribuição *a posteriori* real tão perto quanto possível da distribuição realmente calculada pelo modelo de reconhecimento. Infelizmente, aprender os pesos do modelo de reconhecimento não corresponde precisamente à função de verossimilhança penalizada. Não é garantido que o procedimento de aprendizagem acordado-adormecido funcione em todas as situações práticas; ele falha algumas vezes.

11.10 A TEORIA DO CAMPO MÉDIO

As máquinas de aprendizagem consideradas nas três seções precedentes compartilham uma característica comum: todas elas utilizam neurônios estocásticos e podem portanto sofrer de um processo de aprendizagem lento. Na terceira e última parte deste capítulo, estudamos o uso da teoria do campo médio como base matemática para derivar *aproximações determinísticas* para estas máquinas estatísticas para acelerar a aprendizagem. Como as máquinas estocásticas aqui consideradas têm arquiteturas diferentes, a teoria é aplicada correspondentemente de modos diferentes. Em particular, podemos identificar duas abordagens específicas que foram perseguidas na literatura:

1. As correlações são substituídas por suas aproximações de campo médio.
2. Um modelo intratável é substituído por um modelo tratável através de um princípio variacional.

A abordagem 2 é altamente fundamentada em princípios e, portanto, muito atraente. Ela se presta para aplicação na rede de crença sigmóide (Saul et al., 1996) e na máquina de Helmholtz (Dayan et al., 1995). Entretanto, no caso da máquina de Boltzmann, a aplicação da abordagem 2 é complicada pela necessidade de um limite superior na função de partição Z. Por esta razão, em Petersen e Anderson (1987), é utilizada a primeira abordagem para acelerar a regra de aprendizagem de Boltzmann. Nesta seção, fornecemos um arrazoado para a primeira abordagem. A segunda abordagem é considerada mais adiante no capítulo.

A idéia da aproximação do campo médio é bem conhecida na física estatística (Glauber, 1963). Apesar de ser inegável que no contexto das máquinas estocásticas é desejável se conhecer os estados de todos os neurônios da rede em todos os tempos, devemos reconhecer, contudo, que no caso de uma rede com um grande número de neurônios, os estados neurais contêm muito mais informação da que usualmente necessitamos na prática. De fato, para responder as questões físicas mais familiares sobre o comportamento estocástico da rede, necessitamos apenas conhecer os valores médios dos estados neurais ou os produtos médios de pares de estados neurais.

Em um neurônio estocástico, o mecanismo de disparo é descrito por uma regra probabilística. Nesta situação, é razoável indagarmo-nos sobre a *média* do estado x_j do neurônio j. Para sermos precisos, deveríamos falar da média como uma média "térmica", já que o ruído sináptico é usualmente modelado em termos de flutuações térmicas. Em todo caso, considere que $<x_j>$ represente a média de x_j. O estado do neurônio j é descrito pela regra probabilística:

$$x_j = \begin{cases} +1 & \text{com probabilidade } P(v_j) \\ -1 & \text{com probabilidade } 1 - P(v_j) \end{cases} \tag{11.67}$$

onde

$$P(v_j) = \frac{1}{1 + \exp(-v_j/T)} \tag{11.68}$$

onde T é a temperatura de operação. Com isso, podemos expressar a média $<x_j>$ para um valor *especificado* de campo local induzido v_j como segue:

$$\begin{aligned}<x_j> &= (+1)P(v_j) + (-1)\left[1 - P(v_j)\right] \\ &= 2P(v_j) - 1 \\ &= \tanh(v_j/2T)\end{aligned} \tag{11.69}$$

onde tanh $(v_j/2T)$ é a tangente hiperbólica de $v_j/2T$. A Figura 11.8 mostra dois gráficos da média $<x_j>$ em função do campo local induzido v_j. A curva contínua é para uma temperatura T maior que zero,

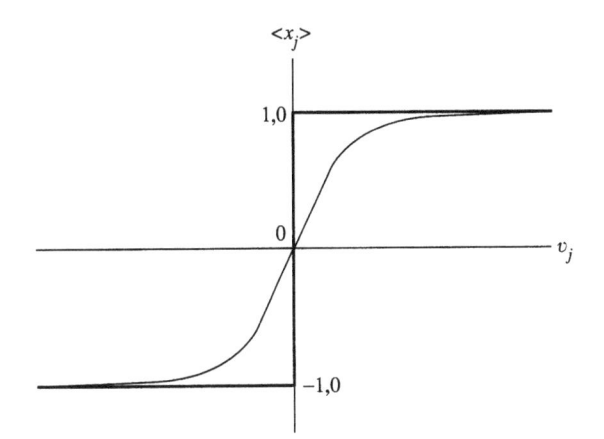

FIGURA 11.8 Grafo da média térmica $<x_j>$ em função do campo local induzido v_j; a curva sólida grossa corresponde à operação normal do neurônio de McCulloch-Pitts

e o gráfico mostrado com linhas sólidas grossas é para o caso limite de $T = 0$. Neste caso, a Eq. (11.69) toma a forma limite

$$<x_j> \to \text{sinal}(v_j) \quad \text{quando} \quad T \to 0 \qquad (11.70)$$

o que corresponde à função de ativação do neurônio de McCulloch-Pitts.

A discussão enfocou até agora o caso simples de um único neurônio estocástico. No caso mais geral de uma máquina estocástica composta de uma grande montagem de neurônios, temos uma tarefa muito mais difícil nas mãos. A dificuldade surge por causa da combinação de dois fatores:

- A probabilidade $P(v_j)$ de que o neurônio j esteja ligado é uma função não-linear do campo local induzido v_j.
- O campo local induzido v_j é uma variável aleatória, sendo influenciada pela ação estocástica de outros neurônios conectados às entradas do neurônio j.

Em geral, pode-se dizer que não há um método matemático que possa ser usado para avaliar o comportamento de uma máquina estocástica em termos exatos. Mas há uma aproximação conhecida como a *aproximação de campo médio* que podemos utilizar, que freqüentemente produz bons resultados. A idéia básica da aproximação de campo médio é substituir o campo local induzido real flutuante v_j para cada neurônio j da rede pela sua média $<v_j>$, como mostrado por

$$v_j \stackrel{\text{aprox}}{=} <v_j> = \left\langle \sum_i w_{ji} x_i \right\rangle = \sum_i w_{ji} <x_i> \qquad (11.71)$$

Conseqüentemente, podemos calcular o estado médio $<x_j>$ para o neurônio j incorporado em uma máquina estocástica constituída de um total de N neurônios, assim como o fizemos na Eq. (11.69) para um único neurônio estocástico, escrevendo

$$<x_j> = \tanh\left(\frac{1}{2T} v_j\right) \stackrel{\text{aprox}}{=} \tanh\left(\frac{1}{2T} <v_j>\right) = \tanh\left(\frac{1}{2T} \sum_i w_{ji} <x_j>\right) \qquad (11.72)$$

Com base na Eq. (11.72), podemos formalmente formular a aproximação de campo médio como:

A média de uma determinada função de uma variável aleatória é aproximada pela função da média desta variável aleatória.

Para $j = 1, 2,..., N$, a Eq. (11.72) representa um conjunto de equações não-lineares com N incógnitas $<x_j>$. A solução deste conjunto de equações não-lineares é agora uma proposição tratável porque todas as incógnitas são *determinísticas* em vez de variáveis estocásticas, como elas o são na rede original.

11.11 A MÁQUINA DE BOLTZMANN DETERMINÍSTICA

A aprendizagem na máquina de Boltzmann é *exponencial* em relação ao número de neurônios porque a regra de aprendizagem de Boltzmann requer a computação de correlações entre todos os pares de neurônios da rede. A aprendizagem de Boltzmann, portanto, requer um tempo exponencial. Peterson e Anderson (1987) propuseram um método para acelerar o processo de aprendizagem de Boltzmann. O método envolve a substituição das correlações na regra de aprendizagem de Boltzmann da Eq. (11.53) por uma aproximação de campo médio como mostrado aqui:

$$< x_j x_i > \stackrel{aprox}{=} < x_j >< x_i >, \quad (i, j) = 1, 2..., K \tag{11.73}$$

onde a própria quantidade média $<x_j>$ é calculada usando-se a equação de campo médio (11.72).

A forma de aprendizagem de Boltzmann na qual o cálculo das correlações é aproximado da maneira descrita acima é chamada de *regra de aprendizagem determinística de Boltzmann*. Especificamente, a regra de aprendizagem de Boltzmann padrão da Eq. (11.53) é aproximada como:

$$\Delta w_{ji} = \eta(U_j^+ U_i^+ - U_j^- U_i^-) \tag{11.74}$$

onde U_j^+ e U_j^- são as saídas médias do neurônio visível j (sobre um único padrão) na condição presa e operando livremente, respectivamente, e η é o parâmetro da taxa de aprendizagem. Enquanto que a máquina de Boltzmann utiliza neurônios estocásticos binários, a sua contrapartida determinística utiliza neurônios determinísticos analógicos.

A máquina de Boltzmann determinística fornece um aumento substancial de velocidade em relação à máquina de Boltzmann padrão, em uma ou duas ordens de magnitude (Peterson e Anderson, 1987). Entretanto, deve-se observar algumas notas de cautela no seu uso prático:

1. A regra de aprendizagem de Boltzmann determinística somente funciona no caso supervisionado, ou seja, quando são atribuídos a alguns dos neurônios visíveis o papel de neurônios de saída. A aprendizagem não-supervisionada não funciona no regime de campo médio porque o estado médio é uma representação muito pobre da distribuição de probabilidade na operação livre.
2. Na aprendizagem supervisionada, o uso da aprendizagem de Boltzmann determinística é restrito a redes neurais com uma única camada oculta (Galland, 1993). Teoricamente, não há razão para não adotar múltiplas camadas ocultas. Na prática, contudo, o uso de mais de uma camada oculta resulta no mesmo problema que para o caso não-supervisionado mencionado no ponto1.

A regra de aprendizagem de Boltzmann determinística da Eq. (11.74) tem uma forma simples e local, que a torna uma boa candidata para implementação em circuitos integrados em escala muito ampla (VLSI, *very large scale information*) (Alspector et al., 1991; Schneider e Card, 1993). Entretanto, em Schneider e Card (1998) é relatado que, no caso de aprendizagem contínua de pesos capacitivos, a máquina de Boltzmann determinística não tolera decaimento no capacitor de armazenamento de peso nem desvios (*offsets*) no circuito de aprendizagem. A razão é que estes problemas internos causam flutuações nos valores dos pesos sinápticos, resultando em oscilação, o que claramente é inaceitável.

11.12 REDES DE CRENÇA SIGMÓIDE DETERMINÍSTICAS

A essência da aproximação de campo médio descrita na Seção 11.10 é que a média de uma determinada função de uma variável aleatória pode ser aproximada pela função da média daquela variável aleatória. Este ponto de vista da teoria do campo médio funciona de modo limitado para a aproximação da máquina de Boltzmann como discutido na seção anterior. Nesta seção, descrevemos um outro ponto de vista da teoria do campo médio que é bem adequado para a aproximação de uma rede de crença sigmóide. Basicamente, observamos aqui que um modelo intratável é aproximado por um outro tratável através de um princípio variacional (Saul et al., 1996; Jordan et al., 1998). Falando genericamente, o modelo tratável é caracterizado pela separação dos graus de liberdade que tornam o modelo intratável. A separação é realizada expandindo-se o modelo intratável para incluir parâmetros adicionais conhecidos como *parâmetros variacionais* que são projetados para ajustar o problema de interesse. A terminologia advém do uso de técnicas fundamentadas no cálculo variacional (Parisi, 1988).

Limite Inferior da Função Logaritmo da Verossimilhança

O ponto inicial de nossa discussão é a relação probabilística da Eq. (11.58), reproduzida aqui na forma logarítmica:

$$\log P(\mathbf{X}_\alpha = \mathbf{x}_\alpha) = \log \sum_{\mathbf{x}_\beta} P(\mathbf{X} = \mathbf{x}) \qquad (11.75)$$

Como na Seção 11.8, dividimos o vetor $\mathbf{X}$ em $\mathbf{X}_\alpha$ e $\mathbf{X}_\beta$, sendo $\mathbf{X}_\alpha$ relativo aos neurônios visíveis e $\mathbf{X}_\beta$ relativo aos neurônios ocultos. As realizações dos vetores aleatórios $\mathbf{X}$, $\mathbf{X}_\alpha$ e $\mathbf{X}_\beta$ são representadas pelos vetores de estado $\mathbf{x}$, $\mathbf{x}_\alpha$ e $\mathbf{x}_\beta$, respectivamente. Agora, o logaritmo de uma soma de probabilidades requerido na Eq. (11.75) é difícil de lidar. Superamos esta dificuldade notando que para qualquer distribuição condicional $Q(\mathbf{X}_\beta = \mathbf{x}_\beta | \mathbf{X}_\alpha = \mathbf{x}_\alpha)$, podemos rescrever a Eq. (11.75) em uma forma diferente mas equivalente:

$$\log P(\mathbf{X}_\alpha = \mathbf{x}_\alpha) = \log \sum_{\mathbf{x}_\beta} Q(\mathbf{X}_\beta = \mathbf{x}_\beta | \mathbf{X}_\alpha = \mathbf{x}_\alpha) \left[\frac{P(\mathbf{X} = \mathbf{x})}{Q(\mathbf{X}_\beta = \mathbf{x}_\beta | \mathbf{X}_\alpha = \mathbf{x}_\alpha)} \right] \qquad (11.76)$$

Esta equação está formulada de modo a prepará-la para a aplicação da desigualdade de Jensen, que é discutida no capítulo anterior. Desta aplicação obtemos o limite inferior:

$$\log P(\mathbf{X}_\alpha = \mathbf{x}_\alpha) \geq \sum_{\mathbf{x}_\beta} Q(\mathbf{X}_\beta = \mathbf{x}_\beta | \mathbf{X}_\alpha = \mathbf{x}_\alpha) \log \left[\frac{P(\mathbf{X} = \mathbf{x})}{Q(\mathbf{X}_\beta = \mathbf{x}_\beta | \mathbf{X}_\alpha = \mathbf{x}_\alpha)} \right] \qquad (11.77)$$

Tendo em mente a teoria do campo médio, daqui em diante nós nos referiremos à distribuição aproximada $Q(\mathbf{X}_\beta = \mathbf{x}_\beta | \mathbf{X}_\alpha = \mathbf{x}_\alpha)$ como a *distribuição de campo médio*.

O que nos interessa realmente é uma fórmula para a função logaritmo da verossimilhança. No caso de uma rede de crença sigmóide, a função logaritmo da verossimilhança $L(\mathbf{w})$ é definida para o caso onde o somatório se estende sobre todos os $\mathbf{x}_\alpha$ (determinados pelo conjunto de treinamento $\mathcal{T}$), por isso o uso de um algoritmo por lote para a rede. Iremos seguir uma estratégia diferente para a aproximação de campo médio para a rede de crença sigmóide. Especificamente, adotaremos um modo de operação seqüencial, no qual a função logaritmo da verossimilhança é calculada utilizando-se uma *estratégia de exemplo por exemplo*, como mostrado por

$$\mathcal{L}(\mathbf{w}) = \log P(\mathbf{X}_\alpha = \mathbf{x}_\alpha) \tag{11.78}$$

onde $\mathbf{w}$ é o vetor de peso da rede. No caso de dados identicamente e independentemente distribuídos (*iid*), a função logaritmo da verossimilhança real $\mathcal{L}(\mathbf{w})$ é a soma de $\mathcal{L}(\mathbf{w})$ termos, um para cada ponto de dado. Nesta situação, as definições de $L(\mathbf{w})$ e $\mathcal{L}(\mathbf{w})$ são basicamente equivalentes. Em geral, o uso de $\mathcal{L}(\mathbf{w})$ fornece uma aproximação para $L(\mathbf{w})$.

A abordagem seqüencial ou em tempo de execução se tornou a abordagem padrão no projeto de redes neurais, principalmente por causa da sua simplicidade na implementação. Assim, com base na Eq. (11.78), podemos escrever

$$\mathcal{L}(\mathbf{w}) \geq \sum_{\mathbf{x}_\beta} Q(\mathbf{X}_\beta = \mathbf{x}_\beta | \mathbf{X}_\alpha = \mathbf{x}_\alpha) \log \left[\frac{P(\mathbf{X} = \mathbf{x})}{Q(\mathbf{X}_\beta = \mathbf{x}_\beta | \mathbf{X}_\alpha = \mathbf{x}_\alpha)} \right]$$

ou equivalentemente,

$$\begin{aligned}\mathcal{L}(\mathbf{w}) \geq &-\sum_{\mathbf{x}_\beta} Q(\mathbf{X}_\beta = \mathbf{x}_\beta | \mathbf{X}_\alpha = \mathbf{x}_\alpha) \log Q(\mathbf{X}_\beta = \mathbf{x}_\beta | \mathbf{X}_\alpha = \mathbf{x}_\alpha) \\ &+ \sum_{\mathbf{x}_\beta} Q(\mathbf{X}_\beta = \mathbf{x}_\beta | \mathbf{X}_\alpha = \mathbf{x}_\alpha) \log P(\mathbf{X} = \mathbf{x})\end{aligned} \tag{11.79}$$

O primeiro termo no lado direito da Eq. (11.79) é a entropia da distribuição de campo médio $Q(\mathbf{X}_\beta = \mathbf{x}_\beta | \mathbf{X}_\alpha = \mathbf{x}_\alpha)$; ela *não* deve ser confundida com a entropia condicional. O segundo termo é a média de $\log P(\mathbf{X} = \mathbf{x})$ sobre todos os estados possíveis dos neurônios ocultos. À temperatura unitária, observamos da discussão sobre a distribuição de Gibbs apresentada na Seção 11.2 que a energia da uma rede de crença sigmóide é $-\log P(\mathbf{X} = \mathbf{x})$. Com isso, da Eq. (11.61) temos (para $T = 1$)

$$P(\mathbf{X} = \mathbf{x}) = \prod_j \varphi\left(x_j \sum_{i<j} w_{ji} x_i \right)$$

Com isso, segue que

$$\begin{aligned}E &= -\log P(\mathbf{X} = \mathbf{x}) \\ &= -\sum_j \log \varphi\left(x_j \sum_{i<j} w_{ji} x_i \right)\end{aligned} \tag{11.80}$$

Utilizando a definição da função sigmóide

$$\varphi(v) = \frac{1}{1+\exp(-v)}$$

$$= \frac{\exp(v)}{1+\exp(v)}$$

Podemos expressar formalmente a função de energia de uma rede de crença sigmóide como

$$E = -\sum_{\substack{i \ j \\ i<j}} w_{ji} x_i x_j + \sum_j \log\left(1 + x_j \sum_{i<j} w_{ji} x_i\right) \tag{11.81}$$

Exceto por um fator multiplicativo de 1/2, reconhece-se o primeiro termo no lado direito da Eq. (11.81) como a função de energia de um sistema markoviano (p.ex., a máquina de Boltzmann). Entretanto, o segundo termo é exclusivo das redes de crença sigmóide.

O limite inferior da Eq. (11.79) é válido para qualquer distribuição de campo médio $Q(\mathbf{X}_\beta = \mathbf{x}_\beta | \mathbf{X}_\alpha = \mathbf{x}_\alpha)$. Para fazermos um bom uso prático, entretanto, devemos escolher uma distribuição que nos permita calcular este limite. Podemos fazer isso escolhendo a *distribuição fatorial* (Saul et al., 1996)

$$Q(\mathbf{X}_\beta = \mathbf{x}_\beta | \mathbf{X}_\alpha = \mathbf{x}_\alpha) = \prod_{j \in \mathcal{H}} \mu_j^{x_j} (1-\mu_j)^{1-x_j} \tag{11.82}$$

onde $\mathcal{H}$ representa o conjunto de todos os neurônios ocultos, e os estados dos neurônios ocultos aparecem como *variáveis de Bernoulli* independentes com médias ajustáveis μ_j. (Um (θ) de Bernoulli é definido como uma variável aleatória binária que assume o valor 1 com probabilidade θ.) Assim, substituindo a Eq. (11.82) em (11.79), obtemos (após simplificações)

$$\mathcal{L}(\mathbf{w}) \geq -\sum_{j \in \mathcal{H}} \left[\mu_j \log \mu_j + (1-\mu_j) \log(1-\mu_j)\right]$$

$$+ \sum_{\substack{i \ j \in \mathcal{H} \\ i<j}} w_{ji} \mu_i \mu_j - \sum_{j \in \mathcal{H}} <\log\left[1 + \exp\left(\sum_{i<j} w_{ji} x_i\right)\right]> \tag{11.83}$$

onde o uso de <·> significa uma média de ensemble sobre a distribuição de campo médio e $j \in \mathcal{H}$ significa que j se refere a um neurônio oculto. O primeiro termo no lado direito da Eq. (11.83) é a entropia de campo médio, e o segundo termo é a energia de campo médio. Estes dois termos são relativos à distribuição fatorial da Eq. (11.82).

Infelizmente, ainda temos um problema intratável: não é possível calcular uma média da forma <log[1 + exp(z_j)]> exatamente. Este termo surge na Eq. (11.83) com

$$z_j = \sum_{i<j} w_{ji} x_i \tag{11.84}$$

Para superar esta dificuldade, nós nos valemos novamente do uso da desigualdade de Jensen para um limite. Primeiro, para qualquer variável z_j e qualquer número real ξ_j, expressamos <log[1 + exp(z_j)]> em uma forma diferente mas equivalente como segue:

$$< \log(1+e^{z_j}) > = < \log\left[e^{\xi_j z_j} e^{-\xi_j z_j}(1+e^{z_j})\right] >$$
$$= \xi_j < z_j > + < \log\left[e^{\xi_j z_j} + e^{(1-\xi_j)z_j}\right] > \quad (11.85)$$

onde $<z_j>$ é a média de ensemble de z_j. A seguir, aplicamos a desigualdade de Jensen na direção oposta do que fizemos anteriormente, de modo a limitar acima a média do lado direito da Eq. (11.85), obtendo com isso

$$1 < \log(1+e^{z_j}) > \leq \xi_j < z_j > + \log < e^{-\xi_j z_j} + e^{(1-\xi_j)z_j} > \quad (11.86)$$

Fazendo $\xi_j = 0$ na Eq. (11.86), obtemos o limite padrão:

$$< \log(1+e^{z_j}) > \leq \log < 1 + e^{z_j} >$$

Permitindo o uso de valores diferentes de zero para ξ_j na Eq. (11.86), obtemos um limite mais restrito sobre a média $< \log(1+e^{z_j}) >$ do que seria possível com o limite padrão (Seung, 1995), como ilustrado no seguinte exemplo.

Exemplo 11.3 Variável com Distribuição Gaussiana

Para ilustrar a utilidade do limite descrito na Eq. (11.86), considere uma variável com distribuição gaussiana com média zero e variância unitária. Para este caso especial, o valor exato de $< \log(1+e^{z_j}) >$ é 0,806. O limite descrito na Eq. (11.86) produz $\left[e^{0,5\xi^2} + e^{0,5(1-\xi)^2}\right]$, que alcança seu valor mínimo de 0,818 com $\xi = 0,5$. Este limite é bem mais próximo do resultado real que o valor de 0,974 obtido do limite padrão com $\xi = 0$ (Saul et al., 1996).

∎

Retornando à questão considerada, a substituição das Eqs. (11.85) e (11.86) em (11.83) produz o limite inferior da função logaritmo da verossimilhança instantânea da evidência $\mathbf{X}_\alpha = \mathbf{x}_\alpha$ como:

$$\mathcal{L}(\mathbf{w}) \geq -\sum_{j \in \mathcal{H}}\left[\mu_j \log \mu_j + (1-\mu_j)\log(1-\mu_j)\right]$$
$$+ \sum_{j \in \mathcal{H}}\sum_{i<j} w_{ji}\mu_i(\mu_j - \xi_j) - \sum_{j \in \mathcal{H}} \log < \exp(-\xi_j z_j) + \exp((1-\xi_j)z_j) > \quad (11.87)$$

onde z_j é definido pela Eq. (11.84). Este é o limite desejado para a função logaritmo da verossimilhança $\mathcal{L}(\mathbf{w})$ calculada na base de exemplo por exemplo.

Procedimento de Aprendizagem para a Aproximação de Campo Médio de uma Rede de Crença Sigmóide.

Na derivação do limite da Eq. (11.87), introduzimos dois conjuntos de *parâmetros variacionais*: μ_j para $j \in \mathcal{H}$ e ξ_j para todo j, sem realmente especificá-los. Estes são parâmetros ajustáveis. Como o objetivo é maximizar a função logaritmo da verossimilhança $\mathcal{L}(\mathbf{w})$, nos é natural procurar aqueles valores de μ_j e ξ_j que maximizem a expressão do lado direito da Eq. (11.87). Para alcançar este objetivo, utilizamos um procedimento iterativo em dois passos como descrito em Saul et al. (1996).

Considere primeiro a situação onde os valores médios μ_j são fixos e o objetivo é encontrar os parâmetros ξ_j que produzem o limite mais restrito da função logaritmo da verossimilhança $\mathcal{L}(\mathbf{w})$. Aqui notamos que a expressão do lado direito da Eq. (11.87) *não* acopla aqueles termos com ξ_j que pertencem a neurônios diferentes da rede. Com isso, a minimização desta expressão em relação a ξ_j se reduz a N minimizações independentes dentro do intervalo [0, 1], onde N é o número total de neurônios da rede.

Considere a seguir a situação em que os valores de ξ_j são fixos e o objetivo é encontrar os valores médios μ_j que produzem o limite mais restrito da função logaritmo da verossimilhança $\mathcal{L}(\mathbf{w})$. Para este propósito introduzimos as seguintes definições:

$$K_{ji} = -\frac{\partial}{\partial \mu_i} \log < \exp(-\xi_j z_j) + \exp((1-\xi_j)z_j) > \tag{11.88}$$

onde a variável aleatória z_j é definida pela Eq. (11.84). A derivada parcial K_{ji} fornece uma medida da influência parental do estado x_i do neurônio i sobre o estado x_j do neurônio j, dada a evidência (exemplo) $\mathbf{x}_\alpha \in \mathcal{T}$. Como no caso do peso sináptico de uma rede de crença sigmóide, K_{ji} será diferente de zero apenas quando x_i for um estado pai do estado x_j. Utilizando a distribuição fatorial da Eq. (11.82), nós podemos calcular as médias de ensemble de $\exp(-\xi_j z_j)$ e $\exp((1-\xi_j)z_j)$ e então calcular a derivada parcial K_{ji}, onde a fórmula para calcular K_{ji} é dada na Tabela 11.3. Dispondo agora do valor de K_{ji}, podemos retomar a tarefa de encontrar o valor do parâmetro μ_j que maximiza a função logaritmo da verossimilhança $\mathcal{L}(\mathbf{w})$ para um ξ_j fixo. Em particular, diferenciando a Eq. (11.87) em relação a μ_j, igualando o resultado a zero e reagrupando os termos, nós obtemos

$$\log\left(\frac{\mu_j}{1-\mu_j}\right) = \sum_{i<j}\left[w_{ij}\mu_i + w_{ij}(\mu_i - \xi_i) + K_{ij}\right]$$

Equivalentemente, nós podemos escrever

$$\mu_j = \varphi\left(\sum_{i<j}\left[w_{ij}\mu_i + w_{ij}(\mu_i - \xi_i) + K_{ij}\right]\right) \quad \text{para } j \in \mathcal{H} \tag{11.89}$$

onde $\varphi(\cdot)$ é a função sigmóide. A Equação (11.89) é chamada de *equação de campo médio* para uma rede de crença sigmóide. O argumento da função sigmóide nesta equação é a chamada *coberta de Markov* do neurônio j, que é constituída como segue:

- Os pais e os filhos do neurônio j, representados pelos termos $w_{ji}\mu_i$ e $w_{ij}\mu_{ij}$, respectivamente.
- Outros pais dos filhos do neurônio j, herdados através da derivada parcial K_{ij}.

A coberta de Markov do neurônio j é ilustrada na Fig. 11.9. A noção de uma "coberta de Markov" foi originada por Pearl (1988); ele afirma que a entrada efetiva do neurônio j, por exemplo, é composta de termos devido a seus pais, filhos e aos pais deles.

Enquanto se admite que a escolha da distribuição fatorial descrita na Eq. (11.82) como uma aproximação da distribuição *a posteriori* verdadeira $P(\mathbf{X}_\beta = \mathbf{x}_\beta | \mathbf{X}_\alpha = \mathbf{x}_\alpha)$ não seja exata, as equações de campo médio (11.89) fixam os parâmetros $\{\mu_j\}_{j \in \mathcal{H}}$ aos valores ótimos que tornam a aproximação

TABELA 11.3 Procedimento de Aprendizagem para a Aproximação de Campo Médio para uma Rede de Crença Sigmóide

Inicialização. Inicialize a rede fixando os pesos w_{ji} da rede em valores aleatórios uniformemente distribuídos no intervalo $[-a, a]$; um valor típico para a é 0,5.

Computação. Para o exemplo $\mathbf{x}_\alpha$ retirado do conjunto de treinamento $\mathcal{T}$, realize as seguintes computações:

1. *Atualização de $\{\xi_j\}$ para $\{\mu_j\}$ fixo*.

Fixe os valores médios $\{\mu_j\}_{j \in \mathcal{H}}$ relativos à aproximação fatorial para a distribuição *a posteriori* $P(\mathbf{X}_\beta = \mathbf{x}_\beta | \mathbf{X}_\alpha = \mathbf{x}_\alpha)$, e minimize o seguinte limite para a função logaritmo da verossimilhança:

$$B(\mathbf{w}) = -\sum_{j \in \mathcal{H}} \left[\mu_j \log \mu_j + (1 - \mu_j) \log(1 - \mu_j) \right] + \sum_i \sum_{\substack{j \in \mathcal{H} \\ i<j}} w_{ji} \mu_i \mu_j$$

$$- \sum_i \sum_{\substack{j \in \mathcal{H} \\ i<j}} w_{ji} \mu_i \xi_j - \sum_{j \in \mathcal{H}} \log < \exp(-\xi_j z_j) + \exp((1 - \xi_j) z_j) >$$

onde

$$z_j = \sum_{i<j} w_{ji} x_i)$$

A minimização de $B(\mathbf{w})$ se reduz a N minimizações independentes no intervalo $[0, 1]$.

2. *Atualização de $\{\mu_j\}$ para $\{\xi_j\}$ fixo*.

Para valores fixos dos parâmetros $\{\xi_j\}$, itere as seguintes equações de campo médio:

$$\mu_j = \varphi\left(\sum_{i<j} \left[w_{ji} \mu_i + w_{ij}(\mu_i - \xi_i) + K_{ij} \right] \right)$$

onde

$$K_{ji} = -\frac{\partial}{\partial \mu_i} \log < \exp(-\xi_j z_j) + \exp((1 - \xi_i) z_j) >$$

$$= \frac{(1 - \theta_j)(1 - \exp(-\xi_j w_{ji}))}{1 - \mu_i + \mu_i \exp(-\xi_j w_{ji})} + \frac{\theta_j (1 - \exp((1 - \xi_j) w_{ji}))}{1 - \mu_i + \mu_i \exp\left((1 - \xi_j) w_{ji}\right)}$$

$$\theta_j = \frac{< \exp((1 - \xi_j) z_j) >}{< \exp(-\xi_j z_j) + \exp((1 - \xi_j) z_j) >}$$

$$z_j = \sum_{i<j} w_{ji} x_i$$

A função $\varphi(\cdot)$ é a função sigmóide:

$$\varphi(v) = \frac{1}{1+\exp(-v)}$$

3. *Correção dos pesos sinápticos.*

Para os valores atualizados dos parâmetros $\{\xi_j\}$ e $\{\mu_j\}$, calcule a correlação Δw_{ji} para o peso sináptico w_{ji}:

$$\Delta w_{ji} = \eta \frac{\partial B(\mathbf{w})}{\partial w_{ji}}$$

onde η é o parâmetro da taxa de aprendizagem e

$$\frac{\partial B(\mathbf{w})}{\partial w_{ji}} = -(\xi_j - \mu_j)\mu_i + \frac{(1-\theta_j)\xi_j\mu_i \exp(-\xi_j w_{ji})}{1-\mu_i+\mu_i \exp(-\xi_j w_{ji})} + \frac{\theta_j(1-\xi_j)\mu_i \exp((1-\xi_j)w_{ji})}{1-\mu_i+\mu_i \exp((1-\xi_j)w_{ji})}$$

onde θ_j já foi definido. Atualize os pesos sinápticos:

$$w_{ji} \leftarrow w_{ji} + \Delta w_{ji}$$

4. *Circulação através do conjunto de treinamento $\mathcal{T}$.*

Circule através de todos os exemplos de treinamento contidos no conjunto de treinamento $\mathcal{T}$, maximizando com isso a sua verossimilhança para um número fixo de iterações, ou até que seja detectado um excesso de ajuste, através do uso de validação cruzada, por exemplo.

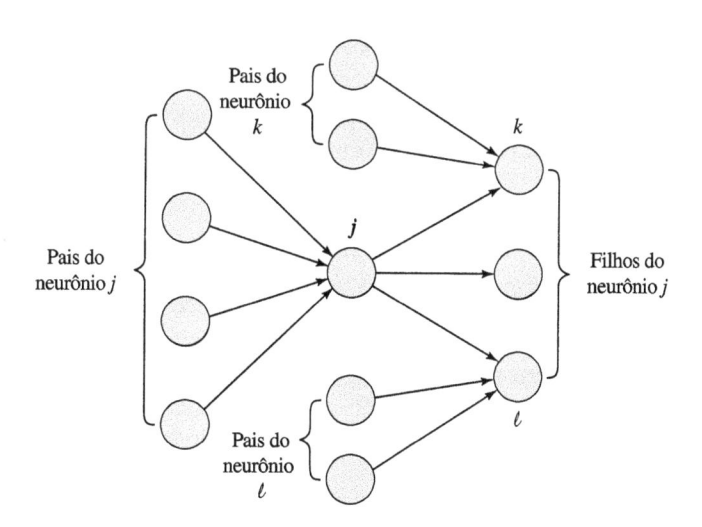

FIGURA 11.9 Ilustração de uma coberta de Markov

tão precisa quanto possível. Isto, por sua vez, se traduz no limite de campo médio mais restrito para a função logaritmo da verossimilhança $\mathcal{L}(\mathbf{w})$ calculado na base de exemplo por exemplo (Saul et al., 1996).

Após calcularmos os valores atualizados dos parâmetros $\{\xi_j\}$ e $\{\mu_j\}$, prosseguimos calculando a correção do peso sináptico w_{ji} usando a fórmula:

$$\Delta w_{ji} = \eta \frac{\partial B(\mathbf{w})}{\partial w_{ji}} \qquad (11.90)$$

onde η é o parâmetro da taxa de aprendizagem e $B(\mathbf{w})$ é o limite inferior da função logaritmo da verossimilhança $\mathcal{L}(\mathbf{w})$; ou seja, $B(\mathbf{w})$ é a expressão do lado direito da Eq. (11.83). Usando esta expressão, o cálculo da derivada parcial $\partial B(\mathbf{w})/\partial w_{ji}$ segue diretamente.

Na Tabela 11.3, é apresentado um resumo do procedimento de aprendizagem para a aproximação de campo médio para uma rede de crença sigmóide. Esta tabela inclui as fórmulas para calcular as derivadas parciais K_{ji} e $\partial B(\mathbf{w})/\partial w_{ji}$.

11.13 RECOZIMENTO DETERMINÍSTICO

Chegamos agora ao tópico final do capítulo, o recozimento determinístico. Na Seção 11.5, discutimos o recozimento simulado, uma técnica de relaxação estocástica que fornece um método poderoso para resolver problemas de otimização não-convexos. Entretanto, deve-se ter cuidado na escolha do roteiro de recozimento. Em particular, um mínimo global é alcançado apenas se a temperatura for reduzida a uma taxa não mais rápida que uma taxa logarítmica. Esta exigência torna o uso do recozimento simulado impraticável em muitas aplicações. O recozimento simulado opera fazendo movimentos aleatórios na superfície (cenário) de energia. No *recozimento determinístico*, ao contrário, é incorporada uma forma de aleatoriedade na energia ou na própria função de custo, que é então otimizada deterministicamente em uma seqüência de temperaturas decrescentes (Rose et al., 1990; Rose, 1998); o recozimento determinístico *não* deve ser confundido com o recozimento de campo médio (um termo que é algumas vezes usado para se referir à máquina de Boltzmann determinística).

No que vem a seguir, descrevemos a idéia do recozimento determinístico no contexto de uma tarefa de aprendizagem não-supervisionada: a formação de agrupamentos (*clustering*).[11]

Agrupamento através do Recozimento Determinístico

A tarefa de *agrupamento* é definida como a partição de um determinado conjunto de pontos de dados em subgrupos, cada um dos quais sendo o mais homogêneo possível. A formação de agrupamentos é tipicamente um problema de otimização não-convexo, pois virtualmente todas as funções de distorção usadas para agrupar são funções não-convexas dos dados de entrada. Além disso, um gráfico da função de distorção em relação à entrada é crivado de mínimos locais, tornando a tarefa de encontrar o mínimo global ainda mais difícil.

Em Rose (1991, 1998), é descrita uma estrutura probabilística para a tarefa de agrupamento *tornando a partição aleatória* ou, equivalentemente, *tornando aleatória a regra de codificação*. O princípio fundamental utilizado aqui é que cada ponto de dado seja *associado em probabilidade* a um agrupamento particular (subgrupo). Para sermos específicos, considere que o vetor aleatório $\mathbf{X}$ represente um *vetor fonte (de entrada)* e que o vetor aleatório $\mathbf{Y}$ represente o melhor *vetor de reconstrução (de saída)* de um livro de código de interesse. Realizações individuais destes dois vetores são representadas pelos vetores **x** e **y**, respectivamente.

Para a tarefa de agrupamento, precisamos de uma *medida de distorção*, que é representada por $d(\mathbf{x}, \mathbf{y})$. Assume-se que $d(\mathbf{x}, \mathbf{y})$ satisfaça duas propriedades desejáveis: (1) é uma função convexa de **y** para todo **x** e (2) é finita sempre que seus argumentos forem finitos. Estas suposições suaves são satisfeitas, por exemplo, pela medida de distorção euclidiana

$$d(\mathbf{x}, \mathbf{y}) = \|\mathbf{x} - \mathbf{y}\| \tag{11.91}$$

A *distorção esperada* para o padrão aleatório é definida por

$$\begin{aligned} D &= \sum_{\mathbf{x}} \sum_{\mathbf{y}} P(\mathbf{X} = \mathbf{x}, \mathbf{Y} = \mathbf{y}) d(\mathbf{x}, \mathbf{y}) \\ &= \sum_{\mathbf{x}} P(\mathbf{X} = \mathbf{x}) \sum_{\mathbf{y}} P(\mathbf{Y} = \mathbf{y} | \mathbf{X} = \mathbf{x}) d(\mathbf{x}, \mathbf{y}) \end{aligned} \tag{11.92}$$

onde $P(\mathbf{X} = \mathbf{x}, \mathbf{Y} = \mathbf{y})$ é a probabilidade do evento conjunto $\mathbf{X} = \mathbf{x}$ e $\mathbf{Y} = \mathbf{y}$. Na segunda linha da Eq. (11.92), utilizamos a fórmula para a probabilidade de um evento conjunto:

$$P(\mathbf{X} = \mathbf{x}, \mathbf{Y} = \mathbf{y}) = P(\mathbf{Y} = \mathbf{y} | \mathbf{X} = \mathbf{x}) P(\mathbf{X} = \mathbf{x}) \tag{11.93}$$

A *probabilidade condicional* $P(\mathbf{Y} = \mathbf{y} | \mathbf{X} = \mathbf{x})$ é referida como a *probabilidade de associação*, isto é, a probabilidade de associar o vetor de código **y** ao vetor fonte **x**.

A distorção esperada D é tradicionalmente minimizada em relação aos parâmetros livres do modelo de agrupamento: o vetor de reconstrução **y** e a probabilidade de associação $P(\mathbf{Y} = \mathbf{y} | \mathbf{X} = \mathbf{x})$. Esta forma de minimização produz uma solução de agrupamento "dura", dura no sentido de que se atribui ao vetor fonte **x** o vetor de código **y** mais próximo. No recozimento determinístico, por outro lado, o problema de otimização é reformulado como sendo a procura da distribuição de probabilidade que minimiza a distorção esperada *sujeita a um nível especificado de aleatoriedade*. Para uma medida do nível de aleatoriedade fundamentada em princípios, utilizamos a entropia de Shannon definida por (veja a Seção 10.4)

$$H(\mathbf{X}, \mathbf{Y}) = \sum_{\mathbf{x}} \sum_{\mathbf{y}} P(\mathbf{X} = \mathbf{x}, \mathbf{Y} = \mathbf{y}) \log P(\mathbf{X} = \mathbf{x}, \mathbf{Y} = \mathbf{y}) \tag{11.94}$$

A otimização restrita da distorção esperada é então expressa como a minimização do lagrangiano:

$$F = D - TH \tag{11.95}$$

onde T é o multiplicador de Lagrange. Da Eq. (11.95) observamos o seguinte:

- Para valores grandes de T, a entropia H é maximizada.
- Para valores pequenos de T, a distorção esperada D é minimizada, resultando em uma solução de agrupamento dura (não-aleatória).

- Para valores intermediários de T, a minimização de F fornece um compromisso entre um aumento na entropia H e uma redução na distorção esperada D.

O mais importante, comparando a Eq. (11.95) com (11.11), é que podemos identificar a correspondência entre o problema de otimização de agrupamento restrito e a mecânica estatística listada na Tabela 11.4. Com base nesta analogia, daqui por diante nós nos referiremos a T como a temperatura.

TABELA 11.4 Correspondência entre o Agrupamento Restrito e a Física Estatística

Otimização por agrupamento restrito	Física estatística
Lagrangiano, F	Energia livre, F
Distorção esperada, D	Energia média, $<E>$
Entropia de Shannon, H	Entropia, H
Multiplicador de Lagrange, T	Temperatura, T

Para desenvolver um maior entendimento do lagrangiano F, notamos que a entropia conjunta $H(\mathbf{X}, \mathbf{Y})$ pode ser decomposta em dois termos como segue (veja a Eq. (10.25)):

$$H(\mathbf{X}, \mathbf{Y}) = H(\mathbf{X}) + H(\mathbf{Y}|\mathbf{X})$$

onde $H(\mathbf{X})$ é a entropia da fonte e $H(\mathbf{Y}|\mathbf{X})$ é a entropia condicional do vetor de reconstrução $\mathbf{Y}$ dado o vetor fonte $\mathbf{X}$. A entropia da fonte $H(\mathbf{X})$ é independente do agrupamento. Conseqüentemente, podemos retirar a entropia da fonte $H(\mathbf{X})$ da definição do lagrangiano F e com isso concentrar o foco sobre a entropia condicional

$$H(\mathbf{Y}|\mathbf{X}) = -\sum_{\mathbf{x}} P(\mathbf{X} = \mathbf{x}) \sum_{\mathbf{y}} P(\mathbf{Y} = \mathbf{y}|\mathbf{X} = \mathbf{x}) \log P(\mathbf{X} = \mathbf{x}, \mathbf{Y} = \mathbf{y}) \qquad (11.96)$$

que ressalta o papel da probabilidade de associação $P(\mathbf{Y} = \mathbf{y}|\mathbf{X} = \mathbf{x})$. Assim, lembrando a correspondência entre o problema de otimização por agrupamento restrito e a física estatística e invocando o princípio da mínima energia livre descrito na Seção 11.2, constatamos que minimizar o lagrangiano F em relação às probabilidades de associação resulta na distribuição de Gibbs

$$P(\mathbf{Y} = \mathbf{y}|\mathbf{X} = \mathbf{x}) = \frac{1}{Z_{\mathbf{x}}} \exp\left(-\frac{d(\mathbf{x}, \mathbf{y})}{T}\right) \qquad (11.97)$$

onde $Z_{\mathbf{x}}$ é a função de partição para o problema considerado. Ela é definida por

$$Z_{\mathbf{x}} = \sum_{\mathbf{y}} \exp\left(-\frac{d(\mathbf{x}, \mathbf{y})}{T}\right) \qquad (11.98)$$

Quando a temperatura T se aproxima do infinito, constatamos da Eq. (11.97) que a probabilidade de associação se aproxima de uma distribuição uniforme. A implicação desta afirmação é que a temperaturas muito altas, cada vetor de entrada é associado igualmente a todos os agrupamentos. Tais associações podem ser vistas como "extremamente nebulosas" (*fuzzy*). No outro extremo, quando a temperatura T se aproxima de zero, a probabilidade de associação se aproxima de uma função delta. Conseqüentemente, a temperaturas muito baixas a classificação é dura, com cada amostra de entrada sendo associada ao vetor de código mais próximo com probabilidade 1.

Para encontrar o valor mínimo do lagrangiano F, substituímos a distribuição de Gibbs da Eq. (11.97) em (11.92) e (11.96) e então utilizamos as expressões resultantes na fórmula para o lagrangiano F na Eq. (11.95). O resultado obtido fazendo assim é (veja o Problema 11.22):

$$F^* = \min_{P(\mathbf{Y}=\mathbf{y}|\mathbf{X}=\mathbf{x})} F$$
$$= -T \sum_{\mathbf{x}} P(\mathbf{X} = \mathbf{x}) \log Z_{\mathbf{x}} \quad (11.99)$$

Para minimizar o lagrangiano em relação ao restante dos parâmetros livres, ou seja, os vetores de código $\mathbf{y}$, fixamos os gradientes de F^* em relação a $\mathbf{y}$ em zero. Com isso, obtemos a condição

$$\sum_{\mathbf{x}} P(\mathbf{X} = \mathbf{x}, \mathbf{Y} = \mathbf{y}) \frac{\partial}{\partial \mathbf{y}} d(\mathbf{x}, \mathbf{y}) = \mathbf{0} \quad \text{para todo } \mathbf{y} \in \mathcal{Y} \quad (11.100)$$

onde $\mathcal{Y}$ é o conjunto de todos os vetores de código. Utilizando a fórmula da Eq. (11.93) e normalizando em relação a $P(\mathbf{X} = \mathbf{x})$, podemos redefinir esta condição de minimização como

$$\frac{1}{N} \sum_{\mathbf{x}} P(\mathbf{Y} = \mathbf{y}|\mathbf{X} = \mathbf{x}) \frac{\partial}{\partial \mathbf{y}} d(\mathbf{x}, \mathbf{y}) = \mathbf{0} \quad \text{para todo } \mathbf{y} \in \mathcal{Y} \quad (11.101)$$

onde a probabilidade de associação $P(\mathbf{Y} = \mathbf{y}|\mathbf{X} = \mathbf{x})$ é definida pela distribuição de Gibbs da Eq. (11.97). Na Eq. (11.101), incluímos o fator de escala $1/N$ meramente por completeza, onde N é o número de exemplos disponíveis.

Podemos agora descrever o algoritmo de recozimento determinístico para o agrupamento (Rose, 1998). Basicamente, o algoritmo consiste em minimizar o lagrangiano F^* em relação aos vetores de código a um valor alto de temperatura T, e então perseguir o mínimo enquanto a temperatura T é reduzida. Em outras palavras, o recozimento determinístico opera com um roteiro de recozimento específico no qual a temperatura é reduzida de uma maneira ordenada. A cada valor da temperatura T, é realizada uma iteração em dois passos, que é central para o algoritmo, como descrito aqui:

1. Os vetores de código são fixados, e a distribuição de Gibbs da Eq. (11.97) para uma medida de distorção específica $d(\mathbf{x}, \mathbf{y})$ é utilizada para calcular as probabilidades de associação.
2. As associações são fixadas, e é utilizada a Eq. (11.101) para otimizar a medida de distorção $d(\mathbf{x}, \mathbf{y})$ em relação aos vetores de código $\mathbf{y}$.

Este procedimento iterativo em dois passos é monotonamente não-crescente em F^* e é portanto garantido que convirja para um mínimo. Em valores altos de temperatura T, o lagrangiano F^* é razoavelmente suave e é uma função convexa de $\mathbf{y}$ sob as suposições suaves feitas previamente sobre a medida de distorção $d(\mathbf{x}, \mathbf{y})$. Um mínimo global de F^* pode ser encontrado a altas temperaturas. Quando a temperatura T é reduzida, as probabilidades de associação se tornam duras, resultando em uma solução de agrupamento dura.

Quando a temperatura T é reduzida no percurso através do roteiro de recozimento, o sistema sofre uma seqüência de transições de fase, que consiste de divisões naturais de agrupamentos nas quais o modelo de agrupamento cresce em tamanho (i.e., número de agrupamentos) (Rose et al., 1990; Rose, 1991). Este fenômeno é significativo pelas razões a seguir:

- Fornece uma ferramenta útil para *controlar* o tamanho do modelo de agrupamento.
- Como no recozimento físico ordinário, as transições de fase são os *pontos críticos* do processo de recozimento determinístico onde se deve ter cuidado com o recozimento.
- Os pontos críticos são *calculáveis*, fornecendo com isso informação que pode ser usada para acelerar o algoritmo no intervalo entre transições de fase.
- Pode-se identificar um *tamanho de modelo ótimo* acoplando um procedimento de validação à seqüência de soluções produzidas em várias fases, que representam soluções de tamanhos de modelo crescentes.

Exemplo 11.4

As Figuras 11.10 e 11.11 ilustram a evolução da solução de agrupamento através de recozimento determinístico em várias fases conforme a temperatura T é reduzida ou a temperatura recíproca, $B = 1/T$, é aumentada (Rose 1991). O conjunto de dados utilizado para gerar estas figuras é uma mistura de seis distribuições gaussianas cujos centros estão marcados com "X". Os centros dos agrupamentos calculados estão marcados com "o". Como as soluções de agrupamento a temperaturas diferentes de zero não são duras, esta partição aleatória é mostrada por contornos de igual probabilidade – por exemplo, probabilidade 1/3 de pertencer a um agrupamento particular. Este processo inicia com um agrupamento natural contendo o conjunto de treinamento (Fig. 11.10a). Na primeira transição de fase, ele se divide em dois agrupamentos (Fig. 11.10b) e então passa por uma seqüência de transições de fase até alcançar o conjunto "natural" de seis agrupamentos. A próxima tran-

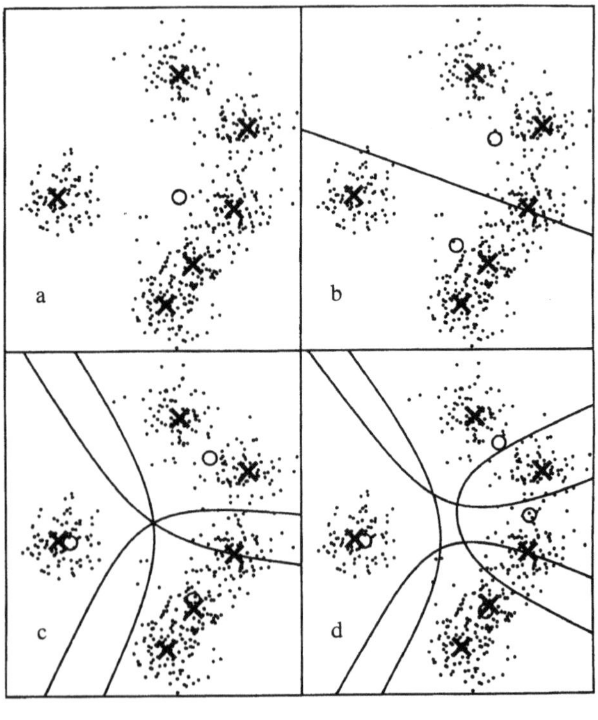

FIGURA 11.10 O processo de agrupamento em várias fases. As linhas são contornos eqüiprováveis, $p = 1/2$ em (b) e $p = 1/3$ nos outros:
(a) 1 agrupamento ($B = 0$)
(b) 2 agrupamentos ($B = 0,0049$),
(c) 3 agrupamentos ($B = 0,0056$),
(d) 4 agrupamentos ($B = 0,0100$),
(e) 5 agrupamentos ($B = 0,0156$),
(f) 6 agrupamentos ($B = 0,0347$) e
(g) 19 agrupamentos ($B = 0,0605$)

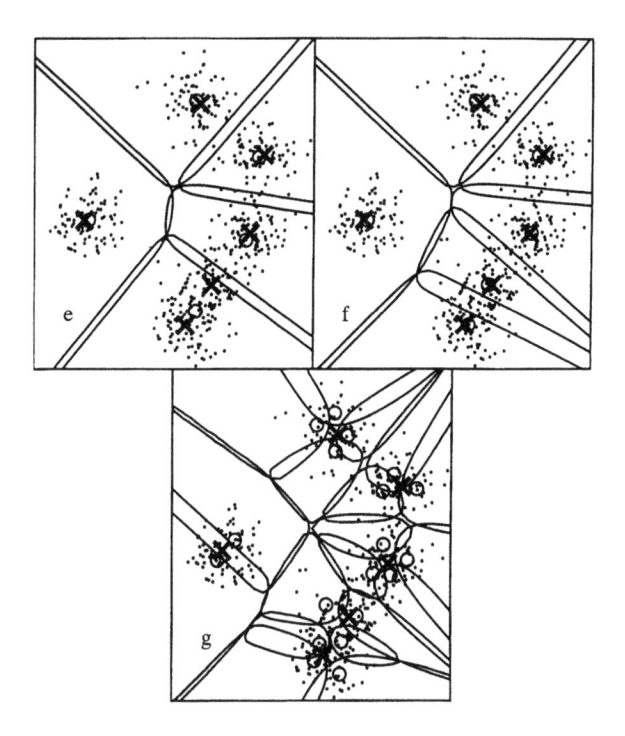

FIGURA 11.10 (continuação)

sição de fase resulta em uma "explosão" quando todos os agrupamentos se dividem. A Figura 11.11 apresenta o diagrama de fase, que mostra o comportamento da distorção média durante todo o processo de recozimento e o número de agrupamentos naturais em cada fase. Nesta figura, a distorção média (normalizada em relação ao seu valor mínimo) é traçada em função do recíproco da temperatura, ou seja B (normalizado em relação ao seu valor mínimo). Ambos os eixos são rotulados nas suas formas logarítmicas relativas.

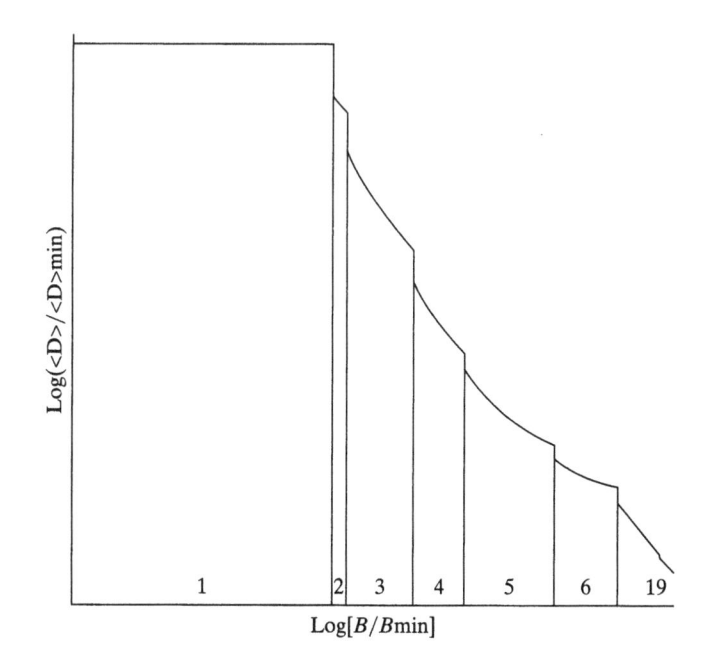

∎

FIGURA 11.11 Diagrama de fase para o exemplo da mistura de gaussianas. O número de agrupamentos efetivos é mostrado para cada fase

Analogia com o Algoritmo MVE

Para um outro aspecto importante do algoritmo de recozimento determinístico, suponha que vejamos a probabilidade de associação $P(\mathbf{Y} = \mathbf{y}|\mathbf{X} = \mathbf{x})$ como o valor esperado de uma variável binária aleatória V_{xy} definida como:

$$V_{xy} = \begin{cases} 1 & \text{se o vetor fonte } \mathbf{x} \text{ é atribuído ao vetor de código } \mathbf{y} \\ 0 & \text{caso contrário} \end{cases} \quad (11.102)$$

Então, desta perspectiva, reconhecemos a iteração em duas fases do algoritmo de recozimento determinístico como sendo uma forma do algoritmo Maximização do Valor Esperado (MVE) descrito no Capítulo 7 para a estimação por máxima verossimilhança. Em particular, no passo 1 que calcula as probabilidades de associação, temos o equivalente ao passo do cálculo do valor esperado. No passo 2, que minimiza o lagrangiano F^*, temos o equivalente ao passo de maximização.

Ao fazer esta analogia, entretanto, note que o recozimento determinístico é mais geral que a estimação por máxima verossimilhança. Dizemos isto porque, diferentemente da estimação por máxima verossimilhança, o recozimento determinístico *não* faz qualquer suposição sobre a distribuição de probabilidade subjacente dos dados. As probabilidades de associação são, de fato, derivadas do lagrangiano F^* a ser minimizado.

11.14 RESUMO E DISCUSSÃO

Neste capítulo, discutimos o uso de idéias fundamentadas na mecânica estatística como base matemática para a formulação de técnicas de otimização e máquinas de aprendizagem. As máquinas de aprendizagem consideradas aqui podem ser categorizadas como segue:

- *Máquinas estocásticas*, exemplificadas pela máquina de Boltzmann, pelas redes de crença sigmóide e pela máquina de Helmholtz.
- *Máquinas determinísticas*, derivadas da máquina de Boltzmann e das redes de crença sigmóide invocando aproximações de campo médio.

A máquina de Boltzmann utiliza neurônios ocultos e visíveis na forma de unidades de estado binário estocásticas. Ela explora engenhosamente as belas propriedades da distribuição de Gibbs, oferecendo assim algumas características atrativas:

- Através de treinamento, a distribuição de probabilidade exibida pelos neurônios é casada com aquela do ambiente.
- A rede oferece uma abordagem generalizada que é aplicável às questões básicas de busca, representação e aprendizagem (Hinton, 1989).
- É garantido que a rede encontre o mínimo global da superfície de energia em relação aos *estados*, desde que o roteiro de recozimento no processo de aprendizagem seja realizado de modo suficientemente lento (Geman e Geman, 1984).

Infelizmente, o roteiro de recozimento é lento demais para ter valor prático. Entretanto, o processo de aprendizagem pode ser acelerado para classes específicas de máquinas de Boltzmann, para as quais não precisamos executar um algoritmo de amostragem ou aplicar uma aproximação de campo médio. Em particular, em máquinas de Boltzmann nas quais os neurônios ocultos estão na forma de uma cadeia, de uma árvore ou de um par de cadeias ou árvores, a aprendizagem pode ser realizada exatamente em tempo polinomial. Isto é possível usando-se um algoritmo da mecânica estatística conhecido por "decimação", que é um procedimento simples e elegante que remove recursivamente elos e nós do grafo, de modo semelhante à solução de um circuito do tipo resistência, indutância e capacitância (RLC, *resistance inductance capacitance*) (Saul e Jordan, 1995, 1996).

As redes de crença sigmóide oferecem uma melhora significativa sobre a máquina de Boltzmann eliminando a necessidade da fase negativa (de funcionamento livre). Elas conseguem isso substituindo as conexões simétricas da máquina de Boltzmann por conexões acíclicas orientadas. Isto é, enquanto a máquina de Boltzmann é uma rede recorrente com uma abundância de realimentações, as redes de crença sigmóide têm uma arquitetura de múltiplas camadas *sem* realimentação. Como o nome já diz, as redes de crença sigmóide estão intimamente relacionadas com as redes de crença clássica propostas por Pearl (1988), ligando dessa forma o tema de redes neurais com o de *modelos gráficos e de raciocínio probabilístico* (Jordan, 1998; Jordan et al., 1998).

A máquina de Helmholtz por sua vez é novamente diferente. O seu desenvolvimento é motivado pela idéia de que o processamento da visão é o inverso do processamento gráfico (Horn, 1977; Hintom e Ghahramani, 1997). Em particular, ela utiliza um modelo de geração, estocástico, operando na direção reversa, para converter uma representação abstrata de uma cena em uma imagem de intensidades. A representação abstrata da cena (i.e., o conhecimento próprio da rede sobre o mundo), por sua vez, é aprendida por um modelo de reconhecimento estocástico, operando na direção direta. Através de uma integração engenhosa dos modelos de geração e de reconhecimento (i.e., projeções direta/reversa), a máquina de Helmholtz assume o papel de uma máquina auto-supervisionada, eliminando assim a necessidade de um professor.

Voltando-nos a seguir para a classe das máquinas determinísticas, a máquina de Boltzmann determinística é derivada da máquina de Boltzmann aplicando-se uma forma simplificada de aproximação de campo médio, na qual a correlação entre duas variáveis aleatórias é substituída pelo produto de seus valores médios. O resultado líquido é que a máquina de Boltzmann determinística pode ser muito mais rápida que a máquina de Boltzmann padrão. Infelizmente, na prática o seu uso é restrito a uma única camada de neurônios ocultos. Em Kappen e Rodriguez (1998), argumenta-se que, no tratamento correto da teoria do campo médio para a máquina de Boltzmann, as correlações precisam ser calculadas utilizando-se o teorema da resposta linear. A essência deste teorema é substituir as correlações presas e de funcionamento livre na regra de aprendizagem de Boltzmann da Eq. (11.53) pelas suas aproximações de resposta linear. De acordo com Kappen e Rodriguez, o novo procedimento é aplicável a redes com ou sem neurônios ocultos.

A forma determinística das redes de crença sigmóide é derivada aplicando-se uma outra forma de teoria do campo médio, onde é derivado um limite inferior rigoroso sobre a função logaritmo da verossimilhança através do uso da desigualdade de Jensen. Além disso, a teoria explora de uma forma fundamentada em princípios as virtudes de uma subestrutura tratável, tornando esta classe de redes neurais uma extensão importante às redes de crença.

Neste capítulo, também discutimos duas técnicas de otimização: o recozimento simulado e o recozimento determinístico. O recozimento simulado se distingue por realizar movimentos aleatórios na superfície de energia, o que pode tornar o roteiro de recozimento muito lento, resultando que seu uso é irrealizável em muitas aplicações. O recozimento determinístico, ao contrário, incorpora aleatoriedade na função de custo, que é então otimizada deterministicamente, seqüencialmente a cada temperatura, começando a uma temperatura alta e então reduzindo-a. Note, entretanto, que é garantido que o recozimento simulado alcance um mínimo global, enquanto que ainda não foi encontrada tal garantia para o recozimento determinístico.

Embora enfatizamos neste capítulo o uso de técnicas de otimização e máquinas estocásticas para resolver tarefas de aprendizagem não-supervisionada, elas também podem ser usadas para tarefas de aprendizagem supervisionada, se assim for desejado.

NOTAS E REFERÊNCIAS

1. O termo "distribuição canônica" como uma descrição da Eq. (11.3) foi cunhado por J. Willard Gibbs (1902). Na página 33 da Parte Um (*Elementary Principles in Statistical Mechanics*) desta coletânea de trabalhos, ele escreve

    "A distribuição representada por...

    $$P = \exp\left(\frac{\psi - \epsilon}{H}\right)$$

    onde H e ψ são constantes e H é positivo, parece representar o caso mais simples concebível, pois ela tem a propriedade de que, quando o sistema consiste de partes com energias separadas, as leis da distribuição em fase das partes separadas são da mesma natureza – uma propriedade que simplifica enormemente a discussão e que representa a fundamentação das relações extremamente importantes da termodinâmica...

    Quando um ensemble de sistemas é distribuído em fase da maneira descrita, i.e., quando o índice de probabilidade (P) é uma função linear da energia (ϵ), devemos dizer que o ensemble tem uma *distribuição canônica* e chamar o divisor da energia (H) de módulo da distribuição."

    Na literatura de física, a Eq. (11.3) é normalmente referida como a distribuição canônica (Reif, 1965) ou distribuição de Gibbs (Landau e Lifschitz, 1980). Na literatura de redes neurais, ela é referida como a distribuição de Gibbs, distribuição de Boltzmann e a distribuição de Boltzmann-Gibbs.

2. A idéia de introduzir a temperatura e o recozimento simulado em problemas de otimização combinatória deve-se a Kirkpatrick, Gelatt e Vacchi (1983) e independentemente a Černy (1985).

    Em um contexto físico, recozimento é um processo delicado por natureza. Em seu artigo de 1983, Kirkpatrick et al. discutem a noção de "fundir" um sólido, que envolve elevar a temperatura a um valor máximo no qual todas as partículas do sólido se arranjem "aleatoriamente" na fase líquida. Então, a temperatura é reduzida, permitindo que todas as partículas se arranjem no estado fundamental de baixa energia de uma estrutura cristalina correspondente. Se o resfriamento for rápido demais – isto é, não se permite que o sólido tenha tempo suficiente para alcançar o equilíbrio térmico a cada valor de temperatura – o cristal resultante terá muitos defeitos, ou a substância pode formar um vidro sem uma ordem cristalina e apenas estruturas metaestáveis localmente ótimas.

    A noção de "fusão" pode ser o caminho correto para se raciocinar sobre vidros e talvez sobre problemas de otimização combinatória em um contexto computacional correspondente. Entretanto, ele é enganoso quando se discute muitos outros domínios de aplicação (Beckermann, 1997). Em processamento de imagens, por exemplo, se elevarmos a "temperatura" de modo que as partículas se arranjem aleatoriamente, perdemos a imagem – ela se torna uniformemente cinza. Em um sentido metalúrgico correspondente, quando realizamos o recozimento do ferro ou do cobre, devemos manter a temperatura do recozimento abaixo do ponto de fusão; caso contrário, arruinamos a amostra.

    Há vários parâmetros importantes que governam o recozimento metalúrgico:

- A *temperatura do recozimento*, que especifica a temperatura na qual o metal ou a liga é aquecido.
- O *tempo de recozimento*, que especifica a duração de tempo em que é mantida a temperatura elevada.
- O *roteiro de resfriamento*, que especifica a taxa em que a temperatura é reduzida.

Estes parâmetros têm sua contrapartida no recozimento simulado como descrito na subseção sobre o roteiro de recozimento.

3. A *equação de Langevin* (com a temperatura dependente do tempo) fornece a base para um outro algoritmo de otimização global que foi proposto por Grenander (1983) e subseqüentemente analisado por Gidas (1985). A equação de Langevin é uma equação diferencial estocástica descrita como (Reif, 1965):

$$\frac{dv(t)}{dt} = -\gamma v(t) + \Gamma(t)$$

onde $v(t)$ é a velocidade de uma partícula de massa m imersa em um fluido viscoso, γ é uma constante igual à razão do coeficiente de fricção pela massa m, e $\Gamma(t)$ é uma força de flutuação por unidade de massa. A equação de Langevin foi a primeira equação matemática para descrever a termodinâmica fora do equilíbrio.

4. Para roteiros de recozimento mais elaborados e teoricamente orientados, veja os livros de Aarts e Korst (1989, p. 60-75) e de van Laarhoven e Aarts (1988, p. 62-71).

5. A amostragem de Gibbs é referida em mecânica estatística como uma versão de "sauna" do algoritmo Metropolis. Ela é amplamente utilizada em processamento de imagens, redes neurais e estatística, seguindo a exposição formal na literatura de Geman e Geman (1984) e Gelfand e Smith (1990). O último artigo também discute outras abordagens baseadas em amostragem (ou Monte Carlo) para o cálculo em umérico de estimativas das distribuições de probabilidade marginal. Hastings (1970) apresentou uma generalização do algoritmo Metropolis, da qual a amostragem de Gibbs é um caso especial; ele menciona o seu potencial para resolver problemas em estatística.

6. Os neurônios visíveis de uma máquina de Boltzmann podem também ser subdivididos em neurônios de entrada e de saída. Nesta segunda configuração, a máquina de Boltzmann realiza *associação* sob a supervisão de um professor. Os neurônios de entrada recebem informação do ambiente e os neurônios de saída comunicam o resultado da computação para um usuário final.

7. A fórmula da Eq. (11.39) se aplica a uma máquina de Boltzmann cujos estados "ligado" e "desligado" são representados por +1 e –1, respectivamente. No caso de uma máquina utilizando 1 e 0 para representar os seus estados "ligado" e "desligado", respectivamente, temos

$$E(\mathbf{x}) = -\sum_{\substack{i \ j \\ i \neq j}} w_{ji} x_i x_j$$

8. Tradicionalmente, a entropia relativa ou distância de Kullback-Leibler foi usada como índice de desempenho para a máquina de Boltzmann (Ackley et al., 1985; Hinton e Sejnowski, 1986). Este critério fornece uma medida da discrepância entre o ambiente e o modelo interno do sistema. Ela é definida por

$$D_{p^+ \| p^-} = \sum_\alpha p_\alpha^+ \log\left(\frac{p_\alpha^+}{p_\alpha^-}\right)$$

onde p_α^+ é a probabilidade de que os neurônios visíveis estejam no estado α quando a rede está na condição presa e p_α^- é a probabilidade de que os mesmos neurônios estejam no estado α quando a rede está na sua condição de operação livre. Os pesos sinápticos da rede são ajustados para minimizar $D_{p_\alpha^+ \| p_\alpha^-}$; veja o Problema 11.10.

Os princípios da mínima divergência de Kullback-Leibler e da máxima verossimilhança são basicamente equivalentes quando aplicados a um conjunto de treinamento. Para constatar esta equivalência, notamos que a divergência de Kullback-Leibler entre duas distribuições f e g é dada por

$$D_{f\|g} = -H(f) - \sum f \log(g)$$

Se a distribuição f for especificada por um conjunto de treinamento, e se for dado um modelo para g para otimização, o primeiro termo é constante e o segundo termo é o negativo do logaritmo da verossimilhança. Com isso, a mínima divergência de Kullback-Leibler é equivalente à máxima verossimilhança.

9. As redes de crença foram originalmente introduzidas com o propósito de representar o conhecimento probabilístico em sistemas especialistas (Pearl, 1988). Elas são também referidas na literatura como *redes bayesianas*.
10. A máquina de Helmholtz pertence a uma classe de redes neurais caracterizada por *projeções direta e reversa*. A idéia das projeções direta e reversa foi proposta por Grossberg (1980) em seus estudos sobre a *teoria da ressonância adaptativa*; veja também Carpenter e Grossberg (1987). Neste modelo, a filtragem adaptativa direta é combinada com o casamento reverso com protótipos de modo que aconteça a ressonância adaptativa (i.e., a amplificação e prolongação da atividade neural). Ao contrário da teoria da ressonância adaptativa de Grossberg, a máquina de Helmholtz utiliza uma abordagem estatística para tratar a aprendizagem auto-supervisionada como uma verificação de um modelo de geração que tenta capturar precisamente a estrutura subjacente dos dados de entrada.

    Um outro trabalho intimamente relacionado é o de Luttrell (1994, 1997). Em Luttrell (1994), é desenvolvida a idéia de uma *cadeia de Markov dobrada* (CMD). Especificamente, as transições diretas através de uma cadeia de Markov são seguidas por transições inversas (usando o teorema de Bayes) em uma direção reversa através de uma cópia da mesma cadeia. Em Luttrell (1997), é discutida a relação entre a CMD e a máquina de Helmholtz.

    Outros trabalhos relacionados incluem aqueles de Kawato et al. (1993) nos quais os modelos direto (de reconhecimento) e reverso (de geração) são considerados de forma similar à máquina de Helmholtz, mas sem uma perspectiva probabilística, e as propostas de Mumford (1994) para mapear o modelo de geração de Grenander para o cérebro.

    Em Dayan e Hinton (1996), é sugerido um número de diferentes variações da máquina de Helmholtz, incluindo um esquema supervisionado.
11. O recozimento determinístico tem sido aplicado com sucesso em muitas tarefas de aprendizagem:

    - Quantização vetorial (Rose et al., 1992; Miller e Rose, 1994)
    - Projeto de classificador estatístico (Miller et al., 1996)
    - Regressão não-linear utilizando mistura de especialistas (Rao et al., 1997a)
    - Modelos ocultos de Markov para reconhecimento da fala (Rao et al., 1997b)

    Um *modelo oculto de Markov* é similar a uma cadeia de Markov porque em ambos os casos a transição de um estado para outro é probabilística. Entretanto, eles diferem entre si em um aspecto fundamental. Em uma cadeia de Markov, a produção de um símbolo de saída é determinística. Em um modelo oculto de Markov, por outro lado, os símbolos de saída são também probabilísticos, resultando que em cada estado todos os símbolos são possíveis. Assim, em cada estado de um modelo oculto de Markov, temos uma distribuição de probabilidade de todos os símbolos de saída. Os modelos ocultos de Markov são discutidos em Rabiner (1989), Rabiner e Juang (1986) e Jelinek (1997).

PROBLEMAS

Cadeias de Markov

11.1 A probabilidade de transição no n-ésimo passo do estado i para o estado j é representada por $p_{ij}^{(n)}$. Utilizando o método de indução, mostre que

$$p_{ij}^{(1+n)} = \sum_{k} p_{ik} p_{kj}^{(n)}$$

11.2 A Figura P11.2 mostra o diagrama de transição de estado para um processo de *caminhada aleatória*, em que a probabilidade de transição p é maior que zero. A cadeia de Markov infinitamente longa representada aqui é irredutível? Justifique a sua resposta.

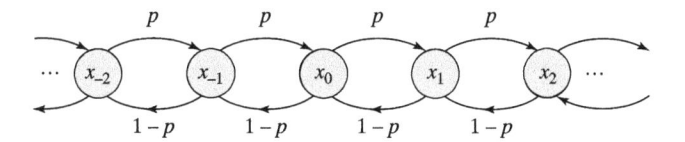

FIGURA P11.2

11.3 Considere a cadeia de Markov representada na Fig. P11.3, que é redutível. Identifique as classes de estados contidas neste diagrama de transição de estado.

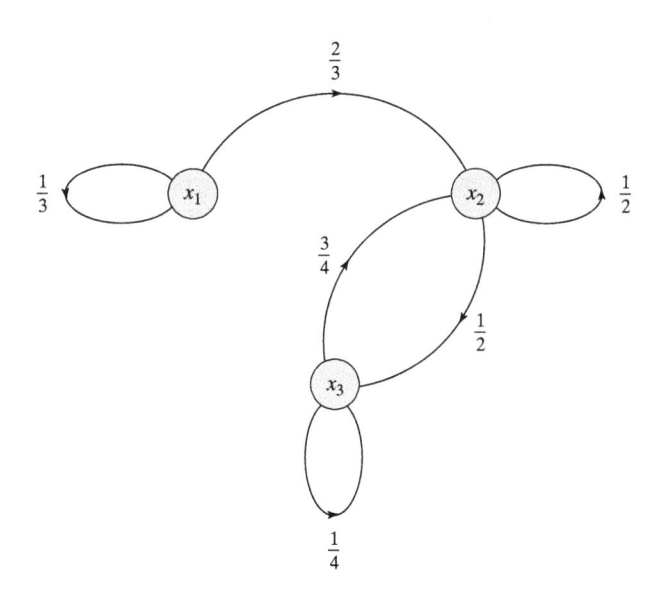

FIGURA P11.3

11.4 Calcule as probabilidades de estado estacionário da cadeia de Markov mostrada na Fig. P11.4.

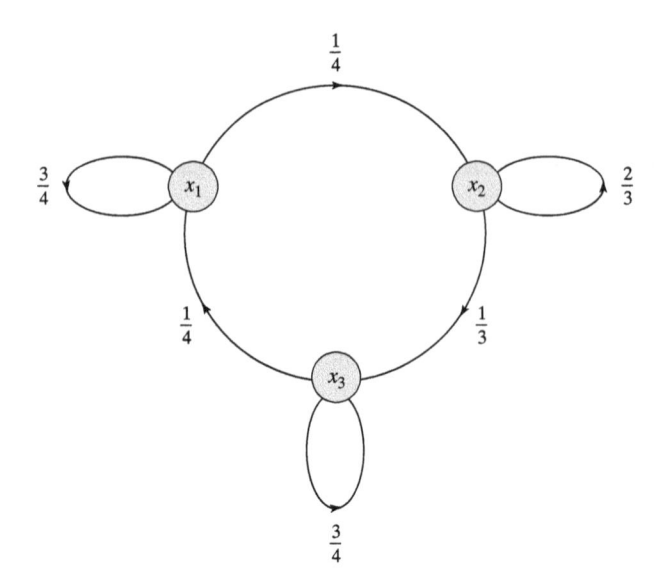

FIGURA P11.4

Técnicas de simulação

11.5 O algoritmo Metropolis e o amostrador de Gibbs representam duas técnicas alternativas para simular um problema de interesse em grande escala. Discuta as similaridades e diferenças básicas ente eles.

11.6 Neste problema, consideramos o uso do recozimento simulado para resolver o *problema do caixeiro-viajante* (TSP, *traveling salesman problem*). É dado o seguinte:
- N cidades
- A distância entre cada par de cidades, d
- Um roteiro representado por um caminho fechado que visita cada cidade uma vez e apenas uma vez.

O objetivo é encontrar um roteiro (i.e., a permutação da ordem na qual as cidades são visitadas) que tem o comprimento total L mínimo. Neste problema, os roteiros diferentes possíveis são as configurações, e o comprimento total de um roteiro é a função de custo a ser minimizada.

(a) Planeje um método iterativo para gerar configurações válidas.

(b) O comprimento total de um roteiro é definido por

$$L_P = \sum_{i=1}^{N} d_{P(i)P(i+1)}$$

onde P representa uma permutação com $P(N+1) = P(1)$. Conseqüentemente, a função de partição é

$$Z = \sum_{P} e^{-L_P/T}$$

onde T é um parâmetro de controle. Estabeleça um algoritmo de recozimento simulado para o TSP.

Máquina de Boltzmann

11.7 Considere um neurônio estocástico j de dois estados operando à temperatura T. Este neurônio *troca* do estado x_j para o estado $-x_j$ com probabilidade

$$P(x_j \to -x_j) = \frac{1}{1 + \exp(-\Delta E_j / T)}$$

onde ΔE_j é a variação de energia resultante desta troca. A energia total da máquina de Boltzmann é definida por

$$E = -\frac{1}{2} \sum_{\substack{i \\ i \ne j}} \sum_j w_{ji} x_i x_j$$

onde w_{ji} é o peso sináptico do neurônio i para o neurônio j, com $w_{ji} = w_{ij}$ e $w_{ii} = 0$.
(a) Mostre que

$$\Delta E_j = -2 x_j v_j$$

onde v_j é o campo local induzido do neurônio j.
(b) Com isso, mostre que para um estado inicial $x_j = -1$, a probabilidade de que o neurônio j seja trocado para o estado $+1$ é $1/(1 + \exp(-2v_j/T))$.
(c) Mostre que a mesma fórmula da parte (b) é válida para o neurônio j trocando para o estado -1 quando ele está inicialmente no estado $+1$.

11.8 Derive a fórmula dada na Eq. (11.49) que define a derivada da função logaritmo da verossimilhança $L(\mathbf{w})$ em relação ao peso sináptico w_{ji} para a máquina de Boltzmann.

11.9 A distribuição de Gibbs pode ser derivada utilizando-se uma abordagem matemática auto-contida que *não* se baseia em conceitos da física estatística. Em particular, um *modelo de cadeia de Markov de dois passos* de uma máquina estocástica pode ser usado para formalizar as suposições que produzem as propriedades únicas da máquina de Boltzmann (Mazaika, 1987). Isto não deveria causar surpresa pois o recozimento simulado, básico para a operação da máquina de Boltzmann, é conhecido por ter uma propriedade de Markov peculiar (van Laarhoven e Aarts, 1988).

Considere então um modelo de transição entre estados de um neurônio em uma máquina estocástica que é composto por dois processos aleatórios:
- O primeiro processo decide qual a transição de estado que deve ser tentada.
- O segundo processo decide se a transição é bem-sucedida.

(a) Expressando a probabilidade de transição p_{ji} como o produto de dois fatores, isto é,

$$p_{ji} = \tau_{ji} q_{ji} \quad \text{para } j \ne i$$

mostre que

$$p_{ii} = 1 - \sum_{j \ne i} \tau_{ji} q_{ji}$$

(b) Assuma que a matriz da taxa de tentativa seja simétrica:

$$\tau_{ji} = \tau_{ij}$$

Assuma também que a probabilidade de uma tentativa bem-sucedida satisfaça a propriedade de probabilidade de transição condicional complementar:

$$q_{ji} = 1 - q_{ij}$$

Invocando estas duas suposições, mostre que

$$\sum_j \tau_{ji}(q_{ji}\pi_j + q_{ij}\pi_i - \pi_j) = 0$$

(c) Dado que $\tau_{ji} \neq 0$, use o resultado da parte (a) do problema para mostrar que

$$q_{ji} = \frac{1}{1 + (\pi_i / \pi_j)}$$

(d) Finalmente, faça uma troca de variáveis:

$$E_j = -T \log \pi_i + T^*$$

onde T e T^* são constantes arbitrárias. Com isso, derive os seguintes resultados:

(i) $\pi_i = \dfrac{1}{Z} \exp\left(-\dfrac{E_i}{T}\right)$

(ii) $Z = \sum_j \exp\left(-\dfrac{E_j}{T}\right)$

(iii) $q_{ji} = \dfrac{1}{1 + \exp(-\Delta E / T)}$

onde $\mathrm{D}E_j = E_j - E_j$.

(e) Quais as conclusões que você pode tirar destes resultados?

11.10 Na Seção 11.7, utilizamos a máxima verossimilhança como critério para derivar a regra de aprendizagem de Boltzmann, descrita na Eq. (11.53). Neste problema, revisitamos esta regra de aprendizagem usando um outro critério. Da discussão apresentada no Capítulo 10, a divergência de Kullback-Leibler entre duas distribuições de probabilidade p_α^+ e p_α^- é definida por

$$D_{p^+ \| p^-} = \sum_\alpha p_\alpha^+ \log\left(\frac{p_\alpha^+}{p_\alpha^-}\right)$$

onde o somatório é sobre todos os estados possíveis α. A probabilidade p_α^+ representa a probabilidade de que os neurônios visíveis estejam no estado α quando a rede está na sua condição presa (positiva), e a probabilidade p_α^- representa a probabilidade de que os mesmos neurônios estejam no estado α quando a rede está na sua condição de operação livre (negativa). Usando $D_{p^+ \| p^-}$, derive novamente a regra de aprendizagem de Boltzmann.

11.11 Considere uma máquina de Boltzmann cujos neurônios visíveis são divididos em neurônios de entrada e neurônios de saída. Os estados destes neurônios são representados por α e γ, respectivamente. O estado dos neurônios ocultos é representado por β. A divergência de Kullback-Leibler para esta máquina é definida por

$$D_{p^+ \| p^-} = \sum_\alpha p_\alpha^+ \sum_\gamma p_{\gamma|\alpha}^+ \log\left(\frac{p_{\gamma|\alpha}^+}{p_{\gamma|\alpha}^-}\right)$$

onde p_α^+ é a probabilidade do estado α sobre os neurônios de entrada; $p_{\gamma|\alpha}^+$ é a probabilidade condicional de que os neurônios de saída estejam presos ao estado α dado um estado de entrada α; e $p_{\gamma|\alpha}^-$ é a probabilidade condicional de que os neurônios de saída estejam em equilíbrio térmico no estado γ, dado que apenas os neurônios de entrada estejam presos ao estado α. Como anteriormente, os índices superiores mais e menos representam as condições positiva (presa) e negativa (operando livre), respectivamente.

(a) Derive a fórmula de $D_{p^+ \| p^-}$ para uma máquina de Boltzmann que inclui neurônios de entrada, ocultos e de saída.

(b) Mostre que a regra de aprendizagem de Boltzmann para ajustar o peso sináptico w_{ji} nesta configuração de rede pode ainda ser expressa na mesma forma como descrito na Eq. (11.53), com novas interpretações para as correlações ρ_{ji}^+ e ρ_{ji}^-.

Redes de Crença Sigmóide

11.12 Resuma as similaridades e diferenças entre a máquina de Boltzmann e a rede de crença sigmóide.

11.13 No Problema 11.9, demonstramos que a máquina de Boltzmann é descrita por um modelo de cadeia de Markov de dois passos. Uma rede de crença sigmóide admite um modelo de cadeia de Markov? Justifique a sua resposta.

11.14 Considere que w_{ji} represente o peso sináptico do neurônio i para o neurônio j em uma rede de crença sigmóide que utiliza +1 para o estado ligado e −1 para o estado desligado. Considere que w_{ji}' represente o peso sináptico correspondente de uma rede de crença sigmóide que utiliza 1 para o estado ligado de um neurônio e 0 para o estado desligado. Mostre que w_{ji} pode ser convertido em w_{ji}' utilizando a transformação:

$$w'_{ji} = \frac{w_{ji}}{2} \quad \text{para } 0 < i < j$$

$$w'_{j0} = w_{j0} = \frac{1}{2} \sum_{0 < i < j} w_{ji}$$

A última linha é relativa ao bias aplicado ao neurônio j.

11.15 Em uma rede de crença sigmóide, identificamos a probabilidade $P(\mathbf{X}_\beta = \mathbf{x}_\beta | \mathbf{X}_\alpha = \mathbf{x}_\alpha)$ como uma distribuição de Gibbs, e a probabilidade $P(\mathbf{X}_\alpha = \mathbf{x}_\alpha)$ como a função de partição correspondente. Justifique a validade destes dois modelos.

A Máquina de Helmholtz

11.16 A máquina de Helmholtz não tem realimentação em ambos os modelos, de reconhecimento e de geração. O que poderia acontecer com a operação desta rede se fosse permitida a utilização de realimentação em um destes dois modelos?

Máquina de Boltzmann Determinística

11.17 A máquina de Boltzmann realiza descida do gradiente (no espaço de pesos) sobre o espaço de probabilidades, como discutido no Problema 11.10. Sobre qual função a máquina de Boltzmann determinística realiza a descida de gradiente? Você pode se referir a Hinton (1989) para uma discussão desta questão.

11.18 Considere uma rede recorrente que é assimétrica com $w_{ji} \neq w_{ij}$. Mostre que o algoritmo de aprendizagem de Boltzmann determinístico torna a rede automaticamente simétrica, desde que após cada atualização de peso, cada peso decaia em direção a zero em uma pequena quantidade proporcional à sua magnitude (Hinton, 1989).

Rede de Crença Sigmóide Determinística

11.19 Mostre que a diferença entre as expressões nos lados esquerdo e direito da Eq. (11.77) é igual à divergência de Kullback-Leibler entre as distribuições $Q(\mathbf{X}_\beta = \mathbf{x}_\beta | \mathbf{X}_\alpha = \mathbf{x}_\alpha)$ e $P(\mathbf{X}_\beta = \mathbf{x}_\beta | \mathbf{X}_\alpha = \mathbf{x}_\alpha)$.

11.20 O argumento da função sigmóide na Eq. (11.89) define o campo local induzido v_j do neurônio j na rede de crença sigmóide determinística. De que maneira v_j difere do campo local induzido correspondente de um neurônio de um perceptron de múltiplas camadas treinado com o algoritmo de retropropagação?

Recozimento Determinístico

11.21 Na Seção 11.13, foi desenvolvida a idéia do recozimento determinístico utilizando uma abordagem da teoria da informação. A idéia do recozimento determinístico pode ser também desenvolvida de uma forma fundamentada em princípios utilizando o princípio da máxima entropia que é discutido no Capítulo 10. Complete o raciocínio desta segunda abordagem (Rose, 1998).

11.22 (a) Utilizando as Eqs. (11.97) e (11.98), derive o resultado dado na Eq. (11.99) que define o lagrangiano F^* que resulta da utilização da distribuição de Gibbs para a probabilidade de associação.

(b) Utilizando o resultado da parte (a) deste problema, derive a condição dada na Eq. (11.101) para o mínimo de F^* em relação aos vetores de código **y**.

(c) Aplique a condição de minimização da Eq. (11.101) para a medida de distorção quadrática da Eq. (11.91) e comente o seu resultado.

11.23 Considere um conjunto de dados que é uma mistura de distribuições gaussianas. De que modo o uso de recozimento simulado oferece vantagem sobre a estimação de máxima verossimilhança nesta situação?

11.24 Neste problema, exploramos o uso do recozimento determinístico para classificação de padrões utilizando uma rede neural (Miller et al., 1996). A saída do neurônio j na camada de saída é representada por $F_j(\mathbf{x})$ onde **x** é o vetor de entrada. A decisão de classificação é baseada no discriminante máximo $F_j(\mathbf{x})$.

(a) Para uma função objetivo probabilística, considere o seguinte:

$$F = \frac{1}{N} \sum_{(\mathbf{x},\mathscr{C}) \in \mathscr{T}} \sum_j P(\mathbf{x} \in \mathscr{R}_j) F_j(\mathbf{x})$$

onde $\mathscr{T}$ é um conjunto de treinamento de vetores rotulados, com **x** representando um vetor de entrada e $\mathscr{C}$ o seu rótulo de classe, e $P(\mathbf{x} \in \mathscr{R}_j)$ é a probabilidade de associação entre o vetor de entrada **x** e a região de classe $\mathscr{R}_j$. Utilizando o princípio da máxima entropia que é discutido no Capítulo 10, formule a distribuição de Gibbs para $P(\mathbf{x} \in \mathscr{R}_j)$.

(b) Considere que $<P_e>$ represente o custo médio de classificação incorreta. Formule o lagrangiano para a minimização de $<P_e>$ sujeita à restrição de que a entropia correspondente às probabilidades de associação $P(\mathbf{x} \in \mathscr{R}_j)$ seja igual a um valor constante H.

CAPÍTULO 12

Programação Neurodinâmica

12.1 INTRODUÇÃO

No Capítulo 2, identificamos dois paradigmas principais de aprendizagem: a aprendizagem com um professor e a aprendizagem sem professor. O paradigma de aprendizagem sem professor é subdividido em aprendizagem auto-organizada (não-supervisionada) e aprendizagem por reforço. Nos Capítulos de 4 a 7, são cobertas diferentes formas de aprendizagem com um professor ou aprendizagem supervisionada, e nos Capítulos de 8 a 11 são discutidas diferentes formas de aprendizagem não-supervisionada. Neste capítulo, discutimos a *aprendizagem por reforço*.

A aprendizagem supervisionada é um problema "cognitivo" de aprendizagem realizado sob a tutela de um professor: ela dispõe de um conjunto adequado de exemplos de entrada-saída que são representativos do ambiente operacional. A aprendizagem por reforço, ao contrário, é um problema de aprendizagem baseado em "comportamento": é realizada através da *interação* entre o sistema de aprendizagem e o seu ambiente, dentro do qual o sistema procura alcançar um objetivo específico apesar da presença de incertezas (Barto et al., 1983; Sutton e Barto, 1998). O fato de que esta interação é realizada sem um professor torna a aprendizagem por reforço particularmente atrativa para situações dinâmicas em que é custoso ou difícil (se não impossível) reunir um conjunto satisfatório de exemplos de entrada-saída.

Há duas abordagens para o estudo da aprendizagem por reforço,[1] resumidas como segue:

1. *A abordagem clássica*, na qual a aprendizagem acontece através de um processo de punição e recompensa com o objetivo de alcançar um *comportamento altamente qualificado*.
2. *A abordagem moderna*, que se fundamenta em uma técnica matemática conhecida como programação dinâmica para decidir sobre o curso de ação considerando estágios futuros possíveis sem realmente experimentá-los; a ênfase aqui está no *planejamento*.

A nossa discussão enfoca a aprendizagem por reforço moderna.

A *programação dinâmica*[2] é uma técnica que trata de situações em que as decisões são tomadas em estágios, com o resultado de cada decisão sendo previsível até certo ponto antes que a próxima decisão seja tomada. Um aspecto-chave destas situações é que nenhuma decisão pode ser tomada isoladamente. Em vez disso, deve-se ponderar o desejo de um baixo custo no presente em relação a altos custos indesejáveis no futuro. Este é um *problema de atribuição de crédito* porque deve-se atribuir crédito ou culpa a cada decisão de um conjunto de decisões interativas. Para o planejamento ótimo, é necessário se ter um compromisso eficiente entre os custos imediato e futuro. Tal compromisso é realizado de fato pelo formalismo da programação dinâmica. Em particular, a programação dinâmica aborda a questão: como um sistema pode aprender a melhorar o seu desempenho a longo prazo quando isto pode requerer o sacrifício do desempenho a curto prazo?

Seguindo a terminologia da Bertsekas e Tsitsiklis (1996), nós nos referimos à abordagem moderna de aprendizagem por reforço como *programação neurodinâmica*. Fazemos isso principalmente por duas razões:

- A fundamentação teórica é fornecida pela programação dinâmica.
- A capacidade de aprendizagem é fornecida pelas redes neurais.

Podemos definir sucintamente a programação neurodinâmica como (Bertsekas e Tsitsiklis, 1996):

A programação neurodinâmica permite que um sistema aprenda a tomar boas decisões observando o seu próprio comportamento e a melhorar as suas ações através de reforço, utilizando um mecanismo incorporado.

A observação do comportamento é realizada fora do tempo de execução (*off-line*) através da técnica de simulação de Monte Carlo. A melhoria das ações através de reforço é realizada através do uso de um esquema iterativo de otimização.

Organização do Capítulo

A programação dinâmica tem duas características principais: um sistema dinâmico subjacente de tempo discreto e uma função de custo que é aditiva em relação ao tempo. Estas duas características são discutidas na Seção 12.2. Isto é seguido por uma formulação da equação da otimização de Bellman na Seção 12.3, que desempenha um papel importante na programação dinâmica. Nas Seções 12.4 e 12.5, discutimos dois métodos diferentes para calcular uma política ótima para programação dinâmica, ou seja, iteração de política e iteração de valor.

Na Seção 12.6, apresentamos uma visão geral das questões envolvidas na programação neurodinâmica. Esta visão geral leva à discussão da iteração aproximada de política e da aprendizagem Q, o que a torna adequada ao uso de redes neurais para aproximação de funções. Estes dois algoritmos são discutidos nas Seções 12.7 e 12.8, respectivamente. A Seção 12.9 apresenta um experimento computacional sobre o uso da aprendizagem Q.

O capítulo conclui com algumas considerações finais na Seção 12.10.

12.2 PROCESSO DE DECISÃO MARKOVIANO

Considere um *sistema de aprendizagem* ou *agente* que interage com seu ambiente do modo ilustrado na Fig. 12.1. O sistema opera de acordo com um *processo de decisão markoviano de tempo discreto finito* que é caracterizado como segue:

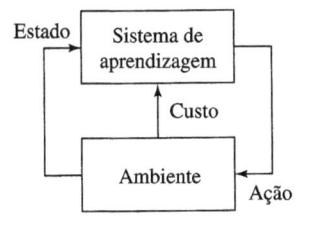

FIGURA 12.1 Diagrama em blocos de um sistema de aprendizagem interagindo com o seu ambiente

- O ambiente evolui probabilisticamente ocupando um conjunto finito de estados discretos. Note, entretanto, que o estado *não* contém estatísticas passadas, embora estas estatísticas pudessem ser úteis para o sistema de aprendizagem.
- Para cada estado do ambiente há um conjunto finito de ações possíveis que podem ser realizadas pelo sistema de aprendizagem.
- Toda vez que o sistema de aprendizagem realiza uma ação, ele incorre em um certo custo.
- A observação dos estados, a realização de ações e a incidência de custos ocorrem em tempo discreto.

No contexto da nossa presente discussão, o *estado* do ambiente é definido como um *resumo da experiência passada total do sistema de aprendizagem ganha a partir da sua interação com o ambiente, de modo que a informação necessária para o sistema de aprendizagem predizer o comportamento futuro do ambiente está contido neste resumo*. A variável aleatória representando o estado no passo de tempo n é X_n e o estado real no passo de tempo n é representado por $\mathbf{x}(n)$. O conjunto finito de estados é representado por $\mathcal{X}$. Um aspecto surpreendente da programação dinâmica é que a sua aplicabilidade depende muito pouco da natureza do estado. Podemos, portanto, proceder sem fazermos qualquer suposição sobre a estrutura do espaço de estados.

Para o estado i, por exemplo, o conjunto disponível de *ações* (i.e., as entradas aplicadas ao ambiente pelo sistema de aprendizagem) é representado por $\mathcal{A}_i = \{a_{ik}\}$, onde o segundo índice k na ação a_{ik} realizada pelo sistema de aprendizagem meramente indica a disponibilidade de mais que uma ação possível quando o ambiente está no estado i. A transição do ambiente do estado i para o novo estado j, por exemplo, devido à ação a_{ik} é de natureza probabilística. Entretanto, o mais importante é que *a probabilidade de transição do estado i para o estado j depende inteiramente do estado corrente i e da ação correspondente a_{ik}*. Esta é a *propriedade de Markov*, que é discutida no Capítulo 11. Esta propriedade é crucial porque significa que o estado corrente do ambiente fornece a informação necessária para o sistema de aprendizagem decidir qual ação realizar.

A variável aleatória representando a ação realizada pelo sistema de aprendizagem no passo de tempo n é representada por A_n. Considere que $p_{ij}(a)$ represente a probabilidade de transição do estado i para o estado j devido à ação realizada no passo de tempo n, onde $A_n = a$. Em virtude da propriedade de Markov, temos

$$p_{ij}(a) = P(X_{n+1} = j \mid X_n = i, A_n = a) \qquad (12.1)$$

A probabilidade de transição $p_{ij}(a)$ satisfaz as duas condições seguintes que são impostas pela teoria das probabilidades.

1. $p_{ij}(a) \geq 0 \qquad$ para todo i e j $\qquad (12.2)$

$$2.\ \sum_j p_{ij}(a) = 1 \quad \text{para todo } i \qquad (12.3)$$

Para um dado número de estados e probabilidades de transição, a seqüência de estados do ambiente resultante das ações realizadas pelo sistema de aprendizagem sobre o tempo forma uma *cadeia de Markov*. As cadeias de Markov são discutidas no Capítulo 11.

A cada transição de um estado para outro, o sistema de aprendizagem incorre em um *custo*. Assim, na n-ésima transição do estado i para o estado j sob a ação a_{ik}, o sistema de aprendizagem incorre em um custo representado por $\gamma^n g(i, a_{ik}, j)$, onde $g(.,.,.)$ é uma função predeterminada, e γ é um escalar com $0 \le \gamma < 1$ chamado de *fator de desconto*. Ajustando γ, somos capazes de controlar o grau com que o sistema de aprendizagem está preocupado com as conseqüências a longo prazo de suas próprias ações em relação às conseqüências a curto prazo destas ações. No limite, quando $\gamma = 0$, o sistema é míope no sentido de que está apenas preocupado com as conseqüências imediatas de suas ações. No que se segue, ignoraremos este valor limite, ou seja, restringiremos a discussão a $0 < \gamma < 1$. Quando γ se aproxima de 1, os custos futuros se tornam mais importantes na determinação das ações ótimas.

O nosso interesse está na formulação de uma *política*, definida como um *mapeamento de estados para ações*. Em outras palavras, uma política é uma regra usada pelo sistema de aprendizagem para decidir o que fazer, dado o conhecimento do estado atual do ambiente. A política é representada por

$$\pi = \{\mu_0, \mu_1, \mu_2, ...\} \qquad (12.4)$$

onde μ_n é uma função que mapeia o estado $X_n = i$ em uma ação $A_n = a$ no passo de tempo $n = 0, 1, 2, ...$. Este mapeamento é tal que

$$\mu_n(i) \in \mathcal{A}_i \quad \text{para todos os estados } i \in \mathcal{X}$$

onde $\mathcal{A}_i$ representa o conjunto de todas as ações possíveis realizadas pelo sistema de aprendizagem no estado i. Tais políticas são denominadas *admissíveis*.

Uma política pode ser não-estacionária ou estacionária. Uma política *não-estacionária* é variável no tempo, como indicado na Eq. (12.4). Entretanto, quando a política é independente do tempo, ou seja,

$$\pi = \{\mu, \mu, \mu, ...\}$$

diz-se que a política é *estacionária*. Em outras palavras, uma política estacionária especifica exatamente a mesma ação cada vez que um estado particular é visitado. Para uma política estacionária, a cadeia de Markov relacionada pode ser estacionária ou não-estacionária; é possível utilizar uma política estacionária sobre uma cadeia de Markov não-estacionária, mas *não* é recomendável se fazer isso. Se uma política estacionária μ for empregada, então a seqüência de estados $\{X_n, n = 0, 1, 2,...\}$ forma uma cadeia de Markov com probabilidades de transição $p_{ij}(\mu(i))$, onde $\mu(i)$ significa uma ação. É por esta razão que o processo é referido como um *processo de decisão de Markov*.

O Problema Básico

Um problema de programação dinâmica pode ser do tipo de horizonte finito ou de horizonte infinito. Em um problema de *horizonte finito*, o custo é acumulado em um número finito de estágios. Em um *problema de horizonte infinito*, o custo é acumulado em um número infinito de estágios. Os problemas de horizonte infinito fornecem uma aproximação razoável a problemas envolvendo um número finito mas muito grande de estágios. Eles também são particularmente interessantes porque o desconto assegura que os custos para todos os estados são finitos para qualquer política.

O custo esperado total em um problema de horizonte infinito, começando de um estado inicial $X_0 = i$ e usando uma política $\pi = \{\mu_n\}$, é definido por

$$J^\pi(i) = E\left[\sum_{n=0}^{\infty} \gamma^n g(X_n, \mu_n(X_n), X_{n+1}) \middle| X_0 = i\right] \quad (12.5)$$

onde o valor esperado é calculado em relação à cadeia de Markov $\{X_1, X_2,...\}$. A função $J^\pi(i)$ é chamada de *função de custo para avançar* para a política π começando no estado i. O seu valor ótimo, representado por $J^*(i)$, é definido por

$$J^*(i) = \min_\pi J^\pi(i) \quad (12.6)$$

Quando a política π é estacionária, ou seja, $\pi = \{\mu, \mu,...\}$, utilizamos a notação $J^\mu(i)$ no lugar de $J^\pi(i)$ e dizemos que μ é ótimo se

$$J^\mu(i) = J^*(i) \quad \text{para todos os estados iniciais } i \quad (12.7)$$

Podemos agora resumir o problema básico em programação dinâmica como:

> *Dado um processo de decisão markoviano estacionário que descreve a interação entre um sistema de aprendizagem e seu ambiente, encontre uma política estacionária $\pi = \{\mu, \mu, \mu,...\}$ que minimize a função de custo para avançar $J^\mu(i)$ para todos os estados iniciais i.*

Note que, durante o aprendizado, o comportamento de um sistema de aprendizagem pode mudar com o tempo. Entretanto, a política ótima que o sistema de aprendizagem procura será estacionária (Watkins, 1989).

12.3 O CRITÉRIO DE OTIMIZAÇÃO DE BELLMAN

A técnica de programação dinâmica se fundamenta em uma idéia muito simples conhecida como o *princípio da otimização* de Bellman (1957). Expresso de uma forma simples, o princípio diz (Bellman e Dreyfus, 1962):

> Uma política ótima tem a propriedade que, quaisquer que sejam o estado inicial e a decisão inicial, as decisões restantes devem constituir uma política ótima em relação ao estado resultante da primeira decisão.

Como usado aqui, uma "decisão" é uma escolha de controle em um tempo particular, e uma "política" é a seqüência de controle inteira ou a função de controle.

Para formular o princípio da otimização em termos matemáticos, considere um problema de horizonte finito para o qual a função de custo para avançar é definida por

$$J_0(X_0) = E\left[g_K(X_K) + \sum_{n=0}^{K-1} g_n(X_n, \mu_n(X_n), X_{n+1})\right] \quad (12.8)$$

onde K é o *horizonte* (i.e., o número de estágios) e $g_K(X_K)$ é o *custo final*. Dado X_0, o valor esperado na Eq. (12.8) é em relação aos estados restantes $X_1, ..., X_{K-1}$. Com esta terminologia, podemos agora formalmente formular o princípio da otimização como (Bertsekas, 1995b):

Considere que $\pi^* = \{\mu^*_0, \mu^*_1, ... \mu^*_{K-1}\}$ seja uma política ótima para o problema básico de horizonte finito. Assuma que quando se utiliza a política ótima π^*, um certo estado X_n ocorre com probabilidade positiva. Considere o subproblema em que o ambiente está no estado X_n no tempo n e suponha que desejamos minimizar a função de custo para avançar correspondente

$$J_n(X_n) = E\left[g_K(X_K) + \sum_{k=n}^{K-1} g_k(X_k, \mu_k(X_k), X_{k+1})\right] \quad (12.9)$$

para $n = 0, 1, ..., K-1$. Então, a política truncada $\{\mu^*_n, \mu^*_{n+1}, ... \mu^*_{K-1}\}$ *é ótima para o subproblema*.

Podemos intuitivamente justificar o princípio da otimização pelo seguinte argumento: se a política truncada $\{\mu^*_n, \mu^*_{n+1}, ... \mu^*_{K-1}\}$ não for ótima como afirmado, então, uma vez que o estado X_n seja alcançado no tempo n, poderíamos reduzir a função de custo para avançar $J_n(X_n)$ simplesmente trocando para uma política que seja ótima para o subproblema.

O princípio de otimização se baseia na noção de engenharia de "dividir e conquistar". Basicamente, uma política ótima para um planejamento multiestágio complexo ou problema de controle complexo pode ser construída procedendo-se como segue:

- Construa uma política ótima para um "subproblema terminal" envolvendo apenas o último estágio do sistema.
- Estenda a política ótima para o "subproblema terminal" envolvendo os últimos dois estágios do sistema.
- Continue o procedimento desta forma até que o problema inteiro tenha sido tratado.

Algoritmo de Programação Dinâmica

Com base no procedimento acima descrito, podemos agora formular o algoritmo de programação dinâmica, que age para trás no tempo, do período $N-1$ para o período 0. Considere que $\pi = \{\mu_0, \mu_1, ..., \mu_{K-1}\}$ represente uma política admissível. Para cada $n = 0, 1, ..., K-1$, considere que $\pi^n = \{\mu_n, \mu_{n+1}, ..., \mu_{K-1}\}$ e que $J^*_n(X_n)$ seja o custo ótimo para o problema de $(K-n)$ estágios, que começa no estado X_n e tempo n e termina no tempo K; isto é,

$$J^*_n(X_n) = \min_{\pi^n} E_{(X_{n+1}, ..., X_{K-1})}\left[g_K(X_K) + \sum_{k=n}^{K-1} g_k(X_k, \mu_k(X_k), X_{k+1})\right] \quad (12.10)$$

que representa a forma ótima da Eq. (12.9). Reconhecendo que $\pi^n = (\mu_n, \pi^{n+1})$ e expandindo parcialmente o somatório no lado direito da Eq. (12.10), podemos escrever

$$J_n^*(X_n) = \min_{(\mu_n, \pi^{n+1})} E_{(X_{n+1},...,X_{K-1})} \Big[g_n(X_n, \mu_n(X_n), X_{n+1})$$

$$+ g_K(X_K) + \sum_{k=n+1}^{K-1} g_K(X_k, \mu_k(X_k), X_{k+1}) \Big]$$

$$= \min_{\mu_n} E_{X_{n+1}} \big\{ g_n(X_n, \mu_n(X_n), X_{n+1}) \qquad (12.11)$$

$$+ \min_{\pi^n} E_{(X_{n+2},...,X_{K-1})} \Big[g_K(X_K) + \sum_{k=n+1}^{K-1} g_K(X_k, \mu_k(X_k), X_{k+1}) \Big] \big\}$$

$$= \min_{\mu_n} E_{X_{n+1}} \Big[g_n(X_n, \mu_n(X_n), X_{n+1}) + J_{n+1}^*(X_{n+1}) \Big]$$

onde na última linha usamos a definição da Equação (12.10) com $n+1$ no lugar de n. Agora assuma que para um dado n e para todo X_{n+1} tenhamos

$$J_{n+1}^*(X_{n+1}) = J_{n+1}(X_{n+1}) \qquad (12.12)$$

Então podemos rescrever a Eq. (12.11) na forma

$$J_n^*(X_n) = \min_{\mu_n} E_{X_{n+1}} \big[g_n(X_n, \mu_n(X_n), X_{n+1}) + J_{n+1}(X_{n+1}) \big] \qquad (12.13)$$

Se a Eq. (12.12) for válida para todo X_{n+1}, então claramente a equação

$$J_n^*(X_n) = J_n(X_n)$$

também é válida para todo X_n. Conseqüentemente, deduzimos da Eq. (12.13) que

$$J_n(X_n) = \min_{\mu_n} E_{X_{n+1}} \big[g_n(X_n, \mu_n(X_n), X_{n+1}) + J_{n+1}(X_{n+1}) \big]$$

Podemos assim formalmente formular o *algoritmo de programação dinâmica* como segue (Bertsekas, 1995b):

Para todo estado inicial X_0, o custo ótimo $J^*(X_0)$ do problema básico de horizonte finito é igual a $J_0(X_0)$, onde a função J_0 é obtida do último passo do seguinte algoritmo:

$$J_n(X_n) = \min_{\mu_n} E_{X_{n+1}} \big[g_n(X_n, \mu_n(X_n), X_{n+1}) + J_{n+1}(X_{n+1}) \big] \qquad (12.14)$$

que age para trás no tempo, com

$$J_K(X_K) = g_K(X_K)$$

Além disso, se μ_n^* minimiza o lado direito da Eq. (12.14) para cada X_n e n, então a política $\pi^* = \{\mu_0^*, \mu_1^*, \ldots, \mu_{K-1}^*\}$ é ótima.

A Equação de Otimização de Bellman

Na sua forma básica, o algoritmo de programação dinâmica trata de um problema de horizonte finito. Estamos interessados em estender o uso deste algoritmo para tratar do problema descontado de horizonte infinito descrito pela função de custo para avançar da Eq. (12.5) sob uma política estacionária $\pi = \{\mu, \mu, \mu, \ldots\}$. Tendo este objetivo em mente, podemos fazer duas coisas:

- Inverter o índice de tempo do algoritmo de modo que corresponda ao problema descontado.
- Definir o custo $g_n(X_n, \mu(X_n), X_{n+1})$ como

$$g_n(X_n, \mu(X_n), X_{n+1}) = \gamma^n g(X_n, \mu(X_n), X_{n+1}) \tag{12.15}$$

Podemos agora reformular o algoritmo de programação dinâmica como segue (veja o Problema 12.4):

$$J_{n+1}(X_0) = \min_\mu E_{X_1}\big[g(X_0, \mu(X_0), X_1) + \gamma J_n(X_1)\big] \tag{12.16}$$

que começa a partir das condições iniciais

$$J_0(X) = 0 \qquad \text{para todo } X$$

O estado X_0 é o estado inicial, X_1 é o novo estado que resulta da ação da política μ, e γ é o fator de desconto.

Considere que $J^*(i)$ represente o custo ótimo de horizonte infinito para o estado inicial $X_0 = i$. Podemos então ver $J^*(i)$ como o limite do custo ótimo de K estágios correspondente $J_K(i)$ quando o horizonte K se aproxima do infinito; isto é,

$$J^*(i) = \lim_{K \to \infty} J_K(i) \quad \text{para todo } i \tag{12.17}$$

Esta relação é o elo de conexão entre os problemas descontados de horizonte finito e de horizonte infinito. Fazendo $n + 1 = K$ e $X_0 = i$ na Eq. (12.16) e então aplicando a Eq. (12.17), obtemos

$$J^*(i) = \min_\mu E_{X_1}\big[g(i, \mu(i), X_1) + \gamma J^*(X_1)\big] \tag{12.18}$$

Para estimar o custo ótimo de horizonte infinito $J^*(i)$, procedemos em dois estágios:

1. Estimamos o valor esperado do custo $g(i, \mu(i), X_1)$ em relação a X_1 escrevendo

$$E[g(i), \mu(i), X_1] = \sum_{j=1}^{N} p_{ij} g(i, \mu(i), j) \qquad (12.19)$$

onde N é o número de estados do ambiente e p_{ij} é a probabilidade de transição do estado inicial $X_0 = i$ para o novo estado $X_1 = j$. A quantidade definida na Eq. (12.19) é o *custo esperado imediato* incorrido no estado i por seguir a ação recomendada pela política μ. Representando este custo por $c(i, \mu(i))$, podemos escrever

$$c(i, \mu(i)) = \sum_{j=1}^{N} p_{ij} g(i, \mu(i), j) \qquad (12.20)$$

2. Estimamos o valor esperado de $J^*(X_1)$ em relação a X_1. Aqui notamos que se conhecermos o custo $J^*(X_1)$ para cada estado X_1 de um sistema de estados finitos, podemos determinar facilmente o valor esperado de $J^*(X_1)$ em termos das probabilidades de transição da cadeia de Markov subjacente escrevendo

$$E[\beta\alpha] = \sum_{j=1}^{N} p_{ij} J^*(j) \qquad (12.21)$$

Assim, utilizando as Eqs. (12.19) a (12.21) na Eq. (12.16), obtemos o resultado desejado

$$J^*(i) = \min_{\mu}\left(c(i, \mu(i)) + \gamma \sum_{j=1}^{N} p_{ij}(\mu) J^*(j) \right) \quad \text{para } i = 1, 2, ..., N \qquad (12.22)$$

A Equação (12.22) é chamada a *equação de otimização de Bellman*. Ela *não* deve ser vista como um algoritmo. Em vez disso, representa um sistema de N equações, com uma equação por estado. A solução deste sistema de equações define as funções de custo para avançar ótimas para os N estados do ambiente.

Há dois métodos básicos para calcular uma política ótima. Eles são chamados de iteração de política e iteração de valor. Estes dois métodos são descritos nas Seções 12.4 e 12.5, respectivamente.

12.4 ITERAÇÃO DE POLÍTICA

Para estabelecer a base para uma descrição do algoritmo de iteração de política, começamos introduzindo um conceito chamado de fator Q por Watkins (1989). Considere uma política existente μ para a qual a função de custo para avançar $J^\mu(i)$ é conhecida para todos os estados i. O *fator Q* para cada estado $i \in \mathcal{X}$ e ação $a \in \mathcal{A}_i$ é definido como o *custo imediato mais a soma dos custos descontados de todos os estados sucessores que seguem a política μ*, como mostrado por

$$Q^\mu(i, a) = c(i, a) + \lambda \sum_{j=1}^{n} p_{ij}(a) J^\mu(j) \qquad (12.23)$$

onde a ação $a = \mu(i)$. Note que os fatores Q, $Q^\mu(i, a)$, contêm mais informação que a função de custo para avançar $J^\mu(i)$. As ações podem, por exemplo, ser ordenadas com base apenas nos fatores Q, enquanto que ordená-las com base na função de custo para avançar requer também o conhecimento dos custos e das probabilidades de transição de estado.

Podemos ganhar um maior entendimento do significado do fator Q visualizando um novo sistema cujos estados são constituídos dos estados originais 1, 2,..., N e de todos os pares estado-ação (i, a) possíveis, como representado na Fig. 12.2. Há duas possibilidades distintas que podem ocorrer:

FIGURA 12.2 Ilustração de duas transições possíveis: a transição de estado (i, a) para o estado j é probabilística, mas a transição do estado i para (i, a) é determinística

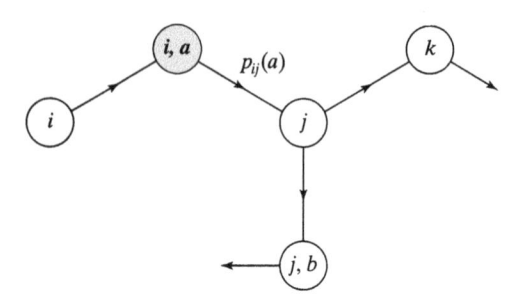

- O sistema está no estado (i, a), onde nenhuma ação é realizada. É feita automaticamente a transição para o estado j, digamos, com probabilidade $p_{ij}(a)$; e incorre-se em um custo $g(i, a, j)$.
- O sistema está no estado i, digamos, e a ação $a \in \mathcal{A}_i$ é realizada. O próximo estado é (i, a), deterministicamente.

Diz-se que a política μ é *gulosa* em relação à função de custo para avançar $J^\mu(i)$ se, para todos os estados, $\mu(i)$ for uma ação que satisfaz a condição

$$Q^\mu(i,\mu(i)) = \min_{a \in \mathcal{A}_i} Q^\mu(i,a) \quad \text{para todo } i \tag{12.24}$$

As duas observações seguintes sobre a Eq. (12.24) são dignas de nota:

- É possível que mais de uma ação minimize o conjunto de fatores Q para um estado, e neste caso pode haver mais de uma política gulosa em relação à função de custo para avançar pertinente.
- Uma política pode ser gulosa em relação a muitas funções de custo para avançar.

Além disso, o seguinte fato é básico para todos os métodos de programação dinâmica:

$$Q^{\mu*}(i,\mu*(i)) = \min_{a \in \mathcal{A}_i} Q^{\mu*}(i,a) \tag{12.25}$$

onde $\mu*$ é uma política ótima e $J*$ é a função de custo para avançar ótima correspondente.

Com as noções de fator Q e política gulosa à nossa disposição, estamos prontos para descrever o *algoritmo de iteração de política*. Especificamente, o algoritmo opera alternando entre dois passos (Bertsekas, 1995b):

1. *Passo de avaliação da política*, no qual são computados a função de custo para avançar para uma política corrente e o fator Q correspondente para todos os estados e ações.

2. *Passo de melhoria da política*, no qual a política corrente é atualizada para que seja gulosa em relação à função de custo para avançar calculada no passo 1.

Estes dois passos são ilustrados na Fig. 12.3. Para sermos específicos, começamos com uma política inicial μ_0, e então geramos uma seqüência de novas políticas $\mu_1, \mu_2,...$ Dada a política corrente μ_n, realizamos o passo de avaliação da política calculando a função de custo para avançar $J^{\mu_n}(i)$ como a solução do sistema linear de equações (veja a Eq. (12.22))

$$J^{\mu_n}(i) = c(i,\mu_n(i)) + \gamma \sum_{j=1}^{N} p_{ij}(\mu_n(i))J^{\mu_n}(i), \quad i = 1,2,...,N \tag{12.26}$$

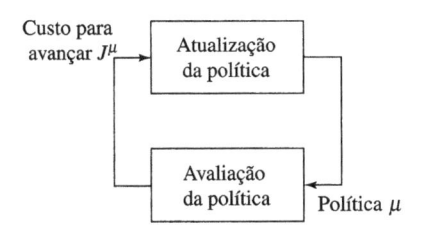

FIGURA 12.3 Diagrama em blocos para o algoritmo de iteração de política

para as incógnitas $J^{\mu_n}(1), J^{\mu_n}(2),..., J^{\mu_n}(N)$. Utilizando estes resultados, calculamos então o fator Q para o par estado-ação (i, a) (veja a Eq. (12.23))

$$Q^{\mu_n}(i,a) = c(i,a) + \gamma \sum_{j=1}^{N} p_{ij}(a), J^{\mu_n}(i), \quad a \in \mathcal{A}_i \text{ e } i = 1,2,...,N \tag{12.27}$$

A seguir realizamos o passo de melhoria da política calculando uma nova política μ_{n+1} definida por (veja a Eq. (12.24))

$$\mu_{n+1}(i) = \arg\min_{a \in \mathcal{A}_i} Q^{\mu_n}(i,a), \quad i = 1,2,...,N \tag{12.28}$$

O processo em dois passos descrito acima é repetido com a política μ_{n+1} utilizada no lugar de μ_n, a menos que tenhamos

$$J^{\mu_{n+1}}(i) = J^{\mu_n}(i) \quad \text{para todo } i$$

e neste caso o algoritmo é encerrado com a política μ_n. Com $J^{\mu_{n+1}} \leq J^{\mu_n}$ (veja o Problema 12.5), podemos dizer que o algoritmo de iteração de política terminará após um número finito de iterações porque o processo de decisão markoviano subjacente tem um número finito de estados. A Tabela 12.1 apresenta um resumo do algoritmo de iteração de política baseado nas Eqs. (12.26) a (12.28).

12.5 ITERAÇÃO DE VALOR

No algoritmo de iteração de política, a função de custo para avançar deve ser recalculada inteiramente a cada iteração do algoritmo, o que é custoso. Embora a função de custo para avançar para a nova política possa ser similar à da política antiga, não há, infelizmente, um atalho para este cálculo.

TABELA 12.1 Resumo do Algoritmo de Iteração de Política

1. Comece com uma política inicial arbitrária μ_0.
2. Para $n = 0, 1, 2,...$, calcule $J^{\mu_n}(i)$ e $Q^{\mu_n}(i,a)$ para todos os estados $i \in \mathcal{X}$ e ações $a \in \mathcal{A}_i$.
3. Para cada estado i, calcule

$$\mu_{n+1}(i) = \arg\min_{a \in \mathcal{A}_i} Q^{\mu_n}(i,a)$$

4. Repita os passos 2 e 3 até que μ_{n+1} não seja uma versão melhorada de μ_n, quando então o algoritmo termina com μ_n como a política desejada.

Entretanto, há um outro método para encontrar a política ótima que evita a tarefa onerosa de calcular repetidamente a função de custo para avançar. Este método alternativo, baseado em aproximações sucessivas, é conhecido como o algoritmo de iteração de valor.

O *algoritmo de iteração de valor* envolve a resolução da equação de otimização de Bellman (12.22) para cada problema de uma seqüência de problemas de horizonte finito. No limite, a função de custo para avançar do problema de horizonte finito converge uniformemente sobre todos os estados, para a função de custo para avançar correspondente do problema de horizonte infinito quando o número de iterações do algoritmo se aproxima do infinito (Ross, 1983; Bertsekas, 1995b).

Considere que $J_n(i)$ represente a função de custo para avançar para o estado i na iteração n do algoritmo de iteração de valor. O algoritmo começa com uma estimativa inicial $J_0(i)$ para $i = 1, 2,..., N$. A única restrição sobre $J_0(i)$ é que deve ser limitada; isto é automaticamente verdadeiro para problemas de estados finitos. Se estiver disponível uma estimativa da função de custo para avançar $J^*(i)$, ela deve ser utilizada como o valor inicial $J_0(i)$. Uma vez que $J_0(i)$ tenha sido escolhida, podemos calcular a seqüência de funções de custo para avançar $J_1(i), J_2(i),...$, utilizando o algoritmo de iteração de valor

$$J_{n+1}(i) = \min_{a \in \mathcal{A}_i} \left\{ c(i,a) + \gamma \sum_{j=1}^{N} p_{ij}(a) J_n(j) \right\}, \quad i = 1, 2, ..., N \quad (12.29)$$

A aplicação da atualização à função de custo para avançar, descrita na Eq. (12.29) para o estado i, é referida como o *armazenamento do custo de i*. Este armazenamento é uma implementação direta da equação de otimização de Bellman (12.22). Note que os valores das funções de custo para avançar na Eq. (12.29) para os estados $i = 1, 2,..., N$ são armazenados simultaneamente a cada iteração do algoritmo. Este método de implementação representa a forma *síncrona* tradicional do algoritmo de iteração de valor.[3] Assim, começando com valores iniciais arbitrários $J_0(1), J_0(2),..., J_0(N)$, o algoritmo descrito pela Eq. (12.29) converge para os valores ótimos correspondentes $J^*(1), J^*(2),..., J^*(N)$ quando o número de iterações n se aproxima do infinito (Ross, 1983; Bertsekas, 1995b).

Ao contrário do algoritmo de iteração de política, o algoritmo de iteração de valor não calcula diretamente uma política ótima. Em vez disso, os valores ótimos $J^*(1), J^*(2),..., J^*(N)$ são primeiramente calculados utilizando-se a Eq. (12.29). A seguir, uma política gulosa em relação àquele conjunto ótimo é obtida como uma política ótima. Isto é,

$$\mu^*(i) = \arg\min_{a \in \mathcal{A}_i} Q^*(i,a), \quad i = 1, 2, \ldots, N \qquad (12.30)$$

onde

$$Q^*(i,a) = c(i,a) + \gamma \sum_{j=1}^{N} p_{ij}(a), J^*(j) \quad i = 1, 2, \ldots, N \qquad (12.31)$$

Um resumo do algoritmo de iteração de valor, baseado nas Eqs. (12.29) a (12.31), é apresentado na Tabela 12.2. Este resumo inclui um critério de parada para a Eq. (12.29).

TABELA 12.2 Resumo do Algoritmo de Iteração de Valor

---

1. Comece com um valor inicial arbitrário $J_0(i)$ para o estado $i = 1, 2, \ldots, N$.

2. Para $n = 0, 1, 2, \ldots$, calcule

$$J_{n+1}(i) = \min_{a \in \mathcal{A}_i} \left\{ c(i,a) + \gamma \sum_{j=1}^{N} p_{ij}(a), J_n(j) \right\}, \quad \begin{array}{l} a \in \mathcal{A}_i \\ i = 1, 2, \ldots, N \end{array}$$

Continue este cálculo até

$$|J_{n+1}(i) - J_n(i)| < \epsilon \qquad \text{para cada estado } i$$

onde ϵ é um parâmetro de tolerância predeterminado. Assume-se que ϵ seja suficientemente pequeno para $J_n(i)$ ser próximo o suficiente da função de custo para avançar $J^*(i)$. Podemos assim fazer

$$J_n(i) = J^*(i) \qquad \text{para todos os estados } i$$

3. Calcule o fator Q

$$Q^*(i,a) = c(i,a) + \gamma \sum_{j=1}^{N} p_{ij}(a), J^*(j) \quad \begin{array}{l} a \in \mathcal{A}_i \; e \\ i = 1, 2, \ldots, N \end{array}$$

Com isso, determine a política ótima como uma política gulosa para $J^*(i)$:

$$\mu^*(i) = \arg\min_{a \in \mathcal{A}_i} Q^*(i,a)$$

Exemplo 12.1 O Problema da Diligência

Para ilustrar a utilidade do fator Q em programação dinâmica, consideramos o *problema da diligência*. Um caçador de fortunas em Missouri decidiu partir para o oeste para se juntar à corrida do ouro na Califórnia em meados do século dezenove (Hiller e Lieberman, 1995). A jornada exigiu viajar em diligência através de regiões desocupadas, o que impôs um sério risco de ataque por saqueadores ao longo do caminho. O ponto inicial da jornada (Missouri) e o destino (Califórnia) eram fixos, mas havia uma escolha considerável envolvendo outros oito estados que poderiam ser atravessados no roteiro, como mostrado na Fig. 12.4. Nesta figura, temos o seguinte:

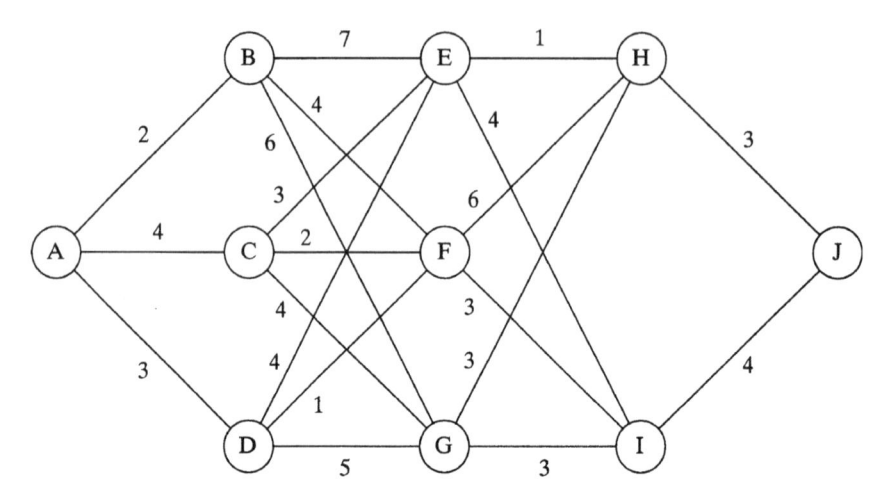

FIGURA 12.4 Grafo de fluxo para o problema da diligência

- Um total de 10 estados, cada um representado por uma letra.
- A direção da viagem é da esquerda para a direita.
- Há quatro estágios (i.e., corridas de diligência) do ponto de embarque no estado A (Missouri) até o destino no estado J (Califórnia).
- Na transição de um estado para o seguinte, a ação realizada pelo caçador de fortuna é se mover acima, à frente, ou abaixo.
- Há um total de 18 roteiros possíveis do estado A para o estado J.

A Figura 12.4 inclui também o custo de uma apólice de seguro para tomar qualquer corrida de diligência baseada em uma avaliação cuidadosa da segurança daquela corrida. O problema é encontrar o roteiro do estado A para o estado J com a apólice de seguro mais barata.

Para encontrar o roteiro ótimo, consideramos uma seqüência de problemas de horizonte finito, começando do destino no estado J e trabalhando no sentido retrógrado. Isto está de acordo com o princípio de otimização de Bellman descrito na Seção 12.3.

Calculando os fatores Q para o último estágio antes do destino, constatamos facilmente da Fig. 12.5a que os valores Q terminais são os seguintes:

$Q(H, \text{abaixo}) = 3$
$Q(I, \text{acima}) = 4$

Estes números estão indicados nos estados H e I, respectivamente, na Fig. 12.5a.

A seguir, movendo para trás um estágio e utilizando os valores Q da Fig. 12.5a, temos os seguintes valores Q:

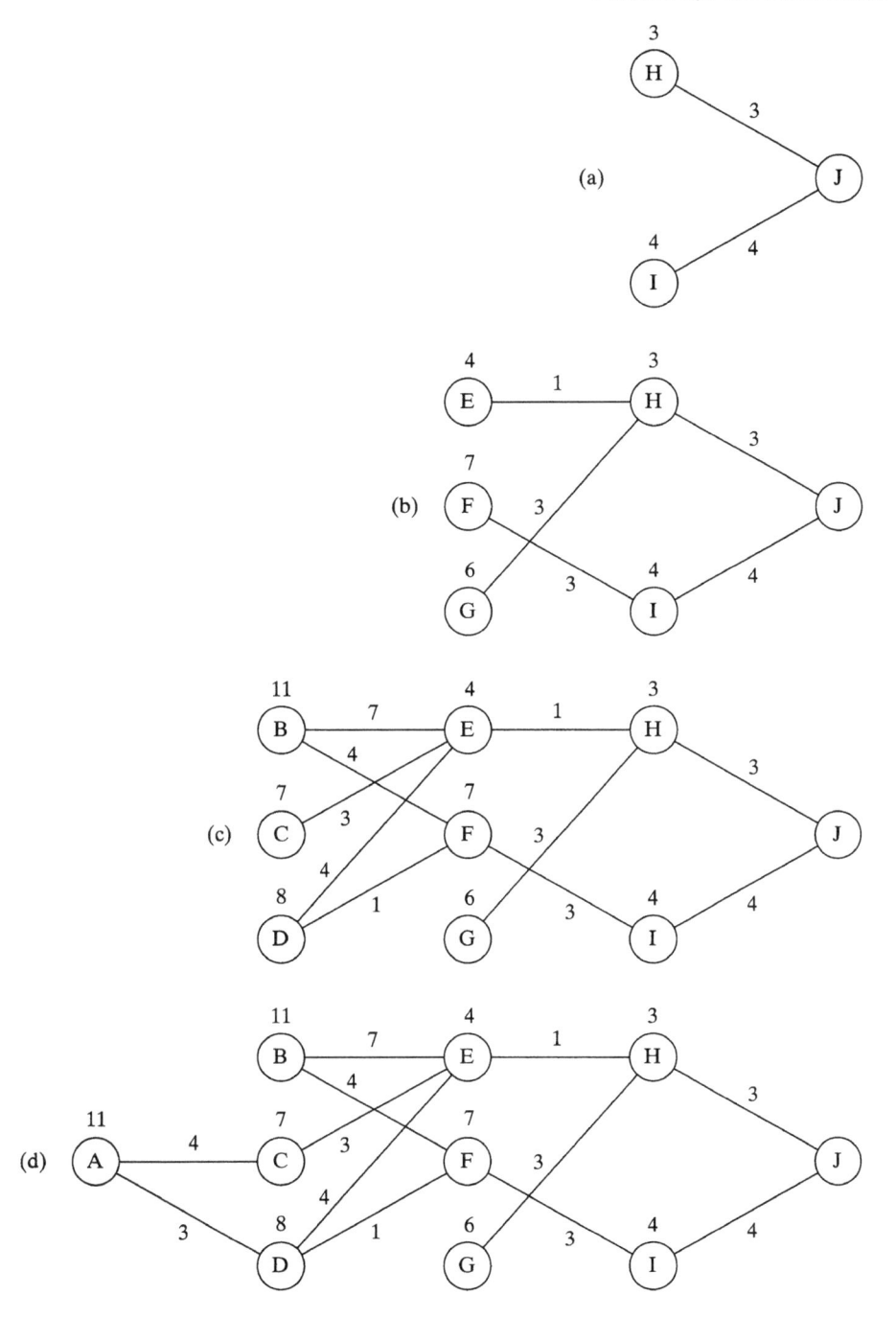

FIGURA 12.5 Passos envolvidos no cálculo dos fatores Q para o problema da diligência

$Q(E, \text{à frente})$ = $1 + 3 = 4$
$Q(E, \text{abaixo})$ = $4 + 4 = 8$
$Q(F, \text{acima})$ = $6 + 3 = 9$
$Q(F, \text{abaixo})$ = $3 + 4 = 7$
$Q(G, \text{acima})$ = $3 + 3 = 6$
$Q(G, \text{à frente})$ = $3 + 4 = 7$

Como o objetivo é encontrar o roteiro com a menor apólice de seguro, os valores Q indicam que apenas as corridas $E \to H$, $F \to I$ e $G \to H$ devem ser mantidas e as restantes devem ser podadas, como indicado na Fig. 12.5b.

Movendo para trás mais um estágio, repetindo os cálculos dos fatores Q para os estados B, C e D da maneira descrita e mantendo apenas aqueles estágios de corridas a partir dos estados B, C e D que são cobertas pelos menores custos de seguro, obtemos a figura representada na Fig. 12.5c.

Finalmente, movendo para trás um último estágio e procedendo do mesmo modo como anteriormente, obtemos a figura representada na Fig. 12.5d. Desta figura vemos que há realmente três roteiros ótimos, como descrito aqui:

$$A \to C \to E \to H \to J$$

$$A \to D \to E \to H \to J$$

$$A \to D \to F \to I \to J$$

Todos eles produzem um custo total de 11.

■

12.6 PROGRAMAÇÃO NEURODINÂMICA

O objetivo principal da programação dinâmica é encontrar uma política ótima, isto é, uma escolha ótima da ação que deve ser realizada pelo sistema de aprendizagem para cada estado possível do ambiente. Neste contexto, há duas questões práticas que devem ser lembradas quando se considera o uso dos algoritmos de iteração de política ou de iteração de valor para resolver um problema de programação dinâmica:

- *A maldição da dimensionalidade.* Para muitos problemas difíceis do mundo real, o número de estados possíveis e ações admissíveis é tão grande que as exigências computacionais da programação dinâmica são esmagadoras. Para um problema de programação dinâmica envolvendo um total de N estados possíveis e M ações admissíveis para cada estado, cada iteração do algoritmo de iteração de valor, por exemplo, requer cerca de N^2M operações para uma política estacionária. Quando N é muito grande, freqüentemente não é possível completar sequer uma iteração do algoritmo. O jogo de gamão, por exemplo, tem 10^{20} estados, o que significa que uma única iteração do algoritmo levaria mais que 1000 anos utilizando um processador de 1000 MIPS (Barto et al., 1995).
- *Informação incompleta.* Os algoritmos de iteração de política ou de iteração de valor requerem conhecimento prévio do processo de decisão de Markov subjacente. Ou seja, para que a computação de uma política ótima seja realizável exige-se que as probabilidades de transição de estado p_{ij} e os custos observados $g(i, a, j)$ sejam conhecidos. Infelizmente, este conhecimento prévio não está sempre disponível.

Em razão das dificuldades apontadas acima, freqüentemente temos que abandonar a busca de uma política ótima e nos decidir por uma *política subótima*.

Nosso interesse aqui se concentra em procedimentos subótimos que envolvem a utilização de redes neurais/ou simulação com o propósito de aproximar a função de custo para avançar ótima

$J^*(i)$ para todo $i \in \mathcal{X}$. Especificamente, para um estado especificado i, $J^*(i)$ é substituído por uma aproximação adequada $\hat{J}(i, \mathbf{w})$, onde $\mathbf{w}$ é um vetor de parâmetros. A função $\hat{J}(\cdot, \mathbf{w})$ é chamada de *função de escore* ou *função de custo para avançar aproximada* e o valor $\hat{J}(i, \mathbf{w})$ é chamado de *escore* ou *custo para avançar aproximado* para o estado i. Assim, como ilustrado na Fig. 12.6, o escore $\hat{J}(i, \mathbf{w})$ é a saída da rede neural em resposta ao estado i como entrada. A propriedade que é explorada aqui é a da *aproximação universal*, que, como discutido em capítulos anteriores, é uma característica inerente de perceptrons de múltiplas camadas e redes de função de base radial.

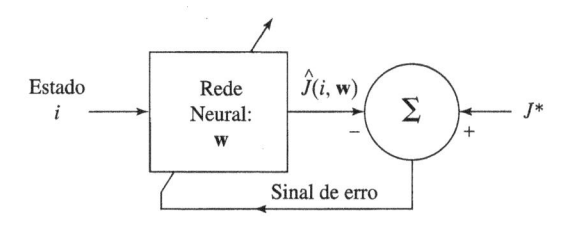

FIGURA 12.6 Rede neural para aproximar uma função de custo para avançar J^*

Os problemas de programação dinâmica de particular interesse são aqueles com um grande número de estados, nos quais o objetivo é encontrar uma função de escore $\hat{J}(\cdot, \mathbf{w})$ para a qual o vetor de parâmetros $\mathbf{w}$ tenha uma dimensão pequena. Nesta forma de aproximação, referida como uma *representação compacta*, são armazenados apenas o vetor de parâmetros $\mathbf{w}$ e a estrutura geral da função de escore $\hat{J}(\cdot, \mathbf{w})$. Os escores $\hat{J}(i, \mathbf{w})$ para todos os estados $i \in \mathcal{X}$ são gerados apenas quando eles são necessários. O desafio é encontrar o vetor de parâmetros $\mathbf{w}$ algoritmicamente, de modo que para uma determinada estrutura de rede neural (p.ex., perceptron de múltipla camada), o escore $\hat{J}(i, \mathbf{w})$ forneça uma aproximação satisfatória para o valor ótimo $J^*(i)$ para todo $i \in \mathcal{X}$.

Do material apresentado nos Capítulos 4 a 7 sobre aprendizagem com um professor, sabemos que uma rede neural, independentemente de seu tipo, requer um conjunto de dados rotulados que sejam representativos desta tarefa. Entretanto, no contexto dos problemas de programação dinâmica, tais dados de treinamento (i.e., exemplos de entrada-saída $\{(i, J^*(i))\}$) não estão disponíveis para treinar a rede neural da Fig. 12.6, bem como para otimizar o seu projeto em um sentido estatístico. A única possibilidade é utilizar a *simulação de Monte Carlo*, na qual um modelo substituto é utilizado no lugar do sistema real sujeito ao processo de decisão markoviano. O resultado é um novo modo de operação *off-line* que oferece os seguintes benefícios potenciais (Bertsekas e Tsitsiklis, 1996):

1. O uso de simulação para estimar aproximadamente a função de custo para avançar é uma idéia-chave que distingue a metodologia da programação neurodinâmica dos métodos tradicionais de aproximação em programação dinâmica.
2. A simulação permite o uso de métodos de programação neurdinâmica para projetar sistemas para os quais modelos explícitos não estão disponíveis. Para estes sistemas, as técnicas de programação dinâmica tradicionais são inaplicáveis, bem como é muito trabalhoso se não impossível fornecer estimativas das probabilidades de transição de estado.
3. Através de simulação, é possível identificar implicitamente os estados mais importantes ou mais representativos do sistema como aqueles estados que são mais freqüentemente visitados durante a simulação. Conseqüentemente, a função de escore descoberta pela rede neural pode fornecer uma boa aproximação para a função de custo para avançar ótima para aqueles estados particulares. O resultado final pode ser uma boa política subótima para um problema difícil de programação dinâmica.

Entretanto, é importante se reconhecer que uma vez que sejam introduzidas aproximações, não se pode esperar que a função de escore $\hat{J}(\cdot, \mathbf{w})$ convirja para a função de custo para avançar ótima $J^*(\cdot)$. Isto se deve ao fato de que $J^*(\cdot)$ pode não estar dentro do conjunto de funções representadas exatamente pela estrutura de rede neural escolhida.

Nas duas próximas seções, discutimos dois procedimentos de programação dinâmica aproximada com aproximações da função de custo para avançar. O primeiro procedimento, descrito na Seção 12.7, trata da iteração de política aproximada, assumindo que esteja disponível um modelo markoviano do sistema. O segundo procedimento, descrito na Seção 12.8, trata de um procedimento chamado aprendizagem Q, que não faz qualquer suposição.

12.7 ITERAÇÃO DE POLÍTICA APROXIMADA

Suponha que tenhamos um problema de programação dinâmica para o qual o número de estados possíveis e ações admissíveis seja muito grande, tornando o uso de uma abordagem tradicional impraticável. Assumimos que dispomos de um modelo do sistema; isto é, as probabilidades de transição $p_{ij}(a)$ e os custos observáveis $g(i, a, j)$ são todos conhecidos. Para tratar desta situação, propomos usar uma aproximação para a iteração de política, baseada na simulação de Monte Carlo e no método dos mínimos quadrados, como descrito a seguir (Bertsekas e Tsitsiklis, 1996).

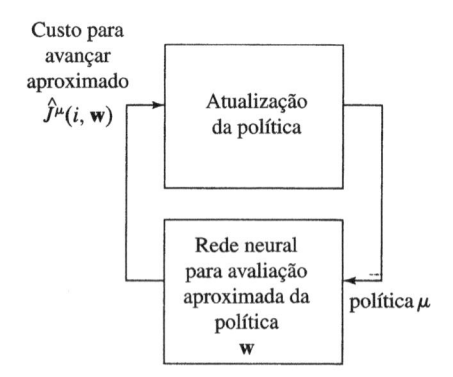

A Figura 12.7 mostra um diagrama em blocos simplificado do *algoritmo aproximado de iteração de política*. Ele é similar ao diagrama em blocos da Fig. 12.3 para o algoritmo tradicional de iteração de política, mas com uma diferença importante: o passo de avaliação da política na Fig. 12.3 foi substituído por um passo *aproximado*. Assim, o algoritmo aproximado de iteração de política opera alternando entre um passo de avaliação aproximada da política e um passo de melhoria da política como segue:

FIGURA 12.7 Diagrama em blocos simplificado do algoritmo aproximado de iteração de política

1. *Passo de avaliação aproximada da política.* Dada a política corrente μ, calcula-se uma função de custo para avançar $\hat{J}^{\mu}(i, \mathbf{w})$, que aproxima a função de custo para avançar real $J^{\mu}(i)$ para todos os estados i. O vetor $\mathbf{w}$ é o vetor de parâmetros da rede neural utilizado para realizar a aproximação.
2. *Passo de melhoria da política.* Utilizando a função de custo para avançar aproximada $\hat{J}^{\mu}(i, \mathbf{w})$, é gerada uma política melhorada μ. Esta nova política é projetada para ser gulosa em relação a $\hat{J}^{\mu}(i, \mathbf{w})$ para todo i.

Para que o algoritmo aproximado de iteração de política produza resultados satisfatórios, é importante escolher cuidadosamente a política utilizada para iniciar o algoritmo. Isto pode ser feito através do uso de heurísticas. Alternativamente, podemos começar com um vetor de pesos **w** e utilizá-lo para derivar uma política gulosa, que por sua vez é utilizada como política inicial.

Suponha então que, além das probabilidades de transição e custos observados conhecidos, tenhamos os seguintes itens:

- Uma política estacionária µ como a política inicial
- Um conjunto de estados $\mathcal{X}$ representativo do ambiente operacional
- Um conjunto de $M(i)$ amostras da função de custo para avançar $J^\mu(i)$ para cada estado $i \in \mathcal{X}$; uma amostra é representada por $k(i, m)$, onde $m = 1, 2, ..., M(i)$

Considere que $\hat{J}^\mu(i, \mathbf{w})$ simbolize uma representação aproximada da função de custo para avançar $J^\mu(i)$. A aproximação é realizada por uma rede neural (p.ex., um perceptron de múltiplas camadas treinado com o algoritmo de retropropagação). O vetor de parâmetros **w** da rede neural é determinado utilizando-se o método dos mínimos quadrados, isto é, minimizando a função de custo:

$$\mathcal{E}(\mathbf{w}) = \sum_{i \in \mathcal{X}} \sum_{m=1}^{M(i)} (k(i,m) - \hat{J}^\mu(i, \mathbf{w}))^2 \qquad (12.32)$$

Tendo determinado o vetor de peso ótimo **w** e portanto a função de custo para avançar aproximada $\hat{J}^\mu(i, \mathbf{w})$, determinamos a seguir os fatores Q utilizando a fórmula (veja as Eqs. (12.20) e (12.23))

$$Q(i, a, \mathbf{w}) = \sum_{j \in \mathcal{X}} p_{ij}(a)(g(i,a,j) + \gamma \hat{J}^\mu(j, \mathbf{w})) \qquad (12.33)$$

onde $p_{ij}(a)$ é a probabilidade de transição do estado i para o estado j sob a ação a (conhecida), $g(i, a, j)$ é o custo observado (também conhecido) e γ é um fator de desconto específico. A iteração é completada utilizando-se estes fatores Q aproximados para determinar uma política melhorada baseada na fórmula (veja a Eq. (12.28))

$$\mu(i) = \arg\min_{a \in \mathcal{A}_i} Q(i, a, \mathbf{w}) \qquad (12.34)$$

É importante notar que as Eqs. (12.33) e (12.34) são utilizadas pelo simulador para gerar ações apenas nos estados que são *realmente visitados* pela simulação, em vez de gerá-las em todos os estados. Dessa forma, estas duas equações não sofrem da maldição da dimensionalidade.

O diagrama em blocos da Fig. 12.8 apresenta uma descrição mais detalhada do algoritmo aproximado de iteração de política. Este diagrama consiste de quatro módulos conectados entre si (Bertsekas e Tsitsiklis, 1996):

1. O *simulador*, que utiliza as probabilidades de transição de estado dadas e os custos observados em um passo para construir um modelo substituto do ambiente. O simulador gera duas coisas: (a) estados em resposta a ações para imitar o ambiente e (b) amostras da função de custo para avançar para uma dada política.
2. O *gerador de ação*, que gera uma política melhorada (i.e., seqüência de ações) de acordo com a Eq. (12.34).

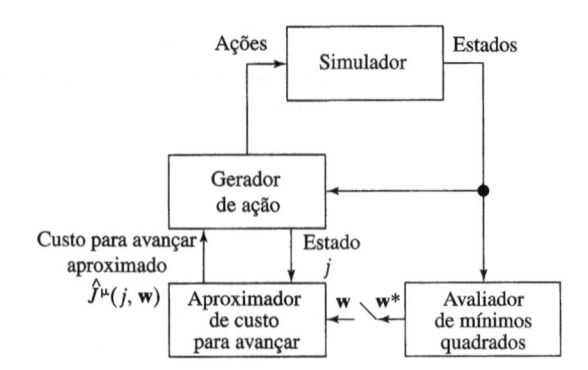

FIGURA 12.8 Planta detalhada do algoritmo aproximado de iteração de política

3. O *aproximador de custo para avançar*, que gera a função de custo para avançar aproximada $\hat{J}^{\mu}(i, \mathbf{w})$ para o estado i e vetor de parâmetros $\mathbf{w}$, para uso nas Eqs. (12.33) e (12.34).

4. O *avaliador de mínimos quadrados*, que toma amostras da função de custo para avançar $J^{\mu}(i)$ suprida pelo simulador para a política μ e o estado i e calcula o vetor de parâmetros ótimo $\mathbf{w}$ que minimiza a função de custo da Eq. (12.32). A ligação do calculador de mínimos quadrados para o aproximador de custo para avançar é estabelecida somente após uma política ter sido totalmente avaliada e um vetor de parâmetros ótimo $\mathbf{w}^*$ ter sido determinado. Neste ponto, a aproximação do custo para avançar $\hat{J}^{\mu}(i, \mathbf{w})$ é substituída por $\hat{J}^{\mu}(i, \mathbf{w}^*)$.

A Tabela 12.3 apresenta um resumo do algoritmo aproximado de iteração de política.

TABELA 12.3 Resumo do Algoritmo de Iteração de Política

Parâmetros conhecidos: probabilidades de transição $p_{ij}(a)$ e custos $g(i, a, j)$.

Computação:

1. Escolha uma política estacionária μ como a política inicial.

2. Utilizando um conjunto de amostras $\{k(i,m)\}_{m=1}^{M(i)}$ da função de custo para avançar $J^{\mu}(i)$ gerada pelo simulador, determine o vetor de parâmetros $\mathbf{w}$ da rede neural empregada como avaliador de mínimos quadrados:

$$\mathbf{w}^* = \min_{\mathbf{w}} \mathscr{E}(\mathbf{w})$$
$$= \min_{\mathbf{w}} \sum_{i \in \mathscr{X}} \sum_{m=1}^{M(i)} (k(i,m) - \hat{J}^{\mu}(i, \mathbf{w}))^2$$

3. Para o vetor de parâmetros $\mathbf{w}$ determinado no passo 2, calcule a função de custo para avançar aproximada $\hat{J}^{\mu}(i, \mathbf{w})$ para os estados visitados. Determine os fatores Q aproximados:

$$Q(i, a, \mathbf{w}) = \sum_{j \in \mathscr{X}}^{N} p_{ij}(a)(g(i,a,j) + \gamma \hat{J}^{\mu}(j, \mathbf{w}))$$

4. Determine a política melhorada

$$\mu(i) = \arg\min_{a \in \mathcal{A}_i} Q(i, a, \mathbf{w})$$

5. Repita os passos de 2 a 4.

Nota: os passos 3 e 4 se aplicam apenas a ações nos estados que são realmente visitados, e não em todos os estados.

Naturalmente, a operação deste algoritmo está sujeita a erros devido a imperfeições inevitáveis no projeto do simulador e do avaliador de mínimos quadrados. A rede neural utilizada para realizar a aproximação de mínimos quadrados da função de custo para avançar desejada pode não possuir poder de computação adequado, o que vem a ser a primeira fonte de erro. A otimização do aproximador por rede neural e portanto o ajuste do vetor de parâmetros $\mathbf{w}$ é baseada em uma resposta desejada fornecida pelo simulador, e com isso se torna a segunda fonte de erro. Assumindo que todas as avaliações de política e todos os melhoramentos de política são realizados dentro de certas tolerâncias de erro de ϵ e δ, respectivamente, em Bertsekas e Tsitsiklis (1996) é mostrado que o algoritmo aproximado de iteração de política produzirá políticas cujos desempenhos diferem das políticas ótimas por um fator que decresce a zero quando ϵ e δ são reduzidos. Em outras palavras, o algoritmo aproximado de iteração de política é correto com garantia de desempenho mínimo. De acordo com Bertsekas e Tsitsiklis (1996), o algoritmo aproximado de iteração de política tende a inicialmente fazer um progresso rápido e bastante monótono, mas uma oscilação de política sustentada de natureza aleatória pode resultar em uma condição restritiva. Este comportamento oscilatório ocorre após a função de custo para avançar aproximada $\hat{J}$ alcançar uma zona de $O((\delta + 2\gamma\epsilon)/(1 - \gamma)^2)$ do valor ótimo J^*, onde γ é o parâmetro de desconto. Aparentemente, há uma estrutura fundamental que é comum a todas as variantes de iteração aproximada de política, que causa um comportamento oscilatório.

12.8 APRENDIZAGEM Q

A tarefa relativa ao comportamento do sistema de aprendizagem por reforço na Fig. 12.1 consiste em como encontrar uma política ótima (i.e., de custo mínimo) após experimentar várias seqüências possíveis de ações e observar os custos incorridos e as transições de estado que ocorrem. Neste contexto, podemos levantar a seguinte questão: existe um procedimento para aprender em tempo de execução a política ótima através da experiência ganha somente com base em amostras da forma:

$$s_n = (i_n, a_n, j_n, g_n) \tag{12.35}$$

onde n representa o tempo discreto, e cada amostra s_n consiste de uma quádrupla, descrita por uma ação da tentativa, a_n, no estado i_n que resulta em uma transição de estado $j_n = i_{n+1}$ com um custo $g_n = g(i_n, a_n, j_n)$? A resposta a esta questão fundamental é um enfático sim, e é encontrada em um método estocástico chamado de *aprendizagem Q*[4] por Watkins (1989). A aprendizagem Q é um procedimento de programação dinâmica incremental que determina a política ótima de uma maneira passo a passo. É muito adequada para resolver problemas de decisão markovianos sem conhecimento explícito das probabilidades de transição. Entretanto, o uso bem-sucedido da aprendizagem Q depende da suposição de que o estado do ambiente é *totalmente observável*, o que por sua vez significa que o ambiente é uma cadeia de Markov totalmente observável.

Recordamos da Seção 12.4 que o fator Q $Q(i, a)$ para um par estado-ação (i, a) é definido pela Eq. (12.23) e que a equação de otimização de Bellman é definida pela Eq. (12.22). Combinando estas duas equações e usando a definição do custo esperado imediato $c(i, a)$ dada na Eq. (12.20), obtemos

$$Q^*(i,a) = \sum_{j=1}^{N} p_{ij}(a)\left(g(i,a,j) + \gamma \min_{b \in \mathcal{A}_j} Q^*(j,b)\right) \quad \text{para todo } (i,a) \tag{12.36}$$

que pode ser visto como uma versão em dois passos da equação de otimização de Bellman. As soluções para o sistema de equações lineares (12.36) definem os fatores Q ótimos $Q^*(i, a)$ unicamente, para todos os pares estado-ação (i, a).

Podemos utilizar o algoritmo de iteração de valor formulado em termos dos fatores Q para resolver este sistema linear de equações. Assim, para uma iteração do algoritmo temos

$$Q(i,a) := \sum_{j=1}^{N} p_{ij}(a)\left(g(i,a,j) + \gamma \min_{b \in \mathcal{A}_j} Q(j,b)\right) \quad \text{para todo } (i,a)$$

A versão para passo pequeno desta iteração é descrita por

$$Q(i,a) := (1 - \eta)Q(i,a) + \eta \sum_{j=1}^{N} p_{ij}(a)\left(g(i,a,j) + \gamma \min_{b \in \mathcal{A}_j} Q(j,b)\right) \quad \text{para todo } (i,a) \tag{12.37}$$

onde η é um *parâmetro da taxa de aprendizagem* pequeno dentro do intervalo $0 < \eta < 1$.

Como se pode constatar, uma iteração do algoritmo de iteração de valor descrito na Eq. (12.37) requer o conhecimento das probabilidades de transição. Podemos eliminar a necessidade deste conhecimento prévio formulando uma versão *estocástica* da Eq. (12.37). Especificamente, a média realizada em uma iteração da Eq. (12.37) sobre todos os estados possíveis é substituída por uma única amostra, resultando desse modo na seguinte atualização para o fator Q:

$$Q_{n+1}(i, a) = (1 - \eta_n(i, a))Q_n(i, a) + \eta_n(i, a)[g(i, a, j) + \gamma J_n(j)] \quad \text{para } (i, a) = (i_n, a_n) \tag{12.38}$$

onde

$$J_n(j) = \min_{b \in \mathcal{A}_j} Q_n(j,b) \tag{12.39}$$

e j é o estado sucessor e $\eta_n(i, a)$ é o parâmetro da taxa de aprendizagem no passo de tempo n para o par estado-ação (i, a). A equação de atualização (12.38) se aplica ao par estado-ação corrente (i_n, a_n), para o qual $j = j_n$ de acordo com a Eq. (12.35). Para todos os outros pares estado-ação admissíveis, os fatores Q permanecem inalterados como mostrado por

$$Q_{n+1}(i, a) = Q_n(i, a) \quad \text{para todo } (i, a) \neq (i_n, a_n) \tag{12.40}$$

As Equações (12.38) a (12.40) constituem uma iteração do *algoritmo de aprendizagem Q*.

Teorema de Convergência[5]

Suponha que o parâmetro da taxa de aprendizagem $\eta_n(i, a)$ satisfaça as condições

$$\sum_{n=0}^{\infty} \eta_n(i,a) = \infty \quad e \quad \sum_{n=0}^{\infty} \eta_n^2(i,a) < \infty \quad \text{para todo } (i,a) \tag{12.41}$$

Então, a seqüência de fatores Q $\{Q_n(i, a)\}$ gerada pelo algoritmo de aprendizagem Q converge com probabilidade 1 para o valor ótimo $Q^*(i, a)$ para todos os pares estado-ação (i, a) quando o número de iterações n se aproxima do infinito, desde que todos os pares estado-ação sejam visitados infinitas vezes.

Um exemplo de um parâmetro de aprendizagem variável no tempo que garante a convergência do algoritmo é

$$\eta_n = \frac{\alpha}{\beta + n}, \quad n = 1, 2, \ldots \tag{12.42}$$

onde α e β são números positivos.

Em suma, o algoritmo de aprendizagem Q é uma forma de aproximação estocástica da política de iteração de valor. Ele armazena o fator Q para um *único* par estado-ação a cada iteração do algoritmo, isto é, o estado corrente e a ação realmente executada. Mais importante é o fato de que, no limite, o algoritmo converge para os valores Q ótimos sem formar um modelo explícito dos processos subjacentes de decisão markovianos. Uma vez que os valores Q ótimos estejam disponíveis, pode-se determinar uma política ótima relativamente com pouca computação utilizando a Eq. (12.30).

A convergência da aprendizagem Q para uma política ótima assume o uso de uma representação por *tabela de consulta* para os fatores Q $Q_n(i, a)$. Este método de representação é direto e computacionalmente eficiente. Entretanto, quando o espaço de entrada consistindo de pares estado-ação for grande ou as variáveis de entrada forem contínuas, o uso de uma tabela de consulta pode ser proibitivamente custoso devido à necessidade de uma memória muito grande. Nesta situação, podemos recorrer ao uso de uma rede neural para fins de aproximação de função.

Aprendizagem Q Aproximada

As Equações (12.38) e (12.39) definem as fórmulas de atualização para o fator Q para o par estado-ação corrente (i_n, a_n). Este par de equações pode ser rescrito na forma equivalente

$$Q_{n+1}(i_n, a_n) = Q_n(i_n, a_n)$$
$$+ \eta_n(i_n, a_n) \left[g(i_n, a_n, j_n) + \gamma \min_{b \in \mathcal{A}_{j_n}} Q_n(j_n, b) - Q_n(i_n, a_n) \right] \tag{12.43}$$

Tratando a expressão dentro dos colchetes no lado direito da Eq. (12.43) como o sinal de erro envolvido na atualização do fator Q corrente $Q_n(i_n, a_n)$, podemos identificar o fator Q alvo (desejado) no passo de tempo n como:

$$Q_n^{\text{alvo}}(i_n, a_n) = g(i_n, a_n, j_n) + \gamma \min_{b \in \mathcal{A}_{j_n}} Q_n(j_n, b) \qquad (12.44)$$

onde $j_n = i_{n+1}$ é o estado sucessor. A Equação (12.44) mostra que o estado sucessor j_n desempenha um papel crítico na determinação do fator Q alvo. Usando esta definição do fator Q alvo, podemos reformular o algoritmo de aprendizagem Q como:

$$Q_{n+1}(i, a) = Q_n(i, a) + \Delta Q_n(i, a) \qquad (12.45)$$

onde a variação incremental no fator Q corrente é definida por

$$\Delta Q_n(i,a) = \begin{cases} \eta_n(Q_n^{\text{alvo}}(i,a) - Q_n(i,a)) & \text{para } (i,a) = (i_n, a_n) \\ 0, & \text{caso contrário} \end{cases} \qquad (12.46)$$

Por definição, a ação "ótima" a_n no estado corrente i_n é a ação particular naquele estado para a qual o fator Q no passo de tempo n é mínimo. Assim, dados os fatores Q $Q_n(i_n, a)$ para ações admissíveis $a \in \mathcal{A}_{i_n}$ no estado i_n, a ação ótima a_n para ser usada na Eq. (12.44) é dada por

$$Q_n = \min_{a \in \mathcal{A}_{i_n}} Q_n(i_n, a) \qquad (12.47)$$

Considere que $\hat{Q}_n(i_n, a_n, \mathbf{w})$ represente a aproximação para o fator Q $Q_n(i_n, a_n)$, calculada por meio de uma rede neural (p.ex., um perceptron de múltiplas camadas treinado com o algoritmo de retropropagação). O par estado-ação corrente (i_n, a_n) é a entrada para a rede neural com vetor de parâmetros $\mathbf{w}$, produzindo a saída $\hat{Q}_n(i_n, a_n, \mathbf{w})$, como ilustrado na Fig. 12.9. A cada iteração do algoritmo, o vetor peso $\mathbf{w}$ da rede neural é levemente modificado de modo a levar $\hat{Q}_n(i_n, a_n, \mathbf{w})$ para mais próximo do valor alvo $Q_n^{\text{alvo}}(i_n, a_n)$. Entretanto, uma vez que $\mathbf{w}$ tenha mudado, o próprio valor-

FIGURA 12.9 Planta da rede neural para aproximar o fator Q alvo $Q^{\text{alvo}}(i, a, \mathbf{w})$

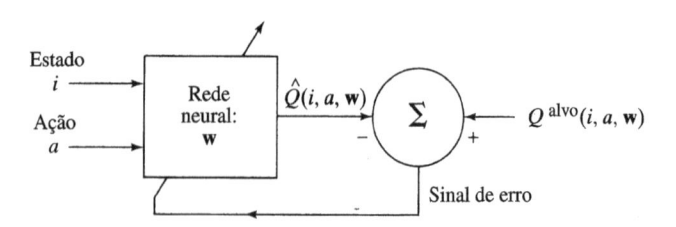

alvo é implicitamente afetado por esta modificação, assumindo o valor modificado $Q_n^{\text{alvo}}(i_n, a_n, \mathbf{w})$. Portanto, não se pode garantir que a distância entre estes dois valores Q seja reduzida a cada iteração. Esta também é a razão para que o algoritmo aproximado de aprendizagem Q tenha o potencial de divergir. Se o algoritmo não divergir, o vetor peso $\mathbf{w}$ fornece um meio de armazenar o fator Q aproximado na rede neural treinada, porque ele produz as saídas $\hat{Q}_n(i_n, a_n, \mathbf{w})$ em resposta à entrada (i_n, a_n).

A Tabela 12.4 apresenta um resumo do algoritmo aproximado de aprendizagem Q.

TABELA 12.4 Resumo do Algoritmo Aproximado de Aprendizagem Q

1. Comece com um vetor peso inicial $\mathbf{w}_0$, que resulta no fator Q $Q(i_0, a_0, \mathbf{w}_0)$; o vetor peso $\mathbf{w}_0$ se refere a uma rede neural utilizada para realizar a aproximação.
2. Para a iteração $n = 1, 2,...$, faça o seguinte:
   (a) Para a configuração $\mathbf{w}$ da rede neural, determine a ação ótima:

   $$a_n = \min_{a \in \mathcal{A}_{i_n}} Q_n(i_n, a_n, \mathbf{w})$$

   (b) Determine o fator Q alvo

   $$Q_n^{\text{alvo}}(i_n, a_n, \mathbf{w}) = g(i_n, a_n, j_n) + \gamma \min_{b \in \mathcal{A}_{j_n}} Q_n(j_n, b, \mathbf{w})$$

   (c) Atualize o fator Q

   $$Q_{n+1}(i_n, a_n, \mathbf{w}) = Q_n(i_n, a_n, \mathbf{w}) + \Delta Q_n(i_n, a_n, \mathbf{w})$$

   onde

   $$\Delta Q_n(i_n, a_n, \mathbf{w}) = \begin{cases} \eta_n(i_n, a_n)(Q_n^{\text{alvo}}(i_n, a_n, \mathbf{w}) - Q_n(i_n, a_n, \mathbf{w})), & (i,a) = (i_n, a_n) \\ 0, & \text{caso contrário} \end{cases}$$

   (d) Aplique (i_n, a_n) como entrada para a rede neural produzindo a saída $\hat{Q}_n(i_n, a_n, \mathbf{w})$ como uma aproximação para o fator Q alvo $Q_n^{\text{alvo}}(i_n, a_n, \mathbf{w})$. Modifique o vetor peso $\mathbf{w}$ levemente de modo a trazer $\hat{Q}_n(i_n, a_n, \mathbf{w})$ para mais próximo do valor alvo $Q_n^{\text{alvo}}(i_n, a_n, \mathbf{w})$.
   (e) Volte para o passo (a) e repita a computação.

Exploração

Na iteração de política, todas as partes potencialmente importantes do espaço de estado deveriam ser exploradas. Na aprendizagem Q, temos uma exigência adicional: todas as ações potencialmente vantajosas deveriam também ser tentadas. Em particular, todos os pares estado-ação admissíveis deveriam ser explorados com freqüência suficiente para satisfazer o teorema da convergência. Para uma política gulosa representada por μ, apenas os pares estado-ação $(i, \mu(i))$ são explorados. Infelizmente, não há garantia de que todas as ações vantajosas sejam experimentadas, mesmo se o espaço de estado inteiro for explorado.

O que necessitamos é de uma estratégia que expanda a aprendizagem Q fornecendo um compromisso entre dois objetivos conflitantes (Thrun, 1992):

- A *exploração*, que assegura que todos os pares estado-ação admissíveis sejam explorados com freqüência suficiente para satisfazer o teorema de convergência da aprendizagem Q.
- O *aproveitamento*, que procura minimizar a função de custo para avançar seguindo uma política gulosa.

Uma maneira de alcançar este compromisso é seguir uma *política não-estacionária mista* que alterne um processo markoviano auxiliar e o processo markoviano original controlado por uma política gulosa estacionária determinada pela aprendizagem Q (Cybenko, 1995). O processo auxiliar tem a seguinte interpretação: as probabilidades de transição entre estados possíveis são determinadas pelas probabilidades de transição do processo controlado original com o ingrediente adicional que as ações correspondentes sejam uniformemente aleatórias. A política mista começa em um estado qualquer do processo auxiliar e escolhe ações seguindo este processo, então passa para o processo controlado original e segue alternando para frente e para trás na maneira ilustrada na Fig. 12.10. O tempo gasto operando sobre o processo auxiliar ocupa um número fixo de passos L, digamos, definido como o dobro do maior tempo esperado para visitar todos os estados do processo auxiliar. O

FIGURA 12.10 As janelas de tempo relativas aos processos de controle auxiliar e original

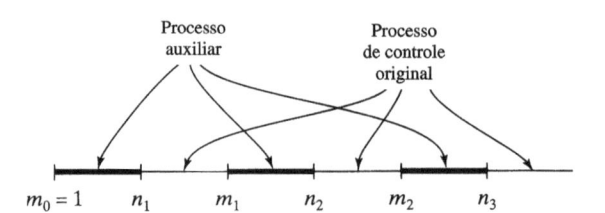

tempo gasto operando sobre o processo controlado original aumenta progressivamente com cada comutação. Considere que n_k represente os tempos nos quais passamos do processo auxiliar para o processo controlado original, e m_k represente os tempos nos quais passamos de volta para o processo auxiliar, com n_k e m_k definidos como segue, respectivamente:

$$n_k = n_{k-1} + L, \qquad k = 1, 2, \ldots, \text{ e } m_0 = 1$$

e

$$m_k = n_k + kL, \qquad k = 1, 2, \ldots$$

O processo auxiliar é construído de modo que, quando $k \to \infty$, haja um número infinito de visitas a todos os estados com probabilidade 1, garantindo com isso a convergência para os fatores Q ótimos. Além disso, quando $k \to \infty$, o tempo gasto pela política mista operando no processo auxiliar se torna assintoticamente uma pequena fração do tempo gasto operando no processo controlado original, o que por sua vez significa que a política mista converge assintoticamente para uma política gulosa. Desse modo, dada a convergência dos fatores Q para seus valores ótimos, a política gulosa deve ser de fato ótima, desde que a política se torne gulosa de modo suficientemente lento.

12.9 EXPERIMENTO COMPUTACIONAL

Neste experimento computacional, revisitamos o problema da diligência considerado no Exemplo 12.1. Desta vez utilizamos a aprendizagem Q aproximada para resolver o problema. Foram utilizadas duas abordagens para implementar o algoritmo: uma abordagem utilizou uma tabela para representar os valores Q, e a outra abordagem utilizou uma rede neural.

PROGRAMAÇÃO NEURODINÂMICA **677**

A Figura 12.11 apresenta as histórias de aprendizagem para os seguintes fatores Q: $Q(A$, acima), $Q(C$, à frente), $Q(E$, à frente) e $Q(I$, acima) utilizando o método da tabela. As linhas pontilhadas na Fig. 12.11 representam os valores Q desejados. Cada tentativa era um roteiro completo do estado i para o destino no estado J. O estado inicial para cada tentativa foi escolhido ao acaso. O parâmetro da taxa de aprendizagem $\eta_n(i, a)$ foi definido por

$$\eta_n(i,a) = \frac{\alpha v_n(i,a)}{K + v_n(i,a)}$$

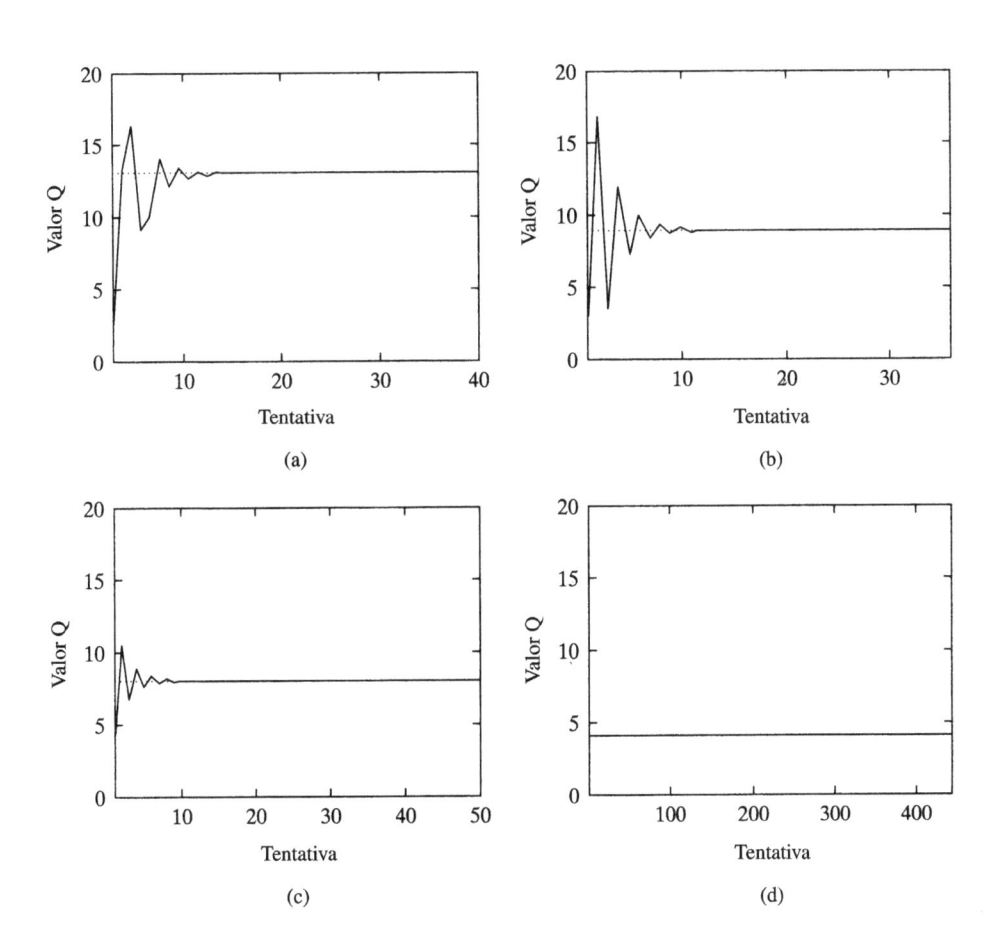

FIGURA 12.11 Curvas de aprendizagem para o problema da diligência utilizando uma tabela de consulta. (a) Curva de aprendizagem para Q (A, acima). (b) Curva de aprendizagem para Q (C, à frente). (c) Curva de aprendizagem para Q (E, à frente). (d) Curva de aprendizagem para Q (I, acima)

onde $v_n(i, a)$ é o número de vezes que o par estado-ação (i, a) foi visitado até o tempo corrente n, α = 1,6 e K = 600. Após terem sido realizadas 1000 tentativas, o roteiro ótimo encontrado foi

$$A \to D \to F \to I \to J$$

o que é reconhecido como sendo um dos roteiros com custo total de 11.

A Figura 12.12 apresenta os resultados correspondentes obtidos utilizando um perceptron de múltiplas camadas com dois nós de entrada, 10 neurônios ocultos e um neurônio de saída. Um dos nós de entrada representa o estado e os outros nós representam a ação realizada para se mover de um estado para o seguinte. A saída do perceptron de múltiplas camadas representa o valor Q calculado pela rede. A rede foi treinada utilizando o algoritmo de retropropagação padrão. O valor Q alvo utilizado no tempo n foi calculado utilizando-se a Eq. (12.44). O parâmetro da taxa de aprendizagem foi fixado em 0,012 e não foi utilizado o fator de momento. A rede foi treinada com 10.000 tentativas para cada par estado-ação. A Figura 12.12 apresenta as histórias de aprendizagem para os valores Q: $Q(A, \text{acima})$, $Q(C, \text{à frente})$, $Q(E, \text{à frente})$ e $Q(I, \text{acima})$. O roteiro ótimo encontrado pela rede foi

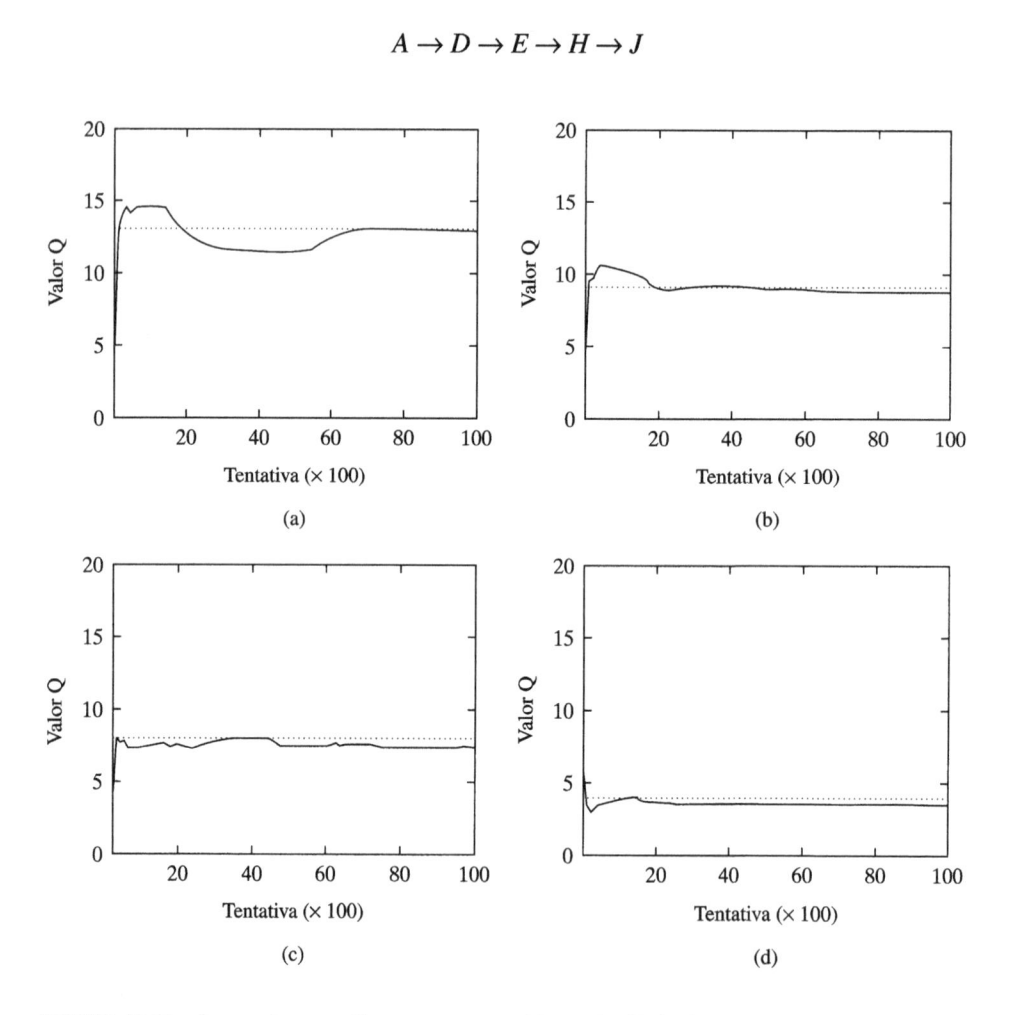

$$A \to D \to E \to H \to J$$

FIGURA 12.12 Curvas de aprendizagem para o problema da diligência utilizando uma rede neural. (a) Curva de aprendizagem para $Q(A, \text{acima})$. (b) Curva de aprendizagem para $Q(C, \text{à frente})$. (c) Curva de aprendizagem para $Q(E, \text{à frente})$. (d) Curva de aprendizagem para $Q(I, \text{acima})$

o qual se reconhece como um dos roteiros ótimos com um custo total de 11.

As exigências computacionais para os dois métodos de implementação são resumidas como segue:

(a) Rede neural:
   Número de entradas = 2
   Número de neurônios ocultos = 10
   Número de neurônios de saída = 1
   Número total de pesos sinápticos e níveis de bias = $2 \times 10 + 10 + 10 \times 1 + 1 = 41$
(b) Tabela de consulta:
   Número de estados = 10
   Número de ações = 2 ou 3
   Tamanho da tabela = 21

Neste experimento, o número de estados possíveis é pequeno, resultando que a tabela de consulta requer menos armazenamento que a rede neural. Entretanto, quando o número de estados é grande como em problemas de grande escala, a rede neural normalmente leva vantagem sobre o método da tabela em relação à exigência de armazenamento.

12.10 RESUMO E DISCUSSÃO

A programação neurodinâmica, combinando o formalismo matemático da programação dinâmica clássica e a capacidade de aprendizagem das redes neurais, oferece uma abordagem poderosa para a solução de tarefas comportamentais que requerem planejamento. Nesta abordagem moderna de aprendizagem por reforço, um sistema aprende a fazer duas coisas: tomar boas decisões observando seu próprio comportamento e melhorar as suas ações através de um mecanismo de reforço. O processo de tomada de decisão subjacente segue um modelo markoviano.

Neste capítulo, descrevemos dois procedimentos de programação neurodinâmica:

1. *Iteração de política aproximada*. A iteração de política alterna entre dois passos básicos:
   - Avaliação de política, na qual a função de custo para avançar para a política corrente é determinada.
   - Aperfeiçoamento de política, na qual a política corrente é atualizada para ser gulosa em relação à função de custo para avançar corrente.

   Na iteração de política aproximada, a simulação e a aproximação de função são combinadas para fins de avaliação de política. Para simular o modelo markoviano do sistema, é exigido o conhecimento das probabilidades de transição de estado. Para realizar a aproximação de função, podemos utilizar uma rede neural (p.ex., um perceptron de múltiplas camadas, a rede de função de base radial ou uma máquina de vetor de suporte), que é bem adequada para esta tarefa devido à sua propriedade de aproximação universal.

2. *Aprendizagem Q aproximada*. Na iteração de valor, a alternativa à iteração de política, um problema de decisão markoviano é resolvido pelo uso de um procedimento de aproximações sucessivas que converge para a política ótima. A aprendizagem Q é uma forma assíncrona de iteração de valor formulada para evitar a necessidade de conhecimento explícito das probabilidades de transição de estado. Ela oferece as seguintes propriedades atrativas:
   - A aprendizagem Q converge para os fatores Q ótimos com probabilidade 1, desde que todos os pares estado-ação sejam visitados infinitas vezes e o parâmetro da taxa de aprendizagem satisfaça as condições especificadas na Eq. (12.41).
   - A aprendizagem Q atualiza diretamente as estimativas dos fatores Q associados com uma política ótima, e dessa forma evita os múltiplos passos de avaliação de política envolvidos na iteração de política.

Na aprendizagem Q aproximada, é utilizada uma rede neural para aproximar as estimativas dos fatores Q de modo a evitar a necessidade da exigência excessiva de memória quando o número de estados possíveis for grande. Em resumo, a aprendizagem Q aproximada é um algoritmo baseado em simulação para resolver um problema de decisão markoviano quando um modelo do sistema não estiver disponível e a exigência de memória for um requisito adicional. Claro que ela pode ser aplicada mesmo se um modelo do sistema estiver disponível, e neste caso ela fornece uma alternativa à iteração de política aproximada.

As técnicas de programação neurodinâmica são particularmente efetivas na solução de problemas de larga escala nos quais o planejamento é uma preocupação importante. As abordagens tradicionais para a programação dinâmica são dificilmente aplicáveis a problemas desta natureza por causa do enorme tamanho do espaço de estado que deve ser explorado. A programação neurodinâmica de fato tem sido aplicada com sucesso para resolver problemas difíceis do mundo real em muitos campos diferentes, que incluem o jogo de gamão (Tesauro, 1989, 1994), a otimização combinatória (Bertsekas e Tsitsiklis, 1996), o controle de elevadores (Crites e Barto, 1996) e a alocação dinâmica de canal (Singh e Bertsekas, 1997; Nie e Haykin, 1996, 1998). A seguir, a aplicação ao jogo de gamão é descrita com algum detalhe.

O desenvolvimento de um programa de computador baseado em rede neural para jogar *gamão*, primeiramente relatado em Tesauro (1989) e mais tarde aperfeiçoado em Tesauro (1994), é uma história de sucesso particularmente impressionante que tem sido uma fonte de motivação para a pesquisa em programação neurodinâmica. Gamão é um jogo antigo de tabuleiro para dois jogadores. É jogado efetivamente ao longo de um caminho unidimensional. Os jogadores revezam-se jogando um par de dados e movendo correspondentemente suas peças em direções opostas ao longo do caminho. As jogadas válidas feitas por cada jogador dependem do resultado do lance dos dados e da configuração do tabuleiro. O primeiro jogador a mover todas as suas peças para frente até o final do tabuleiro é o vencedor. O jogo pode ser modelado como um processo de decisão markoviano, com um estado sendo definido por uma descrição da configuração do tabuleiro, o resultado do lance dos dados e a identidade do jogador que está fazendo a jogada. A primeira versão do neurogamão construída por Tesauro (1989) utilizou aprendizagem supervisionada. Ela foi capaz de aprender em um nível intermediário forte, dada apenas uma descrição "grosseira" do estado. Talvez a descoberta mais interessante relatada tenha sido o bom comportamento em relação ao escalamento, no sentido de que, conforme o tamanho da rede neural e a quantidade de experiência de treinamento iam crescendo, foram observadas melhorias substanciais no desempenho. A rede neural utilizada no estudo foi um perceptron de múltiplas camadas (MLP) treinado com o algoritmo de retropropagação. O melhor desempenho foi obtido utilizando-se um MLP com 40 neurônios ocultos, e o treinamento foi realizado sobre um total de 200.000 jogos. Em um estudo subseqüente relatado por Tesauro (1994), uma forma de iteração de política chamada de *DT(λ) otimista* foi usada para treinar a rede neural; DT vem da expressão *aprendizagem por diferença temporal*, adotada por Sutton (1988). A DT(λ) otimista é um método baseado em simulação para aproximar a função de custo para avançar J^μ, no qual a política μ é substituída por uma nova política $\overline{\mu}$ que é gulosa em relação à aproximação de J^μ a cada transição de estado (Bertsekas e Tsitsiklis, 1996). O programa de computador baseado neste método de programação neurodinâmica é normalmente referido como *gamão DT*. Tesauro adicionou funções manipuladas do estado (i.e., feições) à representação da entrada da rede neural, possibilitando que o gamão DT jogasse em um nível de mestre forte, extremamente próximo ao melhor jogador humano do mundo. Entre as indicações que contribuíram para esta avaliação estão em umerosos testes do gamão DT jogando contra vários grandes mestres humanos de classe mundial (Tesauro, 1995).

NOTAS E REFERÊNCIAS

1. A abordagem clássica para a aprendizagem por reforço é fundamentada na psicologia, remontando ao trabalho inicial de Thorndike (1911) sobre a aprendizagem animal e aquele de Pavlov (1927) sobre condicionamento. Contribuições à aprendizagem por reforço clássico também incluem o trabalho de Widrow et al. (1973); naquele artigo, foi introduzida a noção de *crítica*. A aprendizagem por reforço clássica é discutida no livro de Hampson (1990).

   Contribuições importantes à aprendizagem por reforço moderna incluem os trabalhos de Samuel (1959) sobre o seu célebre programa de jogo de damas, de Barto et al. (1983) sobre sistemas críticos adaptativos, de Sutton (1988) sobre métodos de diferença temporal e de Watkins (1989) sobre a aprendizagem Q. O manual de controle inteligente de White e Sofge (1992) apresenta material sobre controle ótimo por White e Jordan, sobre aprendizagem por reforço e métodos críticos adaptativos por Barto e sobre programação dinâmica heurística por Werbos.

   Bertsekas e Tsitsiklis (1996) apresentam o primeiro tratamento da aprendizagem por reforço moderna na forma de livro. Para um relato histórico sobre aprendizagem por reforço, veja Sutton e Barto (1998).

2. A programação dinâmica foi desenvolvida por R. E. Bellman no final dos anos 50; veja Bellman (1957), Bellman e Dreyfus (1962). Para uma exposição detalhada sobre o assunto, veja o livro em dois volumes de Bertsekas (1995b).

3. A iteração de política e a iteração de valor são os dois métodos principais da programação dinâmica. Há dois outros métodos de programação dinâmica que merecem ser mencionados: o *método de Gauss-Seidel* e a *programação dinâmica assíncrona* (Barto et al., 1995; Bertsekas, 1995b). No método de Gauss-Seidel, a função de custo para avançar é atualizada em um estado a cada tempo em uma varredura seqüencial de todos os estados, com a competição para cada estado sendo baseada nos custos mais recentes dos outros estados. A programação dinâmica assíncrona difere do método de Gauss-Seidel na medida em que não é organizada em termos de varreduras sucessivas sistemáticas do conjunto de estados.

4. Na página 96 da sua tese de doutorado, Watkins (1989) faz as seguintes observações sobre a aprendizagem Q:

   > "O apêndice 1 apresenta uma prova de que este método de aprendizagem funciona para os processos de decisão markovianos finitos. A prova também mostra que o método de aprendizagem convergirá rapidamente para a função de valor de ação ótima. Embora esta seja uma idéia muito simples, tanto quanto eu saiba, ela não foi sugerida antes. Entretanto, deve ser dito que os processos de decisão markovianos e a programação dinâmica estocástica têm sido extensivamente estudados por mais de trinta anos para serem usados em vários campos diferentes, e é improvável que ninguém tenha levado em consideração anteriormente o método de Monte-Carlo."

   Em um comentário de rodapé sobre estas observações, Barto et al. (1995) salientam que, embora a idéia de atribuir valores a pares estado-ação forme a base da abordagem da programação dinâmica estudada em Denardo (1967), eles não encontraram algoritmos como o da aprendizagem Q para estimar estes valores que antecedessem a tese de Watkins de 1989.

5. Em Watkins (1989) foi apresentado o esboço de uma prova do teorema de convergência para a aprendizagem Q, que foi mais tarde refinado em Watkins e Dayan (1992). Em Tsitsiklis (1994) foram apresentados resultados mais gerais sobre a convergência da aprendizagem Q; veja também Bertsekas e Tsitsiklis (1996).

PROBLEMAS

O critério de otimização de Bellman

12.1 Quando o fator de desconto γ se aproxima de 1, a computação da função de custo para avançar na Eq. (12.22) se torna mais longa. Por quê? Justifique a sua resposta.

12.2 Neste problema, apresentamos uma outra prova da equação de otimização de Bellman (12.22) segundo Ross (1983).

(a) Considere que π seja uma política arbitrária qualquer e suponha que π escolha uma ação a no passo de tempo 0 com probabilidade p_a e $a \in \mathcal{A}_i$. Então,

$$J^\pi(i) = \sum_{a \in \mathcal{A}_i} p_a \left(c(i,a) + \sum_{j=1}^{N} p_{ij}(a) W^\pi(j) \right)$$

onde $W^\pi(j)$ representa a função de custo para avançar esperada a partir do passo de tempo 1, dado que a política π esteja sendo usada e que j seja o estado no passo de tempo 1. Com isso, mostre que

$$J^\pi(i) \leq \max_{a \in \mathcal{A}_i} \left(c(i,a) + \gamma \sum_{j=1}^{N} p_{ij}(a) J(j) \right)$$

onde

$$W^\pi(i) \leq \gamma J(j)$$

(b) Considere que π seja a política que escolhe a ação a_0 no passo de tempo 0 e, se o próximo estado for j, ela considera o processo como sendo originado no estado j, seguindo a política π_j tal que

$$J^{\pi_j}(i) \geq J(j) - \epsilon$$

onde ϵ é um número positivo pequeno. Com isso, mostre que

$$J(i) \geq \max_{a \in \mathcal{A}_i} \left(c(i,a) + \gamma \sum_{j=1}^{N} p_{ij}(a) J(j) \right) - \gamma \epsilon$$

(c) Utilizando os resultados derivados nas partes (a) e (b), prove a Eq. (12.22).

12.3 A Equação (12.22) representa um sistema linear de N equações, com uma equação por estado. Seja

$$\mathbf{J}^\pi = \left[J^\mu(1), J^\mu(2), \ldots, J^\mu(N) \right]^T$$

$$\mathbf{c}(\mu) = \left[c(1,\mu), c(2,\mu), \ldots, c(N,\mu) \right]^T$$

$$\mathbf{P}(\mu) = \begin{bmatrix} p_{11}(\mu) & p_{12}(\mu) & \cdots & p_{1N}(\mu) \\ p_{21}(\mu) & p_{22}(\mu) & \cdots & p_{2N}(\mu) \\ \vdots & \vdots & & \vdots \\ p_{N1}(\mu) & p_{N2}(\mu) & \cdots & p_{NN}(\mu) \end{bmatrix}$$

Mostre que a Eq. (12.22) pode ser reformulada na forma matricial equivalente:

$$(\mathbf{I} - \gamma \mathbf{P}(\mu))\mathbf{J}^\mu = \mathbf{c}(\mu)$$

onde **I** é a matriz identidade. Discuta a unicidade do vetor $\mathbf{J}^\mu$ representando as funções de custo para avançar para os N estados.

12.4 Na Seção 12.3, derivamos o algoritmo de programação dinâmica para um problema de horizonte finito. Neste problema, derivamos novamente este algoritmo para um problema descontado para o qual a função de custo para avançar é definida por

$$J^\mu(X_0) = \lim_{K \to \infty}\left[\sum_{n=0}^{K-1} \gamma^n g(X_n, \mu(X_n), X_{n+1})\right]$$

Em particular, mostre que

$$J_K(X_0) = \min_\mu E_{X_1}\left[g(X_0, \mu(X_0), X_1) + \gamma J_{K-1}(X_1)\right]$$

Iteração de política

12.5 Na Seção 12.4, dizemos que a função de custo para avançar satisfaz a condição

$$J^{\mu_{n+1}} \leq J^{\mu_n}$$

Justifique esta afirmação.

12.6 Discuta a importância da afirmação descrita na Eq. (12.25).

12.7 Utilizando uma imagem bidimensional, ilustre a interação entre a atualização de política e a avaliação de política no algoritmo de iteração de política.

Iteração de valor

12.8 Um problema de programação dinâmica envolve um total de N estados possíveis e M ações admissíveis. Assumindo o uso de uma política estacionária, mostre que uma única iteração do algoritmo de iteração de valor requer um número de operações da ordem de $N^2 M$.

12.9 A Tabela 12.2 apresenta um resumo do algoritmo de iteração de valor formulado em termos da função de custo para avançar $J^\mu(i)$ para estados $i \in \mathcal{X}$. Reformule este algoritmo em termos dos fatores Q $Q(i, a)$.

12.10 A iteração de política sempre termina finitamente, enquanto que a iteração de valor pode exigir um número infinito de iterações. Discuta outras diferenças entre estes dois métodos de programação dinâmica.

Aprendizagem Q

12.11 Mostre que:

$$J^*(i) = \min_{a \in \mathcal{A}_i} Q(i, a)$$

12.12 O algoritmo de aprendizagem Q é algumas vezes referido como uma forma adaptativa da política de iteração de valor. Justifique a validade desta descrição.

12.13 Construa um grafo de fluxo de sinal para o algoritmo aproximado de aprendizagemQ resumido na Tabela 12.4

12.14 O algoritmo aproximado de aprendizagem Q resumido na Tabela 12.4 assume a falta de conhecimento das probabilidades de transição de estado. Reformule este algoritmo assumindo a disponibilidade destas probabilidades.

CAPÍTULO **13**

Processamento Temporal Utilizando Redes Alimentadas Adiante

13.1 INTRODUÇÃO

O *tempo* constitui um ingrediente essencial do processo de aprendizagem. Ele pode ser contínuo ou discreto. Independentemente da sua forma, o tempo é uma entidade ordenada que é básica para muitas tarefas cognitivas encontradas na prática, como a visão, a fala, o processamento de sinais e o controle motor. É através da incorporação do tempo na operação de uma rede neural que ela é capacitada a seguir as variações estatísticas em processos não-estacionários como os sinais da fala, sinais de radar, sinais advindos do motor de um automóvel e flutuações em preços do mercado de ações, apenas para mencionar alguns destes processos. A questão é: como podemos incorporar o tempo na operação de uma rede neural? A resposta a esta questão fundamental se encontra em uma das duas seguintes possibilidades:

- *Representação implícita*. O tempo é representado pelo efeito que tem sobre o processamento de sinais de uma maneira implícita.[1] Por exemplo, o sinal de entrada é *amostrado uniformemente*, e a seqüência de pesos sinápticos de cada neurônio conectados à camada de entrada da rede sofre uma *convolução* com uma seqüência diferente de amostras de entrada. Fazendo assim, a estrutura temporal do sinal de entrada é inserida na estrutura espacial da rede.
- *Representação explícita*. O tempo recebe sua própria representação particular.[2] O sistema de ecolocalização de um morcego, por exemplo, opera emitindo um curto sinal de freqüência modulada (FM), de modo que o mesmo nível de intensidade é mantido para cada canal de freqüência restrito a um período muito curto dentro da varredura de FM. São realizadas múltiplas comparações entre várias freqüências diferentes codificadas por um arranjo de receptores auditivos com a finalidade de extrair informação precisa sobre a distância (alcance) até o alvo (Suga e Kanwal, 1995). Quando um eco é recebido do alvo com um atraso desconhecido, um neurônio (no sistema auditivo) com uma linha de atraso casada com este sinal responde, fornecendo dessa forma uma estimativa do alcance do alvo.

Neste capítulo, estamos preocupados com a representação implícita do tempo, pela qual uma rede neural "estática" (p.ex., um perceptron de múltiplas camadas) é suprida com propriedades *dinâmicas*. Isto, por sua vez, torna a rede sensível à estrutura temporal dos sinais portadores de informação.

Para que uma rede neural seja dinâmica, ela deve ter *memória*. Como salientado no Capítulo 2, a memória pode ser dividida em memória de "curto prazo" e de "longo prazo", dependendo do tempo de retenção. A memória de longo prazo é inserida em uma rede neural através de aprendizagem supervisionada, pela qual o conteúdo de informação do conjunto de dados de treinamento é armazenado (parcialmente ou totalmente) nos pesos sinápticos da rede. Entretanto, se a tarefa considerada tiver uma dimensão temporal, necessitamos de alguma forma de memória de curto prazo para tornar a rede dinâmica. Uma forma simples de inserir memória de curto prazo na estrutura de uma rede neural é através de *atrasos de tempo*, que podem ser implementados a nível sináptico dentro da rede ou na camada de entrada da rede. O uso de atrasos de tempo em redes neurais tem motivação neurobiológica, já que é bem conhecido que atrasos de sinal são onipresentes no cérebro e desempenham um papel importante no processamento neurobiológico da informação (Braitenberg, 1967, 1977, 1986; Miller, 1987).

Organização do Capítulo

O material neste capítulo está organizado em três partes. A primeira parte, consistindo das seções 13.2 e 13.3, trata das estruturas e modelos de rede. Na Seção 13.2, apresentamos uma discussão das estruturas de memória, seguida pela Seção 13.3 sobre uma descrição de duas diferentes arquiteturas de rede para o processamento temporal de sinais.

A segunda parte do capítulo, consistindo das Seções 13.4 a 13.6, trata de uma classe de redes neurais conhecida como redes alimentadas adiante, focadas e atrasadas no tempo; o termo "focada" se refere ao fato de que a memória de curto prazo está localizada inteiramente no terminal frontal da rede. Um experimento computacional sobre esta estrutura é descrito na Seção 13.6.

A terceira parte do capítulo, consistindo das Seções 13.7 a 13.9, trata das redes alimentadas adiante distribuídas, atrasadas no tempo, nas quais linhas de atraso são distribuídas através da rede. A Seção 13.7 descreve modelos espaço-temporais de um neurônio, seguida de uma discussão na Seção 13.8 sobre a segunda classe de redes neurais mencionada acima. Na Seção 13.9, descrevemos o algoritmo de retropropagação "temporal" para o treinamento supervisionado de redes alimentadas adiante distribuídas, atrasadas no tempo.

O capítulo conclui com algumas observações finais na Seção 13.10.

13.2 ESTRUTURAS DE MEMÓRIA DE CURTO PRAZO

O papel principal da memória é *transformar uma rede estática em uma rede dinâmica*. Em particular, incorporando memória na estrutura de uma rede estática como um perceptron de múltiplas camadas ordinário, a saída da rede se torna uma função do tempo. Esta abordagem para construir um sistema dinâmico não-linear é direta porque fornece uma clara separação de responsabilidades: a rede estática é responsável pela não-linearidade, e a memória é responsável pelo tempo.

A memória de curto prazo[3] pode ser implementada em tempo contínuo ou em tempo discreto. O tempo contínuo é representado por *t*, e o tempo discreto é representado por *n*. O circuito resistivo-capacitivo da Fig. 13.1 é um exemplo de memória de tempo contínuo, que é caracterizada por uma

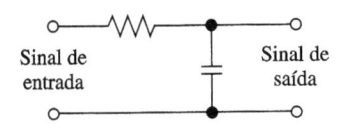

FIGURA 13.1 Circuito resistivo-capacitivo

resposta a impulso (i.e., traço de memória) $h(t)$ que decai exponencialmente com o tempo t. Este circuito é responsável pela memória, a nível sináptico, em uma implementação analógica do modelo aditivo de um neurônio a ser descrito mais adiante no capítulo. Nesta seção, estamos preocupados principalmente com a memória de tempo discreto.

Uma ferramenta útil para lidar com sistemas de tempo discreto é a *transformada z*. Considere que $\{x(n)\}$ represente uma seqüência de tempo discreto, que pode se estender infinitamente no passado. A transformada z desta seqüência, representada por $X(z)$, é definida por

$$X(z) = \sum_{n=-\infty}^{\infty} x(n)z^{-n} \quad (13.1)$$

onde z^{-1} é o *operador atraso unitário*; isto é, z^{-1} opera sobre $x(n)$ produzindo a sua versão atrasada $x(n-1)$. Suponha que $x(n)$ seja aplicado a um sistema de tempo discreto de resposta a impulso $h(n)$. A saída do sistema, $y(n)$, é definida pela *soma de convolução*

$$y(n) = \sum_{k=-\infty}^{\infty} h(k)x(n-k) \quad (13.2)$$

Para $x(n)$ igual ao impulso unitário, $y(n)$ se reduz à *resposta ao impulso $h(n)$* do sistema. Uma propriedade importante da transformada z é que a *convolução no domínio tempo é transformada em multiplicação no domínio z* (Oppenheim e Schafer, 1989; Haykin e Van Veen, 1998). Se representarmos a transformada z das seqüências $\{h(n)\}$ e $\{y(n)\}$ por $H(z)$ e $Y(z)$, respectivamente, a aplicação da transformada z à Eq. (13.2) produz

$$Y(z) = H(z)X(z) \quad (13.3)$$

ou equivalentemente

$$H(z) = \frac{Y(z)}{X(z)} \quad (13.4)$$

A função $H(z)$ é a chamada *função de transferência* do sistema.

A Figura 13.2 mostra um diagrama em blocos de uma memória de tempo discreto consistindo de p seções idênticas conectadas em cascata; de agora em diante, p é referido como a *ordem* da memória.

Cada seção de atraso, vista como um operador, é caracterizada por uma função de transferência $G(z)$, como indicado na figura. Equivalentemente, cada seção pode ser descrita em termos da resposta ao impulso $g(n)$, que tem as duas propriedades seguintes:

- Ela é *causal*, isto é, $g(n) = 0$ para $n < 0$.
- Ela é *normalizada*, o que significa que $\sum_{n=0}^{\infty} |g(n)| = 1$.

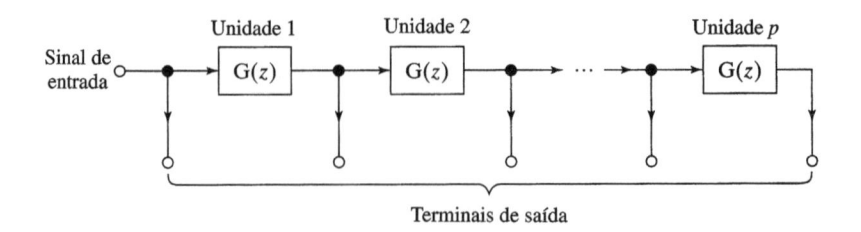

FIGURA 13.2 Memória de linha de atraso derivada generalizada de ordem p

De agora em diante, $g(n)$ será referida como o *núcleo gerador* da memória de tempo discreto.

Com base na Fig. 13.2, podemos formalmente definir uma *memória de tempo discreto* como um sistema linear de única entrada e múltiplas saídas (SIMO, *single input-multiple output*) invariante no tempo cujo núcleo gerador satisfaz estas propriedades. Os pontos de junção, aos quais os terminais de saída da memória são conectados, são normalmente chamados de *derivações*. Note que para uma memória de ordem p, há $p + 1$ derivações, com uma derivação pertencente à entrada.

Os atributos de uma estrutura de memória são medidos em termos de profundidade e resolução. Considere que $g_p(n)$ represente a resposta global ao impulso da memória, definida como p convoluções sucessivas de $g(n)$, ou, equivalentemente, como a transformada z inversa de $G^p(z)$. A *profundidade da memória*, representada por D, é definida como o primeiro momento temporal de $g_p(n)$, como mostrado por

$$D = \sum_{n=0}^{\infty} n g_p(n) \qquad (13.5)$$

Uma memória de baixa profundidade D mantém o seu conteúdo de informação somente por um período de tempo relativamente curto, enquanto que uma memória de alta profundidade mantém seu conteúdo de informação muito mais longe no passado. A *resolução da memória*, representada por R, é definida como o número de derivações na estrutura de memória por unidade de tempo. Uma memória de alta resolução R é capaz de manter informação sobre a seqüência de entrada em um nível fino, enquanto que uma memória de baixa resolução pode fazer isso somente em um nível muito mais grosseiro. Para um número fixo de derivações, o produto da profundidade de memória pela resolução da memória é uma constante igual à ordem da memória p.

Diferentes escolhas do núcleo gerador $g_p(n)$ naturalmente resultam em diferentes valores para a profundidade D e resolução R, como ilustrado nas duas estruturas de memória a seguir.

Memória de linha de atraso derivada. A Figura 13.3 mostra o diagrama em blocos da forma mais utilizada de memória de curto prazo chamada de *memória de linha de atraso derivada*. Consiste de p operadores de atraso unitário, cada um caracterizado por $G(z) = z^{-1}$. Isto é, o núcleo gerador é $g(n) = \delta(n - 1)$, onde $\delta(n)$ é o impulso unitário:

$$\delta(n) = \begin{cases} 1, & n = 0 \\ 0, & n \neq 0 \end{cases} \qquad (13.6)$$

A resposta global ao impulso da linha de atraso derivada da Fig. 13.3 é $g_p(n) = \delta(n - p)$. Substituir este $g_p(n)$ na Eq. (13.5) produz a profundidade da memória $D = p$, que é razoável intuitivamente. Da Fig. 13.3 vemos que há apenas uma derivação por unidade de tempo; com isso, $R = 1$. Assim, a

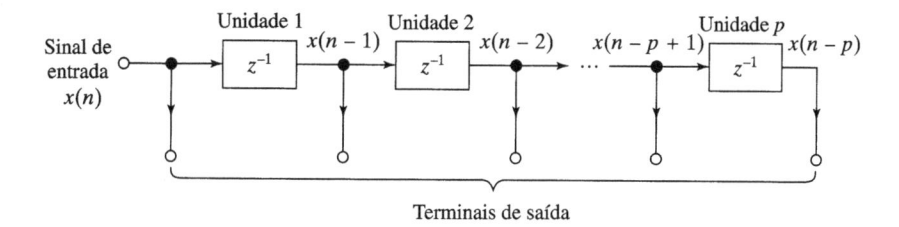

FIGURA 13.3 Memória de linha de atraso derivada ordinária de ordem p

profundidade de memória de uma linha de atraso derivada aumenta linearmente com a sua ordem p, mas a sua resolução de memória é fixa na unidade; o produto profundidade-resolução é constante no valor p.

Necessitamos de um grau de liberdade adicional para exercer controle sobre a profundidade de memória. Isto é tornado possível por uma alternativa à linha de atraso derivada considerada a seguir.

Memória gama. A Figura 13.4 mostra o grafo de fluxo de sinal do bloco funcional básico $G(z)$ utilizado em uma estrutura de memória chamada de *memória gama* (deVries e Principe, 1992). Especificamente, cada seção desta estrutura de memória consiste de um laço de realimentação com atraso unitário z^{-1} e parâmetro ajustável μ. A função de transferência de cada seção é

$$G(z) = \frac{\mu z^{-1}}{1-(1-\mu)z^{-1}}$$
$$= \frac{\mu}{z-(1-\mu)} \qquad (13.7)$$

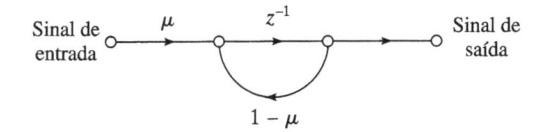

FIGURA 13.4 Grafo de fluxo de sinal para uma seção da memória gama

Para efeitos de estabilidade, o único polo de $G(z)$ em $z = 1 - \mu$ deve ficar dentro do círculo unitário no plano z. Isto, por sua vez, requer que

$$0 < \mu < 2 \qquad (13.8)$$

O núcleo gerador da memória gama é a transformada z inversa de $G(z)$, isto é,

$$g(n) = \mu(1-\mu)^{n-1}, \quad n \geq 1 \qquad (13.9)$$

A condição da Eq. (13.8) assegura que $g(n)$ decai exponencialmente a zero quando n se aproxima do infinito.

A resposta global ao impulso da memória gama é a transformada z inversa da função de transferência global

$$G_p(z) = \left(\frac{\mu}{z-(1-\mu)}\right)^p$$

Isto é,

$$g_p(n) = \binom{n-1}{p-1}\mu^p(1-\mu)^{n-p}, \quad n \geq p \tag{13.10}$$

onde $(:)$ é um coeficiente binomial definido por $\binom{n}{p} = \frac{n(n-1)\cdots(n-p+1)}{p!}$ para valores inteiros de n e p. A resposta global ao impulso $g_p(n)$ para p variável representa uma versão discreta do integrando da *função gama* (deVries e Principe, 1992), vindo daí o nome da memória. A Figura 13.5 mostra uma família de respostas a impulso $g_p(n)$, normalizadas em relação a μ, para $p = 1, 2, 3, 4$ e $\mu = 0{,}7$. Note que o eixo do tempo da Fig. 13.5 é escalado pelo parâmetro μ. Este escalamento tem o efeito de posicionar o valor de pico de $g_p(n)$ em $n = p$.

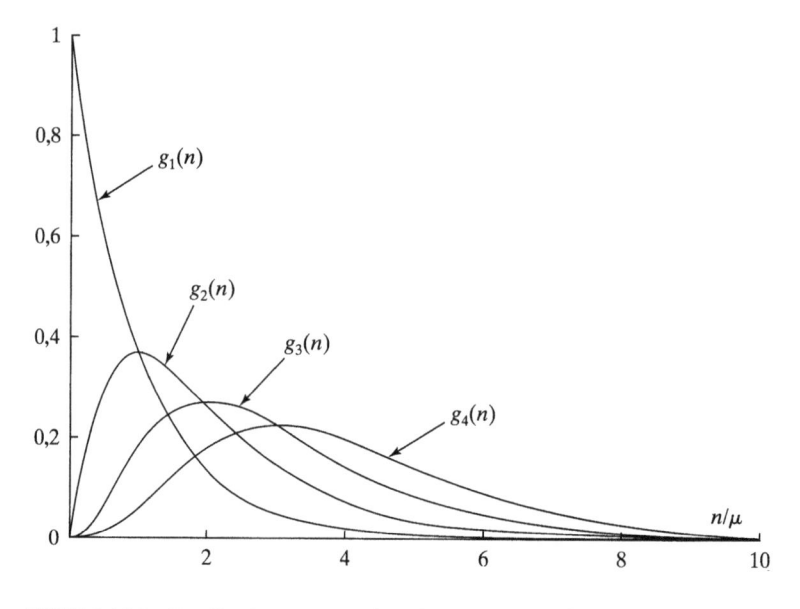

FIGURA 13.5 Família de resposta a impulso para a memória gama para ordem $p = 1, 2, 3, 4$ e $\mu = 0{,}7$

A profundidade da memória gama é p/μ e a sua resolução é μ, para um produto profundidade-resolução de p. Conseqüentemente, escolhendo-se um μ menor que a unidade, a memória gama fornece uma melhora em profundidade (mas sacrifica a resolução) em relação à linha de atraso derivada para uma ordem p específica. Quando $\mu = 1$, estas quantidades se reduzem aos valores respectivos assumidos pela linha de atraso derivada. Assim, a memória gama inclui a linha de atraso derivada como um caso especial. Esta observação é também facilmente verificada fazendo $\mu = 1$ na Eq. (13.9). Se μ for maior que 1 mas menor que 2, então $(1 - \mu)$ nesta equação se torna negativo, mas com um valor absoluto menor que 1.

13.3 ARQUITETURAS DE REDE PARA PROCESSAMENTO TEMPORAL

Assim como as arquiteturas de memória, as arquiteturas de rede para processamento temporal assumem mais de uma forma. Nesta seção, descreveremos duas arquiteturas de rede alimentada adiante que têm enriquecido a literatura sobre processamento temporal nos seus modos individuais.

NETtalk

A NETtalk, concebida por Sejnowski e Rosenberg (1987), foi a primeira demonstração de uma rede maciça e paralelamente distribuída que converte o idioma inglês para fonemas; um *fonema* é uma unidade lingüística básica. A Figura 13.6 mostra um diagrama esquemático do sistema NETtalk, que é baseado em um perceptron de múltiplas camadas com uma camada de entrada de 203 nós sensoriais, uma camada oculta de 80 neurônios e uma camada de saída de 26 neurônios.

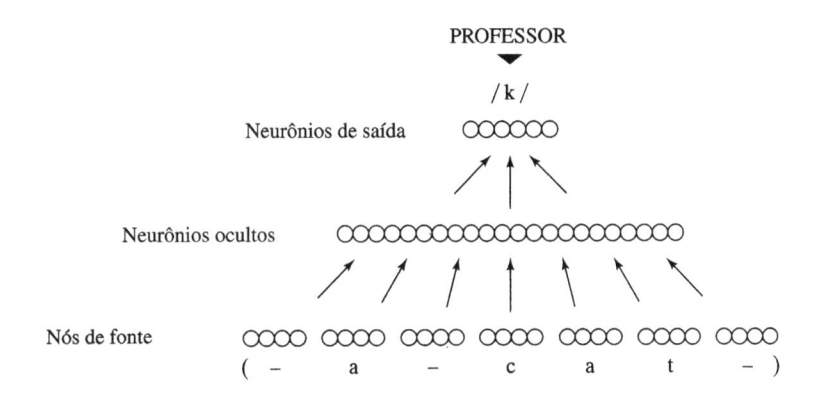

FIGURA 13.6 Diagrama esquemático da arquitetura de rede NETtalk

Todos os neurônios utilizam funções de ativação sigmóides (logísticas). As conexões sinápticas da rede são especificadas por um total de 18.629 pesos, incluindo um limiar variável para cada neurônio; o limiar é o negativo do bias. Foi utilizado o algoritmo de retropropagação padrão para treinar a rede.

A rede tem sete grupos de nós na camada de entrada, com cada grupo codificando uma letra do texto de entrada. Assim, a cada tempo, eram apresentadas séries de sete letras à camada de entrada. A resposta desejada para o processo de treinamento foi especificada como o fonema correto associado com a letra central (i.e., a quarta) na janela de sete letras. As outras seis letras (três de cada lado da letra central) forneceram o *contexto* parcial para cada decisão tomada pela rede. O texto foi passado através da janela, letra por letra. A cada passo do processo, a rede computava um fonema, e após cada palavra os pesos sinápticos da rede foram ajustados de acordo com a proximidade da pronúncia computada em relação à pronúncia correta.

O desempenho do NETtalk exibiu algumas similaridades com o desempenho humano observado, como resumido aqui (Sejnowski e Rosenberg, 1987).

- O treinamento seguiu uma lei exponencial.
- Quanto mais palavras a rede aprendia, melhor generalizava e mais corretamente pronunciava palavras novas.

- O desempenho da rede se degradava muito lentamente quando conexões sinápticas da rede eram danificadas.
- Após ser causado dano à rede, ela reaprendeu muito mais rapidamente que durante o treinamento original.

O NETtalk foi uma brilhante ilustração em miniatura de muitos aspectos da aprendizagem, partindo de um conhecimento "inato" considerável de seus padrões de entrada e então gradualmente adquirindo competência na conversão da língua inglesa para fonemas através da prática. Entretanto, ele não levou a aplicações práticas.

A Rede Neural de Atrasos de Tempo

Uma rede neural popular que utiliza atrasos de tempo para realizar processamento temporal é a chamada *rede neural de atrasos de tempo* (TDNN, *time delay neural network*), que foi primeiramente descrita em Lang e Hinton (1988) e Waibel et al. (1989). A TDNN é uma rede alimentada adiante de múltiplas camadas cujos neurônios ocultos e neurônios de saída são *replicados através do tempo*. Foi concebida para capturar explicitamente o conceito de simetria de tempo como encontrado no reconhecimento de uma palavra isolada (fonema) utilizando um espectrograma. Um *espectrograma* é uma imagem bidimensional na qual a dimensão vertical corresponde à freqüência e a dimensão horizontal corresponde ao tempo; a intensidade (claridade) da imagem corresponde à energia do sinal (Rabiner e Schafer, 1978). A Figura 13.7a ilustra uma versão com uma única camada oculta da TDNN (Lang e Hinton, 1988). A camada de entrada consiste de 192 (16 por 12) nós sensoriais que codificam o espectrograma; a camada oculta contém 10 cópias de 8 neurônios ocultos; e a camada de saída contém 6 cópias de 4 neurônios de saída. As várias réplicas de um neurônio oculto aplicam o mesmo conjunto de pesos sinápticos a janelas estreitas (três passos de tempo) do espectrograma; similarmente, as várias réplicas de um neurônio de saída aplicam o mesmo conjunto de pesos sinápticos a janelas estreitas (cinco passos de tempo) do pseudo-espectrograma computado pela camada oculta. A Figura 13.7b apresenta uma interpretação em *atrasos de tempo* da rede neural replicada da Fig. 13.7a — vem daí o nome "rede neural de atrasos de tempo". Esta rede tem um total de 544 pesos sinápticos. Lang e Hinton (1988) utilizaram a TDNN para o reconhecimento de quatro palavras isoladas "bee", "dee", "ee" e "vee", o que explica o uso de quatro neurônios de saída na Fig. 13.7. Foi obtido um escore de reconhecimento de 93 por cento sobre dados de teste diferentes dos dados de treinamento. Em um estudo mais elaborado relatado por Waibel et al. (1989), foi utilizada uma TDNN com duas camadas ocultas para o reconhecimento de três palavras isoladas: "bee", "dee" e "gee". Na avaliação de desempenho envolvendo o uso de dados de teste de três locutores, a TDNN alcançou um escore médio de reconhecimento de 98,5 por cento.

A TDNN aparentemente trabalha melhor classificando um padrão temporal que consiste de uma seqüência de vetores de características de dimensão fixa como os fonemas. Em um identificador de voz prático, entretanto, não é realista assumir que o sinal de voz possa ser segmentado precisamente em seus fonemas constituintes. Em vez disso, é essencial modelar adequadamente a estrutura temporal supersegmentada dos padrões de voz. Em particular, o identificador de voz deve lidar com palavras e segmentos de sentenças que variam significativamente na sua duração e estrutura temporal não-linear. Para modelar estas características naturais dos sinais de voz, a abordagem tradicional na área de reconhecimento de voz tem sido utilizar uma estrutura de transição de estado como o modelo oculto de Markov (Rabiner, 1989; Jelinek, 1997). Basicamente, um *modelo oculto de Markov* (HMM, *hidden Markov model*) representa um processo estocástico gerado por uma cadeia de Markov subjacente, e um conjunto de distribuições de observações associadas com

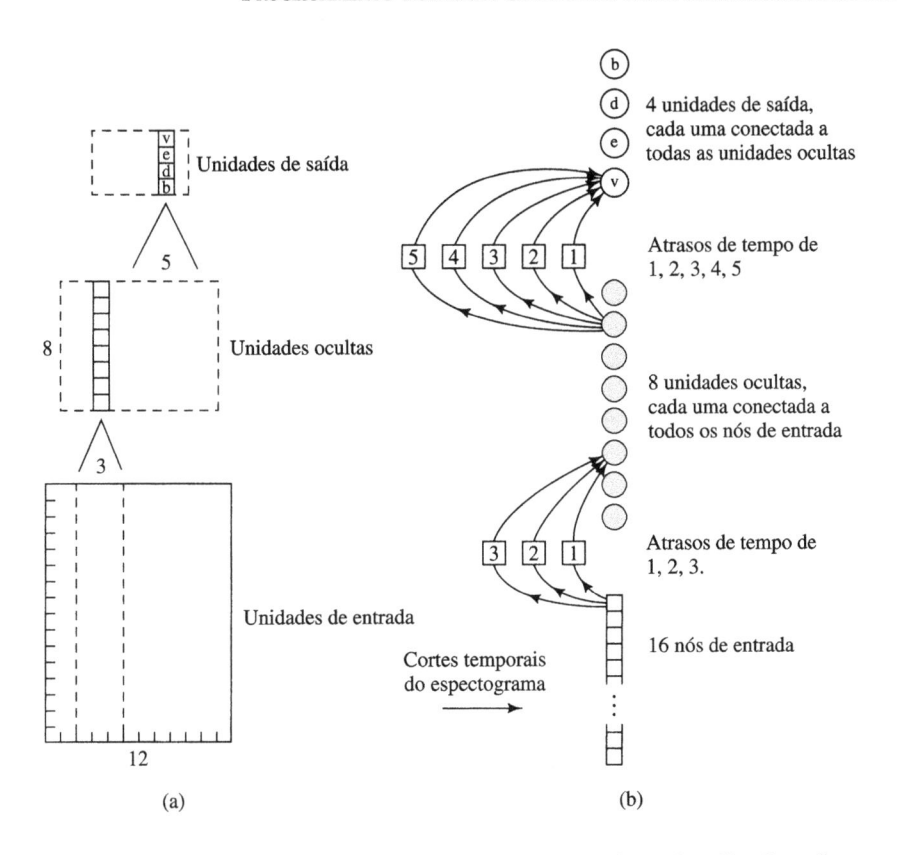

FIGURA 13.7 (a) Uma rede cujos neurônios ocultos e neurônios de saída são replicados através do tempo. (b) Representação da rede neural de atrasos de tempo (TDNN). (Retirado de K.J. Lang e G.E. Hinton, 1988, com permissão)

os seus estados ocultos; veja a nota 11 no Capítulo 11. Muitos sistemas híbridos de TDNN e HMM foram estudados na literatura.[4]

13.4 REDES ALIMENTADAS ADIANTE FOCADAS ATRASADAS NO TEMPO

A utilização prototípica de uma rede neural estática (p.ex., perceptron de múltiplas camadas e a rede de função de base radial) é no *reconhecimento estrutural de padrões*. O *reconhecimento temporal de padrões*, ao contrário, requer o processamento de padrões que evoluem no tempo, com a resposta em um instante particular de tempo dependendo não apenas do valor presente da entrada, mas também de seus valores passados. A Figura 13.8 mostra o diagrama em blocos de um *filtro não-linear* baseado em uma rede neural estática (Mozer, 1994). A rede é estimulada através de uma memória de curto prazo. Especificamente, dado um sinal de entrada consistindo do valor presente $x(n)$ e de p valores passados $x(n-1),..., x(n-p)$ armazenados em uma memória de linha de atraso de ordem p, por exemplo, os parâmetros livres da rede neural são ajustados para minimizar o erro médio quadrático entre a saída da rede, $y(n)$, e a resposta desejada $d(n)$.

A estrutura da Fig. 13.8 pode ser implementada ao nível de um único neurônio ou de uma rede de neurônios. Estes dois casos estão ilustrados nas Figuras 13.9 e 13.10, respectivamente.

694 REDES NEURAIS

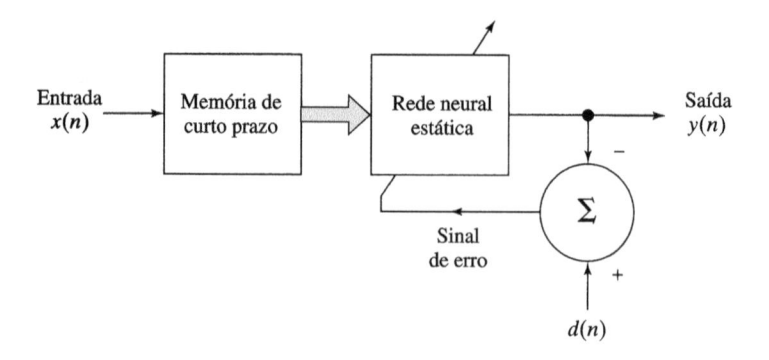

FIGURA 13.8 Filtro não-linear construído com uma rede neural estática

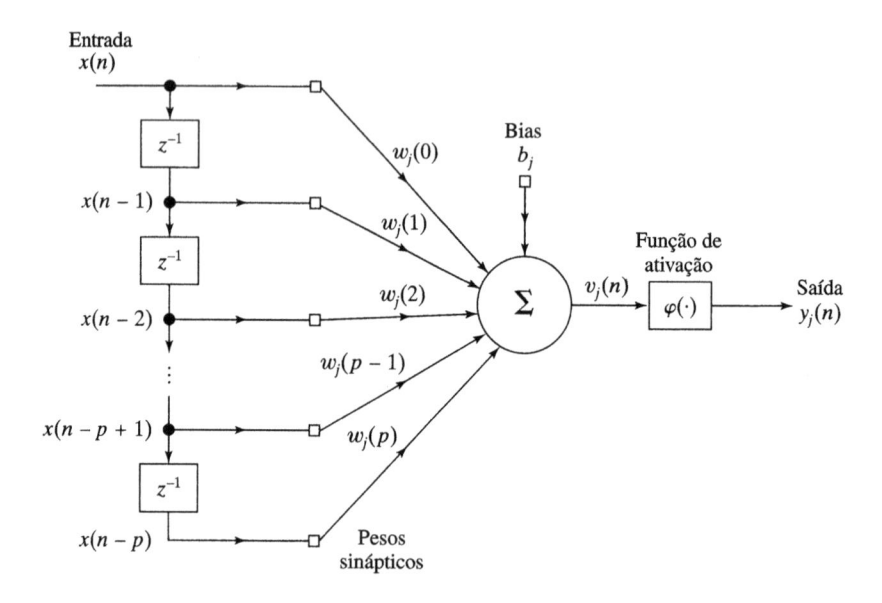

FIGURA 13.9 Filtro neural focado

Para simplificar a apresentação, utilizamos uma memória de linha de atraso derivada como a estrutura de memória de curto prazo nas Figuras 13.9 e 13.10. Claramente, ambas as figuras poderiam ser generalizadas utilizando-se uma unidade com função de transferência $G(z)$ no lugar de z^{-1}.

A unidade de processamento temporal da Fig. 13.9 é composta de uma memória de linha de atraso derivada com suas derivações conectadas às sinapses de um neurônio. A memória de linha de atraso derivada captura a informação temporal contida no sinal de entrada e o neurônio insere esta informação em seus próprios pesos sinápticos. A unidade de processamento da Fig. 13.9 é chamada de *filtro neural focado*, focado no sentido de que a estrutura inteira da memória é localizada no terminal de entrada da unidade. A saída do filtro, em resposta à entrada $x(n)$ e aos seus valores passados $x(n-1), ..., x(n-p)$, é dada por

$$y_j(n) = \varphi\left(\sum_{l=0}^{p} w_j(l)x(n-l) + b_j\right) \qquad (13.11)$$

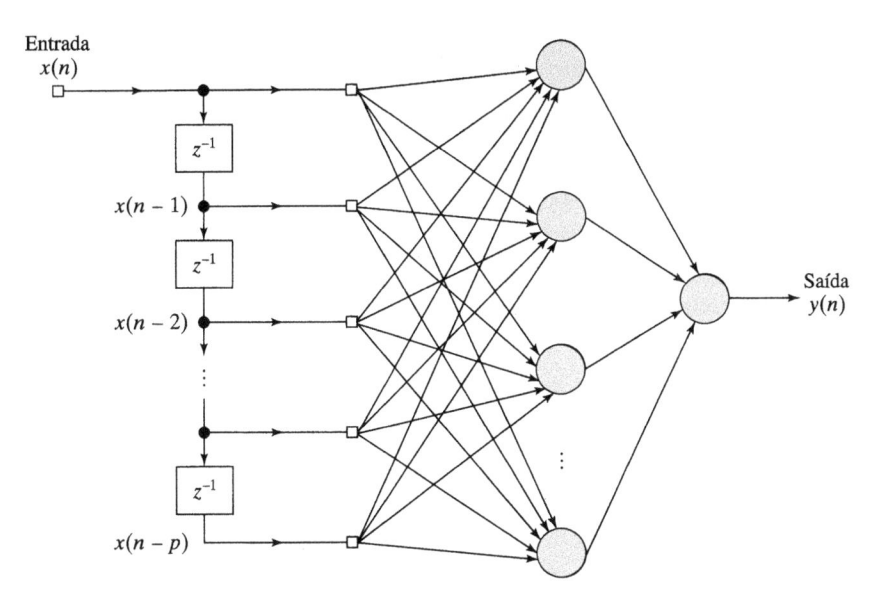

FIGURA 13.10 Rede neural alimentada adiante focada atrasada no tempo (TLFN focada); os níveis de bias foram omitidos por conveniência de representação

onde $\varphi(\cdot)$ é a função de ativação do neurônio j, os $w_j(l)$ são seus pesos sinápticos e b_j é o bias. Note que a entrada para a função de ativação consiste de um bias mais a *convolução* das seqüências de amostras de entrada e pesos sinápticos do neurônio.

Voltando-nos a seguir para a Fig. 13.10, referida como uma *rede alimentada adiante focada atrasada no tempo* (TLFN focada, *focused time lagged feedforward network*), temos aqui um filtro não-linear mais poderoso, consistindo de uma memória de linha de atraso derivada de ordem p e um perceptron de múltiplas camadas. Para treinar o filtro, podemos utilizar o algoritmo de retropropagação padrão descrito no Capítulo 4. No tempo n, o "padrão temporal" aplicado à camada de entrada da rede é o vetor sinal

$$x(n) = [x(n), x(n-1),..., x(n-p)]^T$$

que pode ser visto como uma descrição do *estado* do filtro não-linear no tempo n. Uma época consiste de uma seqüência de estados (padrões), cujo número é determinado pela ordem da memória p e o tamanho N da amostra de treinamento.

A saída do filtro não-linear, assumindo que o perceptron de múltiplas camadas tem uma única camada oculta como mostrado na Fig. 13.10, é dada por

$$\begin{aligned} y(n) &= \sum_{j=1}^{m_1} w_j y_j(n) \\ &= \sum_{j=1}^{m_1} w_j \varphi\left(\sum_{l=0}^{p} w_j(l) x(n-l) + b_j\right) + b_o \end{aligned} \quad (13.12)$$

onde se assume que o neurônio de saída na TLFN focada é linear; os pesos sinápticos do neurônio de saída são representados pelo conjunto $\{w_j\}_{j=1}^{m_1}$, onde m_1 é o tamanho da camada oculta e o bias é representado por b_o.

13.5 EXPERIMENTO COMPUTACIONAL

Neste experimento computacional, investigamos o uso da TLFN focada da Fig. 13.10 para simular uma série temporal representando um sinal de freqüência modulada difícil:

$$x(n) = \text{sen}(n + \text{sen}(n^2)), \quad n = 0, 1, 2,...$$

A rede foi usada como um *previsor de um passo* com $x(n+1)$ fornecendo a resposta desejada para uma entrada consistindo do conjunto $\{x(n-l)\}_{l=0}^{p}$. A composição da rede utilizada e de seus parâmetros é dada a seguir:

Ordem da memória de linha de atraso, p:	20
Camada oculta, m_1:	10 neurônios
Função de ativação dos neurônios ocultos:	logística
Camada de saída:	1 neurônio
Função de ativação do neurônio de saída:	linear
Parâmetro da taxa de aprendizagem (ambas as camadas):	0,01
Constante de momento:	nenhuma

O conjunto de dados usado para treinar a rede consistiu de 500 padrões aleatórios, cada padrão consistindo de 20 amostras ordenadas no tempo selecionadas da série temporal $\{x\{n\}\}$.

A Figura 13.11a mostra uma superposição da previsão de um passo realizada pela rede sobre dados de teste (não vistos antes) e a forma de onda real. A Figura 13.11b mostra a forma de onda do erro de previsão definido como a diferença entre as formas de onda real e prevista. O valor médio quadrado do erro de previsão é $1,2 \times 10^{-3}$.

13.6 TEOREMA DO MAPEAMENTO MÍOPE UNIVERSAL

O filtro não-linear da Fig. 13.9 pode ser generalizado como mostrado na Fig. 13.12. Esta estrutura dinâmica genérica consiste de dois blocos funcionais. O bloco rotulado $\{h_j\}_{j=1}^{L}$ representa *convoluções múltiplas* no domínio tempo, isto é, um banco de *filtros lineares* operando em paralelo. Os h_j são tirados de um conjunto grande de núcleos de valor real, cada um representando a resposta ao impulso de um filtro linear. O bloco rotulado $\mathcal{N}$ representa uma rede alimentada adiante não-linear estática (i.e., sem memória) tal como um perceptron de múltiplas camadas ordinário. A estrutura da Fig. 13.12 é um *mapeador dinâmico universal*. Em Sandberg e Xu (1997a), é mostrado que qualquer *mapa míope* invariante a deslocamentos pode ser uniformemente aproximado arbitrariamente bem por uma estrutura da forma mostrada na Fig. 13.12 sob condições suaves. A exigência para que um mapa seja míope é equivalente à "memória com decaimento uniforme"; assume-se aqui que o mapa é *causal*, o que significa que um sinal de saída é produzido pelo mapa no tempo $n \geq 0$ somente quando o sinal de entrada é aplicado no tempo $n = 0$.

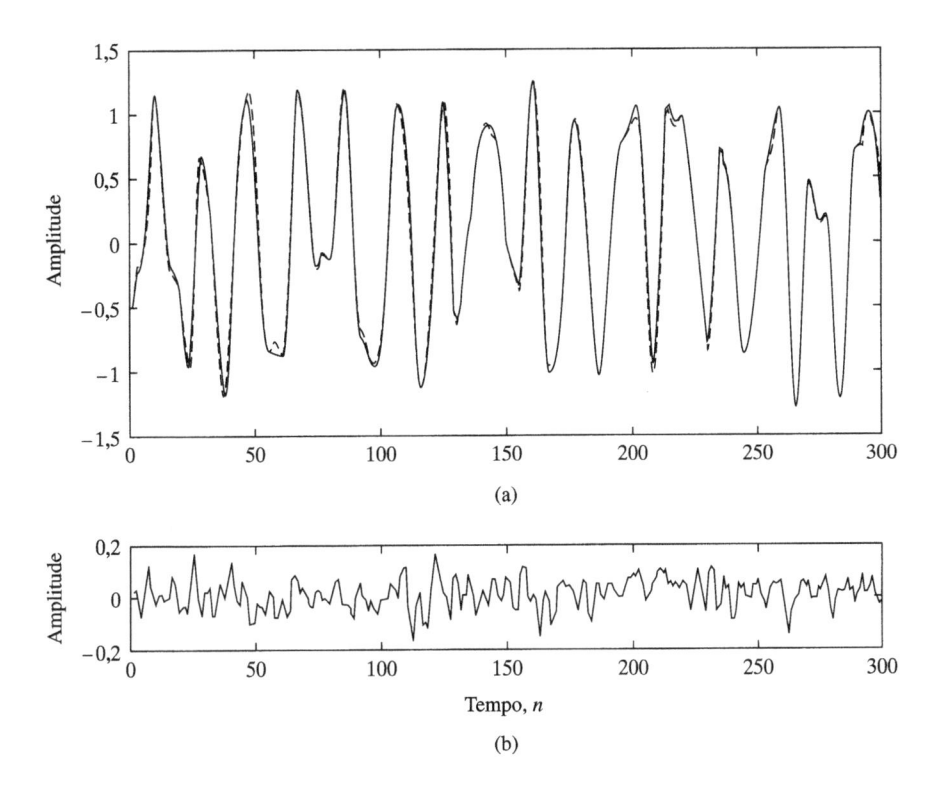

FIGURA 13.11 Resultado do experimento computacional sobre previsão de um passo. (a) Superposição das formas de onda real (contínua) e prevista (tracejada). (b) Forma de onda do erro de previsão

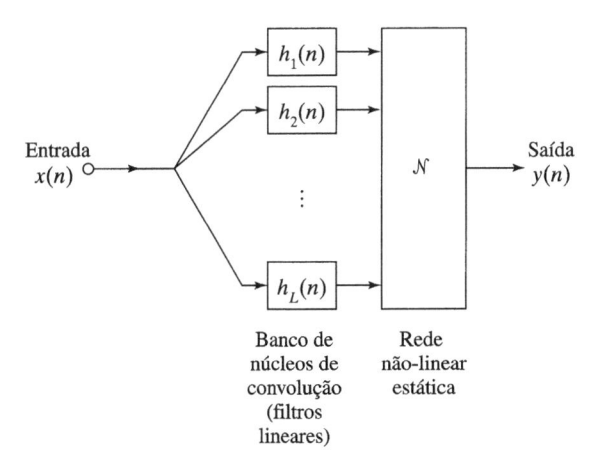

FIGURA 13.12 Estrutura genérica para o teorema do mapeamento míope universal

Por "invariante a deslocamento" consideramos: se $y(n)$ é a saída do mapa devido a uma entrada $x(n)$, então a saída do mapa devido à entrada deslocada $x(n - n_0)$ é $y(n - n_0)$ onde o deslocamento temporal n_0 é um inteiro. Em Sandberg e Xu (1997b), é ainda mostrado que para qualquer mapa por memória com decaimento uniforme, de variável única, invariante a deslocamentos e causal, existe uma memória gama e uma rede neural estática, cuja combinação aproxima o mapa uniformemente e arbitrariamente bem.

Podemos agora formalmente formular o *teorema do mapeamento míope universal*[5] como segue (Sandberg e Xu, 1997a, 1997b):

> Qualquer mapa dinâmico míope invariante a deslocamentos pode ser uniformemente aproximado arbitrariamente bem por uma estrutura consistindo de dois blocos funcionais: um banco de filtros lineares alimentando uma rede neural estática.

A estrutura incorporada neste teorema pode tomar a forma de uma TLFN focada. Deve-se notar também que este teorema é válido quando os sinais de entrada e de saída são funções de um número finito de variáveis como no processamento de imagens, por exemplo.

O teorema do mapeamento míope universal tem aplicações práticas profundas. Ele não apenas fornece a justificativa matemática para o NETtalk e sua possível extensão através de uma memória gama, mas também estabelece a estrutura para o projeto de modelos mais elaborados de processos dinâmicos não-lineares. As convoluções múltiplas no terminal de entrada da estrutura na Fig. 13.12 podem ser implementadas utilizando-se filtros lineares com resposta a impulso de duração finita (FIR, *finite-duration impulse response*) ou com resposta a impulso de duração infinita (IIR, *infinite-duration impulse response*). No caso da rede neural estática, ela pode ser implementada usando-se um perceptron de múltiplas camadas, uma rede de função de base radial ou uma máquina de vetor de suporte treinada pelos algoritmos descritos nos Capítulos 4, 5 e 6. Em outras palavras, podemos naturalmente nos basear no material apresentado naqueles capítulos sobre aprendizagem supervisionada para construir filtros não-lineares ou modelos de processos dinâmicos não-lineares. Mais importante que isso, a estrutura da Fig. 13.12 é *inerentemente estável*, desde que os filtros lineares sejam eles mesmos estáveis. Temos assim uma clara separação de papéis em relação a como considerar a memória de curto prazo e a não-linearidade sem memória.

13.7 MODELOS ESPAÇO-TEMPORAIS DE UM NEURÔNIO

O filtro neural focado da Fig. 13.9 tem uma interessante interpretação como descrito a seguir. A combinação de elementos de atraso unitário e pesos sinápticos associados pode ser vista como um *filtro de resposta a impulso de duração finita (FIR)* de ordem p, como mostrado na Fig. 13.13a; o filtro FIR é um dos blocos construtivos básicos em processamento digital de sinal (Oppenheim e Schafer, 1989; Haykin e Van Veen, 1998). Conseqüentemente, o filtro neural focado da Fig. 13.9 é, na realidade, um filtro FIR não-linear, como mostrado na Fig. 13.13b. Podemos nos basear nesta representação e com isso estender o poder de processamento do neurônio em um sentido espacial através do uso de entradas múltiplas, m_0 em número, como mostrado na Fig. 13.14. O modelo espaço-temporal da Fig. 13.14 é referido como um *filtro neural de múltiplas entradas*.

Ainda um outro modo de descrever o modelo da Fig. 13.14 é imaginá-lo como um *filtro neural distribuído*, no sentido de que a ação de filtragem está distribuída através de pontos diferentes no espaço. A caracterização espaço-temporal do modelo é representada como segue:

- O neurônio tem m_0 sinapses "primárias", cada uma consistindo de um filtro linear de tempo discreto implementado na forma de um filtro FIR de ordem p; as sinapses primárias são responsáveis pela dimensão espacial do processamento de sinal.
- Cada sinapse primária tem $(p + 1)$ sinapses "secundárias" que são conectadas à sua respectiva entrada e às derivações de memória de seu filtro FIR, sendo com isso responsável pela dimensão temporal do processamento de sinal.

A estrutura sináptica do filtro neural da Fig. 13.14 é com isso similar a uma árvore, como mostrado na Fig. 13.15. O número total de pesos sinápticos na estrutura é $m_0(p+1)$.

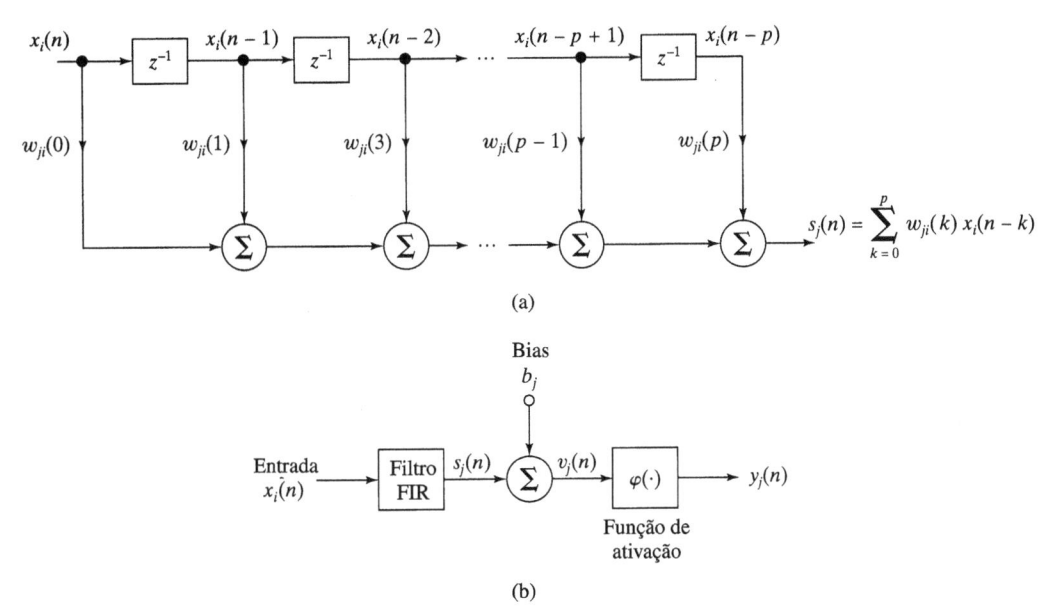

FIGURA 13.13 (a) Filtro de resposta a impulso de duração finita (FIR). (b) Interpretação do filtro neural como um filtro FIR não-linear

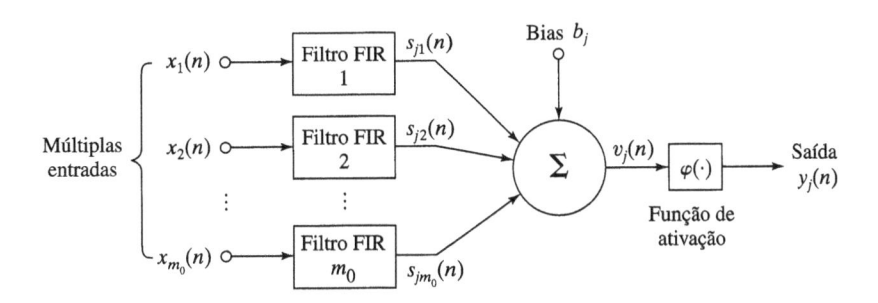

FIGURA 13.14 Filtro neural de múltiplas entradas

Em termos matemáticos, podemos descrever o processamento espaço-temporal realizado pelo filtro neural da Fig. 13.14 expressando sua saída, $y_j(n)$, como

$$y_j(n) = \varphi\left(\sum_{i=1}^{m_0}\sum_{l=0}^{p} w_{ji}(l)x_i(n-l) + b_j\right) \tag{13.13}$$

onde $w_{ji}(l)$ é o peso da l-ésima sinapse secundária pertencente à i-ésima sinapse primária, $x_i(n)$ é a entrada aplicada à i-ésima sinapse primária no tempo n e b_j é o bias aplicado ao neurônio. O campo local induzido $v_j(n)$ do neurônio, isto é, o argumento da função de ativação φ na Eq. (13.13) pode ser visto como a "aproximação" de tempo discreto para a fórmula em tempo contínuo

$$v_j(t) = \sum_{i=l}^{m_0}\int_{-\infty}^{t} h_{ji}(\lambda)x_i(t-\lambda)d\lambda + b_j \tag{13.14}$$

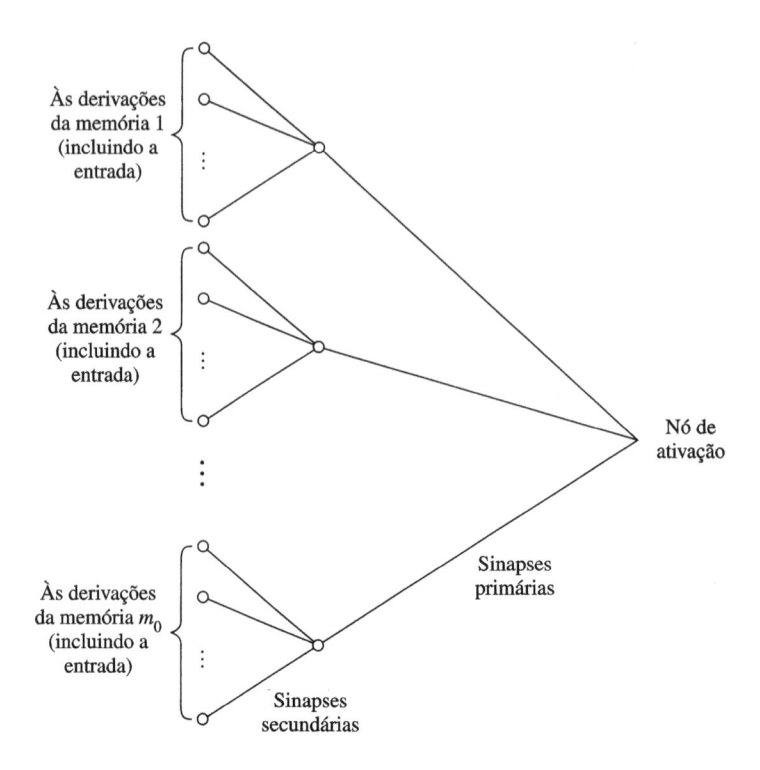

FIGURA 13.15 Descrição similar a uma árvore da estrutura sináptica de um filtro neural de múltiplas entradas

A integral na Eq. (13.14) é a *convolução* entre o sinal de entrada de tempo contínuo $x_i(t)$ e a resposta ao impulso $h_{ij}(t)$ caracterizando um filtro linear de tempo contínuo representando a sinapse i. A Equação (13.14) é o modo mais geral pelo qual o comportamento espaço-temporal do campo local induzido de um neurônio pode ser descrito.

Modelo Aditivo

A Equação (13.14) fornece a base para um outro modelo espaço-temporal usual de um neurônio. Especificamente, suponha que simplifiquemos o comportamento temporal do neurônio utilizando um fator de escala para determinar o sinal e a força de uma resposta "típica" ao impulso sináptico, e neste caso podemos escrever

$$h_{ji}(t) = w_{ji} \cdot h_j(t) \qquad \text{para todo } i \qquad (13.15)$$

onde $h_j(t)$ modela as características temporais de um potencial pós-sináptico típico e w_{ji} é um escalar que determina o seu sinal (excitatório ou inibitório) e a força global da conexão entre o neurônio j e a entrada i (Shamma, 1989). Assim, utilizando a Eq. (13.15) em (13.14) e trocando a ordem da integral e do somatório, obtemos

$$v_j(t) = \int_{-\infty}^{t} h_j(\lambda) \left(\sum_{i=1}^{m_0} w_{ji} x_i(t-\lambda) \right) d\lambda + b_j$$
$$= h_j(t) * \left(\sum_{i=1}^{m_0} w_{ji} x_i(t) \right) + b_j \qquad (13.16)$$

onde o asterisco representa a convolução. A forma da resposta comum ao impulso $h_j(t)$ depende da quantidade de detalhamento exigida. Uma escolha popular é uma função exponencial definida por

$$h_j(t) = \frac{1}{\tau_j} \exp\left(-\frac{t}{\tau_j}\right) \qquad (13.17)$$

onde τ_j é uma *constante de tempo* que é uma característica do neurônio j. Reconhecemos que a função do tempo $h_j(t)$ da Eq. (13.17) é a resposta ao impulso de um circuito simples consistindo do resistor R_j e do capacitor C_j conectados em paralelo e alimentados por uma fonte de corrente; isto é,

$$\tau_j = R_j C_j \qquad (13.18)$$

Conseqüentemente, podemos utilizar as Eqs. (13.16) e (13.17) para formular o modelo mostrado na Fig. 13.16. Em termos físicos, os pesos sinápticos $w_{j1}, w_{j2},...,w_{jm_0}$ são representados por condutâncias (i.e., os recíprocos das resistências) e as entradas respectivas $x_1(t), x_2(t),..., x_{m_0}(t)$ são representadas por potenciais (i.e., tensões). A junção aditiva é caracterizada por uma baixa resistência de entrada, um ganho de corrente unitário e uma alta resistência de saída; isto é, age como um nó aditivo para correntes incidentes. A corrente total que alimenta o circuito resistivo-capacitivo (RC) é portanto

$$\sum_{i=1}^{m_0} w_{ji} x_i(t) + I_j$$

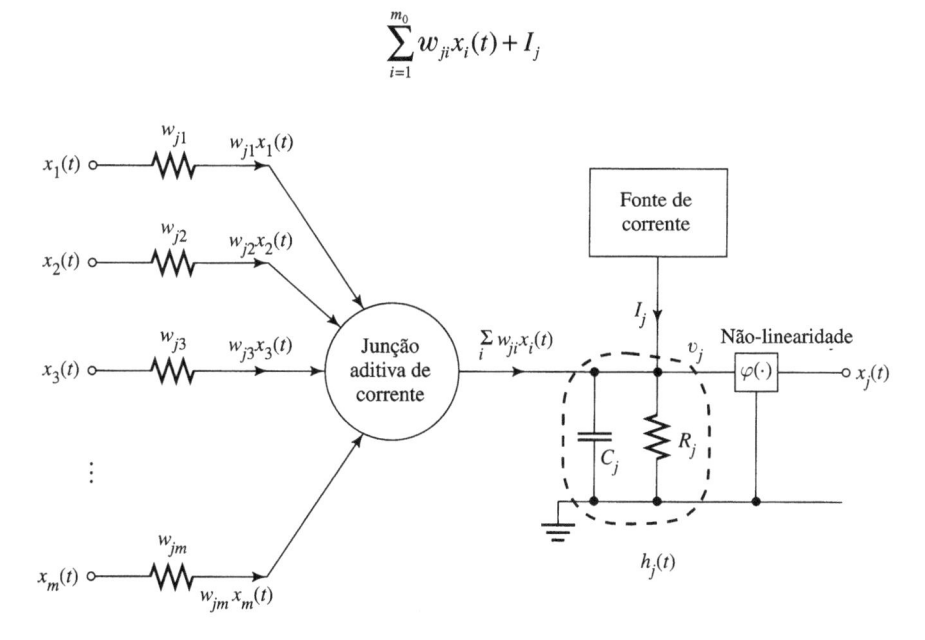

FIGURA 13.16 Modelo aditivo de um neurônio

onde o primeiro termo (somatório) é devido aos estímulos $x_1(t), x_2(t),..., x_{m_0}(t)$ agindo sobre os pesos sinápticos (condutâncias) $w_{j1}, w_{j2},...,w_{jm_0}$, respectivamente, e o segundo termo é a fonte de corrente I_j representando o bias aplicado externamente, b_j.

Na literatura de redes neurais, o modelo neural mostrado na Fig. 13.16 é normalmente referido como o *modelo aditivo*. Este modelo pode ser visto como uma aproximação por circuito com parâmetros concentrados do modelo de linha de transmissão de um neurônio dendrital biológico (Rall, 1989). A natureza passa-baixas do circuito RC da Fig. 13.16 pode ser também justificada pelo fato de que uma sinapse biológica pode ser aproximada de modo excelente por um filtro passa-baixas (Scott, 1977).

13.8 REDES ALIMENTADAS ADIANTE ATRASADAS NO TEMPO DISTRIBUÍDAS

O algoritmo de mapeamento míope universal, que fornece a justificativa matemática para as TLFNs focadas, é restrito para mapas que sejam invariantes a deslocamentos. A implicação desta limitação é que a utilização de TLFNs focadas é adequada apenas para uso em ambientes estacionários (i.e., invariantes no tempo). Podemos superar esta limitação utilizando uma *rede alimentada adiante atrasada no tempo (TLFN) distribuída*, distribuída no sentido de que a influência implícita do tempo é distribuída através da rede. A construção desta rede é baseada no filtro neural de múltiplas entradas da Fig. 13.14 como o modelo espaço-temporal de um neurônio.

Considere que $w_{ji}(l)$ represente o peso conectado à l-ésima derivação do filtro FIR que modela a sinapse que conecta a saída do neurônio i ao neurônio j. O índice l se estende de 0 a p, onde p é a ordem do filtro FIR. De acordo com este modelo, o sinal $s_{ji}(n)$ que aparece na saída da i-ésima sinapse do neurônio j é dado pela *soma convolutiva*

$$s_{ji}(n) = \sum_{l=0}^{p} w_{ji}(l) x_i(n-l) \qquad (13.19)$$

onde n representa o tempo discreto. Podemos rescrever a Eq. (13.19) na forma matricial introduzindo as seguintes definições para o *vetor de estado* e o *vetor de pesos* para a sinapse i, respectivamente:

$$\mathbf{x}_i(n) = \left[x_i(n), x_i(n-1),..., x_i(n-p)\right]^T \qquad (13.20)$$

$$\mathbf{w}_{ji} = \left[w_{ji}(0), w_{ji}(1),..., w_{ji}(p)\right]^T \qquad (13.21)$$

Podemos assim expressar o sinal (escalar) $s_{ji}(n)$ como o produto interno dos vetores $\mathbf{w}_{ji}(n)$ e $\mathbf{x}_i(n)$; isto é,

$$s_{ji}(n) = \mathbf{w}_{ji}^T \mathbf{x}_i(n) \qquad (13.22)$$

A Equação (13.22) define a saída $s_{ji}(n)$ da i-ésima sinapse do neurônio j no modelo da Fig. 13.14 em resposta ao vetor de entrada $\mathbf{x}_i(n)$ onde $i = 1, 2,..., m_0$. O vetor $\mathbf{x}_i(n)$ é referido como um "estado" no sentido de que representa a condição da i-ésima sinapse no tempo n. Assim, somando as contribuições do conjunto completo das m_0 sinapses representadas neste modelo (i.e., somando sobre o índice i), nós podemos descrever a saída $y_j(n)$ do neurônio j pelo seguinte par de equações:

$$v_j(n) = \sum_{i=1}^{m_0} s_{ji}(n) + b_j = \sum_{i=1}^{m_0} \mathbf{w}_{ji}^T \mathbf{x}_i(n) + b_j \tag{13.23}$$

$$y_j(n) = \varphi(v_j(n)) \tag{13.24}$$

onde $v_j(n)$ representa o campo local induzido do neurônio j, b_j é o bias aplicado externamente e $\varphi(\cdot)$ representa a função de ativação não-linear do neurônio. Assume-se que a mesma forma de não-linearidade é usada para todos os neurônios da rede. Note que se o vetor de pesos $\mathbf{w}_{ji}$ e o vetor de estado $\mathbf{x}_i(n)$ forem substituídos pelos escalares w_{ji} e x_i, respectivamente, e se, correspondentemente, a operação produto interno for substituída pela multiplicação ordinária, o modelo dinâmico de um neurônio descrito nas Eqs. (13.23) e (13.24) se reduz ao modelo estático do perceptron de múltiplas camadas ordinário descrito no Capítulo 4.

13.9 ALGORITMO DE RETROPROPAGAÇÃO TEMPORAL

Para treinar uma rede TLFN distribuída, necessitamos de um algoritmo de aprendizagem supervisionada pelo qual a resposta real da cada neurônio na camada de saída é comparada com uma resposta desejada (alvo) a cada instante de tempo. Assuma que o neurônio j se encontra na camada de saída com a sua resposta real representada por $y_j(n)$ e que a resposta desejada para este neurônio seja representada por $d_j(n)$, sendo ambas medidas no tempo n. Podemos então definir um *valor instantâneo* para a soma dos erros quadrados produzidos pela rede como:

$$\mathcal{E}(n) = \frac{1}{2} \sum_j e_j^2(n) \tag{13.25}$$

onde o índice j se refere a um neurônio na camada de saída apenas e $e_j(n)$ é o sinal de erro definido por

$$e_j(n) = d_j(n) - y_j(n) \tag{13.26}$$

O objetivo é minimizar uma *função de custo*, definida como o valor $\mathcal{E}(n)$ computado para todos os tempos:

$$\mathcal{E}_{total} = \sum_n \mathcal{E}(n) \tag{13.27}$$

O algoritmo que temos em mente para computar uma estimativa do vetor de pesos ótimo que alcança este objetivo é baseado em uma aproximação do método da descida mais íngreme.

Um modo óbvio de prosseguir com este desenvolvimento é diferenciar a função de custo da Eq. (13.27) em relação ao vetor de pesos $\mathbf{w}_{ji}$, e com isso escrever

$$\frac{\partial \mathcal{E}_{total}}{\partial \mathbf{w}_{ji}} = \sum_n \frac{\partial \mathcal{E}(n)}{\partial \mathbf{w}_{ji}} \tag{13.28}$$

Para prosseguirmos com a abordagem do gradiente instantâneo, *desdobramos a rede no tempo*. A estratégia aqui é primeiramente tentar remover todos os atrasos de tempo da rede expandindo-a em uma rede "estática" equivalente mas maior, e então aplicar o algoritmo de retropropagação padrão para calcular os gradientes instantâneos dos erros. Infelizmente, esta abordagem é prejudicada pelos seguintes atributos negativos:

- Uma perda do sentido de simetria entre a propagação para frente dos estados e a propagação para trás dos termos necessários para calcular os gradientes instantâneos dos erros
- Não resulta em uma fórmula recursiva satisfatória para propagar os termos de erros
- Necessita de uma contabilidade global para proceder a identificação de quais pesos estáticos são realmente os mesmos na rede equivalente obtida pelo desdobramento da TLFN distribuída

Embora a utilização de estimativas instantâneas do gradiente seja a abordagem óbvia para desenvolver uma versão temporal da retropropagação, de um ponto de vista prático este *não* é o modo adequado de se proceder.

Para superar os problemas associados com a abordagem do gradiente instantâneo, propomos proceder como segue (Wan, 1990, 1994). Primeiro, reconhecemos que a expansão do gradiente do erro total em uma soma de gradientes de erros instantâneos, como mostrado na Eq. (13.28), não é única. Em particular, podemos considerar um modo alternativo de expressar a derivada parcial da função de custo $\mathscr{E}_{total}$ em relação ao vetor de pesos $\mathbf{w}_{ji}(n)$ escrevendo

$$\frac{\partial \mathscr{E}_{total}}{\partial \mathbf{w}_{ji}} = \sum_n \frac{\partial \mathscr{E}_{total}}{\partial v_j(n)} = \frac{\partial v_j(n)}{\partial \mathbf{w}_{ji}} \quad (13.29)$$

onde o índice temporal n é relativo apenas aos $v_j(n)$. Podemos interpretar a derivada parcial $\partial \mathscr{E}_{total}/\partial v_j(n)$ como a variação da função de custo $\mathscr{E}_{total}$ produzida por uma variação no campo local induzido v_j do neurônio j no tempo n. Entretanto, é importante notar que

$$\frac{\partial \mathscr{E}_{total}}{\partial v_j(n)} \frac{\partial v_j(n)}{\partial \mathbf{w}_{ji}} \neq \frac{\partial \mathscr{E}(n)}{\partial \mathbf{w}_{ji}}$$

A igualdade é válida somente quando realizamos a soma sobre todo n, como nas Equações (13.28) e (13.29).

Dada a expansão da Eq. (13.29), podemos agora utilizar a idéia da descida do gradiente no espaço de pesos. Em particular, postulamos uma recursão para atualizar o vetor de pesos de derivação $\mathbf{w}_{ji}(n)$ como mostrado por

$$\mathbf{w}_{ji}(n+1) = \mathbf{w}_{ji}(n) - \eta \frac{\partial \mathscr{E}_{total}}{\partial v_j(n)} \frac{\partial v_j(n)}{\partial \mathbf{w}_{ji}(n)} \quad (13.30)$$

onde η é o *parâmetro da taxa de aprendizagem*. Da definição dada pela Equação (13.23), constatamos que para qualquer neurônio j da rede, a derivada parcial do campo local induzido $v_j(n)$ em relação ao vetor de pesos $\mathbf{w}_{ji}(n)$ é dada por

$$\frac{\partial v_j(n)}{\partial \mathbf{w}_{ji}(n)} = \mathbf{x}_i(n) \tag{13.31}$$

onde $\mathbf{x}_i(n)$ é o vetor de entrada aplicado à sinapse i do neurônio j. Além disso, podemos definir o *gradiente local* para o neurônio j como

$$\delta_j(n) = -\frac{\partial \mathscr{E}_{total}}{\partial v_j(n)} \tag{13.32}$$

Conseqüentemente, podemos rescrever a Eq. (13.30) na forma familiar

$$\mathbf{w}_{ji}(n+1) = \mathbf{w}_{ji}(n) + \eta \delta_j(n) \mathbf{x}_i(n) \tag{13.33}$$

Como na derivação do algoritmo de retropropagação padrão descrito no Capítulo 4, a forma explícita do gradiente local $\delta_j(n)$ depende se o neurônio j está na camada de saída ou na camada oculta da rede.

CASO 1. O neurônio j é uma unidade de saída

Para a camada de saída, temos simplesmente

$$\begin{aligned}\delta_j(n) &= -\frac{\partial \mathscr{E}_{total}}{\partial v_j(n)} \\ &= -\frac{\partial \mathscr{E}(n)}{\partial v_j(n)} \\ &= e_j(n) \varphi'(v_j(n))\end{aligned} \tag{13.34}$$

onde $e_j(n)$ é o sinal de erro medido na saída do neurônio j e $\varphi'(\cdot)$ é a derivada da função de ativação $\varphi(\cdot)$ em relação ao seu argumento.

CASO 2. O neurônio j é uma unidade oculta

Para o neurônio j localizado em uma camada oculta, definimos $\mathscr{A}$ como o conjunto de todos os neurônios cujas entradas são alimentadas pelo neurônio j de uma maneira para frente. Considere que $v_r(n)$ represente o campo local induzido do neurônio r que pertence ao conjunto $\mathscr{A}$. Podemos então escrever

$$\begin{aligned}\delta_j(n) &= -\frac{\partial \mathscr{E}_{total}}{\partial v_j(n)} \\ &= -\sum_{r \in \mathscr{A}} \sum_k \frac{\partial \mathscr{E}_{total}}{\partial v_r(k)} \frac{\partial v_r(k)}{\partial v_j(n)}\end{aligned} \tag{13.35}$$

onde utilizamos o índice k no lugar de n naquelas posições que são de particular interesse. Utilizando a definição da Eq. (13.32) (com o índice r no lugar de j) na Eq. (13.35), podemos então escrever

$$\delta_j(n) = \sum_{r \in \mathcal{A}} \sum_n \delta_r(k) \frac{\partial v_r(k)}{\partial v_j(n)}$$

$$= \sum_{r \in \mathcal{A}} \sum_n \delta_r(k) \frac{\partial v_r(k)}{\partial y_j(n)} \frac{\partial y_j(n)}{\partial v_j(n)}$$
(13.36)

onde $y_j(n)$ é a saída do neurônio j. A seguir, reconhecemos que a derivada parcial $\partial y_j(n)/\partial v_j(n)$ é igual a $\varphi'(v_j(n))$, referindo-se ao neurônio j que se encontra fora do conjunto $\mathcal{A}$. Podemos, portanto, tirar este termo para fora do duplo somatório e rescrever a Eq. (13.36) como

$$\delta_j(n) = \varphi'(v_j(n)) \sum_{r \in \mathcal{A}} \sum_k \delta_r(k) \frac{\partial v_r(k)}{\partial y_j(n)}$$
(13.37)

Como anteriormente definido, $v_r(n)$ representa o campo local induzido do neurônio r alimentado pelo neurônio de saída j. Assim, adaptando-se o sentido das Equações (13.19) e (13.23) à situação considerada, podemos expressar $v_r(k)$ como

$$v_r(k) = \sum_{j=0}^{m_0} \sum_{l=0}^{p} w_{rj}(l) y_j(n-l)$$
(13.38)

Na Eq. (13.38), incluímos o bias b_r aplicado ao neurônio r como o termo correspondente a $j = 0$ definindo

$$w_{r0}(l) = b_r \quad \text{e} \quad y_0(n-l) = 1 \qquad \text{para todo } l \text{ e } n$$
(13.39)

O índice p que define o limite superior do somatório interno na Eq. (13.38) é a ordem de cada filtro sináptico do neurônio r e de qualquer outro neurônio na camada em questão. O índice m_0, definindo o limite superior do somatório externo da Eq. (13.38), é o número total de sinapses primárias pertencentes ao neurônio r. Reconhecendo que a soma convolutiva em relação a l é comutativa, podemos rescrever a Eq. (13.38) na forma equivalente

$$v_r(k) = \sum_{j=0}^{m_0} \sum_{l=0}^{p} y_j(l) w_{rj}(n-l)$$
(13.40)

Diferenciando a Eq. (13.40) em relação a y_j, obtemos

$$\frac{\partial v_r(k)}{\partial y_j(n)} = \begin{cases} w_{rj}(k-l), & n \leq k \leq n+p \\ 0, & \text{caso contrário} \end{cases}$$
(13.41)

Com base na Eq. (13.41), as derivadas parciais $\partial v_r(k)/\partial y_j(n)$ da Eq. (13.37), para as quais n está fora do intervalo $n \leq k \leq n + p$, resultam em zero. Para o caso de um neurônio oculto j, o uso da Eq. (13.41) em (13.37) produz

$$\delta_j(n) = \varphi'(v_j(n)) \sum_{r \in \mathcal{A}} \sum_{k=n}^{n+p} \delta_r(k) w_{rj}(k-l)$$

$$= -\varphi'(v_j(n)) \sum_{r \in \mathcal{A}} \sum_{l=0}^{p} \delta_r(n+l) w_{rj}(n)$$
(13.42)

Defina um novo vetor $(p + 1)$-por-1

$$\Delta_r(n) = [\delta_r(n), \delta_r(n + 1),..., \delta_r(n + p)]^T \quad (13.43)$$

Anteriormente, definimos o vetor de pesos $\mathbf{w}_{ji}$ como na Eq. (13.21). Utilizando notação matricial, podemos com isso rescrever a Eq. (13.42) na forma compacta

$$\delta_j(n) = \varphi'(v_j(n))\sum_{r \in \mathcal{A}} \Delta_r^T(n)\mathbf{w}_{rj} \quad (13.44)$$

onde $\Delta_r^T(n)\mathbf{w}_{rj}$ é o produto interno dos vetores $\Delta_r(n)$ e $\mathbf{w}_{rj}$, ambos tendo dimensão $(p + 1)$. A Equação (13.44) completa a avaliação de $\delta_r(n)$ para o neurônio j na camada oculta.

Estamos agora prontos para resumir a equação de atualização dos pesos para a *retropropagação temporal* como o seguinte par de relações (Wan, 1990, 1994):

$$\mathbf{w}_{ji}(n + 1) = \mathbf{w}_{ji}(n) + \eta\delta_j(n)\mathbf{x}_i(n) \quad (13.45)$$

$$\delta_j(n) = \begin{cases} e_j(n)\varphi'(v_j(n)), & \text{o neurônio } j \text{ está na camada de saída} \\ \varphi'(v_j(n))\sum_{r \in \mathcal{A}} \Delta_r^T(n)\mathbf{w}_{rj}, & \text{o neurônio } j \text{ está em uma camada oculta} \end{cases} \quad (13.46)$$

que podem ser facilmente generalizadas para qualquer número de camadas ocultas. Imediatamente, observamos que estas relações representam uma *generalização vetorial* do algoritmo de retropropagação padrão. Se substituirmos o vetor de entrada $\mathbf{x}_i(n)$, o vetor de pesos $\mathbf{w}_{rj}$ e o vetor gradiente local Δ_r pelas suas contrapartidas escalares, o algoritmo de retropropagação temporal se reduz à forma padrão do algoritmo de retropropagação derivado no Capítulo 4.

Para calcular os $\delta_j(n)$ para o neurônio j localizado em uma camada oculta, *propagamos* os δs da camada seguinte para trás através daqueles filtros sinápticos cuja excitação é derivada do neurônio j, de acordo com a Eq. (13.44). Este mecanismo de propagação retrógrada é ilustrado na Fig. 13.17. Assim, o gradiente local $\delta_j(n)$ é formado não simplesmente calculando-se uma soma ponderada, mas através da filtragem retrógrada através de cada sinapse primária. Em particular, para cada novo conjunto de vetores de entrada e de resposta desejada, os filtros propagativos são incrementados um passo de tempo e os filtros retroativos são incrementados um passo de tempo.

Vemos agora os benefícios práticos ganhos pelo uso do algoritmo de retropropagação temporal descrito aqui:

1. A simetria entre a propagação adiante dos estados e a propagação retrógrada dos termos de erro é preservada, e com isso é mantida a concepção do processamento paralelamente distribuído.
2. Cada peso único do filtro sináptico é usado apenas uma vez no cálculo dos δs; não há utilização redundante de termos como experimentada no método do gradiente instantâneo.

Na derivação do algoritmo de retropropagação temporal[6] descrito nas Eqs. (13.45) e (13.46), assume-se que os pesos sinápticos dos filtros são fixos para todos os cálculos dos gradientes. Entretanto, claramente esta não é uma suposição válida durante a adaptação real. Conseqüentemente, surgirão discrepâncias de desempenho entre o algoritmo de retropropagação temporal e a versão temporal

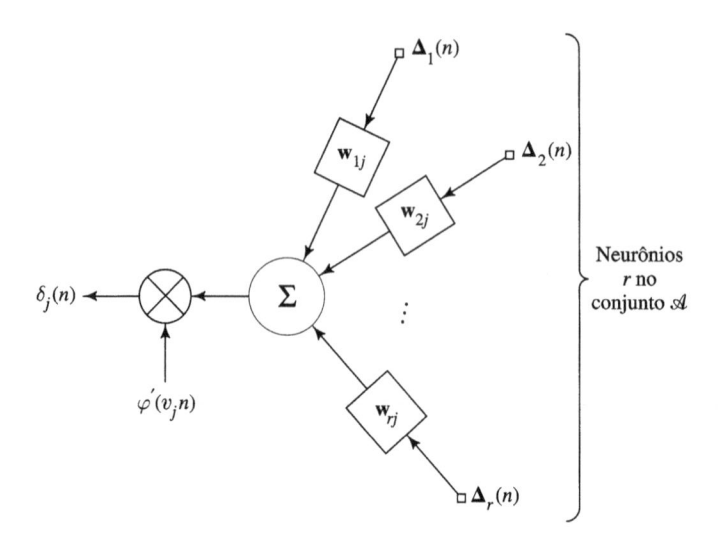

FIGURA 13.17 Retropropagação de gradientes locais através de uma TLFN distribuída

obtida utilizando-se o método do gradiente instantâneo. Entretanto, estas discrepâncias são normalmente mínimas. Para um parâmetro da taxa de aprendizagem η pequeno, as diferenças entre as características de aprendizagem destes dois algoritmos são desprezíveis para todos os fins práticos.

Restrições de Causalidade

Um exame cuidadoso da Eq. (13.42) revela que a computação de $\delta_j(n)$ é *não-causal* porque requer conhecimento de valores futuros dos δs e dos **w**s. Para tornar esta computação causal, notamos primeiramente que a referência temporal exata usada para a adaptação não é importante. Além disso, as estruturas sinápticas empregadas na rede são todas filtros FIR. Conseqüentemente, a causalidade requer o uso de armazenamento adicional para guardar estados internos da rede. No que segue, requeremos que a adaptação de todos os vetores de peso seja baseada apenas nos valores corrente e passados dos sinais de erro. Podemos com isso imediatamente estabelecer $\delta_j(n)$ para o neurônio *j* na camada de saída e assim adaptar os pesos do filtro sináptico nesta camada. Para a próxima camada anterior (i.e., uma camada oculta anterior à camada de saída), as restrições de causalidade implicam que, para o neurônio *j* nesta camada, a computação do gradiente local

$$\delta_j(n-p) = \varphi'(v_j(n-p)) \sum_{r \in \mathcal{A}} \Delta_r^T(n-p) \mathbf{w}_{rj} \quad (13.47)$$

é baseada apenas nos valores corrente e passados do vetor Δ_r; isto é,

$$\Delta_r(n-p) = [\delta_r(n-p), \delta_r(n+1-p),..., \delta_r(n)]^T \quad (13.48)$$

A Equação (13.47) é obtida da segunda linha da Eq. (13.46) simplesmente substituindo-se o índice temporal n por $n - p$, onde p é a ordem do filtro sináptico FIR. Como salientado anteriormente, os estados $\mathbf{x}_i(n - p)$ devem ser armazenados de modo que possamos calcular o produto $\delta_j(n - p)\mathbf{x}_i(n - p)$ para a adaptação do vetor peso conectando o neurônio j na última camada oculta ao neurônio i em uma camada para trás. Para uma rede com múltiplas camadas ocultas, podemos continuar a operação descrita aqui para uma camada mais para trás (i.e., duas camadas atrás da camada de saída) simplesmente fazendo um deslocamento temporal duas vezes mais longo. A operação é continuada desta maneira até que todas as camadas computacionais da rede sejam consideradas.

Podemos formular a forma *causal* do algoritmo de retropropagação temporal como resumido na Tabela 13.1.

TABELA 13.1 Resumo do Algoritmo de Retropropagação Temporal

1. Propague o sinal de entrada para frente através da rede, camada por camada. Determine o sinal de erro $e_j(n)$ para o neurônio j da camada de saída subtraindo sua saída real da resposta desejada correspondente. Também armazene o vetor de estado para cada sinapse da rede.

2. Para o neurônio j da camada de saída, calcule

$$\delta_j(n) = e_j(n)\varphi'_j(n)$$
$$\mathbf{w}_{ji}(n+1) = \mathbf{w}_{ji}(n) + \eta\delta_j(n)\mathbf{x}_i(n)$$

onde $\mathbf{x}_i(n)$ é o estado da sinapse i de um neurônio oculto conectado ao neurônio de saída j.

3. Para o neurônio j em uma camada oculta, calcule

$$\delta_j(n - lp) = \varphi'(v_j(n - lp))\sum_{r \in \mathscr{A}} \Delta_r^T(n - lp)\mathbf{w}_{rj}$$
$$\mathbf{w}_{ji}(n+1) = \mathbf{w}_{ji}(n) + \eta\delta_j(n - lp)\mathbf{x}_i(n - lp)$$

onde p é a ordem de cada filtro sináptico FIR e o índice l identifica a camada oculta em questão. Especificamente, para redes com múltiplas camadas ocultas, $l = 1$ corresponde a uma camada atrás da camada de saída, $l = 2$ corresponde a duas camadas atrás da camada de saída, e assim por diante.

Embora este algoritmo seja esteticamente menos atraente que a forma não-causal descrita nas Eqs. (13.45) e (13.46), basicamente as duas formas do algoritmo diferem entre si apenas em termos de uma simples mudança de índices.

Resumindo, então, podemos afirmar o seguinte:

- Os δs são propagados para trás através das camadas da rede continuamente, *sem* atrasos adicionais. Este tipo de propagação força os valores internos dos δs a serem deslocados no tempo.
- Para corrigir este deslocamento temporal, os estados (i.e., os valores de $\mathbf{x}_i(n)$) são armazenados de modo a formar os termos produto apropriados, necessários para a adaptação dos vetores de peso. Em outras palavras, atrasos de armazenamento adicionais são necessários apenas para os estados, enquanto que a propagação retrógrada dos deltas é realizada sem atrasos.

- A propagação retrógrada dos δs permanece simétrica em relação à propagação direta dos estados.
- A ordem dos cálculos é linear em relação ao número de pesos sinápticos da rede como na abordagem do gradiente instantâneo.

A TLFN distribuída é naturalmente uma estrutura mais elaborada que a TLFN focada descrita na Seção 13.4. Além disso, o algoritmo de retropropagação temporal necessário para treinar a TLFN distribuída é computacionalmente mais custoso que o algoritmo de retropropagação padrão que é adequado para treinar a TLFN focada. Na análise final, a escolha de uma ou de outra destas duas abordagens é determinada pelo fato de a tarefa de processamento temporal que precisa ser solucionada ser relativa a um ambiente estacionário ou a um ambiente não-estacionário.[7]

13.10 RESUMO E DISCUSSÃO

A necessidade de processamento temporal surge em em umerosas aplicações que incluem as seguintes:

- *Previsão* e *modelagem* de séries temporais (Box e Jenkins, 1976; Haykin, 1996)
- *Cancelamento de ruído*, em que o objetivo é usar um sensor primário (fornecendo um sinal desejado contaminado com ruído) e um sensor de referência (fornecendo uma versão correlacionada do ruído) para cancelar o efeito do ruído (Widrow e Stearns, 1985; Haykin, 1996)
- *Equalização adaptativa* de um canal de comunicação desconhecido (Proakis, 1989; Haykin, 1996)
- *Controle adaptativo* (Narendra e Annaswamy, 1989)
- *Identificação de sistemas* (Ljung, 1987)

Já temos teorias bem-desenvolvidas para resolver estes problemas quando o sistema sob estudo ou o mecanismo físico subjacente de interesse é linear; veja os livros citados acima. Entretanto, quando o sistema ou o mecanismo físico for não-linear, temos uma tarefa mais difícil em nossas mãos. É nestas situações que as redes neurais têm o potencial de fornecer uma solução viável e com isso fazer uma diferença significativa na sua aplicação.

No contexto das redes neurais, temos duas redes candidatas para o processamento temporal:

- As *redes alimentadas adiante atrasadas no tempo*
- As *redes recorrentes*

Nos próximos dois capítulos são discutidas as redes recorrentes. Neste capítulo, descrevemos duas classes de redes alimentadas adiante atrasadas no tempo (TLFNs): a *focada* e a *distribuída*. Em uma TLFN focada, a memória de curto prazo está localizada inteiramente no terminal frontal de uma rede estática, o que a torna simples de projetar. O treinamento da TLFN focada é realizado utilizando-se o algoritmo de retropropagação padrão, assumindo que um perceptron de múltiplas camadas seja utilizado para implementar a rede neural estática. No *teorema do mapeamento míope universal* de Sandberg e Xu (1997a, 1997b), temos um teorema de existência no sentido de que fornece a justificativa matemática para a aproximação de um mapa míope arbitrário (i.e., um mapa causal com memória com decaimento uniforme) utilizando um encadeamento de dois blocos funcionais:

um banco de filtros lineares e uma rede neural estática. Uma estrutura assim pode ser implementada utilizando-se a TLFN focada, fornecendo com isso uma realização física deste teorema.

A outra classe de TLFNs, isto é, as TLFNs distribuídas, se baseiam no uso de um modelo espaço-temporal de um neurônio, no caso, um filtro neural de múltiplas entradas. Este modelo utiliza filtros de resposta a impulso de duração finita (FIR) como filtros sinápticos. Como tal, o filtro neural de múltiplas entradas fornece um bloco funcional poderoso a seu modo particular para o processamento espaço-temporal de sinal, construído em torno de um único neurônio. Para treiná-lo, podemos utilizar o algoritmo do mínimo quadrado médio (LMS) descrito no Capítulo 3. Entretanto, para treinar uma TLFN distribuída, precisamos de um algoritmo de aprendizagem elaborado exemplificado pelo algoritmo de retropropagação temporal descrito na Seção 13.9. Uma característica distintiva das TLFNs distribuídas é o modo pelo qual a representação implícita do tempo é distribuída por toda a rede, advindo daí a habilidade de lidar com ambientes não-estacionários (i.e., variáveis no tempo). Em uma TLFN focada, ao contrário, a representação implícita do tempo, por definição, está concentrada no terminal frontal da rede, o que, portanto, limita o seu uso prático para ambientes estacionários (i.e., invariantes no tempo).

NOTAS E REFERÊNCIAS

1. Para uma discussão sobre o papel do tempo no processamento neural, veja o artigo clássico intitulado "Finding Structure in Time", de Elman (1990).
2. Em Hopfield (1995), é descrito um método para a representação explícita do tempo no processamento neural. Em particular, a informação analógica é representada utilizando-se a marcação de tempo dos potenciais de ação em relação a um padrão de atividade coletivo oscilatório progressivo, para o qual é citada evidência neurobiológica; os potenciais de ação são descritos no Capítulo 1.
3. Para uma revisão das estruturas de memória de curto prazo e seu papel no processamento temporal, veja Mozer (1994).
4. Para uma discussão sobre sistemas híbridos de TDNN e HMM para o reconhecimento de voz, veja Bourlard e Morgan (1994), Katagiri e McDermott (1996) e Bengio (1996).

    Alguns híbridos de TDNN-HMM combinam o uso de uma TDNN codificadora de quadros (i.e., mapeando um "detetor de atributos acústicos" em um "código fonético") e um HMM roteador de palavras/sentenças (i.e., mapeando "símbolos fonéticos" em "classes de palavras/sentenças"), onde o codificador e o roteador são projetados separadamente. Em alguns híbridos TDNN-HMM avançados, a função de perda de erro quadrado para o sistema inteiro é usada de modo que uma perda relativa à contagem de erros de palavras/sentenças pode ser minimizada. Um exemplo deste último esquema é a TDNN de múltiplos estados descrita em Haffner et al. (1991) e Haffner (1994). Um híbrido simples de módulos projetados separadamente causa freqüentemente um descasamento entre os desempenhos de treinamento e de teste do sistema. A TDNN de múltiplos estados tem melhor desempenho neste quesito.

    Em um sentido fundamental, as redes recorrentes (discutidas no Capítulo 15) têm uma capacidade maior para modelar a estrutura temporal de sinais de voz que as redes "replicantes" como a TDNN. Entretanto, como os sinais de voz são significativamente não-estacionários e não-lineares, mesmo as redes recorrentes podem por si só não ser suficientes para o reconhecimento preciso de voz.
5. Para uma discussão sobre as origens do teorema do mapeamento míope universal, veja Sandberg (1991).
6. Para uma derivação diagramática alternativa do algoritmo de retropropagação temporal, veja Wan e Beaufays (1996).

7. Em Wan (1994), o algoritmo de retropropagação temporal foi usado para realizar previsão não-linear sobre uma série temporal não-estacionária exibindo pulsações caóticas de um laser de NH_3. Esta série temporal particular fez parte da Competição de Séries Temporais do Santa Fe Institute que aconteceu nos Estados Unidos em 1992. A solução de Wan para esta tarefa de processamento temporal venceu a competição entre uma lista diversa de submissões que incluíam redes neurais recorrentes e não-recorrentes padrão, bem como muitas técnicas lineares tradicionais (Wan, 1994). O caos é discutido no Capítulo 14.

PROBLEMAS

Redes alimentadas adiante focadas atrasadas no tempo (TLFNs)

13.1 Resuma os principais atributos de uma TLFN focada usada para modelar um processo dinâmico não-linear.

13.2 A TLFN focada representada na Fig. 13.10 utiliza uma memória de linha de atraso derivada para implementar uma memória de curto prazo. Quais são os benefícios e defeitos de uma TLFN focada que utiliza uma memória gama para implementar a memória de curto prazo?

13.3 No Capítulo 2, descrevemos qualitativamente uma abordagem dinâmica para implementar um filtro adaptativo não-linear. O método envolve o uso de uma rede neural estática cuja estimulação provém da alimentação dos dados de entrada através de uma janela deslizante. A janela é movida na chegada de cada nova amostra de dados, com a amostra antiga dentro da janela sendo descartada para dar lugar à nova amostra. Discuta como uma TLFN focada pode ser utilizada para implementar esta forma de aprendizagem contínua.

Modelos espaço-temporais de um neurônio

13.4 Considere um filtro neural cujo campo local induzido $v_j(t)$ é definido pela Eq. (13.16). Suponha que a função temporal $h_j(t)$ nesta equação seja substituída pelo impulso unitário deslocado

$$h_j(t) = (\delta - \tau_j)$$

onde τ_j é um atraso fixo. Descreva o modo pelo qual o filtro neural é modificado por esta substituição.

13.5 Usando o algoritmo LMS, formule um algoritmo de aprendizagem para o filtro neural de múltiplas entradas da Fig. 13.14.

Retropropagação temporal

13.6 A Figura P13.6 ilustra o uso de uma *janela de tempo de forma gaussiana* como um método para o processamento temporal (Bodenhausen e Waibel, 1991). A janela de tempo associada com a sinapse i do neurônio j é representada por $\theta(n, \tau_{ji}, \sigma_{ji})$, onde τ_{ji} e σ_{ji} são medidas de *atraso de tempo* e *largura* das janelas, respectivamente, como mostrado por

$$\theta(n, \tau_{ji}, \sigma_{ji}) = \frac{1}{\sqrt{2\pi}\sigma_{ji}} \exp\left(-\frac{1}{2\sigma_{ji}^2}(n - \tau_{ji})^2\right)$$

Com isso, a saída do neurônio j é modelada como

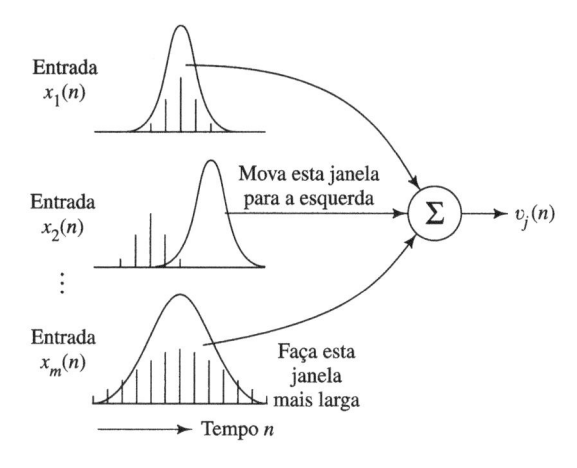

FIGURA P13.6

$$y_j(n) = \varphi\left(\sum_{i=0}^{m_0} w_{ji} u_i(n)\right)$$

onde $u_i(n)$ é a convolução entre a entrada $x_i(n)$ e a janela de tempo $\theta(n, \tau_{ji}, \sigma_{ji})$. O peso w_{ji} e o atraso temporal τ_{ji} da sinapse i pertencente ao neurônio j devem ser *aprendidos* de forma supervisionada.

Este aprendizado pode ser realizado utilizando-se o algoritmo de retropropagação padrão. Demonstre este processo de aprendizagem derivando as equações de atualização para w_{ji}, τ_{ji} e σ_{ji}.

13.7 O material apresentado na Seção 13.9 sobre o algoritmo de retropropagação temporal lida com filtros sinápticos FIR de igual comprimento. Como você poderia tratar o caso de filtros sinápticos FIR de comprimentos diferentes?

13.8 Discuta como o algoritmo de retropropagação temporal pode ser usado para o treinamento de uma TLFN distribuída para a previsão de um único passo.

13.9 As discrepâncias entre as formas restrita (causal) e irrestrita (não-causal) do algoritmo de retropropagação temporal são análogas àquelas discrepâncias entre o mínimo quadrado médio (LMS) e o algoritmo LMS atrasado; o algoritmo LMS é discutido no Capítulo 3. Expanda esta analogia.

Experimento computacional

13.10 Neste problema, usamos o algoritmo de retropropagação padrão para resolver um difícil problema de previsão não-linear e comparamos o seu desempenho com o do algoritmo LMS. A série temporal a ser considerada é criada utilizando-se um *modelo de Volterra* discreto que tem a forma

$$x(n) = \sum_i g_i v(n-i) + \sum_i \sum_j g_{ij} v(n-i) v(n-j) + \cdots$$

onde g_i, g_{ij},... são os coeficientes de Volterra. Os $v(n)$ são amostras de uma seqüência de ruído branco gaussiano, independentemente distribuído e $x(n)$ é a saída resultante do modelo de Volterra. O primeiro termo somatório é o familiar modelo de série temporal de média migratória (MA, *moving average*) e os termos somatórios restantes são componentes não-lineares de ordem crescente. Em geral, a estimação dos coeficientes de Volterra é considerada difícil, principalmente por causa de sua relação não-linear com os dados.

Neste problema, consideramos o exemplo simples

$$x(n) = v(n) + \beta v(n-1)v(n-2)$$

A série temporal tem média zero, é não-correlacionada e, portanto, tem um espectro branco. Entretanto, as amostras da série temporal não são independentes entre si, e portanto pode-se construir um previsor de ordem mais elevada. A variância da saída do modelo é dada por

$$\sigma_x^2 = \sigma_v^2 + \beta^2 \sigma_v^4$$

onde σv^2 é a variância do ruído branco.

(a) Construa um perceptron de múltiplas camadas com uma camada de entrada de 6 nós, uma camada oculta de 16 neurônios e um único neurônio de saída. Uma memória de linha de atraso derivada é usada para alimentar a camada de entrada da rede. Os neurônios ocultos usam funções de ativação sigmóides limitadas ao intervalo [0, 1], enquanto que o neurônio de saída opera como um combinador linear. A rede é treinada com o algoritmo de retropropagação padrão tendo a seguinte descrição:

Parâmetro da taxa de aprendizagem	$\eta = 0,001$
Constante de momento	$\alpha = 0,6$
Número total de amostras processadas	100.000
Número de amostras por época	1.000
Número total de épocas	100

A variância do ruído branco σ_v^2 é feita igual à unidade. Assim, com b = 0,5, constatamos que a variância de saída do previsor é $\sigma_x^2 = 1,25$.

Calcule a curva de aprendizagem do previsor não-linear, com a variância da saída do previsor $x(n)$ traçada como uma função do número de épocas de amostras de treinamento até 200 épocas. Para a preparação de cada época utilizada para realizar o treinamento, explore os seguintes dois modos:

(i) A ordenação temporal da amostra de treinamento é mantida de uma época para a seguinte exatamente da mesma forma como é gerada.

(ii) A ordenação da amostra de treinamento é tornada aleatória de um padrão (estado) para um outro.

Além disso, utilize a validação cruzada (descrita no Capítulo 4) com um conjunto de validação de 1000 amostras para monitorar o comportamento de aprendizagem do previsor.

(b) Repita o experimento utilizando o algoritmo LMS projetado para realizar uma predição sobre uma entrada de seis amostras. O parâmetro da taxa de aprendizagem do algoritmo é ajustado para $\eta = 10^{-5}$.

(c) Repita o experimento inteiro para $\beta = 1$, $\sigma_x^2 = 2$, e então para $\beta = 2$, $\sigma_x^2 = 5$.

Os resultados de cada experimento devem revelar que inicialmente o algoritmo de retropropagação e o algoritmo LMS seguem essencialmente um caminho similar, e então o algoritmo de retropropagação continua a melhorar, finalmente produzindo uma previsão de variância próxima ao valor prescrito de σ_x^2.

CAPÍTULO **14**

Neurodinâmica

14.1 INTRODUÇÃO

No capítulo anterior sobre processamento temporal, estudamos as estruturas de memória de curto prazo e como operar uma rede neural estática (p.ex., perceptron de múltiplas camadas) para realizar um mapeamento dinâmico estimulando-a através de uma estrutura de memória. Um outro modo importante pelo qual o tempo pode ser incorporado na operação de uma rede neural de uma maneira implícita é através do uso de *realimentação*. Há dois modos básicos de aplicar realimentação em uma rede neural: a *realimentação local* ao nível de um único neurônio dentro da rede, e a *realimentação global* abrangendo toda a rede. A realimentação local é uma questão relativamente simples de tratar, mas a realimentação global tem implicações muito mais profundas. Na literatura de redes neurais, as redes neurais com um ou mais laços de realimentação são referidas como *redes recorrentes*. Neste capítulo e no próximo, concentramos a atenção nas redes recorrentes que utilizam realimentação global.

A realimentação é como uma faca de dois gumes, pois quando é aplicada indevidamente pode produzir efeitos prejudiciais. Em particular, a aplicação de realimentação pode tornar instável um sistema que é originalmente estável. Nosso interesse principal neste capítulo é a estabilidade das redes recorrentes. Outros aspectos das redes recorrentes são considerados no próximo capítulo.

O assunto das redes neurais vistas como sistemas dinâmicos não-lineares, com ênfase particular no problema da *estabilidade*, é referido como *neurodinâmica* (Hirsch, 1989). Uma característica importante da estabilidade (ou instabilidade) de um sistema dinâmico não-linear é que ela é uma propriedade do sistema como um todo. Como corolário, *a presença de estabilidade sempre implica alguma forma de coordenação entre as partes individuais do sistema* (Ashby, 1960). Aparentemente, o estudo da neurodinâmica iniciou-se em 1938 com o trabalho de Nicholas Rashevsky, cuja mente visionária avistou pela primeira vez a aplicação da dinâmica em biologia.

A estabilidade de um sistema dinâmico não-linear é uma questão difícil de tratar. Quando falamos do problema de estabilidade, aqueles com uma formação de engenharia normalmente pensam em termos do *critério de estabilidade de entrada limitada – saída limitada (BIBO, bounded input-bounded output)*. De acordo com este critério, estabilidade significa que a saída de um sistema *não* deve crescer como resultado de uma entrada, condição inicial, ou distúrbio indesejável, limitados (Brogan, 1985). O critério de estabilidade BIBO é bem adequado para um sistema dinâmico linear. Entretanto, é inútil aplicá-lo às redes neurais porque todos estes sistemas dinâmicos não-lineares são estáveis pelo critério BIBO devido à saturação da não-linearidade incorporada na constituição de um neurônio.

Quando falamos de estabilidade no contexto de um sistema dinâmico não-linear, normalmente pensamos em *estabilidade no sentido de Lyapunov*. Em uma célebre dissertação datada de 1892, Lyapunov (um matemático e engenheiro russo) apresentou os conceitos fundamentais da teoria da estabilidade conhecida como o *método direto de Lyapunov*.[1] Este método é largamente utilizado para análise da estabilidade de sistemas lineares e não-lineares, tanto invariantes no tempo como variantes no tempo. Como tal, é diretamente aplicável à análise da estabilidade de redes neurais. De fato, muito do material apresentado neste capítulo diz respeito ao método direto de Lyapunov. Entretanto, a sua aplicação não é uma tarefa fácil.

O estudo da neurodinâmica pode seguir um entre dois caminhos, dependendo da aplicação de interesse:

- A *neurodinâmica determinística*, na qual o modelo de rede neural tem um comportamento determinístico. Em termos matemáticos, é descrita por um conjunto de *equações diferenciais não-lineares* que definem a evolução exata do modelo como uma função do tempo (Grossberg, 1967; Cohen e Grossberg, 1983; Hopfield, 1984).
- A *neurodinâmica estatística*, na qual o modelo de rede neural é perturbado pela presença de ruído. Neste caso, devemos lidar com *equações diferenciais não-lineares estocásticas*, expressando assim a solução em termos probabilísticos (Amari et al., 1972; Peretto, 1984; Amari, 1990). A combinação de não-linearidade com tratamento estocástico torna o assunto mais difícil de tratar.

Neste capítulo, restringimo-nos à neurodinâmica determinística.

Organização do Capítulo

Neste capítulo, o material está organizado em três partes. Na primeira parte do capítulo, consistindo das Seções 14.2 a 14.6, fornecemos um material introdutório. A Seção 14.2 introduz alguns conceitos fundamentais sobre sistemas dinâmicos, seguidos por uma discussão da estabilidade de pontos de equilíbrio, na Seção 14.3. Na Seção 14.4, descrevemos vários tipos de atratores que surgem no estudo de sistemas dinâmicos. Na Seção 14.5, revisitamos o modelo aditivo de um neurônio que foi derivado no Capítulo 13. Na Seção 14.6, discutimos a manipulação de atratores como um paradigma de redes neurais.

A segunda parte do capítulo, consistindo das Seções 14.7 a 14.11, trata das memórias associativas. A Seção 14.7 é devotada a uma discussão detalhada dos modelos de Hopfield e do uso de modelos de Hopfield discretos como uma memória endereçável por conteúdo. A Seção 14.8 apresenta um experimento computacional sobre esta aplicação da rede de Hopfield. Na Seção 14.9, apresentamos o teorema de Cohen-Grossberg para sistemas dinâmicos não-lineares que inclui a rede de Hopfield e outras memórias associativas como casos especiais. Na Seção 14.10, descrevemos um outro modelo neurodinâmico conhecido como o modelo do estado cerebral em uma caixa que é bem adequado para a formação de agrupamentos. A Seção 14.11 apresenta um experimento computacional sobre este segundo modelo.

A última parte do capítulo, consistindo das Seções 14.12 até 14.14, trata do tópico sobre caos. A Seção 14.12 discute as características invariantes de um processo caótico, seguida na Seção 14.13

por uma discussão do tópico da reconstrução dinâmica de um processo caótico, que é relacionado com o assunto da Seção anterior. Na Seção 14.14, é apresentado um experimento computacional sobre reconstrução dinâmica.

O capítulo conclui com algumas considerações finais na Seção 14.15.

14.2 SISTEMAS DINÂMICOS

A fim de prosseguirmos com o estudo da neurodinâmica, necessitamos de um *modelo matemático* para descrever a dinâmica de um sistema não-linear. Um modelo naturalmente muito adequado para este propósito é o *modelo do espaço de estados*. De acordo com este modelo, pensamos em termos de um conjunto de *variáveis de estado* cujos valores (em um instante particular qualquer de tempo) são assumidos como contendo informação suficiente para prever a evolução futura do sistema. Suponha que $x_1(t), x_2(t),..., x_N(t)$ representem as variáveis de estado de um sistema dinâmico não-linear, onde o tempo contínuo t é a *variável independente* e N é a *ordem* do sistema. Por conveniência de notação, estas variáveis de estado são agrupadas em um vetor N-por-1 $\mathbf{x}(t)$ chamado de *vetor de estado* do sistema. A dinâmica de uma grande classe de sistemas não-lineares pode então ser especificada na forma de um sistema de equações diferenciais de primeira ordem escrevendo-se como segue:

$$\frac{d}{dt}x_j(t) = F_j(x_j(t)), \quad j = 1, 2,..., N \qquad (14.1)$$

onde a função $F_j(\cdot)$ é, em geral, uma função não-linear de seu argumento. Podemos pôr este sistema de equações em uma forma compacta utilizando notação vetorial, como mostrado por

$$\frac{d}{dt}\mathbf{x}(t) = \mathbf{F}(\mathbf{x}(t)) \qquad (14.2)$$

onde a função não-linear $\mathbf{F}$ tem valor vetorial, com cada um de seus elementos operando sobre um elemento correspondente do vetor de estado:

$$\mathbf{x}(t) = [x_1(t), x_2(t),..., x_N(t)]^T \qquad (14.3)$$

Diz-se que um sistema dinâmico não-linear para o qual a função vetorial $\mathbf{F}(\mathbf{x}(t))$ não depende *explicitamente* do tempo t, como na Eq. (14.2), é *autônomo*; caso contrário, ele é *não-autônomo*.[2] Iremos nos preocupar apenas com os sistemas autônomos.

Independentemente da forma exata da função não-linear $\mathbf{F}(\cdot)$, o vetor de estado $\mathbf{x}(t)$ deve variar com o tempo t; caso contrário, $\mathbf{x}(t)$ é constante e o sistema não é mais dinâmico. Podemos, portanto, definir formalmente um sistema dinâmico como segue:

Um sistema dinâmico é um sistema cujo estado varia com o tempo.

Além disso, podemos pensar em $d\mathbf{x}/dt$ como um vetor "velocidade", não no sentido físico mas em um sentido abstrato. Então, de acordo com a Eq. (14.2), podemos nos referir à função vetorial $\mathbf{F}(\mathbf{x})$ como um campo vetorial de velocidade ou simplesmente como *campo vetorial*.

Espaço de Estados

É interessante ver a equação do espaço de estados (14.2) como descrevendo o *movimento* de um ponto em um *espaço de estados* de dimensionalidade N. O espaço de estados pode ser um *espaço euclidiano* ou um subconjunto dele. Ele também pode ser um espaço não-euclidiano como um círculo, uma esfera, um toro ou alguma outra *variedade diferenciável*. Nosso interesse, entretanto, está confinado ao espaço euclidiano.

O espaço de estados é importante porque ele nos fornece uma ferramenta visual/conceptual para analisar a dinâmica de um sistema não-linear descrito pela Eq. (14.2). Ele faz isso focando a nossa atenção sobre as *características globais* do movimento em vez de se fixar nos aspectos detalhados de soluções analíticas ou em uméricas da equação.

Em um instante particular de tempo t, o estado observado do sistema (i.e., o vetor de estado $\mathbf{x}(t)$) é representado por um único ponto no espaço de estados N-dimensional. Mudanças no estado do sistema com o tempo t são representadas como uma curva no espaço de estados, com cada ponto sobre a curva carregando (explicitamente ou implicitamente) um rótulo que registra o tempo da observação. Esta curva é chamada de uma *trajetória* ou *órbita* do sistema. A Figura 14.1 ilustra a trajetória de um sistema bidimensional. A velocidade instantânea da trajetória (i.e., o vetor velocidade $d\mathbf{x}(t)dt$) é representada pelo *vetor tangente*, mostrado como uma linha tracejada na Fig. 14.1 para o tempo $t = t_0$. Podemos assim derivar um vetor velocidade para cada ponto da trajetória.

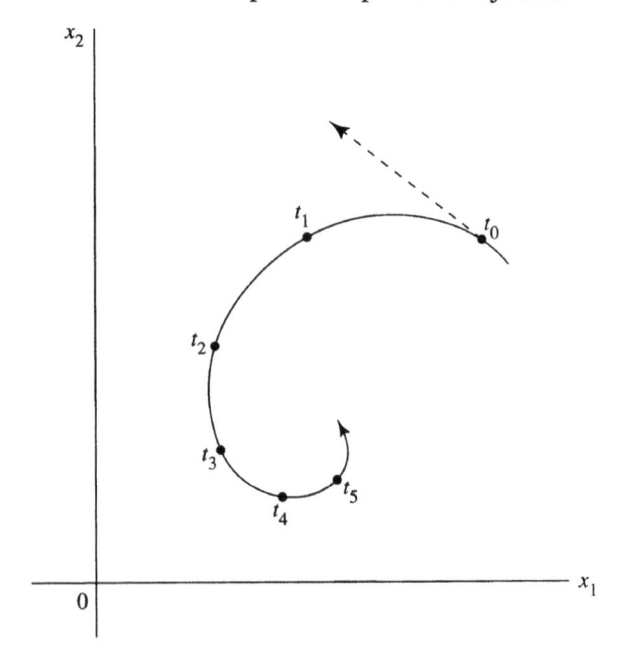

FIGURA 14.1 Uma trajetória (órbita) bidimensional de um sistema dinâmico

A família de trajetórias, para diferentes condições iniciais, é referida como o *retrato de estados* do sistema. O retrato de estados inclui *todos* aqueles pontos no espaço de estados onde o campo vetorial $\mathbf{F}(\mathbf{x})$ é definido. Note que para um sistema autônomo haverá apenas uma trajetória passando através de um estado inicial. Uma idéia útil que emerge do retrato de estados é o *fluxo* de um sistema dinâmico, definido como o movimento do espaço de estados dentro dele mesmo. Em outras palavras, podemos imaginar que o espaço de estados flui como um fluido em torno de si mesmo com cada ponto (estado) seguindo uma trajetória particular (Abraham e Shaw, 1992). A idéia de fluxo como aqui descrita é ilustrada claramente na Fig. 14.2.

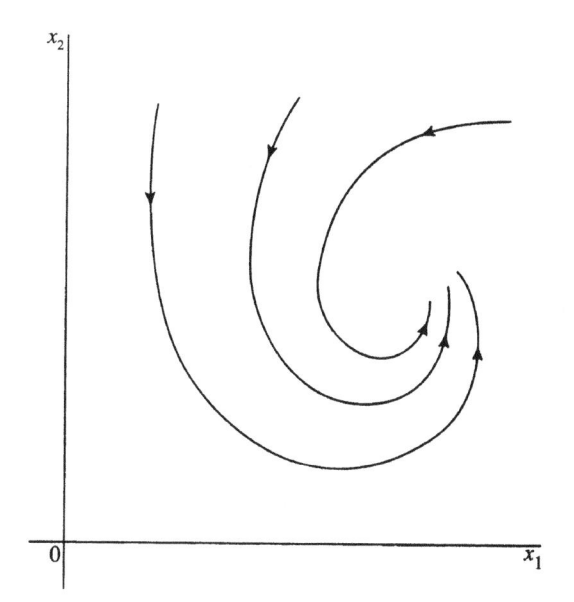

FIGURA 14.2 Um retrato de estados (fase) bidimensional de um sistema dinâmico

Dado um retrato de estados de um sistema dinâmico, podemos construir um campo de vetores velocidade (tangente), um para cada ponto do espaço de estados. A figura assim obtida por sua vez fornece uma representação do campo vetorial do sistema.

Na Figura 14.3, mostramos um número de vetores velocidade para dar a idéia de como um campo completo se apresenta. A utilidade de um campo vetorial está no fato de que ele nos dá uma descrição visual da tendência inerente de um sistema dinâmico de se mover com uma velocidade habitual em cada ponto específico de um espaço de estados.

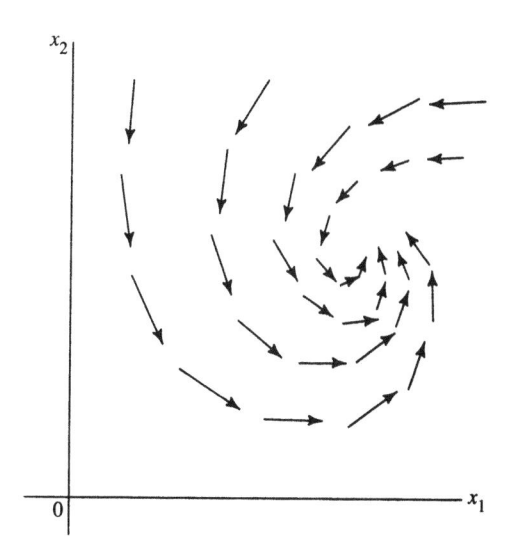

FIGURA 14.3 Um campo vetorial bidimensional de um sistema dinâmico

A Condição de Lipschitz

Para que a equação do espaço de estados (14.2) tenha uma solução e para que a solução seja única, devemos impor certas restrições à função vetorial $\mathbf{F}(\mathbf{x})$. Por conveniência de apresentação, retiramos a dependência do vetor de estado $\mathbf{x}$ em relação ao tempo t, uma prática que seguimos de tempos em tempos. Para que exista uma solução, é suficiente que $\mathbf{F}(\mathbf{x})$ seja contínua em todos os seus argumentos. Entretanto, esta restrição sozinha não garante a unicidade da solução. Para que isto aconteça, devemos impor um restrição adicional conhecida como a *condição de Lipschitz*. Considere que $\|\mathbf{x}\|$ represente a *norma* ou *comprimento euclidiano* do vetor $\mathbf{x}$. Considere que $\mathbf{x}$ e $\mathbf{u}$ sejam um par de vetores em um conjunto aberto $\mathcal{M}$ em um espaço vetorial (de estados) normalizado. Então, de acordo com a condição de Lipschitz, existe uma constante K tal que (Hirsch e Smale, 1974; E.A. Jackson, 1989)

$$\|\mathbf{F}(\mathbf{x}) - \mathbf{F}(\mathbf{u})\| \leq K \|\mathbf{x} - \mathbf{u}\| \tag{14.4}$$

para todo $\mathbf{x}$ e $\mathbf{u}$ em $\mathcal{M}$. Diz-se que uma função vetorial $\mathbf{F}(\mathbf{x})$ que satisfaz a Eq. (14.4) é de *Lipschitz*, e K é chamada de *constante de Lipschitz* para $\mathbf{F}(\mathbf{x})$. A Equação (14.4) também implica a continuidade da função $\mathbf{F}(\mathbf{x})$ em relação a $\mathbf{x}$. Segue, portanto, que, no caso de sistemas autônomos, a condição de Lipschitz garante tanto a existência como a unicidade de soluções para a equação do espaço de estados (14.2). Em particular, se todas as derivadas parciais $\partial F_i/\partial x_j$ forem finitas em todo lugar, então a função $\mathbf{F}(\mathbf{x})$ satisfaz a condição de Lipschitz.

Teorema da Divergência

Considere uma região de volume V e superfície S no espaço de estados de um sistema autônomo e assuma um "fluxo" de pontos desta região. Da nossa discussão anterior, constatamos que o vetor velocidade $d\mathbf{x}/dt$ é igual ao campo vetorial $\mathbf{F}(\mathbf{x})$. Desde que o campo vetorial $\mathbf{F}(\mathbf{x})$ dentro do volume seja "bem comportado", podemos aplicar o *teorema da divergência* do cálculo vetorial (Jackson, 1975). Considere que $\mathbf{n}$ represente um vetor unitário normal à superfície dS apontando para fora do volume abrangido. Então, de acordo com o teorema da divergência, a relação

$$\int_S (\mathbf{F}(\mathbf{x}) \cdot \mathbf{n}) dS = \int_V (\nabla \cdot \mathbf{F}(\mathbf{x})) dV \tag{14.5}$$

é válida entre a integral de volume da divergência de $\mathbf{F}(\mathbf{x})$ e a integral de superfície da componente normal de $\mathbf{F}(\mathbf{x})$ direcionada para fora. A quantidade no lado esquerdo da Eq. (14.5) é reconhecida como o *fluxo* líquido saindo da região cercada pela superfície fechada S. Se esta quantidade for zero, o sistema é *conservativo*; se ela for negativa, o sistema é *dissipativo*. Com base na Eq. (14.5), podemos afirmar equivalentemente que, se a divergência $\nabla \cdot \mathbf{F}(\mathbf{x})$ (que é um escalar) for zero, o sistema é conservativo e, se ele for negativo, o sistema é dissipativo.

14.3 ESTABILIDADE DE ESTADOS DE EQUILÍBRIO

Considere um sistema dinâmico autônomo descrito pela equação do espaço de estados (14.2). Diz-se que um vetor constante $\bar{\mathbf{x}} \in \mathcal{M}$ é um *estado de equilíbrio (estacionário)* do sistema se a seguinte condição for satisfeita:

$$\mathbf{F}(\bar{\mathbf{x}}) = \mathbf{0} \tag{14.6}$$

onde **0** é o vetor nulo. O vetor velocidade $d\mathbf{x}/dt$ desaparece no estado de equilíbrio $\bar{\mathbf{x}}$, e portanto a função constante $\mathbf{x}(t) = \bar{\mathbf{x}}$ é uma solução da Eq. (14.2). Além disso, devido à propriedade da unicidade de soluções, nenhuma outra curva de solução pode passar através do estado de equilíbrio $\bar{\mathbf{x}}$. O estado de equilíbrio é também referido como um *ponto singular*, significando o fato de que no caso de um ponto de equilíbrio a trajetória degenerará para o próprio ponto.

Para desenvolvermos um entendimento mais profundo da condição de equilíbrio, suponha que a função não-linear $\mathbf{F}(\mathbf{x})$ seja suave o suficiente para que a equação do espaço de estados (14.2) seja linearizada na vizinhança de $\bar{\mathbf{x}}$. Especificamente, considere

$$\mathbf{x}(t) = \bar{\mathbf{x}} + \Delta\mathbf{x}(t) \tag{14.7}$$

onde $\Delta\mathbf{x}(t)$ é um pequeno desvio de $\bar{\mathbf{x}}$. Então, retendo os primeiros dois termos na expansão em série de Taylor de $\mathbf{F}(\mathbf{x})$, podemos aproximá-la como segue

$$\mathbf{F}(\mathbf{x}) \simeq \bar{\mathbf{x}} + \mathbf{A}\,\Delta\mathbf{x}(t) \tag{14.8}$$

A matriz $\mathbf{A}$ é a *jacobiana* da função não-linear $\mathbf{F}(\mathbf{x})$, calculada no ponto $\mathbf{x} = \bar{\mathbf{x}}$, como mostrado por

$$\mathbf{A} = \frac{\partial}{\partial \mathbf{x}}\mathbf{F}(\mathbf{x})\Big|_{\mathbf{x}=\bar{\mathbf{x}}} \tag{14.9}$$

Substituindo as Eqs. (14.7) e (14.8) em (14.2) e então usando a definição de um estado de equilíbrio, obtemos

$$\frac{d}{dt}\Delta\mathbf{x}(t) \simeq \mathbf{A}\,\Delta\mathbf{x}(t) \tag{14.10}$$

Desde que a Jacobiana $\mathbf{A}$ seja não-singular, isto é, que exista a matriz inversa $\mathbf{A}^{-1}$, a aproximação descrita na Eq. (14.10) é suficiente para determinar o comportamento *local* das trajetórias do sistema na vizinhança do estado de equilíbrio $\bar{\mathbf{x}}$. Se $\mathbf{A}$ for não-singular, a natureza do estado de equilíbrio é essencialmente determinada pelos seus *autovalores*, e portanto pode ser classificada de uma forma correspondente. Em particular, quando a matriz Jacobiana $\mathbf{A}$ tem m autovalores com partes reais positivas, dizemos que o estado de equilíbrio $\bar{\mathbf{x}}$ é do *tipo m*.

Para o caso especial de um *sistema de segunda ordem*, podemos classificar o estado de equilíbrio como resumido na Tabela 14.1 e ilustrado na Fig. 14.4 (Cook, 1986; Arrowsmith e Place, 1990). Sem perda de generalidade, o estado de equilíbrio é assumido como estando na origem do espaço de estados, isto é, $\mathbf{x} = \mathbf{0}$. Note também que no caso de um *ponto de sela*, mostrado na Fig. 14.4e, as trajetórias indo para o ponto de sela são estáveis, enquanto que as trajetórias saindo do ponto de sela são instáveis.

Definições de Estabilidade

A linearização da equação do espaço de estados, como delineado, fornece informação útil sobre as propriedades *locais* de estabilidade de um estado de equilíbrio. Entretanto, para sermos capazes de

TABELA 14.1 Classificação do Estado de Equilíbrio de um Sistema de Segunda Ordem

Tipo de Estado de Equilíbrio $\bar{\mathbf{x}}$	Autovalores da Matriz Jacobiana **A**
Nó estável	Reais e negativos
Foco estável	Complexos conjugados com partes reais negativas
Nó instável	Reais e positivos
Foco instável	Complexos conjugados com partes reais positivas
Ponto de sela	Reais com sinais opostos
Centro	Conjugados puramente imaginários

investigar a estabilidade de um sistema dinâmico não-linear de uma forma mais detalhada, necessitamos de definições precisas sobre a estabilidade e a convergência de um estado de equilíbrio.

No contexto de um sistema dinâmico não-linear autônomo com estado de equilíbrio $\bar{\mathbf{x}}$, as definições de estabilidade e convergência são como segue (Cook, 1986):

DEFINIÇÃO 1. Diz-se que o estado de equilíbrio $\bar{\mathbf{x}}$ é uniformemente estável se para qualquer ϵ positivo existe um δ positivo tal que a condição

$$\|\mathbf{x}(0) - \bar{\mathbf{x}}\| < \delta$$

implica

$$\|\mathbf{x}(t) - \bar{\mathbf{x}}\| < \epsilon$$

para todo $t > 0$.

Esta definição afirma que uma trajetória do sistema pode ser mantida dentro de uma pequena vizinhança do estado de equilíbrio $\bar{\mathbf{x}}$, se o estado inicial $\mathbf{x}(0)$ for próximo a $\bar{\mathbf{x}}$.

DEFINIÇÃO 2. Diz-se que o estado de equilíbrio $\bar{\mathbf{x}}$ é convergente se existir um δ positivo tal que a condição

$$\|\mathbf{x}(0) - \bar{\mathbf{x}}\| < \delta$$

implica

$$\mathbf{x}(t) \to \bar{\mathbf{x}} \quad \text{quando } t \to \infty$$

O significado desta segunda definição é que se o estado inicial $\mathbf{x}(0)$ de uma trajetória for próximo o suficiente ao estado de equilíbrio $\bar{\mathbf{x}}$, então a trajetória descrita pelo vetor de estado $\mathbf{x}(t)$ se aproximará de $\bar{\mathbf{x}}$ quando o tempo t se aproximar do infinito.

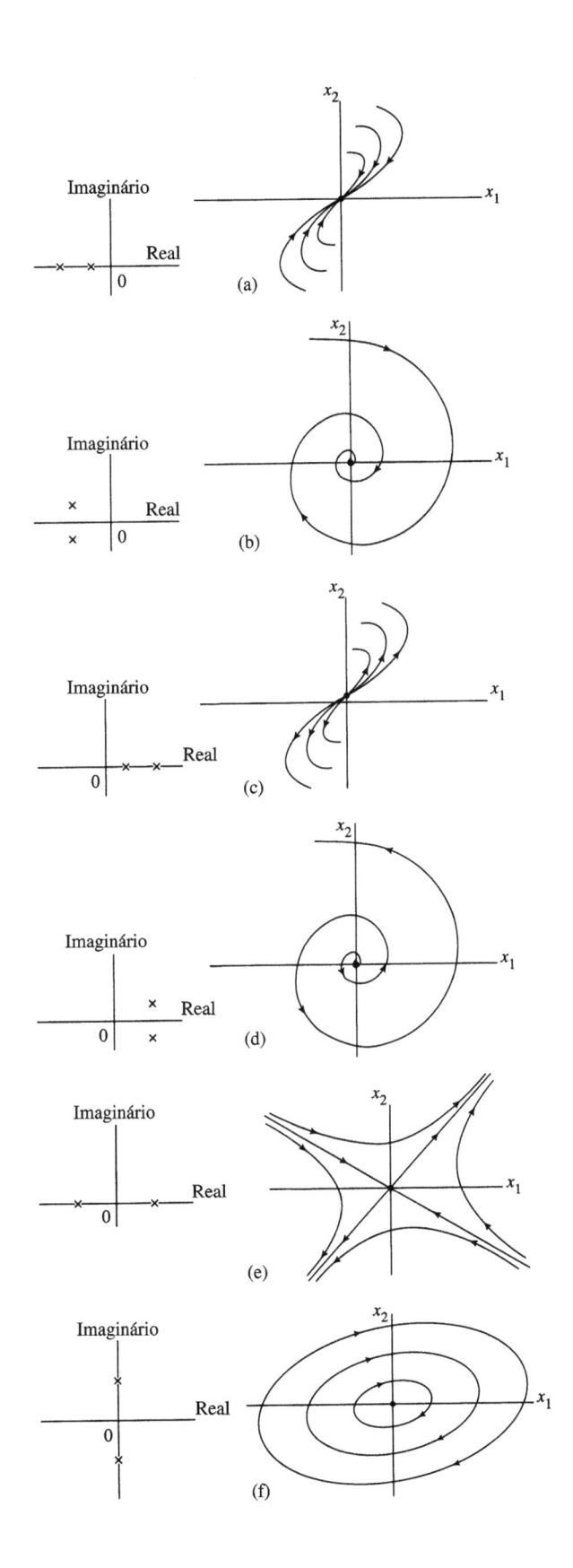

FIGURA 14.4 (a) Nó estável. (b) Foco estável. (c) Nó instável. (d) Foco instável. (e) Ponto de sela. (f) Centro

DEFINIÇÃO 3. Diz-se que o estado de equilíbrio $\bar{\mathbf{x}}$ é assintoticamente estável se ele for estável e convergente.

Aqui notamos que estabilidade e convergência são propriedades independentes. Apenas quando ambas essas propriedades forem satisfeitas temos estabilidade assintótica.

DEFINIÇÃO 4. Diz-se que o estado de equilíbrio $\bar{\mathbf{x}}$ é assintoticamente estável ou global e estaticamente estável se ele for estável e todas as trajetórias do sistema convergirem para $\bar{\mathbf{x}}$ quando t se aproxima do infinito.

Esta definição implica que o sistema não pode ter outros estados de equilíbrio e requer que toda trajetória do sistema se mantenha limitada para todo tempo $t > 0$. Em outras palavras, estabilidade assintótica global implica que o sistema irá no final se acomodar em um estado estável para qualquer escolha de condições iniciais.

Exemplo 14.1

Considere que uma solução $\mathbf{u}(t)$ do sistema dinâmico não-linear descrito pela Eq. (14.2) varie com o tempo t como indicado na Fig. 14.5. Para a solução $\mathbf{u}(t)$ ser uniformemente estável, exigimos que $\mathbf{u}(t)$ e qualquer outra solução $\mathbf{v}(t)$ permaneçam próximas entre si para os mesmos valores de t (i.e., instantes de tempo), como ilustrado na Fig. 14.5. Este tipo de comportamento é referido como uma *correspondência isócrona* das duas soluções $\mathbf{v}(t)$ e $\mathbf{u}(t)$ (E.A. Jackson, 1989). A solução $\mathbf{u}(t)$ é convergente desde que, para qualquer outra solução $\mathbf{v}(t)$ para a qual $\|\mathbf{v}(0) - \mathbf{u}(0)\| \leq \delta(\epsilon)$ no tempo $t = 0$, as soluções $\mathbf{v}(t)$ e $\mathbf{u}(t)$ convirjam para um estado de equilíbrio quando t se aproxima do infinito.

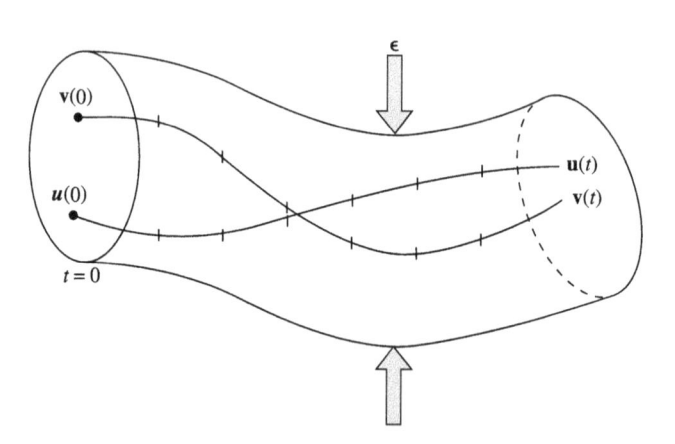

■

FIGURA 14.5 Ilustração da noção de estabilidade (convergência) uniforme de um vetor de estado

Teoremas de Lyapunov

Tendo definido estabilidade e estabilidade assintótica de um estado de equilíbrio de um sistema dinâmico, a próxima questão a ser considerada é a determinação da estabilidade. Podemos obviamente resolvê-la encontrando realmente todas as soluções possíveis da equação do espaço de estados do sistema; entretanto, esta abordagem é freqüentemente difícil se não impossível. Encontramos uma abordagem mais elegante na *teoria moderna da estabilidade*, estabelecida por Lyapunov. Especificamente, podemos investigar o problema da estabilidade aplicando o *método direto de Lyapunov*, que utiliza uma função escalar contínua do vetor de estado, chamada de função de Lyapunov.

O teorema de Lyapunov sobre a estabilidade e a estabilidade assintótica da equação do espaço de estados (14.2) que descreve um sistema dinâmico não-linear autônomo com vetor de estado $\mathbf{x}(t)$ e estado de equilíbrio $\bar{\mathbf{x}}$ pode ser formulado como segue:

TEOREMA 1. O estado de equilíbrio $\bar{\mathbf{x}}$ é estável se em uma pequena vizinhança de $\bar{\mathbf{x}}$ existir uma função positivamente definida $V(\mathbf{x})$ tal que a sua derivada em relação ao tempo é negativamente semidefinida naquela região.

TEOREMA 2. O estado de equilíbrio $\bar{\mathbf{x}}$ é assintoticamente estável se em uma pequena vizinhança de $\bar{\mathbf{x}}$ existir uma função positivamente definida $V(\mathbf{x})$ tal que a sua derivada em relação ao tempo é negativamente definida naquela região.

Uma função escalar $V(\mathbf{x})$ que satisfaz estas exigências é chamada uma *função de Lyapunov* para o estado de equilíbrio $\bar{\mathbf{x}}$.

Estes teoremas exigem que a função de Lyapunov $V(\mathbf{x})$ seja uma função positivamente definida. Uma função assim é definida como: a função $V(\mathbf{x})$ é *positivamente definida* no espaço de estados $\mathscr{L}$ se, para todo $\mathbf{x}$ em $\mathscr{L}$, ela satisfizer as seguintes condições:

1. A função $V(\mathbf{x})$ tem derivadas parciais contínuas em relação aos elementos do vetor de estado $\mathbf{x}$
2. $V(\bar{\mathbf{x}}) = 0$
3. $V(\mathbf{x}) > 0$ se $\mathbf{x} \neq \bar{\mathbf{x}}$

Dado que $V(\mathbf{x})$ é uma função de Lyapunov, de acordo com o Teorema 1 o estado de equilíbrio $\bar{\mathbf{x}}$ é estável se

$$\frac{d}{dt}V(\mathbf{x}) \leq 0 \quad \text{para } \mathbf{x} \in \mathcal{U} - \bar{\mathbf{x}} \tag{14.11}$$

onde $\mathcal{U}$ é uma pequena vizinhança em torno de $\bar{\mathbf{x}}$. Além disso, de acordo com o Teorema 2, o estado de equilíbrio $\bar{\mathbf{x}}$ é assintoticamente estável se

$$\frac{d}{dt}V(\mathbf{x}) < 0 \quad \text{para } \mathbf{x} \in \mathcal{U} - \bar{\mathbf{x}} \tag{14.12}$$

O ponto importante desta discussão é que os teoremas de Lyapunov podem ser aplicados sem ter que resolver a equação do espaço de estados do sistema. Infelizmente, os teoremas não fornecem indicação de como encontrar uma função de Lyapunov; em cada caso isto é uma questão de engenhosidade e de tentativa e erro. Em muitos problemas de interesse, a função de energia pode servir como uma função de Lyapunov. A inabilidade de encontrar uma função de Lyapunov adequada não prova, entretanto, a instabilidade do sistema. A existência de uma função de Lyapunov é suficiente mas não necessária para a estabilidade.

A função de Lyapunov $V(\mathbf{x})$ fornece a base matemática para a análise *global* de estabilidade do sistema dinâmico não-linear descrito pela Eq. (14.2). Por outro lado, o uso da Eq. (14.10) baseada na matriz jacobiana $\mathbf{A}$ fornece a base para a análise *local* de estabilidade do sistema. A análise global de estabilidade é muito mais poderosa em suas conclusões que a análise local de estabilidade; isto é, todo sistema globalmente estável é também localmente estável, mas não vice-versa.

14.4 ATRATORES

Os sistemas dissipativos são geralmente caracterizados pela presença de conjuntos atratores ou variedades de dimensionalidade mais baixa que aquela do espaço de estado. Por uma "variedade" consideramos uma superfície de dimensionalidade k inserida no espaço de estado de dimensionalidade K, que é definida por um conjunto de equações:

$$M_j(x_1, x_2, ..., x_N) = 0, \quad \begin{cases} j = 1, 2, ..., k \\ k < N \end{cases} \quad (14.13)$$

onde $x_1, x_2, ..., x_N$ são elementos do vetor de estado de dimensão N do sistema, e M_j é uma função destes elementos. Estas variedades são chamadas *atratores*[3] pois são subconjuntos limitados para os quais regiões de condições iniciais de volume não-nulo do espaço de estado convergem quando o tempo t aumenta (Ott, 1993).

A variedade pode consistir de um único ponto no espaço de estado, que neste caso chamamos de um *atrator pontual*. Alternativamente, ela pode estar na forma de uma órbita periódica, que neste caso chamamos de um *ciclo limite* estável, estável no sentido de que trajetórias próximas se aproximam dela assintoticamente. A Figura 14.6 ilustra estes dois tipos de atratores. Os atratores representam os únicos *estados de equilíbrio* de um sistema dinâmico que podem ser *observados experimentalmente*. Note, entretanto, que no contexto dos atratores um estado de equilíbrio *não* implica um equilíbrio estático, nem um estado estacionário. Um ciclo limite, por exemplo, representa um estado estável de um atrator, mas varia continuamente com o tempo.

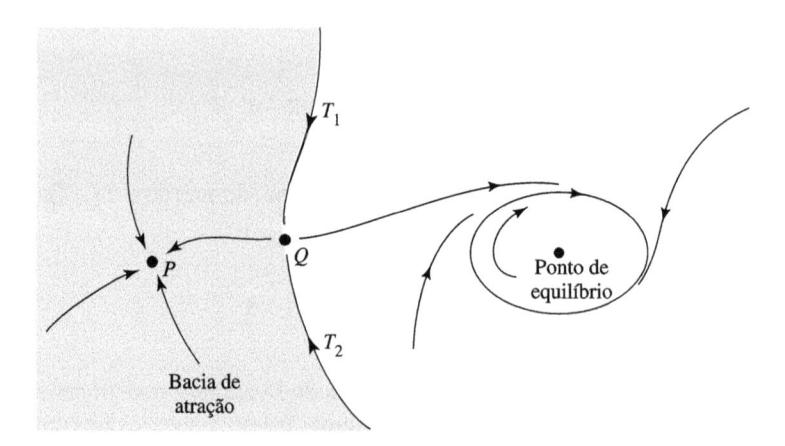

FIGURA 14.6 Ilustração da noção de uma bacia de atração e a idéia de uma separatriz

Na Figura 14.6, notamos que cada atrator está envolvido por uma região distinta própria. Uma região assim é chamada uma *bacia (domínio) de atração*. Note também que cada estado inicial do sistema está na bacia de algum atrator. A fronteira separando uma bacia de atração de uma outra é chamada uma *separatriz*. No caso da Fig. 14.6, a fronteira da bacia é representada pela união da trajetória T_1, do ponto de sela Q e da trajetória T_2.

Um ciclo limite constitui a forma típica de um comportamento oscilatório que surge quando um ponto de equilíbrio de um sistema não-linear se torna instável. Como tal, ele pode surgir em sistemas não-lineares de qualquer ordem. Entretanto, ciclos limites são particularmente característicos de sistemas de segunda ordem.

Atratores Hiperbólicos

Considere um atrator pontual cujas equações dinâmicas não-lineares são linearizadas em torno do estado de equilíbrio $\bar{x}$, da maneira descrita na Seção 14.2. Considere que **A** represente a matriz jacobiana do sistema calculada em $x = \bar{x}$. Diz-se que o atrator é um *atrator hiperbólico* se todos os autovalores da matriz jacobiana **A** tiverem um valor absoluto menor que 1 (Ott, 1993). O fluxo de um atrator hiperbólico de segunda ordem pode ter, por exemplo, a forma mostrada na Fig. 14.4a ou aquela da Fig. 14.4b; em ambos os casos, os autovalores da matriz jacobiana **A** têm partes reais negativas. Os atratores hiperbólicos são de particular interesse no estudo de um problema conhecido como o problema da extinção dos gradientes que surge em redes neurais dirigidas dinamicamente; este problema é discutido no próximo capítulo.

14.5 MODELOS NEURODINÂMICOS

Tendo nos familiarizado com o comportamento dos sistemas dinâmicos não-lineares, agora estamos prontos para discutir algumas das questões importantes envolvidas na neurodinâmica, o que faremos nesta e nas próximas seções. Enfatizamos que não há uma definição universalmente aceita sobre o que significa neurodinâmica. Em vez de tentar apresentar uma definição, definiremos as propriedades mais gerais dos sistemas neurodinâmicos considerados neste capítulo. Em particular, a discussão é limitada aos sistemas neurodinâmicos cujas variáveis de estado são de valor contínuo, e cujas equações de movimento são descritas por equações diferenciais ou equações de diferenças. Os sistemas de interesse possuem quatro características gerais (Peretto e Nietz, 1986; Pineda, 1988a):

1. *Um grande número de graus de liberdade*. O córtex humano é um *sistema distribuído, altamente paralelo* que possui um número estimado de cerca de 10 bilhões de neurônios, com cada neurônio modelado por uma ou mais variáveis de estado. Acredita-se de modo geral que tanto o poder computacional como a capacidade de tolerância a falhas de um sistema neurodinâmico são o resultado da dinâmica coletiva do sistema. O sistema é caracterizado por um número muito grande de constantes de acoplamento representadas pelas forças (eficácias) das junções sinápticas individuais.
2. *Não-linearidade*. Um sistema neurodinâmico é não-linear. Na realidade, a não-linearidade é essencial para criar uma máquina computacional universal.
3. *Dissipação*. Um sistema neurodinâmico é dissipativo. Ele é, portanto, caracterizado pela convergência do volume do espaço de estados para uma variedade de dimensionalidade mais baixa conforme o tempo avança.
4. *Ruído*. Finalmente, ruído é uma característica intrínseca dos sistemas neurodinâmicos. Em neurônios da vida real, o ruído da membrana é gerado nas junções sinápticas (Katz, 1966).

A presença de ruído demanda o uso de um tratamento probabilístico da atividade neural, adicionando um outro nível de complexidade à análise dos sistemas neurodinâmicos. Um tratamento detalhado da dinâmica estocástica está fora do escopo deste livro. O efeito do ruído é, portanto, ignorado no material que segue.

O Modelo Aditivo

Considere o modelo dinâmico, sem ruído, de um neurônio mostrado na Fig. 14.7, cuja base matemática foi discutida no Capítulo 13. Em termos físicos, os pesos sinápticos $w_{j1}, w_{j2},..., w_{jN}$ representam *condutâncias*, e as entradas respectivas $x_1(t), x_2(t),..., x_N(t)$ representam *potenciais*; N é o número de entradas. Estas entradas são aplicadas a uma *junção aditiva de corrente* caracterizada como segue:

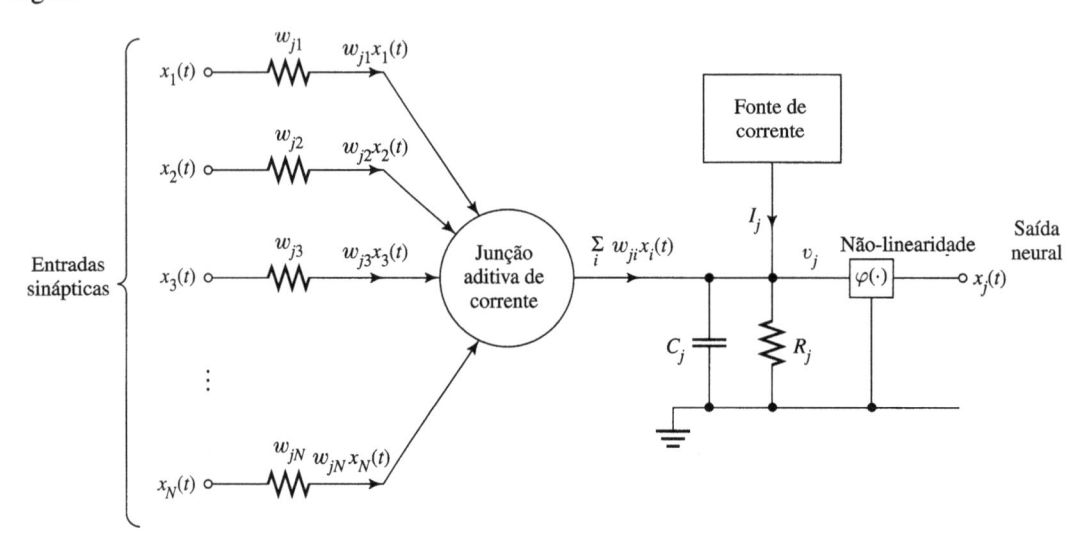

FIGURA 14.7 O modelo aditivo de um neurônio

- Baixa resistência de entrada
- Ganho de corrente unitário
- Alta resistência de saída

Ela atua como um nó aditivo para as correntes de entrada. A corrente total fluindo *em direção* ao nó de entrada do elemento não-linear (função de ativação) na Fig. 14.7 é portanto

$$\sum_{i=1}^{N} w_{ji} x_i(t) + I_j$$

onde o primeiro termo (somatório) se deve aos estímulos $x_1(t), x_2(t),..., x_N(t)$ agindo sobre os pesos sinápticos (condutâncias) $w_{j1}, w_{j2},..., w_{jN}$, respectivamente, e o segundo termo se deve à fonte de corrente I_j representando um bias aplicado externamente. Considere que $v_j(t)$ represente o campo local induzido na entrada da função de ativação não-linear $\varphi(\cdot)$. Podemos então expressar a corrente total fluindo *para fora* do nó de entrada do elemento não-linear como segue:

$$\frac{v_j(t)}{R_j} + C_j \frac{dv_j(t)}{dt}$$

onde o primeiro termo se deve à resistência de fuga R_j e o segundo termo se deve à capacitância de fuga C_j. Da *lei das correntes de Kirchoff*, sabemos que a corrente total entrando em qualquer nó de um circuito elétrico é zero. Aplicando a lei das correntes de Kirchoff ao nó de entrada da não-linearidade da Fig. 14.7, obtemos

$$C_j \frac{dv_j(t)}{dt} + \frac{v_j(t)}{R_j} = \sum_{i=1}^{N} w_{ji} x_i(t) + I_j \qquad (14.14)$$

O termo capacitivo $C_j dv_j(t)/dt$ no lado esquerdo da Eq. (14.14) é o modo mais simples de acrescentar dinâmica (memória) ao modelo de um neurônio. Dado o campo local induzido $v_j(t)$, podemos determinar a saída do neurônio j utilizando a relação não-linear

$$x_j(t) = \varphi(v_j(t)) \qquad (14.15)$$

O modelo RC descrito pela Eq. (14.14) é normalmente referido como o *modelo aditivo*; esta terminologia é usada para discriminar o modelo dos modelos multiplicativos (ou de derivação) onde w_{ji} é dependente de x_i (Grossberg, 1982).

Uma característica distintiva do modelo aditivo descrito pela Eq. (14.14) é que o sinal $x_i(t)$ aplicado ao neurônio j pela conexão com o neurônio i é uma função lentamente variável do tempo t. O modelo assim descrito constitui a base da *neurodinâmica clássica*.[4]

Para prosseguirmos, considere uma *rede recorrente* consistindo da interligação de N neurônios, onde se assume que cada neurônio tem o mesmo modelo matemático descrito nas Eqs. (14.14) e (14.15). Então, ignorando o tempo de atraso de propagação entre os neurônios, podemos definir a dinâmica da rede pelo seguinte *sistema de equações diferenciais de primeira ordem acopladas*:

$$C_j \frac{dv_j(t)}{dt} = -\frac{v_j(t)}{R_j} + \sum_{i=1}^{N} w_{ji} x_i(t) + I_j, \quad j = 1, 2, ..., N \qquad (14.16)$$

que tem a mesma forma matemática das equações de estado (14.1) e que resulta de uma reordenação simples de termos na Eq. (14.14). Assume-se que a função de ativação $\varphi(\cdot)$ relacionando a saída $x_j(t)$ do neurônio j com o seu campo local induzido $v_j(t)$ é uma função contínua e portanto diferenciável. Uma função de ativação normalmente utilizada é a função logística

$$\varphi(v_j) = \frac{1}{1 + \exp(-v_j)}, \quad j = 1, 2, ..., N \qquad (14.17)$$

Uma condição necessária para que os algoritmos de aprendizagem descritos nas Seções 14.6 a 14.11 existam é que a rede recorrente descrita pelas Eqs. (14.15) e (14.16) possua pontos fixos (i.e., atratores pontuais).

Modelos Relacionados

Para simplificar a exposição, assumimos que a constante de tempo $\tau_j = R_j C_j$ do neurônio j na Eq. (14.16) seja a mesma para todo j. Então, normalizando o tempo t em relação ao valor comum desta constante de tempo e normalizando os w_{ji} e I_j em relação a R_j, podemos rescrever o modelo da Eq. (14.16) como segue:

$$\frac{dv_j(t)}{dt} = -v_j(t) + \sum_i w_{ji}\varphi(v_i(t)) + I_j, \quad j = 1, 2, \ldots, N \tag{14.18}$$

onde também incorporamos a Eq. (14.15). A estrutura de atrator do sistema de equações diferenciais não-lineares de primeira ordem acopladas (14.18) é basicamente a mesma que aquela de um modelo intimamente relacionado descrito por (Pineda, 1987):

$$\frac{dx_j(t)}{dt} = -x_j(t) + \varphi\left(\sum_i w_{ji} x_i(t)\right) + K_j, \quad j = 1, 2, \ldots, N \tag{14.19}$$

No modelo aditivo descrito pela Eq. (14.18), os campos locais induzidos $v_1(t), v_2(t), \ldots, v_N(t)$ dos neurônios individuais constituem o vetor de estado. Por outro lado, no modelo relacionado da Eq. (14.19), as saídas dos neurônios $x_1(t), x_2(t), \ldots, x_N(t)$ constituem o vetor de estado.

Estes dois modelos neurodinâmicos são na verdade relacionados entre si por uma transformação linear inversiva. Especificamente, multiplicando ambos os lados da Eq. (14.19) por w_{kj}, somando em relação a j e então substituindo a transformação

$$v_k(t) = \sum_j w_{kj} x_j(t)$$

obtemos um modelo do tipo descrito pela Eq. (14.18) e assim constatamos que os termos de bias dos dois modelos são relacionados por

$$I_k = \sum_j w_{kj} K_j$$

O ponto importante a notar aqui é que os resultados que dizem respeito à estabilidade do modelo aditivo da Eq. (14.18) são aplicáveis ao modelo relativo à Eq. (14.19).

A relação íntima entre os dois modelos neurodinâmicos descritos aqui é também ilustrada nos diagramas em blocos mostrados na Fig. 14.8. As partes a e b desta figura correspondem às formulações matriciais das Equações (14.18) e (14.19), respectivamente; **W** é a matriz de pesos sinápticos, **v**(t) é o vetor dos campos locais induzidos no tempo t e **x**(t) é o vetor de saídas neuronais no tempo t. A presença de *realimentação* em ambos os modelos é claramente visível na Fig. 14.8.

14.6 MANIPULAÇÃO DE ATRATORES COMO UM PARADIGMA DE REDE RECORRENTE

Quando o número de neurônios, N, é muito grande, o modelo neurodinâmico descrito pela Eq. (14.16) possui, exceto pelo efeito do ruído, as propriedades gerais delineadas anteriormente na Seção 14.5: muitos graus de liberdade, não-linearidade e dissipação. Conseqüentemente, um mode

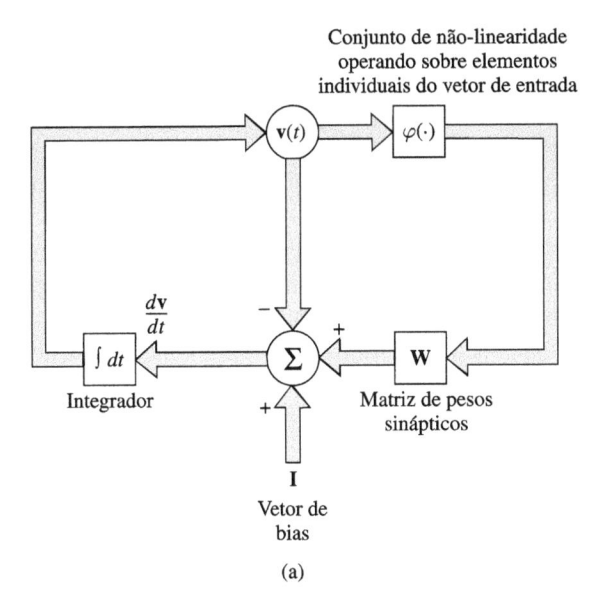

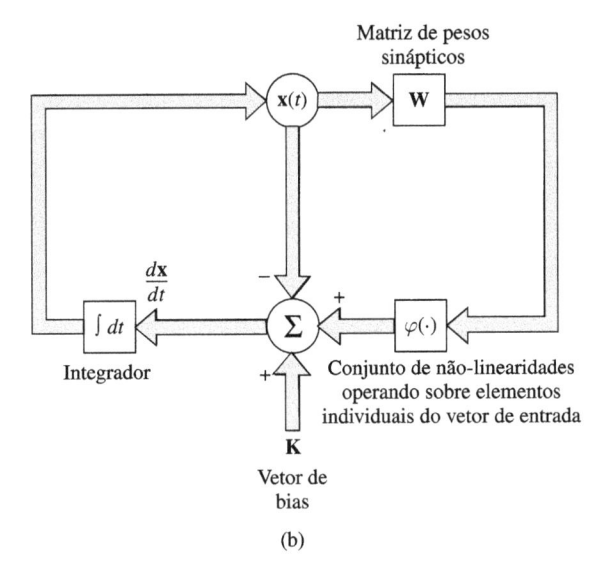

FIGURA 14.8 (a) Diagrama em blocos de um sistema neurodinâmico representado pelas equações diferenciais de primeira ordem acopladas (14.18). (b) Diagrama em blocos do modelo relacionado descrito pelas Equações (14.19)

lo neurodinâmico assim pode ter estruturas de atratores complicadas e portanto exibir capacidades computacionais úteis.

A identificação de atratores como objetos computacionais (p.ex., memórias associativas, mapeadores de entrada-saída) é uma das fundamentações dos paradigmas de redes neurais. Para implementar esta idéia, devemos exercer *controle* sobre as localizações dos atratores no espaço de estados do sistema. Um algoritmo de aprendizagem então assume a forma de uma equação dinâmica não-linear que manipula as localizações dos atratores para o propósito de codificar informação em uma forma desejada, ou de aprender estruturas temporais de interesse. Deste modo, é possível estabelecer uma relação íntima entre a física da máquina e os algoritmos da computação.

Uma forma pela qual as propriedades coletivas de uma rede neural podem ser usadas para implementar uma tarefa computacional é pelo conceito de *minimização de energia*. A rede de Hopfield e o modelo do estado cerebral em uma caixa, a serem considerados nas Seções 14.7 e 14.10, respectivamente, são exemplos bem-conhecidos de uma abordagem assim. Estes dois modelos são redes de minimização de energia; diferem entre si pelas suas áreas de aplicação. A rede de Hopfield é útil como uma memória endereçável por conteúdo ou como um computador analógico para resolver problemas de otimização do tipo combinatório. O modelo de estado cerebral em uma caixa, por outro lado, é útil para aplicações do tipo de formação de agrupamentos. Nas seções subseqüentes do capítulo, será dito mais a respeito destas aplicações.

A rede de Hopfield e o modelo do estado cerebral em uma caixa são exemplos de uma memória associativa sem neurônios ocultos: uma memória associativa é um recurso importante para o comportamento inteligente. Um outro modelo neurodinâmico é o mapeador de entrada-saída, cuja operação se baseia na disponibilidade de neurônios ocultos. Neste último caso, o método da descida mais íngreme é freqüentemente utilizado para minimizar uma função de custo definida em termos dos parâmetros da rede, e com isso modificar as localizações dos atratores. Esta última aplicação de um modelo neurodinâmico é exemplificada pelas redes recorrentes dirigidas dinamicamente discutidas no próximo capítulo.

14.7 O MODELO DE HOPFIELD

A *rede (modelo) de Hopfield* consiste de um conjunto de neurônios e um conjunto correspondente de atrasos unitários, formando um *sistema realimentado de múltiplos laços*, como ilustrado na Fig. 14.9. O número de laços de realimentação é igual ao número de neurônios. Basicamente, a saída de cada neurônio é realimentada, através de um elemento de atraso unitário, para cada um dos outros neurônios da rede. Em outras palavras, *não* existe auto-realimentação na rede; a razão para se evitar o uso de auto-realimentação é explicada mais adiante.

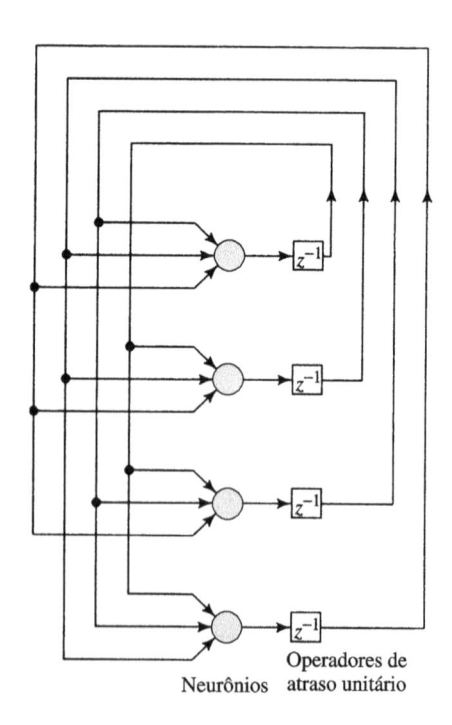

FIGURA 14.9 Grafo arquitetural de uma rede de Hopfield consistindo de $N = 4$ neurônios

Neurônios   Operadores de atraso unitário

Para estudar a dinâmica da rede de Hopfield, usamos o modelo neurodinâmico descrito na Eq. (14.16), que é baseado no modelo aditivo de um neurônio.

Reconhecendo que $x_i(t) = \varphi_i(v_i(t))$, podemos rescrever a Eq. (14.16) na forma

$$C_j \frac{d}{dt} v_j(t) = -\frac{v_j(t)}{R_j} + \sum_{i=1}^{N} w_{ji} \varphi_i(v_i(t)) + I_j, \quad j = 1,...,N \qquad (14.20)$$

Para prosseguirmos com a discussão, fazemos as seguintes suposições:

1. A matriz de pesos sinápticos é *simétrica*, como mostrado por

$$w_{ji} = w_{ij} \qquad \text{para todo } i \text{ e } j \qquad (14.21)$$

2. Cada neurônio tem uma ativação *não-linear* particular – daí o uso de $\varphi_i(\cdot)$ na Eq. (14.20).
3. A *inversa* da função de ativação não-linear existe, e assim podemos escrever

$$v = \varphi_i^{-1}(x) \qquad (14.22)$$

Considere que a função sigmóide $\varphi_i(v)$ seja definida pela função tangente hiperbólica

$$x = \varphi_i(v) = \tanh\left(\frac{a_i v}{2}\right) = \frac{1 - \exp(-a_i v)}{1 + \exp(-a_i v)} \qquad (14.23)$$

que tem uma inclinação de $a_i/2$ na origem como mostrado por

$$\frac{a_i}{2} = \left.\frac{d\varphi_i}{dv}\right|_{v=0} \qquad (14.24)$$

Daqui para frente, nós nos referimos a a_i como o *ganho* do neurônio i.

A relação inversa de entrada-saída da Eq. (14.22) pode assim ser rescrita na forma

$$v = \varphi_i^{-1}(x) = -\frac{1}{a_i} \log\left(\frac{1-x}{1+x}\right) \qquad (14.25)$$

A forma *padrão* da relação inversa de entrada-saída para um neurônio de ganho unitário é definida por

$$\varphi^{-1}(x) = -\log\left(\frac{1-x}{1+x}\right) \qquad (14.26)$$

Podemos rescrever a Equação (14.25) em termos desta relação padrão como

$$\varphi_i^{-1}(x) = \frac{1}{a_i} \varphi^{-1}(x) \qquad (14.27)$$

A Figura 14.10a mostra um gráfico da não-linearidade sigmóide padrão $\varphi(v)$, e a Fig. 14.10b mostra o gráfico correspondente da não-linearidade inversa $\varphi^{-1}(x)$.

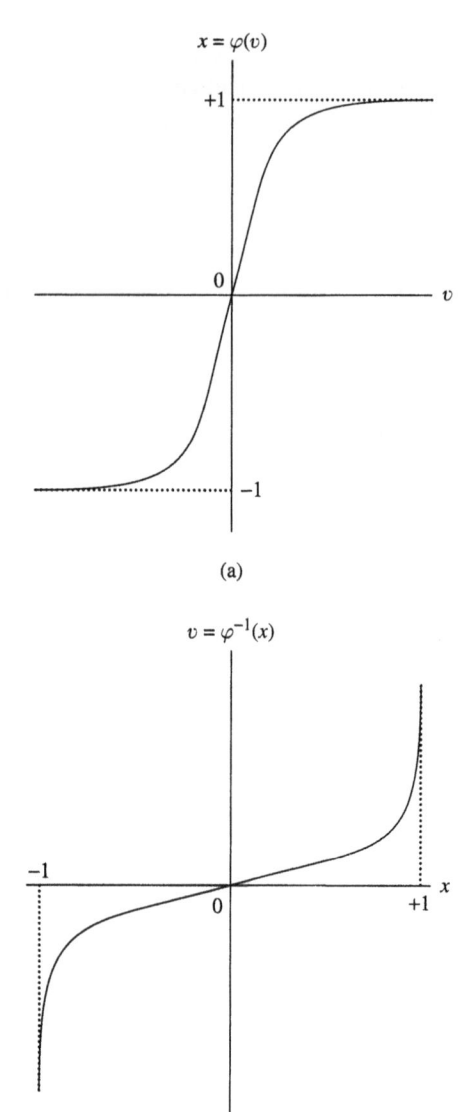

FIGURA 14.10 Gráficos (a) da não-linearidade sigmóide padrão e (b) da sua inversa

A função de energia (de Lyapunov) da rede de Hopfield da Fig. 14.9 é definida por (Hopfield, 1984)

$$E = -\frac{1}{2}\sum_{i=1}^{N}\sum_{j=1}^{N} w_{ji} x_i x_j + \sum_{j=1}^{N} \frac{1}{R_j} \int_0^{x_j} \varphi_j^{-1}(x)dx - \sum_{j=1}^{N} I_j x_j \qquad (14.28)$$

A função de energia E definida pela Eq. (14.28) pode apresentar um *cenário* complicado com muitos mínimos. A dinâmica da rede é descrita por um mecanismo que busca estes mínimos.

Assim, diferenciando E em relação ao tempo, obtemos

$$\frac{dE}{dt} = -\sum_{j=1}^{N} \left(\sum_{i=1}^{N} w_{ji} x_i - \frac{v_j}{R_j} + I_j \right) \frac{dx_j}{dt} \qquad (14.29)$$

Reconhece-se a quantidade dentro dos parênteses no lado direito da Eq. (14.29) como sendo $C_j \, dv_j(t)/dt$ em virtude da equação neurdinâmica (14.20). Podemos assim simplificar a Eq. (14.29) obtendo

$$\frac{dE}{dt} = -\sum_{j=1}^{N} C_j \left(\frac{dv_j}{dt}\right)\frac{dx_j}{dt} \qquad (14.30)$$

Reconhecemos agora a relação inversa que define v_j em termos de x_j. O uso da Eq. (14.22) em (14.30) produz

$$\begin{aligned}\frac{dE}{dt} &= -\sum_{j=1}^{N} C_j \left[\frac{d}{dt}\varphi_j^{-1}(x_j)\right]\frac{dx_j}{dt} \\ &= -\sum_{j=1}^{N} C_j \left(\frac{dx_j}{dt}\right)^2 \left[\frac{d}{dt}\varphi_j^{-1}(x_j)\right]\end{aligned} \qquad (14.31)$$

Da Fig. 14.10b vemos que a relação inversa de entrada-saída $\varphi_j^{-1}(x_j)$ é uma função monotonamente crescente da saída x_j. Daí segue que

$$\frac{d}{dx_j}\varphi_j^{-1}(x_j) \geq 0 \quad \text{para todo } x_j \qquad (14.32)$$

Notamos também que

$$\left(\frac{dx_j}{dt}\right)^2 \geq 0 \quad \text{para todo } x_j \qquad (14.33)$$

Assim, todos os fatores que compõem a soma no lado direito da Eq. (14.31) são não-negativos. Em outras palavras, para a função de energia E definida na Eq. (14.28), temos

$$\frac{dE}{dt} \leq 0$$

Da definição da Eq. (14.28), notamos que a função E é limitada. Conseqüentemente, podemos fazer as duas afirmações seguintes:

1. A função de energia E é uma função de Lyapunov do modelo contínuo de Hopfield.
2. O modelo é estável de acordo com o Teorema 1 de Lyapunov.

Em outras palavras, a evolução temporal do modelo de Hopfield contínuo descrito pelo sistema de equações diferenciais de primeira ordem não-linear (14.20) representa uma trajetória no espaço de estados, que procura o mínimo da função de energia (de Lyapunov) E e que pára nestes pontos fixos. Da Eq. (14.31) também notamos que a derivada dE/dt se anula somente se

$$\frac{d}{dt}x_j(t) = 0 \quad \text{para todo } j$$

Podemos assim avançar um passo e escrever

$$\frac{dE}{dt} < 0 \qquad \text{exceto em um ponto fixo} \qquad (14.34)$$

A Equação (14.34) fornece a base para o seguinte teorema:

A função de energia (de Lyapunov) E de uma rede de Hopfield é uma função monotonamente decrescente do tempo.

Conseqüentemente, a rede de Hopfield é global e assintoticamente estável; os pontos fixos atratores são os mínimos da função de energia, e vice-versa.

Relação entre os Estados Estáveis das Versões Discreta e Contínua do Modelo de Hopfield

A rede de Hopfield pode ser operada em um modo contínuo ou em um modo discreto, dependendo do modelo adotado para descrever os neurônios. O modo contínuo de operação é baseado em um modelo aditivo, como descrito anteriormente. Por outro lado, o modo discreto de operação é baseado no modelo de McCulloch-Pitts. Podemos facilmente estabelecer a relação entre os estados estáveis do modelo de Hopfield contínuo e aqueles do modelo de Hopfield discreto correspondente redefinindo a relação de entrada-saída para um neurônio tal que possamos satisfazer duas características simplificadoras:

1. A saída de um neurônio tem os valores assintóticos

$$x_j = \begin{cases} +1 & \text{para } v_j = \infty \\ -1 & \text{para } v_j = -\infty \end{cases} \qquad (14.35)$$

2. O ponto médio da função de ativação de um neurônio se encontra na origem, como mostrado por

$$\varphi_j(0) = 0 \qquad (14.36)$$

Conseqüentemente, podemos fixar o bias I_j igual a zero para todo j.

Na formulação da função de energia E para um modelo de Hopfield contínuo, permite-se que os neurônios tenham auto-realimentações. Por outro lado, um modelo de Hopfield discreto não deve ter auto-realimentações. Podemos, portanto, simplificar a nossa discussão fazendo $w_{jj} = 0$ para todo j em ambos os modelos.

Com base nestas observações, podemos redefinir a função de energia de um modelo de Hopfield contínuo dada na Eq. (14.28) como segue:

$$E = -\frac{1}{2}\sum_{\substack{i=1 \\ i \neq j}}^{N}\sum_{j=1}^{N} w_{ji} x_i x_j + \sum_{j=1}^{N} \frac{1}{R_j} \int_0^{x_j} \varphi_j^{-1}(x) dx \qquad (14.37)$$

A função inversa $\varphi_j^{-1}(x)$ é definida pela Eq. (14.27). Podemos assim rescrever a função de energia da Eq. (14.37) como segue:

$$E = -\frac{1}{2}\sum_{\substack{i=1 \\ i \neq j}}^{N}\sum_{j=1}^{N} w_{ji}x_i x_j + \sum_{j=1}^{N} \frac{1}{a_j R_j}\int_0^{x_j} \varphi^{-1}(x)dx \qquad (14.38)$$

A integral

$$\int_0^{x_j} \varphi^{-1}(x)dx$$

tem a forma padrão traçada na Fig. 14.11. O seu valor é zero para $x_j = 0$, e positivo caso contrário. Ela assume um valor muito grande quando x_j se aproxima de ±1. Entretanto, se o ganho a_j do neurônio j se torna infinitamente grande (i.e., a não-linearidade sigmóide se aproxima da forma limitadora abrupta idealizada do tipo degrau), o segundo termo da Eq. (14.38) se torna desprezível. No caso limite quando $a_j = \infty$ para todo j, os máximos e mínimos do modelo de Hopfield contínuo se tornam idênticos àqueles do modelo de Hopfield discreto correspondente. No último caso, a função de energia (de Lyapunov) é definida simplesmente por

$$E = -\frac{1}{2}\sum_{\substack{i=1 \\ i \neq j}}^{N}\sum_{j=1}^{N} w_{ji}x_i x_j \qquad (14.39)$$

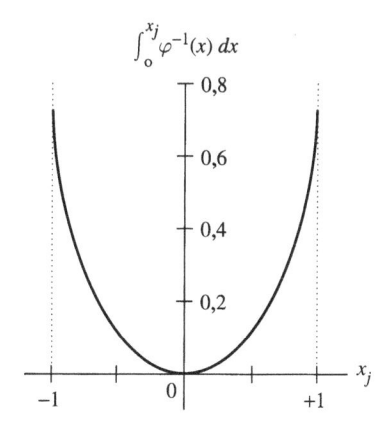

FIGURA 14.11 Gráfico da integral $\int_0^{x_j}\varphi^{-1}(x)\,dx$

onde o j-ésimo estado neuronal $x_j = \pm 1$. Concluímos, portanto, que os únicos pontos estáveis do modelo de Hopfield contínuo determinístico de ganho muito alto correspondem aos pontos estáveis do modelo de Hopfield discreto estocástico.

Entretanto, quando cada neurônio j tiver um ganho a_j grande mas finito, constatamos que o segundo termo do lado direito da Eq. (14.38) faz uma contribuição notável para a função de energia do modelo contínuo. Em particular, esta contribuição é grande e positiva perto de todas as superfícies, bordas e vértices do hipercubo que define o espaço de estados do modelo. Por outro lado, a contribuição é desprezível nos pontos que estão afastados da superfície. Conseqüentemente, a função de energia de um modelo assim tem seus máximos em vértices, mas os mínimos estão levemente deslocados em direção ao interior do hipercubo (Hopfield, 1984).

A Figura 14.12 representa o *mapa de contorno de energia* ou *cenário de energia* para um modelo de Hopfield contínuo usando dois neurônios. As saídas dos dois neurônios definem os dois eixos do mapa. Os vértices inferior esquerdo e superior direito da Fig. 14.12 representam mínimos estáveis para o caso limite de ganho infinito; os mínimos para o caso de ganho finito estão deslocados para dentro. O fluxo para os pontos fixos (i.e., mínimos estáveis) pode ser interpretado como a solução para a minimização da função de energia E definida na Eq. (14.28).

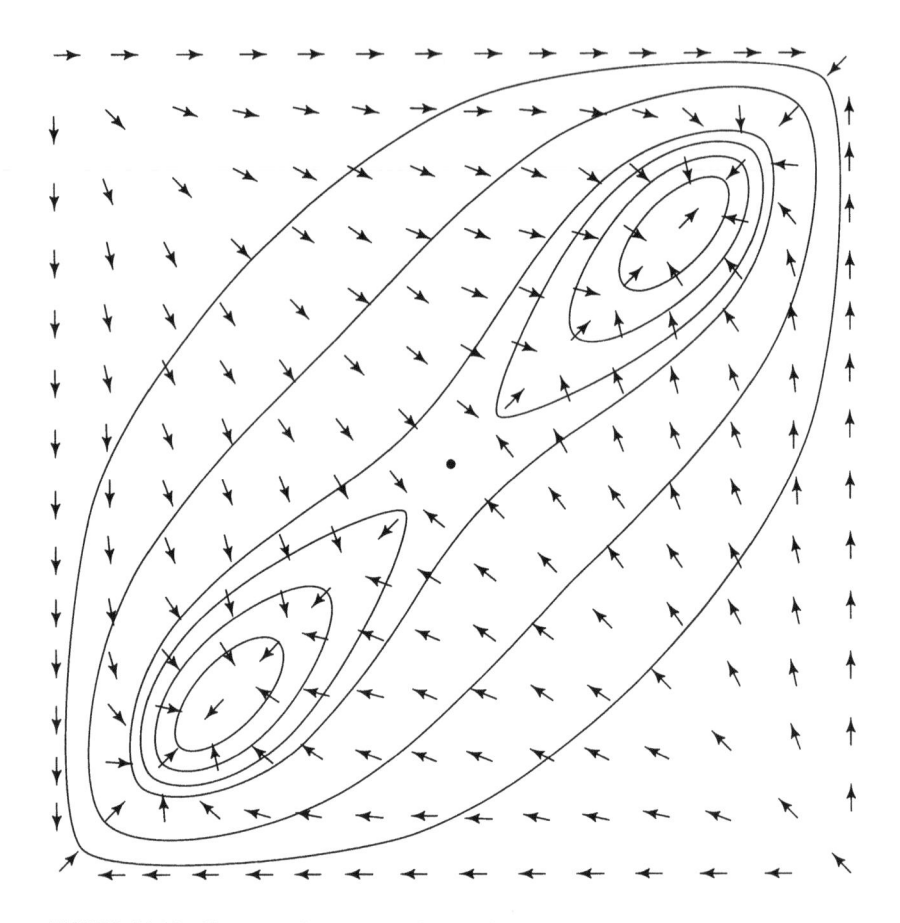

FIGURA 14.12 Um mapa de contorno de energia para um sistema de dois estados estáveis e dois neurônios. A ordenada e a abscissa são as saídas dos dois neurônios. Os estados estáveis estão localizados próximos dos vértices inferior esquerdo e superior direito, e os extremos instáveis estão nos outros dois vértices. As setas mostram o movimento do estado. Este movimento geralmente não é perpendicular aos contornos de energia. (A partir J.J. Hopfield, 1984, com permissão da Academia Nacional de Ciências dos E.U.A.)

O Modelo de Hopfield Discreto como uma Memória Endereçável por Conteúdo

A rede de Hopfield atraiu muita atenção na literatura como uma *memória endereçável por conteúdo*. Nesta aplicação, conhecemos os pontos fixos da rede a *priori* já que correspondem aos padrões a serem armazenados. Entretanto, os pesos sinápticos da rede que produzem os pontos fixos desejados são desconhecidos, e o problema é como determiná-los. A função primária de uma memória endereçável por conteúdo é recuperar um padrão (item) armazenado na memória em resposta à apresentação de uma versão incompleta ou ruidosa daquele padrão. Para ilustrar o significado desta afirmação de um modo sucinto, não poderíamos fazer melhor do que citar um trecho do artigo de 1982 de Hopfield:

> Suponha que um item armazenado na memória seja "H.A. Kramers & G.H. Wannier Physi Rev. 60, 252 (1941)". Uma memória endereçável por conteúdo seria capaz de recuperar este item inteiro de memória com base em informação parcial suficiente. A entrada "& Wannier (1941)" poderia ser suficiente. Uma memória ideal poderia lidar com erros e recuperar esta referência mesmo a partir da entrada "Wannier, (1941)."

Uma propriedade importante de uma memória endereçável por conteúdo é, portanto, a habilidade de recuperar um padrão armazenado, dado um subconjunto razoável do conteúdo de informação daquele padrão. Além disso, uma memória endereçável por conteúdo é *autocorretiva* no sentido de que pode corrigir informação inconsistente contida nos indícios a ela apresentados.

A essência de uma memória endereçável por conteúdo (MEC) é mapear uma memória fundamental ξ_μ em um ponto fixo (estável) $\mathbf{x}_\mu$ de um sistema dinâmico, como ilustrado na Fig. 14.13. Matematicamente, podemos expressar este mapeamento na forma

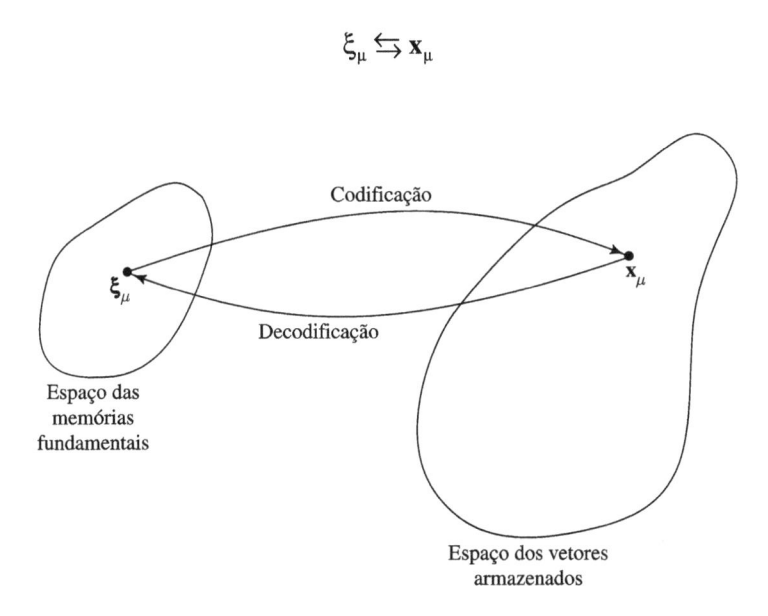

$$\xi_\mu \leftrightarrows \mathbf{x}_\mu$$

FIGURA 14.13 Ilustração da codificação-decodificação realizada por uma rede recorrente

A seta da esquerda para a direita descreve uma operação de *codificação*, enquanto que a seta da direita para a esquerda descreve uma operação de *decodificação*. Os pontos fixos atratores do espaço de estados da rede são as *memórias fundamentais* ou *estados protótipos* da rede.

Suponha agora que seja apresentado à rede um padrão contendo informação parcial mas suficiente sobre uma das memórias fundamentais. Podemos representar este padrão particular como um ponto de partida no espaço de estados. Em princípio, desde que o ponto de partida esteja próximo do ponto fixo representando a memória sendo recuperada (i.e., ele se encontra dentro da bacia de atração pertencente ao ponto fixo), o sistema deve evoluir com o tempo e finalmente convergir para o próprio estado da memória. Naquele ponto, a memória inteira é gerada pela rede. Conseqüentemente, a rede de Hopfield tem uma propriedade *emergente*, que a ajuda a recuperar informação e a lidar com erros.

Com o modelo de Hopfield utilizando o neurônio formal de McCulloch e Pitts (1943) como a sua unidade básica de processamento, cada um destes neurônios tem dois estados determinados pelo nível do campo local induzido agindo sobre ele. O estado "ligado" ou "disparando" do neurônio i é representado pela saída $x_i = +1$, e o estado "desligado" ou "quiescente" é representado por $x_i = -1$. Para uma rede constituída de N neurônios, o *estado* da rede é assim definido pelo vetor

$$\mathbf{x} = [x_1, x_2, ..., x_N]^T$$

Com $x_i = \pm 1$, o estado do neurônio i representa um *bit* de informação, e o vetor de estado N-por-1 $\mathbf{x}$ representa uma palavra binária de N bits de informação.

O campo local induzido v_j do neurônio j é definido por

$$v_j = \sum_{i=1}^{N} w_{ji} x_i + b_j \qquad (14.40)$$

onde b_j é um *bias* fixo aplicado externamente ao neurônio j. Assim, o neurônio j modifica seu estado x_j de acordo com a *regra determinística*

$$x_j = \begin{cases} +1 & \text{se } v_j > 0 \\ -1 & \text{se } v_j < 0 \end{cases}$$

Esta relação pode ser rescrita na forma compacta

$$x_j = \text{sinal}[v_j]$$

onde "sinal" é a *função sinal*. O que acontece se v_j for exatamente zero? Neste caso, a ação a ser realizada pode ser arbitrária. Por exemplo, podemos fazer $x_j = \pm 1$ se $v_j = 0$. Entretanto, usaremos a seguinte convenção: se v_j for zero, o neurônio j permanece no estado anterior, independentemente se estiver ligado ou desligado. O significado desta suposição é que o diagrama de fluxo resultante é simétrico, como será ilustrado mais adiante.

Há duas fases de operação da rede de Hopfield discreta como uma memória endereçável por conteúdo, a fase de armazenamento e a fase de recuperação, como aqui descrito.

1. *Fase de Armazenamento*. Suponha que desejemos armazenar um conjunto de vetores de dimensionalidade N (palavras binárias), representado por $\{\xi_\mu | \mu = 1, 2, ..., M\}$. Denominamos estes M vetores como as *memórias fundamentais*, representando os padrões a serem memorizados pela rede. Considere que $\xi_{\mu, i}$ represente o i-ésimo elemento da memória fundamental ξ_μ, onde a classe $\mu = 1, 2, ..., M$. De acordo com a *regra de armazenamento do produto externo*, isto é, a generalização do *postulado de aprendizagem de Hebb*, o peso sináptico do neurônio i para o neurônio j é definido por

$$w_{ji} = \frac{1}{N} \sum_{\mu=1}^{M} \xi_{\mu,j} \xi_{\mu,i} \qquad (14.41)$$

A razão para usar $1/N$ como a constante de proporcionalidade é simplificar a descrição matemática da recuperação da informação. Note também que a regra de aprendizagem da Eq. (14.41) é uma computação em "uma passagem". Na operação normal da rede de Hopfield, fazemos

$$w_{ii} = 0 \quad \text{para todo } i \tag{14.42}$$

o que significa que os neurônios *não* têm auto-realimentação. Considere que $\mathbf{W}$ represente a *matriz de pesos sinápticos* N-por-N da rede, com w_{ji} como o seu *ji*-ésimo elemento. Podemos então combinar as Eqs. (14.41) e (14.42) em uma única equação escrita na forma matricial como segue:

$$\mathbf{W} = \frac{1}{N} \sum_{\mu=1}^{M} \xi_\mu \xi_\mu^T - M\mathbf{I} \tag{14.43}$$

onde $\xi_\mu \xi_\mu^T$ representa o produto externo do vetor ξ_μ com ele mesmo, e $\mathbf{I}$ representa a matriz identidade. Destas equações de definição dos pesos sinápticos/matriz de peso, podemos confirmar o seguinte:

- A saída de cada neurônio da rede é realimentada para todos os outros neurônios.
- Não há auto-realimentação na rede (i.e., $w_{ii} = 0$).
- A matriz de pesos da rede é simétrica como mostrado por (veja a Eq. (14.21))

$$\mathbf{W}^T = \mathbf{W} \tag{14.44}$$

2. *Fase de Recuperação*. Durante a fase de recuperação, um vetor ξ_{prova} de dimensionalidade N, chamado uma *prova*, é imposto à rede de Hopfield como seu estado. O vetor de prova tem elementos iguais a ± 1. Representa tipicamente uma versão incompleta ou ruidosa de uma memória fundamental da rede. A recuperação de informação então se processa de acordo com uma *regra dinâmica* pela qual cada neurônio *j* da rede *aleatoriamente*, mas a uma taxa fixa, examina o campo local induzido v_j (incluindo um bias b_j não-nulo) a ele aplicado. Se, neste instante de tempo, v_j for maior que zero, o neurônio *j* trocará seu estado para $+1$ ou permanecerá neste estado se ele já estiver em $+1$. Similarmente, se v_j for menor que zero, o neurônio *j* mudará seu estado para -1 ou permanecerá neste estado, caso já estiver em -1. Se v_j for exatamente zero, o neurônio *j* é deixado no seu estado anterior, independentemente de se estiver ligado ou desligado. A atualização de estado de uma iteração para a seguinte é, portanto, determinística, mas a seleção de um neurônio para realizar a atualização é feita aleatoriamente. O procedimento de atualização *assíncrona* (serial) descrito aqui continua até que não haja mais modificações de estados. Isto é, começando com o vetor de prova $\mathbf{x}$, a rede finalmente produz um vetor de estado $\mathbf{y}$ invariante no tempo cujos elementos individuais satisfazem a *condição de estabilidade*:

$$y_i = \text{sinal}\left(\sum_{i=1}^{N} w_{ji} y_i + b_j\right), \quad j = 1, 2, \ldots, N \tag{14.45}$$

ou, na forma matricial,

$$\mathbf{y} = \text{sinal}(\mathbf{W}\mathbf{y} + \mathbf{b}) \tag{14.46}$$

onde **W** é a matriz de pesos sinápticos da rede, e **b** é o *vetor de bias* aplicado externamente. A condição de estabilidade descrita aqui é referida também como a *condição de alinhamento*. O vetor de estado **y** que a satisfaz é chamado um *estado estável* ou *ponto fixo* do espaço de estados do sistema. Podemos, portanto, afirmar que a rede de Hopfield sempre convergirá para um estado estável quando a operação de recuperação for realizada *assincronamente*.[5]

A Tabela 14.2 apresenta um resumo dos passos envolvidos na fase de armazenamento e na fase de recuperação da operação de uma rede de Hopfield.

TABELA 14.2 Resumo do Modelo de Hopfield

1. *Aprendizagem*. Considere que $\xi_1, \xi_2, ... \xi_M$ representem um conjunto desconhecido de memória fundamentais de dimensionalidade N. Utilize a regra do produto externo (i.e., o postulado de aprendizagem de Hebb) para calcular os pesos sinápticos da rede:

$$w_{ji} = \begin{cases} \dfrac{1}{N}\sum_{\mu=1}^{M}\xi_{\mu,j}\xi_{\mu,i}, & j \neq i \\ 0, & j = i \end{cases}$$

onde w_{ji} é o peso sináptico do neurônio i para o neurônio j. Os elementos do vetor ξ_μ são iguais a ± 1. Uma vez que eles tenham sido computados, os pesos são mantidos fixos.

2. *Inicialização*. Considere que ξ_{prova} represente um vetor (prova) de entrada de dimensão N apresentado à rede. O algoritmo é inicializado fazendo

$$x_j(0) = \xi_{j,prova}, \quad j = 1,...,N$$

onde $x_j(0)$ é o estado do neurônio j no tempo $n = 0$, e $\xi_{j,prova}$ é o j-ésimo elemento do vetor de prova ξ_{prova}.

3. *Iteração até a convergência*. Atualize os elementos do vetor de estado $\mathbf{x}(n)$ assincronamente (i.e., aleatoriamente e um por vez) de acordo com a regra

$$x_j(n+1) = \text{sinal}\left(\sum_{i=1}^{N}w_{ji}x_i(n)\right), \quad j = 1,2,...,N$$

Repita a iteração até que o vetor de estado **x** permaneça imutável.

4. *Determinação da saída*. Considere que $\mathbf{x}_{fixo}$ represente o ponto fixo (estado estável) calculado ao final do passo 3. O vetor de saída resultante **y** da rede é

$$\mathbf{y} = \mathbf{x}_{fixo}$$

O passo 1 é a fase de armazenamento, e os passos 2 até 4 constituem a fase de recuperação.

Exemplo 14.2

Para ilustrar o comportamento emergente do modelo de Hopfield, considere a rede da Fig. 14.14a, que consiste de três neurônios. A matriz de pesos da rede é

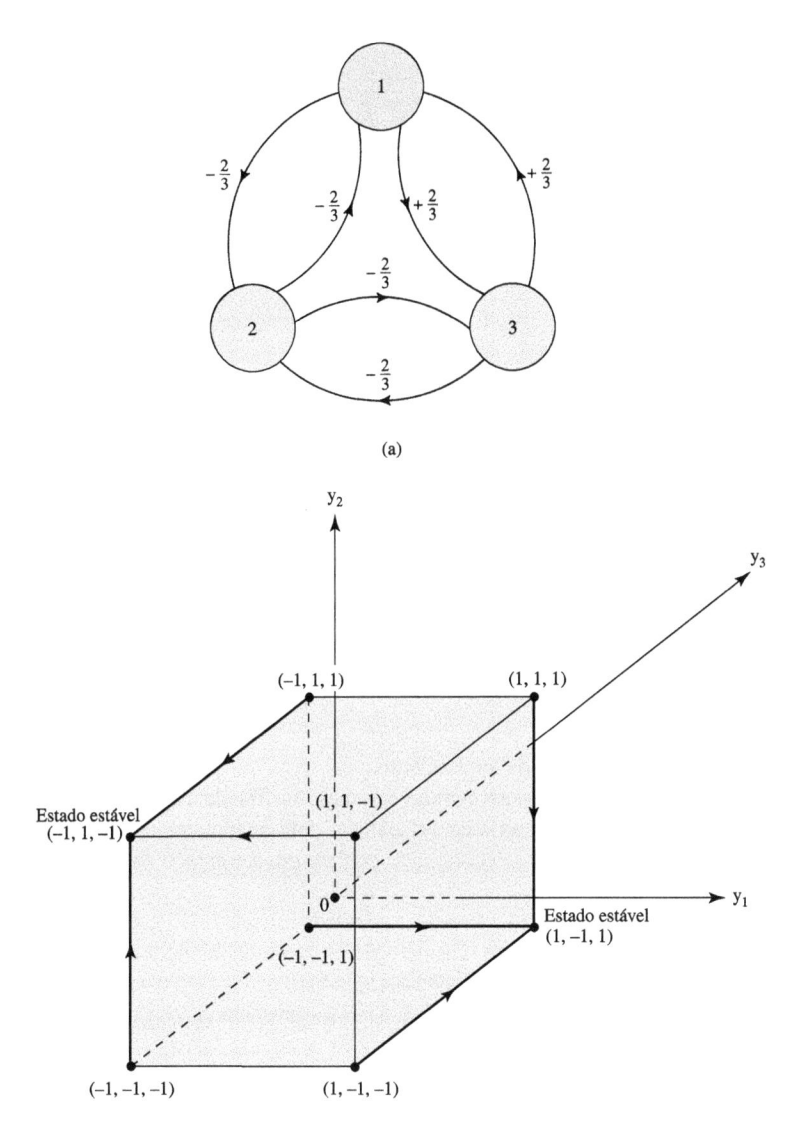

FIGURA 14.14 (a) Grafo arquitetural da rede de Hopfield para $N = 3$ neurônios. (b) Diagrama representando os dois estados estáveis e o fluxo da rede

$$\mathbf{W} = \frac{1}{3}\begin{bmatrix} 0 & -2 & +2 \\ -2 & 0 & -2 \\ +2 & -2 & 0 \end{bmatrix}$$

o que é legítimo, já que satisfaz as condições das Eqs. (14.42) e (14.44). Assume-se que bias aplicado a cada neurônio seja zero. Com três neurônios, existem $2^3 = 8$ estados possíveis a serem considerados. Deste oito estados, apenas os dois estados $(1, -1, 1)$ e $(-1, 1, -1)$ são estáveis; os seis estados restantes são todos instáveis. Dizemos que estes dois estados particulares são estáveis porque ambos satisfazem a condição de alinhamento da Eq. (14.46). Para o vetor de estado $(1, -1, 1)$ temos

$$\mathbf{Wy} = \frac{1}{3}\begin{bmatrix} 0 & -2 & +2 \\ -2 & 0 & -2 \\ +2 & -2 & 0 \end{bmatrix}\begin{bmatrix} +1 \\ -1 \\ +1 \end{bmatrix} = \frac{1}{3}\begin{bmatrix} +4 \\ -4 \\ +4 \end{bmatrix}$$

Limitando abruptamente este resultado, obtemos

$$\text{sinal}[\mathbf{Wy}] = \begin{bmatrix} +1 \\ -1 \\ +1 \end{bmatrix} = \mathbf{y}$$

Similarmente, para o vetor de estado $(-1, 1, -1)$ temos

$$\mathbf{Wy} = \frac{1}{3}\begin{bmatrix} 0 & -2 & +2 \\ -2 & 0 & -2 \\ +2 & -2 & 0 \end{bmatrix}\begin{bmatrix} -1 \\ +1 \\ -1 \end{bmatrix} = \frac{1}{3}\begin{bmatrix} -4 \\ +4 \\ -4 \end{bmatrix}$$

que, após a limitação abrupta, resulta

$$\text{sinal}[\mathbf{Wy}] = \begin{bmatrix} -1 \\ +1 \\ -1 \end{bmatrix} = \mathbf{y}$$

Assim, estes dois vetores de estado satisfazem a condição de alinhamento.

Além disso, seguindo o procedimento de atualização assíncrona resumido na Tabela 14.2, obtemos o fluxo descrito na Fig. 14.14b. Este mapa de fluxo exibe simetria em relação aos dois estados estáveis da rede, o que é intuitivamente razoável. Esta simetria é o resultado de deixar um neurônio em seu estado anterior se o campo local induzido agindo sobre ele for exatamente zero.

A Figura 14.14b mostra também que se a rede da Fig. 14.14a estiver no estado inicial $(1, 1, 1)$, $(-1, -1, 1)$, ou $(1, -1, -1)$, ela convergirá para o estado estável $(1, -1, 1)$ após uma iteração. Se o estado inicial for $(-1, -1, -1)$, $(-1, 1, 1)$, ou $(1, 1, -1)$, ela convergirá para o segundo estado estável $(-1, 1, -1)$.

A rede, portanto, tem duas memórias fundamentais, $(1, -1, 1)$ e $(-1, 1, -1)$, representando os dois estados estáveis. A aplicação da Eq. (14.43) produz a matriz de pesos sinápticos

$$\mathbf{W} = \frac{1}{3}\begin{bmatrix} +1 \\ -1 \\ +1 \end{bmatrix}[+1, -1, +1] + \frac{1}{3}\begin{bmatrix} -1 \\ +1 \\ -1 \end{bmatrix}[-1, +1, -1] - \frac{2}{3}\begin{bmatrix} 1 & 0 & 0 \\ 0 & 1 & 0 \\ 0 & 0 & 1 \end{bmatrix}$$

$$= \frac{1}{3}\begin{bmatrix} 0 & -2 & +2 \\ -2 & 0 & -2 \\ +2 & -2 & 0 \end{bmatrix}$$

o que confere com os pesos sinápticos mostrados na Fig. 14.14a.

A capacidade de correção de erro da rede de Hopfield é facilmente vista examinando-se o mapa de fluxo da Fig. 14.14b:

1. Se o vetor de prova ξ_{prova} aplicado à rede for igual a $(-1, -1, 1)$, $(1, 1, 1)$, ou $(1, -1, -1)$, a saída resultante será a memória fundamental $(1, -1, 1)$. Cada um destes valores da prova representa um único erro, comparado com o padrão armazenado.

2. Se o vetor de prova ξ_{prova} for igual a (1, 1, −1), (−1, −1, −1), ou (−1, 1, 1), a saída da rede resultante será a memória fundamental (−1, 1, −1). Aqui novamente, cada um destes valores da prova representa um único erro, comparado ao padrão armazenado.

■

Estados Espúrios

A matriz de pesos **W** de uma rede de Hopfield discreta é simétrica, como indicado na Eq. (14.44). Todos os autovalores de **W** são, portanto, reais. Entretanto, para M grande, os autovalores são normalmente *degenerados*, o que significa que há vários autovetores com o mesmo autovalor. Os autovetores associados com um autovalor degenerado formam um subespaço. Além disso, a matriz de pesos **W** tem um autovalor degenerado com um valor nulo, e neste caso o subespaço é chamado de *espaço nulo*. O espaço nulo existe em virtude do fato de que o número de memórias fundamentais, M, é menor que o número de neurônios, N, na rede. A presença de um subespaço nulo é uma característica intrínseca da rede de Hopfield.

Uma análise de autovalores da matriz de pesos **W** nos leva a formar o seguinte ponto de vista da rede de Hopfield discreta utilizada como uma memória endereçável por conteúdo (Aiyer et al., 1990):

1. A rede de Hopfield discreta age como um *projetor de vetores* no sentido de que projeta um vetor de prova em um subespaço $\mathcal{M}$ abrangido pelos vetores de memórias fundamentais.
2. A dinâmica subjacente da rede dirige o vetor projetado resultante a um dos vértices de um hipercubo unitário, onde a função de energia é minimizada.

O hipercubo tem dimensionalidade N. Os M vetores de memórias fundamentais, abrangendo o subespaço $\mathcal{M}$, constituem um conjunto de pontos fixos (estados estáveis) representados por certos vértices do hipercubo unitário. Os outros vértices do hipercubo unitário que se encontram dentro ou próximos do subespaço $\mathcal{M}$ são localizações potenciais para *estados espúrios*, também referidos como *atratores espúrios* (Amit, 1989). Os estados espúrios representam estados estáveis da rede de Hopfield que são diferentes das memórias fundamentais da rede.

No projeto de uma rede de Hopfield como uma memória endereçável por conteúdo, nós nos defrontamos, portanto, com o compromisso entre duas exigências conflitantes: (1) a necessidade de preservar os vetores de memórias fundamentais como pontos fixos no espaço de estados e (2) o desejo de se ter poucos estados espúrios.

Capacidade de Armazenamento da Rede de Hopfield

Infelizmente, as memórias fundamentais de uma rede de Hopfield não são sempre estáveis. Além disso, podem surgir estados espúrios representando outros estados estáveis que são diferentes das memórias fundamentais. Estes dois fenômenos tendem a reduzir a eficiência da rede de Hopfield como uma memória endereçável por conteúdo. Aqui exploramos o primeiro destes dois fenômenos.

Considere que uma prova igual a uma das memórias fundamentais ξ_ν, seja aplicada à rede. Então, permitindo-se o uso de auto-realimentação, por motivo de generalização, e assumindo-se bias zero, constatamos, utilizando a Eq. (14.41), que o campo local induzido do neurônio j é

$$v_j = \sum_{i=1}^{N} w_{ji}\xi_{v,i}$$

$$= \frac{1}{N}\sum_{\mu=1}^{M}\xi_{\mu,j}\sum_{i=1}^{N}\xi_{\mu,i}\xi_{v,i} \qquad (14.47)$$

$$= \xi_{v,j} + \frac{1}{N}\sum_{\substack{\mu=1\\\mu\neq v}}^{M}\xi_{\mu,j}\sum_{i=1}^{N}\xi_{\mu,i}\xi_{v,i}$$

O primeiro termo no lado direito da Eq. (14.47) é simplesmente o j-ésimo elemento da memória fundamental ξ_v; agora podemos ver por que o fator de escala $1/N$ foi introduzido na definição do peso sináptico w_{ji} na Eq. (14.41). Este termo pode, portanto, ser visto como a componente de "sinal" desejado de v_j. O segundo termo no lado direito da Eq. (14.47) é o resultado da "interferência" (*crosstalk*) entre os elementos da memória fundamental ξ_v sob teste e os elementos de alguma outra memória fundamental ξ_μ. Este segundo termo pode ser visto, portanto, como a componente de "ruído" de v_j. Assim, temos uma situação similar ao clássico "problema de detecção de sinal em ruído" da teoria da comunicação (Haykin, 1994b).

Assumimos que as memórias fundamentais são aleatórias, sendo geradas como uma seqüência de MN tentativas de Bernoulli. O termo de ruído da Eq. (14.47) consiste então de uma soma de $N(M-1)$ variáveis aleatórias independentes, tomando valores ±1 divididos por N. Esta é uma situação em que o teorema do limite central da teoria das probabilidades se aplica. O *teorema do limite central* afirma (Feller, 1968):

> Seja $\{X_k\}$ uma seqüência de variáveis aleatórias mutuamente independentes com uma distribuição comum. Suponha que X_k tenha média μ e variância σ^2, e seja $Y = X_1 + X_2 + ... + X_n$. Então, quando n se aproxima do infinito, a distribuição de probabilidade da variável aleatória Y correspondente à soma se aproxima de uma distribuição gaussiana.

Assim, aplicando-se o teorema do limite central ao termo de ruído na Eq. (14.47), obtemos que o ruído tem uma distribuição assintoticamente gaussiana. Cada uma das $N(M-1)$ variáveis aleatórias que constituem o termo de ruído nesta equação tem média zero e uma variância de $1/N^2$. Portanto, segue que as estatísticas da distribuição gaussiana são

- Média zero
- Variância igual a $(M-1)/N$

A componente de sinal $\xi_{v,j}$ tem um valor de +1 ou −1 com igual probabilidade e portanto média zero e variância de um. A *relação sinal-ruído* é assim definida como

$$\begin{aligned}\rho &= \frac{\text{variância de sinal}}{\text{variância do ruído}}\\ &= \frac{1}{(M-1)/N} \qquad (14.48)\\ &\simeq \frac{N}{M} \text{ para grande } M\end{aligned}$$

As componentes da memória fundamental ξ_v serão *estáveis* se e somente se a relação sinal-ruído ρ for alta. Agora, o número M de memórias fundamentais fornece uma medida direta da *capacidade de armazenamento* da rede. Portanto, segue da Eq. (14.48) que enquanto a capacidade de armazenamento da rede não for sobrecarregada – isto é, o em umero M de memórias fundamentais é pequeno comparado com o número N de neurônios na rede – as memórias fundamentais são estáveis em um sentido probabilístico.

O recíproco da relação sinal-ruído, isto é,

$$\alpha = \frac{M}{N} \qquad (14.49)$$

é chamado de *parâmetro de carga*. Considerações da física estatística revelam que a qualidade da recuperação de memória da rede de Hopfield se deteriora com o aumento do parâmetro de carga α, e entra em colapso no *valor crítico* $\alpha_c = 0,14$ (Amit, 1989; Müller e Reinhardt, 1990). Este valor crítico está de acordo com a estimativa em Hopfield (1982), na qual relata que como resultado de estados $0,15N$ de simulações computacionais podem ser recuperados simultaneamente antes que os erros se tornem severos.

Com $\alpha_c = 0,14$, obtemos da Eq. (14.48) que o valor crítico da relação sinal-ruído é $\rho_c \approx 7$, ou equivalentemente 8,45 dB. Para uma relação sinal-ruído abaixo deste valor crítico, a recuperação da memória entra em colapso.

O valor crítico

$$M_c = \alpha_c N = 0,14\,N \qquad (14.50)$$

define a *capacidade de armazenamento com erros* na recuperação. Para determinarmos a capacidade de armazenamento sem erros, devemos utilizar um critério mais rigoroso definido em termos da probabilidade de erro como descrito a seguir.

Considere que o *j*-ésimo bit da prova $\xi_{prova} = \xi_v$ seja um símbolo 1, isto é, $\xi_{v,j} = 1$. Então, a *probabilidade condicional de erro em um bit na recuperação* é definida pela área sombreada na Fig. 14.15. O resto da área sob esta curva é a *probabilidade condicional de que o bit j da prova seja recuperado corretamente*. Utilizando a bem-conhecida fórmula de uma distribuição gaussiana, esta última probabilidade condicional é dada por

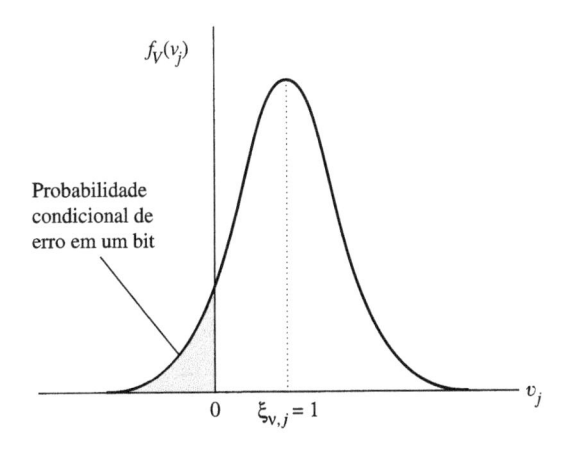

FIGURA 14.15 Probabilidade condicional de erro em um bit, assumindo uma distribuição gaussiana para o campo local induzido v_j do neurônio *j*; o índice V na função de densidade de probabilidade $f_V(v_j)$ representa uma variável aleatória com v_j representando uma realização dela

$$P(v_j > 0|\xi_{v,j} = +1) = \frac{1}{\sqrt{2\pi}\sigma}\int_0^\infty \exp\left(-\frac{(v_j - \mu)^2}{2\sigma^2}\right)dv_j \qquad (14.51)$$

Com $\xi_{v,j}$ fixo em +1 e a média do termo de ruído na Eq. (14.47) igual a zero, segue que a média da variável aleatória V é $\mu = 1$ e a sua variância é $\sigma^2 = (M - 1)/N$. Da definição da *função de erro (error function)* normalmente utilizada em cálculos envolvendo a distribuição gaussiana, temos

$$\text{erf}(y) = \frac{2}{\sqrt{\pi}}\int_0^y e^{-z^2}dz \qquad (14.52)$$

onde y é uma variável que define o limite superior de integração. Podemos agora simplificar a expressão para a probabilidade condicional de recuperar corretamente o j-ésimo bit da memória fundamental ξ_v, rescrevendo a Eq. (14.51) em termos da função de erro como:

$$P(v_j > 0|\xi_{v,j} = +1) = \frac{1}{2}\left[1 + \text{erf}\left(\sqrt{\frac{\rho}{2}}\right)\right] \qquad (14.53)$$

onde ρ é a relação sinal-ruído definida na Eq. (14.48). Cada memória fundamental consiste de n bits. Além disso, as memórias fundamentais são normalmente eqüiprováveis. Segue, portanto, que a *probabilidade de padrões estáveis* é definida por

$$p_{\text{estável}} = P(v_j > 0|\,\xi_{v,j} = +1)^N \qquad (14.54)$$

Podemos utilizar esta probabilidade para formular uma expressão para a capacidade de uma rede de Hopfield. Especificamente, definimos a *capacidade de armazenamento quase sem erros*, M_{max}, como o maior número de memórias fundamentais que podem ser armazenadas na rede e ainda com a condição de que a maioria delas seja recuperada corretamente. No Problema 14.8, mostra-se que esta definição de capacidade de armazenamento produz a fórmula

$$M_{\text{max}} = \frac{N}{2\log_e N} \qquad (14.55)$$

onde $\log_e$ representa o logaritmo natural.

A Figura 14.16 mostra gráficos da capacidade de armazenamento com erros definida na Eq. (14.50) e a capacidade de armazenamento quase sem erros definida na Eq. (14.55), ambos traçados em função do tamanho da rede N. Desta figura notamos os seguintes pontos:

- A capacidade de armazenamento da rede de Hopfield aumenta essencialmente *de forma linear* com o tamanho N da rede.
- Uma limitação importante da rede de Hopfield é que a sua capacidade de armazenamento deve ser mantida pequena para que as memórias fundamentais sejam recuperáveis.[6]

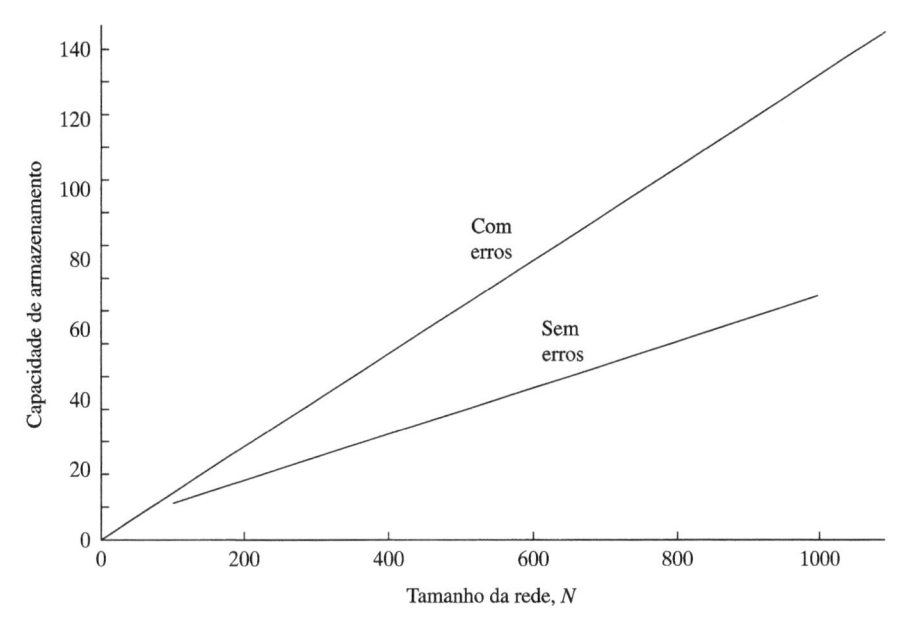

FIGURA 14.16 Gráficos da capacidade de armazenamento da rede de Hopfield em função do tamanho da rede para dois casos: com erros e quase sem erros

14.8 EXPERIMENTO COMPUTACIONAL I

Nesta seção, utilizamos um experimento computacional para ilustrar o comportamento da rede de Hopfield discreta como uma memória endereçável por conteúdo. A rede utilizada no experimento consiste de $N = 120$ neurônios e, portanto, $N^2 - N = 12.280$ pesos sinápticos.

Ela foi treinada para recuperar os oito padrões em preto e branco representando dígitos mostrados na Fig. 14.17, com cada padrão contendo 120 *pixels* (elementos da imagem) e projetados especialmente para produzir alto desempenho (Lippmann, 1987). As entradas aplicadas à rede assumem o valor +1 para *pixels* pretos e –1 para *pixels* brancos. Os oito padrões da Fig. 14.17 foram utilizados como memórias fundamentais na fase de armazenamento (aprendizagem) da rede de Hopfield para criar uma matriz de pesos sinápticos **W**, utilizando a Eq. (14.43). A fase de recuperação da rede foi realizada assincronamente, como descrito na Tabela 14.2.

Durante o primeiro estágio da parte de recuperação do experimento, as memórias fundamentais foram apresentadas à rede para testar sua habilidade em recuperá-los corretamente a partir da informação armazenada na matriz de pesos sinápticos. Em cada caso, o padrão desejado foi produzido pela rede após uma iteração.

A seguir, para demonstrar a capacidade de correção de erros da rede de Hopfield, um padrão de interesse foi distorcido pela reversão aleatória e independente de cada *pixel* do padrão de +1 para –1, e vice-versa com uma probabilidade de 0,25, e então utilizando o padrão corrompido como uma prova para a rede. O resultado deste experimento para o dígito 3 é apresentado na Fig. 14.18. O padrão no meio da parte superior desta figura representa uma versão corrompida do dígito 3, que é aplicada à rede no tempo zero. Os padrões produzidos pela rede após 5, 10, 15, 20, 25, 30 e 35 iterações são apresentados no resto da figura. Conforme se aumenta o número de iterações, constatamos que a semelhança da saída da rede com o dígito 3 é progressivamente melhorada. De fato, após 35 iterações, a rede converge para a forma exata do dígito 3.

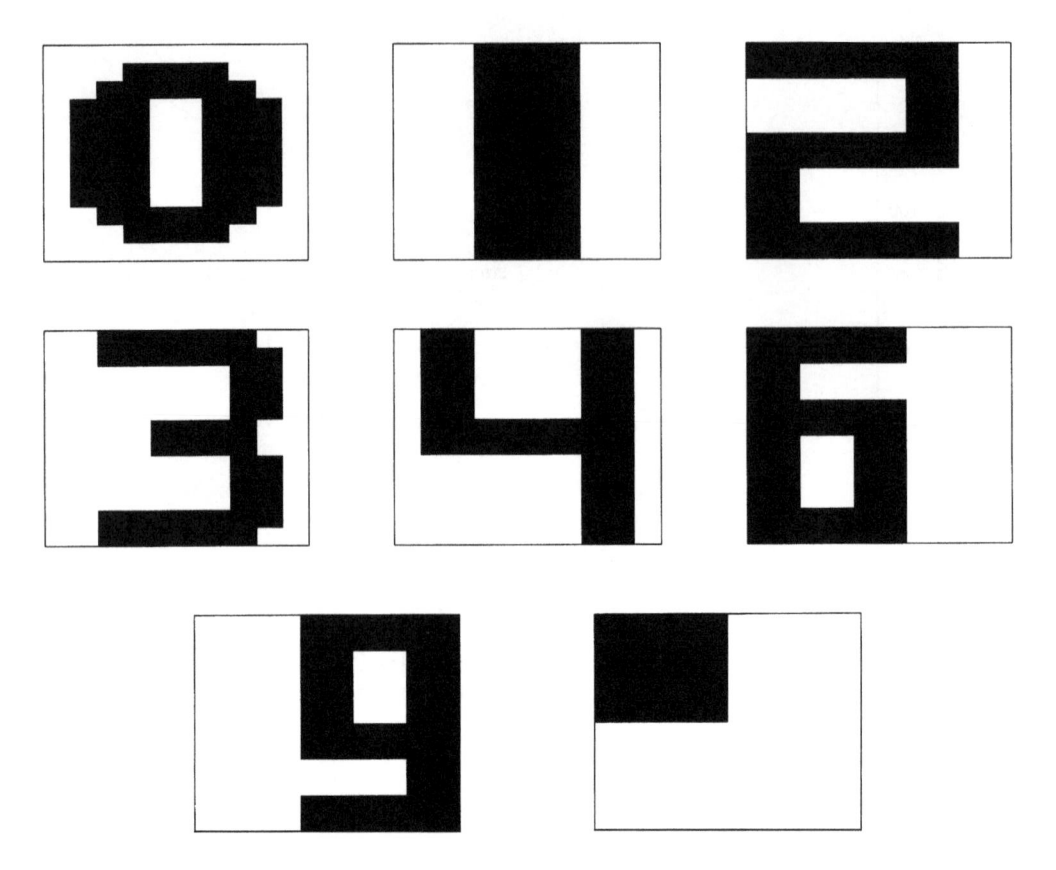

FIGURA 14.17 Conjunto de padrões confeccionados para o experimento computacional sobre a rede de Hopfield

Como, em teoria, um quarto dos 120 neurônios da rede de Hopfield acabam trocando de estado para cada padrão corrompido, o número de iterações necessárias para recuperar o padrão é, em média, 30. No nosso experimento, o número de iterações necessárias para a recuperação dos diferentes padrões a partir das suas versões corrompidas foi como descrito a seguir:

Padrão	Número de padrões necessários para a recuperação
0	34
1	32
2	26
3	35
4	25
6	37
"■"	32
9	26

O número médio de iterações necessárias para a recuperação, calculado como a média sobre os oito padrões, foi cerca de 31, o que mostra que a rede de Hopfield se comportou como esperado.

Um problema inerente à rede de Hopfield surge quando se apresenta à rede uma versão corrompida de uma memória fundamental, e a rede então converge para uma memória fundamental

Original	Corrompido	5
10	15	20
25	30	Final (35)

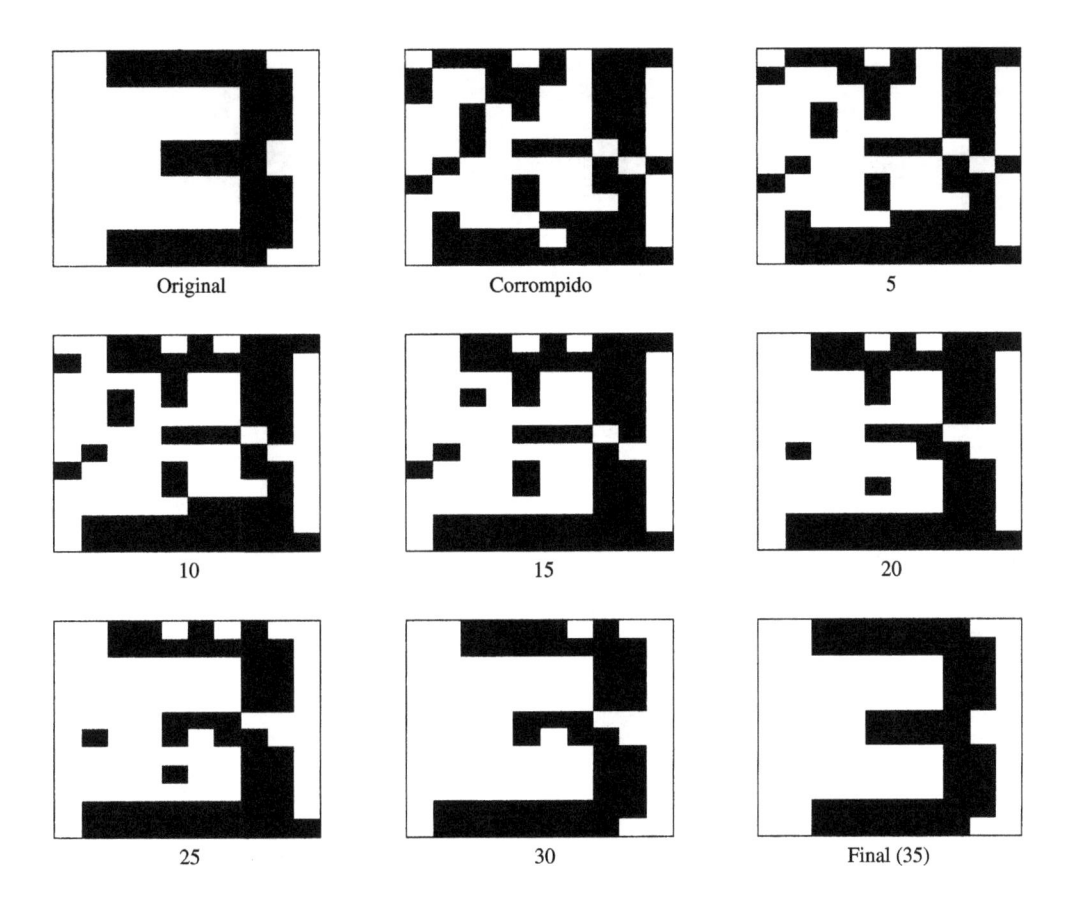

FIGURA 14.18 Recuperação correta do padrão 3 corrompido

errada. Isto é ilustrado na Fig. 14.19, na qual se apresenta à rede um padrão "2" corrompido, mas após 47 iterações ela convergiu para a memória fundamental "6".

Como mencionado anteriormente, existe um outro problema que surge na rede de Hopfield: a presença de estados espúrios. A Figura 14.20 (vista como uma matriz de 14-por-8 estados neurais) apresenta uma lista de 108 atratores espúrios encontrados em 43.097 testes de dígitos selecionados aleatoriamente corrompidos com a probabilidade de trocar um conjunto de bits de 0,25. Os estados espúrios podem ser agrupados como segue (Amit, 1989):

1. *Memórias fundamentais inversas.* Estes estados espúrios são versões invertidas (i.e., negativas) das memórias fundamentais da rede; veja, por exemplo, o estado na localização 1-por-1 na Fig. 14.20, que representa o negativo do dígito 6 na Fig. 14.17. Para explicar este tipo de estado espúrio, notamos que a função de energia E é simétrica no sentido de que o seu valor permanece imutável se os estados dos neurônios forem invertidos (i.e., o estado x_i é substituído por $-x_i$ para todo i). Conseqüentemente, se a memória fundamental ξ_μ corresponder a um mínimo local particular do cenário de energia, este mesmo mínimo local também corresponderá a $-\xi_\mu$. Esta inversão de sinal não constitui um problema para a recuperação de informação se for estabelecido que todos os bits de informação de um padrão recuperado sejam invertidos se for constatado que o bit designado como de "sinal" é -1 em vez de $+1$.

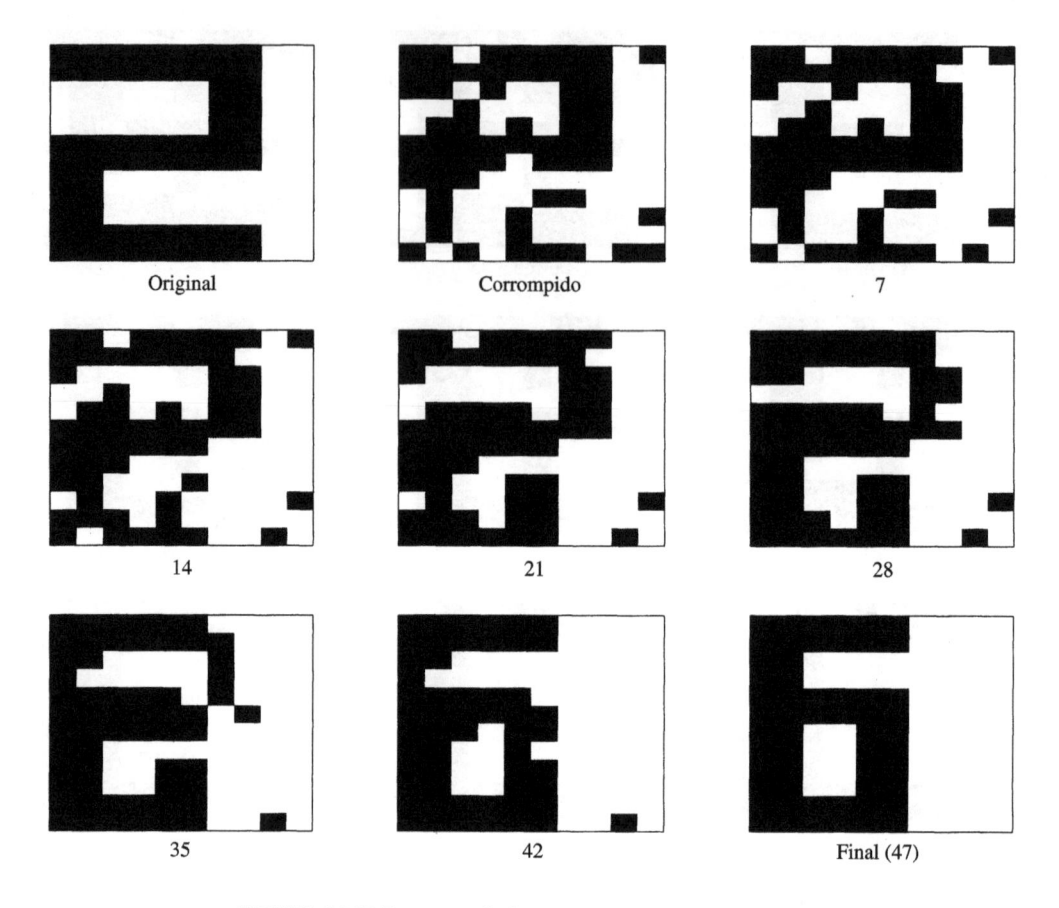

FIGURA 14.19 Recuperação incorreta do padrão 2 corrompido

2. *Estados de mistura.* Um estado espúrio de mistura é uma combinação linear de um número *ímpar* de padrões armazenados. Por exemplo, considere o estado

$$x_i = \text{sinal}\,(\xi_{1,i} + \xi_{2,i} + \xi_{3,i})$$

que é um estado espúrio de mistura tripla. Ele é um estado formado por três memórias fundamentais ξ_1, ξ_2 e ξ_3 por uma regra majoritária. A condição de estabilidade da Eq. (14.45) é satisfeita por um estado assim para uma rede grande. O estado na localização linha 6, coluna 4 na Fig. 14.20 representa um estado espúrio de mistura tripla formado por uma combinação das memórias fundamentais: ξ_1 = negativo do dígito 1, ξ_2 = dígito 4 e ξ_3 = dígito 9.
3. *Estados de vidro de spin.* Este tipo de estado espúrio é assim denominado por analogia com os modelos de vidro de spin da mecânica estatística. Estados de vidro de spin são definidos por mínimos locais do cenário de energia que *não* estejam correlacionados com qualquer uma das memórias fundamentais da rede; veja, por exemplo, o estado na localização linha 7, coluna 6 na Fig. 14.20.

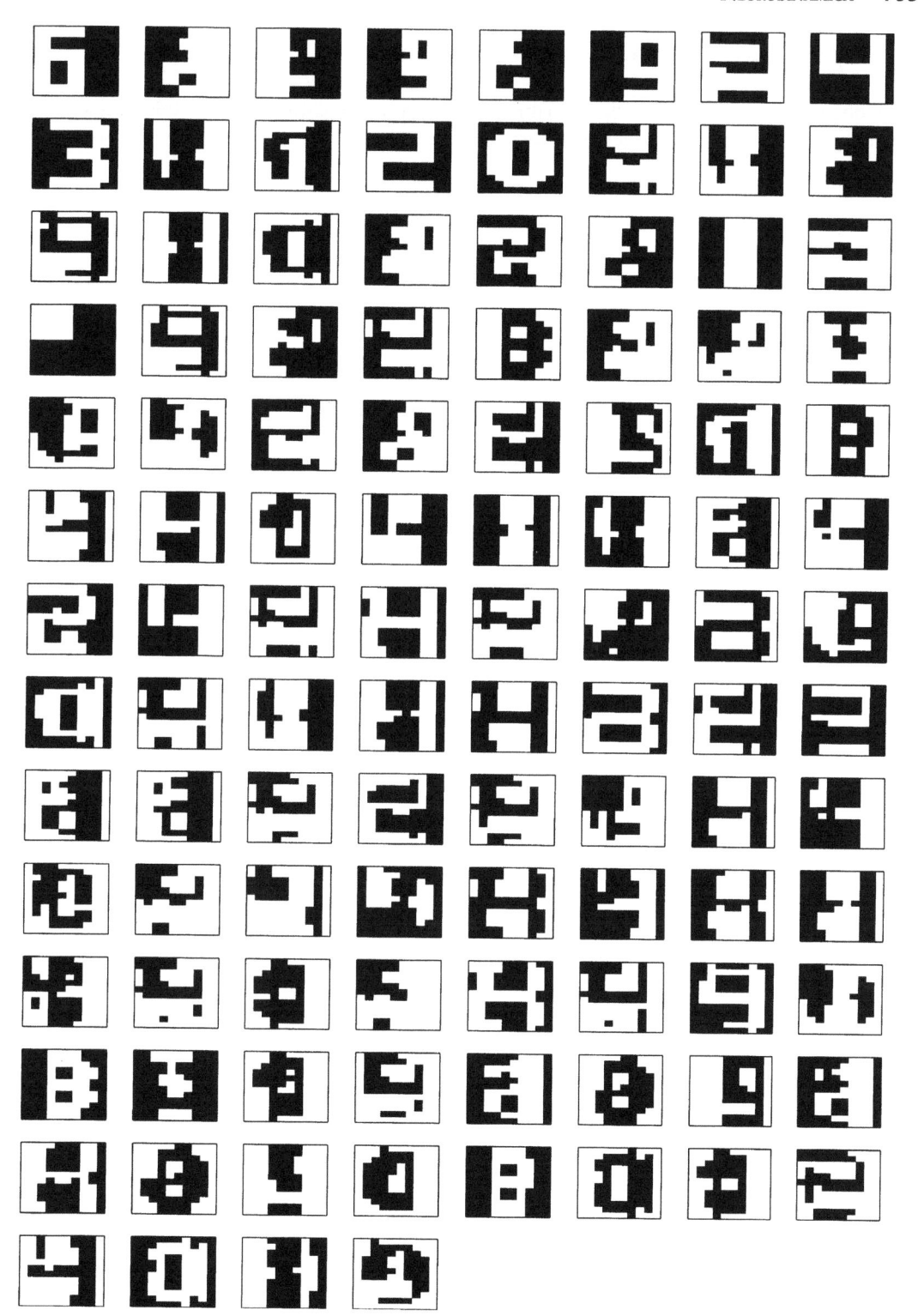

FIGURA 14.20 Compilação dos estados espúrios produzidos no experimento computacional sobre a rede de Hopfield.

14.9 TEOREMA DE COHEN-GROSSBERG

Em Cohen-Grossberg (1983), é descrito um princípio geral para avaliar a estabilidade de uma certa classe de redes neurais pelo seguinte sistema de equações diferenciais não-lineares acopladas:

$$\frac{d}{dt}u_j = a_j(u_j)\left[b_j(u_j) - \sum_{i=1}^{N} c_{ji}\varphi_i(u_i)\right], \quad j = 1,...,N \tag{14.56}$$

De acordo com Cohen-Grossberg, esta classe de redes neurais admite uma função de Lyapunov definida como

$$E = \frac{1}{2}\sum_{i=1}^{N}\sum_{j=1}^{N} c_{ji}\varphi_i(u_i)\varphi_j(u_j) - \sum_{j=1}^{N}\int_{0}^{u_j} b_j(\lambda)\varphi_j'(\lambda)d\lambda \tag{14.57}$$

onde

$$\varphi_j'(\lambda) = \frac{d}{d\lambda}(\varphi_j(\lambda)) \tag{14.58}$$

Para que a definição da Eq. (14.57) seja válida, entretanto, exigimos que as seguintes condições sejam satisfeitas:

1. Os pesos sinápticos da rede são "simétricos":

$$c_{ij} = c_{ji} \tag{14.59}$$

2. A função $a_j(u_j)$ satisfaz a condição de "não-negatividade":

$$a_j(u_j) \geq 0 \tag{14.60}$$

3. A função não-linear de entrada-saída $\varphi_j(u_j)$ satisfaz a condição de "monotonicidade":

$$\varphi_j'(u_j) = \frac{d}{du_j}\varphi_j(u_j) \geq 0 \tag{14.61}$$

Podemos agora expressar formalmente o *teorema de Cohen-Grossberg*:

> Desde que o sistema de equações diferenciais não-lineares (14.56) satisfaça as condições de simetria, não-negatividade e monotonicidade, a função de Lyapunov E do sistema definida pela Eq. (14.57) satisfaz a condição
>
> $$\frac{dE}{dt} \leq 0$$

Uma vez que se aplica esta propriedade básica da função de Lyapunov E, a estabilidade global do sistema segue do Teorema 1 de Lyapunov.

O Modelo de Hopfield como um Caso Especial do Teorema de Cohen-Grossberg

Comparando-se o sistema geral da Eq. (14.56) com o sistema da Eq. (14.20) para um modelo de Hopfield contínuo, podemos fazer a correspondência entre o modelo de Hopfield e o teorema de Cohen-Grossberg que está resumida na Tabela 14.3. O uso desta tabela na Eq. (14.57) produz a seguinte função de Lyapunov para o modelo de Hopfield contínuo:

$$E = -\frac{1}{2}\sum_{i=1}^{N}\sum_{j=1}^{N} w_{ji}\varphi_i(v_i)\varphi_j(v_j) + \sum_{j=1}^{N}\int_0^{v_j}\left(\frac{v_j}{R_j} - I_j\right)\varphi_j'(v)dv \quad (14.62)$$

onde a função de ativação não-linear $\varphi_j(\cdot)$ é definida pela Eq. (14.23).

TABELA 14.3 Correspondência entre o Teorema de Cohen-Grossgerg e o Modelo de Hopfield

Teorema de Cohen-Grossberg	Modelo de Hopfield
u_j	$C_j v_j$
$a_j(u_j)$	1
$b_j(u_j)$	$-(v_j/R_j) + I_j$
c_{ji}	$-w_{ji}$
$\varphi_i(u_i)$	$\varphi_i(v_i)$

A seguir fazemos as seguintes observações:

1. $\varphi_i(v_i) = x_i$
2. $\int_0^{v_j} \varphi_j'(v)dv = \int_0^{x_j} dx = x_j$
3. $\int_0^{v_j} v\varphi_j'(v)dv = \int_0^{x_j} dx = \int_0^{x_j} \varphi_j^{-1}(x)dx$

Basicamente, as relações 2 e 3 resultam do uso de $x = \varphi_i(v)$. Assim, o uso destas observações na função de Lyapunov da Eq. (14.62) produz um resultado idêntico àquele que definimos anteriormente; veja a Eq. (14.28). Note, entretanto, que, embora $\varphi_j(v)$ deva ser uma função não-decrescente da entrada v, ela não precisa ter uma inversa para que a função de Lyapunov generalizada da Eq. (14.62) seja válida.

O teorema de Cohen-Grossberg é um princípio geral da neurodinâmica com uma ampla gama de aplicações (Grossberg, 1990). Na próxima seção, consideramos uma outra aplicação deste importante teorema.

14.10 O MODELO DO ESTADO CEREBRAL EM UMA CAIXA

Nesta seção, continuamos a análise neurodinâmica de uma memória associativa estudando o *modelo do estado cerebral em uma caixa (BSB, brain-state-in-a-box)*, que foi primeiramente descrito por Anderson et al. (1977). O modelo BSB é basicamente um *sistema de realimentação positiva com limitação de amplitude.* Consiste de um conjunto de neurônios altamente interligados que realimentam a si próprios. Este modelo opera utilizando a realimentação positiva incorporada para *amplificar* um padrão de entrada até que todos os neurônios no modelo sejam levados à saturação. Desta forma, o modelo BSB pode ser visto como um dispositivo para identificar categorias, pois, dado um padrão de entrada analógico, fornece uma representação digital definida por um estado estável do modelo.

Considere que $\mathbf{W}$ represente uma *matriz de pesos simétrica* cujos maiores autovalores têm componentes reais positivas. Considere que $\mathbf{x}(0)$ represente o *vetor de estado inicial* do modelo, representando um padrão de ativação de entrada. Assumindo que existam N neurônios no modelo, o vetor de estado do modelo tem dimensão N, e a matriz de pesos $\mathbf{W}$ é uma matriz N-por-N. O algoritmo BSB é então totalmente definido pelo seguinte par de equações:

$$\mathbf{y}(n) = \mathbf{x}(n) + \beta \mathbf{W}\mathbf{x}(n) \tag{14.63}$$

$$\mathbf{x}(n+1) = \varphi(\mathbf{y}(n)) \tag{14.64}$$

onde β é uma constante positiva pequena chamada de *fator de realimentação* e $\mathbf{x}(n)$ é o vetor de estado do modelo no tempo discreto n. A Figura 14.12a mostra um diagrama em blocos da combinação das Eqs. (14.63) e (14.64); o bloco rotulado como $\mathbf{W}$ representa uma rede neural linear com uma única camada, como mostrado na Fig. 14.21b. A função de ativação φ é uma *função linear por partes* que opera sobre $y_j(n)$, a j-ésima componente do vetor $\mathbf{y}(n)$, como segue (veja a Fig. 14.22):

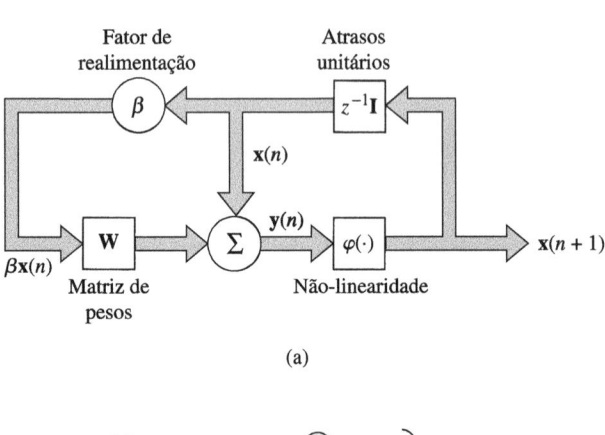

FIGURA 14.21 (a) Diagrama em blocos do modelo do estado cerebral em uma caixa (BSB). (b) Grafo de fluxo de sinal do associador linear representado pela matriz de pesos $\mathbf{W}$

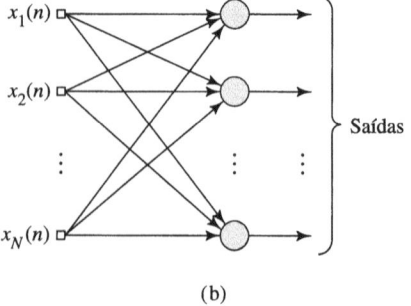

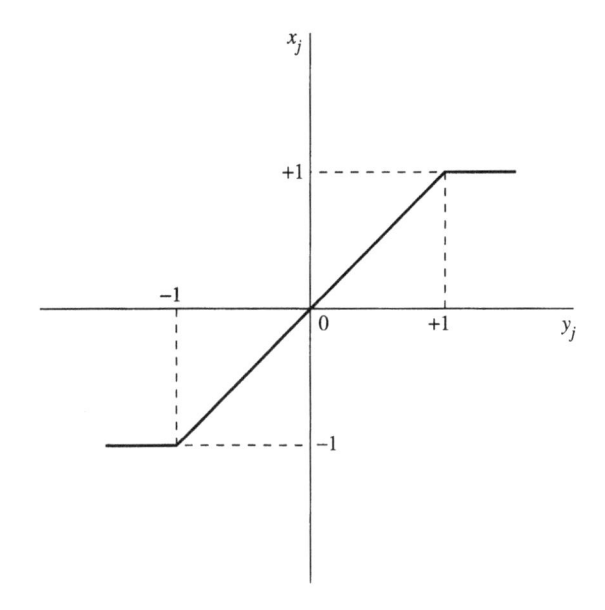

FIGURA 14.22 Função de ativação linear por partes utilizada no modelo BSB

$$x_j(n+1) = \varphi(y_j(n))$$

$$= \begin{cases} +1 & \text{se } y_j(n) > +1 \\ y_j(n) & \text{se } -1 \leq y_j(n) \leq +1 \\ -1 & \text{se } y_j(n) < -1 \end{cases} \quad (14.65)$$

A Equação (14.65) restringe o vetor de estado do modelo BSB a se encontrar dentro de um *cubo unitário de dimensionalidade N centrado* na origem.

Dessa forma, o algoritmo age como segue. Um padrão de ativação **x**(0) é apresentado na entrada do modelo BSB como um vetor de estado inicial, e a Eq. (14.63) é utilizada para calcular o vetor **y**(0). A Equação (14.64) é então usada para truncar **y**(0), obtendo-se o vetor de estado atualizado **x**(1). A seguir, **x**(1) é circulado através das Eqs. (14.63) e (14.64), obtendo-se com isso **x**(2). Este procedimento é repetido até o modelo BSB alcançar um *estado estável* representado por um vértice particular do hipercubo unitário. Intuitivamente, a realimentação positiva no modelo BSB faz com que o vetor de estado inicial **x**(0) cresça em comprimento (norma) euclidiano com o aumento do número de iterações até ele atingir uma parede da caixa (hipercubo unitário), deslizando então ao longo da parede e terminando eventualmente em um vértice estável da caixa, onde se mantém sendo "empurrado", mas não pode sair da caixa (Kawamoto e Anderson, 1985), vindo daí o nome do modelo.

A Função de Lyapunov do Modelo BSB

O modelo BSB pode ser redefinido como um caso especial do modelo neurodinâmico descrito na Eq. (14.16) como segue (Grossberg, 1990). Para constatarmos isto, primeiro rescrevemos a *j*-ésima componente do algoritmo BSB descrito pelas Eqs. (14.63) e (14.64) na forma

$$x_j(n+1) = \varphi\left(\sum_{i=1}^{N} c_{ji} x_i(n)\right), \quad j = 1, 2, ..., N \tag{14.66}$$

Os coeficientes c_{ji} são definidos por

$$c_{ji} = \delta_{ji} + \beta w_{ji} \tag{14.67}$$

onde δ_{ji} é o delta de Kronecker igual a 1 se $j = i$ e 0 caso contrário, e w_{ji} é o ji-ésimo elemento da matriz de pesos **W**. A Equação (14.66) é escrita na forma de tempo discreto. Para prosseguirmos, necessitamos reformulá-la em uma forma de tempo contínuo, como mostrado por

$$\frac{d}{dt} x_j(t) = -x_j(t) + \varphi\left(\sum_{i=1}^{N} c_{ji} x_i(t)\right), \quad j = 1, 2, ..., N \tag{14.68}$$

onde o bias I_j é zero para todo j. Entretanto, para aplicarmos o teorema de Cohen-Grossberg, temos que ir um passo adiante e transformar a Eq. (14.68) na mesma forma do modelo aditivo. Podemos fazer isto introduzindo um novo conjunto de variáveis,

$$v_j(t) = \sum_{i=1}^{N} c_{ji} x_i(t) \tag{14.69}$$

Então, em virtude da definição de c_{ji} dada na Eq. (14.67), constatamos que

$$x_j(t) = \sum_{i=1}^{N} c_{ji} v_i(t) \tag{14.70}$$

Correspondentemente, podemos rescrever o modelo da Eq. (14.68) na forma equivalente

$$\frac{d}{dt} v_j(t) = -v_j(t) + \sum_{i=1}^{N} c_{ji} \varphi(v_i(t)), \quad j = 1, 2, ..., N \tag{14.71}$$

Estamos agora prontos para aplicar o teorema de Cohen-Grossberg ao modelo BSB. Comparando a Eq. (14.71) com (14.56), podemos deduzir a correspondência listada na Tabela 14.4 entre o modelo BSB e o teorema de Cohen-Grossberg. Portanto, utilizando os resultados da Tabela 14.4 na Eq. (14.57), constatamos que a função de Lyapunov do modelo BSB é dada por

$$E = -\frac{1}{2} \sum_{j=1}^{N} \sum_{i=1}^{N} c_{ji} \varphi(v_j) \varphi(v_i) + \sum_{j=1}^{N} \int_{0}^{v_j} v \varphi'_j(v) dv \tag{14.72}$$

onde $\varphi'(v)$ é a primeira derivada da função sigmóide $\varphi(v)$ em relação ao seu argumento. Finalmente, substituindo as definições das Eqs. (14.65), (14.67) e (14.69) em (14.72), podemos definir a função de Lyapunov (de energia) do modelo BSB em termos das variáveis de estado originais como (Grossberg, 1990):

TABELA 14.4 Correspondência entre o Teorema de Cohen-Grossberg e o Modelo BSB

Teorema de Cohen-Grossberg	Modelo BSB
u_j	v_j
$a_j(u_j)$	1
$b_j(u_j)$	$-v_j$
c_{ji}	$-c_{ji}$
$\varphi_j(u_j)$	$\varphi_j(v_j)$

$$E = -\frac{\beta}{2} \sum_{i=1}^{N} \sum_{j=1}^{N} w_{ji} x_j x_i$$
$$= -\frac{\beta}{2} \mathbf{x}^T \mathbf{W} \mathbf{x}$$
(14.73)

A determinação da função de Lyapunov para a rede de Hopfield apresentada na Seção 14.7 assume a existência da derivada da inversa da não-linearidade sigmóide do modelo, o que é satisfeito pelo uso de uma função tangente hiperbólica. Entretanto, esta condição não é satisfeita pelo modelo BSB quando a variável de estado do j-ésimo neurônio for ou +1 ou −1. Apesar desta dificuldade, a função de Lyapunov do modelo BSB pode ser determinada através do teorema de Cohen-Grossberg, o que ilustra claramente a aplicabilidade geral deste importante teorema.

A Dinâmica do Modelo BSB

Em uma análise direta realizada por Golden (1986), ele demonstra que o modelo BSB é de fato um algoritmo de descida de gradiente que minimiza a função de energia E definida pela Eq. (14.73). Esta importante propriedade do modelo BSB, entretanto, presume que a matriz de pesos $\mathbf{W}$ satisfaz as duas condições seguintes:

- A matriz de pesos $\mathbf{W}$ é *simétrica*:

$$\mathbf{W} = \mathbf{W}^T$$

- A matriz de pesos $\mathbf{W}$ é *positivamente semidefinida*; isto é, em termos dos autovalores de $\mathbf{W}$, temos

$$\lambda_{\min} \geq 0$$

onde $\lambda_{\min}$ é o menor autovalor de $\mathbf{W}$.

Assim, a função de energia E do modelo BSB decresce com o aumento de n (número de iterações) sempre que o vetor de estado $\mathbf{x}(n+1)$ no tempo $n+1$ for diferente do vetor de estado $\mathbf{x}(n)$ no tempo n. Além disso, os pontos mínimos da função de energia E definem os *estados de equilíbrio* do modelo BSB que são caracterizados por

$$\mathbf{x}(n+1) = \mathbf{x}(n)$$

Em outras palavras, assim como o modelo de Hopfield, o modelo BSB é uma *rede que minimiza a energia*.

Os estados de equilíbrio do modelo BSB são definidos por certos vértices do hipercubo unitário e pela sua origem. Neste último caso, qualquer flutuação no vetor de estado, não importa quão pequena ela for, é amplificada pela realimentação positiva do modelo, e portanto faz com que o estado do modelo se afaste da origem em direção a uma configuração estável; em outras palavras, a origem é um ponto de sela. Para que cada vértice do hipercubo sirva como um estado de equilíbrio possível do modelo BSB, a matriz de pesos **W** deve satisfazer uma terceira condição (Greenberg, 1988):

- A matriz de pesos **W** é *dominante diagonal*, o que significa que

$$w_{jj} \geq \sum_{i \neq j} |w_{ij}| \quad \text{para } j = 1, 2, \ldots, N \tag{14.74}$$

onde w_{ij} é o ij-ésimo elemento de **W**.

Para um estado de equilíbrio **x** ser *estável* – isto é, para um certo vértice do hipercubo unitário ser um *atrator* pontual fixo – deve haver uma bacia de atração N(**x**) no hipercubo unitário tal que para todos os vetores de estado iniciais **x**(0) em N(**x**) o modelo BSB converge para **x**. Para que todo vértice do hipercubo unitário seja um atrator pontual possível, a matriz de pesos **W** deve satisfazer uma quarta condição (Greenberg, 1988):

- A matriz de peso **W** é *fortemente dominante diagonal*, como mostrado por

$$w_{jj} \geq \sum_{i \neq j} |w_{ij}| + \alpha \quad \text{para } j = 1, 2, \ldots, N \tag{14.75}$$

onde α é uma constante positiva.

O ponto importante nesta discussão é que no caso de um modelo BSB para o qual a matriz de pesos **W** é simétrica e positivamente semidefinida, como freqüentemente é o caso, apenas alguns (mas não todos) vértices do hipercubo unitário agem como atratores pontuais. Para que todos os vértices do hipercubo unitário ajam como atratores pontuais potenciais, a matriz de pesos **W** deve satisfazer também a Eq. (14.75), o que naturalmente subentende a condição da Eq. (14.74).

Formação de Agrupamentos

Uma aplicação natural para o modelo BSB é a formação de *agrupamentos*. Isto advém do fato de que os vértices estáveis do hipercubo unitário agem como atratores pontuais com bacias de atração bem-comportadas, que, portanto, dividem o espaço de estados em um conjunto correspondente de regiões bem-definidas. Conseqüentemente, o modelo BSB pode ser utilizado como um algoritmo para formação de agrupamentos *não-supervisionado*, com cada vértice estável do hipercubo unitário representando um "agrupamento" de dados relacionados. A auto-amplificação fornecida pela realimentação positiva (em conformidade com o Princípio 1 da auto-organização descrito no Capítulo 8) é um ingrediente importante desta propriedade de formação de agrupamentos.

Anderson et al. (1990b) descrevem o uso do modelo BSB para agrupar e portanto identificar sinais de radar de diferentes emissores. Nesta aplicação a matriz de pesos **W**, básica para a operação do modelo BSB, é *aprendida* utilizando-se o *associador linear (memória associativa) com aprendizagem por correção de erro* que é descrita no Capítulo 2. Para sermos específicos, suponha que a informação seja representada por um conjunto de K vetores de treinamento que são associados entre si como segue:

$$\mathbf{x}_k \to \mathbf{x}_k, \qquad k = 1, 2, ..., K \tag{14.76}$$

Seja um vetor de treinamento $\mathbf{x}_k$ selecionado ao acaso. Então, a matriz de pesos $\mathbf{W}$ é incrementada de acordo com o algoritmo de correção de erro (veja o Problema 3.9)

$$\Delta \mathbf{W} = \eta(\mathbf{x}_k - \mathbf{W}\mathbf{x}_k)\mathbf{x}_k \tag{14.77}$$

onde η é o parâmetro da taxa de aprendizagem. O objetivo de aprender o conjunto de estímulos $\mathbf{x}_1$, $\mathbf{x}_2,... \mathbf{x}_K$ é fazer com que o associador linear se comporte como

$$\mathbf{W}\mathbf{x}_k = \mathbf{x}_k, \qquad k = 1, 2, ..., K \tag{14.78}$$

O algoritmo de correção de erro descrito pela Eq. (14.77) aproxima a condição ideal da Eq. (14.78) no sentido do mínimo erro médio quadrado. O efeito líquido deste processo de aprendizagem é forçar o associador linear a desenvolver um conjunto particular de autovetores (definidos pelos vetores de treinamento) com autovalores iguais à unidade.

Para formar agrupamentos de radar, o modelo BSB utiliza o associador linear com aprendizagem por correção de erro para construir a matriz de pesos $\mathbf{W}$ e realiza a seguinte computação (Anderson et al., 1990):

$$\mathbf{x}(n+1) = \varphi(\gamma \mathbf{x}(n) + \beta \mathbf{W}\mathbf{x}(n) + \delta \mathbf{x}(0)) \tag{14.79}$$

que é um pouco diferente da versão do algoritmo BSB descrito nas Equações (14.63) e (14.64). A diferença se dá em dois aspectos:

- A constante de decaimento γ no primeiro termo $\gamma \mathbf{x}(n)$ é incluída para que o estado corrente decaia ligeiramente; desde que γ seja uma constante positiva menor que a unidade, os erros podem eventualmente decair a zero.
- O terceiro termo $\delta \mathbf{x}(0)$ é incluído para manter o vetor de estado inicial $\mathbf{x}(0)$ sempre presente; tem o efeito de limitar os estados possíveis do modelo BSB.

A iteração repetida do modelo BSB leva a uma atividade dominada pelos autovetores da matriz de peso $\mathbf{W}$ com os maiores autovalores possíveis e, portanto, aos vetores $\mathbf{x}_1, \mathbf{x}_2, ... \mathbf{x}_K$ aprendidos pelo associador linear. A habilidade em encontrar agrupamentos do modelo BSB se desenvolve enormemente como resultado de os autovetores relacionados ao sinal serem associados a autovalores grandes, sendo reforçados pela realimentação positiva do modelo, e com isso dominando o estado do modelo após um número de iterações. Por outro lado, os autovetores relacionados com o ruído são normalmente associados a autovalores pequenos e, portanto, têm uma influência pequena no estado do modelo BSB, desde que a relação sinal-ruído recebida seja suficientemente alta.

762   REDES NEURAIS

Em um ambiente de vigilância por radar, não se conhece *a priori* as descrições detalhadas dos emissores operando no ambiente. Tipicamente, centenas de milhares de pulsos de radar são recebidos para o processamento em frações de segundo. Assim não há escassez de dados; o desafio é como encontrar sentido nos dados. O modelo BSB é capaz de ajudar aprendendo a estrutura de microondas do ambiente do radar através da sua propriedade inerente de formar agrupamentos. São formados agrupamentos em torno dos atratores pontuais do modelo BSB (i.e., vértices estáveis do hipercubo unitário), com cada atrator pontual representando um emissor particular. O modelo BSB pode assim identificar pulsos recebidos como sendo produzidos por um emissor particular.

14.11 EXPERIMENTO COMPUTACIONAL II

A Figura 14.23 apresenta os resultados de um experimento realizado sobre o modelo BSB contendo dois neurônios. A matriz de pesos dois-por-dois **W** é definida por

$$\mathbf{W} = \begin{bmatrix} 0{,}035 & -0{,}005 \\ -0{,}005 & 0{,}035 \end{bmatrix}$$

que é simétrica, positivamente definida e que satisfaz a Eq. (14.75).

As quatro partes diferentes da Fig. 14.23 correspondem a quatro configurações diferentes do estado inicial **x**(0), como segue:

(a) $\mathbf{x}(0) = [\ \ 0{,}1,\ \ \ 0{,}2]^T$
(b) $\mathbf{x}(0) = [-0{,}2,\ \ \ 0{,}3]^T$
(c) $\mathbf{x}(0) = [-0{,}8,\ -0{,}4]^T$
(d) $\mathbf{x}(0) = [\ \ 0{,}6,\ \ \ 0{,}1]^T$

As áreas sombreadas mostradas nesta figura são as quatro bacias de atração que caracterizam o modelo. A figura ilustra claramente que quando o estado inicial do modelo se encontra em uma bacia de atração particular, a dinâmica subjacente do modelo conduz a matriz de pesos **W**(*n*) com o aumento do número de iterações *n*, até que o estado da rede **x**(*n*) termine no atrator pontual fixo (i.e., um vértice do quadrado dois-por-dois) pertencente àquela bacia de atração. Um caso de particular interesse é a trajetória mostrada na Fig. 14.23d: a condição inicial **x**(0) se encontra no primeiro quadrante, embora a trajetória termine no vértice (+1, –1) no quarto quadrante porque é aí que está o atrator pontual relativo àquela bacia de atração.

14.12 ATRATORES ESTRANHOS E CAOS

Até este ponto na nossa discussão sobre neurodinâmica, concentramos nossa atenção sobre o tipo de comportamento exibido por sistemas dinâmicos não-lineares caracterizados como atratores pontuais fixos. Nesta seção, consideramos uma outra classe de atratores chamados de atratores estranhos que caracterizam certos sistemas dinâmicos não-lineares de ordem maior que 2.

Um atrator estranho exibe um comportamento caótico que é altamente complexo. O que torna o estudo de atratores estranhos e do caos particularmente interessante é o fato de que o sistema em questão é *determinístico* no sentido de que sua operação é governada por regras *fixas*, embora um sistema destes com apenas poucos graus de liberdade possa exibir um comportamento tão complicado que parece ser aleatório.

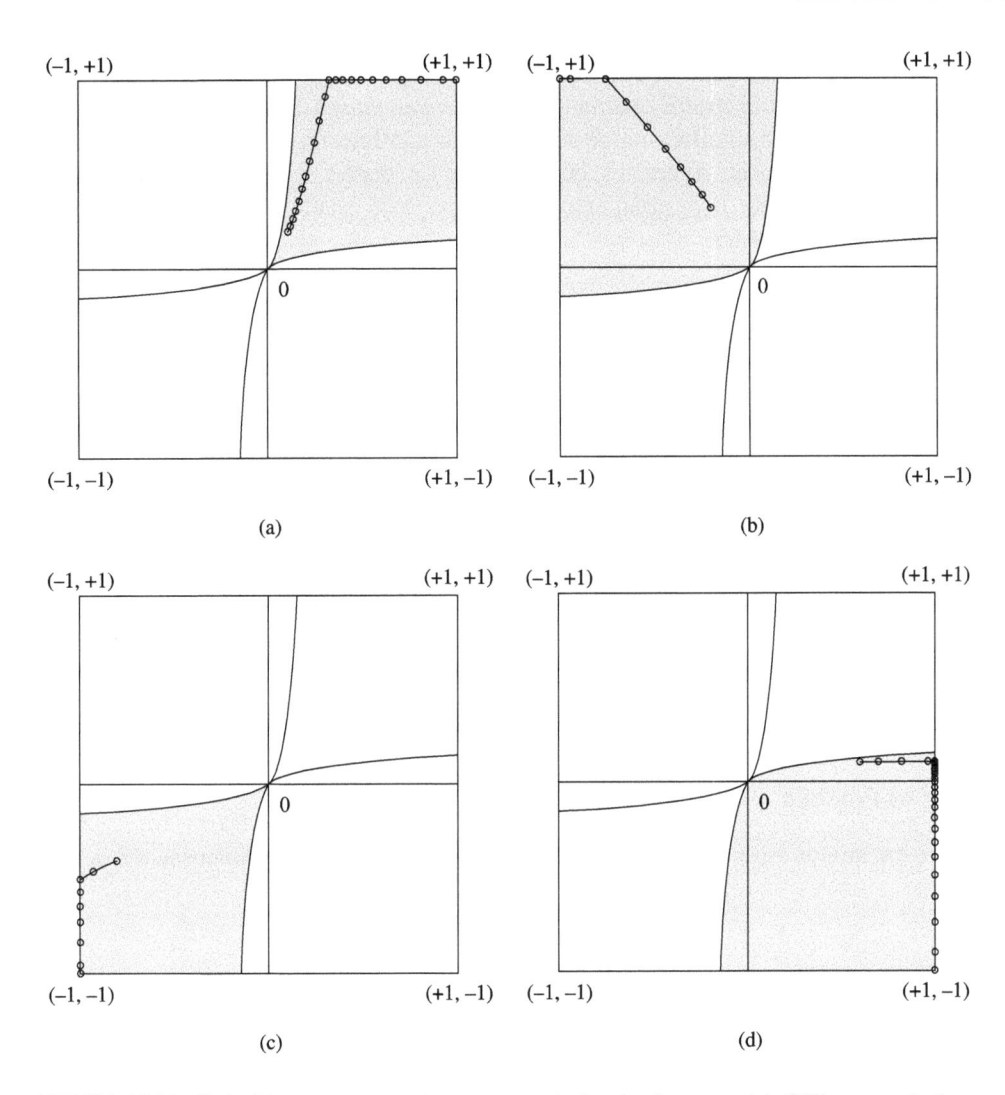

FIGURA 14.23 Trajetórias para o experimento computacional sobre o modelo BSB; os resultados mostrados nas partes (a) até (d) correspondem a diferentes condições iniciais

De fato, a característica aleatória é fundamental no sentido de que as estatísticas de segunda ordem de uma série temporal caótica parecem indicar que ela é aleatória. Entretanto, diferentemente de um fenômeno realmente aleatório, um sistema caótico exibe um comportamento aleatório que não desaparece com a coleta de mais informação! Em princípio, o comportamento futuro de um sistema caótico é totalmente determinado pelo passado, mas na prática qualquer incerteza na escolha das condições iniciais, não importa quão pequena seja, cresce exponencialmente com o tempo. Conseqüentemente, embora o comportamento dinâmico de um sistema caótico seja previsível a curto prazo, é impossível se prever o comportamento a longo prazo do sistema. Uma série temporal caótica é, portanto, paradoxal no sentido de que a sua geração é governada por um sistema dinâmico determinístico, mas tem uma aparência aleatória. É este atributo de um fenômeno caótico que foi originalmente enfatizado por Lorenz com a descoberta de um atrator que leva seu nome (Lorenz, 1963).

Em um sistema dinâmico não-linear, diz-se que o sistema possui um *atrator estranho*, e neste caso o sistema é chamado de *caótico* quando as órbitas em um atrator com condições iniciais na sua vizinhança tendem a se afastar com o aumento do tempo. Em outras palavras, uma propriedade fundamental que torna um atrator "estranho" é a *dependência sensível das condições iniciais*. Sensibilidade neste contexto significa que se dois sistemas não-lineares idênticos são inicializados com condições iniciais levemente diferentes, ou seja, $\mathbf{x}$ e $\mathbf{x} + \epsilon$, onde ϵ é uma quantidade muito pequena, os seus estados dinâmicos divergirão entre si no espaço de estados e a sua separação aumentará exponencialmente em média.

Características Invariantes da Dinâmica Caótica

Duas características importantes, as dimensões fractais e os expoentes de Lyapunov, têm emergido como classificadoras de um processo caótico. As dimensões fractais caracterizam a estrutura geométrica de um atrator estranho. O termo "fractal" foi cunhado por Mandelbrot (1982). Diferentemente das dimensões inteiras (como em uma superfície bidimensional ou em um objeto tridimensional), as dimensões fractais *não* são inteiras. Como no caso dos expoentes de Lyapunov, descrevem como as órbitas de um atrator se movem sob a evolução da dinâmica. Estas duas características invariantes da dinâmica caótica são discutidas a seguir. O termo "invariante" significa o fato de que tanto as dimensões fractais como os expoentes de Lyapunov de um processo caótico permanecem inalterados sob modificações não-lineares suaves do sistema de coordenadas do processo (Abarbanal, 1996).

Dimensões Fractais

Considere um atrator estranho cuja dinâmica no espaço de estados de dimensão d é descrita por

$$\mathbf{x}(n+1) = \mathbf{F}(\mathbf{x}(n)), \qquad n = 0, 1, 2,... \tag{14.80}$$

que é a versão de tempo discreto da Eq. (14.2). Isto é facilmente constatado fazendo-se $t = n\Delta t$, onde Δt é o período de amostragem. Assumindo-se que Δt seja suficientemente pequeno, podemos correspondentemente escrever

$$\frac{d}{dt}\mathbf{x}(t) = \frac{1}{\Delta t}[\mathbf{x}(n\Delta t + \Delta t) - \mathbf{x}(n\Delta t)]$$

Podemos assim formular a versão de tempo discreto da Eq. (14.2) como segue:

$$\frac{1}{\Delta t}[\mathbf{x}(n\Delta t + \Delta t) - \mathbf{x}(n\Delta t)] = \mathbf{F}(\mathbf{x}(n\Delta t)) \quad \text{para pequeno } \Delta t$$

Colocando $\Delta t = 1$ por conveniência de apresentação e reagrupando os termos, obtemos

$$\mathbf{x}(n+1) = \mathbf{x}(n) + \mathbf{F}(\mathbf{x}(n))$$

que pode ser escrito na forma mostrada na Eq. (14.80) simplesmente redefinindo-se a função de valor vetorial $\mathbf{F}(\cdot)$.

Retornando à Eq. (14.80), suponha que construíssemos uma pequena esfera de raio r em torno de alguma localização $\mathbf{y}$ sobre ou próxima de uma órbita do atrator. Podemos então definir uma *distribuição natural* de pontos para o atrator como segue:

$$\rho(\mathbf{y}) = \lim_{N \to \infty} \frac{1}{N} \sum_{n=1}^{N} \delta(\mathbf{y} - \mathbf{x}(n)) \tag{14.81}$$

onde $\delta(\cdot)$ é uma função delta de dimensão d, e N é o número de pontos de dados. Note a mudança de notação em relação ao uso de N. A distribuição natural $\rho(\mathbf{y})$ desempenha um papel para um atrator estranho que é análogo àquele da função de densidade de probabilidade para uma variável aleatória. Conseqüentemente, podemos definir uma $\bar{f}$ invariante em relação à função $f(\mathbf{y})$ sob a evolução da dinâmica, descrita como a integral múltipla

$$\bar{f} = \int_{-\infty}^{\infty} f(\mathbf{y}) \rho(\mathbf{y}) d\mathbf{y} \tag{14.82}$$

Uma função $f(\mathbf{y})$ de interesse é aquela que nos dá uma medida de como o número de pontos dentro de uma pequena esfera varia quando o raio r da esfera é reduzido a zero. Reconhecendo que o volume ocupado pela esfera de dimensão d é proporcional a r^d, podemos obter uma idéia da dimensão do atrator observando como a densidade de pontos em torno do atrator se comporta a pequenas distâncias no espaço de estados.

A distância euclidiana entre o centro $\mathbf{y}$ da esfera e o ponto $\mathbf{x}(n)$ no passo de tempo n é $\|\mathbf{y} - \mathbf{x}(n)\|$. Assim, o ponto $\mathbf{x}(n)$ se encontra dentro da esfera de raio r desde que

$$\|\mathbf{y} - \mathbf{x}(n)\| < r$$

ou equivalentemente

$$r - \|\mathbf{y} - \mathbf{x}(n)\| > 0$$

Assim, a função $f(\mathbf{x})$ para a situação aqui descrita pode ser escrita na forma geral

$$f(\mathbf{x}) = \left(\frac{1}{N-1} \sum_{\substack{k=1 \\ k \neq n}}^{N} \theta(r - \|\mathbf{y} - \mathbf{x}(k)\|) \right)^{q-1} \tag{14.83}$$

onde q é um inteiro, e $\theta(\cdot)$ é a *função de Heaviside* definida por

$$\theta(z) = \begin{cases} 1 & \text{para } z > 0 \\ 0 & \text{para } z < 0 \end{cases}$$

Substituindo as Equações (14.81) e (14.83) em (14.82), obtemos uma nova função $C(q, r)$ que depende de q e r, como mostrado por

$$C(q,r) = \int_{-\infty}^{\infty} \left(\frac{1}{N-1} \sum_{\substack{k=1 \\ k \neq n}}^{N} \theta(r - \|\mathbf{y} - \mathbf{x}(k)\|) \right)^{q-1} \left(\frac{1}{N} \sum_{n=1}^{N} \delta(\mathbf{y} - \mathbf{x}(n)) \right) d\mathbf{y}$$

Assim, usando a propriedade de filtragem de uma função delta, ou seja, a relação

$$\int_{-\infty}^{\infty} g(\mathbf{y})\delta(\mathbf{y} - \mathbf{x}(n))d\mathbf{y} = g(\mathbf{x}(n))$$

para uma função $g(\cdot)$, e trocando a ordem do somatório, podemos redefinir a função $C(q, r)$ como

$$C(q,r) = \frac{1}{N} \sum_{n=1}^{N} \left(\frac{1}{N-1} \sum_{\substack{k=1 \\ k \neq n}}^{N} \theta(r - \|\mathbf{x}(n) - \mathbf{x}(k)\|) \right)^{q-1} \tag{14.84}$$

A função $C(q, r)$ é chamada de *função de correlação*;[7] é uma medida da probabilidade de que dois pontos $\mathbf{x}(n)$ e $\mathbf{x}(k)$ em torno do atrator estejam separados por uma distância r. Assume-se que o número de pontos de dados N na equação de definição (14.84) seja grande.

A função de correlação $C(q, r)$ é, ao seu modo, uma invariante do atrator. Contudo, a prática costumeira é se enfocar o comportamento de $C(q, r)$ para r pequeno. Este comportamento limite é descrito por

$$C(q,r) \simeq r^{(q-1)D_q} \tag{14.85}$$

onde se presume a existência de D_q, chamada de uma *dimensão fractal* do atrator. Aplicando o logaritmo a ambos os lados da Eq. (14.85), podemos formalmente definir D_q como

$$D_q = \lim_{r \to 0} \frac{\log C(q,r)}{(q-1)\log r} \tag{14.86}$$

Entretanto, como usualmente temos um número finito de pontos de dados, o raio r deve ser apenas pequeno o suficiente para permitir que um número suficiente de pontos se encontrem dentro da esfera. Para um q predeterminado, podemos então determinar a dimensão fractal D_q como a inclinação da parte da função $C(q, r)$ que é *linear* em log r.

Para $q = 2$, a definição da dimensão fractal D_q assume uma forma simples que a torna adequada a uma computação confiável. A dimensão resultante, D_2, é chamada de *dimensão de correlação* do atrator (Grassberger e Procaccia, 1983). A dimensão de correlação reflete a complexidade do sistema dinâmico subjacente e limita os graus de liberdade necessários para descrever o sistema.

Expoentes de Lyapunov

Os expoentes de Lyapunov são quantidades estatísticas que descrevem a incerteza sobre o estado futuro de um atrator. Mais especificamente, quantificam a taxa exponencial com a qual trajetórias próximas se separam enquanto se movem em torno do atrator. Considere que $\mathbf{x}(0)$ seja uma condição inicial e que $\{\mathbf{x}(n), n = 0, 1, 2,...\}$ seja a órbita correspondente. Considere um deslocamento infinitesimal da condição inicial $\mathbf{x}(0)$ na direção de um vetor $\mathbf{y}(0)$ tangencial à órbita. Então, a evolução do vetor tangente determina a evolução do deslocamento infinitesimal da órbita perturbada $\{\mathbf{y}(n), n = 0, 1, 2,...\}$ em relação à órbita não-perturbada $\{\mathbf{x}(n), n = 0, 1, 2,...\}$. Em particular, a razão $\mathbf{y}(n)/\|\mathbf{y}(n)\|$ define o deslocamento infinitesimal da órbita de $\mathbf{x}(n)$ e a razão $\mathbf{y}(n)/\|\mathbf{y}(0)\|$ é o fator com que o deslocamento infinitesimal *cresce* se $\|\mathbf{y}(n)\| > \|\mathbf{y}(0)\|$ ou *diminui* se $\|\mathbf{y}(n)\| < \|\mathbf{y}(0)\|$. Para uma condição inicial $\mathbf{x}(0)$ e um deslocamento inicial $\alpha_0 = \mathbf{y}(0)/\|\mathbf{y}(0)\|$, o *expoente de Lyapunov* é definido por

$$\lambda(\mathbf{x}(0),\alpha) = \lim_{n\to\infty} \frac{1}{n} \log\left(\frac{\|\mathbf{y}(n)\|}{\|\mathbf{y}(0)\|}\right) \tag{14.87}$$

Um processo caótico de dimensão d tem um total de d expoentes de Lyapunov que podem ser positivos, negativos ou nulos. Os expoentes de Lyapunov positivos são responsáveis pela instabilidade de uma órbita no espaço de estados. Dito de outra forma, os expoentes de Lyapunov positivos são responsáveis pela *sensibilidade de um processo caótico às condições iniciais*. Os expoentes de Lyapunov negativos, por outro lado, governam o decaimento de transientes na órbita. Um expoente Lyapunov nulo significa que a dinâmica subjacente responsável pela geração do caos pode ser descrita por um sistema acoplado de equações diferenciais não-lineares, isto é, o processo caótico é um *fluxo*. Um volume no espaço de estados de dimensão d se comporta como $\exp(L(\lambda_1 + \lambda_2 + \cdots + \lambda_d))$, onde L é o número de passos de tempo no futuro. Daí segue que para um processo *dissipativo*, a soma de todos os expoentes de Lyapunov deve ser negativa. Esta é uma condição necessária para que um volume no espaço de estados encolha com o passar do tempo, o que é uma exigência para a realização física.

A Dimensão de Lyapunov

Dado um espectro de Lyapunov $\lambda_1, \lambda_2,..., \lambda_d$, Kaplan e Yorke (1979) sugeriram uma *dimensão de Lyapunov* para um atrator estranho como segue:

$$D_L = K + \frac{\sum_{i=1}^{K} \lambda_i}{|\lambda_{K+1}|} \tag{14.88}$$

onde K é um inteiro que satisfaz as duas condições:

$$\sum_{i=1}^{K} \lambda_i > 0 \text{ e } \sum_{i=1}^{K+1} \lambda_i < 0$$

Normalmente, a dimensão de Lyapunov D_L tem aproximadamente o mesmo tamanho que a dimensão de correlação D_2. Esta é uma propriedade importante de um processo caótico. Isto é, embora as dimensões de Lyapunov e de correlação sejam definidas de modos inteiramente diferentes, os seus valores para um atrator estranho são normalmente bastante próximos entre si.

Definição de um Processo Caótico

Em toda esta seção, falamos de um processo caótico sem uma definição formal dele. Com base no que sabemos sobre os expoentes de Lyapunov, podemos oferecer a seguinte definição:

> Um processo caótico é gerado por um sistema determinístico não-linear, com ao menos um expoente de Lyapunov positivo.

A positividade de pelo menos um expoente de Lyapunov é uma condição necessária para a sensibilidade às condições iniciais, que é a peculiaridade de um atrator estranho.

O maior expoente de Lyapunov também define o *horizonte de previsibilidade* de um processo caótico. Especificamente, a previsibilidade de curto prazo de um processo caótico é aproximadamente igual ao inverso do maior expoente de Lyapunov (Abarbanal, 1996).

14.13 RECONSTRUÇÃO DINÂMICA

A *reconstrução dinâmica* pode ser definida como a identificação de um mapeamento que fornece um modelo para um sistema dinâmico desconhecido de dimensionalidade m. Nosso interesse aqui é na modelagem dinâmica de uma série temporal produzida por um sistema físico que é sabidamente caótico. Em outras palavras, dada uma série temporal $\{y(n)\}_{n=1}^{N}$, desejamos construir um modelo que capture a dinâmica subjacente responsável pela geração do observável $y(n)$. Como apontado anteriormente na seção anterior, N representa o tamanho da amostra. A motivação principal para a reconstrução dinâmica é encontrar o sentido físico de uma série temporal, evitando a necessidade do conhecimento matemático detalhado da dinâmica subjacente. O sistema de interesse é tipicamente complexo demais para ser caracterizado em termos matemáticos. A única informação disponível está contida em uma série temporal obtida de medidas sobre um dos observáveis do sistema.

Um resultado fundamental da teoria da reconstrução dinâmica[8] é um teorema geométrico chamado teorema do encaixe de atrasos de Takens (1981). Takens considerou uma situação livre de ruído, enfocando os *mapas de coordenadas do atraso* ou os *modelos previsíveis* que são construídos a partir de uma série temporal representando um observável de um sistema dinâmico. Em particular, Takens mostrou que se o sistema dinâmico e o observável forem genéricos, então o mapa de coordenadas dos atrasos de uma variedade compacta suave de dimensão d em $\mathbb{R}^{2d+1}$ é um difeomorfismo naquela variedade, onde d é a dimensão do espaço de estados do sistema dinâmico. (O difeomorfismo é discutido no Capítulo 15.)

Para uma interpretação do teorema de Takens em termos de processamento de sinais, considere primeiramente um sistema dinâmico desconhecido cuja evolução em tempo discreto seja descrita pela equação de diferenças não-linear

$$\mathbf{x}(n+1) = \mathbf{F}(\mathbf{x}(n)) \qquad (14.89)$$

onde $\mathbf{x}(n)$ é o vetor de estado de dimensão d do sistema no tempo n, e $\mathbf{F}(\cdot)$ é uma função de valor vetorial. Assume-se aqui que o período de amostragem é normalizado em um. Considere que a série temporal $\{y(n)\}$ observável na saída do sistema seja definida em termos do vetor de estado $\mathbf{x}(n)$ como:

$$y(n) = g(\mathbf{x}(n)) + v(n) \qquad (14.90)$$

onde $g(\cdot)$ é uma função de valor escalar e $v(n)$ representa ruído aditivo. O ruído $v(n)$ é responsável pelos efeitos combinados das imperfeições e imprecisões no observável $y(n)$. As Equações (14.89) e (14.90) descrevem o comportamento do espaço de estados do sistema dinâmico. De acordo com o teorema de Takens, a estrutura geométrica da dinâmica multivariada do sistema pode ser revelada a partir do observável $y(n)$ com $v(n) = 0$ em um espaço de dimensionalidade D construído a partir do novo vetor

$$\mathbf{y}_R(n) = [y(n), y(n-\tau), ..., y(n-(D-1)\tau)]^T \qquad (14.91)$$

onde τ é um inteiro positivo chamado o *atraso de encaixe normalizado*. Isto é, dado o observável $y(n)$ para o tempo discreto variável n, que é relativo a um único observável (componente) de um sistema dinâmico desconhecido, a reconstrução dinâmica é possível utilizando-se o vetor $\mathbf{y}_R(n)$ de dimensão D desde que $D \geq 2d + 1$, onde d é a dimensão do espaço de estados do sistema. Daqui para frente, referimo-nos a esta afirmação como o *teorema do encaixe de atrasos*. A condição $D \geq 2d + 1$ é uma condição *suficiente* mas não necessária para a reconstrução dinâmica. O procedimento para encontrar um D adequado é chamado de *encaixe*, e o mínimo inteiro D que realiza a reconstrução dinâmica é chamado de *dimensão de encaixe*; é representada por D_E.

O teorema do encaixe de atrasos tem uma implicação poderosa: a evolução dos pontos $\mathbf{y}_R(n) \rightarrow \mathbf{y}_R(n+1)$ no espaço de reconstrução segue a evolução da dinâmica desconhecida $\mathbf{x}(n) \rightarrow \mathbf{x}(n+1)$ no espaço de estados original. Isto é, muitas propriedades importantes do vetor de estado não-observável $\mathbf{x}(n)$ são reproduzidas sem ambigüidade no espaço de reconstrução definido por $\mathbf{y}_R(n)$. Entretanto, para que este importante resultado seja alcançado, precisamos de *estimativas confiáveis* da dimensão de encaixe D_E e do atraso de encaixe normalizado τ, como aqui resumido:

- A condição suficiente $D \geq 2d + 1$ torna possível desfazer as interseções de uma órbita do atrator com ela mesma, que surgem da projeção desta órbita em dimensões mais baixas. A dimensão de encaixe D_E pode ser menor que $2d + 1$. O procedimento recomendável é estimar D_E diretamente dos dados observáveis. Um método confiável para estimar D_E é o *método dos falsos vizinhos mais próximos* descrito por Abarbanal (1996). Neste método, examinamos sistematicamente os pontos de dados e seus vizinhos na dimensão $d = 1$, então em $d = 2$, e assim por diante. Com isso estabelecemos a condição quando os vizinhos aparentes deixam de ser "não-projetados" pela adição de mais elementos ao vetor de reconstrução $\mathbf{y}_R(n)$, e assim obtemos uma estimativa para a dimensão de encaixe D_E.
- Infelizmente, o teorema da encaixe de atrasos não diz nada sobre a escolha do atraso de encaixe normalizado τ. Na realidade, ele permite o uso de qualquer τ desde que a série temporal disponível seja infinitamente longa. Na prática, entretanto, sempre temos que trabalhar com dados observáveis de comprimento N finito. A prescrição apropriada para escolher τ é reconhecer que o atraso de encaixe normalizado τ deve ser suficientemente grande para que $y(n)$ e $y(n-\tau)$ sejam essencialmente independentes entre si para servir como coordenadas do espaço de reconstrução, mas não tão independentes que não tenham correlação entre si. Esta exigência é satisfeita ao máximo utilizando-se aquele τ para o qual a *informação mútua* entre $y(n)$ e $y(n-\tau)$ alcança o seu primeiro mínimo (Fraser, 1989). A informação mútua é discutida no Capítulo 10.

Previsão Recursiva

Da discussão apresentada, o problema de reconstrução dinâmica pode ser interpretado como o da representação adequada da dinâmica do sinal (o passo de encaixe), bem como da construção de um mapeamento previsor (o passo de identificação). Assim, em termos práticos temos a seguinte topologia de rede para a modelagem dinâmica:

- Uma estrutura de *memória de curto prazo* (p.ex., a memória de linha de atraso) para realizar o encaixe, onde o vetor de reconstrução $\mathbf{y}_R(n)$ é definido em termos do observável $y(n)$ e de suas versões atrasadas: veja a Eq. (14.91).
- Um sistema não-linear adaptativo de múltiplas entradas e única saída (MISO, *multiple input, single output*) treinado como um *previsor de um passo* (p.ex., uma rede neural) para identificar o mapeamento desconhecido $f: \mathbb{R}^D \to \mathbb{R}^1$, que é definido por

$$\hat{y}(n+1) = f(\mathbf{y}_R(n)) \qquad (14.92)$$

O mapeamento previsor descrito na Eq. (14.92) é a peça central da modelagem dinâmica: uma vez que seja determinado, a evolução $\mathbf{y}_R(n) \to \mathbf{y}_R(n+1)$ se torna conhecida, o que por sua vez determina a evolução desconhecida $\mathbf{x}(n) \to \mathbf{x}(n+1)$.

No momento não temos uma teoria rigorosa para nos ajudar a decidir se o previsor não-linear identificou com sucesso o mapeamento desconhecido f. Na previsão linear, a minimização do valor médio quadrado do erro de previsão leva a um modelo preciso. Entretanto, uma série temporal caótica é diferente. Duas trajetórias no mesmo atrator são muito diferentes do ponto de vista de uma amostra para outra, e assim minimizar o valor médio quadrado do erro de previsão é uma condição necessária, mas não suficiente para um mapeamento bem-sucedido.

As invariantes dinâmicas, ou seja, a dimensão de correlação e os expoentes de Lyapunov, medem propriedades globais do atrator, e por isso aferem o sucesso da modelagem dinâmica. Assim, *uma abordagem pragmática para testar o modelo dinâmico é inicializá-lo com um ponto sobre o atrator estranho e realimentar a saída para a sua entrada como um sistema autônomo* como ilustrado na Fig. 14.24. Uma operação assim é chamada *previsão iterativa* ou *previsão recursiva*. Uma vez que a inicialização esteja completa, a saída do sistema autônomo é uma realização do processo de reconstrução dinâmica. Naturalmente, isto presume que, em primeiro lugar, o previsor tenha sido projetado apropriadamente.

FIGURA 14.24 Previsor de um passo utilizado na previsão iterativa para reconstrução dinâmica de um processo caótico

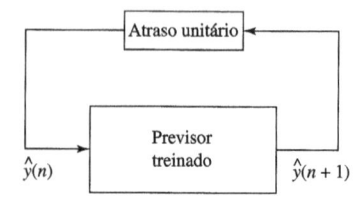

Dizemos que a reconstrução dinâmica realizada por meio do sistema autônomo descrito na Fig. 14.24 é bem-sucedida se as duas condições a seguir forem satisfeitas (Haykin e Principe, 1998):

1. *Comportamento a curto prazo*. Uma vez que a inicialização esteja completa, a série temporal reconstruída $\{\hat{y}(n)\}$ da Fig. 14.24 segue de perto a série temporal original $\{y(n)\}$ por um período de tempo, em média igual ao horizonte de previsibilidade determinado pelo espectro de Lyapunov do processo.

2. *Comportamento a longo prazo.* As invariantes dinâmicas computadas para a série temporal reconstruída { $\hat{y}(n)$ } coincidem bastante bem com aquelas da série temporal original {$y(n)$}.

Para aferir o comportamento a longo prazo da dinâmica reconstruída, precisamos estimar (1) a dimensão de correlação como uma medida da complexidade do atrator e (2) o espectro de Lyapunov como uma estrutura para avaliar a sensibilidade às condições iniciais e para estimar a dimensão de Lyapunov; veja a Eq. (14.88). A dimensão de Lyapunov deve ter um valor próximo ao da dimensão de correlação.

Duas Formulações Possíveis para a Previsão Recursiva

O vetor de reconstrução $\mathbf{y}_R(n)$ definido na Eq. (14.91) é de dimensão D_E, assumindo que a dimensão D seja feita igual à dimensão de encaixe D_E. O tamanho da memória de linha de atraso necessária para realizar o encaixe é τD_E. Mas exige-se que a memória de linha de atraso forneça somente saídas D_E (a dimensão do espaço de reconstrução); isto é, usamos τ derivações igualmente espaçadas, representando conexões esparsas.

Alternativamente, podemos definir o vetor de reconstrução $\mathbf{y}_R(n)$ como um vetor completo de dimensão m como segue:

$$\mathbf{y}_R(n) = [y(n), y(n-1),..., y(n-m+1)]^T \tag{14.93}$$

onde m é um inteiro definido por

$$m \geq D_E \tau \tag{14.94}$$

Esta segunda formulação do vetor de reconstrução $\mathbf{y}_R(n)$ fornece mais informação ao modelo previsor que aquela fornecida pela Eq. (14.91) e pode, portanto, produzir uma reconstrução dinâmica mais precisa. Entretanto, ambas as formulações compartilham uma característica comum: as suas composições são unicamente definidas pelo conhecimento da dimensão de encaixe D_E. De qualquer forma, é aconselhável utilizar o mínimo valor permitido de D, ou seja D_E, para minimizar o efeito do ruído aditivo $v(n)$ sobre a qualidade da reconstrução dinâmica.

A Reconstrução Dinâmica é um Problema de Filtragem Mal-Formulado

O problema de reconstrução dinâmica é, na realidade, um *problema inverso mal-formulado* por uma ou mais das seguintes razões. (As condições para um problema inverso ser bem-formulado são discutidas no Capítulo 5.) Primeiro, por alguma razão desconhecida a condição de existência pode ser violada. Segundo, pode não haver informação suficiente na série temporal observável para reconstruir a dinâmica não-linear unicamente; com isso, o critério de unicidade é violado. Terceiro, a presença inevitável de ruído aditivo ou alguma forma de imprecisão na série temporal observável adiciona incerteza à reconstrução dinâmica. Em particular, se o nível de ruído for muito alto, é possível que o critério da continuidade seja violado. Como então o problema de reconstrução dinâmica pode se tornar bem-formulado? A resposta se encontra na inclusão de alguma forma de *conhecimento a priori* sobre o mapeamento de entrada-saída como uma exigência essencial. Em outras palavras, alguma forma de restrição (p.ex., suavidade do mapeamento de entrada-saída) deve ser imposta ao modelo previsor projetado para resolver o problema de reconstrução dinâmica. Uma maneira efetiva de satisfazer esta exigência é invocar a *teoria da regularização* de Tikhonov, que também é discutida no Capítulo 5.

Uma outra questão que precisa ser considerada é a habilidade do modelo previsor de resolver o problema inverso com precisão suficiente. Neste contexto, o uso de uma rede neural para construir o modelo previsor é apropriado. Em particular, a propriedade de aproximação universal de um perceptron de múltiplas camadas ou de uma rede de função de base radial significa que podemos cuidar da questão da precisão da reconstrução utilizando uma ou outra destas redes neurais com um tamanho apropriado. Além disso, entretanto, é necessário que a solução seja regularizada pelas razões explicadas acima. Teoricamente, tanto os perceptrons de múltiplas camadas como as redes de função de base radial são indicados para o uso de regularização; na prática, é nas redes de função de base radial que encontramos a teoria da regularização incluída de uma maneira matematicamente tratável como uma parte integrante do seu projeto. Conseqüentemente, no experimento computacional descrito na próxima seção, enfocamos a rede de função de base radial (RBF) regularizada (descrita no Capítulo 5) como a base para resolver o problema de reconstrução dinâmica.

14.14 EXPERIMENTO COMPUTACIONAL III

Para ilustrar a idéia da reconstrução dinâmica, consideramos o sistema de três equações diferenciais ordinárias acopladas, abstraído por Lorenz (1963) da aproximação de Galerkin para as equações diferenciais parciais da convecção térmica na baixa atmosfera, que representa um conjunto de equações fundamentais para testar idéias da dinâmica não-linear. As equações para o atrator de Lorenz são:

$$\frac{dx(t)}{dt} = -\sigma x(t) + \sigma y(t)$$
$$\frac{dy(t)}{dt} = -x(t)z(t) + rx(t) - y(t) \qquad (14.95)$$
$$\frac{dz(t)}{dt} = x(t)y(t) - bz(t)$$

onde σ, r e b são parâmetros adimensionais. Valores típicos destes parâmetros são $\sigma = 10$, $b = 8/3$ e $r = 28$.

A Figura 14.25 mostra os resultados da previsão iterativa realizada com duas redes RBF com 400 centros utilizando uma série temporal "ruidosa" baseada na componente $x(t)$ do atrator de Lorenz. A relação sinal-ruído foi de +25 dB. Na Fig. 14.25a, o projeto da rede é regularizado. Na Fig. 14.25b, o projeto da rede é não-regularizado. Estas duas partes da Fig. 14.25 demonstram claramente a importância prática da regularização. Sem regularização, a solução para o problema de reconstrução dinâmica apresentado na Fig. 14.25b é inaceitável, pois falha em aproximar a trajetória verdadeira do atrator de Lorenz; o sistema não-regularizado é apenas um previsor. Por outro lado, a solução do problema de reconstrução dinâmica apresentada na Fig. 14.25a utilizando uma forma regularizada da rede RBF *aprendeu* a dinâmica, no sentido de que a saída da rede para a previsão iterativa aproxima bem a trajetória do atrator de Lorenz a curto prazo. Isto é confirmado pelos resultados apresentados na Tabela 14.5, onde temos um resumo dos dados de Lorenz para três casos:

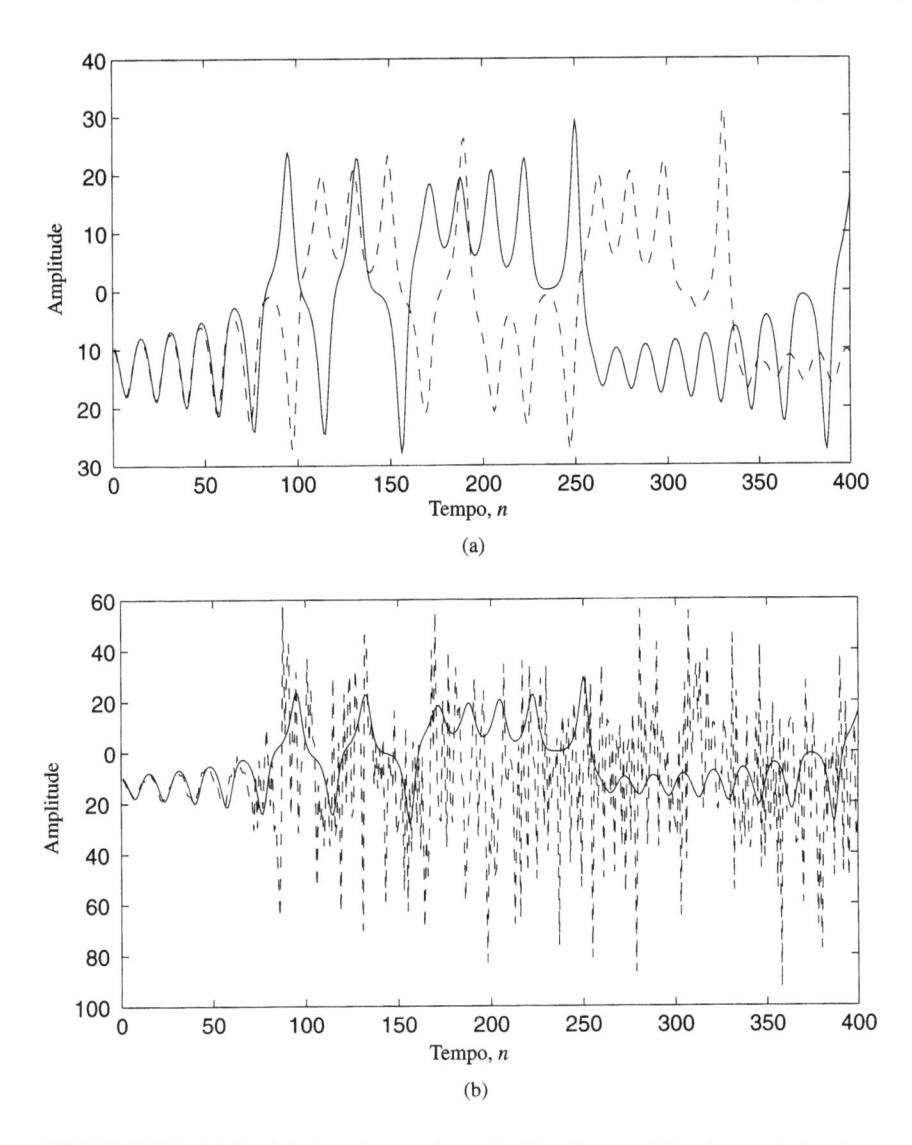

FIGURA 14.25 (a) Previsão iterativa regularizada ($N = 400$, $m = 20$) sobre os dados de Lorenz com RSR = +25 dB. (b) Previsão iterativa não-regularizada ($N = 400$, $m = 20$) sobre os dados de Lorenz com RSR = +25 dB. Em ambas as partes (a) e (b), a curva sólida é o sinal caótico real, e a curva tracejada é o sinal reconstruído

(a) Sistema de Lorenz sem ruído.
(b) Sistema de Lorenz ruidoso com relação sinal-ruído RSR = 25 dB.
(c) Dados reconstruídos, utilizando a série de Lorenz ruidosa descrita no Caso b.

As invariantes dos dados reconstruídos utilizando dados ruidosos são próximas daquelas relativas aos dados de Lorenz sem ruído. Os desvios em valores absolutos devem-se ao efeito residual do ruído inserido no atrator reconstruído e a imprecisões no procedimento de estimação. A Figura 14.25 mostra claramente que na modelagem dinâmica há algo mais do que apenas previsão. Esta figura, e muitas outras não incluídas aqui, demonstram a "robustez" da solução RBF regularizada em relação ao ponto em torno do atrator que é usado para iniciar o processo de previsão iterativa.

TABELA 14.5 Resumo dos Parâmetros para o Experimento sobre a Reconstrução Dinâmica Utilizando o Sistema de Lorenz

(a) *Sistema de Lorenz sem Ruído*

Número de amostras utilizadas: 35.000

1. Atraso de encaixe normalizado, $\tau = 4$
2. Dimensão de encaixe, $D_E = 3$
3. Expoentes de Lyapunov:
    $\lambda_1 = 1{,}5697$
    $\lambda_2 = -0{,}0314$
    $\lambda_3 = -22{,}3054$
4. Horizonte de previsibilidade $\simeq 100$ amostras

(b) *Sistema de Lorenz Ruidoso*: 25 dB RSR

Número de amostras utilizadas: 35.000

1. Atraso de encaixe normalizado, $\tau = 4$
2. Dimensão de encaixe, $D_E = 5$
3. Expoentes de Lyapunov:
    $\lambda_1 = 13{,}2689$
    $\lambda_2 = 5{,}8562$
    $\lambda_3 = -3{,}1447$
    $\lambda_4 = -18{,}0082$
    $\lambda_5 = -47{,}0572$
4. Horizonte de previsibilidade $\simeq 12$ amostras

(c) *Sistema reconstruído utilizando os dados ruidosos de Lorenz dados em (b)*

Número de amostras geradas (recursivamente): 35.000

1. Atraso de encaixe normalizado, $\tau = 4$
2. Dimensão de encaixe, $D_E = 3$
3. Expoentes de Lyapunov:
    $\lambda_1 = 2{,}5655$
    $\lambda_2 = -0{,}6275$
    $\lambda_3 = -15{,}0342$
4. Horizonte de previsibilidade $\simeq 61$ amostras

Notas: todos os expoentes de Lyapunov são expressos em nats por segundo; um *nat* é uma unidade natural para medir informação como discutido no Capítulo 10. Além disso, no caso b, o efeito do ruído é aumentar o tamanho do espectro de Lyapunov, e o número e a magnitude dos expoentes de Lyapunov positivos.

As duas observações da Fig. 14.25a, a seguir, relativas ao uso de regularização, são particularmente importantes:

1. A previsibilidade a curto prazo da série temporal reconstruída na Fig. 14.25a é de cerca de 60 amostras. O horizonte teórico de previsibilidade calculado do espectro de Lyapunov do atrator

de Lorenz sem ruído é de aproximadamente 100 amostras. O desvio experimental do horizonte de previsibilidade do atrator de Lorenz sem ruído é meramente uma manifestação da presença de ruído nos dados reais utilizados para realizar a reconstrução dinâmica. O horizonte teórico de previsibilidade calculado dos dados reconstruídos foi 61 (Tabela 14.5), o que está bem próximo do valor experimentalmente observado da previsibilidade a curto prazo.

2. Uma vez que o período de previsibilidade de curto prazo tenha se encerrado, a série temporal reconstruída na Fig. 14.25a começa a se desviar da realização sem ruído do atrator de Lorenz real. Isto é basicamente uma manifestação da dinâmica caótica, ou seja, a sensibilidade às condições iniciais. Como mencionado anteriormente, a sensibilidade às condições iniciais é uma peculiaridade do caos.

Escolha de m e de λ

O tamanho da camada de entrada, m, é determinado de acordo com a Eq. (14.94). Como explicado anteriormente, o método recomendado é utilizar o menor valor permitido de m de acordo com o sinal de igualdade de modo a minimizar o efeito do ruído sobre a reconstrução dinâmica.

O valor estimado do atraso de encaixe normalizado τ é essencialmente independente da presença de ruído para relações sinal-ruído moderadas e altas. Por outro lado, a presença de ruído tem um profundo impacto sobre o valor estimado da dimensão de encaixe D_E, o que é intuitivamente razoável. Para o atrator de Lorenz sem ruído, por exemplo, a dimensão de correlação é 2,01. Podemos, portanto, escolher a dimensão de encaixe $D_E = 3$, o que é confirmado pelo método dos falsos vizinhos mais próximos. O atraso de encaixe normalizado é $\tau = 4$. Assim, utilizando a Eq. (14.94) com o sinal de igualdade obtém-se $m = 12$ para a reconstrução dinâmica. Entretanto, para um atrator de Lorenz ruidoso com RSR = +25 dB, o uso do método dos falsos vizinhos mais próximos produz $D_E = 5$, e o uso do método da informação mútua produz $\tau = 4$. Substituindo estes valores estimados na Eq. (14.94) com o sinal de igualdade, obtemos $m = 20$ para a reconstrução dinâmica ruidosa relatada na Fig. 14.25. A Tabela 14.5 inclui o atraso de encaixe normalizado τ e a dimensão de inserção D_E para os três casos resumidos ali.

Quanto ao parâmetro de regularização λ utilizado na Fig. 14.25a, ele foi determinado a partir dos dados de treinamento utilizando a validação cruzada generalizada (VCG); este método é discutido no Capítulo 5. O valor de λ que foi utilizado na Fig. 14.25a, calculado com base na VCG, variou entre um valor mínimo de 10^{-14} e um valor máximo de 10^{-2} de acordo com os dados.

14.15 RESUMO E DISCUSSÃO

Muito do material deste capítulo é devotado ao modelo de Hopfield e ao modelo do estado cerebral em uma caixa (BSB) como exemplos de uma memória associativa fundamentada na neurodinâmica. Estes dois modelos compartilham algumas características em comum:

- Ambos empregam realimentação positiva.
- Ambos têm uma função de energia (de Lyapunov), e a dinâmica subjacente tende a minimizá-la de uma maneira iterativa.
- Ambos aprendem de uma forma auto-organizada utilizando o postulado de aprendizagem de Hebb.
- Ambos são capazes de realizar computação utilizando a dinâmica dos atratores.

Naturalmente, diferem em suas áreas de aplicação.

O modelo BSB tem uma capacidade inerente para formar agrupamentos que pode ser aproveitada para representação de dados e formação de conceito. A aplicação mais interessante do modelo BSB talvez seja como a unidade computacional básica de uma *rede de redes* proposta como um modelo plausível para descrever diferentes níveis de organização de sistemas dentro do cérebro (Anderson e Sutton, 1995). Neste modelo, as unidades computacionais formam redes locais que são distribuídas em um arranjo bidimensional, vindo daí o termo "rede de redes". Em vez de comunicar apenas a atividade média de coluna para coluna, estas redes locais são projetadas para se comunicarem com outras redes locais por meio de *padrões (vetores) de atividade*. No lugar de pesos sinápticos entre neurônios como em uma rede neural convencional, temos agora um conjunto de matrizes de interação que descrevem o acoplamento entre atratores em duas redes locais. As redes locais formam agrupamentos e níveis, com base nas suas conexões, com o resultado de que a conectividade *anatômica* é esparsa. Isto é, as redes locais são mais densamente conectadas dentro dos agrupamentos que entre agrupamentos. Entretanto, a conectividade *funcional* entre agrupamentos tem uma dinâmica rica, em parte devido à atividade correlacionada no tempo entre as redes locais.

O modelo de Hopfield, ao contrário, pode ser usado para resolver os seguintes problemas computacionais:

1. *Memória endereçável por conteúdo*, que envolve a recuperação de um padrão armazenado apresentando à memória uma versão parcial ou distorcida dele. Para esta aplicação, o procedimento usual é utilizar o modelo de Hopfield "discreto" que é baseado no neurônio de McCulloch-Pitts (i.e., um neurônio que utiliza uma função de ativação do tipo limitador abrupto). Vista em um contexto computacional, a construção de uma memória endereçável por conteúdo é uma questão trivial. Entretanto, o modelo de Hopfield de uma memória endereçável por conteúdo é importante porque elucida a *ligação entre a dinâmica e a computação* de um modo novo. Em particular, o modelo de Hopfield exibe as seguintes propriedades que têm relevância neurobiológica:
   - A dinâmica do modelo é dominada por um grande número de atratores pontuais em um espaço de estados de alta dimensão.
   - Um atrator pontual (i.e., uma memória fundamental) de interesse pode ser localizado meramente pela inicialização do modelo com uma descrição inexata daquela localização do atrator, fazendo com que a dinâmica evolua o estado do modelo para o atrator pontual mais próximo.
   - A aprendizagem (i.e., a computação dos parâmetros livres do modelo) acontece de acordo com o postulado de aprendizagem de Hebb. Além disso, este mecanismo de aprendizagem permite a inserção de novos atratores pontuais no modelo, se assim desejado.
2. *Problemas de otimização combinatória*, que estão entre os problemas mais difíceis conhecidos pelos matemáticos. Esta classe de problemas de otimização inclui o *problema do caixeiro viajante* (TSP, *traveling salesman problem*), considerado um problema clássico. Dadas as posições de um número especificado de cidades, assumidas situadas em um plano, o problema é encontrar o roteiro mais curto que começa e acaba na mesma cidade. O TSP é simples de formular mas difícil de resolver exatamente, pois não há nenhum método conhecido de encontrar o roteiro mínimo, que calcule rapidamente o comprimento de cada roteiro possível e então selecione o menor. Diz-se que ele é *NP-completo* (Hopcroft e Ullman, 1979). Em um artigo pioneiro, Hopfield e Tank (1985) demonstraram como uma rede analógica, baseada no sistema de equações diferenciais de primeira ordem acopladas (14.20) pode ser usada para representar a solução do TSP. Especificamente, os pesos sinápticos da rede são determinados pelas distâncias entre as cidades visitadas no roteiro, e a solução ótima do problema é um ponto fixo das equações neurodinâmicas

(14.20). Aqui encontram-se as dificuldades relacionadas com o "mapeamento" de problemas de otimização combinatória para a rede de Hopfield contínua (analógica). A rede atua minimizando uma função de energia (de Lyapunov) única, e no entanto o problema de otimização combinatória típico requer a minimização de uma função objetivo *sujeita a* algumas restrições severas (Gee et al., 1993). Se qualquer uma destas restrições for violada, a solução é considerada inválida. Os procedimentos anteriores de mapeamento foram baseados em uma função de Lyapunov construída de uma forma *ad hoc*, normalmente empregando um termo para cada restrição, como mostrado por

$$E = E^{\text{ótimo}} + c_1 E_1^{\text{restr}} + c_2 E_1^{\text{restr}} + \cdots \qquad (14.96)$$

O primeiro termo, $E^{\text{ótimo}}$, é a função objetivo a ser minimizada (p.ex., o comprimento de um roteiro do TSP); ele é determinado pelo problema considerado. Os termos $E_1^{\text{restr}}, E_2^{\text{restr}}, \ldots$, restantes representam funções de penalização cuja minimização satisfaz as *restrições*. Os escalares $c_1, c_2, \ldots$, são pesos constantes atribuídos às respectivas funções de penalização $E_1^{\text{restr}}, E_2^{\text{restr}}, \ldots$, normalmente por tentativa e erro. Infelizmente, os numerosos termos na função de Lyapunov da Eq. (14.96) tendem a frustrar uns aos outros, e o sucesso da rede de Hopfield é altamente sensível aos valores relativos de $c_1, c_2, \ldots$ (Gee et al., 1993). Portanto, não causa surpresa que a rede freqüentemente produza um grande número de soluções inválidas (Wilson e Pawley, 1988; Ansari e Hou, 1997). Em Gee (1993) são tratadas várias questões básicas relativas ao uso da rede de Hopfield contínua como uma ferramenta para resolver problemas de otimização combinatória; as principais constatações relatadas ali podem ser resumidas como:

- Dado um problema de otimização combinatória expresso em termos de programação quadrática 0-1, como no problema do caixeiro viajante, existe um método direto para programar a rede para a sua resolução, e a solução encontrada não violará qualquer das restrições do problema.
- Baseando-se em resultados da teoria da complexidade e da programação matemática, mostra-se que, exceto quando as restrições do problema têm propriedades especiais produzindo um poliedro limitado integral, não é possível forçar a rede a convergir para uma solução válida interpretável. Em termos geométricos, um poliedro limitado é dito *integral* se todos os vértices do poliedro forem pontos 0-1. Mesmo quando se lida com poliedros limitados integrais, se a função objetivo $E^{\text{ótimo}}$ for quadrática, o problema é NP-completo, e não há garantia de que a rede encontrará a solução ótima; esta classe de problemas inclui o problema do caixeiro viajante. Entretanto, uma solução válida será encontrada e, dada a natureza do processo descendente para esta solução, há uma boa chance de que a solução seja confiável.

O modelo de Hopfield, considerado neste capítulo, utiliza acoplamentos simétricos entre os seus neurônios. A dinâmica de uma estrutura assim é similar à dinâmica da descida do gradiente, assegurando desta forma a convergência para um ponto fixo. Entretanto, a dinâmica do cérebro difere daquela do modelo de Hopfield em dois aspectos importantes:

- As conexões entre neurônios no cérebro são assimétricas.
- São observados no cérebro comportamentos não-periódicos oscilatórios e complexos.

De fato, por causa destas características especiais do cérebro, desde há muito tempo tem havido interesse no estudo de redes assimétricas[9], antecedendo inclusive o modelo de Hopfield.

Se abandonarmos a restrição de simetria, o próximo modelo mais simples é a *rede excitatória-inibitória* cujos neurônios pertencem a uma de duas populações: uma apenas com saídas excitatórias, e a outra apenas com saídas inibitórias. As conexões sinápticas entre as duas populações são anti-simétricas, enquanto que as conexões sinápticas dentro de cada população são simétricas. Em Seung et al. (1998), a dinâmica desta rede é considerada. A análise ali apresentada explora a similaridade da dinâmica subjacente da rede inibitória-excitatória com a *dinâmica da decida do gradiente-subida do gradiente*, onde as equações de movimento são descidas do gradiente em algumas variáveis de estado e subida do gradiente nas outras. Conseqüentemente, ao contrário da dinâmica da descida do gradiente que caracteriza o modelo de Hopfield, a dinâmica do modelo considerado por Seung et al. pode convergir para um ponto fixo ou um ciclo limite, dependendo da escolha dos parâmetros da rede. Assim, o modelo anti-simétrico estudado em Seung et al. (1998) representa um avanço em relação ao modelo de Hopfield simétrico.

NOTAS E REFERÊNCIAS

1. O método direto de Lyapunov é também referido na literatura como o segundo método. Para um relato histórico deste trabalho pioneiro, veja o livro de LaSalle e Lefschetz (1961).

    A forma alternativa de escrita, Liapunov, é freqüentemente utilizada na literatura; a diferença na escrita surgiu durante a transcrição dos caracteres russos (Brogan, 1985).

2. Um sistema dinâmico *não-autônomo* é definido pela equação de estado

$$\frac{d}{dt}\mathbf{x}(t) = \mathbf{F}(\mathbf{x}(t),t)$$

com a condição inicial $\mathbf{x}(t_0) = \mathbf{x}_0$. Para um sistema não-autônomo, o campo vetorial $\mathbf{F}(\mathbf{x}(t), t)$ depende do tempo t. Portanto, ao contrário do caso de um sistema autônomo, geralmente não podemos fixar o tempo inicial em zero (Parker e Chua, 1989).

3. A seguir, oferecemos uma definição rigorosa de um atrator (Lanford, 1981; Lichtenberg e Lieberman, 1992):

    Um subconjunto (variedade) M do espaço de estados é chamado de atrator se:
    - M é invariante com o fluxo
    - Existe uma vizinhança (aberta) em torno de M que diminui aproximando-se de M sob a influência do fluxo.
    - Nenhuma parte de M é transiente
    - M não pode ser decomposto em duas partes invariantes não-superpostas.

4. **Neurônio Integra e Dispara**
    O modelo aditivo da Eq. (14.14) não captura totalmente a essência do que um neurônio biológico faz. Em particular, ignora a informação temporal codificada em potenciais de ação; potenciais de ação são descritos brevemente em termos qualitativos no Capítulo 1. Hopfield (1994) descreve um modelo dinâmico que leva em conta potenciais de ação considerando um neurônio que integra e dispara. A operação de um neurônio assim é descrita pela equação diferencial de primeira ordem

$$C\frac{d}{dt}u(t) = -\frac{1}{R}(u(t) - u_0) + i(t) \tag{1}$$

onde

$u(t)$ = potencial interno do neurônio

C = capacitância da membrana envolvendo o neurônio
R = resistência da fuga da membrana
$i(t)$ = corrente elétrica injetada no neurônio por um outro neurônio
u_0 = potencial ao qual o neurônio é reduzido quando $i(t)$ se extingue.

Um potencial de ação é gerado cada vez que o potencial interno $u(t)$ alcança um valor de limiar.

Os potenciais de ação são tratados como funções delta de Dirac (impulso) como mostrado por

$$g_k(t) = \sum_n \delta(t - t_{k,n}) \qquad (2)$$

onde $t_{k,n}$, $n = 1, 2, 3,...$ representa os tempos nos quais o neurônio k *dispara* potenciais de ação.
Estes tempos são definidos pela Eq. (1).

O comportamento da corrente total $i_k(t)$ que flui para dentro do neurônio k é modelado como

$$\frac{d}{dt} i_k(t) = -\frac{1}{\tau} i_k(t) + \sum_j \omega_{kj} g_j(t) \qquad (3)$$

onde w_{kj} é o peso sináptico do neurônio j para o neurônio k, τ é uma constante de tempo característica do neurônio k, e a função $g_j(t)$ é definida de acordo com a Eq. (2).

O modelo aditivo da Eq. (14.14) pode ser visto como um caso especial da Eq. (3). Especificamente, a natureza impulsiva de $g_j(t)$ é ignorada substituindo-a pela convolução de $g_j(t)$ com uma função suavizadora. Esta modificação é justificável se, durante um intervalo razoável de tempo, houver muitas contribuições à soma do lado direito da Eq. (3) devido à alta conectividade e se tudo o que realmente nos interessa é o comportamento a curto prazo da taxa de disparo do neurônio k.

5. O *modelo de Little* (Little, 1974; Little e Shaw, 1975) utiliza os mesmos pesos sinápticos que o modelo de Hopfield. Entretanto, eles se diferenciam pelo fato de o modelo de Hopfield utilizar *dinâmica assíncrona* (*serial*), enquanto que o modelo de Little usa *dinâmica síncrona* (*paralela*). Correspondentemente, exibem propriedades de convergência diferentes (Bruck, 1990; Goles e Martinez, 1990): a rede de Hopfield sempre convergirá para um estado estável, enquanto que o modelo de Little sempre convergirá para um estado estável ou um ciclo limite de comprimento máximo 2. Por "ciclo limite" consideramos aqueles ciclos no espaço de estados da rede que são de um comprimento menor ou igual a 2.

6. **Função de Ativação Não-Monótona**
Várias propostas foram feitas na literatura para superar as limitações do modelo de Hopfield como uma memória endereçável por conteúdo. Talvez o desenvolvimento mais significativo sugerido até hoje seja o de Morita (1993), que se aplica à forma contínua (analógica) do modelo de Hopfield. A modificação é confinada à função de ativação $\varphi(\cdot)$ de um neurônio, mantendo com isso a simplicidade da rede como uma memória associativa. Especificamente, a função de ativação usual de limiar abrupto ou a função sigmóide de cada neurônio da rede é substituída por uma *função não-monótona*. Em termos matemáticos, esta função de ativação é definida como o produto de dois fatores, como mostrado por

$$\varphi(v) = \left(\frac{1 - \exp(-av)}{1 + \exp(-av)} \right) \left(\frac{1 + \kappa \exp(b(|v| - c))}{1 + \exp(b(|v| - b))} \right) \qquad (1)$$

onde v é o campo local induzido. O primeiro fator no lado direito da Eq. (1) é a função sigmóide usual (tangente hiperbólica) usada na versão contínua da rede de Hopfield; o parâmetro a é o ganho do neurônio. O segundo fator é responsável por tornar a função de ativação $\varphi(v)$ não-monótona. Dois dos parâmetros que caracterizam este segundo fator, isto é, b e c, são constantes positivas; o parâmetro restante κ é normalmente negativo. Nos experimentos realizados por Morita (1993), os seguintes valores de parâmetros foram usados:

$$a = 50; \quad b = 15$$
$$c = 0,5; \quad \kappa = -1$$

De acordo com Morita, a forma exata da função de ativação e os parâmetros utilizados para descrevê-la não são muito críticos; o fator essencial é a propriedade não-monótona da função de ativação.

O modelo de uma memória endereçável por conteúdo descrito por Morita exibe duas propriedades interessantes (Yoshizawa et al., 1993):
1. Para uma rede constituída por N neurônios, a capacidade de armazenamento do modelo é cerca de $0,3N$, o que (para N grande) é muito maior que o valor correspondente $N/(2\log N)$ do modelo de Hopfield convencional.
2. O modelo *não* exibe estados espúrios; em vez disso, quando falha em recuperar um padrão correto memorizado, o estado da rede é conduzido a um comportamento caótico. A noção de caos é discutida na Seção 14.13.

7. A idéia de uma função de correlação $C(q, r)$ como definida na Eq. (14.84) era conhecida em estatística pelo trabalho de Rényi (1970). Entretanto, o seu uso para caracterizar um atrator estranho se deve a Grassberger e Procaccia (1983). Eles originalmente discutiram o uso de $C(q, r)$ no contexto da dimensão de correlação para $q = 2$.
8. A construção de dinâmicas utilizando coordenadas independentes de uma série temporal foi primeiramente proposta por Packard et al. (1980). Entretanto, este artigo não fornece a prova e utiliza encaixes de "derivadas" em vez de encaixes de atrasos de tempo. A idéia de encaixes de atrasos de tempo ou encaixes de coordenadas atrasadas é atribuída a Ruelle e Takens. Especificamente, em 1981, Takens publicou um artigo matematicamente aprofundado sobre encaixes de atraso de tempo, que se aplica a atratores que sejam superfícies, ou similares a um toro; veja também o artigo de Mañé (1981) sobre o mesmo assunto publicado na mesma edição. O artigo de Takens é difícil de ler para não-matemáticos, e o artigo de Mañé é ainda mais difícil de ler. A idéia de mapeamento de coordenadas de atraso foi refinada em 1991 por Sauer et al. A abordagem adotada neste último artigo integra e expande os resultados anteriores de Whitney (1936) e Takens (1981).
9. O tratamento de redes neurais biológicas como sistemas dinâmicos não-lineares que exibem comportamento oscilatório e ondas caminhantes tem uma longa história (Wilson e Cowan, 1972; Amari, 1977a, 1977b; Amari e Arbib, 1977); veja também a discussão em Carpenter et al. (1987).

PROBLEMAS

Sistemas Dinâmicos

14.1 Reformule o teorema de Lyapunov para o vetor de estado $\mathbf{x}(0)$ como o estado de equilíbrio de um sistema dinâmico.

14.2 Verifique o diagrama em blocos das Figuras 14.8a e 14.8b para as equações neurodinâmicas (14.18) e (14.19), respectivamente.

14.3 Considere um sistema neurodinâmico geral com uma dependência não especificada dos parâmetros dinâmicos internos, estímulos dinâmicos externos e variáveis de estado. O sistema é definido pelas equações de estado

$$\frac{dx_j}{dt} = \varphi_j(\mathbf{W}, \mathbf{u}, \mathbf{x}), \quad j = 1, 2, \ldots, N$$

onde a matriz $\mathbf{W}$ representa os parâmetros dinâmicos internos do sistema, o vetor $\mathbf{u}$ representa os estímulos dinâmicos externos e $\mathbf{x}$ é o vetor de estado cujo j-ésimo elemento é representado por x_j. Assuma que as trajetórias do sistema convirjam para atratores pontuais para valores de $\mathbf{W}$, $\mathbf{u}$ e estados iniciais $\mathbf{x}(0)$ em alguma região de operação do espaço de estados (Pineda, 1988b). Discuta como o sistema descrito pode ser utilizado para as seguintes aplicações:
(a) Mapeador contínuo, com $\mathbf{u}$ como entrada e $\mathbf{x}(\cdot)$ como saída
(b) Memória auto-associativa, com $\mathbf{x}(0)$ como entrada e $\mathbf{x}(\cdot)$ como saída

Modelos de Hopfield

14.4 Considere uma rede de Hopfield constituída por cinco neurônios, que deve armazenar as três memórias fundamentais seguintes:

$$\xi_1 = [+1, +1, +1, +1, +1]^T$$
$$\xi_2 = [+1, -1, -1, +1, -1]^T$$
$$\xi_3 = [-1, +1, -1, +1, +1]^T$$

(a) Calcule a matriz 5-por-5 de pesos sinápticos da rede.
(b) Utilize atualização assíncrona para demonstrar que todas as três memórias fundamentais ξ_1, ξ_2 e ξ_3 satisfazem a condição de alinhamento.
(c) Investigue o desempenho de recuperação da rede quando se apresenta a ela uma versão ruidosa de ξ_1 na qual o segundo elemento tem polaridade invertida.

14.5 Investigue o uso de atualização síncrona sobre o desempenho de recuperação da rede de Hopfield descrita no Problema 14.4.

14.6 (a) Mostre que

$$\xi_1 = [-1, -1, -1, -1, -1]^T$$
$$\xi_2 = [-1, +1, +1, -1, +1]^T$$
$$\xi_3 = [+1, -1, +1, -1, -1]^T$$

são também memórias fundamentais da rede de Hopfield descrita no Problema 14.4. Como estas memórias fundamentais estão relacionadas com aquelas do Problema 14.4?
(b) Suponha que o primeiro elemento da memória fundamental ξ_3 no problema 14.4 seja mascarado (i.e., reduzido a zero). Determine o padrão resultante produzido pela rede de Hopfield. Compare este resultado com a forma original de ξ_3.

14.7 Considere que uma rede de Hopfield simples seja constituída por dois neurônios. A matriz de pesos sinápticos da rede é

$$\mathbf{W} = \begin{bmatrix} 0 & -1 \\ -1 & 0 \end{bmatrix}$$

O bias aplicado a cada neurônio é zero. Os quatro estados possíveis da rede são

$$\mathbf{x}_1 = [+1, +1]^T$$
$$\mathbf{x}_2 = [-1, +1]^T$$
$$\mathbf{x}_3 = [-1, -1]^T$$
$$\mathbf{x}_4 = [+1, -1]^T$$

(a) Demonstre que os estados $\mathbf{x}_2$ e $\mathbf{x}_4$ são estáveis, enquanto que os estados $\mathbf{x}_1$ e $\mathbf{x}_3$ exibem um ciclo limite. Faça esta demonstração utilizando as seguintes ferramentas:
   1. A condição de alinhamento (estabilidade)
   2. A função de energia

(b) Qual é o comprimento do ciclo limite que caracteriza os estados $\mathbf{x}_1$ e $\mathbf{x}_3$?

14.8 Neste problema, derivamos a fórmula da Eq. (14.55) para a capacidade de armazenamento quase sem erros relativa à rede de Hopfield utilizada como uma memória endereçável por conteúdo.

(a) O comportamento assintótico da função de erro é descrita aproximadamente por

$$\text{erf}(y) \simeq 1 - \frac{e^{-y^2}}{\sqrt{\pi} y} \quad \text{para grande } y$$

Utilizando esta aproximação, mostre que a probabilidade condicional da Eq. (14.53) pode ser aproximada por

$$P(v_j > 0 | \xi_{v,j} = +1) \simeq 1 - \frac{e^{-\rho/2}}{\sqrt{2\pi r}}$$

onde ρ é a relação sinal-ruído. Mostre que a probabilidade para padrões estáveis é correspondentemente aproximada por

$$p_{\text{estável}} \simeq 1 - \frac{N e^{-\rho/2}}{\sqrt{\pi \rho}}$$

(b) O segundo termo na fórmula para $p_{\text{estável}}$ dada na parte (a) é a probabilidade de que um bit em uma memória fundamental seja instável. Para a definição da capacidade de armazenamento quase sem erros não é suficiente exigir que este termo seja pequeno; em vez disso, ele deve ser pequeno comparado a $1/N$, onde N é o tamanho da rede de Hopfield. Mostre que a relação sinal-ruído deve satisfazer a condição

$$\rho > 2\log_e N + \frac{1}{2}\log_e(2\pi\rho)$$

(c) Utilizando o resultado derivado na parte (b), mostre que o mínimo valor permitido para a relação sinal-ruído para a recuperação perfeita da maioria das memórias fundamentais é

$$\rho_{\min} = 2\log_e N$$

Qual é o valor correspondente de $p_{\text{estável}}$?

(d) Utilizando os resultados da parte (c), mostre que

$$M_{\max} \simeq \frac{N}{2\log_e N}$$

como descrito na Eq. (14.55).

(e) A fórmula derivada na parte (d) para a capacidade de armazenamento é baseada na premissa de que a *maioria* das memórias fundamentais é estável. Para uma definição mais rigorosa da capacidade de armazenamento sem erros, exigimos que *todas* as memórias fundamentais sejam recuperadas corretamente. Utilizando esta última definição, mostre que o número máximo de memórias fundamentais que podem ser armazenadas na rede de Hopfield é dado por (Amit, 1989)

$$M_{\max} \simeq \frac{N}{4\log_e N}$$

14.9 Mostre que a função de energia de uma rede de Hopfield pode ser expressa por

$$E = -\frac{N}{2}\sum_{v=1}^{M} m_v^2$$

onde m_v representa superposições definidas por

$$m_v = \frac{1}{N}\sum_{j=1}^{N} x_j \xi_{v,j}, \quad v=1,2,\ldots,M$$

onde x_j é o *j*-ésimo elemento do vetor de estado **x**, $\xi_{v,j}$ é o *j*-ésimo elemento da memória fundamental ξ_v e M é o número de memórias fundamentais.

14.10 Uma rede de Hopfield é projetada para armazenar os dois padrões de memórias fundamentais $(+1, +1, -1, +1, +1)$ e $(+1, -1, +1, -1, +1)$. A matriz de pesos sinápticos da rede é dada por

$$\mathbf{W} = \begin{bmatrix} 0 & 0 & 0 & 0 & 2 \\ 0 & 0 & -2 & 2 & 0 \\ 0 & -2 & 0 & -2 & 0 \\ 0 & 2 & -2 & 0 & 0 \\ 2 & 0 & 0 & 0 & 0 \end{bmatrix}$$

(a) A soma dos autovalores da matriz **W** é zero. Por quê?
(b) O espaço de estados da rede é um subespaço de $\mathbb{R}^5$. Especifique a configuração deste subespaço.
(c) Especifique o subespaço $\mathcal{M}$ abrangido pelos vetores das memórias fundamentais e o subespaço nulo $\mathcal{N}$ da matriz de pesos **W**. Quais são os pontos fixos (estados estáveis) e os estados espúrios da rede?

(O leitor pode preferir se referir ao artigo de deSilva e Attikiouzzel (1992) para uma descrição mais detalhada acerca da dinâmica da rede aqui descrita.)

14.11 A Figura P14.11 mostra uma forma linear por partes da função de ativação não-monótona. A dinâmica de recuperação da rede de Hopfield utilizando esta aproximação é definida por

$$\frac{d}{dt}\mathbf{v}(t) = -\mathbf{v}(t) + \mathbf{W}\mathbf{x}(t), \quad \mathbf{x}(t) = \text{sinal}(\mathbf{v}(t)) - k\mathbf{v}(t)$$

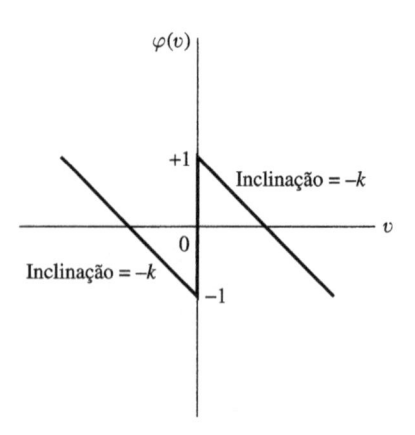

FIGURA P14.11

onde $v(t)$ é o vetor dos campos locais induzidos, W é a matriz de pesos sinápticos, $x(t)$ é o vetor de estado (saída) e $-k$ é uma inclinação constante negativa. Considere que $\bar{v}$ seja um estado de equilíbrio da rede que se encontra no quadrante da memória fundamental ξ_1 e seja

$$\bar{x} = \text{sinal}(\bar{v}) - k\bar{v}$$

Mostre que $\bar{x}$ é caracterizado pelas três condições a seguir (Yoshizawa et al., 1993):

(a) $\sum_{i=1}^{N} \bar{x}_i \xi_{\mu,i} = 0, \quad \mu = 2,3,...,M$

(b) $\sum_{i=1}^{N} \bar{x}_i \xi_{1,i} = M$

(c) $\bar{x}_i < 1, \quad i = 1, 2, ..., N$

onde $\xi_1, \xi_2, ..., \xi_M$ são as memórias fundamentais armazenadas na rede, $\xi_{\mu,i}$ é o i-ésimo elemento de ξ_μ, $\bar{x}_i$ é o i-ésimo elemento de $\bar{x}$ e N é o número de neurônios.

14.12 Considere o modelo neurodinâmico simples descrito pelo sistema de equações

$$\frac{dv_j}{dt} = -v_j + \sum_i w_{ji}\varphi(v_i) + I_j, \quad j = 1,2,...,N$$

O sistema descrito sempre converge para um único atrator pontual, desde que os pesos sinápticos w_{ji} satisfaçam a condição

$$\sum_j \sum_i w_{ji}^2 < \frac{1}{(\max|\varphi'|)^2}$$

onde $\varphi' = d\varphi/dv_j$. Explore a validade desta condição. Você pode se referir ao artigo (Atiya, 1987) onde esta condição é derivada.

Teorema de Cohen-Grossberg

14.13 Considere a função de Lyapunov E definida na Equação (14.57). Mostre que

$$\frac{dE}{dt} \leq 0$$

desde que as condições das Eqs. (14.59) a (14.61) sejam satisfeitas.

14.14 Na Seção 14.10, derivamos a função de Lyapunov do modelo BSB aplicando o teorema de Cohen-Grossberg. Durante a derivação, omitimos alguns dos detalhes que levam à equação (14.73). Complete este detalhamento.

14.15 A Figura P14.5 mostra um gráfico da função de ativação não-monótona de Morita (1993) discutida na nota 6. Esta função de ativação é utilizada no lugar da função tangente hiperbólica na construção de uma rede de Hopfield. O teorema de Cohen-Grossberg é aplicável à memória associativa assim construída? Justifique a sua resposta.

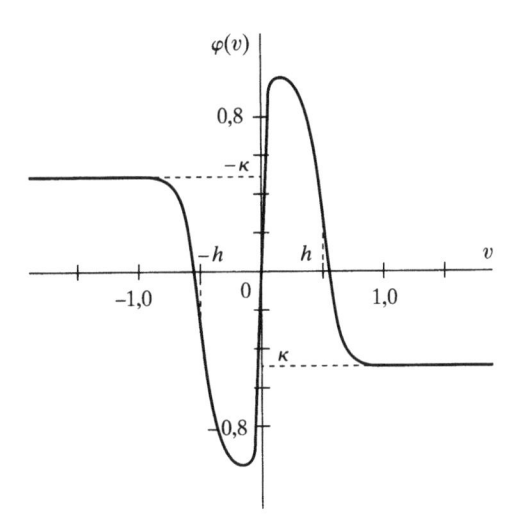

FIGURA P14.15

CAPÍTULO 15

Redes Recorrentes Dirigidas Dinamicamente

15.1 INTRODUÇÃO

Como mencionado no capítulo anterior, as *redes recorrentes* são redes neurais com um ou mais laços de realimentação. A realimentação pode ser de natureza *local* ou *global*. Neste capítulo, continuamos o estudo das redes recorrentes com realimentação global.

Dado um perceptron de múltiplas camadas como bloco construtivo básico, a aplicação de realimentação global pode assumir uma variedade de formas. Podemos ter realimentação dos neurônios de saída do perceptron de múltiplas camadas para a camada de entrada. Uma outra forma possível de realimentação global é dos neurônios ocultos da rede para a camada de entrada. Quando o perceptron de múltiplas camadas tem duas ou mais camadas ocultas, as formas possíveis de realimentação global se expandem ainda mais. A questão é que as redes recorrentes têm um rico repertório de plantas arquiteturais.

Basicamente, existem dois usos funcionais para as redes recorrentes:

- *Memórias associativas*
- *Redes para mapeamento de entrada-saída*

O uso de redes recorrentes como memórias associativas é considerado em detalhes no Capítulo 14. No presente capítulo, estudaremos o seu uso como redes para mapeamento de entrada-saída. Qualquer que seja o uso, uma questão de particular interesse no estudo de redes recorrentes é a sua *estabilidade*; esta questão é também considerada no Capítulo 14.

Por definição, o espaço de entrada de uma rede de mapeamento é mapeado em um espaço de saída. Para este tipo de aplicação, uma rede recorrente responde *temporariamente* a um sinal de entrada aplicado externamente. Podemos, portanto, falar das redes recorrentes consideradas neste capítulo como *redes recorrentes dirigidas dinamicamente*. Além disso, a aplicação de realimentação permite que as redes recorrentes adquiram representações do *estado*, o que as torna dispositivos apropriados para aplicações tão diversas como previsão não-linear e modelagem, equalização adaptativa de canais de comunicação, processamento de voz, controle de instalações industriais e diagnósticos de motores automotivos. Como tal, as redes recorrentes oferecem uma alternativa às redes alimentadas adiante dirigidas dinamicamente descritas no Capítulo 13. Devido aos efeitos benéficos da realimentação global, elas podem se sair melhor nestas aplicações. O uso de realimentação global tem o potencial de reduzir significativamente as exigências de memória.

Organização do Capítulo

O capítulo está organizado em quatro partes: arquiteturas, teoria, algoritmos de aprendizagem e aplicações. A parte 1, consistindo da Seção 15.2, trata das arquiteturas de redes recorrentes.

A parte 2, consistindo das Seções 15.3 a 15.5, trata dos aspectos teóricos das redes recorrentes. A Seção 15.3 descreve o modelo de espaço de estados e as questões relacionadas de controle e observabilidade. A Seção 15.4 deriva um equivalente ao modelo de espaço de estados conhecido como o modelo auto-regressivo não-linear com entradas exógenas. A Seção 15.5 discute algumas questões teóricas relativas ao poder computacional das redes recorrentes.

A parte 3, consistindo das Seções 15.6 a 15.12, é devotada aos algoritmos de aprendizagem e a questões relacionadas. Ela começa com uma visão geral do assunto na Seção 15.6. A seguir, na Seção 15.7 discute a retropropagação através do tempo que se fundamenta no material apresentado no Capítulo 4. A Seção 15.8 discute um outro algoritmo popular: a aprendizagem recorrente em tempo-real. Na Seção 15.9, apresentamos uma breve revisão da clássica teoria do filtro de Kalman, seguida, na Seção 15.10, por uma descrição do algoritmo de filtragem de Kalman estendido desacoplado. Um experimento computacional sobre este último algoritmo para aprendizagem recorrente é apresentado na Seção 15.11. A aprendizagem recorrente baseada em gradiente sofre do problema de extinção dos gradientes, que é discutido na Seção 15.12.

A quarta e última parte do capítulo, consistindo das Seções 15.13 e 15.14, trata de duas aplicações importantes das redes recorrentes. A Seção 15.13 discute a identificação de sistemas. A Seção 15.14 discute o controle adaptativo referenciado a modelo.

O capítulo conclui com algumas considerações finais na Seção 15.15.

15.2 ARQUITETURAS DE REDES RECORRENTES

Como mencionado na introdução, a planta arquitetural de uma rede recorrente assume muitas formas diferentes. Nesta seção, descrevemos quatro arquiteturas de rede específicas, cada uma realçando uma forma específica de realimentação global.[1] Elas compartilham as seguintes características comuns:

- Todas elas incorporam um perceptron de múltiplas camadas *estático* ou partes dele.
- Todas elas exploram a capacidade de mapeamento não-linear do perceptron de múltiplas camadas.

Modelo Recorrente de Entrada-Saída

A Figura 15.1 mostra a arquitetura de uma rede recorrente genérica que resulta naturalmente de um perceptron de múltiplas camadas. O modelo tem uma única entrada que é aplicada a uma memória de linha de atraso derivada com q unidades. Ela tem uma única saída que é realimentada para a entrada através de uma outra memória de linha de atraso derivada, também com q unidades. Os

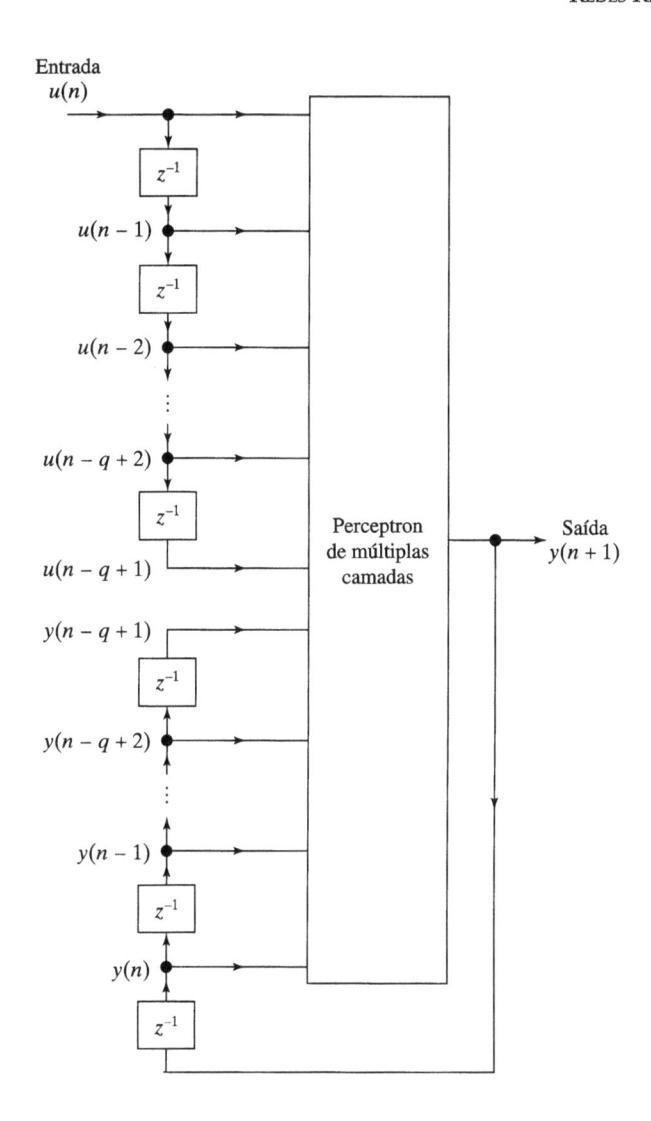

FIGURA 15.1 Modelo auto-regressivo não-linear com entradas exógenas (NARX)

conteúdos destas duas memórias de linha de atraso com derivação são utilizados para alimentar a camada de entrada do perceptron de múltiplas camadas. O valor presente da entrada do modelo é representado por $u(n)$, e o valor correspondente da saída do modelo é representado por $y(n+1)$; isto é, a saída está adiantada em relação à entrada por uma unidade de tempo. Assim, o vetor de sinal aplicado à camada de entrada do perceptron de múltiplas camadas consiste de uma janela de dados constituídas das seguintes componentes:

- Os valores presente e passados da entrada, ou seja $u(n), u(n-1),..., u(n-q+1)$, que representam entradas *exógenas* originárias de fora da rede.
- Os valores atrasados da saída, ou seja, $y(n), y(n-1),..., y(n-q+1)$, sobre os quais é feita a *regressão* da saída do modelo $y(n+1)$.

Com isso a rede recorrente da Fig. 15.1 é referida como um *modelo auto-regressivo não-linear com entradas exógenas* (*NARX, nonlinear autoregressive with exogenous inputs*).[2] O comportamento dinâmico do modelo NARX é descrito por

$$y(n+1) = F(y(n),..., y(n-q+1), u(n),..., u(n-q+1)) \qquad (15.1)$$

onde F é uma função não-linear de seus argumentos. Note que na Fig. 15.1 assumimos que as duas memórias de linha de atraso do modelo são ambas de tamanho q; geralmente elas são diferentes. O modelo NARX é explorado em maiores detalhes na Seção 15.4.

Modelo de Espaço de Estados

A Fig. 15.2 mostra o diagrama em blocos de uma outra rede recorrente genérica, chamada de *modelo de espaço de estados*. Os neurônios ocultos definem o *estado* da rede. A saída da camada oculta é realimentada para a camada de entrada através de um banco de atrasos unitários. A camada de entrada consiste de uma concatenação de nós realimentadores e nós fonte. A rede é conectada ao ambiente externo através dos nós fonte. O número de atrasos unitários usados para realimentar a saída da camada oculta de volta para a camada de entrada determina a *ordem* do modelo. Considere que o vetor $\mathbf{u}(n)$ m-por-1 represente o vetor de entrada, e o vetor $\mathbf{x}(n)$ q-por-1 represente a saída da camada oculta no tempo n. Podemos então descrever o comportamento dinâmico do modelo da Fig. 15.2 pelo par de equações acopladas:

$$\mathbf{x}(n+1) = \mathbf{f}(\mathbf{x}(n), \mathbf{u}(n)) \qquad (15.2)$$

$$\mathbf{y}(n) = \mathbf{C}\mathbf{x}(n) \qquad (15.3)$$

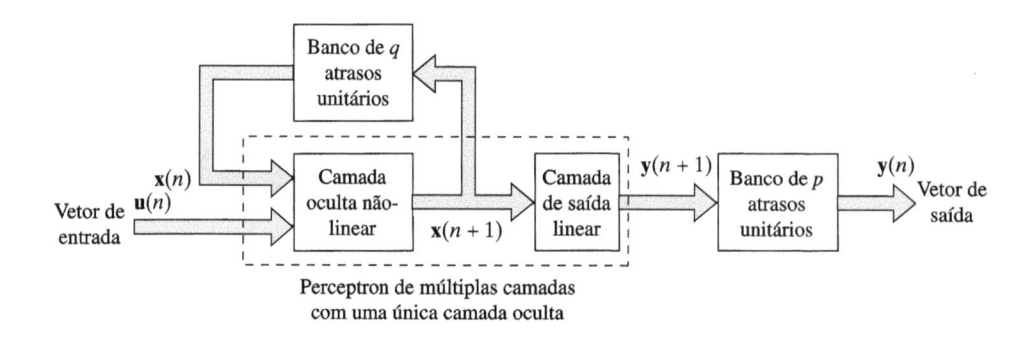

FIGURA 15.2 Modelo de espaço de estados

onde $\mathbf{f}(\cdot,\cdot)$ é uma função não-linear que caracteriza a camada oculta e $\mathbf{C}$ é a matriz de pesos sinápticos que caracteriza a camada de saída. A camada oculta é não-linear, mas a camada de saída é linear.

A rede recorrente da Fig. 15.2 inclui várias arquiteturas recorrentes como casos especiais. Considere, por exemplo, a *rede recorrente simples* (RRS) descrita em Elman (1990) e representada na Fig. 15.3. A rede de Elman tem uma arquitetura similar àquela da Fig. 15.2 exceto pelo fato de que a camada de saída pode ser não-linear e o banco de atrasos unitários na saída é omitido.

A rede de Elman contém conexões recorrentes dos neurônios ocultos para uma camada de *unidades de contexto* que consiste de atrasos unitários. Estas unidades de contexto armazenam as saídas dos neurônios ocultos por um passo de tempo, e então as realimentam de volta para a camada de entrada. Os neurônios ocultos têm assim um registro das suas ativações passadas, o que capacita a rede a realizar tarefas de aprendizagem que se estendem no tempo.

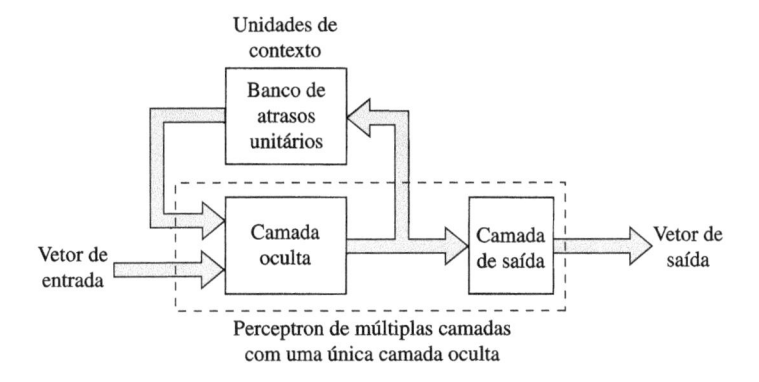

FIGURA 15.3 Rede Recorrente Simples (RRS)

Os neurônios ocultos também alimentam os neurônios de saída que produzem a resposta da rede ao estímulo aplicado externamente. Devido à natureza da realimentação em torno dos neurônios ocultos, estes neurônios podem continuar a circular informação através da rede durante múltiplos passos de tempo e com isso descobrir representações abstratas do tempo. A rede recorrente simples não é, portanto, meramente um registro seqüencial dos dados passados.

Elman (1990) discute o uso da rede recorrente simples mostrada na Fig. 15.3 para descobrir fronteiras entre palavras em uma sucessão de fonemas sem impor qualquer restrição de representação. A entrada da rede representa o fonema corrente. A saída representa a melhor previsão da rede sobre qual será o próximo fonema na seqüência. O papel das unidades de contexto é fornecer *memória dinâmica* à rede para codificar a informação contida na seqüência de fonemas, o que é relevante para a previsão.

Perceptron de Múltiplas Camadas Recorrente

A terceira arquitetura recorrente considerada aqui é conhecida como o *perceptron de múltiplas camadas recorrente* (RMLP, *recurrent multilayer perceptron*) (Puskorius et al., 1996). Ele tem uma ou mais camadas ocultas, basicamente pelas mesmas razões que os perceptrons de múltiplas camadas são freqüentemente mais efetivos e parcimoniosos que aqueles que usam uma única camada oculta. Cada camada computacional de um RMLP possui realimentação ao seu redor, como ilustrado na Fig. 15.4 para o caso de um RMLP com duas camadas ocultas.[3]

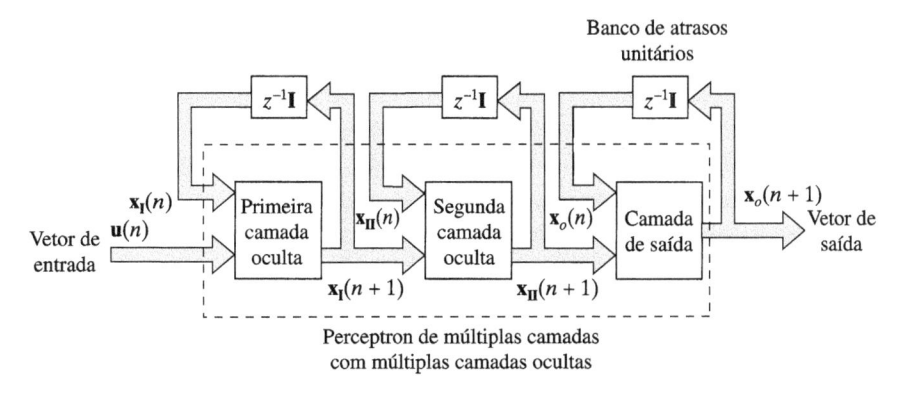

FIGURA 15.4 Perceptron de múltiplas camadas recorrente

Considere que o vetor $\mathbf{x}_I(n)$ represente a saída da primeira camada oculta, $\mathbf{x}_{II}(n)$ represente a saída da segunda camada oculta, e assim por diante. Considere que o vetor $\mathbf{x}_o(n)$ represente a saída da camada de saída. Então, o comportamento dinâmico do RMLP, em geral, em resposta a um vetor de entrada $\mathbf{u}(n)$ é descrito pelo seguinte sistema de equações acopladas:

$$\begin{aligned}\mathbf{x}_I(n+1) &= \boldsymbol{\varphi}_I(\mathbf{x}_I(n), \mathbf{u}(n)) \\ \mathbf{x}_{II}(n+1) &= \boldsymbol{\varphi}_{II}(\mathbf{x}_{II}(n), \mathbf{x}_I(n+1)) \\ &\vdots \\ \mathbf{x}_o(n+1) &= \boldsymbol{\varphi}_o(\mathbf{x}_o(n), \mathbf{x}_K(n+1))\end{aligned} \quad (15.4)$$

onde $\boldsymbol{\varphi}_I(\cdot,\cdot)$, $\boldsymbol{\varphi}_{II}(\cdot,\cdot)$,..., $\boldsymbol{\varphi}_o(\cdot,\cdot)$ representam as funções de ativação que caracterizam a primeira camada oculta, a segunda camada oculta,..., e a camada de saída do RMLP, respectivamente; e K representa o número de camadas ocultas da rede.

O RMLP descrito aqui abrange a rede de Elman da Fig. 15.3 e o modelo de espaço de estados da Fig. 15.2, já que a camada de saída do RMLP ou qualquer uma de suas camadas ocultas não está restrita a ter uma forma particular de função da ativação.

Rede de Segunda Ordem

Na descrição do modelo de espaço de estados da Fig. 15.2, utilizamos o termo "ordem" para nos referirmos ao número de neurônios ocultos cujas saídas são realimentadas de volta para a camada de entrada através de um banco de atrasos unitários.

Já em um outro contexto, o termo "ordem" é algumas vezes utilizado para se referir ao modo como o campo local induzido de um neurônio é definido. Considere, por exemplo, um perceptron de múltiplas camadas onde o campo local induzido v_k do neurônio k é definido por

$$v_k = \sum_j w_{a,kj} x_j + \sum_i w_{b,ki} u_i \quad (15.5)$$

onde x_j é o sinal realimentado derivado do neurônio oculto j e u_i é o sinal fonte aplicado ao nó i na camada de entrada; os ws representam os pesos sinápticos pertinentes da rede. Referimo-nos a um neurônio descrito na Eq. (15.5) como um *neurônio de primeira ordem*. Entretanto, quando o campo local induzido v_k é combinado utilizando-se multiplicações, como mostrado por

$$v_k = \sum_i \sum_j w_{kij} x_i u_j \quad (15.6)$$

referimo-nos ao neurônio como um *neurônio de segunda ordem*. O neurônio de segunda ordem k utiliza um único peso, w_{kji}, que o conecta aos nós de entrada i e j.

Os neurônios de segunda ordem constituem a base das *redes recorrentes de segunda ordem* (Giles et al., 1990), da qual um exemplo é mostrado na Fig. 15.5. A rede aceita uma seqüência temporal ordenada de entradas e evolui com a dinâmica definida pelo seguinte par de equações:

$$v_k(n) = b_k + \sum_i \sum_j w_{kij} x_i(n) u_j(n) \quad (15.7)$$

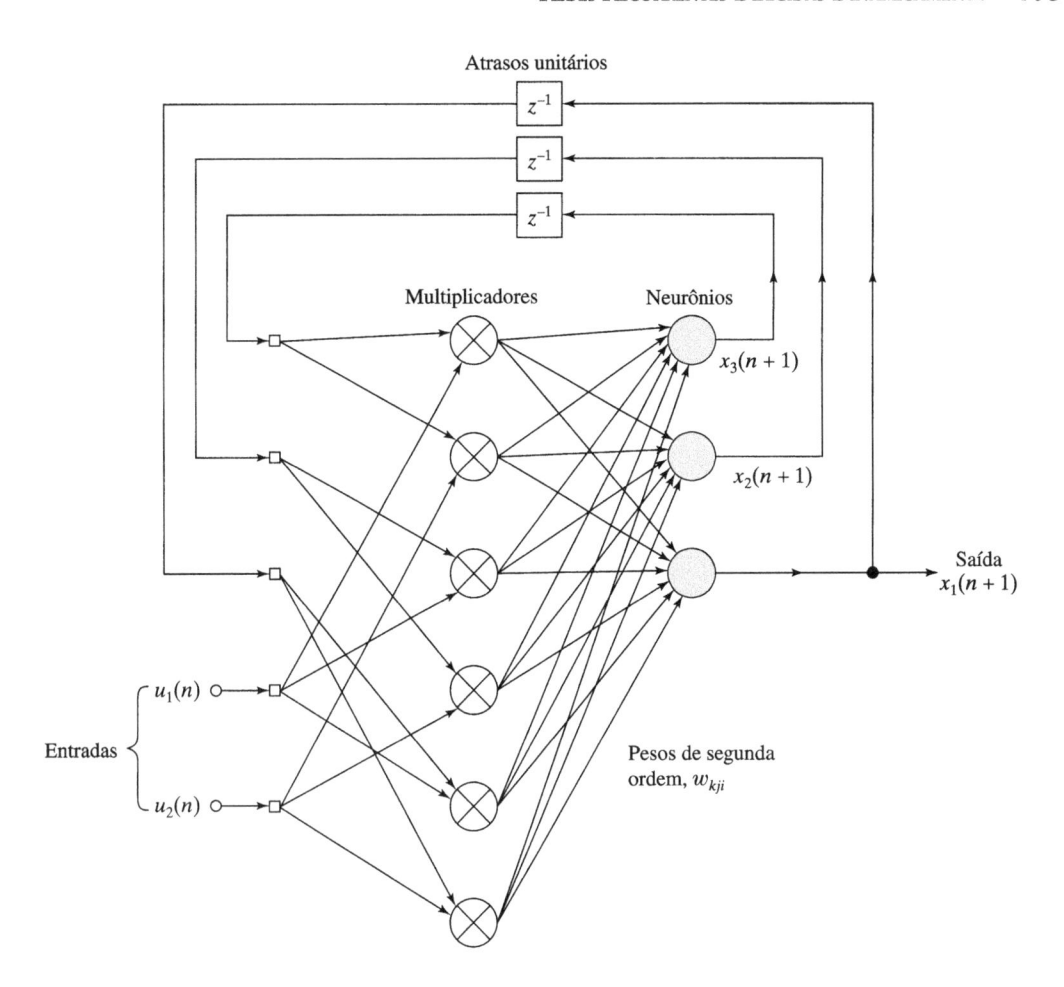

FIGURA 15.5 Rede recorrente de segunda ordem; as conexões de bias para os neurônios são omitidas para simplificar a apresentação. A rede tem 2 entradas e 3 neurônios de estado, necessitando assim de 3 × 2 = 6 multiplicadores

e

$$x_k(n+1) = \varphi(v_k(n))$$
$$= \frac{1}{1+\exp(-v_k(n))} \quad (15.8)$$

onde $v_k(n)$ é o campo local induzido do neurônio k, b_k é o bias associado, $x_k(n)$ é o estado (saída) do neurônio k, $u_j(n)$ é a entrada aplicada ao nó fonte j e w_{kij} é um peso do neurônio de segunda ordem k.

A característica única da rede recorrente de segunda ordem da Fig. 15.5 é que o produto $x_j(n)u_j(n)$ representa o par {estado, entrada} e que um peso positivo w_{kij} representa a presença da transição de estado, {estado, entrada} → {próximo estado}, enquanto que um peso negativo representa a ausência da transição. A transição de estado é descrita por

$$\delta(x_i, u_j) = x_k \quad (15.9)$$

Com base nesta relação, as redes de segunda ordem são utilizadas facilmente para representar e aprender *autômatos de estado finito determinísticos*[4] (AFD); um AFD é um dispositivo para processamento de informação com um número finito de estados. Mais informação sobre a relação entre redes neurais e autômatos é encontrada na Seção 15.5.

As arquiteturas de redes recorrentes discutidas nesta seção enfatizam o uso de realimentação global. Como mencionado na introdução, é possível também que uma arquitetura de rede recorrente tenha apenas realimentação local. Um resumo das propriedades desta última classe de redes recorrentes é apresentada em Tsoi e Back (1994); veja também o Problema 15.7.

15.3 O MODELO DE ESPAÇO DE ESTADOS

A noção de *estado* desempenha um papel vital na formulação matemática de um sistema dinâmico. O estado de um sistema dinâmico é formalmente definido como um *conjunto de quantidades que resumem toda a informação sobre o comportamento passado que é necessária para descrever unicamente o seu comportamento futuro, exceto pelos efeitos puramente externos que surgem devido à entrada (excitação) aplicada*. Considere que o vetor q-por-1 $\mathbf{x}(n)$ represente o estado de um sistema de tempo discreto não-linear. Considere que o vetor m-por-1 $\mathbf{u}(n)$ represente a entrada aplicada ao sistema e que o vetor p-por-1, $\mathbf{y}(n)$ represente a saída correspondente do sistema. Em termos matemáticos, o comportamento dinâmico do sistema, assumido como *livre de ruído*, é descrito pelo seguinte par de equações não-lineares (Sontag, 1996):

$$\mathbf{x}(n+1) = \boldsymbol{\varphi}(\mathbf{W}_a \mathbf{x}(n) + \mathbf{W}_b \mathbf{u}(n)) \qquad (15.10)$$

$$\mathbf{y}(n) = \mathbf{C}\mathbf{x}(n) \qquad (15.11)$$

onde $\mathbf{W}_a$ é uma matriz q-por-q, $\mathbf{W}_b$ é uma matriz q-por-$(m+1)$, $\mathbf{C}$ é uma matriz p-por-q; e $\boldsymbol{\varphi}: \mathbb{R}^q \to \mathbb{R}^q$ é um mapa diagonal descrito por

$$\boldsymbol{\varphi}: \begin{bmatrix} x_1 \\ x_2 \\ \vdots \\ x_q \end{bmatrix} \to \begin{bmatrix} \varphi(x_1) \\ \varphi(x_2) \\ \vdots \\ \varphi(x_q) \end{bmatrix} \qquad (15.12)$$

para uma não-linearidade sem memória aplicada em cada componente, $\varphi: \mathbb{R} \to \mathbb{R}$. Os espaços $\mathbb{R}^m$, $\mathbb{R}^q$ e $\mathbb{R}^p$ são chamados de *espaço de entrada*, *espaço de estados* e *espaço de saída*, respectivamente. A dimensionalidade do espaço de estados, ou seja q, é a *ordem* do sistema. Assim, o modelo de espaço de estados da Fig. 15.2 é um *modelo recorrente de ordem q, de m entradas e p saídas*. A Equação (15.10) é a *equação do processo* do modelo e a Eq. (15.11) é a *equação de medida*. A equação do processo (15.10) é uma forma especial da Eq. (15.2).

A rede recorrente da Fig. 15.2, baseada no uso de um perceptron de múltiplas camadas estático e de duas memórias de linha de atraso, fornece um método para implementar o sistema não-linear realimentado descrito pelas Eqs. (15.10) a (15.12). Note que na Fig. 15.2 *apenas aqueles neurônios do perceptron de múltiplas camadas que realimentam as suas saídas para a camada de entrada através de atrasos são responsáveis pela definição do estado da rede recorrente.* Esta afirmação, portanto, exclui os neurônios da camada de saída da definição do estado.

Para a interpretação das matrizes $\mathbf{W}_a$, $\mathbf{W}_b$ e $\mathbf{C}$ e a função não-linear $\varphi(\cdot)$, podemos dizer:

- A matriz $\mathbf{W}_a$ representa os pesos sinápticos dos q neurônios na camada oculta que estão conectados aos nós de realimentação na camada de entrada. A matriz $\mathbf{W}_b$ representa os pesos sinápticos destes neurônios ocultos que estão conectados aos nós fonte na camada de entrada. Assume-se que os termos de bias para os neurônios ocultos estão incorporados na matriz de pesos $\mathbf{W}_b$.
- A matriz $\mathbf{C}$ representa os pesos sinápticos dos p neurônios lineares na camada de saída que estão conectados aos neurônios ocultos. Assume-se que os termos de bias para os neurônios de saída estão incorporados na matriz de pesos $\mathbf{C}$.
- A função não-linear $\varphi(\cdot)$ representa a função de ativação sigmóide de um neurônio oculto. A função de ativação tipicamente assume a forma de uma função tangente hiperbólica:

$$\varphi(x) = \tanh(x) = \frac{1 - e^{-2x}}{1 + e^{-2x}} \qquad (15.13)$$

ou de uma função logística:

$$\varphi(x) = \frac{1}{1 + e^{-x}} \qquad (15.14)$$

Uma propriedade importante de uma rede recorrente descrita pelo modelo de espaço de estados da Eq. (15.10) e (15.11) é que ela pode *aproximar* uma ampla classe de sistemas dinâmicos não-lineares. Entretanto, as aproximações são válidas apenas em subconjuntos compactos do espaço de estados e para intervalos finitos de tempo, de modo que as características dinâmicas interessantes não estão refletidas (Sontag, 1992).

Exemplo 15.1

Para ilustrar as composições das matrizes $\mathbf{W}_a$, $\mathbf{W}_b$ e $\mathbf{C}$, considere a *rede recorrente totalmente conectada* mostrada na Fig. 15.6, onde os caminhos de realimentação se originam nos neurônios ocultos. Neste exemplo, temos $m = 2$, $q = 3$ e $p = 1$. As matrizes $\mathbf{W}_a$ e $\mathbf{W}_b$ são definidas como segue:

$$\mathbf{W}_a = \begin{bmatrix} w_{11} & w_{12} & w_{13} \\ w_{21} & w_{22} & w_{23} \\ w_{31} & w_{32} & w_{33} \end{bmatrix}$$

e

$$\mathbf{W}_b = \begin{bmatrix} b_1 & w_{14} & w_{15} \\ b_2 & w_{24} & w_{25} \\ b_3 & w_{34} & w_{35} \end{bmatrix}$$

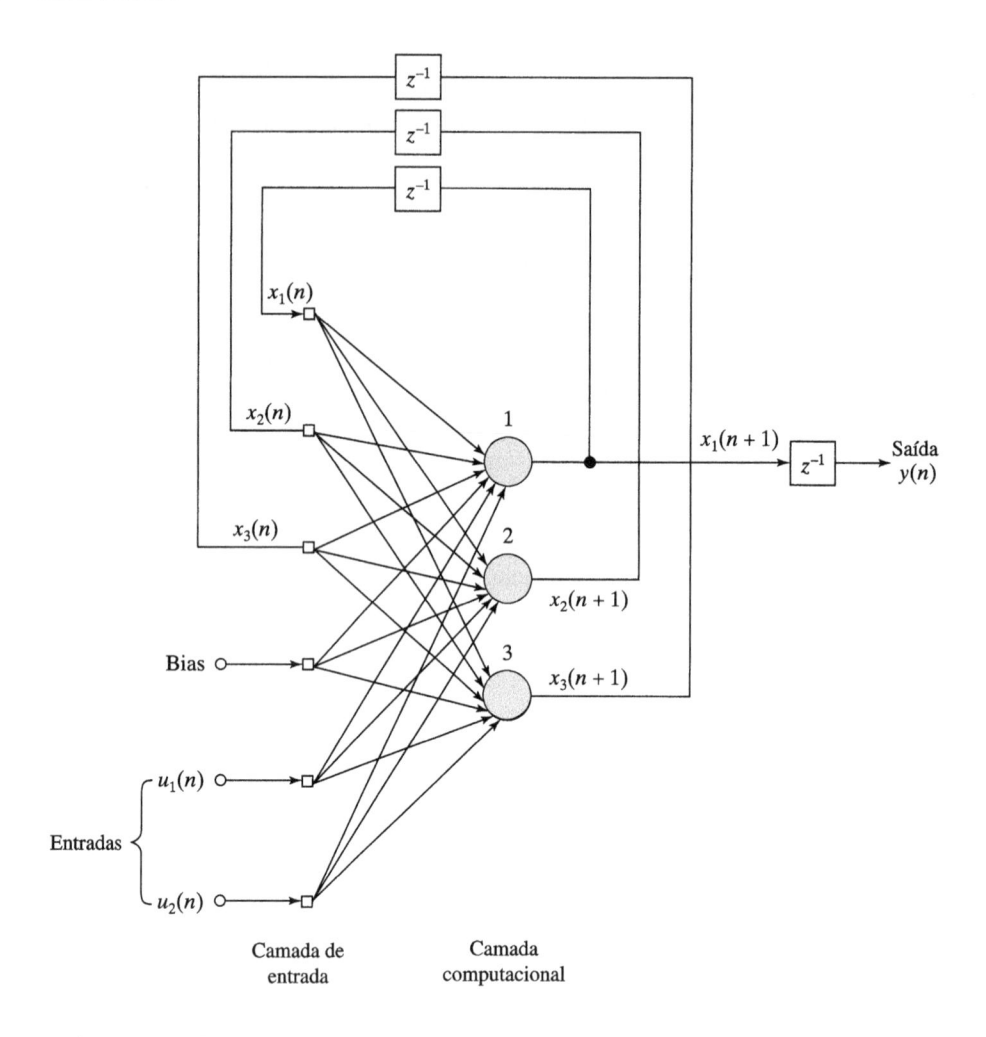

FIGURA 15.6 Rede recorrente totalmente conectada com 2 entradas, 2 neurônios ocultos e 1 neurônio de saída

onde a primeira coluna de $\mathbf{W}_b$ consistindo de b_1, b_2 e b_3 representa os termos de bias aplicados aos neurônios 1, 2 e 3, respectivamente. A matriz $\mathbf{C}$ é um vetor linha definido por

$$\mathbf{C} = [1, 0, 0]$$

■

Controlabilidade e Observabilidade

No estudo sobre teoria de sistemas, a estabilidade, a controlabilidade e a observabilidade são características proeminentes, cada qual de seu modo fundamental. Nesta seção, discutimos a controlabilidade e a observabilidade, pois normalmente são tratadas juntas; a estabilidade é discutida no capítulo anterior e não será mais abordada.

Como mencionado anteriormente, muitas redes recorrentes podem ser representadas pelo modelo de espaço de estados mostrado na Fig. 15.2, onde o estado é definido pela saída da camada oculta realimentada para a camada de entrada através de um conjunto de atrasos unitários. Neste contexto, é importante saber se a rede é ou não controlável e observável. A controlabilidade está relacionada com o fato de podermos ou não controlar o comportamento dinâmico da rede recorrente. A observabilidade está preocupada com o fato de podermos ou não observar o resultado do controle aplicado à rede recorrente. Neste sentido, a observabilidade é o dual da controlabilidade.

Dizemos que uma rede recorrente é *controlável* se um estado inicial puder ser conduzido a qualquer estado desejado dentro de um número finito de passos de tempo; a saída é irrelevante para esta definição. Dizemos que a rede recorrente é *observável* se o estado da rede puder ser determinado a partir de um conjunto finito de medidas de entrada/saída. Um tratamento rigoroso da controlabilidade e da observabilidade está fora do escopo deste livro.[5] Aqui nós nos restringimos às formas *locais* de controle e observação, locais no sentido de que estas noções se aplicam na vizinhança de um estado de equilíbrio da rede (Levin e Narendra, 1993).

Dizemos que um estado $\bar{\mathbf{x}}$ é um *estado de equilíbrio* da Eq. (15.10) se, para uma entrada $\mathbf{u}$, satisfaz a condição:

$$\bar{\mathbf{x}} = \varphi(\mathbf{A}\bar{\mathbf{x}} + \mathbf{B}\bar{\mathbf{u}}) \tag{15.15}$$

Sem perda de generalidade, podemos fazer $\bar{\mathbf{x}} = \mathbf{0}$ e $\bar{\mathbf{u}} = \mathbf{0}$. O estado de equilíbrio é então descrito por

$$\mathbf{0} = \varphi(\mathbf{0})$$

Em outras palavras, o ponto de equilíbrio é representado pela origem $(\mathbf{0}, \mathbf{0})$.

Também sem perda de generalidade, podemos simplificar a exposição nos limitando a um sistema de única entrada e única saída (SISO, *single input, single output*). Podemos então rescrever as Eqs. (15.10) e (15.11) respectivamente como:

$$\mathbf{x}(n+1) = \varphi(\mathbf{W}_a \mathbf{x}(n) + \mathbf{w}_b u(n)) \tag{15.16}$$

$$y(n) = \mathbf{c}^T \mathbf{x}(n) \tag{15.17}$$

onde tanto $\mathbf{w}_b$ como $\mathbf{c}$ são vetores q-por-1, $u(n)$ é a entrada escalar e $y(n)$ é a saída escalar. Como φ é continuamente diferenciável para a função sigmóide da Eq. (15.13) ou para aquela da Eq. (15.14), podemos *linearizar* a Eq. (15.16) expandindo-a como uma série de Taylor em torno do ponto de equilíbrio $\bar{\mathbf{x}} = \mathbf{0}$ e $\bar{\mathbf{u}} = \mathbf{0}$ e retendo os termos de primeira ordem como segue:

$$\delta\mathbf{x}(n+1) = \varphi'(\mathbf{0})\mathbf{W}_a \delta\mathbf{x}(n) + \varphi'(\mathbf{0})\mathbf{w}_b \delta u(n) \tag{15.18}$$

onde $\delta\mathbf{x}(n)$ e $\delta u(n)$ são pequenos deslocamentos aplicados ao estado e à entrada, respectivamente, e a matriz q-por-q $\varphi'(\mathbf{0})$ é a Jacobiana de $\varphi(\mathbf{v})$ em relação ao seu argumento $\mathbf{v}$, calculado em $\mathbf{v} = \mathbf{0}$. Podemos assim descrever o sistema linearizado escrevendo

$$\delta\mathbf{x}(n+1) = \mathbf{A}\delta\mathbf{x}(n) + \mathbf{b}\delta u(n) \tag{15.19}$$

$$\delta y(n) = \mathbf{c}^T \delta\mathbf{x}(n) \tag{15.20}$$

onde a matriz q-por-q $\mathbf{A}$ e o vetor q-por-1 $\mathbf{b}$ são respectivamente definidos por

$$\mathbf{A} = \boldsymbol{\varphi}'(0)\mathbf{W}_a \tag{15.21}$$

e

$$\mathbf{b} = \boldsymbol{\varphi}'(0)\mathbf{w}_b \tag{15.22}$$

As equações de estado (15.19) e (15.20) estão na forma linear padrão. Podemos, portanto, utilizar os resultados bem conhecidos sobre a controlabilidade e a observabilidade de sistemas dinâmicos lineares que são uma parte padrão da teoria matemática de controle.

Controlabilidade Local

Da equação linearizada (15.19), constatamos facilmente que a sua utilização repetida produz as seguintes equações:

$$\begin{aligned}
\delta\mathbf{x}(n+1) &= \mathbf{A}\delta\mathbf{x}(n) + \mathbf{b}\delta u(n) \\
\delta\mathbf{x}(n+2) &= \mathbf{A}\delta\mathbf{x}(n+1) + \mathbf{b}\delta u(n+1) \\
&\vdots \\
\delta\mathbf{x}(n+q) &= \mathbf{A}^q \mathbf{b}\delta\mathbf{x}(n) + \mathbf{A}^{q-1}\mathbf{b}\delta u(n+q-1) + \cdots + \mathbf{A}\mathbf{b}\delta u(n+1) + \mathbf{b}\delta u(n)
\end{aligned}$$

onde q é a dimensionalidade do espaço de estados. Correspondentemente, podemos afirmar que (Levin e Narendra, 1993):

O sistema linearizado representado pela Eq. (15.19) é controlável se a matriz

$$\mathbf{M}_c = [\mathbf{A}^{q-1}\mathbf{b},\ldots, \mathbf{A}\mathbf{b}, \mathbf{b}] \tag{15.23}$$

for de posto q, isto é, de posto completo, porque então a equação linearizada do processo (15.19) terá uma única solução.

A matriz $\mathbf{M}_c$ é chamada de *matriz de controlabilidade* do sistema linearizado.

Considere que a rede recorrente descrita pelas Eqs. (15.16) e (15.17) seja dirigida por uma seqüência de entradas $\mathbf{u}_q(n)$ definida por

$$\mathbf{u}_q(n) = [u(n), u(n+1),\ldots, u(n+q-1)]^T \tag{15.24}$$

Com isso podemos considerar o mapeamento

$$G(\mathbf{x}(n), \mathbf{u}_q(n)) = (\mathbf{x}(n), \mathbf{x}(n+q)) \qquad (15.25)$$

onde $\mathbf{G} : \mathbb{R}^{2q} \to \mathbb{R}^{2q}$. No Problema 15.4, mostra-se que:

- O estado $\mathbf{x}(n+q)$ é uma função não-linear aninhada de seu valor passado $\mathbf{x}(n)$ e das entradas $u(n), u(n+1), ..., u(n+q-1)$.
- A Jacobiana de $\mathbf{x}(n+q)$ em relação a $\mathbf{u}_q(n)$, calculada na origem, é igual à matriz de controlabilidade $\mathbf{M}_c$ da Eq. (15.23).

Podemos expressar a Jacobiana do mapeamento $\mathbf{G}$ em relação a $\mathbf{x}(n)$ e $\mathbf{u}_q(n)$, calculada na origem $(\mathbf{0}, \mathbf{0})$, como:

$$\mathbf{J}_{(\mathbf{0},\mathbf{0})}^{(c)} = \begin{bmatrix} \left(\dfrac{\partial \mathbf{x}(n)}{\partial \mathbf{x}(n)}\right)_{(\mathbf{0},\mathbf{0})} & \left(\dfrac{\partial \mathbf{x}(n+q)}{\partial \mathbf{x}(n)}\right)_{(\mathbf{0},\mathbf{0})} \\ \left(\dfrac{\partial \mathbf{x}(n)}{\partial \mathbf{u}_q(n)}\right)_{(\mathbf{0},\mathbf{0})} & \left(\dfrac{\partial \mathbf{x}(n+q)}{\partial \mathbf{u}_q(n)}\right)_{(\mathbf{0},\mathbf{0})} \end{bmatrix} \qquad (15.26)$$

$$= \begin{bmatrix} \mathbf{I} & \mathbf{X} \\ \mathbf{0} & \mathbf{M}_c \end{bmatrix}$$

onde $\mathbf{I}$ é a matriz identidade, $\mathbf{0}$ é a matriz nula, e a posição $\mathbf{X}$ não é de interesse. Por causa desta forma especial, o determinante da Jacobiana $\mathbf{J}_{(\mathbf{0},\mathbf{0})}^{(c)}$ é igual ao produto do determinante da matriz identidade $\mathbf{I}$ (que é igual a 1) pelo determinante da matriz de controlabilidade $\mathbf{M}_c$. Se $\mathbf{M}_c$ for de posto completo, então $\mathbf{J}_{(\mathbf{0},\mathbf{0})}^{(c)}$ também o será.

Para prosseguirmos, precisamos invocar o *teorema da função inversa*, que pode ser formulado como (Vidyasagar, 1993):

Considere o mapeamento $\mathbf{f} \colon \mathbb{R}^q \to \mathbb{R}^q$ e suponha que cada componente do mapeamento $\mathbf{f}$ é diferenciável em relação ao seu argumento no ponto de equilíbrio $\mathbf{x}_0 \in \mathbb{R}^q$, e seja $\mathbf{y}_0 = \mathbf{f}(\mathbf{x}_0)$. Então, existem conjuntos abertos $\mathcal{U} \subseteq \mathbb{R}^q$ contendo $\mathbf{x}_0$ e $\mathcal{V} \subseteq \mathbb{R}^q$ contendo $\mathbf{y}_0$ tais que $\mathbf{f}$ é um difeomorfismo de $\mathcal{U}$ em $\mathcal{V}$. Se, além disso, $\mathbf{f}$ for suave, então o mapeamento inverso $\mathbf{f}^{-1} \colon \mathbb{R}^q \to \mathbb{R}^q$ também é suave, isto é, $\mathbf{f}$ é um difeomorfismo suave.

Dizemos que o mapeamento $\mathbf{f} \colon \mathcal{U} \to \mathcal{V}$ é um *difeomorfismo* de $\mathcal{U}$ em $\mathcal{V}$ se ele satisfaz as três seguintes condições:

1. $\mathbf{f}(\mathcal{U}) = \mathcal{V}$.
2. O mapeamento $\mathbf{f} \colon \mathcal{U} \to \mathcal{V}$ é um-para-um (i.e., inversível).
3. Cada componente do mapeamento inverso $\mathbf{f}^{-1} \colon \mathcal{V} \to \mathcal{U}$ é continuamente diferenciável em relação a seu argumento.

Retornando à questão da controlabilidade, podemos identificar $\mathbf{f}(\mathcal{U}) = \mathcal{V}$ no teorema da função inversa com o mapeamento definido na Eq. (15.25). Utilizando o teorema da função inversa, podemos dizer que se a matriz de controlabilidade $\mathbf{M}_c$ é de posto q, então existe localmente um mapeamento definido por

$$(\mathbf{x}(n), \mathbf{x}(n+q)) = \mathbf{G}^{-1}(\mathbf{x}(n), \mathbf{u}_q(n)) \tag{15.27}$$

A Equação (15.27), na verdade, afirma que existe uma seqüência de entradas $\{\mathbf{u}_q(n)\}$ que pode dirigir localmente a rede do estado $\mathbf{x}(n)$ para o estado $\mathbf{x}(n+q)$ em q passos de tempo. Correspondentemente, podemos formular formalmente o *teorema da controlabilidade local* como (Levin e Narendra, 1993):

> Considere que uma rede recorrente seja definida pelas Eqs. (15.16) e (15.17) e que a sua versão linearizada em torno da origem (i.e., ponto de equilíbrio) seja definida pelas Eqs. (15.19) e (15.20). Se o sistema linearizado for controlável, então a rede recorrente é localmente controlável em torno da origem.

Observabilidade Local

Utilizando as equações linearizadas (15.19) e (15.20) repetidamente, podemos escrever

$$\begin{aligned}
\delta y(n) &= \mathbf{c}^T \delta \mathbf{x}(n) \\
\delta y(n+1) &= \mathbf{c}^T \delta \mathbf{x}(n+1) \\
&= \mathbf{c}^T \mathbf{A} \delta \mathbf{x}(n) + \mathbf{c}^T \mathbf{b} \delta u(n) \\
&\vdots \\
\delta y(n+q-1) &= \mathbf{c}^T \mathbf{A}^{q-1} \delta \mathbf{x}(n) + \mathbf{c}^T \mathbf{A}^{q-2} \mathbf{b} \delta u(n) + \cdots + \mathbf{c}^T \mathbf{A} \mathbf{b} \delta u(n+q-3) \\
&\quad + \mathbf{c}^T \mathbf{b} \delta u(n+q-2)
\end{aligned}$$

onde q é a dimensionalidade do espaço de estados. Correspondentemente, podemos afirmar que (Levin e Narendra, 1993):

> O sistema linearizado descrito pelas Eqs. (15.19) e (15.20) é observável se a matriz
>
> $$\mathbf{M}_o = [\mathbf{c}, \mathbf{cA}^T, ..., \mathbf{c}(\mathbf{A}^T)^{q-1}] \tag{15.28}$$
>
> for de posto q, isto é, de posto completo.

A matriz $\mathbf{M}_o$ é chamada de *matriz de observabilidade* do sistema linearizado.

Considere que a rede recorrente descrita pelas Eqs. (15.16) e (15.17) seja dirigida por uma seqüência de entradas definida por

$$\mathbf{u}_{q-1}(n) = [u(n), u(n+1), ..., u(n+q-2)]^T \tag{15.29}$$

Correspondentemente, considere que

$$\mathbf{y}_q(n) = [y(n), y(n+1),..., y(n+q-1)]^T \qquad (15.30)$$

represente o vetor de saídas produzido pelo estado inicial $\mathbf{x}(n)$ e a seqüência de entradas $\mathbf{u}_{q-1}(n)$. Podemos então considerar o mapeamento:

$$\mathbf{H}(\mathbf{u}_{q-1}(n), \mathbf{x}(n)) = (\mathbf{u}_{q-1}(n), \mathbf{y}_q(n)) \qquad (15.31)$$

onde $\mathbf{H} : \mathbb{R}^{2q-1} \to \mathbb{R}^{2q-1}$. No Problema 15.5, mostra-se que a jacobiana de $\mathbf{y}_q(n)$ em relação $\mathbf{x}(n)$, calculada na origem, é igual à matriz de observabilidade $\mathbf{M}_o$ da Eq. (15.28). Podemos assim expressar a Jacobiana de $\mathbf{H}$ em relação a $\mathbf{u}_{q-1}(n)$ e $\mathbf{x}(n)$, calculada na origem $(\mathbf{0}, \mathbf{0})$, como segue:

$$\mathbf{J}_{(0,0)}^{(o)} = \begin{bmatrix} \left(\dfrac{\partial \mathbf{u}_{q-1}(n)}{\partial \mathbf{u}_{q-1}(n)}\right)_{(0,0)} & \left(\dfrac{\partial \mathbf{y}_q(n)}{\partial \mathbf{u}_{q-1}(n)}\right)_{(0,0)} \\ \left(\dfrac{\partial \mathbf{u}_{q-1}(n)}{\partial \mathbf{x}(n)}\right)_{(0,0)} & \left(\dfrac{\partial \mathbf{y}_q(n)}{\partial \mathbf{x}(n)}\right)_{(0,0)} \end{bmatrix} \qquad (15.32)$$

$$= \begin{bmatrix} \mathbf{I} & \mathbf{X} \\ \mathbf{0} & \mathbf{M}_o \end{bmatrix}$$

onde, novamente, a posição $\mathbf{X}$ não é de interesse. O determinante da Jacobiana $\mathbf{J}_{(0,0)}^{(o)}$ é igual ao produto do determinante da matriz identidade $\mathbf{I}$ (que é igual a 1) pelo determinante de $\mathbf{M}_o$. Se $\mathbf{M}_o$ for de posto completo, então $\mathbf{J}_{(0,0)}^{(o)}$ também o será. Invocando o teorema da função inversa, podemos dizer que se a matriz de observabilidade $\mathbf{M}_o$ do sistema linearizado for de posto completo, então existe localmente um mapeamento inverso definido por

$$(\mathbf{u}_{q-1}(n), \mathbf{x}(n)) = \mathbf{H}^{-1}(\mathbf{u}_{q-1}(n), \mathbf{y}_q(n)) \qquad (15.33)$$

De fato, esta equação afirma que, na vizinhança local da origem, $\mathbf{x}(n)$ é uma função não-linear tanto de $\mathbf{u}_{q-1}(n)$ como de $\mathbf{y}_q(n)$ e que a função não-linear é um observador da rede recorrente. Podemos, portanto, formalmente expressar o *teorema da observabilidade local* como (Levin e Narendra, 1993):

Considere que uma rede recorrente seja definida pelas Eqs. (15.16) e (15.17) e que a sua versão linearizada em torno da origem (i.e., ponto de equilíbrio) seja definida pelas Eqs. (15.19) e (15.20). Se o sistema linearizado for observável, então a rede recorrente é observável localmente em torno da origem.

Exemplo 15.2

Considere um modelo de espaço de estados com a matriz $\mathbf{A} = a\mathbf{I}$, onde a é um escalar e $\mathbf{I}$ é a matriz identidade. Então, a matriz de controlabilidade $\mathbf{M}_c$ da Eq. (15.23) se reduz a

$$\mathbf{M}_c = a[\mathbf{b},..., \mathbf{b}, \mathbf{b}]$$

O posto desta matriz é 1. Com isso, o sistema linearizado com este valor da matriz **A** é não-controlável.
Fazendo **A** = a**I** na Eq. (15.28), obtemos a matriz de observabilidade

$$\mathbf{M}_o = a[\mathbf{c}, \mathbf{c}, ..., \mathbf{c}]$$

cujo posto também é 1. O sistema linearizado é também não-observável.

15.4 MODELO AUTO-REGRESSIVO NÃO-LINEAR COM ENTRADAS EXÓGENAS

Considere uma rede recorrente com uma única entrada e única saída, cujo comportamento é descrito pelas equações de estado (15.16) e (15.17). Dado este modelo de espaço de estados, desejamos transformá-lo em um modelo de entrada-saída como uma representação equivalente da rede recorrente.

Utilizando as Eqs. (15.16) e (15.17), podemos facilmente mostrar que a saída $y(n+q)$ é exprimível em termos do estado $\mathbf{x}(n)$ e do vetor de entradas $\mathbf{u}_q(n)$ como (veja o Problema 15.8):

$$y(n+q) = \Phi(\mathbf{x}(n), \mathbf{u}_q(n)) \tag{15.34}$$

onde q é a dimensionalidade do espaço de estado, e $\Phi : \mathbb{R}^{2q} \to \mathbb{R}$. Desde que a rede recorrente seja observável, podemos utilizar o teorema da observabilidade para escrever

$$\mathbf{x}(n) = \Psi(\mathbf{y}_q(n), \mathbf{u}_{q-1}(n)) \tag{15.35}$$

onde $\Psi : \mathbb{R}^{2q-1} \to \mathbb{R}^q$. Assim, substituindo-se a Eq. (15.35) em (15.34), obtemos

$$\begin{aligned} y(n+q) &= \Phi\big(\Psi\big(\mathbf{y}_q(n), \mathbf{u}_{q-1}(n)\big), \mathbf{u}_q(n)\big) \\ &= F\big(\mathbf{y}_q(n), \mathbf{u}_q(n)\big) \end{aligned} \tag{15.36}$$

onde $\mathbf{u}_{q-1}(n)$ está contido em $\mathbf{u}_q(n)$ como os seus primeiros $(q-1)$ elementos, e o mapeamento não-linear $F : \mathbb{R}^{2q} \to \mathbb{R}$ incorpora tanto Φ como Ψ. Usando as definições de $\mathbf{y}_q(n)$ e $\mathbf{u}_q(n)$ dadas nas Eqs. (15.30) e (15.29), podemos rescrever a Eq. (15.36) na forma expandida:

$$y(n+q) = F(y(n+q-1), ..., y(n), u(n+q-1), ..., u(n))$$

Substituindo n por $n-q+1$, podemos escrever equivalentemente (Narendra, 1995):

$$y(n+1) = F(y(n), ..., y(n-q+1), u(n), ..., u(n-q+1)) \tag{15.37}$$

Expressando em palavras, existe um mapeamento não-linear $F : \mathbb{R}^{2q} \to \mathbb{R}$ onde o valor presente da saída $y(n + 1)$ é unicamente definido em termos de seus valores passados $y(n),..., y(n - q + 1)$ e de seus valores presente e passados de entrada $u(n),..., u(n - q + 1)$. Para que esta representação de entrada-saída seja equivalente ao modelo de espaço de estados das Eqs. (15.16) e (15.17), a rede recorrente deve ser observável. A implicação prática desta equivalência é que o modelo NARX da Fig. 15.1, com a sua realimentação global limitada ao neurônio de saída, é de fato capaz de simular o modelo de espaço de estados totalmente recorrente correspondente da Fig. 15.2 (assumindo que $m = 1$ e $p = 1$) sem nenhuma diferença entre os seus comportamentos de entrada-saída.

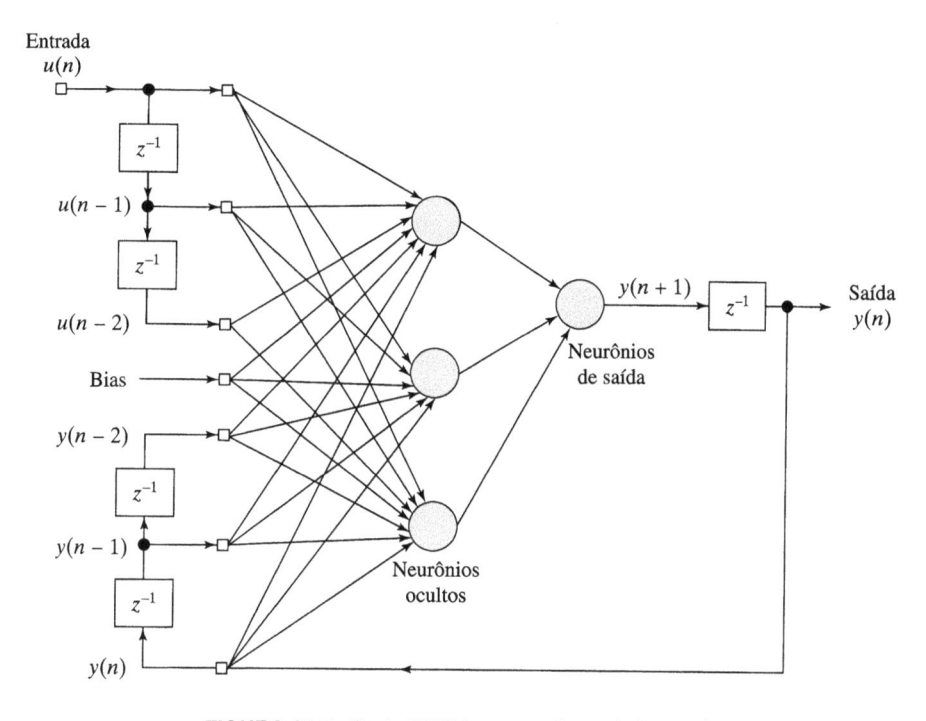

FIGURA 15.7 Rede NARX com $q = 3$ neurônios ocultos

Exemplo 15.3

Considere novamente a rede recorrente totalmente conectada da Fig. 15.6. Para o propósito da nossa presente discussão, suponha que uma das entradas, digamos $u_2(n)$, seja reduzida a zero, de modo que tenhamos uma rede de única entrada e única saída. Podemos então substituir esta rede recorrente totalmente conectada pelo modelo NARX mostrado na Fig. 15.7, desde que a rede seja localmente observável. Esta equivalência é válida apesar de o modelo NARX ter uma realimentação limitada que se origina apenas do neurônio de saída, enquanto que na rede recorrente totalmente conectada da Fig. 15.6 a realimentação em torno do perceptron de múltiplas camadas se origina nos três neurônios ocultos/de saída.

■

15.5 O PODER COMPUTACIONAL DAS REDES RECORRENTES

As redes recorrentes, exemplificadas pelo modelo de espaço de estados da Fig. 15.2 e pelo modelo NARX da Fig. 15.1, têm uma habilidade inerente para simular autômatos de estados finitos. Os *autômatos* representam abstrações de dispositivos para processamento de informação como os computadores. De fato, os autômatos e as redes neurais compartilham uma longa história.[6] No seu livro de 1967 (p. 55), Minsky faz a seguinte afirmação importante:

> "Toda máquina de estados finitos é equivalente a, e pode ser 'simulada' por, uma rede neural. Isto é, dada uma máquina de estados finitos qualquer $\mathcal{M}$, podemos construir uma certa rede neural $\mathcal{N}^{\mathcal{M}}$ que, considerada como uma máquina caixa-preta, se comportará precisamente como $\mathcal{M}$!"

O trabalho inicial sobre redes recorrentes usava lógica de limiar abrupto para a função de ativação de um neurônio em vez da função sigmóide suave.

Talvez a primeira demonstração experimental de se uma rede recorrente poderia ou não aprender as contingências implicadas por uma pequena gramática de estados finitos foi relatada em Cleeremans et al. (1989). Especificamente, foram apresentados à rede recorrente simples (Fig. 15.3) seqüências derivadas da gramática e o objetivo era prever a próxima letra em cada passo. As previsões eram dependentes do contexto pois cada letra aparecia duas vezes na gramática e era seguida em cada caso por diferentes sucessores. Mostrou-se que a rede é capaz de desenvolver representações internas nos seus neurônios ocultos que correspondem aos estados do autômato (máquina de estados finitos). Em Kremer (1995) foi apresentada uma prova formal de que a rede recorrente simples tem um poder computacional tão grande como o de qualquer máquina de estados finitos.

Em um sentido genérico, o poder computacional de uma rede recorrente está incorporado em dois teoremas principais:

Teorema I (Siegelmann e Sontag, 1991).

> Todas as máquinas de Turing podem ser simuladas por redes recorrentes totalmente conectadas construídas com neurônios com funções de ativação sigmóides.

A *máquina de Turing* é um dispositivo computacional abstrato inventado por Turing (1936). Consiste de três blocos funcionais como representado na Fig. 15.8: (1) uma *unidade de controle* que pode assumir qualquer estado de um número finito de estados possíveis; (2) uma *fita linear* (assumida como infinita em ambas as direções) que está separada em quadrados discretos sendo cada

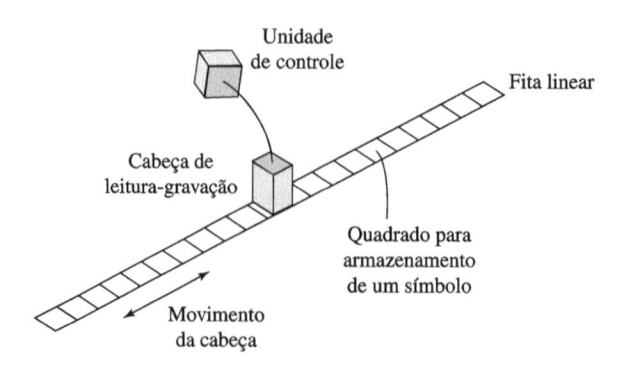

FIGURA 15.8 A máquina de Turing

quadrado capaz de armazenar um único símbolo retirado de um conjunto finito de símbolos; e (3) uma *cabeça de leitura/gravação* que se move ao longo da fita e transmite informação para ou da unidade de controle (Fischler e Firschein, 1987). Para a presente discussão é suficiente dizer que a máquina de Turing é uma abstração que é funcionalmente tão poderosa como qualquer computador. Esta idéia é conhecida como a *hipótese de Church-Turing*.

Teorema II (Siegelmann et al., 1997)

> As redes NARX com uma camada de neurônios ocultos com funções de ativação limitadas saturadas de um lado e um neurônio de saída linear pode simular redes recorrentes totalmente conectadas com funções de ativação limitadas saturadas de um lado, exceto por uma redução linear.

Uma "redução linear" significa que se a rede recorrente totalmente conectada com N neurônios computa uma tarefa de interesse em um tempo T, então o tempo total consumido pela rede NARX equivalente é $(N + 1)T$. Dizemos que a função $\varphi(\cdot)$ é uma *função limitada, saturada de um lado* (BOSS, *bounded, one-sided saturated*) se ela satisfaz as três seguintes condições:

1. A função $\varphi(\cdot)$ tem um intervalo limitado; isto é, $a \leq \varphi(x) \leq b$, $a \neq b$, para todo $x \in \mathbb{R}$.
2. A função $\varphi(\cdot)$ é saturada do lado esquerdo; isto é, existem valores s e S tais que $\varphi(x) = S$ para todo $x \leq s$.
3. A função $\varphi(\cdot)$ é não-constante; isto é, $\varphi(x_1) \neq \varphi(x_2)$ para algum x_1 e x_2.

A função de limiar (Heaviside) e a função linear por partes satisfazem as condições BOSS. Entretanto, em um sentido estrito, uma função sigmóide não é uma função BOSS porque não satisfaz a condição 2. Contudo, com uma pequena modificação, ela pode ser transformada em uma função BOSS escrevendo-se (no caso da função logística)

$$\varphi(x) = \begin{cases} \dfrac{1}{1+\exp(-x)} & \text{para } x > s \\ 0 & \text{para } x \leq s \end{cases}$$

onde $s \in \mathbb{R}$. De fato, a função logística é truncada para $x \leq s$.
Como corolário dos Teoremas I e II, podemos formular o seguinte (Giles, 1996):

> As redes NARX com uma camada oculta de neurônios com funções de ativação BOSS e um neurônio linear de saída são equivalentes à máquina de Turing.

A Figura 15.9 apresenta uma representação dos Teoremas I e II e de seu corolário. Entretanto, deve-se notar que, quando a arquitetura da rede é restrita, o poder computacional de uma rede recorrente pode não ser mais válido, como descrito em Sperduti (1997). Na nota 7 são apresentadas referências a exemplos de arquiteturas restritas de redes.

15.6 ALGORITMOS DE APRENDIZAGEM

Voltamo-nos agora à questão do treinamento das redes recorrentes. Do Capítulo 4 lembramos que existem dois modos de se treinar um perceptron de múltiplas camadas ordinário (estático): o modo

FIGURA 15.9 Ilustração dos Teoremas I e II e do seu corolário

[Diagrama: Máquina de Turing ⇔ Rede recorrente totalmente conectada ⇕ Rede NARX]

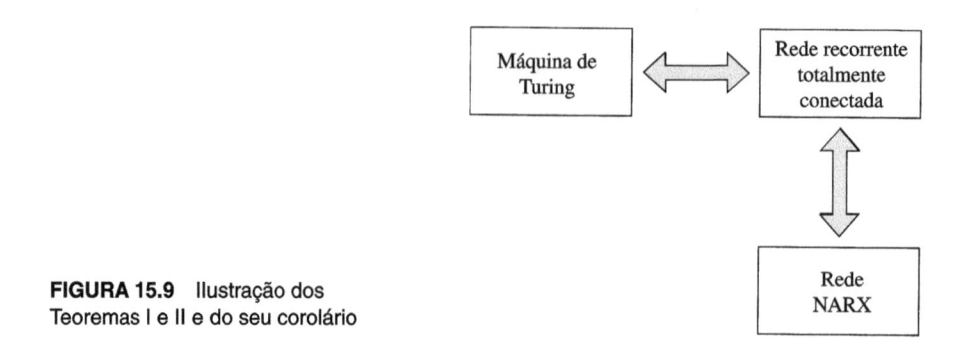

por lote e o modo seqüencial. No modo por lote, a sensibilidade da rede é calculada para o conjunto inteiro de treinamento antes de ajustar os parâmetros livres da rede. No modo seqüencial, por outro lado, os ajustes dos parâmetros são feitos após a apresentação de cada padrão do conjunto de treinamento. Similarmente, temos dois modos de treinar uma rede recorrente, como aqui descrito (Williams e Zipser, 1995):

1. *Treinamento por época*. Para uma dada época, a rede recorrente inicia a execução de algum estado inicial até alcançar um novo estado, em que o treinamento é parado e a rede é reinicializada em um estado inicial para a próxima época. O estado inicial não precisa ser o mesmo para cada época de treinamento. Em vez disso, o que é importante é que o estado inicial da nova época seja diferente do estado alcançado pela rede ao final da época anterior. Considere, por exemplo, a utilização de uma rede recorrente para emular a operação de uma máquina de estados finitos, isto é, um dispositivo cujas configurações (estados) internas distintas são finitas em número. Em tal situação é razoável se utilizar o treinamento por época já que temos uma boa possibilidade de que um número de estados iniciais distintos e um conjunto de estados finais distintos sejam emulados pela rede recorrente. No treinamento por época para as redes recorrentes, o termo "época" é utilizado em um sentido diferente daquele para um perceptron de múltiplas camadas ordinário. Na terminologia corrente, a época para a rede recorrente corresponde a um padrão de treinamento para o perceptron de múltiplas camadas ordinário.
2. *Treinamento contínuo*. Este segundo método é adequado a situações em que não haja estados de reinício *reset* e/ou em que seja requerida aprendizagem em tempo de execução. A característica que distingue o treinamento contínuo é que a rede aprende enquanto realiza o processamento de sinal. Colocado em termos simples, o processo de treinamento nunca pára. Considere, por exemplo, o uso de uma rede recorrente para modelar um processo não-estacionário tal como um sinal de voz. Neste tipo de situação, a operação contínua da rede não oferece um tempo conveniente para parar o treinamento e recomeçá-lo com diferentes valores para os parâmetros livres da rede.

Tendo em mente estes dois modelos de treinamento, nas próximas duas seções iremos descrever diferentes algoritmos de aprendizagem para as redes recorrentes como aqui resumido:

- O algoritmo de retropropagação através do tempo, discutido na Seção 15.7, opera com a premissa de que a operação temporal de uma rede recorrente pode ser desdobrada em um perceptron de múltiplas camadas. Isto então prepararia o caminho para a aplicação do

algoritmo de retropropagação normal. A retropropagação através do tempo pode ser implementada no modo por época, no modo contínuo (em tempo-real), ou na combinação destes modos.
- O algoritmo de aprendizagem recorrente em tempo-real, discutido na Seção 15.8, é derivado do modelo de espaço de estados descrito pelas Eqs. (15.10) e (15.11).

Estes dois algoritmos compartilham muitas características comuns. Primeiro, ambos se baseiam no método da descida do gradiente, pelo qual o valor instantâneo de uma função de custo (baseada em um critério de erro quadrado) é minimizado em relação aos pesos sinápticos da rede. Segundo, ambos são relativamente simples de implementar, mas podem ser lentos para convergir. Terceiro, eles são inter-relacionados pois a representação em grafo de fluxo de sinal do algoritmo de retropropagação através do tempo pode ser obtida pela *transposição* da representação em grafo de fluxo de sinal de uma certa forma do algoritmo de aprendizagem recorrente em tempo-real (Lefebvre, 1991; Beaufays e Wan, 1994).

A aprendizagem em tempo-real (contínua), baseada na descida do gradiente, utiliza a *quantidade mínima de informação disponível*, isto é, uma estimativa instantânea do gradiente da função de custo em relação ao vetor de parâmetros a ser ajustado. Podemos acelerar o processo de aprendizagem explorando a teoria do filtro de Kalman, que utiliza mais efetivamente a informação contida nos dados de treinamento. Na Seção 15.10, descrevemos o filtro de Kalman estendido desacoplado, por meio do qual somos capazes de lidar com tarefas de aprendizagem dinâmica que seriam muito difíceis para os métodos baseados na descida do gradiente. Uma breve revisão dos filtros de Kalman é apresentada na Seção 15.9. Note que o filtro de Kalman estendido desacoplado é aplicável tanto às redes diretas estáticas como às redes recorrentes.

Algumas Heurísticas

Antes de proceder a descrição dos novos algoritmos mencionados, listamos algumas heurísticas para o treinamento aperfeiçoado de redes recorrentes que envolve o uso de métodos de descida do gradiente (Giles, 1996):

- A ordem lexicográfica das amostras de treinamento deve ser seguida, com as menores seqüências de símbolos sendo apresentadas primeiro à rede.
- O treinamento deve começar com uma pequena amostra de treinamento, e então o seu tamanho deve ser aumentado incrementalmente conforme o processo avança.
- Os pesos sinápticos da rede devem ser adaptados somente se o erro absoluto sobre a amostra de treinamento que está sendo correntemente processada pela rede for maior que um critério prescrito.
- É recomendável o uso de decaimento de pesos durante o treinamento; o decaimento de pesos, que é uma forma grosseira de regularização de complexidade, é discutido no Capítulo 4.

A primeira heurística é de particular interesse. Se puder ser implementada, fornece um procedimento para aliviar o problema da extinção dos gradientes. Este problema é discutido na Seção 15.12.

15.7 RETROPROPAGAÇÃO ATRAVÉS DO TEMPO

O *algoritmo de retropropagação através do tempo (BPTT, back-propagation-through-time)* para o treinamento de uma rede recorrente é uma extensão do algoritmo de retropropagação padrão.[8] Ele pode ser derivado *desdobrando-se* a operação temporal da rede em uma rede alimentada adiante em camadas, cuja topologia é acrescida de uma camada a cada passo de tempo.

Para sermos específicos, considere que $\mathcal{N}$ represente uma rede recorrente que deve aprender uma tarefa temporal, iniciando no tempo n_0 e se estendendo até o tempo n. Considere que $\mathcal{N}^*$ represente a rede alimentada adiante que resulta do desdobramento da operação temporal da rede recorrente $\mathcal{N}$. A rede desdobrada $\mathcal{N}^*$ está relacionada com a rede original $\mathcal{N}$ como segue:

1. Para cada passo de tempo no intervalo $(n_0, n]$, a rede $\mathcal{N}^*$ tem uma camada contendo K neurônios, onde K é o número de neurônios contidos na rede $\mathcal{N}$.
2. Em cada camada da rede $\mathcal{N}^*$ existe uma cópia de cada neurônio da rede $\mathcal{N}$.
3. Para cada passo de tempo $l \in [n_0, n]$, a conexão sináptica do neurônio i na camada l para o neurônio j na camada $l+1$ da rede $\mathcal{N}^*$ é uma cópia da conexão sináptica do neurônio i para o neurônio j na rede $\mathcal{N}$.

Estes pontos são ilustrados no exemplo seguinte.

Exemplo 15.4

Considere a rede recorrente $\mathcal{N}$ de dois neurônios mostrada na Fig. 15.10a. Para simplificar a apresentação, omitimos os operadores de atraso unitário z^{-1} que deveriam estar inseridos em cada conexão sináptica (incluídos os laços de auto-realimentação) da Fig. 15.10a. Desdobrando a operação temporal desta rede de uma maneira passo a passo, obtemos o grafo de fluxo de sinal mostrado na Fig. 15.10b, onde o tempo inicial

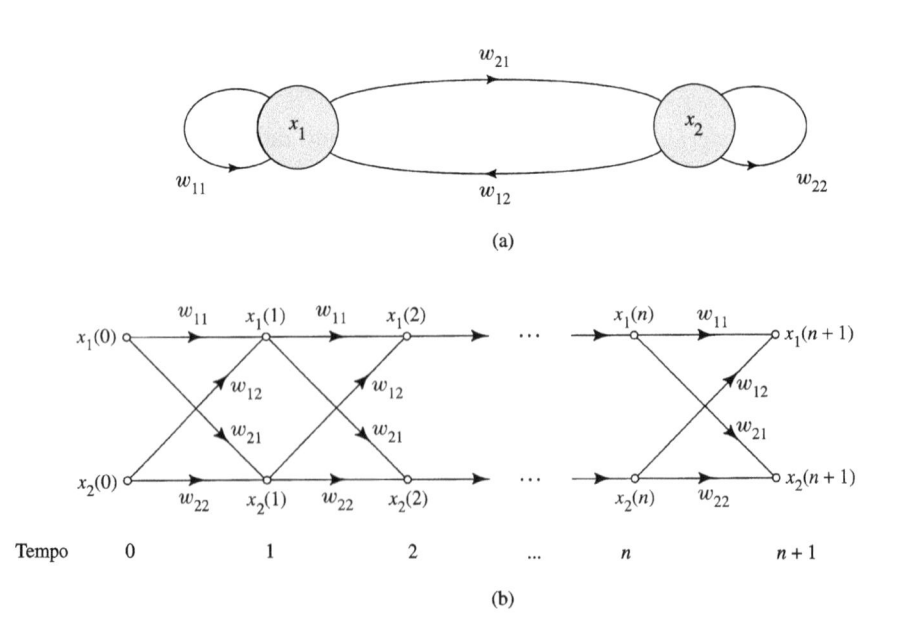

FIGURA 15.10 (a) Grafo arquitetural de uma rede recorrente com dois neurônios $\mathcal{N}$.
(b) Grafo de fluxo de sinal da rede $\mathcal{N}$ desdobrada no tempo

é $n_0 = 0$. O grafo da Fig. 15.10b representa a rede alimentada adiante em camadas $\mathcal{N}^*$, onde uma nova camada é adicionada a cada passo da operação temporal.

∎

A aplicação do procedimento de desdobramento resulta em duas implementações basicamente diferentes da retropropagação através do tempo, dependendo se for utilizado o treinamento por época ou o treinamento contínuo (tempo-real). Estes dois métodos de aprendizagem recorrente são agora discutidos nesta ordem.

Retropropagação através do Tempo por Época

Considere que o conjunto de dados usado para treinar uma rede recorrente seja particionado em épocas independentes, com cada época representando um padrão temporal de interesse. Considere que n_0 represente o tempo inicial de uma época e n_1 represente o seu tempo final. Dada esta época, podemos definir a função de custo

$$\mathcal{E}_{total}(n_0, n_1) = \frac{1}{2} \sum_{n=n_0}^{n_1} \sum_{j \in \mathcal{A}} e_j^2(n) \tag{15.38}$$

onde $\mathcal{A}$ é o conjunto de índices j relativos àqueles neurônios da rede para os quais as respostas desejadas são especificadas, e $e_j(n)$ é o sinal de erro na saída de um destes neurônios medido em relação a uma resposta desejada. Desejamos calcular a sensibilidade da rede, isto é, as derivadas parciais da função de custo $\mathcal{E}_{total}(n_0, n_1)$ em relação aos pesos sinápticos da rede. Para fazermos isto, podemos usar o *algoritmo de retropropagação através do tempo (BPTT) por época*, que se baseia no modo por lote da aprendizagem por retropropagação normal que é descrita no Capítulo 4. O algoritmo BPTT por época procede como segue (Williams e Peng, 1990):

- Primeiro, é executado um passo único para frente dos dados através da rede para o intervalo (n_0, n_1). É *salvo* o registro completo dos dados de entrada, o estado da rede (i.e., os pesos sinápticos da rede), e as respostas desejadas para este intervalo.
- É realizado um único passo para trás sobre este registro passado, para calcular os valores dos gradientes locais

$$\delta_j(n) = -\frac{\partial \mathcal{E}_{total}(n_0, n_1)}{\partial v_j(n)} \tag{15.39}$$

para todo $j \in \mathcal{A}$ e $n_0 < n \le n_1$. Esta computação é realizada utilizando-se a fórmula

$$\delta_j(n) = \begin{cases} \varphi'(v_j(n)) e_j(n) & \text{para } n = n_1 \\ \varphi'(v_j(n)) \left[e_j(n) + \sum_{k \in \mathcal{A}} w_{jk} \delta_k(n+1) \right] & \text{para } n_0 < n < n_1 \end{cases} \tag{15.40}$$

onde $\varphi'(\cdot)$ é a derivada de uma função de ativação em relação a seu argumento, e $v_j(n)$ é o campo local induzido do neurônio j. Assume-se que todos os neurônios da rede têm a mesma função de ativação $\varphi(\cdot)$. O uso da Eq. (15.40) é repetido, começando do tempo n_1 e trabalhando para trás, passo a passo, até o tempo n_0; o número de passos envolvidos aqui é igual ao número de passos de tempo contidos na época.

- Uma vez que a computação da retropropagação tenha sido realizada de volta ao tempo $n_0 + 1$, o seguinte ajuste é aplicado ao peso sináptico w_{ji} do neurônio j:

$$\Delta w_{ji} = -\eta \frac{\partial \mathcal{E}_{total}(n_0, n_1)}{\partial w_{ji}}$$

$$= \eta \sum_{n=n_0+1}^{n_1} \delta_j(n) x_i(n-1)$$

(15.41)

onde η é o parâmetro da taxa de aprendizagem e $x_i(n-1)$ é a entrada aplicada à i-ésima sinapse do neurônio j no tempo $n-1$.

Comparando o procedimento acima descrito para o algoritmo BPTT por época com o modo por lote da aprendizagem por retropropagação padrão, vemos que a diferença básica entre eles é que, no primeiro caso, as respostas desejadas são especificadas para os neurônios em várias camadas da rede porque a camada de saída real é replicada muitas vezes quando o comportamento temporal da rede é desdobrado.

Retropropagação através do Tempo Truncada

Para utilizar a retropropagação através do tempo em tempo-real, usamos o valor instantâneo da soma dos erros quadrados, isto é,

$$\mathcal{E}(n) = \frac{1}{2} \sum_{j \in \mathcal{A}} e_j^2(n)$$

como a função de custo a ser minimizada. Assim como no caso do modo seqüencial (estocástico) da aprendizagem por retropropagação padrão, utilizamos o gradiente negativo da função de custo $\mathcal{E}(n)$ para calcular os ajustes apropriados para os pesos sinápticos da rede em cada instante de tempo n. Os ajustes são feitos continuamente, enquanto a rede está realizando o processamento. Entretanto, para que isto seja realizável do ponto de vista computacional, devemos salvar apenas a história relevante dos dados de entrada e do estado da rede para um número fixo de passos de tempo, chamado de *profundidade de truncamento*. De agora em diante, a profundidade de truncamento será representada por h. Qualquer informação anterior a h passos de tempo no passado é considerada irrelevante, e portanto pode ser ignorada. Se não truncássemos a computação, permitindo com isso o retorno ao tempo inicial, a demanda em termos de tempo de computação e armazenamento cresceria linearmente com o tempo conforme a rede continuasse o processamento, atingindo eventualmente um ponto em que todo o processo de aprendizagem se tornaria impraticável.

Esta segunda forma do algoritmo é chamada de *algoritmo de retropropagação através do tempo truncado (BPTT(h))* (Williams e Peng, 1990). O gradiente local para o neurônio j é agora definido por

$$\delta_j(l) = -\frac{\partial \mathcal{E}(l)}{\partial v_j(l)} \quad \begin{array}{l} \text{para todo } j \in \mathcal{A} \\ \text{e } n-h < l \le n \end{array} \qquad (15.42)$$

o que por sua vez resulta na fórmula:

$$\delta_j(l) = \begin{cases} \varphi'(v_j(l))e_j(l) & \text{para } l = n \\ \varphi'(v_j(l))\sum_{k \in \mathcal{A}} w_{kj}(l)\delta_k(l+1) & \text{para } n-h < l < n \end{cases} \qquad (15.43)$$

Uma vez que a computação da retropropagação tenha sido realizada retornando ao tempo $n - h + 1$, o seguinte ajuste é aplicado ao peso sináptico w_{ji} do neurônio j:

$$\Delta w_{ji}(n) = \eta \sum_{l=n-h+1}^{n} \delta_j(l) x_i(l-1) \qquad (15.44)$$

onde η e $x_i(l-1)$ são definidos como anteriormente. Note que o uso de $w_{kj}(l)$ na Eq. (15.43) requer que seja mantida uma história dos valores dos pesos. O uso de w_{kj} nesta equação pode ser justificado somente se o parâmetro da taxa de aprendizagem η for suficientemente pequeno para assegurar que os valores dos pesos não se modifiquem significativamente de um passo de tempo para o próximo.

Comparando a Eq. (15.43) com a Eq. (15.40), observamos que, ao contrário do algoritmo BPTT por época, o sinal de erro é injetado na computação somente no tempo corrente n. Isto explica a razão para que não seja mantido um registro de valores passados das respostas desejadas. Na verdade, o algoritmo de retropropagação através do tempo truncado realiza a computação para todos os passos de tempo anteriores de modo similar àquele como o algoritmo de retropropagação estocástico (discutido no Capítulo 4) realiza as computações para os neurônios ocultos de um perceptron de múltiplas camadas.

Algumas Considerações Práticas

Em aplicações da vida real do algoritmo BPTT, o uso de truncamento não é tão artificial como pode parecer. A menos que a rede recorrente seja instável, deve ocorrer a convergência das derivadas $\partial \mathcal{E}(l)/\partial v_j(l)$, porque as computações mais recuadas no tempo correspondem a potências mais altas das forças de realimentação (aproximadamente iguais a inclinações sigmóides multiplicadas por pesos). Em todo caso, a profundidade de truncamento h deve ser suficientemente grande para produzir derivadas que aproximem bem os valores reais. Esta exigência estabelece um limite inferior para o valor de h. Na aplicação de redes recorrentes dirigidas dinamicamente para o controle da velocidade de motores, por exemplo, o valor $h = 30$ é considerado uma escolha razoavelmente conservadora para realizar esta tarefa de aprendizagem (Puskorius et al., 1996).

Deve-se também discutir um outro assunto prático. O procedimento de desdobramento descrito nesta seção para a retropropagação através do tempo fornece uma ferramenta útil para descrevê-lo em termos de uma cascata de camadas similares avançando no tempo, ajudando-nos com isso a desenvolver o entendimento de como o procedimento funciona. Este ponto forte infelizmente é a causa de sua fraqueza. O procedimento trabalha perfeitamente para redes recorrentes relativamente simples, consistindo de poucos neurônios. Entretanto, as fórmulas envolvidas, particularmente a Eq. (15.43), se tornam de difícil manejo quando o procedimento de desdobramento é aplicado a arquiteturas mais gerais como é o caso tipicamente encontrado na prática. Nestas situações, o procedimento preferível é utilizar a abordagem mais geral descrita em Werbos (1990), na qual cada expressão na propagação para frente de uma camada resulta em um conjunto correspondente de expressões de retropropagação. Uma vantagem desta abordagem é o seu tratamento homogêneo das conexões para frente e recorrentes (de realimentação).

Para descrever o mecanismo desta forma particular de BPTT(h), considere que F^l_{-x} represente uma *derivada ordenada* da saída da rede no nó l em relação a x. Para derivar as equações de retropropagação, são consideradas as equações de propagação para frente na ordem reversa. De cada equação derivamos uma ou mais expressões de retropropagação de acordo com o seguinte princípio:

$$\text{Se } a = \varphi(b,c), \text{ então } F^l_{-b} = \frac{\partial \varphi}{\partial b} F^l_{-a} \text{ e } F^l_{-c} = \frac{\partial \varphi}{\partial c} F^l_{-a} \tag{15.45}$$

Exemplo 15.5

Para esclarecermos a noção de derivadas ordenadas, considere um sistema não-linear descrito pelo seguinte par de equações:

$$x_1 = \log u + x_2^3$$
$$y = x_1^2 + 3x_2$$

A variável x_2 influencia a saída y de duas maneiras: diretamente através da segunda equação e indiretamente através da primeira equação. A derivada ordenada de y em relação a x_2 é definida pelo impacto causal total que inclui os efeitos diretos e indiretos de x_2 sobre y, como mostrado por

$$\begin{aligned} F_{-x_2} &= \frac{\partial y}{\partial x_2} + \frac{\partial y}{\partial x_1} \frac{\partial x_1}{\partial x_2} \\ &= 3 + (2x_1)(3x_2^2) \\ &= 3 + 6x_1 x_2^2 \end{aligned}$$

∎

Na programação das derivadas ordenadas para o algoritmo BPTT(h), a quantidade no lado direito de cada derivada ordenada na Eq. (15.45) é adicionada ao valor anterior do lado esquerdo. Deste modo, as derivadas apropriadas são distribuídas a partir de um dado nó da rede para todos os nós e pesos sinápticos que o alimentam na direção para frente, levando em conta, devidamente, qualquer atraso que possa estar presente em cada conexão. A simplicidade da formulação descrita aqui reduz a necessidade de visualizações como o desdobramento no tempo ou os grafos de fluxo de sinal. Em Feldkamp e Puskorius (1998) e Puskorius et al. (1996), este procedimento é utilizado para desenvolver um pseudocódigo para implementar o algoritmo BPTT(h).

15.8 APRENDIZAGEM RECORRENTE EM TEMPO-REAL

Nesta seção, descrevemos um outro algoritmo referido como *aprendizagem recorrente em tempo-real (ARTR)*.[9] O algoritmo deriva seu nome do fato de serem realizados ajustes dos pesos sinápticos de uma rede recorrente totalmente conectada, em tempo-real, isto é, enquanto a rede continua a

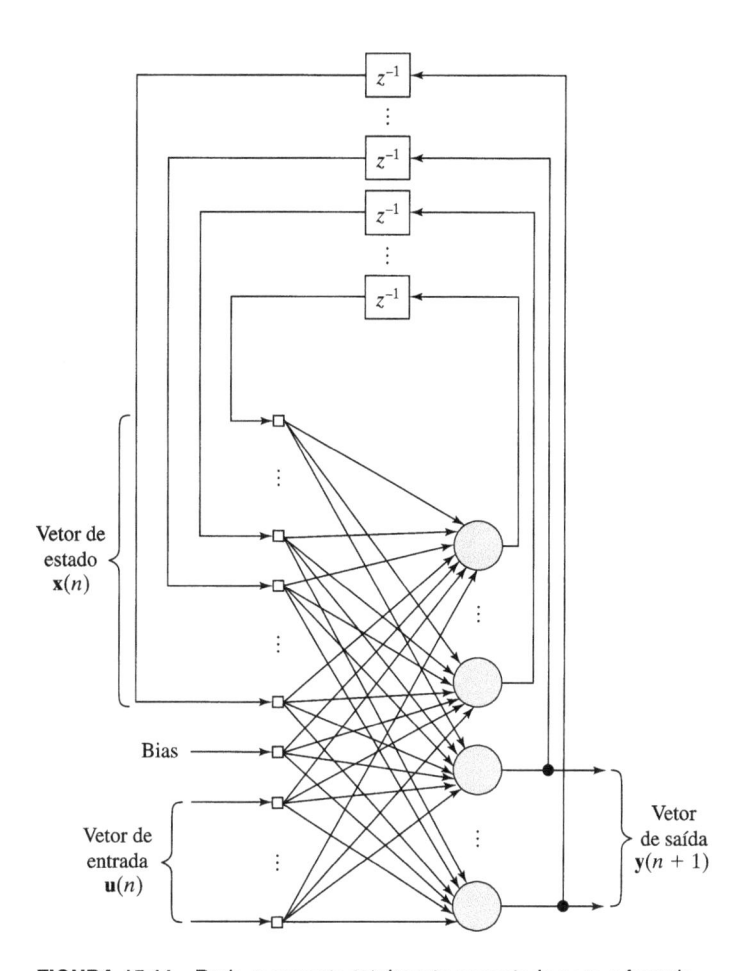

FIGURA 15.11 Rede recorrente totalmente conectada para a formulação do algoritmo ARTR

realizar a sua função de processamento de sinal (Williams e Zipser, 1989). A Figura 15.11 mostra a planta de uma rede recorrente deste tipo. Ela consiste de q neurônios com m entradas externas. A rede tem duas camadas distintas: uma *camada de entrada concatenada com realimentações* e uma *camada de processamento com nós computacionais*. Correspondentemente, as conexões sinápticas da rede consistem de conexões diretas e realimentadas.

A descrição de espaço de estados da rede é definida pelas Eqs. (15.10) e (15.11). A equação do processo (15.10) é reproduzida aqui na seguinte forma expandida:

$$\mathbf{x}(n+1) = \begin{bmatrix} \varphi(\mathbf{w}_1^T \boldsymbol{\xi}(n)) \\ \vdots \\ \varphi(\mathbf{w}_j^T \boldsymbol{\xi}(n)) \\ \vdots \\ \varphi(\mathbf{w}_q^T \boldsymbol{\xi}(n)) \end{bmatrix} \qquad (15.46)$$

onde se assume que todos os neurônios têm uma função de ativação comum $\varphi(\cdot)$. O vetor $\mathbf{w}_j$, $(q + m + 1)$-por-1, é o vetor de pesos sinápticos do neurônio j da rede recorrente, isto é,

$$\mathbf{w}_j = \begin{bmatrix} \mathbf{w}_{a,j} \\ \mathbf{w}_{b,j} \end{bmatrix}, \quad j = 1, 2, \ldots, q \tag{15.47}$$

onde $\mathbf{w}_{a,j}$ e $\mathbf{w}_{b,j}$ são as j-ésimas colunas das matrizes de pesos transpostas $\mathbf{W}_a^T$ e $\mathbf{W}_b^T$, respectivamente. O vetor $\boldsymbol{\xi}(n)$, $(q + m + 1)$-por-1, é definido por

$$\boldsymbol{\xi}(n) = \begin{bmatrix} \mathbf{x}(n) \\ \mathbf{u}(n) \end{bmatrix} \tag{15.48}$$

onde $\mathbf{x}(n)$ é o vetor de estado q-por-1 e $\mathbf{u}(n)$ é o vetor de entrada $(m + 1)$-por-1. O primeiro elemento de $\mathbf{u}(n)$ é +1 e, de uma forma correspondente, o primeiro elemento de $\mathbf{w}_{b,j}$ é igual ao bias b_j aplicado ao neurônio j.

Para simplificar a apresentação, introduzimos três novas matrizes $\boldsymbol{\Lambda}_j(n)$, $\mathbf{U}_j(n)$ e $\boldsymbol{\Phi}(n)$, descritas como segue:

1. $\boldsymbol{\Lambda}_j(n)$ é uma matriz q-por-$(q + m + 1)$ definida como a derivada parcial do vetor de estado $\mathbf{x}(n)$ em relação ao vetor de pesos $\mathbf{w}_j$:

$$\boldsymbol{\Lambda}_j(n) = \frac{\partial \mathbf{x}(n)}{\partial \mathbf{w}_j}, \quad j = 1, 2, \ldots, q \tag{15.49}$$

2. $\mathbf{U}_j(n)$ é uma matriz q-por-$(q + m + 1)$ cujas linhas são todas zero, exceto pela j-ésima linha que é igual ao transposto do vetor $\boldsymbol{\xi}(n)$:

$$\mathbf{U}_j(n) = \begin{bmatrix} 0 \\ \boldsymbol{\xi}^T(n) \\ 0 \end{bmatrix} \leftarrow j\text{-ésima linha}, \quad j = 1, 2, \ldots, q \tag{15.50}$$

3. $\boldsymbol{\Phi}(n)$ é uma matriz diagonal q-por-q cujo k-ésimo elemento diagonal é a derivada parcial da função de ativação em relação ao seu argumento, calculado em $\mathbf{w}_j^T \boldsymbol{\xi}(n)$:

$$\boldsymbol{\Phi}(n) = diag\bigl(\varphi'(\mathbf{w}_1^T \boldsymbol{\xi}(n)), \ldots, \varphi'(\mathbf{w}_j^T \boldsymbol{\xi}(n)), \ldots, \varphi'(\mathbf{w}_q^T \boldsymbol{\xi}(n))\bigr) \tag{15.51}$$

Com estas definições, podemos agora diferenciar a Eq. (15.46) em relação a $\mathbf{w}_j$. Então, usando a regra da cadeia do cálculo, obtemos a seguinte equação recursiva:

$$\boldsymbol{\Lambda}_j(n+1) = \boldsymbol{\Phi}(n) \, [\mathbf{W}_a(n)\boldsymbol{\Lambda}_j(n) + \mathbf{U}_j(n)], \quad j = 1, 2, \ldots, q \tag{15.52}$$

Esta equação recursiva descreve a *dinâmica não-linear do estado* (i.e., a evolução do estado) do processo de aprendizagem recorrente em tempo-real.

Para completar a descrição deste processo de aprendizagem, precisamos relacionar a matriz $\Lambda_j(n)$ com o gradiente da superfície de erro em relação a $\mathbf{w}_j$. Para fazermos isto, primeiro utilizamos a equação de medida (15.11) para definir o vetor de erro p-por-1:

$$\begin{aligned}\mathbf{e}(n) &= \mathbf{d}(n) - \mathbf{y}(n) \\ &= \mathbf{d}(n) - \mathbf{C}\mathbf{x}(n)\end{aligned} \quad (15.53)$$

A soma instantânea dos erros quadrados no tempo n é definida em termos de $\mathbf{e}(n)$ por

$$\mathcal{E}(n) = \frac{1}{2}\mathbf{e}^T(n)\mathbf{e}(n) \quad (15.54)$$

O objetivo do processo de aprendizagem é minimizar uma função de custo obtida somando-se $\mathcal{E}(n)$ sobre todo o tempo n; isto é,

$$\mathcal{E}_{total} = \sum_n \mathcal{E}(n)$$

Para alcançarmos este objetivo, podemos utilizar o método da descida mais íngreme, que requer o conhecimento da *matriz do gradiente*, escrita como

$$\begin{aligned}\nabla_\mathbf{w}\mathcal{E}_{total} &= \frac{\partial \mathcal{E}_{total}}{\partial \mathbf{W}} \\ &= \sum_n \frac{\partial \mathcal{E}(n)}{\partial \mathbf{W}} \\ &= \sum_n \nabla_\mathbf{w}\mathcal{E}(n)\end{aligned}$$

onde $\nabla_\mathbf{w}\mathcal{E}(n)$ é o gradiente de $\mathcal{E}(n)$ em relação à matriz de pesos $\mathbf{W} = \{\mathbf{w}_k\}$. Podemos, se desejado, continuar com esta equação e derivar equações de atualização para os pesos sinápticos da rede recorrente sem invocar aproximações. Entretanto, para que desenvolvamos um algoritmo de aprendizagem que possa ser usado para treinar a rede recorrente em *tempo-real*, devemos utilizar uma *estimativa* instantânea do gradiente, isto é, $\nabla_\mathbf{w}\mathcal{E}(n)$, o que resulta em uma *aproximação* do método da descida mais íngreme.

Retornando à Eq. (15.54) como a função de custo a ser minimizada, diferenciamo-la em relação ao vetor de peso $\mathbf{w}_j$, obtendo

$$\begin{aligned}\frac{\partial \mathcal{E}(n)}{\partial \mathbf{w}_j} &= \left(\frac{\partial \mathbf{e}(n)}{\partial \mathbf{w}_j}\right)\mathbf{e}(n) \\ &= -\mathbf{C}\left(\frac{\partial \mathbf{x}(n)}{\partial \mathbf{w}_j}\right)\mathbf{e}(n) \\ &= -\mathbf{C}\Lambda_j(n)\mathbf{e}(n), \quad j=1,2,\ldots,q\end{aligned} \quad (15.55)$$

O ajuste aplicado ao vetor de peso sináptico $\mathbf{w}_j(n)$ do neurônio j é portanto determinado por

$$\Delta \mathbf{w}_j(n) = -\eta \frac{\partial \mathcal{E}(n)}{\partial \mathbf{w}_j} \qquad (15.56)$$
$$= \eta \mathbf{C} \mathbf{\Lambda}_j(n) \mathbf{e}(n), \quad j = 1, 2, \ldots, q$$

onde η é o parâmetro da taxa de aprendizagem e $\mathbf{\Lambda}_j(n)$ é governada pela Eq. (15.52).

O único item restante é a especificação das *condições iniciais* para inicializar o processo de aprendizagem. Para este propósito, fazemos

$$\mathbf{\Lambda}_j(0) = \mathbf{0} \quad \text{para todo } j \qquad (15.57)$$

cuja implicação é que a rede recorrente inicialmente reside em um estado constante.

A Tabela 15.1 apresenta um resumo do algoritmo recorrente em tempo-real. A formulação do algoritmo como descrita aqui se aplica a uma função de ativação arbitrária $\varphi(\cdot)$ que é diferenciável em relação a seu argumento. Para o caso especial de uma não-linearidade na forma de uma função tangente hiperbólica, temos

$$x_j(n+1) = \varphi(v_j(n))$$
$$= \tanh(v_j(n))$$

TABELA 15.1 Resumo do Algoritmo de Aprendizagem Recorrente em Tempo-Real

---

Parâmetros:

m = dimensionalidade do espaço de entrada
q = dimensionalidade do espaço de estados
p = dimensionalidade do espaço de saída
$\mathbf{w}_j$ = vetor de peso sináptico do neurônio j, $j = 1, 2, \ldots, q$.

Inicialização:

1. Atribua aos pesos sinápticos valores pequenos selecionados de uma distribuição uniforme.
2. Faça o valor inicial do vetor de estado $\mathbf{x}(0) = \mathbf{0}$.
3. Faça $\mathbf{\Lambda}_j(0) = \mathbf{0}$ para $j = 1, 2, \ldots, q$.

Computações: compute para $n = 0, 1, 2, \ldots$,

$$\mathbf{\Lambda}_j(n+1) = \mathbf{\Phi}(n) \left[\mathbf{W}_a(n) \mathbf{\Delta}_j(n) + \mathbf{U}_j(n) \right]$$
$$\mathbf{e}(n) = \mathbf{d}(n) - \mathbf{C}\mathbf{x}(n)$$
$$\Delta \mathbf{w}_j(n) = \eta \mathbf{C} \mathbf{\Lambda}_j(n) \mathbf{e}(n)$$

As definições de $\mathbf{x}(n)$, $\mathbf{\Lambda}_j(n)$, $\mathbf{U}_j(n)$ e $\mathbf{\Phi}(n)$ são dadas nas Eqs. (15.46), (15.49), (15.50) e (15.51), respectivamente.

e

$$\begin{aligned}\varphi'(v_j(n)) &= \frac{\partial \varphi(v_j(n))}{\partial v_j(n)} \\ &= \operatorname{sech}^2(v_j(n)) \\ &= 1 - x_j^2(n+1)\end{aligned} \quad (15.58)$$

onde $v_j(n)$ é o campo local induzido do neurônio j e $x_j(n+1)$ é o seu estado em $n+1$.

O uso do gradiente instantâneo $\nabla_w \mathcal{E}(n)$ significa que o algoritmo de aprendizagem recursiva em tempo-real descrito aqui se desvia do algoritmo baseado no gradiente verdadeiro $\nabla_w \mathcal{E}_{total}$, que não opera em tempo-real. Entretanto, este desvio é exatamente análogo àquele encontrado no algoritmo de retropropagação padrão usado no Capítulo 4 para treinar um perceptron de múltiplas camadas ordinário, no qual as modificações dos pesos são feitas após a apresentação de cada padrão. Com exceção do fato de não ser garantido que o algoritmo de aprendizagem recorrente em tempo-real siga precisamente o gradiente negativo da função de erro total $\mathcal{E}_{total}(\mathbf{W})$ em relação à matriz de pesos $\mathbf{W}$, as diferenças práticas entre a versão em tempo-real e a que não opera em tempo-real são freqüentemente pequenas; estas duas versões se tornam aproximadamente idênticas quando o parâmetro da taxa de aprendizagem η é reduzido. A conseqüência potencial mais severa deste desvio do comportamento verdadeiro de seguir o gradiente é que a trajetória observada (obtida traçando-se $\mathcal{E}(n)$ em função dos elementos da matriz de pesos $\mathbf{W}(n)$) pode ela mesma depender das modificações dos pesos produzidas pelo algoritmo, o que pode ser visto como uma outra fonte de realimentação e, portanto, uma causa de instabilidade do sistema. Podemos evitar este efeito utilizando um parâmetro da taxa de aprendizagem η suficientemente pequeno para tornar a escala de tempo das modificações de peso muito menor que a escala de tempo de operação da rede (Williams e Zipser, 1989).

Exemplo 15.6

Neste exemplo, formulamos o algoritmo ARTR para a rede totalmente recorrente mostrada na Fig. 15.6 com duas entradas e uma única saída. A rede tem três neurônios, com a composição das matrizes $\mathbf{W}_a$, $\mathbf{W}_b$ e $\mathbf{C}$ como descrito no Exemplo 15.1.

Com $m = 2$ e $q = 3$, constatamos da Eq. (15.48) que

$$\xi(n) = \begin{bmatrix} x_1(n) \\ x_2(n) \\ x_3(n) \\ 1 \\ u_1(n) \\ u_2(n) \end{bmatrix}$$

Considere que $\lambda_{j,kl}(n)$ represente o kl-ésimo elemento da matriz $\Lambda_j(n)$. O uso das Eqs. (15.52) e (15.56) produz então, respectivamente,

$$\lambda_{j,kl}(n+1) = \varphi'(v_j(n))\left[\sum_{i=1}^{3} w_{ji}(n)\lambda_{j,kl}(n) + \delta_{kj}\xi_l(n)\right]$$

$$\Delta w_{kl}(n) = \eta(d_1(n)) - x_1(n)\lambda_{1,kl}(n)$$

onde δ_{kj} é a função delta de Kronecker, que é igual a 1 para $k = j$ e zero caso contrário; e $(j, k) = 1, 2, 3$ e $l = 1, 2,..., 6$. A Figura 15.12 apresenta um *grafo de sensibilidade* que determina a evolução do ajuste de peso $\Delta w_{kl}(n)$. Note que $\mathbf{W}_a = \{w_{ji}\}$ para $(j, i) = 1, 2, 3$ e $\mathbf{W}_b = \{w_{jl}\}$ para $j = 1, 2, 3$ e $l = 4, 5, 6$. ∎

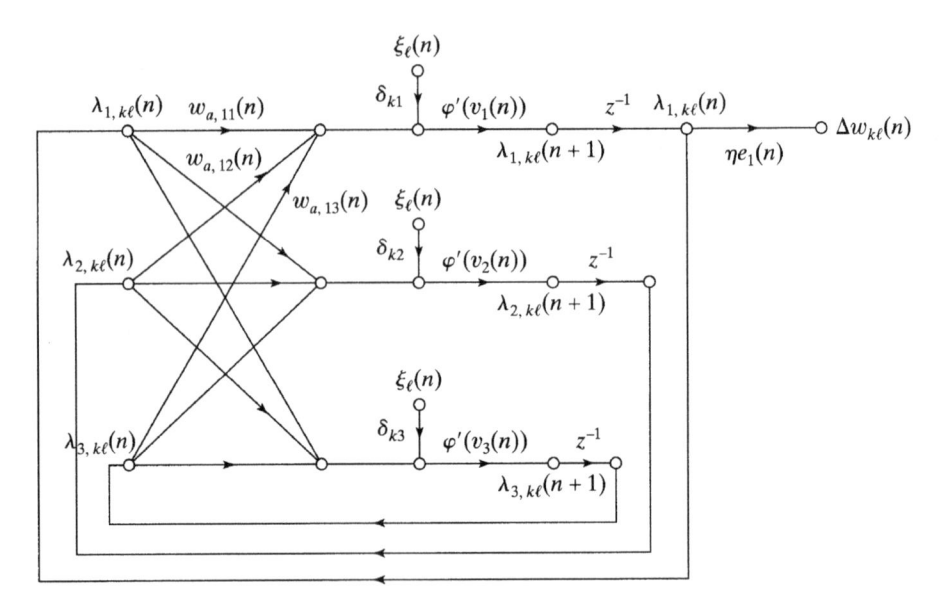

FIGURA 15.12 Grafo de sensibilidade da rede totalmente recorrente da Fig. 15.6.
Nota: os três nós rotulados como $\xi_l(n)$ devem ser vistos como uma única entrada

Imposição do Professor

Uma estratégia que é freqüentemente utilizada no treinamento de redes recorrentes é a *imposição do professor (teacher forcing)*(Williams e Zipser, 1989, 1995); na filtragem adaptativa, a imposição do professor é conhecida como o *método do erro de equação* (Mendel, 1995). Basicamente, a imposição do professor envolve substituir a saída real de um neurônio, durante o treinamento da rede, pela resposta desejada correspondente (i.e., o sinal-alvo) na computação subseqüente do comportamento dinâmico da rede, sempre que a resposta desejada estiver disponível. Embora a imposição do professor seja descrita para o algoritmo ARTR, o seu uso se aplica a qualquer outro algoritmo de aprendizagem. Para que seja aplicável, entretanto, o neurônio em questão deve realimentar a sua saída para a rede.

Os efeitos benéficos da imposição do professor incluem (Williams e Zipser, 1995):

- *A imposição do professor pode resultar em um treinamento mais rápido*. A razão para esta melhora é que a imposição do professor equivale à suposição de que a rede tenha aprendido corretamente todas as partes anteriores da tarefa relativa aos neurônios sobre os quais a imposição do professor foi aplicada.

- *A imposição do professor pode servir como um mecanismo corretivo durante o treinamento.* Os pesos sinápticos da rede podem, por exemplo, ter os valores corretos, mas de alguma forma a rede é operada correntemente na região errada do espaço de estado. Claramente, ajustar os pesos sinápticos é a estratégia errada em tal situação.

Um algoritmo de aprendizagem baseado no gradiente que usa a imposição do professor está de fato otimizando uma função de custo diferente da sua contrapartida sem imposição. As versões do algoritmo com e sem imposição do professor podem, portanto, produzir soluções diferentes, a menos que os sinais de erro pertinentes sejam zero, mas neste caso o aprendizado é desnecessário.

15.9 FILTROS DE KALMAN

Como mencionado anteriormente, a aprendizagem contínua baseada na descida do gradiente, exemplificada pelo algoritmo de aprendizagem recorrente em tempo-real, é tipicamente lenta por ter de contar com as estimativas instantâneas do gradiente. Podemos superar esta séria limitação vendo o treinamento supervisionado de uma rede recorrente como um *problema de filtragem ótima*, cuja solução utiliza *recursivamente* a informação contida nos dados de treinamento voltando à primeira iteração do processo de aprendizagem. A idéia descrita aqui é a essência da *filtragem de Kalman* (Kalman, 1960). As características inovadoras dos filtros de Kalman incluem:

- A teoria é formulada em termos de conceitos de espaço de estados, fornecendo uma utilização eficiente da informação contida nos dados de entrada.
- A estimativa do estado é calculada recursivamente; isto é, cada estimativa atualizada do estado é calculada a partir da estimativa anterior e dos dados correntemente disponíveis, e com isso apenas a estimativa prévia necessita de armazenamento.

Nesta seção, apresentamos uma breve revisão da teoria do filtro de Kalman[10] para preparar o caminho para a derivação do filtro de Kalman estendido desacoplado descrito na próxima seção. O desenvolvimento da teoria normalmente começa com os sistemas dinâmicos lineares. Para estender seu uso a sistemas dinâmicos não-lineares, é aplicada ao sistema uma forma de *linearização*; esta última parte da discussão é deixada para a próxima seção.

Considere então um *sistema dinâmico de tempo discreto linear* descrito pelo grafo de fluxo de sinal mostrado na Fig. 15.13. A descrição no domínio do tempo do sistema aqui apresentado é similar ao formalismo de espaço de estados apresentado na Seção 15.3. Em termos matemáticos, a Fig. 15.13 incorpora o seguinte par de equações:

$$\mathbf{w}(n+1) = \mathbf{w}(n) \tag{15.59}$$

$$\mathbf{d}(n) = \mathbf{C}(n)\mathbf{w}(n) + \mathbf{v}(n) \tag{15.60}$$

FIGURA 15.13 Grafo de fluxo de sinal de um sistema dinâmico de tempo discreto linear para descrever o filtro de Kalman

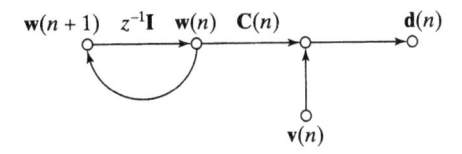

As várias quantidades na *equação do processo* (15.59) e na *equação de medida* (15.60) são descritas como segue:

- **w**(n) é o *vetor de estado* do sistema.
- **d**(n) é o *vetor de observação*.
- **C**(n) é a *matriz de medida*.
- v(n) é o *ruído de medida*.

Na equação do processo (15.59), fizemos duas suposições simplificativas. Primeiro, a equação do processo é *sem ruído*. Segundo, a matriz de transição que relaciona os estados do sistema no tempo $n + 1$ e n é igual à matriz identidade. Usamos também uma nova notação para o estado na Fig. 15.13 por razões que se tornarão claras na próxima seção.

O problema da filtragem de Kalman pode agora ser formulado como:

Utilize todos os dados observados, consistindo do conjunto de vetores $\{\mathbf{d}(i)\}_{i=1}^{n}$, para encontrar para cada $n \geq 1$ a estimativa pelo mínimo erro médio quadrado do estado **w**(i).

Note que a informação sobre o vetor de estado não está disponível. O problema é chamado de *filtragem* se $i = n$, *previsão* se $i > n$, e *suavização* se $1 \leq i \leq n$. A solução para o problema é derivada com base nas seguintes suposições (além de se assumir a linearidade do sistema):

1. O ruído de medida v(n) é um processo de ruído branco, com média zero, cuja matriz de covariância é definida por

$$E\left[v(n)v^{T}(k)\right] = \begin{cases} \mathbf{R}(n), & n = k \\ \mathbf{0}, & n \neq k \end{cases} \quad (15.61)$$

2. O valor inicial do estado, **w**(0), não é correlacionado com v(n) para todo $n \geq 0$.

Para uma derivação elegante do filtro de Kalman, podemos utilizar a noção de inovações (Kailath, 1968). Especificamente, o *processo de inovações* associado com o vetor de observação **d**(n) é definido por

$$\alpha(n) = \mathbf{d}(n) - \hat{\mathbf{d}}(n| n - 1) \quad (15.62)$$

onde $\hat{\mathbf{d}}(n| n - 1)$ é a *estimativa pelo mínimo erro médio quadrado* de **d**(n), dados *todos os valores passados* do vetor de observação começando no tempo $n = 1$ e estendendo-se até o tempo $n - 1$. A "estimativa pelo mínimo erro médio quadrado" significa aquela estimativa particular que minimiza o erro médio quadrado medido em relação a **d**(n). O processo de inovações $\alpha(n)$ pode ser visto como uma medida da informação *nova* contida em **d**(n) que não está disponível na parte previsível $\hat{\mathbf{d}}(n| n - 1)$. O processo de inovações $\alpha(n)$ tem algumas propriedades desejáveis como aqui resumido (Kailath, 1968):

1. O processo de inovações $\alpha(n)$ associado a **d**(n) não é correlacionado com as observações passadas **d**(1), **d**(2),..., **d**($n - 1$), como mostrado por

$$E[\boldsymbol{\alpha}(n)\mathbf{d}^T(k)] = \mathbf{0} \quad \text{para } 1 \leq k \leq n-1$$

2. O processo de inovações consiste de uma seqüência de vetores aleatórios que não são correlacionados entre si, como mostrado por

$$E[\boldsymbol{\alpha}(n)\boldsymbol{\alpha}^T(k)] = \mathbf{0} \quad \text{para } 1 \leq k \leq n-1$$

3. Há uma correspondência de um para um entre a seqüência de vetores aleatórios representando os dados observados e a seqüência de vetores aleatórios representando o processo de inovações, como mostrado por

$$\{\mathbf{d}(1), \mathbf{d}(2), ..., \mathbf{d}(n)\} \rightleftharpoons \{\boldsymbol{\alpha}(1), \boldsymbol{\alpha}(2), ..., \boldsymbol{\alpha}(n)\} \tag{15.63}$$

Podemos substituir a seqüência correlacionada de dados observados pela seqüência não-correlacionada (e portanto mais simples) de inovações *sem qualquer perda de informação*. Fazendo isso, a derivação do filtro de Kalman é simplificada por expressar a estimativa do estado no tempo i, dado o conjunto de inovações $\{\boldsymbol{\alpha}(k)\}_{k=1}^{n}$. Realizando a análise nesta base, podemos derivar o filtro de Kalman padrão como resumido na Tabela 15.2. Há três novas quantidades neste algoritmo que precisam ser definidas:

- $\mathbf{K}(n, n-1)$ é a *matriz de covariância do erro* definida por

$$\mathbf{K}(n, n-1) = E[\boldsymbol{\epsilon}(n, n-1)\boldsymbol{\epsilon}^T(n, n-1)] \tag{15.64}$$

onde o *erro de estado* $\boldsymbol{\epsilon}(n, n-1)$ é definido por

$$\boldsymbol{\epsilon}(n, n-1) = \mathbf{w}(n) - \hat{\mathbf{w}}(n|n-1) \tag{15.65}$$

TABELA 15.2 Resumo do Filtro de Kalman

Compute para $n = 1, 2, 3, ...$

$$\boldsymbol{\Gamma}(n) = \left[\mathbf{C}(n)\mathbf{K}(n, n-1)\mathbf{C}^T(n) + \mathbf{R}(n)\right]^{-1}$$
$$\mathbf{G}(n) = \mathbf{K}(n, n-1)\mathbf{C}^T(n) + \boldsymbol{\Gamma}(n)$$
$$\boldsymbol{\alpha}(n) = \mathbf{y}(n) - \mathbf{C}(n)\hat{\mathbf{w}}(n|n-1)$$
$$\hat{\mathbf{w}}(n+1|n) = \hat{\mathbf{w}}(n|n-1) + \mathbf{G}(n)\boldsymbol{\alpha}(n)$$
$$\mathbf{K}(n+1, n) = \mathbf{K}(n, n-1) - \mathbf{G}(n)\mathbf{C}(n)\mathbf{K}(n, n-1)$$

onde $\mathbf{w}(n)$ é o estado real e $\hat{\mathbf{w}}(n|\,n-1)$ é a sua previsão de um passo baseada nos valores passados dos dados observados até o tempo $n-1$.

- $\Gamma(n)$ é o *fator de conversão* que relaciona o *erro de estimação filtrado* $\mathbf{e}(n)$ para as inovações $\alpha(n)$ como mostrado por

$$\mathbf{e}(n) = \mathbf{R}(n)\Gamma(n)\alpha(n) \tag{15.66}$$

onde

$$\mathbf{e}(n) = \mathbf{d}(n) - \hat{\mathbf{d}}(n|\,n) \tag{15.67}$$

onde $\hat{\mathbf{d}}(n|\,n)$ é a estimativa do vetor de observação $\mathbf{d}(n)$ dados todos os dados observados até o tempo n.
- $\mathbf{G}(n)$ é o *ganho de Kalman*, que determina a correção utilizada para atualizar a estimativa do estado.

O tipo de filtro de Kalman resumido na Tabela 15.2 é concebido para propagar a matriz de covariância de erro $\mathbf{K}(n, n-1)$. Assim, este algoritmo é chamado de *algoritmo de filtragem de Kalman por covariância*.

Filtro de Kalman por Raiz Quadrada

O filtro de Kalman por covariância é propenso a sérias dificuldades numéricas. Em particular, a matriz de atualização $\mathbf{K}(n+1, n)$ é determinada pela *equação de Riccati*, que é definida pela última linha da computação da Tabela 15.2. O lado direito da equação de Riccati é a diferença entre duas quantidades matriciais. A menos que a precisão numérica empregada em cada iteração do algoritmo seja suficientemente alta, a matriz de atualização $\mathbf{K}(n+1, n)$ resultante desta computação pode *não* ser não negativamente definida. Esta solução é claramente inaceitável porque $\mathbf{K}(n+1, n)$ representa a matriz de covariância, que por definição é não negativamente definida. O comportamento instável do filtro de Kalman, que resulta das imprecisões numéricas devido ao uso de aritmética de comprimento de palavras finito, é chamado de *fenômeno da divergência*.

Este problema pode ser superado pela propagação da raiz quadrada da matriz de covariância do erro $\mathbf{K}^{1/2}(n, n-1)$ em vez da própria matriz $\mathbf{K}(n, n-1)$. Especificamente, utilizando a *fatorização de Cholesky*, podemos expressar $\mathbf{K}(n, n-1)$ como (Golub e Van Loan, 1996):

$$\mathbf{K}(n, n-1) = \mathbf{K}^{1/2}(n, n-1)\mathbf{K}^{T/2}(n, n-1) \tag{15.68}$$

onde $\mathbf{K}^{1/2}(n, n-1)$ é uma matriz triangular inferior e $\mathbf{K}^{T/2}(n, n-1)$ é a sua transposta. Na álgebra linear, o fator de Cholesky $\mathbf{K}^{1/2}(n, n-1)$ é normalmente referido como a *raiz quadrada* de $\mathbf{K}(n, n-1)$. Assim, um filtro de Kalman baseado na fatorização de Cholesky é chamado de um *filtro de Kalman por raiz quadrada*.[11] A questão importante aqui é que o produto matricial $\mathbf{K}^{1/2}(n, n-1)\mathbf{K}^{T/2}(n, n-1)$ é muito menos provável de se tornar indefinido porque o produto de qualquer matriz quadrada pela sua transposta é sempre positivamente definido.

15.10 FILTRO DE KALMAN ESTENDIDO DESACOPLADO

O nosso interesse principal no filtro de Kalman é explorar suas propriedades únicas para realizar o treinamento supervisionado de uma rede recorrente.[12] Dada a complexidade arquitetural de uma rede recorrente (p.ex., o perceptron de múltiplas camadas recorrente), a questão crucial é como proceder com esta abordagem de uma forma realizável do ponto de vista computacional, sem comprometer a aplicação da teoria do filtro de Kalman. A resposta é encontrada no uso de uma forma *desacoplada* do filtro de Kalman estendido, na qual a complexidade computacional torna-se adequada às exigências de uma aplicação particular e dos recursos computacionais disponíveis (Puskorius e Feldkamp, 1991).

Considere uma rede recorrente construída em torno de um perceptron de múltiplas camadas com W pesos sinápticos e p nós de saída. Considere que o vetor $\mathbf{w}(n)$ represente os pesos sinápticos da rede inteira no tempo n. Tendo em mente a filtragem adaptativa, as equações de espaço de estados para a rede podem ser modeladas como segue (Singhal e Wu, 1989; Haykin, 1996):

$$\mathbf{w}(n + 1) = \mathbf{w}(n) \qquad (15.69)$$

$$\mathbf{d}_o(n) = \mathbf{c}(\mathbf{w}(n),\mathbf{u}(n),\mathbf{v}(n)) + \mathbf{v}(n) \qquad (15.70)$$

onde o vetor de pesos $\mathbf{w}(n)$ desempenha o papel de um estado. O segundo argumento $\mathbf{u}(n)$ e o terceiro argumento $\mathbf{v}(n)$ relativos à função de valor vetorial $\mathbf{c}(\cdot,\cdot,\cdot)$ representam o vetor de entrada e o vetor de atividades recorrentes do nó, respectivamente. Na verdade, a Eq. (15.69) afirma que o modelo está residindo na sua condição "ótima", com a matriz de transição que toma o vetor de pesos $\mathbf{w}(n)$ no tempo n e o transforma em $\mathbf{w}(n + 1)$ no tempo $n + 1$ sendo igual à matriz identidade. A condição ótima descrita aqui se refere a um mínimo local ou global sobre a superfície de erro da rede recorrente. A única fonte de não-linearidade no modelo reside na equação de medida (15.70). O vetor $\mathbf{d}_o$ representa a resposta desejada do modelo. Com a Eq. (15.70) representando a equação de entrada-saída do modelo, segue que $\mathbf{c}(\cdot,\cdot,\cdot)$ é a não-linearidade global da camada de entrada para a camada de saída do perceptron de múltiplas camadas. Assume-se que o vetor de ruído de medida $\mathbf{v}(n)$ na Eq. (15.70) seja um processo de ruído branco multivariado com média zero e matriz de covariância diagonal $\mathbf{R}(n)$.

É importante notar que quando se aplica o filtro de Kalman estendido a uma rede recorrente, existem dois contextos diferentes nos quais o termo "estado" é utilizado:

- A evolução do sistema através da filtragem adaptativa, que se manifesta nas modificações dos pesos da rede recorrente através de treinamento; o vetor $\mathbf{w}(n)$ está relacionado com esta primeira noção de estado.
- A operação da rede recorrente propriamente dita, exemplificada pelas atividades recorrentes dos nós das quais a função $\mathbf{c}$ depende; o vetor $\mathbf{v}(n)$ está relacionado com esta segunda noção de estado.

Comparando o modelo descrito nas Eqs. (15.69) e (15.70) com o modelo dinâmico linear das Eqs. (15.59) e (15.60), vemos que a única diferença entre estes dois modelos está na forma não-linear da equação de medida. Para prepararmos o caminho para a aplicação da teoria do filtro de Kalman ao modelo de espaço de estados que acabamos de descrever, devemos primeiramente linearizar a Eq. (15.70) e dispô-la na forma

$$\mathbf{d}(n) = \mathbf{C}(n)\mathbf{w}(n) + \mathbf{v}(n) \tag{15.71}$$

onde $\mathbf{C}(n)$ é a matriz de medida p-por-W do modelo linearizado, e utilizamos $\mathbf{d}(n)$ para distingui-lo de $\mathbf{d}_o(n)$ na Eq. (15.70). A linearização consiste das derivadas parciais das p saídas de toda a rede em relação aos W pesos do modelo como mostrado por

$$\mathbf{C}(n) = \begin{bmatrix} \dfrac{\partial c_1}{\partial w_1} & \dfrac{\partial c_1}{\partial w_2} & \cdots & \dfrac{\partial c_1}{\partial w_W} \\ \dfrac{\partial c_2}{\partial w_1} & \dfrac{\partial c_2}{\partial w_2} & \cdots & \dfrac{\partial c_2}{\partial w_W} \\ \vdots & \vdots & & \vdots \\ \dfrac{\partial c_p}{\partial w_1} & \dfrac{\partial c_p}{\partial w_2} & \cdots & \dfrac{\partial c_p}{\partial w_W} \end{bmatrix} \tag{15.72}$$

onde c_i, $i = 1, 2, ..., p$ representa o i-ésimo elemento da não-linearidade $\mathbf{c}(\mathbf{w}(n),\mathbf{u}(n),\mathbf{v}(n))$. As derivadas parciais na Eq. (15.72) são calculadas em $\mathbf{w}(n) = \hat{\mathbf{w}}(n)$, onde $\hat{\mathbf{w}}(n)$ é a estimativa do vetor de pesos $\mathbf{w}(n)$ calculado pelo filtro de Kalman estendido no tempo n, sendo fornecidos os dados observados até o tempo $n - 1$ (Haykin, 1996). Na prática, estas derivadas parciais são calculadas utilizando o algoritmo de aprendizagem recorrente em tempo-real ou por retropropagação através do tempo. De fato, o filtro de Kalman se baseia em um destes dois algoritmos descritos nas Seções 15.7 e 15.8. Isto implica que $\mathbf{c}$ deve ser uma função das atividades recorrentes dos nós, como foi afirmado. Na verdade, para uma rede recorrente de uma única camada, a matriz $\mathbf{C}(n)$ pode ser composta pelos elementos das matrizes $\mathbf{\Lambda}_j(n)$ como calculado pelo algoritmo ARTR na Eq. (15.52). Assim, a matriz de medida $\mathbf{C}(n)$ é uma matriz dinâmica de derivadas das saídas da rede em relação aos parâmetros livres da rede. Assim como as atividades recorrentes dos nós da rede no passo de tempo $(n + 1)$ são uma função dos valores correspondentes do passo de tempo anterior n, de uma forma análoga, observamos que as derivadas das atividades recorrentes dos nós em relação aos parâmetros livres da rede no passo de tempo $(n + 1)$ são uma função dos valores correspondentes do passo de tempo anterior n como expresso nas equações ARTR.

Suponha agora que os pesos sinápticos da rede sejam particionados em g grupos, com o grupo i contendo k_i neurônios, por exemplo. A matriz de medida $\mathbf{C}$ definida na Eq. (15.72) é a matriz p-por-W de derivadas das saídas da rede em relação a todos os pesos da rede. A dependência da matriz $\mathbf{C}(n)$ em relação ao vetor de entrada $\mathbf{u}(n)$ está implicitamente definida na Eq. (15.72). A matriz $\mathbf{C}(n)$ assim definida contém todas as derivadas que são necessárias para qualquer versão desacoplada do filtro de Kalman estendido. Por exemplo, se o *filtro de Kalman estendido global* (FKEG) for usado (i.e., não temos desacoplamento), $g = 1$ e a matriz $\mathbf{C}(n)$ inteira é definida como na Eq. (15.72). Por outro lado, se o *filtro de Kalman estendido desacoplado* (FKED) for usado, então a matriz de medida "global" $\mathbf{C}(n)$ deve ser arranjada de modo que os pesos correspondentes a um dado neurônio da rede sejam agrupados como um único bloco dentro de $\mathbf{C}(n)$, onde cada bloco é identificado por um índice $i = 1, 2, ..., g$. Neste último caso, a matriz $\mathbf{C}(n)$ é meramente a *concatenação* dos $\mathbf{C}_i$ individuais, como mostrado aqui:

$$\mathbf{C}(n) = [\mathbf{C}_1(n), \mathbf{C}_2(n), ..., \mathbf{C}_g(n)]$$

De qualquer forma, independentemente do nível de desacoplamento empregado, a matriz $\mathbf{C}(n)$ inteira deve ser computada como definido na Eq. (15.72).

O caminho está agora preparado para a aplicação do algoritmo de filtragem de Kalman resumido na Tabela 15.2. Em particular, para o modelo dinâmico linearizado descrito pelas Eqs. (15.69) e (15.71), temos (Puskorius e Feldkamp, 1991):

$$\mathbf{\Gamma}(n) = \left[\sum_{i=1}^{g} \mathbf{C}_i(n)\mathbf{K}_i(n,n-1)\mathbf{C}_i^T(n) + \mathbf{R}(n)\right]^{-1} \quad (15.73)$$

$$\mathbf{G}_i(n) = \mathbf{K}_i(n,n-1)\mathbf{C}_i^T(n)\mathbf{\Gamma}(n) \quad (15.74)$$

$$\mathbf{\alpha}(n) = \mathbf{d}(n) - \hat{\mathbf{d}}(n \mid n-1) \quad (15.75)$$

$$\mathbf{w}_i(n+1 \mid n) = \hat{\mathbf{w}}_i(n \mid n-1) + \mathbf{G}_i(n)\mathbf{\alpha}(n) \quad (15.76)$$

$$\mathbf{K}_i(n+1, n) = \mathbf{K}_i(n,n-1) + \mathbf{G}_i(n)\mathbf{C}_i(n)\mathbf{K}_i(n,n-1) \quad (15.77)$$

onde $i = 1, 2,\ldots g$. Os vetores de parâmetros e vetores de sinais nas Eqs. (15.73) a (15.77) são descritos como segue:

$\mathbf{\Gamma}(n)$ = matriz p-por-p, representando o fator de conversão global para a rede inteira
$\mathbf{G}_i(n)$ = matriz W_i-por-p, representando o ganho de Kalman para o grupo i de neurônios
$\mathbf{\alpha}(n)$ = vetor p-por-1, representando as inovações definidas como a diferença entre a resposta desejada $\mathbf{d}(n)$ para o sistema linearizado e a sua estimativa $\hat{\mathbf{d}}(n \mid n-1)$ baseada nos dados de entrada disponíveis no tempo $n-1$; a estimativa $\hat{\mathbf{d}}(n \mid n-1)$ é representada pelo vetor de saída real $\mathbf{y}(n)$ da rede residindo no estado $\{\hat{\mathbf{w}}_i(n \mid n-1)\}$, que é produzido em resposta à entrada $\mathbf{u}(n)$
$\hat{\mathbf{w}}_i(n \mid n-1)$ = vetor W-por-1, representando a estimativa do vetor de peso $\mathbf{w}_i(n)$ para o grupo i no tempo n, sendo especificados os dados observados até o tempo $n-1$
$\mathbf{K}_i(n, n-1)$ = matriz k_i-por-k_i, representando a matriz de covariância do erro para o grupo i de neurônios

O somatório incluído na definição do fator de conversão global $\mathbf{\Gamma}(n)$ na Eq. (15.73) é responsável pela natureza desacoplada do filtro de Kalman estendido.

É importante entender que no algoritmo FKED o desacoplamento realmente determina quais elementos particulares da matriz de covariância de erro global $\mathbf{K}(n, n-1)$ devem ser mantidos e atualizados. Na realidade, toda a economia computacional deve-se ao fato de se ignorar a manutenção e as atualizações associadas àqueles blocos fora da diagonal da matriz de covariância de erro global $\mathbf{K}(n, n-1)$, o que de outro modo corresponderia a acoplar grupos diferentes de pesos sinápticos.

O algoritmo FKED codificado pelas Eqs. (15.73) a (15.77) minimiza a função de custo:

$$\mathcal{E}(n) = \frac{1}{2}\sum_{j=1}^{n}\|\mathbf{e}(j)\|^2 \quad (15.78)$$

onde $\mathbf{e}(j)$ é o vetor de erro definido por

$$\mathbf{e}(j) = \mathbf{d}(j) - \mathbf{y}(j), \quad j = 1, 2,\ldots, n$$

onde $\mathbf{y}(j)$ é a saída real da rede utilizando toda a informação disponível até o tempo j inclusive. Note que, em geral, $\mathbf{e}(j) \neq \boldsymbol{\alpha}(j)$.

Ruído de Processo Artificial

O sistema dinâmico não-linear modelado nas Eqs. (15.69) e (15.70) é *não-forçado*, significando que a equação de processo (15.69) não tem entradas externas. Esta deficiência pode levar a sérias dificuldades numéricas e, portanto, à divergência do filtro de Kalman quando ele opera em um ambiente de precisão finita. Como explicado na Seção 15.9, o fenômeno da divergência pode ser superado através do uso de filtragem por raiz quadrada.

Um outro modo de evitar o fenômeno da divergência é através de utilização de um mecanismo heurístico que envolve adicionar artificialmente *ruído de processo* à equação de processo, como mostrado por

$$\mathbf{w}_i(n+1) = \mathbf{w}_i(n) + \boldsymbol{\omega}_i(n), \qquad i = 1, 2, \ldots, g \tag{15.79}$$

onde $\boldsymbol{\omega}_i(n)$ é o ruído de processo. Assume-se que $\boldsymbol{\omega}_i(n)$ seja um ruído branco multivariado com média zero e matriz de covariância diagonal $\mathbf{Q}_i(n)$. O ruído de processo artificialmente adicionado $\boldsymbol{\omega}_i(n)$ é naturalmente independente tanto da medida de ruído $\mathbf{v}(n)$ como do estado inicial da rede. O efeito líquido de adicionar $\boldsymbol{\omega}_i(n)$ à equação de processo (15.79) é a modificação da equação de Riccati para atualizar a matriz de covariância do erro como segue (Haykin, 1996):

$$\mathbf{K}_i(n+1, n) = \mathbf{K}_i(n, n-1) - \mathbf{G}_i(n)\mathbf{C}_i(n)\mathbf{K}_i(n, n-1) + \mathbf{Q}_i(n) \tag{15.80}$$

Desde que $\mathbf{Q}_i(n)$ seja suficientemente grande para todo i, então é garantido que $\mathbf{K}_i(n+1, n)$ se mantenha não negativamente definido para todo n.

Além de superar estas dificuldades numéricas, a inserção artificial do ruído de processo $\boldsymbol{\omega}_i(n)$ na equação de processo tem o seguinte efeito benéfico: é menos provável que o algoritmo fique preso em um mínimo local durante o processo de treinamento. Por sua vez, isto resulta em uma melhora significativa do desempenho de treinamento em termos de taxa de convergência e qualidade de solução (Puskorius e Feldkamp, 1991).

Resumo do Algoritmo FKED

A Tabela 15.3 apresenta um resumo do algoritmo FKED baseado nas Eqs. (15.73) a (15.76) e na Eq. (15.80). Esta tabela também inclui detalhes da inicialização do algoritmo.

É apropriado fazermos um comentário final sobre o filtro de Kalman estendido. O algoritmo FKED resumido na Tabela 15.3 se refere a uma família inteira de possíveis *procedimentos de aprendizagem preservando informação*, incluindo o FKEG. Como regra geral, esperamos que o FKED produza um desempenho, em termos de qualidade de solução, que se aproxima do FKEG, mas que não o supera. Por outro lado, o FKED é do ponto de vista computacional sempre menos exigente que o FKEG. Apesar desta vantagem computacional, as atuais velocidades dos computadores e tamanhos de memória tornaram agora o FKEG realizável para alguns problemas práticos, especialmente no treinamento de redes recorrentes fora do tempo de execução.

TABELA 15.3 Resumo do Algoritmo FKED

Inicialização:

1. Fixe os pesos sinápticos da rede recorrente em valores pequenos selecionados de uma distribuição uniforme.
2. Faça os elementos da diagonal da matriz de covariância $\mathbf{Q}(n)$ (caracterizando o ruído de processo $\boldsymbol{\omega}(n)$ inserido artificialmente) iguais a valores no intervalo de 10^{-6} a 10^{-2}.
3. Faça $\mathbf{K}(1, 0) = \delta^{-1}\mathbf{I}$, δ = constante positiva pequena.

Computações:
Para $n = 1, 2,...$, compute

$$\boldsymbol{\Gamma}(n) = \left[\sum_{i=1}^{g} \mathbf{C}_i(n)\mathbf{K}_i(n, n-1)\mathbf{C}_i^T(n) + \mathbf{R}(n)\right]^{-1}$$

$$\mathbf{G}_i(n) = \mathbf{K}_i(n, n-1)\mathbf{C}_i^T(n)\boldsymbol{\Gamma}(n)$$

$$\boldsymbol{\alpha}(n) = \mathbf{d}(n) - \hat{\mathbf{d}}(n|n-1)$$

$$\hat{\mathbf{w}}_i(n+1|n) = \hat{\mathbf{w}}_i(n|n-1) + \mathbf{G}_i(n)\boldsymbol{\alpha}(n)$$

$$\mathbf{K}_i(1, n+n) = \mathbf{K}_i(n, n-1) - \mathbf{G}_i(n)\mathbf{C}_i(n)\mathbf{K}_i(n, n-1) + \mathbf{Q}_i(n)$$

onde na terceira linha $\hat{\mathbf{d}}(n|n-1)$ é o vetor de saída real $\mathbf{y}(n)$ da rede produzido em resposta ao vetor de entrada $\mathbf{u}(n)$.

Nota: para $g = 1$ (i.e., sem desacoplamento), o algoritmo FKED torna-se o algoritmo de filtragem de Kalman estendido global (FKEG).

Complexidade Computacional

A Tabela 15.4 apresenta uma comparação da complexidade computacional dos três algoritmos de aprendizagem discutidos neste capítulo: a retropropagação através do tempo, a aprendizagem recorrente em tempo-real e o filtro de Kalman estendido desacoplado. A complexidade computacional destes algoritmos aumenta de acordo com a ordem aqui apresentada.

TABELA 15.4 Comparação da Complexidade Computacional dos Algoritmos de Aprendizagem para as Redes Recorrentes

S = número de estados

W = número de pesos sinápticos

L = comprimento da seqüência de treinamento

1. Algoritmo de retropropagação através do tempo (BPTT):
   - Tempo, exigências de espaço para armazenamento: $O(WL + SL)$, $O(WL + SL)$

2. Algoritmo de aprendizagem recorrente em tempo-real (ARTR):
   - Tempo, exigências de espaço para armazenamento: $O(WS^2L)$, $O(WS)$
3. Algoritmo do filtro de Kalman estendido desacoplado (FKED):
   - No mínimo, o FKED incorre nas mesmas demandas (de tempo e de espaço) para calcular as derivadas através de ARTR ou de BPTT; para o algoritmo BPTT as exigências de tempo e de espaço são escaladas por p, o número de saídas da rede, em relação ao algoritmo BPTT padrão para o qual são calculadas as derivadas de um único termo de erro escalar.
   - Adicionalmente, o algoritmo FKED requer uma complexidade temporal de $O(p^2W + p\sum_{i=1}^{g} k_i^2)$ e espaço de armazenamento de $O(\sum_{i=1}^{g} k_i^2)$, onde g é o número de grupos e k_i é o número de neurônios no grupo i. No limite de um único grupo de pesos como no FKEG, estas exigências de tempo e espaço de armazenamento se tornam: $O(pW^2)$ e $O(W^2)$, respectivamente.

15.11 EXPERIMENTO COMPUTACIONAL

Neste experimento, revisitamos a simulação da série temporal não-linear estudada na Seção 13.5. A série temporal é definida pelo sinal de freqüência modulada:

$$x(n) = \text{sen}(n + \text{sen}(n^2)) \quad n = 0, 1, 2,...$$

Investigaremos duas estruturas diferentes para a simulação:

- O perceptron de múltiplas camadas recorrente (RMLP) consistindo de 1 nó de entrada, uma primeira camada oculta com 10 neurônios recorrentes, uma segunda camada oculta com 10 neurônios e 1 neurônio linear de saída.
- A rede alimentada adiante focada atrasada no tempo (TLFN), consistindo de uma memória de atrasos de tempo derivada com 20 derivações e um perceptron de múltiplas camadas com 10 neurônios ocultos e 1 neurônio linear de saída.

O RMLP tem um pouco mais de pesos sinápticos que a TLFN focada, mas exige a metade da sua memória (10 nós recorrentes contra 20 derivações).

O RMLP foi treinado utilizando-se o algoritmo FKED. A TLFN foi treinada utilizando-se duas versões do filtro de Kalman estendido: (1) o algoritmo FKEG (i.e., a versão global) e (2) o algoritmo FKED (i.e., a versão desacoplada). Os detalhes destes dois algoritmos são:

- *FKEG*:
    δ = parâmetro usado para inicializar a matriz de covariância do erro $\mathbf{K}(n, n-1) = 0.01$
    $\mathbf{R}(n)$ = matriz de covariância do ruído de medida $v(n)$: $\mathbf{R}(0) = 100$ no início do treinamento e então é recozida para $\mathbf{R}(n) = 3$ ao final do treinamento
    $\mathbf{Q}(n)$ = matriz de covariância do processo de ruído artificial $\omega(n)$: $\mathbf{Q}(0) = 10^{-2}$ no início do treinamento e então é recozida para $\mathbf{Q}(n) = 10^{-6}$ ao final do treinamento
    O recozimento de $\mathbf{R}(n)$ e $\mathbf{Q}(n)$ tem o efeito de acelerar a taxa de aprendizagem conforme o treinamento avança.

- *FKED*:

    g = número de grupos

    $= \begin{cases} 21 \text{ para o RMLP} \\ 11 \text{ para a TLFN focada} \end{cases}$

Todos os outros parâmetros são os mesmos que foram usados para o FKEG.
O treinamento foi realizado em uma seqüência de 4000 amostras. Para o RMLP, foram usados subconjuntos de comprimento 100, com o processamento de 30.000 subconjuntos em toda a etapa de treinamento. Cada ponto de dado no conjunto de treinamento de 4000 amostras foi processado aproximadamente 750 vezes. Para a TLFN focada, cada ponto de dado no conjunto de treinamento foi também processado cerca de 750 vezes. Em ambos os casos, foram realizados testes com 300 pontos de dados.

A Figura 15.14 apresenta a forma de onda da previsão de um passo $\hat{y}(n)$ computada pelo RMLP treinado com o algoritmo FKED. Esta figura inclui também a forma de onda real $y(n)$. Estas duas formas de onda são dificilmente distinguíveis entre si. A Figura 15.15a mostra o erro de previsão

$$e(n) = y(n) - \hat{y}(n)$$

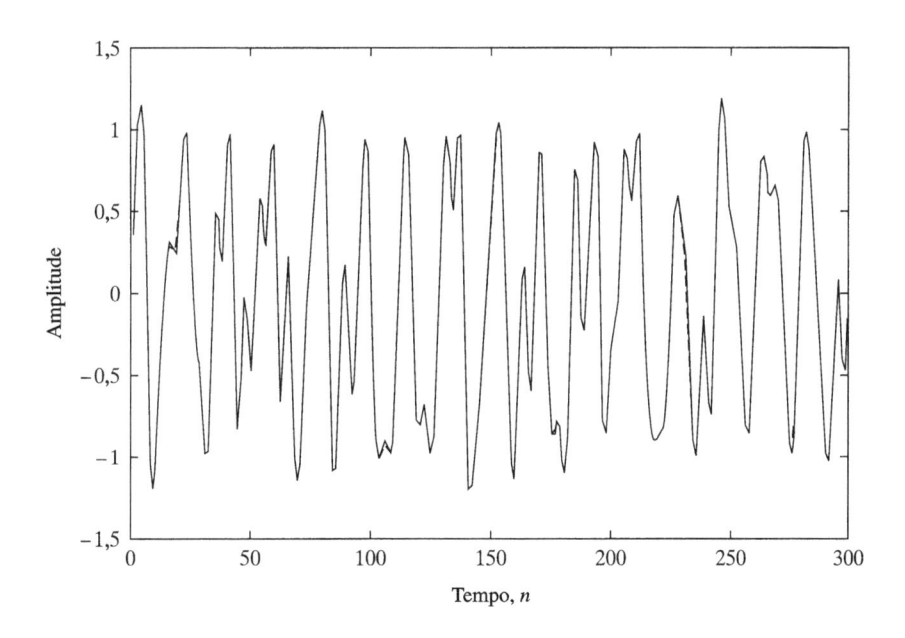

FIGURA 15.14 Superposição da forma de onda real (sólida) e da forma de onda prevista (tracejada) para o experimento computacional sobre modelagem; a forma de onda prevista foi computada utilizando-se o RMLP treinado com o algoritmo FKED

produzido pelo RMLP. Os erros de previsão correspondentes produzidos pela TLFN focada treinada com os algoritmos FKEG e FKED são mostrados nas Figs. 15.15b e 15.15c, respectivamente. Comparando os resultados apresentados na Fig. 15.15 entre si e também com os resultados de simulação reportados na Seção 13.5, podemos fazer as seguintes observações:

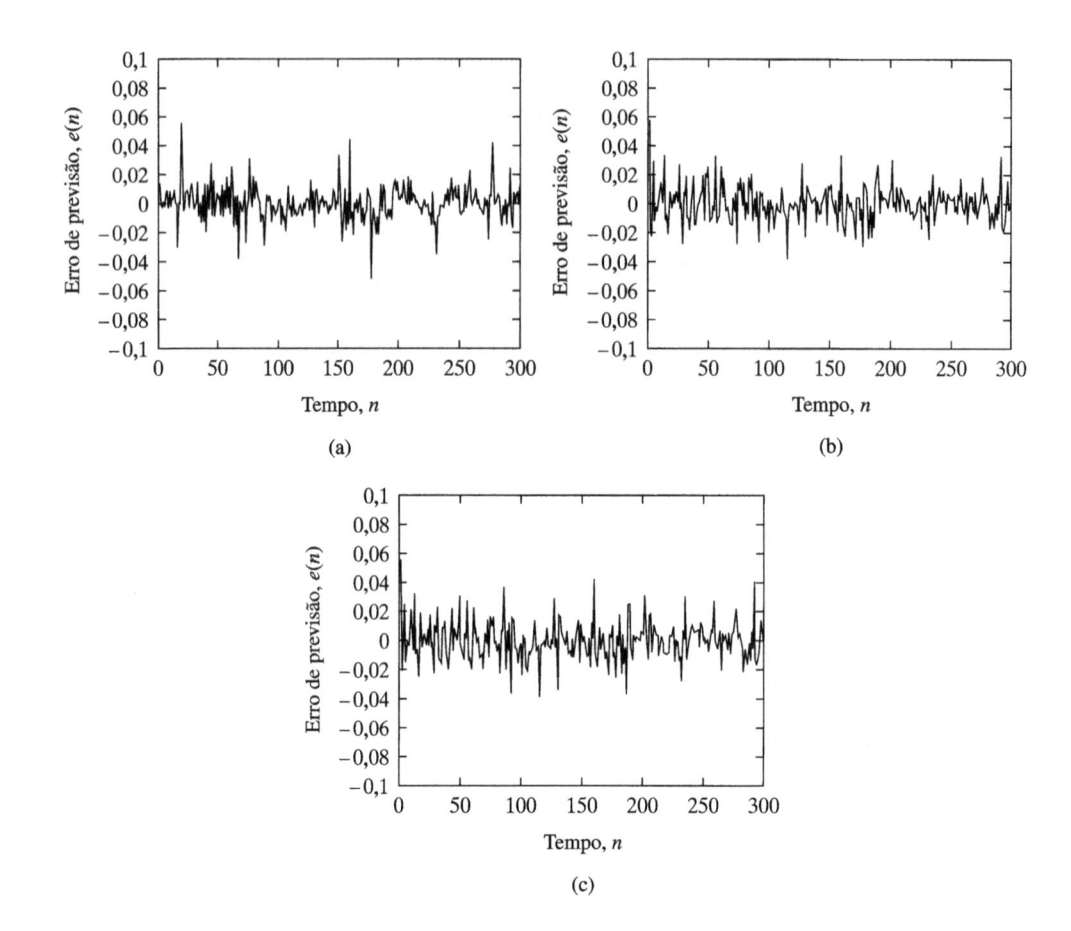

FIGURA 15.15 Formas de onda do erro de previsão para três diferentes simulações: (a) RMLP com treinamento por FKED, variância do erro = $1{,}1839 \times 10^{-4}$. (b) TLFN focada com treinamento por FKEG, variância do erro = $1{,}3351 \times 10^{-4}$. (c) TLFN focada com treinamento por FKED, variância do erro = $1{,}5871 \times 10^{-4}$.

1. A simulação mais precisa em relação ao erro médio quadrado foi produzida pelo RMLP treinado com o algoritmo FKED; a variância do erro de previsão foi de $1{,}1839 \times 10^{-4}$, computada sobre 5980 amostras.
2. Para a TLFN focada, a simulação mais precisa em relação ao erro médio quadrado foi produzida utilizando-se o treinamento FKEG. Para o treinamento FKEG, a variância do erro de previsão foi de $1{,}3351 \times 10^{-4}$, enquanto que para o treinamento FKED ela foi de $1{,}5871 \times 10^{-4}$. Ambas as computações foram feitas novamente sobre 5980 amostras.
3. Para a TLFN focada treinada com o algoritmo de retropropagação padrão, a variância do erro de previsão relatada na Seção 13.5 foi de $1{,}2 \times 10^{-3}$, uma ordem de magnitude pior que aquela obtida com os algoritmos FKEG e FKED.

O desempenho de aprendizagem superior do filtro de Kalman estendido sobre a retropropagação deve-se à sua propriedade de preservação de informação.

15.12 EXTINÇÃO DE GRADIENTES EM REDES RECORRENTES

Um problema que requer atenção em aplicações práticas de uma rede recorrente é o *problema da extinção dos gradientes*, relativo ao treinamento das redes para produzir uma resposta desejada no tempo corrente que depende dos dados de entrada no passado distante (Hochreiter, 1991; Bengio et al., 1994). A questão é que, por causa da combinação das não-linearidades, uma modificação infinitesimal de uma entrada distante no tempo pode não ter quase efeito no treinamento da rede. O problema pode surgir mesmo se uma grande modificação na entrada distante no tempo tiver algum efeito, mas se este efeito não for mensurável pelo gradiente. O problema da extinção dos gradientes torna a aprendizagem de dependências a longo prazo em algoritmos de treinamento baseados em gradiente difícil, se não virtualmente impossível, em certos casos.

Em Bengio et al. (1994), argumenta-se que para muitas aplicações práticas é necessário que uma rede recorrente seja capaz de armazenar informação sobre o estado para uma duração arbitrária, na presença de ruído. O armazenamento a longo prazo de bits definidos de informação nas variáveis de estado da rede recorrente é referida como retenção (*latching*) de informação. A retenção de informação deve ser *robusta* de modo que a informação de estado armazenada não possa ser facilmente apagada por eventos que não estejam relacionados com a tarefa de aprendizagem considerada. Em termos específicos, podemos afirmar o seguinte (Bengio et al., 1994):

> A retenção robusta de informação em uma rede recorrente é obtida se os estados da rede estiverem contidos no conjunto atrator reduzido de um atrator hiperbólico.

A noção de um atrator hiperbólico foi discutida no Capítulo 14. O *conjunto atrator reduzido* de um atrator hiperbólico é o conjunto de pontos na bacia de atração para os quais todos os autovalores da Jacobiana associada têm um valor absoluto menor que 1. A implicação é que, se um estado $\mathbf{x}(n)$ da rede recorrente estiver na bacia de atração de um atrator hiperbólico, mas não no conjunto atrator reduzido, então o tamanho de uma esfera de incerteza em torno de $\mathbf{x}(n)$ crescerá exponencialmente com o tempo n, como ilustrado na Fig. 15.16a. Portanto, pequenas perturbações (ruído) na entrada aplicada à rede recorrente poderiam empurrar a trajetória em direção a uma outra bacia de atração (provavelmente errada). Entretanto, se o estado $\mathbf{x}(n)$ permanecer no conjunto atrator reduzido do atrator hiperbólico, pode-se encontrar um limite para a entrada que garanta que $\mathbf{x}(n)$ permaneça dentro de uma certa distância do atrator, como ilustrado na Fig. 15.16b.

Dependências a Longo Prazo

Para apreciar o impacto da retenção robusta de informação sobre a aprendizagem baseada em gradiente, notamos que o ajuste aplicado ao vetor de pesos $\mathbf{w}$ de uma rede recorrente no tempo n é definido por

$$\Delta \mathbf{w}(n) = -\eta \frac{\partial \mathscr{E}_{\text{total}}}{\partial \mathbf{w}}$$

onde η é o parâmetro da taxa de aprendizagem e $\partial \mathscr{E}_{\text{total}} / \partial \mathbf{w}$ é o gradiente da função de custo $\mathscr{E}_{\text{total}}$ em relação a $\mathbf{w}$. A função de custo $\mathscr{E}_{\text{total}}$ é tipicamente definida por

$$\mathscr{E}_{\text{total}} = \frac{1}{2} \sum_i \|\mathbf{d}_i(n) - \mathbf{y}_i(n)\|^2$$

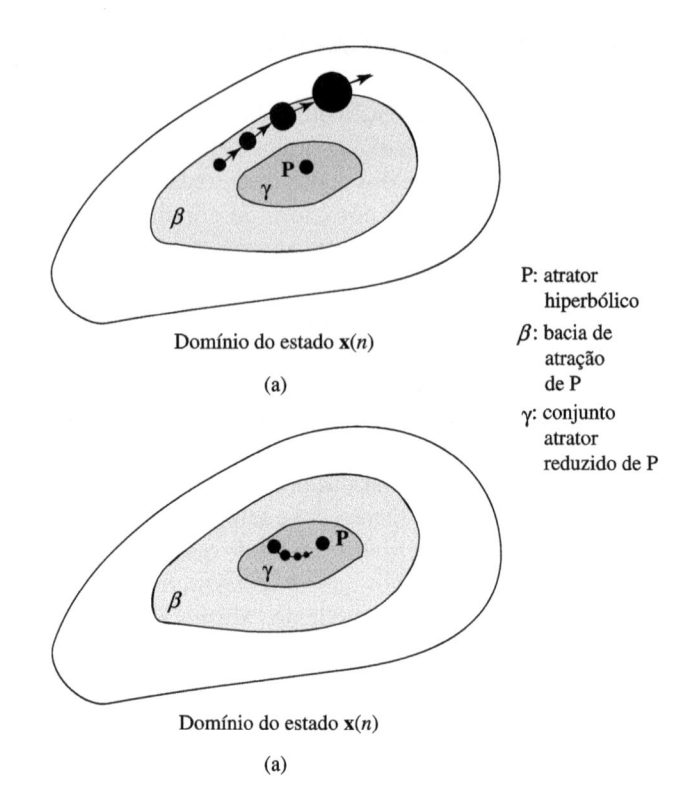

FIGURA 15.16 (a) O estado $\mathbf{x}(n)$ reside na bacia de atração β, mas fora do conjunto atrator reduzido γ. (b) O estado $\mathbf{x}(n)$ reside dentro do conjunto atrator reduzido γ

P: atrator hiperbólico
β: bacia de atração de P
γ: conjunto atrator reduzido de P

onde $\mathbf{d}_i(n)$ é a resposta desejada e $\mathbf{y}_i(n)$ é a resposta real da rede no tempo n para o i-ésimo padrão. Com isso, podemos escrever

$$\Delta \mathbf{w}(n) = \eta \sum_i \left(\frac{\partial \mathbf{y}_i(n)}{\partial \mathbf{w}} \right)(\mathbf{d}_i(n) - \mathbf{y}_i(n))$$
$$= \eta \sum_i \left(\frac{\partial \mathbf{y}_i(n)}{\partial \mathbf{x}_i(n)} \frac{\partial \mathbf{x}_i(n)}{\partial \mathbf{w}} \right)(\mathbf{d}_i(n) - \mathbf{y}_i(n)) \quad (15.81)$$

onde na segunda linha utilizamos a regra da cadeia do cálculo; o vetor de estado $\mathbf{x}_i(n)$ é relativo ao i-ésimo padrão (exemplo) na amostra de treinamento. Na aplicação de algoritmos como a retropropagação através do tempo, as derivadas parciais da função de custo são computadas em relação a pesos independentes com índices de tempo diferentes. Com isso, podemos expandir o resultado na Eq. (15.81) escrevendo

$$\Delta \mathbf{w}(n) = \eta \sum_i \left(\frac{\partial \mathbf{y}_i(n)}{\partial \mathbf{x}_i(n)} \sum_{k=1}^{n} \frac{\partial \mathbf{x}_i(n)}{\partial \mathbf{w}(k)} \right)(\mathbf{d}_i(n) - \mathbf{y}_i(n))$$

Aplicando a regra da cadeia do cálculo pela segunda vez, obtemos

$$\Delta \mathbf{w}(n) = \eta \sum_i \left(\frac{\partial \mathbf{y}_i(n)}{\partial \mathbf{x}_i(n)} \sum_{k=1}^{n} \frac{\partial \mathbf{x}_i(n)}{\partial \mathbf{x}_i(k)} \frac{\partial \mathbf{x}_i(k)}{\partial \mathbf{w}(k)} \right)(\mathbf{d}_i(n) - \mathbf{y}_i(n)) \quad (15.82)$$

Reconhecemos agora que com base na equação de estado (15.2), temos

$$\mathbf{x}_i(n) = \boldsymbol{\varphi}(\mathbf{x}_i(k), \mathbf{u}(n)), \qquad 1 \leq k < n$$

Assim, podemos interpretar $\partial \mathbf{x}_i(n)/\partial \mathbf{x}_i(k)$ como a Jacobiana da função não-linear $\boldsymbol{\varphi}(\cdot,\cdot)$ expandida sobre $n - k$ passos de tempo, como mostrado por

$$\frac{\partial \mathbf{x}_i(n)}{\partial \mathbf{x}_i(k)} = \frac{\partial \boldsymbol{\varphi}(\mathbf{x}_i(k), \mathbf{u}(n))}{\partial \mathbf{x}_i(k)} \qquad (15.83)$$
$$= \mathbf{J}_\mathbf{x}(n, n - k)$$

Em Bengio et al. (1994), mostra-se que se a entrada $\mathbf{u}(n)$ é tal que a rede recorrente permanece robustamente retida em um atrator hiperbólico após o tempo $n = 0$, então a Jacobiana $\mathbf{J}_\mathbf{x}(n, k)$ é uma função exponencialmente decrescente de k de modo que

$$\det(\mathbf{J}_\mathbf{x}(n, k)) \to 0 \quad \text{quando} \quad k \to \infty \quad \text{para todo } n \qquad (15.84)$$

A implicação da eq. (15.84) é que uma *pequena* modificação no vetor de pesos $\mathbf{w}$ da rede é experimentada principalmente no passado recente (i.e., os valores de k próximos do tempo corrente n). Pode existir um ajuste $\Delta \mathbf{w}$ ao vetor de pesos $\mathbf{w}$ no tempo n que permitiria ao estado corrente $\mathbf{x}(n)$ mover-se para uma outra bacia de atração possivelmente melhor, mas o gradiente da função de custo $\mathscr{E}_{\text{total}}$ em relação a $\mathbf{w}$ não carrega esta informação.

Como conclusão das observações acima, assumindo que os atratores hiperbólicos sejam usados para armazenar informação sobre o estado em uma rede recorrente por meio da aprendizagem baseada em gradiente, constatamos que

- a rede *não* é robusta à presença de ruído no sinal de entrada ou
- a rede é incapaz de descobrir *dependências a longo prazo* (i.e., relações entre as saídas-alvo e as entradas que ocorrem em um passado distante).

Como procedimentos possíveis para aliviar as dificuldades que surgem devido à extinção dos gradientes em redes recorrentes, podemos incluir os seguintes:[13]

- Aumento da abrangência temporal das dependências de entrada-saída apresentando-se à rede durante o treinamento, em primeiro lugar, as seqüências mais curtas de símbolos; veja a heurística apresentada na Seção 15.6
- Uso do filtro de Kalman estendido ou a sua versão desacoplada para um uso mais eficiente da informação disponível em relação aos algoritmos de aprendizagem baseados em gradiente; o filtro de Kalman estendido é discutido na Seção 15.10
- Uso de métodos de otimização elaborados, como o método de pseudo-Newton e o recozimento simulado (Bengio et al., 1994); os métodos de otimização de segunda ordem e o recozimento simulado são descritos nos Capítulos 4 e 11, respectivamente

15.13 IDENTIFICAÇÃO DE SISTEMAS

A *identificação de sistemas* é a abordagem experimental para modelar um processo ou uma planta de parâmetros desconhecidos.[14] Envolve os seguintes passos: planejamento experimental, seleção de uma estrutura de modelo, estimação de parâmetros e validação do modelo. O procedimento de identificação de sistemas, como realizado na prática, é de natureza iterativa pois deve-se proceder para frente e para trás nestes passos até que seja construído um modelo satisfatório.

Suponha então que tenhamos uma planta dinâmica não-linear e que desejemos construir um modelo de identificação parametrizado adequado a ela. Podemos basear o procedimento de identificação em um modelo de espaço de estados ou em um modelo de entrada-saída. A decisão sobre qual destas duas representações será utilizada depende da informação prévia sobre as entradas e os observáveis do sistema. No que segue, as duas representações serão discutidas.

Identificação de Sistemas Utilizando o Modelo de Espaço de Estados

Suponha que a planta considerada seja descrita pelo modelo de espaço de estados:

$$\mathbf{x}(n+1) = \mathbf{f}(\mathbf{x}(n), \mathbf{u}(n)) \tag{15.85}$$

$$\mathbf{y}(n) = \mathbf{h}(\mathbf{x}(n)) \tag{15.86}$$

onde $\mathbf{f}(\cdot,\cdot)$ e $\mathbf{h}(\cdot)$ são funções não-lineares de valor vetorial, que são assumidas como desconhecidas; a Eq. (15.86) é uma generalização da Eq. (15.11). Usamos duas redes neurais para identificar o sistema, uma para lidar com a equação de processo (15.85) e a outra para lidar com a equação de medida (15.86), como mostrado na Fig. 15.17.

Reconhecemos que o estado $\mathbf{x}(n)$ é a versão atrasada de um passo de $\mathbf{x}(n+1)$. Considere que $\hat{\mathbf{x}}(n+1)$ represente a estimativa de $\mathbf{x}(n+1)$ produzida pela primeira rede neural, rotulada na Figura 15.17a como rede I. Esta rede opera sobre uma entrada concatenada consistindo da entrada externa $\mathbf{u}(n)$ e do estado $\mathbf{x}(n)$ para produzir $\hat{\mathbf{x}}(n+1)$. A estimativa $\hat{\mathbf{x}}(n+1)$ é subtraída do estado real $\mathbf{x}(n+1)$ para produzir o vetor de erro

$$\mathbf{e}_\mathrm{I}(n+1) = \mathbf{x}(n+1) - \hat{\mathbf{x}}(n+1)$$

onde $\mathbf{x}(n+1)$ desempenha o papel de resposta desejada. Assume-se que o estado real $\mathbf{x}(n)$ seja acessível fisicamente para ser usado desta forma. O vetor de erro $\mathbf{e}_\mathrm{I}(n+1)$ é por sua vez usado para ajustar os pesos sinápticos da rede neural I, como indicado na Fig. 15.17a, de modo a minimizar a função de custo baseada no vetor de erro $\mathbf{e}_\mathrm{I}(n+1)$ em um sentido estatístico.

A segunda rede neural, rotulada como rede II na Fig. 15.17b, opera sobre o estado real $\mathbf{x}(n)$ da planta desconhecida para produzir uma estimativa $\hat{\mathbf{y}}(n)$ da saída real $\mathbf{y}(n)$. A estimativa $\hat{\mathbf{y}}(n)$ é subtraída de $\mathbf{y}(n)$ para produzir o segundo vetor de erro

$$\mathbf{e}_\mathrm{II}(n) = \mathbf{y}(n) - \hat{\mathbf{y}}(n)$$

onde $\mathbf{y}(n)$ desempenha o papel de resposta desejada. O vetor de erro $\mathbf{e}_\mathrm{II}(n)$ é então usado para ajustar os pesos sinápticos da rede II para minimizar a norma euclidiana do vetor de erro $\mathbf{e}_\mathrm{II}(n)$ em um sentido estatístico.

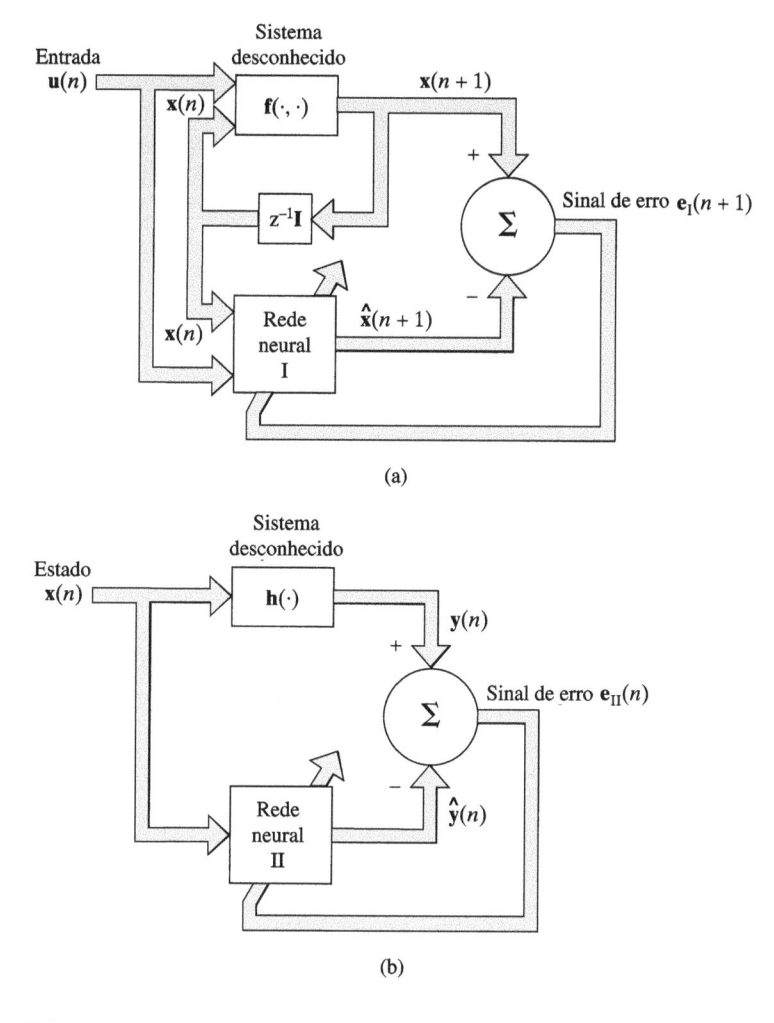

FIGURA 15.17 Solução por espaço de estados para o problema de identificação de sistemas

onde $\mathbf{y}(n)$ desempenha o papel de resposta desejada. O vetor de erro $\mathbf{e}_{II}(n)$ é então usado para ajustar os pesos sinápticos da rede II para minimizar a norma euclidiana do vetor de erro $\mathbf{e}_{II}(n)$ em um sentido estatístico.

As duas redes neurais mostradas na Fig. 15.17 operam em um modo síncrono para fornecer uma solução por espaço de estados para o problema de identificação de sistemas (Narendra e Parthasarathy, 1990). Este modelo é referido como um *modelo de identificação série-paralelo* em reconhecimento ao fato de que o estado real do sistema desconhecido (em vez daquele do modelo de identificação) é alimentado no modelo de identificação, como mostrado na Fig. 15.17a. Com base na discussão apresentada no final da Seção 15.9, esta forma de treinamento é um exemplo de imposição do professor.

É interessante comparar-se o modelo de identificação série-paralelo da Fig. 15.17a com o *modelo de identificação paralelo* onde o $\mathbf{x}(n)$ aplicado à rede neural é substituído por $\hat{\mathbf{x}}(n)$; o $\hat{\mathbf{x}}(n)$ é derivado da própria saída da rede $\hat{\mathbf{x}}(n+1)$ passando-a através de um atraso unitário $z^{-1}\mathbf{I}$. O benefício prático deste modelo alternativo de treinamento é que o modelo de rede neural é operado exatamente do mesmo modo que o sistema desconhecido, isto é, o modo como o modelo será usado após o treinamento estar encerrado. Portanto, é provável que o modelo desenvolvido através do modo de treinamento paralelo possa exibir um comportamento autônomo que é superior ao comportamento autônomo do modelo de rede desenvolvido através do modo de treinamento série-paralelo. A desvantagem do modo de treinamento paralelo, entretanto, é que ele é mais demorado que o modo de treinamento série-paralelo; veja a discussão sobre imposição do professor na Seção 15.9. Especificamente, na nossa presente discussão, a estimativa $\hat{x}(n)$ do estado usada no modelo de treinamento paralelo é normalmente menos precisa que o estado real $x(n)$ usado no modo de treinamento série-paralelo.

Modelo de Entrada-Saída

Suponha a seguir que a planta desconhecida seja acessível somente através de suas saídas. Para simplificar a apresentação, considere que o sistema seja do tipo de uma única entrada e uma única saída. Considere que $y(n)$ represente a saída do sistema devido à entrada $u(n)$ para o tempo discreto variável n. Então, se escolhermos trabalhar com o modelo NARX, o modelo de identificação assume a forma:

$$\hat{y}(n+1) = \varphi(y(n),..., y(n-q+1), u(n),...,u(n-q+1))$$

onde q é a ordem do sistema desconhecido. No tempo $n+1$, os q valores passados da entrada e os q valores passados da saída estão disponíveis. A saída do modelo $\hat{y}(n+1)$ representa uma estimativa da saída real $y(n+1)$. A estimativa $\hat{y}(n+1)$ é subtraída de $y(n+1)$ para produzir o sinal de erro

$$e(n+1) = y(n+1) - \hat{y}(n+1)$$

onde $y(n+1)$ desempenha o papel de resposta desejada. O erro $e(n+1)$ é usado para ajustar os pesos sinápticos da rede neural de modo a minimizar o erro em um sentido estatístico. O modelo de identificação da Fig. 15.18 é de forma série-paralela (i.e., da forma por imposição do professor) porque a saída real do sistema (em vez da saída do modelo de identificação) é realimentada para a entrada do modelo.

15.14 CONTROLE ADAPTATIVO POR REFERÊNCIA A MODELO

Uma outra aplicação importante das redes recorrentes é no projeto de *sistemas de controle realimentados* onde os estados de uma planta estão acoplados não linearmente com controles impostos (Puskorius e Feldkamp, 1994; Puskorius et al., 1996). O projeto do sistema é complicado adicionalmente por outros fatores como a presença de perturbações aleatórias e não-mensuradas, a possibilidade de uma inversa não-única da planta e a presença de estados da planta que não são observáveis.

Uma estratégia de controle bem adequada para o uso de redes neurais é o *controle adaptativo por referência a modelo* (CARM),[15] no qual a suposição implícita é que o projetista esteja suficientemente familiarizado com o sistema considerado (Narendra e Annaswany, 1989). A Figura 15.19 mostra o diagrama em blocos de um sistema como este, no qual a adaptabilidade é utilizada para

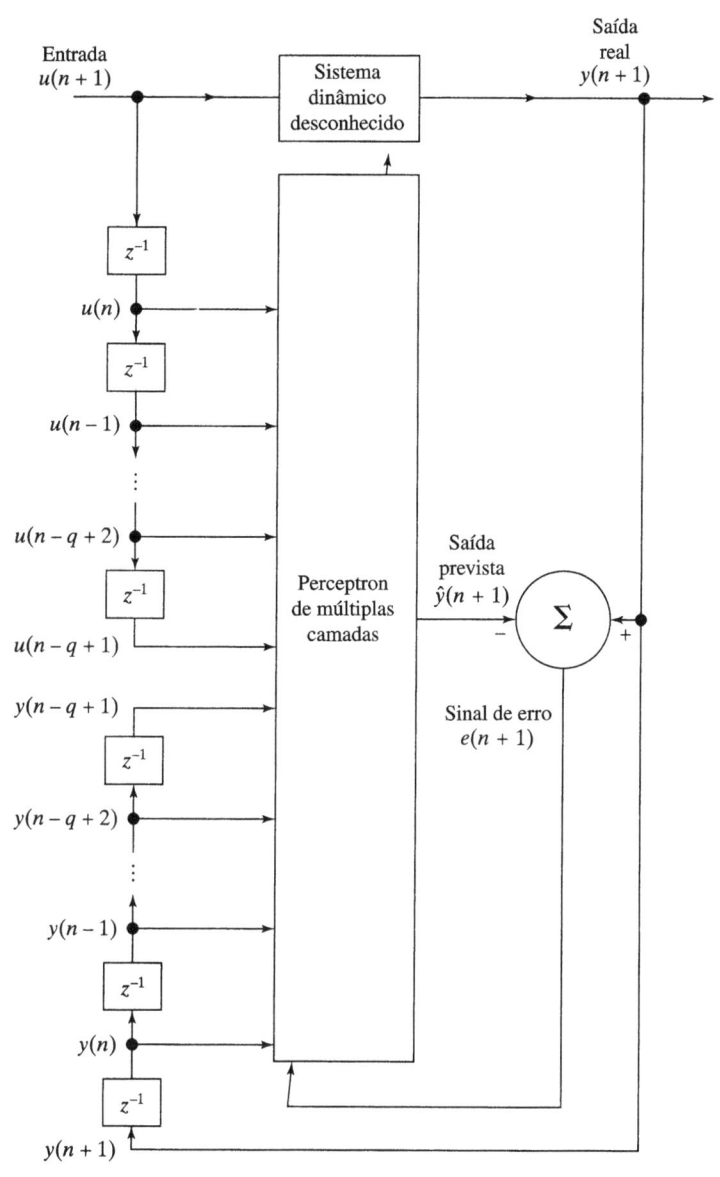

FIGURA 15.18 Solução NARX para o problema de identificação de sistemas

levar em conta o fato de que a dinâmica da planta é desconhecida. O controlador e a planta formam um sistema realimentado de laço fechado, que constitui assim uma rede *externamente recorrente*. A planta recebe uma entrada $\mathbf{u}_c(n)$ do controlador juntamente com uma perturbação externa $\mathbf{u}_d(n)$. Conseqüentemente, a planta evolui no tempo como uma função das entradas impostas e do seu próprio estado $\mathbf{x}_p(n)$. A saída da planta, representada por $\mathbf{y}_p(n+1)$, é uma função de $\mathbf{x}_p(n)$. A saída da planta pode estar também corrompida por erro de medições.

O controlador recebe duas entradas: um sinal de referência $\mathbf{r}(n)$ externamente especificado e $\mathbf{y}_p(n)$ representando uma versão atrasada de um passo da saída da planta $\mathbf{y}_p(n+1)$. O controlador produz um vetor de sinais de controle definido por

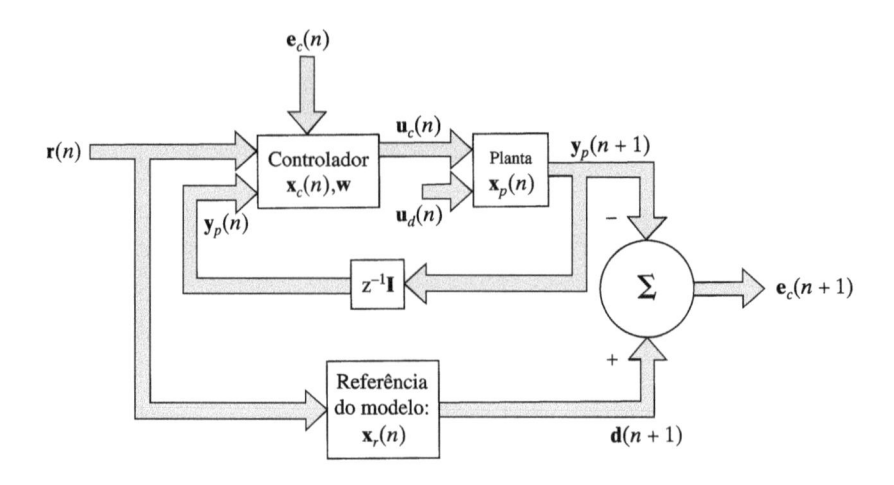

FIGURA 15.19 Controle adaptativo por referência a modelo utilizando controle direto

$$\mathbf{u}_c(n) = \mathbf{f}_1(\mathbf{x}_c(n), \mathbf{y}_p(n), \mathbf{r}(n), \mathbf{w})$$

onde $\mathbf{x}_c(n)$ é o próprio estado do controlador e $\mathbf{w}$ é um vetor de parâmetros que está disponível para ajuste. A função de valor vetorial $\mathbf{f}_1(\cdot,\cdot,\cdot,\cdot)$ define o comportamento de entrada-saída do controlador.

A resposta desejada $\mathbf{d}(n + 1)$ para a planta é fornecida pela saída de um *modelo de referência* estável, que é produzido em resposta à referência $\mathbf{r}(n)$. A resposta desejada $\mathbf{d}(n + 1)$ é, portanto, uma função do sinal de referência $\mathbf{r}(n)$ e do próprio estado do modelo $\mathbf{x}_r(n)$, como mostrado por

$$\mathbf{d}(n + 1) = \mathbf{f}_2(\mathbf{x}_r(n), \mathbf{r}(n))$$

A função de valor vetorial $\mathbf{f}_2(\cdot,\cdot)$ define o comportamento de entrada-saída do modelo de referência.

Considere que o *erro de saída* (i.e., o erro entre a saída da planta e a saída de referência do modelo) seja representado por

$$\mathbf{e}_c(n + 1) = \mathbf{d}(n + 1) - \mathbf{y}_p(n + 1)$$

O objetivo de projeto é ajustar o vetor de parâmetros $\mathbf{w}$ do controlador de modo que a norma euclidiana do erro de saída $\mathbf{e}_c(n)$ seja minimizada sobre o tempo n.

Diz-se que o método de controle utilizado no sistema CARM da Fig. 15.19 é *direto* no sentido de que não é feito qualquer esforço para identificar os parâmetros da planta, e os parâmetros do controlador são diretamente ajustados para melhorar o desempenho do sistema. Infelizmente, no momento, não estão disponíveis métodos precisos para ajustar os parâmetros do controlador baseado no erro de saída (Narendra e Parthasarathy, 1990). Isto se deve ao fato de que a planta desconhecida se encontra entre o controlador e o erro de saída. Para superar esta dificuldade, podemos recorrer ao uso do *controle indireto*, como mostrado na Fig. 15.20. Neste método, é usado um procedimento em dois passos para treinar o controlador:

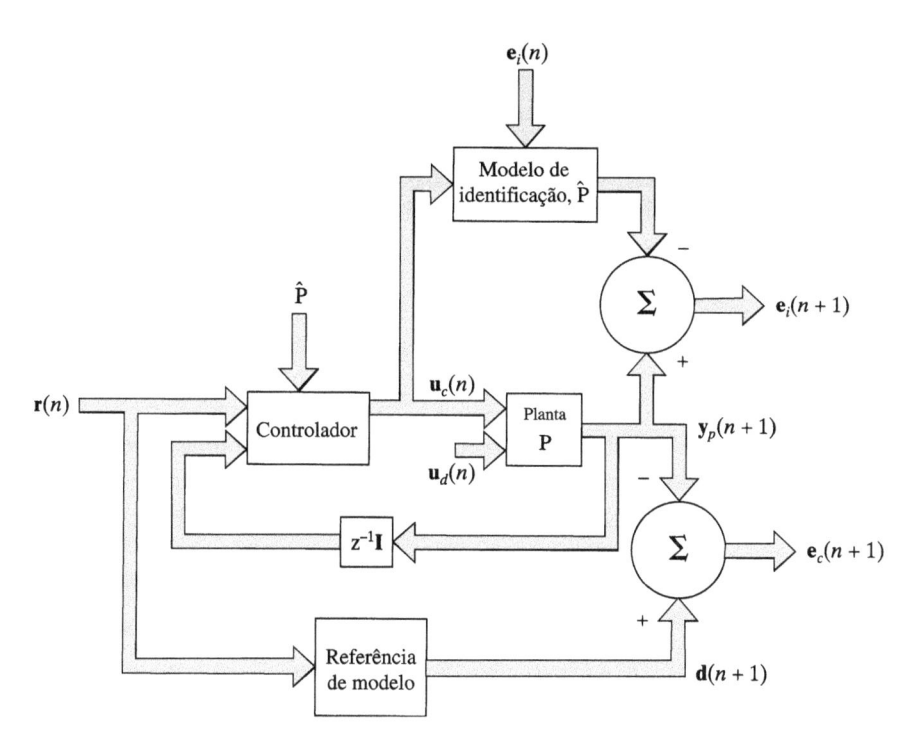

FIGURA 15.20 Controle adaptativo por referência a modelo utilizando controle indireto através de um modelo de identificação

1. Obtém-se um modelo da planta P, representado por $\hat{P}$, para derivar estimativas das relações diferenciais da saída da planta em relação à entrada da planta, às saídas anteriores da planta e aos estados internos anteriores da planta. O procedimento descrito na seção anterior é usado para treinar uma rede neural a identificar a instalação; o modelo $\hat{P}$ assim obtido é denominado um *modelo de identificação*.

2. O modelo de identificação $\hat{P}$ é utilizado no lugar da planta para derivar as estimativas das derivadas dinâmicas da saída da planta em relação ao vetor de parâmetros ajustáveis do controlador.

No controle indireto, a *rede externamente recorrente* é composta do controlador e de uma representação de entrada/saída da instalação através do modelo de identificação $\hat{P}$.

A aplicação de uma rede recorrente ao projeto do controlador na estrutura geral da Fig. 15.20 foi demonstrada em uma série de exemplos de problemas de controle abrangendo desde os bem-conhecidos problemas padronizados do pêndulo invertido ("mastro-sobre-carreta", ou *cart-pole*) e do bioreator até um subsistema automotivo, envolvendo o controle de velocidade de um motor (Puskorius e Feldkamp, 1994, Puskorius et al., 1996). A rede recorrente usada nestes estudos foi um perceptron de múltiplas camadas recorrente similar ao descrito na Seção 15.2. O treinamento da rede foi realizado utilizando-se o algoritmo FKED descrito na Seção 15.11. Note, entretanto, que, para o controle de velocidade, foi escolhido um modelo de identificação dinâmico linear uma vez que os controles impostos (em intervalos escolhidos apropriadamente) tendem a influenciar monotonamente a velocidade do motor.

15.15 RESUMO E DISCUSSÃO

Neste capítulo, discutimos as redes recorrentes que envolvem o uso de *realimentação global* aplicada a um perceptron de múltiplas camadas estático (sem memória). A aplicação de realimentação capacita as redes neurais a adquirirem representações de estado, tornando-as dispositivos adequados para diversas aplicações em processamento de sinais e controle. Identificamos quatro arquiteturas principais de redes pertencentes à classe das redes recorrentes com realimentação global:

- As redes auto-regressivas não-lineares com entradas exógenas (NARX) usando realimentação da camada de saída para a camada de entrada.
- As redes recorrentes totalmente conectadas com realimentação da camada oculta para a camada de entrada.
- O perceptron de múltiplas camadas recorrente com mais de uma camada oculta, usando realimentação da saída de cada camada computacional para a sua própria entrada.
- As redes recorrentes de segunda ordem usando neurônios de segunda ordem.

Em todas estas redes recorrentes, a realimentação é aplicada através de memórias de linha de atraso derivadas.

As três primeiras redes recorrentes permitem o uso de uma *estrutura de espaço de estados* para estudar o seu comportamento dinâmico. Esta abordagem, fundamentada na teoria moderna de controle, fornece um método poderoso para estudar a dinâmica não-linear das redes recorrentes.

Descrevemos três algoritmos de aprendizagem básicos para o treinamento de redes recorrentes: a retropropagação através do tempo (BPTT), a aprendizagem recorrente em tempo-real (ARTR) e a filtragem de Kalman estendida desacoplada (FKED). Os algoritmos BPTT e ARTR são baseados em gradiente, enquanto que o algoritmo FKED utiliza mais eficientemente informação de ordem mais elevada. Ele é, portanto, capaz de convergir muito mais rapidamente que os algoritmos BPTT e ARTR, mas à custa de um aumento correspondente da complexidade computacional. De fato, o algoritmo FKED pode ser visto como uma tecnologia capacitadora, que torna possível a solução de problemas difíceis de controle e de processamento de sinal.

Teoricamente, uma rede recorrente com realimentação global (p.ex., o perceptron de múltiplas camadas recorrente com o algoritmo FKED) pode aprender a dinâmica subjacente de um ambiente *não-estacionário* armazenando o conhecimento obtido da amostra de treinamento em um conjunto *fixo* de pesos. Mais importante ainda é o fato de que a rede pode *seguir* as variações estatísticas do ambiente desde que duas condições sejam satisfeitas.

- A rede recorrente não sofre nem de escassez nem de excesso de ajuste (*underfitting* e *overfitting*).
- A amostra de treinamento é representativa do comportamento não-estacionário do ambiente.

Em todo este capítulo, enfatizamos o uso de redes recorrentes para o processamento temporal. As redes recorrentes podem também ser usadas para processar dados ordenados seqüencialmente que não têm uma interpretação temporal direta (p.ex., estruturas químicas representadas por árvores). Em Sperduti e Starita (1997), mostra-se que as redes recorrentes podem representar e classificar padrões estruturados que são representados como grafos acíclicos, orientados e rotulados. A idéia principal por trás da abordagem por eles descrita é o "neurônio recursivo generalizado", que é uma generalização estrutural de um neurônio recorrente (i.e., um neurônio com realimentação local). Usando este modelo, algoritmos de aprendizagem supervisionada como a retropropagação através do tempo e a aprendizagem recorrente em tempo-real podem ser estendidos para lidar com padrões estruturados.

NOTAS E REFERÊNCIAS

1. Para outras arquiteturas de redes recorrentes, veja Jordan (1986), Back e Tsoi (1991), Frasconi et al. (1992) e Robinson e Fallside (1991).
2. O modelo NARX abrange uma classe importante de sistemas não-lineares de tempo discreto (Leontaritis e Billings, 1985). No contexto das redes neurais, ele é discutido em Chen et al. (1990), Narendra e Parthasarathy (1990), Lin et al. (1996) e Sieglemann et al. (1997).

   Foi demonstrado que o modelo NARX é bem adequado para a modelagem de sistemas não-lineares como trocadores de calor (Chen et al., 1990), plantas de tratamento de águas servidas (Su e McAvoy, 1991; Su et al., 1992), sistemas de transformação catalítica em uma refinaria de petróleo (Su et al., 1992), oscilações não-lineares associadas com a locomoção por múltiplas pernas em sistemas biológicos (Venkataraman, 1994) e inferência gramatical (Giles e Horne, 1994).

   O modelo NARX é também referido como o modelo auto-regressivo não-linear de média móvel (NARMM), com a "média móvel" se referindo às entradas.
3. O perceptron de múltiplas camadas recorrente da Fig. 15.4 é uma generalização da rede recorrente descrita em Jordan (1986).
4. Omlin e Giles (1996) mostram que, usando redes recorrentes de segunda ordem, qualquer autômato de estados finitos pode ser mapeado nesta rede, e a classificação correta de seqüências temporais de comprimento finito é garantida.
5. Para um tratamento rigoroso da controlabilidade e da observabilidade, veja Zadeh e Desoer (1963), Kailath (1980), Sontag (1990) e Lewis e Syrmos (1995).
6. O primeiro trabalho sobre redes neurais e autômatos (na verdade implementações de máquinas seqüenciais e autômatos), também referenciado como o primeiro artigo sobre autômatos de estados finitos, inteligência artificial e redes recorrentes foi o artigo clássico de McCulloch e Pitts (1943). A rede recorrente (com realimentação instantânea) na segunda parte deste artigo foi interpretada como um autômato de estados finitos em Kleene (1956). O artigo de Kleene aparece no livro "Automata Studies", editado por Shannon e McCarthy (entre os autores deste livro fantástico incluem-se Moore, Minsky, von Neumann, Uttley, McCarthy e Shannon). Algumas vezes, o artigo de Kleene é citado como o primeiro artigo sobre máquinas de estados finitos (Perrin, 1990). Minsky (1967) discute os autômatos e as redes neurais em seu livro intitulado "Computation: Finite and Infinite Machines".

   Todos os trabalhos antigos sobre autômatos e redes neurais se ocupavam da síntese, isto é, como os autômatos são construídos ou projetados com redes neurais. Como a maioria dos autômatos (quando implementados como máquinas seqüenciais) requer realimentação, as redes neurais eram necessariamente recorrentes. Note que os trabalhos iniciais (com exceção daqueles de Minsky) não faziam uma distinção clara entre autômatos (grafos acíclicos orientados e rotulados) e máquinas seqüenciais (atrasos de realimentação e lógicos) e na sua maioria estavam preocupados com autômatos de estados finitos. Havia pouco interesse (com exceção de Minsky) em subir na hierarquia dos autômatos relegando os autômatos e as máquinas de Turing.

   Após os anos negros das redes neurais, a pesquisa sobre autômatos e redes neurais reiniciou nos anos 80. Estes trabalhos poderiam ser classificados amplamente em três áreas: (1) autômatos de aprendizagem, (2) síntese de autômatos, extração e refinamento de conhecimento e (3) representação. A primeira menção de autômatos e redes neurais foi em Jordan (1986).

7. Uma rede recorrente de única camada usando neurônios de McCulloch-Pitts não pode simular qualquer máquina de estados finitos (Goudreau et al., 1994), mas a rede recorrente simples de Elman pode fazê-lo (Kremer, 1995). As redes recorrentes com realimentações apenas locais não podem representar todas as máquinas de estados finitos (Frasconi e Gori, 1996; Giles et al., 1995; Kremer, 1996).

8. A idéia por trás da retropropagação através do tempo é que para toda rede recorrente é possível construir uma rede alimentada adiante com comportamento idêntico em um intervalo de tempo particular (Minsky e Papert, 1969). A retropropagação através do tempo foi primeiro descrita na tese de doutoramento de Werbos (1990). O algoritmo foi redescoberto independentemente por Rumelhart et al. (1986b). Uma variante do algoritmo de retropropagação através do tempo é descrita em Williams e Peng (1990). Para uma revisão do algoritmo e questões relacionadas, veja Williams e Zipser (1995).

9. O algoritmo de aprendizagem recorrente em tempo-real foi descrito na literatura sobre redes neurais pela primeira vez por Williams e Zipser (1989). A sua origem remonta a um antigo artigo de McBride e Narendra (1965) sobre identificação de sistemas para ajustar os parâmetros de um sistema dinâmico arbitrário.

A derivação dada em Williams e Zipser é para uma única camada de neurônios totalmente recorrentes. Ela foi estendida para arquiteturas mais gerais; veja, por exemplo, Kechriotis et al. (1994); Puskorius e Feldkamp (1994).

10. A teoria do filtro de Kalman deve a sua origem ao artigo clássico de Rudolf E. Kalman (1960). Ela se estabeleceu como uma parte essencial do processamento de sinais e controle com numerosas aplicações em campos bastante diversificados. Para um tratamento detalhado sobre o filtro de Kalman padrão, as suas variantes, e suas formas estendidas que lidam com sistemas dinâmicos não-lineares, veja Grewal e Andrews (1993) e Haykin (1996). O livro de Grewal e Andrews é devotado inteiramente à teoria e à prática da filtragem de Kalman. O livro de Haykin discute a teoria do filtro de Kalman da perspectiva da filtragem adaptativa. Dois outros livros importantes sobre o assunto são o de Jazwinski (1970) e o de Maybeck (1979, 1982).

11. Para um tratamento detalhado sobre o filtro de Kalman por raiz quadrada e sobre métodos eficientes para a sua implementação, veja Haykin (1996).

12. Singhal e Wu (1989) talvez tenham sido os primeiros a demonstrar a melhoria do desempenho de mapeamento de uma rede neural supervisionada usando o filtro de Kalman estendido. Infelizmente, o algoritmo de treinamento descrito por eles é limitado pela sua complexidade computacional. Para superar esta limitação, Kollias e Anastassiou (1989) e Shah e Palmieri (1990) tentaram simplificar a aplicação da filtragem de Kalman estendida dividindo o problema global em vários subproblemas, cada um envolvendo um único neurônio. Entretanto, o tratamento de cada neurônio como um problema de identificação não adere rigorosamente à teoria do filtro de Kalman. Além disso, esta abordagem pode levar a um comportamento instável durante o treinamento e pode resultar em soluções que são inferiores àquelas obtidas por outros métodos (Puskorius e Feldkamp, 1991).

13. Outros métodos para lidar com o problema da extinção dos gradientes envolvem desconsiderar algumas não-linearidades na rede recorrente para uma melhor aprendizagem das dependências a longo prazo. Alguns exemplos desta abordagem incluem:
    - Uso de atrasos de tempo longo na arquitetura da rede (El Hihi e Bengio, 1996; Lin et al., 1996; Giles et al., 1997)
    - Estruturação hierárquica da rede em múltiplos níveis associados a diferentes escalas de tempo (El Hihi e Bengio, 1996)
    - Uso de unidades de passagem para evitar algumas das não-linearidades (Hochreiter e Schmidhuber, 1997)

14. A identificação de sistemas tem uma literatura extensa. Para um tratamento do assunto na forma de livro, veja Ljung (1987) e Ljung e Glad (1994). Para uma visão geral do assunto com ênfase nas redes neurais, veja Sjöberg et al. (1995) e Narendra (1995). O primeiro estudo detalhado sobre identificação de sistemas utilizando redes neurais apareceu em Narenda e Parthasarathy (1990).
15. Para um tratamento detalhado sobre controle adaptativo por referência a modelo, veja o livro de Landau (1979).

PROBLEMAS

Modelo de Espaço de Estados

15.1 Formule as equações de espaço de estados para a rede recorrente simples de Elman mostrada na Figura 15.3.

15.2 Mostre que o perceptron de múltiplas camadas recorrente da Fig. 15.4 pode ser representado pelo modelo de espaço de estados:

$$\mathbf{x}(n+1) = \mathbf{f}(\mathbf{x}(n), \mathbf{u}(n))$$
$$\mathbf{y}(n) = \mathbf{g}(\mathbf{x}(n), \mathbf{u}(n))$$

onde $\mathbf{u}(n)$ representa a entrada, $\mathbf{y}(n)$ representa a saída, $\mathbf{x}(n)$ representa o estado e $\mathbf{f}(\cdot,\cdot)$ e $\mathbf{g}(\cdot,\cdot)$ representam funções não-lineares de valor vetorial.

15.3 É possível para um sistema dinâmico ser controlável e não-observável, e vice-versa? Justifique a sua resposta.

15.4 Com referência ao problema da controlabilidade local discutido na Seção 15.3, mostre que
(a) o estado $\mathbf{x}(n + q)$ é uma função não-linear aninhada de seu valor passado $\mathbf{x}(n)$ e do seu vetor de entrada $\mathbf{u}_q(n)$ da Eq. (15.24) e
(b) a Jacobiana de $\mathbf{x}(n + q)$ em relação a $\mathbf{u}_q(n)$, calculada na origem, é igual à matriz de controlabilidade $\mathbf{M}_c$ da Eq. (15.23).

15.5 Com referência ao problema da observabilidade local discutido na Seção 15.3, mostre que a jacobiana do vetor de observação $\mathbf{y}_q(n)$ definido na Eq. (15.30) em relação ao estado $\mathbf{x}(n)$, calculada na origem, é igual à matriz de observabilidade $\mathbf{M}_o$ da Eq. (15.28).

15.6 A equação de processo de um sistema dinâmico não-linear é descrita por

$$\mathbf{x}(n + 1) = \mathbf{f}(\mathbf{x}(n), \mathbf{u}(n))$$

onde $\mathbf{u}(n)$ é o vetor de entrada no tempo n e $\mathbf{x}(n)$ é o estado do sistema correspondente. A entrada $\mathbf{u}(n)$ aparece na equação de processo de uma maneira não-aditiva. Neste problema, desejamos reformular a equação de processo de modo que a entrada $\mathbf{u}(n)$ apareça de modo aditivo. Isto é feito escrevendo-se

$$\mathbf{x}'(n + 1) = \mathbf{f}_{nova}(\mathbf{x}'(n)) + \mathbf{u}'(n)$$

Formule as definições para os vetores $\mathbf{x}'(n)$ e $\mathbf{u}'(n)$, e a função $\mathbf{f}_{nova}(\cdot)$.

15.7 A Figura P15.7 apresenta dois exemplos de arquiteturas de redes recorrentes utilizando realimentação local no nível neuronal. As arquiteturas mostradas nas partes a e b da figura são denominadas *realimentação local da ativação* e *realimentação local da saída*, respectivamente (Tsoi e Back, 1994). Formule os modelos de espaço de estados para estas duas arquiteturas de redes recorrentes. Comente a sua controlabilidade e observabilidade.

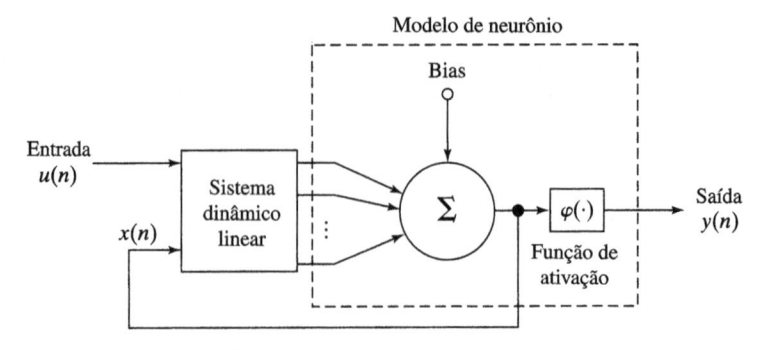

(a) Arquitetura com realimentação local da ativação

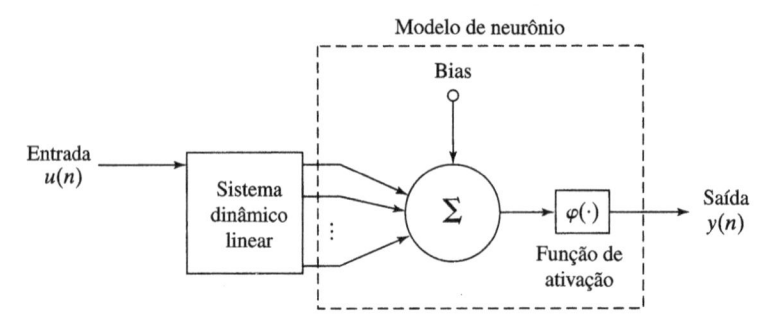

(b) Arquitetura com realimentação local da saída

FIGURA P15.7

Modelo auto-regressivo não-linear com entradas exógenas (NARX)

15.8 Com referência ao modelo NARX discutido na Seção 15.4, mostre que o uso das Equações (15.16) e (15.17) leva à seguinte expressão para a saída $y(n+q)$ do modelo NARX em termos do estado $\mathbf{x}(n)$ e do vetor de entrada $\mathbf{u}_q(n)$:

$$y(n+q) = \Phi(\mathbf{x}(n), \mathbf{u}_q(n))$$

onde $\Phi : \mathbb{R}^{2q} \to \mathbb{R}$, e $\mathbf{u}_q$ é definido de acordo com a Equação (15.29).

15.9 (a) A derivação do modelo NARX na Seção 15.4 é apresentada para um sistema de única entrada e única saída. Discuta como a teoria ali descrita pode ser estendida para um sistema de múltiplas entradas e múltiplas saídas.

(b) Construa o equivalente NARX para o modelo de espaço de estados de duas entradas e única saída da Fig. 15.6

15.10 Construa o equivalente NARX para a rede totalmente recorrente mostrada na Figura P15.10.

15.11 Na Seção 15.4, mostramos que qualquer modelo de espaço de estados pode ser representado por um modelo NARX. O inverso é verdadeiro? Qualquer modelo NARX pode ser representado por um modelo de espaço de estados da forma descrita na Seção 15.3? Justifique a sua resposta.

Retropropagação através do tempo

15.12 Desdobre o comportamento temporal do modelo de espaço de estados mostrado na Figura 15.3.

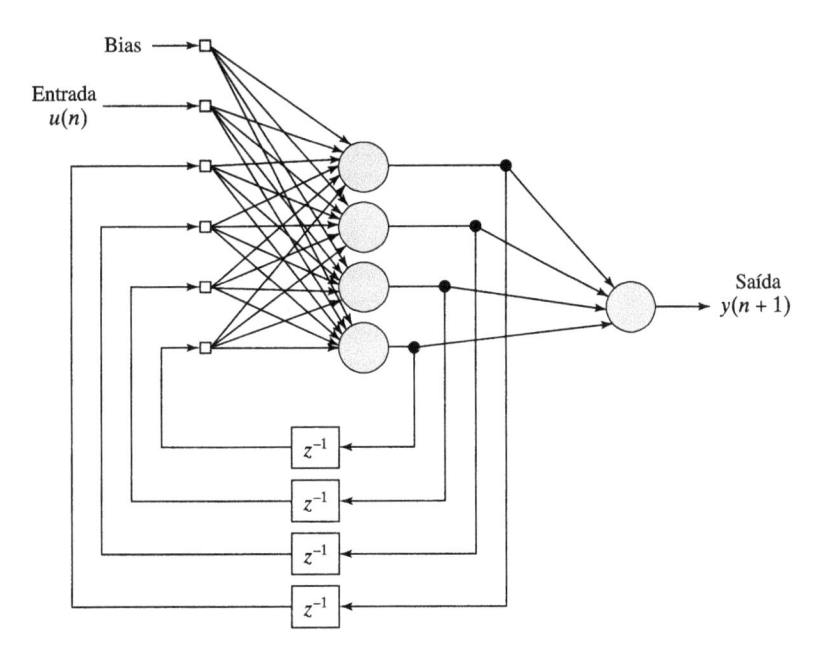

FIGURA P15.10

15.13 O algoritmo BPTT(h) truncado pode ser visto como uma aproximação do algoritmo BPTT por épocas. A aproximação pode ser melhorada incorporando-se no algoritmo BPTT(h) truncado aspectos do BPTT por época. Especificamente, podemos fazer a rede passar por h' passos adicionais antes de realizar a próxima computação BPTT, onde $h' < h$. A característica importante da forma híbrida da retropropagação através do tempo é que o próximo passo para trás não é executado até o passo de tempo $n + h'$. Durante o tempo intermediário, os valores passados da entrada da rede, o estado da rede e as respostas desejadas são armazenados em um *buffer*, mas não se realiza qualquer processamento com estes valores (Williams e Peng, 1990). Formule o gradiente local para o neurônio j neste algoritmo híbrido.

Algoritmo de aprendizagem recorrente em tempo real

15.14 A dinâmica de uma *rede recorrente com imposição do professor* durante o treinamento é descrita como na Seção 15.8, exceto pela seguinte modificação:

$$\xi_i(n) = \begin{cases} u_i(n) & \text{se } i \in \mathcal{A} \\ d_i(n) & \text{se } i \in \mathcal{C} \\ y_i(n) & \text{se } i \in \mathcal{B}-\mathcal{C} \end{cases}$$

onde $\mathcal{A}$ representa o conjunto de índices i para os quais ξ_i é uma entrada externa, $\mathcal{B}$ representa o conjunto de índices i para os quais ξ_i é a saída de um neurônio, e $\mathcal{B}$ representa o conjunto de neurônios de saída que são visíveis.

(a) Mostre que para este esquema a derivada parcial $\partial y_j(n+1)/\partial w_{kl}(n)$ é dada por (Williams e Zipser, 1989)

$$\frac{\partial y_j(n+1)}{\partial w_{kl}(n)} \varphi'(v_j(n)) \left[\sum_{i \in \mathcal{B}-\mathcal{C}} w_{ji}(n) \frac{\partial y_i(n)}{\partial w_{kl}(n)} + \delta_{kj}\xi_l(n) \right]$$

(b) Derive o algoritmo de treinamento para uma rede recorrente com imposição do professor.

Algoritmo de Filtragem de Kalman Estendida Desacoplada (FKED)

15.15 Descreva como o algoritmo FKED pode ser utilizado para treinar a rede recorrente simples mostrada na Fig. 15.3. Você pode também invocar o uso do algoritmo BPTT para este treinamento.

15.16 Na sua forma usual, o treinamento FKED é realizado com atualizações de pesos, exemplo por exemplo. Por outro lado, na retropropagação padrão, são realizadas atualizações simples por gradiente, o que nos permite escolher aplicar as atualizações imediatamente ou então acumular as atualizações por algum tempo e então aplicá-las como uma única atualização composta. Embora esta acumulação pudesse ser tentada no algoritmo FKED, isto causaria inconsistência entre o vetor de pesos e a matriz de covariância que é atualizada cada vez que uma recursão é realizada para gerar uma atualização de peso. Com isso, o uso do treinamento FKED parece impedir a atualização por lote. Entretanto, é possível usar o *treinamento FKED em múltiplas correntes*, que permite múltiplas seqüências de treinamento e mantém ainda a consistência com a teoria do filtro de Kalman, como descrito em Feldkamp et al. (1997) e Feldkamp e Puskorius (1998).

(a) Considere o problema de treinamento com N_{ent} entradas, $N_{saída}$ saídas, e uma amostra de treinamento fixa com N exemplos. Da amostra de treinamento, forme $M \leq N$ correntes de dados que alimentam M redes restritas a terem pesos idênticos. A cada ciclo de treinamento, um padrão de cada corrente é apresentado à sua respectiva rede e as $N_{saída}$ saídas da rede para cada corrente são computadas. Uma única atualização de pesos é então computada e aplicada identicamente em cada rede das correntes. Derive a forma em múltiplas correntes do algoritmo FKED.

(b) Considere, por exemplo, o problema do XOR padrão com quatro padrões de treinamento. Assuma que tenhamos uma rede alimentada adiante que é acrescida de uma memória por linha de atraso conectada à camada de saída. Podemos assim ter efetivamente quatro saídas da rede: a saída real da rede que alimenta a memória por linha de atraso, e três versões atrasadas dela, cada uma constituindo uma nova saída da rede. Aplique agora cada um dos quatro padrões de treinamento a esta estrutura de rede, em alguma ordem, mas não realize qualquer atualização de peso. Após a apresentação do quarto padrão de treinamento, temos quatro saídas da rede que representam o processamento dos quatro padrões de treinamento realizado através de uma rede com pesos idênticos. Se considerarmos a realização de uma única atualização do vetor de pesos com o algoritmo FKED baseada nestes quatro padrões de treinamento e nas quatro saídas da rede, temos um problema de quatro correntes. Verifique este exemplo.

Redes recorrentes de segunda ordem

15.17 Neste problema, exploramos a construção do *autômato de estados finitos para a paridade* usando uma rede recorrente de segunda ordem. Este autômato reconhece um número ímpar de 1s em uma seqüência de comprimento arbitrário de 0s e 1s.

A Figura P15.17 mostra um autômato de dois estados. Os estados são representados por círculos e as transições por setas. I significa que iniciamos naquele estado, o estado A no caso mostrado aqui. O círculo em negrito significa que sempre que estivermos naquele estado, mostrado como o estado B na figura, aceitamos a seqüência de bits. O autômato inicia observando seqüências no estado A e muda para o estado B se observar um 1. Similarmente, quando estiver no estado B, ele circula para o estado B se verificar um 0 e muda para o estado A se observar um 1. Desta forma, o autômato está sempre no estado A se tiver

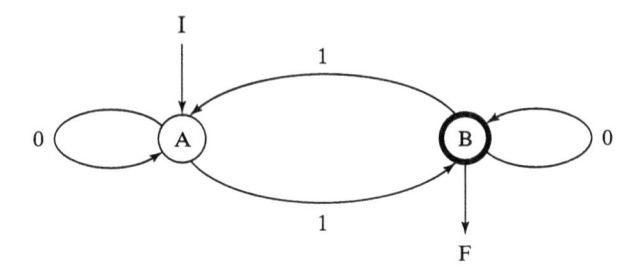

FIGURA P15.17

observado um número par (incluindo o zero) de 1s e no estado B se ele tiver observado um número ímpar de 1s.

Mais formalmente, definimos os estados como $Q = \{A, B\}$, $I = A$ como o estado de inicialização, o alfabeto de entrada como $\Sigma = \{0, 1\}$, o estado de aceitação como $F = B$, e a função de transição como:

$$\delta(A, 0) = A$$
$$\delta(A, 1) = B$$
$$\delta(B, 0) = B$$
$$\delta(B, 1) = A$$

Estas são as equações necessárias para a aplicação da Eq. (15.9) relativa à rede recorrente de segunda ordem. Para mais detalhes sobre autômatos de estados finitos, veja Hopcroft (1979).

Codifique as regras de transição acima em uma rede recorrente de segunda ordem.

15.18 Na Seção 15.8, derivamos o algoritmo de aprendizagem recorrente em tempo-real (ARTR) para uma rede recorrente totalmente conectada usando neurônios de primeira ordem. Na Seção 15.2, descrevemos uma rede recorrente usando neurônios de segunda ordem.

Estenda a teoria descrita na Seção 15.8 derivando o algoritmo ARTR para o treinamento de uma rede recorrente de segunda ordem.

Epílogo

As redes neurais representam um tema *multidisciplinar* com raízes na neurociência, matemática, estatística, física, ciência da computação e engenharia, como evidenciado pela diversidade de tópicos cobertos neste livro. Sua habilidade para *aprender* a partir de dados com ou sem um professor dotou-as com uma propriedade poderosa. Esta propriedade de aprendizagem tem profundas implicações, tanto teóricas como práticas. De uma forma ou de outra, a habilidade das redes neurais de aprender a partir de exemplos (representativos do seu ambiente) as tornou ferramentas inestimáveis em aplicações tão diversas como modelagem, análise de séries temporais, reconhecimento de padrões, processamento de sinais e controle. Em particular, as redes neurais têm muito a oferecer quando a solução de um problema de interesse é dificultada por alguns dos seguintes pontos:

- Falta de entendimento físico/estatístico do problema
- Variações estatísticas nos dados observáveis
- Mecanismo não-linear responsável pela geração dos dados

Uma nova onda de interesse em redes neurais (a partir de meados dos anos 80) surgiu porque a aprendizagem pôde ser realizada em múltiplos níveis. Os algoritmos de aprendizagem baseados em redes neurais nos permitiram eliminar a necessidade de extração manual de características para o reconhecimento de textos manuscritos. Algoritmos de aprendizagem baseados em gradiente, inspirados pelas redes neurais, nos permitiram simultaneamente treinar extratores de características, classificadores e processadores contextuais (modelos ocultos de Markov e modelos de linguagem). Graças às redes neurais, temos aprendido todo o longo percurso desde os *pixels* até os símbolos.

O aprendizado permeia todos os níveis das máquinas inteligentes em um número crescente de aplicações. Portanto, é adequado que este epílogo conclua o livro com considerações finais sobre algumas máquinas inteligentes e sobre o papel das redes neurais na sua construção.

MÁQUINAS INTELIGENTES

Sem uma concordância acerca da definição científica de inteligência[1] e devido a limitações de espaço, não entraremos em uma discussão sobre o que é inteligência. Em vez disso, restringiremos a nossa breve exposição sobre máquinas inteligentes ao contexto de três áreas específicas de aplicação: classificação de padrões, controle e processamento de sinais. Reconhecemos aqui que não existe uma máquina inteligente "universal"; em vez disso, temos máquinas inteligentes para aplicações específicas.

Grande parte do esforço em pesquisa sobre redes neurais tem enfocado a classificação de padrões. Dada a importância prática da classificação de padrões e a sua natureza disseminadora, e o fato de que as redes neurais são bastante adequadas para a tarefa de classificação de padrões, esta concentração de esforço em pesquisa é bastante justificável. Com isso, temos sido capazes de estabelecer a fundamentação da *classificação adaptativa de padrões*. Entretanto, alcançamos um estágio em que devemos considerar os sistemas de classificação em um sentido muito mais amplo se quisermos ter sucesso em resolver problemas de classificação de natureza mais complexa e sofisticada. A Figura 1 mostra a arquitetura de um sistema de classificação "hipotético" (Hammerstrom e Rahfuss, 1992). O primeiro nível do sistema recebe dados sensoriais gerados por alguma fonte de informação. O segundo nível extrai um conjunto de características que descrevem os dados sensoriais. O terceiro nível classifica as características em uma ou mais categorias distintas, que então são colocadas em um contexto global pelo quarto nível. Finalmente, podemos, por exemplo, colocar a entrada analisada em uma determinada forma de um banco da dados para um usuário final. As características importantes do sistema da Fig. 1 são:

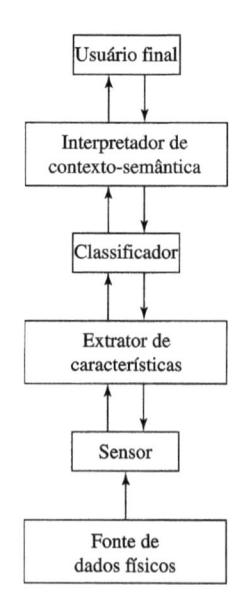

FIGURA 1 Arquitetura funcional de uma máquina inteligente para classificação de padrões

- *Reconhecimento*, resultante do fluxo adiante da informação de um nível do sistema para o seguinte como em um sistema tradicional de classificação de padrões
- *Focalização*, em que um nível mais alto do sistema é capaz de influenciar seletivamente o processamento de informação em um nível mais baixo em virtude do conhecimento ganho a partir dos dados passados

Assim, a inovação do sistema de classificação de padrões mostrado na Fig. 1 está no *conhecimento do domínio-alvo* e na sua exploração pelos níveis mais baixos do sistema para melhorar o desempenho global do sistema, dada a restrição fundamental de uma capacidade limitada de processamento de informação.

Acreditamos que a evolução da classificação de padrões usando redes neurais será na direção de criar modelos que sejam continuamente influenciados pelo conhecimento do domínio alvo. Vislumbramos uma nova classe de máquinas inteligentes para a classificação de padrões que oferece os seguintes atributos:

- Habilidade de extrair *conhecimento de contexto* e explorá-lo através do uso de *focalização*
- Representação de conhecimento *localizada* em vez de distribuída
- Arquitetura *esparsa*, enfatizando a modularidade da rede e a hierarquia como princípios de projeto de redes neurais

A realização de uma máquina inteligente assim pode ser somente alcançada pela combinação de redes neurais com outras ferramentas apropriadas. Uma ferramenta útil que nos vem à mente aqui é o *algoritmo de Viterbi*, que é uma forma de programação dinâmica concebida para lidar com o processamento *seqüencial* de informação[2] que é uma característica inerente do sistema descrito na Fig. 1. (O algoritmo de programação dinâmica é discutido no Capítulo 12.)

O controle, uma outra área de aplicação naturalmente adequada para as redes neurais, está também evoluindo na direção do *controle inteligente*[3]. A autonomia é um objetivo importante dos projetistas de sistemas de controle e os controladores inteligentes são um modo de atingir este objetivo. A Figura 2 mostra uma arquitetura funcional para um controlador autônomo inteligente com uma interface em uma extremidade do processo (a planta) envolvendo o sensoriamento e uma interface na outra extremidade para os humanos e outros sistemas (Antsaklis et al., 1996; Passino, 1996). O sistema tem três níveis funcionais, como resumidos aqui:

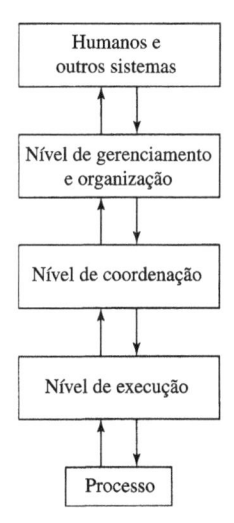

FIGURA 2 Arquitetura funcional de uma máquina inteligente para controle

1. *Nível de execução*, que contém o processamento de baixo nível de sinais e algoritmos de controle para o controle adaptativo e a identificação.
2. *Nível de coordenação*, que provê a ligação entre os níveis de execução e de gerenciamento, encarregando-se de questões como sintonização, supervisão, gerenciamento de crise e planejamento.

3. *Nível de gerenciamento e organização*, que se ocupa da supervisão das funções de baixo nível e do gerenciamento da interface com os humanos.

Enquanto que o controle clássico está enraizado na teoria das equações diferenciais lineares, o controle inteligente é largamente *baseado em regras* porque as dependências envolvidas no seu emprego são complexas demais para permitir uma representação analítica. Para lidar com estas dependências, é conveniente usar a matemática dos sistemas difusos (*fuzzy*) e das redes neurais. O poder dos *sistemas difusos*[4] se encontra na sua habilidade de (1) quantificar entradas lingüísticas e (2) rapidamente fornecer uma aproximação operacional para regras de entrada-saída do sistema, complexas e freqüentemente desconhecidas. O poder das redes neurais está na sua habilidade de *aprender* a partir dos dados. Há uma sinergia natural entre as redes neurais e os sistemas difusos que torna a sua *hibridização* uma ferramenta poderosa para o controle inteligente e para outras aplicações.

Voltando-nos agora para o processamento de sinais, temos ainda uma outra área fértil para a aplicação das redes neurais em virtude de suas características não-linear e adaptativa (Haykin, 1996). Muitos dos fenômenos físicos responsáveis pela geração de *sinais portadores de informação* encontrados na prática (p.ex., sinais de voz, sinais de radar e sinais de sonar) são governados por *dinâmicas não-lineares de natureza não-estacionária e complexa*, que representam um desafio para uma descrição matemática exata. Para explorar todo o conteúdo de informação destes sinais em todos os tempos, necessitamos de máquinas inteligentes para o processamento de sinais,[5] cujo projeto abrange as seguintes questões fundamentais:

- *Não-linearidade*, que torna possível a extração das estatísticas de ordem mais alta dos sinais de entrada
- *Aprendizagem e adaptação*, por meio das quais o sistema é capaz de aprender o mecanismo físico subjacente do ambiente no qual está inserido e de se adaptar às variações estatísticas lentas do ambiente de uma maneira contínua
- *Mecanismo atencional*, pelo qual, através da interação com o usuário final ou de uma maneira auto-organizada, o sistema é capaz de focalizar o seu poder computacional em torno de um ponto particular em uma imagem ou em uma localização particular no espaço para uma análise mais detalhada[6]

A Figura 3 mostra a arquitetura funcional de uma máquina inteligente para processamento de sinais que envolve três níveis de operação:

1. *Processamento de baixo nível*, cujo propósito é pré-processar o sinal recebido para prepará-lo para o segundo nível. O pré-processamento envolve o uso de filtragem para reduzir os efeitos do ruído e de outras operações avançadas de processamento de sinais como a *análise de tempo-freqüência*.[7] O objetivo da análise de tempo-freqüência é descrever como evolui o conteúdo espectral de um sinal e compreender o que é um espectro variável no tempo. Especificamente, uma representação unidimensional (temporal) do sinal recebido é transformada em uma imagem bidimensional com uma dimensão representando o tempo e a outra dimensão representando a freqüência. A análise de tempo-freqüência fornece um método efetivo para realçar a natureza não-estacionária do sinal recebido de uma maneira bem mais discernível que na sua forma temporal original.
2. *Nível de aprendizagem e de adaptação*, em que memória (tanto de longo prazo como de curto prazo) e um mecanismo atencional são inseridos no projeto do sistema. Se o perceptron de múltiplas camadas, por exemplo, sofrer um processo de aprendizagem supervisionada com um

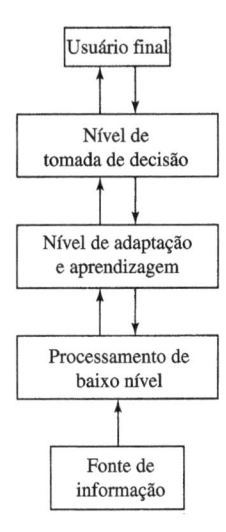

FIGURA 3 Arquitetura funcional de uma máquina inteligente para processamento de sinais

conjunto de dados suficientemente grande, representativo do ambiente no qual o sistema está inserido, a informação estatística global sobre o ambiente é armazenada nos pesos sinápticos da rede. Para levar em consideração as pequenas variações estatísticas do ambiente com o tempo, um esquema de adaptação cega (i.e., um subsistema de aprendizagem contínua operando de uma maneira não-supervisionada) é adicionado ao terminal de saída do perceptron de múltiplas camadas. O processo de aprendizagem também dá suporte para uma rede atencional[8] em que o sistema pode focalizar a sua atenção sobre características importantes do sinal recebido "desviando" o fluxo de informação dos níveis mais baixos para níveis mais altos, quando houver necessidade.

3. *Nível de tomada de decisão*, no qual as decisões finais são tomadas pelo sistema. A decisão poderia ser se um alvo de interesse está ou não presente no sinal recebido de um radar ou sonar, ou se o bit de informação recebido corresponde ao símbolo 1 ou ao símbolo 0 na comunicação digital; os níveis de confiança (crença) nas decisões tomadas são também fornecidos.

Não afirmamos que os sistemas descritos aqui são as únicas formas pelas quais se pode inserir inteligência na classificação de padrões, no controle e no processamento de sinais. Em vez disso, representam modos sistemáticos para se alcançar este importante objetivo. Apesar das suas diferenças em termos do domínio de aplicação, eles compartilham algumas características comuns (Valvanis e Saridis, 1992; Passino, 1996):

- Há um fluxo bidirecional de informação, dos níveis mais baixos para os níveis mais altos e vice-versa.
- O níveis mais altos estão freqüentemente preocupados com aqueles aspectos do comportamento do sistema que são mais lentos em tempo de processamento, mais amplos em escopo e mais longos em horizonte de tempo.
- Há um aumento da inteligência com uma diminuição da precisão conforme nos movemos dos níveis mais baixos para os níveis mais altos.
- Nos níveis mais altos, há uma diminuição da *granularidade* (i.e., um aumento na abstração do modelo).

Começamos a discussão das redes neurais (artificiais) no Capítulo 1 descrevendo o cérebro humano, a fonte de motivação para as redes neurais, como uma máquina gigantesca de processamento de informação. É apropriado concluir o livro com uma breve exposição das máquinas inteligentes que são o máximo em processamento de informação por meios artificiais. O grande esforço para se construir máquinas inteligentes continua.

NOTAS E REFERÊNCIAS

1. Para uma discussão filosófica sobre inteligência considerando diferentes perspectivas, veja Ackerman (1990), Albus (1991) e Kosko (1992).
2. O algoritmo de Viterbi foi desenvolvido originalmente por Viterbi (1967) para resolver problemas de decodificação convolutiva na teoria da comunicação. Para um tratamento didático do algoritmo de Viterbi, veja Forney (1973).

    Para uma aplicação em classificação de padrões que envolve o uso combinado da rede convolutiva (descrita no Capítulo 4) e o algoritmo de Viterbi, veja LeCun et al. (1997, 1998).
3. O controle inteligente é discutido nos livros editados por White e Sofge (1992), Antsaklis e Passino (1993), Gupta e Sinha (1996) e Tzefestas (1997).
4. A teoria dos conjuntos difusos (*fuzzy*) foi proposta por Zadeh (1965, 1973) para fornecer uma ferramenta matemática para lidar com variáveis lingüísticas (i.e., conceitos descritos em linguagem natural). Para um tratamento da lógica difusa na forma de livro, veja Dubois e Prade (1980). No livro de Kosko (1997), é abordado um ponto de vista diferente: os sistemas difusos são vistos como aproximadores de funções. Neste caso, mostra-se que os sistema difusos podem modelar qualquer função ou sistema contínuo desde que usem um número suficiente de regras.
5. Um número especial do "1998 Proceedings of the Institute of Electrical and Electronic Engineers (IEEE)" é dedicado ao tema do processamento inteligente de sinais (Haykin e Kosko, 1998).
6. Um sistema auto-organizável para focalização hierárquica ou atenção seletiva é descrito em Fukushima (1988a). O sistema é uma modificação do *neocognitron* em camadas também proposto originalmente por Fukushima (1975, 1988b). O sistema é capaz de focar a atenção sobre um caracter individual em uma imagem composta de múltiplos caracteres ou sobre um caracter bastante deformado que está também contaminado com ruído.

    Um mecanismo atencional auto-organizado também aparece no desenvolvimento da *teoria da ressonância adaptativa* (ART, *adaptive resonance theory*) proposta por Carpenter e Grossberg (1987, 1995). A ART para o reconhecimento adaptativo de padrões envolve a combinação de filtragem de baixo para cima, com o casamento com protótipos de cima para baixo.
7. Para um tratamento detalhado das muitas facetas da análise de tempo-freqüência, baseada na teoria clássica de Fourier, veja o livro de Cohen (1995).

    Para a teoria e aplicações da distribuição de Wigner, uma ferramenta importante para as representações de tempo-freqüência bilineares/quadráticas, veja o livro de Mecklenbräuker e Hlawatsch (1997).

    Para uma perspectiva diferente, na qual pensamos em termos de escala em vez de freqüência, veja o livro de Vetterli e Koračević (1995) sobre "ondeletas" (*wavelets*) e os tópicos relativos à codificação de sub-banda.
8. Em van de Laar et al. (1997), é descrito um modelo de rede neural para atenção visual seletiva oculta. O modelo é capaz de aprender a focar a sua atenção sobre características importantes, dependendo da tarefa a ser executada, pela modulação do fluxo de informação no estágio pré-atemptivo.

Bibliografia

Aarts, E., and J. Korst, 1989. *Simulated Annealing and Boltzmann Machines: A Stochastic Approach to Combinatorial Optimization and Neural Computing,* New York: Wiley.
Abarbanel, H.D.I., 1996. *Analysis of Observed Chaotic Data,* New York: Springer-Verlag.
Abraham, R.H., and C.D. Shaw, 1992. *Dynamics of the Geometry of Behavior,* Reading, MA: Addison-Wesley.
Abu-Mostafa, Y.S., 1995. "Hints," *Neural computation,* vol.7, pp.639-71.
Abu-Mostafa,Y.S., 1990. "Learning from hints in Neural Networks,"*Journal of Complexity,* vol.6, pp.192-198.
Abu-Mostafa, Y.S., 1989. "The Vapnik-Chervonenkis Dimension: Information Versus Complexity in Learning," *Neural Computation,* vol.1, pp.312-317.
Abu-Mostafa, Y.S., and J.M. St. Jacques, 1985. "Information capacity of the Hopfield model," *IEEE Transactions on Information Theory,* vol. IT-31, pp.461-464.
Ackerman, P.L., 1990. "Intelligence." In S.C. Shapiro, ed., *Encyclopedia of Artificial Intelligence,* pp.431- 440, New York: Wiley (Interscience).
Ackley, D.H., G.E. Hinton, and T.J. Sejnowski, 1985. "A Learning Algorithm for Boltzmann Machines," *Cognitive Science,* vol.9, pp.147-169.
Aiyer, S.V.B., N. Niranjan, and F. Fallside, 1990. "A theoretical investigation into the performance of the Hopfield model," *IEEE Transactions on Neural Networks,* vol.15, pp.204-215.
Aizerman, M.A., E.M. Braverman, and L.I. Rozonoer, 1964a. "Theoretical foundations of the potential function method in pattern recognition learning," *Automation and Remote Control,* vol.25, pp.821- 837.
Aizerman, M.A., E.M. Braverman, and L.I. Rozonoer,1964b. "The probability problem of pattern recognition learning and the method of potential functions," *Automation and Remote Control,* vol.25, pp.1175-1193.
Akaike, H., 1974. "A new look at the statistical model identification," *IEEE Transactions on Automatic Control,* vol. AC-19, pp.716-723.
Akaike, H., 1970. "Statistical predictor identification," *Annals of the Institute of Statistical Mathematics,* vol.22 pp.202-217.
Albus, J.S., 1991. "Outline for a theory of intelligence," *IEEE Transactions on Systems, Man, and Cybernetics,* vol.21, pp.473-509.
Aleksander, I., and H. Morton, 1990. *An Introduction to Neural Computing,* London: Chapman and Hall.
Allport A., 1989. "Visual attention," In *Foundations of Cognitive Science,* M.I. Posner, ed., pp. 631-682, Cambridge, MA: MIT Press.
Al-Mashoug, K.A., and I.S. Reed, 1991. "Including hints in training neural nets," *Neural Computation,* vol.3, pp.418-427.
Alspector, J., R.B. Allen, A. Jayakumar, T. Zeppenfeld, and R. Meir, 1991. "Relaxation networks for large supervised learning problems," *Advances in Neural Information Processing Systems,* vol.3, pp.1015- 1021, San Mateo, CA: Morgan Kaufmann.

Alspector, J., A. Jayakumar, and S. Luna, 1992. "Experimental evaluation of learning in a neural microsystem," *Advances in Neural Information Processing Systems,* vol.4, pp.871-878, San Mateo, CA: Morgan Kaufmann.

Alspector, J., R. Meir, B. Yuhas, A. Jayakumar, and D. Lippe, 1993. "A parallel gradient descent method for learning in analog VLSI neural networks," *Advances in Neural Information Processing Systems,* vol. 5, pp.836-844, San Mateo, CA: Morgan Kaufmann.

Amari, S., 1998. "Natural gradient works efficiently in learning." *Neural Computation,* vol. 10, pp.251- 276.

Amari, S., 1997. Private communication.

Amari, S., 1993. "A universal theorem on learning curves," *Neural Networks,* vol.6, pp.161-166.

Amari, S., 1990. "Mathematical foundations of neurocomputing," *Proceedings of the IEEE,* vol. 78, pp.1443-1463.

Amari, S., 1987. "Differential geometry of a parametric family of invertible systems–Riemanian metric, dual affine connections and divergence," *Mathematical Systems Theory,* vol.20, pp.53-82.

Amari, S., 1985. *Differential-Geometrical Methods in Statistics,* New York: Springer-Verlag.

Amari, S., 1983. "Field theory of self-organizing neural nets," *IEEE Transactions on Systems, Man, and Cybernetics,* vol. SMC-13, pp.741-748.

Amari, S., 1980. "Topographic organization of nerve fields," *Bulletin of Mathematical Biology,* vol. 42, pp.339-364.

Amari, S., 1977a. "Neural theory of association and concept-formation," *Biological Cybernetics,* vol. 26, pp.175-185.

Amari, S., 1977b. "Dynamics of pattern formation in lateral-inhibition type neural fields," *Biological Cybernetics,* vol. 27, pp. 77-87.

Amari, S., 1972. "Characteristics of random nets of analog neuron-like elements," *IEEE Transactions on Systems, Man, and Cybernetics,* vol. SMC-2, pp.643-657.

Amari, S., 1967. "A theory of adaptive pattern classifiers," *IEEE Trans. Electronic Computers,* vol. EC-16, pp.299-307.

Amari, S., and M.A. Arbib, 1977. "Competition and cooperation in neural nets," in J. Metzler, ed., *Systems Neuroscience,* pp. 119-165, New York: Academic Press.

Amari, S., and J.-F. Cardoso, 1997. "Blind source separation–Semiparametric statistical approach," *IEEE Transactions on Signal Processing,* vol.45, pp.2692-2700.

Amari, S., T.-P. Chen, and A. Cichoki, 1997. "Stability analysis of learning algorithms for blind source separation," *Neural Networks,* vol. 10, pp.1345-1351.

Amari, S., A. Cichoki, and H.H. Yang, 1996. "A new learning algorithm for blind signal separation." *Advances in Neural Information Processing Systems,* vol.8, pp.757-763, Cambridge, MA: MIT Press.

Amari, S., and K. Maginu, 1988. "Statistical neurodynamics of associative memory," *Neural Networks,* vol. l, pp.63-73.

Amari, S., K. Yoshida, and K.-I. Kanatani, 1977. "A mathematical foundation for statistical neurodynamics," *SIAM Journal of Applied Mathematics,* vol.33, pp.95-126.

Amari, S., N. Murata, K.-R. Müller, M. Finke, and H. Yang, 1996a. "Statistical theory of overtraining–Is cross-validation asymptotically effective?" *Advances in Neural Information Processing Systems,* vol. 8, pp.176-182, Cambridge, MA: MIT Press.

Ambros-Ingerson, J., R. Granger, and G. Lynch, 1990. "Simulation of paleo-cortex performs hierarchical clustering," *Science,* vol.247, pp.1344-1348.

Amit, D.J., 1989. *Modeling Brain Function: The World of Attractor Neural Networks,* New York: Cambridge University Press.

Anastasio T.J., 1995. "Vestibulo-ocular reflex: Performance and plasticity," In M.A. Arbib, ed., *The Handbook of Brain Theory and Neural Networks,* Cambridge, MA: MIT Press.

Anastasio, T.J., 1993. "Modeling vestibulo-ocular reflex dynamics: From classical analysis to neural networks," in F. Eeckman, ed., *Neural Systems: Analysis and Modeling,* pp.407-430, Norwell, MA: Kluwer.

Anastasio, T.J., 1991. "A recurrent neural network model of velocity storage in the vestibulo-ocular reflex," *Advances in Neural Information Processing Systems,* vol.3, pp.32-38, San Mateo, CA: Morgan Kaufmann.

Anderson, J.A., 1995. *Introduction to Neural Networks,* Cambridge, MA: MIT Press.

Anderson, J.A., 1993. "The BSB model: A simple nonlinear autoassociative neural network," in *Associative Neural Memories* (M. Hassoun, ed.) pp.77-103, Oxford: Oxford University Press.

Anderson, J.A., 1988. "General introduction," *Neurocomputing: Foundations of Research* (J.A. Anderson and E. Rosenfeld, eds.), pp. xiii-xxi, Cambridge, MA: MIT Press.

Anderson, J.A., 1983. "Cognitive and psychological computation with neural models," *IEEE Transactions on Systems, Man, and Cybernetics,* vol. SMC-13, pp.799-815.

Anderson, J.A., 1972. "A simple neural network generating an interactive memory," *Mathematical Biosciences,* vol.14, pp.197-220.

Anderson, J.A., and G.L. Murphy, 1986. "Concepts in connectionist models," in *Neural Networks for Computing,* J.S. Denker, ed., pp.17-22, New York: American Institute of Physics.

Anderson, J.A., and E. Rosenfeld, eds., 1988. *Neurocomputing: Foundations of Research,* Cambridge, MA: MIT Press.

Anderson, J.A., A. Pellionisz, and E. Rosenfeld, eds., 1990a. *Neurocomputing 2: Directions for Research,* Cambridge, MA: MIT Press.

Anderson, J.A., J.W. Silverstein, S.A. Ritz, and R.S. Jones, 1977. "Distinctive features, categorical perception, and probability learning: Some applications of a neural model," *Psychological Review,* vol.84, pp.413-451.

Anderson, J.A., and J.P. Sutton, 1995. "A network of networks: Computation and neurobiology," *World Congress on Neural Networks,* vol. I, pp.561-568.

Anderson, J.A., M.T. Gately, P.A. Penz, and D.R. Collins, 1990b. "Radar signal categorization using a neural network," *Proceedings of the IEEE,* vol.78, pp.1646-1657.

Anderson, T.W., 1984. *An Introduction to Multivariate Statistical Analysis,* 2nd edition, New York: Wiley.

Andreou, A.G., 1994. "On physical models of neural computation and their analog VLSI implementation," *Proceedings of the 1994 Workshop on Physics and Computation,* IEEE Computer Society Press, pp.255-264, Los Alamitos, CA.

Andreou, A.G., K.A. Boahen, P.O. Pouliqueen, A. Pasavoic, R.E. Jenkins, and K. Strohbehn, 1991. "Current-mode subthreshold MOS circuits for analog VLSI neural systems," *IEEE Transactions on Neural Networks,* vol. 2, pp. 205-213.

Andreou, A. G. , R. C. Meitzler, K. Strohbehn, and K.A. Boahen, 1995. "Analog VLSI neuromorphic image acquisition and pre-processing systems." *Neural Networks,* vol.8, pp.1323-1347.

Andrews, R., and J. Diederich, eds., 1996. *Proceedings of the Rule Extraction from Trained Artificial Neural Networks Workshop,* University of Sussex, Brighton, UK.

Ansaklis, P.J., M. Lemmon, and J.A. Stiver, 1996. "Learning to be autonomous," In M.D. Gupta and N.K. Sinha, eds., *Intelligent Control Systems,* pp.28-62, New York: IEEE Press.

Ansari, N., and E. Hou, 1997. *Computational Intelligence for Optimization,* Norwell, MA: Kluwer.

Anthony, M., and N. Biggs, 1992. *Computational Learning Theory,* Cambridge: Cambridge University Press.

Antsaklis, P.J., and K.M. Passino, eds., 1993. *An Introduction to Intelligent and Automatic Control,* Norwell, MA: Kluwer.

Arbib, M.A., 1989. *The Metaphorical Brain,* 2nd edition, New York: Wiley.

Arbib, M.A., 1987. *Brains, Machines, and Mathematics,* 2nd edition, New York: Springer-Verlag.

Arbib, M.A., ed.1995. *The Handbook of Brain Theory and Neural Networks,* Cambridge, MA: MIT Press.

Arrowsmith, D.K., and C.M. Place, 1990. *An Introduction to Dynamical Systems,* Cambridge: Cambridge University Press.

Artola, A., and W. Singer, 1987. "Long-term potentiation and NMDA receptors in rat visual cortex," *Nature,* vol.330, pp.649-652.

Ash, R.E., 1965. *Information Theory,* New York: Wiley.

Ashby, W.R., 1960. *Design for a Brain,* 2nd edition, New York: Wiley.

Ashby, W.R., 1952. *Design for a Brain,* New York: Wiley.

Aspray, W., and A. Burks, 1986. *Papers of John von Neumann on Computing and Computer Theory,* Charles Babbage Institute Reprint Series for the History of Computing, vol.12. Cambridge, MA: MIT Press.

Åström, K.J., and T.J. McAvoy, 1992. "Intelligent control: An overview and evaluation," In *Handbook of Intelligent Control,* D.A. White and D.A. Sofge, eds., New York: Van Nostrand Reinhold.

Atherton, D.P.,1981. *Stability of Nonlinear Systems,* Chichester, UK: Research Studies Press.

Atick, J.J., 1992. "Could information theory provide an ecological theory of sensory processing?" *Network: Computation in Neural Systems,* vol.3, pp.213-251.

Atick, J.J., and A.N. Redlich, 1992. "What does the retina know about natural scenes," *Neural Computation,* vol.4, pp.196-210.

Atick, J.J., and A.N. Redlich, 1990. "Towards a theory of early visual processing," *Neural Computation,* vol.2, pp.308-320.

Atick, J.J., P.A. Griffin, and A.N. Redlich, 1996. "Statistical approach to shape from shading: Reconstruction of three-dimensional face surfaces from single two-dimensional images," *Neural Computation,* vol. 8, pp.1321-1340.

Atiya, A.F., 1987, "Learning on a general network," In *Neural Information Processing Systems,* D.Z. Anderson, ed., pp.22-30, New York: American Institute of Physics.

Atiya, A.F., and Y.S. Abu-Mostafa, 1993, "An analog feedback associative memory," *IEEE Transactions on Neural Networks,* vol.4, pp.117-126.

Attneave, F.,1954. "Some informational aspects of visual perception," *Psychological Review,* vol.61, pp.183-193.

Back, A.D., and A.S. Weigend, 1998. "A first application of independent component analysis to extracting structure from stock returns," *International Journal of Neural Systems,* vol. 9, Special Issue on Data Mining in Finance, a ser lançado.

Back, A.D., and A.C. Tsoi, 1991. "FIR and IIR synapses, a new neural network architecture for time series modeling," *Neural Computation,* vol.3, pp.375-385.

Back, A.D., and A.C. Tsoi, 1998. "A low-sensitivity recurrent neural network," *Neural Computation,* vol. 10, pp.165-188.

Baldi, P., and K. Hornik, 1989. "Neural networks and principal component analysis: Learning from examples without local minimum," *Neural Networks,* vol. l, pp.53-58.

Bantine, W.L., and A.S. Weigend, 1994. "Computing second derivatives in feed-forward networks: A review," *IEEE Transactions on Neural Networks,* vol.5, pp.480-488.

Baras, J.S., and A. LaVigna, 1990. "Convergence of Kohonen's learning vector quantization," *International Joint Conference on Neural Networks,* vol. III, pp.17-20, San Diego, CA.
Barlow, H.B., 1989. "Unsupervised learning," *Neural Computation,* vol. 1, pp.295-311.
Barlow, H.B., 1985. "Cognitronics: methods for acquiring and holding cognitive knowledge," Manuscrito não publicado.
Barlow, H.B., 1959. "Sensory mechanisms, the reduction of redundancy, and intelligence," in *The Mechanisation of Thought Processes, National Physical Laboratory Symposium No. 10,* Her Majesty's Stationary Office, London.
Barlow, H., and P. Földiák, 1989. "Adaptation and decorrelation in the cortex," in *The Computing Neuron,* R. Durbin, C. Miall, and G. Mitchison, eds., pp.54-72. Reading, MA: Addison-Wesley.
Barnard, E., and D. Casasent, 1991. "Invariance and neural nets," *IEEE Transactions on Neural Networks,* vol.2, pp.498-508.
Barron, A.R., 1992. "Neural net approximation," in *Proceedings of the Seventh Yale Workshop on Adaptive and Learning Systems,* pp.69-72, New Haven, CT.: Yale University.
Barron, A.R., 1993. "Universal approximation bounds for superpositions of a sigmoidal function," *IEEE Transactions on Information Theory,* vol.39, pp.930-945.
Bartlett, P.L., 1997. "For valid generalization, the size of the weights is more important than the size of the network," *Advances in Neural Information Processing Systems,* vol.9, pp.134-140, Cambridge, MA: MIT Press.
Barto, A.G., 1992. "Reinforcement learning and adaptive critic methods," in *Handbook of Intelligent Control,* D.A. White and D.A. Sofge, eds., pp.469-491, New York: Van Nostrand Reinhold.
Barto, A.G., S.J. Bradtke, and S. Singh, 1995. "Learning to act using real-time dynamic programming," *Artificial Intelligence,* vol.72, pp.81-138.
Barto, A.G., R.S. Sutton, and C.W. Anderson, 1983. "Neuronlike adaptive elements that can solve difficult learning control problems," *IEEE Transactions on Systems, Man, and Cybernetics,* vol. SMC-13, pp.834-846.
Basar, E., ed., 1990. *Chaos in Brain Function,* New York: Springer-Verlag.
Bashkirov, O.A., E.M. Braverman, and I.B. Muchnik, 1964. "Potential function algorithms for pattern recognition learning machines," *Automation and Remote Control,* vol.25, pp.629-631.
Battiti, R., 1992. "First- and second-order methods for learning: Between steepest descent and Newton's method," *Neural Computation,* vol.4, pp.141-166.
Bauer, H.-U., and K.R. Pawelzik, 1992. "Quantifying the neighborhood preservation of self-organizing feature maps," *IEEE Transactions on Neural Networks,* vol.3, pp.570-579.
Bauer, H.-U., R. Der, and M. Hermman, 1996. "Controlling the magnification factor of self-organizing feature maps," *Neural Computation,* vol.8, pp.757-771.
Baum, E.B., 1991. "Neural net algorithms that learn in polynomial time from examples and queries," *IEEE Transactions on Neural Networks,* vol.2, pp.5-19.
Baum, E.B., and D. Haussler, 1989. "What size net gives valid generalization?" *Neural Computation,* vol. 1, pp.151-160.
Baum, E.B., and F. Wilczek, 1988. "Supervised learning of probability distributions by neural networks," in D.Z. Anderson, ed., pp.52-61, New York: American Institute of Physics.
Beaufays, F., and E.A. Wan, 1994. "Relating real-time backpropagation and backpropagation-through-time: An application of flow graph interreciprocity," *Neural Computation,* vol.6, pp.296-306.
Becker, S., 1996. "Mutual information maximization: models of cortical self-organization," *Network: Computation in Neural Systems,* vol.7, pp.7-31.
Becker, S., 1993. "Learning to categorize objects using temporal coherence," *Advances in Neural Information Processing Systems,* vol.5, pp.361-368, San Mateo, CA: Morgan Kaufmann.
Becker, S., 1991. "Unsupervised learning procedures for neural networks," *International Journal of Neural Systems,* vol.2, pp.17-33.
Becker, S., and G.E. Hinton, 1993. "Learning mixture models of spatial coherence," *Neural Computation,* vol.5, pp.267-277.
Becker, S., and G.E. Hinton, 1992. "A self-organizing neural network that discovers surfaces in random-dot stereograms," *Nature (London),* vol.355, pp.161-163.
Beckerman, M., 1997. *Adaptive Cooperative Systems,* New York: Wiley (Interscience).
Bell, A.J., and T.J. Sejnowski, 1995. "An information-maximization approach to blind separation and blind deconvolution," *Neural Computation,* vol.6, pp.1129-1159.
Bellman, R., 1961. *Adaptive Control Processes: A Guided Tour,* Princeton, NJ: Princeton University Press.
Bellman, R., 1957. *Dynamic Programming,* Princeton, NJ: Princeton University Press.
Bellman, R., and S.E. Dreyfus, 1962. *Applied Dynamic Programming,* Princeton, NJ: Princeton University Press.
Bengio, Y., 1996. *Neural Networks for Speech and Sequence Recognition.* London: International Thomson Computer Press.
Bengio, Y., P. Simard, and P. Frasconi, 1994. "Learning long-term dependencies with gradient descent is difficult," *IEEE Transactions on Neural Networks,* vol.5, pp.157-166.

Benveniste, A., M. Métivier, and P. Priouret, 1987. *Adaptive Algorithms and Stochastic Approximation,* New York: Springer-Verlag.
Bertero, M., T.A. Poggio, and V. Torre, 1988 SIRS "I11-posed problems in early vision," *Proceedings of the IEEE,* vol.76, pp.869-889.
Bertsekas, D.P., 1995. *Dynamic Programming and Optimal Control,* vol. I and vol. II, Belmont, MA: Athenas Scientific.
Bertsekas, D.P., 1995. *Nonlinear Programming,* Belmont, MA: Athenas Scientific.
Bertsekas, D.P., and J.N. Tsitsiklis, 1996. *Neuro-Dynamic Programming,* Belmont, MA: Athenas Scientific.
Beymer, D., and T. Poggio, 1996. "Image representations for visual learning," *Science,* vol.272, pp. 1905- 1909.
Bienenstock, E.L., L.N. Cooper, and P.W. Munro, 1982. "Theory for the development of neuron selectivity: Orientation specificity and binocular interaction in visual cortex," *Journal of Neuroscience,* vol.2, pp.32-48.
Bishop, C.M., 1992. "Exact calculation of the Hessian matrix for the multi-layer perceptron," *Neural Computation,* vol. 4, pp. 494-501.
Bishop, C.M., 1995. *Neural Networks for Pattern Recognition.* Oxford: Clarendon Press.
Black, I.B., 1991. *Information in the Brain:A Molecular Perspective,* Cambridge, MA: MIT Press.
Blake, A., 1983. "The least-disturbance principle and week constraints," *Pattern Recognition Letters,* vol. 1, pp.393-399.
Bliss, T.V.P., and T. Lomo, 1973. "Long-lasting potentiation of synaptic transmission in the dentate area of the anaesthetized rabbit following stimulation of the perforatant path," *J. Physiol,* vol.232, pp.331- 356.
Blumer,A.,A. Ehrenfeucht, D. Haussler, and M.K.Warmuth, 1989. "Learnability and the Vapnik-Chervonenkis Dimension," *Journal of the Association for Computing Machinery,* vol.36, pp.929-965.
Blumer, A., A. Ehrenfeucht, D. Haussler, and M.K. Warmuth, 1987. "Occam's razor," *Information Processing Letters,* vol.24, pp.377-380.
Boahen, K.A., 1996. "A retinomorphic vision system," *IEEE Micro,* vol.16, no.5, pp.30-39.
Boahen, K.A., and A.G. Andreou, 1992. "A contrast sensitive silicon retina with reciprocal synapses," *Advances in Neural Information Processing Systems,* vol.4, pp.764-772. San Mateo, CA: Morgan Kaufmann.
Boahen, K.A., P.O. Pouliqueen, A.G. Andreou, and R.E. Jenkins, 1989. "A heterassociative memory using current-mode analog VLSI circuits," *IEEE Transactions on Circuits and Systems,* vol. CAS-36, pp.747- 755.
Bodenhausen, U., and A. Waibel, 1991. "The tempo 2 algorithm: Adjusting time-delays by supervised learning," *Advances in Neural Information Processing Systems,* vol. 3, pp. 155-161, San Mateo, CA: Morgan Kaufmann.
Boltzmann, L., 1872. "Weitere studien über das Wärmegleichgewicht unter gasmolekülen," *Sitzüngsberichte der Mathematisch-Naturwissenschaftlichen Classe der Kaiserlichen Akademie der Wissenschaften,* vol. 66, pp.275-370.
Boser, B., I. Guyon, and V.N. Vapnik, 1992. "A training algorithm for optimal margin classifiers," *Fifth Annual Workshop on Computational Learning Theory,* pp.144-152. San Mateo, CA: Morgan Kaufmann.
Boser, B.E., E. Säckinger, J. Bromley, Y. LeCun, and L.D. Jacket, 1992. "Hardware requirements for neural network pattern classifiers," *IEEE Micro,* vol.12, pp.32~0.
Bourlard, H.A., and N. Morgan, 1994. *Connectionist Speech Recognition: A Hybrid Approach,* Boston: Kluwer.
Bourlard, H.A., and C.J. Wellekens, 1990. "Links between Markov models and multilayer perceptrons," *IEEE Transactions on Pattern Analysis and Machine Intelligence,* vol. PAMI-12, pp.1167-1178.
Box, G.E.P., and G.M. Jenkins, 1976. *Time Series Analysis: Forecasting and Control,* San Francisco: Holden Day.
Braitenberg, V., 1967. "Is the cerebella cortex a biological clock in the millisecond range?" in *The Cerebellum. Progress in Brain Research,* C.A. Fox and R.S. Snider, eds., vol. 25 pp. 334-346, Amsterdam: Elsevier.
Braitenberg,V., 1990. "Reading the structure of brains," *Network: Computation in Neural Systems,* vol. l, pp. l-12.
Braitenberg, V., 1986. "Two views of the cerebral cortex," in *Brain Theory,* G. Palm and A. Aertsen, eds., pp.81-96. New York: Springer-Verlag.
Braitenberg, V., 1984. *Vehicles: Experiments in Synthetic Psychology,* Cambridge, MA: MIT Press.
Braitenberg, V., 1977. *On the Texture of Brains,* New York: Springer-Verlag.
Bregman, A.S., 1990. *Auditory Scene Analysis: The Perceptual Organization of Sound,* Cambridge, MA: MIT Press.
Breiman, L., 1996a. "Bagging predictors." *Machine Learning,* vol.24, pp.123-140.
Breiman, L., 1996b. "Bias, variance, and arcing classifiers," *Technical Report 460,* Statistics Department, University of California, Berkeley, Calif.
Breiman, L., J. Friedman, R. Olshen, and C. Stone, 1984. *Classification and Regression Trees,* New York: Chapman and Hall.
Bridle, J.S., 1990a. "Probabilistic interpretation of feedforward classification network outputs, with relationships to statistical pattern recognition," in *Neuro-computing:Algorithms, Architectures and Applications,* F. Fougelman-Soulie and J. Hérault, eds., New York: Springer-Verlag.
Bridle, J.S., 1990b. "Training stochastic model recognition algorithms as networks can lead to maximum mutual information estimation of parameters," *Advances in Neural Information Processing Systems,* vol.2, pp.211-217, San Mateo, CA: Morgan Kaufmann.

Brodal, A., 1981. *Neurological Anatomy in Relation to Clinical Medicine*, 3rd edition, New York: Oxford University Press.
Brodmann, K., 1909. *Vergleichende Lokalisationslehre der Grosshirurinde*, Leipzig: J.A. Barth.
Brogan, W.L., 1985. *Modern Control Theory*, 2nd edition, Englewood Cliffs, NJ: Prentice-Hall.
Broomhead, D.S., and D. Lowe, 1988. "Multivariable functional interpolation and adaptive networks," *Complex Systems*, vol.2, pp.321-355.
Brown, T.H., E.W. Kairiss, and C.L. Keenan, 1990. "Hebbian synapses: Biophysical mechanisms and algorithms," *Annual Review of Neuroscience*, vol.13, pp.475-511.
Bruck, J., 1990. "On the convergence properties of the Hopfield model," *Proceedings of the IEEE*, vol. 78, pp.1579-1585.
Bryson, A.E., Jr., and Y.C. Ho, 1969. *Applied Optimal Control*, Blaisdell. (Revised printing, 1975, Hemisphere Publishing, Washington, DC).
Burg, J.P., 1975. *Modern Spectral Estimation*, Ph.D. Thesis, Stanford University, Stanford, Calif.
Burges, C.J.C., 1998. "A tutorial on support vector machines for pattern recognition," *Data Mining and Knowledge Discovery*, to appear.
Cacoullos, T., 1966. "Estimation of a multivariate density," *Annals of the Institute of Statistical Mathematics (Tokyo)*, vol. 18, pp. 179-189.
Caianiello, E.R., 1961. "Outline of a theory of thought-processes and thinking machines," *Journal of Theoretical Biology*, vol. l, pp.204-235.
Cameron, S.H., 1960. Tech. Report 60-600, *Proceedings of the Bionics Symposium*, pp. 197-212, Wright Air Development Division, Dayton, Ohio.
Cardoso, J.-F., 1998a. "Blind signal separation: A review," *Proceedings of the IEEE*, vol.86, a ser lançado.
Cardoso, J.-F., 1998b. "Multidimensional independent component analysis," *Proceedings IEEE ICASSP*, Seattle, WA, May.
Cardoso, J.-F., 1997. "Infomax and maximum likelihood for blind source separation," *IEEE Signal Processing Letters*, vol.4, pp.112- 114.
Cardoso, J.-F.,1996. "Entropic contrasts for source separation," Apresentado na NIPS 96 *Workshop on Blind Signal Processing* organizado por A. Cichoki at Snomass, Colo. Será um capítulo do livro *Unsupervised Adaptive Filtering*, S. Haykin, ed., New York: Wiley.
Cardoso, J.-F., and B. Laheld, 1996. "Equivariant adaptive source separation," *IEEE Transactions on Signal Processing*, vol. 44, pp. 3017-3030.
Cardoso, J.-F., and A. Souloumia, 1993. "Blind beamforming for non-Gaussian signals," *IEE Proceedings (London), Part F*, vol.140, pp.362- 370.
Carpenter, G.A., and S. Grossberg, 1987."A massively parallel architecture for a self-organizing neural pattern recognition machine," *Computer Vision, Graphics, and Image Processing*, vol.37, pp.54-115.
Carpenter, G.A., M.A. Cohen, and S. Grossberg, 1987. Technical comments on "Computing with neural networks," *Science*, vol.235, pp.1226-1227.
Carpenter, G.A., and S. Grossberg, 1995. "Adaptive resonance theory (ART)," in M.A. Arbib, ed., *The Handbook of Brain Theory and Neural Networks*, pp.79-82, Cambridge, MA: MIT Press.
Casdagli, M., 1989. "Nonlinear prediction of chaotic time-series," *Physica*, vol.35D, pp.335-356.
Černy, V., 1985. "Thermodynamic approach to the travelling salesman problem," *Journal of Optimization Theory and Applications*, vol.45, pp.41-51.
Changeux, J.P., and A. Danchin, 1976. "Selective stabilization of developing synapses as a mechanism for the specification of neural networks," *Nature*, vol.264, pp.705-712.
Chatterjee, C., V.P. Roychowdhhury, and E.K.P. Chong, 1998. "On relative convergence properties of principal component algorithms," *IEEE Transactions on Neural Networks*, vol.9, pp.319-329.
Chen, H., and R.-W Liu, 1992. "Adaptive distributed orthogonalization processing for principal components analysis," *International Conference on Acoustics, Speech, and Signal Processing*, vol. 2, pp. 293-296, San Francisco.
Chen, S., 1995. "Nonlinear time series modelling and prediction using Gaussian RBF networks with enhanced clustering and RLS learning," *Electronics Letters*, vol.31, No.2, pp.117-118.
Chen, S., S. Billings, and P. Grant, 1990. "Non-linear system identification using neural networks," *International Journal of Control*, vol.51, pp.1191-1214.
Chen, S., B. Mulgrew, and S. McLaughlin, 1992. "Adaptive Bayesian feedback equalizer based on a radial basis function network," *IEEE International Conference on Communications*, vol.3, pp.1267-1271, Chicago.
Cherkassky, V., and F. Mulier, 1995. "Self-organization as an iterative kernel smoothing process," *Neural Computation*, vol.7, pp.1165-1177.
Cherkassky, V., and F. Mulier, 1998. *Learning from Data: Concepts, Theory and Methods*, New York: Wiley.
Cherry, E.C., 1953. "Some experiments on the recognition of speech, with one and with two ears," *Journal of the Acoustical Society of America*, vol.25, pp.975-979.

Cherry, E.C., and W.K. Taylor, 1954. "Some further experiments upon the recognition of speech, with one and with two ears," *Journal of Acoustical Society of America,* vol.26, pp.554-559.
Chester, D.L., 1990. "Why two hidden layers are better than one," *International Joint Conference on Neural Networks,* vol. I, pp.265-268, Washington, D.C.
Chinrungrueng, C., and C.H. Séquin (1994). "Optimal adaptive k-means algorithm with dynamic adjustment of learning rate," *IEEE Transactions on Neural Networks,* vol.6, pp.157-169.
Choey, M., and A.S. Weigend, 1996. "Nonlinear trading models through Sharp ratio maximization," in A. Weigend, Y.S. Abu-Mostafa, and A.-P.N. Refenes, eds., *Decision Technologies for Financial Engineering,* pp.3-22, Singapore: World Scientific.
Churchland, P.S., 1986. *Neurophilosophy: Toward a Unified Science of the Mind/Brain,* Cambridge, MA: MIT Press.
Churchland, P.S., and T.J. Sejnowski, 1992. *The Computational Brain,* Cambridge, MA: MIT Press.
Cichocki, A., and R. Unbehauen, 1996. "Robust neural networks with on-line learning for blind identification and blind separation of sources," *IEEE Transactions on Circuits and Systems-1: Fundamental Theory and Applications,* vol.43, pp.894-906.
Cichocki, A., R. Ubenhauen, and E. Rummert, 1994. "Robust learning algorithms for blind separation of signals," *Electronics Letters,* vol.30, pp.1386-1387.
Cichocki, A., and L. Moszcsynski, L., 1992. "New learning algorithm for blind separation of sources," *Electronics Letters,* vol.28, pp.1986-1987.
Cleeremans, A., D. Servan-Schreiber, and J.L. McClelland, 1989. "Finite state automata and simple recurrent networks," *Neural Computation,* vol.1, pp.372-381.
Cohen, L., 1995. *Time-Frequency Analysis,* Englewood Cliffs, NJ: Prentice-Hall.
Cohen, M.A., 1992a. "The synthesis of arbitrary stable dynamics in non-linear neural networks II: Feedback and universality," *International Joint Conference on Neural Networks,* vol. I, pp.141-146, Baltimore.
Cohen, M.A., 1992b. "The construction of arbitrary stable dynamics in nonlinear neural networks," *Neural Networks,* vol.5, pp.83-103.
Cohen, M.A., and S. Grossberg, 1983. "Absolute stability of global pattern formation and parallel memory storage by competitive neural networks," *IEEE Transactions on Systems, Man, and Cybernetics,* vol. SMC-13, pp.815-826.
Cohn, D., and G. Tesauro, 1992. "How tight are the Vapnik-Chervonenkis bounds?" *Neural Computation,* vol.4, pp.249-269.
Comon, P., 1995. "Supervised classification, a probabilistic approach," *European Symposium on Artificial Neural Networks,* pp.111-128, Brussels, Belgium.
Comon, P., 1994. "Independent component analysis: A new concept?" *Signal Processing,* vol.36, pp.287- 314.
Comon, P., 1991. "Independent component analysis," *Proceedings of International Signal Processing Workshop on Higher-order Statistics,* pp.111-120, Chamrousse, France.
Constantine-Paton, M., H.T. Cline, and E. Debski, 1990. "Patterned activity, synaptic convergence, and the NMDA receptor in developing visual pathways," *Annual Review of Neuroscience,* vol.13, pp.129- 154.
Cook, A.S., 1971. "The complexity of theorem-proving procedures," *Proceedings of the 3rd Annual ACM Symposium on Theory of Computing,* pp.151-158, New York.
Cook, P.A., 1986. *Nonlinear Dynamical Systems,* London: Prentice-Hall International.
Cooper, L.N., 1973. "A possible organization of animal memory and learning," *Proceedings of the Nobel Symposium on Collective Properties of Physical Systems,* B. Lundquist and S. Lundquist, eds., pp.252- 264, New York: Academic Press.
Cormen, T.H., C.E. Leiserson, and R.R. Rivest, 1990. *Introduction to Algorithms.* Cambridge, MA: MIT Press.
Cortes, C., and V. Vapnik, 1995. "Support vector networks," *Machine Learning,* vol.20, pp.273-297.
Cottrell, M., and J.C. Fort, 1986. "A stochastic model of retinotopy: A self organizing process," *Biological Cybernetics,* vol.53, pp.405-411.
Cottrell, M., J.C. Fort, and G. Pagés, 1997. "Theoretical aspects of the SOM algorithm," *Proceedings of the Workshop on Self-Organizing Maps,* Espoo, Finland.
Cottrell, G.W., and J. Metcalfe, 1991. "EMPATH: Face, emotion, and gender recognition using holons," *Advances in Neural Information Processing Systems,* vol. 3, pp. 564-571, San Mateo, CA: Morgan Kaufmann.
Cottrell, G.W., P. Munro, and D. Zipser, 1987. "Learning internal representations from gray-scale images: An example of extensional programming," *Proceedings of the 9th Annual Conference of the Cognitive Science Society,* pp.461-473.
Courant, R., and D. Hilbert, 1970. *Methods of Mathematical Physics,* vol. I and II, New York: Wiley Interscience.
Cover, T.M., 1968. "Capacity problems for linear machines," In L. Kanal, ed., *Pattern Recognition,* pp.283-289, Washington, DC: Thompson Book Co.
Cover, T.M., 1965. "Geometrical and statistical properties of systems of linear inequalities with applications in pattern recognition," *IEEE Transactions on Electronic Computers,* vol. EC-14, pp.326- 334.

Cover, T.M., and P.E. Hart, 1967. "Nearest neighbor pattern classification," *IEEE Transactions on Information Theory,* vol. IT-13, pp.21-27.
Cover, T.M., and J.A. Thomas, 1991. *Elements of Information Theory,* New York: Wiley.
Cowan, J.D., 1990. "Neural networks: The early days," *Advances in Neural Information Processing Systems,* vol.2, pp.828-842, San Mateo, CA: Morgan Kaufmann.
Cowan, J.D., 1968. "Statistical mechanics of nervous nets," in *Neural Networks,* E.R. Caianiello, ed., pp.181-188, Berlin: Springer-Verlag.
Cowan, J.D.1967. "A Mathematical Theory of Central Nervous Activity," Ph.D. Thesis, University of London.
Cowan, J.D.1965. "The problem of organismic reliability," *Progress in Brain Research,* vol.17, pp.9-63.
Cowan, J.D., and M.H. Cohen, 1969. "The role of statistical mechanics in neurobiology," *Journal of the Physical Society of Japan,* vol.26, pp.51-53.
Cowan, J.D., and D.H. Sharp, 1988. "Neural nets," *Quarterly Reviews of Biophysics,* vol.21, pp.365-427.
Cragg, B.G., and H.N.V. Tamperley, 1955. "Memory: The analogy with ferromagnetic hysteresis," *Brain,* vol. 78, part II, pp. 304-316.
Cragg, B.G., and H.N.V. Tamperley, 1954. "The organization of neurons: A cooperative analogy," *EEG Clinical Neurophysiology,* vol. 6, pp. 85-92.
Craik, K.J.W., 1943. *The Nature of Explanation,* Cambridge: Cambridge University Press.
Craven, P., and G. Wahba,1979. "Smoothing noisy data with spline functions: Estimating the correct degree of smoothing by the method of generalized cross-validation," *Numerische Mathematik.,* vol.31, pp.377-403.
Crick, F., 1989. "The recent excitement about neural networks," *Nature,* vol.337, pp.129-132.
Crites, R.H., and A.G. Barto, 1996. "Improving elevator performance using reinforcement learning," *Advances in Neural Information Processing Systems,* vol.8, pp.1017-1023, Cambridge, MA: MIT Press.
Crutchfield, J.P., J.D. Farmer, N.H. Packard, and R.S. Shaw, 1986. "Chaos," *Scientific American,* vol. 255(6), pp.38-49.
Cybenko, G., 1995. "Q-learning: A tutorial and extensions." Presented at *Mathematics of Artificial Neural Networks,* Oxford University, England, July 1995.
Cybenko, G., 1989. "Approximation by superpositions of a sigmoidal function," *Mathematics of Control, Signals, and Systems,* vol.2, pp.303-314.
Cybenko, G., 1988. "Approximation by superpositions of a sigmoidal function," Urbana, IL.: University of Illinois.
Darken, C., and J. Moody, 1992. "Towards faster stochastic gradient search," *Advances in Neural Information Processing Systems,* vol.4, pp.1009-1016, San Mateo, CA: Morgan Kaufmann.
Darmois, G., 1953. "Analyse generale des liaisons stochastiques," *Rev. Inst. Internat. Stat.,* vol. 21, pp. 2- 8.
Dasarathy, B.V., ed., 1991. *Nearest Neighbor (NN) Norms: NN Pattern Classification Techniques,* Los Alamitos, CA: IEEE Computer Society Press.
Daubechies, I., 1990. "The wavelet transform, time-frequency," *IEEE Transactions on Information Theory,* vol. IT-36, pp.961-1005.
Daubechies, I., 1992. *Ten Lectures on Wavelets,* SIAM.
Davis, P.J.,1963. *Interpolation and Approximation,* New York: Blaisdell.
Dayan, P., and G.E. Hinton, 1996. "Varieties of Helmholtz machine," *Neural Networks,* vol.9, pp.1385- 1403.
Dayan, P., G.E. Hinton, R.M. Neal, and R.S. Zemel, 1995. "The Helmholtz machine," *Neural Computation,* vol.7, pp.889-904.
Debnath, L., and P. Mikusiński, 1990. *Introduction to Hilbert Spaces with Applications,* New York: Academic Press.
Deco, G., W. Finnoff, and H.G. Zimmermann, 1995. "Unsupervised mutual information criteria for elimination of overtraining in supervised multilayer networks," *Neural Computation,* vol.7, pp.86-107.
Deco, G., and D. Obradovic, 1996. *An Information-Theoretic Approach to Neural Computing,* New York: Springer.
de Figueiredo, R.J.P., 1980. "Implications and applications of Kolmogorov's superposition theorem," *IEEE Transactions on Automatic Control,* vol. AC-25, pp.1227- 1230.
de Figueiredo, R.J.P., and G. Chen, 1993. *Nonlinear Feedback Control Systems,* New York: Academic Press.
DeMers, D., and G. Cottrell, 1993. "Non-linear dimensionality reduction," *Advances in Neural Information Processing Systems,* vol.5, pp.580-587. San Mateo, CA: Morgan Kaufmann.
Dempster, A.P., N.M. Laird, and D.B. Rubin, 1977. "Maximum likelihood from incomplete data via the EM algorithm," (with discussion), *Journal of the Royal Statistical Society.,* B. vol.39, pp.1- 38.
Denardo, E.V., 1967. "Contraction mappings in the theory underlying dynamic programming," *SIAM,* Review, vol.9, pp.165-177.
DeSieno, D., 1988. "Adding a conscience to competitive learning," *IEEE International Conference on Neural Networks,* vol. I, pp.117-124, San Diego, CA.
deSilva, C.J.S., and Y. Attikiouzel, 1992. "Hopfield networks as discrete dynamical systems," *International Joint Conference on Neural Networks,* vol. III, pp.115-120, Baltimore.

deVries, B., and J.C. Principe, 1992. "The gamma model–A new neural model for temporal processing," *Neural Networks,* vol.5, pp.565-576.
Devroye, L., 1991. "Exponential inequalities in nonparametric estimation," in *Nonparametric Functional Estimation and Related Topics,* G. Roussas, ed., pp.31-44. Boston: Kluwer.
Diamantaras, K.I., and S.Y. Kung, 1996. *Principal Component Neural Networks: Theory and Applications,* New York: Wiley.
Dohrmann, C.R., H.R. Busby, and D.M. Trujillo, 1988. "Smoothing noisy data using dynamic programming and generalized cross-validation," *Journal of Biomechanical Engineering,* vol.110, pp.37-41.
Domany, E., J.L. van Hemmen, and K. Schulten, eds., 1991. *Models of Neural Networks,* New York: Springer Verlag.
Dony, R.D., and S. Haykin, 1997. "Image segmentation using a mixture of principal components representation," *IEE Proceedings (London), Image and Signal Processing,* vol.144, pp.73-80.
Dony, R.D., and S. Haykin, 1995. "Optimally adaptive transform coding," *IEEE Transactions on Image Processing,* vol.4, pp.1358-1370.
Dorny, C.N., 1975. *A Vector Space Approach to Models and Optimization,* New York: Wiley (Interscience).
Douglas, S.C., and S. Haykin, 1997. "On the relationship between blind deconvolution and blind source separation," *Thirty-First Asilomar Conference on Signals, Systems, and Computers* Pacific Grove, California, November.
Doyle, J.C., K. Glover, P. Khargonekar, and B. Francis, 1989. "State-space solutions to standard H_2 and H_∞ control problems," *IEEE Transactions on Automatic Control,* vol. AC-34, pp.831-847.
Drucker, H., C. Cortes, L.D. Jackel, and Y. LeCun, 1994. "Boosting and other ensemble methods." *Neural Computation,* vol.6, pp.1289-1301.
Drucker, H., R.E. Schapire, and P. Simard, 1993. "Improving performance in neural networks using a boosting algorithm," *Advances in Neural Information Processing Systems,* vol. 5, pp. 42-49, Cambridge, MA: MIT Press.
Dubois, D., and H. Prade, 1980. *Fuzzy Sets and Systems: Theory and Applications,* New York: Academic Press.
Duda, R.O., and P.E. Hart, 1973. *Pattern Classification and Scene Analysis,* New York: Wiley.
Dunford, N., and J.T. Schwartz, 1966. *Linear Operators, Part 1,* New York: Wiley.
Durbin, R., C. Miall, and G. Mitchison, eds., 1989. *The Computing Neuron,* Reading, MA: Addison-Wesley.
Durbin, R., and D.E. Rumelhart, 1989. "Product units: A computationally powerful and biologically plausible extension to backpropagation networks," *Neural Computation,* vol. l, pp.133-142.
Durbin, R., and D. Willshaw, 1987. "An analogue approach to the travelling salesman problem using an elastic net method," *Nature,* vol.326, pp.689-691.
Dyn, N., 1987. "Interpolation of scattered data by radial functions," in *Topics in Multivariate Approximation,* C.K. Chui, L.L. Schumaker, and F.I. Uteras, eds., pp.47-61, Orlando, FL: Academic Press.
Edelman, G.M., 1987. *Neural Darwinism,* New York: Basil Books.
Edelman, G.M., 1973. "Antibody structure and molecular immunology," *Science,* vol.180, pp.830-840.
Eeckman, F.H., 1988. "The sigmoid nonlinearity in prepyriform cortex," *Neural Information Processing Systems,* pp.242-248, New York: American Institute of Physics.
Eeckman, F.H., and W.J. Freeman, 1986. "The sigmoid nonlinearity in neural computation: An experimental approach," *Neural Networks for Computing,* J.S. Denker, ed., pp.135-145, New York: American Institute of Physics.
Eggermont, J.J., 1990. *The Correlative Brain: Theory and Experiment in Neural Interaction,* New York: Springer-Verlag.
El Hihi, S., and Y. Bengio, 1996. "Hierarchical recurrent neural networks for long-term dependencies," *Advances in Neural Information Processing Systems,* vol.8, pp.493-499, MIT Press.
Elman, J.L., 1990. "Finding structure in time," *Cognitive Science,* vol.14, pp.179-211.
Elman, J.L., E.A. Bates, M.H. Johnson, A. Karmiloff-Smith, D. Parisi, and K. Plunkett, 1996. *Rethinking Innateness:A Connectionist Perspective on Development,* Cambridge, MA: MIT Press.
Erwin, E., K. Obermayer, and K. Schulten, 1995. "Models of orientation and ocular dominance columns in the visual cortex: A critical comparison," *Neural Computation,* vol.7, pp.425-468.
Erwin, E., K. Obermayer, and K. Schulten, 1992a. "I: Self-organizing maps: Stationary states, metastability and convergence rate," *Biological Cybernetics,* vol.67, pp.35-45.
Erwin, E., K. Obermayer, and K. Schulten, 1992b. "II: Self-organizing maps: Ordering, convergence properties and energy functions," *Biological Cybernetics,* vol.67, pp.47-55.
Faggin, F., 1991. "VLSI implementation of neural networks," Tutorial Notes, *International Joint Conference on Neural Networks,* Seattle.
Faggin, F., and C. Mead, 1990. "VLSI Implementation of Neural Networks," *An Introduction to Neural and Electronic Networks,* S.F. Zornetzer, J.L. Davis, and C. Lau, eds., pp.275-292, New York: Academic Press.
Fahlman, S.E., and C. Lebiere, 1990. "The cascade-correlation learning architecture," *Advances in Neural Information Processing Systems,* vol.2, pp.524-532, San Mateo, CA: Morgan Kaufmann.
Farmer, J.D., and J. Sidorowich, 1987. "Predicting chaotic time series," *Physical Review Letters,* vol. 59, pp.845-848.

Feldkamp, L.A., and G.V. Puskorius, 1997. "Adaptive behavior from fixed weight networks," *Information Sciences*, vol.98, pp.217- 235.

Feldkamp, L.A., and G.V. Puskorius, 1998. "A signal processing framework based on dynamic neural networks with application to problems in adaptation, filtering and classification," *Proceedings of the IEEE*, vol.86, a ser lançado.

Feldkamp, L.A., G.V. Puskorius, and PC. Moore, 1997. "Adaptation from fixed weight networks," *Information Sciences*, vol.98, pp.217- 235.

Feldman, J.A., 1992. "Natural computation and artificial intelligence," Plenary Lecture presented at the *International Joint Conference on Neural Networks*, Baltimore.

Feller, W., 1968. *An Introduction to Probability Theory and its Applications*, vol. 1, 3rd edition, New York: John Wiley; 1st edition, 1950.

Fischler, M.A., and O. Firschein, 1987. *Intelligence: The Eye, The Brain, and The Computer*, Reading, MA: Addison-Wesley.

Fisher, R.A., 1925. "Theory of statistical estimation," *Proceedings of the Cambridge Philosophical Society*, vol.22, pp.700-725.

Fix, E., and J.L. Hodges, 1951. "Discriminatory analysis: Nonparametric discrimination: Consistency properties," *USAF School of Aviation Medicine*, Project 21-49-004, Report no.4, pp.261-279, Randolph Field,Texas.

Fletcher, R., 1987. *Practical Methods of Optimization*, 2nd edition, New York: Wiley.

Fodor, J.A., 1983. *Modularity of Mind*, Cambridge, MA: MIT Press.

Fodor, J.A., and Z.W. Pylyshyn, 1988. "Connectionism and cognitive architecture: a critical analysis," *Cognition*, vol.28, pp.3-72.

Földiak, P., 1989. "Adaptive network for optimal linear feature extractions," *IEEE International Joint Conference on Neural Networks*, vol. I, pp.401-405, Washington, DC.

Forcada, M.L., and R.C. Carrasco, 1995. "Learning the initial state of a second-order recurrent neural network during regular-language inference," *Neural Computation*, vol.7, pp.923-930.

Forney, G.D., Jr., 1973. "The Viterbi algorithm," *Proceedings of the IEEE*, vol.61, pp.268-278.

Forte, J.C., and G. Pagés, 1995. "On the a.s. convergence of the Kohonen algorithm with a general neighborhood function," *Annals of Applied Probability*, vol.5, pp.1177-1216.

Forte, J.C., and G. Pages, 1996. "Convergence of stochastic algorithm: From the Kushner and Clark theorem to the Lyapunov functional," *Advances in Applied Probability*, vol.28, pp.1072-1094.

Frasconi, P., M. Gori, and G. Soda, 1992. "Local feedback multilayered networks," *Neural Computation*, vol.4, pp.120-130.

Frasconi, P., and M. Gori, 1996. "Computational capabilities of local-feedback recurrent networks acting as finite-state machines," *IEEE Transactions on Neural Networks*, vol.7, pp.1521-1524.

Fraser, A.M., 1989. "Information and entropy in strange attractors," *IEEE Transactions on Information Theory*, vol. 35, pp. 245-262.

Freeman, J.A., and D.M. Sakpura, 1991. *Neural Networks: Algorithms, Applications, and Programming Techniques*, Reading, MA: Addison-Wesley.

Freeman, W.J., 1995. *Societies of Brains*. Hillsdale, NJ: Lawrence Erlbaum.

Freeman, W.J., 1992. "Tutorial on neurobiology: From single neurons to brain chaos," *International Journal of Bifurcation and Chaos in Applied Sciences and Engineering*, vol.2, pp.451-482.

Freeman, W.J.,1991. "The physiology of perception," *Scientific American*, vol.264 (2), pp.78-85.

Freeman, W.J., 1988. "Why neural networks don't yet fly: Inquiry into the neurodynamics of biological intelligence," *IEEE International Conference on Neural Networks*, vol. II, pp.1-7, San Diego, CA.

Freeman, W.J., 1987. "Simulation of chaotic EEG patterns with a dynamic model of the olfactory system," *Biological Cybernetics*, vol.56, pp.139-150.

Freeman, W.J.,1975. *Mass Action in the Nervous System*, New York: Academic Press.

Fregnac, Y., and D. Schulz, 1994. "Models of synaptic plasticity and cellular analogs of learning in the developing and adult vertebrate visual cortex," *Advances in Neural and Behavioral Development*, vol. 4, pp.149-235, Norwood, NJ: Neural Ablex.

Freund, Y., 1995. "Boosting a week learning algorithm by majority," *Information computation*. vol. 121. pp.256-285.

Freund, Y., and R.E. Schapire, 1997. "A decision-theoretic generalization of on-line learning and an application to boosting." *Journal of Computer and System Sciences*, vol.55, pp.119-139.

Freund, Y., and R.E. Schapire, 1996a. "Experiments with a new boosting algorithm," *Machine Learning: Proceedings of the Thirteenth International Conference*, pp.148-156, Bari, Italy.

Freund, Y., and R.E. Schapire, 1996b. "Game theory, On-line prediction and boosting," *Proceedings of the Ninth Annual Conference on Computational Learning Theory*, pp.325-332, Desenzano del Garda, Italy.

Friedman, J.H., 1995. "An overview of prediction learning and function approximation," In V. Cherkassky, J.H. Friedman, and H. Wechsler, eds., *From Statistics to Neural Networks: Theory and Pattern Recognition Applications*, New York: Springer-Verlag.

Fukunaga, K., 1990. *Statistical Pattern Recognition*, 2nd edition, New York: Academic Press.
Fukushima, K., 1995. "Neocognitron: A model for visual pattern recognition," in M.A. Arbib, ed., *The Handbook of Brain Theory and Neural Networks*, Cambridge, MA: MIT Press.
Fukushima, K., 1988a. "A hierarchical neural network model for selective attention," in *Neural Computers*, R. Eckmiller and C. von der Malsburg, eds., pp.81-90, NATO ASI Series, New York: Springer-Verlag.
Fukushima, K., 1988b. "Neocognitron: A hierarchical neural network capable of visual pattern recognition." *Neural Networks*, vol.1, pp.119-130.
Fukushima, K., 1980. "Neocognitron: A self-organizing neural network model for a mechanism of pattern recognition unaffected by shift in position," *Biological Cybernetics*, vol.36, 193-202.
Fukushima, K., 1975. "Cognitron: A self-organizing multi-layered neural network," *Biological Cybernetics*, vol.20, pp.121-136.
Fukushima, K., S. Miyake, and T. Ito, 1983. "Neocognitron: A neural network model for a mechanism of visual pattern recognition," *IEEE Transactions on Systems, Man, and Cybernetics*, vol. SMC-13, pp.826-834.
Funahashi, K., 1989. "On the approximate realization of continuous mappings by neural networks," *Neural Networks*, vol.2, pp.183-192.
Gabor, D., 1954. "Communication theory and cybernetics," *IRE Transactions on Circuit Theory*, vol. CT-1, pp.19-31.
Gabor, D., W.P.L. Wilby, and R. Woodcock, 1960. "A universal non-linear filter, predictor, and simulator which optimizes itself by a learning process," *Proceedings of the Institution of Electrical Engineers*, London, vol.108, pp.422-435.
Galland, C.C., 1993. "The limitations of deterministic Boltzmann machine learning," *Network*, vol.4, pp.355-379.
Gallant, A.R., and H. White, 1988. "There exists a neural network that does not make avoidable mistakes," *IEEE International Conference on Neural Networks*, vol. I, pp.657-664, San Diego, CA.
Gallant, A.R., and H. White, 1992. "On learning the derivatives of an unknown mapping with multilayer feedforward networks," *Neural Networks*, vol.5, pp.129-138.
Gallant, S.I., 1993. *Neural Network Learning and Expert Systems*, Cambridge, MA: MIT Press.
Gallistel, C.R., 1990. *The Organization of Learning*, Cambridge, MA: MIT Press.
Gardner, E., 1987. "Maximum storage capacity in neural networks," *Electrophysics Letters*, vol.4, pp.481-85.
Garey, M.R., and D.S. Johnson, 1979. *Computers and Intractability*, New York: W.H. Freeman.
Gee, A.H., 1993. "Problem solving with optimization networks," Ph.D. dissertation, University of Cambridge.
Gee, A.H., S.V.B. Aiyer, and R. Prager, 1993. "An analytical framework for optimizing neural networks." *Neural Networks*, vol.6, pp.79-97.
Geisser, S., 1975. "The predictive sample reuse method with applications," *Journal of the American Statistical Association*, vol.70, pp.320-328.
Gelfand, A.E., and A.F.M. Smith, 1990. "Sampling-based approaches to calculating marginal densities," *Journal of the American Statistical Association*, vol.85, pp.398-409.
Geman, S., and D. Geman, 1984. "Stochastic relaxation, Gibbs distributions, and the Bayesian restoration of images," *IEEE Transactions on Pattern Analysis and Machine Intelligence*, vol. PAMI-6, pp.721- 741.
Geman, S., E. Bienenstock, and R. Doursat, 1992. "Neural networks and the bias/variance dilemma," *Neural Computation*, vol.4, pp.1-58.
Gersho, A., 1982. "On the structure of vector quantizers," *IEEE Transactions on Information Theory*, vol. IT-28, pp.157-166.
Gersho, A., and R.M. Gray, 1992. *Vector Quantization and Signal Compression*, Norwell, MA: Kluwer.
Gerstein, G.L., P. Bedenbaugh, and A.M.H.J. Aersten, 1989. "Neural assemblies," *IEEE Transactions on Biomedical Engineering*, vol.36, pp.4-14.
Gibbs, J.W.,1902. "Elementary principles in statistical mechanics," reproduced in vol.2 of *Collected Works of J. Willard Gibbs in Two Volumes*, New York: Longmans, Green and Co., 1928.
Gibson, G.J., and C.F.N. Cowan, 1990. "On the decision regions of multilayer perceptrons," *Proceedings of the IEEE*, vol.78, pp.1590-1599.
Gidas, B., 1985. "Global optimization via the Langevin equation," *Proceedings of 24th Conference on Decision and Control*, pp.774-778, Ft. Lauderdale, FL.
Giles, C.L., 1996. "Dynamically driven recurrent neural networks: Models, learning algorithms, and applications," Tutorial #4, *International Conference on Neural Networks*, Washington, DC.
Giles, C.L., D. Chen, G.Z. Sun, H.H. Chen, Y.C. Lee, and M.W. Goudreau, 1995. "Constructive learning of recurrent neural networks: Limitations of recurrent cascade correlation with a simple solution," *IEEE Transactions on Neural Networks*, vol.6, pp.829-836.
Giles, C.L., T. Lin, and B.G. Home, 1997. "Remembering the past: The role of embedded memory in recurrent neural network architectures," *Neural Networks for Signal Processing*, VII, Proceedings of the 1997 IEEE Workshop, IEEE Press, p.34.

Giles, C.L., and T. Maxwell, 1987. "Learning, invariance, and generalization in higher-order neural networks," *Applied Optics,* vol.26, pp.4972-4978.
Giles, C.L., and B.G. Home, 1994. "Representation of learning in recurrent neural network architectures," *Proceedings of the Eighth Yale Workshop on Adaptive and Learning Systems,* pp.128-134, Yale University, New Haven, Ct.
Giles, C.L., C.B. Miller, D. Chen, H.H. Chen, G.Z. Sun, and Y.C. Lee, 1992. "Learning and extracting finite state automata with second-order recurrent neural networks," *Neural Computation,* vol.4, pp.393-405.
Giles, C.L., G.Z. Sun, H.H. Chen, Y.C. Lee, and D. Chen, 1990. "Higher order recurrent networks and grammatical inference," *Advances in Neural Information Processing Systems,* vol. 2, pp. 380-387, San Mateo, CA: Morgan Kaufmann.
Gill, P., S. Hammarling, W. Murray, M. Saunders, and M. Wright, 1986. "User's guide for LSSOL," Technical Report 86-1, Systems Optimization Laboratory, Stanford University, Stanford, CA.
Gill, P., and W. Murray, 1991. "Inertia-controlling methods for general quadratic programming," *SIAM Review,* vol.33, pp.1-36.
Girosi, F., and G. Anzellotti, 1992. "Rates of convergence of approximation by translates," *A.I. Memo 1288,* Artificial Intelligence Laboratory, MIT Cambridge, MA.
Girosi, F., M. Jones, and T. Poggio, 1995. "Regularization theory and neural networks architectures," *Neural Computation,* vol.7, pp.219-269.
Girosi, F., and T. Poggio, 1990. "Networks and the best approximation property," *Biological Cybernetics,* vol.63, pp.169-176.
Glauber, R.J., 1963. "Time-dependent statistics of the Ising model," *Journal of Mathematical Physics,* vol. 4, pp.294-307.
Goggin, S.D.D., K.M. Johnson, and K. Gustafson, 1989. "Primary and recency effects due to momentum in back-propagation learning," *OCS Technical Report 89-25,* Boulder, CO.: University of Colorado.
Golden, R.M., 1996. *Mathematical Methods for Neural Network Analysis and Design,* Cambridge, MA: MIT Press.
Golden, R.M., 1986. "The 'Brain-State-in-a-Box' neural model is a gradient descent algorithm," *Journal of Mathematical Psychology,* vol.30, pp.73-80.
Goles, E., and S. Martinez, 1990. *Neural and Automata Networks,* Dondrecht, The Netherlands: Kluwer.
Golub, G.H., and C.G. Van Loan, 1996. *Matrix Computations,* 3rd edition, Baltimore: Johns Hopkins University Press.
Goodman, R.M., C.M. Higgins, J.W. Miller, and P. Smyth, 1992. "Rule-based neural networks for classification and probability estimation," *Neural Computation,* vol.4, pp.781-804.
Gori, M., and A. Tesi, 1992. "On the problem of local minima in backpropagation," *IEEE Transactions on Pattern Analysis and Machine Intelligence,* vol.14, pp.76-86.
Gorin, A., 1992. "Network structure, generalization and adaptive language acquisition," *Proceedings of the Seventh Yale Workshop on Adaptive and Learning Systems,* pp.155-160, Yale University, New Haven, CT.
Goudreau, M.W., and C.L. Giles, 1995. "Using recurrent neural networks to learn the structure of interconnection networks," *Neural Networks,* vol.8, pp.793-804.
Goudreau, M.W., C.L. Giles, S.T. Chakradhar, and D. Chen, 1994. "First-order vs. second-order single-layer recurrent neural networks," *IEEE Transactions on Neural Networks,* vol.5, pp.511-513.
Granger, R., J. Whitson, J. Larson, and G. Lynch, 1994. "Non-Hebbian properties of LTP enable high-capacity encoding of temporal sequences", *Proceedings of the National Academy of Sciences of the U.S.A.,* a ser lançado.
Grassberger, I., and I. Procaccia, 1983. "Measuring the strangeness of strange attractors," *Physica D,* vol. 9, pp.189-208.
Graubard, S.R., ed., 1988. *The Artificial Intelligence Debate: False Starts, Real Foundations,* Cambridge, MA: MIT Press.
Gray, R.M., 1990. *Entropy and Information Theory,* New York: Springer-Verlag.
Gray, R.M., 1988. *Probability, Random Processes, and Ergodic Properties,* New York: Springer-Verlag.
Gray, R.M., 1984. "Vector quantization," *IEEE ASSP Magazine,* vol.1, pp.4-29.
Gray, R.M., and L.D. Davisson, 1986. *Random Processes: A Mathematical Approach for Engineers,* Englewood Cliffs, NJ: Prentice-Hall.
Green, M., and D.J.N. Limebeer, 1995. *Linear Robust Control,* Englewood Cliffs, NJ: Prentice-Hall.
Greenberg, H.J., 1988. "Equilibria of the brain-state-in-a-box (BSB) neural model," *Neural Networks,* vol.1, pp.323-324.
Gregory, R.L., 1970. *The Intelligent Eye,* Wiedefeld and Nicholson, London.
Grenander, U., 1983. *Tutorial in Pattern Theory,* Brown University, Providence, R.I.
Grewal, M.S., and A.P. Andrews, 1993. *Kalman Filtering: Theory and Practice,* Englewood Cliffs, NJ: Prentice-Hall.
Griffiths, L.J., and C.W. Jim, 1982. "An alternative approach to linearly constrained optimum beamforming," *IEEE Transactions on Antennas and Propagation,* vol. AP-30, pp.27-34.
Grossberg, S., 1990. "Content-addressable memory storage by neural networks: A general model and global Liapunov method," In *Computational Neuroscience,* E.L. Schwartz, ed., pp.56-65, Cambridge, MA: MIT Press.
Grossberg, S., 1988a. "Competitive learning: From interactive activation to adaptive resonance," in *Neural Networks and Natural Intelligence,* S. Grossberg, ed., Cambridge, MA: MIT Press.
Grossberg, S., 1988b. *Neural Networks and Natural Intelligence,* Cambridge, MA: MIT Press.

Grossberg, S., 1988c. "Nonlinear neural networks: Principles, mechanisms, and architectures," *Neural Networks*, vol.1, pp.17-61.
Grossberg, S., 1982. *Studies of Mind and Brain*, Boston: Reidel.
Grossberg, S., 1980. "How does a brain build a cognitive code?" *Psychological Review*, vol.87, pp.1-51.
Grossberg, S., 1978a. "Decision, patterns, and oscillations in the dynamics of competitive systems with application to Volterra-Lotka systems," *J. Theoretical Biology*, vol.73, pp.101-130.
Grossberg, S., 1978b. "Competition, decision, and consensus," *J. Mathematical Analysis and Applications*, vol.66, pp.470-493.
Grossberg, S., 1977. "Pattern formation by the global limits of a nonlinear competitive interaction in n dimensions," *J. Mathematical Biology*, vol.4, pp.237-256.
Grossberg, S., 1976a. "Adaptive pattern classification and universal recoding: I. Parallel development and coding of neural detectors," *Biological Cybernetics*, vol.23, pp.121-134;
Grossberg, S., 1976b. "Adaptive pattern classification and universal recoding: II. Feedback, expectation, olfaction, illusions," *Biological Cybernetics*, vol.23, pp.187-202.
Grossberg, S., 1972. "Neural expectation: Cerebellar and retinal analogs of cells fired by learnable or unlearned pattern classes," *Kybernetik*, vol.10, pp.49-57.
Grossberg, S., 1969a. "A prediction theory for some nonlinear functional-difference equations," *Journal of Mathematical Analysis and Applications*, vol.22, pp.490-522.
Grossberg, S., 1969b. "On learning and energy–entropy dependence in recurrent and nonrecurrent signed networks," *Journal of Statistical Physics*, vol.1, pp.319-350.
Grossberg, S., 1968. "A prediction theory for some nonlinear functional-difference equations," *Journal of Mathematical Analysis and Applications* vol.21, pp.643-694, vol.22, pp.490-522.
Grossberg, S., 1967. "Nonlinear difference-differential equations in prediction and learning theory," *Proceedings of the National Academy of Sciences*, USA, vol.58, pp.1329-1334.
Gupta, M.M., and N.K. Sinha, eds. 1996. *Intelligent Control Systems: Theory and Applications*, New York: IEEE Press.
Guyon, I., 1990. *Neural Networks and Applications*, Computer Physics Reports, Amsterdam: Elsevier.
Haffner, P., 1994. "A new probabilistic framework for connectionist time alignment," *Proceedings of ICSLP 94*, pp.1559-1562, Yokohama, Japan.
Haffner, P., M. Franzini, and A. Waibel, 1991. "Integrating time alignment and neural networks for high performance continuous speech recognition," *Proceedings of IEEE ICASSP 91*, pp.105-108.
Haft, M., and J.L. van Hemmen, 1998. "Theory and implementations of infomax filters for the retina," *Network: Computations in Neural Systems*, vol.9, pp.39-71.
Hagiwara, M., 1992. "Theoretical derivation of momentum term in back-propagation," *International Joint Conference on Neural Networks*, vol. I, pp.682-686, Baltimore.
Hajek, B., 1985. "A tutorial survey of theory and applications of simulated annealing," *Proceedings of the 24th Conference on Decision and Control*, IEEE Press, pp.755-760, Ft. Lauderdale, Fla.
Hajek, B., 1988. "Cooling schedules for optimal annealing," *Mathematics of Operations Research*, vol. 13, pp. 311-329.
Hammerstrom, D., 1993a. "Neural networks at work," *IEEE Spectrum*, vol. 30, no. 6, pp. 26-32.
Hammerstrom, D., 1993b. "Working with neural networks," *IEEE Spectrum*, vol. 30, no. 7, pp. 46-53.
Hammerstrom, D., and S. Rahfuss, 1992. "Neurocomputing hardware: Present and future," *Swedish National Conference on Connectionism*, Skovade, Sweden, September.
Hampshire, J.B., and B. Pearlmutter, 1990. "Equivalence proofs for multilayer perceptron classifiers and Bayesian discriminant function," *Proceedings of the 1990 Connectionist Models Summer School*, pp.159-172, San Mateo, CA: Morgan Kaufmann.
Hampson, S.E., 1990. *Connectionistic Problem Solving: Computational Aspects of Biological Learning*, Berlin: Birkhäuser.
Hancock, P.J.B. R. J. Baddeley, and L.S. Smith, 1992. "The principal components of natural images," *Network*. vol.3, pp.61-70.
Hanson, L.K., and P. Solamon, 1990. "Neural network ensembles," *IEEE Transactions on Pattern Analysis and Machine Intelligence*, vol. PAMI-12, pp.993-1002.
Härdle, W., 1990. *Applied Nonparametric Regression*, Cambridge: Cambridge University Press.
Hardy, R. L., 1971. "Multiquadric equations of topography and other irregular surfaces," *Journal of Geophysics Research*, vol. 76, pp. 1905- 1915.
Harel, D., 1987. *"Algorithmics: The Spirit of Computing,"* Reading, MA: Addison-Wesley.
Hartline, H.K., 1940. "The receptive fields of optic nerve fibers," *American Journal of Physiology*, vol. 130, pp. 690-699.
Hartman, E., 1991. "A high storage capacity neural network content-addressable memory," *Network*, vol. 2, pp. 315-334.
Hartman, E.J., J.D. Keeler, and J.M. Kowalski, 1990. "Layered neural networks with Gaussian hidden units as universal approximators," *Neural Computation*, vol. 2, pp. 210-215.

Hashem, S., 1997. "Optimal linear combinations of neural networks." *Neural Networks,* vol.10, pp.599-614.

Hassibi, B., A.H. Sayed, and T. Kailath, 1998. *Indefinite Quadratic Estimation and Control: A Unified Approach to H_2 and H_∞ Theories,* SIAM.

Hassibi, B., A.H. Sayed, and T. Kailath, 1996. "The H^∞ optimality of the LMS algorithm," *IEEE Transactions on Signal Processing,* vol.44, pp.267-280.

Hassibi, B., A.H. Sayed, and T. Kailath, 1993. "LMS is H^∞ optimal," *Proceedings of the IEEE Conference on Decision and Control,* pp.74-79, San Antonio, Texas.

Hassibi, B., D.G. Stork, and G.J. Wolff, 1992. "Optimal brain surgeon and general network pruning," *IEEE International Conference on Neural Networks,* vol.1, pp.293-299, San Francisco.

Hassibi, B., and T. Kailath, 1995. "H^∞ optimal training algorithms and their relation to back propagation," *Advances in Neural Information Proccessing Systems,* vol.7, pp.191-198.

Hastie, T., and W. Stuetzle, 1989. "Principal curves," *Journal of the American Statistical Association,* vol. 84, pp.502-516.

Hastings, W.K., 1970. "Monte Carlo sampling methods using Markov chains and their applications," *Biometrika,* vol.87, pp.97-109.

Haussler, D., 1988. "Quantifying inductive bias: AI learning algorithms and Valiant's learning framework," *Artificial Intelligence,* vol.36, pp.177-221.

Hawkins, R.D., and G.H. Bower, eds., 1989. *Computational Models of Learning in Simple Neural Systems,* San Diego, CA: Academic Press.

Haykin, S., 1996a. *Adaptive Filter Theory,* 3rd edition, Englewood Cliffs, NJ: Prentice-Hall.

Haykin, S., 1996b. "Neural networks expand SP's horizons," *IEEE Signal Processing Magazine,* vol.13, no.2, pp.24-29.

Haykin, S., ed.1994a. *Blind Deconvolution,* Englewood Cliffs, NJ: Prentice-Hall.

Haykin, S., 1994b. *Communication Systems,* 3rd edition, New York: John Wiley.

Haykin, S., 1992. "Blind equalization formulated as a self-organized learning process," *Proceedings of the Twenty-Sixth Asilomar Conference on Signals, Systems, and Computers,* pp.346-350, Pacific Grove, CA.

Haykin, S., and C. Deng, 1991. "Classification of radar clutter using neural networks," *IEEE Transactions on Neural Networks,* vol.2, pp.589-600.

Haykin, S., and B. Kosko, eds.1998. Special Issue of *Proceedings of the IEEE on Intelligent Signal Processing,* vol.88, a ser lançado.

Haykin, S., and J. Principe, 1998. "Making sense of a complex world: Using neural networks to dynamically model chaotic events such as sea clutter," *IEEE Signal Processing Magazine,* vol.15, a ser lançado.

Haykin, S., W. Stehwien, P. Weber, C. Deng, and R. Mann, 1991. "Classification of radar clutter in air traffic control environment," *Proceedings of the IEEE,* vol.79, pp.741-772.

Haykin, S., P. Yee, and E. Derbez, 1997. "Optimum nonlinear filtering," *IEEE Transactions on Signal Processing,* vol.45, pp.2774-2786.

Haykin, S., and B. Van Veen, 1998. *Signals and Systems,* New York: Wiley.

Hebb, D.O., 1949. *The Organization of Behavior:A Neuropsychological Theory,* New York: Wiley.

Hecht-Nielsen, R., 1995. "Replicator neural networks for universal optimal source coding," *Science,* vol.269, pp.1860-1863.

Hecht-Nielson, R., 1990. *Neurocomputing,* Reading, MA: Addison-Wesley.

Hecht-Nielson, R., 1987. "Kolmogorov's mapping neural network existence theorem," *First IEEE International Conference on Neural Networks,* vol. III, pp.11-14, San Diego, CA.

Helstrom, C.W., 1968. *Statistical Theory of Signal Detection,* 2nd edition, Pergamon Press.

Herault, J., and C. Jutten, 1994. *Reseaux Neuronaux et Traitement du Signal,* Paris: Hermes Publishers.

Herault, J., and C. Jutten, 1986. "Space or time adaptive signal processing by neural network models," in J.S. Denker, ed., *Neural Networks for Computing.* Proceedings of the AIP Conference, American Institute of Physics, New York, pp.206-211.

Herault, J., C. Jutten, and B. Ans, 1985. "Detection de grandeurs primitives dans un message composite par une architecture de calcul neuromimetique un apprentissage non supervise." *Procedures of GRETSI,* Nice, France.

Hertz, J.,A. Krogh, and R.G. Palmer, 1991. *Introduction to the Theory of Neural Computation,* Reading, MA: Addison-Wesley.

Hestenes, M.R., and E. Stiefel, 1952. "Methods of conjugate gradients for solving linear systems," *Journal of Research of the National Bureau of Standards,* vol.49, pp.409-436.

Hetherington, P.A., and M.L. Shapiro, 1993. "Simulating Hebb cell assemblies: The necessity for partitioned dendritic trees and a post-not-pre LTD rule," *Network,* vol.4, pp.135-153.

Hiller, F.S., and G.J. Lieberman, 1995. *Introduction to Operations Research,* 6th edition, New York: McGraw-Hill.

Hinton, G.E., 1989. "Connectionist learning procedures," *Artificial Intelligence,* vol.40, pp.185-234.

Hinton, G.E.,1989."Deterministic Boltzmann machine learning performs steepest descent in weight- space," *Neural Computation,* vol.1, pp.143-150.

Hinton, G.E., 1981. "Shape representation in parallel systems," *Proceedings of the 7th International Joint Conference on Artificial Intelligence,* Vancouver, British Columbia.

Hinton, G.E., P. Dayan, B.J. Frey, and R.M. Neal, 1995. "The 'wake-sleep' algorithm for unsupervised neural networks," *Science,* vol.268, pp.1158-1161.

Hinton, G.E., and Z. Ghahramani, 1997. "Generative models for discovering sparse distributed representations," *Philosophical Transactions of the Royal Society, Series B,* vol.352, pp.1177-1190.

Hinton, GE., and S.J. Nowlan, 1990. "The bootstrap Widrow-Hoff rule as a cluster-formation algorithm," *Neural Computation,* vol.2, pp.355-362.

Hinton, G.E., and S.J. Nowlan, 1987. "How learning can guide evolution," *Complex Systems,* vol.1, pp.495-502.

Hinton, G.E., and T.J. Sejnowski, 1986. "Learning and relearning in Boltzmann machines," in *Parallel Distributed Processing: Explorations in Microstructure of Cognition,* D.E. Rumellhart and J.L. McClelland, eds., Cambridge, MA: MIT Press.

Hinton, G.E., and T.J. Sejnowski, 1983. "Optimal perceptual inference," *Proceedings of IEEE Computer Society Conference on Computer Vision and Pattern Recognition,* pp. 448-453, Washington, DC.

Hirsch, M.W., 1989. "Convergent activation dynamics in continuous time networks," *Neural Networks,* vol.2, pp.331-349.

Hirsch, M.W., 1987. "Convergence in neural nets," *First IEEE International Conference on Neural Networks,* vol. II, pp.115-125, San Diego, CA.

Hirsch, M.W., and S. Smale, 1974. *Differential Equations, Dynamical Systems, and LinearAlgebra,* New York: Academic Press.

Hochreiter, S., 1991. *Untersuchungen zu dynamischen neuronalen Netzen,* Diploma Thesis, Technische Universitat Munchen, Germany.

Hochreiter, S., and J. Schmidhuber, 1997. "LSTM can solve hard long time lag problems," *Advances in Neural Information Processing Systems,* vol.9, pp.473-479. Cambridge, MA: MIT Press.

Hodgkin, A.L., and A.F. Huxley, 1952. "A quantitative description of membrane current and its application to conduction and excitation in nerve," *Journal of Physiology,* vol.117, pp.500-544.

Holden, S.B., and M. Niranjan, 1995. "On the practical applicability of Vapnik-Chervonenkis dimension bounds," *Neural Computation,* vol.7, pp.1265-1288.

Holland, J.H.,1992. *Adaptation in Natural and Artificial Systems,* Cambridge, MA: MIT Press.

Hopcroft, J., and U. Ullman, 1979. *Introduction to Automata Theory, Languages and Computation,* Reading, MA: Addison-Wesley.

Hopfield, J.J., 1995. "Pattern recognition computation using action potential timing for stimulus representation," *Nature,* vol.376, pp.33-36.

Hopfield, J.J., 1994. "Neurons, dynamics and computation," *Physics Today,* vol.47, pp.40-46, February.

Hopfield, J.J., 1987a. "Networks, Computations, Logic, and Noise," *IEEE International Conference on Neural Networks,* vol. I, pp.107-141, San Diego, CA.

Hopfield, J.J., 1987b. "Learning algorithms and probability distributions in feed-forward and feed-back networks," *Proceedings of the National Academy of Sciences, USA,* vol.84, pp.8429-8433.

Hopfield, J.J., 1984. "Neurons with graded response have collective computational properties like those of two-state neurons," *Proceedings of the National Academy of Sciences, USA,* vol.81, pp.3088-3092.

Hopfield, J.J., 1982. "Neural networks and physical systems with emergent collective computational abilities," *Proceedings of the National Academy of Sciences, USA,* vol.79, pp.2554-2558.

Hopfield, J.J., and D.W. Tank, 1986. "Computing with neural circuits: A model," *Science,* vol.233, pp.625-633.

Hopfield, J.J., and T.W. Tank, 1985. "'Neural' computation of decisions in optimization problems," *Biological Cybernetics,* vol.52, pp.141-152.

Hopfield, J.J., D.I. Feinstein, and R.G. Palmer, 1983. "'Unlearning' has a stabilizing effect in collective memories," *Nature,* vol.304, pp.158-159.

Horn, B.K.P., 1977. "Understanding image intensities," *Artificial Intelligence,* vol.8, pp.201-237.

Hornik, K., M. Stinchcombe, and H. White, 1990. "Universal approximation of an unknown mapping and its derivatives using multilayer feedforward networks," *Neural Networks,* vol.3, pp.551-560.

Hornik, K., M. Stinchcombe, and H. White, 1989. "Multilayer feedforward networks are universal approximators," *Neural Networks,* vol.2, pp.359-366.

Hotteling, H., 1933. "Analysis of a complex of statistical variables into principal components," *Journal of Educational Psychology,* vol.24, pp.417-441, 498-520.

Hubel, D.H., 1988. *Eye, Brain, and Vision,* New York: Scientific American Library.

Hubel, D.H., and T.N. Wiesel, 1977. "Functional architecture of macaque visual cortex," *Proceedings of the Royal Society,* B, vol.198, pp. l-59, London.

Hubel, D.H., and T.N. Wiesel, 1962. "Receptive fields, binocular interaction and functional architecture in the cat's visual cortex," *Journal of Physiology,* vol.160, pp.106-154, London.

Huber, P.J.1985. "Projection pursuit," *Annals of Statistics,* vol.13, pp.435-475.
Huber, P.J.,1981. *Robust Statistics,* New York: Wiley.
Huber, P.J., 1964. "Robust estimation of a location parameter," *Annals of Mathematical Statistics,* vol.35, pp. 73-101.
Hush, D.R, 1997. "Learning from examples: From theory to practice," Tutorial #4, *1997 International Conference on Neural Networks,* Houston, June.
Hush, D.R., and B.G. Horme, 1993. "Progress in supervised neural networks: What's new since Lippmann?" *IEEE Signal Processing Magazine,* vol. 10, pp.8-39.
Hush, D.R., and J.M. Salas, 1988. "Improving the learning rate of back-propagation with the gradient reuse algorithm," *IEEE International Conference on Neural Networks,* vol. I, pp.441-447, San Diego, CA.
Illingsworth, V., E.L. Glaser, and I.C. Pyle, 1989. *Dictionary of Computing,* New York: Oxford University Press.
Intrator, N., 1992. "Feature extraction using an unsupervised neural network," *Neural Computation,* vol. 4, pp.98-107.
Jaakkola, T., and M.I. Jordan, 1996. "Computing upper and lower bounds on likelihoods in intractable networks," in E. Horwitz, ed., *Workshop on Uncertainty in Artificial Intelligence,* Portland, Or.
Jackson, E.A., 1989. *Perspectives of Nonlinear Dynamics,* vol. 1, Cambridge: Cambridge University Press.
Jackson, E.A., 1990. *Perspectives of Nonlinear Dynamics,* vol.2, Cambridge: Cambridge University Press.
Jackson, I.R.H., 1989, "An order of convergence for some radial basis functions," *IMA Journal of Numerical Analysis,* vol. 9, pp. 567-587.
Jackson, J.D., 1975. *Classical Electrodynamics,* 2nd edition, New York: Wiley.
Jacobs, R.A., 1990. "Task Decomposition Through Computation in a Modular Connectionist Architecture," Ph.D. Thesis, University of Massachusetts.
Jacobs, R.A., 1988. "Increased rates of convergence through learning rate adaptation," *Neural Networks,* vol. 1, pp.295-307.
Jacobs, R.A., and M.I. Jordan, 1993. "Learning piecewise control strategies in a modular neural network architecture," *IEEE Transactions on Systems, Man, and Cybernetics,* vol.23, pp.337-345.
Jacobs, R.A., and M.I. Jordan, 1991. "A competitive modular connectionist architecture," *Advances in Neural Information Processing Systems,* vol.3, pp.767-773, San Mateo, CA: Morgan Kaufmann.
Jacobs, R.A., M.I. Jordan, S.J. Nowlan, and G.E. Hinton,1991a. "Adaptive mixtures of local experts," *Neural Computation,* vol. 3, pp. 79-87.
Jacobs, R.A., M.I. Jordan, and A.G. Barto, 1991b. "Task decomposition through competition in a modular connectionist architecture: The what and where vision tasks," *Cognitive Science,* vol. 15, pp.219-250.
Jayant, N.S., and P. Noll, 1984. *Digital Coding of Waveforms,* Englewood Cliffs, NJ: Prentice-Hall.
Jaynes, E.T., 1982. "On the rationale of maximum-entropy methods," *Proceedings of the IEEE,* vol. 70, pp.939-952.
Jaynes, E.T., 1957. "Information theory and statistical mechanics," *Physical Review,* vol. 106, pp. 620-630; "Information theory and statistical mechanic II," *Physical Review,* vol.108, pp.171-190.
Jazwinski, A.H., 1970. *Stochastic Processes and Filtering Theory,* New York: Academic Press.
Jelinek, F.,1997. *Statistical Methods for Speech Recognition,* Cambridge, MA: MIT Press.
Johansson, E.M., F.U. Dowla, and D.M. Goodman, 1990. "Back-propagation learning for multi-layer feedforward neural networks using the conjugate gradient method," Report UCRL-JC-104850, Lawrence Livermore National Laboratory, CA.
Johnson, D.S., C.R. Aragon, L.A. McGeoch, and C. Schevon, 1989. "Optimization by simulated annealing: An experimental evaluation," *Operations Research,* vol.37, pp.865-892.
Jolliffe, I.T., 1986. *Principal Component Analysis,* New York: Springer-Verlag.
Jones, J.P., and L.A. Palmer, 1987a. "The two-dimensional spatial structure of simple receptive fields in cat striate cortex," *Journal of Neurophysiology,* vol.58, pp. 1187-1211.
Jones, J.P., and L.A. Palmer, 1987b. "An evaluation of the two-dimensional Gabor filter model of simple receptive fields in cat striate cortex," *Journal of Neurophysiology,* vol.58, pp.1233-1258.
Jones, J.P., A. Steponski, and L.A. Palmer, 1987. "The two-dimensional spectral structure of simple receptive fields in cat striate cortex," *Journal of Neurophysiology,* vol.58, pp.1212-1232.
Jordan, M.I., 1994. "A statistical approach to decision tree modeling," *Proceedings of the Seventh Annual ACM Conference on Computational Learning Theory,* New York: ACM Press.
Jordan, M.I., 1986. "Attractor dynamics and parallelism in a connectionist sequential machine," *The Eighth Annual Conference of the Cognitive Science Society,* pp.531-546, Amherst, MA.
Jordan, M.I., ed., 1998. *Learning in Graphical Models,* Boston: Kluwer.
Jordan, M.I., Z. Ghahramani, T.S. Jakkolla, and L.K. Saul, 1998. "An introduction to variational methods for graphical models," In M.I. Jordan, ed., *Learning in Graphical Models,* Boston: Kluwer.
Jordan, M.I., and R.A. Jacobs, 1995. "Modular and Hierarchical Learning Systems," in M.A. Arbib, ed., *The Handbook of Brain Theory and Neural Networks,* pp.579-583, Cambridge, MA: MIT Press.

Jordan, M.I., and R.A. Jacobs, 1994. "Hierarchical mixtures of experts and the EM algorithm," *Neural Computation*, vol.6, pp.181-214.
Jordan, M.I., and R.A. Jacobs, 1992. "Hierarchies of adaptive experts," *Advances in Neural Information Processing Systems*, vol.4, pp.985-992, San Mateo, CA: Morgan Kaufmann.
Joseph, R.D., 1960. "The number of orthants in n-space intersected by an s-dimensional subspace," Technical Memo 8, Project PARA, Cornell Aeronautical Lab., Buffalo, N.Y.
Jutten, C., and J. Herault, 1991. "Blind separation of sources, Part I: An adaptive algorithm based on neuromimetic architecture," *Signal Processing*, vol.24, pp. 1-10.
Kaas, J.H., M.M. Merzenich, and H.P. Killackey, 1983. "The reorganization of somatosensory cortex following peripheral nerve damage in adult and developing mammals," *Annual Review of Neurosciences*, vol. 6, pp.325-356.
Kailath, T., 1980. *Linear Systems*, Englewood Cliffs, NJ: Prentice-Hall.
Kailath, T., 1974. "A view of three decades of linear filtering theory," *IEEE Transactions of Information Theory*, vol. IT-20, pp. 146-181.
Kailath, T., 1971. "RKHS approach to detection and estimation problems - Part I: Deterministic signals in Gaussian noise," *IEEE Transactions of Information Theory*, vol. IT-17, pp. 530-549.
Kailath, T., 1968. "An innovations approach to least-squares estimation: Part 1. Linear filtering in additive white noise," *IEEE Transactions of Automatic Control*, vol. AC-13, pp. 646-655.
Kalman, R.E., 1960. "A new approach to linear filtering and prediction problems," *Transactions of the ASME, Journal of Basic Engineering*, vol. 82, pp. 35-45.
Kandel, E.R., and J.H. Schwartz, 1991. *Principles of Neural Science*, 3rd ed., New York: Elsevier.
Kangas, J., T. Kohonen, and J. Laaksonen, 1990. "Variants of self-organizing maps," *IEEE Transactions on Neural Networks* 1, 93-99.
Kanter, I., and H. Sompolinsky, 1987. "Associative recall of memory without errors," *Physical Review A*, vol.35, pp.380-392.
Kaplen, J.L., and J.A. Yorke, 1979. "Chaotic behavior of multidimensional difference equations," in H.-O Peitgen and H.-O Walker, eds., *Functional Differential Equations and Approximations of Fixed Points*, pp.204-227, Berlin: Springer.
Kappen, H.J., and F.B. Rodriguez, 1998. "Efficient learning in Boltzmann machines using linear response theory," *Neural Computation*, vol.10, a ser lançado.
Karhunen, K., 1947. "Uber lineare methoden in der Wahrscheinlichkeitsrechnung," *Annales Academiae Scientiarum Fennicae, Series AI: Mathematica-Physica*, vol. 37, pp. 3-79, (Transl.: RAND Corp., Santa Monica, CA, Rep. T-131, Aug.1960).
Karhunen, J., and J. Joutsensalo, 1995. "Generalizations of principal component analysis, optimization problems, and neural networks," *Neural Networks*, vol.8, pp.549-562.
Karpinski, M., and A. Macintyre, 1997. "Polynomial bounds for V-C dimension of sigmoidal and general Pfaffian neuronal networks," *Journal of Computer and System Sciences*, vol.54, pp.169-176.
Katagiri, S., and E. McDermott, 1996. "Discriminative training - Recent progress in speech recognition," in C.H. Chen, L.F. Pau, and P.S.P. Wang, eds., *Handbook of Pattern Recognition and Computer Vision*, 2nd edition, Singapore: World Scientific Publishing.
Katz, B., 1966. *Nerve, Muscle and Synapse*, New York: McGraw-Hill.
Kawamoto, A.H., and J.A. Anderson, 1985. "A neural network model of multistable perception," *Acta Psychologica*, vol.59, pp.35-65.
Kawato, M., H. Hayakama, and T. Inui, 1993. "A forward-inverse optics model of reciprocal connections between visual cortical areas," *Network*, vol.4, pp.415-422.
Kay, J., 1992. "Feature discovery under contextual supervision using mutual information," *International Joint Conference on Neural Networks*, vol. IV, pp.79-84, Baltimore.
Kearns, M., 1996. "A bound on the error of cross validation using the approximation and estimation rates, with consequences for the training-test split," *Advances in Neural Information Processing Systems*, vol.8, pp.183-189, Cambridge, MA: MIT Press.
Kearns, M., and L.G. Valiant, 1989. "Cryptographic limitations on learning Boolean formulae and finite automata," *Proceedings of the Twenty-First Annual ACM Symposium on Theory of Computing*, pp.433-444, New York.
Kearns, M.J., and U.V. Vazirani, 1994. *An Introduction to Computational Learning Theory*, Cambridge, MA: MIT Press.
Kechriotis, G., E. Zervas, and E.S. Manolakos, 1994. "Using recurrent neural networks for adaptive communication channel equalization," *IEEE Transactions on Neural Networks*, vol.5, pp.267-278.
Keeler, J.D., 1986. "Basins of attraction of neural network models," in *Neural Networks for Computing*, J.S. Denker, ed., pp.259-264, New York: American Institute of Physics.
Keller, JB., 1976. "Inverse problems," *American Mathematical Monthly*, vol. 83, pp. 107-118.
Kelso, S.R., A.H. Ganong, and T.H. Brown, 1986. "Hebbian synapses in hippocampus," *Proceedings of the National Academy of Sciences, USA*, vol.83, pp.5326-5330.

Kennel, M.B., R. Brown, and H.D.I. Abarbanel, 1992. "Determining minimum embedding dimension using a geometrical construction," *Physical Review A*, vol.45, pp.3403-3411.

Kerlirzin, P., and F. Vallet, 1993. "Robustness in multilayer perceptrons," *Neural Computation*, vol.5, pp.473-482.

Kirkpatrick, S., 1984. "Optimization by simulated annealing: Quantitative Studies," *Journal of Statistical Physics*, vol. 34, pp. 975-986.

Kirkpatrick, S., and D. Sherrington, 1978. "Infinite-ranged models of spin-glasses," *Physical Review*, Series B. vol.17, pp.4384-4403.

Kirkpatrick, S., C.D. Gelatt, Jr., and M.P. Vecchi, 1983. "Optimization by simulated annealing," *Science*, vol.220, pp.671-680.

Kirsch, A., 1996. *An Introduction to the Mathematical Theory of Inverse Problems*, New York: Springer-Verlag.

Kleene, S.C., 1956. "Representation of events in nerve nets and finite automata," in C.E. Shannon and J. McCarthy, eds., *Automata Studies*, Princeton, NJ: Princeton University Press.

Kmenta, J.,1971. *Elements of Econometrics*, New York: Macmillan.

Knudsen, E.I., S. duLac, and S.D. Esterly, 1987. "Computational maps in the brain," *Annual Review of Neuroscience*, vol.10, pp.41-65.

Koch, C., and I. Segev, eds., 1989. *Methods in Neuronal Modeling: From Synapses to Networks*, Cambridge, MA: MIT Press.

Koch, C., T. Poggio, and V. Torre, 1983. "Nonlinear interactions in a dendritic tree: Localization, timing, and role in information processing," *Proceedings of the National Academy of Sciences, USA*, vol.80, pp.2799-2802.

Koch, C., and B. Mathur, 1996. "Neuromorphic vision chips," *IEEE Spectrum*, vol.33, no.5, pp.38-46.

Kohonen, T., 1997a. "Exploration of very large databases by self-organizing maps," *1997 International Conference on Neural Networks*, vol. I, pp. PL1-PL6, Houston.

Kohonen,T.,1997b. *Self-Organizing Maps*, 2nd edition, Berlin: Springer-Verlag.

Kohonen, T., 1996. "Emergence of invariant-feature detectors in the adaptive-subspace self-organizing maps," *Biological Cybernetics*, vol.75, pp.281-291.

Kohonen, T.,1993. "Physiological interpretation of the self-organizing map algorithm." *Neural Networks*, vol.6, pp.895-905.

Kohonen, T., 1993. "Things you haven't heard about the self-organizing map," *Proceedings of the IEEE International Conference on neural networks*, pp.1147-1156, San Francisco.

Kohonen, T., 1990a. "The self-organizing map," *Proceedings of the Institute of Electrical and Electronics Engineers*, vol.78, pp.1464-1480.

Kohonen, T., 1990b. "Improved versions of learning vector quantization," *IEEE International Joint Conference on Neural Networks*, vol. I, pp.545-550, San Diego, CA.

Kohonen, T., 1988a. "An introduction to neural computing," *Neural Networks*, vol.1, pp.3-16.

Kohonen, T., 1988b. *Self-Organization and Associative Memory*, 3rd edition, New York: Springer-Verlag.

Kohonen,T.,1988c. "The 'neural' phonetic typewriter." *Computer*, vol.21, pp.11-22.

Kohonen, T., 1986. "Learning vector quantization for pattern recognition," *Technical Report TKK-F-A601*, Helsinki University of Technology, Finland.

Kohonen, T., 1982. "Self-organized formation of topologically correct feature maps," *Biological Cybernetics*, vol.43, pp.59-69.

Kohonen, T., 1972. "Correlation matrix memories," *IEEE Transactions on Computers*, vol. C-21, pp.353-359.

Kohonen, T., and E. Oja, 1976. "Fast adaptive formation of orthogonalizing filters and associative memory in recurrent networks for neuron-like elements," *Biological Cybernetics*, vol.21, pp.85-95.

Kohonen, T., E. Oja, O. Simula, A. Visa, and J. Kangas, 1996. "Engineering applications of the self- organizing map," *Proceedings of the IEEE*, vol.84, pp.1358-1384.

Kohonen, T., E. Reuhkala, K. Mäkisara, and L. Vainio, 1976. "Associative recall of images," *Biological Cybernetics*, vol.22, pp.159-168.

Kohonen, T., G. Barna, and R. Chrisley, 1988. "Statistical pattern recognition with neural networks: Benchmarking studies," *IEEE International Conference on Neural Network*, vol. I, pp. 61-68, San Diego, CA

Kohonen, T., J. Kangas, J. Laaksonen, and K. Torkkola, 1992. "LVQ-PAK: The learning vector quantization Program Package," Helsinki University of Technology, Finland.

Koiran, P., and E.D. Sontag, 1996. "Neural networks with quadratic V-C dimension," *Advances in Neural Information Processing Systems*, vol.8, pp.197-203, Cambridge, MA: MIT Press.

Kolen, J.F., and J.B. Pollack, 1990. "Backpropagation is sensitive to initial conditions," *Complex Systems*, vol.4, pp.269-280.

Kollias, S., and D. Anastassiou, 1989. "An adaptive least squares algorithm for the efficient training of artificial neural networks," *IEEE Transactions on Circuits and Systems*, vol.36, pp.1092-1101.

Kollias, S., and D. Anastassiou, 1988. "Adaptive training of multilayer neural networks using a least squares estimation technique," *IEEE International Conference on Neural Networks*, vol.1, pp.383-390, San Diego.

Kolmogorov, A.N., 1942. "Interpolation and extrapolation of stationary random sequences," translated by the Rand Corporation, Santa Monica, CA., April 1962.

Kosko, B., 1997. *Fuzzy Engineering,* Upper Saddle River, NJ: Prentice-Hall.

Kosko, B., 1992. *Neural Networks and Fuzzy Systems,* Englewood Cliffs, NJ: Prentice-Hall.

Kosko, B., 1988. "Bidirectional associative memories," *IEEE Transactions on Systems, Man, and Cybernetics,* vol.18, pp.49-60.

Kotilainen, P., 1993. "Simulations and implementations of neural networks for principal component analysis," *Electronics Lab Report 1-93,* Tampre University of Technology, Finland.

Kraaijveld, M.A., and R.P.W. Duin, 1991. "Generalization capabilities of minimal kernel-based networks," *International Joint Conference on Neural Networks,* vol. I, pp.843-848, Seattle.

Kramer, A.H., and A. Sangiovanni-Vincentelli, 1989. "Efficient parallel learning algorithms for neural networks," *Advances in neural Information Processing Systems,* vol. 1, pp. 40-48, San Mateo, CA: Morgan Kaufmann.

Kremer, S.C., 1996. "Comments on constructive learning of recurrent neural networks: Limitations of recurrent cascade correlation and a simple solution," *IEEE Transactions on Neural Networks,* vol.7, pp.1047-1049.

Kremer, S.C., 1995. "On the computational power of Elman-style recurrent networks," *IEEE Transactions on Neural Networks,* vol.6, pp. 1000-1004.

Kreyszig, E., 1988. *Advanced Engineering Mathematics,* 6th ed., New York: Wiley.

Krishnamurthy, A.K., S.C. Ahalt, D.E. Melton, and P. Chen, 1990. "Neural networks for vector quantization of speech and images," *IEEE Journal of Selected Areas in Communications,* vol.8, pp.1449-1457.

Krzyżak, A., T. Linder, and G. Lugosi, 1996. "Nonparametric estimation and classification using radial basis functions," *IEEE Transactions on Neural Networks,* vol.7, pp.475-487.

Kuan, C.-M., and K. Hornik, 1991. "Convergence of learning algorithms with constant learning rates," *IEEE Transactions on Neural Networks,* vol.2, pp.484-489.

Kuan, C.-M., K. Hornik, and H. White, 1994. "A convergence result for learning in recurrent neural networks," *Neural Computation,* vol.6, pp.420-440.

Kuffler, S.W., J.G. Nicholls, and A.R. Martin, 1984. *From Neuron to Brain: A Cellular Approach to the Function of the Nervous System,* 2nd edition, Sunderland, MA: Sinauer Associates.

Kullback, S., 1968. *Information Theory and Statistics,* Gloucester, MA: Peter Smith.

Kung, S.Y., and K.I. Diamantaras, 1990. "A neural network learning algorithm for adaptive principal component extraction (APEX)." *IEEE International Conference on Acoustics, Speech, and Signal Processing,* vol.2, pp.861-864, Albuquerque.

Kushner, H.J., and D.S. Clark, 1978. *Stochastic Approximation Methods for Constrained and Unconstrained Systems,* New York: Springer-Verlag.

Lacoume, J.L., P.O. Amblard, and P. Comon, 1997. *Statistiques d'ordre Supérieur pour le Traitement du Signal,* Masson Publishers.

Lancoz, C., 1964. *Linear Differential Operators,* London: Van Nostrand.

Landau, Y.D., 1979. *Adaptive Control: The Model Reference Approach,* New York: Marcel Dekker.

Landau, L.D., and E.M. Lifshitz, 1980. *Statistical Physics: Part 1,* 3rd edition, London: Pergamon Press.

Lanford, O.E., 1981. "Strange attractors and turbulence," in H.L. Swinney and J.P. Gollub, eds., *Hydrodynamic Instabilities and the Transition to Turbulence,* New York: Springer-Verlag.

Lang, K.J., and G.E. Hinton, 1988. "The development of the time-delay neural network architecture for speech recognition," Technical Report CMU-CS-88-152, Carnegie-Mellon University, Pittsburgh, PA.

Lapedes, A., and R. Farber, 1986. "Programming a massively parallel, computation universal system: Static Behavior," In *Neural Networks for Computing,* J.S. Denker, ed., pp. 283-298, New York: American Institute of Physics.

Larson, J., and G. Lynch, 1989. "Theta pattern stimulation and the induction of LTP: The sequence in which synapses are stimulated determines the degree to which they potentiate," *Brain Research,* vol. 489, pp.49-58.

LaSalle, J., and S. Lefschetz, 1961. *Stability by Liapunov's direct Method with Applications,* New York: Academic Press.

LeCun, Y., 1993. *Efficient Learning and Second-order Methods, A Tutorial at NIPS 93,* Denver.

LeCun, Y., 1989. "Generalization and network design strategies," Technical Report CRG-TR-89-4, Department of Computer Science, University of Toronto, Canada.

LeCun, Y., 1985. "Une procedure d'apprentissage pour reseau a seuil assymetrique." *Cognitiva,* vol. 85, pp.599-604.

LeCun, Y., and Y. Bengio, 1995. "Convolutional networks for images, speech, and time series," in M.A. Arbib, ed., *The Handbook of Brain Theory and Neural Networks,* Cambridge, MA: MIT Press.

LeCun, Y., B. Boser, J.S. Denker, D. Henderson, R.E. Howard, W. Hubbard, and L.D. Jackel, 1990a. "Handwritten digit recognition with a back-propagation network," *Advances in Neural Information Processing,* vol.2, pp.396-404, San Mateo, CA: Morgan Kaufmann.

LeCun, Y., L. Bottou, and Y. Bengio, 1997. "Reading checks with multilayer graph transformeer networks," *IEEE International Conference on Acoustics, Speech and Signal Processing,* pp. 151-154, Munich, Germany.

LeCun, Y., L. Bottou, Y. Bengio, and P. Haffner, 1998. "Gradient-based learning applied to document recognition," *Proceedings of the IEEE,* vol.86, a ser lançado.
LeCun, Y., J.S. Denker, and S.A. Solla, 1990. "Optimal brain damage," *Advances in Neural Information Processing Systems,* vol.2, pp.598-605, San Mateo, CA: Morgan Kaufmann.
LeCun, Y., I. Kanter, and S.A. Solla, 1991. "Second order properties of error surfaces: Learning time and generalization," *Advances in Neural Information Processing Systems,* vol. 3, pp. 918-924, Cambridge, MA: MIT Press.
Lee, D.D., and H.S. Seung, 1997. "Unsupervised learning by convex and conic coding," *Advances in Neural Information Processing Systems,* vol.9, pp.515-521, Cambridge, MA: MIT Press.
Lee, T., 1997. *Independent Component Analysis: Theory and Applications,* Ph.D. Thesis, Technische Universität, Berlin, Germany.
Lee, T.-C., A.M. Peterson and J.J-C. Tsai, 1990. "A multilayer feed-forward neural network with dynamically adjustable structures," *IEEE International Conference on Systems, Man, and Cybernetics,* pp. 367-369, Los Angeles.
Lee, Y., and R.P. Lippmann, 1990. "Practical characteristics of neural networks and conventional pattern classifiers on artificial and speech problems," *Advances in Neural Information Processing Systems,* vol.2, pp.168-177, San Mateo, CA: Morgan Kaufmann.
Lee, Y., S. Oh, and M. Kim, 1991. "The effect of initial weights on premature saturation in back-propagation learning," *International Joint Conference on Neural Networks* vol. I, pp.765-770, Seattle.
Lee, Y.C., G. Doolen, H.H. Chan, GZ. Sen, T. Maxwell, H.Y Lee, and C.L. Giles, 1986. "Machine learning using a higher order correlation network," *Physica,* D22, pp.276-289.
Lefebvre, W.C., 1991. *An Object Oriented Approach for the Analysis of Neural Networks,* Master's Thesis, University of Florida, Gainsville, Fl.
Leon-Garcia, A., 1994. *Probability and Random Processes for Electrical Engineering,* 2nd edition, Reading, MA: Addison-Wesley.
Leontaritis, I., and S. Billings, 1985. "Input-output parametric models for nonlinear systems: Part I: Deterministic nonlinear systems," *International Journal of Control,* vol.41, pp.303-328.
Levin, A.V., and K.S. Narendra, 1996. "Control of nonlinear dynamical systems using neural networks – Part II: Observability, identification, and control," *IEEE Transactions on Neural Networks,* vol.7, pp.30-42.
Levin, A.V., and K.S. Narendra, 1993. "Control of nonlinear dynamical systems using neural networks – Controllability and stabilization," *IEEE Transactions on Neural Networks,* vol.4, pp.192-206.
Levine, M., 1985. *Man and Machine Vision.* New York: McGraw-Hill.
Lewis, F.L., and V.L. Syrmas, 1995. *Optimal Control,* 2nd edition, New York: Wiley (Interscience).
Lewis, F.L., A. Yesildirek, and K. Liu, 1996: "Multilayer neural-net robot controller with guaranteed tracking performance," *IEEE Transactions on Neural Networks,* vol.7, pp.1-12.
Lichtenberg, A.J., and M.A. Lieberman, 1992. *Regular and Chaotic Dynamics,* 2nd edition, New York: Springer-Verlag.
Light, W.A., 1992a. "Some aspects of radial basis function approximation," in *Approximation Theory, Spline Functions and Applications,* S.P. Singh, ed., NATO ASI vol. 256, pp. 163-190, Boston: Kluwer Academic Publishers.
Light, W., 1992b. "Ridge functions, sigmoidal functions and neural networks," in E.W. Cheney, C.K. Chui, and L.L. Schumaker, eds., *Approximation Theory VII,* pp.163-206, Boston: Academic Press.
Lin, J.K., D.G. Grier, and J.D. Cowan, 1997. "Faithful representation of separable distributions," *Neural Computation,* vol.9, pp.1305-1320.
Lin, S., 1965. "Computer solutions of the traveling salesman problem," *Bell System Technical Journal,* vol.44, pp.2245-2269.
Lin, T., B.G. Horme, P. Tino, and C.L. Giles, 1996. "Learning long-term dependencies in NARX recurrent neural networks," *IEEE Transactions on Neural Networks,* vol.7, pp.1329-1338.
Linde, Y., A. Buzo, and R. M. Gray, 1980. "An algorithm for vector quantizer design," *IEEE Transactions on Communications,* vol. COM-28, pp.84-95.
Linsker, R., 1993. "Deriving receptive fields using an optimal encoding criterion," *Advances in Neural Information Processing Systems,* vol.5, pp.953-960, San Mateo, CA: Morgan Kaufmann.
Linsker, R., 1990a. "Designing a sensory processing system: What can be learned from principal components analysis?" *Proceedings of the International Joint Conference on Neural Networks,* vol. 2, pp. 291-297, Washington, DC.
Linsker, R., 1990b. "Self-organization in a perceptual system: How network models and information theory may shed light on neural organization," Chapter 10 in *Connectionist Modeling and Brain Function: The Developing Interface,* S.J. Hanson and C.R. Olson, eds., pp.351-392, Cambridge, MA: MIT Press.
Linsker, R., 1990c. "Perceptual neural organization: Some approaches based on network models and information theory," *Annual Review of Neuroscience,* vol.13, pp.257-281.
Linsker, R., 1989a. "An application of the principle of maximum information preservation to linear systems," *Advances in Neural Information Processing Systems,* vol.1, pp.186-194, San Mateo, CA: Morgan Kaufmann.

Linsker, R., 1989b. "How to generate ordered maps by maximizing the mutual information between input and output signals," *Neural computation,* vol.1, pp.402-411.
Linsker, R., 1988a. "Self-organization in a perceptual network," *Computer,* vol.21, pp.105-117.
Linsker, R., 1988b. "Towards an organizing principle for a layered perceptual network," in *Neural Information Processing Systems, D.Z.* Anderson, ed., pp.485-494, New York: American Institute of Physics.
Linsker, R., 1987. "Towards an organizing principle for perception: Hebbian synapses and the principle of optimal neural encoding," *IBM Research Report RC12820,* IBM Research,Yorktown Heights, NY.
Linsker, R., 1986. "From basic network principles to neural architecture" (series), *Proceedings of the National Academy of Sciences, USA,* vol.83, pp.7508-7512, 8390-8394, 8779-8783.
Lippmann, R.P., 1987. "An introduction to computing with neural nets," *IEEE ASSP Magazine,* vol.4, pp.4-22.
Lippmann, R.P., 1989a. "Review of neural networks for speech recognition," *Neural Computation,* vol. 1, pp.1-38.
Lippmann, R.P., 1989b. "Pattern classification using neural networks," *IEEE Communications Magazine,* vol.27, pp.47-64.
Little,W.A., 1974. "The existence of persistent states in the brain," *Mathematical Biosciences,* vol.19, pp.101-120.
Little, W.A., and G.L. Shaw, 1978. "Analytic study of the memory storage capacity of a neural network," *Mathematical Biosciences,* vol.39, pp.281-290.
Little, W.A., and G.L. Shaw, 1975. "A statistical theory of short and long term memory," *Behavioral Biology,* vol.14, pp.115-133.
Livesey, M., 1991. "Clamping in Boltzmann machines,' *IEEE Transactions on Neural Networks,* vol. 2, pp.143-148.
Ljung, L., 1987. *System Identification: Theory for the User.* Englewood Cliffs, NJ: Prentice-Hall.
Ljung, L., 1977. "Analysis of recursive stochastic algorithms," *IEEE Transactions on Automatic Control,* vol. AC-22, pp.551-575.
Ljung, L., and T. Glad, 1994. *Modeling of Dynamic Systems,* Englewood Cliffs, NJ: Prentice-Hall.
Lloyd, S.P., 1957. "Least squares quantization in PCM," nota técnica não-publicada do Bell Laboratories. Publicado posteriormente sob o mesmo título em *IEEE Transactions on Information Theory,* vol. IT-28, pp.127- 135, 1982.
Lo, Z.-P., M. Fujita, and B. Bavarian, 1991. "Analysis of neighborhood interaction in Kohonen neural networks," *6th International Parallel Processing Symposium Proceedings,* pp.247-249, Los Alamitos, CA.
Lo, Z.-P., Y. Yu and B. Bavarian, 1993. "Analysis of the convergence properties of topology preserving neural networks," *IEEE Transactions on Neural Networks,* vol.4, pp.207-220.
Lockery, S.R., Y. Fang, and T.J. Sejnowski, 1990. "A dynamical neural network model of sensorimotor transformations in the leech," *International Joint Conference on Neural Networks,* vol. I, pp.183-188, San Diego, CA.
Loéve, M., 1963. *Probability Theory,* 3rd edition, New York: Van Nostrand.
Lorentz, G.G., 1976. "The 13th problem of Hilbert," *Proceedings of Symposia in Pure Mathematics,* vol. 28, pp.419-430.
Lorentz, G.G., 1966. *Approximation of Functions,* Orlando, FL: Holt, Rinehart & Winston.
Lorenz, E.N., 1963. "Deterministic non-periodic flows," *Journal of Atmospheric Sciences,* vol.20, pp.130-141.
Lowe, D., 1989. "Adaptive radial basis function nonlinearities, and the problem of generalisation," *First IEE International Conference on Artificial Neural Networks,* pp.171-175, London.
Lowe, D., 1991a. "What have neural networks to offer statistical pattern processing?" *Proceedings of the SPIE Conference on Adaptive Signal Processing,* pp. 460-471, San Diego, CA.
Lowe, D., 1991b. "On the iterative inversion of RBF networks: A statistical interpretation," *Second IEE International Conference on Artificial Neural Networks,* pp. 29-33, Bournemouth, England.
Lowe, D., and A.R. Webb, 1991a. "Time series prediction by adaptive networks: A dynamical systems perspective," *IEE Proceedings (London), Part F,* vol. 138, pp.17-24.
Lowe, D., and A.R. Webb,1991b. "Optimized feature extraction and the Bayes decision in feed-forward classifier networks," *IEEE Transactions on Pattern Analysis and Machine Intelligence,* PAMI-13, 355-364.
Lowe, D., and A.R. Webb, 1990. "Exploiting prior knowledge in network optimization: an illustration from medical prognosis," *Network,* vol.1, pp.299-323.
Lowe, D., and M.E. Tipping, 1996. "Neuroscale: Novel topographic feature extraction using RBF networks," *Neural Information Processing Systems,* vol.9, pp.543-549, Cambridge, MA: MIT Press.
Luenberger, D.G., 1984. *Linear and Nonlinear Programming,* 2nd edition, Reading, MA: Addison-Wesley.
Lui, H.C., 1990. "Analysis of decision contour of neural network with sigmoidal nonlinearity," *International Joint Conference on Neural Networks,* vol. I, pp.655-659, Washington, DC.
Luo, Z., 1991. "On the convergence of the LMS algorithm with adaptive learning rate for linear feedforward networks," *Neural Computation,* vol.3, pp.226-245.
Luo, F., and R. Unbehauen, 1997. *Applied Neural Networks for Signal Processing,* New York: Cambridge University Press.
Luttrell, S.P., 1997. "A unified theory of density models and auto-encoders," *Technical Report 97303,* Defence Research Agency, Great Malvern, UK.
Luttrell, S.P., 1994. "A Bayesian analysis of self-organizing maps," *Neural Computation,* vol.6, pp.767-794.

Luttrell, S.P., 1991a. "Code vector density in topographic mappings: Scalar case," *IEEE Transactions on Neural Networks*, vol.2, pp.427-436.

Luttrell, S.P., 1991b. "Self-supervised training of hierarchical vector quantizers," *2nd International Conference on Artificial Neural Networks*, pp.5-9, Bournemouth, England.

Luttrell, S.P., 1989a. "Hierarchical vector quantization," *IEE Proceedings (London)*, vol. 136 (Part I), pp.405-413.

Luttrell, S.P., 1989b. "Self-organization: A derivation from first principle of a class of learning algorithms," *IEEE Conference on Neural Networks*, pp.495-498, Washington, DC.

Maass, W., 1993. "Bounds for the computational power and learning complexity of analog neural nets," *Proceedings of the 25th Annual ACM Symposium on the Theory of Computing*, pp. 335-344, New York: ACM Press.

Maass. W., 1993. "Vapnik-Chervonenkis dimension of neural networks," in M.A. Arbib, ed., *The Handbook of Brain Theory and Neural Networks*, Cambridge, MA: MIT Press.

Mach, E., 1865. "Über die Wirkung der räumlichen Verteilung des Lichtreizes auf die Netzhaut, I. Sitzungsberichte der Mathematisch-Naturwissenschaftlichen Klasse der Kaiserlichen Akademie der Wissenschaften," vol.52, pp.303-322.

MacKay, D., 1992a. "Bayesian interpolation," *Neural Computation*, vol.4, pp.415-447.

MacKay, D., 1992b. "A practical Bayesian framework for back-propagation networks," *Neural Computation*, vol.4, pp.448-472.

MacKay, D.J.C., and K.D. Miller, 1990. "Analysis of Linsker's simulations of Hebbian rules," *Neural Computation*, vol.2, pp.173-187.

Macintyre, A.J., and E.D. Sontag, 1993. "Fitness results for sigmoidal 'neuronal' networks," *Proceedings of the 25th Annual ACM Symposium on the Theory of Computing*, pp.325-334, New York: ACM Press.

MacQueen, J., 1967. "Some methods for classification and analysis of multivariate observation," in *Proceedings of the 5th Berkeley Symposium on Mathematical Statistics and Probability*, L.M. LeCun and J. Neyman, eds., vol.1, pp.281-297, Berkeley: University of California Press.

Madhuranath, H., and S. Haykin, 1998. "Improved Activation Functions for Blind Separation: Details of Algebraic Derivations," *CRL Internal Report No. 358*, Communications Research Laboratory, McMaster University, Hamilton, Ontario.

Mahowald, M.A., and C. Mead, 1989. "Silicon retina," in *Analog VLSI and Neural Systems* (C. Mead), Chapter 15. Reading, MA: Addison-Wesley.

Mandelbrot, B.B., 1982. *The Fractal Geometry of Nature*, San Francisco: Freeman.

Mañé, R., 1981. "On the dimension of the compact invariant sets of certain non-linear maps," in D. Rand and L.S. Young, eds., *Dynamical Systems and Turbulence*, Lecture Notes in Mathematics, vol.898, pp.230-242, Berlin: Springer-Verlag.

Marr, D., 1982. *Vision*, New York: W.H. Freeman and Company.

Martinetz, T.M., H.J. Ritter, and K.J. Schulten, 1990. "Three-dimensional neural net for learning visuomotor coordination of a robot arm," *IEEE Transactions on Neural Networks*, vol.1, pp.131-136.

Mason, S.J., 1953. "Feedback theory–Some properties of signal-flow graphs," *Proceedings of the Institute of Radio Engineers*, vol. 41, pp. 1144-1156.

Mason, S.J., 1956. "Feedback theory–Further properties of signal-flow graphs," *Proceedings of the Institute of Radio Engineers*, vol. 44, pp. 920-926.

Maybeck, P.S., 1982. *Stochastic Models, Estimation, and Control*, vol.2, New York: Academic Press.

Maybeck, P.S., 1979. *Stochastic Models, Estimation, and Control*, vol.1, New York: Academic Press.

Mazaika, P.K., 1987. "A mathematical model of the Boltzmann machine," *IEEE First International Conference on Neural Networks*, vol. III, pp.157-163, San Diego, CA.

McBride, L.E., Jr., and K.S. Narendra, 1965. "Optimization of time-varying systems," *IEEE Transactions on Automatic Control*, vol. AC-10, pp.289-294.

McCullagh, P., and J.A. Nelder, 1989. *Generalized Linear Models*, 2nd edition, London: Chapman and Hall.

McCulloch, W.S., 1988. *Embodiments of Mind*, Cambridge, MA: MIT Press.

McCulloch, W.S., and W. Pitts, 1943. "A logical calculus of the ideas immanent in nervous activity," *Bulletin of Mathematical Biophysics*, vol.5, pp.115-133.

McEliece, R.J., E. C. Posner, E.R. Rodemich, and S.S. Venkatesh, 1987. "The capacity of the Hopfield associative memory," *IEEE Transactions on Information Theory*, vol. IT-33, pp.461-482.

McLachlan, G.J., and K.E. Basford, 1988. *Mixture Models: Inference and Applications to Clustering*, New York: Marcel Dekker.

McLachlan, G.J., and T. Krishnan, 1997. *The EM Algorithm and Extensions*, New York: Wiley (Interscience).

McQueen, J., 1967. "Some methods for classification and analysis of multivariate observations," *Proceedings of the 5th Berkeley Symposium on Mathematical Statistics and Probability*, vol. 1, pp. 281-297, Berkeley, CA: University of California Press.

Mead, C.A., 1990. "Neuromorphic electronic systems," *Proceedings of the Institute of Electrical and Electronics Engineers,* vol.78, pp.1629-1636.

Mead, C.A., 1989. *Analog VLSI and Neural Systems,* Reading, MA: Addison-Wesley.

Mead, C.A., and M.A. Mahowald, 1988. "A silicon model of early visual processing," *Neural Networks,* vol.1, pp.91-97.

Mead, C.A., X. Arreguit, and J. Lazzaro, 1991. "Analog VLSI model of binaural hearing," *IEEE Transactions on Neural Networks,* vol.2, pp.232-236.

Mecklenbräuker, W., and F. Hlawatsch, eds., 1997. *The Wigner Distribution,* New York: Elsevier.

Memmi, D., 1989. "Connectionism and artificial intelligence," *Neuro-Nimes'89 International Workshop on Neural Networks and their Applications,* pp.17-34, Nimes, France.

Mendel, J.M., 1995. *Lessons in Estimation Theory for Signal Processing, Communications and Control.* Englewood Cliffs, NJ: Prentice-Hall.

Mendel, J.M., and R.W. McLaren, 1970. "Reinforcement-learning control and pattern recognition systems," in *Adaptive, Learning, and Pattern Recognition Systems: Theory and Applications,* vol. 66, J.M. Mendel and K.S. Fu, eds., pp.287-318, New York: Academic Press.

Mennon, A., K. Mehrotra, C.K. Mohan, and S. Ranka, 1996. "Characterization of a class of sigmoid functions with applications to neural networks," *Neural Networks,* vol. 9, pp.819-835.

Mercer, J., 1909. "Functions of positive and negative type, and their connection with the theory of integral equations," *Transactions of the London Philosophical Society (A),* vol.209, pp.415-446.

Mesulam, M.M., 1985. "Attention, confusional states, and neglect," in *Principles of Behavioral Neurology,* M.M. Mesulam, ed., Philadelphia: F.A. Davis.

Metropolis, N., A. Rosenbluth, M. Rosenbluth, A. Teller, and E. Teller, 1953. "Equations of state calculations by fast computing machines," *Journal of Chemical Physics,* vol.21, pp.1087-1092.

Mhaskar, H.N., 1996. "Neural networks for optimal approximation of smooth and analytic functions," *Neural Computation,* vol.8, pp. 1731-1742.

Mhaskar, H.N., and C.A. Micchelli, 1992. "Approximation by superposition of sigmoidal and radial basis functions," *Advances in Applied Mathematics,* vol.13, pp.350-373.

Micchelli, C.A., 1986. "Interpolation of scattered data: Distance matrices and conditionally positive definite functions," *Constructive Approximation,* vol.2, pp.11-22.

Miller, D., A.V. Rao, K. Rose, and A. Gersho, 1996. "A global optimization technique for statistical classifier design," *IEEE Transactions on Signal Processing,* vol.44, pp.3108-3122.

Miller, K.D., J.B. Keller, and M.P. Stryker, 1989. "Ocular dominance column development: Analysis and simulation," *Science,* vol.245, pp.605-615.

Miller, D., and K. Rose, 1996. "Hierarchical, unsupervised learning with growing via phase transitions," *Neural Computation,* vol. 8, pp. 425-450.

Miller, D., and K. Rose, 1994. "Combined source-channel vector quantization using deterministic annealing," *IEEE Transactions on Communications,* vol. 42, pp. 347-356.

Miller, R., 1987. "Representation of brief temporal patterns, Hebbian synapses, and the left-hemisphere dominance for phoneme recognition," *Psychobiology,* vol.15, pp.241-247.

Minai, A.A., and R.J. Williams, 1990. "Back-propagation heuristics: A study of the extended delta-bar-delta algorithm," *IEEE International Joint Conference on Neural Networks,* vol. I, pp.595-600, San Diego, CA.

Minsky, M.L., 1986. Society of Mind, New York: Simon and Schuster.

Minsky, M.L., 1967. *Computation: Finite and Infinite Machines.* Englewood Cliffs, NJ: Prentice-Hall.

Minsky, M.L., 1961. "Steps towards artificial intelligence," *Proceedings of the Institute of Radio Engineers,* vol.49, pp. 8-30 (Reimpresso em: Feigenbaum, E.A., and J. Feldman, eds., *Computers and Thought,* pp. 406-450, New York: McGraw-Hill.)

Minsky, M.L., 1954. "Theory of neural-analog reinforcement systems and its application to the brain-model problem," Ph.D. thesis, Princeton University, Princeton, NJ.

Minsky, M.L., and S.A. Papert, 1988. *Perceptrons,* expanded edition, Cambridge, MA: MIT Press.

Minsky, M.L., and S.A. Papert, 1969. *Perceptrons,* Cambridge, MA: MIT Press.

Minsky, M.L., and O.G. Selfridge, 1961. "Learning in random nets," *Information Theory, Fourth London Symposium,* London: Butterworths.

Mitchell, T.M., 1997. *Machine Learning.* New York: McGraw-Hill.

Mitchison, G., 1989. "Learning algorithms and networks of neurons," in *The Computing Neuron* (R. Durbin, C. Miall, and G. Michison, eds), pp.35-53, Reading, MA: Addison-Wesley.

Møller, M.F., 1993. "A scaled conjugate gradient algorithm for fast supervised learning," *Neural Networks,* vol.6, pp.525-534.

Moody, J., and C.J. Darken, 1989. "Fast learning in networks of locally-tuned processing units," *Neural Computation,* vol.1, pp.281-294.

Moody, J., and L.Wu, 1996. "Optimization of trading systems and portfolios," in A.Weigend,Y.Abu-Mostafa, and A.-P.N. Refenes, eds., *Decision Technologies for Financial Engineering*, pp.23-35, Singapore: World Scientific.

Moody, J.E., and T. Rögnvaldsson, 1997. "Smoothing regularizers for projective basis function networks," *Advances in Neural Information Processing Systems*, vol.9, pp.585-591.

Moray, N., 1959. "Attention in dichotic listening: Affective cues and the influence of instructions," *Quarterly Journal of Experimental Psychology*, vol.27, pp.56-60.

Morgan, N., and H. Bourlard, 1990. "Continuous speech recognition using multilayer perceptrons with hidden Markov models," *IEEE International Conference on Acoustics, Speech, and Signal Processing*, vol. 1, pp.413-416, Albuquerque.

Morita, M., 1993. "Associative memory with nonmonotonic dynamics," *Neural Networks*, vol.6, pp.115-126.

Morozov, V.A., 1993. *Regularization Methods for Ill-Posed Problems*, Boca Raton, FL: CRC Press.

Morse, P.M., and H. Feshbach, 1953. *Methods of Theoretical Physics*, Part 1, New York: McGraw-Hill.

Mozer, M.C., 1994. "Neural net architectures for temporal sequence processing," in A.S. Weigend and N.A. Gershenfeld, eds., *Time Series Prediction: Forecasting the Future and Understanding the Past*, pp.243-264, Reading, MA: Addison-Wesley.

Mpitsos, G.J., 1990. "Chaos in brain function and the problem of nonstationarity: A commentary," in *Chaos in Brain Function*, E. Basar, ed., pp.162-176. New York: Springer-Verlag.

Müller, B., and J. Reinhardt, 1990. *Neural Networks:An Introduction*, New York: Springer-Verlag.

Muller, D., and G. Lynch, 1988. "Long-term potentiation differentially affects two components of synaptic responses in hippocampus," *Proceedings of the National Academy of Sciences*, USA, vol.85, pp.9346-9350.

Mumford, D., 1994. "Neural architectures for pattern-theoretic problems," in C. Koch and J. Davis, eds., *Large-Scale Theories of the Cortex*, pp.125-152, Cambridge, MA: MIT Press.

Murray, M.K., and J.W. Rice, 1993. *Differential Geometry and Statistics*, New York: Chapman and Hall.

Murtagh, B., and M. Saunders, 1978. "Large-scale linearly constrained optimization," *Mathematical Programming*, vol.14, pp.41-72.

Muselli, M., 1997. "On convergence properties of pocket algorithm," *IEEE Transactions on Neural Networks*, vol. 8, pp. 623-629.

Nadal, J.-P., and N. Parga, 1997. "Redundancy reduction and independent component analysis: Conditions on cumulants and adaptive approaches," *Neural Computation*, vol. 9, pp. 1421-1456.

Nadal, J.-P., and N. Parga, 1994. "Nonlinear neurons in the low-noise limit: A factorial code maximizes information transfer," *Network*, vol. 5, pp. 565-581.

Nadaraya, É.A., 1965. "On nonparametric estimation of density functions and regression curves," *Theory of Probability and its Applications*, vol. 10, pp. 186-190.

Nadaraya, É.A., 1964. "On estimating regression," *Theory of Probability and its Applications*, vol.9, pp.141-142.

Naftaly, U., N. Intrator, and D. Horn, 1997. "Optimal ensemble averaging of neural networks," *Network*, vol.8, pp.283-296.

Nakano, K., 1972. "Association – a model of associative memory," *IEEE Transactions on Systems, Man, and Cybernetics*, vol. SMC-2, pp.380-388.

Narendra, K.S., 1995. *Neural Networks for Identification and Control*, NIPS 95, Tutorial Program, pp. 1- 46, Denver.

Narendra, K.S., and A.M. Annaswamy, 1989. *Stable Adaptive Systems*, Englewood Cliffs, NJ: Prentice- Hall.

Narendra, K.S., and K. Parthasarathy, 1990. "Identification and control of dynamical systems using neural networks," *IEEE Transactions on Neural Networks*, vol. 1, pp.4-27.

Natarajan, B.K., 1991. *Machine Learning:A Theoretical Approach*, San Mateo, CA: Morgan Kaufmann.

Neal, R.M., 1995. *Bayesian Learning for Neural Networks*, Ph.D. Thesis, University of Toronto, Canada.

Neal, R.M., 1993. "Bayesian learning via stochastic dynamics," *Advances in Neural Information Processing Systems*, vol.5, pp.475-482, San Mateo, CA: Morgan Kaufmann.

Neal, R.M., 1992. "Connectionist learning of belief networks," *Artificial Intelligence*, vol.56, pp.71-113.

Newcomb, S.,1886. "A generalized theory of the combination of observations so as to obtain the best result," *American Journal of Mathematics*, vol.8, pp.343-366.

Newell, A., and H.A. Simon, 1972. *Human Problem Solving*, Englewood Cliffs, NJ: Prentice-Hall.

Ng, K., and R.P. Lippmann, 1991. "Practical characteristics of neural network and conventional pattern classifiers," *Advances in Neural Information Processing Systems*, vol.3, pp.970-976, San Mateo, CA: Morgan Kaufmann.

Nguyen, D., and B. Widrow, 1989. "The truck backer-upper: An example of self-learning in neural networks," *International Joint Conference on Neural Networks*, vol. II, pp.357-363, Washington, DC.

Nie, J., and S. Haykin, 1998. "A Q-learning-based dynamic channel assignment technique for mobile communication systems," *IEEE Transactions on Vehicular Technology*, a ser lançado.

Nie, J., and S. Haykin, 1996. "A dynamic channel assignment policy through Q-learning," *CRL Report No. 334*, Communications Research Laboratory, McMaster University, Hamilton, Ontario.

Nilsson, N.J., 1980. *Principles of Artificial Intelligence*, New York: Springer-Verlag.

Nilsson, N.J., 1965. *Learning Machines: Foundations of Trainable Pattern-Classifying Systems,* New York: McGraw-Hill.
Niyogi, P., and F. Girosi, 1996. "On the relationship between generalization error, hypothesis complexity, and sample complexity for radial basis functions," *Neural Computation,* vol.8, pp.819- 842.
Novikoff, A.B.J., 1962. "On convergence proofs for perceptrons," in *Proceedings of the Symposium on the Mathematical Theory of Automata,* pp.615-622, Brooklyn, NY: Polytechnic Institute of Brooklyn.
Nowlan, S.J., 1990. "Maximum likelihood competitive learning," *Advances in Neural Information Processing Systems,* vol.2, pp.574-582, San Mateo, CA: Morgan Kaufmann.
Nowlan, S.J., and G.E. Hinton, 1992. "Adaptive soft weight tying using Gaussian mixtures," *Advances in Neural Information Processing Systems,* vol.4, pp.993-1000, San Mateo, CA: Morgan Kaufmann.
Nowlan, S.J., and G.E. Hinton, 1991. "Evaluation of adaptive mixtures of competing experts," *Advances in Neural Information Processing Systems,* vol.3, pp.774-780, San Mateo, CA: Morgan Kaufmann.
Obermayer, K., H. Ritter, and K. Schulten, 1991. "Development and spatial structure of cortical feature maps: A model study," *Advances in Neural Information Processing Systems,* vol. 3, pp. 11-17, San Mateo, CA: Morgan Kaufmann.
Oja, E., 1992a. "Principal components, minor components, and linear neural networks," *Neural Networks,* vol.5, 927-936.
Oja, E., 1992b. "Self-organizing maps and computer vision," in *Neural Networks for Perception,* vol. 1, H. Wechsler, ed., vol. l, pp.368-385, San Diego, CA: Academic Press.
Oja, E., 1991. "Data compression, feature extraction, and autoassociation in feedforward neural networks," *Artificial Neural Networks,* vol. l, pp.737-746, Amsterdam: North-Holland.
Oja, E., 1989. "Neural networks, principal components, and subspaces," *International Journal of Neural Systems,* vol. 1, 61-68.
Oja, E., 1983. *Subspace Methods of Pattern Recognition,* Letchworth, England: Research Studies Press.
Oja, E., 1982. "A simplified neuron model as a principal component analyzer," *Journal of Mathematical Biology,* vol. 15, pp. 267-273.
Oja, E., and J. Karhunen, 1985. "A stochastic approximation of the eigenvectors and eigenvalues of the expectation of a random matrix," *Journal of Mathematical Analysis and Applications,* vol. 106, pp. 69-84.
Oja, E., and T. Kohonen, 1988. "The subspace learning algorithm as formalism for pattern recognition and neural networks," *IEEE International Conference on Neural Networks,* vol. I, pp.277-284, San Diego, CA.
Omlin, C.W., and C.L. Giles, 1996. "Constructing deterministic finite-state automata in recurrent neural networks," *Journal of the Association for Computing Machinery,* vol.43, pp.937-972.
Oppenheim, A.V., and R.W. Schafer, 1989. *Discrete-Time Signal Processing,* Englewood Cliffs, NJ: Prentice-Hall.
Orlando, J., R. Mann, and S. Haykin, 1990. "Classification of sea-ice using a dual-polarized radar," *IEEE Journal of Oceanic Engineering,* vol. l5, pp.228-237.
Osherson, D.N., S. Weinstein, and M. Stoli, 1990. "Modular learning," *Computational Neuroscience,* E.L. Schwartz, ed., pp.369-377, Cambridge, MA: MIT Press.
Osuna, E., 1998. "Support Vector Machines: Training and Applications," Ph.D. Thesis, Operations Research Center, MIT.
Osuna, E., and F. Girosi, 1998. "Reducing the run-time complexity of support vector machines," ICPR 98, Brisbane, Australia.
Osuna, E., R. Freund, and F. Girosi, 1997. "An improved training algorithm for support vector machines," *Neural Networks for Signal Processing* VII, Proceedings of the 1997 IEEE Workshop, pp. 276-285, Amelia Island, FL.
Ott, E., 1993. *Chaos in Dynamical Systems,* Cambridge, MA: Cambridge University Press.
Packard, N.H., J.P. Crutchfield, J.D. Farmer, and R.S. Shaw, 1980. "Geometry from a time series," *Physical Review Letters,* vol.45, pp.712-716.
Palm, G., 1982. *Neural Assemblies:An Alternative Approach,* New York: Springer-Verlag.
Palmieri, F., and S.A. Shah, 1990. "Fast training of multilayer perceptrons using multi-linear parameterization," *International Joint Conference on Neural Networks,* vol. I, pp.696-699, Washington, DC.
Palmieri, F., J. Zhu, and C. Chang, 1993. "Anti-Hebbian learning in topologically constrained linear networks: A tutorial," *IEEE Transactions on Neural Networks,* vol.5, pp.748-761.
Papoulis, A., 1984. *Probability, Random Variables, and Stochastic Processes,* 2nd edition, New York: McGraw-Hill.
Parisi, G., 1988. *Statistical Field Theory,* Reading, MA: Addison-Wesley.
Park, J., and I.W. Sandberg, 1991. "Universal approximation using radial-basis-function networks," *Neural Computation,* vol.3, pp.246-257.
Parker, D.B., 1987. "Optimal algorithms for adaptive networks: Second order back propagation, second order direct propagation, and second order Hebbian learning," *IEEE 1st International Conference on Neural Networks,* vol.2, pp.593-600, San Diego, CA.
Parker, D.B., 1985. "Learning-logic: Casting the cortex of the human brain in silicon," *Technical Report TR-47,* Center for Computational Research in Economics and Management Science, Cambridge, MA: MIT Press.
Parker, T.S., and L.O., Chua, 1989. *Practical Numerical Algorithms for Chaotic Systems,* New York: Springer.

Parzen, E., 1962. "On estimation of a probability density function and mode," *Annals of Mathematical Statistics*, vol.33, pp.1065-1076.

Passino, K.N., 1996. "Toward bridging the perceived gap between conventional and intelligent control," in M.D. Gupta and N.K. Sinha, eds., *Intelligent Control Systems*, pp.3-27, New York: IEEE Press.

Pavlov, I.P., 1927. *Conditional Reflexes: An Investigation of the Physiological Activity of the Cerebral Cortex*, (Traduzido do russo por G.V. Anrep), New York: Oxford University Press.

Pearl, J., 1988. *Probabilistic Reasoning in Intelligent Systems*, San Mateo, CA: Morgan Kaufmann. (Revised 2nd printing, 1991).

Pearlmutter, B.A., 1989. "Learning state-space trajectories in recurrent neural networks," *Neural Computation*, vol. 1, pp.263-269.

Pearson, K., 1901. "On lines and planes of closest fit to systems of points in space," *Philosophical Magazine*, vol.2, pp.559-572.

Peretto, P. 1984. "Collective properties of neural networks: A statistical physics approach," *Biological Cybernetics*, vol.50, pp.51-62.

Peretto, P., and J.-J Niez, 1986. "Stochastic dynamics of neural networks," *IEEE Transactions on Systems, Man, and Cybernetics*, vol. SMC-16, pp.73-83.

Perrin, D., 1990. "Finite automata," in J. van Leeuwen, ed., *Handbook of Theoretical Computer Science, Volume B: Formal Models and Semantics*, Chapter 1, pp.3-57, Cambridge, MA: MIT Press.

Perrone, M.P., 1993. "Improving regression estimation: Averaging methods for variance reduction with extensions, to general convex measure optimization," Ph.D. Thesis, Brown University, Rhode Island.

Personnaz, L., I. Guyon, and G. Dreyfus, 1985. "Information storage and retrieval in spin-glass like neural networks," *Journal of Physique, Letters*, Orsay, France, vol.46, L-359-L-365.

Peterson, C., 1991. "Mean field theory neural networks for feature recognition, content addressable memory and optimization," *Connection Science*, vol.3, pp.3-33.

Peterson, C., and J.R. Anderson, 1987. "A mean field theory learning algorithm for neural networks," *Complex Systems*, vol. 1, pp.995-1019.

Peterson, C., and E. Hartman, 1989. "Explorations of the mean field theory learning algorithm," *Neural Networks*, vol.2, pp.475-494.

Peterson, C., and B. Söderberg, 1989. "A new method of mapping optimization problems onto neural networks," *International Journal of Neural Systems*, vol. 1, pp.3-22.

Pham, D.T., and P. Garrat, 1997. "Blind separation of mixture of independent sources through a quasi- maximum likelihood approach," *IEEE Transactions on Signal Processing*, vol.45, pp.1712-1725.

Pham, D.T., P. Garrat, and C. Jutten, 1992. "Separation of a mixture of independent sources through a maximum likelihood approach," *Proceedings of EUSIPCO*, pp.771-774.

Phillips, D., 1962. "A technique for the numerical solution of certain integral equations of the first kind," *Journal of Association for Computing Machinery*, vol.9, pp.84-97.

Pineda, F.J., 1989, "Recurrent backpropagation and the dynamical approach to adaptive neural computation," *Neural Computation*, vol. 1, pp.161-172.

Pineda, F.J., 1988a. "Generalization of backpropagation to recurrent and higher order neural networks," in *Neural Information Processing Systems*, D.Z. Anderson, ed., pp. 602-611, New York: American Institute of Physics.

Pineda, F.J., 1988b. "Dynamics and architecture in neural computation," *Journal of Complexity*, vol. 4, pp.216-245.

Pineda, F.J., 1987. "Generalization of back-propagation to recurrent neural networks," *Physical Review Letters*, vol.59, pp.2229-2232.

Pitts, W., and W.S. McCulloch, 1947, "How we know universals: The perception of auditory and visual forms," *Bulletin of Mathematical Biophysics*, vol.9, pp.127-147.

Plumbley, M.D., and F. Fallside, 1989. "Sensory adaptation: An information-theoretic viewpoint," *International Joint Conference on Neural Networks*, vol.2, p.598, Washington, DC.

Plumbley, M.D., and F. Fallside, 1988. "An information-theoretic approach to unsupervised connectionist models," in *Proceedings of the 1988 Connectionist Models Summer School*, D. Touretzky, G. Hinton, and T. Sejnowski, eds., pp.239-245. San Mateo, CA: Morgan Kaufmann.

Poggio, T., 1990. "A theory of how the brain might work," *Cold Spring Harbor Symposium on Quantitative Biology*, vol.5, pp.899-910.

Poggio, T., and D. Beymer, 1996. "Learning to see," *IEEE Spectrum*, vol.33, no.5, pp.60-69.

Poggio, T., and S. Edelman, 1990. "A network that learns to recognize three-dimensional objects," *Nature*, vol.343, pp.263-266.

Poggio, T., and F. Girosi, 1990a. "Networks for approximation and learning," *Proceedings of the IEEE*, vol.78, pp.1481-1497.

Poggio, T., and F. Girosi, 1990b. "Regularization algorithms for learning that are equivalent to multilayer networks," *Science*, vol.247, pp.978-982.

Poggio, T., and C. Koch, 1985. "Ill-posed problems in early vision: From computational theory to analogue networks," *Proceedings of the Royal Society of London*, Series B, vol.226, pp.303-323.

Poggio, T., V. Torre, and C. Koch, 1985. "Computational vision and regularization theory," *Nature*, vol. 317, pp.314-319.

Polak, E., and G. Ribiére, 1969. "Note sur la convergence de methods de directions conjuguees," *Revue Francaise Information Recherche Operationnelle*, vol.16, pp.35-43.

Pöppel G., and U. Krey, 1987. "Dynamical learning process for recognition of correlated patterns in symmetric spin glass models," *Europhysics Letters*, vol.4, pp.979-985.

Powell, M.J.D., 1992. "The theory of radial basis function approximation in 1990," in W. Light, ed., *Advances in Numerical Analysis Vol. II: Wavelets, Subdivision Algorithms, and Radial Basis Functions*, pp. 105-210, Oxford: Oxford Science Publications.

Powell, M.J.D., 1988. "Radial basis function approximations to polynomials," *Numerical Analysis 1987 Proceedings*, pp.223-241, Dundee, UK.

Powell, M.J.D., 1985. "Radial basis functions for multivariable interpolation: A review," *IMA Conference on Algorithms for the Approximation of Functions and Data*, pp.143-167, RMCS, Shrivenham, England.

Powell, M.J.D., 1977. "Restart procedures for the conjugate gradient method," *Mathematical Programming*, vol.12, pp.241-254.

Preisendorfer, R.W., 1988. *Principal Component Analysis in Meteorology and Oceanography*, New York: Elsevier.

Press, W.H., B.P. Flannery, S.A. Teukolsky, and W.T. Vetterling, 1988. *Numerical Recipes in C: The Art of Scientific Computing*, Cambridge: Cambridge University Press.

Proakis, J.G., 1989. *Digital Communications*, 2nd edition, New York: McGraw-Hill.

Prokhorov, D.V., and D.C. Wunsch, II, 1997. "Adaptive critic designs," *IEEE Transactions on Neural Networks*, vol.8, pp.997-1007.

Puskorius, G.V., and L.A. Feldkamp, 1994. "Neurocontrol of nonlinear dynamical systems with Kalman filter-trained recurrent networks," *IEEE Transactions on Neural Networks*, vol.5, pp.279-297.

Puskorius, G.V., and L.A. Feldkamp, 1992. "Model reference adaptive control with recurrent networks trained by the dynamic DEKF algorithm," *International Joint Conference on Neural Networks*, vol. II, pp. 106-113, Baltimore.

Puskorius, G.V., L.A. Feldkamp, and L.I. Davis, Jr., 1996. "Dynamic neural network methods applied to on-vehicle idle speed control," *Proceedings of the IEEE*, vol.84, pp.1407-1420.

Puskorius, G.V., and L.A. Feldkamp, 1991. "Decoupled extended Kalman filter training of feedforward layered networks," *International Joint Conference on Neural Networks*, vol.1, pp.771-777, Seattle.

Rabiner, L.R., 1989. "A tutorial on hidden Markov models," *Proceedings of the IEEE*, vol.73, pp.1349-1387.

Rabiner, L.R., and B.H. Juang, 1986. "An introduction to hidden Markkov models," *IEEE ASSP Magazine*, vol.3, pp.4-16.

Rall, W., 1989. "Cable theory for dendritic neurons," in *Methods in Neuronal Modeling*, C. Koch and I. Segev, eds., pp.9-62, Cambridge, MA: MIT Press.

Rall, W., 1990. "Some historical notes," in *Computational Neuroscience*, E.L. Schwartz, Ed., pp. 3-8, Cambridge: MIT Press.

Ramón y Cajál, S., 1911, *Histologie du Systéms Nerveux de l'homme et des vertébrés*, Paris: Maloine.

Rao, A., D. Miller, K. Rose, and A. Gersho, 1997a. "Mixture of experts regression modeling by deterministic annealing." *IEEE Transactions on Signal Processing*, vol.45, pp.2811-2820.

Rao, A., K. Rose, and A. Gersho, 1997b. "A deterministic annealing approach to discriminative hidden Markov model design," *Neural Networks for Signal Processing VII, Proceedings of the 1997 IEEE Workshop*, pp.266-275, Amelia Island, FL.

Rao, C.R., 1973. *Linear Statistical Inference and Its Applications*, New York: Wiley.

Rashevsky, N., 1938. *Mathematical Biophysics*, Chicago: University of Chicago Press.

Raviv, Y., and N. Intrator, 1996. "Bootstrapping with noise: An effective regularization technique," *Connection Science*, vol.8, pp.355-372.

Reed, R., 1993. "Pruning algorithms–A survey." *IEEE Transactions on Neural Networks*, vol.4, pp.740-747.

Reeke, G.N. Jr., L.H. Finkel, and G.M. Edelman, 1990. "Selective recognition automata," in *An Introduction to Neural and Electronic Networks*, S.F. Zornetzer, J.L. Davis, and C. Lau, eds, pp. 203-226, New York: Academic Press.

Reif, 1965. *Fundamentals of Statistical and Thermal Physics*, New York: McGraw-Hill.

Renals, S., 1989. "Radial basis function network for speech pattern classification," *Electronics Letters*, vol.25, pp.437-439.

Rényi, A. 1960. "On measures of entropy and information," *Proceedings of the 4th Berkeley Symposium on Mathematics, Statistics, and Probability*, pp.547-561.

Rényi, A., 1970. *Probability Theory*, North-Holland, Amsterdam.

Richard, M.D., and R.P. Lippmann, 1991. "Neural network classifiers estimate Bayesian a posteriori probabilities," *Neural Computation*, vol.3, pp.461-483.
Riesz, F., and B. Sz-Nagy, 1955. *Functional Analysis*, 2nd edition, New York: Frederick Ungar.
Ripley, B.D., 1996. *Pattern Recognition and Neural Networks*, Cambridge: Cambridge University Press.
Rissanen, J.,1978. "Modeling by shortest data description," *Automatica*, vol.14, pp.465-471.
Rissanen, J., 1989. *Stochastic Complexity in Statistical Inquiry*, Singapore: World Scientific.
Ritter, H., 1991. "Asymptotic level density for a class of vector quantization processes," *IEEE Transactions on Neural Networks*, vol.2, pp.173-175.
Ritter, H., 1995. "Self-organizing feature maps: Kohonen maps," in M.A. Arbib, ed., *The Handbook of Brain Theory and Neural Networks*, pp. 846-851, Cambridge, MA: MIT Press.
Ritter, H., and T. Kohonen, 1989. "Self-organizing semantic maps," *Biological Cybernetics*, vol. 61, pp. 241-254.
Ritter, H., and K. Schulten, 1988. "Convergence properties of Kohonen's topology conserving maps: Fluctuations, stability, and dimension selection," *Biological Cybernetics*, vol.60, pp.59-71.
Ritter, H., T.M. Martinetz, and K.J. Schulten, 1989. "Topology-conserving maps for learning visuo- motor-coordination," *Neural Networks*, vol.2, pp. 159-168.
Ritter, H., T. Martinetz, and K. Schulten, 1992. *Neural Computation and Self-Organizing Maps: An Introduction*, Reading, MA: Addison-Wesley.
Robbins, H., and S. Monro, 1951. "A stochastic approximation method," *Annals of Mathematical Statistics*, vol.22, pp.400-407.
Robinson, D.A., 1992. "Signal processing by neural networks in the control of eye movements," *Computational Neuroscience Symposium*, pp.73-78, Indiana University-Purdue University at Indianapolis.
Rochester, N., J.H. Holland, L.H. Haibt, and W.L. Duda, 1956. "Tests on a cell assembly theory of the action of the brain, using a large digital computer," *IRE Transactions on Information Theory*, vol. IT- 2, pp.80-93.
Rose, K., 1998. "Deterministic annealing for clustering, compression, classification, regression, and related optimization problems," *Proceedings of the IEEE*, vol.86, a ser lançado.
Rose, K., 1991. *Deterministic Annealing, Clustering, and Optimization*, Ph.D. Thesis, California Institute of Technology, Pasadena, CA.
Rose, K., E. Gurewitz, and G.C. Fox, 1992. "Vector quantization by deterministic annealing," *IEEE Transactions on Information Theory*, vol.38, pp.1249-1257.
Rose, K., E. Gurewitz, and G.C. Fox, 1990. "Statistical mechanics and phase transitions in clustering," *Physical Review Letters*, vol.65, pp.945-948.
Rosenblatt, F., 1962. *Principles of Neurodynamics*, Washington, DC: Spartan Books.
Rosenblatt, F., 1960a. "Perceptron simulation experiments," *Proceedings of the Institute of Radio Engineers*, vol.48, pp.301-309.
Rosenblatt, F., 1960b. "On the convergence of reinforcement procedures in simple perceptrons," Cornell Aeronautical Laboratory Report, VG-1196-G-4, Buffalo, NY.
Rosenblatt, F., 1958. "The Perceptron: A probabilistic model for information storage and organization in the brain," *Psychological Review*, vol.65, pp.386-408.
Rosenblatt, M., 1970. "Density estimates and Markov sequences," in M. Puri, ed., *Nonparametric Techniques in Statistical Inference*, pp. 199-213, London: Cambridge University Press.
Rosenblatt, M., 1956. "Remarks on some nonparametric estimates of a density function," *Annals of Mathematical Statistics.*, vol.27, pp.832-837.
Ross, S.M., 1983. *Introduction to Stochastic Dynamic Programming*, New York: Academic Press.
Roth, Z., and Y. Baram, 1996. "Multi-dimensional density shaping by sigmoids," *IEEE Transactions on Neural Networks*, vol.7, pp.1291-1298.
Roussas, G., ed., 1991. *Nonparametric Functional Estimation and Related Topics*, The Netherlands: Kluwer.
Roy, S., and J.J. Shynk, 1990. "Analysis of the momentum LMS algorithm," *IEEE Transactions on Acoustics, Speech, and Signal Processing*, vol. ASSP-38, pp.2088-2098.
Rubner, J., and K. Schulten, 1990. "Development of feature detectors by self-organization," *Biological Cybernetics*, vol.62, pp.193-199.
Rubner, J., and P. Tavan, 1989. "A self-organizing network for principal component analysis," *Europhysics Letters*, vol. l0, pp.693-698.
Rueckl, J.G., K.R. Cave, and S.M. Kosslyn, 1989. "Why are 'what' and 'where' processed by separate cortical visual systems? A computational investigation," *J. Cognitive Neuroscience*, vol. l, pp.171-186.
Rumelhart, D.E., and J.L. McClelland, eds., 1986. *Parallel Distributed Processing: Explorations in the Microstructure of Cognition*, vol. l, Cambridge, MA: MIT Press.
Rumelhart, D.E., and D. Zipser, 1985. "Feature discovery by competitive learning," *Cognitive Science*, vol. 9, pp.75-112.

Rumelhart, D.E., G.E. Hinton, and R.J. Williams, 1986a. "Learning representations of back-propagation errors," *Nature (London)*, vol.323, pp.533-536.
Rumelhart, D.E., G. E. Hinton, and R.J. Williams, 1986b. "Learning internal representations by error propagation," in D.E. Rumelhart and J.L. McCleland, eds., vol 1, Chapter 8, Cambridge, MA: MIT Press.
Russell, S.J., and P. Novig, 1995. *Artificial Intelligence: A Modern Approach*, Upper Saddle River, NJ: Prentice-Hall.
Russo, A.P., 1991. *Neural Networks for Sonar Signal Processing*, Tutorial No. 8, IEEE Conference on Neural Networks for Ocean Engineering, Washington, DC.
Ruyck, D.W., S.K. Rogers, M. Kabrisky, M.E. Oxley, and B.W. Suter, 1990. "The multilayer perceptron as an approximation to a Bayes optimal discriminant function," *IEEE Transactions of Neural Networks*, vol. l, pp.296-298.
Saarinen, S., R.B. Bramley, and G. Cybenko, 1992. "Neural networks, backpropagation, and automatic differentiation," in *Automatic Differentiation of Algorithms: Theory, Implementation, and Application*, A. Griewank and G.F. Corliss, eds., pp.31-42, Philadelphia: SIAM.
Saarinen, S., R. Bramley, and G. Cybenko, 1991. "The numerical solution of neural network training problems," *CRSD Report No. 1089*, Center for Supercomputing Research and Development, University of Illinois, Urbana, IL.
Säckinger, E., B.E. Boser, J. Bromley, Y. LeCun, and L.D. Jacket, 1992a. "Application of the ANNA neural network chip to high-speed character recognition," *IEEE Transactions on Neural Networks*, vol.3, pp.498-505.
Säckinger, E., B.E. Boser, and L.D. Jackel,1992b. "A neurocomputer board based on the ANNA neural network chip," *Advances in Neural Information Processing Systems*, vol. 4, pp. 773-780, San Mateo, CA: Morgan Kaufmann.
Saerens, M., and A. Soquet, 1991. "Neural controller based on back-propagation algorithm," *IEE Proceedings (London), Part F*, vol.138, pp.55-62.
Sage, A.P., ed., 1990. *Concise Encyclopedia of Information Processing in Systems and Organizations*, New York: Pergamon.
Salomon, R., and J.L. van Hemmen, 1996. "Accelerating backpropagation through dynamic self-adaptation," *Neural Networks*, vol.9, pp.589-601.
Samuel, A.L., 1959. "Some studies in machine learning using the game of checkers," *IBM Journal of Research and Development*, vol.3, pp.211-229.
Sandberg, I.W., 1991. "Structure theorems for nonlinear systems," *Multidimensional Systems and Signal Processing*, vol. 2, pp. 267-286.
Sandberg, I.W., L. Xu, 1997a. "Uniform approximation of multidimensional myopic maps," *IEEE Transactions on Circuits and Systems*, vol.44, pp.477-485.
Sandberg, I.W., and L. Xu,1997b. "Uniform approximation and gamma networks," *Neural Networks*, vol. 10, pp.781-784.
Sanger, T.D., 1990. "Analysis of the two-dimensional receptive fields learned by the Hebbian algorithm in response to random input," *Biological Cybernetics*, vol.63, pp.221-228.
Sanger, T.D., 1989a. "An optimality principle for unsupervised learning," *Advances in Neural Information Processing Systems*, vol. l, pp. ll-19, San Mateo, CA: Morgan Kaufmann.
Sanger, T.D., 1989b. "Optimal unsupervised learning in a single-layer linear feedforward neural network," *Neural Networks*, vol.12, pp.459-473.
Sanner, R.M., and J.,-J.E. Slotine, 1992. "Gaussian networks for direct adaptive control," *IEEE Transactions on Neural Networks*, vol.3, pp.837-863.
Sauer, N., 1972. "On the densities of families of sets," *Journal of Combinatorial Theory, Series A*, vol. 13, pp.145-172.
Sauer, T., J.A. Yorke, and M. Casdagli, 1991. "Embedology," *Journal of Statistical Physics*, vol.65, pp.579- 617.
Saul, L.K., T. Jakkolla, and M.I. Jordan, 1996. "Mean field theory for sigmoid belief networks," *Journal of Artificial Intelligence Research*, vol.4, pp.61-76.
Saul, L.K., and M.I. Jordan, 1996. "Exploiting tractable substructures in intractable networks," *Advances in Neural Information Processing Systems*, vol.8, pp.486-492, Cambridge, MA: MIT Press.
Saul, L.K., and M.I. Jordan, 1995. "Boltzmann chains and hidden Markov models," *Advances in Neural Information Processing Systems*, vol.7, pp.435-442.
Schapire, R.E., 1997. "Using output codes to boost multiclass learning problems," *Machine Learning: Proceedings of the Fourteenth International Conference*, Nashville,TN.
Schapire, R.E., 1990. "The strength of weak learnability," *Machine Learning*, vol.5, pp.197-227.
Schapire R.E., Y. Freund, and P. Bartlett, 1997. "Boosting the margin: A new explanation for the effectiveness of voting methods," *Machine Learning: Proceedings of the Fourteenth International Conference*, Nashville, TN.
Schiffman, W.H., and H.W. Geffers, 1993. "Adaptive control of dynamic systems by back propagation networks," *Neural Networks*, vol.6, pp.517-524.
Schneider, C.R., and H.C. Card, 1998. "Analog hardware implementation issues in deterministic Boltzmann machines," *IEEE Transactions on Circuits and Systems II*, vol.45, a ser lançado.
Schneider, C.R., and H.C. Card, 1993. "Analog CMOS deterministic Boltzmann circuits," *IEEE Journal Solid-State Circuits*, vol.28, pp.907-914.

Schölkopf, B., 1997. *Support Vector Learning,* Munich, Germany: R. Oldenbourg Verlag.
Schölkopf, B., P. Simard, V. Vapnik, and A.J. Smola, 1997. "Improving the accuracy and speed of support vector machines," *Advances in Neural Information Processing Systems* vol.9, pp.375-381.
Schölkopf, B., A. Smola, and K.-R. Muller, 1998. "Nonlinear component analysis as a kernel eigenvalue problem," *Neural Computation,* vol.10, a ser lançado.
Schölkopf, B., K.-K Sung, C.J.C. Burges, F. Girosi, P. Niyogi, T. Poggio, and V. Vapnik, 1997. "Comparing support vector machines with Gaussian kernels to radial basis function classifiers," *IEEE Transactions on Signal Processing,* vol.45, pp.2758-2765.
Schraudolph, N.N., and T.J. Sejnowski, 1996. "Tempering back propagation networks: Not all weights are created equal," *Advances in Neural Information Processing Systems,* vol.8, pp.563-569, Cambridge, MA: MIT Press.
Schumaker, L.L., 1981, *Spline Functions: Basic Theory,* New York: Wiley.
Schurmars, D., 1997. "Alternative metrics for maximum margin classification," *NIPS Workshop on Support Vector Machines,* Beckenbridge, CO.
Schuster, H.G., 1988. *Deterministic Chaos:An Introduction,* Weinheim, Germany: VCH.
Scofield, C.L., and L.N. Cooper, 1985. "Development and properties of neural networks," *Contemporary Physics,* vol.26, pp.125-145.
Scott, A.C., 1977. *Neurophysics,* New York: Wiley.
Segee, B.E., and M.J. Carter, 1991. "Fault tolerance of pruned multilayer networks," *International Joint Conference on Neural Networks,* vol. II, pp.447-452, Seattle.
Sejnowski, T.J., 1977a. "Strong covariance with nonlinearly interacting neurons," *Journal of Mathematical Biology,* vol. 4, pp. 303-321.
Sejnowski, T.J., 1977b. "Statistical constraints on synaptic plasticity," *Journal of Theoretical Biology,* vol. 69, pp.385-389.
Sejnowski, T.J., 1976. "On global properties of neuronal interaction," *Biological Cybernetics,* vol.22, pp.85-95.
Sejnowski, T.J., and P.S. Churchland, 1989. "Brain and cognition," in *Foundations of Cognitive Science,* M.I. Posner, ed., pp.301-356, Cambridge, MA: MIT Press.
Sejnowski, T.J., P.K. Kienker, and G.E. Hinton, 1986. "Learning symmetry groups with hidden units: Beyond the perceptron," *Physica,* vol.22D, pp.260-275.
Sejnowski, T.J., C. Koch, and P.S. Churchland, 1988. "Computational neuroscience," *Science,* vol. 241, pp.1299-1306.
Sejnowski, T.J., and C.R. Rosenberg, 1987. "Parallel networks that learn to pronounce English text," *Complex Systems,* vol.1, pp.145-168.
Sejnowski, T.J., B.P. Yuhas, M.H. Goldstein, Jr., and R.E. Jenkins, 1990. "Combining visual and acoustic speech signals with a neural network improves intelligibility." *Advances in Neural Information Processing Systems,* vol.2, pp.232-239, San Mateo, CA: Morgan Kaufmann.
Selfridge, O.G., R.S. Sutton, and C.W. Anderson, 1988. "Selected bibliography on connectionism," *Evolution, Learning, and Cognition,* Y.C. Lee, Ed., pp.391-403, River Edge, NJ: World Scientific Publishing, Inc.
Seung, H., 1995. "Annealed theories of learning," in J.-H Oh, C. Kwon, and S. Cho, eds., *Neural Networks: The Statistical Mechanics Perspective,* Singapore: World Scientific.
Seung, H.S. , T.J. Richardson, J. C. Lagarias, and J.J. Hopfield, 1998. "Saddle point and Hamiltonian structure in excitatory-inhibitory networks," *Advances in Neural Information Processing Systems,* vol.10, a ser lançado.
Shah, S., and F. Palmieri, 1990. "MEKA–A fast, local algorithm for training feedforward neural networks," *International Joint Conference on Neural Networks,* vol.3, pp.41-46, San Diego, CA.
Shamma, S., 1989. "Spatial and temporal processing in central auditory networks," in *Methods in Neural Modeling,* C. Koch and I. Segev, Eds., Cambridge, MA: MIT Press.
Shanno, D.F., 1978. "Conjugate gradient methods with inexact line searches," *Mathematics of Operations Research,* vol.3, pp.244-256.
Shannon, C.E., 1948. "A mathematical theory of communication," *Bell System Technical Journal,* vol. 27, pp.379-423, 623-656.
Shannon, C.E., and W. Weaver, 1949. *The Mathematical Theory of Communication,* Urbana, IL.: The University of Illinois Press.
Shannon, C.E., and J. McCarthy, eds., 1956. *Automata Studies,* Princeton, NJ: Princeton University Press.
Shepherd, G.M., 1988. *Neurobiology,* 2nd edition, New York: Oxford University Press.
Shepherd, G.M., 1978. "Microcircuits in the nervous system," *Scientific American,* vol.238, pp.92-103.
Shepherd, G.M., ed., 1990a. *The Synaptic Organization of the Brain,* 3rd edition, New York: Oxford University Press.
Shepherd, G.M., 1990b. "The significance of real neuron architectures for neural network simulations," in *Computational Neuroscience,* E.L. Schwartz, ed., pp.82-96, Cambridge: MIT Press.
Shepherd, G.M., and C. Koch, 1990. "Introduction to synaptic circuits," in *The Synaptic Organization of the Brain,* G.M. Shepherd, ed., pp.3-31. New York: Oxford University Press.

Sherrington, C.S., 1906. *The Integrative Action of the Nervous System,* New York: Oxford University Press.
Sherrington, C.S., 1933. *The Brain and Its Mechanism,* London: Cambridge University Press.
Sherrington, D., and S. Kirkpatrick, 1975. "Spin-glasses," *Physical Review Letters,* vol.35, p.1972.
Shewchuk, J.R., 1994. *An Introduction to the Conjugate Gradient Method Without the Agonizing Pain,* School of Computer Science, Carnegie Mellon University, Pittsburgh, PA, August 4,1994.
Shore, J.E., and R.W. Johnson, 1980. "Axiomatic derivation of the principle of maximum entropy and the principle of minimum cross-entropy," *IEEE Transactions on Information Theory,* vol. IT-26, pp.26-37.
Shustorovich, A., 1994. "A subspace projection approach to feature extraction: The two-dimensional Gabor transform for character recognition," *Neural Networks,* vol.7, pp.1295-1301.
Shustorovich, A., and C. Thrasher, 1996. "Neural network positioning and classification of handwritten characters," *Neural Networks,* vol.9, pp.685-693.
Shynk, J.J., 1990. "Performance surfaces of a single-layer perceptron," *IEEE Transactions en Neural Networks,* 1, 268-274.
Shynk, J.J., and N.J. Bershad, 1992. "Stationary points and performance surfaces of a perceptron learning algorithm for a nonstationary data model," *International Joint Conference on Neural Networks,* vol. 2, pp.133-139, Baltimore.
Shynk, J.J., and N.J. Bershad, 1991. "Steady-state analysis of a single-layer perceptron based on a system identification model with bias terms," *IEEE Transactions on Circuits and Systems,* vol. CAS-38, pp.1030-1042.
Siegelmann, H.T., B.G. Home, and C.L. Giles, 1997 "Computational capabilities of recurrent NARX neural networks," *Systems, Man, and Cybernetics, Part B.: Cybernetics,* vol.27, pp.208-215.
Siegelmann, H.T., and E.D. Sontag, 1991. "Turing computability with neural nets," *Applied Mathematics Letters,* vol.4, pp.77-80.
Simard, P., Y. LeCun, and J. Denker, 1993. "Efficient pattern recognition using a new transformation distance," *Advances in Neural Information Processing Systems,* vol. 5, pp. 50-58, San Mateo, CA: Morgan Kaufmann.
Simard, P., B. Victorri, Y. LeCun, and J. Denker, 1992. "Tangent prop–A formalism for specifying selected invariances in an adaptive network," *Advances in Neural Information Systems,* vol. 4, pp. 895- 903, San Mateo, CA: Morgan Kaufmann.
Simmons, J.A.1989. "A view of the world through the bat's ear: The formation of acoustic images in echolocation," *Cognition,* vol.33, pp.155-199.
Simmons, J.A., P.A. Saillant, and S.P. Dear, 1992. "Through a bat's ear," *IEEE Spectrum,* vol.29(3), pp.46-48.
Singh, S.P., ed., 1992. *Approximation Theory, Spline Functions and Applications,* Dordrecht,The Netherlands: Kluwer.
Singh, S., and D. Bertsekas, 1997. "Reinforcement learning for dynamic channel allocation in cellular telephone systems," *Advances in Neural Information Processing Systems,* vol. 9, pp. 974-980, Cambridge, MA: MIT Press.
Singhal, S., and L. Wu, 1989. "Training feed-forward networks with the extended Kalman filter," *IEEE International Conference on Acoustics, Speech, and Signal Processing,* pp.1187-1190, Glasgow, Scotland.
Singleton, R.C., 1962. "A test for linear separability as applied to self-organizing machines," in M.C. Yovitz, GT. Jacobi, and G.D. Goldstein, eds., *Self Organizing Systems,* pp.503-524,Washington DC: Spartan Books.
Sjöberg, J., Q. Zhang, L. Ljung, A. Benveniste, B. Delyon, P.-Y. Glorennec, H. Hjalmarsson, and A. Juditsky, 1995. "Nonlinear black-box modeling in system identification: A unified overview," *Automatica,* vol. 31, pp. 1691-1724.
Slepian, D., 1973. *Key papers in the development of information theory,* New York: IEEE Press.
Sloane, N.J.A., and A.D. Wyner, 1993. *Claude Shannon: Collected Papers,* New York: IEEE Press.
Smith, M., 1993. *Neural Networks for Statistical Modeling,* New York: Van Nostrand Reinhold.
Smola, A.J., and B. Schölkopf, 1998. "From regularization operators to support vector kernels," *Advances in Neural Information Processing Systems,* vol. 10, to appear.
Smolensky, P., 1988. "On the proper treatment of connectionism," *Behavioral and Brain Sciences,* vol.11, pp. 1-74.
Sontag, E.D., 1996. "Recurrent neural networks: Some learning and systems-theoretic aspects," Department of Mathematics, Rutgers University, New Brunswick, NJ.
Sontag, E.D., 1992. "Feedback stabilization using two-hidden-layer nets," *IEEE Transactions on Neural Networks,* vol.3, pp.981-990.
Sontag, E.D., 1990. *Mathematical Control Theory: Deterministic Finite Dimensional Systems,* New York: Springer-Verlag.
Sontag, E.D., 1989. "Sigmoids distinguish more efficiently than Heavisides," *Neural Computation,* vol. 1, pp.470-472.
Southwell, R.V., 1946. *Relaxation Methods in Theoretical Physics,* New York: Oxford University Press.
Specht, D.F., 1991. "A general regression neural network," *IEEE Transactions on Neural Networks,* vol. 2, pp.568-576.
Sperduti, A., 1997. "On the computational power of recurrent neural networks for structures," *Neural Networks,* vol.10, pp.395-400.
Sperduti, A., and A. Starita, 1997. "Supervised neural networks for the classification of structures," *IEEE Transactions on Neural Networks,* vol.8, pp.714-735.
Sprecher, D.A., 1965. "On the structure of continuous functions of several variables," *Transactions of the American Mathematical Society,* vol.115, pp.340-355.
Steinbuch, K., 1961. "Die Lernmatrix." *Kybernetik,* vol.1, pp.36-45.

Stent, G.S., 1973. "A physiological mechanism for Hebb's postulate of learning," *Proceedings of the National Academy of Sciences, USA,* vol.70, pp.997-1001.
Sterling, P., 1990. "Retina," in *The Synaptic Organization of the Brain,* G.M. Shepherd, ed., 3rd edition, pp.170-213, New York: Oxford University Press.
Stevenson, M., R. Winter, and B. Widrow, 1990. "Sensitivity of layered neural networks to errors in the weights," *International Joint Conference on Neural Networks,* vol.1, pp.337-340, Washington, DC.
Stone, M., 1978. "Cross-validation: A review," *Mathematische Operationsforschung Statistischen, Serie Statistics,* vol.9, pp.127-139.
Stone, M., 1974. "Cross-validatory choice and assessment of statistical predictions," *Journal of the Royal Statistical Society,* vol. B36, pp.111-133.
Stork, D., 1989. "Is backpropagation biologically plausible?" *International Joint Conference on Neural Networks,* vol.2, pp.241-246, Washington, DC.
Strang, G., 1980. *LinearAlgebra and its Applications,* New York: Academic Press.
Stuart, A., and K. Ord, 1994. *Kendall's Advanced Theory of Statistics,* vol. I, 6th edition, New York: Halsted Press.
Su, H.-T., and T. McAvoy, 1991. "Identification of chemical processes using recurrent networks," *Proceedings of the 10th American Controls Conference,* vol.3, pp.2314-2319, Boston.
Su, H.-T., T. McAvoy, and P. Werbos, 1992. "Long-term predictions of chemical processes using recurrent neural networks: A parallel training approach," *Industrial Engineering and Chemical Research,* vol. 31, pp.1338-1352.
Suga, N. 1990a. "Cortical computational maps for auditory imaging," *Neural Networks,* vol.3, pp.3-21.
Suga, N., 1990b. "Computations of velocity and range in the bat auditory system for echo location," in *Computational Neuroscience,* E.L. Schwartz, ed., pp.213-231, Cambridge, MA: MIT Press.
Suga, N., 1990c. "Biosonar and neural computation in bats," *Scientific American,* vol.262, pp.60-68.
Suga, N., 1985. "The extent to which bisonar information is represented in the bat auditory cortex," in *Dynamic Aspects of Neocortical Function,* G.M. Edelman, W.E. Gall, and W.M. Cowan, eds. pp. 653- 695, New York: Wiley (Interscience).
Suga, N., and J.S. Kanwal, 1995. "Echolocation: Creating computational maps," in M.A. Arbib, ed., *The Handbook of Brain Theory and Neural Networks,* Cambridge, MA: MIT Press.
Sutton, J.P., and J.A. Anderson, 1995. "Computational and neurobiological features of a network of networks," in J.M. Bower, ed., *The Neurobiology of Computation,* pp.317-322, Boston: Kluwer.
Sutton, R.S., 1988. "Learning to predict by the methods of temporal differences," *Machine Learning,* vol. 3, pp.9-44.
Sutton, R.S., 1986. "Two problems with back-propagation and other steepest-descent learning procedures for networks," *Proceedings of the Eighth Annual Conference of the Cognitive Science Society,* pp. 823- 831. Hillsdale, NJ: Lawrence Erlbaum.
Sutton, R.S., ed., 1992. Special Issue on Reinforcement Learning, *Machine Learning,* vol.8, pp.1-395.
Sutton, R.S., 1984. "Temporal credit assignment in reinforcement learning," Ph.D. Dissertation, University of Massachusetts, Amherst, MA.
Sutton, R.S., and A.G. Barto, 1998. *Reinforcement Learning:An Introduction,* Cambridge, MA: MIT Press.
Suykens, J.A.K., J.P.L. Vandewalle, and B.L.R. DeMoor, 1996. *Artificial Neural Networks for Modeling and Control of Non-Linear Systems,* Dordrecht, The Netherlands: Kluwer.
Swindlehurst, A.L., M.J. Goris, and B. Ottersten, 1997. "Some experiments with array data collected in actual urban and suburban environments," *IEEE Workshop on Signal Processing Advances in Wireless Communications,* pp.301-304, Paris, France.
Takahashi, Y., 1993. "Generalization and approximation capabilities of multilayer networks," *Neural Computation,* vol.5, pp.132-139.
Takens, F., 1981. "On the numerical determination of the dimension of an attractor," in D. Rand and L.S. Young, eds., *Dynamical Systems and Turbulence,* Annual Notes in Mathematics, vol. 898, pp. 366- 381, Berlin: Springer-Verlag.
Tapia, R.A., and J.R. Thompson, 1978. *Nonparametric Probability Density Estimation,* Baltimore: The Johns Hopkins University Press.
Taylor, J.G., 1997. "Neural computation: The historical background," in E. Fiesler and R. Beale, eds., *Handbook of Neural Computation,* New York: Oxford University Press.
Taylor, W.K., 1964. "Cortico-thalamic organization and memory," *Proceedings of the Royal Society, London, Series B.* vol.159, pp.466-478.
Taylor, W.K. 1956. "Electrical simulation of some nervous system functional activities," *Information Theory,* vol. 3, E.C. Cherry, ed., pp. 314-328, London: Butterworths.
Tesauro, G., 1995. "Temporal difference learning and TD-gamma," *Communications of the Association for Computing Machinery,* vol.38, pp.58-68.
Tesauro, G., 1994. "TD-Gammon, A self-teaching Backgammon program, achieves master-level play," *Neural Computation,* vol. 6, pp. 215-219.

Tesauro, G., 1992. "Practical issues in temporal difference learning," *Machine Learning,* vol.8, pp.257- 277.
Tesauro, G., 1989. "Neurogammon wins computer olympiad," *Neural Computation,* vol.1, pp.321-323.
Tesauro, G. and T.J. Sejnowski, 1989. "A parallel network that learns to play backgammon," *Artificial Intelligence,* vol. 39, pp. 357-390.
Tesauro, G., and R. Janssens, 1988. "Scaling relationships in back-propagation learning," *Complex Systems,* vol.2, pp.39-44.
Teyler, T.J., 1986. "Memory: Electrophysiological analogs," in *Learning and Memory:A Biological View,* J.L. Martinez, Jr. and R.S. Kesner, eds., pp.237-265, New York: Academic Press.
Thorndike, E.L., 1911. *Animal Intelligence,* Darien, CT: Hafner.
Thrun, S.B., 1992. "The role of exploration in learning control," in *Handbook of Intelligent Control,* D.A. White and D.A. Sofge, eds., pp.527-559, New York: Van Nostrand Reinhold.
Tikhonov, A.N., 1973. "On regularization of ill-posed problems," *Doklady Akademii Nauk USSR,* vol. 153, pp.49-52.
Tikhonov, A.N., 1963. "On solving incorrectly posed problems and method of regularization," *Doklady Akademii Nauk USSR,* vol.151, pp.501-504.
Tikhonov, A.N., and V.Y. Arsenin, 1977. *Solutions of Ill-posed Problems,* Washington, DC: W.H. Winston.
Titterington, D.M., A.F.M. Smith, and V.E. Makov, 1985. *Statistical Analysis of Finite Mixture Distributions,* New York: Wiley.
Touretzky, D.S., and D.A. Pomerleau, 1989. "What is hidden in the hidden layers?" *Byte,* vol.14, pp.227- 233.
Tsitsiklis, J.N., 1994. "Asynchronous stochastic approximation and Q-learning," *Machine Learning,* vol. 16, pp.185-202.
Tsoi, A.C., and A.D. Back, 1994. "Locally recurrent globally feedforward networks: A critical review," *IEEE Transactions on Neural Networks,* vol.5, pp.229-239.
Turing, A.M., 1952. "The chemical basis of morphogenesis," *Philosophical Transactions of the Royal Society, B.* vol.237, pp.5-72.
Turing, A.M., 1950. "Computing machinery and intelligence," *Mind,* vol.59, pp.433-460.
Turing, A.M., 1936. "On computable numbers with an application to the Entscheidungs problem," *Proceedings of the London Mathematical Society,* Series 2, vol. 42, pp. 230-265. Correção publicada em vol.43, pp.544-546.
Tsoi, A.C., and A. Back, 1994. "Locally recurrent globally feedforward networks: A critical review," *IEEE Transactions on Neural Networks,* vol.5, pp.229-239.
Tzefestas, S.G., ed., 1997. *Methods and Applications of Intelligent Control,* Boston: Kluwer.
Udin, S.B., and J.W. Fawcett, 1988. "Formation of topographic maps," *Annual Review of Neuroscience,* vol.2, pp.289-327.
Ukrainec, A.M., and S. Haykin, 1996. "A modular neural network for enhancement of cross-polar radar targets," *Neural Networks,* vol.9, pp.143-168.
Ukrainec, A., and S. Haykin, 1992. "Enhancement of radar images using mutual information based unsupervised neural networks," *Canadian Conference on Electrical and Computer Engineering,* pp. MA6.9.1-MA6.9.4, Toronto, Canada.
Uttley, A.M., 1979. *Information Transmission in the Nervous System,* London: Academic Press.
Uttley, A.M., 1970. "The informon: A network for adaptive pattern recognition," *Journal of Theoretical Biology,* vol.27, pp.31-67.
Uttley, A.M., 1966. "The transmission of information and the effect of local feedback in theoretical and neural networks," *Brain Research,* vol.102, pp.23-35.
Uttley, A.M., 1956. "A theory of the mechanism of learning based on the computation of conditional probabilities," *Proceedings of the First International Conference on Cybernetics,* Namur, Gauthier-Villars, Paris.
Vaillant, R., C. Monrocq, and Y. LeCun, 1994. "Original approach for the localization of objects in images," *IEE Proceedings (London) on Vision, Image and Signal Processing,* vol.141, pp.245-250.
Valavanis, K.P., and G.N. Saridis, 1992. *Intelligent Robotic Systems: Theory, Design, and Applications,* Norwell, MA: Kluwer.
Valiant, L.G., 1984. "A theory of the learnable," *Communications of the Association for Computing Machinery,* vol.27, pp.1134-1142.
Vanderbei, R., 1994. "Interior point methods: Algorithms and formulations," *ORSA Journal on Computing,* vol.6, pp.32-34.
Van Essen, D.C., C.H. Anderson, and D.J. Felleman, 1992. "Information processing in the primate visual system: An integrated systems perspective," *Science,* vol.255, pp.419-423.
van de Laar, P.,T. Heskes, and S. Gielen, 1997. "Task-dependent learning of attention," *Neural Networks,* vol.10, pp.981-992.
van Laarhoven, P.J.M., and E.H.L. Aarts, 1988. *Simulated Annealing: Theory and Applications,* Boston: Kluwer Academic Publishers.
Van Trees, H.L., 1968. *Detection, Estimation, and Modulation Theory,* Part I, New York: Wiley.
Van Hulle, M.M., 1997. "Nonparametric density estimation and regression achieved with topographic maps maximizing the information-theoretic entropy of their outputs," *Biological Cybernetics,* vol.77, pp.49-61

Van Hulle, M.M., 1996. "Topographic map formation by maximizing unconditional entropy: A plausible strategy for "on-line" unsupervised competitive learning and nonparametric density estimation," *IEEE Transactions on Neural Networks*, vol.7, pp.1299-1305.

Van Veen, B., 1992. "Minimum variance beamforming," in S. Haykin and A. Steinhardt, eds., *Adaptive Radar Detection and Estimation*, New York: Wiley (Interscience).

Vapnik, V.N., 1998. *Statistical Learning Theory*, New York: Wiley.

Vapnik, V.N., 1995. *The Nature of Statistical Learning Theory*, New York: Springer-Verlag.

Vapnik, V.N., 1992. "Principles of risk minimization for learning theory," *Advances in Neural Information Processing Systems*, vol.4, pp.831-838, San Mateo, CA: Morgan Kaufmann.

Vapnik, V.N., 1982. *Estimation of Dependences Based on Empirical Data*, New York: Springer-Verlag.

Vapnik, V.N., and A.Ya. Chervonenkis, 1971. "On the uniform convergence of relative frequencies of events to their probabilities," *Theoretical Probability and Its Applications*, vol.17, pp.264-280.

Vapnik, V.N., and A. Ya. Chervonenkis, 1964. "A note on a class of perceptrons," *Automation and Remote Control*, vol.25, pp.103-109.

Velmans, M., 1995. "Consciousness, Theories of." In M.A. Arbib, ed., *The Handbook of Brain Theory and Neural Networks*, pp.247-250, Cambridge, MA: MIT Press.

Venkataraman, S., 1994. "On encoding nonlinear oscillations in neural networks for locomotion," *Proceedings of the 8th Yale Workshop on Adaptive and Learning Systems*, pp.14-20, New Haven, CT.

Venkatesh, S.J., G. Panche, D. Psaltis, and G. Sirat, 1990. "Shaping attraction basins in neural networks," *Neural Networks*, vol.3, pp.613-623.

Vetterli, M., and J. Koračević, 1995. *Wavelets and Subband Coding*, Englewood Cliffs, NJ: Prentice-Hall.

Vidyasagar, M., 1997. *A Theory of Learning and Generalization*, London: Springer-Verlag.

Vidyasagar, M., 1993. *Nonlinear Systems Analysis*, 2nd edition, Englewood Cliffs, NJ: Prentice-Hall.

Viterbi, A.J., 1967. "Error bounds for convolutional codes and an asymptotically optimum decoding algorithm," *IEEE Transactions on Information Theory*, vol. IT-13, pp.260-269.

von der Malsburg, C., 1990a. "Network self-organization," in *An Introduction to Neural and Electronic Networks* S.F. Zornetzer, JL. Davis, and C. Lau, eds., pp.421-432, San Diego, CA: Academic Press.

von der Malsburg, C., l990b. "Considerations for a visual architecture," in *Advanced Neural Computers*, R. Eckmiller, ed., pp.303-312, Amsterdam: North-Holland.

von der Malsburg, C., 1981. "The correlation theory of brain function," *Internal Report 81-2*, Department of Neurobiology, Max-Plank-Institute for Biophysical Chemistry, Göttingen, Germany.

von der Malsburg, C., 1973. "Self-organization of orientation sensitive cells in the striate cortex," *Kybernetik*, vol.14, pp.85-100.

von der Malsburg, C., and W. Schneider, 1986. "A neural cocktail party processor," *Biological Cybernetics*, vol.54, pp.29-40.

von Neumann, J., 1986. *Papers of John von Neumann on Computing and Computer Theory*, W. Aspray and A. Burks, eds., Cambridge, MA: MIT Press.

von Neumann, J., 1958. *The Computer and the Brain*, New Haven, CT: Yale University Press.

von Neumann, J., 1956. "Probabilistic logics and the synthesis of reliable organisms from unreliable components," in *Automata Studies*, C.E. Shannon and J. McCarthy, eds., pp. 43-98, Princeton, NJ: Princeton University Press.

Wahba, G., 1990. *Spline Models for Observational Data*, SIAM.

Wahba, G. D.R. Johnson, F. Gao, and J. Gong, 1995. "Adaptive tuning of numerical weather prediction models: Randomized GCV in three and four dimensional data assimilation," *Monthly Weather Review*, vol.123, pp.3358-3369.

Waibel, A., T. Hanazawa, G. Hinton, K. Shikano, and K.J. Lang, 1989. "Phoneme recognition using time-delay neural networks," *IEEE Transactions on Acoustics, Speech, and Signal Processing*, vol. ASSP-37, pp.328-339.

Waltz, D., 1997. "Neural nets and AI: Time for a synthesis," plenary talk, *International Conference on Neural Networks*, vol. 1, p. xiii, Houston.

Waltz, M.D., and K.S. Fu, 1965. "A heuristic approach to reinforcement learning control systems," *IEEE Transactions on Automatic Control*, vol. AC-10, pp.390-398.

Wan, E.A., 1994. "Time series prediction by using a connectionist network with internal delay lines," in *Time Series Prediction: Forecasting the Future and Understanding the Past*, A.S. Weigend and N.A. Gershenfield, eds., pp.195-217. Reading, MA: Addison-Wesley.

Wan, E.A., 1990. "Temporal backpropagation for FIR neural networks," *IEEE International Joint Conference on Neural Networks*, vol. I, pp. 575-580, San Diego, CA.

Wan, E.A., and F. Beaufays, 1996. "Diagrammatic derivation of gradient algorithms for neural networks," *Neural Computation*, vol.8, pp.182-201.

Watanabe, H., Yamaguchi, and S. Katagiri, 1997. "Discriminative metric design for robust pattern recognition," *IEEE Transactions on Signal Processing*, vol.45, pp.2655-2662.

Waterhouse, S., D. MacKay, and A. Robinson, 1996. "Bayesian methods for mixtures of experts," *Advances in Neural Information Processing Systems,* vol.8, pp.351-357, Cambridge, MA: MIT Press.

Watkins, C.JC.H., 1989. *Learning from Delayed Rewards,* Ph.D. Thesis, University of Cambridge, England.

Watkins, C.JC.H., and P. Dayan, 1992. "Q-learning," *Machine Learning,* vol. 8, pp.279-292.

Watrous, R.L.1987. "Learning algorithms for connectionist networks: Applied gradient methods of nonlinear optimization," *First IEEE International Conference on Neural Networks,* vol. 2, pp.619-627, San Diego, CA.

Watson, G.S., 1964. "Smooth regression analysis," *Sankhyā: The Indian Journal of Statistics, Series A,* vol.26, pp.359-372.

Webb, A.R., 1994. "Functional approximation by feed-forward networks: A least-squares approach to generalisation," *IEEE Transactions on Neural Networks,* vol.5, pp.480-488.

Webb, A.R., and D. Lowe, 1990. "The optimal internal representation of multilayer classifier networks performs nonlinear discriminant analysis," *Neural Networks,* vol.3, pp.367-375.

Weigend, A.S., B. Huberman, and D. Rumelhart, 1990. "Predicting the future: A connectionist approach," *International Journal of Neural Systems,* vol. 3, pp.193-209.

Weigend, A.S., D.E. Rumelhart, and B.A. Huberman, 1991. "Generalization by weight-elimination with application to forecasting, *Advances in Neural Information Processing Systems,* vol. 3, pp. 875-882, San Mateo, CA: Morgan Kaufmann.

Weigend, A.S., and N.A. Gershenfield, eds., 1994. *Time Series Prediction: Forecasting the Future and Understanding the Past,* vol. 15, Santa Fe Institute Studies in the Sciences of Complexity, Reading, MA: Addison-Wesley.

Weierstrass, K., 1885. "Über die analytische Darstellbarkeit sogenannter willkürlicher Funktionen einer reellen veränderlichen," *Sitzungsberichte derAkademie der Wissenschaften, Berlin,* pp.633-639, 789- 905.

Werbos, P.J., 1992. "Neural networks and the human mind: New mathematics fits humanistic insight," *IEEE International Conference on Systems, Man, and Cybernetics,* vol.1, pp.78-83, Chicago.

Werbos, P.J.,1990. "Backpropagation through time: What it does and how to do it," *Proceedings of the IEEE,* vol.78, pp.1550-1560.

Werbos, P.J., 1989. "Backpropagation and neurocontrol: A review and prospectus," *International Joint Conference on Neural Networks* vol. I, pp.209-216, Washington, DC.

Werbos, P.J., 1974. "Beyond regression: New tools for prediction and analysis in the behavioral sciences," Ph.D. Thesis, Harvard University, Cambridge, MA.

Wettschereck, D., and T. Dietterich, 1992. "Improving the performance of radial basis function networks by learning center locations," *Advances in Neural Information Processing Systems,* vol.4, pp.1133-1140, San Mateo, CA: Morgan Kaufmann.

White, D.A., and D.A. Sofge, eds, 1992. *Handbook of Intelligent Control: Neural, Fuzzy, and Adaptive Approaches* New York: Van Nostrand Reinhold.

White, H., 1992. *Artificial Neural Networks:Approximation and Learning Theory,* Cambridge, MA: Blackwell.

White, H., 1990. "Connectionist nonparametric regression: Multilayer feedforward networks can learn arbitrary mappings," *Neural Networks,* vol.3, pp.535-549.

White, H., 1989a. "Learning in artificial neural networks: A statistical perspective," *Neural Computation,* vol.1, pp.425-464.

White, H., 1989b. "Some asymptotic results for learning in single hidden-layer feedforward network models," *Journal of the American Statistical Society,* vol.84, pp.1003-1013.

Whitney, H., 1936. "Differentiable manifolds," *Annals of Mathematics,* vol. 37, pp.645-680.

Whittaker, E.T., 1923. "On a new method of graduation," *Proceedings of the Edinburgh Mathematical Society,* vol.41, pp.63- 75.

Widrow, B., 1962. "Generalization and information storage in networks of adaline 'neurons'," in M.C. Yovitz, G.T. Jacobi, and G.D., Goldstein, eds., *Self-Organizing Systems,* pp. 435-461, Washington, DC: Spartan Books.

Widrow, B., J.M. McCool, M.G. Larimore, and C.R. Johnson, Jr., 1976. "Stationary and nonstationary learning characteristics of the LMS adaptive filter," *Proceedings of the IEEE,* vol.64, pp.1151-1162.

Widrow, B., J.R. Glover, Jr., J.M. McCool, J. Kaunitz, C.S. Williams, R.H. Hearn, J.R. Zeidler, J. Dong, Jr., and R.C.Goodlin, 1975. "Adaptive noise cancelling: Principles and applications," *Proceedings of the IEEE,* vol. 63, pp.1692-1716.

Widrow, B., N.K. Gupta, and S. Maitra, 1973. "Punish/reward: Learning with a critic in adaptive threshold systems," *IEEE Transactions of Systems, Man, and Cybernetics,* vol. SMC-3, pp.455-465.

Widrow, B., and M.E. Hoff, Jr., 1960. "Adaptive switching circuits," *IRE WESCON Convention Record,* pp. 96-104.

Widrow, B., and M.A. Lehr, 1990. "30 years of adaptive neural networks: Perceptron, madaline, and backpropagation," *Proceedings of the Institute of Electrical and Electronics Engineers,* vol.78, pp.1415-1442.

Widrow, B., P.E. Mantey, L.J. Griffiths, and B.B. Goode, 1967. "Adaptive antenna systems," *Proceedings of the IEEE,* vol. 55, pp. 2143-2159.

Widrow, B., and S.D. Steams, 1985. *Adaptive Signal Processing,* Englewood Cliffs, NJ: Prentice-Hall.

Widrow, B., and E. Walach, 1996. *Adaptive Inverse Control,* Upper Saddle River, NJ: Prentice-Hall.

Wieland, A., and R. Leighton, 1987. "Geometric analysis of neural network capabilities," first *IEEE International Conference on Neural Networks,* vol. III, pp.385-392, San Diego, CA.

Wiener, N.,1961. *Cybernetics,* 2nd edition, New York: Wiley.
Wiener, N., 1958. *Nonlinear Problems in Random Theory,* New York: Wiley.
Wiener, N., 1949. *Extrapolation, Interpolation, and Smoothing of Stationary Time Series with Engineering Applications,* Cambridge, MA: MIT Press. (Foi originalmente lancado como National Defense Research Report classificado, February 1942).
Wiener, N., 1948. *Cybernetics: Or Control and Communication in the Animal and the Machine,* New York: Wiley.
Wilks, S.S., 1962. *Mathematical Statistics,* New York: Wiley.
Williams, R.J., 1992. "Simple statistical gradient-following algorithms for connectionist reinforcement learning," *Machine Learning,* vol.8, pp.229-256.
Williams, R.J., 1988. "Toward a theory of reinforcement-learning connectionist systems," *Technical Report NU-CCS-88-3,* College of Computer Science, Northeastern University, Boston.
Williams, R.J., 1985. "Feature discovery through error-correction learning," *Technical Report ICS-8501.* University of California, San Diego, CA.
Williams, R.J., and J. Peng, 1990. "An efficient gradient-based algorithm for on-line training of recurrent network trajectories," *Neural Computation,* vol.2, pp.490-501.
Williams, R.J., and D. Zipser, 1995. "Gradient-based learning algorithms for recurrent networks and their computational complexity," in Y. Chauvin and D.E. Rumelhart, eds., *Backpropagation: Theory, Architectures, and Applications,* pp.433-486, Hillsdale, NJ: Lawrence Erlbaum.
Williams, R.J., and D. Zipser, 1989. "A learning algorithm for continually running fully recurrent neural networks," *Neural Computation,* vol.1, pp.270-280.
Willshaw, D.J., O.P. Buneman, and H. C. Longuet-Higgins, 1969. "Non-holographic associative memory," *Nature (London),* vol.222, pp.960-962.
Willshaw, D.J., and C. von der Malsburg, 1976. "How patterned neural connections can be set up by self-organization," *Proceedings of the Royal Society of London Series B,* vol.194, pp.431-445.
Wilson, G.V., and G.S. Pawley, 1988. "On the stability of the travelling salesman problem algorithm of Hopfield and Tank," *Biological Cybernetics,* vol.58, pp.63-70.
Wilson, H.R., and J.D. Gowan, 1972. "Excitatory and inhibitory interactions in localized populations of model neurons," *Journal of Biophysics,* vol.12, pp.1-24.
Winder, R.O., 1961. "Single stage threshold logic," *Switching Circuit Theory and Logical Design,* AIEE Special Publications, vol. S-134, pp.321-332.
Winograd, S., and J.D. Cowan, 1963. *Reliable Computation in the Presence of Noise,* Cambridge, MA: MIT Press.
Wolpert, D.H., 1992. "Stacked generalization," *Neural Networks,* vol.5, pp.241-259.
Wood, N.L., and N. Cowan, 1995. "The cocktail party phenomenon revisited: Attention and memory in the classic selective listening procedure of Cherry (1953)," *Journal of Experimental Psychology: General,* vol. 124, pp.243-262.
Woods, W.A., 1986. "Important issues in knowledge representation," *Proceedings of the Institute of Electrical and Electronics Engineers,* vol.74, pp.1322-1334.
Wu, C.F.J., 1983. "On the convergence properties of the EM algorithm," *Annals of Statistics,* vol. 11, pp.95-103.
Wylie, C.R., and L.C. Barrett, 1982. *Advanced Engineering Mathematics,* 5th edition, New York: McGraw Hill.
Xu, L., A. Krzyżak, and A. Yuille, 1994. "On radial basis function nets and kernel regression: Statistical consistency, convergency rates, and receptive field size," *Neural Networks,* vol.7, pp.609-628.
Xu, L., E. Oja, and C.Y. Suen, 1992. "Modified Hebbian learning for curve and surface fitting," *Neural Networks,* vol.5, pp.441-457.
Yang, H., and S. Amari, 1997. "Adaptive online learning algorithms for blind separation: Maximum entropy and minimum mutual information," *Neural Computation,* vol.9, pp.1457-1482.
Yee, P.V., 1998. *Regularized Radial Basis Function Networks: Theory and Applications to Probability Estimation, Classification, and Time Series Prediction,* Ph.D. Thesis, McMaster University, Hamilton, Ontario.
Yockey, H.P., 1992. *Information Theory and Molecular Biology,* Cambridge: Cambridge University Press.
Yoshizawa, S., M. Morita, and S. Amari, 1993. "Capacity of associative memory using a nonmonotonic neuron model," *Neural Networks,* vol.6, pp.167-176.
Zadeh, L.A., 1973. "Outline of a new approach to the analysis of complex systems and decision processes," *IEEE Transactions on Systems, Man, and Cybernetics,* vol. SMC-3, pp.28-44.
Zadeh, L.A., 1965. "Fuzzy sets," *Information and Control,* vol.8, pp.338-353.
Zadeh, L.A., 1953. "A contribution to the theory of nonlinear systems," *J. Franklin Institute,* vol. 255, pp.387-401.
Zadeh, L.A., and C.A. Desoer, 1963. *Linear System Theory: The State Space Approach,* New York: McGraw Hill.
Zames, G., 1981. "Feedback and optimal sensitivity: Model reference transformations, multiplicative seminorms, and approximate inverses," *IEEE Transactions on Automatic Control,* vol. AC-26, pp.301- 320.

Zames, G., and B.A. Francis, 1983. "Feedback, minimax, sensitivity, and optimal robustness," *IEEE Transactions on Automatic Control,* vol. AC-28, pp.585-601.

Zeevi, A.J., R. Meir, and V. Majorov, 1998. "Error bounds for functional approximation and estimation using mixtures of experts," *IEEE Transactions on Information Theory,* vol.44, pp.1010-1025.

Zeki, S., 1993. *A Vision of the Brain,* Oxford: Blackwell Scientific Publications.

Zipser, D., and D.E. Rumelhart, 1990. "The neurobiological significance of the new learning models," in *Computational Neuroscience,* E.L. Schwartz, ed., pp.192-200, Cambridge, MA: MIT Press.

Índice

Acumuladores, 560
AdaBoost, 394, veja também Reforço,
   desempenho de erro, 396
   resumo do algoritmo, 396
Agrupamento hierárquico, 478
Algoritmo da maximização do valor esperado (MVE), 416-417
   aplicado ao modelo MHE, 418
Algoritmo da retropropagação de erro, veja retropropagação
Algoritmo de Broyden-Fletcher-Glodfarb-Shanno, 270
Algoritmo de Davidon-Fletcher-Powell, 270
Algoritmo de extração adaptativa de componentes principais (APEX), 461-468
Algoritmo de Lloyd generalizado, 496
Algoritmo de retropropagação, 188-202
   convergência acelerada do, 259-260
   convergência do, 257
   critérios de parada, 200
   eficiência computacional do, 254-256
   escalamento, 258
   gradiente local, 190
   heurísticas, 205-211
   inicialização, 209
   mínimos locais, 257
   modo por lote do, 199
   modo seqüencial, 198-199
   momento, 197
   regra delta generalizada, 197
   regra delta, 193
   representação de saída e regra de decisão, 211-214
   resumo, 200-202
   sensibilidade, 256
   taxa de aprendizagem, 196-198
   temporal, 703-709
   virtudes e limitações, 252-259
Algoritmo do cirurgião cerebral ótimo, 252
Algoritmo do mínimo quadrado médio (LMS), 155-161
   algoritmo LMS normalizado, 178
   algoritmo LMS-Newton, 179
   convergência, 156-158
   curva de aprendizagem, 159-161
   desajustamento, 159
   variação da taxa de aprendizagem, 161-161
Algoritmo dos mínimos quadrados recursivo (RLS), 177
Algoritmo hebbiano generalizado (AHG), 453
   convergência do, 455
   otimização do, 456
   resumo do, 457
Algoritmo Metropolis, 603-606
Algoritmo, origem do termo, 132
Amostragem de Gibbs, 608-610
   taxa do teorema da convergência da, 610
   teorema da convergência da, 610
   teorema ergódico da, 610
Análise de componentes independentes, 553-570
   algoritmo de aprendizagem para, 563-564
   considerações sobre a convergência do algoritmo de aprendizagem, 566
   estabilidade do algoritmo de aprendizagem, 565-566
   função de ativação para, 561-563
   gradiente natural para, 565
   índice de desempenho para, 570

propriedade equivariante, 564-565
Análise de componentes menores (ACM), 480
Análise de componentes principais não-linear, 474, 480
Análise de componentes principais por núcleo, 472
  resumo, 475
Análise de componentes principais, 433
  algoritmos de decorrelação, 469
  algoritmos de reestimação, 469
  auto-estrutura da, 434
  métodos adaptativos, 471
  métodos por lote, 471
  não-linear, 474, 480
  subespaço principal, 469
Análise de dados do mercado financeiro, ACI para, 556
Análise em tempo-freqüência, 854
Aprendizagem anti-hebbiana, 81, 462
Aprendizagem baseada em memória, 78
  regra do vizinho mais próximo, 79
  regra dos k vizinhos mais próximos, 79
Aprendizagem com um professor, 88
Aprendizagem competitiva, 81, 488
  regra para, 84
Aprendizagem contínua, 108, 805
Aprendizagem delta-barra-delta, 277, 279
Aprendizagem hebbiana, 80
  generalizada, 104
  hipótese da covariância, 82
  postulado de Hebb, 82, 431
  reforço sináptico, 81
Aprendizagem não-supervisionada, 90
Aprendizagem por correção de erro, 76
Aprendizagem por correlação em cascata, 276
Aprendizagem por diferença temporal, 681
Aprendizagem por reforço, 89-90, 651, 681
Aprendizagem Q, 671-676, 681-682
  aproximada, 673-675
  exploração na, 675-676
  teorema de convergência da, 672
Aprendizagem recorrente em tempo-real, 812-819
  complexidade computacional da, 828
  grafo de sensibilidade, 817
  imposição de professor da, 819, 845
  resumo, 817
Aprendizagem seletiva darwiniana, 132
Aprendizagem sem um professor, 89
Aprendizagem supervisionada, 88
  como um problema de otimização, 260-271
  como um problema de reconstrução de hipersuperfície mal-formulado, 293-294
Aprendizagem, 50
  definição de, 75
  teoria estatística da, 110
Aproximação estocástica, 161
Árvore de classificação e regressão (CART, *classification and regression tree*), 408
Atratores, 725

bacia de atração, 727
estranhos, 762-775
hiperbólicos, 727, 832
manipulação de, 730
pontuais, 727
Autofiltro máximo, hebbiano, 442
  estabilidade do, 446
Autômato de estados finitos, 804
Auto-organização, 90, 430
  princípios da, 430
Autovalores, 435
Autovetores, 435
  dominantes, 441
Axônio, 33

Back-propagation, veja Algoritmo de Retropropagação
Bits, 527
Busca em linha, 266-268

Cadeias de Markov, 595-603
  classificação, 602
  definição, 595
  diagrama de transição de estado das, 600
  ergódicas, 598
  identidade de Chapman-Kolmogorov, 597
  irredutíveis, 597-598
  matriz estocástica, 596
  princípio do balanço detalhado, 602-603
  probabilidades de transição, 596
  propriedades recorrentes das, 597
  teorema da ergodicidade, 599
Caminhada aleatória, 645
Campo local induzido, definição, 37
Campos receptivos, 53, 70, 112, 311
Cancelador de lóbulo lateral generalizado, 99
Caos, 762-775
  definição de, 768
  dimensão de correlação, 766
  expoentes de Lyapunov, 766-768
  reconstrução dinâmica de, 768-772
Capacidade de separação de uma superfície, 288-290
Características espacialmente coerentes, 549-551
Características espacialmente incoerentes, 551-553
Células de Voronoi, 506
Cérebro, 32
  organização estrutural de níveis, 35
Classificação adaptativa de padrões, experimentos sobre, 214, 335, 369, 508
Classificador bayesiano, 169-175
  risco bayesiano, 169
Coberta de Markov, 631
Codificação de imagem, 458
Coeficiente de correlação, 513, 550
Compartilhamento de pesos, 53, 114
Complexidade computacional, 130, 322

algoritmos de tempo exponencial, 380
algoritmos de tempo polinomial, 380
Complexidade da amostra, 130
Componentes principais, definição, 438
Conexionismo, 252-253
Conhecimento, definição, 49
Controle adaptativo por referência a modelo, 836-840
Convergência em probabilidade, 116
Convergência sináptica, 42
Córtex cerebral, mapa citoarquitetural, 36
Critério de Neyman-Pearson, 53
Critério do mínimo comprimento de descrição (MCD), 279
Critério H_∞, 177, 256
Curvas (superfícies) principais, 480, 502

Decomposição em subespaço, 441
Decomposição por valor singular, 471
    valores singulares, 471
    vetores singulares, 471
Deconvolução cega, 579
Dendritos, 33
Derivadas ordenadas, 811
Desigualdade de Cauchy-Schwarz, 166
Desigualdade de Jensen, 427
Diferenciação em relação a um vetor, 176-177
Diferencial de Fréchet, 295-298
Dilema bias/variância, 112
    erro de aproximativo, 113
    erro de estimativo, 113
Dilema da estabilidade-plasticidade, 30
Dimensão VC, 119-123
    definição da, 120
    limites da, 123, 136
Dinâmica da descida do gradiente – subida do gradiente, 777
Discriminante linear de Fisher, 227-228
Distância de Mahalanobis, 52
Distância euclidiana, 51
Distribuição de Boltzmann, veja distribuição de Gibbs
Distribuição de Gibbs, 593, 642, 647
Distribuição fatorial, 538, 629
Distribuição subgaussiana, 587
Distribuição supergaussiana, 587
Divergência (distância) de Kullback-Leibler, 528, 537-539
    decomposição por Pitágoras, 539
    relação com a informação mútua, 538
Divergência sináptica, 43
Dot product, veja Produto interno.

Energia do erro, 77
Energia livre, 593
Entropia diferencial, 529
Entropia marginal, 539
Entropia relativa, veja Divergência de Kullback-Leibler

Entropia, no sentido da teoria da informação, 528
Entropia, no sentido termodinâmico, 595
Equação de Euler-Lagrange, 298-299
Espaço de características, 225, 285, 361
Espaço de Hilbert, 297, 339
Espaço do produto interno, 341
Espaço normalizado, 294, 339
Espaço riemanniano, 585
Espectrograma, 693
Estabilidade, 722-724
    Teorema de Lyapunov, 724-725
Estimação por máxima verosimilhança para separação cega de fontes, 570-573
    relação com a análise de componentes independentes, 572-573
Estimação por máxima verosimilhança, 413
    função logaritmo da verosimilhança, 414
    propriedades da, 424
Estimador por regressão de Nadaraya-Watson, 326, 519
Estratégia de aprendizagem procura-então-converge, 161
Expansão de Edgeworth, 585
Expansão de Gram-Charlier, 558, 582-585

Fator Q, 659-660
Fenômeno da festa de coquetel, 97, 135, 579
Filtragem adaptativa, 144-146,
    processo adaptativo, 146
    processo de filtragem, 146
Filtro de Kalman, estendido desacoplado, 823-828
    complexidade computacional, 828-828
    múltiplas correntes, 846
    resumo, 826-828
    ruído de processo artificial. 826
Filtro linear dos mínimos quadrados, 152-155
Filtros de Kalman, 177, 819-823
    erro de estimação filtrado, 823
    fator de conversão, 823
    fenômeno da divergência, 823
    inovações, 820
    matriz de covariância de erro, 821
    raiz quadrada, 820
    resumo, 821
Filtros de resposta a impulsos de duração finita, 698
Filtros de Wiener, 153-155
Filtros neurais,
    distribuídos, 698
    focados, 694
Forma a partir de sombras, 478
Fórmula de Fletcher-Reeves, 265
Fórmula de Hesteness-Stiefel, 280
Fórmula de Polak-Ribiére, 265
Função de ativação, 37, 195
    definição de, 37
    não-monótona, 563, 779, 785
    tipos de, 38-41, 195-196
Função de crescimento, 119

Função de Green, 299
Função de Heaviside, veja Função de limiar
Função de limiar, 38
Função de partição, 593
Função de perda insensível a ϵ, 372-373
Função limitada saturado de um lado, 805
Função linear por partes, 40, 755
Função logística, 40, 70, 195
Função sigmóide, 40
Função tangente hiperbólica como função de ativação, 39, 196
Funcional de risco empírico, 116
    consistência estrita do, 117
Funcional de Tikhonov, 295
Funções (distribuições) gaussianas multivariadas, 304, 327, 534
Funções de base radial, 291
    gaussianas, 291, 304, 327
    multiquádricas inversas, 291
    multiquádricas, 291

Gamão, 680
Gamão-DT, 681
Generalização, 28, 50, 232-234
    tamanho do conjunto de treinamento para, 234
Gradiente natural, 565, 585
Gradiente relativo, veja Gradiente natural
Grafo arquitetural, 44
Grafo de fluxo de sinal, 41
    regras básicas do, 42

Hiperplano ótimo, 351
    método quadrático para computar o, 353-357, 357
    propriedades estatísticas do, 357
Hipótese de Barlow, 547
Hipótese de Church-Turing, 804

Identidade de Green, 298
Identificação de sistemas, 146, 710, 834-837
    modelo de entrada-saída, 836-837
    modelo de espaço de estados, 834-836
Igualdade de Woodbury, veja Lema da inversão matricial
Independência estatística, 537
Ínfimo, 116
Informação mútua, 534
    para aprendizagem auto-organizada, 540
    propriedades da, 535
Informon, 582
Inibição lateral, 84
Inteligência artificial, 59
Iteração de política, 659-661
    aproximada, 668-671
Iteração de valor, 661-666

Lema da inversão matricial, 251
Lema de Sauer, 125, 136

Limite de Chernoff, 220

Maldição da dimensionalidade, 237-238, 321-322, 666
Mapa de identidade, veja Replicador
Mapas auto-organizáveis (modelo de Kohonen), 486
    adaptação sináptica, 491, 518
    algoritmo de consciência, 521
    algoritmo normalizado, 490, 524
    casamento de densidade, 500
    fase de convergência, 493
    fase de ordenação, 492
    função de vizinhança, 490
    ordenação topológica, 499
    processo competitivo do, 488, 518
    processo cooperativo, 489
    propriedades dos, 494
    resumo, 493
    versão por lote, 499
Mapas contextuais, 514
Mapas corticais (computacionais), 35, 484, 517
Mapas semânticos, veja Mapas contextuais
Mapas topográficos, 34
Máquina de Boltzmann, 610-617
    determinística, 626-627
    regra de aprendizagem para, 86-86, 614-616
Máquina de Helmholtz, 622-623
Máquina de Turing, 804
Máquinas de comitê, 385
Máquinas de vetor de suporte, 349
    comparação com a aprendizagem por retropropagação, 370-372
    projeto ótimo das, 364
    reconhecimento de padrões pelas, 361
    regressão, 373
Máquinas estocásticas baseadas na mecânica estatística, 591-643
Máquinas inteligentes, 849-853
    para controle, 851-852
    para processamento de sinais, 852-853
    para reconhecimento de padrões, 850-851
Matriz de correlação, 153, 434
Matriz de Green, 302
Matriz de influência, 315
Matriz de informação de Fisher, 424
Matriz de interpolação, 291
Matriz de núcleo, 473
Matriz definida positivamente, definição, 177
Matriz hessiana, 150, 230
    computação da inversa da, 250-251
Matriz jacobiana, 151, 230, 721
    computação da, 228-230
Máxima estimação *a posteriori* (MAP), 425
Mecânica estatística, 592-595
Memória acessível por conteúdo, veja modelo de Hopfield
Memória de linha de atraso derivada, 688-689

Memória gama, 689-691
Memória por matriz de correlação, 104-108
   relação com o algoritmo LMS, 179
Memória, 100
   associativa, 92
   de curto prazo, 100
   de longo prazo, 100
   distribuída, 100
   interferência cruzada (*crosstalk*), 106
   por matriz de correlação, 104-108
   recordação, 105
Memória, estruturas de curto prazo, 686-691
   profundidade da memória, 688
   resolução da memória, 688
Método da decida mais íngreme, veja Técnicas de otimização, irrestritas
Método da direção conjugada, 264
Método da máxima entropia para separação cega de fontes, 572-578
   algoritmo de aprendizagem, 577-578
   equivalência com a máxima verosimilhança, 576
Método de aprendizagem por média de ensemble, 387, 423
Método de Gauss-Newton, veja Técnicas de otimização, irrestritas
Método de Newton, 261
Método de quase-Newton, 268
Método do gradiente conjugado, 262-268
   busca em linha, 266-268
   comparação com o método quase-Newton, 270-271
   fórmula de Fletcher-Reeves, 265
   fórmula de Polak-Ribiére, 265
   método de Brent, 268
   residual, 265
   resumo do, 269
Método dos multiplicadores de Lagrange, 249, 354, 531
   condições de Kuhn-Tucker, 354
   problema dual, 354, 359, 375
   problema primordial, 354, 359, 375
   teorema da dualidade, 355
Minimização do risco empírico, princípio da, 117
Minimização estrutural de risco, 126-127
Mínimos globais, definição, 275
Mínimos locais, definição, 275
Mínimos quadrados iterativamente ponderados, 425
Modelo (rede) de Hopfield, 730-749
   capacidade de armazenamento, 746-749
   cenário de energia, 738
   estados de mistura, 754
   estados de vidro de spin, 754
   estados espúrios, 745-746
   fase de armazenamento da aprendizagem, 740-741
   fase de recuperação (recordação), 741-742
   função de energia do, 733
   memórias fundamentais (estados protótipos), 739
   memórias fundamentais inversas, 752-754
   parâmetro de carga, 747
   regra de aprendizagem para, 742
   relação sinal-ruído, 747
Modelo aditivo, 701-702, 727-728
Modelo auto-regressivo, 56, 511
Modelo de aprendizagem fraca, 392
Modelo de espaço de estados da rede recorrente, 794-802
Modelo de Linsker do sistema visual dos mamíferos, 432
Modelo de Little, 779
Modelo de McCulloch-Pitts, 40, 63, 161
Modelo de mistura de especialistas (ME), 402
Modelo de mistura gaussiano associativo, 401
   modelo de mistura de especialistas (ME), 402
   modelo probabilístico de geração, 401
Modelo de mistura hierárquica de especialistas (MHE), 406
   estratégias de aprendizagem para, 415
Modelo de Willshaw-von der Malsburg, 486
Modelo do estado cerebral em uma caixa (BSB, *brain-state-in-a-box*), 755-762
   agrupamentos, 760-762
   dinâmica do, 759-760
   função de Lyapunov do, 758-759
   rede de redes usando, 775
Modelo provavelmente aproximadamente correto, (PAC), 127-131, 391
Modelos de redes neurais baseados na teoria da informação, 525
Modelos de Volterra, 819
Modelos ocultos de Markov, 644, 693
Modularidade, definição 386
Monômios, 286
Morcego ecolocalizador, 27, 58

Nats, 527
Navalha de Occam, 232, 397
Neocognitron, 134, 277, 854
NETtalk, 693-692
Neurocomputação atencional, 99, 852, 854
Neurônio integra-e-dispara, 778-779
Neurônio oculto, 46, 184
Neurônio vencedor-leva-tudo, 83
Neurônio, 33
   modelos de, 36, 41
Norma ponderada, 309
Núcleo do produto interno, 362, 473
Número condicionante, 158

Operador de atraso unitário, 45
Operador pseudodiferencial, 305
Otimização combinatória, 608
   analogia com a física estatística, 608

Perceptron de Rosenblatt, veja Perceptron
Perceptron, 161-169
   relação com o classificador bayesiano, 169-175

Perceptrons de múltiplas camadas, 183
    detecção de características dos, 225, 253
    espaço de características dos, 225
    limites para o erro de aproximação dos, 235-237
    recorrentes, 791-792
Plasticidade, 27
Poda, veja Técnicas de poda de rede
Política, 654
Ponto de sela, 721
Potenciação de longo prazo (LTP), 133
Potencial de ativação, veja campo local induzido
Previsão, 97, 696, 828
Princípio da formação de mapa topográfico, 485
Princípio da máxima entropia (Max Ent), 531
Princípio da máxima informação mútua (Informax), 525, 541-546
    modelo para sistemas perceptivos, 547-548
    relação com a redução de redundância, 546-548
Princípio da mínima energia livre, 595
Princípio da mínima redundância, 547
Princípio da ortogonalidade, 110, 440
Princípio do balanço detalhado, 602-603
Probabilidade de classificação correta, 218
Probabilidade de erro (de classificação incorreta), 218
Probabilidade multinomial, 404
Problema da diligência, 664-666, 676-679
Problema da extinção de gradientes, 831-834
Problema de atribuição de crédito, 87, 191, 651
Problema do autovalor, 435
Problema do caixeiro viajante, 645-646
    solução usando o modelo de Hopfield, 776-777
Problema do XOR, 202-205, 278, 287-288, 311-314, 367-369
Problemas inversos, 293
    condições para boa formulação, 294
Problemas NP-completos, 380
Processamento de arranjo de antenas, ACI para, 556
Processamento temporal, 686-714
    arquiteturas de rede para, 691-693
Processos de decisão markovianos, 652-654
Produto interno, 51
Programação dinâmica, 651
    algoritmo de programação dinâmica, 656-657
    assíncrona, 681
    equação de otimização de Bellman, 657-659
    método de Gauss-Seidel, 681
    princípio da otimização, 655-656
Programação neurodinâmica, 651-683
    política de, 654
    problemas de horizonte finito, 654
    problemas de horizonte infinito, 654
    relação com a aprendizagem por reforço, 651
Programação quadrática, 378
    bibliotecas comerciais sobre, 381
Propriedade equivariante, 564-565
Pseudo-inversa, 153, 314

Pseudotemperatura, 41, 593

Quantização vetorial hierárquica, 510
Quantização vetorial por aprendizagem, 507

Razão de verosimilhança, 171, 215
    razão de verosimilhança logarítmica, 172
Realimentação, 40, 44
    global, 715
    local, 715, 844
Reconstrução dinâmica, 768-772
    atraso de inserção, 769
    método dos falsos vizinhos mais próximos, 770
    previsão recursiva, 770-771
    teorema de Takens, 769
Recozimento determinístico, 634-640
    agrupamento, 634-639
    analogia com o algoritmo MVE, 640
    classificação de padrões, 644
    modelos ocultos de Markov, 644
    quantização vetorial, 644
    regressão, 644
Recozimento simulado, 606-608
    otimização combinatória, 608-608
    roteiro de recozimento, 607-608
Rede de regularização, 305-307
Rede excitatória-inibitória, veja dinâmica de descida de gradiente – subida de gradiente
Rede neural de atrasos de tempo, 692-693
Redes (neurais) recorrentes, 44, 49, 728-729
Redes alimentadas adiante atrasadas no tempo, 686, 710
    distribuídas, 702
    focadas, 693-696
    teorema do mapeamento míope universal, 696-697
Redes alimentadas adiante, 46, 183, 283
    com múltiplas camadas, 46
    de camada única, 46
    parcialmente conectadas, 48
    totalmente conectadas, 48
Redes convolutivas, 54, 271-273
Redes de crença sigmóide, 617-622
    determinísticas, 627-634
    distribuição de campo médio das, 628
    equação de campo médio, 631
    regra de aprendizagem das, 619-621
Redes de função de base radial, 283
    comparação com o perceptron de múltiplas camadas, 323
    complexidade computacional das, 322
    complexidade de amostra das, 322
    estratégias de aprendizagem das, 328-335
    generalizadas, 307-309
    normalizadas, 326
    propriedades aproximativas das, 320-323
    relação com a regressão de núcleo das, 323
Redes neurais,

adaptabilidade das, 29
analogia neurobiológica, 30
arquiteturas de, 46
definição de, 28, 43
inserção de invariâncias nas, 54
mapeamento de entrada-saída das, 29
propriedades das, 28
tolerância a falhas das, 30
Redes recorrentes, dirigidas dinamicamente, 787-847
   algoritmos de aprendizagem, 805-808
   arquiteturas de rede das, 788-794
   auto-regressivas não-lineares com entradas exógenas, 802-804
   controlabilidade e observalidade das, 796-797
   controlabilidade local das, 798-800
   extinção de gradientes, 831-834
   heurísticas das, 808
   modelo de entrada-saída, 788-790
   modelo de espaço de estados, 790-791, 794-802
   modelos de segunda ordem, 792-794
   observalidade local das, 800-802
   perceptrons de múltiplas camadas recorrentes, 791-792
   poder computacional das, 804-805
   realimentação local das, 844
Redução de dimensionalidade, 439
Redundância, 431, 546
   medida de, 548
Reflexo vestíbulo-ocular, 31
Reforço, 391, 423
   AdaBoost, 394
   método por filtragem, 391
   método por ponderação, 391
   método por subamostragem, 391
Registros biomédicos, ACI para, 556
Regra de preservação de informação, 408
Regra do produto externo, veja Aprendizagem hebbiana
Regressão,
   de aresta, 342
   não-linear, 110, 314
   núcleo de, 323-328
Regularização de Tikhonov-Philips, veja Teoria da regularização
Replicador, 253-254, 276-277
Retina, 31
Retropropagação através do tempo, 808-812
   complexidade computacional, 828
   considerações práticas, 811-812
   derivada ordenada, 811-812
   por época, 808-811
   truncada, 811-811
Robustez, 177, 256

Saliência, 249
Sensibilidade, 229, 256
Separabilidade linear, 164

Separação cega de sinais (fonte), 97, 555
Sinapse anti-hebbiana, 81
Sinapse hebbiana, 80
   propriedades da, 80
Sinapse, 32
   sinapse química, 32
Sistemas difusos (*fuzzy*), 852
Sistemas dinâmicos, 717-720
   condição de Lipshitz, 719-720
   definição de, 717
   espaço de estados, 717-719
   retrato de estados (fase), 718
Sistemas híbridos, 62, 852
Sistemas neuromórficos, 31
Solução da norma mínima, veja Pseudo-inversa
Splines,
   de folha fina, 343
Suavidade, medida de, 341
Suavização, 97
Superfície de desempenho de erro, 88
Superfície de regressão, 406
Supremo, 116

Tarefas de aprendizagem, 91
   aproximação de função, 93
   associação de padrões, 91
   controle, 95
   filtragem, 96
   formação de feixe, 98
   reconhecimento de padrões, 92
Técnica de deflação de Hotelling, 455
Técnicas de otimização irrestritas, 147-152
   método da descida mais íngreme, 147-148
   método de Gauss-Newton, 150-152
   método de Newton, 148-150
   métodos quase-Newton, 268
Técnicas de poda de rede, 244-252
   cirurgião cerebral ótimo, 248-252
   dano cerebral ótimo, 248
   decaimento de pesos, 246
   eliminação de pesos
   regularização da complexidade, 245-248
   suavizador aproximativo, 247-248
Tempo, 685
   representação explícita do, 685
   representação implícita do, 685
Teorema (algoritmo) de convergência do perceptron, 167
   resumo, 168
Teorema da aproximação universal, 234-235, 254
Teorema da estabilidade assintótica, 444
Teorema da interpolação, 290-291
Teorema da representação de Riesz, 297
Teorema de Cohen-Grossberg, 754-755, 758
Teorema de Cover sobre a separabilidade de padrões, 284-288
Teorema de Darmois, 589

Teorema de Mercer, 363
Teorema de Michelli, 291-293
Teorema de Schlafli, 339
Teorema de Weierstrass, 275
Teorema do mapeamento míope universal, 696-697
Teorema espectral, 436
Teoremas de Lyapunov, 724-725
    função de Lyapunov, 725
Teoria da regularização, 245, 294
    aplicada à reconstrução dinâmica, 772
    parâmetro de regularização, 295, 314-320
Teoria da ressonância adaptativa, 66, 854.
Teoria do campo médio, 623-626
Teste da razão de verosimilhança, 171
Transformação por similaridade ortogonal, 436
Transformada de Karhunen-Loève, veja Análise de componentes principais

Transformada Z, 687

Um critério teórico da informação, 279

Validação cruzada generalizada, 316-318
Validação cruzada, 239-244
    generalizada, 318
    método com parada antecipada, 241-243
    método deixe-um-de-fora, 244
    seleção de modelo, 240-241
    validação cruzada múltipla, 243-244
Variáveis de Bernoulli, 629
Variáveis soltas, 358, 374
Vetor de correlação cruzada, 155
Vetores de suporte, 352